可爱的中国

——中国历代通俗演义

（上）

李超贵　著

中国市场出版社
China Market Press

·北京·

图书在版编目（CIP）数据

可爱的中国：中国历代通俗演义 / 李超贵著.
—北京：中国市场出版社有限公司，2022.7
ISBN 978 - 7 - 5092 - 2217 - 1

Ⅰ.①可… Ⅱ.①李… Ⅲ.①中国历史 – 古代史 – 青
少年读物 Ⅳ.①K220.9

中国版本图书馆CIP数据核字（2022）第073383号

可爱的中国：中国历代通俗演义

KEAI DE ZHONGGUO: ZHONGGUO LIDAI TONGSU YANYI

著　　者：李超贵
责任编辑：晋璧东（874911015@ qq. com）
出版发行：中国市场出版社
社　　址：北京市西城区月坛北小街 2 号院 3 号楼（100837）
电　　话：(010) 68033539
经　　销：新华书店
印　　刷：涿州军迪印刷有限公司
规　　格：170mm ×240mm　　　　　　　　16 开本
印　　张：58.5　　　　　　字　　数：1200 千字
版　　次：2022 年 7 月第 1 版　　印　　次：2022 年 7 月第 1 次印刷
书　　号：ISBN 978 - 7 - 5092 - 2217 - 1
定　　价：298.00 元（上中下三册）

导言

　　该书以中国几千年的分分合合为主线，通过对一些重大历史事件和人物的素描，展现中国始终以大一统格局屹立于世的巨丽之美和精神风采。百万余言的正文视野开阔，广而不散。加之取材严谨，述叙准确，文笔流畅，从而不仅具有可读性，也有一定的思想性，适合各阶层人士阅读。

目录

开篇

1976 年 2 月 21 日，正是北京春寒料峭的时节，美国前总统尼克松应毛泽东主席亲自邀请第二次访华。毛泽东此时已 83 岁高龄，身体状况很差，但他仍然要抱病见老朋友。

会见长达 1 小时 40 分钟，听着毛泽东发出的像是由一连串单音节组成的话语（其实连翻译也很难听清了），尼克松感到十分难受。会见结束时，毛泽东推开搀扶他的随从人员，凭意志支撑，站立在门口与尼克松话别。握着毛泽东宽大松软的手，尼克松百感交集，事后他把那一刻的感受写了下来：

"无论人们对毛泽东有怎样的看法，谁也不能否认，他战斗到了最后一刻。"

是的，在凝望毛泽东的刹那，尼克松不仅看到了一个充满传奇色彩、不时令西方胆寒的共产党人的倔强身影，分明也看到了一个曾经无比辉煌又饱受苦难，又即将震撼世界的大国的身影。

就在此次会见后不久，1976 年 9 月 9 日，中华民族的伟人、中华人民共和国的开国领袖毛泽东辞世。得知这一讯息后，尼克松潜然泪下，他立即发表声明，以独特的方式表达了对毛泽东主席的怀念。他在稍后出版的几部著作中不断地向世人推介毛泽东、推介中国。他在《真正的战争》一书中这样称赞道：

"中国正在觉醒，不久它将震撼整个世界。"

"与许多国家相比，中国的历史是独一无二的，许多国家生了又灭，许多王朝盛了又衰，但中国生存下来了。中国是永远的中国。"

很难想象如此具有前瞻性的溢美之词会出自一位经历过极端冷战时期的西方大国的领袖之口，尽管当时这位曾为中美关系作出过重大贡献的人已经走下了总统宝座，但他的话语仍影响颇大，更何况他在实话实说。

顺着尼克松的思路，不妨说说中国为什么是"永远的中国"。

上溯数千年，沿着尼罗河、幼发拉底河和底格里斯河、印度河与恒河、长江与黄河，相继诞生了人类引以为荣的四大古老文明，即古埃及文明、巴比伦文明、古印度文明、中华文明。伴随而来的是四大文明古国，即古埃及王国、古巴比伦王国、古印度王国、中国。

古埃及王国和古巴比伦王国先后于公元前 525 年和公元前 539 年被波斯帝国摧毁。古印度王国于公元前 21 世纪遭遇雅利安人入侵，不久就彻底覆灭。令人感到可惜的是，这三大古王国不仅被异族瓦解了实体，它们几千年艰辛创造的文明也大部分遗失了。古埃及在公元前 3000 年就组成了国家，建造了举世闻名的金字塔，创造了象形文字，可现在其文明还留有几何？古巴比伦时代已探索出了较为科学的天文学和数学理论，发明了楔形文字，制定了最早的法典，建立了大型城邦和颇具规模的学校，可惜这些都没能得到传承。古印度的达罗毗荼人曾修建过许多像是摩天大楼的大型城市建筑，发明了车、船等运输工具，还摸索出了植棉技术，可现在还能到哪儿去感受达罗毗荼人的气息？

步上述三大古王国的后尘，随后崛起的几大帝国相继衰落。公元前 6 世纪立国的波斯帝国曾经是疆域辽阔的奴隶制大帝国，仅仅存在两个世纪就被马其顿王国攻灭。马其顿王国的领土横跨三大洲，公元前 148 年被罗马帝国吞并。罗马帝国的版图东起幼发拉底河，西濒大西洋，南至非洲撒哈拉大沙漠，北抵不列颠岛和莱茵河及多瑙河下游以北地区，地中海是它的内湖。这么一个不可一世的帝国被奥斯曼帝国攻灭。奥斯曼帝国曾让欧洲闻风丧胆，但它存世也不过几百年，最终消失在第一次世界大战的硝烟中。继罗马帝国之后，阿拉伯帝国异军突起，这个由一支古老民族在沙漠中建立的帝国横扫一切，疆域之广大堪比罗马，征服的民族不计其数，包括突厥人、埃及人、印度人等。阿拉伯帝国存在了仅仅 600 年之后，蒙古骑兵的铁蹄踏平了它……

"子在川上曰：逝者如斯夫！"多少帝国一去不返，几多文明踪影难觅，唯独中国，唯独中华文明数千年一脉相传，生生不息，没有历史的断裂和缺环，没有文明的丢失与阻隔。我们至今仍采用4000多年前的夏历纪年，能读3000多年前写下的文章，许多称谓及风俗习惯与先人们的没有两样，像包粽子、划龙舟、过清明节、见面后必问"吃了没有"等，从春秋战国时就开始流行了。更让人感慨的是几十个民族大融合，胡人汉化，汉人胡化，你中有我，我中有你，其间虽有分合，但却打断骨头连着筋，始终以大一统格局屹立于世界民族之林。这是为什么？

中华民族是具有强大的向心力和凝聚力的民族，自古多元一体；向往和不懈地追求统一是中华民族的宿命。

约7000年前，我们的祖先就推出共主伏羲，初步统一了上古中华。之后，神农氏、轩辕黄帝进一步团结部落民众，完成了上古中国的第二次、第三次统一。据司马迁考证，从黄帝时代起中国就有了中央、政府、核心等大一统的观念，有了比较成形的国家体系，黄帝甚至创立了中央任命官员的制度，设立了类似"国务院""国务院总理"的政府机构和职位。黄帝离我们有多远？史载，黄帝时代距今约5000年。

1996年，国务院有关部门牵头，启动了具重要意义的"夏商周断代工程"。该工程引人注目的是确定了夏朝诞生的元年是公元前2070年。夏朝的"朝"字是什么意思呢？就是朝向大禹，朝向中央，朝向大一统。以后各朝，如商朝、周朝、秦朝、汉朝等将其一直沿袭下来，一个"朝"字尽显中华民族的大一统之美。公元前2070年的春天，莺飞草长，风和日丽，中国各地3000多个著名的诸侯来到安徽涂山，朝拜中华民族的治水英雄大禹。以此为标志，中国第一个有明确纪年的王朝诞生，中国大一统的史册翻开新篇章。

夏之后，商周、秦汉、隋唐、两宋、元明清各朝代，无论哪个民族入主中原，都高举统一的大旗，中国统一的时间远远大于分裂的时间。钱穆先生对此有一个形象的比喻，他说："中国历史像一首诗。诗之衔接，一句句地连续下去，中间并非没有变，但一首诗总是浑涵一气。"

"中间并非没有变"——那是什么样的变化呢？就是天灾人祸引起的分裂，俗话说的改朝换代。但是无论如何改，中国依然是中国，改的只是皇帝姓李、姓刘，或姓王，改的只是政府的风格。最令人惊叹的是，每一次分裂都为中国下一次更大范围、更具发展动力的统一打下基础。春秋战国500多年的大分裂，孕育了秦朝这个中国历史上具有真正大一统意义的王朝，自此，地域辽阔，人口众多，书同文、车同轨、度同制、行同伦的大中国横空出世，中国封建社会的帷幕也就此拉开。

东汉末年，随着各地区封建经济的发展，中国陷入了魏、蜀、吴三国鼎立的分裂状态。但是，无论哪一国的领袖人物和民众，都以统一中国为己任，各自施展才能，在半个多世纪的分裂舞台上，上演了丰富多彩、流传千古的为统一而斗智斗勇的历史大戏。最终，三国归晋，中国一统。东晋和南北朝时期，中国西北边境地区的马背民族纷纷挥戈南下，进入中原地区建立政权，大量的少数民族同胞拖家携子来到中原，虽然操着不同的口音，但都声明自己是黄帝的子孙。之后，这些金戈铁马的少数民族很快融入汉民族之中，融入中国大统一的进程中。尤令人感到震撼的是北魏孝文帝发起的"汉化"运动，鲜卑人不仅说汉话、穿汉服、行汉礼、同汉人通婚论嫁，而且把鲜卑族的姓氏一股脑儿改为汉姓。这是一种怎样的改革啊！这是为中国大统一作出杰出贡献的少数民族的脱胎换骨的蜕变。类似这样的改革也不时发生在其他少数民族身上，血浓于水的各民族大融合为中华民族的最终形成注入了新鲜的力量，为其后隋王朝的大统一奠定了雄厚的基础，也为唐王朝的盛世登场准备好了蓝本。

盛唐之后，中国又陷入短暂的分裂，出现"五代十国"。而每当危难袭来的时候，冥冥中总有一股力量推着中国向统一的路上走去，于是北宋崛起，中国再次统一，经济和文化事业加快了发展的脚步。当时北方先后出现了辽、西夏、金、蒙古等少数民族政权，各方力量你进我退，你攻我守。然而无论谁攻谁守，都在为中国更大领域内的统一做预演。公元1279年，南宋在进行了最后的抵抗之后，终归灭亡，蒙古族建立的元朝将其取代。中华民族真是一个具有博大胸怀的民族，每当边疆少数民族入主中原，它都能以统一大业为重，敞开胸怀去接纳。这种接纳是母亲对孩子的接纳，只要孩子能终止分裂，减少苦难，母亲都会为孩子祝福。而被接纳的少数民族，也都以中华民族的正统自居，从不把自己当作"外人"。元朝统一中国后，元世祖忽必烈认为它是中华之正统，还为此颁布诏文，详细解释为什么这么说。他不无自豪地说："国号大元取自于《易经》的‘乾元’。"

马背民族元朝掌控中国近百年后，大明王朝取而代之，这个把帝国体制发挥到极致的王朝，始终以铁的手腕维系中国的大一统。然而，物极必反，大明王朝末期，全国布满反抗的火种。公元 1644 年，中国北方的另一个马背民族满族以迅雷不及掩耳之势平息了中国的内乱，使中国重新回归大一统格局，在中国最混乱的时刻重铸中华民族的自信与自尊。清朝按照中国传统文化治国，最终赢得了民心。在乾隆皇帝统治的末期，中国的版图达到 2200 多万平方公里，这是满族人民献给中华大家庭各族人民最珍贵的礼物，正是这份礼物使中国的国家统一事业达到前所未有的高度。

清王朝是辉煌与悲怆交织的王朝，在它的晚期，150 多万平方公里的国土被列强掠走，中国第一次面临被瓜分的危局。民众忍无可忍，辛亥革命一把"剪刀"剪掉了大清朝那根拖了几百年的辫子，中国最后一个封建王朝在一声叹息中走下历史的舞台。中国大统一的重担相继由中华民国、中华人民共和国承担起来。民国由于自身的弊端，无力完成这一历史重任，亿万民众把希望投向中华人民共和国。中华人民共和国是人民民主专政的国家，是中华民族 7000 多年的精气神孕育的大统一事业的接班人，无疑，中国的完整统一必将由它来完成。

中华民族是一个坚忍不拔、特别能承受苦难的民族，它所有经历过的苦难，大都笼罩着大一统的影子。这是个心结，是个缠了又缠的"中国结"。

在 7000 多年的历史长河中，中华民族在不断的对抗与融合中，形成了对国家统一的高度认同，这是中华民族最值得欣慰的事情。然而，历史不会忘记，痴迷大一统的中华民族为此付出了沉重的代价。据《中国军事通史》记录，从原始社会末期到辛亥革命，中国大地上所爆发的具有一定规模的战争和武力冲突达 6000 多次，有时战争双方各自投入的兵力达百万之众。一次次的毁灭，一次次的重建，无数的民众死于战火，无数的财富毁于硝烟之中。公元前 260 年，秦国发起对赵国的进攻，为了保证战役取得胜利，秦国把国内 15 岁以上的男子全部组编成军，投入到战斗之中。在长平被围困的赵军断粮 46 天之后，秦军发起总攻，40 万饥饿到极点的赵军全部投降。秦军为了不留后患，竟生生地将这 40 万投降的赵军全部活埋，只留了 240 个年龄幼小的士兵回国报信。40 万人啊，得多大的坑才能埋下他们的尸骨？赵国最终为秦国所灭，秦国最终统一了中国。在秦国奏响凯旋乐的同时，我们还听得到已被灭国的六国死去的军士和民众的哀号声。

秦之后，中国最有作为的领袖人物之一汉武帝执着于拓边开疆。据清人赵翼统计，汉武帝所辟疆土几乎比高祖、惠帝、文帝、景帝时增加一倍。然而，这种不顾一切的征伐是以人民的沉重负担和牺牲为代价的。史料显示，在汉武帝晚年，全国的人口户数减少了一半。国库空虚，民众凄凉，引起广大民众强烈不满与反抗。晚年暮途，汉武帝终于省悟，下诏"罪己"。

东汉，社会矛盾全面激化，外戚宦官专权，豪族地主恶性膨胀，整个东汉始终处于连绵不断的战争之中，战争的种类之多亘古未有，例如有朝廷发起的统一战争、民族之间的战争、农民战争、军阀割据的战争等。这些战争一般持续时间长、作战对象多、战场兼及南北。残酷的战争使人民付出了不可想象的代价，许多地区"白骨露于野""生民百遗一"。

西晋末期，皇室八王作乱，动乱历时16年，7个王先后被杀，无数民众死于战乱。有史料记载，当时"人民十不存一二"。可惜啊，八王之乱后多数地方一片焦土，西晋就此灭亡。自此，东晋偏安于江南，中国出现300年的南北大分裂，民族矛盾急剧恶化，人人自危。最典型的是后赵的冉闵，公开发布命令，称汉人斩一胡人，文官连升三级，武官拜牙门将。此令一出，汉人纷纷拿起刀枪追杀胡人，只要看上去长得像胡人的一律扑杀。很短时间里，20多万胡人被杀。

隋朝重新统一南北，为了巩固这来之不易的统一局面，政府不顾民力、国力，大搞"超前工程"。尽管有些工程我们至今受益，如大运河工程，但过度的开发、过度的对外征伐（如三征高句丽等），终于使国力耗尽，民心尽失。不到40年的大统一局面倾刻瓦解，全国迅即陷入群雄割据的状态，经济倒退，民众又处于水深火热之中。隋朝再无力维护大统一，不得不付出三世而亡的代价，令人扼腕叹息。

唐朝后期，由于没有处理好中央与地方的权力分配关系，地方节度使的势力超乎朝廷，终于酿成"安史之乱"。腥风血雨的"安史之乱"拦腰截断了盛唐大厦，一个世界性帝国就此衰落，数百万民众成了牺牲品。之后，中国进入了五代十国的混乱时期，藩镇林立，互为攻伐。他们视战争为儿戏，有时联手，有时恶斗，把战争一场场地往下打，每一场战争下来，受伤害最多的是无辜民众。后梁时，幽州节度使刘守光领兵攻打沧州，戍守沧州的军队吃完城内的粮食后，把百姓抓来，杀死后连同麦粉、酒肉合煮，做成军粮。这种惨无人道的罪行在当时被称为"宰杀务"。

后唐灭后梁之后，中国北方地区基本统一，大规模战争有所减少，但北方的游牧民族契丹又开始威胁中原。史载，契丹军队凶悍无比，所到之处，烧杀抢掠，许多城市被掠一空，甚或焚于一炬，许多村庄被夷为平地。特别是契丹军攻进河南安阳城后，全城仅700余人得以存活，一片残破荒凉。

胡绳先生曾对这种民族苦难有过令人无比痛心的描述："13世纪时蒙古人的入侵和17世纪时满洲人的入侵都有过极大规模的屠杀。蒙古初起兵时，还有人主张'汉人对我们没有什么用处，不如把他们都杀净，留下土地来做我们的牧场'。后来虽然没有完全照这主张做，但是在有些区域内，是实行了这种'杀光'政策的。当时的北中国久已在女真族（金）的统治下，人民一直过着苦难的日子，等到蒙古兵席卷而来，现在的山东、河北、山西各省一带，数千里间，几无人烟。满洲入关以后，举兵扫荡全国的时候，更是有意识地用屠杀政策来恐吓人民。那些敢于守土抗争的城市，在城破之时，都受到屠城的遭遇。'扬州十日''嘉定三屠'，是最著名的带有血腥气的故事。光是扬州一地，在10天屠杀中，就死了80万人以上。"（参见王季楚《扬州十日记》及计六奇的《明季南略》）

上述这些还不包括历朝历代农民起义时带给中华民族的灾难。农民起义是被生活所迫，但它给中华民族带来的苦难也是不容回避的。当年黄巢进军长安后杀害了多少百姓呢？有资料说是800万人。这个数字可能有夸大之说，但整个长安城尸横遍地，血流如河，不可能是一两万人的景象啊！明朝末年张献忠起义，一路屠杀了多少百姓？有资料说整个四川都被屠城了。在保宁等地，张献忠的大西军把杀掉的人的手堆起来，形成一座小山。有些大西军的将士实在不忍心再下手，于是自缢身亡或逃走了事。

说起这些，中华儿女无不痛心。但是天大的苦难也没有压垮中华民族，我们的先辈把这些苦难一代一代地承接下来，藏在心底，无怨无悔地团结在大一统的旗帜下，前仆后继地维护国家的统一。或许有人会说，维护大一统就是维护皇权，维护封建专制。但是，请明白，我们在如此深重的民族苦难面前，是没有资格去指责我们的先辈的。在当时生产力和生产关系的框架下，中华民族没有别的选择，只能选择"大一统"，这是中华民族的宿命，是中华民族数千年积攒和遗留下来的最宝贵的财富。如果没有几千年的大一统，中国就不会是"永远的中国"，而是古埃及王国、古巴比伦王国、古印度王国、古罗马帝国的翻版。值得庆幸的是，中华民族是有大智慧的民族，是在无数次统一与分裂的战场上达成了共识的民族。这个共识就是：中国只有统一才有前途。

说到此处，可能会有读者不解：中国的老百姓吃了封建社会许多苦头，怎么会去真心实意地拥护这种制度呢？其实在战国时代，孟子的学生就问过孟子这个问题，孟子回答说这就是"天命"。何为天命？孟子说："天不言，以行与事示之而已。"是啊，执政者的方针、政策如果能在老百姓中间畅通无阻，老百姓由此得到了实惠，天知、地知、你知、我知，这就证明执政者顺从天意民心了，这就是天命，也就是民意。孟子一语中的，中国这么大的一个多民族的国家，不搞大一统，国家四分五裂，遭殃的是人民！所以不管朝代如何变更，广大人民群众始终维护大一统，心中总有一个中国的轮廓。

中华民族是一个崇尚礼仪、热爱和平的民族。以邻为伴、以邻为善、以和为贵的大国胸怀，为中国赢得了几千年的荣誉和尊崇。

中国素有"礼仪之邦"之称，崇尚礼仪的历史久矣，从三皇五帝起就制定和实行了一系列行之有效的礼仪。"忧忧大哉！礼仪三百，威仪三千"，中国几千年积累形成的礼仪数量之多、门类之全、规范之细、作用之大、影响之久，没有哪个国家能与之比肩。仅以周朝为例，周朝的礼乐文化是中国礼仪文化的代表，其礼仪条款覆盖了国家和社会的各个层面，有的礼仪要求甚至细化到两个人交往时应如何相视、视线如何相交、手脚如何动作。来看《礼记》中的一段话：

> 毋侧听，毋噭应，毋淫视，毋怠荒，游毋倨，立毋跛，坐毋箕，寝毋伏，敛发毋髢。冠毋免，劳毋袒，暑毋褰裳。

这段话的意思是：不要打探别人的隐私，不要大声喧哗，看人时不要眼珠流动、斜盼别人。不要放纵自己，走路时不可态度傲慢，站立时不要像跛脚的人，站着时不要一足踏地一足偏举，坐着时不要把双腿摆成簸箕口状，睡觉时不要俯卧在床上。头发要扎束好，帽子不要脱掉。累了也不要解开衣服，热了也不要撩起衣裳、袒胸露背。

这种对个人的礼仪要求，据初步统计，不下数百条。对国家和官员们的礼仪要求就更多了，说是三千条，真要细细合计，三千条也不止。不仅礼仪条款多，更重要的是礼仪的庄重程度至今叫人不敢想象。

例如，《礼记·聘义》中对聘射之礼做过这样的描述："聘射之礼，至大礼也。质明（天刚刚亮）而始行事，日几中而后礼成，非强有力者，弗能行也，故强有力者，将以行礼也。酒清，人渴而不敢饮；肉干，人饥而不敢食也。"一场礼仪从天刚刚亮就开始，一直进行到中午时分，口渴了不能喝，肉干了不准吃，脸上始终显露出庄重和诚恐，脚下的步伐沉稳而规矩（就像《诗经》中所描述的"跄跄济济"那样），一个动作都不能多做，一个动作也不能少做，这场礼仪需要怎样的体力和意志去支撑才能做完啊！

人们或许会问，为什么要举行这些烦琐、机械的礼仪？不搞不行吗？对此，中国最古老的经典文献之一《左传》给出了回答。《左传·僖公十一年》一文中这样写道："礼，国之干也。敬，礼之舆也。不敬则礼不行，礼不行则上下昏，何以长世？"这说得再清楚不过了。礼仪是一个国家得以立足和长久的主干，是举国上下必须一致遵守的原则和法度。如果礼仪有失，国家就会乱套，想统一统一不了，想长久长久不了。礼仪程序烦琐沉重，是为了加深对社会个体尤其是各级官员的教化熏陶，使各民族的民众形成共同的生活感觉、生活信仰和价值观，从而维系国家的大一统局面。周朝国祚 800 年，一直坚持把礼仪作为治国之本。800 年之后，周王朝成为历史，但由它孕育的礼乐文化却数千年薪火相传。

一个崇尚礼仪的国家必定是热爱和平的国家。细读中国历史可以发现，中国自古以来没有发动过本质意义上的侵略战争，从尧、舜、禹时代起，中国就流行"协和万邦"，强调以和平方式处理争端。明朝万历年间，意大利传教士利玛窦曾参观过中国的军营，他不无感慨地说，中国军队是他所见过的世界上数量最庞大、装备最精良的军队，但这支军队完全是防御性的，中国没有想过要用这支军队侵略他国。

利玛窦说得没错。公元 1405 年 7 月 11 日，一支由近百艘船只、2.7 万多名官兵组成的船队从中国苏州刘家河启航，开始了震惊全球的远洋之旅。这是当时世界上最强大的舰队，其中规模最大的宝船长 44 丈 4 尺、宽 18 丈。巩珍在《西洋番国志》中曾这样形容它："宝船体势巍然，巨无与敌，篷、帆、锚、舵，非二三百人莫能举动。"真是巨舰啊，它的吨位达到 7800 吨以上，而 80 年后欧洲的达·伽马船队和更后来的哥伦布船队的旗舰不过 100~200 吨。

这支巨无霸舰队的司令官叫郑和。历史记载，郑和的舰队曾经七涉重洋，用时近 30 年。在这长达 30 年的时间里，中国的远洋舰队除了个别是自卫反击性质的用武之外，皆是以友好亲善的姿态访问广大的亚非地区，以互利互惠的方式开展与各国的贸易往来。

不攻占他国一寸土地，不在海外驻下一兵一卒，传播和平友好的大国风范一直是中国舰队的主旋律。《当中国称霸海上》的作者、美国人李露晔曾经这样发问："郑和与达·伽马到达非洲的时间相差 80 年，或许有人想知道——如果他们相遇，会发生什么事情？在了解了大明水师的超凡力量之后，达·伽马及其 85 英尺的小船还敢不敢继续穿越印度洋呢？见过了葡萄牙的小船之后，中国水师指挥官会不会想在前进的途中踩扁这些挡路的蜗牛，从而彻底阻止欧洲人打开一条东西贸易的海上道路呢？"

李露晔的感慨代表了许多异国人士的想法，其实在她之前就有西方人士问过："1419 年，欧洲正处于百年战争的黑暗时代，如果当年郑和的远洋舰队绕过了好望角，向欧洲发起攻击，那么西方还有可能在以后的几百年逞强吗？"

热爱和平、乐善好施的国家，其国祚必定长久，也必定能得到回报。郑和的舰队回国之后，亚非不少国家先后派出使节来华，其中有十几个国家的使团是由国王带队。一时间，一个以中国为中心的华夷共同体形成了，众多的国家众星拱月般围绕在中国的周围，经济上互补，政治上互倚，文化上互相影响……

其实，远在郑和之前，从周朝开始，中国就坚持实行"怀柔远人""尚德抑武"的对外邦交政策，强调对小国施之以礼，即使迫不得已需要用兵，也因循"驭夷之道，守备为上"，并且做到"来而不拒，去而不追"，纵使打了胜仗，也多即刻班师回朝，退回原驻地。这是真正的大国风范，赢得了众多友邻的敬重，一批国家以中国为榜样，建立起了类似于中国的封建治理体系，其中很多国家的国名还是由中国所赐，例如越南、朝鲜、日本、韩国、缅甸、不丹。

越南其实是中华民族较早的成员之一。秦朝时，越南相当一部分国土是中国的一部分，归属中国的南海郡、桂林郡、象郡。公元前111年，汉武帝依秦制再次明确越南为中国的地方郡县，赐名"安南"。清嘉庆八年（公元1803年），嘉庆帝赐诏将"安南"改为"越南"。

朝鲜的国名三度均为中国所赐，首次是由商朝贵族箕子命名。箕子率5000名移民在朝鲜建立"箕子政权"，并从中国的《诗经》中取出"朝阳鲜明"这一诗句来诠释"朝鲜"国名。到了汉武帝时代，中国将朝鲜正式纳为乐浪郡。第三次是明太祖朱元璋亲自命名，国名依旧叫"朝鲜"。朝鲜这个国名真是太美了！

日本在中国战国时称为"倭"。东汉时，当时的日本政府崇仰中国文化，表达了臣服之意，请汉光武帝赐予国名。光武帝于是颁诏，并赐予日本国王一枚"汉倭奴国王印"，该印为纯金铸造。到唐高宗时，武后据《山海经》的考据，判断汉时的倭国在日边，故以日本为名。武则天的这一命名，日本叫了千余年。"日本"是一个充满了想象力的名字！

缅甸的国名来自于元世祖忽必烈。1278年，缅甸表示接受蒙古的统治。1279年，忽必烈入主中原，下诏正式接纳缅甸为中国的一部分，为此专门设立了"缅甸行省"，"缅甸"的官方称谓自此正式流行。到明朝初期，缅甸由地方行省升格为中国的藩属国，称作"缅甸王国"。

韩国的名称最早见于晚清。当年，慈禧太后曾对李鸿章下过一道懿旨，旨中云"着李鸿章接洽韩国军务事"，韩国的国名就这样叫响了。1897年10月，韩高宗李熙称帝，改国号为"大韩帝国"，简称"大韩"或"韩国"。

不丹在被我国古代吐蕃王朝的松赞干布征服前，曾向隋朝表示臣服。元朝时，不丹被纳为中国的藩属国。不丹人喜好中国龙文化，称自己为"龙国"。明朝初期，不丹竺巴派领袖请求中国予以"不丹王国"册封，明朝政府很快批准，"不丹王国"的称谓就此出炉。

授国名，赐印绶，"厚往薄来"，讲究以和为贵、和而不同，这也是大国赖以传世的奥秘之一。举个小例子：永乐十五年，朝鲜国王李芳远来中国"述职"，朝贡了一些礼品，明成祖立刻回赠白金2000两、文绮表里200匹，远多于李芳远的贡品。

中华民族是一个在漫长的历史过程中创造出了无与伦比的精神文明的民族，一大批"先天下之忧而忧"的圣贤为中国大一统勾勒出蓝图。正是这未曾中断并不断涌进新的文明因素的文化，确保中华民族历经千年风雨仍旧生机勃勃。

史学家司马迁曾对黄帝统一中国上古社会有过描绘。他说：黄帝的版图向东到达大海，西边到达空桐，南边到达长江，北边抵达阴山。基本上完成了上古社会的统一后，黄帝大会诸侯于河北涿鹿，就在这里"合符"。"合符"是中华民族的一件重大事件，正是这次"合符"，初步奠定了中国的国家基础，在此基础上，众多的民族和民众从四面八方团聚在一面旗帜之下。据《后汉书》记载，黄帝统一上古中国之后，到夏朝时，中国的人口数就达到了1355万人之多。试问，是什么力量使如此广袤的地域上的先民们走向统一呢？

首先是祖先崇拜文化。崇拜自己的祖先，认定他们是民族之神、国家之神，每逢大的节假日，祭拜祖先是中国国家和家庭的第一要务。20世纪80年代辽宁红山文化遗址的发现，使我们一窥6000多年前祭祀祖先的仪式。那是何等的壮观啊，一个祭坛的面积就达1万多平方米，周边的广场逾4万平方米。高高的祭坛、堆成山似的祭品、成排的青铜礼器，还有数天不灭的火烛，撼人心魄的巫舞、巫颂，构成一幅幅先民敬畏祖先的表情长卷。没有人可以在中途离去，因为那意味着对祖先的不敬。不敬祖先，人心就会涣散，部族或国家就会分裂。红山文化也好，良渚文化也好，仰韶文化也好，我们都能在其遗址中发现大型的祭坛，这种以原始宗教为纽带的共同精神生活把中华民族紧紧地拧在一起。

祖先崇拜文化，说到底是中华民族一种强烈的本根意识，就是《淮南子·原道训》中所说的："万物有所生，而独知守其根。""落叶归根"是中国人挂在嘴边的一句话，不论身在何处，家在中国、根在中国。

这样，我们看到了另一种中国独有的文化现象——"家国一体"。什么叫"家国一体"？即孟子所概括的"修身齐家治国平天下"。"修身"即提高个人素养，"齐家"即把家庭搞好，"治国"是治理好国家。在搞好前三者的基础上，中国人心中还装着"天下"，即中国人数千年前就提出的"大同世界"。概括地讲，家是最小的单位，国是家的集合体，有国才有家。几千年就这么一代教育一代，一代做一代的榜样。这种强烈的家国情怀和民族气节维系着国家的统一和发展，每当国家和民族危难当头，中华儿女都能万众一心，力挽狂澜，使国家和民族转危为安。"家国一体"是中华民族的护身符，是中国人的魂！应该感谢构建"家国一体"文化的先辈们，感念周公、老子、孔子、荀子、孟子、董仲舒……是他们的智慧为中国的大一统打下了深厚的思想理论基础。

周公一生经历了商末周初文王、武王、成王三个时期，他参与灭商开国，主持东征平叛、营建洛邑、分封诸侯、制定礼仪等重大活动，并且摄政。除此之外，他在思想、理论领域亦有重大的建树，例如他一再强调并亲自实践的"保民""明德""慎罚"的思想，对巩固国家的统一事业起到重大的作用。一些评论家把周公提出保民、重民思想列为中国古代政治思想史上的一个里程碑。的确，中国几千年的历史进程证明，哪届政府重视"保民"，以民为本，哪届政府就生存得下去；否则，"水可载舟，亦可覆舟"，再强盛的政府，只要脱离"保民""明德"的周公思想体系，用不了多久就会翻船，结果就是国家分裂，百姓涂炭。从这个意义上讲，周公是中国大一统文化的先祖。

继周公之后，对中国的统一大业影响最大、贡献最大的人物是孔子。以孔子的理念为主干的儒家文化是中国大一统思想的基础。

孔子生活的春秋时期，周王室已经衰落，大一统的国家局面被诸侯混战所代替，社会动荡日复一日，民众困苦年复一年。孔子看在眼里，心急如焚，他抓住一切机会向社会呼吁，必须尊重和维护周天子的绝对权威，必须停止内战，尽快恢复国家大一统的局面。

孔子自知人微言轻，无力回天，但他毫不气馁，决心用一生的激情和才干为魂牵梦萦的大一统理想而奋斗。他曾5次问礼于老子，期望能找到周文化的真谛，找到治理当下混乱秩序的良策，找到重新迈向大一统的途径。中年时，他招收门徒，办起了中国历史上第一所私学，期望培养出一批能够使诸侯息战、使国家回归到周天子权威治下的治国能手。

与此同时，孔子也开始从事政治活动，51岁时担任鲁国的中都宰。尽管只是一个地方的行政长官，但孔子却投入了极大的热忱，把他的辖区治理得井井有条。之后，他升任鲁国司空、大司寇，并以鲁定公辅佐的身份参加了齐鲁两国的夹谷会盟。此外，为了加强鲁国政府的实力，他提出打击地方分裂势力的建议，并亲自指挥"堕三都"（指堕毁鲁国公族季孙氏、叔孙氏、孟孙氏私邑的事件）。

"堕三都"最终失败，孔子失望地离开鲁国，离开政坛。56岁那年，他带着几个学生，坐着一辆牛车，开始了12年的列国之游。尽管得不到诸侯们的响应，孔子仍不厌其烦地向他们宣传大一统的理念，呼吁诸侯们以大局为重，回到大一统的轨道上来。

呼吁、劝说均无效，孔子开始以笔为刀，讨伐那些"乱臣贼子"。68岁那年，他开始整理和删定一批古代文献，把大一统理念巧妙地揉进《诗》《书》《礼》《乐》《易》《春秋》等经典文献之中。例如，《春秋》开首是隐公元年，孔子作的经文是："元年，春，王正月。"这六个字是什么意思呢？子夏的弟子公羊高解释说："元年者何，君之始年也。春者何？岁之始也。王者孰谓？谓文王也。曷为先言王而后言正月？王正月也。何言乎王正月？大一统也。"

孔子的大一统情结根深蒂固，他主张"礼乐征伐自天子出"，不能天有二日；主张"正名"，认为当时"名不正，言不顺"，中央与地方的名分都搞乱套了；主张"克己复礼"，呼吁诸侯们克服称王称霸的私欲，复兴周礼。在强调按周礼治理国家的同时，他也主张进行适当的改良，例如加强对老百姓的思想教育，使百姓能更好地约束自己的行为，从而维护国家的统一，等等。

一位叫卡尔·西奥多·雅斯贝尔斯的德国哲学家在其著作《大哲学家》中盛赞孔子道："孔子的根本思想是借古代的复兴，以实现对人类的救济。"他说："在帝国解体的困境之中，在战乱和动荡的时代，孔子便是那些想通过他们的建议使国家得到拯救而到处游历的许多哲学家中的一员。"是啊，孔子全部所思所为（他的政治思想、伦理思想、哲学思想、教育思想）的出发点都是为了拯救国家和人民，他那颗悲天悯人的大爱之心自始至终地和他深爱着的国家及人民在一起。他抨击"苛政猛于虎"，呼吁减轻人民的赋税；他呼吁政府在制订计划时首先考虑使人民富裕起来，其次再考虑教育人民；他为贫困子弟提供受教育的机会，大力宣传"有教无类"的思想；他劝说政府官员要千方百计地取得民众的信任，如果得不到民众的信任，也就不可能有政府的存在……

孔子的大一统理念在孟子那里得到了继承和发扬。《孟子》一书中记录了孟子与梁惠王的一段对白，很能说明这个问题。梁惠王向孟子问政，问怎样才能使天下安定，孟子不假思索地说："定于一。""一"即国家统一，国家统一才能使天下安定。梁惠王问怎么样才能统一，孟子说："不嗜杀人者能一之。"孟子是在劝梁惠王行仁政，少杀人。只要做到这两点，天下人心便可归附，小国也能战胜大国，最终统一天下。

孟子生活在战国乱世，放眼望去，到处充满了阴谋和苦难，前途渺茫，国家何时能一统？他决心效仿孔子，以一己之力周游列国。他来到了当时的大国齐国，认为齐国最可能统一中国，理由是齐国是姜尚的封地，经济发达，文化前卫；是兵家的摇篮，伟大的孙武和他的后人孙膑都是齐国人；是黄老、道法之学的兴盛地；是阴阳家的大本营；是《管子》中的"轻重""治国"之术的发源地；还有当时为众人称道的名震列国的"稷下学宫"。

稷下为齐国都城临淄的一处城门。为了征求更多更好的治国之道，以便助齐国一统天下，齐国就在此处创立了一座学宫，让天下的精英学士来这里高谈阔论。齐国管吃管住，还向一部分大师级的人物赠予"别墅"，每天开几十、上百桌流水席，鼎盛时游于稷下的精英达"数百千人"，这可是战国时代各个国家、各个学派了不起的学者，如淳于髡、彭蒙、伊文、儿说、告子、孟轲、季真、接予、田骈、慎到、环渊、王斗、荀况、田巴、徐劫、鲁仲连、邹奭等，他们中的多数人都在中国思想史上占有重要的地位。

这些"大腕"被齐国授予"不治而议论"的"特权"，多个学派可以自由讲学，各种著作可以自由交换，各种观点可以自由论辩。孟子和淳于髡就曾针锋相对，鲁仲连也曾当面批驳齐国辩士田巴，邹衍在这里提出"大九州说"和"五德始终"的历史观。当时的稷下不仅有火药味甚浓的交锋，也有学术思想的相互启发和融合。从有关文献上看，孟子提出"民贵君轻"的思想，荀子提出圣人"垂衣裳而天下定"的理论，也明显受到稷下学宫的影响。尤其值得指出的是，通过稷下学宫的"互补"作用，各家学派都认识到战国中后期的统一趋势，达成了"稷下共识"，这个"共识"很快就像暴风骤雨一样洒满神州大地。

连续举办了150年的"稷下学宫"，不仅极大地活跃和繁荣了战国时期的思想和学术，使举世闻名的百家争鸣更加深入民心，也为中国的大一统描绘了形形色色的可见可行的蓝图，因此对后世的影响甚大。

汉武帝就深受"百家争鸣"的影响并接受了大儒董仲舒的建议，把"孔子们"的大一统思想视为天地之间永恒的规则、古今通用的道理。他不仅罢黜百家，独尊儒术，还用大一统理论反分裂、反侵略。与此相似，西汉之后，一些少数民族建立的政权也以大一统理论为指导思想。最为典型的是东晋十六国时期，中国北方出现了匈奴、鲜卑、羯、氐、羌5个少数民族建立的13个割据政权，这些政权对中国传统文化的崇仰较之汉至晋时的中原王朝有过之而无不及。鲜卑族慕容皝建立前燕后大兴儒学，亲自给学生讲课，听课的学生每次都多达千人以上；后赵国主、羯人石勒不识汉字，但却"雅好文学，虽在军旅，常令儒生读史书而听之"；后秦国主姚兴重用汉儒，他模仿稷下学宫在长安聘任一大批耆儒开坛授课，"诸生自远而至者万数千人"，长安城大街小巷处处可闻读书声；鲜卑人、北魏孝文帝雅好读书，执政时全面汉化……

令人感佩的是，执政者越是少数民族，越是信奉孔子、信奉大一统理论。宋朝先后加封孔子为"玄圣文宣王""至圣文宣王"，元代加封孔子为"大成至圣文宣王"。历代中央王朝赠给孔子的封号均是"王"，唯独西夏加封孔子为"帝"。少数民族尊孔重儒固然是其巩固统治的需要，但客观上，他们与汉民族文化的大规模融合加快和巩固了中国的统一事业，促进了国家的繁荣富强。

中国文化是多元的，在促进中国大统一的事业中，我们还看到了道家、墨家、法家等传统文化的身影。毋庸置疑，这些学说同样精彩，同样光照后人。法家的种种理论和实践，直接帮助偏隅一角的秦国征服六国；老子的"无为而治""治大国如烹小鲜""民不畏死，奈何以死惧之"的思想极大地影响了西汉之后的历代执政者；西汉借助这些充满了辩证法的治国理念，顺利地渡过了极度困难期，迎来了名垂青史的"文景之治"。

中华民族有幸拥有孔子、老子、孟子、董仲舒等一大批"大一统蓝图"的"设计师"，他们的思想之光将永远照耀中华民族的发展、繁荣之路。

公元前145—前135年，西汉文学家司马相如写下《子虚赋》和《上林赋》。赋中作者极尽铺陈渲染之手法，形象生动地诠释了汉朝统一中国的历史必然性，满腔热忱地讴歌汉帝国天下大治的巨丽之美，同时或直接或含蓄地揭示了帝国的弊端，如地方诸侯目空一切的"坐大"现象，从上到下比富炫富、贪图享受的奢侈现象，天下一统但思想并未一统的现象，等等。据说汉武帝读后深受感动，以为司马相如是前朝人，因而发出"朕独不得与此人同时"的感慨，后得知司马相如的身份后，立即对他予以重用，并迅速采取措施来纠正司马相如赋中劝谏的那些弊端，从各方面加强了国家的统一事业。

西汉社会物质文明、精神文明的总体规模比当代中国小得多。假设司马相如能活到今天，看到今天的国家景象，他又会写出什么样的赋来呢？当然，司马相如是不可能操笔了，我们期望有当代的"司马相如"出现，写一篇震古铄今的《北京赋》。

中华民族是一个始终对自己的未来充满自信的民族。党的十九大后，各领域的改革都在深入进行中，政治领域风清气正，经济领域越战越勇，党心民心高度凝聚，中国与世界的融合、互动力度空前。可以想象，当中国的经济发展和各项建设换挡增速之后，中国一定会带给世界更多惊喜。

中国人有一个习惯，只要来到北京，一定会去天安门广场走走，看冉冉升起的朝阳，看潮水般涌来的车辆，看国旗护卫队整齐划一的步伐，看巍峨庄严的人民大会堂。每看一次，心中都会有一股热浪涌起。不容易啊，在那么差的基础上起步，几十年时间就站在了发达国家的门槛上，十几亿人几乎是呼啸着前行，一路狂奔。这种以令他国瞠目的速度所展现的风采，是真正的大国之美。这种美经过了几千年的打扮，正大光明又逶迤盘旋，典雅庄严又酣畅浪漫，内敛包容又豪放阳刚……

距今 5000 年左右，地球温热潮湿，气候变得更适合人类大规模生存、繁衍。中华民族的英雄祖先们在经历了万般磨难，创造出灿烂的上古文明之后，意气风发地踏入伟大的轩辕黄帝时代。这是文明滥觞并崇尚武力的时代，氏族制已然衰落，在它淡淡的夕照里，大规模的部落兼并、重组开始了……

一、最早的中国人

在青海省的中南部，有一座海拔 5000 多米的大山，名叫巴颜喀拉山，它是中华民族的母亲河长江与黄河的发源地。长江全长 6300 公里，黄河全长 5400 公里，两河的流域涵盖了中国很大一部分疆域。1988 年，中国的科学家们在长江流域的重庆巫山县发现了距今 200 万年的猿人遗址。"巫山猿人"比 1965 年在云南元谋县发现的 170 万年前的"元谋人"还要早 30 万年。

继"巫山人"之后，距今大约 70 万年，面部较短、吻部前伸、没有下颌、有扁而宽的鼻骨（鼻子较宽）、脑量已经接近现代人的"北京猿人"出现了。1918 年，在北京周口店发现了 5 个"北京猿人"的头盖骨以及股骨、肱骨、月骨、平齿等。很可惜，这些珍贵的标本在 1937 年日本发动全面侵华战争后下落不明。从标本看，"北京猿人"已经善于直立行走，他们的下肢在尺寸、形状、比例和肌肉附着点方面与现代人相似。

北京猿人之后，距今 8 万~12 万年，具有完全现代人形态特征的中国人出现了，他们的 47 枚牙齿化石于 2014 年在湖南道县福岩洞被考古工作者发现。

这是重大的考古成果，不仅表明中国人的祖先并非来自非洲，而且表明具有完全现代形态特征的中国人出现的时间，比欧洲和西亚的具有完全现代形态特征的人种出现的时间要早数万年。

是的，距今 3 万年之时，中国境内各地已都有人居住。有巢氏的一位首领通过观察鸟窝得到启发而发明了房屋，人们在休息时不再受到野兽和风雨等灾害的侵袭，人口开始大规模地繁衍，体魄与智慧更加发达，居住在北京郊区龙骨山遗址顶部的"山顶洞人"甚至掌握了钻孔、挖心和磨光等技术，能在鲩鱼的眼上骨以及直径只有 3.3 毫米的骨针上钻出细孔。

"山顶洞人"时期又被称为燧人时代，距今 1.6 万 ~1 万年。这一时期最伟大的发明是钻木取火和燧石取火，人们不再惧怕黑暗和寒冷，开始了以熟食为主的新生活。这是人类文明的新起点，先民们在室内设立了中心火塘，支起三足火灶，开始做饭、取暖，人类长期与动物类同的生活方式永远成为过去。

有巢氏、燧人氏都是为中华民族作出重大贡献的英雄祖先。燧人氏不仅发明了人工火种，还发明了陶器、编织，会用赤铁矿粉末为皮衣、皮屋顶染色。此时的燧人尽管处于渔猎和游牧时代，却首创天干，具有了一定的天文知识，发明了结绳记事，创立了姓和氏，出现了走婚的生活方式。据说，猪、马、牛、羊等动物的名称就是在这一时期确定的。

燧人氏时代，中国人开始"抱团"，一定规模的聚居区出现了。那位发明了人工火种的氏族成员被推举为天下之王。他去世后，人们又推举始创八卦和结网罟、发明渔业的伏羲氏为王。

伏羲氏是具有大智慧的人，他生活的年代距今约 7000 年。史载，伏羲几乎在日常生活的所有领域都有原创性的发明。例如，他教会人们结网打鱼、捕鸟、"造书契"、在木头或石头上刻画类似于文字的符号以代替结绳记事、"制琴瑟"等，最厉害的是创立了八卦。

上古时期，人们对自然界知之甚少，对气候的变化及一些自然灾害犹为惊恐。伏羲为了弄清这些现象发生的原因，帮助民众认识自然，从多角度观察宇宙，所谓"仰视天文，俯察地理"，甚至对动物身上的花纹、人身上的器官都进行研究。通过长时间的观察和思考，他的脑海中形成了一幅以阴阳搭配为原则的"八卦图"。当时尚无文字诞生，伏羲用一条长线代表阳，两条短线代表阴，画出8种不同的图案，分别象征8种不同的自然现象：天、地、雷、风、水、火、山、泽。这就是"八卦"。

"八卦"不是"迷信"，它的象形符号里面隐含了一种哲学和数学思维，反映了人类对自然界的初步认识和理解。据说当年伏羲时常发问：春夏秋冬，寒来暑往，万象如此有序，是谁在主导这一切？这是"天问"，伏羲没有像西方某些民族那样归因于神，他深深地感觉到在自然界中一定有一种强大永恒的动能在支配着这一切，他把研究的方向定位于那8种自然现象，认为只要把这8种自然现象弄清楚了，宇宙万物就都可以得到解释。

循自然法则之道而不是循宗教之道，中国人在7000多年前就找到了正确认识自然的途径。不要以为这只是传说或者神话，1987年6月，中国考古工作者在安徽含山县长岗乡凌家滩4号墓中出土了一件玉龟和玉版。据科学测定，该玉龟、玉版的年代距今5300~5600年。在长方形的玉版上面雕刻着古《河洛八卦图》，这是一幅上古时期的天文历法图，是伏羲时代原始八卦的直接传承，表现了当时的四时历法，即伏羲创制的"八卦十月太阳历"。这种历法规定每年有10个月，每月有36天。

伏羲被尊为"人文始祖"，后人难免将他的形象神化，说他"人头蛇身"或者"人头龙身"，与妹妹女娲在昆仑山结为夫妻，始生人类。女娲其实也是伏羲时代一个很有能力和威望的氏族首领，可以想象，她一定是在那么严酷的生存环境中为民众做了很多有益的事，才得到后人的崇仰和神化，说她不仅有捏土造人的本领，还能炼五色石补天。

伏羲时代，历若干氏族首领和氏族群体之后，中国人已经开始舍饲牲畜和栽培牧草、培植莱麦，有了初步的农业文明。伏羲氏衰落后，中国的农业文明迎来更好的发展期——神农氏时代。

神农氏时代距今5000年左右，已经进入新石器后期，上古中国从这时开始繁荣起来，绝大多数中国人不再以采集、狩猎为主要的谋生手段，而是把主要精力用于开辟可供耕作的田野。这是一个伟大的转折。神农氏顺应这一趋势，用他的智慧和实践去推动农业文明的发展。他走过许多山川原野，遍尝百草，找到了适合种植的大米、黄米、小米、小麦、大豆等农作物的种子，然后与民众一道摸索种植、收获、储备和加工食用的方法。

神农氏时代，社会秩序良好，人民安居乐业，天下无争。但随着生产力的进一步发展，人们对土地和财富的欲望增加，部落间的掠夺与兼并兴起，小规模的战争不时爆发，而曾经号令上古中国的神农氏已经式微，无力征讨和平息这些战争。就在此时，炎帝与黄帝两大氏族崛起。

炎帝姓姜，黄帝姓姬，都是从少典氏族分裂出来的女儿氏族。少典氏是伏羲的后裔，其主要活动区域在今河南和陕西境内。独立于少典氏之后的炎帝氏族最初立足于陕西西部偏南的渭水上游一带，黄帝氏族则立足于陕西北部姬水一带（西边抵达甘肃天水）。

陕西的风水好，但生存空间有限，蓬勃发展的炎黄兄弟氏族不约而同地选择了向东北、东南方拓展。据著名学者徐旭生考证，黄帝氏族在渡过黄河后，顺着中条山及太行山向东北走，最远到达燕山南北以如今长城地带为重心的地域，如辽西、内蒙古中部，还有一部分氏族成员一直往东，进入今山东、河南地区；炎帝氏族则顺着渭水东下，部分进入中原，部分东移至今山东偏南的地区。炎、黄两族一边迁徙一边"播种"，沿途建立起新的部落，这些部落日后都发展成或以姬姓或以姜姓为主的小国。

无论是北上、东进，还是南下，炎、黄氏族都将会与原住民部落相遇。此时的中国大地上主要存在四大氏族集团：以中原地区为主要活动区域，同时也在燕山南北尽力拓展的华夏集团，主要由炎、黄氏族构成；以东方即今山东、江苏北部、安徽北部、河南东部地区为主要活动区域的东夷集团，较早的氏族主要是太昊、少昊、蚩尤；以江汉地区即今湖北、江西、湖南为主要活动地域的苗蛮集团，主要由"三苗"氏族（南方诸氏族）构成；以今内蒙古、东北、辽西为主要活动区域的荤粥集团，主要由荤粥等游牧民族部落构成。四大集团相向而立，各有所长，前三大集团已经是你中有我和我中有你。试问：炎帝、黄帝、蚩尤、荤粥这些堪称最早的中国人在大规模的迁徙和发展中能相安无事吗？如果情势决定了他们之间终有一搏，那么，谁会取得胜利，甚至一统上古中国？

二、三大战役定乾坤

打定主意全力以赴向东南北三面拓展的黄帝、炎帝集团，在还没有与东方及南方的氏族集团及当地的原住民发生冲突之前，兄弟氏族内部先斗了起来。本来炎帝是神农氏推举出来掌控上古中国的领袖人物，按理说黄帝应服从他的号令，更不要说与他争夺势力范围。但此一时彼一时，炎帝氏族传到第八代领袖榆罔时，氏族整体开始走下坡路，号令出不了"陈"（即炎帝的都城，今河南省淮阳县）。说话没人听，是因为四方部落的英雄大多已归附到黄帝帐前，黄帝势力大涨。

黄帝是崇奉以武力解决矛盾的领袖人物，在还未与炎帝发生冲突之前，他就开始修德振兵，为统一上古中国做准备。

黄帝是有这个能量的。他在向燕山南北拓展的过程中，已经比较好地吸收了辽西、内蒙古等地的渔猎文化，不仅有了步兵，还组建了骑兵，比固守中原地区、仍以男耕女织为主要生活方式、士兵仍以步兵为主的炎帝集团强大。

权力争夺战开始，这是中国历史上能够用"战争"二字冠名的首场大战。战场选在今北京延庆县的阪泉村，也有说选在河北省西北的涿鹿地区。阪泉之野处于由桑干河、洋河冲积而形成的盆地之中，风水好，物产丰富，是黄炎两族都想占有之地，因而双方均尽全力拼搏，在从延庆到涿鹿的这片宽大的谷地里展开拉锯战，"三战，然后得其志"，最后黄帝取得胜利。

阪泉之战意义重大，炎帝交出了上古中国的领导权，第八代炎帝榆罔被贬封至湖南茶陵地区，包括炎帝部落在内的许多部落纷纷归依黄帝，不久便组成部落大联盟，黄帝轻而易举就掌控了中原和部分北方地区及部分西部地区。这是了不起的胜利，黄帝决定在阪泉设坛举行结盟庆祝大会，下令将各部落的图腾旗帜集拢，重新设计制作全新的能反映黄炎大联盟性质的图腾旗帜。

最终经黄帝敲定的华夏集团的图腾是一条无所不包、无所不能的中国龙。这条龙有狮头、鹿角、蛇身、鱼鳞、鹰爪、虎齿、鲤须、麒尾，内藏一颗熊胆，因为黄帝的先辈少典氏担任部落首领时，确立的氏族图腾是熊。为什么选熊呢？因为少典古国的国名就叫"有熊国"。

这条凝聚了若干部落、浑身充满力量，又披上了新的图腾标识的华夏巨龙，诞生不久便扑向了长江流域和山东半岛，它的首要目标是去降服据说经济发达、兵力强盛、以前曾不时攻击炎帝部落的九黎部落。

九黎即东夷（今山东省一带）的 9 个亲属部落，传说由 81 个氏族组成，其首领蚩尤德高望重且勇武善战。山东是上古中国经济、文化都比较发达的地区，它的农业、家畜饲养业比华夏部落先进。从今山东的考古发掘现场来看，距今5000 多年前的石器、骨角、牙器的制作水平令人惊叹，制陶业更是达到了中国史前制陶业的巅峰。令人吃惊的是它居然发展起采铜、铸铜等工业，蚩尤的士兵实际上同时装备了石器和铜兵器（如铜剑、铜矛、铜戟等）。进入石铜并用时代的东夷集团不满足于仅仅生活在东方一隅，在蚩尤的带领下，部分氏族向炎帝的地盘渗透，蚩尤还曾横扫炎帝的中原根据地，使炎帝"九隅无遗"，地盘全部丢失。

黄炎联盟大军高举新的图腾大旗，向蚩尤发起攻击，两军相遇于今河北涿鹿县东南广袤的原野上。这个战场其实是黄帝预设的，考虑到蚩尤的实力，黄帝一开始采用了诱敌深入的战术，开打便"九战九败"。尔后利用蚩尤轻敌的心理，将其引至远离东夷的河北涿鹿地区，趁其疲惫再作攻击。蚩尤上当了，追击至此，战力衰减。黄帝利用天时地利之优势，大举反击。这一仗实际上打了很多天，留下不少由后人口耳相传的神话。最终的结果是蚩尤兵败被擒，旋即被杀。据说，东夷的英雄人物刑天勇敢地劫法场，抢出蚩尤尸体，先运至邢台，尔后又转运至今河南濮阳西水坡秘密下葬。20 世纪 80 年代考古发掘出的西水坡45 号墓基本认定为蚩尤墓。

蚩尤是深受民众爱戴的领袖人物，被尊称为"战神"。获知噩耗后，东夷集团上下悲痛，不少地方民众为他建立纪念性的建筑物或者衣冠冢、肩髀冢、蚩尤旗冢。苗蛮集团也为蚩尤悲伤（蚩尤失败后，其部落的部分兵力逃往南方，与苗蛮集团融合），他们把失去蚩尤的这一天定为苗家"国难日"，年年举行仪式祭奠。蚩尤的英雄事迹不胫而走，传遍中国的东南方和今河北、河南、山东三省交界地区，人们自发地把蚩尤列为与黄帝享有同等地位的人文始祖，一些地区为蚩尤打抱不平，起兵反对黄帝。黄帝继续军事行动，又集中兵力打击以华山一带为活动中心的夸父部落，最终在潼关斩杀夸父。

夸父本是炎帝部落的后代，据说在参与对黄帝的战争失败后非常郁闷，突然想到要去追赶太阳，把这腔怨气发泄出来。然而，太阳怎么追得上？夸父在万般疲倦之后因饥渴而死，他的手杖变为树木，化成一片邓林。夸父这气吞山河的壮举打动了一代又一代中国人，自此，他就以传奇英雄的形象活在中国人的心中。

蚩尤、夸父等人死后，黄帝进据东方。看到战争留下的废墟，黄帝心里十分难受，立即放下胜利者的架子，与东夷集团解仇结盟，其后颁布了一系列有利于东夷民族的政策，还令画师画了许多蚩尤的像到处张贴，以此安抚四方。看到这些画像，"天下咸谓蚩尤不死，八方万邦皆为弭服"。

涿鹿之战是上古中国的一个重大的里程碑，它不仅使黄帝达到了东进的目的，更重要的是它最早以和解的方式促进了各民族的交往和融合。黄帝的威望大增，统一上古中国的自信心也更强，他发出号令，各部落主力北上，将古匈奴人（荤粥部落）从他们现在占有的、本应属于华夏集团的地盘上赶出去。荤粥不是黄帝的对手，北方的威胁解除了，黄帝挟全胜之威，召集各部落首领前往釜山"合符"。

对于釜山的位置，典籍上说法不同，有的说在河北涿鹿，有的说在河南灵宝，有的说在内蒙古察哈尔草原上。现在看来，应该是在察哈尔草原上，因为这是顺理成章的事：只有战胜了最后一个强敌荤粥，黄帝才有资本召集或者号令天下众部落，在最后一战的战场上"合符会盟"，才更有威慑力和号召力。司马迁写下的"北逐荤粥，合符釜山"这8个字是有讲究的。

那么，什么是"合符"？学者王大有考证，符是玉制的圭板，本是巫觋族长用来规矩日晷长度（力度）的量天尺，在古代，这种量天尺可代表天，与"天帝"是同义语。黄帝在釜山会盟时，把天下诸侯这种通天达地的符信物（各种形状的都有，有的像钺，有的像尺，有的像半璧的"璜"）收集在一块，这称为"合"，然后由黄帝定出等级和使用制度，再颁发给各部落联盟，表示现在各路诸侯受到了黄帝的正式任命，是黄帝集团的册命成员，可以独领一方了。

这样，通过阪泉之战、涿鹿之战和北逐荤粥三大战役，万邦林立的部落联盟时代基本结束了，由黄帝统一发布政令、军令，多种民族融为一体，具有一定国家形态的上古中国诞生了。据司马迁考证，当时的版图南达长江、湘江，北抵辽西、内蒙古，东至岱岳，西至陕甘。

以往，人们一般以为中华民族的先祖们只在长江、黄河流域建功立业，其实他们的足迹遍布燕山南北、黑龙江一带。"长城以北，列祖列宗"，著名考古学家李济在 20 世纪 50 年代就提醒人们，中华民族的英雄祖先们的活动足迹绝不仅限于中原、东方或南方，燕山南北、广袤的东北大地及辽阔的蒙古草原，都是他们栖息坐卧、生存繁衍之地，最远甚至达到外蒙古、西伯利亚。

乾坤大定，伟业已成，黄帝很兴奋，下令在今河北涿鹿宽广平坦的原野上择址建设都城。其实黄帝的祖辈曾在今河南郑州北郊的西山建过都城，20 世纪 80 年代中期，中国考古界在此发掘出总面积超过 20 万平方米、距今 5300 多年的史前城垣遗址。5300 多年前的郑州是古文献上明确记载的有熊国的活动中心，在这一地域尚未发现第二座同时代的如此规模的城址，主流意见一致认为，西山古城必是有熊国国都。

都城建好之后，黄帝组建了中国最早的政府机构，文武百官都用"云"来命名，春官称青云氏，夏官叫缙云氏，秋官叫白云氏，冬官叫黑云氏，中官叫黄云氏，军队也称云师。为了保证政府的有效运转，设立了"左右大监"，监督文武官员和各部落首领的行为。平时注重对鬼神山川的祭祀，为此制定的礼仪既多又严。对于百姓，黄帝尤为爱护，甚至建立了养生送死的社会福利制度。做完这些治国理政的事项仍觉得不够，黄帝又论功行赏，赐姓封疆，进一步笼络人心。据史籍记载，对臣服于己的 25 个部落中的 12 个予以赐姓，这 12 个姓是姬、酉、祁、己、滕、葳、任、荀、僖、姞、儇、衣。赐姓之后，对那些始终不愿臣服者采用分化法，将他们北迁至荒蛮之地，或者把一个氏族部落分成若干个氏族分居于东西南北，如对夸父族完全重组，并对其人员进行分流再分流。这种亘古未有的民族大改组、大迁徙、大分化推行了若干年，尽管有时发生抗争、混乱，但部落大联盟的一统局面一直得以维持，各氏族的生存、发展能力得到了更好的磨炼。

是的，黄帝时代是文明从滥殇走向多彩的时代。《周易·系辞下》说黄帝刳木为舟，剡木为楫；制作车乘，横木为轩，直木为辕。这是说黄帝发明了车、船。《史记·封禅书》说黄帝开采首山铜，铸造了 3 个大鼎。20 世纪 90 年代，中国科学家果真在今河南省灵宝市阳平镇发现了距今 5000 多年的中国人采铜矿的遗址，这说明黄帝在 5000 年前就摸索到了最原始的冶炼技术。《世本》说"黄帝见百物，始穿井"，是指黄帝发明了打水井的方法。《说文解字序》《拾遗记》说黄帝令仓颉作书，整理和新造从伏羲时代各部落就开始创制和运用的类似于文字的图画或符号，把它们规范成以黄帝云篆为基础的象形文字。《路史·后纪五》说黄帝制金刀、立五币，由此发明了货币，并且制定平抑物价的"轻重之法"。最了不起的是黄帝令大挠作甲子，修订伏羲时代流行的八卦太阳历，制定出新的黄帝历法，称"调历"，用干支纪日、月、年，这种方法一直沿续至今。例如，中华民国成立后就宣布采用黄帝纪元。黄帝纪元的元年是公元前 2698 年，按此推算，1911 年为辛亥年，从 1911 年再推至公元前 2698 年，即推至黄帝元年。然后以公元前 2698 年再加上公元 1911 年，便得出中华民国的元年是黄帝纪元的 4609 年。黄帝历法是非常伟大的科技成果，自此，人们的生产、生活更加顺应自然。总之，黄帝在众多领域（包括服装、桑蚕、医药、农耕等）都有独特的发明。

实际上，黄帝可能没有这么大的能量，在史载的几十项冠以黄帝之名的文明成果中，有些是在伏羲、神农氏和炎帝创造的基础上往前推进了一步，还有一些是后人出于崇仰，附会到他身上的，也可以说这些文明是无数的远古先民筚路蓝缕、反复探索的结果。然而，不论怎么讲，黄帝都为开创和发展上古中国作出了巨大贡献，他站在燧人、伏羲、神农、炎帝等巨人的肩膀上，集上古文明之大成，把基本统一的上古中国带入全新的文明时代。

三、民神杂糅，绝地天通

上古中国在黄帝的领导下安宁富足，粮食经常丰收，人民不愁温饱，社会秩序出奇得好：种田的互不侵犯地界，打鱼的不相争夺水域，大型城堡的城门可以不关，没有听说哪里出现过盗贼……甚至连异常凶猛的动物似乎都变得守起规矩来。

黄帝由此深受人民的拥戴，各方国的诸侯们也都希望黄帝能长久地统率他们。然而，生命有限，据中国目前最古老的史书之一《竹书纪年》（距今近 3000 年）记载，黄帝掌控上古中国持续了近百年之久。黄帝并非死于疾病，也并非如传说中所说"驭龙归天",他实际上死于一场突发的大地震,他的安息地就在今陕西黄陵县城以北一个叫桥山的地方。

黄帝、炎帝与之前的神农、伏羲、蚩尤等上古时代开天辟地的中国人都是中华民族杰出的人文始祖,他们所创立的华夏文明构成了中华文明的主流。一代又一代的中国人以他们为榜样,艰苦奋斗,勇于探索,把中华民族赖以生存的传统文化继承下来,发扬光大。其间没有文明的丢失与阻隔,中华文明始终一脉相传,生生不息,至今仍采用5000年前的夏历纪年,能读懂3000多年前的文章。没有历史的断裂和缺环,几十个民族相依相伴,不离不弃,始终以大一统格局屹立于世。十几亿有着数千个不同姓氏的中国人(中国历代文献中先后出现过6403个姓氏)共处一国,使中国成为世界四大文明古国中唯一的现存者。

黄帝之后,黄帝的长子、少昊氏族的首领青阳接过治理上古中国的权杖。在此之前,青阳担任东夷集团的首领,这一职务是蚩尤死后由黄帝委任的。之所以称他为少昊,据说他具有太昊伏羲的某些优良品德。现在看来这个称呼是有道理的,少昊青阳在最高领导岗位上待了一段时间后,主动让贤,举自己的侄儿颛顼为上古中国的最高领导人,称颛顼为"帝颛顼"。

颛顼的父亲叫昌意,是黄帝与其妻嫘祖的次子。嫘祖是中国最早的养蚕人,后人尊称她是丝绸业之祖——"先蚕"。颛顼的少年时代其实是在东夷集团度过的,有史料说少昊青阳受昌意之托代为养育他。昌意的本意是让颛顼在东夷这个经济、文化都较中原发达的地区历练成才。事实证明昌意的这个想法很有远见,颛顼在15岁左右就显露出不一般的才华,"沉静渊深而有智谋"(司马迁语)。青阳慧眼识才,指定15岁的少年颛顼为自己辅政,有意把一些难处理的事交给颛顼去办,结果是件件都令人满意,青阳便将今河北的高阳地区封给颛顼,以示褒奖。这样,后人又称"帝颛顼"为"帝高阳"。伟大的爱国主义诗人屈原的经典之作《离骚》的第一句话便是:"帝高阳之苗裔兮。"意思是:我是帝高阳的子孙啊。

"帝颛顼"是在和平年代成长起来的,并没有像黄帝那样身经百战,但却享有崇高的声望,无论华夏集团,还是东夷、苗蛮集团中的重要氏族,都对他敬若神明。有些史料记载颛顼的声望甚至高过黄帝,如《山海经》对于上古时代的领袖人物，提得最多的就是颛顼。

颛顼凭什么获此殊荣？其过人之处就是比黄帝、少昊等领袖人物更注重上古中国的国家形态的建设，或者说更注重加强国家权力的集中。为此，他施行了一系列行之有效的战略。例如，蚩尤失败后，一部分东夷集团的士兵和百姓躲到了今云、贵、川边远地区，自成一体，事实上形成独立王国，颛顼通过软硬两手战略，使这些独立王国听命于他领导的中央政府，使东夷集团真正完全地与华夏集团融合。颛顼在此过程中充分利用了他在少昊集团辅政时产生的影响，使广大的东夷集团从上到下在情感上与他产生共鸣，才做到了黄帝在掌控上古中国时都没能做到的事。

最有历史意义的事件是华夏集团与东夷、苗蛮、北狄（荤粥）集团实现大融合之后颛顼推行的宗教改革，对巩固上古中国的统一起到了决定性作用。这次全国范围内的宗教改革有一个很形象的名称，叫"绝地天通"。

在弄清什么是"绝地天通"之前，先看一下背景：

上古时代，雷鸣电闪、山呼海啸、洪水漫灌等自然现象常使人们感到惊恐，人们普遍认为这一定是看不见的神、鬼们在发威。人们无能为力，便想通过一些宗教仪式祭拜神、鬼，来换取平安。黄帝也是信神信鬼的，在统一上古中国后，立即设立 5 种官掌管天、地、人等宗教事务，让人们按统一的历法和宗教仪式进行生产、生活，使社会各阶层生活在一个有序的空间里。这种带强制性的管理方式与一些历来按自己氏族的传统文化行事的部落产生了摩擦，苗蛮集团的反应最为突出。苗人历来重视祭祀神灵，一些地区"乱德"，不按黄帝那套统一的宗教模式行事。不仅苗蛮集团，原东夷集团的一些部落也自行其是，每家每户按自己设定的一套仪式祭神行巫，人人都说自己能上天通神，家家都指定一人充当"巫史"，一年四季香火不断。所谓"香火"其实是每家每年都要准备的数量相当多的祭祀品，如牛、羊等牲口，这自然会使财物匮乏，许多人家为此疲乏不堪，严重影响了生产和社会安定。最不能让人接受的是人人声称能上天通神，不少人沉迷于巫术，并说自己得到了神的指示，要其他人按神的意思去如何安排生产和生活。"民神杂糅""家为巫史""群言混杂"，到底听谁的？这带来了思想意识及社会秩序的混乱，直接危及上古中国的一统局面和领袖人物的威信。

颛顼不容许这种局面长久存在，他首先"封山"，不许民众登泰山、华山、昆仑山、青要山等被民众认为上去之后便可以登天通神的山，据说封了几十座大山，让这些名山几乎成为绝域；其次是任命了南正重和火正黎两名官员具体负责"绝地天通"的战略。通过这两位官员，颛顼牢牢地把神权控制起来，规定只有他们才有资格通神、祭祀神，普通民众不能再通天通神，更不可以随便传达神的指示。"绝地天通"就这样做成了。

颛顼任命的这两位官员是中国历史上出现最早的专管宗教事务和民政事务的官员，这是国家治理方面的一种创新。之所以要这样做，并不是要简单粗暴地剥夺普通民众对神权的崇拜，主要是为了在革新宗教的同时，建立起一种新的社会秩序，从而更有利于上古中国的统一。这是历史进步的一种表现，社会秩序得到整顿后，人们才可以集中人力、物力发展生产。至于神的指示嘛，还是会时常向民间发布的，只不过这种指示只能由那两位官员传达，而拍板传达与否的只有颛顼一人，这实际上是极大地加强了中央权力，使原本还比较松散的"万国联盟"趋于牢靠。颛顼不愧是中国历史上最有智慧、魄力的领袖人物之一，并且称得上是中国最早的上层建筑领域的革命性的改革者。传说他首次构画了上古中国的版图，制定了更为准确的颛顼历，划定了二十四节气。还有记载说他创作了中国最早的"国歌"，歌名叫《承云》。"云"其实是黄帝时代的官制或说政治制度的代名词，也是人们心中的图腾。"承云"，承的是什么？承的是黄帝时代的精神！颛顼由此被后人尊崇为"文治之主"。

颛顼可不单是"文治之主"，他也是崇奉武力解决问题的统帅，对一些有可能向他挑战并对上古中国的统一构成危险的人或事，他都毫不犹豫，该出手时便出手。最典型的例子是讨伐共工。

共工氏是一个非常古老的氏族，常居今河南辉县一带，其首领一直沿袭共工的名字，远在伏羲时代便开始协助伏羲治理上古中国，掌管祭天权和历法天象的解释权，政治地位仅次于伏羲。历千百年，共工氏经久不衰，待到颛顼掌控上古中国时，共工氏的势力更是非同小可。身处中原一隅的共工氏为什么能取得如此骄人的成绩？原来，共工氏是继神农氏之后对农业生产有很多研究的一个氏族，在农业上的贡献仅次于神农氏，比神农氏更厉害的本领是擅长治水。远古时期的中国常受水患，共工氏身先士卒，牵头治水，当时用得最多的办法是：高地铲平，低地填高，平地修堤。一般的水患用这种办法尚可，但一遇大灾，尤其是河水大面积泛滥时，这种办法就不行了。所以，共工治水经常失败，现在看来，主要原因是河道没有疏通，所修土堤根本挡不住汹涌泛滥的河水。

尽管如此，共工还是得到许多民众的拥护，人们称他为"水师"，一些小的部落纷纷向他靠拢，使共工氏一度称雄中原，连共工的儿子后土也被尊为"土地神"。

共工氏"坐大"，这在颛顼看来值得警惕，加之共工本身并不低调，时常流露出对颛顼的不满，试图与颛顼"争为帝"。颛顼愈来愈不能容忍共工的言行，怎样才能治一治共工的桀傲呢？颛顼抓住他治水失败，经常殃及帝丘（今河南濮阳，颛顼的祖居地）和四周部落的事实，向各部落通报共工的不端，而后便动用武力教训共工。

这便是著名的共工与颛顼争为帝的战争。这场仗打得很激烈，结果共工失败。共工恼羞不已，下令掘开河道，用淇水冲击颛顼大军。水势漫漫，一时间"天倾西北""地不满东南"，不仅无数的士兵和百姓死于水中，而且造成中原一带长期的水患。这场面太惨了，后人为了形容惨的程度，便说是共工失败后怒触不周山，致使天柱折断，天的倾斜使西北方突起来，地的倾斜使东南方凹下去。

颛顼与共工其实都是华夏集团的后裔，颛顼为巩固领袖地位和上古中国的大一统格局，狠狠地教训一下共工是应该的，而且颛顼并没有虐待共工氏族，相反，仍旧给予这个为农业和水利事业作出过很多贡献的氏族很高的政治地位。之后，这个古老强大的氏族并未消沉，其后人一直都有相当出色的表现，尤其是在探索自然、改造自然方面。

享有极高声望的"帝颛顼"在位78年，于98岁那年去世，安息地在今河南濮阳。颛顼生前集军、政、宗教三权于一身，既具有绝对的权威，也具有绝对的凝聚力。在他的领导下，上古中国的地域据《史记·五帝本纪》所言，"北至于幽陵（今河北、辽南），南至于交趾（今越南承天以北），西至于流沙（今甘肃敦煌），东至于蟠木（今东海中山）"。

开疆拓土方面，颛顼的贡献超过了黄帝。面对广袤的国土和陌生的民众，颛顼坚持以原始宗教为表象来构造共同的精神家园，从而凝聚人心，使"四大集团"出现文化和情感上的融合，大一统格局由此得以巩固和延续，上古中国迎来了新局面。

四、继往开来是尧舜

颛顼去世之后，他的侄儿帝喾继位。帝喾是一位养性自律、仁义、谨慎的守成之君。司马迁说他凡事秉持中庸之道，保持了上古中国的统一和繁荣。帝喾治理上古中国75年，去世后，儿子挚继位。挚在位仅9年便被其弟放勋替代。有些史书说是由于宫廷政变，有些史书说是因为挚不善治国。不论何因，挚是上古中国第一个在位不久便失去权力的领导人。

放勋就是被后人尊为"圣君"的帝尧。帝尧在取代帝挚之前是封在唐地（今河北唐县）的诸侯，所以又称"唐尧"。帝尧时代初启时，上古中国已承平260多年（从黄帝合符釜山算起），社会空前稳定，各民族和谐相处，流传下许多美好的传说。但不久帝尧便遭遇两大挑战：一是水灾，二是"三苗"之患。

公元前2800—前3000年，正是上古中国的洪水高峰期。洪水漫漫，包围了村落城郭，淹没了丘陵，海水趁势回浸倒灌，大批先民溺死或饿死，残存的逃往高地求生，华北平原几乎人烟绝迹。在生存危机面前，帝尧决定迁都，从今河北唐县迁至山西平阳（临汾东），就在这里制定了治水方案，首先任命水利世家共工氏牵头治水。共工氏全力以赴，其余诸族鼎力相助，在河北、河南、山西一带阻击洪水。然而，效果不好，帝尧及时撤换共工氏，又指令夏部落领袖鲧牵头治水。

鲧也是上古中国有名的治水专家，他使用的办法还是共工那一套，高处挖低，低处填高，土方挖得不少，连帝丘周围都挖动了。鲧牵头搞了9年多，洪灾并无明显减轻，"滔滔洪水，无所止极"，百姓居无定所，田土抛荒，社会日渐显露危机。帝尧一怒之下先将鲧贬往远地，后又杀了鲧。

鲧死之后，有人推荐了鲧的儿子夏禹（名叫文命），帝尧便任命夏禹牵头治水。禹含悲忍痛，勇敢地走向治水的战场。接受共工和父亲的教训，禹采用疏导为主的方法，从尧都平阳的周围开始，先把主流加深加宽，再把支流决通，使之归于主流，而后引导主流水势向东海渲泄。他一边疏导，一边在重要地段抢修坚固的堤坝，并大规模开凿隧道，最著名的工程便是凿通龙门，疏通黄河河身。龙门在今山西河津市西北和陕西韩城市东北的黄河中，两岸是悬崖，中间有一个狭窄的口子，凿通龙门便可使河水加大流速，不受阻挡。就这样苦干加巧干，干了 13 年，洪水终于平息下来。据有关史料记载，在这 13 年中，中国 9 条主要的大江大河，即弱水（源于祁连山，注入内蒙古居延海）、黑水（在河西走廊的西端）、黄河、渭水、洛水、济水（源于太行山，与黄河平行，注入渤海）、淮水、汉水、长江，都得到了不同程度的治理。靠着以石器为主（部分铜制工具）、以烧石浇水崩裂岩石的原始方法，治理纵横 2000 多公里的 9 条江河，并取得成功，这是多么伟大啊！

在艰巨的治水工程告一段落后，帝尧发起征讨"三苗"的战争。

"三苗"是苗蛮集团的后裔，黄帝时代便已加入华夏与东夷集团的大联盟，拥护黄帝为领袖。经过 200 多年的发展，苗蛮集团的经济、文化都有了很大的进步，农业和制陶等手工业并不比华夏、东夷集团落后，有些行业还比华夏和东夷集团先进，所以苗蛮集团的后裔们逐渐对华夏集团产生了离心倾向，一些苗蛮部族公开毁弃盟约，不接受帝尧的领导。"三苗"的行为被视作叛乱，是对上古中国大一统格局最大的威胁，必须像平息洪水那样平息"三苗"之乱。

"三苗"的地盘主要在洞庭湖、鄱阳湖之间，最北的地界抵达伏牛山南麓，包括整个南阳盆地和今安徽霍山县西南。帝尧将这场战争的主战场选在今湖北十堰市丹江沿岸。这里是通往陕西的交通要道，物产丰富，如能在此打败"三苗"，一可阻断"三苗"向陕西和中原的进兵之路，二可将此肥沃之地真正收归中央政府掌控。但是，战争的结果并不理想，"三苗"熟悉地形，据险而守，尧的部队在今丹江口水库一带与"三苗"决战，无法取胜，只得沿路后撤。首次征讨无功而返，但却有效地打击了"三苗"的气焰。

帝尧时代是上古中国最著名的盛世。司马迁将帝尧作为圣人讴歌，说人们追随他如追随太阳那样，期待他如同渴望祥云那样，他去世后百姓如同失去父母，在 3 年时间里，天下都停止奏乐歌唱。

不论司马迁所说是否有夸张的成分，尧时代都堪称国泰民安。这可以从距今 4000 多年的号称"中国歌曲之祖"的《击壤歌》中窥见一斑。《击壤歌》表现的是一位性格开朗、很有思想的农民一边敲击地面一边唱歌的场景，歌词这样唱道："日出而作，日落而息。凿井而饮，耕田而食。帝力于我何有哉！"

意思是：太阳出来我劳动，太阳下山我休息。打一口井饮水，种几亩田吃饭。帝王再强大，又与我有什么关系？听得出来，这位农民很满足，很自信，很有安全感。这是典型的"尧年"气象，后人以"尧年"来形容太平盛世。

治理上古中国达 70 年之后，90 岁高龄的帝尧主动把领袖之位禅让给一位叫虞舜的普通百姓。虞舜本名叫姚重华，出生于东夷集团的虞部落，从小靠打渔种田谋生，也会做点陶器出售，忠厚善良。据说舜的父亲是个瞎子，但眼瞎心狠，居然伙同舜的继母及舜继母所生的孩子陷害舜。舜一概不予计较，只以孝心对待家人。舜的德行感动了帝尧而被选拔到中央政府，起初的工作就是给尧当参谋出主意，偶尔替尧处理一些公务，有时还在都城平阳的 4 个城门口替尧接待宾客。所有由他负责的事务都办得很好，尧很欣赏，把自己的两个女儿娥皇、女英都嫁给了他，暗示将来要让他治理天下。舜在帝尧去世之后担起治理上古中国的重担。

尧舜相传，传贤不传子，成为千古美谈。孔子赞美尧时代是"天下为公，选贤与能"的大同时代。他说："伟大啊！身为君王的帝尧是那么崇高。世上只有天最大最高，只有尧在效法天啊！"实践证明，尧的禅让确实让对了人，舜虽然出生于民间，却具有非凡的智慧，加上他在尧的身边辅政了 20 年，对如何治国理政已经颇有心得。

执政伊始，他把维护上古中国的统一摆在首位，首先拿"四凶"（4 个不听话的部落首领）开刀，将他们流放至边远地区，连最负盛名的共工氏也受到处罚。其次，他开始马不停蹄地巡察国土，2 月至东方，5 月至南方，8 月至西方，11 月至北方，每到一方都仔细听取诸侯的汇报。这种巡察 5 年一次，而且还要求诸侯们每 4 年朝见他一次。为了加强对国家的管理，舜把禹在治水中划定的九州重新划分为 12 个州，即冀、兖、青、徐、荆、扬、豫、梁、雍、幽、并、营州。这些州名一直被后人沿袭使用，如今，河北仍称冀，河南仍称豫，扬州、荆州、徐州就这么叫了几千年。

把州划小，既改变了以往按部落姓氏治理国家的方式，又削弱了各方国诸侯手中的权力，也使国家管理进一步精细化。同时，舜还扩大中央"各部委"机构，任命禹、皋陶、共工、伯夷、稷、益、契、夔、驩兜等 22 个部长级官员，令其分别主管政治、军事、经济、教育、文化等方面的具体事务。根据"部长"们的建议，制定了 5 种刑法和管理各方国的有关法典，规范了各方国诸侯的责权利，中央的政令自此畅通。

舜继续与时叛时服的"三苗"作斗争。鉴于尧时征讨"三苗"的经验和教训，舜采取了"两手抓"的策略，一方面是文的策略，主要是积攒力量谋发展，想方设法从文化和经济上影响"三苗"；一方面是沿用战争手段压服"三苗"。一文一武的策略比之前见成效，南北文化的交流和融合加速了，有文献记载："舜却苗民，更易其俗。"南北民族融合的程度加深，甚至开始互相模仿穿衣服的方式。军事上，舜选择夏禹领兵对那些尚未臣服的"三苗"部落发起进攻。出兵前，舜作出一项重大决策，推荐禹为自己的接班人，把军政大权一并付予夏禹。禹立即率 5000 兵力向"三苗"腹地江汉流域挺进，首战便大获全胜，"三苗"的几位首领或被杀或被俘，绝大多数"三苗"部落就此真正融入华夏集团，余部逃往云、贵、川及两广之地。

征服"三苗"之后，夏禹的威望更高了。已经 80 多岁高龄的舜帝为了不干扰禹的决策，也为了安抚经受了战争创伤的"三苗"，决定离开都城永济（今山西运城）去南方巡狩。舜过黄河、渡长江、涉洞庭，一路向南，最远抵达今广东韶关。他在这些地方演奏韶乐，韶关、韶山因此而得名。他毕竟年事已高，北返至湖南宁远县九嶷山时病倒，死后便葬在九嶷。2002 年，考古工作者在九嶷山玉琯岩发现了汉朝时修建的舜帝陵庙遗址，不久又先后发现唐、宋时代的舜帝陵遗址以及大量当时的祭器。

尧舜时代是中国的黄金时代，整个社会的文明程度大幅提高，舜还亲自组织人马创作音乐教材，对青年人进行音乐培训，使他们从音乐中体悟到德、才、美。舜本人是有相当造诣的艺术家，他主持制作的音乐使后人孔子听后 3 个月陶醉其中，甚至肉吃到嘴里都不知是什么滋味。

五、观乎人文，化成天下

上古中国从伏羲时代起就不是一盘散沙，到炎黄、尧舜时代更是由部落大联盟走向比较完整的国家形态。那么，是什么因素把生活在黄河、长江、辽河流域以及西南崇山峻岭中的那些开疆拓土的英雄祖先们聚到一起，从而建立起政令、军令基本一统的上古中国呢？毫无疑问，是遍地开花、灿若星河的上古文明。

先说物质文明。上古中国的先民们在 1.2 万 ~1.4 万年前就开始种植水稻，从而拉开农业文明的大幕。1999 年，中国的考古工作者在湖南道县玉蟾岩（原名叫蛤蟆坑）和澧县城头山先后发现了 1.2 万年前人工种植的稻谷。这是目前为止世界上发现的最早的稻谷，可以称为"世界稻谷之祖"。与这些稻谷一同出土的还有大批直接或间接用于水稻生产的工具，有石器、骨器、木器。在中国大地上，已经有多地发现历经上万年的稻作遗存，如岭南、珠江流域、广西、浙江、江西、云南、江苏等地。

中国称得上是粟、稻的故乡。在距今 5000 年左右的黄帝时代，中国的稻作文明又有新的发展，籼稻和粳稻开始分类生产。几乎与南方稻作农业同步发展的还有黄土高原的粟作农业，人们在陕西、山西、河南等地发现了距今 8000多年的粟作遗存。粟作农业是推动中原发展的原动力。正是以中原文化为核心，人类文明史上才出现了既独一无二又多姿多彩，延续时间最长、从未间断的中国文明。

随着农作物栽培技术的不断提高，粮食产量和社会财富有了大规模增长，部落联盟更有力量供养专业的军队和官员队伍，这便促使部落间的掠夺与兼并更加激烈。上古中国的大一统说到底是农业文明或者说是粮食等剩余产品急剧增加后的必然结果。

在解决粮食问题之后，人们开始建设大型居住点，氏族间打破界限大规模地融合，这有点类似于今天的"城镇化"。近些年来，无论是东北还是江南、中原等地，都不断发掘出距今五六千年的古城遗址，不完全统计有 7000 处之多。如浙江良渚古城，东西长 1700 米，南北长 1900 米，面积达 300 多万平方米，古城被城墙环绕（部分地段残高 4 米），城墙修得异常坚固，底部竟有 40 米宽。再如河南郑州的西山古城遗址，城墙外还挖掘壕沟夹护，壕沟宽 7 米，城内发掘出 200 多座房屋基址，看得出建设前经过了一定的规划和设计，城内最宽的街道达 17 米，街道上建有可容纳千人活动的广场。

良渚古城和西山古城距今约 5300 余年，发掘它们的时候曾认定为中国时代最早、建筑技术最为进步的城市遗址。但此认定不久便被湖南澧县城头山古城遗址打破。该城遗址占地 18.7 公顷，不仅挖有环城壕沟，还有护城河，城中的大道比西山古城还要宽。城内发掘出保存完好的中国最早的大型祭坛，以及设施齐全的制陶作坊。大片的稻田都配有较完整、实用的灌溉设施。还发现有密集而重叠的墓葬，出土各类文物达 1.6 万件之多。仅从这一数字，就可以想象出当年城头山古城该有多热闹。

城头山遗址据科学测定距今 6500 多年，是名副其实的"中华城祖"。城市是文明的聚合地和发散地，上古中国一批又一批大型居住区从内蒙古、甘肃、浙江、湖南、河南、山东等地崛起，由小到大，顽强地生长。这些文明程度不一、建筑风格内向的中国古城各自积聚一定的能量后开始由点到面地慢慢融合。若干年之后，不少古城互联互通，从而逐渐形成颇为壮观的地域和国家版图。

国家产生了，上古中华文明迸发出巨大的创造力。史载，大约 1 万年前，中国的先民们就开始广泛使用独木舟和皮筏、竹筏。进入黄帝时代，木板船问世，人们可以漂洋过海了。据考证，《山海经》中记载的被黄帝打败的夸父族就是善于使用舟船的部落。据说，当年他们离开中国后曾海陆并进，迁徙到今南美洲秘鲁国的波谷山定居，部分还进入北美洲及中美洲。

横渡大洋，没有一定的航海知识是不行的。先民们在长期的实践中积累了丰富的天文观测方面的经验，通过日出日落、星隐星现的某些现象和规律为自己导航，这是值得后人尊崇的征服自然的壮举。上古中国的先民们在天文历法方面取得的成绩是令人惊叹的。秦始皇统一中国后，立即向天下颁布颛顼历，往后延续到汉武帝，中国一直使用颛顼历。颛顼历精确到什么程度呢？精确到将一年定为365.25 天，这与当代历法高度契合。颛顼那时凭什么计算得如此精确？凭实践，凭智慧，也许还凭他建造的那座神秘的用来敬天顺时的玄宫。

上古中国对天文历法知识是相当重视的，国家上层如此，普通百姓也是如此。为什么呢？因为只有了解一定的天文历法知识才能顺天守时，更好地生产、生活。明末清初的著名学者顾炎武说："三代以上（夏商周三个朝代的简称），人人皆知天文。""七月流火"现在作为诗句来读，其实在上古时是农夫之辞；

"三星在户"是一般妇女之言;"月离于毕"是士兵的行话;"龙尾伏辰"是小孩子的歌谣。

上古中国的先民们充满了智慧,他们在精神文明方面的追求丝毫不亚于对物质文明的追求。以宗教礼仪文明为例,一年12个月,每个月祭哪位祖先、哪位神都有严格的规定,到了时间,别的事不干,先祭祀。为了顺利举行这种宗教礼仪,各部落联盟和中央政府不惜人力、物力,修建气势宏伟的礼仪中心。到了祭祀的那天,四面八方的民众都往礼仪中心赶。人们不满足于当天的祭祀,还把这一天作为节日,如同今天的乡村庙会一般。1984年前后,在今内蒙古东南部和辽宁西部、河北北部一带,发掘出多处距今5500多年的大型遗址群,其中都有规模庞大的宗教礼仪中心。最突出的是位于辽宁凌源、建平两县市交界处的牛河梁遗址,多种形式的石砌祭坛、金字塔、女神庙、山台和积石冢群散布在几十平方千米的范围内。

上古先民们为什么如此重视宗教礼仪?理由很简单,除了能从宗教中寻得对生活更好的指导外,更主要的是为了凝聚大众之心,维持住通过流血流汗换来的大一统。中华民族是这样的民族:向往统一,喜好抱团,小部落总是不断向大部落靠拢,小族不断向大族靠拢,方国不断向中央靠拢……

当然,上古中国的精神文明远不止宗教礼仪这一块。大约在1万多年前,人们开始美的萌发和追寻。前面说过,自从黄帝的妻子嫘祖发明养蚕植桑和人工纺织丝绸之后,人们的衣着有了根本性的改革。其实,上古中国的纺织技术早在嫘祖之前就出现了。20世纪70年代,在浙江河姆渡遗址中发现了二经二纬技法编织的芦苇席,一起出土的还有用于抽纱捻线工序的石和陶制成的纺轮。继河姆渡之后,人们又在浙江嘉兴发现了用野生葛作原料,系纬线起花的罗纹织物。这两处发现的文物距今都有六七千年之久。

继服装变美之后,人们又把目光投向玉文化。大约8000年前,中国人就开始制玉,制成的产品一部分作为礼器或宗教用品,另一部分则作为装饰品。中华民族是一个崇玉的民族,玉在人们心中享有美好圣洁的地位,对玉器的制作和运用几千年来一直热情不减,各类产品层出不穷,如玉琮、玉璧、玉钺、玉龙、玉凤、玉龟等,这些作品雕作之精美、构思之奇特,可谓惊世骇俗,有些玉器的加工技艺甚至达到了后世也望尘莫及的地步。以20世纪80

年代在内蒙古红山文化遗址中发现的玉雕龙为例，它高 26 厘米，周身呈墨绿色，吻部前伸，嘴唇抿闭，鼻端平齐又微微上翘，细长的眼睛睥视前方，颈部一道夸张的长鬣雄健地飘拂上卷，粗壮的龙尾内屈迎向龙首，整个龙体呈现出一个环曲而有力度的 C 字形，龙背部近颈处有一个小圆孔，可以作穿系挂饰用。而且，这条被誉为"中华第一玉雕龙"的作品是用一整块玉料雕刻而成的。8000 年前正是新石器时代，还没有类似于机床、铣床式的工具，这个反 C 字形的龙体是如何切割出来的？如何磨得如此光滑？如何打出了只有几毫米的小孔？

像玉雕龙这样美得无法形容的玉器在中国各地都有发现且数量惊人。1986 年，在良渚的反山地区发掘的一处墓葬中，一次就出土了 3200 件玉器。其中一些作品的工艺之精巧，即使今天使用现代工具，也制作不出那股神韵。

与玉器相媲美的是上古中国在 12000 多年前就发明和使用的陶器。目前所知中国最早的陶器是随同最早的稻谷在湖南道县白石寨村的玉蟾岩面世的。这是一件口径 30 厘米、呈黑褐色的夹砂粗陶敞口尖环底的釜形器，尽管做工古拙粗劣，形体却有模有样。制陶业一经诞生，就成为上古文明的一大亮点，各种形态的陶器被源源不断地发明出来，如盆、钵、罐、碗等。一种打水用的双耳陶罐最有创意，它的主体部分为圆形，底部却是锥形，罐子一接触水面便自动倒下，等水装满了，它又自动竖起来，用力一提，一桶水便上来了。

除了实用，人们也追求陶器的色彩之美。20 世纪 80 年代，陕西临潼油槐乡白家村出土了施有褐红色彩的陶钵，该钵距今 8000 余年。在陕西华山附近的庙底沟、内蒙古的红山地区、山东的大汶口地区、甘肃的马家窑地区，以及浙江、湖北、湖南、东南沿海地区，甚至新疆、西藏等边远地区还出土了无数绘有彩色图案的陶器。这些图案艳丽神奇，想象力尤为丰富，山川河流、鱼虫龙蛇，取材五花八门。值得注意的是许多陶器上还绘有类似于象形文字的图案，有些简直与今天的文字相差无几。西安半坡遗址发掘后，人们在一批陶器上共发现了 113 个刻画符号，以后又相继在长安、临潼、铜川、宝鸡等地发现类似的刻画符号。不少专家学者认定这是上古中国的文字，著名古文字学专家于省吾甚至考释出其中的一些符号，认为"χ"是"五"字，"十"是"七"字，"T"是

"示"字，如此等等。

大汶口文化层陶器上的符号比半坡遗址陶器上的符号更像文字，大多数可以释读，例如，有些符号是"斤"字、"旦"字、"封"字、"皇"字等。大汶口文化层距今约 4300 年，正是黄帝、颛顼统治的时代，在该时代，仓颉整理、创作出了黄帝云篆体文字，可惜没有流传下来。与大汶口文化中晚期相近的浙江良渚文化中，也发现了一些与大汶口文化陶器上相同或相近的符号，如"岛""灵"等字。

除了在陶器上发现上古中国的文字外，人们还在龟甲上发现了象形文字。1987 年，河南舞阳贾湖遗址出土了一些甲骨，释读出了其中的 18 个字，如"日""目""父"等，这些字体与后来在安阳发现的甲骨文字无异。

贾湖遗址出土的一件文物令人激动，那就是骨笛。所谓骨笛，即用飞禽的腿骨管钻孔后制成的乐器。那次一共出土了 25 支骨笛，研究人员选出其中一支，吹出了《小白菜》这样的曲子。这太神奇了，据碳 14 测定，这批骨笛距今 8000 多年，它的音阶结构至少是六声声阶（有专家认为已是七声齐备的下徵调音阶）。如此发达的音乐文明，在世界上任何一个古代文明中都没有出现过。公元前 8000 多年快进入伏羲时代了，伏羲当年发明了用桐树做琴身，用丝线当弦，琴长七尺二寸，安有 27 根弦的琴瑟。伏羲之后，又发明了埙、哨、号、鼓、钟、磬、勺等乐器。可以想象，中华民族喜好音乐的祖先们一定曾组建过一支颇具规模的民族"交响乐队"，这支乐队一定演奏过中国最早的"国歌"——《承云》。

在绚烂多彩的中国上古文明中，中医药的发明和运用是最值得后人感恩的。神农氏尝百草，一日遇毒 70 多次，最终发现了植物可以入药、治病的奥妙，中国自此有了医药。神农氏对中华民族的恩德比天高，比海深。以神农氏为榜样，中华民族的先辈们以巨大的毅力和非凡的智慧与疾病展开艰巨的斗争。他们先后发明了石器和骨器制作的"银针""手术刀"，为民众解除病痛。针灸、针刺、气功、按摩推拿、热疗、食疗、导引等一大批治病保健的独门技术和方法走向社会。一些以黄帝的名字命名的专业书籍也应运而生。"天人合一""天人相应""阴阳相生相克""望、闻、问、切"等医药理论更是把中国的中医药学推向全新的境界。中华民族正是因为有独特的、全面的、经过上万年实践检验的中医药的护佑，才在大自然的风雨中生生不息，且愈来愈有活力。从这个意义上讲，上古文明奠定中国，首先奠定的是中国人的生命安全；其次，也奠定了中国这个泱泱大国长久保持大一统格局的基础。诚如《周易》所言："观乎天文，以察时变；观乎人文，以化成天下。"中国这几千年独具一格的大天下，真正是几千年的大文明所化成的。

第二章 公元前2070年的夏天

帝舜"道死苍梧"后3年，夏禹正式登上帝位。为了统一军令、政令，检验人心，他向天下诸侯发出号令，邀约在公元前2070年的夏天相会在今安徽涂山。接此号令之后，大江南北3000多位方国诸侯和达万人之多的氏族、部落首领先后赶往涂山。大国献玉，小国献帛，诸侯们献金（青铜），一致表示要团结在夏禹的周围，拥护他的领导，按时向中央政府贡赋。夏禹大喜，就在涂山大封诸侯，又将所有进献的"金器"铸成9个金鼎，象征九州万国归于一统。

涂山大会是宣告夏王朝正式诞生的盛大集会，是中国大一统进程中的辉煌篇章。这之后，夏朝相传14代，存世471年（公元前2070年—前1600年）。

一、"全国劳模"夏禹

据《后汉书》和有关史料记载，夏朝建立之时，人口总数已达1300多万，国土面积210万平方公里，涵盖今长江、黄河流域的10多个省份。要治理这么大的国家，可比治水更难。禹深知其中的利害，时常寝食难安。怎样才能保持政治上的统一，赢得国泰民安、天下富足的局面呢？

禹是有办法的，除了依靠军队、刑罚、监狱这些常规的治理工具外，他还特别注意调动广大百姓的积极性，鼓励民众"参政"。他在都城设立了类似于

"国家信访局"的机构，倾听百姓的声音。不论政务如何繁忙，他都会定期出现在"信访局"，亲自接待"上访"民众和一些有识之士，由此传下他"一沐三提发""一馈而十起"的故事，即有时洗头发，中间要3次停下来，捏着湿发去见来访者；有时吃顿饭，会10次放下筷子去处理紧急事务。

禹还不满足于这种形式，又发明出一种"听五音治国"的方法。他令有关部门在他的住房前挂上5种当时常见的乐器，旁边贴上告示：能教我如何治理天下的，请击鼓；能向我说明什么样的政策有利民众的，请击钟；能告诉我一些我不知晓的事情的，请摇铃；能告诉我国家忧患之所在的，请击磬；有申冤告状的，请摇拨浪鼓。

禹如此亲民、大度，天下百姓先后涌来，有的献策，有的诉苦，有的干脆就是与禹聊天。禹在与百姓的互动中受到启发，治国理政的思路更加成熟。例如，他把全国的土地分为三级九等，依此划定行政区域的管理和缴纳田赋的标准，使百姓各得其所。《史记》曾对禹独创的这种治国方略有过这样的描述：禹以都城为中心，把国土分为"五服"，500里（那时的一里相当于当今的0.7华里）为"一服"，最远的"五服"是2500里之遥。怎么纳赋呢？禹规定：离都城100里内，缴纳连着秸穗的整捆的禾；离都城200里内，缴纳禾穗；离都城300里内，缴纳去掉了秸芒的穗；离都城400里内，缴纳谷粒；离都城500里内，缴米粒。

乍一看，禹的治国方略怪怪的，怎么远的地区要交米粒呢？其实这正是禹的智慧和以民为本的执政理念的最好体现，离都城远，运输成捆成捆的秸穗费时费力，加重了人民的负担，运送米粒就好办多了。

禹对地处东南方（今山东、江苏、浙江一带）的"夷人"氏族、部落不放心。这些部落早在禹征"三苗"时就显露出一些与中央政府不大合拍的动向。涂山大会尽管有效地抑制了这些离心倾向，但问题并未完全解决，有的氏族、部落，如防风氏（主要活动范围在今浙江德清县一带）早有独霸一方、称王建国的野心。禹很警惕，他不允许政治上出现分裂，于是发出号令，从速组织一次专门针对东南方向的巡狩，一则把一些不好的苗头扑灭，二则向东南方传播中原文化。

据考证，此次巡狩发生在涂山诸侯大会举办几年后。东南一带的诸侯、方伯、酋长等头面人物很快便来到禹指定的地点，即今浙江绍兴境内的会稽山，朝拜夏禹。众人济济一堂，唯独防风氏缺席。防风氏想闹独立，他不急着赶来朝拜，故意等到诸侯、方伯们到齐好几天后才上山。防风氏这番怠慢禹的表现激怒了禹，联想到防风氏的野心及他平时在浙江一带横行霸道的劣行，禹下令将防风氏就地处死。

处死防风氏确实震慑了某些有分裂倾向的地方首脑人物，伸张了王权之威，但有些操之过急，或者说有点"不教而诛"。本来禹完全可以通过政治、经济手段使防风氏回心转意，毕竟防风氏没有公开举兵造反，只不过是迟来了几天。事实证明，杀了防风氏之后，中央政府与一些部族、方国的矛盾加深了，连最负盛名的古族共工部落也与禹不和，甚至公开作乱。没办法，只得用武力平服，据说杀人不少，禹为此时常自责。

不管怎样，大一统的局面得以维持。禹为此付出了一生的精力，大约85岁那年，他病死在南巡途中的会稽山。多种史书记载，禹其实是累死的，这种劳累从他20岁受命治水时就开始了。《史记》这样形容他："水利部长"禹几乎每天都是头戴草帽，身执耒锸（类似于锹），背负一个袋子（里面总是装着圆规等测量工具），艰难地跋涉在黄河上下、大江南北。他身上经常是晴天一身灰，雨天一身水。他既当指挥员，也是战斗员，往堤坝上挑土时，束发的簪子和帽子掉了都顾不上捡起来。由于劳动强度大，禹在工地上多次生病，身体消瘦，头颈变得细长，腿上满是老茧，走路非常困难，一跛一跛的（人称"禹步"）。由于长期泡在水中，他的大腿上见不到白肉，小腿上没有汗毛。就这样带头拼搏了13年，3次经过自己家门（在今河南嵩山脚下、颍水旁边）都没进去看一看。令人感叹的是，第一年开始治水时，妻子（名女娇，出生自涂山氏部落）才生下儿子几天，禹正巧路过嵩山，乡亲们请他去村里歇歇，顺便看望一下妻儿。禹没有同意，依旧照原计划赶路，只是深情地多望了自家房屋几眼。他岂不想跨进屋去抱抱自己的儿子？只是一想到父亲鲧因治水失败而丧命，他就备感压力。禹以自己的模范行为影响和鼓舞着广大民众，黄河、长江、淮河等地域的氏族和部落自发地行动起来，展开了一场惊天地、泣鬼神的治水运动。人们把治水的成绩都归功于禹，尊禹为"大禹"，奉他为"山川神主"。这就是一般人不理解的禹能在13个年头里，几乎治好了相当于今天18个省份的水患的秘密之所在。

曾与大禹一道在舜帝手下做官员的"司法部长"皋陶曾经提出做人本应具有的 9 种德行，说只要每天能做到其中 3 种，就能保有你的家；每天能做到其中 6 种，就能保有你的国。依此来看，禹 9 种品德俱备，他不仅能保家、保国，还被后人尊为"圣贤"，与尧舜并列。他通过治水所展现出来的实干精神几千年来一直是中华民族宝贵的精神财富，被世代传扬。

几千年来，大禹在后人心中的形象与其说是一位"帝王"，不如说是一位"劳动模范""治水英雄"。这位英雄生前钟情会稽山，死后便安葬于此。崇尚节俭是他毕生倡导和坚持的，他的葬礼十分简单，只用衣衿三领、三寸厚的薄棺装殓，整个墓地占地仅一亩。然而，其墓和历代修缮的祭庙至今保存完好。

二、公天下兮，家天下兮

禹效仿帝舜，在去世前推举伯益为自己的接班人，并征得部落联盟议事会的认可。禹起先本准备推举伯益的父亲皋陶，由于皋陶先于禹去世而作罢。禹推举伯益后不久便将一些军政大权交由伯益掌管。

伯益是皋陶的儿子，同他父亲一样，都是上古中国杰出的政治家。他曾经受舜帝之命，担任禹治水和征服"三苗"时的副手，并在禹执政后担任辅政大臣。伯益可称为"天才"，从少年时代起便显露出大智慧。例如，他一边协助禹治水，一边辅导当地百姓耕种。懂农业，在当时是很了不起的，所以伯益在民间享有很高的声望。担负起辅佐夏禹执政的重任后，他向禹提出了许多至今都在影响领袖人物的建议，例如：凡事要有前瞻性；作重大决策不要违背法则和制度；不要违背规律去追求百姓的称誉；不要追求享受，要时刻谦虚、谨慎；不要激化民族矛盾，在处理与"三苗"等民族的矛盾时要以德服人；如此等等。

伯益作为禹的接班人是当之无愧的，其实，禹依然是在按上古中国的传统办，即举贤任能。天下是天下人的，谁的德行突出，谁就做领袖。当年尧推举舜，不推举自己的儿子朱是这样。舜推举禹，不推举自己的儿子商均，也是这样。轮到禹时，禹推举了伯益而不推举自己的儿子启。

不过，在禹禅让的时代，问题来了。上古中国发展到夏朝时，生产力有了很大的提高，剩余产品大量增加，谁的权力大，谁就可以占有更多的剩余产品，过上比别人更好的生活。谁的权力最大呢？无疑是帝王。于是，对帝王宝座的争夺出现了。

禹去世后，伯益按部落联盟的传统，在为禹守孝3年后，独自避居在箕山（今河南登封东）一处偏僻的山村里，基本不理军政大事，以显示自己避让前帝之子的谦恭。与之前几代不同的是，都城的大多数官员和诸侯、部落首领并不前往伯益的避居地朝见他，国家大事也不向他通报，而是纷纷涌到夏禹的长子启那里，把启作为国家领袖朝拜。

伯益本来准备按传统"做个假动作"就正式即位，哪想到形势会一下变得对自己如此不利。他立即调集自己部落的兵力，突然出现在都城，当天便将启监禁起来。但是伯益小瞧了启的能量，宫廷中遍布启的心腹，加上地方诸侯起兵反对伯益，局面很快反转，伯益被启的势力打败，命也丢在都城。启迅速掌控了大局，正式登上领袖之位。

伯益的失败是注定的，禅让制发展到此时，已经不能适应社会发展的需要了，而且他个人的势力远不及启。诸侯们起兵反伯益时，有些还唱着："启是我们君王大禹的儿子，伯益凭什么占去启的帝位？"所以，伯益即使正式即位也难坐稳。有一种说法，说这种结果是禹暗中安排好的，名义上禹把帝位传给了伯益，但却大量提拔启圈子里的人掌管重要部门，为伯益留下隐患。这种说法对禹是不公平的，禹如果是这样一个阴险的人物，还能几千年来受后人崇拜？如果真想让儿子接班，难道他不可以打破禅让制的传统直接相授，非要绕这么大个弯，让儿子自己溅血去夺取？夺取不成怎么办，不是白送了儿子性命？

"家天下"不是禹开创的，而是启开创的。一些原本对禹不满的部落或氏族此时站出来反对他的儿子启，有扈氏就首先发难。

有扈氏是一个古老、强大的部落，主要居住和活动地域在今河南郑州一带，禹执掌上古中国时，该部落就与禹对阵过，打了好多次，禹才获胜。启一上台，有扈氏就指责启，说启违反了义，号召各部落联盟站在他们这边推翻以启为首的政府，恢复禅让制。

启当然不能允许有扈氏的分裂行为，立即组织兵力进行讨伐。两军在甘地（今河南荥阳）相遇，随即展开激战。战前启进行了战争动员，留下了著名的

《甘誓》。

这与其说是誓言，不如说是对士兵的恐吓，例如其中有这么几句："（启说）士兵努力执行命令的，就在祖庙里给以奖赏；不努力执行命令的，就在社坛里杀掉，家属一并杀掉，或者罚做奴隶。"听完这样的话，士兵们一个个发疯似的冲锋杀敌。尽管有扈氏的军队也是一支劲旅，但它遇到的是一支非死即生的军队，结果全线溃败。

启取得意料中的胜利，天下再无人敢站出来挑战他。他模仿父亲禹，向天下诸侯发出号令，邀约在钧台（今河南禹县南）相会，共商国是。其实，启不过是要在天下诸侯面前展示以他为首的中央政府的威仪，从而巩固政治上的大一统。钧台大会场面壮观，会场上演奏的《九歌》《九辩》等音乐、舞蹈，一直为后人传颂。

表面上看，启稳定了天下，但令他惊讶的是，他的家庭内部出问题了，他的弟弟五观（禹的第五个儿子，封于观地）试图取代他。启果断采取措施，革除五观的诸侯之位，将其流放至西河（今河南安阳一带）。

到了西河之后，五观还不死心，通过几年的秘密准备，拉起一支队伍，公开打出反叛旗号，扬言要进攻都城。据《竹书纪年》所载，五观的叛乱发生在启执政 16 年时，声势很大，影响很恶劣，几乎瓦解了夏王朝。启任命领兵平叛的将领是彭国（今江苏徐州）的方伯寿。五观抵挡不住，被方伯寿生擒。方伯寿不敢杀五观，将其带回都城交给了启。五观表示忏悔，希望启能从轻处理。启不再相信五观，先是将五观流放，不久便杀了他。

启感觉天下无忧了，于是追求享受，沉湎于歌舞场。只要领袖贪图安乐，一定会为国家埋下隐患。史载，在杀了五观仅 4 年后，被花天酒地的生活掏空身体的启便病逝了。启死前根本不提禅让，直接将帝位传给了长子太康。"家天下"就这样开创了。花花公子太康守得住夏王朝这份大"家业"吗？

三、大起大落，惊险交加

太康继位不久即决定迁都。这可是要花大量人力和财力的事，反对者众，但他不顾反对，毅然迁都到斟鄩（今河南洛阳市东）。迁都后本应集中精力处理国事，但他却"盘于游田，不恤民事"。"游田"即是打猎，上古中国森林面积大，猎物多，太康一打猎就上瘾，刚开始是整天打或一连几天打，最后发展到一连 3 个多月泡在打猎场，都城里根本见不到他的影子。

国君的行为与浪子无异，消息传遍华夏大地，百姓们心生不满。诸侯们、方国们开始离心，有穷国（聚居在今河南东部）首领后羿（帝尧时以善射著称的后羿的后代）心中暗喜，以为这是天赐良机，可以取代夏王朝了。

有穷国尚武之风浓烈，上下骁勇善战，很早就对夏王朝怀有野心。禹、启时代，有穷族不敢冒犯，但一直在暗地积蓄力量，等待时机。太康继位后，政治局面陡变，有穷部落趁太康狩猎百日不归之际，突然出兵从东北面攻击夏都斟寻，并以重兵扼守洛水北岸，阻止太康从南面渡过洛水返回都城。

太康正在游乐兴头上，得知都城被占，急忙回救，但洛水北岸已封，人马无法过河。看着滚滚而去的洛水，太康心生悔意，立即联络其他诸侯、方伯，谁知竟没有一位前来相助。无奈，他只得向东流落。好歹手上有些"银两"，太康就在一个荒凉之地修了一座小城，取名"太康"，即现在的河南省太康县（秦汉时名阳夏）。政亡家破，心头郁结，不到 10 年，太康就病死在太康城。

夏王朝的王权被后羿夺取。与太康相似，后羿也是一位重游乐不重国家的人物。他掌握了夏王朝的大印，却没做巩固政权的打算。也可能觉得自己的势力还不够强大，后羿又允许夏部落立太康之弟仲康继承帝位，自己退居幕后执政。后羿过于自信了，以为无人能威胁到他，终日"恃其射也，不修民事而淫于原兽"。这又给了另外一位野心家以机会，他叫寒浞。寒浞是寒国（今山东潍县东北）的一个奸诈小人，被驱逐出国后投到后羿的门下。寒浞一方面极尽献媚，取得后羿的信任；另一方面大力培植党羽，同时勾搭后羿的妻子，共同谋划夺取政权。后羿没有丝毫防备，狩猎正起劲的时候，寒浞的心腹猛地一刀将他刺死。寒浞真是一柄"寒刃"，杀了后羿不算，还将后羿的肉煮了给后羿的儿子吃，又将后羿的妻室占为己有，并与之生了两个儿子，一个名浇，一个名殪。

被立为"傀儡"的仲康也是一个庸才，不到 20 岁即去世。夏部落又立仲康的儿子相为名义上的夏王，但这一次后羿部落和寒浞不同意，逼迫年幼的夏王迁出斟寻。与其说迁，不如说是逃，相逃到了现在的河南濮阳，在那里得到同姓斟灌氏、斟寻氏两个诸侯的帮助，开始策划重建夏王朝的事宜。

寒浞终于窃取到了夏王朝的王权，他比后羿精明，眼光始终盯着濮阳的相（此时仍为名义上的夏王），担心有朝一日相会卷土重来。这是完全可能的，一则斟灌氏、斟寻氏都是夏后氏同姓家族中有实力的部落，二则一些原来忠于夏王朝的诸侯和方国表示继续拥护相。这如同芒刺在背，寒浞不含糊，决心拔除这些"刺"。他命浇率军队"杀斟灌以伐斟寻，灭夏后相"。浇很能打仗，只用了两年时间，就先后灭了斟灌氏和斟寻氏，杀死了相。寒浞得知讯息后，以为夏后氏已彻底被灭，自此更为骄横。

但他没想到，相被浇杀害时，相的妃子后缗已怀孕在身，在其心腹的帮助下逃到了山东济宁有仍氏的地盘，这里是她的娘家，后缗在娘家生下了相的遗腹子，取名少康。

天赐少康，他很年轻的时候就做了有仍氏主管畜牧的官。浇不知从什么渠道知道了少康在有仍的消息，立即派兵追杀，少康不得已逃往有虞（今河南商丘地区虞城县西南）。有虞的诸侯叫虞思，世代与夏后氏亲善，不仅爽快地安置了少康，还命少康做虞国的庖正（掌管膳食的官），把两个女儿（二姚）嫁给少康，还分给少康10里见方的土地和500个百姓。少康年少老成，决心以这10里之地和500个百姓作为基础，重建大夏。

少康暗中笼络夏王朝的人，又和逃亡到有鬲氏的夏朝大臣伯靡建立了联系，通过他把斟灌氏、斟寻氏被伐灭时逃散的族人聚集起来，偷偷地建立起一支小规模的武装力量。少康知道凭这点力量不足以与寒浞正面交锋，所以采用了一系列诡诈手段，力争以弱胜强。例如，他派心腹女艾混进浇的城里做间谍收集情报，派自己的儿子季杼去诱惑殪，派训练了很久的刺客趁夜间去行刺浇。

上述计谋基本都收到了成效，刺客趁浇在畋猎时放犬逐兽之际，袭杀浇而断其首。伯靡的部队打着恢复夏王朝的旗号，沿途得到许多氏族的响应，一口气攻下寒浞抢夺的有穷国的都城，迅即在城内斩杀了殪和寒浞。

完全控制有穷国后，伯靡亲自率师直奔虞地，迎接少康回到夏邑，并联合其他诸侯拥戴少康继位夏王。算一下时间，夏王朝自太康失政到少康复国，前后4代人奋斗了近百年，其间的艰辛一言难尽。

夏王少康经历了大起大落，格外珍惜眼前的局面。他一直认为，能够恢复夏的大业，是由于广大民众依旧怀念和景仰禹及启时代的安宁日子，依旧希望夏后氏的领袖人物来领导他们，正是因为民众的支持，他才能一呼百应，重建大夏王朝。

少康有战略眼光，首先从农业抓起。太康执政时游猎至上，连稷官也废了，这等于丢了立国之本。少康纠正其祖父的做法，把发展农业放在首位，同时加大投资治理黄河，并恢复了管理水利工程的水官，使黄河、淮河两岸的人民不受水患的威胁。

通过一系列的措施，社会生产有了较快的发展，人民的生活水平有了明显的提高，各地的诸侯、方伯又像以往那样带着贡物前来朝贺。看着这些彬彬有礼的诸侯和方伯，少康的心中仍不踏实，因为在强大的东方九夷部落联盟中，只有"方夷来宾"，其他八夷都不买少康的账。祖父太康失国就失在东夷有穷国手上，不能让这种悲剧再次发生。少康愈想愈担心，决定发动对东夷的征伐。可少康的想法还未来得及实现就因病去世，他在恢复夏王朝并执政21年后，把巩固大一统局面的重任交给了儿子杼。

杼算得上夏王朝一位很有军事才能的领袖人物。他接班后两次迁都，先把都城建在比较安全的地带，然后开始大量的军事斗争的准备工作。据说他为了减少东夷人善射带来的损失，用兽皮制成了皮甲，士兵穿上甲就多了一层防护。为了使进攻更具杀伤力，他又发明了矛。此时已有一部分矛是用青铜打造的。

自认为有充足的把握后，杼出兵东进。大旗猎猎，沿途诸侯纷纷加入中央大军之列。杼的军队攻势排山倒海，很快就打到东海之滨（其实是黄海之滨），东夷部落尽皆臣服。夏王朝重新恢复了禹和启时代的辉煌。

四、王朝更迭似水

杼在位的时间不长，儿子芬登上了王朝宝座。芬时代，夏朝风平浪静。芬轻松执政44年，其子芒顺利接班。芒谨慎守业，执政58年，期间国富民安。芒去世后，其子泄继位。泄重视与东夷民族的相处，下令大封东夷诸侯，表彰他们对夏王朝的忠诚。这样，国家大一统的政治局面比任何时候都好。泄在位25年，其子不降继位。不降执政59年后主动把王位让给其弟扃。扃在位约18年，由其子胤甲继位。这时，夏王朝开始走向衰落。

胤甲执政不久，天遇大旱，传说天上有 10 个太阳轮番照射大地。江河干涸，田野开裂，空气中弥漫着灰尘，人们连呼吸都感到困难，许多地方颗粒无收。胤甲胆小，以为这是上天在惩罚自己，终日惶惶不安，不久就在恐慌中死去。

胤甲死后，不降的儿子孔甲继位，夏王朝的不肖子孙来了。孔甲"好方鬼神，事淫乱"，继位后不去认真管理国家，反而成天搞些祭祀神鬼的活动，或者外出打猎、寻乐。孔甲做了很多坏事，使天下的诸侯、方伯和民众对他怒目相向。人心散了，孔甲收拢不了，一些诸侯开始叛夏。

孔甲在位 9 年后就在郁郁寡欢中死去，儿子皋继位 3 年也撒手西去。这是很不吉利的事，天下诸侯都感到了危机，待到皋的儿子发即位时，来到都城朝贺的诸侯不多了。发在冷冷清清的场面下战战兢兢地走上夏王朝的宝座，仅仅 7 年就从座上跌落。夏后氏的气数将尽，王朝终结者、发的儿子履癸就要登场了。

在孔甲之前，夏王朝还是活力十足的，然而前几代首领恢复和巩固王朝的所有努力带来的成效都在孔甲手上毁灭了。此后的几代夏王一代比一代差，进取精神没了，"慎乃在位"的大禹之命忘记了，发展生产、爱护百姓的立国之本不提了，腐化和暴政却屡屡发生，诸侯们众叛亲离。

有人出主意说，可以用多种怀柔式的政治手腕去挽救与诸侯、方国间的危局，履癸却偏偏采用武力镇压的方式去对付一切反对他的人。《尚书·汤誓》说他"以虎入市，而观其惊"，自认为"天之有日，犹吾之有民，日有亡哉，日亡吾亦亡矣"，他把自己比作天上的太阳，因而毫不顾忌地"斩刈黎民，如草芥焉"。"天大旱，五年不收"，一般百姓受旱灾的打击已经够大了，还要无止境地为履癸纳贡，以满足他的奢侈生活。奢到什么程度？据《管子·轻重甲》记载，履癸宫中"女乐三万人，晨噪于端门，乐闻于三衢，是无不服文绣衣裳者"。此外，履癸还大兴土木，作寝宫、瑶台、玉门、酒池，日夜与妹喜及宫女饮酒。宫门酒肉臭，而许多地区的百姓却饥寒交迫，几无生路，不得不齐声呼唤："时日曷丧？予及汝偕亡！"（你这个太阳为何不快灭亡，我们愿与你一同灭亡！）并给履癸封了一个名号——"桀"。桀就是暴君的意思，人们宁愿与暴君同归于尽，可见社会矛盾尖锐到什么程度了。

在如此危局面前，履癸仍不断地发动对一些方国、部落的武力惩罚和掠夺，这就更加剧了各方面的矛盾，尤其是他把在诸侯中最有影响力的商国诸侯汤召来囚禁在夏台狱中，使不少诸侯更加坚定了反夏的决心。汤凭着智慧和"内应"的帮助逃出监狱，迅即在自己的方国筹划灭夏事宜。

至此，夏王朝走到穷途末路，它的命十有八九已被"催命鬼"桀催走了。在3年后的"商汤革夏"风暴中，一个立国达471年之久的王朝似水般一去不回……

五、屏心静气观《大夏》

夏立国之初，万国林立，通过近500年的努力，它的"国家体态"已经比较完美，从邦国到王国到帝国，它每走一步，都在中国大地上留下深深的脚印。

20世纪60年代初开始发掘的河南偃师二里头遗址，已经被学术界的大多数学者认定为夏王朝的中期都城，可容纳几万人居住。《帝王世纪》曾记载，夏商之际，每个方国的平均人口为1300人左右，以此推算，一个二里头夏朝都城就可以容纳十几个方国的总人口。在公元前2000年，这种规模的都城在世界范围看来都是罕见的。

二里头夏朝都城不仅规模大，规划也特别好。外有都城，内有宫城，一号宫殿的台基长108米，南北宽100米，复原面积可容上万人在殿内活动。都城内布有四通八达的城市干道网，把宫殿区、居民生活区、青铜业及其他手工业加工区、宗教活动区等均匀地连接起来。整座城市大而有序，不论身处城中何地，都能辨明方位，分清南北。

这座伟大的都城创造了许多中国之最：最早的中轴线布局的宫殿建筑群、最早的青铜礼乐器群、最早的青铜近战兵器、最早的青铜器铸造作坊、最早的绿松石器作坊等。另外，人们还在此发现了最早的、大型的"四合院"建筑，发现了玉质礼器、各类龙形象文物、白陶和原始瓷。这些令人叹为观止的"中国元素"让我们一下子回到了神奇的夏王朝，沐浴在华夏文明的春风里。

我们看到了比较发达的农业文明，先民们在夏朝松软的黄土地上使用着各种生产工具（有些是青铜器材质），平整的农田里已开辟出纵横交错的排灌沟渠，许多农家开凿了水井，有的地窖中储藏有数量可观的粮食酒……

我们看到了至今还在发挥作用的历书《夏小正》，它按12个月的顺序，多方面记载了大自然包括天上星宿、大地生物发生的变化。它制定的农历至今仍使用着，每年农历正月的第一天就是新年的"初一"，即农历的"大年初一"。中国的农村直到今天还把农历称为"夏历"。

我们看到了《山海经》，这部传说成书于大禹时代的千古奇书，包含着关于中国古代地理、历史、神话、民族、动物、植物、矿产、医药、宗教等多方面的内容，几乎就是中国最早的百科全书。书中那些或人或神，或人与神、与动物合体的插图，其来源就是禹大会诸侯时铸在九鼎上的那些古图……

我们看到了许多夏王朝的刻画符号，它们或刻在青铜礼器上，或刻在各种陶器上，其中4种符号可以释之为"斤""戍""炅""炅山"，还有两个符号就是甲骨文的"目"字、"户"字……

我们还看到了夏王朝设立的学校，学生们一习武艺，二习技艺（宗教和生产技能的传授），三习道德。这种学制深刻地影响了后世，商周时代基本照搬夏朝的学制。

公元前544年，吴国贵族季札出访鲁国，鲁国特意为季札演出了歌颂夏禹的音乐舞蹈作品《大夏》。季札观看后大为感动，连声说："太美了，太美了，像这样勤于民事而不自以为有功的人，除了夏禹还能有谁呢？"季札在当时名气很大，所谓"南季北孔"，其文学、音乐素养极高。他几乎是屏心静气地观看这支乐舞的，有受宠若惊的感觉，因为论身份他还不够资格单独享受《大夏》，能够单独欣赏《大夏》乐舞的只有一国的国君。

让我们也抱着受宠若惊的心情去欣赏一下神圣的《大夏》吧！

夏桀之所以在连续多年的大旱时节出动军队讨伐那些不向中央缴纳贡粮的地方诸侯，实在是因为没有粮食，中央政府便无以维持。诸侯不按制度纳粮，除了武力征讨，别无他法。而他用武太多，必然失去人心。商地的诸侯便抓住这一时机发展自己，同时联络天下诸侯对抗中央，通过一系列卓有成效的"伐谋""伐交""伐兵"策略，终将夏桀彻底打败。商本是夏王朝的版图上一个比较小的诸侯国，灭夏之后建立的商王朝立即展现出前所未有的活力和生命力，相传 17 代，立国 500 余年。

一、商从何来

商是黄河下游的一个古老的部落，著名的先祖名契，远在尧、舜时代，契就因辅助禹治水而立功。中国此时已是父系氏族社会的末期，中央王国开始推行封地奖赏功臣，契于是被封在商，即今河南商丘地区，包含山东滕县一带，并被赐予"子"姓。

有了根据地，商族自此发展起来。夏王朝建立，商人即服属于夏。太康失国以后，商乘机发展自己，差不多将整个山东半岛据为己有。《诗经·商颂·长发》曾形容商此时的来势是"相土烈烈，海外有截"，意思是说相土的事业干得轰轰烈烈，四海诸侯皆归服于他。相土是商的第三世先祖，相传他发明了用马驮东西和拉车子，促进了生产力，粮食和牲畜的保有量比以往成倍增长，商族自此丰衣足食。

相土的曾孙冥善于治水，担任夏王朝的"水利部长"。这是一个全心全意为国家和人民服务的人，年到高龄还在大堤上与普通民工一道劳作，直到死在现场。他的德行为商人赢得了好的口碑。

冥之后，其长子王亥继承了侯位，他没有再做夏王朝的"水利部长"，而是一心经营自己氏族的畜牧业。与祖先相土驯马不同，王亥驯牛，因为马群一直发展不快，饲养起来很难。王亥将牛的繁殖和驯养作为主业，不久，大批经过驯服的牛群诞生了，王亥就领着族人，赶着大批背上驮满了货物的牛前往各方国、部落，进行以物易物的贸易。"商人"（经商的人）就这样叫开了。

贸易越做越大，商族也越来越兴盛，不料王亥遭遇了暗算，在一次贸易后被有易氏人杀害。夏王泄得知此事后，命王亥的儿子上甲微继承王亥的侯位。上甲微一继位就实施复仇行为，他联合河伯的军队伐灭有易，大量的财富和劳动力被并入商，商的实力突飞猛进。接着，又经过了6代人的努力，商族终于具备了可与夏后氏相抗衡的实力。到汤出现时，夏朝的丧钟就敲响了。

商与夏比，类似于一个小孩和一个大人比，大人虽已百病缠身，但余威尚在，小孩子可不能轻举妄动。商地诸侯汤很明白这一点，从夏逃回商之后，煞费心机，策划了一系列"不对称战略"，招招指向夏的要害。

他首先广招人才，以德治民。针对桀暴虐百姓，弃义听谗，致使众叛亲离、社会矛盾激化的行为，汤采取在天下广招人才、以德治民的方针，使商的名声大振。一批有才华的夏王朝的干臣纷纷投到汤的麾下，一批生活在社会最底层但身怀治国奇谋的人也被发掘出来。例如伊尹，原本是个奴隶，少年时代在流浪中度过。汤发现了他，对他进行各种考验后把他安排在自己的身边，把他从奴隶破格提拔到右相的高位。再如仲虺，本来世代都是与夏后氏同姓的诸侯，应该说是夏王朝的铁杆旧臣，但汤却充分地信任仲虺，把他提为左相。伊尹和仲虺都成了商汤灭夏的有力"武器"。

其次，汤大力争取各方诸侯，组成新的、强有力的反夏统一战线。商汤知道欲要争取诸侯，先得征服他们的心。如何"取心"呢？有一个"网开三面"的故事很能说明问题。汤和伊尹、仲虺下乡视察农事，看见一个农夫正在张挂捕鸟的网，这张网是东南西北四个方向都张挂。网挂好后，农夫向天祈祷，希望从四方来的鸟兽都被网住，一个不漏。汤听了后，感慨地对农夫说："只有夏桀才会如此网尽！这太残忍了。不如你去掉三面，只留下一面，给它们留出一条生路吧。"说完，汤也像农夫那样跪下对天祷告："天上飞的，地下走的，要往左面就往左吧，要往右面就往右吧，要高飞就高飞吧，要下来就下到网中来吧。"农夫听后很受感动，于是网开三面。

各方国诸侯听了这个故事都深受感动：汤的品德如此之高，爱及禽兽，我们跟他走吧。史书记载，在很短的时间里，"归者三十六国"。

再次，汤借特权之名行剪除之实。商汤是夏王朝专司征伐的诸侯，有先斩后奏的权力。《古本竹书纪年》中说汤征诸侯有27征，汤巧妙地利用了专司征伐的特权，不停地以各种罪名剪除夏的势力。

《孟子》中明确记载，汤征伐诸侯自葛伯开始。之所以首选葛国（今河南宁陵北）动手，主要是因为葛国是汤的近邻，且势力较弱，而且是忠于夏的部落，打掉葛国，一可以除去卧榻之侧的隐患，二可以试探桀的反应。实践证明，这一招非常狠，拿下葛国后，天下诸侯们并没有谁站出来替葛打抱不平，桀也只当是汤在行使正当的征伐权。商汤小试得手，接下来开始征伐一贯与商为难的韦、顾和昆吾三个最忠于夏王朝的诸侯。

韦、顾、昆吾这三个诸侯国是三块"硬骨头"，商汤决心去啃，也是势之使然。因为韦、顾、昆吾的地理位置对护卫夏王朝有重要的意义，不拿下这三个地方，商汤灭夏就走不通。韦部落在今河南滑县东，顾部落在今河南原阳东南，昆吾在今河南新郑，这三处地方构成对夏王朝的拱卫之势，尤其是顾部落和昆吾部落正是入夏的门户，它们西与嵩山相邻，西去不远便是夏之都阳城，攻下这两地，夏桀就成了瓮中之鳖。

战略方针确定之后，商的大军挥师北上，很快征服了韦，紧接着西进伐顾，灭顾后立即占据原武，逼近通往伊洛平原的交通要道，最后向昆吾发起进攻，占据了新郑一带，守住了通向夏人发祥地的要道，为在鸣条一带的决战奠定了胜利的基础。

二、桀败鸣条

大决战即将到来，商汤觉得心中没底，那些由支持夏转向支持汤的诸侯们可靠吗？他决心试试他们。恰好此时气象出现了异常，商人讲迷信是出了名的，汤便造出舆论，说眼下的灾害全是由夏桀无德引起的，现在上天命令我领着各方诸侯去诛杀他。这一说法得到了诸侯们的响应，汤指定他们在景亳（今山东曹县）会盟宣誓。

诸侯们按时在景亳集结，制定了具体的战争方案。为了确保战争的胜利，商汤决定规划、修筑新的都城，最大限度地靠近夏王朝的统治中心。首都前移，向敌靠拢，需要大智慧、大勇气。据考古证实，当年商汤规划、修筑的郑亳就是现今发掘出来的郑州商城。

郑州商城很壮观，从里向外分为宫城、内城、外城和护城河。外城的城址面积有 16 平方千米，与明、清时的北京外城大致相当。复原后，城墙的高度达10 米，夯土筑就的底部宽 20 米，顶部宽 5 米。

新的都城（也是后勤大本营）修好后，汤准备出兵伐桀。伊尹又提出一条建议，说不用急于出兵，可以在出兵前先停止对夏朝的贡纳，看看夏桀如何反应。商的行动立刻触怒了桀，"桀怒，起九夷之师以伐之"。九夷之师一起，汤停止一切挑衅，并派出使者向桀请服，纳上当年的贡服。桀罢手，令九夷退师。到第二年，汤又不纳贡，桀又大怒，"起九夷之师，九夷之师不起"。这就试出底了，只要九夷不起师，夏就完了。

愈接近胜利，愈感到紧张，汤接受伊尹的建议，派伊尹潜入夏王朝内部，完全摸清夏王朝的动态。这就是史上著名的"伊尹间夏"。为不使桀怀疑伊尹，汤亲自用箭射伤伊尹。伊尹不负重托，把夏的情况摸得非常清楚，然后逃回郑亳向汤汇报，促使汤下定决心，发起总攻。

汤和伊尹、仲虺率领由 70 辆战车、6000 多名步兵组成的军队采取大迂回的战略向西开进。大军沿登封县西北直插巩县西南，走了一条极有战略意义的险道，出其不意地突然出现在夏都斟寻西南，给了桀以致命一击。桀来不及布阵就仓皇出奔，正如史书所记，"接刃而桀走"。

桀领着一支人数不少的军队从斟寻西行，穿越崤函险道，从孟津渡河行至晋西南，在安邑扎下营盘。晋西南是桀后期的统治重心，各方面均可依赖，桀就在这里重整军队，与商汤决战于安邑的鸣条之野。

桀摆开阵势不久，商汤大军抵达鸣条。汤知道这是最后的决战，所以，在战斗打响之前，召集参战的商军，及前来助阵的各路诸侯，宣读了一篇伐夏的誓词。汤说：

> 你们大家听我说，并不是我小子敢于随便地以臣伐君，犯上作乱。乃是由于夏王桀有许多罪恶，上帝命我去诛伐他……我怕上帝惩罚我，不敢不率领大家征伐他。大家辅助我征伐，如果上帝要惩罚，由我一人去领受，而我将给大家很大的赏赐。你们不要不相信我的话，我决不食言。如果你们有不听我指挥的，我就要杀戮不赦，希望你们不要受罚！

一番誓言说得振振有词，随从大军纷纷表示要决一死战，许多人的嘴唇上还涂上歃过血的印记。战斗终于打响了，商军勇往直前，不避雷雨，奋力呐喊使地动山摇，本已厌战、人心涣散的夏军无力再战，纷纷弃械逃跑。商军乘势穷追不舍，生擒了桀手下最有勇力的两员大将。桀在战乱中杀出一条血路，逃往南巢山中。

鸣条决战以商军完胜为结局，逃往南巢的桀3年后死于晋南的群山之中。经过20年的"伐谋""伐交""伐兵""用间"，一个远比夏王朝弱小的部落走上了新的历史舞台，中国迎来了又一个生机勃勃的朝代——商朝！

三、九鼎迁商，气象一新

商汤灭夏，有一个专门词形容，叫"汤武革命"。革了谁的命？革了夏王朝的命。一个方圆只有70里的蕞尔小国，凭什么仅仅用20年时间就建立起中国历史上享有盛名的王朝？汤的一句话很能回答这个问题。汤说："我有一句话，人在水中能看到自己的形象，观察人民就能知道治理得好不好。"这就是答案，小国胜于大国，最根本的是依靠对上一届政府完全失望的广大人民群众的力量。

司马迁曾经讲过这么一段史实，可以印证汤是具有重民思想的领袖人物。汤曾在一次征讨途中对诸侯们发过一番训诫："各位不要无功于民，努力干你们的事，不然，我就要重重地惩罚你们，你们可不要怨我。你们看，古代的禹和皋陶长年在外辛劳受苦，才能有功于人民，人民才能安定下来。这些都是有事实可见的，大家应该努力按照先代圣王的话去做。如果做不好，就不让你统治国家（指诸侯方国），你们不要怨我。"

汤为了巩固来之不易的大一统局面，赢得更多人民对他的支持，他本人作出了榜样。来看这样一则故事：汤伐桀后，"大旱七年，洛川竭"。商人是信奉鬼神力量的，然而怎么祈祷也没用。汤就命占卜问个究竟，为什么不下雨。占卜结果出来，说要用活人做牺牲祈求上天才行。汤听后沉思很久后说道：我求雨本是为民解忧，怎么能焚烧活人求雨呢？如果非得这么做，"吾请自当"。于是斋戒、剪发，以己为牲，欲自焚以祭天求雨。汤已站在即将点燃的木柴上了，突然天空电闪雷鸣，大雨如注，"方数千里"。

雨下来，旱灾解除，农业丰收，人们编了很多民谣和诗歌来赞扬汤。伊尹把这些民歌和乐曲收集起来，取名《桑林》（商代乐舞《大濩》的一部分），后人改编，命名为《汤乐》。

生产发展了，人民的生活水平提高了，国家上下气象一新。汤依照夏的做法，举行三千诸侯大会，把夏铸的九鼎迁到商的都城。鼎迁商都的第三年，商汤病死在王都。这个长期实行"以宽治民"、既有武功又有文治的领袖人物，在有限的主政时间里，不仅完全统一了中原地区，还把统治范围扩大到黄河上游的氐、羌部落，大大拓展了夏王朝留给他的版图。版图扩大并没有冲昏他的头脑，他深知各民族的团结比地域的拓展更重要，为此，命伊尹制定"四方献令"，大幅度减少各诸侯、方伯向中央政府的贡纳，使更多的氏族有更多的物质基础发展自己，壮大了整个中华民族。这是伟大的胸怀和功业，难怪后人要把汤列入中华民族崇仰的圣贤之列——"尧舜禹汤文武"。

汤去世后，由于太子太丁尚未继位即已去世，于是就由伊尹、仲虺做主立了太丁的弟弟外丙为君。外丙短命，在位3年便去世。外丙的弟弟仲壬接班，也短命，在位4年去世。接着立太丁的儿子太甲接位。太甲继位时还很年轻，四代老臣伊尹责无旁贷地担起了辅政的重任。

太甲很小就失去父亲，缺少教养，贪玩任性，大臣们很担心他能否做一国之君。首辅伊尹为了教导太甲，先后作了三篇训诫文章——《伊训》《肆命》《徂后》，其中的一些话非常经典、现实，例如：先王制定官刑，以儆戒有位者。经常在宫中歌舞作乐，这是腐败之风；沉湎女色，整天游猎，这是淫荡之风；远离忠直，亲近佞谀，这是逆乱之风。上述三风，卿士有一于身，家必丧；君主有一于身，国必亡！

但教导再好，太甲也听不进去，他的德行日益败坏。伊尹看不下去，用强制手段把太甲放逐到桐宫，伊尹自行代理国政，接受诸侯的朝见。

桐宫在今河南偃师附近，是商王朝的皇陵所在地。太甲是有悟性和良知的，在这里面壁 3 年后，表示要改恶从善。于是，伊尹又把太甲接回王都，还政给他。改过自新的太甲效法成汤，以德治民，百姓的日子过得更好了，太甲的口碑开始上升，诸侯们也都年年朝贡。伊尹见此非常开心，作了《太甲训》来记叙太甲的事迹，并尊称太甲为太宗。太甲无愧太宗之称，商王朝近 600 年的历史其实主要是在太甲时代打下了基础。

太甲重新主政 12 年后病死，儿子沃丁继承王位。沃丁在位第八年，伊尹病逝。这个五朝元老真是太忠诚太辛苦了，许多军政大事由他定夺，每当国家处于危难关头，他都会力挽狂澜，不为名，不为利，心中只有国家的统一和人民的安康。相传伊尹去世的消息传开后，举国悲哀，沃丁以天子之礼为伊尹下葬，在太庙祀以"太牢"（即牛羊猪三牲齐备作为牺牲来祭祀），沃丁还亲自临丧三年，以报答百岁老人伊尹的大德。

四、频频迁都为哪般

沃丁在位 29 年去世，他的弟弟太庚继位；太庚在位 25 年去世，他的儿子小甲继位；小甲在位 36 年去世，他的弟弟雍己继位。雍己这一朝加重了对人民的剥削，与诸侯们的关系相处得也不好，有些方国停止了向中央政府朝贡，商王朝开始衰落。雍己不思进取，糊里糊涂地执政 12 年后去世，其弟太戊继位。

太戊有心扭转颓势，他任命伊尹的独生子伊陟为相。伊陟有乃父风骨，想方设法地帮助太戊，甚至用一些大自然的反常现象来"威吓"、规劝太戊。太戊听伊陟的规劝，改正了贪图享乐、不勤于朝政的毛病，走上修德治国之路。国内的政治局面好起来了，就连自汤以后时叛时服的一些诸侯也坚持定期入贡朝见。史载，这是自太甲以来商王朝最兴旺发达的时期。

太戊在位75年，为商王朝的复兴作出了重大贡献，后人对他的祭祀分外隆重。他去世后，儿子仲丁继位，一继位就出人意料地宣布迁都，即由亳迁到嚣（嚣在今河南荥阳东北）。为什么又要迁都呢？一是因为在太戊晚年，王朝内部争权、夺权的斗争多了起来；二是因为有些诸侯势力坐大后企图与中央分庭抗礼。仲丁迁都是被上述形势所迫，他想离开旧的王都，摆脱利益集团的影响，也想找个更适合的地方加强对诸侯、方国的控制。

仲丁的这两个愿望都没能实现，因为他执政的时间太短了，从继位到去世只有11年，11年时间不可能平息王朝内部早已产生的权力之争。其弟外壬即位。外壬即位不久就发生了两个诸侯叛变的事件，本来这两个诸侯与商的关系是比较铁的，突然一起叛商，外壬却一点办法都没有，商朝开始衰落。

外壬在位11年后去世。其弟河亶甲接过老兄的王位，即位后第一件事也是迁都，把王都从嚣迁到相（今河南内黄东南），目的还是减少贵戚集团的干扰。河亶甲使王朝的内部矛盾得到了缓和，之后，又通过征伐和其他手段使两个叛商的诸侯与商重归于好。

河亶甲死后，儿子祖乙继位。祖乙接受大臣们的建议，把王都又迁到耿（今河南温县东），但此地水患严重，于是再次迁都于邢（今河北省邢台市），最后一次迁到庇（今山东鱼台附近）。庇的自然条件好些，可以大力开展农业和畜牧业，中央政府的实力很快又壮大起来，诸侯们不敢随意产生反叛的念头，国家统一的形态非常好。《今本竹书纪年》曾对祖乙大加赞扬，说他和汤、太甲以及其后出现的武丁一样，都是天下之盛君。

祖乙之后直到阳甲，其间的五代商王没干出什么名堂，商王朝又衰落了。这种衰落不是由外力引起，纯粹是内耗造成的。史料显示，由于从商汤起就没有制定严格的王位继承规则，商王去世后，叔侄间、堂兄弟间屡屡为争夺王位展开争斗，有时兵戎相见。例如从商王仲丁以来，九世商王都为谁来接位的问题暗里或明里"较劲"，形成商朝历史上有名的"九世之乱"。每次动乱都极大地损耗了国家的实力和大一统的政治局面，北方和西北方的一些诸侯国，如土方、羌方等，就是趁九世中央王朝内乱的时机强大起来，成为对商王朝极具威胁的群体。

令人困惑的是，没有一个朝代像商王朝这样频繁地迁都，东汉天文学家张衡在《西京赋》中说："殷人屡迁，前八后五。"想想看，在立国近600年的时间里迁了13次都，会花费多少人力、物力、财力，给广大的民众带来多少劳苦？频繁地迁都大伤了商王朝的元气，而且不解决根本问题，尤其是王朝内部的矛盾仅靠迁都不可能解决。许多王室的贵族们每迁到一个新地方，就抢占大片土地和牲畜，重新拥有大量的奴隶，形成新的势力威胁王权。

第20位商王盘庚就在这令人不安的形势下上任。头10年，他的执政成效一般。他思前想后，决心再迁一次都，以新的都城为起点，打开国家新局面。

他选中了殷这个地方，即今河南安阳市西。这里离旧都奄比较远，可以削弱王族中在旧都发展起来的势力，缓和内部矛盾。此外，殷的地势较高，不容易被水患所扰，有利于农业发展；而且居高临下，可以从军事上更好地控制诸侯。

这是一个不错的想法，却遭到一部分贵族和既得利益集团的反对，他们在奄积累了大量财富，过惯了腐朽日子，谁愿意迁都？不仅如此，他们还煽动平民起来反对，向朝廷施压。在压力面前，盘庚毫不动摇，几次对臣民训话。这些训话很有说服力、威慑力。下面是其中一节：

> 啊！现在我告诉你们：迁徙的计划不会改变！要永远提防大忧大患，不要互相疏远！你们要相互顾念依从，各人心里都要想到和衷共济。如果你们行为不善，不走正道，敢于违法越轨，欺诈奸邪，我就动用刑罚把你们灭绝，连子孙都不留下，不让你们的后代在新国都里继续繁衍。去吧！去寻求新的生活吧！现在我将率领你们迁徙，在新国都为你们建立永久的家园。

所有听训的人都被他打动，认识统一后，人们行动起来，扶老携幼，跟着盘庚浩浩荡荡地向殷地走去。这是商王朝最后一次迁都，此后将近300年商都再未动过。在新的都城里，盘庚行汤之政，采取多种措施遏制上层既得利益集团的种种恶行，大兴节俭之风，广泛争取民心，使政治层面趋于同心同德，经济和社会获得了极大的发展，为后继商王武丁中兴打下基础。

五、开疆拓土数武丁

盘庚在位28年，整个商王朝以他为转折点。他之前，属于开国、守成、衰落阶段；他之后，属于复兴、开拓、衰亡阶段。他去世时，把王位交给其弟小辛。小辛去世后把王位交给小乙。小乙就是武丁的父亲。

小乙有自知之明，认为自己在能力上超不过其兄盘庚，但无论如何要守住先王们留下的事业，所以，他眼光盯住下一代，决心把儿子武丁培养成才。武丁长到20岁那年，小乙命令他"上山下乡"，把铺盖卷到最基层去，与民同吃、同住、同劳动，以此来培养武丁的品德。后世学者认为，这可能是中国最早的把青年人下放到农村去锻炼的伟大举动。

武丁天生聪明，明白父亲的苦心，也决意做一个对国家和人民有益的商王。他努力在民间发现和结识各类人才，听说一个叫甘盘的人很有学问，就去拜访他，向他讨教学问和治国之道，还拜他为师。登上商王之位后，武丁又任命甘盘为辅政大臣。

甘盘是黄河岸边的一个农民。还有一个人，地位比甘盘还低，他叫傅说。武丁当年见到傅说时，傅说正以罪犯的身份在工地上干活。通过交谈，武丁发现傅说非同一般，是个奇才。回到朝廷后，武丁本想马上调傅说进都，又恐大臣们反对。一个罪犯怎么才能登庙堂之高呢？为了避开众人的异议，武丁假托梦见圣人，命人访求，终于以迷信的手段将傅说调进都城，并立即拜他为相。事实证明，正是在甘盘、傅说的鼎力相助下，武丁才顺利地把商王朝带上复兴之路。

武丁的这个做法完全效法了先王商汤，当年伊尹就是从奴隶升任宰相的。马克思的《资本论》中有这样一句话："一个统治阶级越能把被统治阶级中的最杰出的人物吸收进来，它的统治就越巩固。"3000多年前，武丁就这样做了，而且成为一条重要的治理国家的经验留传后世。

国家的日常事务有了杰出的人才管理，内部的矛盾大大缓和，国力随之增强，武丁开始集中精力处理与诸侯和方国的关系。一些离心离德的方国诸侯成了武丁重点整治的对象，他选择通过战争来使他们臣服。

商朝后半期的方国，在甲骨文中有明确记载的有几十个，还有几百个地区虽未形成方国，却也具有很强的独立性。这些大大小小的方国虽然绝大多数已臣服商朝，但一小部分总是游离其外，一会儿服，一会儿叛。为了巩固和扩大国家大一统的政治局面，武丁从王都东边的山东与河南交界的地区开始征伐。行动很顺利，没有一个方国敢与中央兵刃相向。中央大军一鼓作气，挥师西进，把矛头对准晋南。

晋南原是夏朝的后方，夏亡后，这些地方政府虽然臣服于商，但有不少反叛因素。晋南很重要，它在地理位置上是商朝的屏障，当时，中国西北的游牧民族已经崛起，如果晋南不保，王都就将直面游牧民族。所以，武丁把晋南作为用兵重点。

晋南的这些小方国多数闻风即降，少数稍作抵抗也放下了武器。武丁收服他们后，立即重组地方政府，从王都调来大批骨干，出任方国首领，又在当地选出一批亲商的势力加以扶持。据《甲骨文合集》所载，通过这些征讨，王朝的威望大增，许多方国和地区成了王朝的支柱，有些成为防御西北游牧民族侵扰的可靠的"城墙"。

平定王都周边之后，为了进一步扩大王朝的版图，武丁又向较远的地区和方国发起征讨。劳师远征，派多少军队？谁来统率？需要多少粮草？武丁曾一天数占，确定先从夷方、巴方、龙方、髳方、下危这几个方国下手。这等于是四面出击，因为龙方靠陕甘，巴方在殷之西南，髳方在四川西，下危在殷之东南。此次征讨可以说是倾尽了中央之力，连武丁的宠妃妇好都披甲上阵。

讨伐上述方国的战役都取得了胜利，武丁又把目光投向更远的内蒙古及西北地区，如舌方和土方。舌方是一个旅居在内蒙古南部的游牧民族，以前经常骚扰内地，甚至直逼王都附近，武丁下决心去除这一威胁。为了确保一击必胜，他动员了上万的步兵和车兵，经过大小几十次战斗，终于将舌方彻底平服，商朝的版图扩展到内蒙古。后人在查阅武丁以后的卜辞时，再也没见到伐舌方的卜辞了。

征服舌方极大地鼓舞了武丁，他趁势又将西北的土方和鬼方收服。西北资源丰富，武丁十分重视，曾经数次"王省土方"。接着，他采取了许多前代商王没有采取过的措施来稳定这些地区，例如，打下一地，立即就地封官建侯，并与之联姻，同时大兴土木建设城邑，使民众安居乐业。

接下来，武丁下令饮马长江，拓疆南土。南方物产丰富，尤其是造兵器的铜和用来占卜的灵龟和牛胛骨更是武丁之急需。通过占卜，武丁决定首先攻击今湖北的秭归一带。武丁亲自坐镇，战斗很顺利，没费多大力气便占领了秭归。商朝由此在长江边建立了一个"桥头堡"，以此为出发点，来回在江汉一带清剿，又平服了虎方。江汉平原是个好地方，武丁在这里培植了我、举、曾三个方国，通过这三个方国保卫通向长江中游的南北通道，使长江流域丰富的自然资源得以安全快捷地运往王都。

众多的地区都稳定后，轮到羌了。羌曾参与创造中华民族的古老文明。"禹兴于西羌"，说明夏代之前它就存在，并且与夏族有族缘关系。羌在历史上长期处于军事民主制时代，民众分散居住在青海东部、甘肃、宁夏、内蒙古一带，"绵地千里"。羌人并不都是商的敌人，但确有许多羌部落与商为敌。尤其是商的力量衰落时，羌人反商更是厉害。武丁派兵征讨北羌等地，一些羌人被抓后作为人牲祭祀。这是很残忍的行为，羌人大多被震慑住，尽管骨子里还是反商，但再也不敢犯商抢掠，从此，西北的边防也就巩固了。

武丁不愧是一代名王，他在位的59年时间里，大多在战场上度过。他用"点眼药水"的方式，对那些危害大一统政治格局的诸侯、方国实施快速、有效的治理。在他的晚年，商朝的版图已东起辽东和山东半岛，西至陕西和甘肃南部，北自内蒙古南部和河北北部，南抵江淮，总面积超过320万平方公里。商朝迎来了它的鼎盛期，"天下咸欢，殷道复兴"。

六、凭"惯性"也转了个一二百年

武丁在带给商王朝全盛国势后病逝，据说他活了100岁。太子祖庚继位，祖庚接班时已是60多岁的人，即位后7年就病逝。祖庚死后，其弟祖甲继位。祖甲从小知礼，据说武丁曾想越过祖庚把王位传给他，祖甲认为这违反了商王朝的礼仪，恐引起新的"九世之乱"，于是偷偷离开王都，到父亲生活过的农村，装扮成一介平民在那儿生活，王位便由祖庚继承。

祖庚死前召回祖甲，把王位传给了他。祖甲由于在最底层生活过一段时间，深知民众疾苦，一即位就减贡减赋减劳役，给人民和社会打造了较为轻松的空间。因此，长达33年王朝没有发动任何大的征伐，四方称臣，远近纳贡，上下一团和气。

祖甲晚年看到上层贵族集团的势力过于强大，担心他去世后国家动荡，就下令修改《汤法》，把先祖汤时定的刑法尤其是那些针对皇亲国戚的条款改得更加严厉。权贵们当然不满，各种针对祖甲和王朝的阴谋开始酝酿，商朝的统治又面临来自上层的种种威胁。

在位33年后，祖甲去世，儿子廪辛继位。廪辛接位6年即病逝，他的弟弟康丁继位。康丁在位仅1年，死后其子武乙继位。武乙是一个有叛逆思维的商王，他对王朝这套烦琐的祭祀制度有种莫名的反感，甚至到了痛恶的程度。例如，武乙对他的伯父创造出来的"周祭"就不能容忍。所谓"周祭"就是帝王每天都要花一定的时间祭祀祖先。武乙就开始搞恶作剧，做了个假人，把他叫作"天神"，武乙就跟"天神"玩博戏，命人代他走博棋，"天神"输了就侮辱他，把用皮革做的袋子里盛满血高高挂起，仰面射"天神"，称为"射天"。

这是大逆不道的行为。"殷人尊神，率民以事神，先鬼而后礼"，这是商王朝的传统。武乙受到人们的一致谴责，说他不得好死。据说最终他在游猎时被雷击死。不过，有些学者认为，此说很有可能是仇恨武乙的巫师们编造出来贬低他的，从武乙晚年经常用兵于渭水流域的史料来分析，他可能死于征伐西方方国部落的战斗中。武乙的儿子文丁即位。

武乙在位35年，不算短，尽管他并没花多大力气管理王朝，而是上瘾于田猎，但商王朝的统治仍比较巩固，王朝的势力还一直在向西部发展，特别是在周侯季历的协助下，完全征服了西部一些时服时叛的方国。

周部落源自华夏民族，早先活动区域主要在今山西西南、陕西中部一带。一段时期后，在其首领不窋的带领下迁至今甘肃庆阳地区。后为避开游牧民族的侵扰，又在其首领公刘的率领下南迁至陕西岐山东北，就在这里发展壮大。周部落与夏、商等古老的部落一样，都是人才辈出的部落，其先祖弃曾担任夏禹的后稷之官，即"农业部长"，世称后稷。夏亡之后，周部落首领不再担任此职。进入商朝，周人的地位有所提升，季历的父亲古公亶父被封为诸侯。商王朝与周部落的关系一直不错，季历凭此一方面替商征伐不听话的方国，而另一方面扩展自己。这引起了商王文丁的怀疑，找个理由囚禁了季历，季历死于商都。

季历的儿子昌继周侯位，即后世所称周文王。昌表面顺从商，暗地里却积极准备为父报仇。

复仇还未发生，在位13年的商王文丁病逝。儿子羡继位，史称帝乙。帝乙上台的第二年，为缓解商周间的紧张关系，也为纠正其父过激的做法，提出"和亲"，便将自己的胞妹嫁给周侯昌为妻。昌也觉得没必要再在战场上与商刀兵相向，就择定吉日迎娶帝乙之妹。这是一件两全其美的事，周人能与大邦天子之妹联姻是"天作之合"（后世著名的祝贺新婚之喜的吉祥词即由此而来），商王赢得诸侯的支持也是得大于失。

缓和了与周侯昌的关系后，帝乙立马向东亲自征伐商周交恶时宣布叛商的人方，大约花了一年时间将其平服。接着又向孟方进攻，很快让其再次臣服。帝乙的这两次征讨是商末历史上很重要的事件。像钟摆一样，征伐叛商的地区是每位商王的"习惯性动作"，正是这一"习惯性动作"有效地捍卫了大一统的局面。从武丁中兴之后到商灭，商朝凭"惯性"又运转了200年左右。

七、盟津观兵，八百诸侯反纣王

帝乙在位26年，小儿子帝辛继位，即为纣王。

选择帝辛即位是一个致命的错误，商王朝最终毁在他的手上。令人很难想通的是：帝辛文武全才，聪明机警，又有微子、比干、箕子等一帮贤人辅佐，怎么会把一个几乎处于全盛期的王朝活生生地搞垮呢？司马迁曾概略地回答了这个问题，大致有以下几条原因：一是帝辛腐化堕落，享乐过度，甚至"以酒为池，以肉为林，使男女光着身子相逐其间，为长夜之饮"。二是帝辛加重各种税收，造成民众困苦，又大量搜奇猎怪塞满王宫。三是帝辛心肠狠毒，设置各种残酷的刑罚施与大臣和民众。四是帝辛处理不好与诸侯的关系，任用费仲、恶来等小人主持政务，又不听贤人的劝谏，甚至将以死强谏的王叔比干剖胸掏心。五是天怒人怨，王朝内外布满反抗的火种。

司马迁并没有全盘否定帝辛，还称帝辛是个很聪明的人，灵敏多才，身材高大，勇力过人，能手格猛兽。此外，帝辛的口才也很好。司马迁在叙述了帝辛的种种罪恶之后，在《史记·殷本纪》的末尾，很平淡地说了一句："孔子曰：'殷路车为善，而色尚白。'"意思是：孔子说，殷的路和车都很好，崇尚白色。

道路修得好，车辆先进，是帝辛的成绩。正是利用好路好车，帝辛的军队才能很快地平息各种叛乱，维护国家的统一。史料显示，帝辛曾两次征伐人方和东夷的一些小方国，征伐的规模很大，甚至动用了一支由大象组成的"象队"来冲锋陷阵。平叛胜利后，帝辛又命令部分商军留在东夷，防止东夷以后再叛。

帝辛的这一措施是以前的商王未曾采用过的。正是因为长年有大批商军驻守，王朝得不断地输送人员、物资赴东夷地区，商文化便大量地渗入，由此加快了东南地区的融合，也促进了东南地区的发展。从这一点上讲，帝辛和他的父亲帝乙两代人都为东南地区作出了贡献。

本来周人的领袖姬昌已被帝辛囚禁了，帝辛却在接受了周人的美女、财富贿赂之后放走了姬昌，并授姬昌为西伯，赋予他征伐大权。

帝辛真昏啊，他绝对没料到这是夏桀放汤的重演。老谋深算的周西伯其实是在"率殷之叛国以事纣"。也就是说，周西伯率领一批反商的诸侯和人民做纣的臣民，总有一天会将纣打翻在地。旁人都看到了这一点，只是帝辛还蒙在鼓里。

周西伯的影响越来越大，国内许多优秀人才纷纷弃商投周。来的人才太多了，忙得西伯吃饭的时间都没有，甚至连商的老臣鬻子、辛甲大夫都来了。还有两个特殊的人物伯夷、叔齐也来了。

帝辛昏聩，商之大厦将倾矣！

西伯昌自从拥有了这些杰出人才和征伐大权之后，很快制定了正确的大战略：由近及远、由弱到强、以点带面地剪除商的羽翼，孤立商王。他首先假"天子"之命而北伐犬戎（西羌），西灭密须（今甘肃灵台县）等小方国，而后迅速将战略重心转向东方，矛头首先指向黎国。黎是守护商都西部的屏障，本应有大军护卫，但由于平叛东夷的需要，黎国守军空虚，周人趁机攻灭黎国。消息传到商都，朝廷一片恐慌，帝辛却不为所动，并毫无愧色地回答大臣们的进谏："怕什么，我生来就是只从上天那里接受命令的。"

帝辛的自负使商的处境一天比一天危险，隔了不到一年，西伯昌的大军又攻灭邘。邘在今河南省沁阳县，攻下邘，商朝的王都就完全失去了西部屏障，商的势力也就被有效地限制在太行山以东。从此，邘就成为周人击商的前沿阵地。这两次攻击太高明了，后世学者给予了极高的评价，章太炎说："文王用兵，盖莫盛于伐邘。"

在完成了分割商王朝同西部几个主要方国的联系后，西伯昌打响了灭崇的战役。崇在今河南嵩县，位处商朝腹部，打下崇意义重大。西伯昌集中兵力，力求在较短时间内结束战斗。不料崇侯虎早有提防西伯之心，城墙修得格外高大坚固，周军连攻 30 日也未见成效。西伯昌改变战术，在城外堆起比城墙还高的土山，形成居高临下之势。崇军依然死守，拒不投降。双方伤亡很大，以致最终攻上城头的将士都号啕大哭。

崇终于被攻克，向东拓展的最后一个堡垒被拔。西伯昌随之发出"作邑于东"的号令，把都城从渭北的周原迁至渭南的沣河西岸（今陕西长安县）。这里北有渭水，南有秦岭，远离戎狄，地理位置十分优越。就像商灭夏一样，王都前移，向敌靠拢，方便己方出击。至此，"天下三分有其二"，周的势力明显占上风了。

伐崇的胜利震撼了全国的诸侯、方伯，跟着西伯昌走成为天下共识。然而非常遗憾，西伯昌大功未成身先死，太子姬发（后称周武王）接过大印，迅即组成以太公望、周公旦、召公等杰出人才为主的统率班子，继续向东推进，很快便至伊洛地区。接下来，周军越过黄河攻进商的都城。但在越过黄河前，必须控制西起潼关，东至崤釜山（位于今三门峡市）的崤函险道。这是条沿山而行的险道，当年商灭夏时，就是通过控制住崤函险道，最终把势力伸向了渭河西岸。武王根据历史的经验，先占住崤函险道和洛邑，有了进可攻、退可守的战略大通道。

当所有的灭商工作准备得差不多的时候，武王搞了个"观兵盟津"（津即河南孟津）的动作，用以检验反商同盟的可靠性。他向一些诸侯发出共同伐商的通报，并亲率数万周军从孟津渡河，沿途"不期而会盟津者八百诸侯"。各路反商大军齐聚黄河北岸后，一致敦促武王尽快伐纣。但武王却认为不可，他只是预演。他说："汝未知天命，未可也。"武王掌握的情报比诸侯们多，他认为商的气数还未全尽，商王左右还有一部分忠于他的将领和大臣，势力不可小觑，还得等上几年再说，于是班师回朝。

虽然武王自认为胜券在握，但在没见到最后那根压垮商王朝的"稻草"之前，他是不会出手的。

八、牧野洋洋，檀车煌煌

"观兵盟津"两年后，最后那根"稻草"出现了，即商王朝内部矛盾加剧，所有过去尽心辅助过纣王的人要么被杀、要么逃跑、要么奔周，朝廷"空心化"。加之大批的奴隶和军人逃离王都，城市也几乎"空心化"。时机到了，武王果断地发出命令："殷有重罪，不可以不毕伐。"之后亲率战车三百乘、虎贲（敢死队）3000 人、甲士 45000 人，从洛邑出发。各诸侯国接到武王的命令后也立即起兵。

联军顺利渡河，各路兵马求战心切，经过 6 天急行军（每天约行 40 里），于第六天夜里抵达商郊牧野（今河南淇县南 70 里）。几乎通夜整军，黎明时分，武王率领周军及 800 多方国诸侯举行总攻前的动员大会，发表了著名的《牧誓》：

> 古人有句话：母鸡是不叫明的，如果母鸡叫明，必定倾家荡产。现在纣王什么都听女人的，自弃其先祖的祭祀不予回报，抛弃自己的家族和国家，放着自己的同祖兄弟不用，反而对四方各国犯罪逃亡的人那么推崇，让他们对百姓横施暴虐，对商国大肆破坏。现在我发誓要恭敬地执行上天的惩罚。今天的作战，每次前进不超出六七步，就要停下来整顿阵容。要努力呀，男子汉们，我们是在商郊作战，不可迎击前来投降的人，而要让他们为我们所使。要努力呀，男子汉们，你们谁不努力，我将拿他问斩。

武王誓师之后，联军对商军发起凌厉的攻势。《史记》不惜笔墨，用了近400 字描述这场朝代更替之战：

商纣王听说周武王发兵前来，也发兵 70 万抵御武王。武王派师尚父和百夫长挑战，用大卒驰击纣的军队。纣的军队虽然人多，但都无心作战，只盼武王赶快攻入。见武王军来，纣的军队都掉转武器攻纣，为武王做内应。纣逃跑，退入城中，登上鹿台，把他的宝玉都穿戴在身上，自焚而死。武王来到商的别都朝歌，城中的百姓都在城郊迎候。武王派群臣对商的百姓说：上天将赐福给大家！武王进城后，到纣死的地方去查看，亲自用箭射他的尸首，射了三发才下车。又用轻剑刺他，用黄色的钺砍下纣的头，挂在大白旗上。

牧野之战是中国古代最著名的战役之一，是中国战争史上以少胜多的突出战例。战场打扫完毕，武王立即举行盛大的仪式，宣告"革殷成功"。他虔诚地跪在地上，拜谢"天命"，拜谢各路诸侯和民众辅佐他以姬姓周王取代了子姓商王。若干年后，《诗经·大雅·大明》这样赞颂这场战斗：在牧野这广阔的战场上，檀木战车多漂亮（"牧野洋洋，檀车煌煌"），驾车的战马多么强壮，看那英武的太公望，好像雄鹰在飞扬。大家辅佐的那位就是武王，全力去征服大国商，到早晨就宣告天下清平。

商纣王原本是一个很能打仗的统帅，在征讨东夷和平服其他小邦的时候都无往而不胜，怎么在牧野手握重兵却如此不经打，仅仅一个早上就全军溃败呢？《诗经》中所说的"一朝而亡"只不过是种比喻，但纣王速败（整场决战只打了半天）却是不争的事实。原因出在何处？《管子·法禁》中有这么一句话："纣有臣亿万人，亦有亿万之心。武王有臣三千而一心。"这说得很明白，纣王失败在于人心尽失。领袖人物得不到民众的信任，其结局一定很惨。

九、无远弗届，不惮远足

商王纣最后的结局太悲惨。然而，回首商代，我们看到的依旧是一个极具开拓精神的伟大王朝，其末期的疆域已经据有现在中国版图的三分之二。商人的足迹真是无远弗届，超出后人的想象。前些年曾在美国西海岸发现了古代的石锚，分析后认定石锚的原料不在美国，而在中国的东海岸。科学检测后发现制作它的年代为 3000 年前，那时正值中国的商朝。3000 年前，中国人就到过美国的西海岸吗？这只石锚是商人带过去的？不管真相到底如何，值得佩服的是商人的确具有不惮远足、无远弗届的气概。

商人的眼光总是盯着远方，盯着大一统，他们从不满足于现状，总是在迁徙和征战，在寻找和比较，寻找一方更安全、更富庶、对各民族更有凝聚力的土地，寻找一条长久保持大一统格局的宽阔大道。汤在寻找，盘庚在寻找，武丁在寻找，满身骂名的商纣也在寻找，商人们终其一生都在寻找。商人真是上古中国开疆拓土的先锋，一代一代，从不停止。

商人的"领土"概念比夏人明晰多了，夏人的"五服"很大程度上只是提出一个概念，真正实行起来还很不容易。商不一样，商的领地基本上由两部分构成：一部分叫"内服"，一部分叫"外服"。"内服"的部分是王朝直接统治的中心区域，该区域之外的地区就是"外服"。"内服"由"百辟"（百官）组成管理系统，"外服"由商王分封的诸侯形成管理系统。商王坐镇王都，集中了国家祭祀、征伐、生产、刑赏、用人的一切权力，谁不听话就教训谁，谁搞分裂就打击谁。

这需要一支强大的军队作为后盾。商王朝到底拥有多少军队，尚无史料可以说清，但这支军队无疑是相当庞大的。周武王进攻的消息突然传来时，纣王仓促间就组织了70万人的军队应对，这还不包括没来得及调回的长驻东夷的军队。此外，为了巩固大一统的局面，商代实行兵民合一的民军制，平时是奴隶或平民，征召后就是军人。《夏商社会生活史》的作者宋镇豪曾做过分析，说在商晚期，全国的武装力量大约80万人，王朝能控制、征调的兵力大约50万人。

除了军队力量强大，商代的法治建设比夏代也完善得多。它的监狱规模大，刑罚名目多，除正式列入国法的"五刑三千"外，还有多种酷刑。这些酷刑不仅施于民，而且首先施于犯法的官员和政治异己分子。在商汤时代，还专门针对官吏队伍制定了《官刑》。

在如此完备的国家机器和典章制度管理下的商王朝，创造出了辉煌的文明，如甲骨文和青铜器。

甲骨文是刻在龟腹部的龟板上和牛肩胛骨上的文字，迄今为止已发现超过15万片，约有4500个单字，其中可识别、解释的有1000多字。就是这15万片甲骨文，记载了从盘庚迁殷到商灭亡的273年历史。

甲骨文发现的意义无可估量，表明汉字经过数千年的发展，到甲骨文时已经成熟，它向世人宣示：中国进入了有文字可考的历史时期。

向先人们致敬，当他们在龟甲上刻下第一个文字的时候，中华文明就掀开了新篇章。通过这些姿态各异、一字一音、读起来朗朗上口的中国字，我们一下子就看到了商王朝的全景：哪天出征、哪天田猎、哪天祭祀、哪天出太阳、哪天有雨……这块龟板上刻下的十几个文字就让我们知道了武丁拓疆南土时的军事机密，卜辞这样写道："贞：立事（于）南，右比（我），中比舆（举），左比曾。"大意是说，武丁征讨南方时，是以王师的右、中、左三军配合我、举、曾三诸侯国的武装力量一同进行的。3000 多年前的重大战役行动，如果没有文字记录，我们能知道得这么详细吗？

甲骨文的发现颇有传奇色彩。19 世纪末期，河南安阳县的农民将挖到的刻有文字的甲骨文碎片卖给药店，药店加工成粉末，当作"龙骨"出售。此事引起了著名学者王懿荣的关注，他敏锐地感觉到这是无价之宝，立刻出重金收购那些尚未制成粉末的龟甲，并设法打听到了龟甲的出处在今河南安阳市小屯村一带。随后，大量珍贵的龟甲出土。

甲骨文就此名扬寰宇，它被形容为中国文化的基因，因为甲骨文已经具备了汉字造字的六大法则（象形、指事、会意、形声、假借、转注），以它为母本，数万个姿态各异的中国文字涌进中国人的生活。就是这种几千年以来形体基本没什么变化的文字，凝聚了中国的人心和大一统的政治格局。不论历史上出现多久的分裂，中国人总会重新走到一块，因为血脉中流淌着汉字的基因。

商王朝对中国文明的另一大贡献就是青铜器。按司马迁的考证，黄帝时代就有宝鼎，材质传说就是纯铜。到夏禹铸九鼎时，那种纯铜制作的鼎又掺了锡和铅，鼎的质地变得更加坚硬，色泽泛出青绿。当今考古发现，龙山文化时期（公元前 2800—前 2300 年），先民们已开始使用小型铜器。发展到商代，青铜器进入鼎盛期，许多体形巨大、造型复杂、纹饰精美、工艺先进、腹壁还铸有铭文的青铜器皿被制作出来，如司母戊大方鼎。

司母戊鼎是商王文丁为纪念他的母亲戊而铸造的，腹壁内铸有铭文《司母戊》。鼎呈长方形，柱足粗壮，饕餮纹饰给人一种青铜器独有的神秘之美，鼎高 133 厘米，长 110 厘米，宽 78 厘米，重达 875 公斤。相传当年蒋介石兵败南京时，想把该鼎运往台湾，由于太重不好搬上飞机才作罢。留在大陆，是司母戊鼎的天性使然，因为鼎是权力的象征，一个失败的政治人物怎么搬得走这尊巨鼎呢？

　　司母戊大方鼎露面时曾给世人带来震撼，商王武丁的妃子妇好墓中的400多件青铜器皿一同现世时，人们更是被眼前的场景惊呆。这几乎就是一座完整的商王朝青铜器博物馆，器形有鼎、鬲、甗、簋、豆、盘、盂、爵、角等，兵器有钺、戈、矛、戟、箭镞等，生产工具有斧、锛、斤、凿、刀、锯、锥、钻等。

　　妇好是武丁最宠信的妃子，她可能是中国最早的女统帅，曾多次替武丁掌管军队，统兵打仗。这400多件体现商代最高水准的青铜器是商王朝留给后人的一笔极其宝贵的财产。

　　继妇好墓之后，"20世纪中国最重大的考古发现"又接连给人们带来惊喜。四川省广汉市发掘出土的三星堆文化遗址展示了一个更加令人眼花缭乱、神秘莫测的商王朝，那些青铜器作品诙谐、夸张，令人想象力大增，让人怀疑它们是否是地球人所做。每件青铜器都带着不同的表情和神态，根本弄不清它的原创动机，有平顶人头像、戴冠人头像、人面像、跪坐人、金面罩铜质圆顶和平顶人的头像、龙虎尊、三牛六鸟尊、四羊四鸟尊、神树等，看一眼就永远不会忘记。

　　古蜀国四川一带是羌人的集中居住地，羌人是周武王灭商时的铁杆盟友、出力最多的部落之一。如果这些出土的青铜器、玉器、石器、陶器等文物是出自羌人之手，那么羌人对中国文化的贡献非常可观。

　　商朝是一个不断给人惊喜的时代，随着更多的第一手文字资料的发现，上古中国的真容愈加清晰。如今，虽然一切都已过去，但上古中国的影像却永久地嵌在亿万中国人的心里，例如传唱了3000年的《商颂》仿佛仍在耳边回响："天命玄鸟，降而生商，宅殷土芒芒……"

第四章 天下分封，华夏成一体

牧野一战，改朝换代，商朝变周朝。周朝的领袖人物们在此之前直接统辖的部落人口总数不过10万，区区小邦，一下子要去管治上千万人口的国家，谈何容易？周人的高明就在于它抓住中国人喜好抱团（向往大一统）的心理，把"天下"划出71个面积、人口不等的侯国，然后以中央政府的名义分封给为建立周王朝立下功劳的姬姓贵族和异姓诸侯，让他们代表周王去统治那些地区。周王对分封倾注心血，期望"封建亲戚，以藩屏周"，即通过分封来拱卫中央。

分封诸侯在周朝之前就有好些个王朝实行过，但它们仅仅作为一种奖赏，而不是像周朝这样作为一种维护统一、加强中央政权的大战略来实施。与夏、商相比，周的分封是一项全新的政治变革，它不是简单地把土地和人民授予诸侯，而是制定了若干个防止诸侯坐大并走向独立的政治制度：侯国内一律实行周王的政令，重要的政治、军事官员由中央任命，诸侯定期进都城向周王述职，侯国有纳赋的义务，侯国的军队听命于中央指挥，如此等等。

"周虽旧邦，其命维新"，周王朝成立之初，几乎每天都在创新、变革，所谓"日日新，苟日新，又日新"。例如，在分封天下的同时，它出台了重要的婚姻变革政策，鼓励周人与天下人广泛地建立血缘关系，通过婚姻，把周人的血与天下人的血融合，天下从此一家。

血浓于水，10万周人的血脉迅速渗透到各民族之中，前所未有的多民族和谐相处的大一统局面出现了，中国自此有了凝聚力超强的华夏体系。为了维护这个体系，周创立出一整套对中国人极具教化、引导作用的生活准则，即礼乐文化。正是为维护大一统而设计、至今仍在深深地影响中国人行为的礼乐文化，使周祚延续了近800年。

一、反分裂不手软

灭商之后，武王知道朝代更替之际最重要的是迅速收拢人心，使社会安定。为此，他发布了一系列命令。首先，将殷的遗民、商纣王之子武庚封在殷地，但又不放心，便委任他的弟弟管叔鲜、蔡叔度和霍叔三人共同辅佐（其实是监视）武庚。之后，又把商代很有影响力的箕子释放出原商王朝的监狱，以礼待之。接着，命令毕公到各地监狱释放百姓，让他们回家创业。又命散发被纣王聚集在鹿台的钱财和钜桥的粮食，赈济贫苦人民。再命人搬走殷人的九鼎和宝玉，又派人为比干之墓培土为冢……

待到社会初定，武王开始奖赏灭商有功的将士，写了《武成》篇，赏赐殷的宗庙祭器，追述古代的先王，对他们的后代一一封赏。那时周的首都镐京成天香火缭绕，处处喜气洋洋。然而，武王始终清醒，他知道还有很多方国、部落并未完全平服，必须一鼓作气把革命进行到底。为此，他派出各路人马征讨四方，灭国"九十有七"，"服国六百五十有一"。

由于过度劳累，武王在灭商两年后一病不起。继位的儿子成王尚年幼，天下初定，百废待举，领袖人物必须能掌控大局，周公主动担负起摄政的重任，代行王权。周公是文王的第四个儿子，名旦，因其封地在周而人称周公。周公在辅佐其父灭商的过程中立下大功，其品德和智谋誉满神州。本来，周公完全是出于稳定大局的考虑，才代成王摄政，但管叔、蔡叔等嫉妒周公，到处散布谣言攻击他，并指使受封在殷的武庚起兵叛乱。

武庚早就想找机会复辟商王朝，他很快联络了徐、奄、熊等曾与殷结盟的东夷小国，发起大规模的武装叛乱。

周公代行王权后，朝廷上下的认识极不一致，连打天下时最亲密的战友姜太公和召公也不支持。周公真是了不起的政治家，他多次与姜太公和召公等大臣谈心，说："我之所以不避嫌而行摄政事，完全是担心在国家权力青黄不接的情况下，天下会发生不测。出现这种情况，不仅我们无颜面对先王，现有的大业也就半途而废。"说完心里话，周公还特意作《君奭》篇，强调他与召公等大臣加强团结、共担重任的重要性。

上层的认识统一、团结问题解决后，周公决定以坚决的手段平叛。周公为此作《大诰》，向天下诸侯和民众"预警"，指出国家如今有图谋篡权的人（指管叔、蔡叔等人）与图谋复国的殷商余孽勾结，有搅乱天下的危险，号召广大诸侯和民众与新生的周王朝站在一起，征伐那些试图叛乱的人。

做好了一切准备工作之后，声势浩大的以周公为统帅的东征开始了，这其实是二次伐商。周公走的路线仍是武王当年伐商的路线，战略非常明确——"擒贼先擒王"。周军先全力攻占邶，之后直捣管叔的驻地卫，迅速击败叛军，占领城邑，管叔被杀。挟此战之余威，周军又攻克蔡叔城邑鄘，活捉蔡叔。

另一路平叛大军由召公统率，紧紧追击北奔的武庚及其子率领的残部，并将他们赶出殷人的势力范围。对于这次战斗，一件20世纪40年代发现的青铜器"保卣"上的铭文做了记录："乙卯这一天，成王命令太保（召公奭）抓住了武庚，随即以叛乱罪将他处死。其他跟随他作乱的薄姑、徐、奄、熊、盈5国的首领，也都受到惩处，这6个国家被灭掉。成王慰劳并奖赏了太保。太保很高兴，对其属下也进行了奖励。"

整个平叛行动进展得很顺利，周王朝取得了比武王伐纣时还要多的成果，王朝声威大震。

三年征伐关乎周王朝的国运，其间的一些战斗异常激烈，士兵们的战斧都砍破了，原野上堆满了双方士兵的尸体，鲜血浸透了碧草。一位士兵用诗歌记录战斗场景，读来让人感伤："那一仗既砍破了我们的圆孔斧，又打破了我们的方孔斧。周公发动的这场东征，使四方的叛国都惊慌失措。可怜我们这些人呵，还算结实强壮。战斗真是激烈，不仅打缺了我们的双刃锜，还打缺了我们的三锋矛。可怜我们这些人呵，还幸运地活了下来！"

二、大分封，大改组，大融合

东征的胜利使周王朝站稳了脚跟，也使王朝的管理者们思索起一个问题：很多方国、诸侯时服时叛，你打他他就服，你一走他又反，经常性用兵导致国家财力紧张，人民生活困苦，长期这样恶性循环，谁都受不了，怎么办？

周公、召公等大臣建议成王采取"换血"的方式来实行有效的统治。怎么个换法？就是大规模地"众建亲戚"，即把大片的土地连同民众一起赏赐给与自己有血缘关系的亲戚和功臣，让他们代表中央政府统治王畿周围、战略要地以及一些大的方国，从而达到"封建亲戚，以藩屏周"的目的。

这个"换血"的建议是血的历史教给周人的。周、召二公等大臣都亲历灭商，深知商王朝的军事实力虽然强大，但国家的组织形式太松散，到了生死关头，王畿周边几乎没有能够拼死拱卫王朝的诸侯和武装力量。如果周王朝能够实行"封建亲戚，以藩屏周"的制度，即使后人是个"败家子"，危难关头也会因"藩屏"而得到拯救。

其实在灭商后的头几天里，武王就初步封赏了一些亲戚和大臣，如姜太公被封吕，周公被封鲁，召公被封召陵。封是封了，但这些受封的大臣们一时到不了受封之地，为什么呢？因为周的军队还未打到这些地区，当地的土著们还没有归服的意愿。现在不同了，东征平叛后，形势根本改观，周王朝不仅真正占领了商统治几百年的中心地区，还乘机将其重要方国的领土全部据为己有，从而为日后的分封预置了空间。

大分封就在这样的基础上开始了，它分两个层次进行：一是同姓诸侯，二是异姓诸侯。分封对象以"亲戚"为主，周初分封的 71 国中，姬姓子弟占了 53 人之多。这些被封的姬姓诸侯都是文王、武王和周公的后人，他们被封的侯国大多分布在王畿内外，其中，鲁、卫、晋、燕等大国封在原商王畿及其他重要方国，串连起来形成拱卫周室的屏障。

封完同姓诸侯，接着分封异姓诸侯。哪些异姓诸侯能受封呢？一是与周室早年结为盟国，或对周朝开国有功的臣，如姜太公受封齐国。二是以殷商人群为主体的封国宋，主要目的是安抚原商人，让已灭的商国有后人祭祀其祖先，所谓"灭国不灭祀"。三是先圣之后，如陈、杞、蓟等，陈是舜的后代，杞是夏的后代，蓟是尧的后代。分封这些国家，主要是争取人心。四是大量的古已有之的小邦国。

大分封北至燕山，东抵大海，南达江汉流域，西到陕、甘。与之相随的是民众和民族的大分解、大组合。分解得最为彻底的就是殷商人群，他们几乎全部离开原住地，前往姬姓诸侯国。可以想见，当成千上万的殷人从原住地向新住地进发的时候，他们的心理和身体会承受多大的压力。然而，新的生活在等着他们，他们别无选择，只能勇敢地面对。

在这脱胎换骨的变化中，周人的族群也不能置身其外。他们就是"原子核"，周王朝要以他们为本产生裂变。据史料记载，周初灭商时，真正的周族人口不过10万人，这么小的族群要在很短的时间里迸发出巨大的能量，同化外来或本地的殷商遗民，这种期望和变化亘古未见，它的复杂程度和引起的震动不会小于殷商族群的大分化、大改组。

这是多么神奇的安邦大略，全世界至今没有一个民族和国家经历如此之大的变革，几乎每个人都卷入其中。封建诸侯早在周代以前就出现了，但其分封的范围和随之引起的变化远不及周的分封。周的分封站在一个全新的高度，不仅迅速地将殷人与周人混居，还广泛提倡周人以婚姻缔结的方式，去与天下大众建立亲戚关系，化解与原住地族群的矛盾，这是对夏商两代分封的发展。清末学者王国维说："中国社会文化之变革，莫剧于殷周之际。"当代学者李山说："将传统的东西运用得出奇，这本身就是创造。"周朝分邦建国，编织了一张硕大无比的血缘关系网，这里面流淌的不再是单纯的周人的血液，也融入了众多异姓部落的血。

大分封获得了巨大的成功。太公望在齐国"简其君臣礼"，对齐地以工商为业的原居民"从其俗"，继续支持他们从事工商业，促进了经济发展，昔日的潟卤之地成为各诸侯羡慕的富庶之乡。周公的封地在鲁，由于他要留在成王身边辅政，儿子伯禽就代他赴任。鲁公伯禽一面鼓励民众发展生产，一面对周围的淮夷、徐戎等少数民族用兵，完全巩固了周王朝在奄国旧地的统治。召公奭始封于河南召陵，后被改封至北燕（今北京西南），因召公留在成王身边，召公的大儿子代他去燕地主政。他带去了周人的政治观念、军事技术、文化成就，促进了北方社会经济的发展，燕国很快就变成强国，成为周王朝北方的有力屏障。

总之，大分封的结果不仅为周王朝提供了可靠的屏障，它的重大贡献还在于使不同的族群为了生存、发展、安全这些共同的目标而放弃了敌对和仇恨，走向融合。当这种融合发展到一定程度后，文化层面、精神层面的统一也随之而来。

在大分封实施之前，商、周二代的领袖人物都有一块心病，就是不放心东部地区。当年纣王一个劲儿地东征，结果被周族钻了空子，弄得人死政灭。武王灭商后，版图急剧扩大，他感到在镐京（今陕西省西安市长安区）很难控制住遥远的东方，就想在伊、洛地区找块风水宝地，建一座新都城，以便就近掌控。但这个想法没来得及实现，武王就撒手而去。

武王布局东方的想法得到周公的支持，成王即位后，决定由周公和召公一起来实现武王的遗愿。新的都城是国家政治、经济、军事、文化中心，地址的确定非常重要。周、召二公先后两次到洛邑现场勘察，又多次占卜，最终将新都城定在涧水以东、瀍水以西，即今河南洛阳以西的位置。

周公给新都城起了一个很吉利的名字——成周，即成就周朝之意。成周规模很大，仅城外的郭每边就长达 27 里，城垣高 7 丈，底部宽也是 7 丈。大城四面各开 3 门，共建造了 12 座城门。城内的道路按经纬制设计成棋盘式，共9 经 9 纬。

偌大的都城从周公摄政的第五年的三月开始动工，直到周公还政于成王时才告一段落。成王很高兴，不久就从镐京迁往成周，并发表演说。1963 年，在陕西宝鸡市发现的一尊名叫"何尊"的青铜器将此次演说的主要内容记录了下来："成王五年四月，周王开始在成周营建都城，对武王进行丰福之祭。周王于丙戌日在京宫大室中对宗族小子何进行训诰，内容讲到何的先父公氏追随文王，文王受上天大命统治天下。武王灭商后则告祭于天，以此地作为天下的中心，统治民众。周王赏赐何贝 30 朋，何因此制作尊，以纪念。"

成周修好后，基本的居民是两部分人：瀍水以西住着周朝的贵族和百姓，瀍水以东主要是殷商贵族和遗民居住。让殷人住进首都，一则是好监视、改造他们；二则能够扩大城市人口，可以向他们收取赋税，征调他们服一定的劳役，最终让他们成为周王室的佃户。

　　事实证明这一政策是正确的，成周地区的殷人通过与住在一地的周人通婚论嫁，在心理和生活上与周人融为一体，共同创造了东都的新文明。周公对此非常满意，专门作了篇《多方》诰词，对居住在成周的殷人们说："今天你们还居住着你们的房屋，耕种着你们的田地，每当有大大小小的力役、赋税，对你们多征发，你们都能遵守法度，如期完成，这很好，很好。"

　　东都成周成了商人的新生地，不少杰出的人才被周公选拔到政府机构任职，成为周王朝上层机构的重要组成部分。

　　以成周的建成和运营为标志，周王朝从动荡走向了安定和发展。

三、"郁郁乎文哉，吾从周"

　　大分封带来空前的国土大重组、人群大分化、社会大变革。周王朝是凭什么来"磨合"各种社会因素，使国家动而不乱的呢？周公拿出了方案，制定出一整套能稳定社会且让全社会共同遵守的礼仪规范，称之为"制礼作乐"。

　　先看礼，礼的范围很广，所谓"礼仪三百，威仪三千"。概言之，主要有五种：吉礼、凶礼、宾礼、军礼、嘉礼。吉礼主要是祭祀邦国天地鬼神的礼仪。凶礼是"哀邦国之忧"，包括天灾人祸、战败等的礼仪。宾礼主要是"礼亲邦国"，即加强邦国间联系的礼仪，包括如何朝见天子等。军礼主要是出兵打仗、田地赋税及大的封建活动的礼仪。嘉礼主要涉及日常生活，像乡饮酒礼、婚礼等。上述五大礼的总目标就是"建保邦国"。

　　礼仪怎么会起到这么重要的作用呢？因为它首先从规范上层人物的行为入手，强调领袖人物和各级官吏、贵族都要严格地要求自己，特别要加强道德修养，在各方面为人民作出榜样。例如，有一天，成王向史官尹佚问为政之道，说："按照礼仪要求，我要实行怎样的德行，才能向百姓表示亲近？"尹佚回答："要敬重顺从他们。"成王又问："怎样做才算敬重顺从他们？"尹佚说："对待百姓要如临深渊，如履薄冰。"意思是，处理关于百姓的事务，要像面临万丈深渊那样畏惧，又像在冰上行走一样小心。

　　成王听后感慨道："做人民的君王岂不是件很可怕的事吗？"尹佚说："天地之间、四海之内的人，善待他们，他们就能忠心耿耿地为我们出力；不善待他们，他们就能成为我们的仇敌。夏、商两朝的教训就在眼前，这是大家都知道的历史，做君主难道能不惧怕吗？"成王听后连连点头，自此更加严格要求自己，善待百姓。

对领袖有要求、有制约，对贵族和官吏的约束也很严格。严格到什么程度呢？连说话、走路的姿态都要符合礼仪要求，否则，就被认为是"大不敬"。例如，在举行大的祭祀活动时，要表现出敬畏和虔诚。怎么看出敬畏和虔诚呢？要看步履是否符合礼仪的要求。"礼者，履也。"这是周王朝流行的一句话。"天子穆穆，诸侯皇皇，大夫济济，士跄跄、庶人僬僬。"这是周礼对从天子到庶民的各层次人群参加祭祀活动时的步履所作出的要求。不按这个样子走路就是"不敬"，"不敬则礼不行"，更可怕的是，不敬的人在三五年内没有好下场。《左传·成公六年》记载郑伯（郑国国君）在一次典礼中的表现，说旁人见了郑伯走路的姿态和眼神，就预测他已临近死亡。此话怎讲呢？《左传》解释说，郑国国君在典礼中"视流而行速"。意思是说他的步伐过快，视线游移，没有全神贯注、小心翼翼地祭祀。这是"不敬"，社会难以接受这样不讲礼仪的诸侯国君，所以他要么自我毁灭，要么被人杀害。

礼仪不仅对个人重要，还是立国之本。《左传·僖公十一年》有段话这样强调："礼，国之干也。敬，礼之舆也。不敬则礼不行，礼不行则上下昏，何以长世？"意思是说，"礼"是一个国家赖以立国的根本，而"敬"则是使"礼"发挥作用的保证。礼既是周王朝的文化，也是国家法度，若不能发自内心地敬畏它，国家就不能维持一统，社会就要动乱。

周王朝不仅用严格的礼仪要求上层，也通过礼仪去规范和引导全社会的行为。这些规范条款很细，细到什么程度呢？细到当两个人交往时，人的眼神、视线如何相交；细到对人的站姿和坐姿、睡姿都作出了相应的要求；细到教你在登上城楼后或者在人多的场合，不要用手随意指点，不要大声喊叫；细到进入别人的房间后不要到处张望，天气酷热也不要袒胸露背，有人讲话时不要插嘴，不要好奇地打探别人的隐私……

周礼的化导范围太大了，大到一般的乡村在举行一场酒宴时都要仔细地想想哪些环节必须符合礼的要求。来看一场乡饮酒礼的镜头：

众多的乡亲们聚在一块，首先选出一个贤德之人做主宾。客人到来时，主人要出大门迎接，并和宾客三揖三让，然后请客人入座。主人先敬酒，每敬一次都要洗一次酒器。酒宴开始后奏乐，还请两位歌唱家歌唱《诗经·小雅》中的《鹿鸣》等名曲。酒宴差不多快完时，要"旅酬"，即表示继续留客之意。留下来的客人又坐在一块自由交谈，或者赋诗言欢。客人要离去，送宾出门时奏起《陔夏》乐曲。

请注意这个细节：每敬一次酒都要洗一次酒器。这种讲求洁净的文化显示了周王朝礼仪的神圣性。一场乡饮酒礼可以培养国民的谦和、团结、文明的道德修养，这是值得永世传承的。

周公很细心，在主持制定浩繁的各种礼仪条款的同时，还组织力量制作了一大批音乐歌舞作品，如六大舞（《云门》《大咸》《大夏》《大韶》《大濩》《大武》）、六小舞（《帔舞》《羽舞》《皇舞》《旄舞》《干舞》《人舞》）。六大舞主要用于祭祀、典礼、宴饮、射礼等大型集会场合，六小舞主要用于祭祀和乐舞礼仪的教育培养等。

为什么会花这么大力气去搞六大舞、六小舞呢？主要是因为吸取了商代末期朝廷腐败，宴饮乐舞方面穷奢极欲，失去理性，带坏整个社会风气的教训。周公制礼作乐，把重编、改编乐舞作为礼乐文化的重要内容，使一大批思想内容健康的乐舞节目占领朝廷舞台，同时推向全国，使整个社会的精神生活气象一新。下面简单地介绍一下六大舞的主要内容。

《云门》是歌颂黄帝的，《大咸》是歌颂尧的，《大韶》是歌颂舜的，《大夏》是歌颂禹的，《大濩》是歌颂商汤的，《大武》是歌颂周武王的。前 5 个歌舞是在前代的基础上改编的，《大武》完全是新创作的。6 个作品的名字都用了"大"字，意指伟大的黄帝、伟大的尧等之意。

这样的歌舞节目当然高尚、健康，符合礼仪要求。例如《大武》：

《大武》共有 6 场，舞蹈时每场歌唱《诗经·周颂》中的一篇。乐舞演员一般有 64 个人，头戴冠冕，手执朱干、玉戚等道具，边舞边唱。据《礼记·乐记》记载，第一场表现武王率军出征，唱《武》；第二场表现牧野之战，唱《时迈》；第三场表现灭商大捷并继续南进，唱《赉》；第四场表现南国人民的平服，唱《酌》；第五场表现周、召二公辅助周王的成绩，唱《般》；第六场舞队振锋击刺，表现国势的威盛。

这场主题鲜明、节奏紧凑、场面宏伟、音韵华美的大型乐舞表演，一经演出立即产生轰动效应，全国各地模仿演出，经久不衰，有效地激发了广大民众的爱国热情，促进了各民族的团结，使周王朝各方面都呈现出生机勃勃的气象。这种气象大大冲淡了自商以来迷信鬼神的社会氛围，把人们的精神世界引导为关注国家、个人等世事。这是历史性的转变，使中华民族自此享有"礼仪之邦"的美誉。400年之后出现的圣人孔子对周公的制礼作乐赞叹不已，经常对人说晚上又梦到文王了。"郁郁乎文哉，吾从周！"意思是：多么繁盛而动人的礼乐文化啊，我愿遵从周礼。

四、成康之治，让刑法生"锈"

从武王去世那年起，周公代成王摄政，一晃7年过去了。周公兑现自己当年的承诺，还政于成王。

7年不过弹指一挥间，但伟大的周公却在这短暂的时间里做了7件彪炳史册的大事。据《尚书大传》记载："周公摄政，一年救乱，二年克殷，三年践奄，四年建侯卫，五年营成周，六年制礼乐，七年致政成王。"

风华正茂的成王终于要君临天下了，周公望着自己一手教导的侄子，有喜有忧，他通宵达旦地写作了一篇诰词，题名《立政》，反复告诫成王如何建立正确的政治方针，如何有效地分官设职，如何选拔真正的人才。

捧着周公的《立政》，成王既感慨又惭愧，感慨的是自己没有辜负先辈和叔叔周公的期冀，相信能继往开来；惭愧的是自己曾听信小人之言，疑虑过叔叔的良苦用心。他发誓要更加努力，把国家治理得更好。

成王的自信是有根据的，从少年时起，他就经历了武王灭商、周公东征等一系列大的历史事件，这些事件有形、无形地历练了他。他亲政之后，继续推行周公的"德治"与"民本"的政治方略，极大地赢得了民心。

所谓"德治"就是：其一，在位者要克制私欲，检点、约束自己的言行，"正人先正己"。其二，治理百姓要重教化，要把民众当人看待，要"保民""显民"，要像保护"赤子"一样保护民众（"若保赤子"）。其三，慎用刑法。法虽不可缺少，但用时务必谨慎。

　　遵循周公的路线方针，成王愈加成熟，朝廷内外颂声四起。看到眼前的情景，周公放心了，接班人有作为，这是国家和人民之福。周公终于可以歇歇了，但疾病不放过他，临终前他向成王请求，希望将他葬于东都成周，以表示他不敢离开成王。厚道的侄子不敢接受叔叔的请求，说："我们周朝的大业是文王开创的，周公应该依归于文王。我小子在成周，不敢以周公为臣啊！"就这样，周公葬在了毕。毕是文王下葬的地方，周公还是依偎在他父亲的身边了。

　　名师出高徒，成王也是有大智慧的人，他在周公去世后经常思考一个问题：众多诸侯能否在危难关头齐心协力护卫周室呢？他决心在岐山之阳搞一次诸侯盟会，一方面加深王朝与诸侯间的了解和感情，一方面也可以面对面地做一次考察。诸侯大会上，他特意指使齐国的太公和鲁国的周公订立盟约，要求他们以手足之情世世代代友好相处，永远做周王室最可靠的屏障。

　　诸侯盟会很成功，天下一片祥和。就在这大好形势下，成王因病去世，年仅 50 岁。执掌周王朝 37 年的领袖人物，临终前把国家大印交给了长子康王姬钊。康王仍按成王制定的政治路线治国理政，处事谨慎，生活俭朴，国家经济有了很大的发展，民众大都丰衣足食。《诗经·周颂·丰年》曾这样描写成、康两代的农业丰收场景："丰年多黍多稌，亦有高廪，万亿及秭。为酒为醴，烝畀祖妣。以洽百礼，降福孔皆。"译为白话文为：黍稻丰收年景好，装满座座大粮仓。万担亿担粮食多，酿成美酒味醇芳。奉献祖先表心意，祭物齐备不寒碜。

　　在 3000 年前的环境里，只要有了粮食，国家和民生就有了保障。《史记·周本纪》这样评述："成康之际，天下安宁，刑措四十余年不用。"40 多年没有人犯法，政府制定的刑法"生了锈"，这堪称国家和社会治理的最高境界。不仅几十年不动刑法，也基本没动过兵，"成康之治"是值得后人仰慕的时代。

五、普天之下，莫非王土

　　康王在位 26 年去世，其子瑕即位，是为昭王。战后出生的昭王讲究吃喝玩乐，又好占诸侯的便宜，使得中央与地方的关系出现裂痕，特别是对南方的楚国，昭王应对无措，以致发起两次南征。

　　楚国曾是商王朝东南部一个较强大的方国。商灭后，楚国曾参与武庚叛乱，被周公平叛。之后，部分居民从淮水下游迁往湖北西部的荆山之中。尽管地区荒凉，但深受商文化浸染的楚人很快在此发展起来。为了拉拢楚国，周成王封楚国贵族熊绎为子爵。熊绎很有心机，受封后时常远道去朝见成王，并送上不少土特产，讨成王喜欢。然而这都不过是其权宜之计，熊绎在把楚国经营得比较富有后，就把都城从今湖北秭归县东迁几百里到今枝江市。这是一片"丹阳"之地，经济发展得更好了，周围的土著部落唯楚马首是瞻，楚国的雄心开始显露，对中央政府阳奉阴违，甚至有北上的势头，这引起了周王朝的警惕。

昭王十六年，朝廷出动大军伐楚。虽然王朝已几十年没有大动干戈，但强大的中央军仍具有很强的战斗力，大军顺利渡过汉水，击败楚军，不少财富和奴隶被昭王掠走。

不甘寂寞的昭王尝到了征伐的甜头，仅仅过了 3 年，又亲率六师，对荆楚发起更大规模的征伐。昭王这种好战的行为激起了当地人民的憎恨，民众联合起来抵抗昭王。他们事先设好了"局"，等着昭王来"入"。据有关史料记载，在昭王南渡汉水时，适逢恶劣天气，当地民众把一艘用胶粘起来的大船献给昭王，昭王不知其中危险，大大咧咧地走上船去。当船驶到河中心时，胶被水溶化，船只迅速解体，昭王和一些将领溺水而亡，六师无主，很快就被四面八方赶来的楚人围困，几乎全军覆灭。

这真是太丢脸了，堂堂的中央军打不过蛮荒之地的地方武装，连君王也没了，怎么向天下诸侯交代？没办法，只好把真相掩盖起来。昭王身死南方的噩耗使朝廷陷入恐慌，年届五十的太子满被大臣们拥立，是为穆王。

五十而知天命，穆王在国家危难关头沉着应对，采取一系列有力措施重振国威。他首先整顿上层建筑，使王室贪图享乐的风气得到改观。其次，大力整军习武，加强军事实力。昭王南征时六师基本被灭，穆王上任后立即重建西六师。他不仅重点要求将领们提高指挥才能，还下令所有的朝廷官吏、贵族子弟都要走上训练场，接受严格的军事训练。

穆王重视军事，迷信武力，对一些本可容忍的行为也诉诸武力。例如，因西部诸侯犬戎部落朝贡晚而心生不满，下令征讨，仗是打胜了，却与犬戎族结下了大怨，王朝最后就毁在犬戎族之手。

打击了犬戎，穆王突然冒出一个念头，他要在西部扬威，把西部整个巡视一遍。有臣子劝阻他，说西部很大，走得完吗？穆王不理会，说，普天之下，莫非王土，既然是王土，再远再大，我也有责任去巡查一遍。说完，他从山西北部的雁门关出发，乘着"八匹之乘"进入内蒙古河套地区，然后便一路向西，最远可能到了欧洲的波兰，来回行程达数万公里。穆王的体力和毅力真是惊人，他就这么一路西行，一路结交，平服了一些西部民族，又结识了许多西部民族，这一趟被史学家称为"西部大旅行"的行动，一方面扬了周王朝之威，一方面促进了中国各族人民的交往和友谊，尤其是促进了西部的经济和文化的发展。千年之后，汉朝特使出使西域基本上走的就是这条线路，伟大的丝绸之路也基本上是沿着穆天子的足迹开辟的。

穆王在位55年，是西周诸王中在位时间最长的。在此期间，周王朝的疆土有了进一步的拓展，王朝所分封的一些主要的诸侯国也繁荣富强起来，并且都或多或少地密切了与周王朝的关系。

六、失什么，都别失民心

穆王逝世后，几代子孙无所作为，王朝日渐衰微，以致"戎狄交侵，暴虐中国"。

穆王走后，他的儿子恭王接了班。恭王也是位喜游历、贪图享受的人物，为了几个美女，曾不惜出兵攻灭密国。恭王在位12年逝去，其子懿王继位。犬戎"侵镐""侵岐"时，懿王吓得逃往犬丘（今陕西兴平），糊里糊涂地执政25年死去。王位由懿王叔父、恭王之弟辟方接去，是为周孝王。

孝王的智慧多一些，面对咄咄逼人的西戎，采取了和亲的方略来稳定西部地区。孝王在位9年去世，大臣们拥立孝王的侄子、懿王的儿子燮即位，是为周夷王。

夷王接班时戎狄交侵更为频繁，东夷族也配合戎狄不断变换攻击方向。周夷王对这些叛逆行为给予了坚决的打击，但限于胆识和能力，种种打击行为都不彻底，来自东部和西部的威胁始终不能消除。周夷王郁闷在心，重病上身，病倒了。一些异姓的诸侯国自此便不再朝贡，更有甚者公开称王。如楚国的诸侯熊渠大声地对周王朝的使者说："我是蛮夷，可以用不同于中国（即中原）的称号和谥号。"一边说，一边就封自己的三个儿子为王。还有一些异姓诸侯，不时兴兵互相攻伐，夺取土地，抢掠财物，虐待民众。

风雨欲来，周王朝的大厦开始摇晃，夷王就在此时死去。其子胡即位，周王朝不幸地迎来了暴君周厉王。

厉王上任后做的第一件事就遭到上上下下的反对。他重用主张专利的荣夷公，把王都附近的山川林泽都封锁起来，不让民众进山从事打柴、捕渔等活动，谁要进入，就要缴纳高额的税金。百姓交的钱供周王吃喝玩乐，王朝附近民众的生路却断了，人们的生活困难起来，心中的怨恨也开始积压。

大臣芮良夫劝谏厉王说："难道周朝的王室要倾覆了吗？荣夷公这种人，利欲熏心，不知大难就要临头了，你为什么要亲近他？利益，是世上万物自然产生出来的，是大地宇宙包容承载的公共财产，有如空气和阳光一样。可是世上偏偏有人妄图独占它，那可就后患无穷了。天地万物是天下众生的共同财富，每个人都要从中获取他的生存所需，怎么能独自占有呢？如果有谁执意要这样做，天下怨恨他的人可就多了！人怨甚多而又不防备大难临头，荣夷公用这种办法来引导国王，这还能长久得了吗？"

厉王不听，顽固推行专利，天下的愤懑已经快要爆炸了，厉王仍不纠错，反而对那些敢于发表批评言论的人处以重刑。民众不敢吱声了，亲戚朋友在路上相见，也不敢说话，只互相眨下眼睛，表示心中的不满和痛苦。

大臣召穆公见此状态，非常焦急，劝谏厉王说："不让人民说话，这就像堵塞河水一样，一旦决口，伤人更多。"厉王谁的话也不听，仍一意孤行。王逼民反，愤怒至极的民众联合部分管理手工业的小官吏，甚至还有部分驻扎在王都的卫戍部队，一起冲进王宫，准备活捉厉王。厉王惊慌失措，狼狈地从后门逃出王宫。民众紧随其后追赶，厉王的车辆不敢稍停，一直逃亡到彘邑（今山西霍州市东南）才停下来。

整个周王朝都被这次"国人暴动"震撼了，王室成了人民的仇人，国家还立得住吗？确实如此，愤怒的民众没抓到国王，就把怒火指向召穆公，因为召穆公从王宫中救走了厉王的太子，并藏在自己家中。造反的民众团团围住召穆公的住宅，声称他不交出太子决不罢休。召穆公知道惹不起成千上万的民众，但又不想真交出太子，情急之下把自己的儿子打扮成太子的模样，送出大门。

假太子一出门就被活活打死，此时传来逃亡在外的厉王也已死去的消息，那么，谁来做国君呢？王都的百姓与部分贵族自行做主，"直选"在民众中享有声望的周、召二公代行天子之权。这一年在中国历史上非常有名，称为共和元年，即公元前841年，是中国现存史料中有确切纪年的开始。

周厉王是中国历史上首位被人民的力量打翻在地的帝王，对后人具有强烈的警示作用。因他而发生的"国人暴动"，也是具有重大历史意义的事件，西周由此走向衰落。

七、风雨欲来，进退失据

周、召二公携手执政14年后，二人决定立厉王的儿子静为周王，是为周宣王。宣王经历了大动乱，对当年"国人暴动"事件刻骨铭心，登上国君大位后始终心存余悸。父亲的教训摆在眼前，决不能再走他的老路，宣王拿定主意，务必要励精图治，重振王室之威。他是在召穆公的教育下长大的，就以召穆公和周公（都是开国大臣周公和召公的后代）为相，以樊仲山父等一批能臣为骨干辅政，对内外政治和军事政策实行大调整。

对宣王继任后的变革，西周晚期著名的青铜器毛公鼎（清道光年间出土于陕西省宝鸡市岐山县）上有明确的记载。这个重34.5公斤的大鼎上铸有499个字，主要记述了宣王吸取厉王的教训而发布的一系列禁令，例如：不准壅塞民意，要广开言路；为政清廉，不准贪污与中饱私囊；不准鱼肉鳏寡，要关照穷苦之人；对臣属们要严加管束，不准他们沉湎于酒色等。

上述一系列大的政策调整收到明显的效果，王朝政治显露出新气象，很多许久不来朝贡的诸侯，也先后来京朝贡。政治局面稳定后，宣王着手加强国防建设，还是使用老办法：封侯。先将执政大臣申伯封为申侯。申伯是宣王的长舅，宣王对封申极为重视。申伯未抵达今河南南阳前，召公就打前站，立宗庙，勘疆界；申伯启程时，宣王又赠赐了大批战车和军事物资，冀望申伯在此成为监视和防范楚国等南方诸侯的坚固堡垒。

接着封韩。这里是周王朝的北大门，西周中晚期时，戎族发达起来，严重地威胁着周王朝的北方领土。宣王认识到问题的严重性，特意向即位的韩侯颁赐爵令，将其升为侯伯。封韩之后，再封郑国，这是宣王庶弟友的封国。该地有周王的行宫，也是通往陇东的交通要道，把郑国的军事力量加强，可以有效地阻止西戎和猃狁的入侵。

分封了几家重要的诸侯后，宣王下令集中财力、人力在全国重点区域构筑新的城池和防卫基地，并在东都采用大规模的田猎方式，演练与各诸侯国部队协同作战的能力。这次东都大会规模空前，各路诸侯听从宣王的召唤，带领全副武装的部队前来演习。

在自认为军事力量有了显著加强后，宣王开始主动出击，打击那些多年与王朝貌合神离的地方诸侯，以及那些时服时叛的小邦，目标依然首选淮夷一带。淮夷是王朝的财金大本营，过重的赋税、纳贡早已使民众苦不堪言，只要有人牵头反叛，就会有追随者。其实，几代周王已先后狠狠地打击过淮夷，但只要压迫剥削的强度不减，淮夷就永远不可能平服。为扭转这个局面，宣王派大将召虎打先锋征讨淮夷的徐国，他自己亲率主力殿后。

徐国百年前曾被穆王灭国，经过百余年的努力又发展起来，重新举起抗周的大旗。宣王枪打出头鸟，派重兵进剿。徐国的诸侯很聪明，并未进行激烈的抵抗，但广大民众却怒火满腔，因为负担太重了。宣王从此次征伐中再次看到了人民的力量，由此调整了淮夷的赋税和纳贡政策，酌情减轻了人民的负担。人民永远是通情达理的，交税的热情反而比以前高了，所交的税反而比以前多了，直到西周终了，这里的民众再没有聚集起来反周。

淮夷的问题解决了，但西部犬戎、北部猃狁的威胁仍在。宣王初年，猃狁占据了泾阳西北，对宗周构成严重的威胁，宣王果断出兵反击，凭借优势战车部队，击退猃狁。猃狁被重挫之后，于宣王十二年（公元前816年）窜到汧水至泾河中游作乱，虢季子白奉命在此打击猃狁。战斗大获全胜，猃狁被逐出周王朝西部领土。

挟大胜猃狁之威，宣王挥师南下伐楚。伐楚的原因是熊徇、熊鄂父子相继称王，并兼并了鄂东、赣北的一些姬姓小国，同时也截断了这些国家向周王朝输送铜矿资源的路。不伐不行了，宣王派出久经沙场的元老方叔统率三千乘战车的将士，以每天上百里的速度扑向荆楚之地。周朝的精锐之师不仅声势大，战斗力也强，一交兵就大败楚军，楚国表示臣服，但已经兼并了的一些姬姓小国仍留在楚的阵营里，楚的实力并未大损。不论怎样，楚暂时低下了高傲的头。

伐楚的胜利鼓舞着宣王，他越来越信奉武力的作用，也越来越不讲策略地干涉诸侯国内部的事务，不听话就打。晚年，他主动对北方戎狄用兵，兵到太原，被早已等候在那里的戎族主力击败。宣王下令休整，不久又出兵攻条戎、奔戎等地，又败。宣王三十九年（公元前789年），又与姜氏之戎战于今山西介休南，再败。至此，朝廷能用的武装力量不多了，国内资源耗损太大，宣王再无力主动发起征伐。

从上述一系列战争可以看出，随着越来越多的诸侯与王朝离心离德，光凭战争解决不了根本问题。风雨欲来，诸侯离心，不打不行，然而，打也不行了，整个王朝已被"打空"，年迈的宣王坐在王宫里等来的好消息越来越少，坏消息越来越多，所有为中兴王朝付出的努力，都有可能付之东流。

八、烽火戏诸侯，甚荒唐

周宣王算得上周室的一代名王，为了维持摇摇欲坠的大一统，他不太指望已经持续了几百年的"德治"，更多地信奉武力征讨，因而一辈子的大多数时间都在用兵。用兵肯定会有收获，同时也有很多的负面效果。例如，其政治上的对立面越来越多，连周公后代的封国鲁国也站在了宣王的对立面；青壮年一批又一批地走上战场，造成农田荒废，国库收入减少，王朝入不敷出。为了补充历次战争中损失的兵源和增加赋税，宣王打破惯例，强行清理并重新登记各诸侯国的人口，实行按户口抽壮丁参军。人民已经苦不堪言，新政仍不断推出，王朝与地方政府及广大民众之间的矛盾加剧，四方天下都对周室怒目相向。

宣王到了晚年，变得很自负，谁的话都听不进去，只信自己。大夫杜伯因为一件小事不顺宣王之心，就被处以死刑，满朝文武谁去劝谏都无效。宣王与大臣们也结怨了，王朝上下人人自危。就在这个时候，有勇敢者站出来，化装成杜伯的"鬼魂"，在宣王集中精力田猎的时候，一箭穿中他的心脏，宣王当即死去。

宣王在位46年而卒，功过对半，毕竟在他手上，王朝中兴了，但是在他手上，这难得一见的中兴之光又化为一缕回光返照。吹灭这最后一缕回光的人物就要出现了，不是别人，正是宣王的儿子宫湦。

宫湦就是周幽王。幽王秉承其父的既定思路，把加强军力摆在首位，大量的农业劳动力长年被无偿征发去修筑工事、城防。《诗经·小雅·何草不黄》喊出了征夫的痛苦："哀我征夫，朝夕不暇。"没劳力种田了，剩下的乡村父老难以为生，只得抛弃家园，流落四方。然而，王朝的贵族阶层依旧过着纸醉金迷的生活，《诗经·魏风·硕鼠》把这些人形容为啃食农夫庄稼的硕鼠：大老鼠啊大老鼠，不要再吃我们的黍。三年始终喂养你，你却从未将我顾。我已决心离开你，去找那块安乐地。安乐地呀安乐地，哪里有我的安乐地？

《诗经》中这类的诗歌很多，但幽王等贵族阶层充耳不闻，他们完全丢掉了周室的好传统。当年开国之初，朝廷专门设立采诗官，成天拿支笔，走村串巷去"采风"，听民众每天都在唱些什么。如果听出其中有怨言或愤懑，采诗官会很重视，回去就向上司汇报，使王朝的统治阶层能及时了解民意。那个时候的乡村真美呀，田里麦穗泛浪，民众的口里尽是颂歌，偶尔有点儿牢骚，却没有仇恨，没有绝望之言。而现在，民众已经绝望了。

这是最黑暗的时代。幽王二年，关中突发大地震，"百川沸腾，山冢崒崩，高岸为谷，深谷为陵"。民众本就生存艰难，在天灾面前，不但没有得到王朝的救护，还须照常纳各种赋税，服各种劳役。看到这种景象，王朝的太史伯阳甫连连哀叹：周朝将要灭亡了，不出十年啊！

幽王真是荒唐，大厦将倾，却倾不倒他那颗追求享受、寻欢作乐的心。就在大地震发生后的第二年，百姓还没有从痛楚中摆脱出来，幽王看中了一位年仅14岁的美少女褒姒，自此朝夕宠爱，不理朝政，大臣们的劝谏全当耳边风，只听褒姒的话。真是色迷心窍啊，立国200多年的帝国比不上一个未成年的少女。

朝中一些头脑灵活的大臣和贵族看出王朝没救了，有的迁出都城，有的设法徙居东方。例如郑桓公，哄得幽王同意，把位于沂、泾之间的郑国东迁至虢、郐之间。又如虢石父，也哄得幽王同意，把西虢从陕西宝鸡东迁至河南三门峡。这几个西部的诸侯国东迁，周王室的西部屏障就没了，战略大通道不设防，西方犬戎、猃狁可以轻松抵达宗周。自毁长城，幽王还不自知。

这还不算，幽王又突然决定废申后，废太子宜臼，立褒姒为后，立褒姒和幽王所生之子伯服为太子。就是这一决定引爆王室内乱，加快了王朝灭亡的步伐。

褒姒不爱笑，周幽王想出各种办法让她笑，但她还是不笑。有一次，幽王令人点燃烽火，并把大鼓擂得震天响。诸侯们看到烽火信息，以为王室有难，立即发兵赶往镐京。褒姒看到诸侯惊慌失措的样子，哈哈大笑。诸侯们明白了是怎么回事，各路人马满腹怨恨地打道回府。怎么能这么玩呢？这是拿国家开玩笑，戏弄"藩屏周室"的诸侯啊！

被废的申后的父亲申侯是西部颇有实力的诸侯。激怒申侯可不妙，他联合位于今河南方城的缯国，以及西戎中的一支犬戎部落，组成诸侯联军向镐京进发，联军一路毫无阻拦地通过周朝的战略大通道，迅速逼近镐京。这是幽王十一年的春天，镐京本应是鸟语花香的时节，但城内城外皆点起一堆堆烽火，幽王望眼欲穿地等待诸侯们前来救驾。这回不灵了，无论烽火烧得多旺，再也不见诸侯救驾。绝望中，幽王狼狈逃出京城，但京城早已被包围，刚逃到骊山脚下就被申侯的追兵斩杀，新太子伯服也未能幸免。

建立近300年的西周王朝未做任何像样的抵抗，就被一把戏弄诸侯的烽火烧垮，夏桀、商纣的悲剧在周幽王身上重演。

九、难忘西周

西周是中国历史上最重要的朝代之一，由于它的出现，新制度不断创立，大一统的理念深入人心，中央与地方的政治联系远超夏、商，多民族之间也出现了空前的融合，华夏自此真正成了体系。

"周因于殷礼"，西周完全承袭了殷的各种政治制度并不断改进、发展。周王不像殷商那样称帝，而是自称"天子"——天之骄子。天子在管理国家时更有神圣感，内服百官，外服诸侯。天子掌管全国的土地，把王畿外的土地分给宗室姻亲和诸侯，诸侯和贵族们又把一部分给他们的属下卿，卿又把一部分给士，士又分一部分给自己管理的国人，这样形成管理序列，天子、诸侯都各治其民，民也各有其主。

周天子赏赐给各级诸侯、贵族的土地，诸侯和贵族们只有使用权，所有权在天子手里。所有赏出去的土地都有严格的范围和标志，号称"井田"。"井田"

外围的 8 块田是"私田"，中间那块是"公田"。井田制的最低单位是 100 亩，9 个方块加起来是 900 亩，约合现在的 280.8 亩。900 亩为一"井"，根据"井"的多少，把全国划分为乡、遂、都、鄙等行政单位。

井田制是大智慧的产物，在当时生产力较为低下的情况下，制定好土地政策，国家就有了立国的基础。当时有这样的场景：在一块或几块井田上出现 2000 人，甚至 2 万人在劳动。《诗经·周颂·载芟》描写了 2000 人翻地的场景：你锄草来我砍树，干起活来真迅速。两千人用千副耦，耕了低处耕高处。

《诗经·周颂·噫嘻》里还描写了上万人在一块方圆 30 多里的土地上耦耕的场景。这是太平盛世的景象，是国家的经济发展到一定程度后的景象。在大力发展经济的同时，王朝动员全国财力、物力为姬姓诸侯国修筑城邑。一座新的城池不仅代表一个新的地方政府的成立，也宣示一个新的武装力量的大本营建成。这些具有战略意义的城池都修得相当牢固，比如，曲阜鲁国故城城垣总长 11771 米，现发现城门 11 座，城周围有护城濠，城墙墙体的基础宽 40 多米，10 米高的残墙顶宽近 30 米。固守在这样坚固、高大的城邑内，一般的武装力量很难攻进。

为了把星罗棋布的城邑连接起来，便于平时和诸侯往来及战时的军事行动，周王朝特别重视"周道"的建设，全国形成了以镐京和洛邑为中心的交通网。王朝设有"交通部"，各地都有负责守护周道的人员。天子还下令把保持道路的通畅作为巩固大一统的重要措施和经验，要求子孙世代不忘，还令专人作诗，写进祭祀先祖时所唱的颂诗之中。

周道确实修得好，平坦、弯少、宽阔。《诗经·小雅·大东》里形容说："周道平坦如磨石，笔直犹如弓发矢。四匹公马拉大车，迢迢周道真宽阔。"路两旁还植有防护林带，设有驿站，专供来往人员食宿。周道关系王朝的安危，天子每次出巡，走在周道上都要反复叮咛随从：多修路啊，修好路……

与道路配套建设的烽燧传遽系统是在商朝的基础上发展的，通常是在高山顶或高地上，每隔一段距离设一个烽火台，平时置有柴草、干牛粪或干狼粪，发现敌情后白天放烟，夜晚举火，台与台间抬眼便可望见，这样一站站传下去，直到都城。

上述这些防御性的措施有力地巩固了国防建设，保障了大一统局面的稳定，催生了灿烂的物质文明和精神文明。

西周时的铸铜业比商代规模更大，技术也更先进，象征权力的青铜器制作得更庄严厚重。可以说，铸铜业发展到西周堪称到了顶峰，与商代比，此时的青铜器皿已经不是一般意义上的器皿，而是成为后人得以从多方面了解周王朝历史的载体。商时的青铜器，多数器皿上只有几个文字，人们从中得到的信息很少。西周不同，出土的青铜器上铸的少则几十个字，多则几百个字。

这些铭文有的像一篇消息，报道了何年何月何人何事何结果；有的像一篇通讯，记叙了一件甚至数件重大的历史事件和人物；有的像一篇专访，一问一答，语言非常精彩；还有的纯粹是一篇散文，或者一篇训导之词。这些价值连城的青铜器为研究西周历史提供了难得的线索，如《利簋》讲武王伐商，《何尊》讲营建成周，《史密簋》讲孝王东征，《宜侯夨簋》讲分封制，《史墙盘》综述文、武、成、康、昭、穆六世的伟业，《董鼎》描述燕周关系，《曶鼎》讲财产诉讼，如此等等，几乎涉及西周社会的各个方面，俨然一部铜铸的西周史。1963年宝鸡市出土的何尊，其铭文记录了成王迁都成周的重大历史事件，器底内的铭文12行，共122个字。这些字提供了许多后人未曾知晓的信息，特别是在铭文中出现了"中或"二字，"中或"就是指中国。

与青铜业同步发展的手工业也达到较高的水平。制陶业制作出一大批与殷商种类、器形作风不同的陶器，并开始用黄绿釉、青色或青灰釉上色。制玉业、制骨业也都有了长足进步，一大批玉制品，如璧、环、瑗、璜、圭等，达到了相当高的水准。纺织业、建筑业也都与世俱进，当时的成周已经开始建造几层高的木构楼房。

为了促进商品的交换，都城内和各诸侯国的城市都在人口密集居住地或大道交汇处设立有专人管理的市场，商业、物流业和货币交换繁荣起来。《诗经·国风·氓》中描写了一个小细节：乡下汉子笑满面，抱着布线换丝线，他哪有心做买卖，约我市场来相见。

这个笑眯眯的农民其实不是来做交换生意的，是为了见他的心上人。可以想象，3000年前的贸易市场一定很热闹，生意一定很兴旺。

在社会经济日益繁荣的同时，西周的司法制度也日益完善。崇尚以德治国的西周仍十分看重法治，在《禹刑》和《汤刑》的基础上，制定出的条款之多令人咋舌，比如，墨刑有 1000 条，劓刑有 1000 条，剕刑有 500 条，宫刑有 300 条，大辟有 200 条。

除了刑法，还有"五罚""五过"，可以用赎金抵罚。1975 年出土的铜器"训匜"上的铭文记载了这么一个案例：一个名叫牧牛的小官违背了忠于上司的誓言，并诬告上司训。对此，天子的重臣伯扬父这样判决：

牧牛违誓诬主，按律应处千鞭之笞，脸上刺字并蒙黑布羞辱。念其初犯，姑从轻惩处。可减刑为鞭打 1000、黥面、免职。但据我朝赎刑有关条款规定，可按罚鋞（铜）300 锾、鞭打 500 之最轻处罚条例执行。此判决下达后，犯罪人应立誓不再上诉纠缠。如怙恶不悛，继续伤害训，定严惩不贷！

牧牛听罢判决，表示悔改，决不上诉。从这一民事案可看出其中一些重要信息：一是在西周，下级可揭发上级，尽管是诬告，但法院受理了这起案例，而且为了还官员一个清白，天子亲派重臣审理。此外，判决是依照刑典条款作出的，不是拍脑壳决定的，判决书的格式和判决词都是专业的。

由此可知，几千年前的西周王朝是德治、法治并举的。正是法治会同其他文化因素，把西周的国家形式推向成熟。

难忘西周，最难忘的是周公。"没有周公不会有武王灭商后的一统天下，没有周公不会有传世的礼乐文明，没有周公就不会有儒家的历史渊源。没有儒家，中国传统的文明可能是另一种精神状态。"学者杨向奎这样评价周公。周公不愧是大政治家、思想家、战略家，为国家的长治久安，他时常夜不能寐，殷商失政的那些惨痛教训多少回惊得他冷汗直冒。周不能走商的老路啊！他时常这样提醒自己和王朝的官吏们，在几乎每篇诰词中都这样概叹：小邦周取代大邑商的根本原因在于商的领袖集团脱离了民众，没有尽到保护民众的责任，商是被民众抛弃和灭亡的。

"殷鉴不远"。为了不蹈商之覆辙，周公大力推行"保民""明德""慎罚"的治国方略。他最小的弟弟康叔被分封在殷墟，这是商人最多的地区。周公担心他年轻，没有管理经验而治理不好殷人故地，就专门为他作了一篇《康诰》。他把写就的《康诰》送给康叔，又拉着他的手语重心长地说："你到了殷地之后，一定要向殷朝遗民中有威望的人们请教，问问他们殷朝是怎样兴起，又是怎样灭亡的。要把这些历史教训记在心上，但最根本的一条是要爱护人民，爱惜民力！"

周公以民为本的理念和忧国忧民的意识多么难能可贵！他为维护大一统政治局面所做的努力，至今仍值得效仿。例如，他也曾东征西讨，但不以赢得战争为目的，他的根本目标是赢得国内的安稳；他也曾下大气力修订各种法律，但主张真正运用时要非常慎重；他也曾同意维护部分贵族阶层的特权，但当这些人危害到国家和民众的利益时他就毫不迟疑地予以抨击和打击。周公可谓封建社会初期土壤中长出的一棵参天大树，为后人遮荫几千年。

难忘西周，最难忘的是中国的"轴心时代"从西周开始，中国文化的"基因"和许多特点在西周形成，一大批影响中国几千年的传世文献在西周或稍晚的时期面世，例如《尚书》《逸周书》《周易》《诗经》《三礼》等。

《周易》本是古代卜筮之书，成书过程充满传奇色彩。据司马迁的说法，"文王拘而演周易"。当年，商纣王把文王关在河南羑里监狱，一关7年。文王就把羑里当研究室，潜心钻研八卦。八卦是上古中国的杰出领袖人物伏羲发明的，以象征天、地、风、雷、水、火、山、泽8种自然现象。但八卦显得简单些，文王经过排列组合，把它演绎成六十四卦（64个图案），又给每卦取了卦名。后经西周若干智者、文化人（含巫人）等的不断补充，就变成了现在这样由卦象、卦辞和爻辞3部分组成的《周易》。

《周易》的文字隐晦曲折，内涵却博大精深，可以看作史书，可以看作占卜书，也可以看作哲学书。郭沫若称它是"科学的神秘殿堂"，冯友兰认为它是宇宙代数学。它其实还是一部治国大典，告诉人们如何治国、治军、治吏、治民。

下面这段系辞记述了存亡之道，译文是：

> 国家发生危险，是由于统治者自安于统治地位；国家走向灭亡，是由于统治者只知道保持现状；国家发生祸乱，是由于统治者沉迷于长期的太平局面。因此，君子在国家安定的时候不忘记可能有的危险，在国家存在的时候不忘记可能来临的灭亡，在国家太平的时候不忘记可能发生的祸乱，他们就能得到自身的平安，而国家也可得到保全。

看了这段文字，还能认为《周易》仅是卜筮之书吗？

再说《尚书》。《尚书》是虞、夏、商、周四代史官所记的当朝之史实，可以看作是最早版本的《中国通史》，其所含的治国理念几千年来一直影响着后世的领袖人物。例如《洪范》篇记载周王访问箕子："呜呼！天默默无言地养育下民，我不知上天规定了哪些治国的常理。"箕子回答说："从前鲧以堵塞之法治理洪水，将五行的排列扰乱了。天帝大怒，没有把九种治国大法给鲧，治国安邦的常理受到了破坏。鲧在流放中死去，禹继承父业，上天于是就把九种大法赐给了禹，治国安邦的常理因此确立起来。"

箕子的意思是：天不仅养育着民众，也在观察着执政者的一举一动。你为人民做了好事，天就授予你治国之法和治国之权。反之，你就什么也得不到。《洪范》中的这番对话使后世的许多君王在关于民众的问题上能够"如临深渊，如履薄冰"。《尚书》中有许多篇文章，如《禹贡》《汤誓》《盘庚》《大诰》《无逸》《君奭》等，都对治国理政有很好的指导作用，因而《尚书》不朽，传承至今。

《诗经》与《周易》《尚书》一样，是许多作者共同创作的传世经典。西周初年专设采诗官，周王 5 年一巡狩，每到一地就命太师收集民间歌谣，从中观察时政和风俗的得失。司马迁说《诗经》原有 3000 多篇，后孔子取可施于礼义教化者进行删定，存 305 篇。

司马迁对《诗经》评价很高，说："大抵圣贤发愤之所作也。"《诗经》中的许多作品出自乡村小巷的百姓之口，司马迁把这些人也列入圣贤之列，这境界真高啊，当时还没有谁像他这样抬高百姓的地位。

对《诗经》评价最全面、深刻的是孔子。《论语》中记载他说："小子何莫学《诗》？《诗》，可以兴，可以观，可以群，可以怨。迩之事父，远之事君。多识于鸟兽草木之名。"大意是：孩子们为什么不学《诗经》？《诗经》可以激发人们的志气，可以观察社会的风俗人情，可以沟通人们的思想感情，可以抒发内心的怨恨。近则懂得侍奉父母的道理，远则懂得侍奉君王的道理。还可以知道不少鸟兽草木的名称。

在孔子所说的"可以兴，可以观，可以群，可以怨"的基础上，还能加上"可以鉴"。《诗经》中的许多作品或描述一个领袖人物，或描述一个历史事件，从这些诗句可以汲取治国安邦的营养。如《民劳》篇，大凡有作为的君王听了这首诗，都会为之动容。《民劳》共有 5 段，都是劝谏领袖人物要以民为本，体恤民众艰辛，端正执政理念。其中一段译成白话是：

> 百姓辛劳苦难当，只求稍稍得安康。理应加惠周王土，作出榜样安四方。不要放纵奸狡吏，不良之人须严防。乱臣贼子要查办，不必怕他逞猖狂。安远亲近关系好，以此稳定我周王。

难忘西周！西周的建立是中国历史上一件划时代的大事，当它以大一统的比较完美的国家形态崛起在世界东方的时候，希腊和印度的奴隶制国家尚未形成，而埃及和两河流域的大国正在走向衰落。

第五章

怎一个『霸』字了得

　　周幽王被杀，镐京的国库及无数的民间财富被掳掠，王宫也被烧成瓦砾。望着眼前的惨景，联合西方犬戎族攻占镐京的申侯开始后悔，犬戎大军根本不听他的劝阻，连续多日烧杀抢掠，大有不将镐京完全毁掉誓不收手的势头。申侯立即遣出密使，邀请晋、卫、郑、秦等国火速向镐京进兵救护宗周。秦国的秦襄公亲率大军，最先击败犬戎，其他国家的诸侯也相继赶到。

　　天子没了，攻进镐京的几位诸侯决定迎立避居于申地的原太子宜臼为王，是为周平王。然而，虢国诸侯虢公翰不同意，独自拥立周室另一王子余臣为王。晋文侯看不顺眼，出手杀了余臣。这样，周平王就在名义上站住了脚。镐京已成焦土，不宜再作王都，周平王只得于公元前770年东迁洛邑（今河南洛阳）。

　　周室在东迁之前称西周，东迁之后便称东周。东周又分为两段：公元前770—前476年为春秋时期，前475—前221年为战国时期。不管春秋时期还是战国时期，东周的天子们再也不能像西周的天子那样号令四方了，王室完全衰落，直接控制、支配的土地不过方圆600多里。诸侯们各自为政，中央一统的政治局面名存实亡，东周进入诸侯争霸的大动荡时期。赫赫有名的"春秋五霸"，包括那些用尽手段擅权的大夫们，前赴后继地走上历史舞台，长达500多年的列国争雄开始了。

一、出人意料，郑国崛起

周平王住进多年失修的东都后，首先酬谢诸侯。秦襄公出力最多，周平王除了将岐西的大片土地赐给秦国之外，还将其爵位从大夫提升为诸侯。晋文侯参与平乱，诛杀了王子余臣，有定鼎之功，平王作《文侯之命》以示褒奖。卫武公身先士卒平戎护驾，平王将其爵位由侯晋升为公，还命他协助掌管朝中政事。平王并对其他一些诸侯晋爵赐地，仪式甚为隆重。

赏完诸侯又赏贵族，赏到末尾，平王基本只剩一张嘴了。刚迁至东都时，周室还拥有能够自由支配的方圆 600 多里的王畿，现在只剩下河南西部一隅，再有变故，拿什么去封赏呢？何况这一隅人穷物贫，哪方面都不足以支持王室维持往日的威仪。王室于是愈加衰落，诸侯们在平王初期大多还能按礼节朝拜，有的还以能常见到周天子为政治资本，随着王室的进一步衰落，绝大多数诸侯既不朝拜，也不纳贡，周平王渐渐成为孤家寡人。

平王在位 51 年，死后由太孙姬林继位，是为周桓王。桓王更没有威望，诸侯们完全无视其存在。一些大点、强点的诸侯开始欺凌、吞并弱小的侯国，天下开始动乱。在那些被后人称为"乱臣贼子"的诸侯中，郑国是最醒目的。

郑国是周宣王之弟友的封国，都城在今河南新郑。由于有王室血缘，所以受周王信任，国家的中枢大政实际上由郑国诸侯主持。平王时期，郑庄公世袭其父爵位主持朝政，但他很少在平王身边处理朝中事务，而是集中精力在郑国发展经济和军事，在不太长的时间里便使国力、军力大为增强。强到什么程度呢？强到周平王为取得郑庄公的支持，主动提出"周郑交质"。所谓交质，就是平王和郑庄公各自以儿子为人质来担保双方说过的话算数。君臣交质，是周朝历史上从未出现过的，天下为之惊叹。

郑庄公在"周郑交质"之后底气更足，开始傲视群雄，着手向周边扩张。他很有心计，知道郑国的实力有限（分封较晚、国土狭小、人口不多），不能蛮干，于是采取远交近攻、先弱后强、各个击破的战略方针。他首先主动亲近离自己较远、国力较强的齐、鲁二国，先后与齐僖公两次在山东境内举行盟会，又积极与鲁国修好，以郑的祊田（今山东费县东）交换鲁的许田（今河南许昌东），极大地加深了两国的关系。远交见效后，郑庄公联合齐、鲁对离郑最近的宋、卫二国发起多次攻击。其中有名的戴之战，全歼宋、卫、蔡三国之师，赢得了争霸中原的有利局面。

郑庄公还利用执掌朝中大事的特殊地位，经常假公济私，打着周天子的旗帜为自己在政治上加分。公元前718年，郑庄公统率周军会同邾军攻打宋国。公元前713年，郑庄公以宋殇公未按礼制朝周天子一事为由，率齐、鲁之师向宋发起进攻。这些行动都提高了郑庄公的声望，社会上一度流行，君子谓"郑庄公于是乎有礼"（君子认为"郑庄公在这件事上做得很合乎礼"）。

远交近攻，挟天子以令诸侯，郑庄公不愧为春秋时期杰出的战略家。他也是一名杰出的军事家，他将迂回夹击战术第一次运用到中国战争中，使春秋时期的作战方式陡然一新。最经典的一次是公元前718年，郑庄公伐卫，卫国联合南燕进行反击。郑庄公一面摆开正面战场，一面暗中派出大军远距离奔袭，突然出现在燕国军队的背后。燕军按传统战法，正全力对付当面的郑军，完全没有在身后设防，稍一接战，立刻溃散。4年后，郑庄公又采用设伏与佯败战术反击南下侵郑的北戎，几乎将北戎全军歼灭。

郑庄公的一系列成功使周天子相形见绌，周王室与郑的矛盾加剧。公元前707年，周桓王冒冒失失地率周、卫、陈、蔡联军攻郑，双方在今河南长葛东北相遇。郑庄公采用先打弱后击强、各个击破的作战方针，布列了一种新改进的周联军尚未见过的"品字形"军阵（即两翼抵前，中军稍后，像张网在捕鱼）。结果，联军溃败不论，桓王本人也身中箭伤。

周郑的长葛之战是一个划时代的转折点，周王室再也没有能力和勇气与诸侯硬碰硬了，过去一贯的"礼乐征伐自天子出"转变为"礼乐征伐自诸侯出"，众多的诸侯唯郑庄公马首是瞻，小小郑国称雄中原！

二、"尊王攘夷"，挟天子以令诸侯

郑国经郑庄公40余年的治理，成了当时最强大的诸侯国。然而，郑庄公的"霸气"没能持续，在他去世之后，郑国陷入了长达20年的内乱，从此走向衰落。郑国昙花一现，失去诸侯之首的地位，新的霸主浮出水面，他就是被孟子赞曰"五霸桓公为盛"的齐桓公。

孟子的称赞有两层意思，一是说齐桓公是真正的最先称霸者（他认为郑庄公还算不上一霸），二是说齐桓公的霸业最为正大显赫。

齐国是周成王的外祖父太公望的封国，其都城在今山东临淄。齐国位处山东半岛，经济发达，民众富有，自西周以来一直以东方大国的形象屹立，其诸侯享有代表周王讨伐乱臣贼子的权力。齐国的优势不全在于它的地理和特权，而在于它的领袖人物。齐桓公的父亲齐僖公就曾多次主持诸侯会盟，齐桓公在这样的基础上起步，当然能速成霸业。齐桓公是值得一赞的领袖人物，首先表现在他的用人智慧上。当初管仲护送齐国公子纠由鲁回齐，与齐桓公争夺王位，并用箭射中了齐桓公，这是深仇大恨，可是齐桓公并没有记仇，一登上诸侯位，马上采纳重臣鲍叔牙的建议，赐厚礼拜管仲为相，让管仲辅助自己治理齐国。

管仲何许人也？老家在安徽颖上县，祖上曾是姬姓贵族，后沦为平民，少年时起就与鲍叔牙相交，两人曾合伙做过生意。鲍叔牙发现管仲才学品行俱佳，只要时机合适，定能干成大事。所以鲍叔牙当上齐国的大臣后，就向齐桓公举荐管仲，管仲就这样来到齐桓公身边。

管仲深知责任重大，通过精心挑选，又向齐桓公推荐了一批人才，齐桓公一一任命。管仲推荐的这些人，个个都有治国平天下之才，齐桓公就在这班精英的辅佐下，改革政治、整军领武、发展生产，使齐国一跃而为当时首屈一指的诸侯强国。

国内基础打好后，齐桓公采纳管仲的建议，打着"尊王攘夷"的旗帜，开始对外争霸的活动。"尊王攘夷"是一个极明智的战略抉择，周天子虽已衰落，但名义上仍是天下共主和宗法上的大宗。"尊王"可以争取天下人心，可以从气势上压服敌对的诸侯；"攘夷"更是具很强的现实意义，当时戎狄常南下侵扰，蛮楚也经常北上进逼，中原列国都希望有一个值得托付的人物来领导他们保卫中原。

齐桓公就这样名正言顺地扛起了"尊王攘夷"的大旗，不停地征讨那些不听话的诸侯。公元前684年，伐灭小国谭国。还是在这一年，齐桓公牵头，讨伐那些在周庄王逝世时没有前来吊唁的诸侯。鲁国没来，又离得最近，就拿鲁国开刀。结果，鲁国战败，割地求和。

公元前 682 年，宋国发生弑君之乱。为了平定宋国的内乱，齐桓公牵头，约集宋、陈、蔡、邾、遂等国国君在齐国北杏（今山东东阿县西北）会盟。北杏会盟是春秋霸主会盟诸侯之始，也是齐桓公创建霸业的第一次主盟。自此之后，齐桓公先后 15 次会盟诸侯，在诸侯中产生了空前的影响。

齐桓公还真是只"领头羊"，乐于给诸侯们排难解忧，济危救困。公元前 663 年，山戎侵燕，齐桓公率联军北伐，保住了燕国。两年之后，狄人侵邢，桓公又率军伐狄救邢。次年，狄人侵卫，并杀死了卫懿公，齐桓公又伐狄救卫。打完这几仗，齐桓公又牵头为邢另筑城邑，还把部分民众迁往楚丘，使邢、卫离狄族远些，以使这两个诸侯国得以延续。齐桓公牵头打的最有影响力的一仗，是反击楚国入侵。公元前 656 年，齐桓公率齐、宋、陈、卫、郑、许、曹等八国联军伐楚，与楚军对峙于陉（今河南偃师），以联军之威迫使楚国参加召陵（今河南郾城东）会盟，承认周王室的共主地位。

齐桓公的威望与日俱增，许多诸侯发自内心拥护他。公元前 651 年，齐桓公又大会诸侯于葵丘，周襄王派宰孔以祭庙之肉赏赐齐桓公，并加赐一级，免其下拜之礼。周天子的姿态使葵丘会盟成为齐国霸业成功的庆典。

春秋时期的诸侯会盟，不仅仅是诸侯们见个面、表个态，在会上还有许多决议产生。例如葵丘会盟就订立了各诸侯国必须遵守的 5 条法规，《孟子·告子下》对此作了记载，大意是：不得废除已立的太子（以免引起内乱），不得立妾为妻（对诸侯的个人私生活都有干预），要惩罚社会上那些不孝的人，不得专断杀戮大夫，不得筑堤拦水而危害下游国家，不得禁止邻国间粮食流通等。

多次会盟成果丰硕，齐桓公的霸主地位更显巩固。齐桓公很聪明，他知道霸主不好当，出头多了会伤及齐国的人力、物力，所以在很多时候，他采用不战而屈人之兵的战略方针，尽量避免进行决战性的行动。例如在召陵会盟前，为了威慑楚国，他请楚国大夫屈完与自己登车，一道检阅八国联军。在检阅时，齐桓公用威胁性的语言对屈完说："以此众战，谁能御之？以此攻城，何城不克？"

有关文献曾做过统计，说齐桓公以霸主身份进行过 20 多次军事行动，但只有很少的几场是真刀真枪地与敌方火拼。齐桓公的这种做法是明智的，孔子曾肯定齐桓公，说在春秋争霸时代，晋文公是诡谲而不正派，齐桓公是正派而不诡谲。

不过，过于注重不战而胜也有弊端，即使那些唯恐天下不乱的诸侯们有效地保存了实力。如对楚国，齐桓公一味地采取防卫策略，几次避免与楚国进行正面决战（其实联军完全有优势击败楚国），始终没有下决心彻底解决楚国的问题，致使楚国有能力放手兼并姬姓和其他小国。当齐桓公的霸业开始衰落，楚国加快了挺进中原的步伐，没用多久，中原大地上就响起了楚人的冲锋号角声。

三、宋襄公算是个"厚道人"

公元前 643 年，能"一匡天下，九合诸侯"的齐桓公去世。与郑国一样，齐桓公一死，齐国内乱即展开，王子们连老父的尸体也不管，立即血拼公位。太子昭狼狈奔宋，国内一片混乱，齐桓公几十年奋斗出的霸业毁于一旦。齐桓公是一个很有凝聚力、很能调和各方利益的人物，他主持的一系列诸侯会盟促进了各地区经济、文化的联系和发展，在一定程度上唤起和激发了人们对大一统的向往。他去世之后，中原诸侯互不买账，各国纷争屡起。这时候，有个原本就不受诸侯们欢迎的人物出现了，就是以荒淫无耻出名的宋襄公。宋国本是周武王封给商纣王的儿子武庚的地盘，都城在今河南商丘。商丘四面均为平原，是个四战之地，根本成就不了霸业，但宋襄公却妄图接过齐桓公的霸旗，也来个挟天子以令诸侯。

他的第一着棋应该说是对的，在齐桓公去世后齐国动荡之际，他亲率宋、曹、卫、邾四国大军护送齐太子昭回国，打败发动政变的叛军，拥立太子昭登位，恢复了齐国的社会秩序。

来了这一招之后，宋襄公有点飘飘然了，他认为齐国这么大的一个霸主国家都由他牵头搞定，那么新一代盟主非他莫属。公元前 639 年春，宋襄公传邀齐、楚、郑、许、蔡、曹等国诸侯到曹地盂（今河南睢县西北）会盟。收到传邀，只有两家响应，一是齐，一是楚。齐是为了报恩，楚则是另有所图。图什么呢？图的就是压制企图牵头抗楚的宋襄公。宋襄公没有察觉到楚的意图，虽然心情不畅，还是决定举行会盟。他很自信，以为此次会盟会为他带来声誉，不带一兵一卒便单刀赴会。

脚刚踏进会场，只听楚成王一声"拿下"，宋襄公就被楚国的士兵拘押起来。宋襄公大声喝问：怎么回事？不是会盟吗？怎么反把我拘押起来？天真的宋襄公哪能料到，楚成王就是要利用会盟拘押他，尔后趁他不在宋国再去攻占宋国。楚成王一句话也不跟宋襄公说，立即下令楚国与郑、蔡、陈国的联军杀奔宋国（会盟前楚国已悄悄地与这几国结盟）。幸亏宋国大臣早有防备，广大民众也全力支持坚守。突袭未成，楚成王只好将宋襄公放回。

初次会盟就出了大丑，宋襄公心里很窝火，时刻想着报仇。次年夏天，以郑国不朝周天子反朝楚为由，宋襄公亲率宋、卫、许、滕四国军队伐郑。楚国得到信息，火速派兵增援郑国。双方遭遇于泓水（今河南柘城县北 30 里），准备决战。

宋军列阵已毕，远道而来的楚军正在渡河。大司马公孙固建议宋襄公趁此时机全力出击，一定会大败楚国。宋襄公不听，颇为自负地说：寡人以仁义领军，堂堂正正，何用投机取巧？宋襄公的说法是有历史渊源的。春秋初期发生战争，讲究先礼后兵，点到为止，甚至大家还能共同遵守某些"仁义"条款，例如"君子不重伤，不禽二毛""不以阻隘也""不鼓不成列"等。但到了春秋中晚期，这些"仁义"的战法大都被诸侯们弃之不顾了。

宋襄公面对新形势，不知变通，难免又被人羞辱。此时楚军已全部渡过河了，但还未站稳脚跟、布出阵式，公孙固又请求宋襄公下令发动攻击。宋襄公还是拒绝，说君子将兵，不向未成阵形的敌军进攻。战机就这样错过，楚国列阵迅速，立即擂鼓进攻，楚军人数上占优，箭矢如雨，喊杀声惊天动地，宋军一下就被楚军的进攻击溃。宋襄公身边的侍卫首领战死，虎贲卫士全数阵亡，宋襄公本人腿上中箭，辎重车辆全数被毁，宋军狼狈逃窜。第二年，宋襄公便伤发而死。一场雄心满满的击楚争霸大戏，成了后人的笑柄。

泓水之战后，宋国衰落，宋襄公图霸落空，但是诸侯们的中原争霸并未消歇，各国大量征发兵役，囤积粮草，准备大干一场。而此时狄族又进犯中原，谁来牵头反击狄人？会有类似于齐桓公那样的领袖出现吗？

四、百年称霸，晋国有办法

晋国是周成王之弟叔虞的封国，都城在今山西翼城与曲沃的交接处，与戎狄杂处，是周王朝的西部门户。晋国在齐桓公称霸时还是个自顾不暇的小国，内乱频仍。晋武公、晋献公、晋惠公甚至连会盟都没参加过。晋献公还称得上一位英雄人物，执政时，陆续兼并了一些小国和戎、狄部落，一度成为北方较强的诸侯国。献公死后，惠公、怀公一代不如一代，不久即在与秦国作战时大败，自此被秦控制。晋国这一被动的局面等到一位特殊领袖人物出现后才彻底改观，这个人物就是重耳，史称晋文公。

晋文公是晋献公与狄女所生之子。献公晚年宠骊姬姐妹，先是废嫡立庶，后又听信骊姬谗言，欲除去申生、重耳、夷吾三位公子。申生自尽，重耳先是逃回蒲城，接着又逃至狄，其后逃向齐，最后逃到秦，一路逃亡，途经十余国，整整19年。62岁那年，在秦、楚等大国的扶持下，重耳登上晋国诸侯之位。

19年的流亡生活磨炼了晋文公的意志，增长了他治国治军的政治才干，使他从一个典型的纨绔子弟变成了杰出的领袖人物。流亡中，他看清了天下大势，掌握了各诸侯国的基本情况和战略态势，在一帮与他同生死共患难的谋臣的协助下，开始着手绘制建树霸业的"路线图"。

首先，修明政治，稳定局势。对企图叛乱的权贵予以毫不留情的打击；对当年奉晋献公之命追杀过自己的大臣，只要悔过，一概不追究；对多年跟随自己流亡的有功之臣，给以优厚的奖赏；对用人、议事等制度进行大范围改革。这些措施都在晋国产生了极大的影响，为将来争霸创造了良好的政治环境。

其次，大力发展经济，"通商宽农"，为争霸提供雄厚的物质基础。在此阶段，为了树立良好的领袖风范，晋文公带头省吃俭用，衣不重帛，食不兼肉。

在做好政治、经济两篇"文章"之后，晋文公开始大力加强军队建设，将晋献公创立的二军扩充为三军，并不断组织大型军演，有效地提高了晋军的作战能力。

晋文公一边做国内"功课"，一边把眼光瞅着外面，终日冥思苦想：做一件什么事情，能让诸侯们信服自己、拥护自己？就在晋文公不停思虑的时候，周王室发生内乱，王子带联合戎人进攻东都，周襄王仓皇逃到郑国，请求诸侯们派兵勤王。晋文公有高度的政治敏感和远见，迅速决定出兵勤王。

结果，晋军大败叛军，王子带被杀，周襄王恢复了王位。晋文公有再造王室之功，中原诸侯齐声叫好，周襄王更是深受感动，一下就把周王畿内的阳樊、温、原等八邑赏给晋文公。有了这 8 座"南阳之地"，晋国就有了南下中原的出发阵地，晋文公大喜过望。

在胜利果实面前，晋文公的头脑很清醒，他明白自己真正的对手是楚国和秦国，晋国能否成为霸主，必须得过这两国的"关"。晋文公反复掂量后，决定把战略决战的对象首先锁定在楚国身上，为此他制定了作战方针和一系列周密的计划。

就在晋国抓紧发展自己，准备与楚国战略决战的时候，楚国也大力扩充军力，集结大量兵力，伺机北上。不仅如此，楚国还采用先弱后强、各个击破的战术来对付一般小国。例如，趁齐、鲁交恶之际，攻占了齐国的穀邑（今山东东阿），使齐国感受到楚的强大压力。然后，为了限制晋、秦势力的扩大，楚成王提出将在控制和稳定黄河以南广大地域的基础上，寻求向西发展的时机。

楚国的这些战略设想和已经开始的行动被一个突发事件打乱，宋国宣布脱离与楚的联盟（泓水战役后，宋被迫倒向楚国），转而投向晋国。宋与郑国一样，都是具有战略意义的重地，楚成王岂肯失去？他决定向宋进攻。楚国把宋的都城四面围住，宋急派使者向晋求救。晋文公立即答应，一则可以报答宋襄公当年在他流亡时给予的礼遇，二则可以借此"取威定霸"。

晋文公同意出兵，但他忧虑进军路线怎么走，因为在晋、宋之间隔着楚的两个同盟国曹、卫，一旦晋军出兵救宋，曹、卫可能从侧背袭击。大夫先轸献计，干脆先攻曹、卫，调动楚军北上救援，顺势便解了宋国之围。

公元前 632 年，晋文公下令三军尽发，以迅雷不及掩耳之势攻破曹、卫，活捉了曹共公。然而，楚军不为所动，不发一兵一卒北上，反而加紧了对宋国都城商丘的围攻。楚军不北上，如何决战？晋军劳师远征，长久待在中原大地如何耗得起？还有，齐、秦两大诸侯国至今未对晋、楚之争表态，得不到他们的支持，决战能打吗？晋文公召集会议，说出他的担忧。

大夫先轸又献计，说可以设法使楚得罪齐、秦，然后让它们助我一臂之力。首先，让宋国送重礼央求齐、秦调解，劝楚退兵。其次，把晋刚占领的曹、卫两国的部分土地赠给宋国，以此激怒楚成王，使楚不接受齐、秦两国的调解。楚王果然上了先轸的当，事态完全朝着有利于晋的方向发展，齐、秦两国恼火楚王拒绝调解，于是放弃中立，明确表态支持晋文公。

楚成王不糊涂，他看到三大诸侯联手，感觉不妙，要求前线指挥尹子玉撤销与晋军的决战，火速把部分主力撤至楚国的申地（今河南南阳）。但尹子玉不干，他要求楚王给他增兵，他要北上，与晋军决一死战。楚成王无奈同意了他的请求（但并没有增派更多军力），下令撤去宋国之围。之后尹子玉便挥师北上。

这场决战其实胜负已定，晋文公战前的一系列伐谋、伐交都为胜利奠定了基础。两军终于相遇，决战即将打响，不料，晋文公下令践行当年逃亡在楚国时的承诺。原来，当年楚成王热情接待流亡在楚的公子重耳，重耳曾向楚成王许诺，将来一旦晋、楚交兵，他将退避三舍。一舍为30里，晋军果然后撤了90里，一直撤到城濮（今河南濮县临濮集）。

楚军统帅尹子玉刚愎自用，完全不知晋军后撤除了因晋文公实践诺言之外，还是诱敌深入、后发制人的狠招。城濮早已被晋文公设为预定战场，而且齐、秦、宋的军队也已在这里设伏。

公元前632年4月4日，晋、楚决战正式打响。晋军采取先攻两翼、再攻中军的作战方针，一交战就击溃由陈、卫两国军队组成的楚军右翼，接着又采用佯败战术，吸引楚军左翼追击。尹子玉见晋军大规模撤退，以为晋军实力不济，下令全军追击。这一追就追进了齐、秦等诸侯国的伏击圈。伏军四起，万箭齐发，楚军惊惶失措，绝大部分兵力很快被歼。此时，佯装后退的晋军又返身杀出回马枪，直抵楚军中军。尹子玉绝望，拼死率部分中军突出重围，一气逃到连谷（今河南西华县南）自杀而亡。

晋军马不停蹄，很快又攻进郑国，迫使郑国叛楚附晋。一系列战斗结束了，晋胜楚败。就在这一年的五月，晋文公召集齐、鲁、宋、郑、卫、蔡、莒、陈共9家诸侯在践土（今河南原阳）会盟，并向周襄王进献俘获的楚国兵车和步兵。晋文公是个很会造舆论的人，高举维护华夏大一统局面的旗帜，把这些活动搞得有声有色，诸侯们无不折服。周襄王厚赏晋文公，册命他为"侯伯"（诸侯之长）。至此，中原大小诸侯除个别外（如许国）都已聚集在晋文公的旗帜之下，晋国终于实现了"取威定霸"的宏伟目标。此后的100多年，中原诸侯在晋国的领导下展开了与楚国马拉松式的对峙。

五、后来居上，独霸西陲

中原热火朝天地争霸，西部的秦国却在闷声发财。虽然立国较晚（周平王东迁时，秦才受封立国），但到春秋前期，秦的势力已扩展到渭水流域的大部分地区。

人们记得，周平王东迁后给秦襄公画了一张饼，把本已被戎、狄等少数民族占有的歧、丰之地封给了秦襄公，之后平王说："秦能攻逐戎，即有其地。"意思是，我人情已经给了，能否拥有歧、丰，就看你秦襄公的本事了。

所以，从秦襄公起，秦国很少涉足中原事务，100多年来一直在关中地区与戎、狄等少数民族作斗争，直到公元前659年秦穆公即位，秦国终于依靠自己的力量，完全征服了戎狄，牢牢地控制住了关中地区。

与齐桓公、晋文公一样，秦穆公也是具有雄才大略的领袖人物，他不满足于偏安关中一带。在他眼中，周平王给他的那张"饼"不过是一块干粮，他的胃口在东方、在中原、在诸侯霸主之位。

然而，当时的中国提供给秦的活动空间非常有限。秦国的东面是霸主之国——晋国，还有时居洛邑的天下共主周王室，东南面是势力大、野心更大的楚国，关中豪杰想东进称霸，实在是不容易。

几代人在关中"憋"了100多年，攒足了争霸的本钱。秦穆公自信，只要摆平晋国，就能号令天下。秦穆公的这个自信是有来头的，晋惠公、晋怀公、晋文公三位晋君的登位，都是在他的大力扶持下才成功的，这个人情太大了，按常理，晋国应该对秦国百依百顺才行。

在如此大的人情面前，秦穆公依旧显得十分谦逊，他在晋楚城濮之战后立即响应晋文公的号召，亲自参加晋文公主持的会盟，正式成为晋文公霸业的战略伙伴，并于公元前630年与晋国一起征伐郑国。秦晋的关系太好了，政治上互信，经济上互补，于是，"秦晋之好"这个词流行起来。

不过，明眼人都看得出来，晋文公是在借"秦晋之好"加快成就霸业的进程，秦穆公是想借"秦晋之好"染指东部和中原。在核心利益面前，两强互不相让，冲突接踵而来。

城濮之战后，秦国出兵协助晋国攻郑，就在郑快要破城之时，秦穆公被郑文公的使臣烛之武的一番话点醒，私下与郑国结盟。烛之武是个人才，他首先提醒秦穆公，攻下郑国你得不到什么好处，只不过为晋的霸业增砖添瓦。你仔细想想，扶持了晋国三任国君，他们回报过你吗？晋国无仁无义啊，当他们缺粮的时候，你们大量地送去粮食；可当你们闹饥荒时，他们却颗粒不给。他们曾说要割地给你们，可一转身却把城邑修得更坚固以抵御你们。撤兵回去吧，若郑国灭亡，晋国就会肆意向西扩张，秦国就会大大受损。

秦穆公觉得有理，马上撤兵，并留下 3 位将军和部分军队协助郑国防卫。晋文公看出其中的奥妙，知道秦郑间可能已达成某种利益交换，但又不便与秦翻脸，只得与郑国言和。

晋国与秦国的关系在晋文公去世后立即破裂，公元前 628 年，秦穆公认为东进争霸的时机到了，下令集结兵车 300 乘杀向郑国。郑是中原腹地，控制了郑国，东进、南下都省事多了。但秦离郑有近 800 公里，中途还必须经过晋国所拥有的崤山（今河南三门峡以南）地区，秦要通过，必先借道，晋国肯定不干；不向晋借道，那就是入侵，就可能先得与晋交火。况且，郑国必会提前知晓秦军的行动，仅凭 300 乘军车难以战胜郑。秦穆公求胜心切，对这些困难估计不足，一个劲儿地催促秦军加速行军。

秦军不顾一切地越过崤山，经洛邑，于第二年春进抵滑国（今河南偃师以东）。这时，一个热爱祖国并在滑国经商的郑国商人假冒郑国特使前来拜见秦军统帅，谎称是代表郑国前来慰问秦军的。秦军统帅孟明视由此以为劳师远征的讯息已经被郑国知晓，他想，在这种情况下坚持袭郑很难成功，不如就在滑国采取行动，灭了滑国再说。滑国是小国，瞬间被灭，秦军在缴获一大批金银财宝后撤军返回。

没想到，晋国的大军已埋伏在崤山险道，只等秦军到来。可怜秦军对此一无所知，糊里糊涂走进晋军埋伏圈，300 乘战斗力极强的战车根本无法在狭谷险道中展开战斗，极度疲乏的秦军步兵也完全失去战斗力。半天时间结束战斗，"匹马只轮未返"，秦军全军覆没，3 名正副统帅也被活捉。

这是春秋时期唯一一次彻底的大歼灭战，它非常及时地阻止了秦国东出争霸之路，巩固了晋国的霸主地位。噩耗传至秦国，秦穆公目瞪口呆，下令文武百官全部着白色丧服，对着秦军覆没的方向号啕大哭。

晋国赢得了战争，却输了舆论，当时就有一些诸侯斥责晋国，说晋国的伏击无耻。理由是长期以来，每当晋国困难之时，秦国都伸出援手，而且几乎没得到什么回报，晋国本应十分珍视此种友谊，与秦国紧密联手，把目标对准宿敌楚国，彻底阻断楚国问鼎中原之路。现在好了，晋国彻底得罪了秦国，整个战略格局将发生巨大的改观，晋国今后将要长期面对两个强大的对手。

公元前 625 年，也就是崤山之战后的第三年，秦穆公为雪耻，发重兵进攻晋国。秦军打败了晋国，威震西戎，有二十来个小国和部族争先恐后地归附了秦国，使秦国扩地千里，成了西戎的霸主。周襄王派大臣召公赏给秦穆公 12 只铜鼓，承认他为西方的霸主。

独霸西部使秦国拥有了中原诸侯所不具备的战略纵深地带，为日后横扫他国、统一天下打下了雄厚的基础。

六、挺进中原，楚庄王问鼎

楚国真是只"九头鸟"，它的生存力太强了，尽管被中原各国视为异类，但这丝毫也不妨碍它抢地盘。"汉阳诸姬，楚实尽之"，楚国的地盘越来越大，到春秋中期已成为诸侯国中疆土最大的国家。由此，楚国资源丰富，回旋余地大，尽管在城濮之战中严重受挫，但回去舔舔伤口，没几年就恢复了元气。

崤山之战后，秦国与楚国结盟对付晋国，这给了楚穆王极大的鼓舞，他内心的争霸之火又熊熊燃烧起来。在控制住江淮流域、经营好中原南部的基础上，楚国加快扩张步伐，于公元前 623 年攻灭江国（今河南正阳县东南）；次年又一口气灭了 7 个小国；接着，几乎未歇气，又征服了今安徽巢湖西南一带的小国。楚国实施了一系列的征伐行为，晋国只能无可奈何地看着，不敢动作，因为还有秦国在一旁盯着晋国。楚穆王不是没头脑的武夫，为了避免过早地与晋国进行决战，他采取了一些外交措施缓和同晋国的关系，并积极拉拢持中间立场的郑、陈、蔡、宋等中小国家，让它们尽量倒向自己这边。

楚穆王不满足于这些中小国家仅仅表态倒向自己，从公元前618年开始，以不可阻挡之势先后进攻郑、陈、蔡、宋，迫使这些国家完全背晋降楚。这样，楚国重新立稳于中原。

公元前641年，楚穆王去世，其子楚庄王继位。青出于蓝而胜于蓝，楚庄王把楚国的霸业推向顶峰。

庄王刚继位时，国内贵族叛乱，庄王毫不手软，坚决镇压。稳定政局后，起用著名的政治家孙叔敖为令尹，重新规划和整治国土，大力开荒，增加粮食储备，举全国之力兴修水利，整理河道，大力扶持工商业，主动改革上层建筑，不惜一切扩充军备。这样干了三年，楚国各方面都有了长足的进步（某些方面已超过中原），具备了足够的争霸实力。

楚庄王性子急，在具备了较强的实力后，开始连续北进中原，与晋国反复争夺对中小国家的控制权。公元前606年，楚庄王借北上征陆浑之戎为名，一直打到洛水边的周王室疆域以内（"观兵于周疆"），并公然向周天子的使臣询问九鼎的轻重大小（夏禹铸的那9只鼎当时存放在周王身边）。九鼎是国家权力的象征，一般人怎敢问鼎之轻重？楚庄王问鼎，表明他有一统天下的雄心，也表明楚国的实力已非同一般。

但是，客观地讲，楚国在此时与晋国相比并不占明显的优势，晋、楚这对"冤家"一会儿你攻我守，一会儿我攻你守，几代诸侯都在玩这种"游戏"。这种长期拉锯的局面折磨着两国的领袖人物，必须来一场能彻底征服对方的决战，晋楚两国都在为此做准备，邲之战就这样浮出水面。

公元前597年，楚庄王以郑国通晋叛楚为名进攻郑国，拉开了晋、楚邲之战的序幕。郑国是楚国通向中原的要道，征服郑国就可以封锁黄河，阻断晋国南下之路。郑国危难之际向晋国求救，晋国同意出兵，但晋军行动迟缓，经受了几个月的围困之后，郑国宣布投降。郑襄公肉袒牵羊向楚庄王谢罪请和。

得知郑国降楚的信息，晋军统帅们对下一步采取何种军事行动产生了重大的分歧，主帅荀林父决定暂不渡过黄河，停止继续南下，但副将先縠坚决反对，并擅自率部分兵力渡河南进。荀林父无奈，只得下令全军跟进南渡，进抵邲

（今河南衡雍西南）后，背靠黄河列阵。

　　楚军得知晋军渡河，不知是战好，还是不战好，最终决定与晋军一战。在正式发兵之前，楚国假装求和以试探晋军虚实。晋军统帅荀林父本无意作战，立即答应。不料晋军中两个平时就对荀林父心怀不满的将领，未经命令许可即前去挑战楚军。楚军找到反击的理由，遂开始猛烈还击。荀林父本在中军大帐中等着楚使前来求和，哪料到楚军突然大举进攻，慌乱之中作出错误的决定，命令全军立刻渡河北撤。渡船有限，渡口狭小，人马众多，挤成一团，为了争先撤退，不少士兵、将领互相砍杀，船上断臂断指随处可见。晋军真是惨，军队训练成这个样子，副统帅不听统帅的，士兵不听将领的，这仗还如何打？

　　邲之战打了一天，楚军获得胜利，楚庄王进兵邲，在那里举行了一系列庆典仪式。公元前595年，正在兴头上的楚庄王又兴兵伐宋，宋向晋求救，但晋畏惧楚，始终不派兵增援，宋国只好降楚。拿下宋之后，楚庄王挟威不战而屈齐、鲁，双方议定和约，结为盟友。至此，楚庄王顺理成章地登上霸主之位。晋国尽管不承认其霸主地位，但也无可奈何。

　　大国无休止的争霸苦了众多小国，尤其是进入春秋中期，晋、楚争霸几乎使所有大小诸侯国悉数卷入。战争不断，国无宁日，中原诸国受害更深。史载，在七八十年中，郑国遭受战乱70多次，宋国遭受40多次。小国纯粹成了大国手中的"玩物"，今天从楚，明天服晋，不论从谁，总会得罪一方，轻者献地赔物，重者失国、灭国。日子没法过了，小国们厌战、厌霸，抱团叫屈，希望大国放它们一马。大国呢，例如晋、楚，争了七八十年始终没争出个最终霸主，也弄得筋疲力尽。大国于是响应小国的号召，罢手，停战，坐下来商议该怎么办。于是，受到普遍响应的"弭兵运动"开始了。

　　"弭兵"即息兵、停火，"运动"说明这件事搞得挺大。春秋历史上的两次弭兵运动都是由饱受战火之苦的宋国发起的。第一次是公元前579年，宋国大夫华元向晋、楚提出倡议，得到晋、楚响应，就在宋国的西门外会盟。晋、楚双方同意不以武力相加于彼此，如若一方遇袭，另一方相援，共同对敌。晋、楚签订和约后，郑、鲁、卫也分别与晋、楚两大诸侯会盟，多方一致表示要立刻息兵，休养生息。

　　然而，这次"弭兵运动"发展得并不顺利，3年后，楚国带头毁约，侵入郑、卫。晋国马上召集齐、宋、卫、郑等国的大夫会盟商讨对策，并特意邀请吴国前来会盟。第一次弭兵运动就这样失败了，中原大地又陷入战乱之中。公元前575年，晋出兵伐郑，楚出兵救郑，两大霸主相遇于鄢陵（今河南鄢陵西北），就在此大打出手。晋将魏锜一箭射中楚共王的眼，共王急速后退，晋军大举追击，俘获楚公子筏。

　　鄢陵之战因争夺郑国而起，但郑并未因晋胜而服晋。是年秋天起，晋又几次率诸侯联军伐郑，楚国又几次救郑。双方来来往往，始终僵持不下。可怜郑国夹在晋楚之间，饱受战乱之患。小国的领袖们见此情景，又联合发声，推举宋国大夫向戌出面牵线，通过外交，向大诸侯们发出倡议，再次会盟弭兵。

　　晋国此时因长期的争霸耗损了太多国力，内乱纷争迭起，权贵势力争权激烈，内政形势不允许其继续对外争霸。楚国此时的日子也不好过，长年战争消耗国力不说，此时楚国的东边兴起了吴国，吴国时时在找机会出兵楚国。楚国不希望受到两面夹击，所以率先同意弭兵。晋国也马上表态同意会盟。这样，公元前546年，弭兵会议在宋国都城商丘召开，大小有14国的诸侯参会。会议作出决议：拥立晋、楚两个大国同时做盟主。齐、秦两国实力与晋、楚相当，可以不作为两个霸主的从属国，其他的10个小国要同时朝见晋、楚，同时向两国纳贡。如此一来，大国潇洒，小国更苦了，但不管怎么说，延续了100多年的、被孟子称为"无义战"的春秋争霸终于画上了句号。这之后，大国各自转向处理国内矛盾，晋、楚之间有40多年没再发生大的战争，小国间的战争就更少了。

　　中原大地渐渐地安静下来了，长江下游的两个新兴国家——吴国和越国却又开始上演争霸大戏。

七、郢都陷落，了结吴楚之争

　　吴国的政治中心在今江苏南部一带，也是周人后裔所建之国。当年周人的祖先公亶父发现自己的少子季历最为贤明，更为可贵的是，季历的儿子姬昌有"圣瑞之兆"，就透露出想立姬昌的父亲季历继位，以便将来能传位于姬昌的想法。公亶父的长子太伯和次子虞仲看出父亲的心思后，主动从关中地区出走，来到偏远的荆蛮，并入乡随俗，与当地居民融为一体。时间一长，受到民众拥戴，就在荆蛮建立起了有千余人口的"句吴"小国。

经过几代人的努力，到了周武王时期，周就封吴国为诸侯国。受封之后，吴国快速发展，第19代诸侯寿梦以中原的先进国家为榜样，改革政治，发展经济，繁荣文化，加强军力，吴国自此崛起，寿梦称王。

吴国的崛起直接威胁到了楚国，加上晋国有意拉拢吴国，使吴更有底气同楚对抗。据统计，从寿梦开始，历经60余年，吴楚两国之间先后打了十几次较大规模的战争。这些战事大都由吴国挑起，而且吴胜多负少。楚国无奈，中原争霸已大大消耗了其元气，面对吴国的出手，只有招架之力。但是吴国咄咄逼人，楚国越防守，吴国越进攻。终于，到吴王阖闾时代，吴楚之争进入最后摊牌的时刻。

阖闾靠政变登上诸侯宝座，登位后就开始大展争霸天下的宏图。他一面以铁的手腕清除异己，一面不拘一格地选拔人才。阖闾的眼光很好，他选用的许多人才是几百年间难得一遇的，如兵学泰斗孙武、军事家伍子胥等。

在这些人才的辅佐下，吴国的国力更加强盛，很快得到晋国等诸侯国的认可，外交上有了同盟可依。阖闾认为对楚的决战时机已到，下令准备攻楚。但是孙武和伍子胥提出不同意见，认为"民劳，未可，且待之"，意思是吴国的百姓几十年打仗打苦了，再等待一下，胜算更大。其实不仅民劳，按兵力计算，吴国与楚国比也不占优势，楚军的精锐长年保持在20万之众。阖闾同意等待一下，但不是消极地等待，他采用伍子胥的建议，把部队分成三军，每次只用一军去袭扰楚国边境，"彼出则归，彼归则出"，用这种"忽悠"战法来消耗楚国的力量。就这样反复袭扰了6年，楚军疲于奔命，搞不清吴国到底想干什么。

史书上称这种忽悠战法叫"疲楚误楚"，这是种不对称战法，旨在扰乱敌方心智，静待最佳战机。在"疲楚误楚"的同时，吴王阖闾还率兵攻克了楚设在今安徽和河南的两个属国，在那里擒杀了与吴王作对的原吴国公子掩余和烛庸，初步清除了淮水北岸楚国的势力，为日后大举伐楚扫除了一大障碍。公元前508年，吴国又策动桐国（今安徽桐城北）叛楚，然后设计引楚军出击。楚军走到中途遭伏，大败，不仅丢失了江淮流域的战略重地，连守巢大夫公子繁也被吴国活捉。

楚国一直没弄清吴国的这些"小动作"是什么意思，以为无大碍，并不十分警觉。公元前506年，楚国出兵攻蔡国。蔡国向吴国求救，蔡国的邻居唐国也向吴国通气，愿与吴国结盟抗楚。这样一来，吴在大决战前夜增加了两个盟友。这是两个有特殊意义的盟友，吴要攻楚，可以由淮水经蔡（今河南上蔡地区）入楚，避开楚国重兵把守的正面，而楚国对此浑然不晓。

这年冬天，吴王任命伍子胥、孙武等人为将军，他本人为统帅，出动全国水陆兵马3万余人攻楚。吴军从苏州出发乘船沿淮水西进，到达今河南潢川西北后弃船登陆，沿淮河以南继续前进。新结盟的蔡、唐两国也派兵力导引吴军，快捷地通过楚国北部的大遂、直辕、冥阨（均在今河南信阳南）3个险要关隘，直向汉水挺进。

阖闾凭3万人马，从今江苏出发，横穿整个安徽，切入河南信阳，长途迂回奔袭数百公里，去攻击拥有20万大军沿途守护的楚国都城郢（今湖北江陵西北），没有雄才大略是万万不敢作此决定的。吴国大军抵达汉水东岸的消息极大地震慑了楚国。从苏州到郢都千里之遥，怎么说到就到呢？慌乱之中，楚军仓促赶赴汉水西岸进行防御。楚军左司马沈尹戍提出一个很好的应对策略，即依托汉水正面阻敌，另外分兵从后面抄吴军后路，毁其舟船，阻塞三关（大遂、直辕、冥阨），断其归路，然后正面、后面一起发力大败吴军。但是令尹子常为独得战功，不同意这个方案，擅自单独渡过汉水向吴军发起进攻。阖闾见楚军主动出击，正合自己速战速决之意，遂指挥部队后撤以麻痹楚军。吴军撤至柏举（今湖北麻城境内）列好阵形，准备在此给予楚军致命一击。

战斗打响，阖闾之弟夫概不等楚军立稳即率先向楚军发起攻击，阖闾只得下令主力悉数投入战斗。楚军很快就在吴军的攻势下全线溃败，遭受重创后，残余军力向西南方向溃逃。吴军紧追，并在一半楚军渡过涢水（今湖北安陆西）

后发动进攻，致使未渡过河的楚军全部被歼，楚军统帅沈尹戍也战死沙场。不远处就是郢都了，吴军全速向前推进。

失去了所有的屏障，勉强抵抗了一下，楚国都城就被吴军攻占了。楚昭王狼狈逃往随国。昔日不可一世的中原霸主就这样凄凄惨惨地倒下，近百年的吴楚之争终于有了结果。

柏举之战在冷兵器时代发出了耀目的光彩，它一改古代战争的传统模式，确立了许多新的战术，例如"兵以诈立""上兵伐谋""避实击虚""示形动敌""迂回奔袭""寻机决战"等，为今后有志于统一中国的领袖人物们提供了经典谋略。

八、最后的霸主

吴王阖闾攻占郢都后踌躇满志，随之开始奉行享乐主义，终日声色犬马，与在吴国时完全两样。吴军也变成匪军，连日在郢都烧杀抢掠，甚至捣毁了楚国的宗庙，烧毁了一些储备粮食和兵器的仓库。吴军统帅伍子胥内心燃烧着复仇之火。楚国本是伍子胥的故国，伍子胥的父亲伍奢当年还是太子太师，只恨楚平王听信奸臣的谗言，杀害了伍奢及其长子伍尚，并追杀伍子胥。这个仇结得太深了，逃亡到吴国的伍子胥杀回来后掘墓鞭尸，把楚平王的尸体从地下拖出来一连抽打了 300 鞭，直打得尸体七零八落。

享乐、抢掠、复仇，就是没下力气思考攻占郢都后如何赢得民心，如何巩固胜利成果。于是危险开始逼近。逃出都城的楚大夫申包胥连续 7 天不吃不喝，独自一人在秦国以"哭庭"（扶着宫殿的柱子连哭 7 天）的方式，央求秦哀公出兵救楚。申包胥的自虐式搬兵终于打动了秦哀公，秦国大军浩浩荡荡地向郢都进发，并以最快的速度兵临郢都城下。吴王阖闾一点儿准备也没有，仓促上阵，一触即溃。

这个时候，又传来越王勾践乘虚进攻吴国都城的消息。阖闾害怕了，马上下令脱离战场，撤出郢都。

越国出手，引起了吴王的恐慌，因为吴越两国也有深仇大恨，双方都曾给对方以重创，而且越人是夏禹的后代，民风剽悍好斗，遇强愈强。

越国崛起已是春秋中晚期了，到勾践手上，其疆域已南至今浙江诸暨，北至今浙江桐乡东南，东至今宁波，西至今衢州，版图纵横数百方里。

崛起的越国也想争霸，但它的北上之路有吴国挡着，南下之途有楚国当道，所以，越国要想争霸，还真不容易。越王勾践清楚这一点，他首先搞好了同楚的关系，然后放开手脚与吴王阖闾打拼。公元前496年，越王允常去世，吴王阖闾不论常理，趁越国大丧期间发起攻击，勾践被迫迎战。这是"哀兵"啊，父王尸骨未寒，大敌就来打劫。勾践满腔怒火，决心打赢这场战争，他驱使军中犯了军法的"罪人"排成三列，列于阵前，这些罪人每人拿剑放在脖子上，然后全力向吴军高声吼叫："不敢逃刑，敢赴死！"连呼三遍，再大叫一声"死吧"，便一个个剑抹脖子，倒地而亡。

吴军将士被眼前的场景惊呆，勾践趁机发起猛攻，吴军军阵顷刻被越军冲破，吴王阖闾在乱战中受了重伤，不久死去。

吴国上下悲哀，立志报仇。继位的夫差更是刻骨铭心，令人每天立于庭上，大声对着他喊："夫差！你忘了越王杀父之仇吗？"夫差就高声回答："岂敢忘，不敢忘！"

吴国在这种情绪中潜心准备了3年，国力、军力、人力都比以前更强，夫差要出兵了。

吴国的这些动作使越王勾践心忧，他想先发制人。范蠡等人劝谏，说现在时机不到，发兵将给国家带来灾难。勾践不听，执意出兵。吴王夫差早有准备，当即调集10万精兵，在吴国境内的夫椒（今江苏吴县西南太湖之畔）等着勾践上钩。

战斗打得非常激烈，双方杀红了眼，从白天一直拼杀到夜晚。午夜时分，伍子胥出奇兵，高举火把猛攻勾践军队的两翼，并趁越军混乱之时集中火力攻击越中军。越中军大乱，全线溃败，夫差指挥大军穷追猛打，又分兵攻破越国都城，把勾践等一小撮人马逼到会稽山上的一个小城之中。

越国离彻底灭国只有一步之遥了。这时，勾践采纳范蠡的建议，自愿向吴王称臣请和，希望吴王放自己一马。吴王夫差不顾伍子胥等大臣的反对，接受了勾践的请和要求。

夫差这个决定真是大错，他没看出勾践在向自己称臣的时候，已经下定了灭吴的决心。根据和约规定，勾践在范蠡的陪同下去吴国服役。勾践住在阴暗潮湿的岩洞里，每天锄草喂马，不发半句怨言。为了赢得夫差的信任早日回国，他不仅买通了吴国大夫伯嚭，而且在夫差生病时，亲尝夫差的大便，为夫差"诊断"病情。夫差大为感动，想提前放勾践回越国，伍子胥劝道："不能放。放走勾践，吴国不久就会亡在他之手。"夫差不听，坚持放人。伍子胥仰天长啸："吴国危险了！危险了！我死之后，你们把我的眼睛挖出来挂在吴国东门上，我要亲眼看到吴国被勾践灭亡的那一天。"不顾伍子胥等人的强烈反对，夫差将勾践释放回国。

放虎归山，后果可想而知，勾践回国后夜睡柴堆，日尝苦胆，发奋图强，仅仅经过两年努力，越国各方面实力大增。勾践很冷静，他知道复仇的时机还不成熟，还得等。他接受范蠡的建议，继续麻痹吴王，还巧施美人计，从全国选出两名倾国倾城的美女送给吴王。

这两名绝色女子一名西施，一名郑旦，吴王得到她们后日夜弦歌，根本不去想勾践可能复仇之事。当然，北上称霸的事夫差还是天天想的。公元前494—前484年，夫差把主要精力放在对东方大国齐国的战争准备上，他的想法是只要征服了齐国，霸主就非他莫属了。说干就干，他先征服了鲁国，制服了陈国，开凿邗沟，连接了江、淮水道，然后挥师北上伐齐。公元前482年，夫差终于如愿以偿，在两败齐国之后，大会诸侯于黄池（今河南封丘西部），与晋争当盟主。

就在吴国军队主力倾巢北上，兴致勃勃地与晋军对垒时，越王勾践亲率5万大军伐吴。这5万复仇大军兵分两路，一路由范蠡率领，切断吴王自黄池返国的归路，一路由勾践率领，直扑吴都姑苏。越军一举攻入姑苏，放起大火焚城。

噩讯传到黄池，夫差十万火急地往回赶，但已无法挽回失败，只得放下身段向勾践求和。勾践见吴王尚有较强的军力，便顺势同意了求和之请。吴国自此开始衰落，连年战争，财产损失不说，可供战斗的人力都不多了。就在此时，吴国的宿敌楚国又发起进攻，大败吴军，报了郢都陷落之仇。公元前478年，吴国大旱，国库空虚，饥民遍野，越王勾践见此情景，立刻决定大举攻吴。史载，勾践出征时，越国全境出现了父子兄弟互勉杀敌报国的悲壮场景。

这一仗严重地打击了吴王夫差的自信，再次极大地削弱了吴国的国力。公元前473年，吴国被越国灭国。勾践虽没杀死夫差，但夫差已无颜偷生，不久便自缢身亡。

勾践灭吴之后，越国成了江、淮下游最强大的国家。勾践也率师北上，与齐、晋等国会盟于徐（今山东滕州南），致贡周王。周元王使人赐勾践胙（祭祀宗庙时用的肉），命为"侯伯"，越王勾践成为春秋时期最后一个霸主。

"夕阳无限好，只是近黄昏。"勾践自从登上霸主之位就再也不图进取，最终越国亡于楚国。随着越国的衰亡，上演了240多年的争霸大戏终于落下帷幕。

九、高岸为谷，深谷为陵

春秋中晚期可谓"乱臣贼子"之天下，诸侯压天子，大夫压诸侯，"家奴"（士大夫家内设家臣管理事务）压大夫，各种力量明争暗斗，你上我下，把一部春秋史演绎得波诡云谲。这其中，以卿大夫为代表的私家势力与公室（代表诸侯国君利益的群体）之间的政治斗争更是步步惊心。结果是许多诸侯国、公室不同程度地衰落，卿大夫逐渐掌握了实权，甚至建立了私邑、武装，最后取代原诸侯，建立起新的国家。最典型的是鲁、齐、晋三国。

鲁国形式上由公族执政，但实际上由季氏、叔氏、孟氏三家专权（他们都是鲁桓公的后代，史称"三桓"），国君不过是一个偶像而已。这三家专权到什么程度呢？他们有自己的军队、城邑，国家的税收也由他们三家征收。名义上的国君鲁昭公当然不满，于公元前517年联合一些与季氏结怨的贵族攻打季氏，结果反被季氏驱逐出国，在外流亡8年后死去。昭公去世并未在鲁国引起什么反响，晋国的实际执政者赵简子不解，就此事问及大夫史墨，史墨说："季氏掌管鲁国已很久了（三世），民众已经习惯了他的领导，老百姓已经忘记了鲁国还有国君。国家政权不是固定不变的，君臣之位也不是固定不变的，自古以来都如此啊！"

史墨的说法是有道理的，以季氏为代表的"三桓"长期执掌鲁政，得到了人民的支持，以鲁君为代表的公室几代未问政事，已失去了人民的支持，被遗忘也就在情理之中。然而，新的情况发生了，"三桓"的家臣模仿"三桓"与"三桓"争权，季氏的家臣阳虎还公开囚禁季桓子。"三桓"联合起来赶跑了阳虎，鲁国的局面才平定下来。

齐国是姜太公的封国，在春秋中期以前执政的均是姜氏一脉，中期之后，异姓贵族田氏崛起，通过各种手段削弱姜氏国君的实力，乃至杀害姜氏国君，最终夺取了齐国政权，变姜齐为田齐。

田氏来自春秋初期的陈国，相传是虞舜之后裔，妫姓，周武王灭商后被封于陈（今河南淮阳）。公元前672年，陈国发生内乱，陈厉公之子完逃往齐国，得到齐桓公赏识，被任命为管理工匠的长官。做了齐国的官不能再姓陈，遂将名字由陈完改为田完。

齐桓公救难扶危收养了陈完，却给以后的姜氏国君埋下了祸根。田氏在齐国受到庇护，稳扎稳打，经过几代人的努力，一举成了齐国上层举足轻重的异姓贵族。

齐惠公之后，齐国公族栾氏、高氏专权，田完的四世孙、大夫田桓子联合鲍国攻灭栾、高二氏，又将此二氏的土地、资财分给那些地位已下降的贵族子弟。此举得到国人好评，田氏的威望空前高涨。田桓子去世后，其子田乞继任齐国大夫。他的心比祖辈们大得多，大夫的地位满足不了他的欲望，他瞄准了更高的目标。为了实现自己的心愿，他一方面在自己的辖区内大力发展社会经济使商品丰富，人民得到实惠；另一方面又千方百计笼络民心，例如，平时在收取赋税时，以小斗收进，大斗借出。时间一长，田乞的口碑超过了国君。田乞暗喜，开始在齐国政坛大显身手。

齐景公死后，田乞发动政变，夺取了齐国的相位，掌控了齐国的政权。田乞为相4年后死去，其子田常继任相位。儿子比老子还要凶狠，公元前481年，田常因与另一相国阚止不和而杀死阚止，之后又杀死为阚止打抱不平的齐简公。

大权独揽后，田常立齐简公之弟为齐国国君，即齐平公，自己单独一人为相。为了尽可能减少不利因素，他又先后把鲍、晏等实力较强的公族全部诛杀，于是田常就成了齐国的实际国君。

田常之后，又经过几代人的努力，到公元前391年，田氏后人田和取代齐康公而成为第一代田氏齐君。到此，田氏终于完全取代姜氏而掌控齐国。这就是史上著名的"田氏代齐"。

晋国的情况与齐、鲁不同。晋国的公族势力在春秋前期就已被挤出了执政的舞台，后上台的卿大夫多是异姓贵族，随着各自实力的增强，不仅先后掌控了晋国的军政大权，最后还完全瓜分了晋国。

晋国的卿大夫在晋文公创立霸业时尚有十几家，到晋悼公时就只剩范氏、中行氏、知氏、韩氏、赵氏、魏氏等6家，另外几家不是被灭就是被吞并了，晋国的大权实际上由这6家执掌。

六卿有个共同特点，对争霸兴趣不大，对争权兴趣大，各自成天盘算的就是如何扩大自己的地盘。他们培植势力，训练家臣，收养谋士和斗士，为互相兼并做准备。六卿的这种"练内功"的方法，到战国时就发展成养士之风。

其实从晋定公时起，六卿间的兼并就开始了。公元前497年，赵鞅命支族赵午把卫国进贡的五百户百姓迁至晋阳，赵午不干，赵鞅一怒之下杀了赵午。另两家颇有势力的卿大夫范氏和中行氏打抱不平，发兵与赵鞅斗；知氏、韩氏、魏氏发兵助赵鞅。经过一阵乱仗，范氏、中行氏败逃。从此，晋国六卿少了两卿。剩下的四卿个个都是厉害角色，知氏野心最大，也最骄横。公元前454年，知氏牵头瓜分原范氏、中行氏的领地。名义上的晋国领袖晋出公不同意，四卿照样瓜分，并将晋出公赶出晋国。晋出公又气又无奈，很快死在途中。

晋出公死后，知氏做主立了晋哀公，并独揽晋国大权。知氏胃口大，又假哀公之命巧夺韩、赵、魏三家的领地。这是重大的策略失误，三家联合起来在晋阳向知氏发起进攻，狂妄的知氏败后被杀。

知氏被灭后，韩、赵、魏三家达成妥协，瓜分晋国的领土与人民，并派出使者朝见周王。公元前403年，周威烈王赐命三家均为诸侯。往日不可一世的霸主晋国正式解体，3个新的国家韩、赵、魏诞生。

近 300 年的春秋争霸中，一批又一批的封国或部落完全消失，它们都成了大国的战利品。史载，被灭或被兼并的封国有 170 多个，诸侯国君主有 40 多人被杀。兼并小国最多的是楚国，叫得出名字的被兼并国就有 40 余个。齐国、晋国、秦国各吞并了几十个小国，连鲁国也吞了 9 个。

社会的变革真是太大、太快了，原有的体系全面崩溃，曾经不可一世的宗族沦为平民，喧嚣一时的诸侯成为流亡者。高岸为谷，深谷为陵，更残酷、更激烈的变迁即将到来，轰轰烈烈的战国时代已经擂响了战鼓。

第六章 遍地烽火，连年征战

　　以三家分晋为起点，中国的历史进入战国时期。战国历时200余年，见诸史册的大战、恶战就有200多次。每年都有大仗打，而且主要是在"七雄"之间打。齐、秦、楚、韩、赵、魏、燕，这7个有幸在春秋争霸战中幸存并强大起来的国家，一进入战国时期便绷紧战争这根弦，把战争作为解决一切问题的手段。春秋中晚期，大些的诸侯国，一次顶多能征得一万到两万兵力补充军队，而到了战国时期，一次能动员几十万人上前线。像战国初期秦、魏之间的河西之战，秦军投入了50万人，还有几倍于士兵的民夫。这还只是两个国家开打的情况，如果碰上几个国家的联军出动，战争规模更不得了，会有上百万人在战场上拼杀。

　　怎么会有如此大的战争发生呢？历史表明，主要原因是各大诸侯国都窥见到了中国大一统的趋势，不论目前还剩多少个诸侯国，最终肯定会统一到一个国家的名头之下，要么齐，要么楚，要么秦。于是，"七雄"都在自己国内加紧变法，实行一系列富国强兵之举，其变革的深度及广度前所未有，加上此时各诸侯国的人口、版图、经济实力都大大强于春秋时期，所以，"七雄"的每一次争夺都极度地残酷、恐怖。而且，战国已进入铁器时代，各种武器比以往具有更大的杀伤力，战争便显得尤为可怕。《孟子·离娄》篇中曾这样形容战国的战争："争地以战，杀人盈野；争城以战，杀人盈城。"

这就与春秋前期的战争完全不同，那时的战争一般都以"不战而屈人之兵"为目的，有些仗甚至完全依周代的军礼进行，宋、楚之间的泓水之战是典型的例子。还有些战斗就像双方在演戏一样，战场动作不过是为了吓唬吓唬对方，从而将其赶走。在楚和晋的一次战斗中，一名楚国的士兵射杀了一头阻碍其战车通行的麋鹿，车上的士兵兴高采烈地把它赠给正欲袭击他们的晋国士兵，晋军马上承认自己的行动不合道义，并高声赞美道："其左善射，其右有辞，君子也。"

到了战国时期，再也没有这样斯文的战争了，几乎所有的战争都以消灭敌人的有生力量为目标。秦、赵长平决战时，秦军将领白起一次就活埋了40万已宣布投降的赵国士兵，这真是太残忍了。除了残忍，战国时期的战争战线长、地域广，许多战争是大迂回、大穿插，齐国、楚国、秦国的军队持续进军的能力都在几百公里之上，而且是多兵种协同作战，步兵、车兵、舟师、骑兵组成凶悍的"集团军"，逢山过山，遇水过水。秦国甚至用40多年的时间从陕西咸阳开始，打通了汉水、湘水、漓江、珠江水道，把军队和粮草通过1000多公里的水路运往番禺（今广州）以征服"百越"。

此外，战国时期的战争持续的时间比春秋时长得多，但没有一个国家为此打退堂鼓。一统中国的远景太诱人了，除非立即灭国，否则战斗到底。战国时期可谓中国的"全民战争"时期，没有人不被卷入其中。这值得吗？这正确吗？是的，200多年打的200多次战争，都预示着进步和统一的新时代即将来临。列宁说："历史上常常有这样的战争，它们虽然像一切战争一样不可避免地带来种种惨祸、暴行、灾难和痛苦，但它们仍然是进步的战争。"回头看战国，正是200多年的战争使封建制完全取代了奴隶制，使中国最终走向了统一。

没有战国，就没有稍后的大中国！

一、中原逐鹿，魏国争先机

从地理位置上讲，魏国地处中原腹心，占有今山西省南部、河南省北部及陕西、河北、山东的部分地区，是适于"王者所更居"之地，然而也是一个容易被落入战患之地。它的版图很不连贯，北面的部分领土甚至在赵国境内，成为孤岛般的飞地；主体部分又分隔成东西两大板块，仅靠北部上党地区的一条狭窄走廊连结；更为可怕的是它四周皆是大国环伺，西有秦、东临齐、北接赵、南邻楚，是典型的"四战之地"。南与楚好，齐就攻其东面；东与齐好，赵就攻其北面；北与赵好，秦就攻其西面。稍一动作，就惊动"左邻右舍"。战国时的一些策士调侃魏国，说魏处于四分五裂之道。不仅如此，魏国都大梁（今河南开封市），千里沃野，平坦空阔，一旦战争爆发，将无险可守。

然而，魏国却在魏文侯的领导下，抓住周边大国尚未真正崛起之机，变法图强，从而在中原逐鹿的"生死游戏"中夺得先机，最先成为战国七雄中的翘楚。

魏文侯眼光远大，他把魏国变成一块"磁铁"广吸天下英才，为其富国强兵战略服务。他拜李悝为相，让他放手变法，改革政治。李悝是儒家的重要人物子夏的学生（据说魏文侯也是子夏的学生），他的儒道中掺有"霸道"，其著作《法经》颇受法家尊崇，享有"法家鼻祖"之称。李悝变法的切入点是废除爵禄世袭制，一律按能力和功劳大小选官用官。这对上层人物震慑很大，失去了世袭，人人都得去社会上打拼，官场气象一新。李悝的变法依然带有浓厚的儒家理想，在整顿上层建筑之后，他提出一系列强国富民的措施，例如"尽地力之教"和"平籴法"。

在军事上，魏文侯倚仗大军事家吴起，全方位改革军事制度，建立了"武卒制"，对士兵进行严格的挑选和训练，同时提高士兵的待遇，魏军的战斗力大幅度增强。

在外交上，实行睦邻政策，尤其对韩、赵二国"一碗水端平"，赢得了韩、赵二国的尊重，二国诸侯同时朝见魏文侯，认了魏国做盟主。

有了韩、赵两个小兄弟的追捧，魏文侯打起了秦国的主意。秦国国内此时纷争不断，正是下手的好时机。魏国地望不佳，国土面积、人力资源都不及秦国，怎么敢于首先向秦国动手呢？原因很明了，秦国一直占有河套地区南部、黄河以西之地，这是十分重要的战略要地，历来兵家必争，当年秦、晋两国就为此展开了近百年的争夺。魏文侯瞅准了河西这块"肥肉"，聚起重兵准备进攻，统帅便是吴起。

吴起是一个传奇人物，出身富豪之家，从小仰慕权势，曾四处钻营以求一官半职，谁知送光了家产也没能如愿。无奈之下，吴起去向曾子学习儒术，后又弃儒专研兵法，一时颇有名声，引起了鲁穆公的注意，鲁穆公欲拜吴起为将以抵抗齐国的进攻。但部分大臣强烈反对，说吴起的老婆是齐国人，万一阵前倒戈怎么办？吴起出将心切，为表忠诚，居然把妻子一刀杀死。鲁穆公见此立即拜吴起为将，吴起果然大败齐军，立了大功，但鲁国人普遍反感吴起，"杀妻以求将"，这很不合礼仪，吴起只得快快不乐地离开鲁国。听说魏文侯遍揽天下精英，吴起便来到魏国。

魏文侯曾听闻吴起的名头，并不真正了解吴起。他问李克："吴起是怎样的人？"李克说："起贪而好色，然用兵，司马穰苴不能过也。"于是魏文侯立即拜吴起为将，向河西进攻。这是公元前408年。

吴起是真正的统帅之才，他"卧不设席，行不骑乘"，与普通士兵同甘共苦，把士兵当亲人，甚至为士兵吸疽治病，极大地赢得了军心，将士们甘愿为之效死。吴起连克秦军五城，完全占领了河西地区，然后又在这里筑城防守，一守就守了27年。就是在这27年中，《吴起兵法》问世，这是先秦时期与《孙子兵法》一样具有重要影响力的兵学著作。

打下河西，魏国就控制了黄河天险，距此仅两年，魏文侯又下令越过赵国国境攻下中山国。打下中山后，魏文侯琢磨着如何对付齐国。齐国的实力非同一般，魏国必须拉上两位"小兄弟"一起发力。公元前405年，齐进攻廪丘。廪丘是濮北重镇，不能让齐占去，于是魏文侯牵头组成魏、赵、韩联军反击，一举击杀了3万齐军。廪丘战役后第二年，三晋联军再次出击，攻入齐的长城。魏国便被认可为中原霸主。

挟此二战之威，三晋联军转头南下攻楚，大败楚军于大梁和榆关，大梁自此为魏占有。公元前396年，魏文侯去世。太子击接班，是为魏武侯。儿子比老子差得太远，内政外交一塌糊涂，最糟的是迫使一批杰出人才离开魏国。吴起是哭着离开的，并预言魏国从此衰落。

失去吴起，魏国自毁长城。不仅如此，魏国又搞僵了与赵国、韩国的关系，失去了同盟。公元前370年，魏武侯去世。公子䓨发动政变，夺得大位，是为魏惠王。正当魏国内乱之时，韩、赵趁危发起攻击，包围了魏都安邑。韩、赵的进攻被击退，但安邑自此不安了，不仅长期直面韩、赵的威胁，秦、齐也开始向魏释放恶意。魏惠王决定迁都大梁。

魏惠王知道不能陷入四面为敌的处境，先与韩昭侯两次相会结盟，继而又与赵成侯和好，并与韩、赵交换土地。稳定外围后又采取一系列措施发展生产，强国富兵，重新恢复了吴起创立的"武卒制"，组建了一支 20 万人的精锐大军。公元前 356 年，鲁、宋、卫、韩又朝魏，重新认可魏的霸主之位。

韩来朝贡，另一个小兄弟赵国没来。赵成侯干什么去了？原来他又跑到齐国与齐威王等诸侯相会去了。魏惠王不满，第二年恰逢赵国进攻卫国，魏惠王就利用这一机会，派大将庞涓向赵国发起进攻。

庞涓也是了不起的军事家，他先攻进卫国，很快又攻进赵国，迅速包围了赵都邯郸。此时，接到求援信号的齐威王派出 8 万大军集结在边境线，准备随时救赵。齐军的将领是田忌，军师是孙膑。

孙膑是孙武的后人，早年与庞涓同学兵法，才华在庞涓之上，遭到庞涓的陷害并受了酷刑致残，在齐国的帮助下逃出魏国，被齐威王拜为军师。孙膑向田忌提出了著名的"围魏救赵""批亢捣虚"的作战方针。该方针的要点是：魏国重兵外出攻赵，国内空虚，齐军可用一部分兵力突袭魏都大梁，庞涓知悉后必定火速回救。与此同时，将齐军主力埋伏在他回救的必经之地桂陵（今河南长垣西北），悉数歼之。这样既解了赵之围，又重创了魏。

公元前 353 年进行的这场战争，果然完全按孙膑的计谋进行。庞涓本已攻破邯郸，忽听得齐军逼近大梁，立即命令去除辎重，急行军回救大梁。当魏军行到桂陵，等候已久的齐军排山倒海般杀出，魏军稍一接战就大败，庞涓本人也做了俘虏。

虽然受此一击，但魏国毕竟是强国，第二年就在襄陵击败齐、宋、卫联军，齐威王不得已向魏求和。公元前 344 年，魏惠王公开称王，并以韩国不随同朝见周天子为由向韩进攻。韩向齐求救，齐威王采纳孙膑的建议，在魏、韩打得难解的时候出兵击魏。

齐国依然由田忌为将，孙膑为军师，大军浩浩荡荡直逼大梁。庞涓（在桂陵被俘后不久即被释放回魏）奉命从对韩作战的前线回救大梁。齐军得知韩国之围已解，迅速变换战术，大军全线后撤，引诱庞涓追击。庞涓复仇心切，急于寻找齐军主力决战，下令全力追击，却不料又上了孙膑"退兵减灶"的当。

根据孙膑的部署，齐国在入魏第一天设了供10万人吃饭的灶，退至下一个宿营地就减少到5万人使用的灶，退到第三个宿营地又减少到供3万人使用的灶。庞涓以为齐军在撤退中只剩3万军力了，下令迅速向东追击。

孙膑其实早在庞涓的必经之地马陵山的险要处伏下重兵，据说仅弓弩手就有上万名。庞涓毫无防范之心，数万人马自投罗网。等到发觉中计，齐军万弩齐发，魏太子申也被活捉。心高气傲的庞涓不想再做孙膑的俘虏，拔出佩剑，自刎身亡。

马陵之战后第二年，秦孝公趁魏虚脱之际，下令卫鞅（即商鞅）攻魏。魏还没从马陵噩梦中走出，不得不强打精神迎战。卫鞅与魏军统帅公子卬在魏国时曾是旧交，假意邀请公子卬前来面谈议和之事。公子卬不知是计，宴会上被卫鞅俘虏。失去了统帅的魏军毫无斗志，迅即溃败。

这一仗之后，秦国仍不放过魏国，新任国君秦惠文王起用魏人公孙衍继续攻魏。雕阴一战（今陕西甘泉县南）灭魏军4.5万人，迫使魏国献出全部河西之地。仅仅过了一年，秦军越过黄河攻取了魏国河东郡的数座城邑。之后，魏与楚发生冲突。双方鏖战之时，秦再出兵攻魏，逼迫魏惠王将河西西北上郡的15个县全部献给秦国。

魏国在对齐、秦的战争中都输了，700里山河被秦掠去，从此沦为二流之国。而齐、秦两国声势大振，尤其是秦国在取得了对魏的一连串胜利后，终于实现了几代君王的梦想，获得了东进的战略大通道。整个战国的战略格局陡然一变。

二、合纵连横，楚国成为牺牲品

马陵一战打掉了魏惠王的自尊，他接受相国惠施的建议，脱下自己平时穿的王服赶赴徐州朝见齐威王，并恭请齐威王称王。齐威王心软，说干脆这样，我们两人都称王吧。诸侯互相承认为王，这在当时是天大的事，它不仅表明周王室彻底靠边站，而且其他诸侯也会彼此仿效。果不其然，秦惠王趁着攻占河西及上郡的良机公开称王。楚国早已在这之前就已自封为王。剩下赵、韩、燕、中山这几个国家的诸侯急了，大家都称王，我们怎么办？这时，从秦国被张仪排挤回魏国担任将军的公孙衍，提出了"五国相王"的方案，说我们五国（魏、赵、韩、燕、中山）会盟，互相承认王位，抱团对付秦、齐、楚。

五国也称王了，战国时所有重要的侯国一律戴上了王冠。二流小国宋国也自我封王。小国、弱国抱团称王是为了在列强间的夹缝中求生存，不料由此而产生了对战国的历史进程具有深远影响的"合纵连横"大战略。南北结盟，称为"合纵"，以三晋为中心，北连燕，南连楚，西可以对付秦，东可对付齐；东西结盟，称为"连横"，东面的齐与西面的秦联手，打击、吞食其他小国。

"五国相王"而引发的合纵战略，其最初的出发点并不仅仅针对秦国，但五国确实联合起来攻过秦国几次。结果于秦无损，反而刺激秦、齐、楚这三大巨头加快了兼并小国的步伐。

公元前316年，秦国发兵进攻蜀国，又乘胜灭苴国和巴国，独霸了四川盆地这一"天然粮仓"，秦国的国力一下跃居各国之首，更重要的是为今后打击强邻楚国营造了一个牢靠的前沿大本营，今后秦国的军队就可以沿长江上游顺流而下，直逼楚都郢城。秦国大将司马错高度评价攻占蜀的意义："得蜀则得楚，得楚则天下并矣！"

当秦国以重兵进攻巴蜀时，齐国也趁燕国发生内乱而发兵进攻燕国。燕国的军队和人民对统治者争权夺利的行为充满怨恨，当齐国的军队抵达燕国时，"士卒不战，城门不闭"，齐军出兵仅50天便夺取了燕国全境，杀死了燕王哙和他的接班人子之。战果来得太轻松了，齐国一下有了两个大国的土地，对其他诸侯国构成了极大的威胁。赵、魏、楚的反应最激烈，尤其是赵国，东面和东北面均与齐、燕接壤，压力非同一般。赵武灵王牵头与齐谈判，想通过交换土地的方式让齐军撤出燕国。齐宣王本不想同意赵武灵王的方案，但燕国人民反感齐国占领己国，不少地方已经武力反抗，在这种压力下，齐国不得不撤出燕国。赵武灵王就扶立公子职回归燕国，将其立为燕昭王。

赵武灵王的行动主要是为了遏制齐国，魏相公孙衍比他更有办法，提出"合纵"战略以遏制秦国。所谓合纵，就是从南到北把楚、魏、赵、韩、燕这5个国家联合起来，共同对付秦国。通过游说，公孙衍的主张得到了五国的认可，一致推举楚国为"纵约长"。此时的楚国幅员辽阔、块头大，傲视群雄，尤其是吴起在楚国施行变法之后，楚国实力更是在其他国家之上，就连齐、秦这样的强国也对楚国心存忌惮。更令秦国担忧的是，楚国不仅成为 5 国之首，又与齐结成了联盟，齐、楚一旦真正发力，秦可抵挡不住。秦惠文王反复权衡后，派出张仪出使楚国，试图打破齐楚之盟。

张仪是魏国贵族的后裔，据说与后来在战国时期不停掀起波澜的苏秦一样，都是神秘莫测的高人鬼谷子的学生。苏秦的才华已是亘古少见，张仪的才能似乎又在苏秦之上。张仪出名之前曾经被人看不起，楚相身上佩带的一块玉璧不见了，也猜疑到张仪头上。张仪有口难辩，被莫名其妙地打了几百竹板。回家后妻子埋怨他，说都是他读书游说惹的祸。张仪苦笑着说："别的不说了，你看看我的舌头还在吗？"妻子禁不住笑着回答道："当然还在啊。"张仪说这就够了，只要舌头还在，什么都好办。这么一个对自己充满信心又满脑壳点子的人物来到楚国，楚国的风险变大了。

楚怀王完全不了解张仪要来干什么，但十分热情地接待了他，并向他讨教治国之术。张仪满脸虔诚地说："秦王对您最敬佩，对齐王最憎恶，如果您能关闭边界断绝与齐往来，我愿献出商于（今陕西商县）六百里地方与楚，并让您迎娶秦王的女儿为妻，从此秦楚结盟，长期成兄弟邦，这样既利楚，又可削弱齐。"

楚怀王认为这是天大的好事，立刻表态同意。但大夫屈原、陈轸从旁泼冷水。陈轸说："秦之所以看重楚是因为您有齐这个同盟国。如果与齐绝交，这是自己孤立自己。没有了齐这个盟友，秦王还会敬重您吗？楚国的安全还会有保障吗？"楚怀王不同意陈轸的观点，反问陈轸："你说这些有根据吗？"陈轸说："张仪说献六百地能算数吗？如果能算数，那楚国也得先把地拿到手再与齐绝交。"楚怀王沉吟，陈轸又献计说："可以表面上与齐绝交，暗里仍与齐保持联盟，还可以派人随张仪入秦。秦若真献地，那就与秦携手。"

楚怀王求地心切，不理陈轸的建议，愚蠢地派出使者当面辱骂齐宣王，迫使齐宣王断绝了与楚的联盟关系。张仪的阴谋得逞，心中暗喜，但表面上不露声色，他装病三月不上朝，有意避见楚国派来索地的使者。当楚、齐真的绝交之后，他露面了，用戏谑的口吻对前来索地的楚国使者说："我哪有六百里土地献楚，我只答应了把我的六里俸邑献楚！"

消息传回，楚怀王大怒，旋即就要攻秦。陈轸劝他，说已和齐断交，一旦出兵攻秦，秦必和齐联手，吃亏的是我们。现在不如做顺水人情，送一座城邑给秦，拉拢秦一起攻齐，说不定失于秦的土地可以从齐那里补偿得到。楚怀王盛怒之下哪还听得进，很快派将军屈匄率军攻秦，企图用武力夺占商于地区。

楚军奉命贸然北上，秦国胸有成竹，在丹阳（今河南西峡县以西、丹水以北）堵住楚军，楚军大败，秦军趁势取下汉中郡，使巴蜀与汉中连成一片。楚怀王不甘失败，动员全国军队再次向秦发动进攻。几十万楚军战力不可小觑，从丹水一气攻入秦国境内的纵深之地。面对楚军的攻势，秦国也立即全国动员，与楚军在陕西蓝田决战，结果重创楚军。关节点上，本是"合纵"盟友的韩、魏两国背叛楚国这个名义上的"纵约长"，从南面出兵，攻击楚国本土，很快就打到楚的腹心邓（今湖北襄樊北）。楚军受到南北夹击，不得不献出两城求和。

楚国这下真惨了，与齐绝交，战争打响了无人施援手；与秦交恶，几战几败，连汉中这样重要的门户也弄丢了，今后秦军可以沿汉水轻易攻楚。原来与齐、秦三角鼎立的强楚，现在变成了受齐、秦两国轮番打击的对象。张仪厉害，他用"连横"战术，大破公孙衍的"合纵"战术，以高超的斗争艺术，从误楚开始，再到欺楚、伤楚、弱楚，一气呵成，看得人眼花缭乱、惊心动魄。

谁都可以欺侮楚国了，公元前 303 年，齐国的孟尝君为相后出兵伐楚，理由是楚怀王与齐绝交破坏了合纵的盟约。楚国自知无力抗齐，赶紧向秦求救。这时候的秦楚关系已经好转，眼下继位的秦昭襄王的母亲是楚国人，秦昭襄王又与楚联姻，秦立即出兵救楚。齐见秦出手，只好撤兵。

第二年发生了一件事，改变了秦楚关系，就是这一改变，要了楚怀王的命。原本在秦国做人质的楚国太子横，在一场私斗中杀了秦国重臣，犯了法又不认罪，悄悄逃回楚国。秦王大发雷霆，又开始视楚国为敌国。公元前 301 年，齐、魏、韩三国联军攻楚。秦国不但坐视不救，反而暗中帮助三国联军，导致楚军在垂沙（今河南唐河县西）大败。

秦国见楚国元气大伤，趁机向楚展开攻击。楚国已筋疲力尽，只好把太子送到齐国做人质，请齐出面调停。秦不理齐的调停，一连夺取楚国数座城邑才住手。这个时候，秦昭襄王又使出诡计，致书楚怀王约其到武关相会，商谈恢复盟约之事。楚怀王不知是阴谋，如约前往，一到武关就被扣押。3 年之后，楚怀王死在秦国。

祸不单行，楚国此时爆发了声势浩大的庄蹻农民大起义，别都鄢（今湖北宜城东南）被起义军占领，曾经是"东方第一国"（郢都是当时世界上数一数二的大都市）的楚国自此衰落得更厉害了。而它的恶邻秦国还会重重敲打它，直到将其完全灭亡。

三、"胡服骑射"，改革太经典

"三家分晋"，魏国分了3块"四战之地"，危险因素是多了点，但土地肥沃，生产便利；赵国分了3块"僻远之地"，土地贫瘠，生产难搞，国不富兵不强，所以长时间以来，赵国在诸侯国中没什么话语权，多做"跟班"跑腿。公元前325年，赵武灵王即位，他是第六代赵国诸侯，头脑敏捷，心存大志，决心改变赵国的弱者地位。但是现实非常残酷，赵武灵王一继位就引起齐国的不满，齐攻赵，大败赵军。赵武灵王执政第七年时，赵国参加"合纵"攻秦，同样遭到失败。这之后又与齐、秦分别发生战争，结果都是丧师失地。被齐、秦打得团团转的时候，北面的胡人和东面的中山国也落井下石，不停地掠地掠财，搞得赵武灵王焦头烂额。

多亏赵武灵王有智慧。他一方面采取韬光养晦的策略，就地卧倒，保持中立，不参与任何一方联盟；另一方面大力发展经济，增强实力，并实施以"胡服骑射"为核心的军事和政治改革。

赵武灵王是个细心人，他发现中原诸国与胡人（西部游牧民族）打仗都非常吃力。中原的士兵宽袍大袖，动作缓慢，即使是站在战车上进攻的士兵也显得迟缓。反观胡人的士兵，一个个骑在马上疾如骤雨，快如飘风，手起刀落即见红。为什么胡人能如此灵活呢？除了战马骠悍之外，胡人的装束很适合作战，他们着短衣、长裤，腰束皮带，脚穿皮靴，战士可在飞奔的马上射箭，做任何动作都既轻松又狠辣。如果赵国的士兵也像胡人这样装束，战斗力是不是可以大大提高呢？

赵武灵王的想法得到重臣们的支持，他率先在宫中着胡服，又领着一班大臣上街去向民众宣传。对于一时有意见的大臣，他逐一做思想工作，并颁布国家法令，规定每位国民都必须服从此项改革。在他的大力推动下，赵国上下出现了穿胡服、练骑兵的热潮。赵武灵王趁此时机招纳善骑射的士兵，组建起赵国的第一支骑兵部队。为了尽快使骑兵形成战斗力，他将原阳（今内蒙古呼和浩特市东南）改为骑兵训练场和战马繁育基地，并向基地移民，用以开发和巩固赵国的边防。

赵国一天天富起来，赵武灵王在韬光养晦的基础上开始主动争取话语权。公元前307年，秦武王与人比赛举鼎，因用力过度而亡。赵武灵王认为这是改善与秦国关系的好时机，马上派代相赵固去燕国迎回秦公子稷，立为秦昭襄王。此举赢得了秦国上下的好感，舒缓了赵国的西部之忧。公元前299年，秦昭襄王邀请齐国大名鼎鼎的孟尝君入秦为相。赵武灵王很是担忧，一旦齐、秦相好，很可能会对赵国不利，他立即利用与秦昭襄王的特殊关系建议秦昭襄王罢免孟尝君，并派出自己的大臣楼缓入秦为相。秦昭襄王听信赵武灵王的话，不仅罢免了孟尝君，还准备杀害他。得到信息后，孟尝君通过门客用"鸡鸣狗盗"的方式逃回齐国。如此一来，齐与秦就反目成仇了。赵武灵王争夺话语权的目的达到了，他果断调整大战略，开始主动出击，攻击中山国和西部的胡人居住地。

中山国在赵国的中部，它据有今河北省石家庄的唐县、行唐、曲阳、定州、灵寿等地区，都今河北定州。中山国是白狄族建立的国家，也是中国的少数民族在中原内部建立的唯一一个诸侯国。公元前406年，中山国曾被魏攻灭，后因魏顾不过来而复国，有过一段兴盛时期。虽然论实力仅算得上二等之国，但它的版图嵌入了赵的腹地，赵武灵王决心攻灭中山，除去心头之患。公元前306年，赵武灵王全国动员，集合20万精兵向中山和赵国西北的胡人居住地发起大规模进攻。赵武灵王身着胡服，亲任最高统帅，从南北两个方向进攻中山。主攻方向定在南路，其作战目标是控制太行山以东的战略要点，打通东进、北上的交通要道。南北两路的行动都取得重大战果，中山接连丧城失地，只得献出四邑求和。在中山国求和之前，胡人居住的楼烦之地已被赵国攻占，其军队也被赵国收编。

赵武灵王志存高远，对已经服软求和的中山国不依不饶，在稍后的几次行动中又吞食了大片中山国土地。公元前300年，赵国又以20万大军攻中山国，前后经过近5年，终于完全灭了中山国，500里中山国的土地并入赵国的版图，赵国在这些新拓展的土地上设立了云中、雁门、代郡3个郡政府。

望着新到手的国土，赵武灵王的心头有股沉甸甸的感觉，为了巩固这片几代人为之仰望的领土，他下令集中力量修筑一条东起代地（今河北蔚县北）、西止于高阙塞（今内蒙古自治区巴彦淖尔市临河区北狼山口）的长城，阻断胡人的南侵之路。

赵国终于强盛起来了，成为足以与齐、秦抗衡的强国。赵武灵王此时打起了秦国的主意，密谋突袭强秦。为了集中精力实现这个宏伟蓝图，他把王位传给王子何（赵惠文王），他自己号称"主父"，一门心思地钻研如何袭秦。他甚至亲自去侦察秦国的山川地貌，并冒充赵国的使者去拜见秦昭襄王。其行踪暴露后，秦国大为诧异，不知赵武灵王到底想干啥。

一心想降服强秦的赵武灵王怎么也没料到会后院起火，长子公子章趁赵武灵王与赵惠文王游沙丘（今河北平乡东北）之机作乱，欲以兵变夺回本应属于他的王位。公子成率兵镇压，公子章兵败，无处可去，只得逃到老父赵武灵王身边。赵武灵王心软收留了他，公子成和将军李兑不同意，攻杀了公子章。杀了公子章，二人又害怕了，公子章毕竟是赵武灵王的长子，日后赵武灵王一旦报复可不得了。二人干脆围住沙丘不撤兵，一围三个月，把赵武灵王活活地饿死在沙丘。

赵武灵王壮志未酬，可惜了那张攻秦的蓝图，只画了张饼，还没吃到呢，人先没了。应当为赵武灵王说句公道话，他为中国的统一事业作出了贡献，他的"胡服骑射"不仅是中国古代军事改革的经典之作，也是政治改革、社会改革的典范，正是这个政策大大地加快了中原文化与少数民族文化融合的步伐，后人应该永远记住赵武灵王这位战国雄主。

四、凭人才，弱燕破强齐

弱燕指燕国。燕国之所以称为弱燕，主要原因是战国中期时执政的燕王哙是位糊涂主子，莫名其妙地把王位传给了结党营私、擅长玩弄权术的政客子之，由此引起燕国内乱，招致齐军入侵，国家差点完全覆没。多亏赵武灵王于危亡之际伸出援手，扶立了一位日后颇有作为的国君燕昭王。

燕昭王是一个报复心极强的人，他对燕国差点被齐灭掉之事刻骨铭心，按司马迁的说法，他没有一天不在考虑报复齐国。然而燕国幅员狭小、地望偏僻，凭什么去报复强齐呢？思前想后，燕昭王决定走人才兴国之路，为此不惜重金构筑黄金台，"以延天下之士"。战国时精英遍地，就看谁出的价高，燕昭王高薪揽才，一时人才云集。乐毅来了，苏秦来了，邹衍来了……这些人都身怀惊天动地之能，燕国由是大治，国力空前强盛。

不仅燕国的国力大有长进，燕昭王还傍上秦国这个"大腕"。秦国的秦昭襄王即位前曾在燕国做人质，之所以能顺利回国继位，是因为得到了燕国的帮助。自此，两个国家的关系就不一般了。但是燕昭王没有想到，福之祸所倚，公元前298年，齐、韩、魏联军向秦发起攻击，以报复秦国对待孟尝君的恶劣态度。这一仗打了3年，三国联军打败秦军，攻入秦据守的函谷关。接下来，孟尝君马上就北上攻击秦的"小兄弟"燕国，在权地（今河北顺平县西北）生擒了燕军两名将军，歼灭了燕国10万大军。

失败来得太突然，对仇人的仇还没报，又被仇人揍了一顿，燕昭王几近陷入绝望之境。就在这时，高薪聘来的谋士苏秦出来献计。

苏秦是东周洛阳人，典型的农村知识青年，曾只身东去齐国求学，后又师从鬼谷子钻研兵学，是张仪的同门师弟。苏秦天分极高，但闯荡若干年后却一无所获。邻里讥讽，家人冷漠，都未能使他消沉，反而促使他更加刻苦读书。读到疲乏处忍不住打盹，就用锥刺大腿。他一边读书，一边揣摩天下大势，自认为各方面都大有长进之后，他决定再次外出以施展自己建国安邦的才华。

苏秦首先到了秦国，秦国刚车裂了商鞅，很讨厌游说之士。他又来到赵国，赵国也无兴趣听他的高论。燕昭王即位后，苏秦辗转来到燕国，与燕昭王一拍即合，自此，终其余生为燕国服务。

苏秦很快便为燕王制定了战略方针，大意是：燕王先假意屈从于齐，甚至把自己的宠子送到齐做人质，骗取齐国信任。然后鼓动齐国拿下宋国，一方面消耗齐的实力，另一方面挑起齐与其他国家的矛盾。同时派出大量秘密使者携带大量财富去各国活动，组成反齐统一战线，使齐国陷入困境，形成兵疲民乏的局面后苏秦再亲赴齐国，表面装着为齐服务，暗里从事削齐、伤齐的活动。说白了，就是以质臣的身份为燕国充当间谍。

定下破齐方略后，苏秦就离开燕昭王来到齐国。苏秦这时候名气已经比较大了，齐湣王隆重接待他，并赐以卿位和封号。苏秦是鬼才，很会哄骗，很快赢得齐湣王的信任。齐湣王此时一心想要吞并宋国，苏秦想的则是通过并宋来削弱齐国。公元前286年，经过多次战争，齐国终于灭了宋国，独占其全部领土。

齐国灭宋基本是按苏秦的"鬼点子"展开的，先是抛弃赵国以联秦，后又欺骗秦国再联赵，最后又背叛与齐结盟的所有国家而盟秦。其机关算尽，花招使尽，最后终于如愿灭宋。灭宋的好处太多了，宋是殷商故地，是当时的富庶之地，又与齐、楚、魏等大国接壤，是中原通往其他地区最重要的战略通道。齐国灭宋，迅即引起秦、赵等国的眼红和不安。

齐国灭宋后很得意，不料一个强大的反齐联盟正在悄悄地形成。秦昭王牵头，魏、楚、燕、赵参与，组成了战国时代最强的专门对付齐国的"联合国军"。燕昭王调集全国人马，交给乐毅指挥。乐毅是魏国名将乐羊的后人，才华横溢，胆识过人，是各国公认的反齐联盟军的最佳统帅。楚、魏、韩先后拜乐毅为将，让他统领五国兵马，在秦国名将斯离率领的秦军的协同下，杀气腾腾攻向齐国的济水之西。

齐湣王大惊失色，立即召集全国军队于济水之西迎战联军。危难之际，齐湣王终于察觉了苏秦的阴谋，盛怒之下，以车裂的方式杀死了苏秦。但任何补救措施都救不了齐国的失败，济水河西一战，齐军大败，齐湣王闻讯逃跑。攻齐联军见打败了齐国，先后决定撤兵。而乐毅则率领报仇心切的燕军独自穷追不舍，一直打到临淄。齐湣王在临淄还没喘过气来，燕军就攻下了临淄。失魂落魄的齐湣王先逃至卫国，后逃至邹、鲁，都不受欢迎，绝望之余又折回齐地莒（今山东莒县），不久就在这里被伪装成救齐的楚军杀死。

齐国现在只能任由燕国宰割，乐毅马不停蹄地在5年时间里攻占了70余座齐国城邑，只剩即墨、莒两城还在拼死抵抗。

与齐国当年攻入燕国后烧杀抢掠的行为相比，燕军在齐地的行为比较文明。乐毅严令禁止任何抢掠行为，实施一系列争取齐国民心的措施，还凭吊了齐桓公、管仲等齐国先贤，较好地安定了齐国全境。

即墨久攻不下，这就给国内一些反对派以攻击乐毅的话柄，而燕昭王又在此时去世，继位的燕惠王乃平庸之辈，听信谗言，在重要时刻撤换乐毅。换上的统帅叫骑劫，智谋、胆识都无法与乐毅相比，导致的结果是齐国咸鱼翻身，即墨在齐将田单的率领下，大败围城的燕军，主将骑劫也死于乱军之中。田单领军乘胜追击，沿途已宣布降燕的城邑纷纷倒戈一击，田单很快就收复了失去的 70 余城。田单不做任何停留，马上到莒接回太子法章，拥立为王，史称齐襄王。

乐毅投奔他国，燕惠王后悔了，可惜没有后悔药。燕国几代人的辛苦，到头来还是竹篮打水一场空。

五、均势不再，谁在窃笑

乐毅破齐大伤齐国元气，尽管田单复国，但今非昔比，均势打破，齐国自此无力单独与五国，尤其是与秦国抗衡。看着衰落下去的东方大国，秦昭襄王在一旁窃笑。环视东西南北，谁敢与秦争锋？没有，真的没有，秦国可以随心所欲地加快吞并他国的步伐了。

秦国能走到这一步，首先应该感谢曾两次担任秦国国相（也曾两次担任魏国国相）的张仪，当年他入秦后不久就给秦国制定了一整套以"连横"破"合纵"而后兼并天下的大战略，并告诫秦王，想攻三晋的时候务必亲楚，想攻楚的时候务必亲三晋，这样才能避免两面作战。秦昭襄王现在就运用这套狡诈的战术开始南征东讨。

他先试着进攻魏国，结果魏与赵、燕、韩一脉相连，四国立即联动。就像一条长蛇一样，打它的尾巴，它的头来咬你；打它的头，它的尾巴来扫你；打它的身上，它的首尾一齐攻你。秦昭襄王放开这条"巨蟒"，把兵锋对准南方，专力攻楚。动手前按照张仪的策略，先和好三晋，无后顾之忧了，秦大将司马错率军从陇山以西地区出发，途经蜀郡、巴郡，从这里发起进攻，很快攻占楚的湘西北及黔东北，迫使楚国献出上庸（今湖北竹溪东南）和汉水以北的地区与秦议和。

一纸和约仅使秦国安定了一年，一年后，秦昭襄王派出更厉害的角色白起率军再度攻楚。白起是位心地狠毒的将领，只要完成战争目标，什么手段都敢用。《战国策·中山》篇说他"发梁焚舟以专民心，掠于郊野以足军食"，他带领军队一路烧杀抢掠攻入楚的腹地邓（今湖北襄樊西北），逼近楚的别都鄢。鄢城军士死守，白起引水灌城，水溃城东，几十万百姓和守军溺水而死，尸体随水漂流，整个城市臭气冲天。鄢城之战重挫了楚军主力。这还不算，白起又截断楚都与巫郡的联系，并于公元前278年攻下楚都郢城。已被打蒙了的楚顷襄王狼狈逃往城阳（今河南息县西北）。白起杀得性起，从郢城出发，又向东攻下竟陵、安陆，向南攻到洞庭湖以南。

打败楚国后，秦昭襄王翻脸，策划攻击与秦相约修好的三晋。公元前276年，白起出马接连攻下魏国两座城池。第二年，秦昭襄王的舅舅秦相穰侯挂帅，大败魏军，并进逼到魏都大梁城下。魏没法击退进攻，只得割地求和。公元前273年，韩与魏、赵发生矛盾，魏、赵发兵攻韩，韩慌乱中向秦求救。秦派出白起救韩，白起率军8天急行军后赶到韩的重镇华阳（今河南新郑北），打赵、魏联军一个措手不及，13万士兵倒在白起军的刀下。

赵国尝到了秦国拳头之厉害，全国紧急动员起来，准备反击。赵国是当时除秦之外最有战斗力的国家，此时的国君赵惠文王是一位有所作为的君主，他用乐毅、蔺相如、廉颇、赵奢等良将名相组成"豪华"抗秦团队，有效地遏阻了秦的东进势头。公元前270年，秦以赵不履行土地交换协议为借口，又向赵发起进攻。赵国派出赵奢迎战。赵奢有勇有谋，采取疲秦战术，占据要地，只守不攻，然后抓住时机大举反击，在今山西和顺县的阏与大败秦军。阏与之战是战国后期的著名战役，势头正旺的秦军没想到赵军会如此耐打。阏与之战后，秦军马上进攻几（今河北大名县东南），在这里又遭到久经沙场的赵国老将廉颇的迎击，秦军再次大败。

把楚国打得一塌糊涂的秦国，真的就没办法打赢赵国了吗？

六、远交近攻，大战略无出其右

从公元前475年拉开战国时代的大幕，到前270年秦攻赵失利，战国已有200年历程，烽火连年的"大戏"渐渐近于尾声。生死存亡关头，各国都在施展浑身解数，运用各种手段力求不被灭国。唯独秦国，非但没有这种危机感，反倒是国土不断扩展，军力不断增强，成了谁也惹不起的国家。秦国怎么会如此强势呢？

可以说，在众多的因素中，有两个人物起了关键性作用，一个是前面已经出场的商鞅，一个是即将出场的范雎。

商鞅是卫国公室的庶出公子，年少时就喜好刑名之学，曾师从魏国李悝，并带着李悝撰写的成文法典来到秦国。秦孝公赏识他的才学，一连三天三夜向他讨教治国、强军之道。商鞅的战略很简洁，归纳起来就是两个字：耕战。耕指发展经济，战指增强军力。秦孝公很是认同，立即照商鞅的建议实施全方位的变法。

商鞅不分日夜起草新法，成文后，秦孝公下令全国照办。新法条款的覆盖面非常广，强调农业是立国之本，只有全力抓好了农业，国家才能不发生乱子，才有一统天下的基础。为了抓好农业，秦国出台一系列配套的法律条款作保障。例如，国家免费为每个农户提供铁制农具，用旧或用坏后不必赔偿，只需上缴以旧换新。又如，法律规定要保护好耕牛，如果一个县一年死了3头牛，养牛的农户有罪，当地官吏包括县令都得受罚。为了使每亩田土单产有稳定的收成，规定播种时每亩种子的数量，如水稻用二又三分之二斗，大豆用半斗，小豆用一斗，麦子用一斗。国家对农业管理到如此精细的程度，农业何愁搞不好呢？

在大力抓好农业的同时，秦国出台一系列奖励军功的法律，调动士兵在前线为国作战的积极性。这一系列奖励措施的力度之大，前所未有。其中规定：士兵在前线每杀敌一名，晋升一级军功爵位（共设立了20级）。这一级军功爵位可以得到国家赏赐的田宅一块、仆人一个。如斩首了两名敌人，士兵的父母此时如果是囚犯，就可以立即变成自由人；妻子如果是奴隶，就可以立即变成平民。这等于给最底层的人们一个可以尽快改变命运的机会，士兵们如何不拼命搏杀呢？

20世纪70年代湖北云梦出土的竹简记录了这样一件事：一次战斗中，秦军中的一名士兵甲斩首了一名敌人。他的战友乙看见后心生嫉妒，居然悄悄杀了甲，谎报此敌人是他斩首的。此事被士兵丙看到了，丙将乙捉拿归案。

立功后奖励的诱惑实在太大了，在当时的诸侯国，没有一个国家比得上。所以，秦国在与别国交战前，战斗还未打响，士兵们已经在原地嗷嗷叫，个个摩拳擦掌，只望能在战斗中多斩敌首。战斗打响后，许多士兵根本不戴头盔，不穿铁甲，光着上身拼杀，他们嫌那套防护装备妨碍了他们杀敌，影响他们立功受奖。著名的法家人物韩非子在初次接触秦军后这样感慨：他们只要听说打仗就特别兴奋，根本无所谓生死。

是啊，秦军士兵在国家奖励军功的法律的激励下，早已将生死置之度外。如今，我们从那些全身没有一件防护装备的兵马俑的士兵身上看到了一股令人生畏的肃杀之气。这些没有任何防护的士兵们，是准备去执行那些有去无回的战斗任务的，根本就没有想到活着回来。他们知道自己的结果，仍士气高昂、视死如归，因为他们心中有数，国家法律规定父亲战死之后，可以由儿子继承军功奖励。他们在为国家而战，更主要的是在为自己的亲人而战。试想，碰上这样一支长年与游牧民族为伍的不知死亡为何物的军队，能不胆寒吗？

第二个特殊人物叫范雎。他是魏国人，家境贫寒到无法维持基本生活，好不容易谋到一个小吏的职位，却又差点无辜被上司打死。他逃出魏国，化名为张禄，被秦昭襄王的使者王稽推举接近秦王。秦昭襄王此时正在广招天下贤良，一与范雎交谈，就完全被他说服。范雎凭什么一下子就说服了秦王呢？

范雎是这么引导秦昭襄王的。他先从秦国所处的地望来开头：从秦国的地理位置来看，领土的海拔高度高于其他国家，几条河流从境内自西向东流，军队、补给可以很便捷地运至战区。而且秦的周边环境是别国没法比的，别的国家往往多面是敌，秦却有秦岭山脉作天然屏障，一般不会几面受敌。这是可以横扫一切的地望！可为什么到现在秦国依然蜗居在函谷关以西呢？最大的原因是没有一个明确的大战略。

范雎分析得有道理，秦昭襄王听得很认真。范雎又说："正因为没有大战略，所以没有大成就。我现在贡献一个大战略，建议大王不要像过去那样交近攻远，远的地方如齐国，攻下来你也管理不了，中间横着个韩、魏，好处终究被它们占了。现在要反过来，远交近攻。近处打下的土地好管理，打到一寸就是您的一寸，打到一尺就是您的一尺。总的来讲，您要先攻下周边与秦接壤的国家，在攻周边时与不接壤的国家结交好，让他们做旁观者，等收拾了周边，天下大势就由您说了算。"

秦昭襄王听了范雎的一席话如醍醐灌顶，马上任命范雎为客卿，主管全国军事。范雎接着又分析秦国国内的形势，指出目前太后和丞相的权势太重，这些阶层的权力太强，大王就会受伤害。当年崔杼、淖齿掌管齐国，结果崔杼射伤了齐庄公的腿，淖齿抽掉了齐湣王的筋。李兑掌管赵国，把主父（赵武灵王）囚禁在沙丘，100 天后就饿死了。现在秦国由太后、穰侯掌管，这些人和淖齿、李兑是同一类型，大王危险啊！秦昭襄王听出一身冷汗，迅速采取措施，加强王权，废太后，逐穰侯等贵族出关，任命范雎为相，号为"应侯"。

远交近攻是战国末期值得称道的大战略，它的基本指导方针就是各个击破，使每个诸侯国处于事实上的孤立状态。这是当时最有杀伤力的武器，也是最可怕的武器，它大大加快了秦兼并六国、一统天下的步伐。果不其然，六国就像多米诺骨牌一样，一个接着一个地倒下去，再也没能起来。

七、悲长平

远交近攻的大战略一经确定，秦昭襄王就下令向近邻魏、韩二国发起进攻。在攻取了韩的南阳后，又一气攻下韩的野王（今河南沁阳市）等 10 个城市，完全断绝了韩上党郡与韩本土的交通联系。韩桓惠王大为惊恐，立即派人入秦谢罪求和，同时下令防守上党郡的将领放弃上党并将上党移交秦军。上党郡守冯亭很有智慧，暗中将上党 17 县献给赵国，拉拢赵国出兵共同抗秦。

上党郡位于韩、赵、魏三国交界处，地势较高，假如秦从这里出击赵国会非常便捷。赵孝成王听到上党郡守自愿献地的消息，立即派廉颇发兵接收上党，并在长平（今山西高平西北）加筑工事驻守。

赵孝成王的举动激怒了秦昭襄王，他马上下令全国总动员，向赵国大规模进攻。秦军的部署非常周密，一部分秦军很快攻下了韩国都城旁边的两座城邑，防止韩、赵联手；一部分秦军直扑长平，寻求与赵决战。

防守长平的是赵国著名的军事家廉颇，秦军气势汹汹地抵达并打了几个小的接触战之后，廉颇改变战术，依托有利地形只守不战，期望等待时机再大举反击。秦军将领王龁本打算速战速决，没想到会形成对峙局面，而且一对峙就是三年之久。

两军对峙期间，两国的决策层都在寻找良策以打破僵局。赵王排除用重金贿赂楚、魏以与其暗中结盟，而后再公开与秦讲和的方案，而是直接派出使者入秦求和。秦王表面隆重接待，并对外大肆宣传秦、赵已经携手议和，楚、魏不知是计，拒绝向赵发兵增援，赵国就这样使自己陷入孤立。

赵国求和不成，横下一条心与秦硬拼。愚蠢的赵孝成王三番五次地责备廉颇只守不攻，廉颇顶住压力，决不主动出击。就在此关节点上，秦相范雎使出反间计，买通赵王身边的人向赵王进言，说秦最怕的是赵奢之子赵括为将，廉颇好对付，而且廉颇快要投降了。赵王信以为真，下令赵括替换廉颇为将。殊不知这位赵括只是位纸上谈兵的高手，赵孝成王的这一纸任命把赵国推入绝境。

赵括的母亲强烈反对这一任命，她亲自去见赵孝成王。赵孝成王不解，问她为什么反对任命自己的儿子。赵母说：赵括的父亲为将时亲自捧着食物给士兵吃，把士兵当亲人，大王赏给他的财物他全部分给士兵和军官，从接到出征的命令那天起就不管家事，一心准备出兵。如今赵括刚当上将军，就神气十足地坐在大堂上接受朝拜，军吏们不敢抬头望他一眼。大王赏的财物，他全都拿回家，整天盘算着到哪儿买栋房，到哪儿买块地。大王看看，这样的人能担当大将军的使命吗？

赵母令人敬佩，她以国家利益为重，不但不因儿子拜将军而喜悦，反而极力反对。赵母哭着说："当年赵奢与我说过，兵，死地也，可赵括说起打仗来却很轻松。赵国今后决不能用赵括为将，用之，赵国会毁在他的手上。大王如果不信我的话，一定要派他去，倘若他有了不称职之处，我能免去连坐之罪吗？"可惜赵王没能听进她的忠言。

天真的赵括一到前线就全面更改军章，撤换军吏，很快制定了主动出击的战术方针。这是在打盲仗，他根本不知道现在的对手是谁。原来，就在赵王中了反间计撤换了廉颇之后，秦国也悄悄地换将，任命"战神"白起为长平前线总指挥。白起针对赵括求胜心切的心理，确立了后退诱敌、分割包围、聚而歼之的作战方针。赵括对此一无所知，鲁莽地下令发起反击。

白起假装败退，引诱赵括向秦军预定的决战地冲去，秦军早已在那里筑垒守候。白起另以2.5万人为奇兵，部署在预设战场的两翼，并以最快的速度移动到赵军背后，将赵军一分为二，同时又派出 5000 名轻骑兵，插入赵军中间，一方面监视赵军统帅的动静，一方面截断了赵军的粮道。

赵括知道秦军的厉害了，只得就地筑垒，转攻为守，等待救援。秦军的包围圈似铁桶一般，一只兔子也别想跑掉。秦昭襄王得知已围住赵军的主力，非常兴奋，亲自到河内（今河南黄河以北）慰劳出征将士，并下令把全国 15 岁以上的男子全部征召入伍，全部投入长平战场。

秦赵军队的力量对比悬殊，赵军已断粮 46 天，饥饿在无情地摧毁士兵的身体，所有的战马全部被杀掉吃光。战马吃尽后，士兵们开始互相杀戮，将自己的战友煮熟吃掉。人在此时与动物已没有区别，只作困兽之斗。赵括把主力分成 4 个部分轮流向外突围，然而，所有的突围行动都无效，秦军就像一座山，结结实实地封死了赵军的逃跑之路。赵括绝望了，只得亲率敢死队与秦军展开肉搏战。此时的赵括倒像个百万大军的统帅的样子，然而最终还是被秦军射杀。看到统帅丢命，赵军立刻全线溃败，40 多万饥饿和疲惫到极限的赵军只得投降。

白起带着这么多俘虏走出战场，愈走心里愈不踏实，一旦俘虏集体暴动，局面难以控制。一狠心，他用诡计把这 40 万俘虏全部活埋。算上战斗中被砍头的 5 万多赵军士兵，长平一战，赵国近 50 万青壮年死去。

公元前 260 年发生在长平的这场当时世界上规模最大的野外包围歼灭战，是中华民族在走向大一统历程中最令人悲痛的一仗，加上秦军损失的 20 多万士兵，长平一战倒下了近 80 万中华儿女。

八、六国混战，元气大伤

长平之战后，白起兵分三路巩固胜利，一路攻占了赵都邯郸以西的要地武安、皮牢，一路攻取了赵国太原郡，他自己则率主力驻留上党，准备向赵都邯郸发起致命一击。在这样的形势下，赵孝成王被迫入秦请罪议和，然而返回赵国后又不履行割地的承诺，不但不割地，还秘密串联魏、楚、齐等国合纵抗秦。

秦昭襄王盛怒之下命王陵为将向邯郸进攻，但怎么也攻不下来。秦昭襄王又让王龁替代王陵，打了八九个月还是攻不下来。秦昭襄王不解，长平一战已差不多把赵国打空了，一个邯郸怎么就是打不下来？他想到白起，欲再用他打邯郸。白起此时正在养病，他劝秦昭襄王，说现在不能打，长平一战之后，赵国上下同仇敌忾，所有的资源均已集中在邯郸。又说，从军事上讲，凡城坚粮足的城市一般不要去碰，目前赵国已暗中联络了魏、楚等国，一旦合纵抗秦，秦国实难对付。加上长平之战秦军也伤亡过半，国内消耗巨大，现在又远离本土，谁去指挥都难以取胜。

秦昭襄王却坚持进攻，白起称病重无法应命，并说宁受重刑而死，也不为败军之将。秦昭襄王勃然大怒，削去白起的官职，将他降为普通士卒。后又听了范雎之语，赐予白起一柄利剑，让他在军中自杀。一代名将，举剑良久，苦叹一声："老天，我本就该死，长平那一仗，几十万生命被活埋，凭这一条就该死啊！"白起就这样终结了自己的生命。

秦昭襄王亲自督促秦军进攻，到公元前257年，整整围困邯郸3年。赵国军民宁死不降，赵王之弟平原君带头散发家财补充军费，并把妻妾老少都编入守城军中。他本人不畏险阻，亲往楚国求援。楚国被平原君的精神和他的门客毛遂的话语打动，任命春申君黄歇率军北上救赵。平原君的夫人是魏信陵君之姐，魏王看信陵君的面子，派出大将晋鄙率军10万救赵。晋鄙行进到邯郸以南的邺（今河北临漳县）时突然停了下来，原来魏王受到了秦国的威胁，不敢真去救赵。魏信陵君心忧赵国，设法打通魏王爱妾的关系，窃到了魏王调动兵马的虎符，命令晋鄙立刻交出军权，由信陵君指挥这10万人马。晋鄙不干，信陵君手下的力士朱亥用铁锥杀了晋鄙，然后挑出8万精兵，向秦军展开进攻。

秦军经不住城内赵军与城外魏、楚联军的夹击，迅速溃退。秦将郑安平率两万人降赵，总指挥王龁狼狈逃回汾城。魏、楚联军乘胜追击，收回了河东的部分失地。邯郸之围被解，赵国被暂时从死亡线上拉了回来。

赵国解围了，诸侯们都松了口气，合纵也就自行终结。不仅如此，各国又打起了自己的小算盘，甚至相互攻伐。楚国早就盯着鲁国，当秦赵在长平激战时，它攻取了鲁的徐州。这次邯郸解围后，楚军一不做二不休，一举将鲁攻灭，周公的封国成为记忆。魏国挟邯郸胜利之威，攻取了秦国在东方的陶郡及卫国的大片土地。然而，这些失败并没有使秦国遭受致命的打击，秦军不久就攻下韩国多座城池，攻下赵国20余县。公元前256年，秦国还以早已失天下共主地位的周天子周赧王参与了合纵反秦活动为由，直接攻灭已沦为普通诸侯国的东周，周赧王"尽献城邑三十六座，人口三万"。当年周赧王便去世了，象征国家权力的鼎被运往秦国，传承了近800年的周王朝自此退出历史舞台。

诸侯国之间的混战更激烈了，燕国趁赵国被秦打得一塌糊涂之际发兵数十万分两路攻赵。赵国派廉颇大破燕军于鄗（今河北高邑东南），又乘胜追击五百余里，包围了燕都，燕割五城请和。楚在灭了鲁后又北上进攻齐之南阳。魏在攻得定陶和卫的大片土地后乘势东进，攻下齐的平陆（今山东汶上北）。六国间如此混战，给秦向东进击提供了机会。公元前249年，秦军灭掉建都于巩的东周，并其土地、财产。同年，秦大将蒙骜率军攻取韩的成皋、荥阳，将其与西周、东周合并为三川郡。次年，攻占了赵的榆次等37座城邑。又攻下魏的高都和汲。公元前247年，秦攻取了上党郡的全部土地，就此设立了太原郡。

秦的地盘蔚为壮观，其他诸侯国的压力越来越大。据统计，秦国已经把魏国吞食了二分之一，把韩国吞食了三分之二，把赵国吞食了三分之一，把楚国也吞食了三分之一。眼看着自己的版图愈来愈小，诸侯们又团结起来，因窃符救赵而名声大振的信陵君受魏王之邀，扛起了合纵抗秦的大旗，很快就组织多国联军（除齐国外）反击秦国的"吞食"行动。信陵君真是奇才，于公元前247年大败秦军，追逐蒙骜至函谷关才罢手。

信陵君打出了威风，秦军缩在函谷关不敢出战。必须除掉信陵君，秦王派人携重金用离间计疏远了魏王与信陵君的关系，信陵君的兵权被魏王解除，不久他便在忧愤之中死去。信陵君一死，合纵行动也就不了了之，关东诸侯又开始互相征讨。

公元前245年，赵国请出老将廉颇攻下魏国的繁阳（今河南内黄西北）。两年后，赵将李牧又领军攻燕。李牧的攻击刚一停下，燕军也遣军攻赵。两国自此攻伐不断。这是秦国最希望看到的局面。

公元前238年，22岁的秦王政亲自执政，秦国一统天下的伟大抱负即将在他手上实现。关东各国的"好戏"就要收场了，240多年遍地烽火的时代即将终结。

九、巧运作，中国大一统

中国帝王人物很少有身世像秦王政这样扑朔迷离的。他是秦庄襄王的儿子。秦庄襄王在赵国做人质时，结交了商人吕不韦，吕不韦投其所好，把怀孕的舞姬献给秦庄襄王，生下秦王政。公元前251年，秦昭襄王去世，太子楚，即秦庄襄王继位。秦庄襄王短命，执政仅4年就亡故，年仅13岁的太子政走上王位，一切军政大权都由太后和相国吕不韦掌管。

22岁那年，秦王政终于实际掌控了秦国的军政大权，发誓要加快兼并步伐，尽早统一中国。但此时秦国内部的一些事情尚未理顺，例如太后与相国吕不韦的关系问题。

吕不韦与太后是老相好，如果吕不韦知道适可而止的话，秦王政或许不会出重手惩治。但吕不韦不知收敛，秦王已长大执政，他仍与太后保持淫乱关系，并为太后寻觅男宠，以讨太后欢心。太后竟毫不顾忌伦理道德，干脆与男宠嫪毒悄悄结成夫妻，还养育了两个私生子。这是特大丑闻，秦王政早有察觉，碍于尚未亲政，只得隐忍在心。公元前238年，22岁的秦王政在旧都雍佩剑举行亲政冠礼，嫪毒趁机在雍发动武装叛乱。秦王政用铁腕手段镇压，诛灭嫪毒三族，杀死太后与之生的两个儿子，还将太后迁到雍幽囚。本想诛杀吕不韦，但念其侍奉先王有功，给予罢相、迁居的处分。吕不韦害怕日后被诛杀，就用一杯毒酒了结此生。

国内政局稳定后，秦王政采纳大军事家尉缭、丞相李斯等人的建议，制定了加快兼并六国的战略。首先对魏国发起大规模攻击，攻下大片土地，威胁魏都大梁。随后又向齐国发起攻击，占领了濮水以北的大片齐国领土，使齐的领土与秦相接，从而将关东各国从中间隔断。正是这一隔断将关东各国形成分割包围之态，再也合不起来合纵抗秦了。

形成有利于统一的态势之后，尉缭献计，不吝惜财物，大量派出间谍携重金贿赂各国重臣，让他们做秦的内应。对于不愿接受金钱拉拢的大臣，或暗杀，或离间他们与君王的关系，借他国君王之手予以清除。赵国名将李牧就是被这样害死的。尉缭的这一"阴招"，为秦加快统一中国发挥了大作用。后来的事实证明，经过众多的策反和定点清除，关东诸国损失了一大批良臣猛将，等到秦国发起攻击时，这些国家已无人能担当阻击之重任，秦国就如秋风扫落叶般逐个扫灭关东诸国。

当所有灭亡六国的前期准备工作都做得差不多的时候，先从哪国开刀呢？有人说先打韩国，有人说先打赵国，秦王政最后拍板：先弱后强，由近及远，各个击破。

韩国是六国中最小的诸侯国，却又处"天下之枢"，成了首要的目标。公元前231年，慑于秦军威力，韩的南阳郡守腾举白旗降秦。第二年，秦王就任命腾为攻韩总指挥。腾熟悉韩国的情况，很快攻破韩都郑，俘虏了韩王安。韩国灭亡，韩地被改为颍川郡（今河南禹县）。

灭掉韩国后的第二年，即公元前229年，秦军从两个方向大举攻赵。赵有名将李牧挡道，秦军屡战不胜。相峙一年无进展，秦王此时用尉缭之计，收买了赵王的宠臣郭开，诬陷李牧试图谋反，赵王立即撤换李牧，很快又杀了他。李牧一死，赵军迅即溃败，秦军很快攻占赵都邯郸，占领了赵国全境，俘虏了赵王迁。赵国灭亡。

轮到燕国，燕太子丹在极度的恐惧中想了个主意，招募了荆轲、秦舞阳做刺客去刺杀秦王，想以此一击阻遏秦对燕的攻势。荆轲爱读书，但剑术一般，待到"图穷而匕首见"时，非但没伤着秦王，自己倒被秦王刺中。荆轲一死，秦军排山倒海般杀向燕国。燕都蓟（今北京西南）陷落，燕王喜和太子丹逃到辽东。为了向秦求和，燕王喜杀了太子丹。公元前222年，秦军拿下辽东，活捉燕王喜，燕国彻底灭亡。秦军凯旋回师，途中又顺道灭了由赵国公子嘉在代地建立的代国。

吞并了燕国，秦国便控制了黄河南北的大部分地区。处于黄河中下游的魏国没救了，秦军南下围住魏都大梁。大梁城墙坚固，魏军又拼死防守。秦军将领王贲一怒之下引黄河、鸿沟之水灌城。3个月后，魏王假投降，魏国也被彻底从战国地图上抹去。

接下来是楚国。按照楚史学者张正明的说法，楚国在当时不仅是东方第一大国，也是世界第一大国。它的版图东临大海，西抵巴蜀，南达两广，北至陕南，甚至占有云、贵的大部分地区，总人口超过 500 万人，兵力最盛时达百万之众。然而，楚国自从被吴国攻占郢都之后，国势大为衰退。但瘦死的骆驼比马大，其战争潜力依旧不可小觑。公元前 225 年，灭楚的战役开打，秦军分两路进攻，李信、蒙恬各率一路。在平舆（今河南平舆北）和寝（今安徽临泉）取得小胜后，两军拟在城父（今河南襄城西）会师。殊不知由项燕率领的楚军一直跟踪在后，跟了三天三夜，突然发起攻击，大败李信军，杀死了 7 个秦军都尉。李信狼狈逃回秦国。

公元前 224 年，秦王政请出老将王翦，"空国中之甲士"再次攻楚，总兵力超过 60 万。60 万精锐之师，其凶猛程度可以从 2000 年后出土的秦兵马俑的列阵窥得一二。大仗打响前，秦军一般这样列阵：前面站 3 排弓弩手，不少于 1 万人。弓弩手的左右站着数千名手持 7 米长矛的士兵保护他们。第一排的弓弩手发完箭即蹲下；第二排又发，发完又蹲下；第三排再发，又蹲下。这样轮着万箭齐发多次，然后长枪手、短枪手（矛也有 4.5 米长）、"装甲车队"如潮水般涌向敌阵。想想，一般人要把 7 米长、重约 60 多斤的长矛端平都不容易，更何况要端着它小跑着冲向敌阵。这需要怎样的体力和毅力才能坚持到战斗结束啊。

吸取李信的教训，身经百战的王翦打得很谨慎，几乎是步步为营。楚军几次寻机决战，王翦都不出战，他在采取骄楚、疲楚的战术。楚军寻不到决战时机，部队开始疲倦，只得向东转移。就在楚军后撤之时，王翦倾全力出击，大败楚军，一直追击到今安徽宿县，就在这里杀死了楚国名将项燕，占领了大片的楚国领土。至次年，秦军再次扫荡楚地，活捉楚王负刍，楚国灭亡，秦王在此设置楚郡。

秦国施行"远交近攻"的政策，东方的齐国一直被秦国"结交"着，齐国天真地以为只要自己不动，不参与抗秦，齐、秦两国就真的永远是兄弟。却不知道齐国其实是温水中的青蛙，早就被秦国煮着了。眼看那 5 个国家一个个倒下，齐国内部分歧巨大，有的提出要主动出击，有的主张俯首称臣。不论怎样，秦王已下决心把水烧开，煮死齐国这只青蛙。公元前 221 年，秦将王贲避开齐的西部防线，从燕国南部出击，出其不意地直抵齐都临淄，齐几乎不战而降，齐王建成了俘虏。秦王政没有杀他，而是把他迁往共地，齐王建最终因饥饿而死。齐国完全覆没，秦王设置了齐郡和琅琊郡。

从韩国被灭的公元前 230 年起，秦王政在不到 10 年的时间里，举全国之力，马不停蹄，士不解甲，风卷残云般扫荡大江南北，六国诸侯无一幸免。六国灭，天下定，中国历史上最具完整统一意义的封建帝国在战争的废墟上诞生了。

十、乱世中之盛世

纵观春秋战国，社会嬗变，朝秦暮楚，一个"乱"字贯穿始终。然而，春风化雨，白云苍狗，500 多年间，每时每刻又气象万千。大乱大治，这是中国历史上对后世极具影响力的时代——春秋、战国和后来的秦与汉。

这是乱世中之盛世，各种新兴事物层层迭选，此现彼消。这是最富朝气的时代，各种力量粉墨登场，你追我赶，"像一头不停撞树的牛犊，从不后看，而只勇敢向前"（柏杨语）。

乱世中之盛世，盛在生产力有了极大的提高，特别是随着铁器工具的广泛推广使用，农业生产日新月异，大量的荒野变成良田，粮食产量大幅增长，人口数量大幅增加。秦、楚两国最多时可以一次出动百万带甲士兵，两国的人口各自在 500 万之上。人口的快速增加使城市的数量更多、规模更大。春秋前期，一般的城市周边不过 300 丈，人口一般是 3000 家。到战国中期，千丈之城、万家之邑相望，大城市可谓多也。"七雄"的首都长住人家均过万户，齐国的临淄有住户 7 万，每户有 3 个当兵的男丁，总人口在三四十万之上，街市热闹到"车毂击，人肩摩，连衽成帷，举袂成幕，挥汗成雨"。楚的都城郢也是繁华，宋玉《对楚王问》中记载："客有歌于郢中者，其始曰'下里巴人'，国中属而和者数千人。"一个城中和歌者即有数千，全城总人口至少也有三四十万之众。

城市的兴盛带动了商业的繁荣，大量的农产品、手工业制品云集在大大小小的交易所，大批的巨商富贾涌现出来，如助勾践灭吴的范蠡、被秦始皇称为"仲父"的吕不韦、曾经担任过魏惠王宰相的白圭、孔子的学生子贡等，都是当时富甲一方或者垄断一方的富商大贾。

城市和商业的发达促成了全国大交通网的形成。文献显示，在当时各大城市间均有大道相通，"从郑至梁，不过百里；从陈至梁，二百余里，马驰人趋，不待倦而至"。司马迁曾经特意考察秦国的交通，当他见到崇山峻岭中笔直的大道时，震惊了：700多公里长的秦大道，全部是开山填谷建成，路面平坦，可以同时行进多辆战车，从咸阳直通大漠深处的九原，骑兵部队接到命令后3天就可赶到九原，秦国统帅部只要7天就能通过大道运足兵员、粮草，完成全部战争准备。

乱世中之盛世，盛在科学技术与科学思想有了长足的进步。齐国的甘德和魏国的石申分别写作了《天文星占》和《天文》，合称《甘石星经》，先后记录了120颗恒星的赤道坐标和距离北极的距离，这是世界上最早记载的恒星表。由于对天文观测的日渐精确，历法也更为科学，各诸侯国推行365.25日为一年的历法，并采用19个太阴年插入7个闰月的办法调整阴阳差额，这个回归年数值与现在测得的实际数值相差无几，比罗马人于公元前46年采用同样日数作为一年的"儒略历"早了约500年。

与天文学的进步一样，地理学知识在春秋战国时期也更加丰富和具多样性。因为称霸和兼并战争的需要，各诸侯国都投入大量人力、物力勘测地理，许多专著先后问世，如《管子》中的《地员》《地数》等篇和《山海经》《尚书·禹贡》等。随着对中国各地域地形的详细了解，地图绘制技术趋于成熟并开始广泛应用。到战国晚期，已经有了中国的总图。当年苏秦游说赵王时说："臣窃以天下地图案之。"荆轲刺秦王也是带着燕督亢之地图去的。

数学知识伴随着设计作战武器、构筑工事等更加普及和精确。有关几何学的角度、弧的划分，直角三角形三边的关系（勾股定理），及容积和比例的运算均达到相当精确的程度。这方面的著作也比较多，如《墨经》《考工记》等。当时社会上已经普遍使用分数进行运算，如用分数计算军队守城时吃多少粮是这样表达的：每天吃一斗，一年三十六石；每天吃三分之二斗，一年二十四石；每天吃四分之二斗，一年十八石。算得非常准确。

特别值得后人自豪的是中医理论与医疗技术达到新的境界，数十种医学经典相继问世，如《黄帝内经》《外经》《扁鹊内经》等。这一大批在总结前人经验的基础上出炉的医学宝典是中华文化的"核心机密"之一。尤其是《黄帝内经》，它是一部以生命科学为主体的"百科全书"。中华民族能安然走过几千年，《黄帝内经》作出了巨大的贡献。可以这样说，它是中华民族得以繁衍生息的护身符。它在当时自然科学并不十分发达的条件下，向我们讲解、传授了从人体解剖到各种疾病的诊断与预防的科学知识。它的精气学说，使我们知道了精气是生命活动的原动力。它的阴阳学说，使我们知道了"阴阳者，天地之道也，万物之纲纪，变化之父母，生杀之本始"。它的防重于治的学说，使我们知道了"是故圣不治已病，治未病；不治已乱，治未乱"。总之，诞生于春秋战国时代的多种医学理论与实践，是中华民族对人类的伟大贡献。公元753年，鉴真和尚东渡时曾带去一套《黄帝内经》，日本政府3次将它确定为国宝级文献。

这一时期异常繁荣的文学、艺术与史学，不仅催生了空前绝后的百家争鸣，还催生了一大批为中国的统一大业作出了杰出贡献的先贤、伟人。是他们为中国悠久的传统文化注入了灵魂，为中华民族的繁荣昌盛铸造了一颗强劲的"中国心"。

第七章 铸心

春秋战国是中国大统一历程上最为精彩的一段，被誉为"英雄时代"。各路英雄人物各展所能，为这个伟大的时代增光添彩，其中一批更是光照千古，让人"高山仰止，景行行止"。他们是中国古代最杰出的政治家、思想家、教育家、科学家、军事家、战略家，他们用自己独特的、超前的，甚至"怪异"的理论、思想方法和实践，影响、推动着中国的统一大业。孔子、老子、曾子、墨子、孟子、荀子、孙子、屈原等，便是其中最具代表性的人物。

这真是不可思议，在500多年的动荡岁月里，先后涌现出那么多无与伦比的学术流派：儒家、道家、墨家、法家、纵横家、阴阳家、兵家、杂家、农家、医家、商家，以及众多尚未形成一定规模与影响的学派。这些或著书立说，或办学收徒，或四处游说宣传自己的思想和在政治、经济、军事等方面主张的巨匠们，思想奔放，视野开阔，敢言敢为，在哲学、科学、历史、艺术、文学、军事等领域都取得了震古烁今的成果，把自三皇五帝时代便开始积累、流传下来的中国文化推向前所未有的高峰，形成一个在任何方面都能与古希腊媲美的"百家争鸣"的时代。这个时代所奠立的许多学术思想原则，例如，围绕如何以人为本，以及如何一统天下这些重大主题展开的学术争鸣，对当今社会仍然具有十分重要的指导意义。

实际上，诸子百家的先驱们大多是极度忧国忧民的人物，他们形形色色的学术思想许多都是围绕救世救难而展开。他们的思想体系同中有异，异中有同。无论是儒家强调的"仁义"，还是道家提倡的"无为"、墨家呼吁的"兼爱"、法家施行的"法术"、名家宣传的"同异"、兵家讲究的"诡道"等，都是中华民族宝贵的历史遗产，都对中华民族的心灵和情感起到一定的陶冶作用。可以说，思想大解放看上去没有止境的春秋战国，是中华民族"铸心"的时代。仁义礼智信、温良恭俭让、威武不能屈、富贵不能淫、修身齐家治国平天下等一系列诸子百家的经典学说，都为铸造这颗永远的、强劲的、独一无二的"中国心"作出重大的贡献。

一、克己复礼，天下归仁

在春秋战国灿若星河的政治家、思想家的行列中，孔子是最耀眼的，他的以匡世济民为核心的学术思想，经历代补充、完善，成为中国传统文化的主流、正统。为中国铸心，孔子无疑出力最多。

孔子是今山东曲阜人，生活在春秋末期，3岁时父亲去世，家境陡然变得贫贱。在他的那个时代，大一统的周王朝已经解体，曾经那么受人尊崇的礼乐文明普遍被贵族和百姓忘却，个人的道德修养更是无从谈起，诸侯们的眼里只有权力和争战，社会到处是丑陋和苦难。

什么时候国家才能重归一统？什么时候社会才能走向安定？什么时候礼乐文明才能重放光彩？孔子朝思暮想，整个身心都沉浸在如何拯救国家的思考之中。提出"轴心时代说"的德国著名学者雅斯贝尔斯这样形容孔子："在帝国解体的困境之中，在战乱和动荡的时代，孔子便是那些想通过他们的建议使国家得到拯救而到处游历的许多哲学家之一。"孔子从中年起即开办私学，广招弟子，向他们宣传自己的政治理想，传授诗、书、礼、易、乐、射等方面的文化知识和专业技能，期望在学生中间诞生一批拯救国家、繁荣古代文化的精英。他一面施教，一面从政，试图从改变鲁国开始改变中国。在鲁国遭受挫折后，他初衷不改，率领学生用十几年的时间周游列国，寻求发挥自己政治才干的舞台。他沿途宣传他的"大一统"主张，呼吁诸侯们回归"礼乐征伐自天子出"

的时代。尽管响应寥寥，他仍满怀希望，相信他的思想终究能影响这个世界。

孔子的思想学说体系博大精深，大致可以用两个字来概括："仁"与"礼"。"仁"与"礼"也是孔子的文化理想，是他期望用来拯救国家和社会的最强有力的武器。什么是"仁"呢？《论语》的 511 段对话中，有 58 段是在讨论"仁"，"仁"字共出现了 104 次。对"仁"的解释有很多种，试看两种：

第一种，"仁者人也"。什么意思呢？就是说一个人应具有把他人当作人来对待的德行。孔子说此话是针对天下大乱之际，身居高位的执政者不把人民当人看，"君子而不仁者有矣夫"的事实。他向为政者们呼吁，"仁者爱人"，你们不是标榜自己是"仁者"，是在行"仁政"吗？那么，首先请你们停止战争，停止争霸，分些精力去爱你的人民吧。

在向为政者呼吁行"仁政"、爱人民的同时，他破例褒扬了齐国的管仲，说管仲已"如其仁"（管仲已接近"仁者"了）。管仲这个人据说德行并不怎么样，孔子怎么会以"如其仁"来评价他呢？原来，齐桓公称霸是管仲辅佐而成，齐桓公的霸业不以杀伐为主，能不打仗则不打，能不杀人则不杀，这是"仁者"的霸业，所以孔子加以肯定。这种肯定是站在爱人民这个角度作出的。

第二种，"克己复礼为仁"。孔子要谁克己呢？显然，他仍在呼吁为政者减少自己称王称霸的私欲，尽快回归礼乐文明的轨道。如果为政者能做到这一点，那么，天下人心就统一在你的仁政之下了。"一日克己复礼，天下归仁焉。"

要执政者克服私欲，何其难？怎样才算克服了私欲，有什么标准呢？孔子在回答学生子张的提问时讲到了这一点。孔子说：推崇五种美德，摒除四种恶行就可以了。哪五种美德？即：对人施加恩惠而不耗费财用，使人劳动而不产生怨言，满足欲求而不贪婪，安舒而不骄傲，威严而不凶猛。哪四种恶行呢？事前不加教育，犯了罪就杀头，这叫肆虐；事前不加警戒，事后横加指责，这叫粗暴；事前命令迟缓，发布命令就限期完成，这叫害人；同样是给人赏赐，给的时候又吝啬起来，这叫守财奴。

从上述两种"仁"的内涵可以看出，孔子把为政者要"从仁政"提到很高的位置来讲。因为天下大乱，百姓日子艰难，首先是执政者"不仁"造成的，只有"复礼"才可能挽救。但是，礼是什么呢？礼就是国家正常的政治和社会秩序，所谓"君君、臣臣、父父、子子"。礼早在周代就是立国之本，是上下都要遵守的行为准则。而现在全乱套了，君不像君，臣不像臣，各自都忘了自己的身份和职责。孔子为什么如此强调复礼？雅斯贝尔斯说："孔子的根本思想是想借对古代的复兴，实现对人类的救济。"即以礼救民，以礼救东周，重现西周的辉煌。

怎么复礼？按孔子的要求，首先要正名，所谓"名分不正的话，言语就不顺当；言语不顺当，事情就不成功；事情不成功，礼乐就不振兴；礼乐不振兴，刑罚就不准确；刑罚不准确，百姓就会感到手足无措"。正名的落脚点是大家各守本分不乱来，例如，礼乐征伐过去只有周天子才有权实施，可现在诸侯，甚至诸侯的家臣都发号施令。不仅发号施令，有的臣子杀了君王，有的儿子杀了父亲，社会的伦理道德如此败坏，国家怎么能够回归统一？社会秩序怎么能够回归正常？

其次，不光上层统治者要"克己复礼"，全社会都要"克己复礼"。做父亲的要像父亲，做儿子的要像儿子。这样，家庭也好，社会也好，都会朝安定、和谐的方向走。当然，孔子很清楚世风日下，要完全恢复礼乐文明是不可能的了，但可以改良礼乐文明，在礼乐的躯壳里注入新的因素，这个新的因素就是"仁"。为此，孔子把"仁"和"礼"结合起来强调，对"仁"又做了一些特别的补充或者要求，这些要求是全社会都应共同遵守的，不是只针对为政者。例如，孔子说："夫仁者，己欲立而立人，己欲达而达人""己所不欲，勿施于人。"这是孔子对"仁"的大发展，使仁道更加有内涵了。可以说，"仁"道才是孔子"一以贯之"的道，为了这个一以贯之的道，不惜"杀身成仁"。"仁"已经根植于孔子的生命之中。

孔子是这样布道、要求他人的，自己更是这样努力实践的。"仁者爱人"，他在路上见到农民赋税太重的情况，就大声抨击政府"苛政猛于虎"。他在与一些诸侯相处时，多次呼吁政府首要的任务是使人民富裕起来，在人民富裕之后要普及教育，提高人民的文化水准。他的学生冉求在担任齐国大臣时，没能阻止一项税收政策的实施，他知道后严厉地训斥他，批评他不仅加重了人民的负担，还失信于民。为了取信于民，他为政府设定了三个正确的目标：充裕的粮食、足够的国防兵力、民众对政府的信任。实现了这三个目标，国家就是治理好了。他的学生子贡钻"牛角尖"，说这三个标准中如果去掉一个，那会是哪一个呢？孔子说如果政府必须作出选择，首先应"去兵"，减少军费。如果再去掉一个呢？那就是"去食"，宁肯没吃的，也不能让政府没信誉。如果没有民众的信任，也就不可能有政府的存在。孔子把政府的信誉看得很重，他还给政府出主意，要政府从内心敬畏人民，不要用太烦琐的政策扰民。

一颗圣贤之心始终放在社会和人民的身上，这就是曾经被误解过甚至被批判过的孔子。不论别人如何看他，他始终不放弃自己的理想和努力。在得不到社会普遍认可的情况下，他完全可以选择退隐，而且确曾有不少人劝过孔子"不如隐去"。然而孔子却回答说："人是不可以与世间的鸟兽同住的，如果不可以同人在一起，那我应当同谁在一起呢？如果天下有道，我也就不参与改变它了。"

与隐者们不一样的孔子，太关心现实，太热爱人生，哪怕身处绝境。在一次前往陈国的路上，被当地的匡人误认为是鲁国的阳虎，被扣押5天不准离开。断粮、断水，弟子们感到恐惧，孔子说："不要怕，周文王死后，周朝的文化不就在我这里吗？上天如打算毁灭周朝文化，我这个后来人就不该掌握周朝的文化。上天是不想毁灭周朝的文化啊，匡人能把我怎么样？"

多么自信啊，周朝的文化就在他那里，他是周文化的传承者。孔子是如何接力、传承周文化的呢？

最根本的途径是通过编修经典，把经典文献转变成有意识地匡世济民的思想，使之从而成为一种能为全社会接受的新的"普世"价值观。这种价值观主要体现在诗、书、礼、易、乐、春秋这"六经"之中。

《诗》就是现在的《诗经》，305篇。在未经孔子编修前，社会上总共流传着约3000余篇。为什么孔子只编修为305篇，他的取舍标准是什么？从文献上我们看到，他删去大量类同的诗篇后，只取其可施于礼义者，即只选进来对颂扬礼义文化有益的诗，别的不选。孔子自己有一个说明："诗三百，一言以蔽之，曰'思无邪'。"什么叫"思无邪"？实际是孔子在提醒读者，诗中有许多句子是可以使人"入邪"的，例如对女子美色的描述，当你读到此类句子时，你应该联想的是个人在"礼"方面的修养，而不是对"色"的追求，就像孔子讥讽的"吾未见好德如好色者也"那样。出于上述这样一个目的，孔子把描写男女爱情的诗篇《关雎》放在《诗经》之首。"关关雎鸠，在河之洲。窈窕淑女，君子好逑。"孔子希望读诗者不仅要看到淑女之美色，更要看到后面的"琴瑟友之""钟鼓乐之"所表达的礼乐文化。孔子用心良苦，在他的推动下，春秋以来，赋诗言志蔚为成风，观诗、诵诗、写诗成为日后君子与百姓的乐事。"不学诗，无以言。"（不学诗就说不好话！）

《书》即《尚书》，古时《书》有3000多篇，孔子选编出102篇，作为教科书。为什么只选102篇呢？原来孔子是以一个"德"字为标准的。《尚书》从《尧典》开始，尧舜的"禅让"精神正是孔子崇仰的贤德。尧舜时期，昌明的文化给孔子以启迪，他从中提升出了对后人颇具警示意义的"刑德"观。孔子说：用政令来引导百姓，用刑罚来约束百姓，百姓只是免于犯罪，还没有羞耻之心；如用道德来引导，用礼制来约束，百姓就会有羞耻之心，而且能心悦诚服。

孔子的刑德观源自周公，周公的观念源自尧舜。孔子是周公最忠实的"粉丝"，经常在夜里梦见他。如果有一段时间没有梦见他，孔子就会感到沮丧。为什么孔子对周公如此崇仰呢？除了因为周公创制了一整套文明的国家制度外，周公个人的品德也深深地打动着孔子。周公大公无私的胸怀、对"天命不常"的戒惕、对有损国家统一的不良现象的洞察，以及无时不在的忧患意识和敢于担当的气概，都使孔子敬佩不已。因而，他把一部《尚书》修成了一部记录周公之德的书。后人说"六经皆史"，但除了史，"六经"给予社会更多的是价值取向。

《春秋》本是一部记录鲁国历史事件的书，孔子却把它修成了一部宣扬大一统观念、使"乱臣贼子惧"的正名之作。他在书中反分裂、反聚敛、反暴力，字斟句酌地褒贬现实，对乱象和暴政给予了有力的鞭挞。他强调"正名"，不是在简单地维护周王室的权威，而是试图引导人们尽快平息动乱，创造出一种能长治久安的社会气象。特别可贵的是，孔子还对区分"中国"与"夷狄"的标准作出了全新的指引。他告诉人们不要以地域或种族来区分谁是"正统中国"，谁是"少数夷狄"，而应以谁实行、坚持了礼乐文明谁就是正统中国这一标准来划分中国与夷狄。这是一个伟大的观念，它对促进中华民族的大融合产生了巨大的影响。

限于篇幅，不一一介绍孔子编修"六经"的事迹了。总之，在这之后，孔子不论是修礼乐，还是编撰《易传》等经典，他都把这些活动上升为表达自己政治理想的平台。他明知现实与自己的理想差距甚大，但仍然"发愤忘食，乐以忘忧，不知老之将至"。他也曾茫然过，甚至萌生过"乘桴浮于海"的念头，但他很快就把情绪和心态调整过来，全身心地投入到拯救国家和人民的事业之中。

编修完《春秋》的第二年，孔子病重。弟子们来看他，孔子伤心地说："我有段时间没梦见周公了，我恐怕不行了。"说完又浅声咏唱，"泰山在崩溃啊！栋梁在折断啊！哲人在死去啊！"唱完，满脸泪下。7天之后，孔子去世，是年73岁。

孔子被安葬在鲁国都城北面的泗水之滨。300多年后，西汉史官司马迁拜谒孔子墓，事后他这样描写当时的心情：就这样，在那里我怀着敬仰的心情久久不愿离开。世间有无数的君主和贤人，他们在活着的时候非常有名，一旦死去就被遗忘。孔子是一个出身平民的普通人，他的学说却能流传十几代。从天子到王侯，都以这位大师来决断，以他为榜样。我们可以说，他是至高无上的圣人了。

司马迁的评价是中肯的，尽管孔子生前拒绝任何对他的神化，但他的确已经在人们的心中树立了一座丰碑，他的一言一行以及由他亲手创立的儒家学派深深地影响了中国2500多年，这种影响还将持续，并且已经在当代波及世界。联合国教科文组织的代表泰勒博士曾在1989年9月纪念孔子诞辰2540周年大会上致辞："如果人们思索一下孔子的思想对于当今世界的意义，人们很快便会发现：人类社会的基本需要，在过去的2540年里，其变化之小是令人惊奇的。不管我们取得进步也好，还是缺乏进步也好，当今成功、昌盛的社会，在很大程度上仍建立于孔子所阐述的许多价值观念。"

泰勒博士的评价令人深思，他使人想到，孔子的学说可以放之四海而皆准。1993年在美国芝加哥召开的世界宗教会议上，孔子的名言"己所不欲，勿施于人"被写入《全球伦理宣言》。目前，遍布全球的数百所"孔子学院"搭起了一座又一座中外文化交流的桥梁，世界正在往孔子指引的"和而不同"的方向前行。

二、看似无为却有为

春秋时期比孔子还要早一些产生社会影响的思想界的大宗师是老子。老子的学术思想主要围绕"道"和"无为"展开。老子是今安徽涡阳人，姓李，名耳，字聃，是周朝管理图书档案的史官。身为史官的老子有着极高的文化涵养，对周朝几百年的兴衰了然在胸。尤其是目睹春秋乱局后，他对周朝不再抱有希望，所以当孔子专程前往洛邑，十分谦卑地向老子问道时，老子毫不客气地给孔子泼冷水。老子说：不能将"道"理解为就是诗书礼乐。你大力宣扬的仁，不过是先王的"旅舍"。你所编修的"六经"只不过是先王之"迹"，而不是先王之"所以迹"。只有"所以迹"才是道，但是道"不可献""不可进""不可告""不可与"。

孔子听得云里雾里，于是转头问礼。老子是史官，对礼乐制度再熟悉不过。因为熟悉反而鄙视，他认为礼只是适应一个时代的制度，体现不出更本质的东西，没有什么值得大书特书的。于是当孔子向他问礼时，他用比较尖刻的语气规劝孔子：你所说的，他本人和骸骨都已腐朽了，只有他的言论还在，有什么值得研究的？眼下如果遇上好时运，就坐上车子去做官；时运不好，就像蓬草一样随风飘移，可止则止。

问道不得，得到一堆大人对小孩般的训告，孔子依然很满足。他对弟子说："我今天见到老子了，他大概像一条龙吧！"其实孔子听出了老子对礼乐制度的不满和失望，看得出老子在探寻新的治理国家和社会的途径。这个途径就是"不可献""不可进""不可告""不可与"的"道"吗？

的确如孔子猜测的那样，老子在对现实失望之后，开始用一种全新的思维方式对宇宙和社会进行深层次的思考。他首先提出"道"这个核心概念，并用"道"来解释世界万物的起源，解释周王朝的衰落。

那么，"道"是什么呢？老子这样描述：有个东西浑然一体，在天地形成前就已产生，寂静无声，空虚无形。它独立长存而不改变，可以作为天地万物之母。我不知道它的名字，勉强叫它"道"，再勉强命名为"大"。它广大无边，周流不止，还伸展遥远，而又返回本原。

这就是"道"。第一，在天地出现前它就存在了。第二，它可以作为天下万物的母体。也就是说，"道"滋生出世界，是世界的主宰。第三，它很大，大得远远超出你的想象力。第四，"道"的周围没有任何其他东西，它本身是一个绝对的整体。而且，它遍布我们的上下左右，周流循环，永不停息。老子在说了这些话后，又不停地补充"道"的特征，说"道可道，非常道"，它"视之不见""听之不闻""博之不得"，是"无状之状、无物之象"，是"无欲、无为的"，但又"无为而无不为"。

老子完全抛弃了神灵创造世界、控制万物这一宗教思想，用"道"来演绎世界万物的起源及运行规律。张岱年先生曾高度评价"道"的提出，说"道家最伟大的贡献是提出天地起源的问题"。但是，老子的"道"并不仅仅提出天地起源的问题，他的"道"里还有治国安邦之道、为人处世之道，例如老子浓墨重彩宣示的"无为而治"。

无为而治这个独特的政治主张，完全是老子针对春秋末期的现状而提出来的。他认为天下之所以乱成如此，完全是为政者们倡导的所谓道德仁义造成的。"失道而后德，失德而后仁，失仁而后义，失义而后礼。夫礼者，忠信之薄，而乱之首。"老子把周朝赖以立国的礼作为乱局之源，提出要治理这个乱局，主要从执政者着手。他不厌其烦地告诫大权在握者：圣人用无为的观点对待世事，用不言的方式施行教化，听任万物自然兴起而不为其创始。有所施为，但不加自己的倾向，功成了也不自居。正由于不居功，也就无所谓失去。

在对执政者提要求这一点上，老子与孔子有共同点。孔子的很多思想是为对有权者有所约束而发。与孔子一样，老子也要求执政者凡事要站在人民的角度，"圣人无常心，以百姓心为心"。就是说，执政者如果一切从人民的利益出发，不自以为是，不好大喜功，不成天乱折腾，"以无事取天下"，一切顺其自然，国家何愁治理不好？还用得着这些仁义道德、钟鼓礼乐吗？

正因为如此，老子非常注重用"无为"来提醒统治阶级，并给他们划分出了几个"无为而治"的等级。他说：最好的君主，百姓只知有他存在；其次的君主，百姓会亲近歌颂他；再次一等的君主，百姓害怕他；最次一等的君主，百姓侮辱他。什么是最好的君主呢？老子回答说：发号施令不多，国家却治理得很好，老百姓并不说这是君主的功劳，只说是我们自己顺乎自然而已。这就是老子心目中最好的领袖人物。

但要做到这样的程度，执政者首先要去"欲"。"罪莫重于贪欲"，欲是万恶之源。老子在这里说的欲，不光指物欲，还包括对权力、地位、荣誉等的欲望。老子呼吁执政者要去"欲"，不去欲，人就丧失了道，就丧失了本性。执政者的各项政策要顺应民心，顺应民心就顺应了自然。你越是处处替人民着想，人民就越是像离不开水一样离不开你。老子的这些言论其实还是在重复西周一度大力倡导的"民为邦本"的思想。他的出发点是在告诫执政者，面对民众要有爱心，不然就会有麻烦。"治大国，若烹小鲜"，一定要特别慎重，要像煎小鱼时那样，不能随意翻动，否则就会煎烂、煎煳。

不仅谈体会，谈治国方略，老子还严厉地批评执政者贪欲过重，说政府收税太多，老百姓就贫穷；政府政策多、变化快，老百姓就不安分，国家就治理不好；统治者贪图享乐、长久，老百姓就看轻生死、铤而走险。此外，老子不停地呼吁，法律条款多而严厉，国家机器不断强化，都不是社会的福音，应该淡化统治者的权力欲望，做到"我无为而民自化，我好静而民自正，我无事而民自富，我无欲而民自朴"。什么叫自朴？就是让民众过上一种"小国寡民"的生活。

"小国寡民"是老子勾勒的一幅生活愿景，他描绘得很具体："小国寡民，使有什佰之器而不用，使民重死而不远徙。虽有舟舆，无所乘之。虽有甲兵，无所陈之。使民复结绳而用之。甘其食，美其服，安其居，乐其俗。邻国相望，鸡犬之声相闻，民至老死不相往来。"这当然是"乌托邦"式的愿景，但它包含了一定的"民治"思想，对统治者有一定的启示作用。以后的西汉、盛唐时代都从老子的这幅"乌托邦"图画中获取智慧，使天下大治。我们现在可以更清楚地看出，老子的核心思想不仅是探讨世界本原的自然哲学之道，也是治国安邦之道，即人们常说的"君人南面"之道。表面上看，领袖人物"垂衣裳而治"，什么都不大管，实际上却是无所不管。怎么能达到这种无为而又无不为的境界呢？那就是领袖阶层先把自己处于"无""虚""道"的状态，为社会和民众腾出"有"的空间，然后你再收获"有""实""器"。听上去是有些玄乎，但却是蕴藏了大智慧的治国方略，因为"无为而治"的精义在于限制政府和当权者的权力欲望。可惜老子不想做官，如果给一个国家让他治理，他可能会率先做到这一点。

然而，有哪个政府和当权者会首先限制自己的权力呢？政府也不会允许领袖人物真的什么都不管。这样一来，老子也就被晾在一边了。好在满腹经纶的老子已不再寻找什么、期望什么了。所有的知识他都已通晓，尤其是通过"道"他知道了一切。他与孔子不一样啊，孔子始终在寻找，始终在等待，一颗改变现状的心总是滚烫的。老子以史官的眼光冷眼看着这争来争去的世界，谁胜谁败似乎与他无关。他看透了千年时光，什么事情都很难触动他，他已处于空灵之境。在应函谷关令尹喜的邀请，写下无所不包、玄而又玄的《道德经》之后，老子骑着那头不肥不瘦的青牛，飘然往西，出关而去……

他究竟去了哪里？人们不得而知，但他的智慧却像一盏明灯，永远点亮我们的心境。政治家从他那里获取治国理政之道，军事家从他那里获取赢得胜利之道，老百姓从他那里获取安身立命之道。尽管这些各色各样的"道"并不完美，例如，过分夸大柔弱、守雌的作用，把强大处下、柔弱处上绝对化了；又如，道生万物，万物又复归于道，这就使道成了一个封闭体，对立面的相互转化就不再具有发展的性质了，也就难免失去一些辩证法的丰富性等。但这些都丝毫不影响老子学说的伟大，特别是他为我们树立的最高目标——从"无为"收获"有为"，至今仍在激励着我们。

三、修身，齐家，治国，平天下

公元前 479 年，孔子去世。弟子三千、贤人七十都服丧 3 年。3 年居丧完毕，弟子们在孔子墓前痛哭一场，互相告别。子贡还不舍得离去，又在墓旁搭建了草庐继续服丧，前后总共守了 6 年。

孔子的这些学生，都是当时才能出众、在社会上享有一定名声的人物，他们接过了孔子的"教鞭"，天涯海角传播孔子的学说、思想。自此，一个以孔子的学说为核心，著作丰富、人数众多、持续影响了中国 2000 多年的儒家学派形成。他们中的许多人都为民族团结、国家统一作出了贡献，如曾参、子思、公孙尼、孟轲、荀卿等人。

孔子在世时并没有干出多少惊天动地的事，但却以身教和言教为后人留下宝贵的精神财富。弟子们根据各自的喜好，突出宣传或传授孔子学说的某个部分。这样，儒家学派就一分为八。然而，不管形成多少支流，儒家的基本立场或者说基本的思想特征仍没有跑出孔子所"圈"的那块地。

在一分为八的儒家学派中，曾子和子思以及之后的孟子是重量级的人物。继孔子著述《论语》之后，他们三人分别撰著了《大学》《中庸》《孟子》。这三部大作加上《论语》，是儒家学说的核心经典，也是中国传统文化中极为重要的著作。

曾子，名参，今山东费县人，比孔子小 46 岁。从史料看，曾子是孔门弟子中最能传授孔子旨意的一位。据说孔门其他弟子都称名字，只有曾参和长得像孔子的有若称"子"。曾参平时的主要活动是从事教学，儒家八派中有两派的代表人物子思、乐正氏都是他的弟子。除了教学，曾子的著作也很多，传世的经典有《大学》和《孝经》。

《大学》原是小戴《礼记》中的一篇，作于春秋末年、战国初期，后经朱熹编排，分为"经""传"两部分。"经"这一部分为孔子之言，由曾子述之。"传"这一部分出于曾子之意而由其弟记之。这样，《大学》就成了孔子、曾子两人的合著。

《大学》讲些什么而被列为"四书"之一呢？从内容上看，《大学》立足于孔子的"仁"与"礼"，着重阐述了新生的士阶层如何修身齐家治国平天下。为此提出了三条基本原则（所谓"三纲"），八个方法步骤（所谓"八目"）。三原则是"明明德""亲民""止于至善"。译为白话就是：大学的原理，在于使人们本身具有但又被某种原因掩盖了的美德得以显明，在于使天下的人革旧更新，在于使人们的道德达到最好的境界。具体怎么做呢？那就是要做到"八目"，即"格物""致知""诚意""正心""修身""齐家""治国""平天下"。原文是这样讲的："古之欲明明德于天下者，先治其国；欲治其国者，先齐其家；欲齐其家者，先修其身；欲修其身者，先正其心；欲正其心者，先诚其意；欲诚其意者，先致其知；致知在格物。"八个方法步骤一环扣一环。在这"八目"中，修身是重点，修身的目的是齐家治国平天下。

《大学》至大至伟，天下士子以及普通百姓，按照它的"路线图"修身养性的，大都为国家和民族作出或大或小的贡献。即使谈不上作出什么贡献的人们，也都能"家和万事兴"或者赢得他人的尊敬。所以，史上有些学者就称《大学》为"大人之学"，即"成功之学"。朱熹对《大学》的评价很高，认为读好了《大学》，其他有益的东西就都能吸收了。孙中山的评价更高，说《大学》是"中国政治哲学，谓其为最有系统之学，无论国外任何政治哲学家都未见到，都未说出（的学说），是中国独有之宝"。

曾子的另一部重要著作是《孝经》，这部"传之百世而不衰"的著作，最初也是曾子奉孔子之命而作的，其中不少对话就是孔子与曾子的对话。《孝经》一经流传，立即在社会上引起前所未有的反响。数千年来，上至帝王将相，下至普通百姓，无不将其视为金科玉律。唐玄宗亲自为之注释、作序，并用漂亮的隶书抄写，刻于石碑之上。据统计，对《孝经》作出注疏解释的达500家之多。

《孝经》只有1799个字，是"十三经"中字数最少的。然而，它却是中国传统文化的精华，地位很高，一个"孝"字讲出了中华民族的美德。据史料记载，曾子一生的思想主旨就是宣传孝道。他多次向社会阐明，不能简单地理解孝道就是仅仅孝敬父母，孝道更重要的作用是维护国家和社会的安定。试想，一个家庭不讲孝道，这个家庭能安定吗？一个国家不讲孝道，这个国家能安定吗？所以孔子说："我的志向是通过《春秋》来反映的，我的行为都体现在《孝经》里边。"

《孝经》言简意赅，却分别对天子、诸侯、卿大夫、士、庶民的孝道作出了精彩的论述。如"天子之孝"，就是既敬奉自己的父母，也敬奉天下的父母，天子做到这个样子，天下的亿万民众就都仰赖他了。再看"百姓之孝"，你得先挣到粮食，挣到钱，自己别生病，生活要节俭些，这样你才能供养父母，也就尽到了孝。

《孝道》里尽是大实话，从中我们看不到什么糟粕，看到的是不论你官多大，不论你多富有，在父母的面前都得尽孝。君不见，多少自诩反传统文化的士子清明节回乡扫墓时还不是双膝长跪？谁叫他跪的？孝道！

公元前1330年，元朝给予曾子最高礼遇，封其为"郕国宗圣公"。曾子是受得起"宗圣"之称的，"孝道"的理念把个人的道德修养提高到稳定国家和社会的层面上。明朝的黄道周这样评价《孝经》："《孝经》者，道德之渊源，治化之纲也。六经之本，皆出于《孝经》，而大、小戴《礼》，皆为《孝经》义疏。"《吕氏春秋·孝行览》的评价更高："凡为天下治国家，必务本而后末……务本莫贵于孝。"唐代皮日休盛赞曾子道："曾参之孝道，感天地，动鬼神。"

曾子的可敬之处，还在于他培养了一位被后人尊称为"述圣"的学生子思。子思姓孔，名伋，字子思，是孔子之孙（孔鲤的儿子）。据说子思小时候很受孔子喜爱。有一天，孔子不知何故长叹一声，子思就问孔子："您为何叹气，是忧心子孙日后不成材有辱您，还是您自己羡慕尧舜之道而恨自己不能像他们那样呢？"孔子说："小孩子哪能懂得我的志向啊！"子思又说："我常听您说，做父亲的劈柴，儿子不能担负，这叫不肖。我每想到此就有些害怕，所以不敢懈怠。"孔子听后高兴地说："你小小年纪能说出这样的话，我就没什么忧愁的了，祖业不会废，大概可以昌盛了。"

孔子没来得及亲自教诲这位孙子就去世了，曾子担负起了做子思的老师兼学长的责任。曾参的父亲也是孔子的学生，父子俩同时入孔门，算起来，曾子与子思应是同辈分的。子思没有辜负祖父与老师的希望，他真正悟到了孔子思想的精义所在。他抓住一个"突破点"，继承并创造性地阐发了孔子的中庸之道，著成名传千古的《中庸》。

中庸在孔子那里被定义为"至德"，即最高的道德。那么，什么是中庸？宋朝的哲学家程颐有个说法："不偏之谓中，不易之谓庸。中者，天下之正道；庸者，天下之定理。"这可能是一种很通俗的解释，所谓不偏不倚。在孔子那里，中庸不仅是内含"仁义礼智信"的人类最高道德，也是一种为人处事的方法或者说一种境界。他用四个字形容这一境界，叫"过犹不及"。聪明的人办事过了头，愚蠢的人办事又赶不上。过头了和赶不上都不好，都没达到中庸之境界。实行中庸之道很难，孔子感叹"民鲜能久矣"（人们缺少这种道德已经很久了）。

子思是如何定义中庸的呢？他在《中庸》开篇所写的大意是：人们喜怒哀乐的感情没有表露出来，即内心处于淡然虚静、不偏不倚的境界时，就称为"中"。表露出来后如果符合自然常理、社会法度时，就称为"和"。

这个要求很高，情感必须中正和谐。"中"是天下人为人的根本，"和"是天下人共同遵守的原则，一旦达到了"中和"之境界，天下便各在其位而运行不息，万物便各得其所而生长发育。

子思在这里提出一个新词——中和，其实说的就是中庸。《中庸》一书有8处述说孔子对中庸的论述，可见子思在说中和时，仍旧在转述孔门的心法，即做人的道德。朱熹曾对中庸的"庸"字下注释，说"庸，平常也"。大约是讲人与人平常交往时应取中庸之道，这既是方法也是道德。费孝通说过一句耐人寻味的话：中国人在考虑人与人之间怎么相处时，动了3000年的脑筋去探讨如何做人的学问。最后得出什么结论呢？那就是中庸至上。真正做到中庸很难，以至于孔子说出这样的话来：天下国家可以均衡治理，官爵俸禄都可以推辞不受，甚至雪白的锋刃也可以勇敢地踩上去，但要实行中庸之道是很难的。

子思就揽了中庸这块"瓷器活"来干，他自恃有"金刚钻"，他撰述的《中庸》旨在宣传一种中和常规的道德，希望全社会的人们都能具有中庸的品德，大家以中和之心交往，国家和人民自然就会和谐相处，暴力、贫穷、战乱也自然就会减少。这就是中庸的重要或说是奥妙之处。

四、民为贵，社稷次之，君为轻

在谈到中国传统文化对于国人的影响时，人们说得最多的就是"孔孟之道"这四个字。

孟子，名轲，是鲁国有名的贵族孟孙氏的后裔。大约到战国中期时，孟子的祖上从鲁国迁到了邹国（今山东邹城）。年幼时，孟子就受到良好的家庭教育，其母曾"三迁择邻""断织教子"。成年后"受业子思之门人"（也有说受业于子思），自此逐渐成长为儒家学说的旗手。

孟子学说的核心，或者说他政治上最重要的主张就是呼吁各诸侯国君行"仁政"。为了推广他的"仁政"说，他也像孔子一样周游列国，首先来到齐国。齐国的齐威王此时正雄心勃勃，如果能说服威王行仁政之道，那就有可能推而广之。但齐威王对仁政兴趣不大，尽管表面上非常尊重孟子，甚至"馈兼金一百"给孟子。然而，孟子拒不受金，离开了齐国。

3 年之后，听说宋国将推行"王政"，孟子兴冲冲地赶到宋国。宋偃王听完孟子的建议，觉得行仁政太难，馈金七十镒给孟子作路费，示意他离开宋国。

从宋国回到邹国后，待了一段时间，孟子前往鲁国游说。鲁平公本打算隆重接待孟子，但又听信嬖人臧仓的谗言，说孟子"后丧逾前丧"，葬其母比葬其父时还要隆重，不是贤者所为。这是鸡蛋里挑骨头，孟子没能得到鲁国国君的信任，只得返回邹国。

滕文公听说孟子到处宣传"仁政"，很欣赏这个提法，使礼聘孟子到滕。孟子的主张让滕文公折服，但滕国太小，影响有限，孟子决定前往梁。一到梁，梁惠王就急切地发问：老先生（孟子此时 63 岁），你不远千里而来，一定有很多高见使我国获利吧？孟子很直接地回答：大王何必言利呢？有仁义就够了。

梁惠王在与孟子的多次交谈中，认识到了行仁政的重要性，可惜相处一年后他就去世了，孟子的主张没能得到梁惠王儿子梁襄王的认可。孟子十分失望，决定离开梁国。

孟子不遗余力推行的仁政具体是个什么样子呢？为什么那些平时很期望得到民众支持的诸侯们都不愿实施呢？孟子自己对这个仁政有一个描述，他说：在五亩大的住宅四旁种上桑树，上了50岁的人就可以穿上丝绸了。对鸡鸭猪狗不失时节地繁殖饲养，上了70岁的人就可以经常吃到肉食了。一家一户所种百亩的田地不误农时进行耕种，数口之家就不会闹饥荒了。注重乡校的教育，强调孝敬长辈的道理，须发花白的老人们就不再肩挑头顶地出现在道路上了。让年满70岁的人能穿上丝绸，吃上肉鱼，老百姓不缺衣少食。做到了这些而不称王一统天下的人，是绝不会有的。

孟子这番话的核心思想，用现在的语言来表述就是"为人民服务"。执政者尽一切努力让人民过上上述那种生活，就是最大的仁政。但是正忙于战争的诸侯们能为人民、为那些生活在最底层的人民服务吗？不可能。所以孟子眼里尽是"饥者弗食，劳者弗息"，是"民之憔悴于虐政，未有甚于此时者"。

从孟子的上述言论，我们看到了他的民本思想。他多次向君王们宣传，国家的兴亡系之于民。他用夏、商、周三代的例子启发诸侯，说：禹、汤、文、武得天下是由于仁，他们的末代之君失天下则是由于不仁。天子不仁不能保有天下，诸侯不仁不能保有国家。孟子还针对诸侯们都想一统天下的心理，用能否统一天下的关键在于得民心的道理去启发他们。梁惠王曾问孟子如何安定天下，孟子的回答是"定于一"，定于大统一。怎么样才能统一呢？"不嗜杀人者能一之"，即不嗜杀就能得民心，得民心就能得天下。天下已经杀了太多的人了，普通民众死伤累累，人民厌恶兼并、厌恶战争，盼望安定，谁领头顺应民众的这一愿望，谁就能一呼百应，顺理成章地一统天下。孟子说来说去，强调的是只有人民才是国家统一的关键力量。

更为重要的是，孟子行"仁政"的政治主张，更进一步地发展了孔子的"仁"学要旨。他把行"仁政"这一先秦时期的民本思想提高到了"民为贵，社稷次之，君为轻"的历史高度，这是对君权的一种警示和挑战。孟子认为君主无罪而杀臣民，臣民肯定要抛弃这样的暴君，甚至用武力推翻他。这在孔子看来是弑君，但在孟子看来，这是民众在维护自己的利益，是理所当然的。由此，孟子摆出了这样的顺序：人民、国家、君主三者比较，人民最为重要，国家次之，君主又次之。为什么呢？国家是靠人民支撑的，君主也是靠人民支持才当得下去，如果失去了人民，国将不国。国家都没有了，还要君主干嘛？于是，孟子进一步作出结论，说君权表面上是"天与之"，实际却是"民与之"。民之所贵，君之所轻，道理就在这里。据说孟子讲完这番道理，齐宣王听得"勃然变乎色"，脸色都变了，他听出了自己的危机。

孟子很了不起，他与孔子一样，人生情结也是始终向着国家和人民的利益。他推行仁政的另一层意思，是主张民有恒产。你看，他描述的仁政里就希望人民有田有房有家产，能过上穿丝绸、吃猪羊肉的好日子。他甚至呼吁国家要先向老百姓提供一份生活所必需的产业作为其物质基础，因为"民之为道也，有恒产者有恒心，无恒产者无恒心"（《孟子·滕文公上》）。什么叫恒心？就是民众期盼的能够长久过好日子的心。没有恒心，就只有"乱"心、革命之心。

为了使人民拥有恒产，他亲自设计恢复井田制的方案，并建议滕文公把耕地仿周朝时的样子划为井字形的方块。每井900亩，每块百亩，中间的百亩为公田，周围的800亩分给8家农户作为私田。8家农户在干自己的私活前，先共同耕作公田等。充满憧憬的孟子完全没有料到，这些在他看来很完美的社会管理方案，竟然应者寥寥。他在极度的疲惫中离开一个又一个他游说过的国家，这样奔波了35年，先后为10多个国家出谋献策，但他的"仁政"理想始终被束之高阁。他最终彻底绝望，只得归去。

公元前312年，孟子由宋归邹，也像祖师爷孔子一样，在民间办起私学，一边教学，一边同弟子万章、公孙丑等人撰写《孟子》一书。《孟子》不仅详细地记述了孟子一生的事迹，更是从多方面、多角度地阐述了孟子既恢宏又细密的思想学说。这样，我们就看到了孟子为推行仁政而提倡的"性善"论："仁义礼智，非由外铄我也，我固有之也（仁义礼智是我本身所具有的，不是外界加给我的）。"这就是孟子推崇的内圣之道，也就是人们常说的道德修养之道。特别是他大力倡导的养"浩然之气"说，充溢着至大至刚之美。他给什么是"大丈夫"下的定义，其境界之高，无人超越："居天下之广居，立天下之正位，行天下之大道。得志，与民由之；不得志，独行其道。富贵不能淫，贫贱不能移，威武不能屈，此之谓大丈夫。"这段话的大意是：有作为者应居住在天下最具仁气的住宅里，站立在天下按礼的原则确立的位置上，走在最令人景仰的最具义气的大道上。得志，就和大众一同前行；不得志，就独自坚持自己的信念。富贵不能使我放纵享乐，贫贱不能使我改变节操，威武不能使我屈膝服输，这样的人才称得上是大丈夫。

何等气概，多么精辟，孟子的思想和语言真是独树一帜。例如，他说君子有"三乐"：父母俱存，兄弟都好，这是一乐；上无愧于天，下无愧于人，是第二乐；得天下英才而教育之，是第三乐。说完，孟子风趣地加了一句：统一天下这事不包括在内，为什么呢？统一天下太难了。

公元前 289 年，巨星陨落，孟子在自己的家乡去世，享年 84 岁。他是带着遗憾走的，然而，他真正实践了自己的诺言，把一生的心血和智慧献给了这个时代和他为之奔走呼号、希望让他们过上好日子的人民。身为贵族的后裔，心中却始终装着普通民众，仅凭这一点，他就无愧后人赠送给他的礼赞——"亚圣"孟子！

五、中国最早的"社科院"

春秋战国时代之所以能被后人赞为"英雄时代"，其中一个耀眼的亮点，就是一大批以天下为己任、"可以托六尺之孤，可以寄百里之命，临大节而不可夺也"的士人阶层登上了政治舞台。他们用自己超群的智慧和学说指导各诸侯国的进退，甚至把控它们的命脉。

春秋以前，士作为一个阶层，居于大夫与庶民之间，地位不高。西周衰落之际，一大批王室的知识分子出走到民间，他们不仅带走了王室保存的文化典籍，而且很快通过私学等形式，在民间培植起与西周时的士完全不同的群体。到战国时期，士的队伍更加可观，他们中有的成了诸侯国的名相、名将，有的成了学问高深、操守严谨的一代宗师，有的成了"安居天下息，一怒诸侯惧"的高人。还有一些士人，轻死生、讲义气，可以托六尺之孤，可以寄百里之命，在生死存亡关头也不屈服，作出许多令天下震惊的大事。

士的影响就这样与日俱增，他们的地位也水涨船高。当时各国君主争相结交各类士人，社会上一时流传："士贵耳，王者不贵。"又说士去了哪一国，哪一国的分量就重；离开哪一国，哪一国的分量就轻。即所谓："横则秦帝，纵则楚王；所在国重，所去国轻""入楚楚重，出齐齐轻。为赵赵完，畔（叛）魏魏伤。"这已经把士看作一国兴或衰的决定性因素了。

如此一来，各国就争着养士。不仅国君养士，一些实力大的贵族也以养士为荣，如平原君、信陵君、春申君、孟尝君、吕不韦等人，各自蓄养的士人多达数千。齐国的执政者田成子格外爱士，杀一头牛，他只取一碗肉，其余全送给士人。年底，征收上来的丝绸，他只取两匹，其余也全送给士人。魏文侯重士人也是出了名的，他的车每次路过名士段干木的门口时，都要从车上站起来，向着段家行躬身俯首礼。晋平公平时腰腿疼痛，但在接待士人时却不敢改变端坐的姿势。国君爱士的佳话感染了各个阶层，晋国的中牟令王登，从贫民中选了两名学识渊博、品行端正的青年做中大夫，使其受到士的待遇，于是一半中牟人皆"弃其田耘，卖宅圃而随文学者"。田地都不种了，房子、院子也卖了，也心甘情愿地去跟随着有学问的士人学习。

士人们还真受得起这般尊崇，他们有文化、有德行，看问题准确，作判断果敢，提出的策略能立竿见影地收到效果。例如魏国任用李悝、李克、西门豹、吴起，就使魏国首先在战国称霸；赵国任用牛畜、荀欣、徐越，就极大地增强了赵国的实力；韩国任用申不害，秦孝公任用商鞅，齐国任用邹忌，都使国富兵强，面貌一新。尤其是齐国，在首都临淄的稷门一带，修建大批楼堂馆所，广招天下之士前往齐国讲学、著书，赋予他们"不治而议论"的权利。所谓"不治而议论"，即不参与实际的国家管理活动，只为如何治国平天下出谋划策。

这应是中国最早的"社会科学院"了，当时各国著名的学者几乎都闻风而动，云集齐国，最热闹时学士达到数千人。齐国政府免费提供吃、住、行，还给其中 76 名大师级的人物赐以大住宅，命为"上大夫"。当时，世界上没有一所学校或学术中心能够云集如此多的高素质人才。他们几乎每个人都吸引了不少有才华的学生来学习，直接为中国的大一统事业储备了充分的人才。这些具有强烈进取心和忧患意识的知识精英，通过不同的方式，投身于政治和社会改革，从各方面推动了社会进步。此外，他们还争先恐后地著书立说，为中华文明注入活力。

据《史记》和《汉书·艺文志》记载，稷下学宫产生了一大批影响了中国2000多年的论文和著作。其中较著名的有：《田子》25篇，《接子》2篇，《邹子》49篇，《邹子终始》59篇，《邹奭子》12篇，《鲁仲连子》14篇，《娟子》13篇，《宋子》18篇，《尹文子》1篇，《孟子》11篇，《慎子》42篇，《荀子》32篇等。

这些著作者都是学富五车的一代宗师，代表着不同的学派。司马迁曾给这些学派分过类，大致可归纳为儒、道、法、名、墨、阴阳6家。西汉末年刘歆又细分为10家，增加了纵横、杂、农、小说4家。还有一大家，就是名头响亮的兵家，他们也活跃于稷下学宫。如此之多的学者，产生如此多的著作和派别，在当时形成空前热烈的百家争鸣局面。各学派的领头人可以自由讲学，定期开展学术交流，当时叫"期会"。学生可以自由听讲，上午听儒家论坛，下午听法家论坛，明天可能就是听道家的。最吸引人的是各学术团体间的互相抨击、辩论和诘难，一场又一场"学术地震"波及战国时的各个国家，有些议题甚至引起"全民大讨论"。例如墨子抨击孔子的后学，说只知背经典；孟子又反过来斥责墨子和杨朱，说杨朱是"无君无父"之辈；荀子本师从儒家，却又不时非难儒学之士，还与孟子针锋相对；商鞅、韩非对儒家更是彻底的批判。12岁的学生鲁仲连当着众学生的面批驳齐国博士田巴，说他毁五帝、罪三王，形容田巴的言论"有似枭鸣，出城而人恶之"。田巴很有肚量，当即表示"谨闻命也"，并且终身不再发表"毁五帝，罪三王"的言论。

学者们之间除了"打口水仗"之外，更多的是互相切磋，各自从对方的学派汲取营养。孟子、荀子就是这样将孔子的学说往前发展一步，提出了"民贵君轻""制天命而用之"（即制服天命而利用自然）的著名理论。道家思想的代表人物慎到等发展了老子的某些思想，催生了新的思想元素，这就是深深影响了后世若干代执政者的"黄老之学"。

在稷下学宫的众多惊世骇俗的学术成果中，排在学宫诸子之首的齐人邹衍的"五德终始"说和"大九州"说最有震撼力。邹衍认为世界是由5种基本物质组成的，即金、木、水、火、土。这5种物质相生相克，演化成大自然循环不已的规律。邹衍又给这一规律（实际上他已提出宇宙演化论，站在了现代科学的殿堂里）匹配了 5 种德行，所谓金德、木德、水德、火德、土德。又把这"五德"与朝代更替联系起来，用以警示国家领袖人物：治国理政不行仁义，不"尚德"的话，就会被另一个朝代所取代。邹衍举例说，夏朝崇尚木德，被尚金德的商取代，这是金克木；商又被尚火德的周取代，这是火克金；周朝衰落了，一定会被以后尚水的朝代所取代。秦始皇就用这一理论，声称崇尚水德，最终真的取代了东周。

邹衍的"五德终始"说提示诸侯，王朝是可以更替的，因而激起了众多诸侯一统天下的雄心。应该说，邹衍为中国的大一统提供了理论依据，因而受到各诸侯国的高度重视。魏国的安僖王听说邹衍至魏，立即亲自出城迎接；赵国的顶梁柱平原君在会见邹衍前亲自为他整理座席；燕昭王更是手执扫帚清扫道路，等候邹衍的到来。

司马迁高度评价邹衍，说他的学说"迂大而宏辩"，尤其是"大九州"说，更是立足中国，放眼全球，拓展了中国人的视野。邹衍认为大禹治水把中国版图划定九州，这只是小九州，在中国之外，还有大九州，天下共分八十一州，中国只是其中的一州。这是很了不起的见解，是崭新的地球观，激发了中国人探索域外的激情。西汉武帝受此影响，不惜一切"凿空西域"，打通通往另外八十州的通道。

稷下学宫了不起，它居然能在遍地烽火、"全民战争"的大动荡时代连续举办 150 余年之久，不停地刮起一阵又一阵"头脑风暴"。它那经过若干代人的智慧淬火中所提炼出来的学术思想，不仅发扬、发展了中国传统文化，也在中国的统一过程中起了指路明灯的作用。

六、"兼相爱，交相利"

"兼相爱，交相利"主要表达的意思是：所有国家、君臣、人民都应该互相爱护，有利益大家同享，或者说"互利互惠""双赢"。说这个话的人叫墨子，战国初期鲁国人。他由于出身低微，曾被执政者看作"贱人"。而且，他可能还服过刑，"墨"字是一种刑罚的称呼。就是这么一个被人看不起的"贱民"，却在"百家争鸣"的伟大时代脱颖而出，成长为一个学派的创立者，被人们冠以"伟大的思想家"之称。

仅用思想家来评价墨子是不够的，墨子还是中国古代著名的科学家。在他撰著的 6 篇"墨经"文献中，包括了广泛的科学内容，知识领域涉及"认识论和逻辑学、政治经济学、伦理学、美学、几何学、力学、天文学、光学等"（陈孟麟《墨辨逻辑学》）。这是一部中国古代的"百科全书"，不仅理论体系恢宏，而且许多理论已经运用于实践。墨子曾用三年时间研究飞行原理，制造出一只木鸢，据说当时试飞时曾在天上飞了很久。这应该是人类最早的飞行器吧！

中国古代有发明的能工巧匠被尊称为"圣人"，如庖牺氏作网罟、神农氏作耒耜、黄帝作舟楫等。墨子不仅研发了飞行器，还研究和制作过许多军需装备，如守备城池的一系列器械，都在实战中发挥了重要的作用。

研制这些装备，当然不是一人之力所为。墨子有一个庞大的团队，这些人绝大多数文武双全，上台能讲课、写文章，下台能做木工、瓦工、陶工等手工业活，而且能打仗。《墨子·公输》记载墨子的弟子禽滑厘率 300 名同门学子死守宋国城池的故事。《淮南子·泰族训》说墨子的这些学生都是"赴汤蹈火，死不旋踵"之人。吴起之乱时，墨子的学生孟胜守阳城，当场死难者百八十人。能打仗，说明这个学术团体有严密的组织，墨子和他的学生都生活在有严格纪律约束的组织之中。这种组织当时叫"巨子"制，墨子本人即是墨家学派的"巨子"。"巨"即"矩"，是木工干活时用的一种标准工具，所谓中规中矩，不能乱来。

墨子出身下层，他的所有学说思想几乎都站在广大民众的立场上，为广大民众争取话语权。墨子是幸运的，他生活的时代恰好是民力高涨的时代，诸侯们对大众的言论持开放态度，一大批与他命运相似的普通百姓团结在他的周围，通过刻苦学习，掌握了一定的文化知识，跻身受人尊崇的士的行列。他们站稳脚跟后，就开始用各种形式发出与上层社会相异的声音。应该说，这是春秋战国时代社会进步的特征之一，也是墨子有别于其他学派的标志之一。

墨子及墨子之学派是如何为民众争夺话语权的呢？从流传下来的文献看，主要是墨子提出的"十大主张"，即兼爱、非攻、节用、节葬、非乐、尚贤、尚同、天志、明鬼、非命。这十大主张可分为两大块：非乐、非攻、节葬、节用为一块；兼爱等项为一块。

第一大块基本上是针对上层社会而展开的非难，即批判、反对。所谓非乐，就是反对上流社会的奢侈生活，例如有事没事就撞钟击鼓，弹琴吹笙。节葬、节用是批判上层社会无节制的厚葬、无节制的开支。墨子呵斥上层社会说：你们知道吗？目前，民有三患：饥者不得食，寒者不得衣，劳者不得息，这都是由于你们的奢侈和对资源的浪费造成的。墨子的这一观点，与马克思的剩余价值理论相似，揭示了中国古代社会贫富分化的根源。

第二大块是墨子代表广大民众表达政治诉求或者说社会理想。首先是非攻，即反对一切形式的战争。这一点与其他学派完全不同，例如孔子说春秋无义战，孟子也反对不义之战，却又支持"仁义"之战。墨子大声地对所有战争说不，他曾用一系列"不可胜数"来罗列各类战争带给民众的苦难。在大力批判战争的同时，墨子亲自率领弟子上前线，用实际行动"以战止战"。一次，当他得知楚国将要进攻宋国的情报后，立即与弟子们加班加点赶制守城器械，并步行 10 天 10 夜，将这批器械送到楚国。刚一抵达，他就劝阻楚王攻宋。楚王依仗鲁班制造的攻城"云梯"，根本不理墨子的劝告。墨子当场解下身上的皮带，围成一圈代表宋国的都城城池，又随手捡起几片木块做防御器械，然后让鲁班代表楚国来攻城。鲁班 9 次运用不同的攻城器械，9 次都被墨子挡了回去，鲁班用完全部攻城器械，而墨子手中仍有不少守城器械未用。楚王见墨子如此有军事才能，只得表示不去攻宋。

在墨子的思想体系中，"兼爱"与"尚贤"是根本。他呼吁每个人不能只爱自己不爱别人，应该"为彼犹为己"。也就是通过关爱他人，自己也从中得到利益。他主张打破阶级界限选拔贤人，让那些既有才华又有官德的贤人来担任各级官吏，甚至提出要"选天下之贤可者，立以为天子"。"天子"也应该选，墨子在 2000 多年前提出的这个"选"字，太有新意了。有后人评价说，此时墨子已是一个"民选论"者。墨子提出"尚贤"的根本目的是，通过贤人组成的上层阶层治理国家，可以使国家变成一个求利万民的组织或团体。墨子为此亲自设计国家的行政体制，最基层的负责人叫里长，里长上面是乡长，一级对一级负责。乡长说好，大家就支持；乡长说不好，大家就放弃。乡长对国君负责，国君对天子负责，这样天下就"尚同"了。尚同的天下是大一统的天下，国家是万民的国家，万民通过国家得到利益。平民出身的墨子，赋予了国家高尚的政治理念。

遗憾的是，墨子毕竟生活在生产力还比较低下的时代，他期求国家能率领民众追求利益，但又说要达到这一目标需有"天意"和鬼神的护佑。相信鬼神和上天的墨子，与他那些科学理论和实践背离了。

但墨子仍然是伟大的，他的政治思想和实践对中国的统一事业产生过影响。正如毛泽东所说："卑贱者最聪明""人民群众是真正的英雄"。来自社会最底层的墨子不仅最聪明，也是中华民族的大英雄。

七、庄子的"船"其实也没空

庄子是战国时期很另类的道家学派的代表人，名周，宋国人（今安徽蒙城人）。年轻时曾做过漆园小吏，官小名气大，曾拒绝过楚威王"许以为相"的邀请。庄子的一生都在清贫和隐秘中度过。由于隐秘，后人了解或诠释他，主要就凭一本原有 52 篇现仅存 33 篇的《庄子》。

与老子一样，庄子的思想属于楚文化一脉。庄子明老子之术，继承和发展了老子的学说。老子的理论围绕着"道"展开，庄子也是以道为"大宗师"来确立他的宇宙观。庄子认为宇宙中有一个"道"，这个"道"是万物的根源和运行的法则，且无所不在，甚至在蚂蚁窝、瓦壁、人的尿里都有。万物得道，道亦作用于万物。那么究竟如何得道呢？庄子的主张是：通过内心修养，超脱现实，忘掉自我，成为一个不具是非观念的"真人"。这种得了道的真人"不知悦生，不知恶死""登高不栗，入水不濡，入火不热"。庄子说的这还是人吗？刀枪不入，水火不侵，这样的"真人"有几个能修炼得成呢？往深里推究，庄子应该知道人世间不可能出现这样的"真人"，他的这一主张不过是在发"牢骚"而已，作为一个地位低下、物质生活极度贫乏的文化人，发发对战国时代残酷纷争的无可奈何的"牢骚"而已。他之所以拒绝楚王的邀请出任相国，是因为他对"窃钩者诛，窃国者侯"的社会完全失望。他没别的本事，只能写写文章骂骂人，讲点精灵古怪的故事来发泄发泄。

由于不满现实，庄子呼吁废弃君臣之分，大家都返璞归真，归到一个无等级、无君臣的理想社会。庄子是聪明人，他知道这是不可能的，痴人说梦！于是，他就提出"逍遥"和"齐物"的想法。"逍遥"和"齐物"是庄子思想中极为重要的组成部分。何谓"逍遥"？徐复观先生认为即是把老子的客观的道，内化为人生的境界；陈鼓应先生又认为"逍遥"是一个广阔无边的心灵世界。不管别人怎么讲，庄子是要引导人们摆脱物累，去追求一片纯粹地属于自己的心灵空间。印度哲学家奥修曾用一首诗来诠释庄子所提倡的这种人生境界。诗是这样写的：

> 如果一个人在跨越一条河 / 有一只空船撞到了他的小船 / 即使他是一个脾气很坏的人 / 他也不会生气 / 但是如果他看到有一个人在船上 / 他将会大声喊叫让他驶开 / 如果那个喊叫没被听到 / 他将会再度高喊 / 而且他还会开始大骂 / 这一切都是因为有人在那只船上 / 但如果那只船是空的 / 他一定不会大声喊 / 他一定不会生气 / 如果你可以空掉你自己的船 / 来跨过世界的河流 / 那么将没有人会来反对你 / 没有人会想要来伤害你……这就是完美的人 / 他的船是空的……

船空了当然很好，没人冲你喊叫，就不会有烦恼，问题是驾船的人不站在船上，又站在哪儿呢？那就只有站在心灵的船上了。奥修的诗有很重的禅味，很形象地诠释了庄子的精神世界。

的确，庄子的精神世界非常奇妙，妙到人与物之间没有绝对的界限。著名的"庄周梦蝶"说的就是这层意思。《庄子》中有这么一段话：

> 昔者庄周梦为蝴蝶，栩栩然蝴蝶也，自喻适志与！不知周也。俄然觉，则蘧蘧然周也。不知周之梦为蝴蝶与，蝴蝶之梦为周与？周与蝴蝶，则必有分矣。此之谓物化。

庄周夜里做了一个梦，梦见自己化成了蝴蝶，一只轻快自如飞翔着的蝴蝶，感到很快活，忘记自己是庄周了。突然醒来，惊觉自己原来还是庄周。不知道是庄周化为蝴蝶，还是蝴蝶变成了庄周？庄周与蝴蝶应该是有分别的。这就是所谓的物化吧。

庄周可以为蝴蝶，蝴蝶可以为庄周，物我没有界限，万物融化为一。用庄子这种没有物我界限的观点来看社会，那么人的死生也可"齐一"，以生为死，以死为生，生死的变化就成了相对的了。所以，庄子的老婆死的时候，他鼓盆而歌（敲着一只破脸盆在那里唱着），没有常人的那种悲哀。庄子真把自己"物化"了，物化到一种被学者们称为相对主义的诡辩论上去了。但你能说这里就没有辩证法的因素吗？

有的，庄子的思想呈现出一种"自然型哲学"的模型。"自然"是庄子思想的核心。他主张在追求精神自由的同时，要尽最大努力恢复人的自然本性。执政者也好，老百姓也好，大家都"顺物自然"，无为而为，都把自己的"船"空了，这样人与人之间就不会有矛盾、不会有斗争，天下也就太平无事了。

谁说庄子不关心国家大事呢？他的"船"上其实一直也没空着。不仅庄子的"船"没空，他的精神导师老子的"船"也没空，仔细去读《老子》，能看出本意是积极进取的，他一再用水作比拟，水看上去柔弱不堪，但它可以无处不在，无坚不克。他要人们关注水的力量，目的是什么？难道不是教人们随时保持进取的姿态？他虽然没像孔子那样为匡世济民而到处呼号奔走，但他对社会、国家、民众的担忧还少吗？一篇《道德经》几乎通篇都在告诫人们如何忧国忧民、治国安邦。他虽然口头上说自己是"无为"之人，实际上却在花费心思为国家和社会出谋划策，能说他真的处在清静无为的状态吗？不能吧。

八、与时俱进的荀子

荀子，名况，赵国人。荀子20岁就开始在燕国从政，曾发起反对燕王把王位让给其相子之的运动。50岁左右，齐国的稷下学宫正办得红红火火，荀子慕名前往，由于才学卓异，成了学宫中最受欢迎的先生，曾三次担任稷下学宫的"祭酒"（学宫领袖），相当于三次任中国古代的社会科学院院长。

在此期间，荀子又游说于各诸侯国之间，宣传他的学说。81岁那年，他被楚国春申君任命为兰陵（今山东苍山县西南兰陵镇）县令，可能是迄今为止中国最年长的县官。

公元前 238 年，春申君被李园杀害，荀子被免官后居于兰陵。98 岁的荀子拼尽了最后一把气力，与弟子们"著数万言而卒"。

荀子师从谁不清楚，但其思想主旨无疑属于儒家，他也自称儒者。目前见到的《荀子》32 篇，应该说是中国传统文化中最负盛名的儒学典籍之一。由于荀子处于各国均积极变法并取得成效的时代，他的学说、思想也与时俱进。在吸取各学派之长的基础上，创立了援法入儒、礼法并施、张弛有度、刚柔相济的思想体系。

礼是儒家学派的思想重心之一，荀子也崇礼，认为"国之命在礼"。但他又"重法"，往往把礼、法并提和并重，如"隆礼尊贤而王，重法爱民而霸""礼者，法之大分，类之纲纪""学也者，礼法也"等。荀子之所以援法入儒，是因为他看到了秦国等国以法治国的效果，这些实践开拓了他的视野，所以他从以往的单纯强调以礼治国，转变到法礼并重上来。只是这一转变还不彻底，他的潜意识里仍旧先以礼为本。但是不论是否彻底，荀子已经把儒家思想向前推进了一大步，他本人也从一个温良恭俭让的儒者，变成了一个认可刑赏执政的"强硬儒者"。

荀子对儒家思想的另一个发展是在天道观方面，他不承认真有一个能主宰宇宙万物的天的存在。天是什么？他认为天即客观现实的自然界，就是实实在在的物质世界。他不像孔子那样讲"天命"，讲君子有三畏，首先是畏天命。也不像子夏那样讲"死生有命，富贵在天"。他讲"天人之分"，讲天和人各有其规律性，各有其特定的职能、职分，所以社会的治乱兴废并不取决于"天"。取决于什么呢？取决于人。荀子告诫人们，遇事不要怨天，"怨天者无志"。但是天人之间是紧密联系的，而且还有相互影响的一面。荀子认为两者之间，人是主动的，人是治者，天是被治者。人是有思维意识的主体，可以通过顺应自然规律来利用自然界。为此，他提出"天养""天政"的思想。什么是"天养"？就是与其敬畏或者歌颂天之伟大，不如把天当作物一样畜养，从而控制和利用它。什么是天政？就是要遵从自然界的客观规律，不要乱来。这是多么了不起的思想，不就是我们常说的人定胜天吗？不就是我们一心向往的做自然界的主人的精神境界吗？

与孟子的"性善"论不同，荀子持"性恶"论。他说"人之性恶，其善者伪也"。"伪"是人为之意，即人所表现出的善都是后天人为的。又说人一生下来就有各种欲望，人性就顺着这些声色犬马的欲望发展，不顾礼义法度的约束。这样下去，就必然发生争夺，以致暴乱。人性纵欲到这个地步，该怎么办呢？荀子说，必须"明礼义以化之，起法正以治之，重刑罚以禁之，使天下皆出于治，合于善也"。可见荀子先提出"性恶"论，是为了强调通过礼义、法治的教化来改变这种状况而预设的论点。他说"途之人可以为禹"，任何人通过后天的学习和礼、法的约束，都可以变好，甚至可以成为圣贤。荀子的"性恶"理论，是对儒家学说的又一次补充、发展。

荀子是中国传统文化之集大成者，他的人性论、群论、天人论、解蔽论、正名论、兵论，既有精妙宏阔的理论，又有立竿见影的谋略。有学者甚至说中国学术的重大分水岭就是荀子。荀子的心态非常开放，而且年龄愈长，其思想愈活跃。他把"无为"与"有为"融汇在一块，把道家"虚一而静"的观念作为他倡导的"内圣"的理论基础，演绎出人格修养的"至善"之境。尽管他不欣赏墨子，但对墨子的大一统理念和逻辑推理另眼相看，他甚至认为治国理政不过是王道、霸道交相运用而已。由此，他撰写了一大批文章，许多文章内含儒、道、墨、法的精义，用"通儒"来评价他是非常合适的。98岁高龄的荀子笔耕不辍，他的那些王（道）霸（道）兼采、义利并重的文章，几乎每篇都是专题散文。这些文章的文笔之美、句法之妙、起承转合之巧，都叫人拍案惊奇。尤其是那些工稳富丽、气势磅礴、幽默风趣的对偶句、排比句、骈俪词语，每一句都恰到好处，亮人耳目。伟哉荀子！他的精深而又实用的理论，为中国的大一统事业直接作出了贡献。中国历史上最具完整统一意义的秦帝国，就是以他的学说为指导思想的。

九、在《鬼谷子》中淘宝

战国中后期是纵横家驰骋的舞台，一大批怀有远大抱负的纵横家投身政治、军事、外交战场，加速了中国统一大业的进程。在波诡云谲的乱局中，正是这些纵横家把各派坐而论道的理论运用到各国的实践当中，使战国的兼并进行得轰轰烈烈。这其中最成功的是张仪和苏秦。两位都是鬼谷子的学生，从马王堆出土的帛书上得知，苏秦活动的时代比张仪晚了约 30 年，张仪、苏秦是先后去鬼谷子处求学的。

鬼谷子姓甚名谁、家住何处，均无人知晓，有史料说他以前隐居在陕西石泉县汉水之滨的云雾山中的鬼谷岭，又有史料说他隐居在今河南登封市东南，离张仪、苏秦的老家不远。

鬼谷子是专门研究从政和外交策略的，也有人认为他是专门研究纵横游说之术的。其实，鬼谷子的学问和思想极其广博、深刻，很难用一两门学说来概括。在他的思想体系之中，杂糅了各家学派的主旨思想，如他在《反应》篇中所说"欲闻其声反默，欲张反敛，欲高反下，欲取反与"，就明显地吸收了《老子》中的思想。

鬼谷子的思想集中体现在《鬼谷子》一书中，其中的 8 个纵横游说之术是其精华。首先讲"捭阖"术，捭阖的本义是开合，捭是拨动，阖就是闭合。鬼谷子教导学生，一开一合是事物发展的普遍规律，你在各国游说时，先要畅述己见，拨动对方，从对方的回答中探知虚实，从而正确地判断和估量对方，然后据以说而服之，必要时又要保持沉默，即阖之，以待时机。鬼谷子认为捭阖术做到这个程度，就"可以说人，可以说家，可以说国，可以说天下"，没有什么不可以说动，没有什么不可以成功。

其次是"反应"术，专讲如何刺探到对方的真实想法。例如，谈话中或引诱对方先开口说出他的想法，或故意设悬念，导致对方的情绪发生变化，或反反复复集中探求某个不清楚之处，或欲擒故纵，显得并不在意什么。总之，是给对方张开了一张大网，等待对方落入。

往下又传授了"内楗术""抵巇术""飞钳术""忤合术""揣摩术""权谋术"等，每个术都讲得周密到位，语言精彩奇诡。

鬼谷子不仅传授权谋之术，也像孔子、老子、孟子那样，向执政者提建议，向他们讲述治国平天下的修养之术。他说，作为一个领袖人物，要以天下的眼光去看，就没有什么不能看见；以天下人的耳朵去听，就没有什么不能听见；以天下人的胸怀去思考，就无所不知。如果做到这些，天下人心就会聚在一处，像车轮聚于轴心一样。又说，做君王最需克服的是不要坚持己见、拒绝对方，广泛地听取民众之言，民众就会守卫君王，反之就会妨碍君王。山再高，仰望也可看到顶峰；水再深，也可测出深浅。而神明的君王，只要讲究道德，用好权术，臣民迎之不见其前，随之不见其后，哪能测出君王的深浅呢？

鬼谷子在世时没有几人能见到他的真容，但在这本通篇都在传授权谋术的《鬼谷子》书中，我们见到了许多闪光的有益于国家、社会、人生的哲理。特别是在国与国的外交上，鬼谷子的许多策略都值得研究借鉴。

十、满脑壳"法术势"的韩非子

稷下学宫的一大批"院士"戴着法家的帽子，在稷下研究、倡导法家学说。他们中的许多理论成果收入了《管子》一书中。《管子》是稷下学宫的一部论文总集，其中多半论文出自法家学者之手。战国中后期是法家的天下，法家高扬以法治国的旗帜，勇敢地充当了反对旧贵族势力的"斗士"，一大批才华出众的法家人物用生命和热血推动着战国的车轮。

法在尧舜禹时代就有了，舜曾对皋陶说："皋陶！汝作士。"士即掌兵兼掌刑的官。当时的法是与军事联为一体的，而法最早是用于对付外族的。胡适先生考证，古时有两个"法"字，一为"佱"，是模范之法；一为"灋"，是刑罚之法。前者当时的含义是：人一从正就有模范形象，守法、不乱来，当然是模范。后者的中间有一个"廌"字，廌是一种有神性的动物，据说可以公平地裁判或公正地断狱。从这两个字的结构上可以看出，古代政府对法的公平性是重视的，一个法字也要借助神明之意来表达。随着社会的发展，到战国时代，人们不再依靠神明决断司法，而是依靠大量成文的法律来决断，法家团体就这样崛起。

法家中的多数成员最先都是从研习儒家或道家学说起步的，尔后逐渐形成自己独立的观点和学派。一般后世学者研究法家，会把他们分成5个流派来表述。这5个流派是尚实派、尚法派、尚术派、尚势派、大成派。

尚实派尚实业，代表人物是李悝。李悝被尊为法家鼻祖，辅助魏文侯使魏国民富国强。他实施的通过法律"尽地力之教"应是一大创举，这一创举的核心即是通过法律手段提高粮食产量和稳定粮价。尚法派尚法律，代表人是商鞅。商鞅重"法治"，执政20余年，使秦国独霸西部。尚术派尚权术，代表人是申不害，曾任韩昭侯的相，也取得了好政绩。尚势派尚势位，代表人是慎到，曾任稷下学宫的先生，最先是研习黄老道德之术的。大成派集上述几大流派之学说，极注重功利，把法、术、势揉为一体，代表人是荀卿的学生韩非子。思想史家张岂之先生称韩非为"法家最后的总结者"，这是很形象、很有意思的。

韩非是韩国的贵族子弟，说话有点口吃，但却善于著书。他与李斯是同学，据李斯说，韩非的成绩在他之上。当年，韩非针对韩国的内忧外患曾多次上书劝谏韩王，韩王不听。韩非心冷了，将满腔的爱国情和对现状的不满凝结于笔端，写出一系列具有极强感召力的宏文，如《孤愤》《五蠹》《说难》《说林》等。这些书很快就流传至各国。秦王读了《孤愤》《五蠹》等书，大发感慨，说要是见了这个作者，并与他交往，死而无憾。李斯便说韩非是自己的同学，现在韩国。秦王求贤心切，立即决定进攻韩国。韩是战国七雄中最弱小的国家，马上照秦王的意思派韩非入秦求和。

韩非本来极不情愿离开韩国，但又抱有游说秦王不要攻灭韩国的想法而走一趟。谁知这一去就再也没能回来，秦王听信了李斯等人的谗言，不但没能满足韩非保留韩国的游说，反而将他拘押在监。李斯紧接着又送出毒药，逼迫韩非自杀于云阳（今陕西淳化县西北）的监狱中。据说秦王后来悔悟，派人去赦免韩非，但此刻韩非已经去世。

司马迁在写韩非的传记时暗自悲伤，叹息韩非深于谋国，拙于谋生。一个能写出《说难》《孤愤》这样传之不朽的文章的人，自己却未能逃脱死路。韩非死得冤，他几乎所有的文章和思想，出发点都在为君王出谋划策，告诉君王如何立法、树威、用权、造势，如何富国强兵争天下。本是一个几百年才难得一见的帝王之师，却瞬间就成了帝王的阶下囚、刀下鬼。幸亏他生前留下那么多惊天地、泣鬼神的文章，不然，古代中国还真拿不出更好的"法治教科书"来。

韩非的法治思想融商鞅重法、申不害重术、慎到重势于一炉，提出法、术、势兼用的治国方略。韩非要推行的法其实与商鞅之法相差无几，就是搞出一套成文的法律文本，除了君王之外，任何人都得遵守，所谓"刑过不避大臣，赏善不避匹夫"。要保证这套法律条款的推行，必须配以严刑重典。韩非甚至认为对付小的罪过也要用重典，用轻了无异于纵容百姓犯罪，用重刑相反会起到爱护百姓的作用。他把此种做法称之为"以刑去刑"。这还不够，韩非认为光靠法也不行，他举例子说商鞅以法治秦尽管成效显著，但实惠并没有落到国家和民众的口袋里。你瞧，打了胜仗，夺得了土地，却被享有特权的阶层私分了不少，君王既没有得到尊严，也没有得到实惠。这是什么原因呢？原因就在于商鞅知法不知术，他没能帮助秦王揣摩到术，所以富国强兵的好处都被权臣拿走了。那么，君王怎么做才算治国有术呢？韩非就此端出申不害的"术"来。申不害也是韩国人，三家分晋的历史镜头他可是记得很清楚，几个诸侯的管家一下就把偌大一个晋国给分了，这难道不是诸侯治国无术引起的吗？"术"这个东西本是君王的专用，你不去掌握和运用，下面的人就会搞你的鬼，把你卖了你还问卖多少钱。所以，申不害告诫各位君王，法这个东西你得把它摆在明处，越明，越受人拥护；但"术"这个东西要藏在心里，越深越好，让人看不出、摸不着、猜不透。申不害甚至这样明言：君王的威胁不是来自外面，而是来自与你朝夕相伴的大臣。所以，不要相信大臣，"能独断者，故可以为天下主"。

申不害强调用术，却削弱了法治的作用，但这种维护皇权的方略在一定程度上影响了韩非，于是加强皇权成了韩非研究的主攻方向。他说，太重术不行，术这个东西本身并不光明正大，它也无法约束官吏的行为，官吏没有法律的约束，则奸多。真正治国还必须得重势。势这个概念是慎到大力倡导的，什么是势呢？就是君王的权势。慎到比喻说："尧为匹夫不能治三人，而桀为天子能乱天下。吾以此知势位之足恃，而贤智之不足慕也。"这段话的大意是：帝尧如果是一个老百姓，连3个人都管不好；夏桀身为天子，有权，想怎么干就怎么干。所以说只有权势才靠得住，贤良智慧不靠谱啊！韩非欣赏慎到加强君权的思想，但他又批判慎到只知势而不知法，他说："抱法处势，则治；背法去势，则乱。"

由此，我们终于可以清楚地看到韩非独特的治国之道了：以法管理社会，用术驾驭大臣，靠势来张扬君权。张扬君权是韩非"法术"理论的核心，他用16个字概括这种法术的特征："事在四方，要在中央；圣人执要，四方来效。"意思是：事务由臣民去办，大权由君主独揽；君主掌控大权，臣民自然都来效劳。韩非又说，君主使用大臣时不能给他们太多权力，指挥他们就要像使鸡天亮时叫明，使狐狸晚上去抓老鼠一样。做到这样，大臣们自然无权议论君主的是非，普通百姓更不能对朝廷说三道四了。

君权在韩非这里被强调到专制和可怕的地步。学者李山形容说："一部《韩非子》，堪称一部用于君臣之间的权诈兵法之书。"韩非为什么要这么煞费苦心地为君王驾驭臣子出主意呢？李山分析说，韩非殚精竭虑地维护强权并不是他的最终目的，他的最终目的在"法术"安民，有此一点，韩非便有其可敬佩的一面。是啊，为了韩国不被灭亡，为了民众安定，法家学说最后的总结者韩非付出了宝贵的生命。韩非是值得后人敬佩的，尽管他的某些提法，例如"以刑去刑"确实令人感到毛骨悚然。

十一、兵者，国之大事

春秋战国时代，诸子百家如云蒸霞蔚，传世经典卷帙浩繁，让人目不暇接，许多作品不仅成为中华民族的瑰宝，也在世界范围内产生影响。孙武所著的《孙子兵法》便是其中最令人惊叹的一件。

孙武是春秋晚期齐国乐安人，其家族是实际掌控齐国的新兴力量的代表。祖父孙书是齐国名将，曾立下卓著战功。家学渊源的孙武，尽管从未领兵打仗，但耳濡目染，到18岁时已深谙兵学之道，20岁左右就写成了《孙子兵法》。此时齐国发生内乱，为避免无谓的牺牲，孙武毅然出走，避居于势力正处于上升期的吴国。

到了吴国后，孙武结识了在吴避难的楚国将军伍子胥。经伍子胥推荐，在完成宫女操练后，孙武被吴王阖闾拜为将军。在这之前，孙武已经向吴王献出了自己的兵法十三篇，正式开始军事生涯。

天才就是天才，孙武以前只在纸上谈兵，到了吴国后，这些纸上兵法在战场大放异彩。吴军在以孙武为主的统帅部的指挥下，接连重创楚军，经五战五胜之后攻陷楚都郢城。初试兵锋，一役逞威，孙武以及他的《孙子兵法》立即闻名遐迩。之后，孙武又与伍子胥一道主持对越国的战争，很快"南服越人"。公元前484年，孙武指挥吴军大败齐军。两年后，孙武辅佐吴王夫差赴黄池会盟，使过去不起眼的小吴国一举取代大晋国，成为战国霸主。

中国是一个不断产生大战略家、大军事家的国度，兵书是中国传统文化的重要组成部分，从先秦到清朝就有4000多种，有《孙子》《吴子》《司马法》《唐太宗李卫公问对》《尉缭子》《黄石公三略》《六韬》等。这些兵书中，《孙子兵法》最受推崇，地位最高，且早在战国时期就广为流传和运用。《韩非子·五蠹》描述："境内皆言兵，藏孙、吴之书者家有之。"家家户户都有《孙子兵法》，这是"全民战争时代"才有的景况。西汉立国后，兵家文化盛行，朝廷上下皆读孙子十三篇。从这之后，历朝历代都组织人力对兵书进行搜集整理，曹操还亲自作序、注释。唐宋时期为《孙子兵法》作注更成为一种社会时尚。清朝的《四库全书总目》把《孙子兵法》推到"百代谈兵之祖"的高度。一部只有五六千字的兵书，为它作注的达数百家，其注释文字汇总达数百万言之多。学者李零说："这本小书，就是放在全世界，也是头一份。这不是吹牛。"

几千字的书，凭什么这么牛呢？先看大势：与春秋初期相比，春秋末期的战争规模扩大，战争的频率和手段增多。如果说春秋初期、中期的战争多是恐吓、吓阻，不战而屈兵、屈国的话，那么春秋末和战国初的战争就多以攻城略地和消灭敌方的有生力量为主了，一个国家弄不好就会被整个地兼并或灭亡。在这种新形势面前，兵法也好，国家大战略也好，都出现了空前的转变和发展。《孙子兵法》就以这种大的国家安全战略观开头："兵者，国之大事，死生之地，存亡之道，不可不察也。"战争是国家最重大的事情，关系到民众和士兵的安危，关系到国家的生死存亡，是决不可以不去认真研究的。以这样警示性的语句开头，《孙子兵法》的战略高度一下就显现出来了。

这段话不仅警示，更包含了两个非常重要的观念：慎战与重战（重视战争）。为什么一开头就强调这两个观念呢？因为周边的形势太复杂了，不要说小国慎战，大国也不要轻启战端。一旦不慎，"亡国不可以复存，死者不可以复生"。

这是出于政局动荡与人员伤亡的考虑。另外，从经济角度考虑，也要慎战。战争的破坏性实在太大了，经历一场战争，少则几年，多则几十年恢复不过来。因此，对轻启战争的做法，孙子坚决反对，他说："主不可以怒而兴师，将不可以愠而致战。"并呼吁"明君慎之，良将警之"。

孙子并不像有些先秦思想家那样强调反战，他知道战争不可避免，而且会越打越狠，所以告诫执政者要特别重视战争，要全力以赴做好平时的备战。在做好备战的基础上，他提出了几个非打仗不可的原则，即"非利不动，非得不用，非危不战"。请注意，孙子在这里所说的"利"不是指金钱物质，也不是指一地一城的得失，他所说的"利"即是否有利于国家的安危，也就是他一再提醒的，慎战的出发点是"安国全军"，即国家安全、军事力量不受损失。要做到这一点，就必须做到不战则已，战则全胜。那么，怎样才能保证全胜呢？孙子强调，要尽力做到"不战而屈人之兵"，他认为这是用兵的最高境界。所谓"上兵伐谋，其次伐交"，也就是能在谋略上胜敌是最好的，能通过外交挫败敌人也很好，实在不行就只有伐兵、攻城了，但这是等而下之的事。

战争万不得已打响了，就要速战速决，否则，就会造成军队疲惫、兵力不济、国库空虚、百姓穷困、民心涣散。因此，善于用兵的人，兵员不两次征集，粮草不多次运用，能在敌国补充粮草就在敌国补充。孙子还给决策者算账：一场战争耗费很大，如果久拖不决的话，百姓的家产会耗去十分之七，国家的财政至少会耗去十分之六。

怎样才能尽量减少经济上的耗损，使战争速战速决呢？孙子提出他独特而全面的制胜之道，如：知己知彼、知天知地；致人而不致于人（调动敌人而不被敌人牵着走）；兵者，诡道，兵以诈立；令之以文（做好士兵的思想工作），齐之以武（从严治军）；如此等等。除此，孙子还特别强调君王要处理好同将领的关系，"将在外，君令有所不受"，不要遥控瞎指挥将领。

总之，如何制胜是孙子的所有兵法的落脚点。为此，他花大篇幅论述影响制胜的 5 个战略要素：道、天、地、将、法。他提醒为将者，战争前务必把这些战略要素想清楚，否则，熟悉再多兵法也很难取得胜利。从这个意义上讲，《孙子兵法》就是胜利之法。战国时代一场接一场的战争，大多在《孙子兵法》的战略和战术框架之内演绎。正是有了《孙子兵法》，战国中晚期的战争才进行得如此撼人心魄。正是孙子这部处处充溢着辩证法思维的兵法，加快了中国大统一的步伐，而统一步伐的加快使中华民族少受了许多战争之苦。2000 多年后，孙子和他的《孙子兵法》仍在社会的各个层面产生影响，不管东方西方，人们都在他的兵法中"淘宝"。

《孙子兵法》比西方名著《战争论》早问世 2000 年，目前已译成几十种文字在世界各地流传。日本在中国的唐朝时就已将《孙子兵法》用于军事教学。1961 年，声名显赫的英国元帅蒙哥马利也曾建议把《孙子兵法》列入世界上所有军事学院的教材。美国国防大学在蒙哥马利提出建议前就已经将《孙子兵法》作为战略学的教材。更有一些中外学者，将《孙子兵法》定位为"天下第一兵书"，视作者孙武同孔子一样，尊享"圣人"美誉。美国学者约翰·柯林斯说：孙子是古代中国第一个形成战略思想的伟大人物，孙子十三篇可与历代名著，包括克苏塞维茨的著作媲美。今天没有一个人对战略的相互关系、应考虑的问题和所受的制约有比孙子更深刻的认识。他的大部分观点在我们当前的环境中仍然有和其在当时同样重大的意义。

《孙子兵法》与西方军事论著相比较，不仅仅是在讲军事，也在讲政治、讲文化、讲哲学，甚至讲心理学、天文地理学。五六千字的书稿就是一篇美文，其中很多论述简直就是一首一首的诗歌，如"不战而屈人之兵，善之善者也。故上兵伐谋，其次伐交，其次伐兵，其下攻城"等。孙子真是圣人啊，青年时期写出的文章，让后人学习、研究、揣摩了 2000 多年，且愈读愈有新鲜感。难怪外国人最喜欢购买的 4 本中国图书中，《孙子兵法》位列其中（另外 3 本是《论语》《老子》《易经》）。

圣人孙武在辅助吴王实现黄池会盟之后不久便淡出吴国，不知其晚年在何处度过。然而，不论他个人的最终结局如何，他的兵法不朽，人不朽！

十二、祖国便是一切——屈原的情怀

屈原从政很早，20 岁左右就在楚怀王手下担任左徒（相当于楚怀王的秘书长），"入则与王图议国事，以出号令；出则接遇宾客，应对诸侯"，内政外交基本上都交给他了。可以设想，一个既年轻又有才华，且大权在握的人，能不招人眼红吗？加上他少年得志，对官场的险恶知之不多，没有防人之心，无形或有形中就为自己树了敌。同样深受楚怀王信任的上官大夫就向屈原发出暗箭，向怀王进谗言说，明明是怀王您指派屈原制定国家法令的，可屈原把这些都当作炫耀的资本，自以为这些事除了他，楚国没人干得了。

楚怀王明辨是非的能力差，听后"怒而疏屈平"（屈原名平，字原），免去了屈原左徒之职，令其转任三闾大夫，分管王族三姓事务、宗庙祭祀和贵族子弟的教育。在政坛，这个职位的分量比左徒差远了。屈原被调离重要岗位，是秦国最愿意见到的事件，因为屈原亲齐疏秦。有史料说，上官大夫就是因为收了秦王的礼物，才在楚怀王面前说屈原坏话的。屈原转任三闾大夫后不久，朝中的反对者们仍不放心，继续在楚怀王面前攻击他。楚怀王听信这些谗言，下令将屈原流放到汉北。屈原离开朝廷不久，秦王便用欺骗手段破坏了楚齐联盟。楚怀王事后发现上当，一怒之下举兵攻秦，由于准备不足，楚军相继在丹阳、蓝田败于秦军，不仅8万楚军被杀，还丧失了楚国的肥沃粮仓——汉中之地。祸不单行，就在这段时间里，齐、韩、魏也发兵攻楚，致使楚国蒙受重大的损失。

楚怀王执政30年时，秦王设计哄骗楚怀王前来秦国相会。楚怀王不知是计，准备按时前往。屈原此时已被楚怀王疏远，但他仍面见楚怀王极力劝阻，说秦国是虎狼成性的国家，决不能冒险前往。楚怀王的小儿子子兰等宠臣却力主怀王入秦。楚怀王很蠢，按时前往，一到武关就被扣押，3年后死在秦国。楚怀王的长子熊横即位，是为楚顷襄王。楚顷襄王又是一个糊涂人物，让弟弟子兰做了令尹。子兰在楚国的名声很差，楚国上下都怨恨他劝楚怀王入秦而害了楚国。屈原更是公开斥责子兰，要其向国人谢罪。子兰此时大权在握，岂能容忍屈原的指责？于是指使上官大夫在楚顷襄王的面前造谣诋毁屈原。楚顷襄王大怒，下令将屈原再次流放，这一次流放得更远，到了沅水、湘江流域，并且一流放就是9年。

这9年之间，楚国的形势一年比一年差。楚顷襄王二十一年，楚国首都被秦将白起攻占。国破家亡，自己却帮不上忙，屈原捶胸顿足，号啕大哭。要知道，楚国当年可是版图最大、人口最多、经济最繁荣的大国，怎么自己才离开9年就不行了呢？难以相信这一噩耗啊，屈原像没娘的孩子，打着赤脚在湘水边痛苦地徘徊。怎么办？何去何从？曾经有人劝他离开楚国，去他国另谋高就，战国时代像屈原这样大名鼎鼎的人物，肯定会有不少国家欢迎的。他自己也曾想过，去其他国家试试吧，但转念一想，那不是自己的祖国，一个连自己的祖国都不要的人，活着还有什么意义？他决心留在楚国，期望有朝一日再为之操劳。屈原的这些想法在旁人看来真是过于固执了，中国大得很，有你屈原的用武之地。连打渔的渔翁都曾劝他：圣人对事物的认识不迂拘固执，而能够顺应世俗的变化。举世混浊，为什么不随波逐流？众人皆醉，为什么不沉醉其中？

屈原当然知道沉醉其中的好处，但抬眼望去，君王昏庸畏怯，大臣贪腐愚昧，整个国家已经失去了方向，自己的所有理想、主张无一能在故土实行。最令人痛苦的是，祖国在危难之中，自己却被剥夺了为国出力的权利和机会。爱国获罪，救国无人，屈原心如刀绞，与其这样活活地受煎熬，不如以死来殉自己的理想吧！于是他这样回答渔翁：我听说，刚洗过头发的人，一定会弹弹帽子再戴；刚洗过澡的人，一定会抖抖衣服再穿。又有谁愿让自己干净的身体受到污垢玷辱？眼下，我宁可葬身大江鱼腹之中，也不能同流合污，让高尚的品德蒙羞。

这就是真实的屈原，一个撞了南墙也不回头的屈原；一个才华横溢却又锋芒毕露，不知道周旋、不知道保护自己的屈原；一个深爱自己的祖国，宁可为它而死也不苟活着的屈原。回答完渔翁的好心劝告，悲愤交加到极点的屈原，选了一处便于下水的河滩，一步一步地向河中心走去。他的去意是何等坚决啊，身上还绑着石头。屈原投江的这一天大约是公元前277年农历五月初五。周围的乡亲们听说后，都顺着江水来寻找他，并于每年的这一天举行各种活动纪念他。在中国的历史长河里，为纪念一个人而确立一个全国性的纪念日，并且由民众自发举行纪念活动，屈原是唯一的一个。作家朱自清这样感叹："他是个忠臣，而且是个缠绵悱恻的忠臣；他是个节士，而且是个浮游尘外、清白不污的节士。'举世皆浊而我独清，众人皆醉而我独醒'，他的身世是一出悲剧。可是他永生在我们的敬意尤其是我们的同情里。"

屈原是中国历史上第一个以爱国主义著称的伟大诗人。《离骚》《天问》《招魂》《哀郢》《怀沙》等诗文，幻想与现实交织，希望与失望并存，篇篇扣人心弦。你听：

帝高阳之苗裔兮，朕皇考曰伯庸。（我是古帝高阳的子孙啊，我已去世的父亲字伯庸）

长太息以掩涕兮，哀民生之多艰。（我时常揩着眼泪声声长叹，叹民生如此之艰难）

伏清白以死直兮，固前圣之所厚。（保持清白节操死于直道，本就是古代圣贤所推崇的）

……

只听几句，便悲从中来。不想改变自己，也没有改变楚国的可能，又不忍心离开祖国，就像《离骚》中所写的：太阳东升照得一片明亮，忽然看见我生长的故乡。我的仆从悲伤，马也怀念，退缩回头，不肯走向他方。

这是多么浓烈的家国情怀啊，哪儿也不去，死也死在祖国，祖国便是一切。屈原就这样一步步把自己逼往绝路。司马迁在写完屈原的传记后长叹一声说："我读屈原的《离骚》《天问》《招魂》《哀郢》，对他的志节深感悲壮。到了长沙，在汨罗江畔看到屈原自沉的地方，想到他的为人，常常哀痛流泪。后来看到贾谊的《吊屈原赋》，又奇怪屈原，以那样的才能游说诸侯，哪个国家不能容纳呢？但却让自己走上自杀这条路。"

多少人与司马迁一样为屈原悲哀，同时为他的崇高人品和至死不渝的爱国之情所感动。真得庆幸中国漫长的历史上有过春秋战国这么一个开放、卓越的时代，它不仅造就了一批又一批类似于屈原的为了祖国虽九死而不悔的堪称民族脊梁的人物，更是孕育了一个版图辽阔、人口众多、中央高度集权的大帝国——秦王朝。正是这个王朝，打牢了中国长期保持大一统格局的坚实基础。

第八章 统一，再统一

从公元前 230 年灭韩算起，10 年时间内，秦军以摧枯拉朽之势荡灭关东六国，一个国土陆地面积近 500 万平方公里、人口超 4000 万的大中国横空出世。这个国名曰秦、政治和军事体制高度统一、糅合了几十个民族的国家，是当时世界上最大的国家。其版图东至海滨暨朝鲜，西至临洮（今甘肃岷县）及羌人居地，南至"北向户"（含今南海地区及越南海防、高平一带），北至河套、阴山及辽东。

秦朝是中国发展历程中最具决定性意义的伟大时代，它的伟大不仅仅在于一举结束了近 500 年的分裂割据的混乱局面，更在于它奠定了中国长期以大一统格局屹立不倒的坚实基础。自此之后，大一统成为中国历史的主流，一代又一代中国人视统一为宿命，不屈不挠、无怨无悔地维护国家的统一和完整。

虽然存世仅仅 15 年，但是秦王朝在当时享誉寰宇，秦文化（以中原文化为主）迅速向周边和世界发散，秦人和后来的汉人、唐人一样，成为中国人的代名词。

一、新风扑面来

国家一下变得如此之大，长期偏居一隅的秦王嬴政既兴奋又忐忑，如何才能实施有效的管理呢？他下令朝廷展开大辩论。他亲自主持朝会，命令群臣各抒己见。辩论前，他希望群臣先议论一下有关他的名号问题，就是怎么称呼他恰当。原话是："寡人以眇眇之身，兴兵诛暴乱，赖宗庙之灵，六王咸伏其辜。天下大定。今名号不更，无以称成功，传后世。其议帝号。"意思是说：我这微不足道之人，统一天下，如果不更改名号，就不足以与我建立的功业相配，也不宜流传后世。你们想想看，怎么称呼我合适啊？

丞相王绾、御史大夫冯劫、廷尉李斯等人立即献上他们早就想好的话来回答秦王，说：平定天下这么大的功业，五帝也望尘莫及。古时有天皇、地皇、泰皇之称，以泰皇最为高贵，我们冒死献上尊号，称您为"泰皇"吧。秦王政不满意地说：去掉"泰"留下"皇"，再在后面加一个五帝的"帝"字，就叫"皇帝"吧。

"皇帝"一词就这样发明出来了，拥有"专利权"的秦王政开始被人尊称为皇帝。他不仅称皇帝，又在前面加了一个"始"字，称"始皇帝"，即秦王朝创始皇帝。秦始皇向臣下说明为什么要加一个"始"字，他说：我听说远古有称号，没有谥号；中古有称号，死后由后人根据生前的行迹确定谥号。这样不好，这是儿子议论父亲，臣子议论君王，很没有意义，我不采用这种方法。从此以后，废除谥法。我是始皇帝，子孙后代用数计算，从二世、三世至于万世，传袭无穷。

始皇帝接着肯定了王绾等人的另外一些小建议，说：我本人今后不再称"我"而称"朕"，今后皇帝之命为"制"、令为"诏"。始皇帝的这些叫法新鲜得很，令人耳目一新，大臣们都叫好。

等到把这些名号、称呼搞定后，群臣们开始辩论如何管理刚刚统一起来的大中国。丞相王绾等建议说："各国诸侯刚被消灭，燕、齐、荆地辽远，应在那里立王。请把皇帝的几个儿子立为王，让他们担负起拱卫王朝、治理地方的重任。"附和者很多，唯独廷尉李斯反对。他说："周文王、周武王所封立的同姓子弟很多，然而后来反而互相攻击，如同仇敌，诸侯也交相讨伐，周天子不能禁止。现在应该实行全国性的郡县制，不再封王封侯。皇帝的子弟和功臣，只要重加赏赐就行了。这样来治理，天下没有二心，国家自然会安定。"李斯的建议得到始皇帝的认可。秦始皇语气沉重地说："天下苦于无休止的战争，是因为有诸侯王。天下初定，再去建立诸侯国，这是自我树敌。廷尉的建议很好。"始皇不愧为千古一帝，他只用了四个字就把分封诸侯的要害点透：自我树敌。是啊，在权力面前没有亲情，只有争夺和搏杀。这样，一项历经 2000 多年几乎没有多大改变的国家治理方案或者叫国家行政区划战略便确立了，那就是全国划分为 36 个郡，郡下设县，县下设若干乡，乡下设亭、里。少数民族地区的县级行政单位则称"道"。道又是某条主要交通线路的名称。由于国土面积空前增加，中央政府只得以控制主要的交通线路的方法来实行对郡县的管理。据史料统计，秦初时，县的数量大约在 1000 个左右。

郡县制在春秋末期就已逐步实行，搞得较早、较成功的是楚国。小国被灭后，楚国就在那里设县，由国君直接任命县公。县公的地位很高，仅次于令尹和司马，直辖于楚王，代表楚王行使地方管辖权。晋国也设县来取代家族管理体系，"三家分晋"时一大批被灭掉的贵族的原有采邑纷纷被县所取代。秦国在秦武公时（公元前 688 年）就开始设县，是中国最早设县的地区，但那时秦国的县不像楚、晋两国的县具有行政管理和代王驻守的职能，它只是表示对某一地区实行了占领和吞并。

秦始皇拍板划定的 36 个郡，后来随着疆域的拓展，扩大为 41 个郡。这 41 个郡是：内史郡（首都，今咸阳）、上郡（今陕西榆林南）、北地郡（今甘肃西峰）、陇西郡（今甘肃临洮）、汉中郡（今陕西汉中）、蜀郡（今四川成都）、巴郡（今四川重庆）、河东郡（今山西夏县）、上党郡（今山西长治）、太原郡（今山西太原）、雁门郡（今山西右玉）、九原郡（今内蒙古包头）、云中郡（今内蒙古托克托）、代郡（今河北蔚县）、上谷郡（今河北怀来）、渔阳郡（今北京密云）、广阳郡（今北京）、右北平郡（今内蒙古宁城西南）、辽东郡（今辽宁辽阳）、辽西郡（今辽宁义县）、巨鹿郡（今河北平乡）、邯郸郡（今河北邯郸）、东郡（今河南濮阳西南）、琅琊郡（今山东胶南西南琅琊镇）、泗水郡（今安徽淮北）、九江郡（今安徽寿县）、闽中郡（今福建福州）、南海郡（今广东广州）、齐郡（今山东临淄）、薛郡（今山东曲阜）、砀郡（今河南商丘）、三川郡（今河南洛阳东）、颍川郡（今河南禹州）、南阳郡（今河南南阳）、南郡（今湖北江陵）、会稽郡（今江苏苏州）、鄣郡（今浙江安吉）、长沙郡（今湖南长沙）、黔中郡（今湖南沅陵）、桂林郡（今广西凌云）、象郡（今广西崇左）。

郡县制正式确立后，中央政府的管辖权直达最基层的乡和里，政府的税收可以精准到每个百姓的头上，中国人从此开始生活在"组织"中而不是自黄帝时代便形成的族群里。百姓改称"黔首"，完全照商鞅变法时的规定，实行什伍编制。秦始皇下令改革土地制度，使"黔首自实田"，承认农民对土地拥有使用权。

老百姓为何又叫"黔首"呢？这是有讲究的。原来，秦始皇一统天下后，信奉战国后期名家邹衍的"五行终始"说，并据此学说进行推演，认为周朝是得到了火德，秦灭周就代替了周的火德，秦应是水德的开端。水克火，顺应了五行相胜法则。于是，秦始皇下令，衣服、旄旌、节旗都崇尚黑色，因为水德是尚黑色的，民众的头上缠着一块黑布，表示崇尚水德。黔就是黑，首就是头，头上覆一块黑巾，不就是"黔首"吗？这是一个奇特的发明，谁是百姓，老远一看就知道，真是太方便政府管理了！

秦始皇又决定在郡一级设守、尉、监3套管理班子，班子成员由他亲自任免。为了适应郡县制，秦始皇发布命令，建立一套以"三公九卿"制为组织形式的中央行政体制，处理国家日常事务。"三公"即丞相、太尉、御史大夫。"九卿"即9个负责国家行政事务的部门（实际不止9个部门）。如果套用现在的名称，可以这样称呼这9个部门：排第一位的是主管宗庙祭祀等事务的部长，第二位是司法部部长，第三位是皇族事务部部长，第四位是首都卫戍司令，第五位是交通部部长，第六位是宫廷供应部部长，第七位是外交部部长，第八位是粮食部部长，第九位是皇城卫队长。设立九卿之后，又单独把分管宫廷事务的部门从九卿中分出来，这样，国家管理系统运转得更有效了。三公九卿制是秦王朝的又一大发明，是套严密的国家管理系统。它的基本原则是政治、军事、监察三权分立，互不干涉，九卿不管军事，太尉不干预政治，监察机关直属皇帝领导。丞相是百官之首，总理全国政务；太尉是最高军事长官；御史大夫是"中央纪律检查委员会"或者叫"监察委员会"主席。此后的2000多年，历朝历代的管理体系基本上因袭了这套制度，即使有变革，也不过是名称的变化或部门的增减而已，以皇权为依归的运行法则始终未曾跑出秦始皇定下的框框。

明代思想家李贽对郡县制大加赞颂，他说，假使圣人（可能指尧、舜、禹、汤、文、武等古代明君）复生，他们也不会去改变秦朝目前所推行的郡县制度等方面的政策。当代学者柏杨用文学语言来评述郡县制："这是一个划时代的突破和最骇人听闻的政治结构，没有封国封爵，没有公侯伯子男。当时没有一个人敢于想象皇帝的儿子们竟会跟平民一样，没有拥有土地，更没有拥有奴隶。"

统一中国的秦王朝处处给人新风扑面的感觉。

二、统一，统一，再统一

天下一统来得太快，快得叫秦始皇不敢信以为真，他时常夜不能寐。天下真的完全统一了吗？他从梦中惊醒，心里问的还是这一句。他不能放心，于是下令收集天下兵器，全部运往首都咸阳，在咸阳将其熔化，一部分铸成钟镶，一部分铸造成了12个每个重1000石（21万千克）的铜人，排列在宫廷中。这些巍巍然的钟镶、铜人体上都刻有"皆夷狄服""皇帝初兼天下"之文。收缴兵器后，秦始皇下令迁徙12万户原六国的富豪、强宗，让他们从原居地迁往咸阳，以抹去他们在原居地的势力和影响，尽量减少国家的不安定因素。秦始皇的这一措施早在扫灭六国的过程中就开始了，一户只以4口人为单位计算，9年时间里，仅咸阳一地就迁入了近50万"大款""大腕"。京师的税源更充实了，国家对富豪、强宗们的控制也更方便了。

不仅如此，秦始皇维护大统一局面的手段确实狠辣，迁走这些六国豪强之后，他立即下令毁掉六国原有的城郭、沿河的堤防，以及部分长城屏障，尽一切可能根绝各地反动势力赖以进行复辟活动的物质基础。真要拆除六国的宫殿、城郭，秦始皇也觉得有些可惜，那么美丽壮观的建筑再也见不到了，怎么办？他想了个办法，每灭一国之后，立即组织力量测绘那个国家的宫室，画下详细的施工图，带回咸阳依样建设。秦始皇亲自选址，把咸阳渭水北岸的一大片坡地作为重建宫室的用地，前前后后一共建了145所。这些宫室"南临渭水，从雍门以东到达泾水、渭水汇流地区，宫殿室宇、空中栈道和缭绕回旋的阁道连续不断"。

秦始皇是站在巨人的肩膀上维护大一统局面的，他从六国的兴衰中吸取经验教训，创立出一整套独特的治国之道。可以用5个字形容这套治国之道，那就是"统一再统一"。他以秦制为标准，制定了全国一盘棋的政治、经济、军事、文化等方面的规章制度，很快消除了分裂、割据所遗留的差异化。按照柏杨先生的说法，秦始皇在管理一个大一统的国家方面所制定的方略，比往后2000多年所有领袖人物所做的总和还要多。来看几件他顶住一切压力完成的大事：

第一件，发起大规模的土地国有清理行动。明确规定"六合之内，皇帝之土"，收回六国诸侯和大小封君占有的土地，全部纳入国有管辖。这笔土地资产的规模很大，秦始皇下令，给全国每个"黔首"赐爵一级，再在此基础上按军功爵制授田，这就等于让每个人都有一份田产，尤其是立过军功的农民，家产陡增，事农的积极性空前高涨。遗憾的是秦始皇心中只有农业，他对商业尤其是商人进行抑制，曾多次将商人及其家属与罪犯混编，一起徙谪戍边。秦始皇反感商人、反感商贸，或许是受了巨商吕不韦的刺激，或许是因为他认为保护农民比保护商人更重要。究竟出于何种原因而重农抑商，我们只能猜测了。

第二件，统一法律。秦国是靠法治改革富国强兵的，统一法律是秦始皇十分重视的大事，对此他也很熟悉，知道该怎么干。他下令把秦国还是诸侯国时的法律推行到全国。秦的法律在当时是最全面的，他在采用法家鼻祖李悝的《法经》的基础上，又增加了"什伍连坐法"。

第三件，统一币制。如果说统一法律是政治层面的统一的话，那么，统一币制就是经济层面的统一。战国时期，各国货币各异，形制、大小、轻重和计量单位都不相同。形制上有"刀币"、"布币"、圆钱、铜贝、爰金等；计量上有的以16两为1斤，有的以20两为1镒。国家统一之后，秦始皇下令立即废除六国旧币，全国统一使用新货币。新币分两种，黄金为上币，以镒为单位；圆钱为下币，以半两为单位。币制的统一，表明中国首次有了自己的"央行"。

第四件，统一度量衡。跟货币一样，战国时期的度量衡五花八门，大小、长短、轻重标准一国一制。民间商贸到底以哪国的标准为准呢？秦始皇在全国统一的当年就下令以商鞅变法时的标准度量衡器来统一全国的度量衡，规定所有的度量衡器均由国家专门部门监造，像陕西重泉（今陕西蒲城）发掘出的量器，底部还刻有秦始皇二十六年（公元前221年）统一度量衡的诏书。

第五件，车同轨。在统一度量衡的同时，统一车轨。怎么统一呢？就是统一车舆两轮之间车轴的长度，使两轮着地形成的车辙相当。为什么要这么做呢？原来车同轨后可以提高车舆的行驶速度。车同轨的标准很有讲究，据说是根据"五德终始"说来设计的。秦始皇信奉"6"这个数字，下令"舆六尺"，两轮之间车轴的长度也定为6尺。

第六件，构建全国交通网。车同轨的意义不仅是为了提高车舆行驶的速度，还包含统一全国的道路建设标准。秦王朝的版图实在太大了，秦始皇生怕版图失控，即命令用10年左右的时间，修筑起一个以咸阳为中心，联结全国各地的交通网。中国历史上最大规模的道路建设工程开始了，据统计，全国先后大约有1000万人参加了此项工程。在不到10年的时间里，初步形成了以京都咸阳为中心，向各郡县伸展的五大交通干道网。这张"网"的总长度达到7000多公里，是当时世界上最庞大的交通体系。这五大交通干道的走向如下：

东方干道网沿黄河东北延伸至河北、北京、山东半岛及沿海一带，并在大梁（今河南开封）折向东南，抵达江苏睢宁、扬州。西北方干道网由咸阳往西，向西北抵达陕西乾县，再往西抵达陇西郡（今甘肃临洮）。东南干道网从咸阳朝东南行，抵达湖北江陵，号称秦楚大道，从江陵往东抵江苏苏州，往南经长沙越五岭山脉抵南海郡（今广州），又沿湘水、灵渠深入广西腹地，抵桂林和广西崇左。东北干道网从咸阳东抵河东郡（今山西夏县），再北行至太原郡，又从河东郡出发连接上党郡，之后东越太行山抵邯郸，再由此向北至辽西和辽东，及至朝鲜。北方干道网从咸阳直达九原（今包头）、托克托。这条干道下功夫最大，除了直道外，还有咸阳到托克托的驰道。

驰道在当时又称天子之道，但不是皇帝专用的，允许民众出行时使用该道，只不过规定路中央的3丈为皇帝专用，其他人等只能走两边的旁道。驰道类似于我们现在的高速公路，修建标准很高，它的路面宽50步，路两旁每隔3丈种一棵青松，可以想象当年驰道修成之后是何等的气派。

与驰道配套相连的还有直道，直道即弯道少的道，总长1800里（合今750公里）。这几乎是一条国防军专用大道，是秦国戍边名将蒙恬率20万大军，仅用了两年半就建成的军事工程。它以咸阳北的云阳为起点，途经陕甘 14 个县后直抵内蒙古包头市。直道既直又宽，一般路段都在 60 米宽度之上，可以并排行驶 10 辆秦代战车。直道的建成对巩固北方边防起了重大的作用，骑兵部队从云阳出发，三天三夜即可抵达阴山脚下。

特别要说明的是，秦帝国的交通网络是立体式的，除了驰道、直道外，还修建了许多阁道、甬道、新道、五尺道，主干道旁是郡、县的所在地，蜘蛛网般的分支一直延伸到大多数乡、里，中央政府的政令就通过这些交通网而传至各处。不仅如此，通过巨大的交通网络，中央政府可以不断地吸纳那些尚未并入国家版图的地区，如通过修建灵渠这条运河，打通长江、湘江与漓江、珠江水系的联系，把首都咸阳同帝国的南疆紧密地联在一起。

第七件，统一文字。继政治、经济上的大统一后，文化上的统一也同步展开，最先实行的就是文字的统一。战国时期七雄并立，各自的文化特征不同，"言语异声，文字异形"。言语异声不会影响国家政令的实行，而文字各异就会直接影响中央政令的执行。李斯深知统一文字的重要，六国刚灭，他就建议以"秦文"为范本，尽快统一文字，即"书同文"。"书同文"也是孔子最早向诸侯们大力倡导的。《中庸》中这样记载孔子的话："今天下车同轨，书同文，行同伦。"李斯接过孔子的话向秦始皇提出该建议，秦始皇立即同意，命令李斯主持统一文字的工作。当时秦始皇手下有 3 位大书法家——李斯、赵高、胡毋敬，以李斯的名头最响，所以由他主持。李斯擅长篆书，篆书本为皇帝专用的书体，又称大篆，李斯就以此为基础，取六国文字之长，统一偏旁形态，固定偏旁位置，规范了字体的笔数，这里加一点，那里加一画，又变字中的斜笔为纵横之势，使字体整齐划一，典雅大方。做完这些改造工作，他给这些统一的文字起了个名，叫"小篆"。之后，李斯把所有文字用小篆体写好集合在《仓颉》七章中，呈给秦始皇。秦始皇非常满意，又令赵高写《爰历》，胡毋敬写《博学》，与《仓颉》一块作为统一的文字范本，供天下人临摹。此后，无论汉字发生怎样的变化，其基础仍是秦帝国的小篆。中国的文字就这样统一起来，中国人有了一个更好的生活与心灵交流的平台，大一统的理念也更广泛、持久地深入中国人的生活与思想意识之中。文字统一的功绩无与伦比。

第八件，焚书坑儒。秦始皇很清楚虽然已灭了六国，思想的统一却才刚刚开始，于是他下令从改造民俗入手统一思想意识。六国的民俗民风大不相同，统一民俗无疑遭到了抵制，很难实行。例如，丈夫死后妻子能否改嫁，以前各国的风俗均不同，有的可以，有的不行。秦始皇下令要以秦国的风俗为主，"匡饬异俗"，为此作出了一系列法律上的规定，明确哪些风俗可以存在，哪些必须除去。前面说的女子改嫁之事，新法对此一律禁止，并严加谴责；又如，人死之后一律按秦国丧葬的习俗，采用屈肢葬，不能采用仰身直肢葬。为什么要在这些小事上搞统一呢？秦王朝的解释是中央政府有责任统理人伦，使其"混同天下一之乎中和"，就是全国一盘棋，天下大一统。

天下大一统当然不可能只停留在风俗上，秦始皇下令今后要"以吏为师"，就是取消私学，由官吏和政府承担思想文化方面的领导。这个变化等于把从夏商周以来的私塾教育完全抹掉，不能办私学，办就违法。这个点子又是李斯出的，他本人就是知识精英，深知文化对人心的影响。他说，你一方面办学收徒，一方面又对国家政策大肆妄加评说，无形中惑乱民心，动摇国家稳定之本，如不加以制止，势必酿成大患。于是，李斯建议，除《秦记》以外，其他六国的历史之书统统收缴并烧毁。此外，只允许国家收藏《诗》、《书》、百家语等经典文献，私人一概交出所藏之书，由地方政府集中烧毁。不过，有关医药、农业、卜筮等技术类书籍不在焚烧之列。李斯还建议，为了确保思想上的大一统，百姓不得私下讨论《诗》、《书》、百家语等文献，发现私下讨论者一律处以弃市之刑；平时生活中敢于以古非今者，诛灭其家族；官员知情不报者，与其同罪；焚书令下达后 30 天仍拒不遵行的，罚去做戍边守城的劳役。

秦始皇从巩固国家政权出发，完全批准了李斯的建议，中国历史上最严重的文化灾难就这样发生了。无数中华古籍珍本自此消失，这种损失难以估量。惨！然而痛心之余，换个角度看，假如新生的秦帝国不采取这种极端的方式去促进民众思想和文化上的融合，秦帝国会不会被舆论和私学的"口水"推翻呢？如果舆论和私学真有如此大的能力，那么，秦始皇的焚书应该说是无奈之举，毕竟秦帝国太年轻、太脆弱了。

比焚书更让当世人和后人震惊的是，迷信方术、企求长生的秦始皇，在发觉方术师们的谎言和劣迹后，把一腔怒火发泄到 460 多名装神弄鬼的方术师和平日"多嘴多舌"的儒生头上，统统以诽谤之罪坑杀。咸阳还有一些未被坑杀的儒生，也被"发谪徙边"。

这就是被后人指责了 2000 多年的"焚书坑儒"事件，秦始皇自此戴上残暴、专制的面具。尽管这些极端的举措有利于巩固新生的帝国统治，但对中国传统文化的摧残确实令人发指。试想想，如果六国史书以及无数的先秦文献能在秦始皇的手上完整地保留下来，说不定我们会发现夏代的文字甚至是仓颉发明的上古文字，说不定我们能大致排序出三皇五帝的历史大事年表。可惜，太可惜了，连秦始皇的长子扶苏也觉得太过分，他小心翼翼地劝说秦始皇："天下平定不久，远方百姓尚未安辑，儒生都学习和效法孔子，现在您用严厉的刑罚绳治他们，我担心天下会动乱。望您明察啊！"扶苏的话说得中肯但不合时宜，秦始皇听后大怒，下令扶苏离开京城到北方的上郡去做蒙恬的监军。扶苏的这番话说得早了点，没有了解其父在长期的兼并战争之后，急于用一切手段维护政权稳定的心理。扶苏这一离开就再也没能回来，秦王朝最有可能继承王朝伟业并纠正执政者过激行为的人物，因为这一番"不中听"的劝谏而永远留在了大漠的深处。

第九件，皇帝指挥枪。偏隅一地的秦国还是诸侯国时，就建立起了严格的皇帝指挥军队的制度。皇帝亲握御玺、虎符，在位将领只有验证了御玺、虎符的真实性之后才能发兵。有御玺无虎符不行，有虎符无御玺也不行，而这两样都在皇帝的口袋里，唯皇帝意志行事。典型的例子是秦王政亲政大典那天，太后的情人嫪毐叛乱，尽管嫪毐握有太后玺和伪造的秦王御玺，但由于没有虎符出现，军队不听指挥，嫪毐之乱很快就被秦王平息。统一六国后，秦始皇更是牢牢地掌控兵权，不仅新制了统一后的虎符和御玺，而且从制度上加强军队建设。

他首先改革了兵役制，规定凡年满 23 岁的男丁，要服兵役两年，有特殊情况时年龄可以提前到 15 岁。其次，改革军事管理与政权体制的关系，明文规定：太尉、总兵这两位掌管全军的最高将领，只能协助皇帝处理军事，既不能带兵，也不能调兵，动用军队的权力只在皇帝一人手中。又规定，在郡政府中设立郡尉，负责全郡的军事工作，地位仅次于郡守。一旦爆发战争，郡尉就得领兵参战。但秦始皇又强调，郡尉必须在郡守的领导下，因为郡守代表皇帝驻守一方，是当然的"军政一把手"。在郡政府之下的县政府也是同样，负责军事工作的县尉必须在县令的领导下开展工作，平时管理兵役、治安等事务，战时则率领地方武装参战。县以下的乡政府也编有管理军事日常工作的官吏，乡以下的军事分别由里长、什长、伍长兼管。秦始皇创造的这套军政管理体系一直延续至今，层层政府机构中均有军事长官，叫法不同，但内涵差不多。

秦国在尚为诸侯国时还有一项传统，即临战任将。国君任命将领后，战场指挥权就完全交给了前线将领。受命的将领出征前必须向国君宣誓保证作战胜利，否则受军法严惩。秦国统一中国后，这一传统得到传承，秦始皇对将领的任命和其他军事事务的处理更加谨慎，唯恐在军队中埋下隐患。

第十件，修筑万里长城。春秋战国时期，各诸侯国为了防范袭击，通常在边境上修筑一些关、塞等守卫设施，然后用城墙把这些关、塞连成一体，形成一道长长的防卫城墙，这就是长城。最早的长城约于公元前 7 世纪出现在楚国，而后各国争相建筑，最具规模的是直接面对匈奴的秦、赵、燕的边地长城。

秦始皇一统中国的当年，就在秦、赵、燕长城的基础上大规模整修、增筑长城。历时十多年，先后投入 30 多万常驻士兵和 20 多万当地民众，高峰期劳力总数达百万之多，分两个阶段建成了贯通东西（起临洮，至辽东），总长度达5000 余公里的万里长城。

为什么下如此大的决心，不惜靡费良多、死伤无数军民而修筑一项饱受责备的军事工程呢？不修不行吗？不修是肯定不行的，秦始皇扫灭六国后，对手就只剩下北方的游牧民族匈奴。匈奴在秦始皇平定六国的 10 年中养精蓄锐，此时已兵精粮足，侵扰变成了掠夺，秦帝国边境难得安宁。尤其苦恼的是，匈奴民族的武装来去一阵风，秦帝国的大军一到，他便遁走他乡；大军一撤，侵扰掠夺又至。一年当中反反复复，秦帝国大军来来回回，疲惫不堪，中央财政消耗无数。怎样才能使边境长治久安呢？秦始皇采取了主动和被动两套战略。主动战略是定期派大军在军事上打击匈奴；被动战略是续修长城，长年派驻大军驻守在以长城为依托的据点里，以逸待劳，反击匈奴的侵扰。

秦始皇还曾命令政府有关人员就修筑长城算过一笔账，结论是修筑长城的总经费，与从内地一年几次派出 30 万人的军队反击匈奴武装所需的经费大体上相等。这就更加坚定了秦始皇修筑长城的决心。实践证明，长城完工之后，匈奴的骑兵活动大大受到限制，秦帝国与匈奴间 10 年未动干戈。不仅如此，几十万秦军驻守长城沿线，还促进了边境地区的开发建设，长城沿线地区成为新的经济增长点。秦始皇眼光长远，在长城沿线安定之后，立即下令大量移民，在黄河沿岸新设置了 44 个县。正是由于这些好处，之后朝代的执政者们都有不断修缮和增筑长城的积极性，长城自此屹立不倒。

三、脚踏中原，心怀天下

收服中原诸国并不是秦始皇的终极目标，他心中始终装有一个天下，那就是要建立一个包括匈奴、百越等民族在内的大中华帝国。他拓边再拓边，长剑首先指向南方的百越。

"百越"又称"百粤"，是对名称、风俗各异的越人的总称。其活动地域是江淮以南之地区，这一地区在五帝三王时就臣服于中原王朝，春秋战国时期慢慢地都成了楚国的地盘。兼并中原六国后的第二年，秦始皇发布命令，在王翦灭楚的基础上，发起了对原楚国的后续征战。

秦始皇知道南征的难度大，越人大多吃苦耐战，为了尽快结束战事，他下令一次集结 50 万大军，分头向东越（大致在今浙江南部以温州一带为中心的区域）、闽越（福建）、南越（广东）、雒越（今越南北部地区）进攻。秦军很快攻占东越、闽越，并顺势南下。另一路大军从湖南的靖县和宁远出动向南越发起进攻，很快攻占番禺。两路秦军马不停蹄，对西瓯（今广西一带）和雒越形成夹击之势。

眼看很快就会取得完全的胜利，不料战事却发生了波折，很多被击溃的越人武装退进深山老林之中，与秦军展开游击战。而且，越人常常利用夜间向秦军发起偷袭。秦军尚未熟悉地形地貌，对夜晚的袭击一筹莫展，只得"三年不解甲弛弩"（士兵三年不敢脱下身上的防护，随时准备投入战斗）。相持战不仅大大损耗了秦军的战斗力，而且由于交通困难，人员的补充和粮草的补给远远跟不上部队的需要。更糟糕的是，秦国远征军的统帅尉屠睢也战死于岭南。广东广西这两个地方真让秦军吃够了苦头，有资料说秦军"士卒劳倦""伏尸流血数十万"。

为了打破僵局，秦始皇亲自南巡督战，决定在五岭之上开凿一条运河，通过人工运河把长江与珠江水系连结起来，然后通过水路向岭南等地运送部队和后勤补给。这条在世界上最早跨越山岭、最早使用船闸、名为"灵渠"的人工运河仅仅用了不到 3 年时间就开通了，大量的兵力和物资通过这条运河送上前线。就在灵渠通航不久，通往南越等地的新道也先后建成，并不断向南延伸。这样，通过水陆并进补给，彻底扭转了战局，秦军终于全部攻占"百越"，使秦帝国的陆上版图到达今越南境内的"北向户"，海上版图囊括今天的南海。

为了巩固来之不易的胜利成果，秦帝国采取了一系列措施，如置郡、驻军、移民、设关、筑路等。在广东境内设立了南海郡，在广西设立了桂林郡和象郡，任命任嚣、赵佗为军政一把手戍守岭南。政权机构设置好后，开始大量移民。史料显示，先后从内地迁往岭南与越人杂处的人数达 50 万之多，这些新迁的民众，一边垦荒一边守疆。不止于此，秦政府还向岭南流放了许多犯过罪的官吏和囚犯，让他们参与南疆的开发、建设。通过以上一系列治理措施，秦帝国终于完整统一了中国的南疆，岭南地区面貌大变。

从公元前 221 年开始，秦始皇即着手准备打击匈奴。在平定百越之后，他终于腾出手来实现这一战略目标。匈奴这个民族也是中国的一个很古老的民族，祖先是夏后氏的后代，曾被中原民族称为"荤粥""鬼方""猃狁""獯""戎""狄"等名，战国时期又统称匈奴为"胡"。匈奴人很早就与中原民族往来，通婚、商贸，不少匈奴人逐渐与中原民族融为一体。随着中原地区的统一与繁荣，中国北方、西北方的游牧民族也发展起来，形成了强大的部落联盟，"领头羊"就是匈奴的领袖人物头曼单于。

头曼单于是个很有凝聚力和扩张思想的人物，他不满足于居留在风吹草低见牛羊的草原上，把刀锋始终指向秦帝国，终日思虑马踏咸阳。但是他不了解此时秦帝国的领袖人物早已下定决心，要不惜一切像扫平六国那样扫平大草原。公元前 221—前 216 年，精心准备了 4 年之后，秦大将蒙恬率 30 万精锐之师，突然发起了对匈奴的猛烈进攻。匈奴几乎来不及作出任何准备和部署，立刻溃败。蒙恬迅即攻占了河套北部。在蒙恬主力进攻的同时，驻守北地、陇西两郡的秦军地方部队，也发起了向河套南部地区的进攻，一举收复了这个地区。

稍事休整之后，秦军于第二年越过黄河发起新的攻势，很快夺取了整个阴山地区和贺兰山高地，迫使匈奴放弃头曼城，向北退却 300 多公里。为了巩固新的边疆，秦始皇命令所有对匈奴作战的主力部队原地驻守，同时大量往该地区移民，并投入极大的财力新修长城和直道。仅仅用了 6 年时间，气候湿润、水草丰富的河南地区就被开发成富庶的"新秦"。自此之后，匈奴"不敢南下而饮马"。

四、皇帝总在路上

中国历史上有所作为的帝王，大都是勤政的。秦始皇也不例外，且不说他每天阅读、批复重达 120 斤的竹简文书，天下一统前后的十来年间，他竟然先后 5 次长途巡狩，最长的一次一连 9 个月在巡狩途中，路程达上万公里。现代化的交通工具坐久了人都受不了，何况当时出行只靠马车。

巡狩是古代帝王的一项重要的政务，通过巡狩，帝王可以了解国情民心，发现各种问题，有的巡狩就是一次大的军事演习或者征讨行动。当然，途中少不了宗教活动、祭天拜地等。一般帝王若干年也就巡狩一次，有的执政几十年也就巡狩一两次。但秦始皇不一样，统一中国之前他就曾 7 次离开秦国首都视察原韩、魏的故地，并亲自上前线劳军。统一中国之后，广袤的国土、陌生的人民，更加重了他那份实地巡视的责任心和急迫感。

公元前 220 年，天下初定，秦始皇平百越的战斗已经打响，出击匈奴的行动也开始进入实质性的准备。百忙之中，秦始皇抽出身来开始他统一中国后的第一次巡狩。令许多臣下意外的是，他第一次巡狩的目的地不是平日里关注最多的东方和南方，而是与匈奴为邻的西方，即帝国西陲的陇西一带，如《史记》所记载："始皇巡陇西、北地，至鸡头山，过回中焉。"

那么，秦始皇为什么选择首先巡狩陇西呢？司马迁没有说明，但大致有以下几个原因：其一，把天下一统的影响和好处带到西陲，进一步安定边疆；其二，为即将发起的对匈奴的大规模攻击做实地考察；其三，到秦人的发祥地行一趟感恩之旅。秦人的先祖可以追溯到黄帝一脉，是颛顼的子孙。秦人最早起源于东海之滨，先祖伯益曾跟随大禹平治水土，后因先祖蜚廉、恶来助商纣王，被周王室驱迁到今甘肃天水一带。西北高原的山水养育和繁荣了秦人，先祖非子因为周王养马有功而被封在秦邑，成为有名的诸侯。从这里起步，几十代秦人终于打拼出了一个远大于秦地的大中国。

这样看来，秦始皇选择西部作为统一中国后的第一次出巡，是理所当然的。他不用太担心南方的战事，平定百越是板上钉钉的事，而安定西部、打击匈奴才是他最关注的。在这次出巡中，他的心情很好，在返回咸阳的途中，他还在今甘肃崇信县境内田猎、筑城。

回到咸阳后，只在宫中住了几个月，比第一次巡狩规模更大的第二次巡狩又开始了。这一次是先往东再向南，预定在泰山举行隆重的封禅大典，为秦始皇歌功颂德，全面显示大一统的凝聚力。这一次的随从比首次巡狩多得多，重量级的大臣能去的都去了，一眼望不到头的皇家车队一出函谷关便直奔邹国（今山东邹城）的峄山。

峄山传说是女娲补天后用剩下的七彩石堆砌而成的，怪石万叠，高秀独出。而且，峄山一带是孔子的故乡，秦始皇此时是尊孔的，决定驻跸于此。登上峄山之后，秦始皇诗兴大发，不禁吟唱起来。吟罢，命丞相李斯用大篆"勒铭山岭"。这是秦始皇东巡途中立下的第一块纪功刻石，颂辞不少，但基本上是纪实的，有几句这样写道：回想战乱年代，天下分崩离析，而且冲突有理。战事连年不断，流血遍于荒野，始于远古时代。经历世世代代，到了五帝时期，也没能够制止。当今中国皇帝，实现四海一家，战乱不再生起。灾难从此消除，百姓安康稳定，利益恩泽长久。

在峄山停留期间，秦始皇还参观了孔子旧居，尔后转往泰山举行封禅大典。泰山封禅是帝王政治生活中的一件极其重要的事情，帝王们一旦觉得治国有方、国泰民安，就想去泰山走一趟。除了报天地之恩，更多的是在国内造起有利于国家治理的氛围，同时提高帝王个人的政治权威。孔子在世时曾做过统计，到春秋初期为止，共有 72 位帝王封禅泰山。"封"即登坛、祭土，报天之功；"禅"即践基，报地之功。秦始皇定好礼仪后，先祭天，再转至泰安东南的梁父祭地。礼毕，又"刻石颂秦德"，就是我们现在看到的《泰山刻石》。

从泰山下来后，秦始皇一行继续东行，一直抵达山东半岛的最东端。途中"穷成山，登之罘，立石颂秦德焉而去"。到了山东胶南的琅琊后，秦始皇舍不得离开了。此地的海之壮阔、山之秀美、人情风俗之淳厚，都令他眼界大开。尤其是听说这里的海上住着仙人，可以从他们手上求到长生不老药，秦始皇更是流连忘返，在此整整住了 3 个月。琅琊是个好地方，当年越王勾践就在此筑台观海，会盟诸侯，一展越国君王的霸主雄风。如今秦始皇功盖勾践，业超五霸，抚今追昔，不由得激起一腔豪情，下令作琅玡台，从外地"徙黔首三万户琅玡台下"以充实琅玡人气。又亲自口授，在琅玡竖起石刻，铭文是泰山刻石的3倍。

琅玡再好也不是皇宫，秦始皇决定返回。返回时不走原路，特意经过彭城（今江苏徐州），发动千余人潜入泗水寻找当年秦昭襄王灭周时未曾寻到的第九只周鼎。但苦寻不得，只得南渡淮水，经衡山、南郡，再入武关进咸阳。

在皇宫待了几个月，秦始皇决定再次东巡。寻访长生药可能是这次东巡的目的之一。但药依旧寻不到，命却差点丢了。途经韩、魏故地时，"五世相韩"的韩国贵族的后代张良和被他收买的大力士袭击秦始皇的车队，一柄120斤重的大铁锥要不是砸错了车，秦始皇就死在这柄铁锥下了。第三次东巡，秦始皇怏怏而归。

也许是受了惊吓，第三次巡狩之后隔了3年，到公元前215年，秦始皇才开始第四次巡狩。这一次是向北巡视燕国故地，最北到了今辽宁省境内葫芦岛市的万家镇。他在这里东临碣石，以观沧海。观海不是目的，主要目的有两个：一是继续寻访仙药；二是摸清北部边疆的真实情况，以制定具体的打击匈奴的作战计划。第一个目的仍然没有达到，第二个目的很快就要实现。北巡时间不长，秦始皇日夜兼程地返回咸阳。为什么归途这么急？是因为燕人卢生向秦始皇传播了一条谶言："亡秦者胡也。"秦始皇信了，回到咸阳后立即下达进攻匈奴的命令，30万精锐之师在蒙恬的率领下，虎狼般扑向草原。结果就是前面说到的，匈奴被逐出河套地区，秦帝国的边境线向漠北推进了300公里。

西、东、北三方都去过了，秦始皇决定去南方，这便是他统一中国之后的第五次大巡狩。其实第二次巡狩时已经过原楚国之境，而且还对舜帝的妃子娥皇、女英之灵发过脾气，甚至伐光了湘山（今岳阳君山）的树木。但毕竟只是路过，楚国的版图大，是秦始皇特别惦记的地方，要好好看看。公元前210年，秦始皇令右相冯去疾留守咸阳，自己带着少子胡亥，在左丞相李斯等大臣的伴驾下走上巡狩路。谁也未曾料到，这竟是一条不归路，秦始皇一去不回。

第五次巡狩基本是被神秘现象和迷信心理驱使的。公元前211年，天上掉下一块陨石，上面居然刻有"始皇帝死而地分"的咒语。不久，负责天象观测的官吏向秦始皇报告发现"东南有天子气"，且气愈聚愈浓，只有秦始皇亲临东南，用破坏当地风水的方法才能消除这股逆气。巧合的是，接着又发生了"荧惑守心"的灾异性天象，意味着天下将有大乱。一连串神神鬼鬼的报告搅得秦始皇心神不安，偏偏一位从关东返回咸阳的使者带回一个更令他恐惧的故事。使者说他夜晚遇到一位神秘而怪异的人，这人交给他一块玉璧，希望面呈秦始皇，还低声说"今年祖龙死"，说毕这人就不见了。

秦始皇听信了这个故事，自我解释说"祖龙"就是暗指他，于是离开咸阳，一方面暂避这些凶兆，另一方面亲临东南，镇镇那里的"天子之气"。他十月出发，一个月后到达云梦地区，就在那里"望祀虞帝于九嶷山"。然后"浮江下，观籍柯，渡海渚，过丹阳，至钱唐"。又从钱唐向西走了120里，登上会稽山祭祀大禹，并望祭大海，竖立石刻歌颂秦德。

这一次巡狩途中，秦始皇始终心事重重，饬令下属仔细观察和记下有天子之气的地方。方士们忙碌了，纷纷指东道西，让秦始皇派人去凿山、断河、挖坑，以阻断"天子之气"。"钟山龙盘，石头虎踞"的金陵（今南京）到处被凿开、挖断，金陵被改为秣陵，以图彻底消解金陵的王者之势和天子之气。巡到朱方，驱使3000刑徒为劳力，凿断京岘、南坑，又改朱方地名为丹徒。途经丹阳，又命令10万刑徒深翻土地，挖断"龙脉"……

做了一系列荒唐之事后，秦始皇来到渤海之滨，驻跸琅琊，继续寻仙求药。早先派出到海上寻找长生药的那些方士们心慌了，他们花了几年时间、许多银两，仍旧两手空空，既未见到神仙，也未求到仙药。齐人徐福等人害怕被查处，就哄骗秦始皇，说蓬莱神药本可以得到的，苦于常有鲨鱼袭击而不能得手，希望多派些善射的勇士一起去求药。

结果又是竹篮打水一场空，大鱼倒是射杀了一条，药仍旧没有踪影。秦始皇不死心，严令徐福等人继续寻找，他则舍舟登岸，沿海西行，踏上归程。

在路上奔波了八九个月，行程数千里，秦始皇感到劳累、不适，走到平原津（今山东平原县城南30公里处）时心力交瘁，大病起来。得的是什么病？史料上均无记载，推测他很可能得了与古帝舜和禹南巡时同样的病，即不服地方水土，加上极度劳累，免疫力下降，有点小毛病就被摧垮了。路上医疗条件有限，行至沙丘，也就是当年大搞军事改革的赵武灵王被政变的儿子困死的地方，秦始皇病情恶化，车队无法前行，只得在赵武灵王留下的那座离宫里住下。

秦始皇从咸阳出发时，根本就没对接班人作出安排，他自信自己的生命力还强。然而，疾病无情，行至沙丘他就走到了生命的终点。痛苦中的秦始皇开始后悔，他抓住生命之灯熄灭前的最后时刻，做了两件事：

一是给公子扶苏写了诏书，要他与丧车相会于咸阳，并主持秦始皇的葬礼。这等于是把班交给了扶苏。信中，秦始皇特意叮嘱扶苏把军队交给蒙恬带领。

二是命令随行的蒙毅（蒙恬之弟）返回此次巡狩时所经过的琅琊山，替他向神祇祈福。

秦始皇万万没料到的是，给公子扶苏的诏书被随行的中车府令赵高私下截压，根本就没发出去。蒙毅去求神也是徒劳的，待他祈福后快马加鞭地返回沙丘，秦始皇已经死去。

公元前210年七月，为中国的大统一事业作出了重大贡献的秦始皇倒在了沙丘平台。这里是赵国故地，秦始皇生在赵国，想不到也死在赵国，命运真是太会安排人的归宿了。

五、沙丘之变

秦始皇突然死去，吓坏了丞相李斯，这消息要是传回咸阳可能会引起皇子们火并，国内的敌对势力也可能乘机而起。李斯决定秘不发丧。但秦始皇死在暑天，尸体渐渐发臭，时间一久，如何遮人耳目？李斯想了一个办法，把秦始皇的棺材放在辒凉车中，只让几个信得过的宦官靠近灵车，到吃饭时间照常送饭，官员们有事时就站在车外报告，一切都像秦始皇在世时那样。

就这样又走了几天，愈走，赵高心里愈害怕，他怀里揣着未发出的皇帝诏书，就像揣了颗定时炸弹，随时会将他粉碎。那天，他接过秦始皇写给扶苏的诏书时，曾偷看了内容，看得他心惊肉跳！秦始皇已明白无误地明确了扶苏的接班人地位，这是赵高最不愿意见到的结果。扶苏与蒙恬、蒙毅是一党的，蒙毅还曾判过赵高死刑，一旦扶苏继位，赵高能有好日子过吗？所以，他把诏书截留，找到与他关系甚密的公子胡亥，劝说胡亥立即篡改诏书，自立为太子，接过大位。胡亥开头还假意不敢，耐不过赵高诱劝威逼，决定篡改诏书，谎称秦始皇生前确立他自己为皇太子，任命李斯为辅佐大臣。胡亥担心大权在握的丞相李斯坏事，特意叮嘱赵高做通李斯的工作。赵高见胡亥横下心来篡位，底气就足了，直截了当地向李斯摊牌，要李斯配合胡亥篡改诏书。李斯听后大为震惊，当即拒绝。这在赵高的预料之中，李斯对秦始皇的忠诚是毋庸置疑的，但赵高有对付李斯的撒手锏，那就是李斯与蒙恬不和，如果扶苏继位，蒙恬会走上丞相之位而更受重用，哪里还有李斯的位置？赵高甚至威胁李斯道："地位不保是小事，你的家人、子孙不保是大事！"

说到子孙，赵高戳到了李斯的痛处。李斯的长子李由任三川郡守，其余几个儿子都娶秦皇室公主为妻，女儿全嫁给秦皇室公子，位高权重，泽及子孙。李斯想得到的都得到了，而这一切，很可能都会丧失，这能不叫他害怕吗？司马迁曾为李斯写了传记，写到赵高终于说动了李斯，而李斯痛苦又无奈地表示同意时，司马迁用了一个小镜头——李斯仰天长叹，流着眼泪大声喘息着说："唉！偏偏碰上这混乱世道。既然不能以死相许，还能到哪里去托付身家性命呢？"

平时聪明绝顶的李斯，此刻愚蠢到了极点，他把身家性命托付给了赵高这么一个唯恐秦朝天下不乱的人，还能有他的好果子吃吗？李斯这一点头，不仅灭了他一家几代，也灭掉了由扶苏出面纠正秦始皇的偏颇，从而把秦王朝引向长治久安的那一点儿希望。

李斯同意了，三人开始篡改诏书。诏书这样写道："我巡行天下，祈祷祭祀名山众神来延年益寿。如今你扶苏和将军蒙恬领兵几十万驻守边疆已经十几年了，不能进兵向前，士卒多有损伤，仍未建立点滴功绩，反而屡次上书，直言不讳地诽谤我的所作所为。你因为不能卸任归来做太子，日夜怨恨不已。扶苏你作为儿子不孝，赐剑自尽吧！将军蒙恬和扶苏居住塞外，知道他的阴谋，却不加规劝纠正，作为人臣，实不忠也，也赐剑自尽，而把军队交给副将王离统领。"

往下的细节司马迁有详细的描述："使者到达上郡，打开书信，扶苏哭泣起来，进入内屋，准备自杀。蒙恬制止扶苏说，'陛下身居在外，没有选立太子，派我率领30万军队守卫边疆，公子担任监军，这是关系天下的重任啊！如今就凭一个使者前来下诏，就立即自杀，岂知其中肯定无诈？望再请示一次，待证实后再去死，也不算晚啊'！使者在旁再三催促。扶苏为人仁厚，对蒙恬说，'当父亲的命令儿子去死，还能上哪里再请示呢'！立即自杀了。蒙恬不肯当即死，使者立刻把他交给狱吏，囚禁在阳周（笔者注：陕西子长县北）。"

君要臣死，臣不死不忠；父要子亡，子不亡不孝。这是当时共知的常识，只是扶苏哪里知道，现在他已无君无父，更为严重的是，天下就要大乱了。

多年后，司马迁为蒙恬写了传记，对蒙恬之死大发感慨。他先叙述了蒙恬的祖父、父亲和蒙恬三代人为秦国立下的功劳，例如蒙恬的祖父蒙骜先后在秦昭王和秦始皇的领导下为秦国夺得了他国70多座城池。蒙恬的父亲担任王翦的副将，攻占楚国的都城。蒙恬北击匈奴更是打出了威风。叙述完这些，司马迁在结尾用"太史公曰"的手法突然对蒙恬发出了批判："我到北方边地，从直道返回，沿路看到蒙恬为秦所修的长城堡垒，挖山填谷，开通直道，确实太轻贱百姓的人力物力了。秦刚刚灭掉诸侯，天下人心没有安定，受伤者没有痊愈，而蒙恬身为名将，不在此时极力劝谏，救百姓于危难，供养老人，抚育孤儿，致力于建设百姓的和平生活，却迎合秦始皇的心意大兴功作。这样看来，他们兄弟受到诛杀（蒙毅后来也死于胡亥之手），不是应当的吗？为什么竟归罪于切断地脉呢？"

司马迁从爱惜民生、民力的角度反对修长城、建直道是可以理解的，但从维护国家的统一和边境的安定、使百姓少受战争之苦的角度讲，司马迁的批判失之偏颇。

这一年是公元前210年，是大秦帝国最不幸的年份，一个既无政治素养，也无基本的道德情操，心肠比蛇蝎还要毒辣的小人登上了秦帝国的最高权力宝座。

六、国家不幸，篡位者昏庸残暴

公元前209年，秦始皇最宠爱的小儿子胡亥在李斯、赵高等人的拥戴下登上皇帝宝座，他这年21岁。新君就位，天下的百姓和文武大臣们都引颈相望，看看新皇帝上任后能否让他们活得轻松一点儿。

然而，事实完全相反，新皇帝简直就是一位阎王，稍不小心，你的命就没了。靠政变取得帝位的胡亥，接受他的老师——大阴谋家赵高的建议，干的第一件大事就是修改法律，不论何人，一律小错重罚、小罪重惩，不仅重惩当事人，还严刑逼供，让他们说出亲友、同党的名字，一并惩处。胡亥的屠刀首先指向皇室和朝中的重臣。在那段恐怖的日子里，任何王公贵族或大臣，稍微涉及一件很小的事情，就立即被赵高逮捕审讯。审讯时无中生有，上纲上线，无论是否真的有罪，最后的宣判都是处死。蒙恬的弟弟蒙毅无辜被杀。12位王子被拉到咸阳街头砍头，10位从不涉及政事的公主也被拉到杜县车裂分尸，秦始皇的20多个子女基本被胡亥杀光了，死者的家产也全被没收。因在他人的口供中名字出现过而被逮捕、杀害的更是不计其数。王子高本打算逃跑了事，但又怕连累全家及族人，只得上奏章请求赐死。完全丧失了人性的胡亥拿着他亲兄长的请死书，不仅没有丝毫同情之心，反而笑着对赵高说："看，这可谓急得走投无路了吧。"无耻的赵高立即附和道："人臣正在担忧送命而没有空闲，怎么还能谋划变乱呢！"王子高于是请死得死，被葬在骊山。

杀了这么多的王子、公主、大臣，胡亥、赵高仍不停手。赵高又把屠刀对准了李斯，一方面设计疏远李斯与胡亥的关系；一方面捏造证据，向胡亥诬告李斯的长子李由，说李由与农民起义军的首领陈胜是老乡，不仅有文件书信往来，而且这些反贼从李由防守的三川城下经过时李由都不攻击。又说李斯自从参与沙丘密谋后，一直因为地位没有得到提高而心存怨恨，长此下去可能会危及皇帝的安全。胡亥听后大怒，立即命令赵高调查李斯父子。

李斯此时还蒙在鼓里，刚刚与右相冯去疾、大将军冯劫联合上奏章给胡亥，希望暂停阿房宫工程，削减戍边军队的轮调次数以节省开支，还请求胡亥减少各种赋税、劳役，以稳定和赢取民心。胡亥阅完奏章后怒发冲冠，下令逮捕3人。冯去疾与冯劫没料到一封奏章会引起胡亥如此反应，两人立即自杀。李斯认为大臣上奏章是分内事，会被处罚到哪儿去？他不自杀，整整衣冠，自个儿走进皇家监狱之门。

一进此门，赵高就给李斯戴上沉重的刑具，亲自审问。据史料记载，几天时间里严刑拷打达千余次。实在忍受不住了，李斯只得含冤自诬。司马迁说，李斯之所以不自杀并认罪，是因为他自恃善辩能说，能为自己洗冤，而且为秦帝国立有大功，再就是没有证据能说明他有谋反之心。李斯写起申诉书来，表面上看，他为自己列了七条罪，但字里行间透出的是他为秦国立下了大功。例如第一条，李斯这样写道："臣下担任丞相，治理百姓已有30多年了。先王早年，秦国土地狭小，不过千里，军队只有几十万。臣下竭尽绵薄之材，谨慎地奉行法令，暗中派遣谋臣，供给金银珠玉，让他们游说各国诸侯，同时暗中操练军队，整顿政治教化，任命勇猛善战的士卒做官，尊崇有功之臣，提高他们的爵位俸禄，终于制服韩国，削灭魏国，攻破燕国、赵国，铲平齐国、楚国，兼并这6个国家，俘虏他们的君王，尊立秦王为天子，这是第一条罪。"

赵高拿到这份奏章后，顺手就把它扔进了垃圾桶，并嘲笑李斯："囚犯哪能上书！"胡亥没能看到李斯带血的泣诉，李斯没救了。其实从在沙丘平台点头开始，悲剧就降临到他的头上了。眷恋权势不可怕，可怕的是参与作恶。

正是因为他参与了作恶，赵高始终提防着李斯，一定要置他于死地。他先后派出多名门客，冒充检察官、谒者、侍中，宣称奉皇上之命复查他的案件。李斯信以为真，马上翻供喊冤。然而，他一喊冤，赵高就令手下加力拷打。反复这么几次后，李斯怕了，不敢再翻供。有一天，胡亥真的派了心腹前来复查，李斯无法辨识真假，不敢为自己辩白，对所有的莫须有罪名都画押签名。

赵高得意扬扬地把对李斯的判决呈上去，胡亥毫不怀疑判决的结果，高兴地说：没有赵高，我差点被丞相所骗。胡亥下令对李斯处以5种刑法：首先在面上刺字，然后削掉鼻子，再砍下双脚脚趾，接着用鞭捶死，最后砍下头颅，将全身剁成肉酱。

司马迁记载了李斯与他的次子走上刑场的情景：李斯走出牢房，和他的次子一起被押解赴刑。李斯回头对他的次子说："我想与你牵着黄狗，一起上蔡城东门去逐猎野兔，看来没有这个可能了。"于是父子相对而哭。在中国以后2000多年的历史上，没有一位像李斯这样担任了30多年大国丞相的人物死得这么惨了。在他和小儿子被杀之前，他的长子李由已经被农民起义军击杀。他和他的次子一倒地，胡亥又灭了他的三族数百口人。

对于李斯，司马迁评论道："李斯作为一个普通平民，入关事奉秦国，乘着机会辅佐秦始皇，终于成就帝王大业，李斯身为三公，可以说是受到重用了。他知晓六艺的宗旨，却不致力于修明政治来弥补君主的缺陷；他身负高爵厚禄的重权，却阿谀奉承，苟且迎合，实行严刑酷法；他听从赵高的邪说奸计，废除嫡子扶苏，拥立庶子胡亥。等到诸侯已纷纷背叛，李斯才进谏争辩，不是太晚了吗？常人都以为李斯竭尽忠诚而遭受五刑死去，考察事实真相，却与世俗的议论大相径庭。不然的话，李斯的功绩可以同周公、召公并列媲美了。"

现在看来，李斯真是自作孽。如果在沙丘平台的关键时刻，他能以真正的政治家的眼光看问题，就不会被赵高拉下水。当时李斯可是在位30多年的老丞相，位高权重，胡亥那时无任何权力和政治资本，赵高也只不过是一个宦官头子而已，何况他的靠山已死，没有了权力号召文武大臣，李斯完全可以利用手中的权力逮捕赵高，软禁胡亥，把秦始皇的死因扣到他们的头上，立即诛杀赵高。如此一来，李斯就把这盘死棋下活了。然后，再主动迎立扶苏，放下身段与蒙恬亲近。想想看，这样的话，结局该有多好，会有更多的荣誉降临到他的身上，大秦帝国也会以一个新的面貌屹立于世。可惜李斯一不会判断大势，二不会利用权力，三不会保护自己，当然只有死路一条。

李斯死后，胡亥任命赵高为中丞相，朝廷之事无论大小均由赵高决断。宦官执掌军政大权，赵高是第一人。赵高真是秦帝国的克星，甚至有学者推断，赵高所做的一切都是为了报秦国灭掉赵国这一深仇大恨。例如，他篡改诏书，假胡亥之手几乎杀光了秦始皇的子女；除掉了李斯等一大批跟随秦始皇统一中国的文臣武将；搞乱了秦国的各项制度；如此等等。有人甚至怀疑秦始皇也是赵高谋杀的。

赵高是原赵国王族中的远支亲属。当年秦赵长平之战，赵国几十万青壮年死于战场，国家从此一蹶不振，赵高也沦为奴隶。他的父亲、兄弟都战死在长平，母亲被卖到秦国做奴婢，受过肉刑。赵高后来自残身体，引刀自宫，尔后混进秦王宫做了最低等的苦工。由于受过良好的教育，有较好的文化涵养，赵高尽管干着苦工之活，却并没有放松对自身能力的培养。他从熟悉秦国历史和法律条文入手，渐渐具备了一般人没有的能力。秦始皇听人推荐他后，把他调入政府机关，任命他为中车府令，过了段时间又提拔他做了王子胡亥的老师。当老师后，他私下教授胡亥如何断决狱案，这是秦国不允许的，蒙毅为此判了赵高死刑。秦始皇感到可惜，一道令下，把他从鬼门关拉了回来，还日渐信任他。赵高是被拉回来了，大秦帝国却被推进了鬼门关。有了秦始皇做靠山，赵高的野心日渐膨胀，直到妄想取代胡亥而一步登天。

赵高鬼点子多，他尽管已将一帮开国功臣如数清洗，朝中的文武大臣已基本上姓"赵"，还是不放心。有一天，他向胡亥献上一头鹿，却说这是马。胡亥很奇怪，轻声问左右大臣："这是鹿吧？"大臣们却都说是马。胡亥惊讶，以为自己神志不清，就召来太卜占卦。太卜也是赵高一伙的，就哄胡亥说："是马，只是陛下太忙，供奉宗庙鬼神不够虔诚。您不如从百忙中抽身去上林苑斋戒，把朝廷事务都交给赵高吧！"

糊里糊涂的胡亥听从太卜的话住进了上林苑。胡亥住进上林苑之前，全国各地已燃起了熊熊的反秦烈火，尤其是秦帝国的名将章邯被诸侯联军打败，咸阳已岌岌可危。而终日沉湎于声色犬马的胡亥对此丝毫不晓，所有的险情均被赵高隐瞒。但赵高也知道纸终究包不住火，一旦胡亥了解到真情，自己的地位肯定不保，与其等待灭亡，不如取胡亥而代之。他矫诏发令，调来数千名卫士，打扮成农民起义军的模样，围困上林苑。赵高假装十万火急地进去报告胡亥，并领着胡亥上高台察看。胡亥登高一望，遍地盗贼，一下子吓瘫在地。此时，赵高的女婿——咸阳令阎乐率领亲兵攻入望夷宫，当面指责胡亥，说这一切都是因为他昏庸无能、诛杀无道而引发的，逼迫胡亥自我了断。胡亥怕死，请求道：愿让出天下，"得一郡为王"。阎乐不允。胡亥又请求"愿为万户侯"，阎乐还是不允。胡亥哭着说："愿与妻子为黔首，比诸公子。"阎乐一概不允。凶狠残暴的糊涂皇帝胡亥只得自杀。

最后的对手被消灭了，赵高急忙拿过皇帝的玺印佩带在身上，下令举行登基大典。一个宦官来当大秦帝国的皇帝，而且是靠屠杀铺路，百官们终于省悟了，"左右百官莫从"，没人跟进他。赵高独自一人朝皇帝的宝座走去，据说就此时，宫殿突然摇晃起来，赵高"自知天弗与，群臣弗与"，只得放弃。

名义上的皇帝做不成，赵高并不甘心，一方面在皇室宗亲中选择傀儡，一方面暗中派人与农民起义军相约，提出联手"灭秦宗室而王关中"。秦始皇的子孙已经基本被杀尽，赵高找出了秦始皇之弟子婴，强迫子婴从速接受玉玺。他万万没有料到，子婴的城府很深，故意装病不去宗庙参加登位大典，却暗暗与儿子一道准备伺机灭了赵高。赵高久等不见子婴，只得亲自登门，哪知子婴早已伏兵屋内，赵高顷刻间被诛杀。这个葬送了大秦帝国、几乎灭绝了秦宗室的阴谋家终于得到了报应。他死后不久，子婴即灭了他的三族。

子婴继位之时，旧时六国先后宣布恢复各自独立时的体制，与秦帝国划清了界限。子婴眼见江山破碎，国之不国，只好不称秦三世皇帝，而改称秦王。就是这么个焦头烂额的秦王也只当了 46 天。

七、烽火大泽乡

胡亥登上皇帝之位的这一年，在安徽宿县大泽乡爆发了中国历史上第一次大规模的农民起义。这次起义点燃了全国上下的反秦烈火，最终彻底烧垮了大秦帝国的大厦。

主持这次起义的是两位河南农民，都是"瓮牖绳枢之子，氓隶之人"，一个叫陈胜，一个叫吴广。他们尽管出身贫寒，但志向远大。陈胜曾和别人一道受雇耕田，有一次他停止耕田，走到田埂上，叹了口气说："如果有朝一日富贵了，大家不要忘记彼此啊！"一块儿耕田的人笑着回答说："你被人雇来耕田，怎么能富贵呢？"陈胜摇头说道："唉！燕子、麻雀哪里懂得大雁、天鹅的志向啊！"

公元前 209 年七月，朝廷征发 900 名农民去渔阳（今北京密云西南）戍守，陈胜、吴广也在其列，并担任屯长。统率这支队伍的是两个县尉。走到蕲县大泽乡时（今安徽宿县东南刘村集）遭遇大雨，一连几日无法行进，不能如期赶到渔阳。按照法律，他们统统会被砍头。900 条人命就这样去送死吗？陈胜、吴广暗地商量：不能再往前走了，干脆一不做、二不休，反了吧。两人悄悄地去做其他农民兄弟的工作，告诉他们现在已经没有退路了，与其去送死，不如拿起武器去争一条生路。为了给这些农民兄弟们壮胆，陈胜、吴广向他们分析了天下即将大乱的形势，并把想好的策略告诉大家，说：我们可以诈称是深受大家喜欢的公子扶苏和楚国将军项燕的军队，打出他们的旗号，一定会得到天下百姓的支持。楚国的南公不是说过"楚虽三户，亡秦必楚"吗？别看我们现在人少，将来一定会发展壮大！王侯将相难道是天生的吗？我们也可以当！

陈胜、吴广不仅知道"王侯将相，宁有种乎"的道理，还知道舆论的重要性。在动手之前，他俩又采取了鱼腹丹书、篝火狐鸣等迷信手法来进一步拉拢了 900 个农民兄弟的心，然后有意激怒两名县尉，乘机将他们杀死。之后，全体农民光着右臂，"斩木为兵，揭竿为旗"，正式宣布起义，号称"大楚"。

这支起义军不足千人，没有兵器，周身无任何防护，也没有后勤保障，全凭着死里求生的勇气，与强大的秦王朝展开了殊死搏斗，很快就攻占了大泽乡。大批苦难到极限的贫苦农民、手工业者等底层人士从四面八方像潮水般涌入起义军队伍，接着又攻占了整个蕲县。队伍一天天壮大，在蕲县兵分两路，陈胜带一路向蕲县西边打，葛婴带一路向蕲县东边打。真是"所向披靡"，陈胜这一路连克铚、鄼、苦、柘、谯等5个县城。攻入陈境时，起义军已拥有兵车六七百乘，步兵数万，骑兵千余。

陈城是原陈国的都城、现陈郡的首府，具有重要的战略地位。起义军占领陈城后，切断了秦王朝南北漕运的通道。这一胜利产生了极大的影响，陈胜顺势而为，就在这里召集地方三老、民间豪杰开会，商讨建立政权的事宜。参会者一致要求陈胜称王，以便带领民众"伐无道，诛暴秦"。陈胜响应提议，登上王位，宣布国号为"张楚"（张大楚国，统一天下之意）。

从起义到建立政权前后不过一个月。与此同时，全国掀起了反秦高潮，刘邦等人在沛县，原楚国名将项燕之子项梁与其侄项羽在会稽，彭越在巨野，秦嘉在东海，吕臣在新阳，赵佗在南岭，也纷纷发动武装起义，孔子的九世孙孔鲋也携带礼器投奔陈胜。一时间，全国形成了"家自为怒，人自为斗，各报其怨而攻其仇。县杀其令丞，郡杀其守尉"的局面。

全国都动起来了，陈胜等人受到莫大的鼓舞，在陈城调整作战部署，任命吴广为假王（代理之王，代陈胜行使指挥权），统率主力部队攻荥阳；命武臣、张耳、陈余北上略取赵国故地；命邓宗攻取九江郡（治所在今安徽寿县）；任命周文为将军，率军绕过荥阳，突入关中，直逼咸阳；派宋留定南阳，入武关，配合吴广迂回；派周市攻取原魏国地区；派召平攻取广陵（今江苏扬州）。

所有这些部署都围绕着一个战略思想，那就是以最多的兵力突击进攻咸阳，争取以最快的速度灭秦。实际的战况也很可观，吴广这一路很快攻占了荥阳周边地带，并把李斯之子李由围困在荥阳城中。由于该城工事坚固、兵精粮足，吴广一时攻不进去。其他几路起义军进展顺利，许多城池不战而降，关东原六国的土地，除个别地方还在秦军手中外，其余基本被起义军攻占。最值得称道的是周文率领的这一路起义军，在吴广主力的掩护下，绕过荥阳，以极其诡秘迅捷的行动直向关中插入，很短时间内就进抵离咸阳不足百里的戏地（今陕西临潼东北戏下村）。周文颇有军事谋略，曾做过项燕军中的"视日"（负责占卜的官员），很懂得发动群众。他一路行军，一路宣传，等到达戏地时，已拥有兵车千乘、步兵数十万。咸阳在望，周文激动不已，不出意外的话，再有几天就可直捣秦都。

周文大军的战鼓声惊醒了始终处于温柔乡的秦二世胡亥，慌乱之中，胡亥接受少府章邯的建议，发出了 3 道命令：一是大赦天下，把在骊山和阿房宫服劳役的几十万刑徒武装起来，交由章邯指挥，迎击周文义军；二是守卫西北部长城一线的 30 万精锐之师，由王离统领，火速向章邯靠拢，协助章邯反击义军；三是征发关中、巴蜀地区的部队，由司马欣指挥，增援章邯。加起来共有 100 多万秦军，从 3 个不同的方向向农民起义军扑来。

形势急转直下，周文的部队从数量、质量上讲都不能与秦军相比，尽管起义军也有几十万之众，但多数贫苦农民未经任何军事训练就加入战场，有的连基本的武器都没有，只有一腔反秦的热血。反观章邯的部队，仅骊山刑徒就达 70 万之多，尽管这些人大都也没上过战场，但率领他们的军官是曾参加秦始皇扫灭六国之战的职业军人，他们有战场指挥的经验，有朝廷不惜一切征调来的物资保障。两军相遇，周文军大败。好在周文指挥得当，一看形势不利，迅即指挥撤退，一直退到今河南灵宝境内的曹阳，在这里屯守，等待陈胜增援。

周文等来的却不是陈胜的增援，而是农民起义军内部开始分裂的消息。首先是陈胜本人滋生了轻敌思想，认为秦之灭亡就在眼前，不需要增援周文。其次是吴广缺乏战略思想，久攻不下荥阳城，也不知道改变战法，例如只留部分兵力围住李由，派主力北上支援周文，以巩固周文的成果。宋留攻占南阳后，也没有主动去策应或增援周文，致使周文孤军面对百万秦军。攻占了原赵国之地的武臣，听说陈胜杀了一同起义的将领葛婴，便公开与陈胜决裂，在邯郸自立为王。不久，武臣又被属下李良杀害，李良随即又被张耳、陈余击败。至此，起义军内部已因分裂而大伤元气。

就在这个时候，休整、训练了近 3 个月的章邯的部队杀出关来，首先对准了在曹阳等候增援的周文。周文哪里抵挡得往，刚一接战就全军溃败，周文拔剑自刎。大泽乡起义以来，实力最强的一支农民军经过 3 个多月的孤军作战，终被秦军剿杀。

周文失败的消息传到荥阳前线，吴广的部下田臧等人埋怨吴广，说不应该将这么多的兵力摆在荥阳城下，应该早去支援周文。几人一合计，假传陈胜的命令杀了吴广。之后，田臧指挥荥阳起义军，一部分由李归统领，留下监视荥阳，大部分由田臧率领西去迎击秦军。然而，田臧不是章邯的对手，不仅自己战死，起义军也全数溃散。章邯乘势向荥阳城下的李归进攻，李归战死，起义军几被全歼。这是陈胜的精锐部队，一个月不到就丧失殆尽。

大势就这样逆转了，章邯此时又得到司马欣所率的关中军的补充，战斗力更强。他率军从荥阳出发，兵分两路，先击败郏县（今河南郏县）的楚将邓说，又击败许县（今河南许昌东）的楚将伍逢军，主力旋即围住张楚政权的都城陈。陈胜亲自出城督战，亦被秦军打败，仓皇之下，只得弃陈撤退。退至下城父（今安徽涡阳东南）时，车夫庄贾突然刺死陈胜，向秦军投降。

陈胜死在公元前 208 年初，对跟随他一道以命相拼的广大农民起义军而言，这是一个特别寒冷的冬天，他们不仅失去了陈胜、吴广、周文等领袖，失去了仅仅存时 6 个月的张楚政权，也失去了一鼓作气推翻秦帝国的机会。

但是，被打散的起义军余部并没有放下武器，就在陈胜死后不久，他原先的部将吕臣在新阳（今安徽界首北）拉起"苍头军"，乘章邯主力西下南阳之时，突然向陈城发起进攻，很快夺回了陈城，杀了叛徒庄贾，把张楚政权的大旗重新高高升起。项羽、刘邦等人率领的起义军也踏着陈胜、吴广的足迹发展壮大起来。

八、此起彼伏，方兴未艾

以章邯为首的秦军连续扑灭周文、陈胜等起义军队伍，给其他农民武装带来很大的压力，也迫使他们抱团取暖，应对这个极其寒冷的冬天。其中最有意义的行动，是早先奉陈胜之命进攻广陵的召平南渡长江，假称奉陈胜之命，拜项梁为张楚政权的上柱国，命他率兵渡江，北上抗秦。项梁接受了任命，于公元前 208 年与侄子项羽一道率 8000 子弟兵渡江北上。过江后在东阳会合了陈婴的两万兵马，不久又汇集了英布等起义军。此时，驻扎在彭城的秦嘉向项梁发难，挡住项梁北上之路。项梁果断杀死秦嘉和他背着陈胜拥立的楚王景驹，收编了秦嘉的队伍，使北上的起义军扩充到十余万人。

项梁势大之后，立刻攻占薛县（今山东滕县东南），在这里与率领9000农民军的刘邦相遇。项梁主动补充给刘邦"卒五千人，五大夫将十人"，并命令刘邦迅速攻取丰邑（今江苏丰县）。此时，章邯与项梁的部将朱鸡石、余樊君在栗（今安徽夏邑）相遇，余樊君战死，朱鸡石逃回军营后被按军法惩处。项梁暂时屯兵于薛（今山东薛城），同时命项羽进攻襄城（今河南睢县）。攻克襄城后，获知陈胜已死，项羽赶紧回薛城向项梁报告。

项梁渡江以来一直是以张楚政权为旗号，得知陈胜已死的确切消息，立即召集将领及刘邦等人到薛城商议往后的对策。出于对项梁的实力和家族的尊重，一致推举他为各路起义军的统帅。项梁采纳谋士范增的建议，把正在民间放羊的原楚怀王的孙子熊心迎到盱台（今江苏盱眙），称号仍为楚怀王，他本人则自称武信君，掌控军政大权。首脑人物确立后，项楚政权诞生了，加上原六国旧贵族拥有的诸侯国势力，七大反秦集团联起手来，秦廷危险了。

再说章邯，扑灭了陈胜的主力之后，将兵锋指向周市所建的魏国。公元前208年六月，章邯向临济猛攻，魏王咎急派使者向齐、楚二国求救，二国立刻派兵赶往魏地。章邯没等二国兵力立稳，就采取"夜衔枚击"的突袭手段，大破齐、楚联军，杀死了周市及亲自前来救魏的齐王。这一胜利使章邯信心倍增，立即转向攻击齐国，企图乘齐王田儋战死之机一举击破齐国。章邯在东阿（今山东阳谷东北）围住了田儋之弟田荣，不分日夜攻击东阿。这时项梁还在进攻亢父（今山东济宁南），听说田荣被围，急率主力北上，长驱400余里为田荣解围。一顿猛攻之后，项梁大败章邯于东阿城外，章邯只得急速西撤。项梁急命项羽、刘邦各率一军从南迂回到秦军侧后，切断章邯的退路。项梁亲率主力紧紧跟踪章邯，又在濮阳再次击败章邯。此时，项羽、刘邦也先后得手，攻占了城阳（今山东菏泽东北），又转攻定陶。项梁被推举为统帅后的3个月内取得了3场重大的胜利，极大地鼓舞了各路起义武装。到了八月，项梁又在定陶大破秦军。项羽和刘邦攻破三川郡守李由的城池，杀死了李由。魏国也传来好消息，魏豹在魏地攻占了20多座城池。这样一来，起义军从南、北、东三个方向构成了对章邯的战略包围之势，局面越来越有利于起义军。

秦二世胡亥不甘心，使出浑身解数向章邯增兵，连北防匈奴的王离大军也调归章邯指挥，在兵力上形成对项梁的绝对优势。九月初，经过充分的战前准备后，章邯选择在一个暴风雨之夜，再次采用突袭手段，向定陶发起攻击。久围定陶仍不得手的项梁毫无准备，在秦军的内外夹攻下大败。项梁本人战死，过半楚军被歼，秦军重新掌握了中原战场的主动权。

项梁在定陶恶战章邯时，项羽、刘邦正在外黄（今河南民权境内）、陈留（今河南开封）一带攻掠。突然得到项梁的噩耗，项羽、刘邦立即缩短战线，调整部署，与吕臣等将领一道退回彭城，又将驻盱台的楚怀王也迁到彭城。吕臣部驻彭城东，项羽部驻彭城西，刘邦部驻砀（今安徽砀山南），形成互为依托的阵式，严防以待。

轮到章邯犯错误了，定陶一战使他开始轻视楚军，认为"楚地兵不足忧"，遂掉转矛头渡河击赵，这就给了项羽、刘邦以喘息之机，也决定了章邯的彻底失败。章邯很快北上，不怎么费力就把赵国的军队打得四处溃逃，并攻占了赵都邯郸。赵王歇率残存的兵力逃至巨鹿（治所在今河北平乡），尚未站稳，便被王离军包围。赵国的另一支军队由陈余带领，扎营于巨鹿城西，不敢轻举妄动，只依托深沟巨垒自保。章邯驻扎于巨鹿之南的棘原，源源不断地为王离攻城提供粮草。而此时巨鹿城中兵少粮尽，眼看就要失守。在此之前，各诸侯国已接到了赵王的求救信，先后派出军队救赵。但抵达巨鹿外围后，谁也不敢向秦军发起进攻，大家都在等，等着抗秦的主力军楚军到来。楚军的身影却迟迟不现，原来楚怀王在决定援赵前已收回了项羽的兵权，错误地任命宋义为上将军，项羽为次将军，率楚军北上救赵。

宋义是个胆小鬼，部队行进到安阳后竟在原地停留了 46 天。项羽急啊，多次建议宋义迅速挥军北渡漳河，与赵军里外夹击秦军。宋义坐着不动，每天只是大吃大喝，十几万起义军却在风雪中饥寒难耐。项羽忍无可忍，找了个机会一刀杀了宋义。这一刀杀得好，不仅救了赵国，也彻底扭转了起义军被动挨打的局面。楚怀王得到项羽的报告后，只得任命项羽为上将军，项羽立刻挥军渡河北上，命令全军渡过河后立即凿沉船只，不留后路，砸破炊具，烧毁宿舍，只带 3 天干粮。这是要拼死一战，不做活着回来的打算。这一系列战术方针鲜明地展现了项羽杰出的军事才能和高超的指挥艺术，士兵们都被他那股在强敌面前敢于斗争、争取胜利的英雄气概感染，士气陡然高涨。部队一到巨鹿就围住了王离，士兵们以一当十，经过连续 9 次战斗，基本歼灭王离军主力。这可是当年蒙恬在防守北部边疆时训练的几十万虎狼之师，在很短的时间内就悉数倒在巨鹿城下。

项羽一战成名。战争结束后，他在辕门召见会战的各路将领，将领们慑于他的威严，"无不膝行而前，莫敢仰视"，项羽就这样成了各路诸侯军队心中的统帅。

通过一年多的实践，项羽的军事指挥艺术更成熟了，他在巨鹿之战后没有马上去攻打驻扎棘原的章邯，而是立即率主力回驻漳水南岸。两军相峙，项羽很有耐心，他在等待被打怕了的章邯自举白旗。胡亥派出使者来责备章邯，把巨鹿打败仗的责任全推到他的头上，又问他为什么现在不出击。章邯害怕了，派长史司马欣去京城说明情况，可一连三天赵高和胡亥都不接见。司马欣立即逃出京城向章邯报告。章邯明白问题的严重性，进攻吧，胜利无望；逃跑吧，无处可逃。项羽看出了章邯的心理，命令全军在汙水之滨全力出击。无可奈何之下，章邯举起白旗向项羽投降，在洹水之南的殷墟（今河南安阳西）举行受降仪式。章邯见到项羽，涕泪交下，痛诉秦王朝之腐败，感谢项羽给了他出路。项羽是性情中人，恻隐之心顿生，立章邯为雍王，安置在楚军营中。尔后，楚军浩浩荡荡地向咸阳进发。

回过头来看，公元前 208 年九月，楚怀王在决定派宋义、项羽北上救赵的同时，还任命刘邦率领部分兵力西进，收集陈胜、项梁失败后的零星兵力，袭扰秦军后方，伺机入关。楚怀王的这一战略决定是颇费了心机的。最初，他曾与各路起义军将领相约："先入定关中者王之。"那时秦军还很强大，起义军首领都不敢承担此重任，只有项羽自告奋勇，表示愿与刘邦一道共同承担入定关中的重任。但楚怀王认为项羽心地太狠，"所过无不残灭"，不容易得到关中百姓的拥护，他认为刘邦倒是合适人选，仁义宽容，有长者之风，所以把北上救赵这个"硬骨头"交给项羽去啃，把乘虚入定关中这碗"软饭"交给刘邦去吃。

为什么说入定关中是碗"软饭"呢？因为此时秦军主力集中在河北一带，且正忙于攻赵，另有部分兵力早已被项羽及其他起义军消灭在黄河以北。此外，一旦秦军攻赵失败，主力就会被项羽歼灭。这样一来，刘邦的西进路上就没有多少障碍了。若真打大仗，刘邦这不足万人的兵力肯定不行。楚怀王还算是个有头脑的人物，能看清大势。

公元前208年底，刘邦率军从彭城出发，一路上虽然没打什么大仗、恶仗，但一般规格的仗也打了不少。刘邦很善于争取人心，每拿下一城，都立即发布命令，不准抢劫杀戮，因而颇受百姓称赞。新兵不断入伍，队伍不断扩大，到公元前206年8月，刘邦已拥兵数万，攻破关中的东南门户武关。离武关不足百里，就是秦帝国的都城咸阳。

咸阳已被赵高完全搞乱了。得知刘邦攻破武关的消息后，赵高秘密派人与刘邦联系，欲与刘邦相约分王关中，被刘邦严词拒绝。9月初，赵高选中的皇帝的接班人子婴设局杀了赵高，接着派出最后一支军队防守峣关（今陕西蓝田东南），企图阻挡起义军西进。刘邦采用张良之计，对峣关守将行贿，让他们无所作为，同时择道绕过峣关，趁秦军戒备疏忽夺取了峣关，紧接着在蓝田（今西安东南）大败秦军。10月，刘邦终于进军至灞上，在灞上命子婴从速向起义军投降。原来一心想恢复秦始皇基业的子婴，眼见只剩孤家寡人，只得和妻子儿女一道，把皇帝玺印捧在手上，跪在轵道亭旁向刘邦投降。

九、秦殇

"殇"字在《现代汉语词典》里的解释是"未到成年就死去"。15岁的秦帝国正处于少年期，一下就"殇"了。这悲剧来得太快，2000多年来人们一直在问，那个空前强大、几乎没有任何力量敢于同它公然为敌的"巨人"怎么被几个"瓮牖绳枢之子、氓隶之人"振臂一呼就轰然倒地呢？那支曾经打着赤膊、不着任何防护设备、仗未打响就开始嗷嗷直吼的百万虎狼之师，怎么被一群"乌合之众"打得满地找牙，最后居然举起白旗乞降呢？那个横扫六合、目光敏锐、志向远大、意志坚定、敢于创新、几乎无所不能，并企图传至万世的秦始皇，其帝国怎么传了仅二世便亡了呢？

明末清初的著名学者王夫之曾将中国历史上王朝的衰亡以两种形式形容：土崩、瓦解。一种是土崩，垮得比较慢；一种是瓦解，一下就解体，无法弥补。秦始皇死后仅4年帝国就"社稷夷，宗枝斩"，他认为秦帝国是瓦解型的败亡。"瓦解者，无以施其补葺，而坐视其尽"。无论是谁，都帮不上忙，只能坐看它灭亡。

汉朝建立后，官方、民间不停地总结反思秦二世而亡的经验教训。其中，陆贾、贾谊、司马迁等人的见解比较一致，认为主要是秦始皇"毁先王之法，灭礼谊之官，专任刑罚""举措暴众而用刑太极"而造成的。贾谊撰写《过秦论》，结尾有一段总结性语言："秦王国以那么一小块土地，夺取了天下最高的权力，胁迫八州朝拜它这个同等地位的国家，经过了一百多年，终于统一天下，化世界为一家，崤山和函谷关都成了它的宫殿，声势盖世。可是一个普通百姓发难反抗，王朝就灭亡，连祖宗七庙都被毁，身虽死而仍被天下人耻笑。这是什么原因呢？因为不施行仁义，所以攻守的形势不同了啊！"

贾谊等人认为秦二世而亡，祸根在秦始皇。但后世不少舆论与贾谊、司马迁不同，他们认为秦始皇仅凭统一中国这一点，就可以"功齐三代"。明代学者李贽充分肯定秦始皇，把他称为"千古一帝"。他这样解释："开阡陌置郡县，此等皆是应运豪杰、因时大臣。圣人复起，不能易也。"又说，"始皇出世，李斯相之，天崩地坼，掀翻一个世界，是圣是魔，未可轻议。"但他也看到"祖龙种毒，久暂必发"的败局确实缘于秦始皇，并发出感慨："祖龙千古英雄……卒为胡亥、赵高二竖子所败。惜哉！"

与学者们的评价相比，打天下、坐天下、指点江山、激扬文字的领袖人物的评价又是一番气象。魏武帝曹操说："夫定国之术，在于强兵足食，秦人以急农兼天下，孝武以屯田定西域，此先代之良式也。"曹操把秦始皇与汉武帝放在一块讲，持肯定态度，认为秦朝治国定天下的模式有可取之处。唐太宗李世民尽管对秦政多有批评，并以秦始皇、汉武帝为戒，但在治理国家、安定天下方面他是非常信服秦皇汉武的，甚至干脆把自己也划为同类。他说："近代平一天下，拓定边方者，惟秦皇、汉武。"还毫不谦逊地说，"朕提三尺剑以定四海，远夷率服、亿兆乂安，自谓不减二主也。"

毛泽东以"一分为二"的观点看待秦始皇，赞扬秦始皇是"厚今薄古的专家"，总体来看，"秦始皇是个好皇帝"。读了郭沫若的《十批判书》后，毛泽东写了一首《读〈封建论〉——呈郭老》的诗给郭沫若，诗云："劝君少骂秦始皇，焚坑事业要商量。祖龙魂死秦犹在，孔学名高实秕糠。百代都行秦政法，《十批》不是好文章。熟读唐人《封建论》，莫从子厚返文王。"劝人少骂秦始皇，明白无误地表露了尊法轻儒的政治观念。可见对秦始皇及他成就的事业是赞叹的。

的确，中国历史上的领袖人物能与秦始皇相伯仲者真是屈指可数。历史学家柏杨说，秦始皇为统一和巩固中国所做的那些事，"无论后世的人高兴与不高兴，赞美或诅咒，却几乎件件都影响中国历史至少两千年之久"。至于秦朝为何二世而亡，原因是多方面的，绝不是几个字（如暴、乱、私）或几句话（如不施仁义）能够说清的。一个国家的衰亡，必定是由政治、经济、军事、外交、文化以至领袖人物的性格、品德等多方面的因素促成的。我们可以粗略地梳理一下。

1. 一统天下，却又与天下为敌

秦始皇统治这个数百万平方公里的大中国的几年，终日如履薄冰。他知晓三皇五帝的"王道"，也理解儒生们薄今厚古的言论，但他更清楚，这么大一个由多民族组成的国家，靠"垂衣裳"无为而治是绝对不行的。看看六国的旧贵族势力吧，何曾一天死心过？只有搞彻底的中央集权制，使中央政府保持绝对的权威才行。于是一系列围绕着巩固国家统一、维护中央集权的法律、制度和措施出台。遗憾的是，这些政治制度、法律条文和行政措施在发挥正面效应的同时，也为国家的动乱埋下了隐患：大一统的帝国在无形和有形中与天下人为敌。以司法为例，秦始皇欣赏法家以法治国的理论，并全力推行这种理论，把法律提高到无所不能的程度，小错重罚，小罪重惩，一人犯罪，全家受累，甚至全族人受累，而且刑法的名目繁多、手段残酷。刑法的滥用使整个帝国笼罩着一片阴森肃杀之气，天下除了皇帝人人自危。当初设立种种法律的出发点是为了国家的统一与安定，现在刑法却成了引发国家动乱的导火索。法律本是为了保护绝大多数人不受伤害而制定的，现在绝大多数人不但得不到保护，反而都因此或多或少地受到了伤害。试想，假如陈胜、吴广知道因大雨而迟到几天不会受到斩首处罚的话，他们还会"削木为兵，揭竿而起"吗？

2. 定"黔首是富"之政策，却又"收泰半之赋"

秦朝的国土和人口陡然扩大了几倍，其控制和治理的难度远远高于统一之前。庞大的政府管理机构一直从中央延伸到乡、村、组，如何管好这一支"公务员"队伍就够皇帝伤透脑筋了，更不要说还得考虑通过这支队伍去管理那

4000多万百姓。加上秦始皇还是一个"急性子"，想到什么就马上去干，而且干的尽是前无古人、后无来者的事。长城整修加新修超过5000公里，驰道、直道等密布全国的交通网超过7000公里，一条灵渠沟通了三楚两粤……这些工程耗费了多少财力、人力？当时连炸药都没有，全凭百姓的双手移山填海。修某些大型水利工程时，为了引导江水畅流，需要把大山劈开一个缺口，但山上尽是大石头，怎么劈得动啊！民工们就先用火烧，把石头烧烫后再用冷水浇，通过这种方法让石头骤然裂纹，尔后一锤一锤地把石头敲碎，把山体敲开。

尽是些堪称世界奇迹的大工程，秦始皇堪称"工程皇帝"，搞工程有瘾。这个瘾一方面是为了巩固来之不易的大一统局面，一方面是为了圆他的功名之梦。最典型的例子是修建阿房宫和骊山陵。

阿房宫修建之前，秦自尚为诸侯国起，在百多年的时间里早已形成了庞大的宫室体系，统一六国前后，又仿六国王宫建设了蔚为壮观的宫殿群。秦始皇却意犹未尽，还要从大规模扩建咸阳都城开始，将现在宫室的重心移向西周故都丰镐遗址。秦始皇下令先建造这一建筑群的前殿阿房宫。《史记》中记载其规模为：东西五百步，南北五十丈，殿堂上可以坐一万人，殿堂下可以竖立五丈高的旗帜。周围环绕着架起阁道，从殿下直达南山。在南山的山顶上修建标志，作为门阙。在空中架设道路，从阿房宫渡过渭水，与咸阳相连接，以此象征天下阁道越过天河直抵营室。

秦代一步合六尺，三百步为一里，那时的一尺约合现在0.23米，这样来看，阿房宫前殿东西宽690米，南北深115米，总占地面积达8万平方米，容纳万人当然不成问题。据说阿房宫前殿有大小殿堂700余所，一天之中，各殿的气候都不尽相同。殿内珠宝如山，美女如云，即便秦始皇帝每天轮住一处，经若干年也不能把宫室住遍。一个前殿就如此庞大，整个宫殿群又该有多大？有史料说绵延300里。2002年10月，考古工作者展开对阿房宫遗址的发掘工作，在阿房宫前殿遗址上，发现了一个东西长1270米、南北宽426米，面积为54.1万平方米的夯土台基，这是迄今发现的古代世界历史上规模最宏大的夯土基址。如此巨大的工程，一直到秦始皇去世也未完工。秦二世胡亥继位后，接着修。一直修到项羽进城，被项羽一把冲天之火点燃，"火三月不灭"。

这太令人痛惜了，可以这样说，这座凝聚了先人们的血泪与智慧的宫殿，无论后人花多少银两和时间，也造不出当年的气势与神韵。然而，阿房宫不仅是被真正的大火焚烧的，更是被愤怒的人们的心头之火焚烧的。不要说以木结构为主的阿房宫，就是铜墙铁壁做构件的宫殿，也会被这熊熊的心中之火烧透。

比阿房宫的工程量还要大若干倍的秦始皇骊山陵墓，更是大秦帝国所有工程的重中之重。它从秦始皇13岁登基那年（公元前246年）就开始动土，一直修到秦始皇去世（公元前210年），修了37年也未完工。秦始皇陵创造了世界帝王陵墓规格之最，远远看去就似一座小山。它"坟高五十余丈"，约合现在的115米。陵基东西边长约485米，南北宽约515米，全部由人工积土奋筑而成。历经2000多年的风雨侵蚀，至今尚有76米高、南北长350米、东西长345米的封土堆。从《史记》的记载中，可以稍稍看到秦始皇陵地宫内的情景，据说用了100多吨水银，铸成秦帝国版图的微缩版，寓意祖龙死后也永远和他呕心沥血统一的大帝国在一起。

与地宫为伴的是庞大的地面建筑群，分为内城、外城两部分，众多的殿舍、楼阁、寺吏舍、陪葬墓等陵园设施绵延范围广及56.25平方公里。这还是传统意义上的陵墓吗？这简直就是一座应有尽有的"冥城"。在这座史无前例的"冥城"地下，还驻守着一座各兵种齐全的秦军兵营，就是我们现在所称呼的秦始皇兵马俑。已被发现的有8000件陶俑，或许还有一些潜伏在陵园的四周未被发现。这8000名陶俑，长相、表情、姿态几乎没有重样的，真不愧为"世界第八大奇迹"。可以猜想，这8000名士兵是按照秦军百万雄师中立了大功的将军和士兵的模样塑造的，只有他们才有资格站在这里，继续守护他们的最高统帅。

秦始皇陵的工程量何其之大啊，用今天的三维全息技术，塑造一个与兵马俑类似的塑像，恐怕也要费很大功夫，何况当时。《史记》记载，70多万的刑徒和工匠们，风餐露宿，不分日夜地干，帝国的财政如水似的泼在骊山工地上，这泼的是广大穷苦人民的血汗啊！在骊山陵墓工地劳动的人还有朝廷供给粮食，在很多其他地方的工地上，例如从广东、福建等地调来咸阳做工的民众，则要自带干粮，他们来回耗在路上的时间和开支就足以使一户普通人家倾家荡产。不去不行，逃跑也不行，只能选择掉脑袋或者服劳役。

秦帝国的财政开支一年比一年大，应该做的、不应该做的、可做可不做的工程几乎都在兼并六国之后的几年里上马。秦帝国的管理机构和官吏们无所不用其极地扩张财政来源，保障工程所需。从哪儿扩张？从哪儿增收？无非是从生活在这片黄土地上的 4000 万民众的身上。秦朝的经济大纲是"黔首是富"，让人民富起来，可是实际上，人民的负担一年比一年重，重到一年的收入大多数都被政府拿走。《汉书·食货志》记载："收泰半之赋，发闾左之戍。男子力耕不足粮饷，女子纺绩不足衣服，竭天下之资财以奉其政，犹未足以赡其欲也。"种粮的没有饭吃，织布的没有衣穿，纵使全天下的财富全让政府收走，政府仍不满足。这样的日子还能持续吗？于是"人与之为怨，家与之为仇"，全体人民迫不得已走上与国家为敌的路，戍守岭南的 50 万精锐之师听到咸阳告急的讯息，居然封死了所有进出岭南的路口，静等着他们亲自参与创立的秦帝国最后倒下的那一刻的到来。这个教训刻骨铭心啊！假如秦始皇兼并六国之后，人力物力只用于巩固国防工程，而不搞楼堂馆所，甚至不开建骊山陵墓，让民众有时间休养生息，天下的人民还会万众一心抗秦反秦吗？

3. 具雄才大略，却犯下最重大的政治失误

秦始皇的雄才大略是毋庸置疑的，诛除嫪毐、吕不韦权势集团，他做得干净利索；发展农业，加强军备，他做得有声有色；不拘一格，广揽人才，他做得家喻户晓；运筹帷幄，决战千里，他做得举重若轻。最典型的是统一中国的最后几次决战，战略确定、排兵布阵、后勤保障、战后事宜等方面没有出现任何纰漏。从公元前 230 年灭韩开始，大规模的军事行动一场接一场，没给对手留下任何喘息的机会。灭韩的第二年他就攻赵，拿下邯郸后立刻攻燕；歼灭燕军主力后，转年就攻楚，得胜回兵途中又顺便灭魏；稍作休整即发兵 60 万与楚决战，第二年就彻底灭楚，大军顺势南下，平定江南；江南甫定，兵锋旋即北指，以眼花缭乱的动作扫清燕、赵残余；之后又出奇兵袭齐，齐国不战而降。

秦始皇的雄才大略不仅体现在战场上，在一些重大战略问题上，他也能放下架子，虚心听取意见，从而保证大决策不失误。例如，当年韩国派水利专家郑国入秦，名义上是帮秦兴修水利，实际上是想借此消耗秦国的人力、物力。这一真相被秦始皇发现了，立即下了一道逐客令，命令搜索和驱逐所有来自异国的客卿、臣工、名士。这道命令若真的执行，秦国的统一大业会大受影响。李斯在此关头呈上了一篇《谏逐客令》，劝说秦始皇："夫物不产于秦，可宝者

多。士不产于秦，而愿忠者众。今逐客以资敌国，损民以益仇，内自虚而外树怨于诸侯，求国无危，不可得也。"读了李斯的谏章，秦始皇立刻息怒，废止了逐客令，并派人快马追回已经踏上东归之路的李斯，让他官复原职。

正是对逐客令的废止使各类异国人才源源不断地聚集在秦始皇周围。如既精通兵法，又多权谋奇计的尉缭，他提醒秦始皇："兵胜于朝廷。"意思是说，先修好政治，才能在战场上打胜仗。秦始皇接受他的建议，欲战先安内，从整顿、改革上层建筑入手，确保了战场上一胜再胜。又如茅焦，本是齐国人，秦始皇平定嫪毐之流后，把一腔怨愤发到太后头上，下令将太后迁出都城囚禁于雍。一批大臣觉得不妥，先后劝他，秦始皇大怒，下令"敢以太后事谏者，戮而杀之"。茅焦却毫不客气地批评秦始皇："陛下车裂假父，有嫉妒之心。囊扑两弟，有不慈之名。迁母萯阳宫，有不孝之行。从蒺藜于谏士，有桀纣之治。今天下闻之，尽瓦解无向秦者。臣窃恐秦亡，为陛下危之。"秦始皇听后立即醒悟到事关国家存亡、人心向背，马上亲迎太后回宫，又"立焦为仲父，爵之为上卿"。

这么一位思维缜密、行动果断、几乎料事如神、从不在重大问题上犯错误的领袖人物，却在人事问题上铸下无可挽回的大错。首先是不该起用、重用宦官赵高，特别是当蒙毅已经判了赵高死刑的时候，不应该赦免他。其次是应该尽早做好接班人的工作，即使不立扶苏，也应该进行这方面的准备工作。皇权高度集中，一旦接班之事有误，帝国就处在危难之中。他花了毕生心血，做了那么多巩固大一统局面的工作，却偏偏忽视了选立接班人的事。

假设秦始皇及时确立扶苏为接班人，那么，大秦帝国在秦始皇之后可能会发生很大的变化，扶苏可能会为他老爹纠偏，把人心再收拢来，使新生的大一统局面逐渐得到强化和稳固。扶苏有很好的口碑，陈胜、吴广起义之初都打着他的旗号鼓动民众。就连赵高也是打心里佩服扶苏的，他曾说："长子刚毅而武勇，信人而奋士。"也就是说，扶苏品格好，文武全才，又在社会上享有信誉。可惜的是秦始皇不仅没有尽早确立扶苏的地位，还把他远派边疆，名义上是委以重任，实则另有隐情。什么隐情？那就是秦始皇的权力欲作祟，他担心这个儿子会抢他的班夺他的权，所以宁肯把他放远一点儿，不让他取代自己。他没有想到的是，这为赵高的夺位之谋提供了机会；他也没有想到扶苏对自己是如此尽孝尽忠，一封假诏书就信以为真，宁肯死也不愿背上不忠不孝之名。

在统一中国后的几年里，那个从谏如流、有错就改的秦始皇不见了，那个宵旰图治、小心谨慎的秦始皇不见了，那个气吞山河的秦始皇不见了，人们见到的是一个越来越刚愎自用、越来越喜好求神弄鬼、越来越让人感到可怕的秦始皇。

唐代文学家杜牧的《阿房宫赋》把沉重的历史变成灵动的文学镜头。他在结尾告诉人们，灭掉六国的不是秦始皇，是六国自己；灭掉秦国的也不是陈胜、吴广、项羽、刘邦，是秦始皇自己，是秦国自己。原文如下：

> 呜呼！灭六国者，六国也，非秦也。族秦者，秦也，非天下也。嗟乎！使六国各爱其人，则足以拒秦；使秦复爱六国之人，则递三世可至万世而为君，谁得而族灭也？秦人不暇自哀，而后人哀之；后人哀之而不鉴之，亦使后人而复哀后人也。

归根到底，关键在于一个"民"字，假如领袖能够爱护他的人民，体恤人民的痛楚，不要说二世、三世，国祚会长久得很呢！这样的批评和建议秦始皇是听不到了，他曾经的子民刘邦却替他哀之，全盛的西汉王朝从"哀秦"中走向盛世。

秦王朝瓦解之后，刘邦与项羽争雄，楚汉恶战又打了4年。最终，项羽兵败垓下（今安徽灵璧境内），自刎于乌江江畔。刘邦于公元前202年在洛阳登上帝位，汉朝闪亮登场。

汉朝分为西汉、东汉，是中国国势处于巅峰时期的王朝，也是中国版图急剧扩张时期的王朝。汉朝时，中国的疆域东达东海（含今朝鲜半岛的大部分），西到巴尔喀什湖（今哈萨克斯坦共和国境内）及葱岭（今帕米尔高原）以西，北抵贝加尔湖（今俄罗斯境内），南迄南海。

汉王朝令人激动的不仅是疆域比秦王朝时拓展了一倍，从而奠定了中国疆域的历史基础，而且两汉的大一统局面竟保持了400多年。回首上下五千年，中国历史上没有一个王朝能保持如此之久的统一，不论是盛唐还是明、清，都没有做到这一点，即使是立国达800年之久的周朝，也有近500年处于分裂、割据状态。

汉王朝诞生于天下大乱之际，10年的攻战杀伐使几乎所有的大城市都化为瓦砾，上千万老百姓或死或伤，哀鸿遍野。经济崩溃，生产体系完全破坏；国库空虚，刘邦出门时想凑齐4匹颜色一致的马都不容易，将相们出行则只能坐辆破牛车。比这更难堪的是北方匈奴不断侵扰，刘邦差点做了俘虏，他的皇后吕后甚至被匈奴单于公开羞辱。内忧外患，不计其数。然而，仅仅经过 60 多年的"无为而为"，汉王朝便大放异彩。国库内财货充裕，铜钱累积达上亿；太仓里陈粮堆积，百姓家家衣食丰足；全国人口迅速增长，总数突破 6000 万。有庞大的经济基础做后盾，强大的步兵、骑兵集团形成了，对匈奴的大规模反击战一次接着一次。匈奴主力被歼，余者远遁漠北，漠南自此与中原实现统一。汉帝国的疆域扩张到整个河西走廊和湟水流域，通向神秘、遥远的西域的大门完全打开，西域诸国纷纷脱离匈奴而回归汉朝。不仅如此，汉军在东北击败起兵叛汉的卫氏朝鲜，把辽东地区收回并实施直接管辖。又在南方拓疆开边，把东瓯、南越、闽越等少数民族地区揽进汉帝国的怀抱，南疆陆地边界最远已达越南的中北部地区。至此，汉帝国的行政区划由秦帝国时的 41 个郡扩张为 103 个郡。

历史上称汉朝为"强汉"，"犯强汉者，虽远必诛"。然而，自汉元帝之后，西汉的国家权力被外戚、宦官掌控，上层腐败，政治黑暗，社会矛盾日趋激烈，加上王莽之乱，种种危机进一步加剧，终于导致大规模的农民起义爆发。西汉这个为中国创造出全盛时期、使中国人以"汉人"著称于世的王朝，在保持了 210 年（公元前 202—公元 8 年）高度统一的政治格局之后，与秦王朝一样，葬身于上层的黑暗和轰轰烈烈的农民起义之中。

一、刘邦进城，项羽称王

接受子婴的投降之后，刘邦没有杀害他，而是快马加鞭地冲进咸阳城。宽敞繁华的街道、富丽堂皇的宫殿，让刘邦惊叹不已，他决定就在皇宫住下，好好享受一番。上有所好，下必甚焉，将领们也争先恐后地去抢夺金帛财物。面对混乱，刘邦的妹夫樊哙看不下去了，他问刘邦："您是愿占有天下，还是想做一个土财主？眼前的这些奢侈之物导致了秦的灭亡，怎么能再去享用它们？望您赶快回驻灞上，决不要再留宿在皇宫！"刘邦不听，谋臣张良接着劝谏，终于说服了刘邦撤出秦宫。

在撤离秦宫时，刘邦发出 3 项命令：一是命令丞相萧何彻底清理、收藏秦朝皇宫及丞相府的所有图书档案，封闭皇宫及国库的重宝财物。二是废除秦朝苛政，合集关中"父老"约法三章：杀人抵命，伤人及盗窃抵罪。三是立即关闭函谷关，不准任何起义军进入关中。

刘邦摆出了称王关中的架势，殊不知小小的函谷关阻挡不住项羽西进的步伐。公元前 206 年 11 月，项羽挥军 40 万进抵函谷关前。抬眼望去，关门紧闭，又听说刘邦早已击破咸阳，项羽顿时怒火涌上心头，立即下令攻关。函谷关霎时被攻破，40 万大军蜂拥而入。不到一个月的时间，项羽便进驻鸿门（今陕西临潼东北），距刘邦的营地仅 40 里。

项羽怎么会来得这么迟呢？原来在巨鹿歼灭秦军主力之后，他又在周围一带清剿，并且惨无人道地杀害了 20 多万秦军降卒。这么一折腾，时间就拖长了，直到公元前 206 年入冬时才赶到关中，比刘邦晚了两个多月。

就在这段时间内，刘邦赢得了人心，关中地区的百姓都"唯恐沛公不为秦王"。但项羽怎肯让刘邦做秦王？他在寻机击破刘邦的秦王梦。就在此时，刘邦内部出了内奸，左司马曹无伤暗中给项羽递情报，愿为项羽做内应。项羽的谋士范增也神神秘秘地告诉项羽，说刘邦头顶有天子气，"急击勿失"。项羽信了，决定翌日早晨就出兵灭掉刘邦。这个机密被项羽的叔父项伯知道了，透露给了于自己有恩的张良。张良没有听从项伯的劝告逃走，反而去报告给了刘邦。刘邦听后大惊失色，项羽有 40 万精锐之师，自己却只有七拼八凑的 10 万人，不是对手！张良让他不要怕，说可以通过拉拢项伯去游说项羽，求项伯向项羽表白自己并无称王之意，从而平息这场危机。刘邦遂亲见项伯并与他结为儿女亲家，且故作痛心的样子对项伯说："我入关以来，丝毫不敢有所取，簿籍和府库一概封存，只等项大将军来验收。我之所以派兵把守函谷关，是为了防备盗贼出入和其他意外，我日夜都盼着项大将军早点来，哪里会存心反对他！希望您把我的这片忠心转达给项大将军啊！"项伯应允了，又嘱咐刘邦，务必第二天一早亲去鸿门面谢项羽。

被拉拢的项伯连夜回营把这番话学给项羽，又趁机劝言："如果不是沛公先破关中，我们怎么能这么轻松入关呢？他是有功之人，杀他是不义，不如善待之。"项羽觉得有些道理，就同意不去进攻刘邦。

第二天一早，刘邦率百余随从携带重礼来到鸿门，一再卑辞地表白对项羽的忠心："臣与将军戮力而攻秦，将军占河北，臣战河南，然不自意能先入关破秦，得复见将军如此。今者有小人之言，令将军与臣有郤。"一席话说得项羽心软，不知不觉就打消了在鸿门击杀刘邦的念头，真把刘邦看作了自己人，还随口说出了曹无伤告密做内应之事。言语投机，项羽命令上酒款待刘邦。杯盏交错之际，范增3次示意项羽动手，哪知项羽故意装作没看见，继续把盏言欢。范增急了，他看到了刘邦的能量，知道今天不杀刘邦，不久即被刘邦所杀。他不由得起身召来项羽的堂弟项庄，授意他进帐舞剑助兴，伺机击杀刘邦。项伯察觉出项庄舞剑的意图，也拔剑而起与项庄对舞，并不时用身体护住刘邦。

张良看出了项庄舞剑的凶险，便把樊哙叫了进来。樊哙是屠夫出身，周身遍布杀气，他对项羽怒目而视，头发都竖了起来，眼眶几乎要瞪裂，一副要与项羽拼命的架势。项羽已放下了杀死刘邦的念头，所以并未计较樊哙的无礼，反而赏酒给他喝，还赐给他一条生猪腿。刘邦趁此机会不告而别，项羽也没有派兵追赶，著名的鸿门宴就这样热开场冷收局。随后，以鸿门宴为起点，开始了长达4年的楚汉之争。

鸿门宴之后，项羽以全国最高统帅者的身份高调进驻咸阳。这位26岁的青年人终于实现了当年见到秦始皇时发出的"狂言"："彼可取而代也。"是啊，秦之灭亡主要靠项羽之力。他首先杀了子婴，继之放手让部下烧杀抢掠，烧毁皇宫的大火3个月不灭。这可比刘邦进城时乱多了，关中人民对他感到失望。

接着，项羽废掉义帝楚怀王，自封为西楚霸王，都彭城（今江苏徐州），并以盟主的身份分封了18个诸侯王。项羽乃贵族后裔出身，心中始终装着复辟往日贵族地位的路线图，今日得以实施，自然十分惬意，不久即带领人马，兴冲冲地前往彭城。令他想不到的是，分封不仅逆历史趋势而动，还因为分封不均而内乱迭起。田荣不满分封，在齐地起兵，自立为齐王。彭越也在梁地起兵，公开与项羽为敌。刘邦本应封为关中之秦王，却被项羽冷落，封为巴蜀之汉王。刘邦极为不满，一到汉中就采纳韩信的建议——"决策东向，争权天下"。

二、干脆利落，闪击"三秦"

刘邦定下与项羽争夺天下的大战略之时，正值田荣、彭越、陈余等人公开叛楚，西楚霸王项羽只得履行平叛职责，东征北讨。刘邦抓住这一时机，潜入故道（又名陈仓道，起自陈仓，即今宝鸡东，西南行至散关），迅速攻占下辨（今甘肃成县西北）、故道二县，接着又在西县（今甘肃天水西南）击败雍军，顺利越秦岭，过渭水，进入陈仓。

陈仓一带是项羽所封的雍王章邯的地盘，毗邻项羽所封的塞王司马欣、翟王董翳的封地。这3个原秦朝的降将瓜分了关中地区，俗称"三秦"。刘邦现在打到三秦的重地来了，这3个封王都没有料到刘邦如此迅速就回袭关中。刘邦离开关中时不是烧毁了所过栈道，表示不再涉足关中吗？怎么说来就来了呢？雍王在惊讶之余仓促布阵，并向塞王、翟王求援。

替刘邦打前锋的是樊哙，他一举突破了章邯的轻车骑布阵，把章邯和其弟章平军逼退至废丘、好畤（今陕西乾县东）一带。刘邦、韩信率领的主力大军随即也逼至废丘，将三秦军围困起来。这样，主力从正面攻，曹参、樊哙从好畤发起进攻，前后夹击，大破三秦军。刘邦趁此攻占好畤和咸阳。

重回咸阳，刘邦显得比第一次进城时冷静多了。大业未成，必须再努力。他命令：一支部队继续围困章邯死守的废丘城，其余兵力分头进攻关中各地。进展很顺利，三秦的军队大多被歼，塞王司马欣投降，翟王董翳跟着投降，除雍王尚在死守废丘外，关中地区基本平定。关中立稳后，刘邦又出武关，向东发起进攻。在大规模东进之前，还攻取了陇西、北地二郡，生擒了章平。活捉章平后不久，围困废丘的汉军引水灌进废丘城，迫使章邯自杀，关中地区全部插上了刘邦的大旗。

一系列胜利仅仅用了不到一个月的时间，这里面有两个人物起了重要的作用。一个是大将韩信。他首先建议刘邦以巴蜀为基地，北上还定三秦，东进争夺天下。在得到刘邦的授权后，他指挥汉军潜出故道，以诡秘的突袭打三秦军一个措手不及。初步胜利后，不给敌人以任何喘息之机，果断地分兵略地，遍地开花，很短时间内就平定了关中。韩信出身贫寒，没读过多少书，并且之前无任何军事实践，却几乎没打过什么败仗，刘邦的天下多半是靠他打下来的。韩信在天下乱成一团麻的情况下，对大势居然看得那么清楚。当刘邦在汉中只知发牢骚的当口，韩信鼓励他说，只要北上，"三秦可传檄而定"。他解释说："军中官吏和士兵大多是崤山以东之人，日夜盼着打回故乡，这股势头要及时利用。如果等到天下已定，士兵们就没有这种势头了。"刘邦就是靠这股士气打回关中的。

第二个重要人物是张良。在刘邦不得不撤出关中时，他建议刘邦以假象惑敌，烧绝所有行军走过的栈道，表示决不再回关中，以此有效地麻痹了项羽和章邯。刘邦第二次出其不意地占领咸阳后，张良又给项羽写信，说汉王失去关中后，现在拟再取得关中，只要进驻关中即刻止步，不敢再向东一步。随信还夹带了田荣等人的"反书"给项羽，提醒项羽小心齐与赵可能会联合灭楚。项羽收到张良的信，以为西边无战事了，就全力以赴去进攻齐、赵之军。这封信真假参半，为刘邦最后歼灭章邯赢得了时间，可怜章邯苦等救兵足足等了 10 个月，也未等到项羽的一兵一卒。

三、如约不止夺彭城

拿到关中后，按张良写给项羽的信里所说，刘邦就得止步。但刘邦岂会自缚手脚？他抓紧时间，开始做东进的准备。他首先制定多项政策安定民心，完善各级地方政权组织，并把汉都从南郑迁至栎阳。接着，汉高祖二年（公元前205 年），刘邦亲率大军由函谷关出陕县（今河南三门峡市西），攻略中原。大军所过之处，无人能挡，河南王申阳投降，其地盘被改为河南郡，紧接着刘邦派韩王信（战国时韩襄王之孙）在阳城（今河南登封）击降韩王郑昌，完全控制了河南地区。占有河南之后，刘邦宣布了一些重要政策抚慰关外父老，如：诸将凡以郡率领万人归降者，即封万户；抽出部分兵力整治河上要塞，便利民众生产；开放秦朝苑囿园地，准许百姓耕种；如此等等。这些措施的实施为刘邦其后继续东进发挥了重要的作用。

刘邦在关中和关外做这些事情的时候，项羽在干什么呢？难道他眼看着刘邦发展壮大却袖手旁观吗？事实是：项羽在得知田荣、彭越等人叛楚的消息后，并没有立即去降服这些诸侯，反而先去杀害各路义军名义上的领袖——义帝楚怀王。在干这件不得人心的事的同时，他又费了一些时间去杀韩王成，又立新韩王郑昌。等把这两件事办完，才想到要处理刘邦、田荣等人叛楚之事。这太迟了，刘邦已站稳关中，且势力已远远超出了田荣、彭越、陈余等人。按理说，项羽应该把主要精力放在对付刘邦上，但他却凭意气用事，把目标对准最先叛楚的田荣等人，这就犯了战略性的错误。项羽从汉高祖二年（公元前 205 年）正月开始征讨田荣开始，打了 4 个月仍不能在齐地取胜，主力完全陷在齐地。田荣死后，项羽本可以腾出手来对付刘邦，却因轻信张良"不敢东进"的许诺，继续深入齐地烧杀抢掠，结果刘邦抓住这几个月的时机迅猛发展，东进关外。

以河南地区为基地，刘邦的兵锋又指向河东和河内，很快迫降西魏王魏豹。不久又攻下河内（今河南所属黄河以北地区），俘虏殷王司马卬，项羽的都尉陈平也叛楚降汉。刘邦在此置立了河内郡。这样，出关后用了不足 3 个月，刘邦就完全占领了河南、河东、河内地区，汉军的长矛可以直抵项羽的咽喉了。

汉高祖二年（公元前 205 年）三月，刘邦意气风发地抵达洛阳，准备对项羽发动大规模进攻。这时候，当地有名的"三老"董公给刘邦出主意，让他先不要忙着打仗，先为义帝楚怀王发丧，以此赢得天下人心，有了人心支持，仗就好打了。刘邦采纳了这个建议，亲自为义帝发丧，"袒而大哭，哀临三日"。又派出多路使者遍告诸侯，共讨项羽。效果果然很好，陈余首先响应，其余诸侯王也受到震动，与项羽离心离德。最受项羽信任的九江王英布居然从此再未给予项羽任何帮助，一出发丧戏直演得项羽成为孤家寡人。

借着有利的舆论环境，刘邦亲率汉军主力及已降汉的诸侯兵马合计 56 万人，向项羽发起大规模的战略进攻，核心目标指向楚都彭城。56 万联军从洛阳一带出发，沿着今日的陇海路直扑彭城，一路斩关夺隘，不到 1 个月就攻占了彭城。消息传到正在齐地城阳一带与田横鏖战的项羽耳中，项羽大怒。这是奇耻大辱，岂能忍受？他命令主力继续留在齐地围攻田横，自己挑选了 3 万骑兵火速赶赴彭城。项羽可谓盖世英雄，明知对方有近 60 万兵力，却毫无畏惧。他南出胡陵、萧县，绕道彭城西南，于拂晓前突然出现在汉军营前。

此时的刘邦及一干诸侯尚在温柔乡中，完全未料到项羽会如此迅速地出现在他们面前。等到统帅部发出反击的命令时，大多数汉军已被项羽的骑兵部队压迫于谷水、泗水之滨。项羽的 3 万精锐骑兵从早晨开始进攻，到中午时就已歼灭了岸上和落水而亡的汉军数万人。汉军东退无路，只得往山区溃逃，但步兵的腿怎么能跑得赢骑兵的马呢？于是，又有十几万汉军被挤压于灵璧以东的睢水边。楚军再次发起猛烈的攻击，汉军又被歼十几万人，尸体填满河道，以致"睢水为之不流"。

联军统帅刘邦也陷入重围，眼看就要被楚军俘虏。恰在此时天气突变，平地刮起大风，满天沙石席卷战场。天昏地暗之际，刘邦奋力冲出楚军包围，身边仅有几十骑卫士随行。灰头土脸的刘邦一路狂逃，刚刚逃至沛县，楚军也追至沛县，一同出逃的其父刘太公和妻子吕雉动作没那么快，做了楚军的俘虏。刘邦顾不得家人，又从沛县往砀县、下邑跑，中途巧遇逃难的一子一女。为了保住自己的性命，刘邦几次把这对儿女从自己的车上推下去，多亏为他赶车的夏侯婴几次下车抱起，才保住了后来的汉惠帝和鲁元公主的性命。

这一仗打得真惨，除了兵力上的损失不算，整个大势已经逆转，刘邦不得不由进攻转为战略防守。一看刘邦惨败，本已投降、打算投降的诸侯们纷纷"反水"，连田横也向项羽示好。彭越本是反楚的积极分子，此时也率军北撤。刘邦似乎成了孤家寡人。

但项羽不这么看，彭城一战使他充分认识到刘邦才是自己的主要敌人。在与田横讲和之后，他集中兵力向刘邦发起追击。可惜他醒悟得太迟了，或者说又小看了刘邦。刘虽惨败于彭城，但仍完全占有巴蜀和关中以及部分关东地区，从人力和财力上讲，都有足够的本钱与项羽争雄。刘邦从彭城逃至荥阳后，在这里以深沟高垒组织起强大的防御阵地，有效地从正面阻止了项羽的西进步伐。荥阳是关东地区具有重要战略意义的地区，刘邦一到荥阳，萧何就从关中发来充足的粮草和后备兵源，韩信也从关中疾驰荥阳，协助刘邦收拢溃散的汉军，重新调整军事部署，并很快向楚军发起反击，大破楚军于京县、索亭之间，从而稳定了战局，赢得了喘息之机。

刘邦召开御前会议，探讨下一步的动作。市井出身的刘邦是个意志坚强、临危不乱的人，从彭城逃至下邑时，他突然在途中下马踞鞍向张良提出一个问题："我想捐出关东等地以招揽同盟军，以增强抗楚之力，捐给谁好呢？"这也是张良一路逃跑中始终在想的一个问题，他马上回答说："可以捐给英布、彭越、韩信，有这3人之力，楚可破也！"为什么呢？因为英布与项羽已经有隔阂；彭越游居于河上，实力未受损；韩信是绝世人才。拉拢英布，让他完全亮明反楚立场；资助彭越，让他在项羽后方牵制项羽；重用韩信，让他统筹各方力量，瞅准时机彻底击溃项羽。张良不愧为大战略家，之后整个楚汉相争的战场大体上就是按照他的指导方针演变的。

四、楚汉相持，难解难分

逃命路上君臣订下的大思路在荥阳化为实际行动。策士随何受命前往九江策反了英布；另有一路人马以赠送梁地为诱饵游说彭越，彭越见利，开始不断地派兵骚扰项羽的后方；韩信以新任左丞相身份率领部分精锐开辟北方战场，并分别向魏、赵、代、燕、齐等诸侯的领地发起进攻。鉴于彭城失败的教训，刘邦命灌婴组建骑兵，不久即投入战场，并在荥阳东大破楚军骑兵。为了有力地保障前方的需要，刘邦大力加强根据地建设，确立了曾在逃跑途中被他踹下车的儿子刘盈的太子地位；命萧何制法令、立宗庙、筑城邑、计户口，征兵车专粮以支援北方和东方前线，并驻守关中；采纳陈平的建议，给其4万斤黄金去行贿项羽的骨鲠之臣范增、钟离昧、龙且、周殷4人，冀望他们暗中为刘邦出力。

刘邦在下一盘我国战争史上蔚为壮观、步步惊心的大棋。他以关中为基地，摆开正面相持的战场，在南翼布下牵制之师，重点从北翼发动进攻，且不忘在后方袭扰，又辅之以"用间""攻心"战术，把战场的空间拉大到西起荥阳，东至彭城，南起九江，北到燕、代的百万平方公里的地域上，一步步与项羽展开对决。

项羽此时也在制定和调整自己的战略战术，他把主攻方向定在荥阳一线，而在北翼则以魏、赵、燕、齐等国构成屏障，对南翼的英布几次发出命令，要求他派兵配合楚军西进。项羽的这一部署明显是以打阵地战为主，而且纯粹是一厢情愿。因为其一，北翼正是刘邦攻击的重点，韩信将以各个击破的方式把各诸侯国瓦解。其二，南翼的英布已经为刘邦所用，一兵一卒也指望不上。

公元前205年八月，项羽的正面进攻尚未开打，韩信的北翼进攻就打响了，仅仅3个月就横扫魏、赵、代、燕4国，项羽的北方屏障化为乌有。更让项羽揪心的是英布表明了叛楚的立场，且派出大军攻击项羽的南翼，迫使项羽先去救英布烧起的这把毒火。英布难以抵挡西楚霸王，全军溃败，只身逃往刘邦营中。收拾了英布，项羽这才于公元前204年十二月向荥阳发起正面强攻。尽管没有北翼、南翼的配合，但战场上项羽的能量无法估量，很短时间内，荥阳外围的各个据点逐一失守，通往汉军粮仓的生命线也被切断。项羽亲自指挥围城，决心把刘邦及其主力要么饿死，要么歼灭在荥阳城内。刘邦顶不住了，提出"割荥阳以西者为汉"的缓兵之计。项羽得知后，也打算收兵和解了事。但项羽的谋臣范增强烈反对，力劝项羽再急攻荥阳。看来，必须除掉范增，刘邦的谋臣陈平在此关键时刻，使用反间计使项羽疏远了范增。异常愤怒的范增选择离开，走前他吼着说："天下事大定矣！"他的意思很明白，天下已归刘邦，没项羽的份儿了。

虽然范增被赶走了，但项羽对荥阳的包围丝毫没放松。城内的粮食越来越少，一旦破城，刘邦的整个统帅部将被一锅端，出现这种结果，汉政权就完了，所以必须想法使刘邦及最高统帅成员逃出荥阳城。刘邦等人苦思良久后，决定举白旗诈降。一名叫纪信的将领扮成刘邦，在几千名妇女老幼的簇拥下于夜间开东门向项羽投降。项羽喜滋滋地准备受降，军士们也放松警惕，涌到东门观看受降仪式，刘邦趁机开西门在夜色中冲出了荥阳城。等到项羽发现上当，4座城门已经紧锁，无论楚军如何进攻，汉军将士们仍坚守荥阳。

刘邦冲出荥阳后，径直往成皋（今河南荥阳汜水镇）入关，马上调集关中的后备军，与九江王英布一道出武关，向南阳展开进攻。为什么不直救荥阳呢？刘邦知道一展开南下的行动，项羽必分兵而至，荥阳的正面压力自会减弱。项羽这一分兵，荥阳就有了休整、喘息之机。果然，项羽火急火燎地赶到南阳。刘邦却立刻收兵固守，绝不出阵，又暗中派出彭越深入项羽后方，并在彭城附近的下邳大败楚军。楚都有险，项羽立即撤出南阳，千里回师击彭越。刘邦抓住机会，渡黄河北上，在成皋击败楚军，解开荥阳之围。

项羽从正面进攻刘邦的战役结果不好，他把怨恨发到彭越头上，集中兵力击败彭越。之后，马上发动第二波大规模进攻，一举攻占荥阳，又克成皋。刘邦此时就在成皋，城破后，他和夏侯婴坐一辆车狼狈地逃出成皋，身边无一兵一卒。他们北渡黄河去寻找正在北岸休整的韩信、张耳。为了稳妥起见，刘邦化装成汉王使者，趁韩信、张耳熟睡之时夺了赐给他们的兵符，收回其所指挥的部队，将其调至巩县（今河南巩义市）一带阻止楚军西进。

刘邦夺了韩信的兵符，马上拜他为相国，令他去赵地征发一支部队进攻齐国，从侧翼打击楚军，又令张耳协助自己防守赵地，用以巩固正面战场。与此同时，还派出 2 万精锐部队渡河深入楚地，配合彭越搞乱项羽的后方。彭越也是个军事天才，得到这 2 万人马的支援后，一连攻占了楚军占领的 17 座城市，打得项羽寝食不安，只得放下正面攻势，二次回师东击彭越。项羽走前反复交待大司马曹咎守好成皋，决不要主动出城交战。

汉高祖四年（公元前 203 年）十月，刘邦抓住机会，趁项羽主力东调之际，再次渡过黄河向成皋发起攻击。守卫成皋的曹咎一开始严守项羽的指令，紧闭城门只守不战。守了没多久，他被刘邦的激将法骂火了，忍不住冲到城外与刘邦决战。刘邦采用"半渡而击"的战术，等出城的楚军渡汜水至一半时水陆夹击，立时歼灭了大部楚军，尔后乘胜收复了成皋。成皋是十分重要的战略之地，夺取了成皋，刘邦可以直接进攻广武（今郑州西北），包围荥阳。曹咎自知犯下大罪，与另一守将司马欣一道在汜水边自刎。

项羽东进讨伐彭越进展顺利，仅用十几天就将其打垮，收复了十余座城池。进军到睢阳时，成皋失守的噩耗传来，项羽气得暴跳如雷，急躁中他决定亲率主力向荥阳方向发起第三次正面进攻，企图以阵地战击败刘邦。但他又错误地命令龙且率 20 万兵马去齐国与韩信作战，这等于开辟了两条战线。这也很可能是他迫不得已而为之，因为汉军中最善战的将领韩信已经在此时攻克了齐国，尔后马不停蹄地东下，进逼高密，直接威胁项羽的大后方。

经过前两次大规模的进攻，项羽的势力已大为衰减。刘邦坚持用疲乏战术消耗项羽，只要项羽一发动进攻，汉军就纷纷退守险阻，不与项羽打阵地战。几次拉锯之后，项羽身心疲惫，只得在广武驻扎下来。广武群山连绵，项羽占据东峰，刘邦占据西峰，两军隔涧相峙。项羽欲战不得，欲退不能。数月之后，项羽的后勤供应渐渐不支，而刘邦身后就是敖仓，粮食充足。项羽心急如焚，无计可施之下，抬出被他俘获的刘邦的父亲，把他摆在肉案之上隔涧向刘邦喊话："再不下山决战，就烹了你老父！"刘邦知道项羽在激将，回答项羽道："我们俩都曾是义帝的臣子，互相约为兄弟。我的父亲就是你的父亲，你一定要杀了烹食他，那请你分给我一杯汤吧！"

隔涧喊话士兵们都听得到，杀吧，项羽没面子，不杀吧，也没面子，只好听了项伯的话，把刘邦的父亲放了下来。项羽又大声地对着刘邦吼叫："几年来天下动荡不安，都是由于我们两个人的缘故。我愿与你单打独斗，一决雌雄，不要再使天下百姓遭受痛苦。"刘邦原来可是社会上有名的无赖，他才不跟项羽单挑，他回答道："兄弟，我宁愿斗智，也不愿斗力啊！"项羽没辙了，命令暗中埋伏的弓箭手射击刘邦，一箭出去，刚好射中刘邦胸部。刘邦啊的一声惊叫，旋即又机警地抚摸足部说："小子，射中我的脚趾了！"刘邦遮掩伤情是为了不影响军心。他伤得很重，依然听从张良的建议，忍痛去军营中巡察一番，然后才急回成皋治伤。

项羽再也无法可想，只得一天天与刘邦对峙着。但形势对项羽愈来愈不利了，韩信在这年年底全歼了龙且的20万楚军，完全占领了齐地。在把北方战场推进2000多里之后，韩信开始分批南下，向彭城方向进攻。受伤的刘邦此时也伤愈归队，又从关中往广武增调了后备军。早先被项羽打垮的彭越又在梁地一带展开各种阻断行动。英布也招兵买马，在南方战场呼应。项羽兵疲粮尽，打不动了，心力交瘁，无可奈何，终于同意议和，以鸿沟（古运河名，在今河南中牟县）为界，中分天下，鸿沟以西属汉，以东属楚，项羽放回刘邦的父亲、妻子。第三次进攻前后打了十几个月，项羽最终两手空空，垂头丧气地往东走。

两年零五个月的楚汉相峙，不久就会大见分晓，项羽很快就会听到那催魂的四面楚歌。

五、英雄末路，四面楚歌

从态势上看，项羽已经完全处于劣势。正面战场的汉军无论是数量还是士气，均与楚军匹敌，但汉军具有一个最大的优势，即韩信替刘邦完全攻占了齐地（占领了70多座城市），给项羽背上插了一刀。南方的英布不屈不挠，力量也开始壮大，且一直配合刘邦作战，起到了牵制项羽左后方的作用。彭越在宋地像是一股幽灵，始终用游击战缠住楚军，紧紧地控制了梁地。一张战略性的包围网已经形成，随时可以给既无两翼配合，又无纵深回旋余地的项羽以致命一击。

刘、项二人在鸿沟中分天下之后，项羽准备离开广武向东进发，刘邦也拟西归。张良、陈平不想就这样便宜了项羽，把一只快要不行了的老虎放回山去休养生息，他们向刘邦建议：汉已握有大半天下，众多诸侯也已收服，楚方兵疲粮尽，是天要灭亡他的时候了，今天不彻底歼灭之，就会养虎为患！刘邦觉得在理，遂作出战争部署：主力由刘邦率领从广武出发由西向东追击项羽，追击前发出指令，约会韩信由东向西与主力会合，约会彭越由北而南呼应东西战场；另派将军刘贾入楚，配合英布由南向北做战略机动，伺机将项羽堵截于东撤的路上。

这个作战方案非常好，拟让东西南北都联动起来，想不到约会韩信、彭越的指令发出后没有得到二人的响应，韩、彭两支大军原地不动，英布、刘贾在安徽寿县毫无作为，刘邦孤军追击项羽至固陵时，遭到项羽的全力反击，被打得一塌糊涂，只得赶忙修筑工事，坚壁自守，等待援军来救。刘邦问计于张良，怎样才能使韩信、彭越尽早出兵。张良说：楚兵已经被他们歼灭了很多，但二人都没有被分封到土地，尽管您已经封韩信为齐王，但还得明确地给他封地才行。彭越也希望得到王的封号，可以把睢阳以北（今河南商丘）至谷城（今山东东阿）封给彭越，把陈（今河南淮阳）以东到大海封给韩信，这样一来，完全灭楚指日可待。刘邦采纳了这一建议，很快就得到韩、彭二王的响应，大决战的生力军要来了。

韩信这个齐王是自己厚着脸皮找刘邦要来的。汉高祖四年，韩信完全攻占了齐地，他想应该为自己定个名分了，就给刘邦上书，说齐这个地方诡诈多变，是个反复之国，没有王的身份，很难在这里立稳，所以请求刘邦批准他做个假齐王（代理齐王的意思）。刘邦此时正坐镇荥阳抵抗项羽，还未读完韩信的上书就发火了，大骂韩信。张良、陈平一听急了，连忙用脚踢刘邦的脚，又附耳说："现在谁能阻拦他不称王？不如善待之，让他守好齐地。反之，后果不堪设想。"刘邦很聪明，立即改口对韩信派来的使者说："大丈夫平定了诸侯，要当就当真王，当假王干什么？"韩信就这样被封为齐王。

韩信其实是挺忠于刘邦的。在这之前的汉高祖四年，项羽曾派武涉游说韩信，许以三分天下王之，韩信不干。之后，齐人蒯通也去游说韩信，说天下权在韩信，为汉则汉胜，与楚则楚胜，不如两边都不靠，三分天下，鼎足而居。韩信也没同意。可见他心里还是尊重、认可刘邦的，不然，以他的才华和实力，三分天下易如反掌。

想得到的都得到之后，高祖五年（公元前202年），韩信、彭越、英布都以最快的速度，分别从3个方向向刘邦靠拢。韩信南下，以骑兵为前锋，没费什么力气就攻占了项羽的都城彭城。未作停留，大军又向西扫平若干县城，与刘邦会师于颐乡（今河南鹿邑东）。彭越、英布的动作也很利索，先后于该年十一月前后与刘邦会师。大决战即将打响。

这一年年底，项羽由固陵撤至垓下，准备在此固守，并做好同刘邦决一胜负的打算。两方的兵力大致如下：刘邦有近60万人，项羽有约10万人。兵力悬殊，但楚军历来英勇顽强，当年3万骑兵曾打败刘邦56万人。这一次还会发生这样的奇迹吗？

决战终于打响了，韩信率领南下的30万精锐之师首先从正面发起进攻，项羽毫无畏惧，立即迎头反击，疲乏饥饿的楚军将士以一当十，奋勇作战，一下就把韩信的攻势给压了下去，韩信不得不急速后撤。此时，刘邦指挥左路、右路两翼扑向项羽，韩信也立即祭出回马枪，三路大军排山倒海般涌向项羽，大部楚军被此"浪头"淹没，项羽只得率残部退守垓下的大本营。入夜，项羽正在营中发愁，突闻四周响起楚歌，凄凄哀哀的旋律引得不少将士心酸，有些思乡念亲的士兵干脆开溜。项羽吃惊，刘邦的营中怎么有这么多会唱楚歌的，难道楚地全被汉军占领了？心烦意乱的项羽完全辨不清眼前大势，绝望之心渐渐占据上风。他慢慢走进帐篷，诀别最心爱的虞姬，流下了两行英雄泪："力拔山兮气盖世，时不利兮骓不逝。骓不逝兮可奈何？虞兮虞兮奈若何！"一曲悲歌咏罢，项羽翻身上马，仅率800名骑兵乘夜色突围而出。

天明时，刘邦发现项羽已逃出垓下，立即命灌婴率5000名骑兵跟踪追击。800名骑兵护卫项羽一路向东南逃跑，经过零星作战，到阴陵（今安徽定远西北）时仅剩百余人。慌乱之中，项羽迷失了方向，又被一农夫欺骗，误入大泽之中，行走艰难。汉军骑兵就在此时追至，一阵搏杀之后，项羽逃至东城（今安徽定远东南），此时所带骑兵仅剩28人。数千汉军撒下包围网，准备生擒这支残军败将。项羽见此阵式，不惧反威，一股英雄豪气凛然而起。他不紧不慢地对这28位即将跟随自己走入深渊的士兵说道："我起兵到现在有8年了，亲身打过70多次仗。谁抵挡我，我就打垮谁；我攻击谁，谁就降服。我未曾打过败仗因而霸有天下。然而今天终于被围困在这里，这是上天要灭亡我，不是我不善于打仗的过错。今天我固然要决心战死，愿意再为各位痛痛快快地打一仗，我一定要取胜3次，为各位突破重围，斩杀敌将，砍倒敌人的军旗，让各位知道是上天灭亡我，不是我带兵打仗的过错。"

说完，他把28名勇士分成4队，要他们向四方杀敌，尔后约定在山东面的3处会合。布置完后，项羽怒吼着扑向汉军，这样反复冲杀了3次，杀死数名汉军将领及数百名士兵，项羽这方仅亡两骑。项羽气未喘定就问他的士兵们怎么样。士兵们高声回答："正如大王所说的那样！"

项羽满身血渍，领着最后这26名骑兵向南突围至长江的渡口乌江（今安徽和县东北40里长江北岸的乌江浦）。乌江亭长驾船来迎项羽，对项羽说："江东虽小，地方也纵横上千里，民众有数十万，足以称王。希望大王赶快渡江，现在只有我有船只，汉军来到这里，没有般只渡江。"然而，此时的项羽已心灰意冷，他说："8000名子弟兵跟随我南征北伐，血染黄土，如今仅剩我一人再渡江东。纵使江东的父老兄弟能原谅我，我又有何面目去见他们？"他谢绝了亭长，又对亭长说："我知道你是个忠厚长者，我骑这匹马5年了，所向披靡，曾经一天奔驰千余里，不忍心杀了它，把它送给你吧。"说罢，命26名骑兵全部下马，手提兵刃与汉军展开肉搏。项羽毕竟是人不是神，一场短兵近战耗尽了体能，身上多处刀伤，血流如注。回头望见汉军骑兵司马吕马童，项羽说："你不是我的老朋友吗？"吕马童这家伙立功心切，告诉汉将王翳："这就是项王。"项羽说："不错，听说你们用1000斤黄金、1万户封邑买我的头，我好你做件好事吧。"说毕，自刎而死。这年，霸王项羽才31岁。

历时4年的楚汉之争，最终以这位志向高远、豪气盖世的年轻英雄的头颅落地而画上了句号。

忍住几许惋惜与难过，我们要向项羽致敬，他为中国的统一大业作出了两个想不到的贡献。一是想不到他在那么短的时间内，以那么快的速度全歼了以往六国君王闻之色变的百万虎狼之师；二是想不到他在那么短的时间内，以那么快的速度输光了各路诸侯寄予厚望的政治、军事、经济家底。正是这两个"想不到"大大缩短了中国重新走向统一的时间。项羽虽然没能登上全国的领袖之位，但他那些极富传奇色彩的故事却流传至今。

六、天下匈匈，无为而治

汉高祖五年（公元前202年）二月，刘邦在汜水之阳（今山东定陶附近）即皇帝位，定国号汉，史称"西汉"。新生帝国建立在瓦砾之上，经过将近10年的攻战杀伐，国土早已残破荒凉，凋敝不堪。最令人心痛的是人口大量减少，可以统计出来的户口数只有10年前的十分之二三，其余十分之七八要么死于战争或饥饿，要么游离于西汉政府的控制之外。这个数字真是惊人，秦末时全国尚有4000多万人口，西汉此时的总人口大约只有1000万了。司马迁说秦汉之际"大战七十，小战四十，使天下之民肝脑涂地，父子暴骨中野"。人口减少，大量土地荒芜，不少人家无米下锅，有些地区一石米卖万钱，一匹马值百金，刘邦的坐车只能用4匹不同颜色的马，将相更是只有牛车可坐，赋税少得可怜，国穷民穷，无处不穷。

内忧如此，外患也不轻。匈奴在楚汉相峙之际就开始袭扰北方边郡，南方的百越诸侯也毫不客气地割地自立，中断了与中原王朝的关系。更带来压力的是在战场上立了功勋的一批大员正静等着刘邦"发红包"，看他怎么封了，封得好大家相安无事，封得不好硝烟恐又燃起。刘邦这个皇帝之位登得险，用他自己的话讲就是："天下匈匈，劳苦数岁，成败未可知。"他不知如何是好，心中不安，向谋士陆贾问计。陆贾就从秦的灭亡讲起，并专为刘邦写了《新语》，书中说："秦以刑罚为巢，故有覆巢破卵之患；以赵高、李斯为杖，故有倾仆跌伤之祸""事愈烦天下愈乱，法愈滋而奸愈炽，兵马益设而敌人愈多。秦非不欲为治，然失之者，乃举措暴众而用刑太极故也。"点明了秦王失败之原因。陆贾为刘邦出主意：轻徭薄赋，约法省禁，与民休息，无为而治。

刘邦欣然接受，从政治、经济、军事诸方面贯彻"无为而治"，主要措施是：

政治上，中央政府基本沿袭秦的三公九卿制，只在个别地方稍作改进。法律体系在秦六律的基础上，删除了一些酷刑，增加了三章，称为《九章律》。地方行政机构完全照搬郡县制。而且，刘邦兑现打仗时的承诺，分封了一批异姓诸侯王。

军事上，一方面大量复员军士，一方面在地方精选拉弓张弩、驾车驶船、才力武猛者组织预备军，每年立秋后讲课习武，事毕归家。

经济上，四处派人招抚战争期间流亡山泽不著户籍的农户，要求他们各归其县，"复故爵田宅"。同时下令释放奴婢，恢复为自由民。规定田租"什伍而税一"（收入的十五分之一上交给国家）。徭役的征发更比秦朝大为减轻，一个壮劳力一年只服役一个月，且此役时间大多安排在农闲季节。为了增加全国人口，政府还规定凡生一子即免两年徭役。政府还继承秦的重农抑商政策，诏令甚至规定不准商人子弟入仕，以防止劳动力的流散。

社会风气上，倡导艰苦朴素，抑制奢欲。刘邦从自己做起，以往从民间征收给皇帝和封君的汤沐邑，现在皆以山川园池市肆租税收入为"私奉养"。还明令不准大搞楼堂馆所工程，对他外出时萧何在长安城所修的未央宫大加责备，甚至对社会上一些商人穿丝绸、坐马车也发出禁令，认为穿着奢侈影响社会风气。

上述一系列措施的实施使社会和宫廷面貌一新，生产力得到发展，人们的生活有了改善，社会秩序趋向稳定，帝国渡过了最困难的时期。然而，就在上下一心建设国家的时候，早先被分封的异姓诸侯王们开始不安分了，刘邦只得把治国安民的事务性工作交给萧何等人，他自己则重披战袍，去征讨那些试图闹分裂的势力。

七、身败名裂，何苦而反

早在打赢项羽前后，刘邦就违心地向一些立了大功的将领许愿，功成之后分封他们为王。立国之初，他先后封了7个异姓王和143个列侯。7个异姓王是：楚王韩信（先封齐王）、梁王彭越、淮南王英布、越王张敖、韩王信、长沙王吴芮、燕王臧荼。这7个王不仅手握重兵，各有大片封土，还拥有封国内的行政与经济大权，因而开始威胁新生帝国的安全。首先公开打出反叛旗帜的是燕王臧荼。

臧荼是个善变之人，秦时他是燕将，项羽反秦后，他叛秦从楚，被项羽封为燕王，韩信破赵后他归汉，被刘邦封为燕王。被封燕王后仅仅半年他就发动叛乱，攻占了代郡。刘邦调集数倍于臧荼的兵力（汉初全国约保留有60余万正规军），亲自挂帅北上伐燕。这是杀鸡用牛刀，北伐的军队一时多得阻塞了驰道。天子亲征，将士奋勇，仅仅用了两个月时间就平定了燕王的叛乱。

有了臧荼的案例，刘邦开始警惕异姓王。平定臧荼的第二年，刘邦恐韩王信步燕王的后尘，下令改变韩王信的封地，让他都晋阳（今山西太原西南），北御匈奴，后又批准他迁往靠近边塞的马邑。这里离匈奴更近了，但匈奴进攻时，韩王信居然背着朝廷与匈奴讲和。刘邦诏书加以谴责，韩王信干脆把马邑献给了匈奴，而且还与匈奴组成联军攻击太原郡。刘邦闻讯大怒，亲自领兵 32 万北上，很快在上党击败韩王信，又在晋阳大破匈奴与韩王信的联军，一鼓作气夺取了楼烦（今山西宁武）。几仗下来，刘邦轻敌了，不顾天气恶劣，强令 20 万军队翻越句注山北上，自己只带了部分骑兵进至平城。不料遭到 30 万匈奴骑兵的包围，多亏陈平用计买通了单于阏氏，刘邦才逃回广武。之后，经过几年的休整，汉军终于于汉高祖十一年（公元前 196 年）在参合（今山西阳高）彻底斩杀了韩王信及其割据势力。

韩王信与臧荼带了头，其他异姓王的心里也开始躁动，加快了叛变的步伐。曾经深受刘邦信任的代相陈豨，在韩王信造反后暗中与韩王信的旧部勾结，共同举兵反汉，自称代王。刘邦闻讯大惊，一面自责用人不当，一面举兵 30 万分东西两路征讨。出兵前，为防止其他异姓王异动，刘邦下令将楚王韩信降为淮阴侯，随大军前往平叛，又令彭越出兵助战。想不到这两位往日的大功臣都以病为由，拒绝了刘邦的命令。刘邦只得亲征，兵至邯郸，顺利夺回了 20 座城池，然后集中兵力攻打东垣。叛将赵利死守，并在城楼上高声辱骂刘邦。刘邦在破城之后将骂人者全部处死，然后挥师北上，相继击败各部叛军，收复常山、清河两郡的全部失地。周勃、张良所率的两路军马也一路凯歌，顺利攻占代地后北上与刘邦会师，顺势追剿陈豨及韩王信的残部，俘虏了王黄等叛将，在灵丘斩杀了陈豨，收复了河北兵变时的全部失地。

接二连三的叛变及征讨让刘邦筋疲力尽，他打算未雨绸缪。在平定臧荼后的第二年，即汉高祖六年（公元前 201 年）十月，刘邦采纳陈平之计，下诏遍告诸侯，说自己将游云梦，大会诸侯于陈地。韩信嗅出了其中的危险，心中害怕。因为在此之前，项羽的爱将钟离眛逃到他的营中，刘邦知悉后曾多次命令韩信将其诛杀，但因同是军中名将，惺惺相惜，韩信下不了手，这引起了刘邦的怀疑，韩信于是被纳为重点监视对象。刘邦将游云梦的消息传来，没吓倒钟离昧，却吓坏了韩信。钟离昧看清了大势，知道无法再躲下去，便一剑结束了自己的性命。死前还骂了韩信一通，说："你把头拿去媚汉吧，我死后你也活不了！"钟离昧有几分先见，韩信拿着他的头去见刘邦，企图取得信任，但此时的刘邦已铁定了心要削除异姓王，马上以"人告公反"的理由将韩信逮捕，押往洛阳审问。但韩信确无反状，刘邦只得将他放出，由楚王贬为淮阴侯。韩信哀叹命运不佳，走出狱门，抚槛而泣："狡兔死，良狗烹；高鸟尽，良弓藏；敌国破，谋臣亡。天下已定，我固当烹！"

韩信无辜被抓、被贬，心中的怨恨愈积愈多，他想，与其窝窝囊囊地活着，不如一反了之。因此，当阳夏侯陈豨将赴赵、代二地为相国，来向韩信辞行时，他竟鼓动陈豨谋反，并与陈豨商定他会在京师做内应配合。陈豨果然于汉高祖十年（公元前 197 年）在边地举兵造反，刘邦命韩信随御驾出征，韩信以生病为由拒绝。实际上他在加紧策划在宫中袭击吕后与太子的行动，准备给刘邦以致命一击。不料机密被身边舍人告发，吕后立即与萧何设计，把韩信骗入长安长乐宫。放松了警惕的韩信一踏入长乐宫就被吕后的卫士捕获，很快在长乐宫的钟室里被秘密斩杀。

处置韩信后，刘邦把目标对准彭越。彭越与韩信一样，为刘邦平定天下作出了重大的贡献。他的军事才能不在韩信之下，不仅能打阵地战、攻坚战，还首创了许多中国战争史上花样繁多的游击战法，如毁道路、断桥梁、搞狙杀、烧粮草、播谣言等。一个又一个诸侯倒下后，彭越日夜不安。他比韩信放得下架子，为了消除刘邦的疑惑，他不厌其烦地去拜谒刘邦。为了印证彭越是否真心，刘邦命他随驾征讨陈豨。恰好此时彭越真的生了病，他就以此为由派出别将领兵随驾。刘邦大发雷霆，立即派人去谴责彭越。彭越已成惊弓之鸟，不知如何是好。此时，梁国太仆到邯郸向刘邦告状，说彭越准备造反。刘邦不问是非，立即派人逮捕了彭越。审问后，没有证据能证明彭越谋反，但"反形已具"，就是说他有造反的迹象，不让他再当梁王，贬为庶人，发配至巴蜀劳动改造。

彭越以为逃出了鬼门关，在前往蜀地的途中巧遇吕后。彭越于是向吕后求情，表白自己无罪，只求活着回老家当个农民。吕后很有心机，知道像彭越这种叱咤风云的人物岂能甘心当个农民，迟早是个隐患。她于是假意允许，在征得刘邦的同意后，又以谋反罪将其杀害，并诛灭三族。更残忍的是，刘邦命人把彭越的头割下挂在洛阳城门上，又将其尸体剁成肉酱，遍送诸侯。

淮南王英布收到昔日老战友的肉酱后，惊恐万分，立即暗中部署军力，以求自保。英布属下中大夫贲赫无中生有，告英布谋反，丞相萧何不信，先关了贲赫，后派人去淮地调查。英布见贲赫去京城告状，以为刘邦相信了贲赫的话，于是决定先杀贲赫家人，接着举兵叛变。

英布起兵时，刘邦因长年征讨而疲乏多病，但仍旧抱病亲征。英布大军很快攻取了荆地，又北渡淮河攻楚，在徐、僮之间（今安徽泗县、宿县一带）大败楚的地方军。接着乘胜向西进军，途中与刘邦所率的主力相遇。英布自以为韩信、彭越死后朝中无人能在战场上胜他，摆出的阵式很像当年项羽的布阵。刘邦一见，十分厌恶，高声喊道："何苦而反？""欲为帝耳！"英布大声回答。刘邦气到极点，下令不惜一切拿下英布。混战中刘邦被射伤，但仍强忍伤痛，沉着指挥，以 12 万车骑兵反复冲击英布。英布大败，不得已撤出战场，仅率百余卫兵逃至江西，重演了当年项羽逃至垓下的场景，不久即在江西被番阳人杀死。

汉初几个造反的王侯中，最不该反叛的应该说是燕王卢绾。卢绾是刘邦老乡、儿时的朋友，两人的出生日期恰巧在同一天，其父与刘邦的父亲称兄道弟，两家的情谊一时成为典范。刘邦在沛县起义，卢绾以宾客身份相随。刘邦打入关中后任命卢绾为将军，让他时常跟在身旁。刘邦击败项羽后，提升卢绾为太尉身份的侍从，可以自由出入刘邦的办公室和卧室。刘邦赏赐给卢绾的衣物财宝不计其数，群臣无不咋舌，就连萧何、张良这样的重臣，也自认无法与卢绾比肩。刘邦平定天下后，破格封卢绾为燕王。所有该赐予的荣誉、地位都给了卢绾，愚蠢的卢绾却鬼迷心窍地站在了陈豨一边，与其密谋抗汉之事。卢绾的作为使刘邦极为伤心，他怎么也没想到卢绾会反叛自己。汉高祖十二年（公元前 195 年）二月，刘邦果断下令征讨卢绾。先命樊哙统兵，后因疑樊哙与吕后结党，改命周勃平叛。周勃一鼓作气平定上谷郡 12 县、右北平郡 16 县及辽西、辽东 29 县、渔阳 22 县。卢绾从蓟城向北逃跑，躲在长城脚下，打算找机会入朝向刘邦负荆请罪，他自信儿时结下的友情能免他一死。就在此时，刘邦驾崩，卢绾遂逃往匈奴，被匈奴封为东胡卢王，一年多后病死于匈奴。

除了善于示弱、明哲保身的长沙王吴芮以外，其余异姓诸侯王均被刘邦扫灭。平叛之战打了数年，尽管中央政府本身付出了极大的代价，但消除了分裂势力，维护了国家统一。尽管某些措施和手段尚值得商榷，但反对分裂已是当时的民心所向。

八、太后当权，外戚得势

刘邦称得上"戎马皇帝"，从起义到平叛，足足打了 15 年的仗。在与英布的战斗中他被流矢所伤，行进途中又得了病。病情很重，吕后请来高明的医生就诊，刘邦不以为然，他问医生怎么样，医生回答说可以治好，刘邦一听却大声谩骂道："就凭我一个平民，手提三尺之剑，最终取得天下，这不是由于天命吗？人的命运决定于上天，纵然你是扁鹊，又有什么用处呢？"他不吃药，也不见医生，终于 62 岁的刘邦逝去，是时汉高祖十二年（前 195 年）四月。

高祖一去世，吕后慌了，太子刘盈虽已 16 岁，但生性仁弱，面对众多位高权重的老臣，能压得住阵吗？她悄悄和审食其商量了一个诛灭全部有功之臣的方案，不料保密工作没做好，有人把此情报泄露给曲阳侯郦商将军。郦商一听这还得了，立即去见审食其，十分严肃地告诫他："我听说皇帝已经驾崩了，4 天不发丧，想要诛灭将领们。如果实行，天下就完了。陈平、灌婴统率 10 万士卒驻守荥阳，樊哙、周勃统率 20 万士卒平定燕、代，假如他们听到皇帝驾崩、将领被诛的消息，必定会率兵向关中进攻。大臣叛乱于内，诸侯造反于外，天下覆灭便翘足而待了。"郦商的一席话震慑了审食其及吕后，于是在丁未日发丧，大赦罪犯。太子刘盈即皇帝位，称惠帝，吕后成了太后。

吕后是高祖微贱时的妻子，性格刚强坚毅。她辅佐高祖平定天下，也是有大功之人，所以，高祖有时也惧她几分。临终前数月，高祖曾想废掉太子，另立戚姬之子赵王如意，后经大臣力谏和张良用计才作罢。对于此事，吕后耿耿于怀，高祖咽气没几天，她便用残忍的手段杀害了戚姬和她的儿子如意。她的心真狠，先砍断戚姬的手脚，戳瞎眼睛，弄聋耳朵，再用瘖药灌哑了嗓子，最后置入厕所之中，并取了个名字叫"人彘"，还派人请惠帝到厕所中去看。这一看吓坏了惠帝，惠帝一年多卧床不起，由此心生怨恨，叫侍卫对太后说：

"此非人所为，臣为太后子，终不能治天下。"自此不理朝政，终日饮酒作乐，长吁短叹。

皇帝不上班，大权当然落在太后手中，这也是吕后最愿意看到的局面。公元前188年9月，汉惠帝在郁闷中逝去，年仅24岁。谁来继位呢？吕后思前想后，抬出张皇后的继子，自己则临朝称制，"号令一出太后"。皇帝年幼，吕后自己也上了年纪，单干恐力不从心，于是大肆提拔自己的娘家人，任命内侄吕台、吕产、吕禄等为将军，入宫执掌南、北军大权。不久，又违反刘邦当年不准封异姓王的规定，大量分封吕姓子弟为王，以此抗衡刘姓诸侯王及朝中的一班旧臣。

吕后过于张扬权势，一班大臣敢怒不敢言，倒是被她扶立的儿皇帝不怕事。他得知自己非惠帝皇后亲生，生母早已被杀害的内幕后，一再声言长大要为母报仇。吕后岂能容忍如此的大逆不道，公元前184年夏，她将小皇帝毒死，接着立惠帝后宫所生子常山王刘义（后更名为刘弘）为帝，史称后少帝。弄死皇帝如拍死一只苍蝇，吕后从此更加恣意妄为。吕后七年（公元前181年）正月，刘邦的儿子赵幽王刘友不爱吕后强加给他的吕氏王后，被吕后关进密室饿死。这年六月，新任赵王刘恢在吕后的逼迫下自杀。同年九月，燕灵王刘建去世，为了不让刘建的儿子继任，吕后派人杀死其子，另立吕台之子吕通为燕王。吕后临朝称制的7年间，先后在其吕氏宗族中封王封侯30多人，上层建筑的政治矛盾和危机日渐积累，而吕后却毫无收敛。

吕后八年（公元前180年）七月，飞扬跋扈的吕后突患重病，她知自己死后刘氏集团不甘屈于吕氏集团之下，便下诏以吕禄为上将军，吕产为相国，直领北军和南军，控制京城和宫廷的卫戍部队，之后又封吕禄之女为皇后，掌控皇宫。她把吕产、吕禄叫到面前说："高帝平定天下后，和大臣们有过约定，不是刘氏子弟而称王的，天下人要一起消灭他。如今吕氏为王，大臣们愤愤不平。我就要死了，皇帝年龄还小，恐大臣们发动政变。你们一定要掌控好军队，保卫宫廷，千万别给我送丧，不要被人所制。"

当年八月，吕后去世。她在执掌政权的8年期间也做了一些好事，例如，施行与民休息的既定方针，奖励农耕，还废除了三族罪和妖言令等苛法，维持了社会的稳定，促进了生产的发展，维护了国家的统一。但她心太狠，手太辣，杀戮太多，被迫害和被压制的那些大臣及刘氏后人们是不会放过她的。

此时高祖旧臣、丞相陈平接受陆贾的建议，主动与周勃拉近关系，暗中约好，寻机共同诛吕。陆贾的建议核心是12个字："天下安，注意相；天下危，注意将。"现在不就是天下危的时候吗？身居京城的朱虚侯刘章探听到了吕禄、吕产准备提前动手发起政变的情报，设法告知了他的哥哥齐王刘襄，建议他悉发齐国之兵讨吕，自己与陈平、周勃做内应，事成后推举他为帝。

刘襄收到情报后立即行动，先是杀了企图阻止他出兵的齐国丞相，又用欺诈法夺取了琅琊王的军队，然后大张旗鼓地向西进军。相国吕产闻讯，下令灌婴率兵迎击。他不知道灌婴也是对诸吕不满之人，到达荥阳后灌婴止步，暗中联络齐王及刘氏各诸侯王，要他们等吕氏先兴乱再联合进兵京城。各诸侯王达成默契，静待动手时机。周勃此时虽为太尉却不得主兵，于是派出郦商之子郦寄游说吕禄交出兵权。吕禄与郦寄友善，同意郦寄对形势的分析，当即表示愿交出兵权。此时，吕产派出的情报员回到京城，告知了灌婴等人的打算，吕产拟迅速采取行动。周勃得知后立即赶去北军驻地，诈称皇帝任命自己统领北军。因吕禄此前已经表态交权，周勃遂顺手接过大印，发出第一道命令："为吕氏右袒，为刘氏左袒。"将士们纷纷袒露左肩，听从周勃的指挥。周勃旋即领兵驰往南军驻地，在刘章的协助下，于未央宫斩杀了准备入宫作乱的吕产。刘章提着还在滴血的宝剑又驱车进入长乐宫，干脆利索地击杀了长乐宫卫尉吕更始。周勃又发令，逮捕吕氏家族所有人，无论老少全部处死，连已交出兵权的吕禄也被斩首。

司马迁感慨这些事件，在写《吕太后本纪》时为这位太过宠信娘家人的皇太后说了些公道话："高后女主，制政不出闺阁，而天下晏然，刑法罕用，罪人是希，民务稼穑，衣食滋殖。"老百姓还是得了些吕后的实惠的。

九、痛定思痛，大乱大治

平定诸吕并未费太大的劲儿，大臣们痛定思痛，坐下来认真考量皇位接班人之事。通过反复比较，一致认为母族凋零的代王刘恒堪当此任。公元前180年闰九月，刘恒即位，即汉文帝，史称孝文帝。孝文帝是刘邦和薄皇后生的儿子，即位时年 24 岁，本性宽厚仁孝，老成练达，很受大臣拥戴。继位不久即顺水推舟取消了周勃的兵权（周勃主动请辞），第二年，陈平病死，这样，早先形成的刘氏、吕氏、权臣三角鼎立的局面宣告结束，刘恒可以按照自己的意愿治理国家了。

拨乱反正，从改革法律入手。刘恒即位的第一年就下诏革除"收帑相坐之律"，不搞一人犯法、株连全家。他反复下诏，要求用法当正，禁止暴力，倡导善顺。第二年，又下诏废除诽谤妖言之罪，他告诫官吏们，百姓中如有人诅咒皇帝、议论国事，不要把其看作是大逆不道，这些都是愚昧无知而引起的，今后犯有此种罪行的，不要审理和治罪。

最值得民众欢迎的是废除肉刑。秦朝实行墨、劓、荆、宫、大辟五刑，文帝下诏废除其中的 3 种。诏书说："现在法律规定有 3 种肉刑，而奸邪犯法仍不能禁止，过错在哪里呢？不就是我德薄、才华不显著的缘故吗？我深感惭愧。所以训导不善、愚昧无知的民众就要陷入刑网。《诗经》中说，平易近人的君子是民众的父母。现在人们有了过错，没有进行教育就刑罚加身，有的人想要改过迁善，也没有途径可行。我非常怜悯这些人，刑罚之重，至于断裂肢体、刻肌刺肤，终生不能恢复，这多么痛苦而又不道德啊，哪里符合为民父母的意思呢！应该废除肉刑。"

文帝对法律的改革体现了他的民本思想。在他继位之初，高祖、吕后已经在实施与民休息的政策，文帝不仅照样施行，还认为力度不够，他大幅提高减租的比例，由汉初的十五税一减为三十税一，又从文帝十三年起下诏完全免收田租。历史上像文帝这样让利于民的帝王屈指可数。相应地，国家的日常开支就要紧缩了，为此文帝大力倡导节俭之风，首先从自己做起。他裁减卫戍部队，在位 23 年期间，宫室、苑囿、车骑、服饰，基本没有增加，伙食标准还时常降低，不听乐，不举办演出，平时身着黑色厚缯，他最宠爱的慎夫人也"衣不曳地，帷帐无文绣"。文帝曾经想修一座露台，叫工匠一估算，需黄金 100 斤，文帝连连摇头：100 斤黄金相当于中等人家 10 家的产业，修这露台干什么呢？于是取消了营建计划。为了防止官员搜刮百姓财产向他"行贿"，他多次下诏禁止郡国向朝廷贡献奇珍异物，有违反者严惩。他在病重临终之前留下诏书，规定只能用陶瓷类作陪葬品，不准采用金银玉器。为了不惊扰百姓，他规定不准发动百姓到宫殿里哭丧，埋葬他的霸陵也要保持山川原样，不要损坏植被。

在对内施行仁政的同时，文帝也以同样的心态处理边境事务，为帝国赢得了更多的休养生息的时间。南越王赵佗在朝廷平定诸吕的混乱时期，趁机在五岭与长沙郡的交界处制造事端，并用财物拉拢闽越、西瓯和骆越，强迫它们归属南越；又乘坐黄屋纛车，以皇帝的身份发号施令，等于公开与西汉决裂。朝中大臣力主征讨，文帝不许，他亲自执笔，写了一封措辞甚为谦逊的国书，指派太中大夫陆贾前往南越抚慰赵佗。国书写得很长，大意是：我只是高皇帝侧室之子，奉命守卫代地，天高路远，加上我资质朴愚，没有时常致书问候你。现在我侥幸继位，看到了隆虑侯周灶的上书，说王要求罢免长沙的两位将军，我已将他们降职。至于王的亲戚在真定的坟墓，我已拨款整修，并安排了专门守墓的民户，逢年过节都进行祭祀。王的一些堂兄弟我也召来为官。前几天听闻王发兵于边境，战争一触即发。这样做有什么好处呢？无非是多死一些士卒，多伤一些良将官吏，多增加一些孤儿寡母而已。现在王又自称为帝，两帝并立，天下怎么得安宁呢？这是仁者不为的事啊！我愿与王摒弃前嫌，还像以往那样互通有无。我现在特派陆贾来面见王，转达我的问候和意见，同时赠送给王一批丝棉衣物，愿王平日多听音乐多娱乐……

一封国书抵百万大军，赵佗见书，大为感动，立即决定撤销帝号，仍归顺汉，并回书自称是"蛮夷大长老夫臣佗"。

以同样的策略，文帝在公元前162年与匈奴订立和亲之约。为了减少战争爆发的概率，文帝不厌其烦地派出使者赴匈奴游说。使者之多，使道路上冠盖相望，车辙盘结。

汉文帝就这样稳扎稳打，励精图治了23年，到他去世时，大多百姓已变得富有，国库也相当充裕，社会风气焕然一新，天下被判死罪的不过几百人。

公元前157年六月，汉文帝逝世于未央宫。其子刘启登上皇位，史称汉景帝。文帝选对了接班人，景帝即位后全盘推行文帝的既定方针，在农业生产上，加大了扶持的力度，允许民众从贫瘠地区迁往土地肥沃的地区生产、生活；在对待匈奴的关系上，把来降的匈奴封为列侯，又在边境地带"通关市"，促进民间的贸易往来。如此，西汉的面貌大为改观，当初"大侯不过万家，小者五六百户"，如今"列侯大者至三四万户"。人口迅速增加，粮价却不断走低，一石谷只要数十钱。出现了"人给家足，都鄙廪庾皆满，而府库余货财。京师之钱累巨万，贯朽而不可校；太仓之粟陈陈相因，充溢露积于外，至腐败不可食"的景况，即国库的钱长期不需动用，串钱之绳都被虫蛀断而不能用了，粮食因存粮太多以致发霉不能吃了。这就是中国历史上著名的"文景之治"。

十、七国叛乱，速剿速灭

治国、治军、治民，文、景两代皇帝都做得很好，唯独在治理诸侯的问题上留下了遗憾。诸吕当势时，刘邦当年分封的9个同姓诸侯王，到汉文帝继位时，死的死，贬的贬，只剩下吴王刘濞、楚王刘交、齐王刘襄、淮南王刘长和异姓长沙王吴芮。汉文帝有感于宗室的拥戴，继位后的第一件大事就是加封同姓王，从公元前179年起，先后又封了17个同姓诸侯王，比当年刘邦所封同姓王多了近一倍。王多，占有的土地也惊人，辖地共达39郡，与战国后期关东六国的领土相当，其中最大者"夸州兼郡，连城数十"。诸侯王的版图比中央直辖的还多，当时中央辖郡的范围只相当于战国后期的秦国，而这其中还有一些是公主、列侯的食邑。除去这些食邑，中央直属管辖的版图就更小了。小且不说，其三面（东、南、北）均是诸侯王的封城，"诸侯比境，周匝三垂"，谁强谁弱，一看便知。

处于这样的弱势，汉文帝仍然以优容政策与诸侯王相处，错误地认为这些诸侯王能够在危急时刻拱卫宗室、拱卫中央。诸侯们抓住汉文帝的这一心态，肆无忌惮地扩张势力。有的废先帝法，不听天子诏；有的自设丞相，不用汉法；有的招徕流民，容纳罪犯，与中央争夺人口和劳动力；有的自铸货币，自行纪年，模仿天子礼仪，俨然以独立王国自居。汉文帝知道这些情况，但他自觉威信未立，不足以服诸王，所以忍而不发。加上匈奴又开始侵扰边境，有些游骑甚至窜到甘泉宫，威胁京畿安全，汉文帝认为与匈奴的事比起来，诸侯王的事可以缓一缓。

济北王刘兴居于汉文帝三年（公元前177年）乘汉文帝亲自出击匈奴之际举兵叛乱，进攻荥阳。汉文帝得知，立即调集10万大军回师平叛。叛军很快失败，刘兴居被俘后自杀。刘兴居是故齐悼惠王刘肥之子，在平诸吕时与其兄城阳王刘章一道为朝廷立过功。他对封地不满，已经拥有济北及从齐国分割的一郡，仍旧嫌少，因此反叛。城阳王刘章不久因病死去。诸侯中最为骄恣的淮南王刘长又在汉文帝六年（公元前174年）举兵反叛。刘长是刘邦最小的儿子，汉文帝不忍心杀他，只是废除王爵，流放蜀地。刘长脾气刚烈，行到雍地，绝食而亡。

对刘长之死，汉文帝十分伤感。从国家统一的角度，不得不给予惩处，但从亲情的角度考虑，又难以严惩，就连当时的社会舆论也给汉文帝造成了一定的压力。刘长死后，民间有首歌谣唱道："一尺布尚可缝，一斗粟尚可春，兄弟二人不相容。"汉文帝左右为难，终日在宫中忧郁，不知如何才能处理好与诸侯王之间的关系。大臣们也是忧心忡忡，再不采取适当的措施，国将不国。太中大夫贾谊勇敢地献上《治安策》，建议汉文帝立即削弱诸侯的势力，先从"众建诸侯而少其力"开始，通过推恩分封诸王子弟的办法，把一个诸侯国分为若干个，国小力量自然弱，难以对抗中央。贾谊的《治安策》写得非常悲情，文中说："可为痛哭者一，可为流涕者一，可为长太息者六。"

汉文帝被《治安策》感动，但又怕为此而得罪各诸侯王，故未立即采纳。不仅未采纳贾谊的建议，汉文帝又于前元八年（公元前172年）封已死的刘长的4个儿子为列侯，还打算过段时间再封他们为王。贾谊听说后，面谏汉文帝道："这样做不妥，刘长负罪自绝而死，天下人均知道，现今这4个儿子正当壮年，岂能忘怀此事？虽然将他们封在四地，但四子一心也，只要条件成熟就会犯上作乱，伍子胥报父仇的例子还在眼前啊！"贾谊给汉文帝出主意，说梁王刘揖刚死，可以立即将皇子刘武由淮阳王改封为梁王，再将皇子刘参迁都于睢阳，通过这两位皇子占据两大战略要地而牵制其他诸王，使有异心者"破胆而不敢谋"。汉文帝认为可行，于是照贾谊的建议开始调整诸王的封国，并且趁此将齐国分为七国，将淮南国分为三国。此时刘长有一子已死，原淮南国正好一分为三，封给其余三子：刘安为淮南王，刘勃为衡山王，刘赐为庐江王。

汉文帝并没有照贾谊的建议去削弱诸侯王，从刘长的3个儿子又被封王就可略知一二。后元七年（公元前157年），汉文帝病死，削弱诸侯王的重任落到了汉景帝肩上。年轻气盛的汉景帝早就对诸侯王尾大不掉的局面不满，待到继位，立即与御史大夫晁错商议对策。晁错熟悉法律，才华出众，曾多次向汉文帝建议削夺诸王的封地，特别指出吴王的许多不法行为，希望削吴，但"文帝宽，不忍罚"。晁错对汉景帝说："今削之亦反，不削亦反。削之，其反亟，祸小；不削之，其反迟，祸大。"汉景帝同意了他的建议，削楚王东海郡和薛郡，削赵王常山郡，削胶西王 6 县，削吴王会稽、豫章 2 郡。

朝廷的削藩举动引起诸侯王的震惊与反抗，吴王刘濞最先决定起兵叛乱。动手前，他先后与楚王戊、胶西王卬、胶东王雄渠、济南王辟光、淄川王贤、赵王遂等串谋，约定于公元前 154 年正月同时起兵。吴王刘濞是刘邦哥哥的儿子、老资格的宗室成员，此时已 62 岁。他占有今江苏、安徽、浙江一带的 53 座城市，境内有铜矿用来铸钱，利用海水煮盐，百姓的生活都比较富庶，封国实力雄厚，不愿屈尊于中央之下。而且他的儿子以前入朝与皇太子刘启（当今的汉景帝）玩赌博游戏时被皇太子失手打死了，因而结下怨恨。如今汉景帝下令削藩，吴王更不能容忍，于是带头造反，企图取汉景帝而代之。

吴楚七国叛乱的情报传至京城，汉景帝大惊失色，急忙召集群臣商讨对策。晁错力主武力镇压，并建议汉景帝亲征。然而，汉景帝却听信了曾受吴王行贿的原吴国丞相袁盎的话，不仅不派兵平叛，反而将晁错腰斩于市，想以此换取七国撤兵。袁盎说了什么使汉景帝愚蠢地作出这个决定呢？原来，吴王起兵时联合另外六国诸侯提出了一个欺骗汉景帝的口号：以汉有贼，请清君侧。矛头假意指向一班力主削藩的大臣。袁盎对汉景帝说：七国无非是因晁错主张削藩而起兵的，只要皇上杀掉晁错，赦七国无罪，恢复他们的封地，七国之兵就可迅速退出。就是这番鬼话使汉景帝错杀了晁错。

杀了晁错后，汉景帝眼巴巴地希望七国撤兵，可等了几天也不见有任何动静，叛军仍在向京城进发。汉景帝醒悟了，知道叛军是冲自己来的，于是任命周勃的儿子周亚夫为太尉，统率 36 位将军东击吴楚，又派曲周侯郦寄北上击赵，将军栾布击齐，并以窦婴为大将军驻守荥阳，呼应进攻齐、赵的军队。

之所以临危将重任交给周亚夫，是因为汉文帝有一次视察 3 处军营时，发现其他两处军营的状态均很松懈，只有周亚夫的军营处于战备状态，所以汉文帝临终前留给汉景帝一道密旨："即有缓急，周亚夫真可任将兵。"

周亚夫的确是个善战又有谋略的将领，他放弃原先制订并已经汉景帝批准的作战方案，采纳赵涉的建议，平叛大军不从正面东出函谷关，而是由蓝田出武关，经南阳到达洛阳，抢先占领了荥阳要地，控制了武库和廒仓的粮食。另外几路兵马也很快在荥阳会师，周亚夫把荥阳交给大将窦婴镇守，自己亲率主力东进，迎击叛军主力吴楚联军。

这个时候，吴王刘濞率领的20万大军会合楚兵，立即向梁地展开进攻。梁王刘武是汉景帝的同胞兄弟，当初，汉文帝听从贾谊的建议将他从淮阳调至梁，就是为了将来镇压诸侯的反叛。贾谊真有眼光啊，今天果然是梁王刘武在这里阻止了几十万叛军的步伐。然而，梁国兵少地窄，实力远不如吴楚联军。梁王实在顶不住了，便向周亚夫求援。周亚夫要梁王坚守，在梁地拖住吴楚叛军。梁王又直接向汉景帝求援，周亚夫仍不直接去救，只派出轻骑兵迂回至叛军背后，伺机绝其粮道，自己却把主力推进到下邑（今安徽砀山境）。梁王也真是英雄，在得不到任何外援的情况下，接连击退叛军的猛烈进攻，叛军因此无法西进，遂撤兵转攻下邑。周亚夫已在下邑筑好工事，不论叛军如何挑战也不主动出击。就在此时，传来轻骑兵已烧断叛军粮道的消息，周亚夫抓住这一时机，倾尽主力出击，很快大破吴楚联军。刘濞见大势已去，丢下大部人马，仅率千余人乘夜逃走，逃至东越（今浙江境内）被东越王诱杀。楚王戊自知罪孽深重，也挥剑自杀。

当吴楚叛军开始向梁地进攻时，胶东、胶西、济南、淄川、赵的诸侯也同时举兵西向，但都被中央大军击败。胶西王刘卬自杀。齐王刘将闾开头参与造反，中途背约并协助中央大军作战，但自知不能受到宽赦，也畏罪自杀。赵王刘遂试图引匈奴军来助战，阴谋未得逞，于城破时自杀。其余诸王都在战斗中伏诛。这样，前后经过7个月的激烈战斗，彻底平定了七国叛乱。

这次的教训太深刻了，为了防止此类事件重演，汉景帝以"众建诸侯而少其力"为宗旨，把吴、楚、赵、齐4国地域分割成13块，分封13个皇子为这些地域的诸侯王。同时从制度上限制他们的权力，规定诸侯王不得复治国，官员由中央任免，诸侯王不得干预自己封国内的政务，更不得擅自拥有军队，诸侯国的人不得到京师宿卫补吏等。如此一来，诸侯们几乎等同于只拥有众多田土的大地主。一个崭新的经过风雨洗礼的王朝呈现在人们的眼前。

十一、先法后儒，亦法亦儒

公元前141年，汉景帝去世。16岁的太子刘彻继位，史称汉武帝。汉武帝是幸运的，经过前辈几代人的努力，国家各方面都已走上正轨，政治、经济、军事等方面都有章可循。但是，汉武帝不满足于守业，对几十年实施的"无为而治"方针开始产生动摇，希望能在保持国家安定的前提下有所作为，干出一番前人没有干出的事业来。汉武帝在即位后的第二年冬下诏，要求大臣们向他贡献更好的治国之策，同时推举一批治国能手。

汉武帝的老师、太子太傅卫绾是位学富五车的儒学大师，平时多以积极有为的儒家学说影响汉武帝。汉武帝也觉得"大一统""尊王攘夷""君臣父子"这一类观点很对自己的胃口，就委派卫绾替他审查大臣们推举的人才。卫绾看了名单和简介后对汉武帝说："所举贤良，大多崇奉黄老之学，如果现在继续照他们的思想治国，很可能会'乱国政'，建议您一概不用。"汉武帝有同感，立即批复"奏可"。但当时是太皇太后干政时期，汉武帝同意了也不能算数，笃信黄老之学的窦太后不仅不认可卫绾的这番言论，还找了个借口将他免职。

窦太后对儒家学说不感兴趣或许有一定的道理，这国家几十年不就是靠"无为而治"发展起来的吗？现在搞什么进取、改革，把国家搞乱了怎么办？基于这样一种指导思想，汉武帝任命的第二套政府班子又被她给否了，窦婴、田蚡、赵绾这班人又是"隆推儒术、贬道家言"的角色，太后不悦。

汉武帝傻眼了，不过，他相信自己的判断，国家到了求新求变的时候，不能总守着黄老之学，对内一味地容忍，对外一味地防守。于是，他在公元前136年春下令，在京师设太学，"置五经博士"，将《诗》《书》《礼》《易》《春秋》5种儒家经典列为官学的教科书。这是顶着太皇太后的极大压力而发出的命令。

公元前135年，窦太后去世，汉武帝可以放手按儒家的政治主张来实现心中的蓝图了。他又任命田蚡为相，并再次下诏在全国范围内选拔贤良方正之士，这样，就把专门研究《春秋》经的博士董仲舒选了出来。

董仲舒很快给汉武帝提出了一整套独特的治国理念，其中最让汉武帝感兴趣的有两点：一是君权神授。皇帝既是"天"的代表，又代"天"治民，且受

"天"制约。二是国家一统必须思想一统，一统到哪里？一统到儒家思想上。为此，董仲舒提出"罢黜百家，独尊儒术"的政治主张。他说：天下一统是天地间的永恒规律，是社会发展的共同要求。为巩固大一统，必须把思想认识统一到以孔子为代表的儒学上来，其他学术流派容易搞乱人的思想和法令，必须禁止传播。

这两点主张确实高明，"君权神授"表明了皇帝权力的合法性和源头，他人无可厚非，只能服从；罢黜百家，减少了搞乱民众思想的渠道，利于国家的安定团结。于是，汉武帝下令大力兴办儒学教育，中央为博士官置弟子50人，让他们专攻"五经"。各郡守、诸王及县令也要大量举荐有真才实学的好文学者，送到京城培养。能通一艺以上，可补文学掌故之缺，杰出者可为郎中。"自此以来，则公卿大夫士吏斌斌多文学之士矣"。过了几年，全国的博士弟子大量增加，各地都兴起办学之风。学而优则仕，谁不争先？儒学的理念日复一日深入人心。汉武帝为家境贫寒、没有任何政治背景的民众打开了从政的大门，这是倡导儒学后国家面貌一新的最显著的特点之一。

汉武帝为什么如此钟情于儒家学说呢？历史为什么选择了儒家思想作为中国传统文化的标识呢？钱穆先生曾有个说法：至秦汉以后，中国学术大致归宗于儒家，此非各家尽被排斥之谓，实是后起儒家能荟萃先秦各家之重要精义，将之尽数吸收，融合为一。是啊，儒家之外的各派学说都侧重于某个方面，例如，法家重法、术、势，道家主讲无为、清静、守虚，墨家强调兼爱、非战、尚同，纵横家、阴阳家、名家等也大都把自己的学说集中在某一点或几点上，唯独儒家择五经精义，又在此基础上创新、发展，不仅比其他学派更全面、更优秀，且更实用，一句"修身齐家治国平天下"展现了上自领袖下至普通民众的精神面貌，就凭这一点，儒家学说对国家的贡献就大于其他学派。汉武帝大浪淘沙，罢黜百家，独尊儒术，是对中国文化和国家统一事业的重大贡献。

汉武帝并没有窒息其他学说，因为其他学说基本上都可在儒学中找到。相反，他已经把各派学说潜移默化地运用到国家治理之中。例如对法家学说，汉武帝下了很大的功夫研究，并将它具体化。据《汉书·刑法态》记载，汉武帝一朝有各种律令359章、大辟409条，够上法律处置的有1882事。

不仅法律条款多，也重用法吏。例如，汉武帝对御史大夫张汤和法家人物赵禹非常信任，359 章律令就是他俩起草的。不但重用法吏，还重用酷吏。如定襄太守义纵，一天报杀 400 人；河内太守王温舒处置郡中豪滑时，连坐诛杀千余家，汉武帝都予以认可。七国叛乱平定之后，尽管汉景帝采取了许多措施抑制诸侯的野心，但还是有部分诸侯没有停止对中央的抗争。有的诸侯王以种种借口杀害中央任命的傅、相，有的诸侯王在当地罪恶累累，民愤极大，严重地影响了中央的形象，危害国家稳定。汉武帝决心制定法律从严制约诸侯王，他采取中大夫主父偃的方案，把《推恩令》作为法律文书颁发，进一步分割诸侯王的土地和权力。对部分诸侯更是大开杀戒，如将淮南王刘安、衡山王刘赐、江都王刘建、燕王刘定国、齐王刘次昌等人都处以死刑。

对汉武帝的这些做法，有许多时人和后人不理解。不是说"独尊儒术"吗，怎么发生这么多的杀戮？所谓"阳尊儒术，阴事申韩"，尊儒是为了使国家保持积极向上的姿态，为国家确立方向；重法是为维护国家的大一统局面和中央集权制而必不可少的手段。汉武帝实际上是两手都抓，两手都硬。

十二、集权，富国，强兵

确立了以积极进取的儒家学说为国家的指导思想后，汉武帝从多方面入手，变革上层建筑和经济基础。根据汉初的官制，丞相是百官之首，权力很大，大到皇帝、皇后也退让几分。有一次，吕后想封她的兄弟为王，丞相王陵不同意，与吕后面折廷争。汉景帝与窦太后想立太后的哥哥王信为侯，丞相周亚夫反对，理由是王信无功而封，不合汉高祖当年的约定。汉景帝无奈，只得"默然而沮"。汉武帝也碰了不少丞相的"钉子"。有一次，丞相田蚡入朝奏事，和汉武帝议论录用官员的事，从早晨谈到了太阳偏西，汉武帝很不快乐，最终板着脸问田蚡："君除吏尽未？吾亦欲除吏！"大意是：先生，你的人都安排完了没有？我也想提拔几个试试。汉武帝这样雄才大略的君王都免不了受丞相制约，可见丞相的权力是何等之大。汉武帝越想越窝火，削权，必须大大地削丞相的权，不然中央集权就是一句空话。

汉武帝开始大量地从自己的近侍和大臣们推荐的贤良文学之士中选拔官员，经常把他们带在身边，让他们参与日常事务的谋议和决策。时间一久，这个圈子里的官员愈来愈多，担负的工作愈来愈重要，逐渐形成一个宫内决策机构，人称"中朝"。汉武帝认为这还不够，于元朔五年（公元前124年）任命公孙弘为丞相。公孙弘一介布衣，家境贫贱，还曾"牧豕海上"，以这么低的社会地位担任丞相，未正式就职就已诚惶诚恐，待得入朝理政，一切都顺着汉武帝，即使发现了很明显的不妥也不去廷辩。从这位丞相开始，汉朝的丞相大多成了摆设，不具实际权力，也很少参与重大问题的决策，只办点日常小事，以丞相为首的政府机构就演变成了"充位"而已的"外朝"。大权便落在汉武帝手中，终其一朝十几任丞相，除了田蚡、薛泽、公孙弘、石庆之外，没有一个善终。不少在"中朝"任职、受他宠信的大臣也被诛杀，原因便是越权了，危害了中央集权，汉武帝的"红线"就画在这里。

动完了上层建筑，汉武帝开始大力调整经济政策，变革财政体制。汉朝开国后的一段时间一直忙于平定异姓王叛乱，没有精力去构建一套高效可行的经济政策和财政政策，加之国家的指导思想是"无为而治"，经济上民间想怎么干就怎么干。例如，允许郡国和私人自由铸钱，允许私人经营煮盐、冶铁、造酒。这就无形中为郡国积累实力从而对抗中央提供了政策上的便利，七国之乱就是仗着这些发动起来的。汉武帝深知其中的弊端，于元鼎四年（公元前113年）首先下令禁止郡国铸钱，全国的钱币统一由中央制造（恢复了秦始皇统一币制的做法），同时责令各郡国销毁以前所有的旧币，所得铜料一律上交中央。

统一铸币之后，又实行盐铁官营，全国建立了48个专营机构，统揽盐铁的产销经营。盐铁专营极大地增加了国家的财政收入，抑制了地方不法商人的行为。在收回盐铁经营权之后，又实行均输、平准政策。均输即是把地方上的主要农业品先输于官府，政府统一组织车辆运输到他处出售，中间的差价计入国库；平准即在京师置平准官，接受各地的均输货物，"贵则卖之，贱则买之"，平抑物价，打击投机。

变革层出不穷，元狩四年（公元前119年）又加大税收力度，实行"初算缗钱"，规定商人及手工业者，无论有无市籍，都须向政府申报，每2000钱纳税一算（120钱），手工业作坊主每4000钱抽一算。另外，又增设舟车税。老百姓有一辆马拉的车，每辆每年须交一算，经商的加倍。凡有大船在五丈以上者，每船每年交一算。商人有产不报或不如实报者，罚守边一年，没收其全部财产。

这还不够，又增设了货物税。

一下子增加这么多税，如何保证及时收上来呢？汉武帝为此专门颁发了"告缗令"，鼓励人民告发偷税漏税或上报不实者，告发者可以分得违法偷税者一半的财产。这样一来，"告缗遍天下，中家以上大抵皆遇告"。政府"得民财物以亿计""商贾中家以上大抵破"，钱都流向中央，国库充盈，商人、地主却大都破产。

前面几项变革都是为即将展开的大规模的对匈奴作战而服务的，接下来就是汉武帝精心策划的军事变革。他签发了一系列命令，要求全体军人掀起练兵高潮，不仅军人要练，文人学士也得练，起码得会骑射和击剑。新官员上岗前，先拜郎中，军事训练及格了才可担任其他职务。对特别有军事才能甚至立过战功的军人，除了颁给大额奖金，还破格重用。年轻的卫青（汉武帝的小舅子）就是这样走上大将军的岗位的。当时的大将军"位在公上"，其权力比丞相还要大。大将军之下，又有骠骑将军、车骑将军、卫将军等各色名头的将军，他们直接听从汉武帝指挥，丞相对这些武将无任何节制权。

光有这些将军不行，汉武帝大力充实军事力量。他首先以"居重驭轻"为方针，改革南、北军的指挥系统，把军权牢牢地抓在自己手中。继之扩充南、北军的兵力，使中央军的实力得到空前的加强，一旦有事就可以"居重驭轻"。接着改革兵役制，除实行原有的征兵制外，又实行募兵制。一种是临时募兵，用毕即遣散；另一种是征募较长期的职业兵，如骑兵、各种技能的特种兵等。这些招募来的士兵都有一定的报酬，他们在很大程度上愿意成为职业军人。正是因为拥有了这么一支既有勇力又有技能的职业军队，西汉在之后对匈奴的反击战才打得那么出色。

汉武帝很清楚，战胜匈奴不能仅靠步兵，必须组建大规模的骑兵集团。经过文、景两朝的积蓄，中央已经拥有了30万匹战马，汉武帝就在此基础上进一步加强马政建设。西汉前期，每匹马的作价平均为5000钱左右，汉武帝规定每匹马的价格为20万钱，这就极大地刺激了全国的养马事业，短短几年，中央对马的拥有量就增加到40多万匹。在加强骑兵建设的同时，也注意加强步兵和水军建设。在与匈奴接壤的边境，部署了60万军队，这些军人平时屯田，一旦接到命令就披甲上阵。西汉的水军部队集中在南方和沿海，人数也达几十万之众。

汉武帝认为反击匈奴已经万事俱备，他开始起草动员令。

十三、汉武雄风，狂卷大漠

西汉王朝在立国之初就开始感受到强悍匈奴的压力。防守、和亲、馈赠一直是西汉政府对待匈奴所采取的主要对策，尽管如此，匈奴的领袖人物并不安于既有的利益，仍不时掳掠西汉边界。云中（今内蒙古托克托东北）和辽东（今辽宁南部）两郡受害最深，每年都有万余人被匈奴军队杀害或掠去为奴。百姓们叫苦不迭，有些地域的地方长官干脆向中央喊话，声称若再不能受到保护，他们还不如去归附匈奴。其实地方哪知道中央的苦，内战不休，国库空虚，中央自身难保，用什么去保护他们？汉高祖去世后，冒顿单于公然写信侮谩吕后，信中说："陛下独立，孤偾独居。两主不乐，无以自虞。愿以所有，易其所无。"这简直就是调戏，但打又打不赢，吕后只得令人给单于回信，说"感谢你没忘了我，但我现在年老体衰，发齿脱落，连走路都失度，无法陪你娱乐，还请你见谅，恕我无罪"。看看，一国之母卑躬屈膝到了何等的程度。内心明明是怒火万丈，却不得不强忍下来。

到汉武帝时代，这口气不能再忍了。汉武帝仗着雄厚的国力，从元光二年（公元前133年）起，发起了对匈奴的大规模反击战。这场惊心动魄的民族战争绵延近半个世纪，最终以汉王朝取得决定性胜利而告结束。

本来在秦初时，蒙恬已打败匈奴并将其逐出河南地区（今内蒙古河套一带）。秦二世元年（公元前209年），秦朝气数将尽，匈奴头曼单于又打回来收复了河南地区。到了冒顿单于时，匈奴的势力更大，趁着楚汉相峙之机大肆攻城略地，其统治区域东起朝鲜边界，横跨蒙古高原，西部与氐族、羌族相接，南部延伸到河套以至于今晋北、陕北一带。冒顿死后，其子老上单于和其孙军臣单于继承了他的侵扰路线，维持了对汉王朝的强势态度。目前直面汉武帝的就是军臣单于，汉武帝决心拿他开刀。

动手前，汉武帝设了一个"局"，让雁门郡马邑县（今山西朔州）一个叫聂壹的土豪假意献出马邑，引诱军臣单于进占马邑。与此同时，悄悄地在马邑附近埋伏下30万汉军，只待军臣单于入围后予以歼灭。不料军臣单于的警惕性非常高，行至马邑附近，发现漫山遍野的畜群无人看护，顿起疑心，马上派出侦察兵打探，从抓回来的俘虏口中得知了详情，立即退兵。

首次战役放了个"哑炮"，这使汉武帝进一步认识到了对匈奴作战的艰巨性，于是精心策划，重新部署，通过运用多种全新的战役手段，取得了一系列重大胜利。史载，汉武帝亲自组织、指挥了9次重大战役，其中影响最大的是河南之战、河西之战、漠北之战。

河南之战发生在今内蒙古鄂尔多斯市一带。这里土肥水足粮多，曾是战国中、晚期秦国与魏国反复争夺的地域。从这里出发攻到长安不足千里，骑兵只需一二日即可到达。匈奴民族长期以河南地为大本营，发起对汉朝的攻击。元光六年（公元前129年）冬，匈奴又从此出发袭扰上谷、渔阳（今北京密云西南）。汉武帝获悉后，迅即制定出反击方针，该作战方案的高明之处就是"你打你的，我打我的"，即胡骑东进，汉骑西进。车骑将军卫青、将军李息奉命出云中，沿河西进，急袭匈奴防守薄弱的河南地。这支大军利用长城的掩蔽，在切断了匈奴驻守河南地的白羊、楼烦二王与匈奴腹地的联系后，突然发起进攻。白羊、楼烦二王没有料到汉军会突然出现在他们的眼前，仓促应战，立即溃败。汉军歼敌数千，获牛羊百余万头。大军乘胜进军高阙（关塞名，在今内蒙古杭锦后旗东北），顺利收复了全部河南地，在此设立朔方、五原二郡，之后沿黄河折而南下，"全甲兵而还"。

匈奴不甘心丢失河南，元朔五年（公元前124年）春，匈奴右贤王向朔方进军，企图夺回河南地区。汉武帝闻讯，又派卫青等人统军十多万出朔方、高阙，深入塞外六七百里，不作任何休整，趁夜包围了右贤王的王庭。右贤王正在饮酒，惊惶中杀出一条路北逃。汉军斩杀俘获匈奴将卒1.5万人。击败右贤王，河南地便成了汉王朝反击匈奴的前沿阵地。自此，整个战略态势开始向有利于汉军的方向转变。

汉武帝抓住这一时机，在公元前123年二月再次派出卫青率6名将军统率10万精锐骑兵，由定襄向北开进数百里。此次出征时，汉武帝命令曾出使过西域的张骞跟随卫青。张骞出使西域十多年，对匈奴的地形和作战习惯了如指掌。有了张骞的配合，卫青大军一路顺利进攻，先后在漠南歼灭匈奴近两万人。卫青年仅18岁的外甥霍去病初次参战，率800名骑兵孤军追敌数百里，不仅斩杀了2000多名匈奴骑兵，还俘虏了匈奴相国等一批高官。汉军的一系列胜利打出了军威，尤其是汉军敢于采用大迂回战术方针打击匈奴，时常深入千里之地突袭，这是过去几十年未曾有过的事。为免遭受更大的打击，单于伊稚斜决定将主力远撤至漠北。

河南之战后，匈奴在沙漠以南的控制地区大大缩小，仅剩下东西左贤王和河西浑邪、休屠二王。河西即今甘肃的武威、张掖、酒泉一带，因地处黄河以西，故称"河西"。这是一个长达1000公里、连接内蒙古高原和青藏高原的狭长地带，又称为"河西走廊"。它西控西域各国，南抑西羌各部，是一个十分重要的战略区域，从汉文帝初年起就被匈奴控制。河南战役和稍后规模不大的漠南战役把匈奴主力赶至漠北，正面的北部边防趋于安定，汉武帝决定开辟河西战场，夺取河西，打开通往西域的道路，为下一步经营西域奠定基础。汉武帝把这一战略定为"断匈奴右臂"之举。

元狩二年（公元前121年）春，汉武帝下令骠骑将军霍去病率1万精骑兵自陇西出塞，试探性地向河西发起攻击。霍去病的兵虽不多，却敢于大胆向西挺进，6天内横扫匈奴5个小部落王国，紧接着，翻越焉支山（今甘肃山丹县境内的大黄山），又向西北奔袭千余里，与浑邪、休屠二王遭遇。汉军奋力杀敌，匈奴二王败走，丢下近9000具匈奴士兵的尸体。在此次遭遇战中，汉军也损失惨重，1万精骑只剩3000人，又在皋兰山下（今兰州黄河西）遭到匈奴折兰王和卢侯王的阻击。霍去病毫无畏惧，主动与敌短兵搏斗，击杀此二王，大败匈奴军。

霍去病的胜利极大地鼓舞了朝廷，仅仅1万骑兵就将匈奴军搅了个天翻地覆，那再多派些军队，夺取河西不就指日可待了吗？汉武帝豪气万丈，就在这年的夏天（离霍去病回来仅一个月）发布命令，再次向河西发起攻击。此次部署了两路人马，一路由霍去病和公孙敖领数万精骑从北地郡（郡治在今甘肃省环县东南）出发，直击河西；一路由张骞和李广率万余骑兵从右北平郡（郡治在今河北省平泉县）出发，攻击左贤王，以策应霍去病。

在具体的兵力部署上，汉武帝让霍去病和公孙敖各率数万骑兵，分成两路向河西进军。其中，公孙敖这一路向正面进攻，霍去病这一路从北侧插入敌后断其退路。当霍去病的军队深入2000余里，进至预定会合地点时，公孙敖所部却因迷失方向而未能及时赶至会合地点。霍去病立即改变作战方针，果断地向匈奴军的侧背发起进攻。霍去病不愧"骠骑将军"之称号，骁勇善战，很快就歼灭了匈奴军3万多人，迫使匈奴7个王，以及相国、近3000名都尉投降或被俘。这是场恶战，守卫河西的是匈奴的精锐，汉军付出了"师率减什三"的代价，即30%的伤亡。

当霍去病在河西大战匈奴时，从右北平郡出发的汉军先锋李广因地形问题失去了与张骞的联系，不巧又在此时与匈奴左贤王率领的4万骑兵主力遭遇，被左贤王团团包围。李广手下只有4000名骑兵，面对10倍于己之敌，他沉着冷静，采取多种战法与敌周旋。经过两天两夜的血战，终于等来了张骞的部队，两股兵力合力冲杀，歼敌过半，左贤王只得引兵撤退。

匈奴单于恼恨浑邪王、休屠王在河西的失败，欲在召见他们时予以杀害。二王探得此信息后密谋降汉。汉武帝闻奏后即令霍去病前往受降。休屠王真要举手投降时又反悔，立即被浑邪王击杀。浑邪王继续率军往受降地点走，走到离霍去病的部队很近的地方时，属下有些裨将心存疑惧，不愿投降，有的准备结伙逃走。霍去病当机立断，率领精兵突入匈奴营中，一方面将浑邪王保护起来，一方面追杀逃跑的匈奴将士。在局面控制好之后，霍去病立即派兵护送浑邪王先去长安，自己则亲自监送4万多人的匈奴降卒东渡黄河。渡过黄河后接到汉武帝的命令，朝廷已出动了3万辆大车迎接这4万降卒，将他们分置在陇西、北地、上郡、朔方、云中等5郡。

河西就此全部被汉军占领，西汉由此控制了整个河西走廊，不但阻断了匈奴与羌人的往来，而且打开了通往西域的战略大通道，初步实现了"断匈奴右臂"的目标。以此为标志，西汉全盘掌握了战争主动权。但汉武帝仍没有丝毫自满，他很清楚河南战役后，伊稚斜单于的主力撤至漠北的目的是为了诱敌深入。所以，并未派大军跟踪追击到漠北，而是集中精力先取河西。汉武帝不上当，单于急了，主动出兵数万侵入右北平，杀掠当地吏民千余人，以此引诱汉军北进漠北，待汉军千里奔袭、高度疲劳后再将其吃掉。

漠北即今蒙古人民共和国大沙漠以北，距长安数千里之遥。汉武帝明了单于的战略意图。不是想诱我漠北决战吗？那好，我正想彻底解决你。于是下令全国总动员。

元狩四年（公元前 119 年）夏初，汉武帝令大将军卫青、骠骑将军霍去病各率 5 万精骑出征漠北。与骑兵同行的还有数十万步兵后勤人员，光运载补给和补充作战时的马匹就达 14 万匹，其中有 4 万是临时征集的私人马匹。为了确保胜利，汉武帝授意大将军卫青率前将军李广等人出代郡寻找匈奴左贤王决战，而霍去病率领这 5 万被特殊选拔出的骑兵敢死队出定襄，寻找匈奴单于的主力决战。部署妥当后，两路大军杀气腾腾地扑向自己的目的地。队伍走了不远，捕得匈奴俘虏，得知单于主力已经东移，汉武帝立即临时变更作战部署，令霍去病从代郡出发寻找单于主力，卫青仍按原计划从定襄出发北上寻歼左贤王。

卫青北进千余里，穿越大沙漠，从俘虏处得知伊稚斜单于扎营的准确地点，立即率军前往。抵达单于阵前，见单于早已列阵而待，一副以逸待劳之势。卫青胸有成竹，下令用武刚车（四周及车顶用厚革皮覆盖以做防护的战车）"自环为营"，防止敌方骑兵冲乱阵脚，随之又令 5000 名骑兵主动出击。两军混战，刀剑互砍，喊杀声、嚎叫声惊天动地。临近日落时，突然狂风骤起，沙石击面，两军互不相见。卫青趁乱派出部队从左右翼迂回，包围单于的营阵。单于见汉军人多、士气旺盛，自忖无法再对阵下去，遂杀出重围向西北方向逃走。卫青乘胜追击 200 余里，斩杀和俘虏超过 1.9 万人，但单于漏网，不知去向。卫青占领了位于寘颜山（今蒙古人民共和国纳拉特山）下的赵信城，补足粮草，烧毁那些带不走的物资，然后挥师南下。

霍去病率领的 5 万"敢力战深入之士"原本是寻歼单于主力的，由于单于与卫青相遇，霍去病就四处寻找左贤王。5 万精骑在大漠中长驱北进 2000 多里，终于将左贤王寻到。左贤王一击即溃，弃军逃跑。霍去病穷追不舍，一直追到狼居胥山（今蒙古人民共和国乌兰巴托以东）。这一仗打得痛快淋漓，不仅捕斩 7 万多匈奴士卒，还俘虏了左贤王属下 3 个小王及 83 名高级将军和官吏。霍去病下令打扫战场，他自己则带领部分将军走上狼居胥山，在其主峰上立坊祭告天地，庆祝胜利。接着，又来到翰海（今贝加尔湖）岸边，然后才班师凯旋。

漠北一战，双方都伤亡惨重。但经此一役，匈奴单于不敢也无法在大漠北缘立足，只得向更远的西北方寻找生息之地，自此"漠南无王庭"，100 多年来一直危害汉王朝的边患得到解除。

十四、"凿空"西域，绵延万里丝绸路

汉武帝即位第二年就把目光投向西域，想与西域诸国组成联合战线，共同打击匈奴。汉时的西域最初主要指今新疆天山南北路与塔里木河流域，后来交通渐广，遂把葱岭（今帕米尔高原）以西、亚洲西部和欧洲东部一带也包含在这一地理概念之内。但当时的西汉王朝对西域一无所知，甚至对西域有多少国家、方位在哪里都一片茫然，这样去搞联合，谈何容易？但汉武帝想干什么就一定会去干，他下令在全国招募出使西域的使者，最终选定郎官张骞。根据情报，张骞第一个要游说的是月氏王国。

月氏王国原在河西走廊生息，后被匈奴击败，国王的头颅都被单于当尿壶，月氏被迫逃到阿富汗以北立国，自此与匈奴结下深仇大恨。汉武帝认为可以先从月氏突破，然后再联结其他国家，于是命令张骞首先前往月氏王国，给他配了 100 多名随从，于公元前 139 年选了个黄道吉日，热热闹闹地从首都长安出发。但一出陇西（今甘肃临洮南），进入匈奴地界，就被匈奴军臣单于扣留。单于问清张骞的意图后大发雷霆：真是岂有此理，月氏在我之西，你们凭什么跟他们往来？如果我派使节去南越，你们准许我通过吗？军臣单于此时还算冷静，不想为此事与汉王朝结仇，发了通脾气后拟用软办法降服张骞，他给每个汉人配了一位匈奴女子为妻。但张骞一行却自有主张，虽被迫成家，仍不忘使命，时刻准备出逃。等待了 10 年之后（前 129 年），张骞一行终于乘匈奴防范松懈时抛离妻子向西而逃。这真需要勇气啊，大漠无边，一遇暴风，天昏地暗，飞沙走石，稍有不慎就会走反方向，甚至走了很久又回到原地。很多地域无路，只能沿着死去的前人散落的骨骸摸索着前行。最终，他们越过葱岭逃到了大宛王国。大宛友好，派人护送张骞他们到了康居（今乌兹别克斯坦塔什干一带），再由康居抵达月氏王国。

没想到月氏经历了几次西迁，占有了大夏（今阿富汗北部）故地，国家已然富有，不想再与匈奴为敌。张骞无奈，在此逗留了一年多之后不得不返回。归途中再度被匈奴士兵所俘。一年多之后，匈奴内乱，张骞趁机携匈奴妻子与助手堂邑父逃出匈奴营地。途中数次断粮，多亏堂邑父射杀野兽充饥，经千辛

万苦，才得以在元朔三年（公元前 126 年）回到长安。从出发时算起，历时 13 个寒暑，当初随行 100 多人，回来仅剩 2 人。汉武帝大为感动，拜张骞为太中大夫，堂邑父为奉使君。

张骞此次出使虽然没能达到说服月氏王国结成盟友的目的，但却摸清了西域的基本情况，找到了一条中西方往来的战略大通道。张骞对汉武帝说，他在大夏、康居发现有四川成都出产的布匹和竹子，这些东西据大夏人说是从身毒国（今印度）买来的。如果商品可以通过身毒国，那么人也可以通过，因此，今后改从四川出发前往西域，可以避开被匈奴俘虏的风险。汉武帝认为可行，张骞很快确立了一整套途经西域和西南夷的战略方针，这一方针的确立为西汉王朝的繁荣和强大打开了一片新天地。元朔六年（公元前 123 年），熟悉西域地理的张骞以校尉身份随卫青征伐匈奴，因能测知水草之处而立功，被汉武帝封为博望侯。公元前 119 年，汉武帝决定发动对匈奴的漠北之战。战前张骞献计，说可以再出使西域，厚结"与匈奴有隙"的乌孙王国（居伊犁河流域），让他们与汉结为同盟，形成夹击匈奴之势，这一攻势可"断匈奴之右臂"，而且，如果乌孙国同意归附汉朝，乌孙以西的国家都可以收为外藩。汉武帝非常欣赏张骞的这一谋略，委派张骞再次出使西域。

这一次出使声势浩大，仅副使随从就达 300 多人，另配马 600 匹，牛羊金银以万数。使团顺利抵达乌孙，却没料到乌孙王昆莫并不热心，他一方面不了解现在的汉王朝，一方面怕匈奴将来会报复自己。张骞反复交涉无果，只得利用留居乌孙的机会，分遣副使，让他们去大宛、康居、月氏、大夏、安息（今伊朗）、身毒、于阗（今新疆和田）等国展开外交，以期这些国家同意与中国往来。即将动身回国时，张骞特意邀请乌孙王国等派出使者与自己同行，实地到长安看看。

公元前 114 年，即回国后的第二年张骞就去世了，但随同来长安和稍后来的外国使团的使者们都被长安的气势征服了，他们怎么也想象不到西域之外的中国会是如此强大和迷人。他们分别回国后不久，上述各国就行动起来，或通商，或结盟，或归附。西域的使者和商人接踵而至，云集长安或边塞，西域之路至此成了和平友好之路。汉朝的使者往来于这些国家之间，大的使团有数百人之众，小的也有百余人。一年当中，出使多者十余次，少者五六次；远者往返八九年，近者也在好几年。乌孙国王甚至向汉武帝求婚，汉武帝便以江都王建的女儿细君为公主，嫁与乌孙王昆莫。昆莫感恩，先后送了许多骏马给西汉。汉武帝尤为爱马，听说大宛的汗血马比乌孙的"天马"还好，便派使节携20万两黄金和一匹纯黄金铸造的金马去大宛交换汗血马。哪知大宛王舍不得与西汉做这笔生意，汉使反复劝说无效，一怒之下砸烂金马，掉头而去。大宛王大怒，竟将西汉使者斩杀。汉武帝闻讯异常愤怒，任命李广利为贰师将军，发兵10万远征大宛。劳师远征至郁成城，却被郁成王击败。汉武帝闻讯立即增兵，包围了大宛国首都，迫使守军杀死国王毋寡和郁成王，交出全国所喂养的3000余匹汗血马。大宛归降，震慑西域，各国纷纷示好。至此，西域各地和中原的政治、经济联系日益密切，这条在中外历史上发挥过重大作用、产生过重大影响的连接欧亚大陆的大通道就这样建立起来。

欧亚大通道（又称"丝绸之路"）主要有南北两路。南路从长安、金城（今兰州）出发，经敦煌、楼兰（即鄯善）、于阗、莎车，越葱岭到大月氏，往西到安息（今伊朗）、条支（今伊拉克），直到大秦（即罗马帝国）。北路从长安、金城出发，经敦煌、车师（今新疆吐鲁番）、龟兹、疏勒，越葱岭到大宛、康居，再往西经安息，西达大秦。张骞九死一生奋力开拓的这条战略大通道，除了使汉王朝取得西域的控制权外，还"堪称世界史展开的主轴、联系亚欧非洲的大动脉、世界经济文化的大通道。它的开通本身就是中国对人类文明发展作出的巨大贡献"（王介南著《中外文化交流史》）。东汉的历史学家班固曾言中西大通道开通之前，汉人对西方知之甚少，可以说是眼前一片黑暗。张骞打通了亚欧非大通道，就把那片厚厚的黑暗凿空，让阳光普照三大洲，使人们能登高望远，心明眼亮。

21世纪中华人民共和国正在实施的"一带一路"倡议，正是西汉当年连通西域的延续和发展。

十五、大汉跟夜郎比，谁大

先前有汉景帝的一封信打动南越王赵佗，使其取消帝号，对汉称臣。到了汉武帝时期，西汉的国力更让南越国君口服心服，与中央的关系愈加紧密。公元前135年（建元六年），闽越发兵攻击南越，南越王赵胡（赵佗之孙）向汉武帝求救。汉武帝决定出兵讨伐。南越、闽越、东瓯自秦代始就是中国的郡县，秦末之乱给了它们机会，纷纷宣布独立，到汉初时更是成为形态上完全独立的藩国。这3个国家中，数闽越最为好战。得知汉武帝出兵的讯息，闽越开始慌乱，闽越王郢的弟弟余善杀郢求和。汉武帝允许立前闽越王无诸之孙丑为越繇王，立余善为东越王，共治闽越。但东越王余善不安分，于公元前111年叛汉称帝，而且进攻豫章郡，杀死汉政府任命的官员。汉武帝命韩说领兵平叛，韩说发兵几路同时进攻，东越抵抗不住，内乱之中贵族们杀死余善求和。为了彻底解决闽越叛服无常的问题，汉武帝命令将当地越人迁徙到江淮地区，使东瓯人、闽越人融入汉人之中。之后，宣布取消闽越国，改闽越国为西汉的郡县，纳入西汉版图。

南越国王赵胡感谢汉武帝在南越危难中出兵解围，特将太子婴齐送至长安拜见汉武帝并留作人质，以示忠信。赵胡去世后，婴齐继承王位。婴齐去世后太子赵兴继位。赵兴的母亲樛太后是邯郸人，一直思念故土，做赵兴的工作，让其向汉武帝表示放弃独立，完全归属西汉。汉武帝立即允准，但南越国的丞相吕嘉不愿归附。吕嘉是南越三朝丞相，势力很大，实权超过王室。他先是多次谏止"内属"，未达目的便于公元前112年起兵反叛，先杀了南越王赵兴和樛太后，以及汉朝使者，后立赵建德（婴齐越人妻所生之子）为王。汉武帝闻讯大怒，很快调集10万水陆大军攻入南越，夺占番禺（今广州市）。赵建德和吕嘉兵败逃走，南越守军大多投降。中央军乘势追剿吕嘉和赵建德，最终将他们击毙。南越各地方政府立即举起白旗投降，汉武帝就此发布取消南越国的命令，并将其故土划分为儋耳（今海南省新英县）、珠崖（今海南省海口市琼山区）、南海（今广东番禺一带）、苍梧（今广西梧州）、郁林（今广西贵港一带）、合浦（今广东海康一带）、交趾（今越南北部）、九真（今越南中部）、日南（今越南中南部）等9郡。

存在了5世、历时93年的南越国就这样被分解了。秦王朝当初开拓的疆土完整回归，西汉王朝的大旗高高地飘扬在南中国海之滨。

在解决南方问题的同时，汉武帝把眼光投向云南、贵州、四川一带。许多个祖辈生活在崇山峻岭之中的少数民族部落自封为国，组成了中国的"西南夷"，其中较大的有僰国（今四川宜宾）、夜郎国（今贵州关岭）、且兰国（今贵州福泉一带）、滇国（今云南晋宁）、邛都国（今四川西昌）、筰都国（今四川汉源）、冉駹国（今四川松潘）、白马国（今甘肃西和）等。这些独立王国语言、风俗不同，经济状况各异，互相很少交往，与外部也近乎隔绝。夜郎国的国王居然不知道有西汉王朝存在，当他首次见到出使夜郎国的汉朝将领唐蒙时，很认真地问唐蒙："大汉跟夜郎比，谁大？"

　　对于这些少数民族部落，汉武帝采取了不同的策略收服。先派唐蒙率兵数千，携带大批礼物招降夜郎国。夜郎侯及其附近的小邑见财眼开，同意归汉。汉武帝批准在此置郡县，并命令唐蒙原地征发民工开山凿道，修建能使大军通过的道路。不久，汉朝从这条牺牲了大量民工和士兵生命的战略通道上出奇兵，很快平服了南越的叛乱。西汉著名的文学家、四川人司马相如此时勇敢地站出来，建议汉武帝让他去招抚其他西南部落。汉武帝批准了司马相如的建议，给他配置了精锐部队和大批财物前往邛都、筰都、冉駹等部。司马相如不辱使命，没用多久就说服了这些部落的君长归汉。汉武帝下令在此设立十余郡县，置一名都尉统管地方军事。对于不肯归汉，甚至与汉为敌的部落，例如且兰，汉武帝采取了坚决的镇压手段，杀了且兰王，灭了且兰国。只剩下一个倔强的滇国，汉武帝又派员前去游说，企图不战而收其国。滇王无知，也向汉使发问："西汉与滇国谁大谁小？"并拒绝回归。汉军立即从巴蜀出兵攻滇，大军刚至，滇王即宣布投降，汉武帝便下诏在此置益州郡。整个"西南夷"彻底回归西汉。中国西南地区的民众，自此开始与汉民族大规模地融合。

十六、把朝鲜收入版图

　　中国与朝鲜一衣带水，两国的关系源远流长。中国的多种古籍记载有"箕子建朝鲜"之语。箕子是商纣王的叔叔，因不满纣王的虐行，率其部远徙，终于在朝鲜半岛的西北部建立起朝鲜历史上的首个国家政权。箕子从《诗经》中选出"朝阳鲜明"的句子给自己的政权命名为"朝鲜"。箕子的开拓能力很强，到周武王灭商后，已在朝鲜立稳脚跟，周武王于是送了个顺水人情，将朝鲜封给箕子。据说传了40余世，传到箕准时始称王号。

战国时，燕国占领真番（今朝鲜信川一带），"取地两千余里"，并设置官吏，修建边塞。秦始皇统一中国后，将原燕国所占的朝鲜之地划为辽东郡的外部边界。汉高祖十二年（公元前195年），燕王卢绾叛汉降匈奴，燕人卫满聚集千余人，穿上朝鲜的民族服装，渡过今朝鲜清川江，占据秦时所设置的上下要塞之间的地方，以这里为基地向周边拓展，最后赶走了朝鲜王箕准，在王险城（今朝鲜平壤市）建立起政权，人称卫氏朝鲜。

卫氏政权很会生存，一方面承认汉朝的宗主地位，一方面又利用汉王朝赋予他的一些特权（负责管理塞外蛮夷等）发展自己，先后吞并了周围的一些小国，领地扩大"方数千里"。汉武帝即位初期，对卫氏朝鲜很宽容，无形中助长了卫氏政权的野心。此时的朝鲜王已是卫满的孙子右渠，右渠打破其祖父与汉朝订立的条约，阻止一些希望与汉朝发展关系的国君进入汉境，并不时诱集汉朝的吏民逃往朝鲜。汉武帝不能忍受这种种劣行，派出辽东都尉涉何赴朝与右渠交涉。谁知右渠根本不听，愤怒中的涉何一气之下杀死护送他回汉的朝鲜裨王长。右渠得知后，马上进攻辽东，将涉何杀死。

汉武帝下令反击，汉军分水陆两路进攻朝鲜，右渠拼死抵抗，战斗异常激烈，卫氏军队渐渐支撑不住，内乱骤起，朝军杀死右渠后投降。汉武帝下令在其地设置4个郡，即真番（今朝鲜黄海北道大部及黄海南道、京畿道北部地区）、乐浪（今朝鲜平安南道、北道及黄海北道各一部分）、玄菟（今辽宁东部至朝鲜咸镜南道一带）、临屯（今朝鲜江原道一带），此时的朝鲜真正成了中国的一部分。

十七、汉匈议和，苏武牧羊

公元前119年倾全国之力打赢的漠北之战是西汉反击匈奴的巅峰之作。经此一战，虽然"漠南无王庭"，但汉武帝也打不动了，财力难以为继，人力大大受损，没有兵源补充，军力随之下降。即使征到了兵，"是时财匮，战士颇不得禄"，没钱给将士发军饷。汉武帝窘迫了，该喘口气了。

匈奴更惨，其一败再败，大片肥沃之地丢失，人和战马生存的环境极端恶劣，而且主力悉数被歼，不可能再像往日那样得到兵源补充。比西汉更需要喘口气的匈奴只得待在遥远的西北。这样，公元前118—前101年，汉匈间出现了长达18年的基本上相安无事的时期。天汉元年（公元前100年），新继位的且鞮侯单于主动向西汉示好，释放所有被匈奴拘留的西汉使节，并以儿子辈的口气向汉武帝卑辞上书。汉武帝受到感动，决定恢复汉匈往来，派遣正使苏武、副使张胜出使匈奴，随身带一批重礼赠送单于。然而，张胜趁单于外出打猎时，与一些早先投降到匈奴的汉人密谋发动政变，拟先杀几位单于的亲信，然后劫持单于的母亲逃回内地。张胜高估了自己的力量，很快被单于镇服，他本人投降了匈奴，反过来做苏武的工作。苏武坚决拒绝投降，大义凛然地斥责了张胜后拔刀自杀。且鞮侯单于被苏武的言行震惊，下令救治苏武。伤愈后，苏武仍不投降，单于恼火，就把他关入地窖，一连几天不给他吃喝。苏武以落在地窖口的雪解渴，以身上穿的旃毛充饥，顽强地活了下来。单于无奈，就把苏武放逐到远离匈奴大本营的北海（今贝加尔湖），让他放牧一群公羊，调侃地对他说："等这群公羊下羔了就放你回去。"

苏武将中原故土揣在心中，没有被孤独、严寒和饥饿击倒，不论走到哪里，总是随身带着汉朝的使节，在茫茫大漠坚持了19年，终于等到汉匈复交，匈奴不得不交还苏武。

苏武被囚的第二年（公元前99年），汉武帝因苏武被囚而下令分兵两路向匈奴进攻。没想到的是，两路大军先后都遭受失败。贰师将军李广利率3万骑兵，在天山击败匈奴右贤王后，于返回途中陷入匈奴伏兵圈，在损失近2万人马后才突出重围。名将李广之孙李陵，在没有得到任何友军配合的情况下，仓促率5000名步兵孤军深入沙漠1000余里，在抵达浚稽山（今蒙古境内戈壁阿尔泰山中段）时不期与且鞮侯单于的精锐骑兵部队相遇，与3万多匈奴骑兵展开恶战。

李陵的5000名士兵名义上叫步兵，实际上是坐在战车里行军的。史称，李陵所率的这批士兵，都是能以一敌十之士。战斗开始后，汉军临危不乱，李陵在两山间以大车为营，当匈奴骑兵冲上前时，汉军千弩齐发，匈奴兵"应弦而倒"，李陵再趋势杀出，不久就使匈奴损失数千人。且鞮侯单于急于取胜，马上又召集8万骑兵增援。兵力悬殊，李陵只得向东南方向撤退，边撤边打，又击杀了3000多名匈奴兵。单于气急，下令紧紧咬住李陵军，并逐渐把李陵军逼围在长满了葭苇的大泽之中。单于下令顺风纵火，李陵则命士兵先行烧开一条通道，撤往树林中，并在林中依托地势设下埋伏，又杀敌数千。

李陵继续向南撤退，且战且走，四五日内再斩 2000 多名匈奴兵。单于大惑不解，16 倍于敌仍不能取胜，他想干脆收兵算了。就在此时，汉军中一个叫管敢的军官叛变。单于因此得知李陵是孤军一支，且弓箭即将用尽，于是下令两翼骑兵越过李陵，在前方断其退路，正面则由骑兵全力进攻，果然将李陵军压至山谷，然后用雨点般的箭矢向李陵的战车阵射击，并大声齐呼"投降、投降"。绝境之中，李陵军更加神勇，当车上所载的 50 万支弩矢射完后，3000 名幸存的士兵全体弃车，一律用短兵器与匈奴骑兵做最后的搏斗。战至夜半，绝大多数士兵阵亡，李陵与另一位将军韩延年率十余名士兵杀出重围，旋即被匈奴骑兵追上，韩将军中箭而死，李陵被俘。5000 名精兵全部阵亡，面对惨景，李陵心如刀割，万般无奈之下投降了匈奴。

以 5000 名步兵对阵 11 万精锐骑兵，且杀敌近 2 万，这场仗打得世所罕见。眼看快退到西汉的边境了，要不是内部出了叛徒，李陵必能支撑到单于退兵，可惜啊可惜！

十八、精疲力竭，下诏"罪己"

连续两场主动出击的战争均以失败收场，汉武帝怒不可遏，下令全国动员，召集 4 路大军 21 万余人，展开对匈奴的报复性进攻。行动开始前，他亲自主持御前作战会议，在总结失败的经验教训时，汉武帝认为李陵不应该投降而应自杀。多数与会者支持汉武帝的看法，只有正在写《史记》的太史官司马迁表达了与汉武帝看法相左的意见。他说：李陵对士兵非常爱护，平时常以杀敌报国为最大志愿。如今不幸战败，被一些没有冒一点危险的大人先生们指责，这使人痛心。李陵以不满 5000 人的步兵，深入沙漠，与 11 万骑兵对抗，转战 500 多公里，箭尽力竭，仍冒白刃反攻。自古名将，不过如此。他身虽被俘，却已力挫强敌，足以名垂青史。而且，我更相信李陵忍辱投降，绝非出自本心，他一定另有计谋，以报效祖国。

司马迁以为自己为李陵说情的这番话语能打动汉武帝，没想到此时汉武帝的心态已被两场败仗搅坏，正想找个人出气。司马迁撞到枪口上，公然为叛将鸣冤，汉武帝不由分说，立即判司马迁包庇叛徒之罪，打入大牢候斩。多亏司马迁的家人凑到一笔赎金，才将死刑改为宫刑。在处理司马迁的同时，汉武帝还下令诛杀李陵全族。

汉武帝这么做的确太残忍了。李陵当初之所以投降，是准备选择时机报效祖国的，这从他写给苏武的信中可以看出来。公元前 81 年，苏武被匈奴释放，回国之前他给李陵写了封信，劝他一道回去。李陵此时早已得知全族被诛的信息，所以对苏武的好意予以拒绝，并写了回信给苏武，信中说：我当时之所以不死，只是打算效法前辈英雄，有所作为。可是大志未成，全族被诛，老母都不能幸免。仰天捶胸，眼泪流尽，继之泣血。

余怒未息的汉武帝在天汉四年（公元前 97 年）下令分 3 路向匈奴进军。此次行动声势浩大，一线部队与后勤部队加在一块近百万之众，与漠北之战的规模相当。匈奴且鞮侯单于得到情报，立即将资产、妇幼转移到更远的北方，自己率 10 万精兵以逸待劳。贰师将军李广利奔袭千里与单于交战，丝毫占不到上风，只得边战边退。另外几路大军也接战不利，基本上无功而返。匈奴得势不饶人，于征和三年（公元前 90 年）攻入五原、酒泉两郡。

匈奴又来"敲门"，怎么办？汉武帝毫不犹豫，于征和三年三月任命贰师将军李广利率军出征，还联络了楼兰等六国之兵作为辅助部队，攻击匈奴的车师。3 路大军近 20 万人的规模，浩浩荡荡地向匈奴所在地进军。以现在的眼光来看，这真是一次在错误的时间发动的错误的战争。为什么呢？第一，匈奴并没有大规模的入侵，对小规模的骚扰可以用小规模方式应对；第二，国家还没有从两年前的那两场失败的战争阴影中走出，实力难以支持接踵而来的征讨；第三，皇室内部刚刚经历了"巫蛊之祸"，上层建筑里潜藏着危机。

汉武帝晚年有很多事不顺心，加上体质日衰，便开始笃信迷信，只要稍有不适，就开始求神问鬼。有一次，他白天睡觉时做梦，梦见许多木偶人持杖向他打来，惊醒后满身虚汗，一连多日精神恍惚、喜怒无常。汉武帝解不开这些现象的原因，就把深受他信任的江充找来询问。江充为人阴险，嗅觉敏感，心地狠辣，是典型的酷吏。他眼见汉武帝时日不多，担心对自己有意见的太子刘据接班后自己下场不好，于是心生毒计，说汉武帝的病源在于巫蛊。所谓巫蛊，即后宫嫔妃互相争强斗胜，从民间引进的一种迷信手法，通常是在一木偶身上写下诅咒之语，埋在某地，然后就指望诅咒应验在被诅咒者身上。汉武帝听信了江充之言，全权委托江充查处。江充先假意在宫中其他地方挖掘，暗中却派心腹在太子宫中预先埋下 6 个小木偶人。一切都伪装好后，江充把矛头直指皇后和太子，在其居住地大肆开挖，一直挖得皇后、太子连放张床的地方都没有，最后果然挖出 6 个写有诅咒之语的木偶人，江充立即向正在甘泉宫避暑的汉武帝报告。

太子吓傻眼了，自己的宫中居然挖出巫蛊，这还了得？他心惊胆战地去请教少傅石德。石德心里明白这是有人在陷害太子，他说：不久前因巫蛊事件已诛杀了丞相父子及两位公主，现在又把矛头对准了您，这几个木偶人不知是有人放的还是原先就有，反正说不清楚了，只有假传圣旨逮捕江充，严刑追查其奸诈。现在陛下患病，生死未卜，酷吏如此嚣张，太子难道忘记了秦扶苏的教训了吗？

为了避免重蹈扶苏之辙，太子决心起兵自卫。他先处死江充和胡巫，继之又武装数万市民组成太子军，与汉武帝的卫士部队战于长安城中。汉武帝知晓后，立即从甘泉宫赶回长安，调发三辅兵马进京镇压。太子军与汉武帝的军队激战了 5 天 5 夜，血水染红长安大道，双方死者多达数万人。太子军终于战败，太子刘据在出逃中被迫自杀，跟随太子的皇孙二人也遇害。紧接着，汉武帝废皇后，皇后自杀。朝廷人人自危，正常的秩序全部打乱，汉武帝本人也惶惶不可终日，巫蛊之祸对他的打击太大了。

这次事件后不久，汉武帝终于弄清楚了巫蛊之祸的内情，下令诛灭江充全家，将江充的同党苏文焚死在横桥之上。太子一家死得无辜，汉武帝内心伤痛不已，下令在太子去世的地方筑思子宫和归来望思之台。本来汉武帝非常喜欢太子，他曾对太子的舅舅卫青说："汉家建国仓促，加上四夷侵扰中原，朕不变更制度，则后世无所遵循，不出师征伐，则天下不安。为此者不得不劳民。如果后世仍如我所为，那就是在走秦二世而亡的老路。太子性格稳重好静，一定能够安天下，是我放心的继承人。"然而，汉武帝却没有对太子完完全全的信任，江充的一番鬼话就使这个曾被他认为天底下再没有比之更贤德的接班人永远地离开了他。唐朝诗人胡曾写过一首诗，名《望思台》："太子衔冤去不回，临高徒筑望思台。至今汉武销魂处，犹有悲风木上来。"但反过来讲，汉武帝也有他的难处。太子发兵是违法之举和谋反之罪，不打击不足以服天下，一打偏又打错了，内心的这股痛楚、悔恨，去向谁说？当年何等刚强的汉武大帝，其内心已是风雨飘摇。

即使处于这般状态之中，汉武帝仍打起十二分精神，反击匈奴对太原和酒泉两郡的骚扰。征和三年（公元前90年），由李广利等人率领的3路大军，不受太子之死事件的影响，按原定时间开出塞外。开头还算顺利，取得了一些小胜利，以致将匈奴追击至范夫人城（今蒙古人民共和国达兰扎兰加德城西北）。正寻机歼敌之时，长安传来了令李广利万般惊恐的情报，说李广利此次出师前勾结他的亲家、丞相刘屈氂，企图拥立李广利之甥为皇太子的阴谋败露，刘屈氂已被杀，李广利全家也已被逮捕入狱。一声闷雷炸得李广利魂不守舍，顿时方寸大乱。想来想去，他不顾汉武帝在他出发前反复叮咛的"必毋深入"（不要深入敌境）的战术方针，执意冒险孤军北上，企图以显赫的战功来挽救全家的性命。但李广利在长安的阴谋和急欲邀功的想法被其他将领探知，这些将领不愿与他一同行动，并准备将其逮捕后撤退。李广利先下手杀了几位反对者，然后领着这支军心已乱又十分疲惫的队伍向燕然山（今蒙古人民共和国中部）撤退。刚刚抵达，就遇上在此拦截的匈奴单于亲率的5万精锐骑兵。后路被断，李广利只得硬着头皮迎战，很快就被匈奴军击败，李广利向单于投降。

噩耗传至长安，汉武帝不敢相信，燕然山之战所投入的兵力比匈奴多，居然不胜反败。汉武帝被震动了，开始"悔远征伐"，反思自己的所作所为。征和四年（公元前89年），即李广利投降匈奴的第二年，汉武帝断然罢逐为他求仙药而伤民靡费的方士，拒绝大臣们的在轮台（今新疆维吾尔自治区轮台县）屯田远戍和继续向西延伸修筑亭障的建议，公开发布著名的《轮台诏》，也就是后来被人们称为"罪己诏"的诏令。它的主要内容是后悔和检讨用兵太多，尤其是劳师远征匈奴，造成国力下降，民众穷苦，社会不稳，危机四伏。为此，汉武帝提出禁苛暴、止擅赋、力本农、与民休息的政策，让社会更加安定。在强调少用兵的同时，汉武帝也不忘做好必要的战备事宜，例如养好战马、补充损失等。《轮台诏》写得很诚恳，汉武帝称之为"哀痛之诏"，他说："我自从即位以来，所为狂悖，造成天下民众愁苦，不可追悔。从现在起，凡有事情伤害到百姓利益的，一律不准。"

汉武帝自此"转轨"，大幅调整政策，把以往一切服从于军事的政策改为以发展经济为中心的政策，不再主动发兵进攻匈奴。然而，天不假年，《轮台诏》发布后仅仅两年，公元前87年，为中国的统一大业作出了极大贡献、执掌多民族大国达54年之久的汉武大帝，在既有慰藉又有悔恨和痛苦的心境中去世，享年70岁。

汉武帝不愧为一代伟人，在发觉自己来日不多之后，立即重新安排接班人事宜。他在太子去世后，选中了钩弋夫人之子刘弗陵，但弗陵此时年仅7岁，显然不能独掌朝纲。为了确保皇权的有序交接和国家的长治久安，汉武帝做了一件称得上残忍之事。他找了个碴，严厉地谴责钩弋夫人。夫人叩头脱簪珥请罪，希望汉武帝宽恕。但汉武帝不接受，令人将她送进大牢赐死。可怜的夫人不知自己有何罪致死，临出门前一再回头顾望，汉武帝摆摆手，厉声说："快走，女子不得活！"

立其子，诛其母，朝廷上下许多人不理解。汉武帝说："这不是你们这些平常人能知道的。以往国家之所以乱，是因为皇帝小，母亲年轻。女主总是骄蹇，淫乱自恣，莫能禁也。你们没有听说过吕后吗？所以不得不先除去也。"汉武帝的这番话道出了他半个世纪的治国理念，即一切以国家的安定为重。独尊儒术、反击匈奴、凿通西域、南北征伐等，无不是他在这一指导思想之下的所作所为。司马光有感于汉武帝的这一做法，说："鉴于诸吕，先诛其母，以绝祸源，其于重天下、谋子孙深远矣。"的确如此，其所做的一切与维护大一统的政治局面相比都是次要的。年近70的老人经历了太多的风雨，以致在谈到自己的太祖母时，居然用"吕后"的称谓，可见国家统一、安定在他心中的地位要远高于亲情。他在即将倒下的那一刻，把霍光、金日䃅、上官桀、桑弘羊召到病榻前，把辅佐少主刘弗陵的重任交给他们，又把一幅提前画好的《周公负成王朝诸侯图》赐给霍光，叫他"行周公之事"。霍光是霍去病的同父异母弟，办事既谨慎又果断，在汉武帝身边20年未有过错，是一位"知时务之要"的成熟的政治家，让他行周公之事是非常恰当的。金日䃅是匈奴休屠王之子，被俘降汉，由于汉武帝善于识人、用人，尽管他是少数民族出身，仍让他做近侍，在宫内或外出时不离左右。上官桀、桑弘羊都以他们的能力和人品赢得汉武帝的信任。

其后的实践证明，这几位辅政大臣基本上执行了汉武帝《轮台诏》中明确的大政方针，以安定国家、与民休息为本，使社会逐渐恢复了元气。

晚年改过，临危托孤，汉武帝做得好！

十九、霍光把舵，昭宣中兴

公元前 87 年二月，8 岁的刘弗陵在辅政大臣们的簇拥下登上皇位，是为汉昭帝。8 岁的小孩无法执政，一切政令皆由以霍光为首的辅政大臣们出。此时的西汉正处十分困难的境地，"海内虚耗，户口减半"，多地发生农民起义。在现实面前，霍光等人依照《轮台诏》的精神，坚持把主要精力投入到恢复经济、巩固内政、扶持民生上。

但霍光要面对一个棘手的问题，就是如何处理同宿敌匈奴的关系。双方打了几十年，都陷入了困境。尤其是匈奴，经济越打越落后，民众越打越穷困，上层争权夺利的矛盾日益激烈，匈奴王国已面临公开分裂的危局。在这种形势下，匈奴主动提出"和亲"的建议。霍光认为和亲可以为西汉赢得与民休息的时间，于是力排众议，"偃兵休士，厚币结和"。首先罢除了马弩关，部分恢复了与匈奴的商贸往来，继之派出使者赴匈奴，匈奴也立即释放了一批被扣留的西汉使者。

改善了与匈奴的关系后，霍光多次建议汉昭帝削减财政开支，从多方面减轻民众的赋税和田租，甚至把皇家专用的禁苑也对贫民开放，发给他们种子去种植口粮。公元前 81 年，霍光召集 60 多名贤良文学之士到长安开会，讨论盐、铁等内政外交政策的得失及民间疾苦。与会者一致要求取消盐、铁、酒等国家专营和均输政策。辅政大臣桑弘羊不同意取消盐、铁的国家专营及"贵则卖之，贱则买之"的平准政策，同参加会议的贤良文学之士们展开辩论。大臣桓宽把此次会议的记录编写成文章，就是著名的《盐铁论》。霍光在综合各方意见之后，上报汉昭帝批准，取消了政府垄断酒的生产和销售的政策，又减漕粮 300 万石，减轻了人民的负担。

霍光在集中精力恢复国内经济的同时，也以高度的政治敏感和责任心打击上层统治集团内试图制造动乱的势力，即使是汉武帝委任的辅政大臣，只要试图危害安定团结的大局，也予以严厉处置。上官桀与霍光是儿女亲家，但他却与桑弘羊串通，企图废黜汉昭帝，另立燕王刘旦为皇帝。在实现这一阴谋之前，他们捏造霍光有谋反行为，上奏汉昭帝要求惩处。年轻的汉昭帝识破了这一阴谋，下诏批驳上官桀等人，并警告外祖父上官桀（上官桀的孙女此时为皇后），如再敢诬陷霍光，定当依法严办。上官桀、桑弘羊等人口服心不服，又密谋由盖长公主出面请霍光赴宴，埋下伏兵在宴会上杀掉霍光，再废汉昭帝。没想到此阴谋被人告发，汉昭帝授权霍光杀了上官桀父子、桑弘羊，燕王旦和盖长公主自杀。

自此，汉昭帝把所有政府的权力集中赋予霍光，在举行成年冠礼后，朝廷的政事依旧全权委托霍光决断。公元前74年，年仅20岁的汉昭帝病逝。汉昭帝无子，几经考虑，霍光与众大臣一致认为汉武帝的原太子刘据的孙子刘询（原名刘病已）适合接任皇位，就在霍光的主持下，拥戴刘询继位，是为汉宣帝。刘询自幼受巫蛊之祸的影响，被廷尉监邴吉悄悄送往民间躲藏。汉宣帝因为有这段民间的生活经历，对霍光坚持施行的与民休息的政策予以配合和支持。国家的局面开始改观，每石谷只要5文钱，边远之地也不过8文钱，这是西汉立国以来最低的粮价。全国的粮仓又开始堆满，连西河郡（今内蒙古东胜附近）也有供中央调拨的粮食。农业稳则百业稳，手工业得到恢复和发展，铁器、铜器的加工厂遍地开花，国力又开始昂扬，史学家赞扬汉宣帝是"中兴之主"，说此时的西汉已与汉文帝时期类似。

公元前68年，霍光在辅佐了两代帝王后病逝。他为中兴作出了重要的贡献，尽管在他主政的20年时间里，也曾横霸朝野，也曾任人唯亲，也曾奢侈腐化，并且改变了汉武帝以前以丞相为中心的三公执政的形式，但他维护了国家的统一，缓和了阶级矛盾。特别是他权倾朝野时，并没有放大自己的欲望，例如像上官桀那样试图自登帝位，而是坚守在辅政大臣的岗位上，把国家一步步地往中兴之路上引。

有了实力之后，汉宣帝也想学祖辈的样子，主动对匈奴动动拳脚。恰在这时，传来乌孙国王向汉宣帝求救的消息，说匈奴进犯乌孙，望汉宣帝支援，乌孙可以与汉合击匈奴。汉宣帝即在公元前71年正月出动16万精锐骑兵和数万车步兵出五原，深入匈奴腹地，寻求与匈奴做最后的决战。匈奴畏惧，不敢正面交锋，在 5 路汉军与乌孙军对匈奴形成合围之前，逃往遥远的西北。乌孙自此完全摆脱了匈奴对它的控制，主动归属西汉，成为汉帝国版图不可分割的一部分。

此次战役后第三年，匈奴境内发生大饥荒，百分之六七十的人民和牲畜死亡。天灾的打击还未过去，匈奴内部的分裂恶化，到汉宣帝五凤元年（公元前57 年），5 个单于并立匈奴，互相血拼。呼韩邪单于在与郅支骨都侯单于打得不可开交时，两次来汉谒见汉宣帝，表示愿归顺西汉称臣。汉宣帝满口答应，于公元前 51 年举行有数万少数民族参加的盛大的欢迎仪式，对呼韩邪单于进行册封，颁给他黄金铸成的"匈奴单于玺"，自此确立了匈奴政权隶属于汉朝的政治关系。之后，汉宣帝为了支持呼韩邪在与郅支骨都侯单于争夺匈奴最高领导权的斗争中取胜，还从兵力上和后勤装备上资助他。呼韩邪单于归汉，结束了自汉高祖刘邦白登之围以来，两个兄弟民族长达 150 年的战争状态，塞北与中原融为一体。

继呼韩邪单于归汉之后，汉宣帝在对少数民族关系上的另一件大事就是理顺中央与羌人的关系。羌人是生活在今西藏与青海一带的少数民族。公元前 61年，76 岁的老将赵充国受汉宣帝之命，率军平定羌人暴动。之后，就将部分军队屯田湟中，第二年又设置金城属国管理归附的诸羌部落，西北边疆就此安定下来。以呼韩邪单于、乌孙、羌人等一大批少数民族归汉为标识，汉武帝的化归事业在汉宣帝时期达到鼎盛，中国的疆土到此时已扩张到 1000 多万平方公里。

扩张，再扩张，随着扩张，几十个民族的关系更紧密了。

二十、盛极而衰，一声叹息

公元前 49 年，43 岁的汉宣帝逝世，太子刘奭继位，是为汉元帝。史学界普遍认为，西汉到汉元帝就不行了，盛极而衰。衰在哪里呢？

第一，衰在民穷。汉宣帝时不是粮食很多，且价格又很便宜吗，老百姓怎么会穷呢？原因在于大量土地集中在贵族集团的手中，一般农民能当个佃户就算不错了。佃农种了地主的地，收获的粮食要拿出来和地主分，自己手里留的就不多了。这样，大量生活艰难的农民迫不得已离开土地，成为流民，或沦为贵族家的奴隶。那么，土地怎么会集中到贵族们的手中呢？原来这些受封于皇室的贵族在七国之乱后被收走了许多特权，中央只给他们若干户的赋税，每户每年固定向贵族交200文。王侯们收到这千户万户的200文后，不能养士，更不能组建军队，自己也用不完，那就只有去乡下买地。农民种地也没多少收入，觉得还不如把地卖了，这样土地兼并就愈演愈烈。失地的民众如何生活呢？"盗贼"四起，有的甚至攻打官府，抢夺囚徒，打家劫舍，国家的根本开始动摇了。

第二，衰在领袖集团治国无能。汉元帝从小饱读经书，继位后专用儒家，常用书呆子的眼光看待社会。他从继位那年算起，几乎年年大赦，国家没有原则，惩恶扬善成了空话，恶者得不到惩罚，穷者得不到救济；老祖宗儒法兼用的法宝被弃，一味地怀柔，甚至把汉初以来迁徙关东豪强充实关中的制度也放弃了。放弃这一制度也许是不得已而为之的，公元前47年，关东大灾，粮食大面积歉收，齐地还出现了人相食的惨况，关东自顾不暇，迁徙之事也就难以执行了。

第三，衰在皇帝荒淫无度。汉元帝在位16年，没有大的政绩可言，但有两件牵涉匈奴的事却可圈可点。一件是公元前36年，西域都护甘延寿与副校尉陈汤采取先斩后奏的做法，攻破郅支城，全歼郅支单于所部人马，彻底结束了匈奴对西汉的威胁。另一件事是汉元帝在去世之前的公元前33年正月，把后宫王嫱（王昭君）赐给呼韩邪单于为妻，更好地促进了民族团结。这年五月，汉元帝病逝。太子刘骜继位，是为汉成帝。小皇帝从小讲究吃喝玩乐，继得大位后更是有恃无恐，几乎把精力全花在后宫。刘骜即位后的第一年就下诏大肆征召良家妇女充实皇宫，还同侍中张放玩同性恋。由于纵欲过度，汉成帝最终死在赵飞燕妹妹的床上。有这样的皇帝，西汉焉能不衰？

第四，衰在重用外戚。史称，刘骜之所以荒淫无度，是因为太后当权，他没事干。也许是这样的，太后王政君在给汉元帝当皇后时，很不受宠爱，积了一肚子怨气，熬到太后的地位，这股气就憋不得了，一定要发泄出来才好。她不顾舆论，大肆提拔娘家兄弟，让汉成帝拜王凤为大司马、大将军、领尚书事。王凤死后，又拜王音接王凤之位。王音死后，又拜王商接王音之位。王商死后，又拜王根接王音之位。王根快死前，又拜王莽接王根之位。拜来拜去，都是王氏一家执掌大权。王太后以为这样的布局可以确保万事无忧，殊不知汉成帝一死，被赵飞燕皇后暗中扶立的太子刘欣继位后，不买她的账，一上来就罢免了王莽的官，又把病中的王根逐出京城，太皇太后王政君一下子脸面全失。

仅仅在皇位上待了6年，刘欣暴卒。死得太突然，当时就有人怀疑是太皇太后暗中做了手脚，然而，死无对证。谥号哀帝的刘欣太大意了，太皇太后的势力盘根错节，没必要太叫老人家难堪。但话说回来，即使太皇太后不动手，刘欣也注定是一个短命之帝。他没有本事，一切政事都被傅家、丁家这两家外戚操纵。他好酒色，又热衷于同性恋，宠爱嬖人董贤到令人作呕的地步。一次午睡，刘欣先醒，发现一只袖子被还在熟睡中的董贤压住，为了不惊醒这个身材修长、唇红齿白的小男孩，刘欣悄悄地用剪刀剪断了自己的衣袖，这就是史上有名的典故"割袖欢"。当时大汉帝国的财政已十分拮据，但为了博得这个小男宠的开心，刘欣对其各种赏赐不可胜数。刘欣死后，董贤失势，自杀身亡，政府将其财产斥卖，所得款额竟高达四十三万万钱，比当时西汉政府的全部"都内钱四十万万"还要多。有这样的皇帝在位，西汉怎能不衰？

一面是宫廷极度奢侈，一面是广大人民极度贫困。贫困到什么程度呢？司隶校尉鲍宣形容说："民有七亡而无一得，有七死而无一生。"真是困难到人人绝望，不知该如何生存下去。汉哀帝建平四年（公元前3年），旱灾摧毁了大西北的农业，无数农户颗粒无收，百姓们知道朝廷不可能帮助他们，于是纷纷求助于鬼神。成千上万的农民，没有任何人组织和发动，个个披头散发，手持禾秆或木棍赤着脚疾走，一个接一个传送所谓的"西王母筹"。人们不吃不喝，呼号着行走在西北大地，两眼射出绝望的光。地方政府不明白民众为何一下子变得如此阴森可怕，纷纷向朝廷告急。汉哀帝对此无动于衷，把这一现象归因为民众心理变态，根本就没想到这是尖锐的社会矛盾即将整体爆发的前奏。果然，不久之后，失望的人民放火焚烧汉武帝的陵寝。几日之内，这个修了53年，耗费了无数人力、财力的帝王陵寝就变为一片瓦砾。

烧陵震惊了朝廷，等到军队前往镇压，民众们早已上山游击去了。烧陵是序幕，不久，陇西、北地、西河都有规模不等的农民起义爆发。荒淫无道的汉哀帝被风起云涌的农民起义吓坏了，竟以为这是天下阴阳不和引起的。他采用阴阳师的建议，把自己的称号改为"陈圣刘太平皇帝"，妄想用"再受命"的迷信方法摆脱危机。"再受命"不可能，他自己倒是糊里糊涂地没了命。

汉哀帝死后，王太皇太后临朝称制，王莽重掌实权。

二十一、王莽的乌托邦

王莽是汉成帝生母王太后的亲侄儿，老家在今河北大名。王太后大封外戚之际，王莽因父亲王曼早已去世，没能及时沾上外戚的光。但王莽很有心机，他把叔叔伯伯们当亲生父亲一样侍奉，赢得了他们的喜欢，在伯父王凤的推荐下步入官场，24岁那年便做到了相当于地方郡守的射声校尉。王莽人虽年轻，但办事老练，为官谦和，赢得了朝中如陈汤这样一批名士的喜爱。在他们的推荐下，30岁的王莽就被封为新都侯，并晋升为骑都尉光禄大夫侍中。这个官阶可不简单，骑都尉是军事将领，光禄大夫是文职高官，可以参与朝政，而侍中是皇帝身边的人。地位显赫后，王莽依然严于律己，低调示人，还时常扶贫济危，以致家中没有余钱。王莽的声誉愈来愈响，超过了当时官位和声势在其之上的另一位外戚淳于长（王莽的姑表兄弟）。

王莽不甘于仅在名声上压过淳于长，他暗中搜集淳于长的过失，发现他居然调戏许皇后。王莽表面上不露痕迹，背地里却通过叔父王根上奏成帝。淳于长很快就被定为大逆之罪而诛杀。王根见侄儿王莽已然成熟，加之自己的身体不好，便请求退休，推荐王莽代替自己。公元前8年，38岁的王莽被拜为大司马大将军。一人之下，万人之上的王莽辅政仅一年，汉成帝去世，继位的汉哀帝重用自己的外戚，被罢官后的王莽不得不回南阳的封地赋闲。

王莽远离京城，不甘失落，仍不时通过在京城的亲信向皇帝施加影响。据统计，在3年的乡下"杜门自守"期间，先后有上百名官员上书为王莽鸣冤叫屈。汉哀帝顶不住舆论压力，只好于公元前2年召回王莽。次年，汉哀帝突然去世，王太皇太后出面收拾残局，下诏将军政大权悉交王莽。王莽大权在握，与王太皇太后商议立9岁的中山王刘衎为帝（即汉平帝），太皇太后临朝称制，实权则在王莽之手。此时的王莽一反中和之相，开始显露出残暴的一面。他大肆打击异己，先是废了赵飞燕皇后和傅皇后，迫使她们自杀，接着将丁、傅两姓外戚及其党羽赶出京师，又迫使董贤自杀。这还不算，王莽揣着一本名册，对所有碍事者或不满者，不论亲友家人一律驱逐，甚至斩杀。他的长子王宇不满王莽的这种做法，立刻被投入监狱，后服毒自杀。从王莽重回京师执掌大权开始，不到两年时间，从中央到地方被处死的官员和家属达几万人之多。

独步朝廷的王莽仍嫌地位不高，又要太后下诏官拜他为太傅、封安汉公。元始四年（公元 4 年），又把女儿送进宫做汉平帝的皇后。该得到的都得到了，但王莽对现有的这些头衔还不满意，又仿古代伊尹、周公之称号，受封为"宰衡"，享"九锡"之尊。自此，王莽的服饰、起居出行的礼仪，都与皇帝相似。王莽搞得太不像话了，少年汉平帝也看不下去了。王莽觉察到后，没等汉平帝动手，先用一杯毒酒把他毒死，又把刚刚两岁的刘婴扶上帝位，自己的儿子则当起"摄皇帝"。

王莽费了这么大劲儿，岂甘于只当个代理皇帝？公元 8 年，王莽发布诏书，宣布"即真天子位"，改国号为新，立国 210 年的西汉王朝画上句号。王莽兴冲冲地走进西汉最后一位太皇太后的宫中，向她索要汉朝的传国玉玺。一直以侄儿为荣的王老太后此时才发现自己的错误，她大哭大闹，狠骂站在自己面前的这位新皇帝，坚决拒绝交出传国玉玺。王莽怎能忍受？他大声威胁，说这是天命，任何违抗天命的人都没有好下场。王老太后只得服软，一狠劲将玉玺甩出房门，哭着告诫王莽：既然汉朝保不住它，可见它是个不祥之物，你要它何用？王莽捧着这方被摔坏了一只角、刻有李斯撰写的"受命于天，既寿永昌"八个字的传国玉玺，坐上他日夜企盼的龙椅，开始发布一系列被后人称为"托古改制"的诏令。

他首先颁布"王田令"，试图用恢复夏商周时期井田制的办法解决西汉中期土地兼并愈来愈烈的问题。诏书开头猛力抨击秦汉以来由于土地政策不当而引起了一系列社会问题。抨击完后宣布：从现在起，所有的田地都属于国家，民间不准买卖。一户人家田多过 900 亩的，要分余田给九族邻里乡党。现在还没有田的人家，一对夫妇可受田百亩。奴婢今后改名叫"私属"，不准买卖。

"王田令"的进步性是显而易见的。第一，它想从解决土地问题入手，实现发展经济、改善民生，从而维护国家安定的目的。第二，它可抑制官僚、地方豪强们日益膨胀的欲望。第三，通过禁止买卖奴婢，在社会上造起"天地之性人为贵"的舆论，从而拉近新朝与民众的距离。这三个方面的出发点和"王田令"的一些具体措施反映了王莽的政治见识和拨乱反正的决心。遗憾的是，拿2000 年前的井田制政策来套今天的现实，无疑是教条主义的搞法。在土地兼并已成为不可扭转的历史趋势时，朝廷想不花分文就收回土地重新分配，相当于明火打劫。它不仅遭到大地主阶层的反对，也遭到广大小土地所有者的抵制。此外，由于不能制止土地兼并活动，也就无法制止失去土地的农民沦为奴婢。无奈之下，"王田令"发布 3 年后不得不宣布废止。

第二，王莽颁布诏令，要求对全国的物价、税收及工商业实施统一管理。为此制定了"五均六筦"条例。"五均"是在长安等大城市设立专管物价的部门，以平准物价，稳定市场。该部门还负责向农民办理借贷，具有信用职能。"六筦"是由国家掌控盐、铁、酒、铸钱、赊贷等行业，不允许私人经营，同时控制名山大泽，并对利用者收税。"五均六筦"可以说是中国历史上最早的也比较完善的市场管理法规，但这套法规的落脚点在于通过国家控制和垄断，限制了商品经济的发展。为了保证这套法规的执行，又聘请了一批富商大贾为吏，具体管理市场。这帮人又和当地政府的官吏勾结在一起，随意运用各种手段，一边敲诈勒索百姓，一边截留国家财税。

第三，实行币制改革。早在代理行使皇帝权力之时，王莽就下令增加 3 种货币。即位之后，又数次改变货币的形式，使得一个国家内同时流通金、银、龟、贝、钱、布 6 种货币。龟、贝钱早就停止流通了，如今又推行，这么多币种之间无法形成合理的比价，民众使用起来非常不方便。于是，人们私下里还以过去通行已久的五铢钱为主要货币，而把新朝的新币搁置起来。王莽了解到这一情况后，颁发严厉的命令，敢用五铢钱者为惑众，"投诸四裔，以御魑魅"。王莽为什么要在货币问题上搞得这么复杂呢？史载，他最根本的目的是打击货币持有者，从而为朝廷聚敛财富。例如，通过发行新货币，规定原先值 50 枚"小泉"钱的"大泉"钱与现在的新货币"货泉"一样，都只能值一枚"小泉"钱。这样，就使原先持有"大泉"钱的民众损失很大，如此大幅度的贬值当然会引起民众不满。对这些不满甚至闹事的民众，王莽不是想法抚慰和补偿，而是用严峻的刑法对付，一次币制改革后被关入大牢的民众就达数十万人。

上面三项改革中，前两项里还有进步因素，而第三项改革纯粹就是胡来。金融是一个国家赖以生存和稳定的基础，搞乱金融，就搞乱了国家，王莽的愚蠢令人惊讶。比这更愚蠢、更令人气恼的是他搞砸了与匈奴及西域、辽东等地的少数民族的关系，挑起了 50 多年未起的战火。本来匈奴单于已诚心归汉，而王莽为了显示中央的权威，故意压低匈奴王爷的称呼，改匈奴单于为"降奴服于"，还把中央原先赐予匈奴的金印改小。又把高句丽改为"下句丽"，不能用"高"字。这些做法很快得到报复，西域各国纷纷宣布同王莽断交，高句丽也宣布叛汉。匈奴不仅宣布叛汉，而且开始主动侵边。在这种形势下，王莽动员了几十万大军前去镇压，结果打了 10 年也没打服匈奴，反而打得国内财政枯竭，危机四伏。新朝不新，比乱朝更乱，这是王莽怎么也不愿看到的局面。

可悲啊，王莽苦心孤诣构建的以"公有制"为主体的"乌托邦"的轮廓尚未显现，就将随着他的身败名裂而湮没。

第十章 东汉的贡献
——中国人重组

王莽的"国有制"乌托邦破灭之后，中国陷入空前的混乱之中。幸亏早已根植于民间的大一统理念展示了"软实力"，迅速催生出一大批以光武帝刘秀为代表的杰出英才。他们高举汉王朝的大旗，很快赢得了广大人民群众的支持，从而扫清割据，平息动乱，使中国重新统一，进入被称为"东汉"的伟大时代（公元25—220年）。在近200年的大一统的格局下，中国人启动了大规模的重组运动，以南匈奴为代表，乌桓、鲜卑、羯、羌等少数民族不断踏上内迁的路，数百万"胡人"散居在汉朝的西北和北方的大片范围内。胡汉民族深度融合，中国在短时间内迅速凝聚成一个巨大而牢固的政治、经济和文化的命运共同体。这个无论是社会经济，还是科技文化都比西汉发达的"命运共同体"，通过不断吸收新文化而为中华民族的血脉注入了众多新的成分，增添了许多前所未有的基因，从而改变了中国人的体魄和社会文化格局。其后被誉为高度"国际化"的隋、唐王朝，正是得益于从东汉开始的以汉民族为主体的中国人重组运动。

肇始于东汉的这种胡汉民族血浓于水的深度融合，使大量的"胡人"弃牧从耕并不断地南下，南北经济的发展出现互动、互补，南方经济和文化等方面的发展更是超越了北方。

东汉对中华民族重组方面的重大贡献，鲜有王朝可比。

一、官逼民反，怒水吞舟

西汉末期可以用三个字来形容：贪、穷、乱。

先说贪，统治集团及官僚地主疯狂地追逐财富，聚敛金钱，几乎无官不贪。这里的贪，一指贪污，就是把国家的变为自己的。汉元帝时，太仆丙显 10 年贪污千余万。高官贪，中下级官吏也贪，安定郡五官掾张辅几乎将一郡之钱悉数贪入，治罪后，没收的赃款超百万。二指贪欲，即变着法从民间，特别是从霸占和兼并田土的过程中获利。汉成帝时，红阳侯王立先霸占农民开辟的熟田，再出售给国家，差价就赚了 1 万万钱。

再说穷，相当一部分百姓或因天灾，或因失地，或因疾病等，衣不遮体，饥不充食，卖妻鬻子的情形随处可见。汉哀帝时，农村连年歉收，赋税分文未减，因饥饿而死于道路者数以百万计。民众几乎被穷困逼疯了，一些城市的市民半夜里爬上屋顶，使劲儿地击鼓，拼命地叫喊，发泄心中的怨愤。

最后说乱，主要是指社会秩序和社会关系太乱。由于吏治腐败、政治黑暗，大量的民众流亡，或逃离城郭，或聚啸山村，或公开暴动。

到了新朝，王莽原本是想扭转大局的，但发现处处碰壁，那套复古改制的诏令有些还没走出皇宫就难产了。他的心态开始变坏，转向暴政，出台了一道又一道苛刻的法令、制度，民众稍有不慎就会触犯这些掠民虐民的诏令。例如，王莽在搞砸了与少数民族的关系后，全然不顾百姓的死活，发起全国总动员的不义之战，不少农民饥肠辘辘就被征为戍卒，许多家庭因交不出为战争凑集的赋税而家破人亡。广大民众难以承受这般生不如死的痛苦，纷纷拿起武器，与王莽展开斗争。最先行动的是边塞的农民。天凤二年（公元 15 年），五原郡（今内蒙古包头）、代郡（今河北蔚县）的农民们因戍边 3 年仍得不到更换（按汉制，戍边 1 年就调换回家）而宣布武装起义。边塞农民的行动鼓舞了内地农民，长江下游迅速响应，今湖北、湖南、江苏、山东、河北一带农民纷纷起义，其中最有名的是绿林和赤眉两支农民义军。

公元 17 年，素来富庶的荆州（今湖北、湖南）一带连年大旱，饥饿的农民只得以野菜为食。久而久之，能充饥的野菜被挖光了，饥民们在王匡、王凤兄弟的带领下攻击地方政府，抢得一点粮食。然后，就以湖北当阳境内的绿林山为根据地，举起反王莽的旗帜，数月间，聚集了七八千人，流落在外的南阳人马武，颍川人王常、成丹等也率队入伙，队伍迅速扩大，有时达到数万人之众。地皇二年（公元 21 年），荆州牧发兵两万进攻绿林军，这些由饥民组成的队伍没经过什么训练，凭着求生的本能，与两万正规军展开拼命厮杀，居然很快就打败了荆州牧的正规军，击毙了好几千人，由此得到大批装备给养。绿林军上下受到鼓舞，接着攻占竟陵郡（今湖北潜江西北），转攻云杜（今湖北京山）、安陆（今湖北安陆东南）等地。攻得正起劲儿的时候，绿林山一带突发瘟疫，起义军无任何医疗条件，过半士兵和饥民病死，起义军只得走出绿林，分散求生。但王凤、王匡、马武仍带着部分人马进入南阳，号称"新市军"。王常、成丹带部分人马进入江陵，号称"下江军"。陈牧、廖湛在平林（今湖北随县东北）起义，称"平林军"。这几支力量结合后，完全控制了鄂北、豫南一带。

农民一动，那些早就对王莽不满的西汉宗室和地方豪强也一涌而起。宗室刘玄投奔平林军，宗室子弟刘演、刘秀打出"复高祖之业，定万世之秋"的大旗，在舂陵（今湖北枣阳南）起义，并很快与新市军、平林军取得联系。

南方一带的反莽行动进行得如火如荼，齐鲁地区的农民群众也争先恐后地组织起武装，他们把自己的眉毛涂红，号称"赤眉军"。这支军队人数众多，战斗力强，面对十万王莽大军也毫无怯意。地皇三年（公元 22 年），赤眉军在成昌（今山东东平）大败王莽军，一战歼敌万余。赤眉军乘胜前进，又攻占了东自莒城、西到陈留、南达汝南、北到濮阳的大片地区，把王莽的势力从东部完全排除。

成昌一役的胜利显示了农民起义军的威力。与此同时，绿林军也在沘水（今河南泌阳西）大败王莽军，歼灭两万余人。接着又在淯阳（今河南南阳西南）击溃王莽军队，获得大批武器装备，队伍迅速扩大到十多万人。公元 23 年，绿林军马不停蹄，攻占宛城（今河南南阳市），并在这里作出重大战略决策：拥立刘玄做皇帝，年号定为"更始"（刘玄被称为更始帝）。新的汉政府诞生了，绿林军改称为汉军。更始帝即位后向全国发出复兴刘氏的政治号召，并以刘演、刘秀为总指挥，率师北伐。

更始帝的继位沉重地打击了王莽，他内心的恐惧达到极致。他让大臣给他做了一个高达八丈一尺的九重华盖为他辟邪壮胆。每次出宫，他都坐到华盖下，3000多名力士拉着华盖行走，边走边喊："登仙！登仙！"这还不够壮胆，他又把胡子染黑，选了个好日子举行结婚大典，想用喜气冲邪气。一通闹剧后，王莽发兵42万，从全国选了63个懂得兵法的人做顾问，还选了一个身高两米多的巨人巨毋霸驱使经过训练的象、虎、豹等野兽来助阵。号称百万人马的王莽军浩浩荡荡，直逼昆阳（今河南叶县北），妄图一举歼灭起义军，剿灭新生的汉政府。此时驻守昆阳的汉军只有八九千人，兵力相差太大，汉军中有的将领畏战，欲放弃昆阳出逃。但29岁的副总指挥刘秀坚决反对，提出了一整套御敌方案，核心观点是：现有的兵力坚守昆阳，另外由他率领一支小分队（据说仅有13名骑兵）连夜突围去定陵、郾城调集援兵，尔后里外夹击莽军。

统率王莽大军的是大司空王邑与司徒王寻。这是两个既轻敌又无能的将领，以为百万朝廷大军歼灭汉军不过弹指间，不料守城的汉军英勇顽强，几次攻城均被打回。这时，副将严尤给王邑出主意，说昆阳城坚难攻，现假号者（更始帝）在宛地，可以先攻宛，昆阳自然不战而服。但王邑不干，说"百万之众都攻不下一个昆阳，我还有什么威信可言"。他下令加大攻势，还让工兵挖地道攻城。《后汉书·光武帝纪》中形容，攻城队伍转了数十重，"或为地道，冲輣橦城。积弩乱发，矢下如雨，城中负户而汲"。

六月初，刘秀从郾城、定陵调集的汉军抵达昆阳。刘秀先率步骑兵千余人到离莽军主力四五里处列下阵势。王邑、王寻根本没把这千把人放在眼里，派了数千人前去迎敌，被刘秀击溃而返。此时传来汉军已攻占宛城，不日即赴昆阳的消息。这个消息鼓舞了守城汉军和刘秀带来的援军，士兵们无不以一当十与王莽军搏击。刘秀认为时机到了，亲领3000人敢死队从水上向王邑发动袭击。王邑依然不予重视，只派出一万余人迎战，同时又愚蠢地下令其他部队原地不动。这些奉令不动的部队大多是由临时胁迫来的农民组成，大家乐得原地不动。刘秀这几千敢死队员冲入王邑的军中，如入无人之境，乱战之中杀了王寻。守城的汉军此时也打开城门，勇敢地冲向王莽军。天气也助阵，暴雨如注，电闪雷鸣，狂风把屋顶都掀了。汉军锐不可当，王莽军阵脚大乱。此时河水又开始猛涨，数万名王莽军士兵淹死于水中，其他几十万被征召入伍的农民见此惨景，皆争先溃逃，侥幸逃命的王邑最后仅率领几千名惊慌失措的败兵逃回洛阳。

刘玄下令不给王莽军以休整的时机，一部分汉军由王匡等人率领北上，直攻洛阳，一部分汉军由申屠建等人率领西攻武关，直捣长安。此时汉军攻势威震天下，全国各地大力响应，王莽政权陷入了全民皆兵的汪洋大海，怒水吞舟啊。王莽已没有任何军队可以调动，绝大多数郡县都望风而降。无法可想的王莽相信了一个大臣的献计，说按照《周礼》的方法去做，即国有大灾时可以通过哭来求得转机。王莽于是率臣下至南郊祖庙号啕大哭，不仅自己哭，还发动京城百姓一起来哭，并许诺谁哭得悲伤就把谁封为郎官。结果几天之内，就有5000多人因此做了郎官。

哭，是不管用的。公元23年9月，汉军抵近长安，王莽驱使京师的囚徒出城抵挡，结果一过渭桥便哗变，囚徒们掘毁王莽的祖墓，焚烧九庙。城中少年朱弟、张鱼牵头，火烧未央宫的便门，广大市民趁此冲入皇宫。几个心腹扶着王莽逃至未央宫中的渐台，汉军攻上渐台，商县人杜吴将王莽砍死，校尉东海公宾把王莽的头颅砍下，数十人争砍王莽的尸身，又把王莽的头传送到南阳，悬挂在市中心的柱子上，人们都提着棍子敲打，甚至切下他的舌头食之。

以绿林、赤眉为主引发的全国性农民大起义，仅仅经过6年战斗就推翻了王莽政权。王莽对古代社会制度充满向往，原本想用新政来挽救社会、恢复安定，最后的结局却是：富者不能自保，贫者无法生存，社会失去方向，天下萧萧然，自己成为全民公敌，连舌头都被人吃掉。还有比这更可悲的下场吗？平心而论，王莽的人品不算很坏，他对那些兼并大量土地的贵族阶层也是憎恶的，对那些没有土地的农民也曾给予同情，并想通过王田令来让他们获得土地，却不幸空劳一场。王莽的失败主要在于他的功利心太强，为了实现他早年在孤贫生活中立下的志愿而不惜一切，付出难以想象的努力和代价。他为了标榜自己的公义，逼迫3个儿子自杀，连自己的侄子和孙子孙女也不放过。他网罗了数千名所谓精通六经的知识分子，却不是让他们参与治国，而是让他们成为自己的吹鼓手，四处为他登上帝位游说。他发布的许多政令都披上了一件复古的外衣，明知不可能收到什么成效，却偏要动用刑罚的手段去推行。功利心太强的王莽，既不会得到人民的拥护，也得不到统治阶层的拥护，建立的所谓"新朝"也就到此终结，历史又翻过了一页。

二、"幻影"刘玄

刘玄的先祖是汉景帝之子、长沙定王刘发，其父刘子张是当地豪族。由于有汉室血统，也有一定的文化素养，参加起义军后，他很快被绿林军推为领袖。当西路军攻进长安之时，刘玄也攻占了洛阳，就把政府从宛县迁至洛阳。刘玄在洛阳称帝的消息传到昆阳前线，刘演的部将们十分不满。刘玄得知这个情况后，认为刘演会威胁他的地位，居然杀害了刘演。刘玄认为没有人敢与自己争做皇帝了，得意扬扬地住进长安的未央宫。他首先做的就是把一大批刘氏宗室和起义军将领封为王。接着，他关起门来沉湎于酒色之中，把军政事务全交给岳父赵萌。赵萌的权力欲很强，大小事务没他点头不行。于是，更始政权内部开始出问题。有些三教九流出身的绿林将领，见在朝廷上说不上话，就把矛头转向民间，到处敲诈勒索、中饱私囊。刘玄明知这样做不得人心，却非但不制止，有一次朝会时还问那些将领"今天又抢了多少东西"？人民失望了，倒了王莽，照样没过上好日子，民间的埋怨从歌谣上开始传开："灶上养，中郎将。烂羊胃，骑都尉。烂羊头，关内侯。"把更始政权说得一钱不值。

民众目前还只是发发牢骚，赤眉军可是从东边杀了过来，点名要刘玄下台。原来洛阳冷待了前来投靠的赤眉军将领，引起了赤眉军的义愤，刘玄刚进驻长安没多久，赤眉军就兵分两路杀向长安。赤眉军一边行军，一边在路上寻找刘氏宗亲子弟，通过抽签的办法抽到了 15 岁的刘盆子。刘盆子当时正在放牛，满脸污垢，烂衫赤足，一见赤眉军向他下跪，吓得大哭起来，赤眉军将领就这样心急火燎地拥立刘盆子为帝。更始三年（公元 25 年）九月，赤眉军攻占长安，刘玄单骑逃走。十月，刘玄将传国玉玺送给刘盆子，自己被封为畏威侯，不久改封为长沙王。赤眉军将领张昂为绝后患，于十二月派人将这位长沙王缢死。

刘玄根本不具备领袖的素质，所以来也匆匆，去也匆匆，像一道幻影，忽闪一下就没了。

赤眉军进长安后，重犯了绿林军的错误，也是烧杀抢掠，弄得民怨沸腾。

关东的豪强们联起手来坚壁清野，长安城中无一粒米可供赤眉军。愤怒的赤眉军一把大火烧了宫殿，然后引军出城，毫无目标地向西而去，寻找落脚点。此时正是寒冬时节，满山遍野均为大雪覆盖，不少士兵又饥又冷，活活地冻死在西去的路上。剩下的部队为饥饿所困，一路寻找可供抢劫的目标，抢光民众的粮食之后，又挖掘了多座汉墓。据说吕后的棺椁打开时，尸身完好，面色如活着一般，士兵们发疯似的"取其宝货，遂污辱吕后尸"。抢劫、盗墓也难以保证部队的日常后勤所需，建武二年（公元 26 年）十二月，20 万衣衫褴褛的赤眉军在樊崇的带领下走上东归之路。

东归之路不平坦，公元 27 年春，赤眉军走到宜阳（今河南洛宁东北）时，遭遇早已在此等候的刘秀大军的堵截。情绪低落、体力亏乏的赤眉军很快就被击溃，近 10 万老弱病残的士卒和刘盆子被迫向此时已经称帝的刘秀投降。

三、"贼帅"刘秀

刘秀是汉高祖的九世孙，9 岁时父亲去世，自此沦入布衣之列。生计艰难，世事纷乱，又把他推入了大革命的浪潮。昆阳一战以 2 万人打败了王莽的 42 万人，使他和其兄刘演的名声大振。刘玄嫉妒了，找了个借口杀了刘演。刘秀此时的实力不如刘玄，为了防止刘玄再向自己下手，刘秀强忍悲痛，亲自向刘玄谢罪，且对昆阳大捷只字不提，从而赢得了更始帝刘玄的信任。本就有愧在心的刘玄立即拜刘秀为代理大司马，让他去平定河北。

这给了刘秀一个独立发展的大好机会，刘秀从这里起步，用了不到 3 年的时间就开创了东汉。刘玄当初之所以任用刘秀去河北发展，是因为他知道河北的形势太复杂，任何人去了都很难站稳脚跟。他看到了刘秀的才能，以为刘秀能忠诚于他，为他赢得一片新天地，却想不到刘秀心怀大志，岂肯委身于他？刘秀离开洛阳时，只带了冯异、王霸等几个骨干分子，几乎是只身闯进河北这片虎狼之地。为什么说是虎狼之地呢？这里除了有原王莽政权的官吏和武装，还有与起义军为敌的地主豪强阵营，更加令人生畏的是有以铜马军为首的上百万农民军。凭刘秀这几个人能镇得住这些势力吗？

好在刘秀手里有块王牌，他是更始政权的大司马，更始政权在当时是被几路主要的起义军认可的。刘秀每到一地就广泛地与上述几股势力接触，向他们讲明天下大势，并利用大司马的身份，"平遣囚徒、除王莽苛政、复汉官名"，很快赢得了人心，一些官员和百姓还以牛酒慰问刘秀。在河北开辟局面的进展超乎刘秀的预期，当他正在为此高兴之时，一股新的割据势力在邯郸称帝，其头目王郎是个占卜者，却诈称是汉成帝之子刘子舆。民众分不清真假，一些郡县纷纷倒向王郎。更始二年（公元 24 年）二月，王郎悬赏十万户侯捉拿刘秀。为了避免落入王郎之手，刘秀及其随从只得匆匆南下，逃出蓟县。

刘秀等人历经艰险逃到信都（今河北冀州市），这是河北诸郡县中坚持不向王郎投降的两个郡县之一（另一个县是和成）。刘秀在这里任命信都太守任光为大将军，稍后又任命闻讯前来的和成太守邳彤为大将军，决定以信都为根据地，组织力量反击王郎。周边几个郡县的豪族、宗亲子弟都来入伙，刘秀很快就有了几万人的队伍。为了进一步争取当地望族的支持，刘秀娶真定郭氏之女圣通为妻。力量壮大后，刘秀立即攻占了新市、真定、元氏、防子等地。攻到柏人（今河北隆尧西）时与王郎的大将李育遭遇。关键时候，上谷太守耿况、渔阳太守彭宠都派出骑兵支援刘秀，更始帝的援兵也赶到柏人。这几股兵力中，数渔阳骑兵最有战斗力，这些乌桓骑士素有"突骑"之称，鲜有对手。手握精兵，刘秀信心大增，在公元 24 年五月攻破邯郸城，擒杀王郎。

刘秀在处理王郎的战利品时，发现了许多自己的部下与王郎往来的信件。刘秀一封都不看，当着所有部属的面全部烧毁，并告诉他们："天下未定，与王郎通信可以理解。我之所以不看，是要让那些为此不安的人能够放心。"刘秀有大胸怀，仅此一个小细节，就把那些曾怀有二心的将领团结在自己这边。人多心齐地盘大，更始帝不放心了，封刘秀为萧王，令他返回长安。刘秀当然清楚刘玄的心思，即以河北未平为由，拒绝回京，实际上是摆明与更始帝分手。杀兄之仇未报，岂能又入你手？

刘秀决心在河北建立政权，灭掉王郎之后的大动作就是收服铜马等农民起义军。铜马军主力在顽强抵抗后由于粮道被截断，被刘秀在馆陶（今河北邯郸馆陶县）击破。剩余的铜马军与刘秀大战于蒲阳（今河北顺平县西北），终因领军人物叛投而被刘秀收编。到此时，已有几十万农民军加入刘秀的阵营。为了使新加入的农民军不再产生二心，刘秀大封其首领，并让他们仍旧返回旧营统领部队，他自己只带几十乘轻骑兵去巡视各处的军营。被收编的农民军见刘秀如此信任自己，都纷纷表示要跟从刘秀到底。从此，关西地区的军民就亲切、诙谐地称呼刘秀为"铜马帝"。"铜马"为贼军之意，这样铜马帝就是"贼帅"的别称了。刘秀身为皇室宗亲子弟，与农民大众为伍，他觉得心里很踏实。正是凭着这几十万"贼军"，刘秀横扫河北，连续击破尤来、大枪、五幡等起义军，占据了河北的广大地区。

得河北望关中，刘秀把目光投向西部。此时的西部十分热闹，赤眉军正在向长安进发。刘秀暗中派出邓禹率军尾随赤眉军，伺机夺取关中；又派冯异守住孟津（今河南孟津县东北），监视洛阳。他自己则在河北继续清剿尚未投诚的小股势力，以巩固根据地。为了造出更大的影响力，刘秀接受了将领们要他称帝的建议，于公元 25 年六月，在鄗城（今河北柏乡）即皇帝位，改元建武，史称汉光武帝。把京城设在哪里呢？刘秀想到洛阳，就派人去劝降戍守洛阳的绿林军将领朱鲔。劝降的人回来说，朱鲔曾参与谋害刘演，他不敢向你投降。刘秀说："举大事者不计小怨，我保他官爵，决不害他。"朱鲔得到这个信息，立即开门投降。东汉王朝就南下洛阳建都。

前面说过 20 万东归的赤眉军向刘秀投降，刘秀随即平定关中，占领长安。这样，绿林、赤眉、铜马三大农民义军全部被刘秀收服。但各地依旧是群雄割据，为了一统天下，刘秀还得努力，再努力。

四、得陇望蜀，东汉一统

刘秀接下来的第一个目标对准了盘踞于睢阳（今河南商丘）的西汉梁孝王的八世孙刘永。刘永以正统皇室后人的身份自居，山东的张步、庐江的李宪、苏北的董宪等人，都唯刘永的马首是瞻，其军事实力不可小觑。刘秀于建武二年（公元 26 年）四月开始围攻睢阳，八月攻下。刘永在出逃过程中被其部下杀害。刘永死后，其子刘纡被其残余力量立为梁王。刘秀派吴汉进攻刘纡，和其父下场一样，刘纡也被其部下所杀。半年之后，张步、李宪、董宪先后被击灭，豫东、皖北、山东完全归于东汉。

与讨伐刘永同时进行的，还有征服江汉的战争。江汉一带小军阀林立，南郡人秦丰一人占了十多个县。刘秀杀鸡用牛刀，集中 13 万兵力先打秦丰，围城半年就迫使秦丰投降。再攻延岑、田戎，刘秀亲临前线指挥，基本肃清了割据荆州的地方势力，掌控了整个长江流域的战略主动权，为不久之后征服巴蜀构筑了前沿阵地。

饮马长江、平定江汉前，刘秀曾下诏征彭宠入朝。当时有人向刘秀打小报告，说彭宠自恃功高，地位却不高，因此对刘秀不满。刘秀开始不信，后又有心术不正的朱浮（曾是彭宠部下，后任幽州牧，地位高于彭宠）在他耳边嘀咕，他就有点信了，因此征召彭宠来京面谈。彭宠可是帮过刘秀大忙的人，当年刘秀被王郎追捕时，是彭宠出兵保护了刘秀。后来彭宠又打了一系列大仗、胜仗，但不知为什么刘秀始终没给他封王，彭宠的怨气日积月累，终于在建武二年（公元 26 年）兵变。彭宠叛汉的时候，刘秀正集中力量对付赤眉、刘永等人，无力反击。这就给彭宠以"机会"，公元 27 年（建武三年）三月，彭宠自立为燕王，成为北方最大的军阀。等到解决了赤眉、刘永等武装集团的问题后，刘秀集中兵力来讨伐彭宠。没等到刘秀动手，彭宠被自己的奴仆杀害。渔阳不战而平，刘秀长出了一口气。

割据甘肃一带的军阀隗嚣是甘肃人，年轻时曾被王莽的国士刘歆举荐为士，在当地小有名气，加之喜读儒家经书，被反王莽的叔父隗崔任命为上将军。隗嚣自此手握 10 万大军攻掠王莽地盘，先后占有了安定、陇西、金城、武郡、张掖、武威、酒泉、敦煌等郡。更始政权灭亡后，京畿地区的士大夫纷纷投奔隗嚣，隗嚣又南边联络了于蜀地称帝的公孙述，北边联络了称王的卢芳，还与匈奴和西部羌族结成统一战线，称得上兵精粮足，同盟者众。刘秀也非常看重隗嚣，给予他很高的礼遇，并要求他南伐公孙述。然而隗嚣却寻找借口，屡屡推托。刘秀多次派人劝说和写信给隗嚣，希望他配合东汉。但隗嚣看重的是割据，无意配合刘秀。刘秀看清了隗嚣的心思，决定亲征隗嚣。得悉刘秀出兵的消息，隗嚣立即向公孙述称臣，希望共拒刘秀。

公孙述采纳了隗嚣的建议，派出兵马救出了隗嚣。但已无济于事，隗嚣的 13 名大将降汉，献出了 16 座县城和十余万人马。隗嚣绝望了，在一次出城寻找食物时猝然而死。隗嚣少子隗纯无力与刘秀大军对抗，遂于第二年向刘秀投降。刘秀将隗纯宗族徙居于洛阳以东。这样，东汉与凉州的战略通道打通了，割据河西的窦融顺应时势，献出河西 5 郡，自此归汉。

陇右隗氏清除之后，刘秀决定从陇中返回京师，动身时特意赐书给尚在陇右的岑彭等将领，透露了马上就要进攻蜀地的想法，其中有两句很经典的话："人若不知足，即平陇，复望蜀。"意思是：人心不知足，才平定陇右，又想着蜀地。

蜀地的公孙述是扶风茂陵（今陕西兴平东北）人，汉哀帝时任过郎官，王莽时升任蜀郡卒正（即太守，王莽改太守为卒正）。各地反莽时，公孙述也参与其中，诈称更始帝让他掌管蜀郡兼益州，自立为蜀王，定都成都。他称王不过瘾，又装神弄鬼，在自己手心刻了"公孙帝"三字，然后摆仪式自立为天子。他与刘秀在同一年称帝，更始政权覆灭后，部分关东义军各率数万人马归附这个"帝"在手心的公孙述，于是公孙述的兵力成倍增长，多时达数十万之众。

公孙述读过许多儒家著作，懂得制造舆论，他胡乱引述一些谶纬之书，说汉朝气数早尽了，接下来将由公孙氏取而代之。刘秀担忧这些鬼话在社会上传播不利于东汉的形象，就写信给公孙述说：图谶上称的公孙不是指您，指的是汉宣帝。您在掌心题字作为祥瑞出现，不是在自欺欺人、效仿王莽吗？您还没成为东汉的乱臣贼子，天下大乱，人人想称帝，这并不值得责备。您年事已高，妻儿还弱小，应该先替他们考虑，就不会有后患。皇帝这个位置是不能勉强去争夺的，望您三思啊！公孙述无言以对，干脆不给刘秀答复。

建武十一年（公元 35 年），刘秀亲自出征蜀地，不到一个月就在黄石（今四川涪陵东北）大破公孙述。通道打开，汉军日夜兼程奔袭 2000 余里，攻下武阳（今四川彭山东），围住广都，威逼成都。公孙述做梦也想不到刘秀进军会如此神速诡秘，他惊恐地用手杖击地，大声叫喊："是何神也！"他知道硬碰不行，就派出刺客诈降汉军，乘夜刺杀了刘秀的前线总指挥岑彭。这下更激怒了刘秀，公元 36 年，派大司马吴汉率领舟师 3 万自夷陵（今湖北宜昌东）溯江而上，很快攻克广都，击杀了公孙述的弟弟及女婿，动摇了公孙述的军心，其部分将领开始叛变，士兵也开始逃散。公孙述内心惶恐，不知如何应对。刘秀抓住这一时机发起总攻，吴汉八战八胜，攻入成都城内。乱战中，公孙述被长矛刺中而亡。巴蜀归汉。

打掉上述割据势力后，刘秀兵锋北指，对准最后一个盘踞在北方的军阀卢芳。卢芳当时据有五原、朔方、云中、定襄、雁门等 5 郡，地盘大，野心也大，曾经多次串联匈奴、乌桓南侵。刘秀扫平公孙述之后，迅速北上。此时汉军的声势和实力远超卢芳，卢芳不敢正面迎敌，仅率少数亲兵逃入匈奴。刘秀开出大价钱给匈奴，要求"引渡"卢芳。匈奴贪财，即于建武十六年（公元40年）将卢芳送到刘秀军中，卢芳无奈，只得降汉。刘秀马上封他为代王，但卢芳总感到不自在，不久又逃入匈奴，十余年后死于匈奴。

南征北讨十余年，刘秀终于收拾了王莽留下的一堆烂摊子，结束了"江湖海岱，王公十数"的纷乱时局，苦难的中华民族重归一统。

五、"柔道"疗法

天下初定，一片狼藉。全国饥馑，一斤黄金只能买5升豆。饿殍遍地，三辅地区人庶相食。"长安为虚，城中无人"，全国的总人口从汉平帝时的5900多万减少到只剩下1500余万。许多村庄空无人烟，不少城镇一片废墟，千里平原时闻鬼哭狼嚎。

面对此情此景，刘秀能不头痛吗？好在不用再动刀兵，可以集中精力恢复国家的元气。太学生出身的刘秀，不仅会打仗，也会给国家疗伤，他以儒家大力倡导的"仁政"作为施政纲领，"以柔道行之"，逐渐让社会恢复发展动力。

东汉现在的处境与西汉立国之时差不多。汉高祖刘邦曾采用与民休息的疗法，经过近70年的恢复和发展，迎来文景之治。刘秀模仿，用"柔道"疗法，给人民宽息，让社会和民众活过来。首先，"议省刑法"，多次颁发"轻刑诏令"。其次，减税减负，对有土地的民众，田租由原来的"什一之税"变更为"三十税一"。对已经失去土地变为奴婢的民众，刘秀先后9次发令予以释放，并严禁虐杀。为了解决民众无地的问题，把国家拥有的"公田"租借给农民。同时开展全国性的土地普查，从上到下检核田亩，丈量土地。这一方面增加了国家的租税、赋税，一方面也打击了拥有大量土地的豪族阶层。

其他政策都能较顺利地进行，唯独丈量田土遇到了豪族地主们的强烈反对，他们勾结当地官吏，弄虚作假，敷衍塞责，更为严重的是借丈量田土侵扰民众，甚至借机无偿占有大片原本属于农民的良田，造成新的失地农民加入流民之列，于是民怨沸腾。这与王莽当年颁布"王田令"的情景相似，王莽最终失败了，没能搞到底。刘秀借鉴了王莽的做法，但手腕比王莽更狠一些。他一面严惩营私舞弊的官员，处死了一批，其中包括一些郡的太守；一面又对豪族开刀，而且是从他老家南阳的豪族开始，一次就杀了十几个。土地的诱惑太大了，面对死亡，豪族地主们也不妥协，他们中的许多有实力者公开反抗，有的上山打游击，攻略政府，杀害当地官吏。为了不使国家再陷入内战的状态，刘秀只好让步，度田政策遂不了了之。

制定了好的政策，必须得有好的官员去执行才能见到成效。刘秀深知其中的利害，官员"多帝自选举"。不仅如此，鉴于西汉末期权臣当政、外戚篡权的教训，刘秀采取了一系列措施进行防范。他首先重申"阿附藩王法"，严管宗室诸王，例如楚王刘英不顾藩王法，随意结交社会上的宾客，并在家里制作金龟玉鹤，在其上刻文字以为符瑞。被人揭发后，刘秀定他"逆谋不轨"罪，迫使刘英自杀。尔后又追查与刘英有牵连的京师亲戚及地方官员。对于外戚，更是严加防范，明文规定，"后妃之家，不得封侯与政"。

在严管宗室和外戚的同时，刘秀打破惯例，限制三公（即丞相、太尉、御史大夫）的权力，提高尚书台的地位。尚书台处理国家的日常事务，直接对皇帝负责，刘秀通过尚书台把国家大权集中在自己之手。中央高度集权之后，对地方行政权力的控制也很严格。首先撤减了400多个县政府机构；其次在每个州设一个刺史，其权力远比西汉时大，除了监察二千石官吏之外，还负有选官之责，有直接向皇帝劾奏之权，甚至还参与地方行政事务的管理，建有自己的衙门。如此一来，国家大局就在刘秀总揽朝纲之下，形成内有尚书处理政务，外有刺史监控地方的中央高度集权的局面。

刘秀长年金戈铁马，对战乱带给国家和人民的痛苦有着深切的感受。为此，他力避各种军事活动。太子曾向他请教攻战之事，刘秀语重心长地告诫说："昔日卫灵公请教战阵之法，孔子拒绝回答，这不是你应该关心的事情。"他一门心思想让国家安定、民众休养生息，还体现在偃武修文、精简军队编制的做法上。地方军、中央军在高峰时有百万人之多，刘秀下令大力裁减，连宫廷卫队也减少许多。在减少军事力量的同时，心平气和地劝说大批退伍高层军官（即使是随刘秀南征北战立下大功之人）交出兵权，回家颐养，不要从政，只留下邓禹、李通、贾复等少数几员大将参议国家大事。在大批劝退军人的同时，又大批选拔有治国之才的文人学士，把他们安放在重要岗位上。为什么要这样做呢？这是吸取了西汉初年一批功臣先后主动造反或被逼造反的教训。给功臣以优厚待遇，让部分功臣卸甲休闲，比让他们继续身居高位发号施令，最后动枪动炮去镇压他们要好。在对待功臣的问题上，刘秀比他的几位老祖宗高明些。刘邦、吕后用杀头的方法对待功臣，尽管稳定了大局，但十几年内战下来，国家大伤元气。刘秀用怀柔之法安置功臣，开国后基本没杀过功臣（冤屈马援是个案），不但不杀，还多次赏赐，晋爵加薪，让他们善终。这样做，既公平地对待了他们，又保持了国家稳定。

总之，通过一系列旨在缓和各种矛盾和恢复社会发展机能的措施，东汉立稳了脚跟。到光武末年，户籍人口已近 3000 万，百姓安居乐业，社会平安无事，国家出现"中兴"的局面。

六、胡汉融合，血浓于水

王莽的少数民族政策导致了以匈奴为首的许多少数民族与汉朝断交。刘秀立国之初忙于扫平群雄，也无力顾及恢复之事，这就给了匈奴发展之机，让其基本控制了整个西域地区及乌桓、鲜卑等族。为了稳住匈奴，刘秀屈身以金帛笼络，但匈奴并不满足，开始大规模侵犯北方边境，甚至南下威逼中原。

公元 40 年，刘秀最终统一全国之后，就开始着手处理同少数民族的关系。公元 46 年，匈奴单于舆死，上层遂展开权力争斗。此时，草原发生了大规模的旱灾和蝗灾，"赤地数千里，草木尽枯，人畜饥疫，死耗大半"。匈奴日逐王比为了挽救民众和牲畜，决定向东汉称臣内附。刘秀大喜，立即批准。公元 48 年春，被南边八部拥立为呼韩邪单于（袭用其祖父之称号）的日逐王比率领部队正式归汉，表示"愿永为藩蔽，捍御北虏"。呼韩邪单于此时所指的"北虏"即北匈奴，他自己这一部则为南匈奴，匈奴自此分裂。为了帮助草原民众渡过难关，刘秀在南匈奴归汉的当年，立即转运了粮食 2.5 万斛、牛羊 3.6 万头，还有大量的布帛，总额达 1 亿钱以上。而且从这年开始，东汉政府每年的援助款项都大于此数。有感于中央政府的帮助，南单于每年遣使入朝汇报情况，祭拜汉皇宗庙。与匈奴改善关系之后，刘秀下令恢复原先撤销的边缘郡县，召回内迁的居民。同时又允许匈奴部众从起初入居云中郡，转驻朔方、五原、云中、渔阳等 8 个郡，使匈奴民众进一步与汉民族融合。

南匈奴在东汉的帮助下逐渐兴旺起来，在多次与北匈奴的交战中取胜，这使北匈奴感到惶恐。为求生存，北匈奴先是送还先前扣押的汉民，接着多次派使者入汉要求"和亲"。刘秀让大家讨论是否接受。太子刘庄坚决不同意，说刚刚收纳了南匈奴，马上又接纳北匈奴，难免使南单于起二心。刘秀原本对北匈奴并无好感，遂采纳太子的意见予以拒绝。北匈奴仍不放弃"和亲"之请，接着又派使者来，并带了很多礼品，还说可以动员西域各国前来贡献方物。刘秀耐人情不过，只得与北匈奴开始礼尚往来，答应与北匈奴"合市"，但一碗水有意端不平，北匈奴得到的支持远小于南匈奴。同处于困难时期，南匈奴每年得到数万头牛羊，北匈奴则只得到一些彩缯之类的礼品。现在看来，刘秀的这个政策是有问题的，既然不想让北匈奴再与之为敌，为什么不用更大的怀柔力度去安抚北匈奴，使之更快地与汉民族融合呢？果然，北匈奴在受到冷遇后不再向东汉示好，横下心以武力和战争相向。北匈奴的问题就这样延宕了，直到汉和帝时才得到比较好的解决。

刘秀在这段时间里，一边处置匈奴事宜，一边同步改善与和匈奴交往密切的乌桓、鲜卑、羌族等少数民族的关系。乌桓在西汉以前称东胡，主要生活在内蒙古与东北接壤的地区，经济以畜牧业为主。西汉初时，乌桓仍处于十分落后的状态，甚至还保留着浓厚的母系氏族社会的习俗。由于无力自保，只得被匈奴吞灭，部分人员退到乌桓山落脚，故俗称他们为乌桓。汉武帝时，乌桓归汉，与中原联系增多。到王莽新朝时，乌桓又叛汉，并在东汉初与匈奴联兵进攻东汉边境。刘秀曾派伏波将军马援反击乌桓，被乌桓击败。但乌桓早就仰慕汉文化，表示愿重归汉朝。刘秀立即满足了乌桓的条件，举行盛大的仪式欢迎前来洛阳朝拜的乌桓大人郝旦，封他为王，回赠大量珍宝，又封其首领 80 多人为侯，允许他们居住在塞内沿边各郡。刘秀还采纳了班彪的建议，在上谷宁城（今河北万全县）设置护乌桓校尉，负责管理乌桓事务。乌桓民众从此真正地融入汉民族。

在乌桓的东边，还生活着一支其生活习惯与乌桓相差无几的民族——鲜卑。因其活动范围主要在鲜卑山一带，故称为鲜卑。西汉初年，鲜卑人曾被匈奴击败。到东汉初年，鲜卑乘匈奴内乱崛起，不时侵扰东汉。看到乌桓归汉，鲜卑也主动示好，公元 54 年，鲜卑大人于仇贲等专程赴洛阳朝拜刘秀，表示归附。刘秀十分高兴，封其为王。

在肥沃广袤的吉林嫩江平原上，生活着夫余民族，东汉初时他们建立起自己的国家。公元 49 年，夫余王遣使至洛阳向东汉朝贡，刘秀以厚礼回赠，自此把夫余民族团结在汉民族的怀抱里。

与夫余族相邻的高句丽是东北地区较大的少数民族政权，西汉时已进入奴隶社会。该族民众生活节俭，性情刚烈，当听说王莽把高句丽改为下句丽后，部落上下都被王莽的政策激怒，宣布与汉朝断绝关系。东汉成立后，刘秀立即恢复高句丽的王号，高句丽也立即派出使者到洛阳朝贡。为了使高句丽民族有自主发展的能力，东汉政府撤销了西汉时期在朝鲜北部和东北地区设置的 4 个郡中的 2 个，以此增进与少数民族政权间的互信。凭着这一互信，东北地区几十年无战事。

居住在今四川、青海、新疆一带的羌族是中国最古老的民族之一，民众放牧为业，是典型的游牧民族，"羌"字从字形上看就是"放羊的人"之意。羌族在西汉时曾归附匈奴，汉武帝时，羌人与匈奴被两相隔绝。王莽时代，羌人大量移居塞内，散布在金城等郡内，与汉人杂处。但羌人是一个特别能反抗压迫的民族，面对官吏和豪强的侵夺从不低头，时常聚众反抗。为了安定羌人，在平服隗嚣后，刘秀下令在陇西复置护羌校尉，具体管理羌族事务。考虑到羌人管理的复杂性，刘秀接受来歙的建议，选调马援出任陇西太守一职。马援曾长期在陇、汉间经营牧业，非常熟悉羌人的风俗习性，上任后他针对羌人勇猛好斗的特点，制定了以战求安的管理思路，通过几次对羌人武装的进攻，打掉了羌人中最难对付的武装集团，然后又采取一系列优惠政策安抚羌人，并在羌人居住区驻军屯垦。由此，汉羌间有 20 年相安无事。

大规模的中国人重组是在东汉启动的，自此中华民族的血液中充溢着更多民族的基因，正是这般血浓于水的融合，使中华民族生生不息，中国数千年屹立不倒。

七、去交趾听马援的传说

交趾在今越南永富县境内。秦始皇统一中国后，这里成为中国版图的一部分，属象郡管辖（治所在今广西崇左）。西汉时进一步加强了对交趾的统一管理，从内地大批迁徙罪人及其家属来此与当地原住民杂处。在此之前，交趾的社会经济、文化诸方面都尚未开发，言语各异，长幼无序，头发很长，喜欢打赤脚，不少民众好用一块布巾包在头上。随着大批新居民的到来，交趾开始变化，到东汉初期，中原先进的农耕文化、手工业制作技术及风俗习惯都在此生根开花，愈来愈多的少数民族与汉民族和谐相处。

在此基础上，刘秀任命锡光为交趾郡太守。锡光致力于各项开发，还建立了不少学校传播中原文化。民众受益，中央政府的影响日益扩大，极少数奴隶主贵族开始不安，原有的制度被打乱了，民众都开化了，谁还愿意听他们的驱使？于是，有一对名叫征侧、征贰的姐妹花站了出来，牵头向东汉叫板。她们是麓泠县雒越（古越族的一个分支）将军的女儿，性情刚烈，很会打仗，对当时的交趾太守苏定在当地实施东汉政府的法令不满，认为这些法令有损她们的利益，就于建武十六年（公元 40 年）发动武装叛乱。

"二征"一闹，九真、日南（治所在今越南广治省甘露河与广治河合流处）、合浦（今广西合浦县东北）等地的贵族首领出来响应，很短时间内就攻占了 4 郡 65 城，征侧就此自立为王。这个交趾女子真能打，打得交趾太守仅能自守，不停地向京城求援。

中央此时正忙于平息因度田引起的骚乱等事，二月收到交趾太守的报告，九月才发兵。统率这支军队的将领是大名鼎鼎的伏波将军马援。

马援乃名将之后，其先祖是战国时赵惠文王的"国防部长"赵奢，受封"马服君"，后代子孙以此为荣，就以封号中的"马"字为姓。马援曾长期在边郡一带做畜牧业生意，赚了很多钱后又散尽家产给亲朋好友，只身一人去给隗嚣担任绥德将军。隗嚣很器重马援，公孙述在蜀地称帝，隗嚣知道后就派马援去考察。马援与公孙述是同乡好友，许以马援"大将军位"，马援谢辞，回去后对隗嚣说："公孙述排场大，却是井底之蛙，不可依托。"隗嚣信了，又派马援去洛阳刘秀那里考察。刘秀听说马援来了，十分重视，特意穿了件一般秀才穿的便装接见马援，并且用既诙谐又真诚的言语对马援说："您遨游于两个皇帝之间，现在才见到您，使我大为惭愧啊！"马援一听，也用很特别的言语回答刘秀："当今乱世，不但是君择臣，也是臣择君。以前无缘相见，今见陛下恢廓大度，酷似高祖，才知帝王自有其人！"

马援自此下定决心跟随刘秀，刘秀由此得到一员旷世良将。九月受命后，马援从长沙出发，水陆并进，3个月之后进抵"二征"的活动中心地带。经过近两年的艰苦作战，全歼了"二征"的地方武装。稍做休整，马援继续南下，向九真一带展开进攻。无功县（今越南南定西南）、居风县（今越南清化西北）的叛汉武装闻风而逃，朱伯一部更是藏入原始森林。马援立即改变作战计划，终于彻底解决了朱伯叛军。

这样，交趾全境安定下来。马援奏请刘秀同意，完善当地的县级政权机构，在每个县设立县政府，县级官员也由中央任命，县（包括县政府）以下各级政权还是原来的统治方式，由奴隶主贵族把持军政大权。完善县级管理机构的同时，马援又组织力量修整县城郭，加固城防。考虑到各民族的生活习惯，果断采用民族和解政策，废除一些对越人太苛刻的规章制度，又以告示的形式宣布，让越人与汉人和睦相处。为了防止再次叛乱，马援下令将数百名奴隶主贵族迁徙至内地零陵郡。为了恢复和发展越人的经济，又组织民力开凿了一条自安定（今越南河南省南定西北红河南岸）直通九真浦阳（今越南义静省荣市东南）的水渠。还在日南郡的最南端竖起一个铜柱，作为东汉的边界标识。

马援的这一系列又打又抚的动作得到了当地民众的认可，尤其是马援宣布的以骆越旧律为主治理骆越的做法，颇得人心。若干代人之后，马将军的故事仍在中国南方边陲和越南一带流传。

公元47年底，武陵地区（今湖南常德）五溪（今湖南泸溪一带）的蛮夷公开反汉，部分民众在其首领相单程的率领下攻城略地。附近郡县的兵力有限，抵挡不住。刘秀收到报告后，立即任命武威将军刘尚出兵平叛。刘尚本来对蛮夷作战很有经验，但这一回却遇到了强敌，1万多人出征后，很快就被蛮军"包了饺子"，全军覆没。此时，已62岁的马援得知后立即向刘秀请战。刘秀说，你年龄大了，让别人去吧。马援坚持要去，并说"臣尚能披甲上马"，说完就在刘秀面前跨上战马。刘秀见马援身手依然灵活，当场下旨任命他统领 4 万精锐部队出征五溪。

马援受命之后连夜出发，于公元 49 年二月抵达临乡（今临沅县郊），在这里遭遇前来攻袭临沅县城的五溪蛮军。马援立即下令包围，迅速击败蛮军。临乡遭遇战之后，汉军乘船逆水进壶头山地区（今沅陵县东），遇到了事先未曾想到的困难。沅江水流湍急，逆水行舟难度太大；蛮军居高临下，易守难攻；天气炎热，瘴疫开始流行，许多北方士兵不适应南方水土，或生病，或被瘟疫夺命，马援也不幸被传染。攻不上去，又不能无功而撤，只好就地休整，凿出了一些山洞作营房，就这样与蛮军对峙。

这一对峙就是半年，马援的病情愈来愈重。不久，马援终于没能抗住瘟疫的打击，永远离开了这支即将迎来胜利的军队。

还在马援大军刚受困于沅水之时，军中的部将耿舒就偷偷写信给他哥哥、大将耿弇，说今天的困境完全是由于马援不听从他走大道的建议造成的，还说马援像个西域商人，打一打就停一停，以致丧失战机。耿弇收信后立即报告给刘秀，刘秀不明真相，马上派自己的女婿梁松赶往前线责问马援。还没等到责问，马援已经咽气。梁松这家伙与耿舒一样，都是鼠肚鸡肠的人物，一到前线，就写了封奏折诬告马援。这进一步激怒了刘秀，下令收回马援的新息侯印绶。

马援是中国几千年统一与分裂战场上博得后人敬仰和同情的将领之一，他那句"男儿要当死于边野，以马革裹尸还葬耳"的名言，长久以来激励着为中国统一而奋斗的中华儿女。

八、光武之光

中兴、定鼎两项历史重任一肩挑，刘秀干得漂亮。建武三十年（公元 54 年）二月，许多大臣先后上书，称颂当今皇帝，说目前海内清平，功成治定，应该举行封禅大典。

封禅在古代中国是体现领袖人物业绩和权威的大事，只有创造出百年不遇之盛世的帝王才配此一祭。刘秀对这些奏章一律不批，非但不批，还下了道言语特别不客气的诏书，说自己即位 30 年，百姓怨气满腹，你现在让我去封禅，不是欺骗上天吗？封禅之事不得再提，假如再有人盛称虚美，我就用剃光头发的刑罚来处分他。"从此群臣不敢复言"。

过了两年，即建武中元元年（公元 56 年）正月，《河图会昌符》中的一段文字改变了刘秀不去封禅的想法。该段文字中写道："赤刘之九，会命岱宗。"这是一句谶纬，大意是说刘氏宗亲的第九代子孙应该去泰山封禅。刘秀的爱好很少，不饮酒，不喜音乐歌舞，后宫生活也很节制，嗜好就是谶纬，愈神秘的东西他愈痴迷，在他手上，谶纬正式录入国家宪法。也许是由于多次看到了谶纬在打天下、坐天下的过程中所发挥的舆论作用（打天下时曾借助"赤伏符"造起了有力的舆论），不管是有意识也好，无意识也罢，刘秀被谶纬"俘虏"了。"赤刘之九"不就是说自己吗？刘秀心下感动，立即决定去泰山。

刘秀的女婿梁松受命制定具体的方案。梁松搞这些排场的事十分在行，把封禅大典搞得无比风光。刘秀欣喜不已，认为总算给了祖宗和当今天下一个圆满的交代，下诏"大赦天下"，又将建武三十二年改为建武中元元年，免去了泰山附近几个县的租税。

刘秀从泰山封禅回来后又做了件大臣们意想不到的事，决定将高帝皇后吕雉的神主牌位从高帝庙中清除出去，以此警示后辈及宗族：不要搞导致国家分裂的事，谁搞谁没有好下场。做完这件事后，刘秀轻松下来，没有什么再值得他操心的了。建武中元二年二月初五（公元 57 年 3 月 29 日），刘秀无疾而终，享年 62 岁。临终前留下遗诏：比照孝文皇帝的做法，丧事一切从简，刺史、二千石长史都不要离开自己的地盘前来吊唁，也不要派人来或者邮寄奏章吊唁。

以刘秀的功绩和威望，只要他同意，后事会办得惊天动地。然而，他的陵墓仅仅占地几亩，坟头也不高，没有任何金银珠宝陪葬。他去世时，宫中显得非常平静，因他生前有令，不准哭哀。刘秀的这些德行被后人视为楷模，毛泽东也曾经用三个"最"评价刘秀，说他是古代"最会打仗，最有学问，最会用人"的皇帝，还说刘秀善于团结人。

说到团结人，最值得一提的是刘秀善待为中国的统一大业作出了重要贡献的功臣们。他不杀曾同生共死的战友，除了冤屈了马援之外，他对所有的功臣都一视同仁，让他们善始善终。这比他的老祖宗刘邦、吕后做得好，甚至比创造文景之治的汉景帝也做得好。汉景帝主要靠周亚夫平定了七国之乱，按理说应该善待周亚夫。但汉景帝却因为周亚夫不同意封外戚为侯而心存反感，不仅顺水推舟地免了周亚夫的丞相之职，还设计杀害了他。怎么杀的呢？有一天，汉景帝在宫中设宴招待周亚夫，令人在桌上只放一大块没完全煮熟的肉，既不放筷子，也没放一只碗。周亚夫心想，哪有这样请臣子吃饭的？这不是故意羞煞我吗？脸上就有了不高兴的表情。汉景帝看到后冷笑着说："这样子你还不满足吗？"之后，汉景帝找了个莫须有的罪名把周亚夫关进大牢，派酷吏逼他承认谋反。周亚夫坚决否认，也不低头，但心如死灰，知道再无生机，绝食5天，呕血而亡。

比较一下，中国历史上曾经有过的500多位帝王，刘秀得到了最多的好评。王夫之说：光武统一中国，比刘邦还要难。夏商周以来，像这样统一中国的只有光武一人而已。黄留珠说：在中国历代帝王中，光武是唯一同时拥有"中兴之君""定鼎帝王"称号的帝王。他的中兴是重建了一个新王朝，只不过仍叫汉。南怀瑾认为：在2000年的历史中，值得称道、能够做到齐家治国的榜样，大概算来，只有中兴之主光武帝刘秀一人。

刘秀也许是中国历史上，把儒家学说与中国的实际结合得最好的领袖人物之一。这还可以从他更立太子、选定刘庄继承皇位这件事上看出来。刘庄原封为东海王，但刘秀觉得让他做接班人更合适，在安置好原太子刘强后，刘庄顺利接班（即汉明帝）。汉明帝接班后做的第一件事就是为跟随刘秀打天下、安国家的功臣们树碑立传，通过为他们歌功颂德而稳定朝纲。那时没有照相机，他就令画师为28名大功臣画"标准像"，再以隆重的仪式，把这些画像陈列在南宫云台阁，供后人瞻仰。

汉明帝做的另一件有意义的事，可以说弥补了刘秀的遗憾。什么事呢？就是重新经略西域。在此之前，许多西域国家请求东汉向西域派遣都护，以便得到保护。刘秀考虑到一则力量不够，二则开支巨大，就没有接受这些国家的请求，先后两次婉拒。这些得不到东汉保护的国家，不久就先后投降了北匈奴和趁机崛起的莎车国。北匈奴利用西域的人力、物力充实自己，又有了南下侵扰东汉的资本。为了改善这种状况，汉明帝决定重新经略西域。他根据窦固的推荐，任命班超出使西域。这样，继张骞之后，中国又一位伟大的政治家、军事家、外交家再次出发，重凿西域。

九、西域万里觅封侯

班超是今陕西咸阳人，出身于书香门第。其父班彪是儒学大师，其兄班固是《汉书》的作者，其妹班昭是才女，续写《汉书》。班超本人不仅才华非凡，且从小志向远大。父亲死后，家境中落，班超只得帮官府抄书补贴家用。抄书抄久了，内心痛苦，时常搁笔叹息："大丈夫应像傅介子和张骞那样立功异域，以取封侯，岂能每日在这抄书？"于是决定中止抄书。

永平十六年（公元73年），汉明帝采纳耿秉"以战去战"的建议，决定对时常侵扰边境的北匈奴予以大规模反击，以图重新打通丝绸之路。这年二月，四路大军同时出发，因为北匈奴采取了躲避策略，结果三路皆无功而返，只有窦固这一路小有收获，攻占了伊吾卢城（今新疆哈密西）。攻占哈密的不是窦固本人率领的主力部队，而是下级军官班超率领的一小队人马。如果不是班超的这点成果，窦固很可能会像另一路人马的将军祭彤那样被汉明帝关进大牢。因此，窦固特别赏识班超，上报汉明帝，让班超出使西域。

班超率领36名团员，从哈密出发，首先来到鄯善。鄯善的位置很重要，它是西域南北两道的必经之处。西汉昭帝时，傅介子曾在这里智杀投降匈奴的楼兰王安归（自此这里改名鄯善），使楼兰重回大汉怀抱。班超的到来，也是要达此目的。但为什么只带了这么点人呢？原来朝廷的宗旨是以外交的形式，通过游说，使已倒向北匈奴的国家重新归附汉朝，是用嘴、用谋服，不是用军队征服。36名外交官背后站着已经中兴的东汉，班超对完成使命信心十足。

头几天，鄯善国王热情地款待班超一行，认为将来可以重新依靠汉朝了。过了几天，国王突然变得冷淡起来。班超认为可能是北匈奴来人了，在与他们争夺鄯善。班超大智大勇，就凭36名外交官，出其不意地在夜间向匈奴使者发起火攻，100多个匈奴使者被火烧死，还有30多人被班超等人斩杀。班超提着匈奴使者的头约见鄯善国王，并用好言抚慰国王。国王被班超的神勇震慑了，当即表示与匈奴断绝关系，归附汉朝，并很快将自己的儿子送入长安为质。

鄯善归汉的消息立刻传遍了整个西域，几十个大小不等的国家纷纷打起算盘：归汉还是不归汉？在这种摇摆不定的氛围中，班超一行又来到于阗。于阗是亲匈奴的，对班超的到来不以为然，于阗王甚至还想取班超的马做祭祀。班超假意答应，等巫师前来取马时，一刀斩下巫师的头，并提着这颗头去见于阗王，当面斥责他叛汉的种种行为。于阗王早就对班超的厉害有所耳闻，今天亲见，不禁大为惶恐，心想一个使者团就敢这么作为，要是汉朝大军杀来，那还了得？赶紧表态归附汉朝，并马上去杀了匈奴使者。班超立即重赏于阗王及其部分官员，并代表汉政府表态自此会保护好于阗。

班超一行从于阗继续西行。一些国家已经打定了归汉的主意，所以他们西行顺利，遇国受降，班超的大名似惊雷滚滚，整个西域为之震动。永平十七年（公元 74 年）春，班超一行抵达疏勒（今新疆喀什）。此时的疏勒王兜题是北匈奴的盟友龟兹所立，很忠于匈奴。兜题不是疏勒人，国人早就怨恨他。得此情报，班超决定采取擒贼先擒王的战术，突然劫持了兜题，然后扶立已故疏勒王哥哥的儿子榆勒为疏勒新王。班超的举动得到疏勒国民的赞同，民众要求处死兜题。但为缓和矛盾和树立东汉的声威，班超把兜题遣归龟兹。

自疏勒回归东汉之时起，差不多所有的西域国家（最顽固不化的车师被窦固以武力征服）都重新归附汉朝，纷纷派出王子来到东汉出任皇帝的侍卫。中央政府顺势设置西域都护，任命陈睦为西域都护，耿恭为戊校尉，关宠为己校尉，象征性地在车师后王部的金蒲城（今新疆奇台县西北）驻扎了几万人的军队。这样，与汉断绝关系 65 年之后，西域战略大通道重新开通。

永平十八年（公元 75 年），汉明帝去世。北匈奴的一些小兄弟如焉耆（今新疆焉耆县）、龟兹（今新疆库车）、姑墨（今新疆阿克苏）等趁东汉大丧期间联合攻杀了西域都护陈睦，接着又进攻疏勒。防守疏勒的耿恭和疏勒王仅有几百人的兵力，打到只剩数十人也不弃城。班超此时正守卫槃橐城，力量有限，无法支援疏勒。战况上传至东汉朝廷，刚刚继位的汉章帝考虑到班超处境危险，下令他从西域撤退，同时撤销了西域都护及校尉。

汉章帝作出的决定实属无奈，当时中原大地发生大旱，粮价暴涨，民众困苦，政府的财力不足，继续向西域投入力不从心，在此种形势下，班超只得返回。就在他即将出发时，疏勒国上下忧惧不安，因为汉使一撤，北匈奴势必卷土重来，疏勒又会陷入兵患之中。其都尉哭着说："汉使弃我，我必复为龟兹所灭耳，诚不忍见汉使去。"说完拔剑自刎。班超悲伤不已，但皇帝有令，不能不撤。撤到于阗时，更叫人痛心的场面出现了，从国王、大臣到民众，都站在道旁哭泣不止，很多人甚至抱住班超的马腿，边哭边说："依汉使如父母，诚不可去。"班超泪如雨下，遂下定决心违抗圣旨，留在西域。他扶起民众，向他们表明自己的决心，遂调转马头，重回疏勒。

疏勒在班超离开后的一段日子里，有两个小城投降了龟兹，并企图颠覆班超成立的疏勒政府。班超采取果断的措施，以武力平叛，诛杀了600余人，稳定了局势。然后，班超率领疏勒、于阗、康居、拘弥四国联军1万人攻破了姑墨石城。为了全面平定西域，班超决心攻克焉耆、龟兹。班超请求朝廷增兵，汉章帝立即任命假司马（即代理司马）徐干率1000人增援班超。西域的情况很复杂，莎车在此时突然投降了龟兹，疏勒也有人发动叛变。班超有了徐干的增兵，立即大刀阔斧地镇压叛乱，斩首千余，俘虏无数。但班超仍觉兵力不够，又上书汉章帝，联络天山以北的乌孙王国出兵，攻占龟兹。汉章帝也认为乌孙实力强盛，只要乌孙出手，北匈奴不敢援助龟兹，于是就派卫侯李邑护送乌孙使臣归国，去做乌孙国王的工作。但这个李邑是个怕死鬼，到了于阗后不敢再往前走，不但自己害怕，还给汉章帝上书说西域太大、太复杂，很难平定，又污蔑班超，说班超尽在西域享乐。好在汉章帝头脑清醒，不听李邑的诬告，反而又增兵800供班超指挥。班超就利用朝廷前后增援的1800名中央军和那些已经归汉的西域诸国之兵，在广袤的西域展开声势浩大的反攻。

元和元年（公元84年），班超通过月氏的帮助攻下莎车坚守的乌即城。3年后，又率诸国联军2.5万人再击莎车。龟兹王派出5万人援助莎车。以2.5万人对阵5万多人，班超毫无惧色。他设计引开龟兹的主力，然后趁深夜直捣莎车大本营，迅速将其击溃，斩敌数千，迫使莎车当夜就向班超投降。龟兹王见班超如此善战，知难而退。班超声势威震西域，西域南道自此完全打通。

西域是一个很有诱惑力的地域，班超一系列攻略、经营西域的活动，激发了月氏族的欲望，他们也想以武力染指塔里木盆地。此时的月氏远比西汉时强大，它的版图覆盖了整个恒河流域，占有了印度一大半的土地。月氏的皇帝自认比东汉强大，一下就发兵7万，越过帕米尔高原向班超进攻。班超此时手上只有不到2000名士兵，加上可以借调的兵也不过万人左右，如何抵得住7万月氏军队？于是，部属惶恐，有的建议尽快撤出。但班超镇定自若，他先不与敌正面交战，而是派出部分兵力截断月氏远征军的后勤给养线，迫使他们断粮。之后又将部分兵力埋伏在月氏向龟兹求买粮食的路上，将携带了不少金银珠玉的几百名月氏骑兵全数歼灭，割下几个拟去购粮的士兵的头颅，派使者带着去谴责月氏的领兵"副王"，迫使这位"副王"认错、撤兵。月氏皇帝大震，很快派使者入汉称臣。

班超太厉害了！班超不可战胜！整个西域都被班超的威势征服，龟兹投降，姑墨投降，温宿诸国投降，只有焉耆还在死撑。永元六年（公元94年），班超率龟兹、鄯善等8国联军7万多人，外加1400多名汉人吏士商客，浩浩荡荡地讨伐焉耆。焉耆哪里抵抗得住这支"联合国"军，焉耆王、尉犁王均被斩首，班超在此再立新王。以焉耆归汉为终结点，西域55国全部归汉，中国政府重新在西域设置西域都护，并以班超为西域都护。几十个语言、风俗各异的少数民族与汉民族重归于好，沉寂了几十年的丝绸之路上再次响起商队的驼铃声。班超为中国的统一大业立下大功，汉和帝下诏封他为定远侯。

班超41岁那年出使西域，71岁才奉诏返回洛阳，八月回京，九月就与世长辞。他在西域整整拼搏了30年。30年间，东汉更迭了三朝政府，每届政府都认为只有班超能镇得住西域。他的智慧、毅力、勇敢和品德成了东汉王朝的一张烫金的"名片"。不需要多少人马，只要递上这张"名片"，西域各国就打开大门，恭迎汉使。这是一种怎样的功业啊！无人能比。即使汉武帝、光武帝在处理同少数民族的关系上，也难见班超般的精彩。36名"外交"英雄、1800名汉军士兵，只是西域瀚海中的一粒沙，然而，就是这粒具有核聚变能力的"沙"，影响和凝聚了上千万平方公里的土地。班超真是眼光远大的政治家，就在他回京前两年，还派遣副使甘英从龟兹出发，出使大秦国（罗马帝国），希望借此扩大东汉的影响，拓展认知世界的渠道。

甘英的使团最远行进到今伊拉克境内的条支海滨，这是2000年前中国政府外交使团西行的极界，直到元明时代也没有一个外交使团的活动空间超越此次。然而，非常遗憾，甘英就此止步。没有人能说清甘英出于何种考虑而终止西行，但有一点是可以肯定的，甘英一行已经在中亚、西亚掀起了一股中国热。东西方文化在这股热潮中交汇，罗马帝国得知了有关东汉王朝的消息后，于公元166年派使者来到洛阳，东西方两个最有代表性的帝国开始了划时代的往来。

十、出塞五千里，再征北匈奴

班超在西域翻江倒海之际，窦固和耿秉的骑兵部队再次出击天山，在天山击败北匈奴，后兵临车师（今新疆奇台、吐鲁番等地）。汉军击败车师后王，震怖车师前王，迫其主动降汉。车师二王的地盘被东汉控制后，北匈奴心有不甘，随即对驻车师等处的汉军发起大规模反攻。建初二年（公元77年）三月，北匈奴重新占领了天山地区，但此时的北匈奴已是强弩之末，每打一仗，无论是人员还是物资方面的损失都无从弥补。元和二年（公元85年）正月，北匈奴大人车利、涿兵等共72批部众降汉。南匈奴、丁零、鲜卑趁机先后向北匈奴发起攻击，常有收获。北匈奴手忙脚乱，难以在漠北立足，只得再度远迁，一直迁到今蒙古人民共和国鄂尔浑河以西。但南匈奴仍不放过，不时派兵进击北匈奴，并击杀了温禺犊王。

此时，草原上发生了大面积蝗灾。东汉政府决定抓住此时机，彻底解决北匈奴问题。章和二年（公元88年）二月，汉章帝病逝，9岁的太子刘肇继位，是为汉和帝。临朝听政的窦太后不理会反对之声，果断决策命大军北伐，任命很能打仗的窦宪（太后之兄）为车骑将军，耿秉为征西将军，联合南匈奴、乌桓、鲜卑等郡的兵力，分三路北上。

通过侦察，窦宪得知北匈奴的主力驻守在稽落山（今蒙古人民共和国连察汗岭西北），决定与耿秉统率的部队合成一部向稽落山挺进。交战不久，北匈奴即溃败，窦、耿大军乘胜追击，北匈奴官兵无心再战，先后有81部20多万人向汉军投降。窦、耿二位边战边抚，登上燕然山（今蒙古人民共和国境内杭爱山），举目四望，风吹草低，一片美景，于是命令中护军班固撰写铭文，刻石纪功。铭文写得大气磅礴、慷慨激昂，远处写到为汉高祖、汉文帝雪了耻，近处写到开疆拓土，福泽万民。铭文写得好，可惜后来窦宪获罪被惩处时，也累及班固这位受命为窦宪歌功颂德的人，最终死在监狱。

主力被歼之后，北单于率残部逃至西海（今蒙古人民共和国杜格尔湖），窦宪遵照朝廷设法招降北单于的指示，派部队去追寻北单于，一方面向他讲明东汉政府的意图，一方面赐给他许多金帛财物。北单于在这种形势面前别无选择，只得下跪臣服汉朝，并遣其弟入侍汉朝。

本来应该北单于亲自来朝拜东汉皇帝的，最终却没来，这引起窦宪的不满，他要求再击北匈奴，彻底打服北单于。他暗中部署，兵分两路向北匈奴挺进。两军于河云（今蒙古人民共和国吉尔吉斯湖西南）会合，乘夜突袭，北单于措手不及，慌乱之中受伤，来不及带上皇后、玉玺就冲出包围。窦宪不放手，又在北单于逃跑后的新驻地金微山（今阿尔泰山）大破北单于，歼其名王以下5000余人。北单于孤家寡人，在仅数骑卫士的陪护下"遁走乌孙"，其后又潜入欧洲。此次战役，汉军出塞5000余里，是北征匈奴历史上最远的一次。这次战役之后，延续了几百年的汉与匈奴之争得以终结，汉朝边境不再受匈奴骚扰，匈奴民族自此开始了与汉民族和其他民族深度融合的新历程。

十一、羌乱，羌为何乱

当年马援出任陇西太守时，采取战、抚双管齐下平定羌人后，将许多羌人迁移至天水、陇西、扶风三郡，以减少他们聚众闹事的机会。汉明帝时代，这一软硬兼施的政策仍旧得到执行，羌人总体上很少闹事，但从汉章帝建初元年（公元76年）起至汉和帝永元十三年（公元101年），羌人暴动频繁，其反抗的程度随着东汉后期政治腐败的程度加剧而愈演愈烈。汉羌之间的战争规模愈来愈大，羌人有时甚至抵近京城洛阳。据不完全统计，近20年间，汉羌之间发生的大小战争有上百起之多，其中大规模的战争就有3次。什么样的规模叫大规模呢？史称，汉羌双方一次性死伤数万人之多的战争，就算得上大规模。3次大规模战争算下来，双方伤亡不会少于20万之众。有史料甚至说，从东汉建立初到灭亡的近200年的时间里，先后有近百万羌人被汉羌之战夺去了生命，汉人的伤亡数也在几十万之多。

战争的频繁爆发和惨烈程度，给国家和社会造成巨大的损伤。国库几乎打空，打到大臣们甚至主张放弃经过了300多年的争夺才从匈奴手中赢得的凉州（今河西走廊门户）。西部本就地广人稀，战争一起，千里荒原，人烟绝迹，白骨遍野。据史料记载，汉羌战争之后，北地郡的户数只及西汉时的4.8%，金城郡只及10%，陇西郡只及10.4%，安定郡只及14.3%，汉阳郡只及45.4%。幸存的民众，或病，或伤，或残，即使已经停战，也无人能下地耕作。没有粮食，生路全无，有些地区的民众干脆互相攻杀，然后食人。不断的天灾、兵灾，使有些羌人部落几近灭绝。

羌人是中国最古老的民族之一，曾制造出灿烂的民族文化，四川三星堆遗址出土的那些青铜器作品，表明羌人与汉人一样追求生活与艺术之美。为什么一进入东汉，羌人就始终表现出不安分、不妥协的姿态呢？分析原因如下。

首先，东汉政府歧视羌族等少数民族而引起反抗。羌人本已长期与汉人友好共居，但政府的政策却失之公允，设置的护羌校尉大多成了无法无天的"乱羌"校尉。他们与当地官吏协调一致，给羌人赋予有别于汉人的沉重的劳役和赋税。少数汉族豪强更是歧视羌人，对羌人百般欺压、敲诈。羌人首次大规模的起义反抗就直接缘于政府强征羌人通西域。羌人平时已被各种赋税压得生计艰难，此次又要自带马匹干粮前往西域，民众难以承受这种负担，数千骑羌民走到中途就开始逃跑。政府竟命各郡出兵截击，甚至将羌人居所尽行拆毁，断羌人后路。羌人去无收获，归无住所，只得与政府拼命。一呼百应，各地羌人纷纷响应，反抗遂成不可阻挡之势。

其次，政府制定政策的出发点与羌人的利益相冲突。东汉在西北长期实行军屯，的确可以节约一些军费，也可以减轻一些内地人民的负担。但屯田政策的出发点是针对羌人的反抗而设计的，它与逐水草而居的游牧民族的利益直接对立，不可避免地侵夺了羌人的土地。羌人说，军队的开支应该是政府负担的，现在你们在我们的田土上屯田生产，还把我们驱赶到外地，怎么能让我们服从呢？为生活计，为生存计，羌人走上反抗之路。这就是之所以一次次的反抗被镇压下去，一次次新的反抗又起的原因之一。

再者，一些政府大员反对用怀柔手法安抚羌人，一味采用镇压手段对付既手无寸铁，又生活贫困的羌人。如护羌校尉段颎，多次公开主张将羌人斩尽杀绝。多地的羌人本已平静多年，但段颎上任的消息立刻将他们激变，烧当、烧何、当煎、勒姐等西羌的8个部落起义反抗。段颎以铁的手腕镇压，《后汉书》记载，这位以残酷镇压山东农民起义而出名的将领"且斗且行，昼夜相攻，割肉食雪，四十余日，遂至河首积石山，出塞二千余里，斩烧何大帅，首虏五千余人"。看得出这位将军在镇压时是何等的"勇猛"。然而，无论东汉将领如何铁血平叛，羌人的反抗仍呈"野火烧不尽，春风吹又生"之势。羌人的反攻一度危及三辅的安全。

最后，上层争斗，危及羌人。东汉中期后，上层争斗日趋复杂、血腥，宦官外戚水火不容，文官武官钩心斗角，中央地方各唱各调，前方后方时常脱节，担负平叛任务的将领也互不买账。段颎与张奂都是平羌战场上的名将，但两人明争暗斗。最终，张奂因得罪权贵而被关入大牢，段颎因有宦官靠山而尽享富贵。这些上层的争斗直接影响到西北军政和对待羌人的政策。当地的大员和将领们不知该听谁的，大的官吏和将领觉得政治黑暗，不如捞点实惠，就在当地大肆搜刮，弄得民间鸡飞狗跳。普通士兵身累心苦，看不到前途和出路，只得大量出逃。这样的结果便是，国家倾力进行的平服羌乱的战争，不仅没有平服羌人，反而使国家大伤元气，同时又使西北的贫困更加严重。民众生计艰难，趁乱而起的军阀集团却大捞好处，下面将要写到的军阀董卓就是一个典型。不过，平羌战争也收到了出人意料的正面效果，那就是大量的羌人在战乱中逃往内地，逐渐融入汉民族。

羌乱，根源在于政府。

十二、皇帝短命，外戚得势

东汉自汉章帝之后，皇帝的年龄越来越年轻化。汉和帝是汉章帝的儿子，死时仅 26 岁。继承皇位的是汉和帝的儿子汉殇帝，登基时刚满百天，1 岁就夭折了。其后的汉安帝即位时也不过 12 岁，皇位倒是坐了 19 年，但也只活到 31 岁。之后是汉顺帝，10 岁即位，死时也才 30 岁。汉顺帝的儿子汉冲帝 1 岁即位，2 岁死去。之后的汉质帝继位仅 1 年，死时仅 8 岁。

这些被人抱上位的孩子们，生于宫中，长于宫女或太监之手，哪里具备治理偌大一个中国的素质？国家权力自然就落到皇帝之母、皇帝之舅手中。这些在歌舞升平中被封为显赫官位的大人物，没有几个真正懂得治国安邦之道，就像学者柏杨所形容的那样，"犹如赤身露体忽然被抛到街上一样，他恐慌而孤单，唯一可靠的人物不是朝中大臣，因为他根本不认识他们，而是他平日可以常常见到的家属，他没有选择，只有这些人他才相信能够帮助他解决问题"。

东汉立国后，光武帝刘秀深知外戚干政之厉害，为了加强皇权，政治上对外戚严加防范。他经常把吕后作为反面教材讲给皇子们听，最后干脆把吕后的神主牌位请出高帝庙，并以法律形式规定外戚不得干政。他死后，儿子汉明帝严格执行他的遗命，对外戚的限制一如既往。而且，汉明帝立了个好皇后——马援的女儿马皇后。马皇后称得上是天下母仪之典范。她10岁时父亲去世，后来哥哥也莫名其妙地死去，母亲经不住这双重打击，陷入精神病之态。10岁的小女孩勇敢地走上前台管理家事，"内政外交"井井有条，时人知道后惊叹不已。这个身高七尺二寸、方口、美发，能够背诵《易经》等经典作品的皇后，经常身着粗布衣服，生活极其低调。汉明帝死后，汉章帝尊马皇后为太皇太后，并打算分封诸舅。马太后严词拒绝，对汉章帝说："提出分封诸舅这个动议的人都是为了向我献媚，借以捞取好处。国家有严格规定，外戚不得从政，我怎能违反，重蹈败亡之祸呢？"不但不准封舅，见到娘家人衣着鲜美、座驾奢华等现象时，她就严加指责，还要扣其一年的俸禄。汉章帝亲政之后，背着马太后封了3位舅舅为列侯，马太后知道后深表不满，迫令3位列侯退位回家。

如此杰出的太后榜样就在眼前，可惜往后没几个太后愿意学一学，反倒是一个比一个恶劣。汉章帝死后，年仅9岁的汉和帝继位，其母窦太后临朝听政，实际大权由太后的哥哥窦宪执掌，由此开创了外戚专政之乱局。窦宪仗着太后之势，谁也不放在眼里。都乡侯刘畅进京受到太后赏识，窦宪居然派人将其刺杀。窦太后并非一味依赖外戚，立即将窦宪打入大牢。窦宪以死罪之身份出征北匈奴，最终彻底消灭了北匈奴，解除了300年来之边患。这个功劳立得太大了，西汉、东汉无人能比，于是窦宪重掌朝中大权，野心急剧膨胀，发展到图谋杀害汉和帝，另立新君。汉和帝闻讯，被迫与宦官联手除掉了窦宪及其同党。

汉和帝去世后，邓皇后临朝称制，出生仅3个月的太子由人抱着继位。小婴儿短命，几个月后就去世了。邓太后与其兄邓骘又立了汉安帝。12岁的汉安帝一切都听太后和邓骘的。等到邓太后去世，汉安帝立即将邓氏一门踢出宫门，迫使邓骘子侄7人自杀。实事求是地讲，邓骘掌权时比较谨慎，政治还不算黑暗，但汉安帝只用自己的外戚。阎皇后的兄弟阎显走上高位，决定一切。阎皇后心地歹毒，汉安帝与宫女生了个儿子，名叫刘保，这个宫女就被阎皇后毒死。

汉安帝死时，明明有刘保可以继位，阎皇后与其兄阎显不同意，非得立幼小的北乡侯刘懿继位，史称少帝。少帝仅仅做了 7 个月的皇帝就病逝。宦官孙程等人发动政变，关了阎太后，又杀了阎显全家，迎立刘保登上帝位，即汉顺帝。

汉顺帝时，大权落入皇后的父亲、大将军梁商手中。梁商在朝中不算太坏，名声不差。梁商死后，其子梁冀继任父位、执掌朝廷。梁冀这家伙早先就是个顽嚚凶暴之徒，汉顺帝去世后，梁太后临朝，与梁冀定策立了尚为婴儿的汉冲帝。不久，汉冲帝突然死去，梁太后与梁冀又立了 7 岁的汉质帝。小小的质帝看不惯梁冀在他面前指手画脚，在一次朝会上公然指责梁冀为"跋扈将军"。梁冀听后又恨又怕，很快便将汉质帝毒死，另立汉桓帝。为了掌控汉桓帝，梁冀做主把自己另外的一位妹妹嫁给桓帝立为皇后。到此为止，梁氏的权力达到顶峰，梁家出了 2 个皇后，7 人封侯，2 人当了大元帅，57 人成为军队将领，趋附在梁氏周围的官吏不计其数。当时各地进贡给皇帝的奇珍异品，上等的先选送梁府，其次才给皇帝。百官升迁，先去梁府谢恩，再去尚书台报到。东汉名臣李固、杜乔由于不肯附和梁冀，双双被杀，曝尸街头。梁冀太可恶了，坏事做绝，报应终于来了。其后面这位妹妹皇后短命，皇后一死，汉桓帝就与几个宦官联手剪除梁冀，迫使梁冀交权自杀，所有家产充公，抵得上当年国家全部财政收入的一半。梁冀死后，朝廷的重要官员被罢黜一空，朝廷一时无人可用。

外戚的下场大多可悲，但他们仍像飞蛾扑火一样前赴后继。前面那批靠女人显贵的外戚刚刚倒下，地面的血渍未干，后面这批同样靠女人发迹的新贵又毫无惧色地走上前来，结果照样不是被杀就是被放逐。一拨又一拨外戚成为历史的笑话，他们个人的下场在数年间就见分晓，但他们给国家造成的破坏却很长时间都难以恢复。一朝朝的皇帝为了反制外戚，不得不倚靠官场的隐性杀手宦官，而宦官们又岂是好倚靠的？

十三、宦官是靠不住的

"宦"的本意是为帝王服务的人，加个"官"字，表示对这类人身份的尊敬。宦官原先的称谓叫"阉人"。西周建立之后，一些阉人被征召进宫从事杂役，此时的阉人与奴隶没什么区别。这是一群失去了男性功能，永远让男人放心的人。他们出身低微，大多为生活所迫而净身进宫，开头只想有碗饭吃。因此，他们特别珍惜所得，能吃苦耐劳，还像宠物一样，特别企求"主人"即皇帝的怜爱，因此他们都会察言观色、左右逢源。有了这几个本事，阉人逐渐受到上层和领袖人物的青睐，从扫地、做饭、倒马桶开始，一步步接近权力，甚至是权力之巅，称谓也就从"阉人"演变为"宦"，再演变为"宦官"。

得势最早的宦官是齐桓公身边的竖刁。他的手腕、能量、所造成的后果，都远远比不上秦始皇身边的赵高。赵高可以说是中国的所有宦官之教父，或者说祖师爷。这个看上去文质彬彬、一手小篆写得与丞相李斯差不多漂亮的阴阳人，只用了几年工夫就把秦人几百年为之流血奋斗的成果"归零"。宦官的能量、卑鄙、残忍在赵高的手上演绎到极致。下面写到的这些宦官，虽然比不上他们的祖师爷赵高，但也把偌大的一个东汉整得气息奄奄。

9岁即位的小皇帝汉和帝长到14岁时，已经看出了外戚对自己的无理和威胁。这个年龄段的孩子本应处于无忧无虑的心境之中，可他天天心神不定，满是忧郁和恐惧：朝中全是太后和舅舅的人，没有人可以畅所欲言，更不要说做政治上的依靠。情报显示，窦宪还可能杀了他。他不能坐以待毙，决心先动手。但依靠谁可以扭转乾坤呢？他想到了与自己朝夕相伴的宦官郑众。郑众是南阳人，别的本事没有，就是对皇室忠心，深得章、和两代帝王的宠信。郑众很平静地听完汉和帝的想法，建议小皇帝先不要急于动手，因为大将军手握重兵镇守边关，一旦首都生变，重兵杀回，无人能挡。稳妥的办法是先发一道诏书，语气诚恳地请大将军回京主持朝中大事，尔后在京城再下道诏书免职、夺权、惩处。郑众的建议很有操作性，窦宪果然中计，接到诏书后立即喜滋滋地往京城赶。殊不知一进京城，就被收缴了大将军印绶，随之就被迫自杀，所有的亲信全部被诛。少年皇帝靠宦官之力掌握实权，越发信任宦官，不久就将郑众封侯。中国历史上宦官的地位首次被抬到如此之高。

郑众算是宦官中的另类。他保持清醒的头脑，不干危害国家之事，始终把自己定位在一个打杂的阉人之位。他善于保护自己，婉拒汉和帝的赏赐，最终病逝。与郑众同朝的另一位宦官蔡伦就没有这么好的结果。在后人看来，蔡伦的名气远大于郑众，是因为他发明了"蔡侯纸"。纸的发明是宦官对中国文化最大的贡献，正是因为有了蔡伦的造纸，人类文明才站上一个新的台阶。然而，蔡伦没有学到郑众的自我保护法。汉和帝死后继位的汉安帝清算蔡伦曾诬陷他祖母宋贵人的罪行，蔡伦服毒自杀。

汉安帝是汉和帝的侄儿，邓太后策立了汉安帝，由此，邓家外戚开始风光起来。邓太后仿照窦太后，让她哥哥邓骘掌控实权。邓氏一门七大姑八大姨掌权30年，是东汉一朝外戚掌权时间最长的。30年中，邓氏受封侯爵的有29人，当宰相的有2人，当大元帅的有13人，当部长级官员（中二千石）的有14人，将领有22人，州长（刺史）、郡长有48人，中小级官员无数。任人唯亲到了这个程度，东汉的政治能不黑暗吗？汉安帝也觉得受不了，所以，邓太后一死，就接受宦官李闰的建议，着手清理外戚。不可一世的邓骘、邓遵兄弟只得自杀。又是宦官在关键时刻帮了皇帝，汉安帝封李闰为雍乡侯，另一名出了力的小宦官江京被封为都乡侯。这两位宦官不知进退，又与汉安帝的皇后阎氏的兄弟勾结在一块，瓜分了朝廷大权。

公元125年，汉安帝去世，这帮人在阎皇后的支持下，不立汉安帝的太子刘保为帝，立了年少的北乡侯刘懿为帝。阎太后临朝称制，其兄阎显执掌实权。阎显城府不深，一上来先杀了宦官樊丰、周广，继之又杀了大将军耿宝等人，以为可以坐稳朝纲。不料刘懿在位几个月就病逝了。刘懿一死，孙程等19个有实力的宦官发动宫廷政变，关了阎太后，杀了阎显及其亲信，迎立废太子、济阴王刘保继位，即汉顺帝。孙程为首的19位宦官居然能以政变的方式确立新君，使刘保咸鱼翻身。刘保知恩图报，给这19人全部封侯，时称"十九侯"。不仅给这19个活人封侯，还制定法律，他们死后，养子可以承袭爵位。至此，东汉的宦官由于能制造皇位，其恩宠前无古人后无来者，宦官们更加有恃无恐。

汉桓帝时，外戚梁冀一手遮天，桓帝敢怒不敢言。公元159年，梁太后去世，汉桓帝认为机会来了，把宦官单超秘密召到卧室，密谋"诛杀"梁冀。为了保密，他搬出了江湖上三教九流结盟时的手法，把单超的胳膊咬出血以证信誉，君臣之间称兄道弟。果然一击便中，没费太大力气就诛除梁冀。事成后，5名参与的宦官同时被封为列侯。这帮家伙掌权后，"手握王爵，口含天宪"，无恶不作，卖官、娶妾、蓄养子、公开搜刮百姓。宦官侯览之兄侯参任益州刺史，霸占的财产过亿，被弹劾后光是押解至京城的金银珠宝就达300多车。财富高度集中在极少数人的手中，东汉的百姓度日如年，朝廷内外一片怨声。

公元 167 年，桓帝去世，窦太后与其父窦武做主立了 12 岁的刘宏继位，是为汉灵帝。窦武向窦太后建议，国家已处于危难之中，应立即悉数诛杀宦官。太后有点犹豫，但也同意杀几个罪大恶极的。不料这点秘密被宦官们知道了，还没等窦武动手，宦官曹节、王甫、朱瑀等人先动了手。他们一鼓作气劫持了汉灵帝和窦太后，占领了皇宫，并假传圣旨逮捕窦武。最终，窦武被诛，窦太后被关禁闭，汉灵帝成了傀儡，宦官们完全掌控了朝政。

宦官们的贪暴日盛一日，朝中无人敢与之对抗。只有尚书令阳球暗中立誓，一旦能升任司隶校尉（主管京城卫戍工作），必向宦官开刀。后来阳球果然升任司隶校尉，他找了个机会参奏王甫父子等宦官。事实确凿，汉灵帝命阳球审问王甫等人。阳球平时恨极了宦官，亲自指挥拷打，打得王甫父子满地找牙，尔后又肢解王甫父子，将尸体陈列于洛阳夏城门，还在尸体旁竖立一块牌子，上书"贼臣王甫"。阳球的行动震慑了其他宦官，准备再捉拿曹节、张让时，两位恶人先告状，昏聩的汉灵帝信了他们的鬼话，将阳球等下狱诛杀。宦官们弹冠相庆，曹节担任了尚书令，权势更是如日中天。

汉灵帝这下只有全力依靠宦官了，他一口气又封了 10 个宦官为中常侍（相当于封侯）。加上以前封的曹节、赵忠、张让等人，一共有 13 个中常侍。十三常侍荣华富贵享之不尽，党羽心腹遍布朝野，贪污纳贿，鱼肉百姓，与强盗没有两样。可是糊涂皇帝居然对此一无所知，还对人夸耀说宦官最可靠，说张让是他父亲，赵忠是他母亲。皇帝当到这个份上也就完了，朝廷走到这个份上也快完了。

外戚不可靠，宦官不可靠，还能靠谁呢？官员们靠得住吗？

十四、不屈的"党人"

桓、灵二帝时代，东汉已近崩溃，皇帝与宦官称兄道弟，政治极端腐败，导致社会动荡日益加剧，多地的农民开始行动。朝中一些良心未泯、责任心尚在的官员和社会上具有一定影响力的名士们联合起来，以各种形式与以皇帝为首的宦官集团展开激烈的抗争。这些置生死于度外的官员和名士们拥有一个响亮的名称——党人。东汉末期，一切都腐朽了，唯独党人很新鲜，像黑暗中的一盏灯。但是，宦官集团能容忍吗？从汉桓帝时代开始，党人先后遭受了两次大规模的残酷迫害，史上称这两次迫害为"党锢之祸"。

党人主要有两部分。一部分是读书人。东汉建国后非常重视教育，在洛阳的太学生就有3万多人，领袖人物（如汉明帝、汉章帝）时常去给学生和百姓们讲课。讲课时场面很大，动辄几千人，多辄上万人听讲。东汉有名的学术著作《白虎通义》就是对章帝讲课及群儒讨论的记录。上行下效，东汉一朝把儒学推向了史无前例的境界，学风大盛，读书人都崇尚名节，看重操守，自视甚高。他们对宦官的所作所为早就不满，以清流自诩，与朝中名臣互通声气，组成统一战线，猛烈抨击乱政，矛头直指宦官集团。党人中的另一部分是被天下的读书人视为楷模的名臣，如李膺、陈蕃、王叔茂等。李膺是文武全才，是打击鲜卑的主将，在学问上是宿儒、公认的士林领袖。当时的文化人，甚至社会上的商人，都以能得到李膺的接待为荣誉，把去李府看作"登龙门"。在这些名臣中，数李膺对宦官的打击最狠。他首先从大宦官张让打起。公元159年，李膺任司隶校尉，张让之弟张朔在当地恶贯满盈，害怕受李膺惩处，便藏匿在其兄张让家的合柱中。李膺探知，亲自前往张让家抓捕，击破合柱，抓走张朔，立即正法。此事传扬开来，朝野为之震惊，尤其是作恶多端的宦官们一个个小心翼翼，连休假都不敢走出宫门。汉桓帝感到奇怪，问这些宦官是怎么回事，宦官们叩头泣曰："畏李校尉。"

李膺的举动鼓舞了其他官员，纷纷对宦官出手。中常侍侯览的母亲去世后坟修得很大，山阳郡东部督邮张俭提出批评，认为违制，竟将他的母坟掘毁。中常侍赵忠的父亲去世后墓中僭用玉器，冀州刺史朱穆竟下令剖棺检查。官员们的作为又鼓舞了在京的太学生，以郭泰、贾彪为首，3万多文化精英先后举行两次大的游行请愿，抨击宦官和黑暗政治。声势越来越大，宦官们急眼了，针对官员和文化人群体的反攻马上展开。导火索是宦官党羽张成引发的。公元166年，张成预卜国家将有大赦，便教子杀人，被李膺收捕。不久朝廷果然大赦。为了严惩这个宦官党羽，李膺不顾国家大赦之令，坚持将张成之子处死。宦官们立即抓住李膺目无王法的把柄，向汉桓帝告状，诬告李膺等"养太学游士，交结诸郡生徒，更相驱驰，共为部党，诽讪朝廷，疑乱风俗"。

汉桓帝早就被李膺等人挖侯览、赵忠父母坟之事激怒了，只是隐忍不发，这次看到一系列控告李膺等人的奏章，火就发出来了。挖坟的事就算了，结党的事不能算了，结党会危害皇帝的统治，那还了得！汉桓帝立即下令逮捕以李膺为首的党人。但是在逮捕令会签时，太尉陈蕃不同意，汉桓帝一怒之下免了陈蕃的太尉之职。之后，全国的宦官党羽闻风而动，"使者四出，相望于道"。然而抓了党人审不出罪来，党人本来就无罪，且一个个都很坚强，还很有策略，李膺等人在狱中交代党人时故意列出一些宦官子弟，让朝中的中常侍们心生恐惧。更有太学生贾彪直闯大将军窦武府，请窦武出面主持正义。窦武接受了请求，就和尚书霍谞一道上书为党人诉冤。汉桓帝给窦武面子，下令放人，但统统免官回归乡里，禁锢终身，不得为官。

乱政迫害没有吓倒正直的官员和文化人，他们互相勉励，斗志不减。当党人们走出监狱回归老家时，受到了空前的欢迎。度辽将军皇甫规甚至以自己没被朝廷列为党人为耻，自己打报告说与党人有关系。在这样的风气下，党人的威望陡涨。名臣范滂回到老家汝南时，前来迎接他的车子多至数千辆。

党人们过于张扬、乐观了，宦官岂肯罢手？宦官们又行动起来，公元169年，再次以皇帝诏令的形式大肆收捕老党人和新党人。这一次的规模之大、株连之广，远超第一次。此次发布诏令的是窦太后与大将军窦武扶立的汉灵帝。十几岁的汉灵帝只是个摆设，权在太后之手。大将军建议太后诛除宦官，糊涂太后认为宦官罪不至死，稍一犹豫，宦官们先动了手，窦武、陈蕃被害，宦官们重掌大权，于是就发动了第二次党锢。李膺、杜密、范滂等数百人被拷打，大多死在狱中。党人的妻子全部充边。地方上有声望的人士都被指为党人，或死或残的又是数百人。以铁血手段镇压农民起义而出名的司隶校尉段颎，也与宦官站在一条船上，一次捉拿了1000多名太学生。党人之祸，使人闻之色变。经过十多年的折腾，国内文化精英和政坛良吏几乎被一网打尽，直待黄巾大暴动的烈火烧上门来，东汉当局才不得不宣布大赦党人，然而为时已晚。

总而言之，东汉末期，皇帝、外戚、宦官、官员这4股力量，对于国家大局而言，谁也靠不住。皇帝靠不住，因为他在很多时候只是个摆设，他也乐得当这个摆设，他知道玩不过宦官、外戚和官员们。外戚呢，一般都贪恋权势，看不清方向，想独揽朝纲却又缺乏能力，只得认栽。宦官们普遍没文化，生理缺陷又使他们常常自卑，知道官员、外戚看不起他们，他们只得往皇帝这边靠，有皇帝做靠山，就好发泄他们对外戚和官员的仇恨。他们的心中没有国家，只有活一天算一天的打算，指望他们清明政治、中兴国家，大大地超出了他们的心胸和能耐。官员们尽管文化素质高，但大多数政治素质差，面对恶政及腐败敢怒而不敢言。少部分官员还能伸张正义，但又缺乏策略，例如，挖人家父母之坟、剖棺，这些做得不高明。假如策略灵活点，例如，借皇帝之手（下诏令等）去行压宦官之实，就会好得多。呜呼，官员们心太急，欲速则不达。官员们也没靠得住的。

东汉真的完了，谁都靠不住，铺天盖地的民变就要来了。

十五、一条黄巾勒死东汉

汉灵帝这家伙把宦官当父母，对国事放任自流，平时的生活尤为腐败，他花天酒地、声色犬马不过瘾，还得出新、出奇。国库本已空虚，他却要在宫里建造一个市场，模仿集市，让宦官、宫女充当商贩、游客，吆喝买卖，互相偷盗，引他哈哈一乐。高兴之时，他自己也穿着商人的衣服去集市上招摇一番。走一走还不算，又特别喜欢坐辆毛驴车。显贵们跟着学样，毛驴一时供不应求，每匹卖到马的价钱。汉灵帝还有许多怪习惯，最不可理喻的是爱钱，专门在内苑中设置负责卖官的事务，二千石官卖二千万，四百石官卖四百万。卖官挣的钱不是充实国库，而是自己攒起来。钱放在宫里他不放心，就拿回老家去买田买房，做固定资产投资。这还用不完，又把钱分存到宦官家，一家存几千万。宦官中有个名叫吕强的看不下去了，就提醒他："天下的财富都是您的，何苦又单独购置私产？"汉灵帝不听，照样搞自己的小金库。

宫内的皇帝和贵族百般享受，宫外的百姓被苛捐杂税及黑恶势力百般压迫，许多村庄人烟基本绝迹，大量流民充斥于社会的各个角落，不少地方发生人吃人的惨景。民众得不到关心和救济，政府的主要精力都放在窝里斗上。绝望的人民逐渐向"黄巾"靠拢，把希望系在这条"黄巾"上。公元184年，这条柔软的"黄巾"变成了一条怒不可遏的"火龙"，不顾一切地扑向洛阳，中国历史上著名的"黄巾起义"爆发了，36方（一方至少有一万义军士兵）主要由农民组成、每人头上缠着一条黄巾的起义军，几乎在同一时间展开进攻。这是中国历史上从未有过的事情，农民起义一开始就有几十万或上百万人投入战斗，可见东汉政府让人民是多么地失望和憎恶。

起义军的领袖叫张角，河北巨鹿人。他利用行医传布太平道，悄悄地发展组织，并利用谶纬打下思想舆论基础，响亮地喊出"苍天已死，黄天当立，岁在甲子，天下大吉"的政治口号。苍天暗指东汉王朝，黄天暗指太平道的理想政权，甲子含有更始之意，且对应公元184年。184年动手，184年大吉，百万苦难的农民兄弟们奔着这个年头来了。旬月之间，许多东汉地方政府机构土崩瓦解。汝南黄巾军顺利推进到颍川、洛阳方向，直接威胁京师。冀、豫、兖、幽、荆等州的黄巾军或由北向南打，或由东向西打，3个方向进攻的目的地全部指向洛阳。

黄巾军的胜利极大地鼓舞了各地民众，五斗米道的农民们很快在汉中一带起义，羌民们争先恐后地加入起义军，杀了护羌校尉和金城太守，把西部变成了声势浩大的反东汉的战场，与东部的黄巾军呼应。

风起云涌的黄巾起义极大地震撼了朝廷，慌乱无主的汉灵帝接受了宦官吕强和北地太守皇甫嵩的建议，匆忙作出部署，宣布解除党锢禁令，"诛徙之家皆归故郡"，任命何进为大将军镇守京师，任命皇甫嵩等统率北军五校、三河骑士，由西向东反击起义军，任命卢植为中郎将，调集郡国兵力围剿各地义军。这样一部署，全国的正规军都动员起来，朝廷内部的争斗也暂时平息，所有政府资源全部派上用场，起义军霎时面对巨大压力。起义军进攻长社（今河南长葛东北）受阻。小小的长社由北地名将皇甫嵩防守，虽然官军人数不如起义军多，但军事技能比起义军高。加上皇甫嵩有勇有谋，抓住大风天气，利用火攻偷袭起义军的营寨，起义军惊乱奔走。此时又遭遇汉军骑都尉曹操增援之兵，城里城外的汉军合力夹击，黄巾军大败，数万人死于长社城下。长社之战是朝廷与起义军之间关键的一仗。之后，汉军又顺利地击溃颍川、汝南等地的起义军，由此转入全面反攻。

起义军士兵绝大多数都无军事素养，指挥员也严重缺乏作战经验，当然容易受挫。本来坚守宛城的起义军有十多万人，攻城的汉军只有2万人，结果是2万人战胜了十多万人，南阳起义军就此完全被镇压。在进攻南阳起义军的同时，另一路政府军在卢植的统率下进逼冀州，伺机围歼起义军领袖张角、张梁、张宝率领的起义军主力。兵力对比依然是起义军占优势，但20万主要由流民组成主力的战斗力远逊于卢植的正规军。不过，张角的指挥还算得当，他先采取守势与卢植打消耗战，将主力撤至广宗（今河北威县东）死守。卢植一连3个月急攻，居然没占到便宜，双方陷入胶着状态。汉灵帝急了，下令用一辆槛车将卢植押回京问罪，换上中郎将董卓上阵指挥。张角所部依然顽强抵抗，董卓也无功而被勒令返京问罪。又换上刚刚在颍川一带镇压起义军有功的皇甫嵩。皇甫嵩棋高一着，趁张角病死之际，采用夜战破城，张梁与3万多起义军战死，另有5万多将士拒绝投降，集体跳河而亡。

皇甫嵩马不停蹄，又向防守下曲阳（今河北晋州市西）的张宝所部发起进攻。10万起义军拼死作战，最终阵亡。几十万起义军主力就这样在不到10个月的时间里被政府军分别击败，其他分散的起义军也在当地被豪族地主武装剿灭。然而，黄巾军的余部并没有放下武器，他们趁着朝廷欢呼胜利的时候，把部队拉进深山，与政府军展开游击战，其中最有实力的有黑山黄巾军，白波黄巾军，青、徐黄巾军等。这些起义军少则一两万人，多则几十万人。不久后威名大振的军阀曹操就是依靠30多万投降的青州黄巾军（后又称"青州兵"）壮大实力，一统北方。

轰轰烈烈的黄巾起义虽然与政府军只相持了11个月，但东汉政府自此一蹶不振，最终与黄巾军同归于尽。

十六、恶魔董卓

镇压了黄巾军，东汉政府并未摆脱危机，一些地方势力借机割据一方，与朝廷分庭抗礼。暂停了一阵的宦官与外戚之争又摆出擂台，场面威武。已经被黄巾军弄得心力交瘁的汉灵帝为了睡个"好觉"，一下子扩建了8支近卫军，曹操担任这8支近卫军中的一支的首领（典军校尉）。汉灵帝仍旧信任宦官，任命宦官蹇硕统率这8支近卫军，连大将军何进也要归蹇硕指挥。

何进是何皇后的老兄，岂肯听命于无根之人？就在何进心中愤愤不平之时，汉灵帝死去，13岁的皇子刘辩接班，是为少帝，何太后临朝。何进这下高兴了，他接受中军校尉袁绍的建议准备尽诛宦官。他找了个借口，首先杀了蹇硕，把蹇硕手下的禁兵收编在自己的营中。尔后进宫向太后汇报，要求铲除所有宦官。何太后是凭借宦官势力做上皇后位的，对何进的建议不批。袁绍知道后，又对何进出主意，说可以把一些有实力的地方将领引入洛阳周围，威迫太后尽诛宦官。何进是个糊涂虫，一道文书就把前将军董卓、东郡太守桥瑁、武猛都尉丁原召到了洛阳附近。后两位将领进京没有造成多大的恶果，董卓则是个十恶不赦的恶魔，不仅完全把朝廷掀了个底朝天，关中、中原一带的民众也被他推入了万丈深渊。

董卓接到何进的召唤，立刻向洛阳进兵。就在他即将抵达之前，宫中发生了巨变。宦官张让、段珪等已经探知何进即将利用地方军之手诛尽宦官，情急之下就假传太后的命令，召何进入宫议事。袁绍在此之前已提醒过他，这段时间千万别进宫。但何进缺乏谋略，并不在意，依然前往，一进去就被宦官截杀。何进的几位部将便与袁绍及其弟虎贲中郎将袁术一道，领兵焚烧宫门，直闯皇宫，而且逢人就杀，2000多名宦官不论老少，很快死于刀下，宫中有些没长胡须的人也冤死其中。张让、段珪等见势不妙，慌忙劫持汉少帝和陈留王刘协（少帝之弟）出逃。当逃到黄河渡口小平津时，被尚书卢植追上。张让、段珪无处可逃，只得投河自杀，盛极一时的宦官队伍就此覆没。

这些斩光杀绝宦官们的东汉将领及外戚们，在政治上或其他方面也没有比宦官们更优秀。军阀董卓远远望见洛阳大火，知道已生巨变，立即令部队全速前进。到达城西后，首先掌控了原属何进的禁军，尔后打听到汉少帝在北芒，便立即率兵前往。汉少帝这孩子早就闻知董卓凶残，一见面就被吓哭了。董卓是今甘肃人，身高体壮力大，能在马上左右开弓。他有些谋略，但性格残忍，在汉阳平服羌乱时杀红了眼，后又在击败汉将领马腾、韩遂时打出了威风，政治野心随之膨胀。此时，他公然用命令的口气胁迫汉少帝和陈留王跟他一起返回洛阳。

进入洛阳后，董卓诱使吕布杀了先于他来到洛阳的执金吾丁原，兼并了丁原的并州部队。刚到洛阳时，董卓仅有3000凉州兵，通过兼并何进、何苗（何进之弟）、丁原的部队，实力大增，觉得可以独步朝廷了，就准备废了汉少帝。他先假意与袁绍商量，因袁绍是东汉名相袁汤之孙，在朝中享有声望。袁绍不同意，董卓按剑大怒："竖子胆敢！天下之事，不是由我说了算吗？"袁绍也勃然大怒："天下英雄，难道只有你董公？"不论谁反对，董卓全不理会，断然废了汉少帝，另立其弟陈留王刘协，称汉献帝。8 岁的汉献帝什么都不懂，权力尽归董卓。洛阳这下"热闹"了，董卓的凉州兵大多为西北羌胡，未见过如此繁华之景况，仗着董卓之势，大肆抢掠财物，奸淫妇女，把整个洛阳闹了个鸡飞狗跳。除抢掠之外，一些士兵还以杀人为乐。有一次，郊外百姓正在社祭，董卓的兵闯进场内杀光了所有男子，还将人头系在车辕上，诡称是攻贼所获。董卓不仅放任部下胡作非为，自己也淫乱宫廷，肆意杀戮，占有了朝廷的无数奇珍异宝仍不满足，又挖开汉灵帝陵寝，盗取墓中陪葬品。

董卓的种种暴行激起了朝中公卿和广大民众的强烈仇恨，各州刺史和太守共推袁绍为盟主，组成关东联军，讨伐董卓。残留的黄巾起义军的余部也再次起事于西河白波谷，与关东军呼应，夹击洛阳。董卓一面部署应战，一面做撤退的准备。讨董联军的兵力多于董卓，又有长沙太守孙坚这样的猛将率先攻入洛阳，董卓遂放弃坚守，准备向长安转移。动身前，他下令先毒杀了被废的刘辩，然后放火烧毁洛阳城所有的宫殿及其他建筑物，将 200 里内的民居洗劫一空，大批珍贵的文化遗产遭到空前的洗劫，许多损毁殆尽。把洛阳变为一座废墟之后，他下令将洛阳及附近的百万民众西迁长安。已经一贫如洗的民众拖儿带女，风餐露宿，边走边泣。由于粮食严重缺乏，不少民众饿死或病死，抬眼望去，积尸盈路。

迁都长安后，董卓不是先安置百姓、稳定社会，而是更加变态地放纵淫乐。他把从洛阳等地搜刮来的金银财宝和粮食统统积藏在郿县（今陕西眉县），特意建筑了一个基地，其城墙高、厚各 7 丈，里面仅粮食就可供董卓及其卫戍吃 30 年。他很得意修了这么个叫"万岁坞"的地方，时常自言自语地给自己打气："事成（指他取代东汉），雄踞天下；不成，守此足以终老。"他既想当独裁者，又想当守财奴。就在他以为天下不久即将归于"万岁坞"的时候，天下之人都在准备与他决斗，一个诛灭他的计划正在朝中和民间酝酿。司徒王允、司隶校尉黄琬、仆射士孙瑞，以及董卓的义子中郎将吕布等，已经定下在初平三年（公元 192 年）四月丁巳这一天动手。为什么选定在这一天动手呢？原因是汉献帝小病初愈，定于这一天大会群臣于未央宫，董卓作为太师，肯定会奉诏入朝。果然，董卓一袭新装，趾高气扬地走进宫门。刚一入门，即被骑都尉李肃和吕布的长矛刺死。消息传出，长安轰动，人们"歌舞于道"，拍手称快，不少仕女卖掉首饰、衣装沽酒买肉，以示庆贺。

董卓的部将听到这个消息，无不惊恐。此时主持朝政的王允是没有大战略的庸官，本应对这些凉州将领实行怀柔政策，把他们与董卓区分开来，可实际上却实行了恐吓政策，市面上的谣传是将要清算凉州兵团。于是，凉州猛将李傕、郭汜、张济等人联手起兵，大张旗鼓地从关东杀入关中，扬言要为董太师报仇。10多万凉州兵很快杀进长安，和王允一道主持朝廷工作的吕布冲出敌阵，逃往关外，王允被杀，奄奄一息的东汉政权又落到上述这几个武夫之手。武夫们分了工，朝廷大事由李傕、郭汜、樊稠共同掌管。但没过多久，集体领导搞不下去了，三人间展开了长达两年多的火并。樊稠最先被拼死，剩下的李、郭二人一个劫持着小皇帝，一个关押着满朝官员。两人决意拼出高低，就把长安及其附近作为战场，你攻我守，我攻你守，直打得昏天黑地，居民逃散，行旅断绝，广袤的关中平原的空气中都弥漫着血腥味。

先是董卓之乱，后是董卓部将之乱，这两乱使洛阳、长安两城变为废墟，近3年罕见人迹，长安城曾经空城月余。兴平二年（公元195年），汉献帝在一些反李、郭的势力的保护下侥幸回到洛阳。昔日繁华富有的京城早已是一片瓦砾，朝廷没地方办公，就捡了些残砖破瓦搭了几间房作为"宫殿"，文武官员们上朝时站在一片荆棘中向小皇帝致意，寒风吹拂着这些骨瘦如柴的官僚。没有一个东汉的原诸侯向皇室提供粮食，部长级以下的官员都得外出采集野菜充饥，有的外出就再也没能回来。日子太难过了，朝廷可怜，百姓们更可怜，以往上百万人口的洛阳，现在只剩下几百户，"出门无所见，白骨蔽平原"。

国之不国，帝之不帝，诸侯们对汉献帝没有多大兴趣了，与其再围绕小皇帝争来争去，不如拥兵割据，笑傲一方。与众诸侯不同，手握重兵镇守兖州的曹操却亲率大军朝拜汉献帝，自封为京城卫戍司令，肩负起皇室安全的重任。他又带着汉献帝迁都今河南许昌，将年号改为建安元年（公元196年）。汉献帝厌倦了迁徙，但又无法反对，只得一切听从武平侯曹操的决断，自此成为曹操手中的橡皮图章。挟天子以令诸侯，曹操将演出一幕又一幕大戏好戏。

十七、回望汉朝

汉献帝迁居许昌，表明东汉政府名存实亡。但曹操为了利用东汉讨伐割据势力，又让它存在了 24 年，直到他去世那年（建安二十五年）儿子曹丕自立为帝，东汉才彻底消亡。这样，从光武中兴（公元 25 年）到建安二十五年（公元 220 年），东汉的国祚总共 195 年。把西汉的 210 年加上，两汉共立国 405 年，在中国的历史上，汉朝是"长寿者"。

抚今追昔，回首两汉，最值得后人欣慰的：一是中国实现了空前的大统一。疆域东临大海，西至巴尔喀什湖及葱岭以西，北到贝加尔湖，南迄南海，总面积超过 1000 万平方公里。二是中华民族增添了许多新鲜血液，中国人实现了空前的大重组，几十个兄弟民族与汉民族融为一体，以往的夷人、南蛮、羌胡等都成了中国的正宗。各民族优势互补，你中有我，我中有你，携手把中国的物质文明和精神文明推向新境界。

汉武帝时代冶铁专营，发明了低温炼铁法，这是当时世界上最先进的炼铁法。铁产量大幅增长，铁器工具大量使用。耕地用的犁壁发明了，能将耕碎了的土垡破碎并翻转过去，生产力有了长足的进步。西汉末，农作物的最高亩产已达 500 斤左右。粮食的增加使人口快速增长，西汉平帝时，全国总人口已超过 6000 万。一大批宏大富丽的城市崛起，长安、洛阳市内的人口过百万，洛阳纵横交错的 24 条大街上，排列了数千家商铺，是当时世界上最繁华的都市。城内还建有国家天文台，张衡就在此观测天象并创制了浑天仪、地动仪。浑天仪是一个可以转动的空心球体，利用滴漏推动仪器转动，平时置于密室之中，通过仪器转动就能了解一般的天体运动。张衡在天文学方面的研究前无古人，成果显著，国际天文学界为了纪念他，把月球背面的一座环形山命名为"张衡山"。与张衡同时代的宦官蔡伦发明了以树皮、麻头、破布为原料的造纸工艺，使中国领先世界近千年用上价廉物美的书写用纸，这是中国对世界文明的重大贡献。10 世纪初，蔡伦的造纸术传到欧洲，欧洲自此不再用羊皮书写。

还有张仲景创立了中医学"辨证论治"的方法，著有《伤寒杂病论》，保留和研究了大量的中医成方，为人类的医学作出了重大的贡献。他的著作传到海外，许多国家的专家学者至今还在研究。

中国人的理想人格与道德情操在这个非凡的时代大放异彩，上自杰出的领袖人物和一大批具有远见卓识及奉献精神的政治家、军事家、外交家，下至普通的农夫、工匠、商人等，大都心怀天下，意气风发。汉武帝即位时只有16岁，这个少年帝王统领着地大物博的大中国，汪洋恣肆般舒展天下国家的情怀。他率先解放思想，大刀阔斧地改革上层建筑，把积极进取、有所作为的儒家学说创造性地运用到治国安邦兴天下的实践之中。他厉兵秣马，不惜一切，不畏艰险，与匈奴展开了长期的军事斗争，为的不仅仅是将匈奴祸患根除，更多的是要展示中华民族与生俱来的以天下为己任的"天下国家"的思想意识与责任感。正是这种"天下"情怀，培养和造就了一大批千古流传的英雄人物，如李广、卫青、霍去病、张骞、李陵等。

李广是何等的英雄啊，曾以百名骑兵对阵匈奴数千精骑，60多岁时还提刀上阵杀敌。卫青是何等的英雄啊，曾作为统帅，7次远征匈奴，每次都战果累累。霍去病是何等的英雄啊，以一介少年之身，6次领军深入大漠作战，最终封狼居胥。功成名就之后仍不忘报效国家，对汉武帝赐予的宅第拒不受领，一句"匈奴未灭，何以家为"的名言至今令人振聋发聩。张骞是何等的英雄啊，凿空西域之后不居功、不停歇，很快又投身到对匈奴的作战之中。

切不要以为只有这些封侯拜相的英雄们才具有这种以国家和民族的事业为重、置生死于不顾、奋其身手、笑向刀锋的精神风貌，在汉朝那个伟大的时代，普通的中国人也是闻讯而起，敢于以自己的热血去展现对国家和民族的热爱。元狩四年（公元前119年），汉武帝倾全国之力发起著名的漠北之战时，沿途有4万多锐气逼人的普通百姓自己携带马匹、武器涌入西征大军之中，其中一半以上战死大漠。

没有号召，也没有特意去组织他们，这些追随汉军行动的普通百姓，真正体现了中国人的家国情怀和精神风貌。正是这种情怀和精神，几千年来把中国人紧紧地团结在一起，任何灾难袭来都不能使他们分开。

汉朝的精神文明是中国人独特的民族性格的集中体现，在被当今西方人称为"软实力"的文化基因中，除了"独尊儒术"这一条之外，其他模式的思想、文化基因也得到了发展，宗教文化也相继成长，如佛教、道教。

佛教具体是何时传入汉朝的？有的说是东汉明帝时，有的说是张骞通西域时。主流说法是永平七年（公元 64 年），汉明帝令郎中蔡愔等 18 人去西域求佛。历经 3 年，在今印度求得了许多经卷、佛像，又访得迦叶摩腾、竺法兰两位高僧一同回国。汉明帝为他们举行了隆重的欢迎仪式，拨专款修建了白马寺供奉佛像经卷。佛教自此在中国扎根，洛阳一地建起千余所佛教寺院。后来的魏晋南北朝、隋、唐时期，佛教更加兴盛，有的皇帝还遁入佛门。

汉明帝是一代明君，他通读了两位高僧翻译的《四十二章经》，得知大乘佛教强调一切众生皆可成佛，小乘佛教重在自我解脱，通过个人修行，可以进入涅槃，以免轮回之苦。这些思想都有利于国家安定，假如人人都看重修行，谁还会去打家劫舍呢？所以，他支持佛教传播。老百姓也有自己的想法，佛教"睁眼似可见，闭眼似可得，力大到绝对可靠"（学者张中行语），自然要去信奉，何况生活时常清苦，有佛相伴，多少会得到一些慰藉。

国家统一、安定需要，百姓生活、修行需要，佛教就这样与中国的国情相结合，融入中国文明之中。1993 年、2003 年，两位印度总理先后访华时都曾瞻仰白马寺。拉奥总理在题词中写道："这座神圣的寺院曾经是印度学者带着佛音初次到达中国的地方。"瓦杰帕依总理写道："我向建立这种联系的先驱者表示敬意。"

道教是中国土生土长的传统宗教，它的基础源于西汉初期大力倡导的黄老之学。作为一种治国理念，道教起初并非是一种宗教。随着人们对黄老的崇拜，黄老之学逐渐被推上祭坛，成为一种宗教。

道教与中国的传统文化关系密切，尤其是人们熟悉的巫文化，实是道教的源头之一，如喝符水可以治病，舞宝剑能够驱鬼，埋个小木偶可以害人，吃粒仙丹可以长生不老……道教在不经意间兴盛起来。道教把老子奉为教主，把方士中的大人物张道陵立为先知。因为它有"自然""无为"等治国术，还有据说可以让帝王长寿的房中术、炼丹术，因此上层人物能够接受。百姓也可以接受，当苦难一次次降临而又找不到出路的时候，跟着道士们去寻求神灵来拯救自己，就成了最好的出路。

领袖人物万万没有想到的是，在儒释道三教并立的社会里，宗教不但没有成为政府的"稳定器"，反而成为民变的"发动机"。张道陵的孙子张鲁是五斗米道的道主，他在汉中修建了"张鲁城"，自号"师君"。在他控制下的汉中居民先后加入了五斗米道，五斗米道不再是一般的宗教组织，它已经发展成政教合一的政权组织。这一组织按照《太平经》的设想，对政治、经济进行改良，对东汉的刑法也大胆地变革。张鲁政权不仅要求信徒信教，还特别注意经济建设，为日后更大的发展积累实力。江河日下的东汉政府无力对付张鲁，只得任其雄踞巴、汉达30余年。

宗教的力量如此之大，这是中央政府根本没有料到的。东汉兴于宗教，以谶纬号召天下，又让谶纬入国家法律，可是最终又毁于宗教。

再次回望两汉，我们看到了灿若星河的人才群体，刘邦、项羽、刘彻、刘秀、张良、萧何、韩信、卫青、张骞、班超、马援、窦宪，还有匈奴民族的冒顿单于等，他们都为中国的统一大业作出了杰出的贡献，后人将永远铭记他们。继此之后，又一个人才辈出的时代将要到来，一大批乱世中崛起的英雄人物南征北战，为中国的重新统一而打拼。这个时代叫"三国"。

可爱的中国

——中国历代通俗演义

（中）

李超贵　著

中国市场出版社
China Market Press
·北京·

第十一章 三国归晋，一笑泯恩仇

公元 208 年（建安十三年）的一场中国历史上著名的以少胜多的战争——赤壁之战，把中国一分为三：魏以中原为依托，独霸中国北方；蜀以四川为大本营，控据荆、益；吴以长江为天堑，拥有扬、荆、交三州之地。三方相继称帝建国，史称三国。

三国时期其实只有 60 年，时间虽短，但其影响深远。生活在这一时间段的人，无论是帝王将相还是普通百姓，大都把统一中国看作神圣目标，前仆后继，奋斗不懈。统一中国凭什么呢？不是凭嘴说，而是凭"拳头"，所以，这一时期战乱不休。三国时期战争的频率之高、强度之大，是中国历史上少见的。以三国正式形成鼎立局面的公元 229—263 年的 34 年为例，几乎无一年无战事，每场战争动辄有几万、十几万的军民死伤，更有大批百姓流离失所，成群结队地离开故土，远走他乡，中国大地上出现了空前的人口大迁徙。三国真不是一个值得后人津津乐道的好时期。

三国是乱世，却也是盛世。是什么样的盛世呢？是一个"时间虽短，却显得威武雄壮，气象万千"，各种力量都在采取措施革新自己、壮大自己，从而赢得胜利的充满活力的盛世；是一个为中国的统一大业贡献出无数杰出英才，并通过这些英才留给后人众多独特的、立竿见影的、具有前瞻性和持久生命力的大战略的盛世。

中国是不幸的，400来年的统一格局被打破；中国又是幸运的，中华民族在面对分裂的乱局时，没有乱了方寸，更多的时候是高举起大一统的旗帜，勇敢地走上反分裂反割据的战场，哪怕倾家荡产，哪怕血流成河，不把中国重新统一决不放手。

一、大割据、大混战、大动荡

汉献帝北渡黄河、定都洛阳不久，郭汜便被部将所杀，李傕也被关西军所杀，但凉州兵团依然割据关中。此时的大势是众多牧守以及一些地方豪强和将领不再理会汉献帝，而是纷纷扩充武装，展开大割据、大兼并的混战，全国13个州，有12个都卷入其中，中国乱套了。

割据河东的黄巾军起义失败后，由郭泰领导并继续坚持斗争的西河白波军本来已经从李傕、郭汜手中接过了汉献帝，完全可以利用汉献帝做一番文章，不料中了曹操的圈套，汉献帝落入曹操之手。不久，白波军就被曹操击败。

割据凉州（今甘肃、宁夏及青海、陕西一部）的是马腾、韩遂。马腾是马援的后代，从一介士兵升迁为东汉政府的征西将军。韩遂早先为当地豪强，后被东汉政府拜为镇西将军。两人曾结为兄弟，但天下一乱，兄弟又互相攻击，争夺领导权。马、韩是全国最早割据的关西军阀，凉州兵本骁勇能战，但最终未能成就大业。

割据幽州（今北京、河北北部、辽宁大部及朝鲜半岛北部）的是刘虞、公孙瓒。刘虞是刘秀儿子东海恭王刘强的后裔，是东汉的幽州刺史。幽州是少数民族聚居地，高句丽、鲜卑、乌桓等都是实力雄厚的部落。幽州也是容易闹事的地区。刘虞头脑清醒，以仁政治理，崇尚和谐，与各民族部落相处甚好，因而受到各方欢迎。董卓掌朝时，曾拜他为太傅，袁绍还密谋拥立他为帝，都遭到他严词拒绝。

刘虞很能治理地方，却不懂军事指挥，心又软，生死关头不忍用火攻，结果手握10万兵力，却没打赢幽州屯军公孙瓒的几百士兵。公孙瓒不仅俘虏了刘虞，还诬陷刘虞妄图称帝，使刘虞死在汉献帝使者之手。

公孙瓒是大儒卢植的学生，是当时文武全才的名士，在历次对乌桓的战斗中取胜，被东汉政府擢升为中郎将，由此建立起了自己的武装。名士出身的公孙瓒好战，他从不赞成对乌桓等少数民族采取怀柔政策。在同乌桓的矛盾没有缓解之前，他又南下与袁绍作战，企图从袁绍手上夺取华北平原。没想到他设计杀害刘虞之后，刘虞的余部联合乌桓和袁绍的部队南北夹击，使他受到重挫。

辽东太守公孙度是公孙瓒的近邻，也是他的同族兄弟，看上去并没有什么本事，但他手握数万精锐骑兵和水兵，稳居辽东，坐观风起云涌。他清楚东汉气数已尽，就把辽东郡升为平州，任命自己为平州牧。除了割据，他没别的打算。很容易满足的公孙度是坚持到最后的"土皇帝"。

割据河北（今黄河以北地区，含冀、青、幽、并四州）的是袁绍、张杨和张绣。袁绍出身于官宦世家，四世居三公高位，门生故吏难以计数。他做人比较低调，尽管担任过大将军、司隶校尉兼冀州牧，仍折节结交各类人士，很讲义气。当朝廷大肆搜捕党人时，他还敢于掩护和援救大批党人。汉灵帝死后，他率兵尽诛宦官。董卓作恶时，他牵头组织反董统一战线，在当时大获人心。

袁绍从任渤海太守时开始组织自己的武装，但渤海太守地盘太小（治所在南皮，今属河北），还归冀州牧韩馥领导。袁绍决心取而代之。他密约公孙瓒南下，作出攻击冀州之态，然后派出说客敲打韩馥。说客也是韩馥的亲信，他问韩馥："在宽仁容众、为天下所附、临危吐决、智勇超人、世代施恩、泽及天下这几个方面，您估计自己与袁绍比谁强？"韩馥说自己不如袁绍。说客说，不如举州让给袁公，您可安如泰山。韩馥是个老实人，官大、胆子小，知道自己争不过袁绍，就拱手把冀州让给了袁绍。冀州地盘大，有带甲百万，且储备了10年的粮草。兵不血刃拿到冀州，袁绍立即在谋士沮授的帮助下制定了一个数年统一全国的计划。按照这个计划，首先统一河北，接着从曹操手中夺回汉献帝，重返洛阳，号令天下。

袁绍选择的第一个攻击目标就是他的堂弟袁术。两兄弟往日相处甚好，袁绍母亲去世后是袁术扶柩送灵至老家汝南安葬。顾得了天下，顾不了兄弟，袁绍以盟主身份下令攻击与袁术联合的孙坚，又几次委托盟友曹操在河南牵制袁术。袁术火了，立即支持公孙瓒打袁绍。公孙瓒果然出兵进袭冀州，却被袁绍击败。在公孙瓒进攻冀州时，黑山军在袁绍后方发动暴动，占领邺城。袁绍在打败公孙瓒之后立即南下，挨个清理、屠戮农民起义军的基地。重创起义军后，袁绍联合吕布，掉头北上攻击割据冀州西山山谷的原黄巾军将领、现黑山军将领张燕和匈奴屠各、雁门乌桓联军，重挫张燕。

袁绍坐镇冀州，又以盟主的身份委任官吏，控制了青州（今山东临淄西北）、并州（今山西太原西南），以此为大本营，向北方最大的军阀公孙瓒发起进攻。战斗中，袁绍还发明了开挖地道从地下进攻的战法。公孙瓒抵挡不住，在杀尽其妻其子后自焚。这样，幽州尽被袁绍掌控，袁绍成了当前最有势力的军阀。

袁绍原本准备去洛阳奉迎汉献帝，定都邺城。中间他改变主意，自恃强大，认为汉室不可能再复兴，没必要给自己再找一个老板，割据挺好。袁绍的这一决定给了曹操以先机，让自己在战略上置于曹操之下，袁绍没有大智慧。

割据河内（今黄河以北，京汉铁路以西地区）的是原并州刺史丁原的部将张杨。张杨是今内蒙古人，作战勇猛。丁原被吕布杀死后，张杨就在并州的河内郡组建武装，加入讨董联军之中。河内郡是丁原以前的老地盘，张杨在此很快发展起来，一度参与挟持汉献帝，后因给汉献帝送粮而被拜为大司马。张杨跟刘虞相似，心地仁慈，治军不严，即使发现部下要谋反，也只是去当面哭着训斥一番，并不严加惩处。时间久了，内部不团结，结果张杨被部将杨丑所杀，其军队被曹操收编。

割据南阳和九江的是袁术与张绣。袁术是司空袁逢的儿子，以侠义之风闻名于世，官至虎贲中郎将。袁绍在北方成为最大的军阀之后，袁术也通过家族品牌广结同党，自己直接割据荆州、南阳，通过盟友孙坚、陈瑀控制豫州、扬州等地，成了南方最大的军阀。同袁绍相比，袁术没有制定大战略，他的许多决策都不适宜。他派孙坚攻袁绍的盟友刘表，企图拿到荆州，结果孙坚战死。攻刘表不胜，他转攻曹操。攻曹操受挫，他又转攻刘备、吕布。受挫后，回过头再攻曹操。就这样，东一下，西一下，四面树敌，收获甚微。袁术的心态愈来愈坏，不顾部下劝阻，居然在九江郡的寿春称帝。这样的分裂行为令盟友们不满，纷纷离他而去，孙坚的儿子孙策宣布独立。袁术依旧我行我素，模仿帝王生活，蓄养庞大的后宫，终日声色犬马。他全然不顾在他管辖地区内的民众的生死，在大旱之年发动对近邻陈国（今河南淮阳）的进攻，结果被曹操打败。

元气大伤之后，袁术想去投靠两个老部下，却被拒绝。想再去与袁绍联手，又遭到曹操的部属刘备拦截。无奈，袁术只得退回根据地九江，一路上缺粮、缺水，难以支撑。袁术仰天大叫道："袁术到了天要灭亡这一步吗？"叫毕，吐血而死。南方最大的军阀倒在自己吐出的一斗多鲜血中，可悲可叹！

袁术死后，刘表收复南阳，把南阳交给张绣防守。张绣是董卓部将张济的晚辈，跟随张济作战，以军功迁至建忠将军。张济是凉州兵团中比较有头脑的指挥员，曾经调停过李傕、郭汜的火并，并劝他们交出了汉献帝。后张济在军中无粮的情况下进入荆州找粮，中流矢而死，张绣就这样依附了刘表。张绣善变，在割据南阳时，一会儿投降曹操，一会儿又反曹操，可算是一条变色龙，还谈不上是个真正的军阀。

割据兵家必争之地徐州的是陶谦、吕布。徐州的辖境相当于今江苏北部和山东东南，属战略要地。陶谦是今安徽宣城人，是东汉末有名的太学生，黄巾起义后被东汉任命为徐州刺史。他在任上击败黄巾军，自此割据徐州。陶谦文韬武略都有，抱负远大，他反董卓，伐李傕，继续给汉献帝朝贡，处处把自己摆在一方领袖人物的位置上。他支持袁术，与曹操为敌。又联合在徐州下邳自称天子的阙宣，攻取了曹操管辖的兖州部分地区。部将还杀害了曹操父亲曹嵩一家。曹操被激怒，亲率大军攻击徐州。陶谦多次被击败，5个城市先后被曹操屠城，几十万男女老幼死在曹操的复仇怒火之中。

陶谦抵挡不住曹操的进攻，退到郯城死守，后又逃回老家隐居，不久即病逝。临死前，他把徐州交给刘备。为什么会交给刘备呢？主要是因为陶谦退守郯城时，刘备与青州刺史田楷赶来增援，陶谦认为刘备能成大业。刘备当然高兴了，他此时手无寸土，急需一块落脚之地。稍经推辞，刘备就当起了徐州牧，开始尝试着割据一方。

刘备是汉景帝儿子中山靖王刘胜的后裔，字玄德，今河北涿州人。父亲、祖父官都不大，少年丧父，生活艰难，只得与母亲一道贩鞋织席维持生计。15岁时外出游学，与公孙瓒一道求学于卢植。但不好读书，喜爱音乐、宠物，讲究穿华丽的衣裳。为人处事低调，平时寡言少语。生活穷困，却爱结交豪杰。黄巾起义后，刘备也想干一番事业，率领自己的一帮好友，如关羽、张飞等加入官军，因小有战功而被任命为高唐（今山东高唐东）县令。小小县城又被起义军攻占，刘备弃官去投奔老同学公孙瓒，任别部司马，后又升任平原（今属山东）相。就在此时，受命与刺史田楷一道南下增援陶谦，由此得到徐州。小小的县官刘备一跃而为大军阀。

尽管天下掉馅饼，但太烫人，袁术岂能让刘备这个穷小子占有如此重要战略意义的地区？建安元年（公元196年），袁术大举向徐州进兵。为了一击必中，袁术还拉拢吕布配合他进攻。刘备抵抗了几个回合，因陶谦旧部与张飞不和，结果被吕布抢夺了徐州治所下邳，刘备的妻儿也被俘虏。刘备只得向吕布求和。吕布放了刘备妻小，又把下邳归还刘备，条件是与他一道抗击袁术。刘备一一答应，暗里却收集残兵，准备固守下邳。吕布不想让刘备东山再起，遂发起攻击，占领了徐州。刘备只得逃到曹操处，依附曹操。这样，徐州就落到吕布之手。

吕布的实力有限，为了保住徐州，形成割据之势，他采取了投机取巧的战术，一会儿与袁术交好，答应把女儿嫁给他；一会儿与曹操相好，把已经上路准备与袁术拜天地的女儿又追回来。反反复复，弄得任何一方也不信任他，曹操一怒之下与刘备联手，大军东征，俘杀吕布。

吕布是今内蒙古包头人，并州刺史丁原的部将，擅长弓马，号称"飞将"，打起仗来远近畏惧。但他有勇无谋，本已偷袭到了曹操的大本营兖州，却不封锁曹操回归的沂蒙山险道，使曹操得以顺利地从进攻徐州的前线回师，从而被击败。吕布的品德也不好，跟丁原害丁原，跟董卓杀董卓，军阀混战的大战场上没有一位军阀相信他。曹操捉住吕布后不知如何处置，刘备说吕布毫无忠诚可言，丁原、董卓是前车之鉴，曹操这才决心杀了他。会打仗，不会做人；能抢夺城市，却没有一处可靠的后勤基地，吕布的结局只能如此。

到建安四年（公元199年），刘虞、公孙瓒、袁术、吕布、陶谦五大军阀割据势力先后灭亡，曹操顺利占有了兖、豫、徐州等中原广大土地，基本统一了河南（黄河以南的广大地区，主要包括兖、豫、徐州），成为首屈一指的跨州大军阀。

二、挟天子以令诸侯

无疑，三国时代最重要的人物首推曹操，一部三国史主要围绕他展开。曹操，字孟德，小名阿瞒，今安徽亳县人。父亲曹嵩是著名宦官曹腾的养子，汉灵帝时官至太尉。与刘备不同，曹操自幼好读书，文章、口才都好，20岁左右就成为当地名士。喜欢结交，反应机敏，有时也搞些恶作剧，为人处事特别自信。曹操曾经专门去面相，相面人许劭笑着说："君乃治世之能臣，乱世之奸雄耳。"曹操听罢付之一笑，但已抱定安邦济世之志。

有才干加上家族背景，曹操30岁就被任命为济南相，35岁就做到"西园八校尉"之一的典军校尉。这是皇室近卫军，一般人根本不可能担任此职。汉灵帝去世时，大将军何进想引进外兵和边将，用来诛尽宦官，曹操劝他不要引狼入室，说杀几个宦官头头就行了，何必如此大动干戈。何进不听，宦官是诛尽了，董卓之乱随之爆发。何进假如听了曹操的话，东汉可能还有救。

董卓控制洛阳后，曹操、袁绍都逃出京城，尔后各自组织武装，发起征讨董卓的战争。曹操的队伍中基本都是他的同祖或同族的曹氏兄弟，如曹仁、曹洪、夏侯惇等。有人，但没有地盘，讨董行动结束后，曹操决定向河南发展，建立大本营。曹操把这一想法透露给自己的青年密友、同为"西园八校尉"的袁绍，得到袁绍的支持。袁绍也告诉曹操，自己将向河北发展，最终夺取河北。曹操立即向袁绍承诺，自己将避开河北而行事。

在袁绍的支持下，曹操率部进入今河南濮阳，击败黑山农民义军，就此担任东郡太守，很快又占领隶属于东郡的兖州。兖州人多地广，是极重要的战略要地。曹操刚在兖州立脚，青州黄巾军也杀入兖州地盘，曹操不惧起义军兵众，亲自率军迎击，采用边打边谈的战术，开出优惠条件，诱降青州起义军，"受降卒三十余万，男女百余万口"。这是一笔巨大的战果，当时中原之地屡经战争摧残，"天下户口减耗，十裁一在"，即90%的人口消亡。曹操一下子补充了30多万起义军，实力陡涨，立即自称兖州牧。

以兖州为基地，曹操又向豫州进军，很快拿下豫州大部，顺势把治所迁到许县（今河南许昌东）。在夺取兖州、豫州的过程中，比得到两州地盘更令曹操高兴的是获得了一大批人才、奇才，如荀彧、程昱、毛玠、满宠、李典、于禁等。这帮人向曹操建议："宜奉天子以令不臣，修耕织以畜军资，如此则霸王之业可成也。"也就是说，当务之急是两件事：一要把皇帝控制在手，二要大力发展生产、充实军备。

汉献帝此时正在洛阳的断垣残壁中艰难挣扎，见到曹操奉迎的奏表，立即同意。不久，汉献帝就迁居许昌，成为曹操的"王牌"。曹操利用这张牌，今天任命张三为将军，明天任命李四为校尉，想责难谁就责难谁。天子诏令毕竟还是有影响力的，天下人心慢慢转向曹操。"挟天子以令诸侯"不过是打心理战，曹操是个非常务实的人，他下令大力发展生产，依照汉武帝西域屯田的方式，实行大规模、大范围的屯田，而且既有民屯也有兵屯，"且田且守"。为此设立了专门的管理机构，任命杰出的经济人才枣祗为屯田校尉，郡、县也设立相应的主管部门，直属朝廷领导，不受地方长官统制。这样做很快显现出效果，不仅解决了民生问题，军队也不再受缺粮的困扰。

天子在自己手上，几十万青州兵加入进来，粮食堆满仓库，曹操遂决定与老朋友袁绍决裂，向河北进军。

三、大智大勇曹孟德

就在曹操谋算河北时，袁绍也决定南征曹操，把曹操歼灭或逐出河南地。袁绍当时拥有冀、青、幽、并四州，地广兵精，仅冀州就号称"带甲百万"。曹操尽管也拥有兖、豫、徐三州和归附的关中，但这些地区大多已毁于战火，急需休养生息。这样，从力量对比上看，曹操处于劣势。袁绍当然清楚双方的实力，所以排除反战的阻力，下令组建南方兵团，以精兵 10 万、战马万匹，择机出征曹操。

情报传到曹营，曹操立即召开作战会议，分析敌我态势。谋士荀彧说：袁绍有四败，曹操有四胜。表面看，袁强曹弱，但胜负的关键是统帅的才能和人品。袁绍外宽内忌，用人生疑；而曹操唯才是举，不问远近，因此在人品、度量上先胜了。袁绍遇事迟疑顾虑，多谋少决，丧失时机；而曹操能断大事，应变从容，因此在谋略上也胜了。袁绍治军无方，法令不立，士卒虽多，其实难用；曹操法令严明，赏罚必行，士卒虽少，但皆争致死，因此在军事上胜了。袁绍沽名钓誉，笼络不住人才；曹操诚心待人，天下英才都来效力，因此在德上也胜了。荀彧讲了"四败四胜"，谋士郭嘉又提出"绍有十败，公有十胜"的论点，认为曹操还有"道胜""治胜""明胜""久胜""义胜""仁胜"等软实力，说得曹操连连点头，立即作出具体的应战部署。

建安四年八月，曹操命臧霸进入青州（袁绍的地盘），从东路牵制袁军。他自己则北渡黄河，视察白马对岸黎阳（今河南浚县）一带的地形，确定把主要防线设置在官渡（今河南中牟东北）。为什么选在此处呢？因为官渡的东西面各有一大片水网沼泽，足以构成东西障碍地带，官渡位于这两大障碍地带之间，形成一个宽约几十里的喇叭口，可以把袁军引至口中进行打击。主战场选定后，立刻进行战场建设，挖工事、修营垒等。九月份，曹操回到许都，命于禁驻守黄河南岸，并派出部队守护官渡。在作出上述部署时，曹操采取拉拢政策稳定了关中，又通过私人关系争取到了凉州牧韦端的支持，从而消除了左、右两翼的隐患，确保能集中精力应对袁绍的进攻。

正在紧锣密鼓进行战前准备之时，新情况发生了：刘备在南下阻击袁术后北上时突然宣布叛曹。表面的起因是车骑将军董承暗杀曹操的阴谋泄露，刘备参与了策划。董承自称有汉献帝写在衣带中的诛曹密诏，想不到还没实施就被曹操处死，刘备心生恐惧而不得不反。但真正的原因是刘备不甘做曹操的部属，他也要称雄一方。曹操很清楚刘备的志向及能力，甚至认为目前天下豪杰中称得上是自己对手的唯刘备而已。他曾在一次酒宴上坦诚地把这一看法告诉刘备：今天下英雄，只有你我，袁绍之流，不足数也（算不上数）。刘备正在吃菜，听曹操这么一说，担心自己心中的企图被曹操看穿，手中的筷子都被吓掉。

刘备这一叛曹，打乱了曹操的抗袁部署。怎么办？刘备目前占有徐州，以他的宗室身份，号召力会很强，发展起来势不可挡。趁着刘备尚未立稳，曹操下令先平刘备，再抗袁绍。但是谋士、将领们有不同意见："与你争天下的是袁绍，大战即将爆发，没必要分散力量去对付刘备。"曹操说："今天不打刘备，必成后患，他一定会趁机袭取防守单薄的许都，以宗室身份挟持天子，号令天下，到时还有我们的机会吗？况且我非常了解袁绍，虽有大志，但见事迟，他见我讨刘，一定按兵不动，以图收渔翁之利。不要争论了，大军出动。"

曹操的统帅素质就在此显露出来，他亲率精兵，远离许都，根本不把袁绍的威胁当回事，很快攻占了沛县、下邳等地。刘备没想到曹操敢于在袁绍即将进攻之时先来打他，仓皇之下来不及集中起兵力，只得放弃徐州，只身狼狈地逃往袁绍大营。其妻儿被俘，数万军队被击溃，关羽被活捉，张飞逃往山林落草为寇。

袁绍此时坐在帐中观虎斗，准备等曹、刘打得难分难解时再动手。曹操没再给他机会，攻占徐州后迅速回兵。袁绍后悔了，本来曹操给了他机会，他完全可以趁曹操东征时偷袭许都，轻而易举地挟持到汉献帝，并顺便占领许都，可他偏偏要先看看再说，将领们催他行动，他却以儿子生病为由拒不发兵。谋士田丰急了，举杖击地曰：“唉！遭难遇之时，却以婴儿有病失去机会，可惜啊，大事完了！”

有机会时不打，等到曹操凯旋，袁绍又想打许都了。田丰此时建议暂时不打，先以持久战消耗曹操的力量。自以为是的袁绍一怒之下，把田丰关了起来。他决心已定，向各州郡发出讨伐曹操的檄文。该文由著名学者陈琳起草，文中从曹操的祖父曹腾骂起，一直骂到曹操，说曹操是“赘阉遗丑”“贪残酷烈”“无道之臣”等。发完檄文，袁绍亲率大军，打响了著名的官渡之战。

袁绍大军于建安五年（公元200年）初南下，进驻北方重镇黎阳。他首先派出大将颜良渡黄河攻击白马（今河南滑县东），夺得白马后掩护主力渡河。防守白马的是曹操的东郡太守，兵力不多，不敢正面交锋。曹操并不直接分兵增援白马，而是声东击西，派出一支部队渡过黄河，进抵延津（今河南延津北），作出袭击袁军后路的姿态。袁绍不辨真伪，马上分兵堵截。而此时曹操亲率精锐骑兵快速增援白马，关羽（此时归附曹操）一马当先冲入袁军阵中，手起刀落，斩了颜良的人头。曹操就此解了白马之围。

初战失利，袁绍大发雷霆，命令全军渡过黄河向官渡进攻。谋士沮授劝袁绍冷静，建议不要全军渡河，应将主力屯驻延津，进可攻，退可守，因为如果全军过河，一旦失利，大军就退不回来了。袁绍不接受这一正确建议，亲率全军渡河，决心与曹操决一死战。沮授眼看大军渡河，不禁叹息：“为首的人自负其勇，部下贪功短视，悠悠黄河，我可能回不来了。”果然，袁军前锋大将文丑被斩杀，袁军士气立刻低落。但袁绍不为所动，仍挥师进抵官渡，与曹操打起阵地战。

九月，北方的秋天气候干爽宜人，袁曹两军在官渡对峙。袁军在曹营周围筑起高楼，从上往下向曹营放箭。箭如雨下，曹营中士兵行走都得用盾牌遮挡。袁绍还给每个士兵配了一根绳索，准备活捉曹操。曹操发明了能发射飞石的木战车，用飞石击垮了袁军高楼。袁绍又从营外往曹营内挖地道，曹操就在营内挖长沟破解。

如此对峙了一段时间，曹操有些顶不住了，兵少，粮也不多，伤亡又大，百姓负荷过重，不少地方官吏和民众叛变。困难之时，他给在许都主持日常事务的谋士荀彧写信，告诉他想撤兵回许昌。荀彧回信说：千万别撤，袁军的全部主力在此，你想撤也撤不动。你感到顶不住了，袁绍也未必顶得住，再坚持一下吧，半年都顶下来了，何不再咬牙坚持下去？目前双方的状况均已暴露，情况很快会有变化，正是出奇制胜的良机，不能放弃啊！曹操听从了荀彧的建议，一边苦撑，一边派奇兵烧毁了袁军运往官渡的几千车军粮。没有粮食，袁绍也快顶不住了。

袁军的后勤得力，很快又有大批粮食运到，贮藏在离袁军大本营40余里的一个叫乌巢的地方。沮授知道这个地方必遭曹军偷袭，建议派一支规模较大的部队守卫。袁绍不听，谋士许攸建议说，我方兵多，应赶快分兵直袭许昌，调动曹操来回奔命，再伺机全歼。袁绍也不听，说我非要在这里打败曹操。

在两军对垒的关键时刻，袁绍以孩子气来决定几十万人的生死，实在愚蠢。许攸一怒之下逃出袁军，直奔曹操而去。曹操正在洗脚，听说许攸来降，连鞋都来不及穿就上前迎接，拍着手大笑道："子远（许攸的字），你来，我的事就成了！"许攸告诉他，袁绍的全部军粮和武器补给都在乌巢，且守备不严，让他赶快突袭此地，不出三天，袁氏必自然溃败。曹操听后亲率5000骑兵，人衔枚、马缚口，伪装成袁军，每人带一捆柴火，趁夜向乌巢发起进攻。守卫乌巢的1万袁军殊死防守。曹操攻了一会儿不见效果，正在着急，有将领向他报告说袁绍的增兵逼近了，问他是否分兵防御。曹操大怒，没等向他报告的人说完，就大声吼道："怕什么！等袁军冲到我背后再报告。"说完，带头冲入敌阵，大破乌巢守军。紧接着放火，顷刻间烧光了万余辆粮车及其他军用物资。曹操又下令割下袁军千余人的鼻子及牛马唇舌，送到袁军阵前，恐吓袁军。

乌巢烧光，袁绍迁怒于大将张郃。张郃很委屈，说我是主张先救乌巢再攻曹操大本营的，怎么反倒怪我？气愤之下就与高览一道冲出袁营投奔曹操。张郃是有勇有谋的将领，此后屡立殊功。

曹操认为连张郃这样忠心的大将都来投降，说明袁绍内部已十分混乱，果断下令全线反攻。军心已动摇的袁军本是惊弓之鸟，立刻土崩瓦解，昔日趾高气扬的袁绍最后只带 800 骑兵渡过黄河，其余全部投降。曹营一下子增加了这么多人，哪来粮食供应？但若放回去，仗不就白打了？曹操一狠心，学秦将白起，将这 7 万降卒全部坑杀。

官渡一战是曹操统一北方的关键一战，也是曹操的谋略与神勇得到最佳体现的一战，河北的大局自此确立。

四、北方一统，幸甚至哉

虽兵败官渡，但袁绍手中仍拥有北方四州，其势力不可小觑。曹操原想在官渡之战后南下进攻荆州牧刘表，但荀彧建议他一鼓作气彻底歼灭袁绍，进而统一北方。曹操遂定下统一北方的策略，于建安六年（201 年）四月发兵，在仓亭（今山东阳谷县北）大败袁绍。一败再败、气高心傲的袁绍忧愤交加，在建安七年（202 年）五月，像袁术一样吐血而亡。

袁绍走得一定非常痛苦，他肯定想过，几代人努力积攒下来的政治、经济、军事资本毁在他的手上，他有何脸面去见列祖列宗？其实袁绍对中国的统一大业还是有贡献的，他义无反顾地担当反董卓联军盟主，不怕当"出头鸟"，有一定的实力后他首先想到的是统一中国，恢复国家的安定秩序，而不是割据分裂国家。但袁绍的失败也是注定的，因为他不具备领袖人物的素质，别的不讲，他基本不会识人、用人。曹操手下的许多人才，好多都是从他那里过来的，如郭嘉、荀彧、张郃、许攸等。官渡之战，比的是领袖素质，比的是人才多寡，袁绍不服不行。

袁绍有 3 个儿子，继承袁绍霸业的是他的小儿子袁尚，长子袁谭怨恨，便自称车骑将军，屯兵重镇黎阳。曹操知道后立即进军黎阳，袁尚领兵前来援助，兄弟暂时联手对付曹操。谋士郭嘉此时给曹操出主意，说不要攻急了，一攻急他们就联手，不然，他们则会相互猜忌、争斗，等他们互相火并时再出手。

曹操于是主动撤兵，袁氏兄弟果然互相攻伐，在邺城（今河北临漳西南）大打出手。袁谭打不过袁尚，逃奔平原（今山东平原南），边逃边向曹操求救。曹操很快响应，趁袁尚再次进攻平原时，向邺城发起进攻。曹军将邺城四面围住，在城周挖了长40里、深宽各二丈的长沟，引来漳水围住邺城。城内一个人也跑不出来，半数饿死或病死。袁尚亲率万人来救，被曹操击败，逃往中山（今河北定县）。抵抗了半年之久的邺城官兵只得投降。邺城之战打得跟官渡之战一样漂亮，曹操心情很好，上表汉献帝后宣布自任冀州牧。为了尽快安定人心，曹操下令免收河北当年租赋。冀州比兖州富裕，曹操就把邺城作为治所。

曹操攻打邺城时，袁谭趁机在中山打败袁尚，并顺手占领了河北的一些地方。曹操腾出手来伐袁谭，在南皮（今河北南皮北）斩杀袁谭，进驻青州。袁尚被袁谭打败后逃到老二袁熙的领地幽州，曹操又马不停蹄进攻幽州。袁熙势单力薄，哪里经得住曹操的打击，立即与袁尚一道逃往辽西乌桓。曹操顺利占领幽州，这是袁氏集团最后一块根据地。

曹操在幽州作战期间，袁绍的外甥、并州刺史高干降而复叛，企图袭击邺城。建安十一年（公元206年）正月，曹操亲征高干，在荆州斩杀了高干，并把并州境内的其他叛乱一一平定，全据并州。

从建安七年进攻黎阳开始，到平定并州叛乱为止，曹操在3年又7个月的时间里，疾风骤雨般攻占了冀、并、青、幽四州，没给袁氏集团任何反扑的机会。中国的北方基本统一，只有乌桓三郡（辽东、辽西、右北平）尚在游离中。为了彻底消除袁氏残部，使北方边境尽快安定，曹操在攻占幽州后立即着手北征乌桓的准备工作。

乌桓所在地距邺城有2000余里。打仗首先是打后勤，曹操深知后勤保障之重要，为此，他下令集中人力物力开凿了两条人工渠，把粮食和重装备通过水渠直接运送到天津，把天津作为后勤大本营。

建安十二年（公元207年），曹操亲率大军从邺城出发。抵达易县（今河北雄县西北）时，采用郭嘉的建议，令全军放弃重装备，一律轻装前进，力争用最快的行军速度突然出现在乌桓。但当时正值雨季，部队即使轻装也前进缓慢。多亏随军向导田畴记得一条光武帝时期修建的险路，尽管大多数地段已毁坏，但还是可以走，于是建议曹操改道从卢龙口（今河北喜峰口）翻越白檀县（今河北滦平兴州河南岸）的崇山峻岭，通过塞北的空虚地带，再直达乌桓。这样走可以缩短500余里。曹操马上下令跟着田畴从险道进军，进至距柳城200里时才被乌桓发现。袁尚、袁熙、乌桓王等率数万骑兵迎战，被曹操打得大败。

乌桓王蹋顿及名王以下多人被斩，胡、汉投降20余万人。袁熙、袁尚逃往辽东太守公孙康处，很快被公孙康杀死。

曹操在乌桓停留的时间不长，但作出了两项很有战略意义的决定：一是将幽、并二州的万余落（一落约20多人）民众全部迁入内地，胡汉杂居，让他们接受更先进的农耕文化。二是改编投降的乌桓骑兵部队，让他们充当以后统一中国的生力军。乌桓骑兵自此成为冷兵器时代的天下名骑。

安定乌桓三郡后，中国北方基本统一在曹操之手，曹占区扩大到8个州。曹操的心情很好，特意登临今河北秦皇岛附近的碣石山，留下著名的诗作《观沧海》：

> 东临碣石，以观沧海。水何澹澹，山岛竦峙。
>
> 树木丛生，百草丰茂。秋风萧瑟，洪波涌起。
>
> 日月之行，若出其中。星汉灿烂，若出其里。
>
> 幸甚至哉！歌以咏志。

秋风萧瑟，已是深秋，曹操决定班师回朝。然而，浩瀚的大海一直在他心中涌起波澜，一个更宏大的战略设想浮上心头：尽早扫除南方的割据势力，完全统一中国。

五、南方的"土皇帝"们

南方的割据局面不像北方那么复杂，军阀们或者说"土皇帝"们没有一个能像曹操、袁绍那样兵多地广，但人力资源、战备物资比曹、袁足，战争潜力大。秦末汉初，南方的生产力比较落后，但到汉的晚期，大量中原地区的富豪人家和普通人家因躲避战火而迁往南方，《三国志》记载南阳、三辅等地一次就有数万户迁往益州，还有数万户从子午谷流入汉中。先进的生产技术与数代人积聚的财富及文化理念一同在南方落脚，使南方的经济和社会发展水平走在了北方的前面。加上北方地区长年战火，人几乎打没了，财富也几乎打光了，这就更加促使南方的军阀们想方设法与北方划清界限。富人们是不愿接受穷人的领导的，这就是一心想要扫灭南方割据势力的曹操，至死也未能实现统一中国这个心愿的原因。

割据益州的是刘焉、刘璋父子。刘焉是汉景帝之子鲁恭王的后裔，江夏竟陵（今湖北天门）人。董卓之乱时刚就任益州牧不久的刘焉开始独霸一方，并试图从李傕、郭汜手中抢夺汉献帝。结果失败了，两个留在洛阳做人质的儿子也被李傕杀死。痛失二子后不久，刘焉死去。儿子刘璋以武力强行继任益州牧，使割据益州的局面维持了23年之久。

一直与刘焉、刘璋合作的汉中"土皇帝"张鲁，因为其家人被刘璋杀害而与刘璋决裂。等曹操进军汉中时，张鲁向曹操投降。

上面这两个割据者的谋略、志向都很一般，曹操没怎么把他们当回事。他揪心的是割据江东的孙策和割据荆州的刘表、刘备。正是这两地的割据，把偌大一个中国分成三大块，形成了中国历史上著名的"三国时代"。

孙策是孙坚的长子。孙坚是袁术手下的一员猛将，曾在董卓之乱时率先攻入洛阳，杀死了董卓的大将华雄。可惜孙坚勇猛有余，谋略不足，被刘表部将黄祖的士兵射杀。孙坚讨董卓时，孙策随母亲迁居庐江舒城，在这里结识了同龄人周瑜。孙坚去世时，孙策刚17岁。少年孙策决心以父辈为榜样，在乱世中干番事业。在舅舅、丹阳太守吴景的支持下，孙策募兵数万人后北上，向袁术索回父亲原来的部属千余人，以此作为基本力量，向江南发展。兴平元年（公元194年），孙策打败扬州刺史刘繇，进据曲阿（今江苏丹阳），收编了刘繇的两万人马。随之打败王朗，攻占会稽（今浙江绍兴），自任会稽太守。至此，孙策手上有了丹阳、吴、会稽三郡之地。袁术在这个时候宣布称帝，孙策非常反感，马上与之断绝关系。曹操为了拉拢孙策，表奏孙策为讨逆将军，加封为吴侯。

二十出头的年轻人成了"暴发户"，三郡中的部分大族、豪强不服，纷纷向孙策发难。为了平息"众怒"，孙策采取以大族治大族的策略，从三郡大族中发掘出一批将帅之才，如谋士张昭、张纮、秦松、陈瑞，军事天才周瑜等。建安四年（公元199年）六月，袁术病死，庐江太守刘勋收编了袁术的部属，一下子兵势强盛。孙策用计将刘勋骗出他的大本营皖城（今安徽潜山），然后出其不意地攻占了皖城，夺回了已归附刘勋的袁术旧部3万人马，迫使刘勋逃往曹操处。孙策军力大增后不战而收豫章郡。豫章太守华歆是学者型官员，南方的许多贤士都出自他的门下，华歆的投降在一定意义上稳定了江东的人心。这样，仅仅用了5年，孙策就据有了江东（主要指今苏、浙、皖地区）六郡之地，打下了往后与曹操、刘备鼎立的孙吴政权的基础。孙策是具有领袖素质和风范的英才。

建安五年（公元200年），官渡大战爆发，孙策想趁机偷袭曹操的大本营许昌，把汉献帝迎至江东。整军待发时，孙策突被原吴郡太守许贡的刺客刺伤而死，年仅26岁。临终时，他把18岁的弟弟孙权及谋士张昭等人叫到病榻前，亲手把印绶佩在孙权身上，深情地说："举江东之众，决机于两阵之间，与天下争衡，卿不如我；举贤任能，各尽其心，以保江东，我不如卿。"说完，命张昭、周瑜等人全力辅佐孙权，又特意叮嘱张昭，说自己的弟弟年轻，如不能胜任，从江东大局出发你可取而代之。

孙策了不起，这么年轻就有长远的眼光，临死前还纠正自己原定北上争天下的错误方针，反复要求孙权保江东，观成败，不要轻易北上，要全力保江东，江东保不住何谈争天下？孙策走过的这段路令人佩服：他避实击虚抢地盘白手起家，以当地人治当地人借力打力，边打边建边扩军不露声色，走一步看一步想一步面面俱到。面对智勇双全的孙策，连曹操也心生畏惧。

孙权一直跟随孙策作战，15岁就做了阳羡（今江苏宜兴）长，对孙策"保江东、观成败"的遗训有很深的理解。他接班后，首先稳定内部，对公开抗命的庐江太守李术予以武力镇压，对追随孙策的一干将领，如程普、朱治、董袭等都极尽笼络，又通过张昭的名望引来了诸葛瑾、鲁肃等名士加入领导集团。其次，一方面平服少数民族山越人的动乱，一方面让一些能臣武将到山越人的地区充当县令，巩固基层政权，同时加大对落后地区的建设力度，改善民族关系。再次，他召回在巴丘（今湖南岳阳）的中郎将周瑜回到大本营镇江，加强对大本营的保卫。最后，顶住曹操要求孙权保举子弟一人进洛阳为郎的要求，与曹操保持一定的距离。通过上述的一系列动作，孙权落实了孙策"保江东"的遗愿。

下一步该如何发展呢？孙权征求鲁肃的意见。鲁肃是今安徽定远人，出身富豪之家，饱读诗书，兼习武艺，为人仗义。汉末天下大乱之际，他变卖家产，扶贫济危，广泛结交，尤与周瑜交好。听说孙权接管江东，他就和周瑜一道来到吴地。鲁肃的政治谋略、军事才能都非常杰出，孙权对他和周瑜同等对待，凡重大问题决策必征求他的意见。鲁肃心怀坦荡，知无不言，他建议孙权向汉高祖刘邦学习，为建立帝业而奋斗，"剿除黄祖，进伐刘表，竟长江所极而据守之，然后建号帝王，以图天下"。

孙权按照鲁肃的大战略，很快实施了全据长江的方针，他三攻江夏，大败刘表的江夏太守黄祖，收附了江夏数万人口。之后，着手策划夺取刘表所据的荆州。

荆州地盘大，管辖今两湖、两广、河南南部、贵州等地，是东汉晚期各方势力激烈争夺之地。当前割据荆州的是刘表。刘表是党人"八顾"（顾者，能以德行引人者）之一，是名气很大的军阀，也很有胆魄。当年赴任时，荆州境内大小武装集团林立，刘表无法带兵通过，一狠心，他单枪匹马穿过南阳，进入荆州地盘，然后施展各种手段收编强宗武装，平定荆州全境，建立起了强有力的州兵，由此割据荆州，确立了保江汉以"观天下变"的大战略。什么意思呢？就是在重点防御袁术和曹操染指江汉的基础上，坐观其他军阀斗争，等你们斗得差不多了，我出来领袖四方。这个想法没什么不妥，问题是刘表的书生气太浓，他只观天下变，不插手天下变。当曹操远离许都 2000 里征乌桓时，他本可偷袭许都，且一击必成，但他居然不为所动，只想看看乌桓和曹操的"热闹"再说。结果曹操大胜，实力远比以前强大，而且曹操几乎没做什么休整，就将兵锋指向荆州。刘表弄弄学问还可以，例如，在他割据荆州的 19 年间，收留了许多学问家，以致荆州一度成为全国的学术中心，然而奢望领袖四方，他远远不够格。曹操的军师郭嘉就曾嘲笑刘表，说他的"坐观天下"实际上是坐以待毙，刘表不过一个"坐谈客"而已。

刘备此时就寄寓在刘表这里，而且已经寄寓了 8 年。刘备够可怜的，从拉着关羽、张飞等几百个弟兄造反开始，差不多一直过着流浪汉的日子，总是被别人打得东奔西跑，一会儿投降吕布，一会儿投降曹操，一会儿又依附袁绍。居无定所，手无寸土，走投无路时才投奔刘表。建安十二年，刘备多次劝刘表趁曹操远征乌桓时偷袭许都，成就大业，刘表却不为所动。刘备本想帮他干一番大事业，可怎么看这刘表都干不出大事业。想到自己已年近五十，老之将至，不觉悲从中来，慨然流涕，于是暗下决心，自己搭舞台唱一出大戏。他很清楚自己能力有限，所以他开始下功夫找一批比自己强，甚至强得多的人才。

当地的隐士庞德公和名士徐庶对刘备印象很好，向他推荐了诸葛亮和庞士元（庞统）。刘备说好啊，我派人先去请诸葛亮。徐庶说，此人只可刘备亲自去拜访，否则他决不会自己前来。刘备求贤心切，立即三顾茅庐，用诚意打动了诸葛亮。诸葛亮通过交谈了解了刘备后，决定出山，辅佐刘备，并当即献上大战略，即后人整理出的《隆中对》。

六、高瞻远瞩《隆中对》

隆中位于今湖北襄阳城西20里，诸葛亮就住在这里。《隆中对》是他与刘备交谈时说的一番话，原文是：

自董卓以来，豪杰并起，跨州连郡者不可胜数。曹操比于袁绍，则名微而众寡。然操遂能克绍，以弱为强者，非唯天时，抑亦人谋也。今操已拥百万之众，挟天子而令诸侯，此诚不可与争锋。

孙权据有江东，已历三世，国险而民附，贤能为之用，此可以为援而不可图也。荆州北据汉、沔，利尽南海，东连吴会，西通巴、蜀，此用武之国，而其主不能守，此殆天所以资将军，将军岂有意乎？

益州险塞，沃野千里，天府之土，高祖因之以成帝业。刘璋暗弱，张鲁在北，民殷国富而不知存恤，智能之士思得明君。

将军既帝室之胄，信义著于四海，总揽英雄，思贤如渴，若跨有荆、益，保其岩阻，西和诸戎，南抚夷越，外结好孙权，内修政理，天下有变，则命一上将将荆州之军以向宛、洛，将军身率益州之众出于秦川，百姓孰敢不箪食壶浆以迎将军者乎？诚如是，则霸业可成，汉室可兴矣。

诸葛亮从分析目前形势入手，为刘备提供了一个完整的大战略。这个战略的落脚点就是要与曹操、孙权"三分天下"。怎么个分法？诸葛亮画了一个"路线图"：首先拥有荆、益二州，凭其天险护卫本土；同时处理好同少数民族的关系，即西和诸戎，南抚夷越；还要结盟孙权，内修政理。在此基础上再向中原、秦川发展。

这个思路是充分借鉴了曹操崛起的经验而提出来的。曹操实践在前，诸葛亮总结在后，再以此激励刘备。他知道刘备此时处境不好，情绪低落，一定要先让刘备消除自悲，振作精神。看到刘备亢奋之后，他又提醒刘备，目前不要急着与曹操争锋，最要紧的是占有荆、益，壮大自己，伺机夺取天下。

为什么要先拥有荆、益呢？因为荆、益两州地大物博人口多，能够支撑三分天下的持久战，是"用武之国"。诸葛亮特别告诉刘备，目前据有这块宝地的主人刘表只知坐而论道，守不住它，这是老天特别给将军预留的。诸葛亮和刘表是世交，也是亲戚，比刘备更了解刘表，他始终认为刘表做不了领袖，也守不住荆州，所以宁肯在隆中种地也不去与他为伍。他在等待，等待能够领悟他的谋略、能够一拍即合的领袖人物出现。刘备来了，一番交谈，两人心连在了一起，于是，诸葛亮出山。

诸葛亮在《隆中对》中表述的大战略，不仅是提供给刘备的，也是他自己穷其一生而努力践行的战略方针。之后，他始终坚持联孙抗曹的决断，在处理同少数民族部落的关系时宽容以待，北伐时鞠躬尽瘁、死而后已。

《隆中对》是中国历史上政治谋略和军事谋略结合得最好的大战略之一。它高瞻远瞩，指引刘备仅用了 7 年时间，就结束了一无所有的流浪汉生活，不仅实实在在地跨有荆、益两州，而且与曹操、孙权三分天下。

的确，《隆中对》只是一份割据荆、益，三分天下的大战略，算不得是一统中国的大战略。按诸葛亮的设想，将来兵分两路北伐中原，就很不现实。一路从荆州出发，东吴可能偷袭，后方不保；一路从汉中出祁连山，山高路遥且险，更无胜算。两路兵马相隔 2000 里，完全不能互相策应，如何能攻进中原？实事求是地讲，诸葛亮对天下大势还没完全吃透，以蜀国有限的兵力，三分天下已是奇迹，战胜曹魏真是奢望啊！然而，不管怎么说，诸葛亮呕心沥血、鞠躬尽瘁，为统一中国而作出的贡献永远值得后人铭记。就在刘备按《隆中对》的大战略积极准备一统天下的这些年里，曹操掌控的中国北方已基本建成铁板一块，曹操的目光早已投向南方。

七、南下，南下

曹操统一北方之后，朝思暮想的就是饮马长江，统一全国。然而，他也清楚，北方的经济基础不如南方，如果不能速战速决，像解决袁绍那样解决南方的割据势力，北方就会卷入持久战，可能会被南方拖垮。于是，曹操一边进行统一北方的战争，一边进行政治、经济等方面的改革，确保将来有资本与南方对峙。他首先做的一件大事是抑制豪强。什么是豪强？就是"连栋数百，膏田满野，奴婢千群，徒附万计"的士族。袁绍的那些门生故吏，多数都是豪族，即我们今天所说的"既得利益集团"。他们不仅富有，大量兼并农民的土地，还让农民为他们代交租赋。由于豪族的存在，阶级矛盾突出，经济发展缓慢。

打掉袁绍的当月，曹操发布《抑兼并令》，革除袁绍实施的一系列弊政，大幅度减轻民众的负担，有力地促进了生产的恢复和社会的稳定。

在经济改革取得成效后，曹操又从多方面实施政治改革。他宣布废除"三公"官职，恢复丞相、御史大夫之职，他自己担任丞相，总揽军政大权。为了充实领导集团，曹操先后颁布了3个法令，向社会延揽人才。3个法令的基本思想就是"唯才是举"，特别强调要公开选用那些"不仁不孝而有治国用兵之术"的人到高级岗位任职。很多人不理解这一点，因为东汉末期讲究以封建道德、家世出身作为选拔官吏的标准。当时实行察举制，但察也好，举也好，基本都在官宦人家的圈子里转，明显地堵塞了普通民众的进仕之路，埋没了大量人才。当时社会上有民谣嘲笑察举制："举秀才，不知书。察孝廉，父别居。寒素清白浊如泥，高第良将怯如鸡。"曹操不管他人是否理解，坚定不移地在北方施行自己的求贤令。他自己更是"知人善察"，从士兵中把于禁、乐进提拔到将军之位，把张辽、徐晃从俘虏中识别出来予以重用，还有不少小人物被他从最基层选拔到牧守级的岗位上。例如郭嘉，出身卑微，人品上也受到微词，但曹操对他深信不疑，在南征北战的十几年中，始终将他带在身边。郭嘉临敌制变，妙计层出不穷，斩吕布、灭袁绍、定河北、平乌桓，曹操采用了许多郭嘉的建议。郭嘉38岁英年早逝，曹操十分悲伤，呼天抢地痛哭一番。

通过一系列的努力，中国北方今非昔比，有粮、有人才，军力更是强盛。曹操认为时机已到，就在建安十三年（公元208年）完成了各兵种的集结（水军还在新挖的"玄武池"进行了长时间训练），准备向南方发起雷霆一击。这一年曹操53岁，在他看来，自己已进入暮年。出征前，曹操在复杂的心态下，写下了著名诗篇《龟虽寿》：

神龟虽寿，犹有竟时；

腾蛇乘雾，终为土灰。

老骥伏枥，志在千里；

烈士暮年，壮心不已。

盈缩之期，不但在天；

养怡之福，可得永年。

幸甚至哉，歌以咏志。

曹操此时并不老，但他那股只争朝夕的精神却时时给他压力。他也想养老，想得永年，但他最想在有生之年把中国的大统一在自己的手上实现，而成灰也好，成雾也罢，他都无所谓。

大军出动，第一个目标就是荆州。

荆州是鱼米之乡，汉水、长江穿越北部，横贯中部，连接起南阳、南郡、江夏郡，与湘水、沅水一脉相通，哺养长沙、桂阳、零陵、武陵郡。刘表在这里苦心经营了 19 年，万里沃野，人畜兴旺。曹操大军南下的情报传来，刘表惊恐，立即组织防御，没想到来不及披甲就病死了。刘表死后，长子刘琦受排挤，不得已出任江夏（今湖北云梦）太守，幼子刘琮继任荆州牧。部分大臣不服，荆州出现与袁绍死后一样的局面，不战自乱。刘琮是个公子哥儿，骨头软，经不住投降派的压力，暗中派人向曹操投降。

刘琮的心地也坏，投降时不去告知刘备，待到刘备得知时，曹操的大军已进抵宛县（今河南南阳），离刘备驻军之地樊城（今湖北襄樊）仅一天的路程。刘备既震惊又愤怒，马上召开作战会议研究对策。诸葛亮说可以立即攻击刘琮，据有荆州，必能唤起部分反对投降的力量。但刘备不同意，他说刘表死前曾向他托孤，现在反而去攻击他，不妥，怕落下夺孤的名声，有损“刘皇叔”的政治形象，于是下令全线撤退。陆上撤退的同时，刘备令关羽率数百艘战船进入长江，在江陵与他会合。刘备不投降的消息传开，沿途一下加入了 10 万多人跟着刘备往南逃。人多、车多、军民混杂，每天只能走十来里路。有人劝刘备轻装前进，早些进据江陵。刘备不忍抛弃随行的民众，依然保持军民混杂的撤退方式。

曹操在此时得知刘备正往江陵撤，立即加速前进，他抛下辎重，亲率 5000 骑兵追击刘备。他知道江陵储有大量军用物资，决不能让它落入刘备手中。曹操快马加鞭，一日行军 300 余里，在长坂（今湖北当阳东北）追上了刘备。这支军民混杂的庞大队伍不堪一击，迅速溃败。刘备连妻儿也顾不上了，只带领诸葛亮、张飞、赵云等几十名骑兵冲出曹军阵营。幸亏有张飞断后，张飞单枪匹马堵在桥上，双目圆睁，杀气凛然。张飞的神勇是天下闻名的，曹军无人敢上桥交手，刘备这才趁机远逃。

曹操占据荆州，气势冲天，孙权开始坐立不安，下一个肯定会轮到东吴，怎么办？自己绝不是曹操的对手，只有联合刘备组成统一战线才可化解威胁。于是，孙权开始调整敌我关系。其实在这之前，孙权根据鲁肃的建议，已委派鲁肃前去吊唁刘表，顺便联络刘备，商讨共同抗曹事宜。鲁肃才走到南郡，就得知刘琮投降、刘备南逃的消息。鲁肃紧追刘备，到长阪终于追上。刘备接受鲁肃的建议，取消投奔苍梧（今广西梧州）太守吴巨的计划，同意携手抗曹。联合东吴本就是《隆中对》的战略方针，诸葛亮请求与鲁肃一道赴柴桑（今江西九江西南）面见孙权，敲定具体的抗曹事宜。见到孙权，发现孙权正举棋不定，诸葛亮就激将他道：局面已很紧迫了，是战是降都要早作决断。如果不愿抵抗，何不放下武器，北面称臣？孙权年轻气盛，禁不起激，狠狠地回了诸葛亮一句："我不会拿整个东吴及 10 万将士受制于人！"意思是不会投降，但又没信心迎战。诸葛亮鼓励他：刘备虽败，但仍有关羽的水军精锐万余人，江夏的刘琦也有士卒不少于万人，都在积极准备与曹操决一死战。曹操远来疲惫，将士大多不习水战，别看荆州暂时归了曹操，但人民大多不服，人心仍向着刘备。如果将军现在能任命猛将统兵数万，与刘备同心协力，曹操必败。

曹操不知晓诸葛亮正在东吴与孙权谈联合之事，兴冲冲地给孙权发来一封书信，说他奉天子之命讨伐南方，刘琮已投降，现在率 80 万大军前来，想和将军在吴地一块儿打猎。曹操的口气很幽默，却吓坏了孙权手下的部分文臣武将。首席大臣张昭也害怕了，80 万大军啊，谁能抵抗住？他劝孙权干脆投降算了，不作无谓的牺牲。他说原以为长江天险唯我独有，现曹操也有了强大的水军，长江不再可守。况且兵力悬殊，毫无胜算。张昭的一席话给了孙权莫大的压力，张昭这个他最倚重的人都主张投降，怎么办？鲁肃头脑清醒，坚决反对以张昭为首的投降派，他给孙权出主意，投降是没有出路的，赶快把在鄱阳的周瑜召回来商议对策。

周瑜坚决反对投降，他特别憎恶曹操，说："操虽托名汉相，其实汉贼也。"接着他详尽地分析敌我态势，指出江东地方数千里，兵精粮足，本土安定无内忧。曹操并未全部平服北方，马腾、韩遂随时觊觎，操有后患。北方将士不熟水战，他舍陆战与我水战，已输了一着。时下正是寒季，北方士卒远涉江湖很容易患病。曹操不顾这些因素强行开战，必遭失败。请给我精兵3万，进驻夏口（今湖北汉口），保证为将军大破曹操。孙权历来信服周瑜，见周瑜如此自信，遂拔出长刀对着面前的奏案猛力砍击，坚定地说道："众将吏敢有再言投降之事的，与此案相同！"周瑜见孙权下了决心，又进一步鼓励他说：曹操吹嘘自己有80万大军，据情报，加上荆州降卒不过二十五六万兵力，而且久已疲劳，不要害怕。

孙权听后信心再增，亲任统帅，任命周瑜和程普为左右都督，鲁肃为赞军校尉（军师），率精兵3万、数百战舰，大张旗鼓地溯江西进，与驻军樊口的刘备及刘琦会合。行进到赤壁（今湖北赤壁西北）时与曹军遭遇，中国历史上最著名的战役之一赤壁之战就此展开。这是在建安十三年（公元208年）的冬季。

表面强大的曹军此时遇到了麻烦，军内发生了流行病，不少将士病倒。正在发愁时，又遭遇了周瑜与程普大军，刚一交战就溃败，只得迅速退泊到北岸的乌林，转入防守。

乌林是水陆交通要道，曹操驻泊江北乌林，周瑜驻泊江南赤壁。冬季的长江并不平静，江面时常风大浪急，驻扎在船上的北方士兵大多不适应这种生活环境，不是晕船就是生病。曹操下令把所有舰船头尾相连用铁链锁定，形成一块类似于陆地的平面。周瑜的部将黄盖很有谋略，认为这是火烧曹军战船的好机会，就向周瑜建议火攻。周瑜认可，命令抓紧准备。黄盖先坐下来给曹操写了一封诈降的信，说面对丞相大军，再愚蠢的将吏也知道不可抵抗，只有周瑜、鲁肃顽固不化，我现在决定归顺于您，交战那天，我是前锋，我会利用前锋之便，临机变化，为您效力。

曹操读后未作深入分析，认定黄盖投降是真，心中满是欢喜，说将来给黄盖的奖赏要超过所有受奖人曾经得到过的奖励。老谋深算的曹操失算了，交战那天，黄盖指挥 10 艘装满了枯柴、鱼油的大战船（每艘大船后还拖了 10 艘小船，以便撤退时用），顺着东南风疾速滑向北岸的曹军大营，边靠近边呼喊：来投降啦！曹军将士都站在船体上观望。就在离曹军只有 2 里距离时，10 艘大船突然点火，点完后士兵们立即跳上小船回逃。干柴鱼油烧起冲天大火，像一条条火龙乘着大风扑向曹营。大火很快烧着曹军的舰船，船上的火焰与浓烟还窜燃岸上营寨，水面、陆地同时燃起冲天之火，许多士兵被烧死，没烧死的跳进江中又被淹死。周瑜趁机发动水陆两路进攻，刘备的部队也从北岸杀向乌林。曹军受此奇袭，很快死伤惨重，20 多万大军顷刻间大溃败。

曹操慌乱中率部分士卒取陆路从华容（今湖北潜江西南）向江陵方向逃跑。跑了一段后误入云梦沼泽区，道路泥泞不说，不少路段根本无路可走。曹操下令士兵割草铺路，首先保证骑兵通过。可怜这些本成惊弓之鸟的步兵又累又病，哪还有气力割草铺路，路还没铺好，骑兵们就疯了似的冲过来，不少没躲开的步兵就被战马踏进沼泽中死去。

孙刘联军不给曹操以喘息之机，数万将士展开华容道追击战。一直追到南郡，号称 80 万曹军至此已被歼大半。曹操死里逃生，筋疲力尽，命乐进防守襄阳，曹仁、徐晃防守江陵，自己则率残部退回许都，再无力进行南征，一统中国的理想也就此破灭。

赤壁的胜利极大地鼓舞了孙刘联军，他们决心再接再厉，把曹操逐出长江，于是又展开了江陵攻坚战。经过一年多的激战，守卫江陵的曹仁军死伤惨重，只得放弃江陵北撤，退至襄阳。江陵被周瑜占领。

刘备趁机向荆州南部发起进攻，顺利攻占武陵、长沙、桂阳、零陵等 4 郡。

赤壁之战就此落下帷幕，天下三分的局面大致成形。

回首赤壁之战，曹操败在轻敌，急于求成；孙、刘胜在同心协力，敢打敢拼。本来刘琮投降之后，曹操应该先在荆州立稳，把人心收服，以荆州为大本营进行充分的战争准备，尔后只需虎视东吴，就有可能产生不战而屈人之兵的效果。再实行笼络东吴的政策，把刘备完全孤立，用不了多久，刘备和孙权就有可能先后归顺。可惜曹操被荆州的投降冲昏了头脑，在准备不足、部署不当、将士身体普遍不适的情况下强行启动大战。战争开始之后，又被黄盖的阴谋遮蔽，致使失败迅速来临，大半主力被歼不算，上千艘宝贵的战舰毁于大火，往后修造几十年也没达到赤壁之战时的数量。赤壁之战几乎再现了官渡之战的情景，曹操成了当日的袁绍，20多万军队使用在一个方向，企图以人海战术打赢，结果一个点被突破，全线就土崩瓦解。军事家曹操怎么就不分出一部分兵力袭击孙权大本营，待孙权回救时再大举正面进攻呢？

反观孙刘联军，用智慧把大势看得清清楚楚，坚定不移地按既定方针"导演"赤壁大战，且步步惊心，每一个战术运用都直指曹操的要害。

赤壁是曹操的伤心地，笔者也为他惋惜，如果当年是他赢了赤壁之战，中国的统一大业就能提前数十年，人民就能少受许多战火的摧残。以曹操的文治武功，说不定会开始曹魏盛世，公元2世纪的中国会是另一番景象。著名文学家苏东坡有感于赤壁大战之独特，写下了流传千古的《念奴娇·赤壁怀古》：

大江东去，浪淘尽，千古风流人物。故垒西边，人道是，三国周郎赤壁。乱石穿空，惊涛拍岸，卷起千堆雪。江山如画，一时多少豪杰。

遥想公瑾当年，小乔初嫁了，雄姿英发。羽扇纶巾，谈笑间，樯橹灰飞烟灭。故国神游，多情应笑我，早生华发。人生如梦，一樽还酹江月。

八、"借"荆州，刘备坐大

赤壁之战的胜利使孙、刘两大巨头尝到了联合抗曹的甜头，双方都想把这种关系维持下去。孙权把妹妹嫁给了刘备，刘备成了孙权的妹夫。不仅如此，又召开"分红"会议，把南郡南岸的油江口（今湖北公安）分给刘备管辖。刘备就把这里作为州治，改名叫公安。

刘备岂肯蜗居公安？他目前最想要的是整个荆州。荆州重要啊，地盘大，统辖南阳、南郡、江夏、长沙、零陵、武陵、桂阳7郡；地理位置特殊，南郡控扼着长江，物产丰富，人力资源充沛，从这里出发，北指襄、樊，西取巴、蜀，便利得很。刘备在赤壁大战后凭自己的军力攻占了武陵、长沙、零陵、桂阳4郡，但并不满足，他眼下最想占有南郡。南郡目前是东吴的地盘，他决意亲赴东吴，向孙权"借"，理由是可以代东吴守卫南郡。周瑜等部属强烈反对，只有鲁肃建议孙权满足刘备的要求，理由是东吴尚未在荆州立稳，曹操的压力仍不可小视，把刘备推在抗曹第一线，让他来守住荆州，既可减轻我们的压力，也加强了孙刘联盟的基础，因此应该把南郡借给刘备，我们在江陵经营好江夏、汉昌两郡就可以了。孙权同意了。刘备占据了荆州7个郡中的5个，很快就从公安迁驻江陵。由于荆州的州治在南郡管辖的江陵，所以借南郡就是借荆州。这一消息传到许都，正在练字的曹操听到后吃惊得笔都掉在地上。在他的心目中，天下只有两个英雄，一个是他自己，一个是刘备，如果让刘备以荆州为基地向益州进攻，今后谁能治得住他？曹操急了，也把眼光投向益州，投向中西部。

但是基本占有荆州也没有满足刘备的胃口，按《隆中对》的设想，下一步就是据有益州。就在刘备抓紧筹划进占益州时，运气来了，益州的"土皇帝"刘璋主动派校尉前来荆州，请求刘备领兵入蜀，协助他渡过难关。刘璋怎么会向刘备求援呢？一是由于他自己不擅处理各方关系，缺乏治理大州的能力，所以州内叛乱不停，民众怨声载道，他的部属张松、法正早就在策划引入刘备主宰益州。二是曹操打起了益州的主意，拟派钟繇进攻张鲁，尔后再攻略益州，这也促使刘璋向刘备求援。

法正谋略高超，他给刘备出了许多好主意，刘备受益匪浅，日后法正在刘备处受到的尊崇不亚于诸葛亮。刘备按法正的建议，于建安十六年（公元211年）亲率数万精兵，以最快的行军速度推向益州。他让诸葛亮、关羽留守荆州，让庞统和黄忠随行。抵达涪县（今四川绵阳东）时，刘璋亲率数万将士前来相会，据说在此欢宴了百余日。法正和庞统此时悄悄地向刘备建议就在此杀了刘璋。刘备不同意，说刚进刘璋之地，恩信未立，不能先动手。过了段时间，庞统又向刘备提供了3套占据益州的方案，催促刘备赶紧动手。就在此时，即建安十七年（公元212年），曹操又派出部分兵力攻击孙权，孙权向刘备求援。刘备向刘璋写信，说要先回去支援孙权，打走曹军后，再返回攻击刘璋的敌人张鲁，要求刘璋给他增兵1万和配套的粮草。刘璋都只给了一半，刘备就以此为借口，激怒其部众，向刘璋的几处关隘发起攻击。因为刘璋早已不得民心、军心，刘备所攻之处，守将闻风而降。刘备很快进围成都，诸葛亮、张飞、赵云也在此时赶到，新近被曹操打败的马超也赶来投奔刘备，加入战阵。

进攻兵力增强后，刘备叫法正劝降刘璋。法正写了封长信，分析利害关系，劝刘璋放弃抵抗。刘璋当时没下决心投降，抵抗一阵后发现不断有人叛变，遂无心再战，下令投降。刘璋还算明智，尽管城中还有 3 万精兵，且粮草充足，可以与刘备再打上一段时间，但最终仍免不了失败，与其那样，不如做件好事，给自己留条后路。这样，刘备轻松进入成都，首先把刘璋迁往公安，然后采纳赵云的建议，把缴获的财帛分给百姓，以换取民心；对于刘璋原来的部属，也大都予以录用，让他们各得其所。如此一来，就在益州树起恩威，社会局面随之安定。

刘备占领成都后的第二年，曹操率军收服了张鲁，整个汉中为曹操所有。汉中是益州的北面门户，刘备日后要进军中原，必须先在汉中立脚。法正建议刘备抓紧夺取汉中。刘备接受法正的建议，让诸葛亮守成都，他与法正进兵汉中。建安二十三年（公元 218 年），刘备向汉中进军，与曹操进行了近一年的相持战。最后关头，法正建议全力出击，刘备令黄忠进攻，结果在定军山斩杀夏侯渊，迫使曹操退出汉中。曹操退出汉中的主要原因是士兵厌战，后勤跟不上，加上汉中不少地区的官吏与人民一同反曹。

占据益州和汉中之后，刘备坐大，实现了《隆中对》提出的第一个目标：跨有荆、益二州。按照当年的设计，第二个目标就是从这里出发，兵分两路北伐中原，进而实现中国的大统一。刘备的这种气势首先使孙权眼红和恐惧，荆州这个关键地区可是他借给刘备的，讲好了要还的，但现在没有一点还的迹象，难道刘备不讲信誉，想长期独占荆州？孙权后悔了。赤壁大战之后不久，周瑜曾专门到镇江建议孙权西取益州，以益州和荆州为基地进攻中原（周瑜的思路与诸葛亮一致）。孙权当时接受了这个建议，交代周瑜具体准备，可是周瑜还没来得及拿出具体方案，就在返回江陵的途中染病而亡。杰出统帅周瑜一死，宏伟的西取益州的计划随之搁浅。想到此处，孙权连连责备自己，并立即挑选使者入蜀，当面向刘备索还荆州。

建安二十年（公元 215 年），孙权的使者见到了刘备。刘备热情接待，回答说荆州会还的，但要等攻取了凉州（治所在今甘肃张家川）后再还。刘备这是摆明了不还的姿态。使者回来复命，孙权听完怒火万丈，下令向长沙、零陵、桂阳三郡发起进攻。

在孙权的部队打响进攻战之前，我们再侧身看看北方枭雄曹操正在干什么。

九、南边不亮西边亮

赤壁之战的失败引起了曹占区广大民众和将吏的强烈不满，十几万青壮年葬身赤壁，大批百姓流离失所，整个社会陷入痛苦与失望之中，曹操的政治形象大大受损。曹操知难而退，暂时放下南方，把精力集中在内政上，发展经济，恢复社会的发展动力。正是在这一恢复期，刘备、孙权崛起。此消彼长，曹操只得顺其自然。但曹操是被称为枭雄的人物，岂能让自己受委屈？何况一统中国是他的人生目标，岂会轻易放弃？南边不亮西边亮，他打起西边的主意，矛头指向马超、韩遂、张鲁和刘璋等割据势力，试图通过打击这批"弱者"，抢占大片战略空间，积聚能量，再择机扫平南方。

建安十六年（公元 211 年）三月，曹操命司隶校尉钟繇讨伐张鲁，命征西护军夏侯渊等进攻河东，然后与钟繇大军会合，从而夺占整个关西。关西即陕西潼关以西的关中、陇右地区，这一地区长期被凉州兵团的军阀们掌控，以前作乱的是董卓、李傕、郭汜，眼下割据的是韩遂、马超、侯选、程银、杨秋等十余个部落军阀。这些人名义上承认东汉许昌政府，实际上我行我素，占地为王。曹操当年与袁绍进行官渡之战、北征乌桓、南征孙权时，这批军阀就在曹操后方做一些或大或小的动作，使曹操不能一心对付正面之敌。关西是曹操的心病，不除去不行！

就在曹操即将发布征讨关西的命令时，仓曹属高柔向他进谏说：大军西出，马超、韩遂一定会怀疑是对准他们来的，必互相煽动，造成群体抵抗局面。应先安定三辅（汉武帝时把京城附近划为 3 个行政区，简称"三辅"），待三辅稳定，汉中可传檄而定。曹操不听，照原作战方针进行西征。局势果然被高柔言中，关西众将被逼反，抗曹的总兵力达到 10 万人。

这 10 万关西军分布在广大的关西地区，且都构筑坚固工事，四周山高路险，逐个堡垒去攻打，没个两三年打不下来。曹操清楚这一点，他先设计把关西军阀引到一地聚歼，命令重兵转往潼关，只围不战。关西众将果然一个个被调出根据地前来潼关协防。这就好办了，关西军人数虽多，但一盘散沙，互不隶属，可以很快将其聚歼。

一下子面对 10 万关西军，曹操手下有些将士惧怕了。关西将擅长用长达七八米的长矛攻击，能战胜他们吗？曹操鼓励将士：战在我，不在贼也。贼虽长矛厉害，我将使他没法刺出，诸位等着看吧。

曹操把自己的作战意图隐藏得很深，他从正面佯攻潼关，背后却派徐晃、朱灵率 4000 精骑兵夜间偷渡蒲坂津，出其不意地占领了河西岸。有了河西的滩头阵地，曹操亲率主力从潼关城旁北渡黄河，只留下百多名卫士和自己一道在南岸断后。守在潼关的马超不明白曹操为什么渡河，就亲率万名骑兵冲出关奔曹操而来。《资治通鉴·汉纪》记载当时的情景是"矢下如雨，操犹据胡床不动"。曹操真乃大英雄，生死关头端坐原地，不为所动，给了将士们极大的鼓舞。在许褚的保护下，曹操终于渡过黄河。

渡河之后沿黄河大转弯北上蒲阪津，与徐晃会合，接着再次西渡黄河，沿河用兵车加栅栏筑成通道，通过这特殊的通道掉头南下，再次抵达渭水北岸。经几渡几绕，绕到了潼关背后，进入了关中。此时，潼关对于曹操已经无用，马超这才明白曹操围潼关只是为了掩护曹军迂回到潼关之后，便立即率军退据渭口（渭水入黄河口），堵截曹操。曹操沿途布设多处疑兵迷惑马超，又命工兵在渭水上架桥，主力迅速通过浮桥占领了渭水南岸。马超趁夜偷袭，被伏兵击败。骁勇的马超及关西军众将领失去潼关险要的优势，归路又被曹军大迂回截断，只得请求割河西（今陕西黄河以西地区）之地以求和。曹操不准，坚持实施全歼关西军的既定方针。马超只得硬着头皮打下去。这时候，曹操又采取离间计，恶化了马超与韩遂的关系，等关西军内讧时再次大举进攻，迅速击败全部关西军。好几个关西军将领被斩杀，马超、韩遂逃到凉州陇右（今六盘山以西），杨秋逃奔安定（今甘肃镇原东南），关中随即被曹操占领。

接着，曹操从长安越过陇山追击杨秋。大军围住安定，杨秋无力抵抗，只得投降。经过半年多的作战，结束了关中长期分裂的局面，曹操这才稍感轻松，赤壁之战以来的晦气也多少得以消解。年底，曹操自安定返回，命令夏侯渊驻守长安，准备对退入陇右的韩遂、马超做最后的一击。

韩遂、马超退入陇右后得到张鲁的支持。马超还领万余兵力进攻曹操凉州的治所冀城（今甘肃甘谷东）及周围各县。夏侯渊决心歼灭马超，在未经请示的情况下，大举反击，经过冀城之战、长离之战、陇西之战，彻底击败了韩遂、马超，基本平定了陇右。马超无处安身，只得在建安十九年（公元214年）投奔刘备。

十、据交州，孙权得便宜

天下三分，大家都忙着抢地盘。西边已经被刘备抢去，孙权很难打进，但又不甘心只据有东吴，他便把目光投向南方交州。交州辖有今广东、海南岛、广西大部及越南承天以北地区，下辖交趾（今越南河内东北）等7个郡。

交州地域辽阔、物产丰富，当年刘表曾煞费苦心想占有它。建安十三年（公元208年），刘表去世，曹操也退守北方，孙权瞅准时机出手，派步骘为交州刺史。步骘以孙权为后盾，迫使当时掌控交州的绥南中郎将士燮接受他的领导，并诱杀了刘表派出的苍梧太守吴巨，从而据有了交州。整个交州置于东吴的管辖之下，交州得来得太轻松了，孙权捡了便宜。西边不通南边通，孙权也像曹操、刘备一样，成为跨州的大军阀。孙权的这些漂亮动作曹操都看在眼里，但鞭长莫及，他无可奈何，只得空发感叹："生子当如孙仲谋。"

但是孙权并不满足于拥有扬州、交州，他一直心念荆州，对刘备不还荆州极为不满，于是在建安二十年（公元215年）下令用武力收回长沙、零陵、桂阳等3郡。孙权的大军刚一出动，长沙、桂阳两郡就望风而降，只有零陵太守郝普不肯投降。刘备得知情报后，非常着急，马上从成都赶往公安，并派关羽领兵前往湖南，堵住鲁肃、吕蒙率领的东吴部队。孙权这回是动真格的，他从镇江来到陆口（今湖北嘉鱼西南），亲自坐镇指挥抢夺这3个郡的战斗。

关羽的急行军在益阳与鲁肃相遇，双方约定到关羽的大营会谈。彼此的军队相距100步开外，鲁肃"单刀赴会"，进入关羽的帷帐会谈。鲁肃急不可耐地责问关羽：长沙、零陵、桂阳3郡是我们借给你们的，为什么不还？关羽冷冷地说：赤壁之战，左将军（刘备）与你们共同抗曹，怎么能让他空手而归呢？有好处大家均沾，你难道想强行收回这些土地吗？鲁肃很不高兴地说：第一次见你们刘豫州是在当阳长坂坡，他的人马加起来不到一个"校"，他本人还打算到广西去逃难。我们主上（孙权）同情他，让他有了安身之处，谁料到他"惩德堕好"（不讲道德，抛弃友好），现今有了益州，还占据着荆州。身为一方领袖人物，怎么可以如此？

鲁肃的一番话有理有据，说得"羽无以答"。关羽正在尴尬时，旁边有人插话：天下的土地，唯有德之人占有，怎么就只能由你们享有？这个插话之人有的说是关羽的警卫员周仓，有的说是个不知名的军官。总之，这句话给关羽解了围，要不然关羽会和鲁肃吵架，说不定还会动手。真动了手，鲁肃带的这一万人可不是关羽的对手。

会谈情况传到正在公安的刘备那里，刘备想想鲁肃说的也在理，如若没有孙权帮助，自己可能还在流浪，于是就主动向孙权让步，把长沙、零陵、桂阳3个郡让给孙权，只在荆州保留武陵和南郡作为抗曹的前线基地。孙权立即回复刘备，就照刘备的想法施行，并派诸葛瑾具体办理交接事务。

孙刘间的联盟关系得到了维持，最高兴的要数孙权了，新占了交州，又收回了大部荆州。刘备在交出3个郡之后，觉得地盘小了，于是下令关羽向曹操占据的襄樊进攻。襄樊守军是名将曹仁，但也经不住关羽的攻击，火速向曹操求援。曹操派大将徐晃、于禁前往施救。这是建安二十四年（公元219年）的夏天，南方暴雨连连，襄樊城被洪水围困，关羽的水军抓住雨季的时机急攻，于禁只得举手投降，曹仁、徐晃向北撤退。曹家军中最厉害的3位将领合力也打不过关羽，曹操大惊，后悔当年放走了关羽。关羽不歇气，趁攻占襄樊之威，打出组合拳，接连围攻樊城和襄阳，曹操任命的荆州刺史胡修、南乡太守傅芳很快向关羽投降。这两人一投降，许昌以南地区的百姓纷纷起来响应关羽。关羽太厉害了，曹操担心许都不保，开始私下讨论迁都事宜。

威震华夏的关羽不仅震慑了曹操，也震慑了孙权，像这样打下去，中原也会落入刘备之手。可怕，得想办法遏制关羽，孙权动起了脑筋。

十一、火烧连营七百里

孙权正在策划如何对付关羽，曹操先于孙权采取了行动。他亲自给孙权写信，要孙权向关羽下手，许诺事成后把江南封给孙权。这是个顺水人情，江南早已被孙权占据，只是名义上没有朝廷的发文认可而已。曹操挟天子以令诸侯，这个方法用了 20 来年，屡屡见效。当年用天子的名义谴责袁绍，说他拥兵自重，目无王法，引起天下人愤怒，袁绍不得不上书请罪。现在又用这个方法吸引孙权，孙权明知这是曹操的伎俩，却也乐得如此。他亲自回信，答应了曹操。孙权实际上是向曹操写了一封投降书，表示了归顺曹操之意。

事关重大，孙权亲自率军偷袭关羽的根据地公安和江陵。他派吕蒙为前锋，先抵公安。吕蒙是名将，起初只知打仗，不爱读书，后听从孙权的指引，发奋读书，成为颇有学问的军事家。他和鲁肃要好，此次行动前曾去请教鲁肃。鲁肃一直主张维持孙刘联盟，并不太主张此次行动，但也没表示反对。

这次的行动确实隐秘，吕蒙把战船伪装成商船，摇橹的士兵一律着白衣，看上去像商人，昼夜兼行，逮捕了关羽设立的所有沿江岗哨，大军在敌方毫无察觉的情况下突然出现在公安城下。守卫公安的将领叫傅士仁，与关羽的关系不好，本来就担心关羽会打击他，接到吕蒙用箭射进城的劝降信后立即宣布投降。他不仅自己投降，还带吕蒙去江陵劝降防守江陵的南郡太守糜芳。糜芳因给在樊城作战的关羽供应不及时而遭关羽责备，害怕受到处置，也向吕蒙投降。

关羽此时正在进攻死守樊城的曹仁，久攻不下。曹操又派徐晃增援，徐晃带领精锐击退关羽，把关羽逼进一个叫"四冢屯"的地方，杀伤了关羽的许多士兵，关羽不得不撤去樊城之围。此时，传来公安、江陵失守的消息，关羽大惊失色，无心再战，立即向南撤退，边退边派人向驻扎在上庸的蜀军将领刘封和孟达求援。他俩平时也和关羽相处得不好，均以上庸尚未安定为由拒绝增援。关羽无奈，只得退往麦城（今湖北当阳东南）自保。此时关羽已没什么兵力在手，根本不能与孙权大军相抗，就假装投降，暗里带了十几名卫士出逃。不料逃跑之路已被孙权的部将潘璋等堵死，寡不敌众，盖世英雄居然被潘璋手下的马忠俘虏。很快关羽就被孙权斩杀。

关羽的结局太出人意料了，最叫人纳闷的是他为什么不直接向刘备求援呢？既然在樊城撤退时手上兵力已无几，为什么还急着往江陵、公安赶，难道不知道凭自己的这点兵力根本就不可能夺回江陵、公安吗？此外，刘备为什么也没有主动派出重兵增援，而是坐观关羽失败？笔者以为下述两个方面的原因最值得探究。

一是刘备大战略的缺陷。刘备归还了荆州大部，硬要了南郡，虽然可以把南郡作为北上伐曹的基地，但隐患是南郡随时处于曹操和孙权的双重打击的阴影中，两面受敌，而他只委派了关羽一支军队驻守，且关羽又是一个性格有缺陷的将领。稳妥的部署应该是在南郡周围另外部署一到两支忠诚可靠的将领率领的部队，随时策应关羽的行动。现在我们看到的刘封和孟达，可能含有策应关羽之意图，但这两个家伙既不忠也无能，不但没有策应和支援关羽，反而叛变。更重要的失误是：关羽每次取得胜利后，都没有及时去抚慰东吴，以消除孙权的恐惧，反而是大张旗鼓地渲染胜利成果，这就更加重了东吴的压力。总之，刘备、诸葛亮应该对关羽的失败负主要责任，因为大战略主要是他们二人确定的。

二是关羽个人性格的缺陷。关羽是河东解县（今山西临猗）人，字云长，东汉末年随刘备起兵。建安五年（公元200年），关羽被曹操俘虏，不论曹操如何优待他，关羽仍想着刘备，"身在曹营心在汉"，受到曹操的敬重。自此，关羽讲义气、重伦理，名扬天下。关羽武功高强，斩颜良、擒于禁、杀庞德、水淹七军等战绩让人敬畏。也许就是这些战绩让他过于自信，一般将更没几个能让他看得起，就连孙权这样的领袖人物，他也非常鄙视。孙权为了加强孙刘联盟的关系，主动提出与关羽结为儿女亲家，谁知媒人刚说完，关羽就勃然大怒，骂道："虎女怎能配犬子呢？！"把孙权的儿子比作狗崽，孙权听完汇报，当场气得大骂关羽不是东西。是啊，不结亲可以，何必羞辱孙权呢？

关羽凭什么看不起孙权呢？孙权的文治武功连曹操也佩服，而且，赤壁大战之后，刘备一方忙于抢夺益州，很多抗曹事务都让孙权顶了。孙权曾令周瑜攻打曹仁，逼迫曹仁放弃江陵。他自己还亲率大军先后3次与曹操在淮南大打出手，差点攻下合肥。建安二十一年（公元216年）冬，孙权与曹操在居巢（今安徽巢县）会战，最终占了上风，迫使曹操在居巢改取守势。

由于平时轻视孙权，关羽在全力进攻樊城时没有在意来自孙权的威胁，事变发生后又缺乏正确的因应策略，"大意失荆州"。呜呼，本应是英雄惜英雄，结果是英雄害英雄，孙权终于决心除掉关羽，哪怕孙刘联盟破裂。关羽来不及反思，就带着无比的怨愤永远地离开了那个纷乱的时代。关羽可悲啊！

关羽一死，孙权就占据了荆州全部，掌控了三峡以下的长江沿线。消息传到成都，刘备痛不欲生，决心复仇。付诸行动前，他先办了一件大事，于蜀章武元年（公元 221 年）称帝，他要以帝王名义讨伐孙权。刘备四月称帝，七月就下令伐吴。蜀国内部意见不一，赵云劝他说，国贼是曹操，不是孙权，应先灭魏，魏灭后，孙权自然会投降。诸葛亮此时很为难，刘备要打，诸葛亮的态度应与刘备保持一致，但他心里并不同意攻打孙权，又无法说服刘备。诸葛亮这个时候想起法正，说要是法正在就好了（此时法正已病逝），只有他能说服刘备改变主意。诸葛亮没有反对，还有一条原因，他老哥从东吴来信，说孙权已派出求和使者道歉，希望维持联盟关系，还说要刘备权衡利害。在这层因素前，诸葛亮如果反对征吴，刘备会怀疑他的忠诚。在诸葛亮不表示反对的情况下，刘备下令进行东征的准备。

孙权见和解无望，为避免两面受敌，便派出使节向曹操的儿子曹丕称臣。曹丕此时已代汉，称魏文帝。建安二十五年（220 年）初曹操病逝，曹丕以长子身份继位魏王，次年正式取代汉献帝，建都洛阳，国号魏。为了讨好曹丕，孙权还献上了关羽的人头。在此之前，建安二十四年（公元 119 年），孙权为了免受刘备威胁，拉近同曹操的关系，主动向曹操上书，说从天命看，您可以当皇帝了，我做您的臣子。曹操见书后笑着说：孙仲谋这孩儿想把我放到炉子上烤。如果天命在我，我就当周文王吧。哪想到第二年曹操就去世了。曹丕当了皇帝不久，孙权就来称臣，曹丕很高兴，立即封孙权为吴王。稳定了曹丕那边，孙权即着手部署迎战事宜，他任命 38 岁的年轻将领陆逊为大都督，统率 5 万精兵迎战刘备。

再看刘备这边，就在紧锣密鼓地准备东征之时，不好的兆头出现了，张飞因为虐待士兵而被属将张达等杀害。"桃园三结义"的三兄弟一下子就没了两个，刘备欲哭无泪。以前的"五虎上将"关羽、张飞、赵云、黄忠、马超，现在没有一个能派上用场了。在关羽、张飞去世之前，黄忠已病故，马超正在病中，赵云因反对东征而不能任用。刘备在这种形势下依然决定东征，关羽是自己的结拜弟弟，哪有为兄的不为弟复仇之理？他亲任统帅，提拔了一些二三流的将军出征，让吴班、冯习打前锋，总兵力达到 10 万，是孙权兵力的一倍。

战斗打响，开头还算顺利，蜀军首先在巫县（今四川巫山县北）击败吴将李异、刘阿，顺势推进到秭归（今湖北秭归）。奇怪的是，前锋在占领秭归后没有继续前进，而是在秭归逗留了5个月。据分析，刘备可能是在观察或者等待荆州发生动乱，期望有势力起来响应这次东征。5个月过去了，不见东吴有任何变故，只有武陵郡的五溪蛮主动派兵加入东征大军。刘备不再等待，下令水陆两路全线出击。

吴军统帅陆逊虽然年轻，但指挥作战却很有一套，他见刘备大军锐气正盛，就采用诱敌深入的战术，下令退却，主动把三峡让给刘备，一退就退了五六百里。退到夷陵时陆逊下令停止，因为这里是"国之关限"，不能再退，再退整个荆州就将不保。陆逊真行，一转入阵地防御就击溃了刘备5座营盘，杀了这5个营盘的指挥官。

刘备的前锋在夷陵受阻后不久，刘备亲率的主力也由秭归推进到了夷陵以南的猇亭（今湖北宜都北）。宿营时，刘备犯了兵家大忌（诸葛亮此时在守护成都，不在刘备身边），士兵的营房全用两旁山上的竹木搭建，且50多座营房一座挨着一座，依山而列，企图互为犄角，防止偷袭。10万大军，营盘树栅连营达700余里。

陆逊见刘备驻扎下来，便采取坚壁固守战术，从黄初三年（公元222年）开始，不论刘备大军如何挑战，半年内只守不攻。这其实是在用疲劳战消耗刘备，虽然你的军队人多，但劳师远袭，一定会有疲惫和斗志松懈之时，陆逊在等，不仅在等机会，还在研究能否用火攻来取得胜利。当时正是盛夏，天气炎热，一旦起火，700里连营就会烧成灰烬。陆逊定下火攻之计，遂开始准备。刘备在此时又犯了一个错误，他命令水军也离船上岸，集中在山林中安营扎寨。这样一来，本可以在火攻中幸存的水军也被置于危险之中了。

刘备的10万大军找不到决战的机会，士气开始低落。陆逊认为时机已到，下令转入反攻。他先试着进攻蜀军的一个营寨，结果蜀军四面的营寨一齐出动支援，陆逊进攻失利。接着，陆逊又下令每个士兵拿一把茅草，以小分队形式接近蜀军营寨放火。40多座蜀军营寨很快燃起大火，等到火势连片，陆逊指挥大军全线出击，几万蜀军或被烧死，或被杀死，一片混乱。

绝望中的刘备趁夜突围逃跑，非常狼狈，士兵们把身上的皮盔皮甲脱下来点火，烧断了夷陵一些地方的栈道才得以安全脱身。刘备逃到白帝城（今重庆奉节东），遇到赵云、马忠的援兵，才松下一口气。

5万人打败10万人，多数将领主张追击刘备将其活捉，还有人提议举东吴全力趁势夺取益州。孙权拿不定主意，征求陆逊的意见。陆逊说：曹丕正在集中兵力，借口帮我们伐刘，实则想趁我们两家打得筋疲力尽时偷袭我们的后方，因此不能再追击刘备。孙权认可，命令吴军立即东撤至临江防守，同时派出求和使者面见刘备，希望维持孙刘同盟。

刘备新遭惨败，无力也无心再与孙权争雄，另外也担心万一曹丕灭了孙权，蜀汉不能自保，遂同意了孙权的要求，派出使节做礼节性回访。

孙刘虽然和解，但刘备的心头之伤难以愈合，精神日渐消沉。多年的努力付诸东流，打击真是太残酷了，刘备终于病倒，于蜀章武三年（公元223年）二月把诸葛亮召到白帝城，当面托孤。刘备深情地望着诸葛亮，半晌才说出："君才能10倍于曹丕，必能安国，终定统一中国之大事。如果我这儿子值得君辅佐，就辅之；如其不才，君可取而代之。"诸葛亮见刘备如此诚恳，感激涕零地回复刘备："臣敢竭股肱之力，效忠贞之节，继之以死！"刘备满意地点点头，把太子叫到病榻前，对其下敕敕说："你今后与丞相从事，事之如父。"

刘备就这样交班了。在三国的几位领袖人物中，刘备算是有作为的政治家，但称不上有大智慧。他虽然善于识人、用人、团结人，但太重江湖义气。一般人物讲义气也得有度，何况领袖？刘备讲义气无度，本来关羽死后应该先总结自己的经验教训，调整政策，再决定下一步的行动。但他出于一时冲动，不顾大局，造成夷陵之战战前就已成败局的局面。大战打响，又连犯常识性错误，迷信阵地战，却选错了战场，只能惨败。

刘备死后，诸葛亮挑起了治理蜀汉的重担。他亲自护送刘备的灵柩回成都，一路上表情肃穆，心事重重。

十二、临危治蜀

当时的形势对蜀汉来说很不乐观，内忧外患啊。先说外患。夷陵之战打响前，东吴已经向魏称臣，大势上形成了二打一的局面。夷陵之战后，魏、蜀、吴三方更是形成两弱一强的不平衡格局，魏强、吴弱、蜀弱。蜀汉如果不改善与东吴的关系，将会很快被魏吃掉；东吴如果不与蜀汉联盟，也会很快被魏吃掉。实际上，在夷陵大战打响之后，魏文帝曹丕手下的一些大臣就主张趁机攻击东吴，说不出一月就可灭亡东吴。但曹丕有些书呆子气，认为孙权刚上书归降，马上就去打他，情理上说不过去，还是坐观孙刘斗吧。这一坐观，就给了东吴机会，孙权大败刘备后立即东撤防守，并很快与刘备达成和解，等曹丕再想动手时大势已变。刘备这一方也受益于曹丕的坐观，如果曹丕听从了大臣们的建议，东吴政权早已不存在了，剩下只拥有一个州的蜀汉政权，怎能与拥有10多个州的曹魏政权相抗衡？

靠着曹丕的战略失误，东吴和蜀汉侥幸存活下来。日子最难过的是蜀汉，曹丕是铁了心要灭蜀的，孙权只是出于唇亡齿寒的原因才恢复孙刘联盟，谁敢保证他不会再导演一出背叛的剧目？此时外患甚极，诸葛亮夜不能寐。

比外患更直接的是内忧。刘备病重时，汉嘉（治所在今四川名山北）太守趁诸葛亮前往白帝城的时机举郡反叛，尽管很快被平息，但其影响恶劣。刘备死后，益州郡（治所在今云南晋宁东）的汉族豪强雍闿杀了太守向孙权投降，还煽动孟获等少数民族暴动。牂柯（治所在今贵州凯里西北）太守也带领一些少数民族首领造反。风雨已来，蜀汉政权摇摇欲坠。

诸葛亮勇敢面对，用杰出的才能和奉献精神力挽狂澜，把人口、地盘都远不如曹魏和东吴的蜀国治理到能够与二者鼎立的程度。

考虑到二弱一强的格局，诸葛亮在执政的当年（公元223年）冬天，派出中郎将邓芝出使东吴，以进一步修复两国关系。此时的孙权已看不起蜀汉，认为后主刘禅年幼，蜀地国力弱小，很难自保，再与之结盟，就得罪了曹魏，不合算。邓芝很有口才，他对孙权说："您要是只想着顺从曹魏，那大则您就要离开东吴入魏为官，小则要送您的太子入魏做人质。您若从命，东吴几代人的基业就在您的手上结束。您若抗拒，魏将出兵讨伐，我们蜀国也将乘机顺流而下，东吴还能幸存吗？"孙权想想有理，当即表示断绝同曹丕的关系，与蜀重归于好。自此，双方使者来往不断，还互送礼物。公元229年，孙权宣布称帝，蜀国内有一些人反对，要求断绝联盟关系。诸葛亮顶住压力，非但不予谴责，反而派出使者向孙权表示祝贺。孙权很感动，立即与蜀国使者陈震牵手登坛歃血为盟，约定将来统一中国的大业功成时中分天下。

就这样，外患基本消除了。曹丕看到吴蜀关系加强，不敢轻易威胁。诸葛亮随即把主要的精力转向治蜀。

治国即治吏，诸葛亮要求各级官吏严格要求自己，对蜀汉政权尽忠尽力。为此他"约官职，修法制"，采取多种措施制约官员的行为，努力使政治清明；同时大力改善官员队伍的结构，注重提拔和重用益州本地的各类人才，近半数的职位让巴蜀人士担任，这样就充分调动了益州土著豪强大族参与治蜀的积极性，从政治层面上缓和了各类矛盾，有效地稳定了蜀汉政权。诸葛亮的这一做法是吸取了刘璋的教训而施行的，当年刘璋就是因为不注意团结本地官员而失败。

在大量使用本地官员的时候，诸葛亮还留有一手，那就是不能让主要领导权落入本地大族之手。因为相当部分的本地官员不希望在当地发生战争，有些甚至长期主张投降，不想打仗。刘备在白帝城托孤时，给诸葛亮配了一个益州大族的代表人物李严做他的副手，但诸葛亮始终不让他参与核心决策，为的是防止蜀汉政权沦为曹魏的地方政权。

诸葛亮还看到了刘璋失败的另一个原因，即法治松弛，造成豪强骄横，民怨沸腾，因此他亲自与法正、李严等人共同起草和制定了《蜀科》，完善了执法的依据。《蜀科》公布之后，不论何人触犯，都要受到惩处。名将马谡才气过人，丢失街亭后照样被斩；老将赵云在箕谷吃了败仗，也被贬斥；李严弄虚作假，贻误战机，被贬为庶民。诸葛亮执法严明，但仍有人情味，比较三国用刑的程度，蜀国的死刑比魏国和吴国少得多，族诛的现象几乎没有。

诸葛亮对别人要求严，对自己要求得更严。因用人不当而造成街亭失败，他奏请自贬三等，还在国内张榜公布自己的过失。他平时工作不分昼夜，事无巨细都亲自裁决，甚至"自校簿书，流汗终日"。他手握军政大权，是事实上的一国之主，却坚决反对个人崇拜。李严曾劝他受"九锡"，晋爵称王，这是一般权臣谋取帝位最常见的做法。诸葛亮严词拒绝，并写了《答李严书》来表明自己的立场，说自己一心考虑的是报答知己（刘备）、复兴汉室，决不坐自贵大。为了使蜀汉政权能赢得民心，诸葛亮特别强调廉政。他基本没有私产，日常生活靠自己家的 15 顷薄田、800 株桑树；遇到军事行动，只领国家规定的基本的吃穿用品。他曾多次向后主表示，身后不让家有余财。在他的要求和影响下，一般官吏都能够做到勤勉廉洁。这在当时是很不容易的，因为在诸葛亮治蜀的时期，蜀地一年比一年富庶，商业尤为繁荣，所谓"市廛所会，万商之渊"。商业发达，社会就崇尚奢侈，但朝中因此而被拉下水的官员却很少。后军师费祎"家不积财，儿子皆令布衣素食"；大将军姜维的财产也只有几间茅屋。

蜀汉凭什么敢以区区一州之地与拥有中国三分之二地盘的曹魏抗衡近半个世纪之久？正是因政治清明，领袖人物率先垂范。

十三、南征北伐，死而后已

"闭关息民"（关门治蜀）几年之后，诸葛亮想动动手脚了。当年刘备去世前后，南中一带的益州郡、牂柯郡、越嶲郡等地都先后有少数民族首领反叛。碍于大丧之际，蜀汉政权一律抚而不讨。现在东顾之忧消除，经济、社会都在向好的方向发展，应该对这些"西南夷"的反叛行为做做清理。于是，蜀建兴三年（公元225年）三月，诸葛亮亲率大军南征。

当时的南中地广人稀、环境闭塞，又是典型的瘴疠之乡，长期经济落后，但一些地方官吏仍旧强征暴敛，当地民众性格倔强，时常奋起反抗。朝廷派军平叛，民众时叛时服。此次益州郡的汉族大姓雍闿反叛时，诸葛亮曾派人前往招抚，雍闿的回复让诸葛亮吃惊，他说天下有3个政权，使人惶惑，不知该归顺何方。这摆明了不归顺姿态。文的不行，只好来武的。诸葛亮出征时把马谡召来，问他有什么建议。马谡平时很受诸葛亮的赏识，二人常常自昼达晚地谈论。这一次，马谡的建议是两个字：攻心。完全从肉体上消灭他们不符合仁道，能感化最好。马谡的建议与《隆中对》中的"南抚夷越"吻合，诸葛亮认可。南征大军分为东西中三路，诸葛亮亲率西路。进抵越嶲郡（今四川西昌）时，雍闿被高定叛军杀死。诸葛亮采用攻心战术招降高定，高定誓死不降。诸葛亮无奈，只得斩高定，平越嶲郡。东路大军由马忠率领，在诸葛亮平定越嶲郡时也攻占了牂柯郡（今贵州境内）。中路大军由李恢率领，开始时受阻，但在马忠的协助下歼灭了牂柯太守朱褒的武装，接着李恢向西路军靠拢。

雍闿死后，另一位少数民族首领孟获接管了其部队。孟获在南中一带很有名望，诸葛亮用攻心战术收服他。第一次俘虏孟获后，诸葛亮有意安排他参观蜀军阵营，劝孟获不要作无谓的牺牲，但孟获不服。诸葛亮说："那好，我放你回去重组兵力再战。"孟获回去后又经过了六战六败，总共被诸葛亮七擒七纵，终于心服，对诸葛亮说："公，天威也，南人不复反矣。"

仅用半年，三路南征大军会师滇池，平定了南中的全部叛乱，诸葛亮就在南中施行中国最早的"南人治南"政策。县和县以下的各级官吏基本上由本地人担任，一些当地有名望的首领被接到成都任官，孟获官至御史中丞。此外，蜀汉政府不但不在南中地区留兵、征粮，还从中央调拨金、银、战马支援南中地区。

南征最终安定了社会，促进了西南夷地区的经济发展，牛耕、煮盐、冶铁、织锦等先进技术大量传入，当地民众的生活水平得到明显的提高，再也没有发生大的动荡，诸葛亮自此成为当地人民的偶像。

南征不是诸葛亮最看重的事情，他朝思暮想的是北伐中原，统一中国。按照他当年提供给刘备的大战略，据有荆、益二州之后，就从东、西两个方向向北推进，讨伐曹魏。但是人算不如天算，刘备一死，荆州全失，由东向北的战线遂成为空想，只有从西向北这一条路可供选择。诸葛亮感到了空前的压力，想到自己渐渐年长，北伐事业却尚未开展，如果自己有了意外，还有谁能统领北伐？不能夺取中原，又如何报答刘备的知遇之恩及托孤之望呢？何况魏国的经济状况逐年好转，实力会愈来愈强，到那时候再言北伐，获胜的机遇更加渺茫。不能再等，蜀建兴五年（公元227年）春，诸葛亮向后主刘禅呈上著名的《出师表》。

《出师表》是诸葛亮忧国忧民的代表作，其中的一些经典语句发自肺腑，感人至深。例如，"今天下三分，益州疲弊，此诚危急存亡之秋也""受任于败军之际，奉命于危难之间，尔来二十有一年矣""受命以来，夙夜忧叹，恐托付不效，以伤先帝之明""今当远离，临表涕零，不知所言"……可以想见，诸葛亮伏案撰写《出师表》时，纸上有泪。

诸葛亮选择的时机很特殊，蜀建兴四年（公元226年），魏文帝曹丕去世，魏明帝曹叡继位未稳，东吴也在此时攻击魏国的边境。他在《出师表》中这样向刘禅表白："今南方已定，兵甲已足，当奖率三军，北定中原""兴复汉室，还于旧都，此臣所以报先帝，而忠陛下之职分也。"刘禅立即批准了北伐。但此时蜀与魏的总态势仍然是魏强蜀弱。魏占有中国整个北方，人口约占三国总人口的三分之二，军事实力和战争潜力均比蜀汉大得多。何况地形也极不利于蜀军行动，别的不说，一道 800 多里长、海拔 2000 米以上的秦岭就横在面前，从南往北打等于从下往上打，中间数百里人烟稀少、道路险阻，一旦后勤跟不上，前方就不打自乱。天时、地利、人和，没有一样在诸葛亮之手，为何还要北伐？这不是明知不可而为之吗？说得严重点儿，不是拿蜀国民众和士兵的生命当儿戏吗？

诸葛亮是智慧超凡之人，他当然清楚这些劣势，但他更清楚不进行北伐的危险。魏国越来越强，且灭蜀之心不死，与其坐以待毙，不如主动出击，放手一搏，或许可以以战求存。而且，蜀汉政权是以匡复汉室为宗旨，不伐曹魏，怎么匡复汉室？那样就会失去号召力，蜀汉政权就会被民众认为是伪政权。

反复思虑之后，诸葛亮坚定了北伐之心。他一再鼓励自己，事在人为，尽最大的努力争取赢得最好的结果，实在不行，也只能"鞠躬尽瘁，死而后已"了。

蜀建兴六年（公元 228 年）春，诸葛亮踏上了北伐的征途。出发前，他故意放风说要从斜谷道进取郿县（今陕西眉县东），直捣长安，实则是他亲率主力（约 10 万人）出汉中西北进攻祁山（今甘肃礼县东北）。闻听诸葛亮北伐，关中震动，朝野恐慌，南安、天水、安定三郡立即叛魏响应诸葛亮。此时的魏明帝曹叡算得上是有决断和见识的统帅，他当即决定亲自坐镇长安，命令曹真、张郃率军迎战。

蜀军前锋是马谡，顺利地进抵街亭（今甘肃庄浪东南），在此与张郃大军遭遇。马谡违反诸葛亮的授意，不以主力守卫旧城，也不听副将王平的警告，把部队扎营在街亭南山上，结果被张郃切断水源，造成士兵无水可饮，未战先乱。等到张郃发动攻击，蜀军立刻溃败。街亭落入张郃之手后不久，在东线佯攻的老将赵云、将军邓芝也遭受失败。本来开局对蜀军有利，街亭一失，诸葛亮便失去了进攻的据点，不得不撤回汉中。第一次北伐失败。

诸葛亮斩马谡、贬赵云、罚自己，然后进行军队整顿和改革工作，重用王平，厉兵讲武，提高蜀军的应变能力，使全军重整士气，面貌一新，"民忘其败"。

当年冬，魏国宗室曹休在淮南被吴国统帅陆逊打败，原魏军守卫的关中虚弱，诸葛亮抓住时机北上，出散关（今陕西宝鸡西南）包围陈仓（今陕西宝鸡东），作出急攻姿态。诸葛亮没料到魏军早有准备，将军郝昭仅凭不足 2000 人的兵力死守城坚粮足的陈仓，诸葛亮数万人马急攻 20 多天不能得手（连地道战的战术都用上了），无奈粮尽，魏援军又快到，只得无功而返。

第二年春，诸葛亮又命部将陈式攻打武都（今甘肃成县西北）、阴平（今甘肃文县西北）。这两个郡离魏国腹心较远，被陈式顺利攻下。捷报传来，后主下诏恢复诸葛亮的丞相职位。

诸葛亮连续 3 次北伐，使魏国朝野困惑，无论从哪个方面来看，蜀都不如魏，魏怎能甘心忍受蜀的一再"欺凌"？于是魏国决定发动反攻。魏太和四年（公元 230 年）七月，魏明帝命三路大军同时进攻汉中。诸葛亮获悉情报后，集中兵力防御作战，又令李严增援汉中。大战爆发前，一连下了 30 多天雨，道路泥泞，大军难以开进，魏明帝只好知难而退。

蜀建兴九年（公元 231 年）春，诸葛亮再出祁山，企图夺占陇右。这次北伐在后勤保障上投入了新的装备，诸葛亮亲自设计了一种名叫"木牛"的独轮小推车（俗称"鸡公车"），作为运粮工具。这种推车装得多，轮子大，走起来快。这是总结前几次北伐失败的经验而发明的，以往因运输困难，粮食没有保障，打着打着就打不下去了，这一次备足了粮草，诸葛亮想打出个新局面。

开始，魏军主力司马懿只守不攻，后来迫于张郃等人的压力而发起进攻，结果大败，损失 3000 兵力后退营自保。蜀军正在兴头上，可李严搞鬼，假传后主刘禅的谕旨，说军粮运输困难，要求撤回汉中。诸葛亮回到汉中，查明真相后大怒，立即将李严削为平民。第四次北伐也未有大成。

考虑到前几次北伐都有操之过急之举，诸葛亮在第四次北伐后特意休整了两年多。这期间他又设计了一种名叫"流马"的运粮工具。所谓"流马"，其实是一条船身长而窄的快船，轻便、阻力小，似"流在水中的马"。有了"流马"，诸葛亮又开始憧憬北伐。

就在诸葛亮加紧准备第五次北伐时，魏国也在积极地准备应对之策。首先从内地迁来大批农民定居上邽（今甘肃天水），边屯田，边戍守。其次在关中大搞水利建设，发展农业生产，铸造各种兵器，提高抗击打能力。

蜀建兴十二年（公元 234 年）春，诸葛亮亲率 10 万大军出斜谷口，开始第五次北伐。行前还约会吴同时向魏进攻。魏明帝命司马懿统率各路人马西拒蜀军。司马懿针对诸葛亮劳师远征、供应困难、擅速战而难持久的特点，确定了先固守、后择机而动的作战方针，不管诸葛亮如何挑战，只是闭垒不出。诸葛亮甚至派使者向司马懿送出妇女服饰，笑他像妇女一样胆小。细心的司马懿趁诸葛亮使者来营之机，详细地询问诸葛亮的生活起居情况。蜀使者毫无警觉地告诉司马懿说，诸葛亮特别勤政，早起晚睡，事无大小一律亲决，连对犯小错的士兵处罚的事都要亲自审问后再定，但每天才吃一点点饭。司马懿这下高兴了，他估计诸葛亮可能命不久矣。

诸葛亮北伐开始不久，孙权也亲率 10 万大军分三路攻魏，以此响应诸葛亮。魏明帝认为吴军的战力不如蜀军，确定东攻西守。孙权的进攻不过是做做样子，等到魏军大举反攻，很快就退兵东吴。

更为糟糕的事出现了，正如司马懿所料，诸葛亮病危。八月下旬，诸葛亮病逝于五丈原（今陕西宝鸡境内）军中，终年 53 岁。

临终前，诸葛亮已部署好了撤退事宜。按照诸葛亮的计策，蜀军秘不发丧，全军结阵完整回撤。司马懿闻讯立即追击，但怀疑有诈，不敢进逼。司马懿返回蜀军原驻地，沿着诸葛亮的大营走了一圈，一边走一边感叹：天下奇才也。

6 年的时间里，诸葛亮 5 次北伐，充分展示了他对蜀国的忠诚与智慧。然而，无论诸葛亮如何努力，始终未能扭转失败之大局。千百年来，后人们一直以诸葛亮为榜样，诸葛亮赢得了各方的赞誉。"诗圣"杜甫在《蜀相》一诗中这样写道：

丞相祠堂何处寻？锦官城外柏森森。

映阶碧草自春色，隔叶黄鹂空好音。

三顾频烦天下计，两朝开济老臣心。

出师未捷身先死，长使英雄泪满襟。

四川成都武侯祠有一副清人赵藩撰写的对联。上联是：能攻心则反侧自消，从古知兵非好战。下联是：不审势即宽严皆误，后来治蜀要深思。此联被称作"攻心联"。

该联的大意是：用兵以攻心为上，反叛会自行消失，古往今来，真正善用兵者其实并不好战；不审时度势，政策或宽或严都会出问题，后来人治蜀要深思呵！

确实如此。七擒孟获是攻心；重用蜀人治蜀，宽严相济，促进了蜀地经济、文化之发展，为5次北伐提供物质和人力资源，是审势。赵藩的长联基本反映了诸葛亮治蜀及南征北伐的事业。但赵藩的本意似乎并不在此，他主要想提醒人们从诸葛亮的事业中吸取经验教训。治蜀成功是经验，北伐失败是教训。人口、土地、兵力等都大处劣势的蜀汉非要连年用兵，以攻为守，使"国内受其荒残，西土苦其役调"，这个教训当然深刻。

十四、蜀亡

还在诸葛亮刚开始生病时，后主刘禅派人来军中探望，并询问在他百年之后谁可继任。诸葛亮推荐了蒋琬，又推荐蒋琬之后由费祎继任。再之后呢？诸葛亮不语，他深知蜀地人才有限，不敢随意推荐。

蒋琬是今湖南湘乡人，当县令时醉酒误事，差点被刘备杀掉。因才干突出，被诸葛亮保住性命。尔后蒋琬勤于政务，荣调丞相府负责日常工作。诸葛亮殒命五丈原后，蒋琬担起了总理国事的重任，基本循着诸葛亮的思路治蜀，对内保持安定，对外维持与吴国的联盟，没有再进行大规模用兵。他曾打算从水路攻魏，计划未付诸实施即病逝。

蒋琬实际主政12年，死后由费祎执政。费祎大体沿袭前任的政策，以战略防御为主。费祎是今河南信阳人，以具有外交才干和善于团结人而受诸葛亮赏识。与费祎共录尚书事的姜维与费祎的思路不同，主张兴兵北伐，早定中原。费祎劝他说：我等比起丞相差得很远，丞相犹不能定中原，何况我辈？当务之急是治民保国，不要指望一战定乾坤。

费祎的话是有道理的，他知道目前的力量对比蜀远弱于曹魏，继续以攻代守只能招致更大的失败。那么，曹魏目前到底是怎么个强法呢？我们可以简单地回顾一下。

公元 220 年曹操去世后，其子曹丕迫使汉献帝禅位，正式建立魏国，给曹操上尊号"武帝"，自己称"文帝"。曹丕大的建树没有，有一件事倒是值得一说，就是在魏国大力推行"九品官人法"。这是一种选拔官吏的制度，规定在各州郡设置中正官，负责评论本地人才的品次，作为选拔官吏的依据。当时把人才的品行分为九等，即上上、上中、上下；中上、中中、中下；下上、下中、下下，又称"九品"。分九品的依据是家世、道德、才能。这个办法一颁布，立即受到世家大族的拥护，因为朝廷任命的中正官几乎都被这些世家把持，由他们推荐官员，那家世当然是主要标准了，官位基本可以世袭，"九品官人法"成了依据。于是，全国的世家大族与曹魏政权保持了高度的一致。曹操在世时，有些世家及一些读书人看不起曹操的家庭出身，在很多事情上并不支持曹操。有个例子很能说明问题：曹操最喜爱的儿子曹冲 12 岁时早逝，曹操哭得很厉害，想给在阴间的儿子找个配偶。打听到邴家有个女孩子刚去世不久，便派人去向邴家提亲，要让儿子娶邴家小姐的亡魂。邴家不同意，把媒人赶了出来。另外，每当蜀汉与东吴出兵时，就有世家大族反叛曹魏，响应南方。现在不同了，"九品官人法"一搞，全国的世家大族全力支持曹丕，要钱给钱，要人出人，蜀汉或者东吴再有军事行动，就没有可借助的力量了。这是一大变化，费祎看到了。

公元 253 年，主政 7 年的费祎被曹魏的伪降刺客刺死。姜维进位大将军，实际主持军政事务。姜维是今甘肃甘谷人，自以为熟悉陇西民情，又把蜀国带上了北伐之路。公元 256 年，姜维率军西出祁山，与魏将邓艾战于上邽东南的段谷（今甘肃天水东南），结果大败，伤亡惨重，朝野为之震动。在一片怨声中，姜维又在第二年冬天率兵数万北伐，企图引魏将邓艾出城决战，结果邓艾坚守不战，姜维无功而返。

姜维急欲实现诸葛亮的愿望，先后进行了 11 次北伐。后主刘禅却日渐消沉，蜀汉政治日趋腐败，甚至重用起宦官来。姜维心忧国事，建议后主处死不良宦官黄皓，发扬诸葛亮时期政治清明的好传统。但后主昏聩，听不进姜维的劝谏。姜维意识到局面对自己不利，申请出守沓中（今青海东南）屯田。

自此，朝中再无能人，加之连年征战，国力损耗，百姓穷困，巴蜀之地愁云惨雾。中散大夫谯周痛心地写下《仇国论》，指出土崩之势已成，虽有智者亦不能挽救。远在东吴的孙权也多少得知了同盟国的一些坏消息，专派使者赴蜀了解情况。使者回来后对他说：后主糊涂，不知大局之险；臣下明哲保身，入朝不敢直言；百姓面露菜色，生活相当艰难。孙权听后摇了摇头，蜀国这个盟友恐怕快不行了。

不光孙权有此判断，当时魏国的实际当权派司马昭很清楚地看到了蜀国的衰败。他于景元三年（公元262年）作出先灭蜀再灭吴的战略决策，任命钟会为镇西将军，随时准备给蜀国以致命一击。

对于日益迫近的危险，姜维预感到了，他上书后主加强戒备。但后主刘禅始终相信宦官黄皓的鬼话，认为魏军不会攻蜀。炎兴元年（公元263年）秋，司马昭兵分三路，一路指向姜维驻扎的沓中；一路指向阴平桥，截断姜维东归之路；一路直取汉中。

此时蜀军主力尚在沓中，由姜维统率屯田，相距汉中千里之遥。司马昭很快攻陷防守薄弱的汉中和阳安关口。惊慌失措的后主急令右车骑将军廖化增援沓中，令左车骑将军张翼等增援阳安关口。但为时已晚，援兵尚在途中，阳安关口已被魏军攻占，接着汉中丢失。

邓艾迅速进军沓中，此时的兵力对比是邓艾6万余人，姜维5万余人。姜维原本想东归汉中拒敌，现在汉中失守，只得南撤，企图阻止魏军继续南下。姜维成功地在阴平桥摆脱魏军的堵截，与廖化、张翼等北上援军会合，准备死守剑阁天险。剑阁是入蜀的咽喉之路，魏军东路指挥员钟会最先进抵，姜维据险守卫，钟会久攻不下，心烦意乱之际打算撤军。此时西路的指挥员邓艾也赶到了剑阁，力主再坚持一下，并提出从阴平穿越700里无人区偷袭成都的计划，得到司马昭批准。好一个邓艾，让人拿来一床毛毯把已60多岁的自己包起来，从山上推下去。在他的带动下，士兵们纷纷或滚或攀木沿崖跟进。魏军穿过无人险区后突然进抵江油，蜀军将领来不及反应，只好投降，邓艾大军长驱而入。蜀汉尚书郎黄崇发觉邓艾孤军犯险、轻兵深入蜀汉腹地，就向奉命前去堵截的诸葛亮的儿子、蜀国卫将军诸葛瞻建议，立即抢占险要据点，不与邓艾大军打速决战，而是用"拖"字诀，困他几天，待粮草一尽，魏军就会不战而溃，届时再出击，必获大胜。诸葛瞻对此建议不予采纳，反而迎面去打阻击战。这是邓艾求之不得的战法，邓艾迅速击溃了诸葛瞻的前锋，诸葛瞻只得退至绵竹。

邓艾得悉是诸葛亮之子在与他作战，就很客气地写了封劝降信，许愿上奏封他为琅琊王。诸葛瞻阅信大怒，立斩来使，决不投降。邓艾只得进攻，斩杀了诸葛瞻和尚书郎黄崇。其子诸葛尚随诸葛瞻一同作战，目睹此景，悲愤交加地叹道："父子荷国重恩，不早斩黄皓，以致倾败，用生何为！"骂完乱宫的宦官黄皓之后，大吼一声冲入敌阵，旋即战死。这是完全可以打胜的一仗，只可惜诸葛瞻太缺智谋，与其父相比差了十万八千里。

眼前即是完全没有设防的成都，邓艾加快推进。蜀国此时乱作一团，后主六神无主，只得听了谯周的建议宣布投降。刘禅的儿子刘谌坚决反对投降，他先到刘备庙痛哭一场，回来后就杀死妻子儿女，接着自杀。刘禅不顾各种阻力，毅然传令各郡县和正在剑阁前线作战的姜维，就地向魏军投降。将士们接到命令，既震惊又气愤，纷纷拔刀砍石泄气。

刘禅走出皇宫，反绑双手，还让人抬了一口棺材，走到邓艾军前投降。邓艾给他松绑，又焚烧了棺材，好言抚慰一番。这一事件发生在公元263年，从刘备公元214年攻入成都算起有49年。以一州之地立国近半个世纪，也真不容易。后主刘禅投降后的第二年就迁往洛阳，受封为安乐公。出于自保的原因，刘禅以"安乐"为业，终日乐不思蜀，全无失国之悲。

十五、司马夺魏，三代不懈

曹操刚开始"挟天子以令诸侯"的时候，亟需大批人才，有人向他推荐司马懿，曹操就派人上门"辟召"他。司马懿是今河南温县人，出身于大族世家，先祖司马卬是秦汉之际著名的军事将领，父亲司马防曾任洛阳令。他本人从小受到良好的教育，十六七岁时就在当地小有名气。听说曹操要起用他，司马懿不乐意。那时候大族们普遍对曹操印象不好，司马懿也受此影响，不想与曹操为伍。司马懿就装病，说是中风，躺在床上一动不动，骗过了曹操。过了几年，又有人向曹操提起司马懿，曹操这回下命令说：如不应召，立即逮捕。司马懿只得乖乖地应召入朝。曹操并没有马上授官给司马懿，只令他与儿子曹丕相伴，吃、住、玩、读书都在一块儿。东汉建安二十一年（公元216年），曹操晋爵魏王，曹丕成了王太子，司马懿就升任太子中庶子，被列为曹丕的"四友"之一。

司马懿尽管开头不愿入宫从政，但一旦发现了从政的好处，他立即施展浑身解数，为自己赢得更大的发展空间。司马懿很会察言观色，有谋略，曹丕每次向他咨询，他都有奇策献上，曹丕甚感惊讶，对司马懿也愈发信任。时间一久，曹操也开始欣赏司马懿，把他从曹丕身边调到自己身边做"军司马"。曹操也时常咨询他，最使曹操印象深刻的是建安二十四年（公元219年）关羽攻击襄樊，俘虏了曹操的得力大将于禁，曹操想放弃许昌迁都，司马懿说千万不可这样，一旦迁都，人心就散了。这个建议很重要，曹操接受了，在许昌组织反击，结果击退了关羽。

曹操一边任用司马懿，一边也在暗中观察他，愈观察愈觉得司马懿可怕。他对太子曹丕说：司马懿不是能够甘心给别人做臣子的人，他会干涉你的家事。他还告诉曹丕，司马懿具有一种"狼顾"（"顾"是回头看的意思）的本事，即可以像狼那样蹲在原地，身体不动，肩也不动，而头却可以左右转动180度观察四周。但曹操说归说，依旧重用司马懿，特别是司马懿出主意让曹操挑拨孙权杀害了关羽之后，曹操似乎完全信任司马懿了。不久，曹操去世，曹丕继位，司马懿的权力也越来越大，与老臣尚书令陈群相当。曹丕每有外出的行动，都由司马懿坐镇许昌。

公元226年，曹丕病危，临终时遗命司马懿与曹真等共同辅佐魏明帝曹叡。担任辅政大臣后不久，司马懿就做了一件令魏明帝赞赏不已的事：原蜀将孟达降魏后不久又叛魏，司马懿得知后8天急行军赶到新城（今湖北房县），击杀了孟达。诸葛亮第5次北伐时，司马懿与诸葛亮斗智斗勇，以持久战消磨诸葛亮的兵力，最终获得胜利。司马懿的成就迅速为他政治上加分，魏明帝实际上将司马懿当作曹魏政权的"当家人"。

景初元年（公元237年），司马懿领兵北击辽东太守公孙渊，平定辽东4郡。班师回朝时，预感到朝中将有大事发生，于是改乘追锋车昼夜兼行，进入都城后得知明帝病重，朝中大臣正在争论由谁辅佐新君。司马懿在这个关键时刻出现了，魏明帝遗命他与宗室曹爽共同辅佐8岁的曹芳为帝。

曹爽深知司马懿的厉害，就运用宗室的影响以种种理由排挤司马懿。司马懿又装病。听说司马懿病了，曹爽就派了3个心腹上门去看个究竟。司马懿由两个婢子扶着，一脸痛苦样，衣服拿不住，一碗粥也端不起，婢子喂给他吃，粥还从口里流出洒在前胸上，说话也上气不接下气，看样子会不久于人世。得到这样的报告后，曹爽遂不把司马懿放在心上，而司马懿却自此与儿子一道加力策划诛杀曹爽。

正始十年（公元249年）正月，少帝曹芳出洛阳城祭拜明帝陵，大将军曹爽及掌管禁军的弟弟曹羲随从出城。大司农桓范曾提醒曹氏兄弟，不要两人同时出城，假如有人关闭城门发动政变，谁能保证你们能重新进城？曹爽自以为是，没把此话放在心上。这天，兄弟俩刚一出城，司马懿立即关闭城门，发动政变。他亲自领兵，威风凛凛地站在城门外的洛水浮桥上，以少帝的名义历数曹爽及其党羽的罪恶，不久之后即杀死曹爽及其党羽，并诛三族。从此军政大权一并落入司马氏之手，忠于曹氏的文臣、武将一个也未能幸免。曹魏宗室遭此厄难，自此一蹶不振。

政变成功后不久，司马懿病逝，大儿子司马师升任大将军，续掌军政大权。司马师大权在手后立即胁迫太后废少帝曹芳，另立年仅13岁的曹髦为帝。司马师在朝中的威望不如他老子，镇东将军毋丘俭与扬州刺史文钦举兵造反，但这两股力量斗不过司马师，反叛很快就被平息。但司马师的结果也不好，在镇压文钦时，文钦的儿子很勇敢，曾冲到司马师的指挥所内，司马师惊吓过度，再加上本来眼睛就有瘤疾，经常流脓，致使眼珠震出眼眶，由此大病不治而死。

司马师死后，其弟司马昭接过大权。本来，曹髦在司马师病危时并不想让司马家再包揽军政大权，只任命司马昭镇守许昌。但司马昭担心大权落入他人之手，不理会曹髦的命令，仍旧亲率大军开向都城洛阳。曹髦自知不是司马昭对手，只得下诏升司马昭为大将军，录尚书事，像他父亲和兄长一样"辅政"。

司马昭这样的"辅政"完全是抢劫式的，这当然会有人反对。甘露二年（公元257年），征东大将军诸葛诞率兵造反，声讨司马氏。诸葛诞手上七拼八凑搞到十几万人马，加上东吴派来的3万多"志愿兵"，声势不小。司马昭发重兵20多万进剿，出发时又把曹髦带上，防止他在京有所行动。司马昭用兵挺在行，很快就把诸葛诞打败，还把诸葛诞的头割下来挂在洛阳的街头，以警示那些企图对抗他的人。如此一来，百官恐惧，朝廷议人议事，则无人敢在他决断后说个"不"字。

这种一手遮天的现象，严重地刺激着少帝曹髦。他明白，无论他怎样退让，帝位终将被篡夺。与其坐受其辱，不如主动出击，他找来几个心腹商量，对他们说：司马昭之心，路人皆知，今必欲除之。不料这几个所谓的心腹，如侍中王沈、尚书王经等，早已被司马昭收买。情报很快递到司马昭之手，他立即埋下伏兵静候。曹髦以为计谋能够成功，不听他人劝阻，亲自拿起武器，率领几百名身边的宿卫、奴仆，敲鼓呐喊，冲往司马昭的官邸。上路不久，就与司马昭的伏兵展开搏杀，曹髦亲自挥刀搏击，被司马昭的部下成济一枪刺死。

曹髦死后，司马昭做主立曹操之孙、燕王曹宇的儿子曹奂为帝。曹奂此时才14岁，亦被称为"少帝"。这是曹魏政权的第三个受司马氏摆弄的少帝。少帝不管事，司马昭大展雄才，于公元263年派出大将钟会、邓艾、诸葛绪三路进攻蜀国，迫使刘禅投降。这份功劳立得太大了，司马昭进位为相国，封晋公，加九锡，享受天子的待遇。公元265年，司马昭进位晋王，其子司马炎进为王太子。由王至帝，司马昭只有一步之遥了。就在他大力组织人马修订法律，准备为自己的登基服务时，突然发病，很快去世，时年54岁。

王太子司马炎得以继承晋王之位，大权在握。少帝曹奂知道曹魏时代已到终点，就主动把皇帝的玺绶亲手送给司马炎，请他登上皇帝之位。司马炎稍做推辞，就在一片劝进声中大步地向皇帝宝座走去。他把国号定为"晋"，改年号为"泰始"，建都洛阳，给曹奂封了个陈留王，其他原曹氏称王的一律降为侯。又追尊司马懿为宣皇帝、司马师为景皇帝、司马昭为文皇帝，自己被称为晋武帝。

曹操奋斗了终生的伟业就这样被司马家族夺占，应验了曹操曾做过的一个梦："三马吃一曹"——三匹马挤在一个马槽里吃草。这能怪谁呢？三匹心怀大志且能力非凡的"马"不都是曹氏家族培养、提携出来的吗？何况人家只不过是学你的样子而已，当年魏王如何对待汉献帝，司马氏也就如何对待"三少帝"。帝王将相，宁有种乎？何况天下人心在当时已向司马氏倾斜，骄奢、权倾四海的曹爽被司马懿杀害后，"百姓安之，莫或之哀"，无人为曹爽而哀，这真是曹氏家族之哀。司马代曹，也是"失民故也"，失去了人民的支持，不论拥有多大的家业，最终都会竹篮打水一场空。

历史无情，曹操留给儿子的天下是"魏武挥鞭"，一鞭一鞭打出来的；司马夺魏基本上是靠巧取豪夺得到的。谁能把中国从分裂之态聚拢起来，谁的治国能力强，谁就应该受到尊重。

司马炎值得我们尊重吗？我们来看一看。

十六、江山无限，三国归晋

尽管魏被晋代，但天下并未一统，东吴依旧顽强地活着。司马昭在世的时候，曾打算灭蜀之后休整 3 年再灭吴，没想到蜀灭后不久他便去世了，这个心愿只能由他的儿子司马炎来完成了。泰始五年（公元 269 年），司马炎着手备战，将陆地上的各种准备交给驻守襄阳的镇南将军羊祜，将水军的准备交给益州刺史王浚。水军的投入大，新造的战舰长 120 步，能载 2000 名士兵，甲板上可以跑马。水军是综合国力的象征，晋武帝抓水军抓对了，正是这支强大的水军最先击倒东吴。

与日益强盛的晋不同，东吴日渐衰落。孙权早年是很有作为的，曾在称帝的第二年（公元 230 年）就派出水兵万人去海上寻找夷洲（今中国台湾省），企图把夷洲切实掌控起来。但他到了晚年，不仅暮气日盛，且刚愎自用，政权内部危机四伏。尤其是在接班人的问题上，孙权朝三暮四，激化了各方的矛盾。公元 252 年，孙权去世，9 岁的太子孙亮继位，大权落在诸葛恪之手。宗室孙峻与小皇帝设计，诛杀了诸葛恪，掌控了朝政。孙峻骄矜淫暴，朝野均对之侧目。孙峻死后，其弟孙綝掌控朝政，不久便借机废了孙亮，立孙亮之兄孙休为帝。孙休一继位就杀了孙綝。孙休在帝位上待了 6 年就去世了，丞相们又立孙权的孙子、废太子孙和的儿子孙皓为帝。孙皓登基，东吴的国运就到头了。

孙皓继位后显示出残暴的本性，杀了曾拥立他的丞相濮阳兴等大臣，继之又杀了一些敢于直言的能臣，例如杀了王蕃之后还让士兵把他的脑袋当球踢，中书令贺邵因中风不能说话，他怀疑贺邵装病，令人用火把锯条烧红锯下了贺邵的舌头。吴甘露元年（公元 265 年），孙皓突然决定迁都，从建业（今南京）迁都武昌（今鄂州），下令扬州的百姓仍要像在南京那样保证宫廷的各种供应。所有物资运输只得逆流而上，人民苦不堪言。他还下令所有大臣必须把女儿送进宫来，任他挑选，后宫佳人多达 5000 余人。在国内怨声载道的同时，他还一次发兵 20 万，大举伐晋。随军车行的还有太后、宫女等数千名非战斗人员。途中遇到大雪，车辆陷入泥泞之中，平均每台车要 100 多名士兵才能拉动。

孙皓的种种暴行和倒行逆施终于掏空了东吴。咸宁五年（公元 279 年），司马炎下定了灭吴的决心，基本上按照羊祜（此时已去世）、杜预、王濬等人先后提出的作战方案，兵分 6 路，以总兵力 20 万，在千里长江沿线向东吴展开全面进攻。

听说晋军南下，东吴荆州南部的几个郡，交州、广州的一些官吏、将领立即宣布投降。王濬的上千艘战船排列了 100 里长，在烧断了东吴的拦江铁锁后所向披靡、顺流而下，很快攻陷夏口、武昌，直抵南京城下。另外两路从陆上进攻的晋军也逼近南京。10 万大军兵临城下，孙皓闻之丧胆，立即命令停止抵抗，写了 3 份降表向晋军投降，南京城墙上竖满了降幡。

阳春三月，恶贯满盈的孙皓反绑双手，让人抬着棺材去向王濬投降。王濬也像邓艾给刘禅松绑那样给孙皓松绑，焚烧棺材，好言抚慰一番。然后数万晋军鼓噪、喧哗着进入南京城。王濬又亲自收取了吴国的地图户籍。地图上标明吴国拥有 4 个州，合计 43 个郡、52.3 万户人家、23 万名士兵。

经过 70 多年（从 208 年赤壁大战至 280 年魏灭吴）的斗智斗勇，中国终于回归了大一统格局。三国归晋，以往的对手一笑泯恩仇，孙皓得到"合理安置"，晋武帝封他为归命侯，比后主刘禅低一级，后主是被封为安乐公的。这两位失国之君运气好，晋武帝对他们手下留情，始终未加害他们。给他们优厚待遇养老，因为是他们的投降促成了三国归晋，他们也算是有功之臣啊。晋武帝时常宴请他们和已被贬为陈留王的曹奂，君臣同乐。晋武帝首次给孙皓设宴接风时主动给他让座，还风趣地说："朕设此座以待卿久矣。"孙皓笑着回答说："臣于南方，亦设此座以待陛下。"说完，二人哈哈大笑。

从公元 229 年孙权称帝，到公元 280 年孙皓投降，东吴政权历时 51 年而亡，比蜀汉撑得久点儿，也不简单。唐朝的大诗人刘禹锡有次路过今湖北省大冶市东边的西塞山，这里曾是王濬大军通过之地，刘禹锡有感而发，写下了脍炙人口的《西塞山怀古》，形象地再现了王濬攻下南京时的场景：

> 王濬楼船下益州，金陵王气黯然收。
>
> 千寻铁锁沉江底，一片降幡出石头。
>
> 人世几回伤往事，山形依旧枕寒流。
>
> 今逢四海为家日，故垒萧萧芦荻秋。

第十二章 大分裂，南北长相望

三代司马氏夺魏不止，司马炎终于在公元 265 年代魏称帝，一统天下，晋朝登场，史称西晋。三国归晋是历史的选择，司马氏有功于中国的统一大业。但三国归晋归得并不理想，司马炎登基之后不仅很快走向腐败，而且错误地实行分封宗室之举，为"八王之乱"埋下祸根。司马炎之后弱智者接掌皇权，迅速酿成大乱，中国北方几个少数民族乘乱而起，西晋仅存世 50 年便成为历史。

公元 317 年，司马家族又在一些势力的扶持下在今江苏南京建立东晋政权。尽管东晋在一片风雨飘摇中存世百年之久，但长达 300 年的南北大分裂给中国带来了巨大的灾难。中国大地上割据者林立，汉族和少数民族先后建立起约 30 个冠以各种名号的政权，长年互相兵刃相见，较大规模的战争多达 500 余次。

东晋南北朝是中国历史上最为复杂动乱的时期。东晋之后，南方先后由汉族为主建立了宋、齐、梁、陈等 4 个朝代，史称南朝。北方则先后由匈奴、鲜卑、羯、氐、羌等 5 个少数民族为主建立了 16 个号称国的政权。此后，北方大部由强悍的鲜卑族掌控，建立了实力强大的北魏政权，史称北朝。存世近 150 年的北魏先都平城（今山西大同），后都洛阳，为中华民族的大融合作出了重大的贡献，尽管它以后又分裂成东魏、西魏。

东魏不久便被北齐取代，西魏不久被北周取代。北齐君主高洋等人极端腐朽荒淫，北齐最终被北周灭亡。北周的领袖人物是胸怀天下、能征善战的武帝宇文邕，中国的北方就在他手上完整地统一。

中国的一个特点，就是北方完整统一之后，全中国就容易得到完整统一。周武帝统一北方，为其后建立隋朝的隋文帝打下坚实的基础，300年的大分裂便是隋文帝杨坚结束的。

南北朝时期并非一无是处，也不能比作欧洲的黑暗时代，这一时期中华各民族实现了空前的融合发展，以匈奴、鲜卑等为主的少数民族大举涌入中原，先后约有1000多万人口与汉族交错杂居。北方的汉族为躲避战火又大批南下，与南方的少数民族融为一体。这样，入主中原的少数民族大多被汉族同化，而南下的汉族则又同化或改造了以蛮、俚、僚、傒等4族为主的南方部分民族。北方、南方几乎同时进行的人口大迁徙，使中国内地的人口数量大幅增长，经济、文化也同步发展，南方甚至出现了空前的繁荣。这与欧洲及古代世界上很多地区的情况相反。古埃及、古罗马、古希腊、古印加等民族经历了大规模、长时间的战乱之后，许多显赫一时的民族要么被灭亡，要么被异族同化；而中国漫长的南北大分裂不仅没有削弱以汉族为主干的中华民族的活力，反而把中华民族推向更新、更好的发展平台。

一、纸醉金迷，西晋不堪

也许晋武帝司马炎心知政权不甚"正统"，所以在西晋建国之初，保持了曹魏时代的一些好的作风。例如，崇尚节俭，司马炎曾当着所有朝廷大臣的面，烧毁了太医院医官程据送给他的一件价值千金的野雉头毛大衣，并告诫臣下谁再奉送这类所谓的稀世珍宝，谁就将受到惩处。

在端正朝风的同时，司马炎制定了一些发展生产、增强国力的政策，如占田课田制。尽管这些政策主要使世家大族得利，但普通民众也因此合法地得到了一定的土地，改善了自己的生活。据统计，从公元281年到公元289年之间，全国的户口增加了近150万户，农民的粮食有了剩余，牛羊满山遍野，一些地区还夜不闭户，被称作"太康之治"。

然而，司马炎愈益"尚色""尚奢"，后宫长年储备的美女达到3万人之多，创了中国皇帝好色之最。美女太多，他一到落日黄昏就发愁，不知今夜该宿何处。有臣子出主意，让司马炎坐在一辆羊拉的车上，羊在哪位美女的门前停下，他就在哪里过夜。宫女们发现了其中的奥妙，纷纷在门口插上羊喜欢吃的竹叶，洒上一些羊爱舔食的盐汁，吸引羊车在自己的门前停下。

这样纵欲还不够，司马炎还下令天下的女子在结婚前，一定要先经过皇宫挑选，皇宫不要的才能结婚，他看中的一律选入后宫备用。皇帝如此淫乱，立即影响到整个社会风气，一时间西晋腐朽之风盛行，权贵们争相比奢斗富，浪费的财物"甚于天灾"。太尉何曾每天的伙食费是一万钱，其子何劭每天的伙食费达到两万钱，即便如此，父子俩居然说无处下筷，满桌的山珍海味在他们眼里味同嚼蜡，经常整桌整桌地被倒掉。想想看，这父子二人一年浪费了多少财物。

比何氏父子更阔气的还大有人在，司马炎的舅舅王恺与司徒石苞的儿子石崇斗富。王恺用丝绸做成长达 40 里的步障，石崇就用织锦花缎做成 50 里的步障；王恺用麦糖水洗涮锅碗，石崇就用花椒和泥巴抹墙。此事惊动了晋武帝司马炎，他非但不制止，自己也加入到斗富行列。他送给王恺一株高二尺的珊瑚树，叫他到石崇面前炫耀。石崇看后一下将它打碎，冷冷地对正想发火的王恺说："不要急啊，我会赔你。"话刚说完，仆人一下子搬出六七株珊瑚，每株高达三四尺，且重叠的枝条比王恺那株多得多。

他们不仅比富比奢，还比谁杀人多。王恺在每次宴会中要杀一个不会劝酒的美女。石崇知道后，就一连杀了 3 个不会劝酒的美女。你杀一我杀三，看谁狠。

公元 290 年，被疯狂的酒色掏空了身体的晋武帝司马炎驾崩，时年 54 岁。太子司马衷继位，是为晋惠帝。晋惠帝是个低能儿。大臣向他报告说，因为灾害，不少地方发生民众饿死的现象。他很奇怪，反问大臣："活人怎么能饿死？没有东西吃，怎么不吃肉粥？"可是当时朝中的王公贵卿都坚持拥立身为嫡长子的司马衷为太子，而且司马衷的母族和妻族在当时都很有实力，再加上虽然司马衷本人痴呆，但其儿子司马遹非常聪慧，司马炎甚为喜爱自己的这个孙子，是想通过司马衷将来传位与他，因此司马炎虽然清楚司马衷痴呆，还是坚持让他继位。

一个弱智者怎能管理国家？大权落入皇太后之父杨骏手中。

晋惠帝的皇后贾南风不满杨骏专权，她要斗一斗。西晋危险了。

二、满朝文武斗不过一个贾后

贾后的家族颇有势力，其父贾充是司马昭的心腹，当年曾与前去进攻司马昭的魏帝曹髦战于南阙下，并指使太子舍人成济杀害了曹髦。贾充于司马炎称帝有功，其女儿贾南风尽管又丑又黑又矮，还比晋惠帝大两岁，最终还是做了晋惠帝的皇后。丑与矮且不论，贾后还性情凶悍、心地狭隘，不甘屈居杨骏之下。她先去联络被杨骏排挤出宫的另一位辅政大臣——汝南王司马亮，要求司马亮配合自己发动政变。司马亮胆怯，没敢答应。接着她又去联络楚王司马玮。司马玮是晋武帝司马炎的第五子，野心极大，立即答应，并且还亲自出面联合淮南王司马允一同带兵进京。

二王逼宫，贾后亲手代晋惠帝起草诏书，以谋反罪废去杨骏的职务，接着就派兵包围了杨骏的住宅。士兵从四周向宅内射箭，一时箭如雨下。杨骏平时耀武扬威，一到危急关头却六神无主，本来手上有4支军队可供他指挥，他却优柔寡断，坐失良机，只身逃到马厩中，被贾后的亲信用戟刺死。贾后接着诛灭了杨骏三族和杨骏同党达数千人。

杨骏一死，贾后大权在握，矫诏废黜杨太后，令太后移宫与其母庞氏同居。太后刚一移宫，贾后私下指使心腹上书，诬告太后与杨骏一同谋反，应将太后废为庶人，太后的母亲庞氏也应该处死。晋惠帝是杨太后姐姐的亲生儿子，由于弱智，危局面前听人摆布。可怜杨太后眼睁睁地看着自己的母亲被处死，心如刀绞，大声哭着，跪在贾后面前不停叩头求饶。贾后铁石心肠，毫不理会前几天还盛气凌人的杨太后，坚持处死庞氏。第二年初，杨太后也饿死在宫中。

清除了杨氏后党，贾后又以晋惠帝的名义下诏书征汝南王司马亮为太宰，与太保卫瓘共录尚书事，主持日常工作。楚王司马玮配合贾后有功，也在中央握有一定的兵权。司马亮的资格老，他是司马懿的儿子、司马玮的叔父。叔侄间很快产生了矛盾，司马亮想伺机夺了司马玮的兵权，司马玮就在贾后面前诬告司马亮与卫瓘一道密谋废立皇帝。贾后觉得司马亮、司马玮都靠不住，便以晋惠帝的名义下命令，指派司马玮出手杀死了司马亮和卫瓘，然后又以"矫诏"

之罪名杀了司马玮。

举手投足间灭了两个王、一个老臣，贾后自此开始"女主专政"。但贾后仍感到不自在，因为在晋惠帝的身边还有一个太子司马遹。太子自小很受晋武帝的喜爱。有天夜晚宫中起火，晋武帝欲登上城楼察看，5 岁的司马遹赶紧把晋武帝拉到阴暗处，很严肃地对爷爷说："黑夜仓卒，火光明亮，不能让他人瞧见您。"可见他天资异常。据说晋武帝之所以不废掉司马衷的接班人地位，是想将来让这个孙子继承大位。贾后知道这其中的微妙，决计对太子下手。

元康九年（公元 299 年）底，贾后诈称晋惠帝生病，召太子入宫，强迫其喝下三升酒，并令醉中的他写下逼晋惠帝让位、杀死贾后的纸条。晋惠帝信以为真，立即下诏赐太子死。多亏中书监张华等大臣力谏，贾后才同意废太子为庶人。这天正是大年除夕，司马遹改换服色，坐上一辆牛车，与妃子王氏及 3 个儿子一道被押往金墉城。

所有的政敌都被顺利清除，满朝文武斗不过一个贾后。贾后算是个能人，在她掌权的 9 年间，尽管自然灾害不断，国家大局依然平稳，朝野相安无事。问题是司马一脉能甘心被一个女人长期掌控吗？肯定不甘心。果然，以太子无罪被废为借口，赵王司马伦动手了。

三、没有胜利者的"八王之乱"

太子司马遹平时很有人望，突然被废黜，朝廷"众情愤怒"，许多人私下去找手握重兵的车骑将军、赵王司马伦。司马伦是司马懿最小的儿子，当时年近古稀。司马伦头脑简单，平时主要听他的谋臣孙秀的主意决断事务。孙秀这回贡献的计策是先挑动贾后害死废太子司马遹，赵王再以为太子报仇的名义废贾后。司马伦立即拍板执行，一场全国性的动乱之火就这样由司马伦点了起来。

贾后果然听信了司马伦的挑动，为了不让太子东山再起，派宦官活活将他打死。消息传出，赵王伦立即决定在永康元年（公元 300 年）四月起事。这之前他与梁王司马彤、齐王司马冏等武装力量取得了联系，拟定四月三日一更时分突然攻入宫中。

计划顺利进行，贾后及其党羽未来得及反应就被生擒，几名后党如贾谧、董猛、程据等当即被斩。几天后，贾后被毒死。

司马伦随即掌控朝廷，他先以晋惠帝的名义封了自己一大串官衔，不久又逼晋惠帝让位，自己坐上龙椅，做起皇帝来。

司马伦在宗室中并无威信，他的篡位引起宗室诸王的不满。晋武帝的儿子淮南王司马允率 700 兵士杀向皇宫。尽管失败，却唤起了其他诸王的反抗。永康二年（公元 301 年），齐王司马冏、成都王司马颖、河间王司马颙三人联合起兵，杀奔洛阳。

"三王"以压倒性兵力在洛阳一带与司马伦酣战两个多月，双方伤亡近 10 万人，司马伦被活捉，他的"当家人"孙秀被处死，所有司马伦任命的官员全部被罢免。晋惠帝复位，以齐王司马冏辅政，责令司马伦自杀。司马冏独揽朝纲后，却不把心思放在国事上，终日声色犬马，兴造府第，营建自己的安乐窝，于是"朝廷侧目，海内失望"。这种局面仅仅维持了一年半，公元 302 年，各拥重兵的诸王又为争夺最高领导权而大动干戈。

河间王司马颙以司马冏"有无君之心"而发难，率兵向洛阳进发。当时正在京城的长沙王司马乂立即响应，亲率精兵攻打司马冏的府第。为了显示正义，长沙王司马乂还把晋惠帝"请"到自己的身边，鼓励士兵奋勇进攻。两王混战，齐王司马冏火烧宫门，一时间火光冲天，"飞矢雨集"，有的箭矢还落到晋惠帝身边。这样打了三天，司马冏兵败被杀，其党羽 2000 多人同时被处斩，长沙王司马乂以太尉身份掌控了大局。

当初最先发难的河间王司马颙，本准备坐山观虎斗后再冲进洛阳收拾局面，没想到司马乂仅用 3 天就把持了朝中大权，他不甘心。太安二年（公元 303 年），司马颙以张方为都督，统兵 7 万攻打洛阳。成都王颖不甘寂寞，没赶上攻打齐王冏，决不能再错过打长沙王乂，于是也命陆机等人领兵 20 万进逼洛阳。

洛阳此时成了一座孤城，从八月打到年底，双方陷入胶着状态，死亡八九万士兵不说，洛阳城内已无成年男子可上前线，粮食也快吃光了，米价涨到每石一万文钱，洛阳快坚持不下去了。而张方都督这边呢，也觉得无必胜的把握，因为手下的士兵一见到皇帝的仪仗出现就往后退，对天子的畏惧是一道阴影，压在每个士兵的心上。就在双方的统帅考量如何进退之时，朝廷内部生变，东海王司马越私下串通了一些禁军发动兵变，逮捕了司马乂，尔后开城与司马颙、司马颖讲和。

负责和谈的张方随即入城，首先活活烧死了长沙王乂，然后全面接管了洛阳。晋惠帝下诏任命司马颙为太宰，主持朝廷，司马颖被立为皇太弟，仍回邺城，都督中外军事。

司马家族的这些王爷都有一个共同的爱好，谁掌大权谁就结党营私、腐化堕落。成都王司马颖在这方面走得更远，朝廷内外一片怨声。痴呆的晋惠帝也知道了一点内情，下诏给东海王司马越等将领，指令他们除去司马颖。然而，准备工作没做好，司马颖先动手打败了司马越，俘虏了晋惠帝，司马越只得逃回东海。

司马颖以为可以挟天子以令诸侯了，不料河北的安北将军王浚出面牵头讨伐他，还联合了鲜卑首领段务勿尘以及东嬴公司马腾一同进兵。司马颖派出部队迎战，结果大败，只得在几十名骑兵的护卫下挟带着晋惠帝逃出邺城。渡过黄河之后，张方从洛阳领兵迎接，一行人才脱离险境。

洛阳此时已是张方的天下，晋惠帝也成了他手中的牌。张方认为洛阳不宜于建都（实际是全城已被他掠夺一空），强行将晋惠帝迁往长安。河间王司马颙早已在此等候，将军府就变成了晋惠帝的行宫。司马颙在长安下诏废除司马颖的皇太弟之位，立司马炽为皇太弟，自己独揽军政大权。

张方和河间王颙"劫迁车驾"之举不得人心，永兴二年（公元305年）七月，东海王司马越以奉迎天子回洛阳为名，自徐州起兵讨伐。这一行动很快得到一些诸侯王的响应，共推东海王为盟主，向长安进军。各路大军气势如虹，司马颙未战先怯，便想与东海王越讲和。但张方反对，司马颙已铁了心不再战，就设计刺死了张方，然后割下他的头，派人送到东海王越的军前。但这位东海王无意议和，仍旧乘胜西进。司马颙在做了一番抵抗后逃入山林。

此时成都王颖也从洛阳出逃，到了华阴才知道河间王颙的现状，不敢再回长安。光熙元年（公元306年）四月，王浚的部将祁弘率领鲜卑骑兵攻入长安，一阵疯狂抢夺劫杀，长安城霎时变为血城。接着，祁弘"护送"晋惠帝返回洛阳。

从洛阳出逃的成都王司马颖不久即在邺城被杀，死时年仅28岁。几个月后，河间王司马颙也在前往洛阳的途中被杀。洛阳此时已被东海王越控制，无疑，他成了西晋的实际领导人。

长达 16 年的皇族大混战至此结束，没有胜利者，8 个王在互相残杀中死去 7 个。"太康之治"的社会经济成果丧失殆尽，人民重新陷入苦海，不得不走上武装反抗之路，一些少数民族首领趁势而起，向西晋进军，分裂割据之势俨然成形。

四、匆匆，太匆匆

八王之乱的源头在晋武帝大封宗室，前前后后共封了 27 个王。其最初的出发点是吸取曹魏政权无宗室拱卫中央的教训，通过大封同姓王，以同姓王为屏藩，抵御一切风险。为此，他赋予了同姓王极大的权力，有的王手握数十万精兵，如前面说到的成都王司马颖，一次就能出动 20 万兵力进攻洛阳，各诸侯王的总兵力远超中央的常备军。手里有兵，地盘上有粮，哪个王不想问鼎？一拨倒下，又来一拨，王侯们飞蛾扑火般扑向最高的权力宝座，把他们的贪婪、凶残、腐朽的本性一次次向世人展示。最后"专擅威权"的司马越比死去的任何一位王爷都暴虐，他先毒死晋惠帝，尔后做主立司马炽为帝，是为晋怀帝，改年号为"永嘉"。

此时的西晋一点也不"嘉"，司马越在朝中大肆诛杀异己且不说，南、北方都发生了大规模的流民和农民起义。巴、蜀之地的流民武装甚至攻入成都，建立了大成国。比南方流民武装更有杀伤力的是北方各族人民的反晋斗争。首先率领民众发难的是匈奴贵族刘渊。

刘渊的祖辈父辈都是从魏晋时期迁入内地的匈奴人，他本人已完全汉化，自小熟读四书五经，马上的武功也十分了得。他因此很自负，曾对人说："常鄙随、陆无武，绛、灌无文。"（意思是：我时常鄙视随何、陆贾不会武艺，绛侯、灌婴没有文才）。随、陆、绛、灌都是汉初著名的谋士和开国名将，刘渊居然看不起他们，可以想见刘渊的素质确实非凡。

不止素质超群，刘渊的志向更是高远，他根本不想去复兴什么匈奴先人的事业，他的目标是推翻晋朝，复兴汉朝，重现汉高祖之伟业。他在军中进行战备动员，动情地对将士们说："我是汉室的外甥，与汉室曾结为兄弟（从汉初起匈奴民族就曾多次与汉室结为兄弟），兄亡（指汉亡）弟继，有什么不可以呢？"说完，他设坛祭天，公开宣称建立汉国，自称大单于，又称汉王。

誓师大会之后，刘渊亲率10万大军向西晋王朝发起进攻，很快攻占太原等地，赶走了并州的司马腾。刘渊的名声迅即远播，羯人首领石勒及一些地方武装慕名前来投靠，刘渊的实力由此大增，很快从山西打到河北、山东。此时以王弥为首的一批少数民族武装也加入到刘渊的队伍。永嘉二年（公元308年）十月，刘渊在平阳（今山西临汾）称帝。

刘渊称帝后，仗打得更加顺手。石勒攻陷了冀州100多个豪族堡壁，又与鲜卑、氐等少数民族首领一道，攻取了洛阳四周。在这种有利的态势下，刘渊任命其子刘聪向洛阳发起总攻。

洛阳的防守力量单薄，司马越以讨伐石勒为名，将主力撤往今属河南的项城。刘聪以为能迅速拿下洛阳，滋生了轻敌思想，没想到被弘农太守垣延用诈降计打得大败而返。两个月后，刘渊再次率兵向洛阳进攻。

兵临城下，司马越防守顽强，运用夜间偷袭战术，击杀了刘聪的征虏将军呼延颢。汉军锐气顿挫，一连多日攻城无果。关键时刻，前线总司令刘聪竟脱离前线，率几千骑兵赶往嵩山求仙拜佛，祈求神灵相助攻克洛阳。司马越得知这一情报，精选数千名骑兵敢死队冲出城门，在汉军中横冲直撞，击杀了汉军将领呼延朗。城未攻下，连损几员将领，刘渊无奈，只得退兵。

两攻洛阳无功而返，刘渊忧思过度，于永嘉四年（公元310年）七月病逝。太子刘和继位，担心兄弟刘聪不服自己，私下准备解决刘聪。没等到刘和动手，手握重兵的刘聪先杀了刘和而自立。

刘聪即位后不到两个月，即命令其子河内王刘粲、从弟刘曜等领兵第三次进攻洛阳。石勒也亲率数万骑兵向洛阳进发。两路大军在梁、陈、汝、颍之间攻城拔寨，很快对洛阳形成合围之势。洛阳已成孤城，城中饥困日甚。司马越知道无法守住洛阳（无一支主动勤王之军增援），就找了个理由，说是要领兵到许昌讨伐石勒，其实是准备逃出京城。晋怀帝知道后，凄怆地说道："朝廷社稷都依赖于您，您怎么要远走高飞将京师拱手送人呢？"

司马越无言以对，仍率领近20万将士往许昌跑。失败者的心态总是痛苦的，逃至项县（今河南沈丘），忧愤发病而逝。失去了统帅的晋军抬着司马越的灵柩，辗转行至今河南鹿邑县，不巧遇上如狼似虎的石勒大军，顷刻大败。将士们争先溃逃，互相践踏，死者达 10 万。石勒仍不解恨，他把司马越的尸体从棺材中拖了出来，挫骨扬灰。

司马越率领的是西晋王朝的最后一支生力军，随着这支军队的覆灭，西晋再无本钱与各路起义军抗衡。永嘉五年（公元 311 年）六月，洛阳陷落，晋怀帝成为俘虏，皇太子被杀。刘聪模仿董卓，满城放火。可惜魏晋两朝苦心经营了近百年的古都洛阳再次化为灰烬，数万士民死于浩劫中。

当了俘虏的晋怀帝被封为平阿公，但这个平阿公只是口头封封而已，实际生活中却是个着一身青衣（贱人的服色）、站在刘聪身边的侍者，负责往刘聪杯子里加酒。一众晋之降臣哪里看得下去，其中有几位当场流下泪来。刘聪看在眼里，知道这帮人怀旧，说不定什么时候就会闹事，心想不如干脆将这些人连同晋怀帝一起杀了。刚满 30 岁的晋怀帝于是被鸩杀，这是建兴元年（公元 313 年）的二月。

晋怀帝遇难的消息传到正在向刘曜占据的长安进攻的安定（今甘肃泾川）太守贾匹等人那里，这些妄图复兴晋室的大臣，一致拥立秦王司马邺在刚攻进的长安继皇帝位，是为晋愍帝。

晋愍帝不过是一个"空头司令"，继位后发了许多诏令都无人执行。被他遥封为丞相并寄予厚望的琅琊王司马睿此时已在建康（即今南京）自立，手上本有一支精兵，但一兵不发。建兴四年（公元 316 年），刘曜最后一次进攻长安，孤城长安"内外断绝，城中饥甚，斗米值金二两，人相食，死者大半"。晋愍帝还算有良心，哭着说："当忍耻出降，以活士民。"

这年的年底，统一中国仅仅 36 年的西晋王朝正式灭亡。司马氏的最后一位领袖人物乘羊车、反绑双手、肉袒（去袖，露出左肩）、口里衔块璧，缓缓地向汉军统帅刘聪走去。

晋愍帝的结局完全重演了晋怀帝的一幕，先是受封，然后再一袭青衣为刘聪行酒，最后也被一杯毒酒送终。总共只在帝位上待了两年多点，晋愍帝司马邺就随同西晋王朝一道悄然作古。

匆匆、太匆匆……

五、偏安难安

晋愍帝的死讯在太兴元年（公元318年）三月传至建康（今江苏南京），琅琊王司马睿即由晋王改称晋帝，是为晋元帝。东晋开始。

司马睿是司马懿的曾孙，15岁袭任其父的琅琊王爵。八王之乱时，他奉司马越之命移镇建康。西晋一亡，江南就成了司马睿的地盘。

司马睿在晋王室中属远支一脉，其"恭俭之德虽充，雄武之量不足"，人谦和，本事却一般，所以，刚从北方转任南方之初，江南士族看不起他，认为他以及和他一同南下的这批人，不过是一些"亡官失守之士"，不值得尊重。

江南士族的看法有些片面，随同司马睿南下创业的官员中，可有一批厉害角色，如琅琊王氏的代表人物王导、王敦等，是西晋时北方最有名望的士族之一。在这批人的策划下，司马睿赢得了江南士族的支持与民心，一批名流出山做官，东晋渐渐有了生气。

光有南方士族的支持还不够，王导又动员了一批北方士族南下，如太原王氏、陈国（今河南淮阳）谢氏、谯国（今安徽亳县）桓氏。在这批人的影响下，北方士族十之六七南下定居，在经济以及安定人心方面支持了东晋。

大量的北方士族和民众南渡后，社会管理的难度增大，东晋政府为此设侨置州郡，即流亡的北方州郡政府，让北方的士族和民众能够仍如在北方一样生活和进入仕途。主导朝政的王导还时常对这些士族、名流进行思想工作，每当发现有人有寄寓南方一隅的伤感，就鼓励他要全力支持东晋政府，渡过目前的难关，耐心地等待北伐中原，统一中国。

王导的影响越来越大，晋元帝也特别尊崇他，把政务交给他管理，把军务交给他的堂兄王敦管理，朝会时，还邀请王导和他同登御座，共受大臣的朝拜。王氏兄弟权势日盛，当时社会上有舆论说"王与马共天下"。晋元帝听到了一些类似的言论，开始限制王氏兄弟的权限，并提拔重用了一批心腹，如丹阳尹刘隗、尚书令刁协等。

王导看出了晋元帝的用意，隐忍不发。王敦却耐不住性子，于永昌元年（公元322年）从今武昌起兵向建康进攻，打的旗号是诛奸臣刘隗，实际意图是取晋元帝而代之。王敦大军顺流而下，很快进入建康，自为丞相。刘隗逃往北方，投奔石勒。晋元帝的一些亲信被杀。晋元帝忧愤交加，不久去世。其子司马绍继位，史称晋明帝。王导依旧行使辅政大权，家族势力达到极致。晋明帝满足了王敦的所有要求后，王敦撤军返回武昌，但眼光仍盯着朝廷，心仍想着皇位。

回到武昌后不久，王敦突患重病，晋明帝抓住时机讨伐王敦。中军司马曹浑大破王敦军。王敦闻讯大怒，不久便死去。对于王敦的分裂和叛乱，王导是反对的，所以诛灭王敦一党后，王导仍居中辅政，一些王氏子弟仍占据要职。

平叛王敦的一些将领自认功高而滋生了野心，趁晋明帝去世、太子司马衍继位未稳的情况下联合发兵，直指建康。叛军凶猛，很快攻入建康，继之放火焚烧宫殿，大肆抢夺国家和百姓的财物。当时国库内尚有官布 20 万匹、金银 5000 斤、钱亿万、绢数万匹，其他的战略物资也不少，都被叛军首领苏峻洗劫一空，仅给新继位的晋成帝司马衍留下几石米的口粮。

苏峻等人的叛乱遭到了朝野上下的一致谴责，与王导一同辅政的庾亮在逃出建康后立即联络了温峤、郗鉴、陶侃等刺史，共同举兵讨伐苏峻及另一叛军首领祖约。双方激战一年，苏峻战死，祖约北投石勒，建康重新被朝廷控制。

一次又一次的内乱沉重地打击了偏安江左的东晋。偏安难安，宋人司马光在《资治通鉴》中大发感慨："晋室无政，亦可知矣。"

但是，东晋很顽强，在王导等一批坚守大一统观念的能臣的辅佐下，在绝大多数时期保持了相对安定的政治局面，经济、文化都有大的发展。接下来我们就会看到，东晋并不满足于偏安。

北伐中原、统一中国是东晋的梦。

六、祖逖北伐，壮志难酬

西晋灭亡之时，中原一片混乱，北方民众饱受匈奴等少数民族统治者的暴虐，引颈期盼东迁的晋王朝能打回去，恢复大一统时代的安宁。

初创的东晋此时既无力，也无心北伐，倒是从民间站出来一位英雄，直接上书司马睿，愿担当起北伐之重任。他就是范阳遒县（今河北涞水）人祖逖，著名的成语"闻鸡起舞"说的就是他和好友刘琨的故事。

八王之乱时，祖逖率领数百族人迁居今江苏淮阴，被当时的琅琊王司马睿任命为徐州刺史。但祖逖痛心于社稷倾覆，不愿苟安于江南，于建兴元年（公元313年）上书司马睿，请求北伐。书中说："北方民众苦难不堪，愿大王发威命将，我愿为此先行。"

司马睿赞赏祖逖的勇气和忠诚，但并不大力支持他，只任命他为奋威将军，仅拨给他1000人的粮饷、3000匹布，也不配兵器，让他自行招募士兵。

祖逖以奋威将军之衔，渡江北上，基本队伍就是南下时跟随而来的百余户人家。船至江中，祖逖心潮起伏，不觉用力敲击着船桨，大声发誓：祖逖如不能扫清中原之敌，就如这江水一样有去无回！

祖逖乃真英雄，他一边冶铁造兵器，一边招募士兵，很快就有2000多名勇士加入他的队伍，义无反顾地向北方进发。

首先面对的敌手就是曾使西晋军队吃尽苦头的羯人首领石勒。石勒表面上受刘聪指挥，实际上已独霸黄河下游的大片地域（主要是今河南、山东、河北）。祖逖选择从石勒的控制区入手，主要是看中了当地还有许多汉人武装。这些汉人依山势筑堡而居，巧妙地与石勒军对抗。

通过武力征服和游说，祖逖收服了不少坞堡主，然后向石勒的部将桃豹等发起进攻。经过3年多的战斗，先后收取了黄河以南的大片土地，一些有名的城市，如谯城、浚仪，都成了祖逖的根据地。许多早先已投降石勒的晋朝武装力量反戈一击，纷纷投到祖逖营下，"由是黄河以南尽为晋土"。

祖逖声名大振，但他仍保持清醒的头脑。北方敌情复杂，不能有丝毫的乐观。他一边打仗，一边搞政治建设，在收复的地区设立基层政权，大力督课农桑，为更大规模的北伐做准备。

祖逖的所有努力都直接威胁着石勒。慑于祖逖的实力，石勒"不敢窥兵河南"，还命部下修缮祖逖的故居和父亲的墓地，以此向祖逖示好。祖逖不为所动，上书朝廷，准备乘势全力出击，平定河北。

遗憾的是朝廷此时发生了内讧，王敦开始作乱。司马睿无心北伐，只求先稳朝廷。为了对抗王敦，任命戴渊为征西将军镇守合肥，同时节制祖逖。

戴渊是吴人，对北方的情况不熟悉，也没有北伐的勇气，这样一个上司来指挥祖逖，北伐还有什么希望？想到自己披荆斩棘，奋战多年，竟不能实现誓愿，祖逖心痛不已，积忧成疾，病死于雍丘（今河南杞县），时年 55 岁。

真是可惜，本来祖逖已在中原树起了军威，建好了大片可靠的根据地，此时朝廷如果能予以全力支持，中原是有可能收复的。

人亡政息，祖逖一死，石勒无所畏惧，很快重新占领了河南地区。

七、笑傲北国是石勒

从"八王乱政"时起，入居中原的少数民族相继建立起自称为"国"的政权，使中国的北方陷入长期的分裂、混战状态。这些少数民族主要有匈奴、鲜卑、羯、氐、羌。

匈奴贵族刘渊建立汉国两年后去世，其子刘聪继位。刘聪在位 8 年，完全沉湎于声色之中，诸侯擅兵在外，刘聪无力制约，对民众的压迫甚于西晋。刘聪病死之后，其子刘粲继立。刘粲更加荒淫无道，把军政大权一并委于其舅靳准。靳准野心极大，执政不久就发动政变，杀了刘粲及其子孙，"刘氏男女无少长，皆斩于东市"。刘聪的族弟刘曜此时正镇守关中，得知政变的消息后立即发兵攻占平阳，族灭靳氏。接着就宣布自己继皇帝位，迁都长安，改国号为赵，史称前赵。

刘曜宣布建立前赵的第二年，原属刘聪指挥的镇东大将军石勒也在河北称王，史称后赵。石勒是羯族人，老家在上党郡武乡县（今山西榆社）。他出身微贱，曾被掠卖至山东为奴，尽管一字不识，却有超人之略。晋永嘉元年（公元307 年）随汲桑起兵反晋，汲桑以石勒为前锋，石勒所向无敌。刘渊称帝后，石勒又投奔刘渊，受到重用，领兵东征，招附乌桓，扫平冀州，马踏河淮、江汉间，为刘渊立下大功。名声大振之时，他采纳谋臣张宾的建议，诱杀王弥，占据襄国（今河北邢台），计取幽州，从而实力大增。尔后又袭杀刘琨，夺取并州。祖逖病死之后，石勒进据河南、皖北。以此为出发阵地，进兵广固（今山东益都西北），攻占青州。

至此，自与刘曜反目之后，石勒已占有幽、冀、青、徐、兖、并等 6 州及河南的大部分，与南方的东晋、西方的前赵形成鼎立之势。

石勒值得尊重。他虽身为少数民族，但对汉文化心向往之。他没读过书，也不识字，就时常叫人给他读史书、讲经典，从汉民族的文化中汲取营养。尽管在政治上有意抬高羯人的地位，但他又重用汉臣张宾，对张宾敬若神明。每次打仗之前，还在军中设"君子营"，安置汉族文人。他提倡儒学，在地方立郡国学，又恢复九品中正制。还下令停止以前施行的一些暴政，不断地派使者巡视各州，"劝课农桑"。通过一系列正确的政策，北方的经济得到复兴。在此基础上，石勒下令向刘曜的前赵发起攻击。

公元324—328年，前赵与后赵在广袤的中原大地上展开生死战。刘曜起初大败石勒侄子石虎，使其军伏尸二百余里，继之围攻洛阳。石勒亲率大军驰援。刘曜得知石勒亲至，一连饮酒数斗，为自己壮胆。待到上马决战，还未清醒过来就当了俘虏，立即被杀。前赵的5万将士做了殉葬品。关中闻讯大乱，石勒军顺势攻克长安，前赵太子刘熙退保上邽（今甘肃天水）。石虎追至上邽，击杀刘熙及其王公卿以下3000余人。不可一世的前赵就此灭亡，秦陇地区进入后赵的版图，中国的北方基本统一在石勒之手。

公元330年，石勒称帝。他心情非常好，问群臣他相当于以前的哪位帝王。中书令徐光恭维他，说高于汉高祖，后世无人可比。石勒还算有自知之明，大笑着说："卿言太过。我若遇高祖，当北面称臣事之，与韩信、彭越同样。若遇光武帝，我当与他一较高下，逐鹿中原！"

满怀壮志的石勒称帝3年后去世，太子石弘继位，但很快就被石虎废杀。石虎自称天王，迁都至邺城（今河北临漳西南）。石虎是十六国时期有名的暴君，攻城略地之后，常常是"坑斩士女，鲜有遗类"。不仅战场上杀人如麻，平时也是残忍至极。太子石宣谋杀其弟石韬，事发后，石宣被杀，杀后还被拔发、抽舌、挖眼、剖腹、火焚。对儿子如此，对百姓更狠，刑政残忍到不可思议的地步。百姓一方面受劳役之苦，一方面受刑政之苦，民怨沸腾，反抗迭起。公元349年，石虎在一片诅咒声中死去。

石虎死后，中国的北方陷入混乱之中。先是彭城王石遵废杀已继位的石虎的幼子石世。石遵仅在位183天，被其弟石鉴废杀。石鉴在位103天，被石虎的养孙、汉人石闵（本姓冉）废杀。

石闵的祖先是汉朝黎阳（今河南浚县）骑都督，父亲冉瞻是石虎的养子，老家在今河南内黄。冉瞻勇猛非凡，攻战无敌，深受石虎器重。石闵也颇似其父，擅长谋略，武功超群，在石遵废杀石世和石鉴废杀石遵的阴谋中，他都起了重要的作用。

石虎养"虎"，公元 350 年，石闵杀死石鉴，自立为帝，并恢复冉姓，建都邺城（今河南安阳北），改赵为魏，史称冉魏。

八、乱哄哄，你方唱罢我登场

冉闵在杀死石鉴的同时，利用汉人对石虎暴政的不满，扩大纠纷，鼓励汉人上街诛杀少数民族，杀一个胡人文官晋位三等，杀武官拜牙门将。几天内，20 多万羯人、羌人被杀，尸体被扔到城外喂狗。不少鼻高、胡须多的汉人也被误杀。仇恨由此加深，各地的氐、羌、羯人部落纷纷自立，鲜卑慕容氏趁机大举南下。冉闵被燕将慕容恪擒杀。立国仅 3 年的冉魏灰飞烟灭。

慕容氏是东胡的后裔，分布于辽东、辽西一带。其先祖莫护跋在魏明帝时受封率义王，自此建立与中原王朝的联系。晋永嘉之乱时，执掌慕容部落的鲜卑都督慕容廆大量接收和利用从中原逃往辽东的难民，充实自己的部落，并仿照汉人的生产、生活方式发展自己，势力愈益强盛。慕容氏从汉文化中受益，始终效忠于晋。当那些少数民族政权先后反晋之际，慕容廆却坚定地拥晋，曾派去使者与东晋太守陶侃联系，请求出兵并与东晋夹击石勒。

慕容廆与石勒在同一年去世。子慕容皝继位。公元 337 年，慕容皝称燕王。公元 342 年，迁都龙城（今辽宁朝阳）。

慕容皝性急，一继位就四面出击，先攻占了辽西段氏的地盘，接着又击败后赵石虎，稍后再东破高句丽，北灭宇文部，袭夺夫余，数年之间拓地三千里，每一次出击都能掠到三五万人户。中国的东北自此全在慕容氏手中。

慕容皝倾心中原文化，仿照晋的做法，广泛设立学校，规定所有大臣子弟都得去读书，他自己亲执教鞭授课，还自编教材。在经济上，采用魏晋时的分成制剥削方式发展农业生产，大批的荒地成了粮仓。文化和经济的发展加速了慕容氏的汉化，为其以后逐鹿中原奠定了基础。

公元 348 年，慕容皝去世，子慕容儁继燕王位。继位的第二年，后赵石虎去世，慕容儁抓住时机席卷幽州，很快就把燕都从龙城迁往蓟（今北京市），并以此为基地，击灭了冉闵。公元352年，慕容儁在蓟称帝，建立前燕。为了便于逐鹿中原，公元357年又把都城迁往邺城（今河北临漳西南）。

此时的前燕占有今华北、江苏、辽宁、安徽等地区，与关中的前秦平分了黄河流域。但慕容儁不满足于此，他意图进攻东晋，经略关西，进而统一中国。他下令实行人口普查，每户只留一名男子，其余全部参军，拟扩军至150万。

没等到军力凑足，慕容儁却先病逝。10岁的太子慕容暐继位。太原王慕容恪以太宰身份辅政。慕容恪是前燕时期杰出的政治家、军事家，不仅及时稳定了朝廷，还曾一度攻占了洛阳附近的几个重要城镇。但慕容恪的辅政时间太短，仅仅7年。慕容恪去世后，前燕就开始衰落。

公元370年四月，前秦大军进攻前燕，仅7个月就攻下邺城，活捉慕容暐。历三世34年的前燕灭亡。

曾经那么风光的前燕怎么如此不经打？原来打它的是正处于上升时期的前秦。

建立前秦的苻氏，发端于今甘肃天水东北，这里是氐族的部落居住地，祖先世为西戎酋长。西晋末年，其首领苻洪起兵反晋。得知前赵刘曜在长安称帝，苻洪即归附刘曜。刘曜败于后赵石虎，苻洪又归附后赵。苻洪勇猛善战，很受石虎器重，被封为冠军侯，驻扎于今河南浚县。石虎死后，后赵陷入内乱，苻洪当时手握10万大军，一边冷眼旁观后赵的内乱，一边准备杀回关中，抢夺地盘。不料尚未成行，忽被其部将麻秋毒死。

苻洪子苻健继位，立即攻杀麻秋，并按照苻洪的遗命，分两路杀入关中。为了取得东晋的支持，苻健去掉秦王称号，改用东晋所封的征北大将军爵位。当时占据长安的是后赵将领杜洪，苻健趁杜洪毫无戒备之时突然进攻，很快攻入长安。杜洪各处守军纷纷投降，苻健就以长安为都，自称天王、大单于。公元352年，苻健称帝，国号秦，史称前秦。

苻健吸取了后赵灭亡的教训，采取了一些与民休息的政策发展经济，还大力倡导儒学。公元355年，苻健病死，子苻生继位。苻生与其父完全背道而驰，继位后极端荒淫暴虐。苻健的侄子苻坚抓住时机发动政变，杀死了苻生，自立为帝。

符坚决心重振先秦。他重用汉族寒士王猛，实行一系列卓有成效的改革。关中本是肥沃之地，很快出现民富国强的好局面。民众编歌谣赞美前秦的首都长安："长安大街，夹树杨槐。下走朱轮，上有鸾栖。英彦云集，诲我萌黎。"得到民众的拥护，符坚果断地发起统一北方的战争。

公元371年，符坚派出7万大军进攻甘肃仇池，仇池首领杨纂自缚请降。接着进攻汉中，袭取益州。公元376年，符坚向河西走廊上的割据政权前凉发起进攻。

前凉是汉人张氏建立的政权，据有今甘肃、宁夏西部和新疆东部地区，都城是姑臧（今甘肃武威）。前秦崛起后，前凉首领张玄靓向前秦称臣，但张玄靓不久即被张天赐取代。张天赐不再向前秦称臣，符坚就以此为借口兴兵问罪。

张天赐开头还抵抗了一阵，由于实力悬殊，很快宣布投降。降服前凉的同时，符坚的另一路大军又灭了鲜卑拓跋部在今内蒙古和林格尔建立的代国。这样，从公元370年到376年，仅仅用了6个年头，符坚就完全统一了中国北方，其版图"东极沧海，西并龟兹，南苞襄阳，北尽沙漠"。成为北方强权的符坚下一步就要饮马长江，与东晋对决。

九、北伐——东晋的忧伤

北方纷乱，尤其是后赵灭亡之际，许多后赵将领降晋，民众也蜂拥南下。东晋的一些有识之士建议朝廷抓住机会北伐中原。晋穆帝被这股热浪推着，下令让桓温进驻安陆（今湖北钟祥市北），伺机北伐。

桓温是今安徽怀远人，出身世家大族，娶晋明帝的女儿为妻，官拜驸马都尉。抵达安陆后，桓温展开了一系列战略筹划，除了在当地大力发展生产、筹足军备物资之外，还抓住蜀中李氏割据政权发生大规模内乱的机会，发兵溯江西上，攻入成都，灭了成汉国。

成汉国是蜀中的氐人李雄趁西晋衰落之际建立的割据政权，传下7世46年，最终倒在桓温脚下。桓温灭成汉的消息传到东晋，朝廷不为桓温的胜利所动，反而感受到了他的威胁。一些大臣上书，阻止桓温统率北伐，以此遏阻其野心。晋穆帝采纳了这一错误的建议，另行任命褚太后的父亲褚衰统率北伐。

褚裒会做官，但不会指挥打仗。公元349年，褚裒大军出动不久，两个前锋便全军覆没。前锋一亡，原本在黄河边等待南迁东晋的数万百姓无军队接应，几乎全被赵将李农所杀。褚裒见此情势，不得不撤回广陵，羞愧交加的他受此打击，很快忧郁而死。

此次北伐失利，主要原因是统帅人选不当。朝廷接受教训，于第二年任命扬州刺史殷浩统率北伐。殷浩是东晋的名人，是研究《老子》《周易》的权威，平时喜欢谈玄（谈老庄的哲学玄理，即玄学），话语中总是暗藏机关，东晋的名士们都崇拜他。朝廷任用这么一位玄学之帅，北伐能成功吗？

公元352年，殷浩领着7万精兵进抵寿春，准备进攻洛阳。他下令让新近归降的羌人姚襄打前锋，没想到姚襄早就对殷浩不满，北进后谎称部下大多逃跑，暗里却设下埋伏，等到殷浩率兵追来，姚襄的伏军突然杀出。殷浩顷刻大败，丢下辎重，狼狈逃回谯城。

桓温早就知道殷浩必败，正等着看笑话。他曾公开对人说，殷浩有文采，当个尚书令挺合适，领兵打仗嘛，还得走着瞧。果然被桓温言中，朝廷将殷浩罢官流放。殷浩满腹委屈想不通，时常用手在空中写"咄咄怪事"4个字，边写边念，有时还泪流满面，过了两年就在"咄咄怪事"中死去。

褚裒、殷浩都不行，朝廷无奈只得再起用桓温北伐前秦。永和十年（354年）二月，桓温率水陆两军从江陵出发，水军经襄阳入均口（今湖北均县）至南乡（今河南淅川南），陆军从淅川（今河南西峡）入武关，同时命梁州刺史司马勋由汉中出子午道策应。

桓温大军出动之后得到北方人民的支持，在蓝田大败前秦军。桓温的兄弟桓冲也在白鹿原击败前秦将领符雄。两路大军迅速会合，转战至灞上，长安就在眼前。三辅地区此时已掀起桓温热，许多郡县的官吏和地方武装先后投降，不少百姓带了酒水慰劳晋军，一些老人甚至激动地落泪道："想不到今生还能再见到官军。"是啊，长安已陷落38年了！

形势一派大好，可桓温却就此止步，迟迟不下决心渡过灞水攻占长安。等到前秦军队抢割完麦子，坚壁清野时，桓温大军的补给跟不上了。桓温无心再战，下令撤军。第一次北伐就这样功亏一篑地收场。

关中失利归来，桓温情绪低落，为了挽回面子，特意上书朝廷，要求让他再次领兵北伐，收复洛阳和许昌。当时占据洛阳的是冉闵的旧将周成，占据许昌的是先前投降东晋，后又叛晋并伏击殷浩的姚襄。朝廷同意了桓温的建议，桓温就在永和十二年（公元356年）七月领兵北上，开始第二次北伐。很快击败姚襄，周成投降，桓温顺利收复许昌、洛阳。

进占洛阳后，桓温上书，建议朝廷还都洛阳。书中说，北方人民期盼东晋北上，还都旧京，可以更好地赢得民心，名正言顺地发号施令，少数民族统治者必不诛自灭。但桓温没想到，朝廷经营江南半个世纪，上至皇帝，下至郎官，各种关系盘根错节，有几人愿离开富贵温柔之乡？桓温等不到朝廷的批复，只得心事重重地回到江南。

桓温离开不久，洛阳就被前燕慕容氏占领。桓温对此耿耿于怀，暗下决心再次收复洛阳。但此时的前燕由慕容恪辅政，桓温惧他三分，不敢动手。过了几年，慕容恪去世，桓温抓住机会，于太和四年（公元369年）发起第三次北伐。

桓温领着5万精锐步骑，从姑孰出发，自兖州顺淮汴北进，抵达枋头（今河南浚县西）。燕国上下惊恐，慕容暐想逃奔和龙（今辽宁朝阳），辅政大臣慕容垂力主抵抗。同时派使者赴关中，请求前秦支援。

慕容垂文武兼备，连慕容恪也自叹不如（慕容氏真是人才辈出的世家大族）。他亲领5万精兵出阵，首先截断了桓温的粮道，然后与桓温正面交锋。桓温在枋头几战不利，信心大挫，加之粮食等补给跟不上来，不得不烧掉船舰，抛弃辎重，急速从枋头撤兵。撤兵途中组织无序，又在襄邑（今河南睢县西）中了慕容垂的埋伏，晋军大败，伤亡惨重，好不容易收复的淮河以北地区重新丧失。

桓温本想借此次北伐建功立威，更好地掌控朝政，岂料人算不如天算，他心中十分痛苦，想到已是花甲之年，历仕三朝，却不能随心所欲，于是，铤而走险的心态涌了上来，他决心篡权称帝。太和六年（公元371年），他把皇帝司马奕废为海西公，另立会稽王司马昱为帝。司马昱终日惴惴不安，担心落个像司马奕一样的下场，在位仅两年就忧愤死去。临终时留下遗嘱，让太子司马曜继位。桓温原本以为司马昱会禅位给他，大为失望。他不顾病重，从姑孰赶到京城建康，暗示有关大臣上书为他加九锡（禅位前的一种仪式）。吏部尚书谢安、侍中王坦之看出桓温将不久于人世，就故意拖延，与桓温周旋。这样拖了几个月，61 岁的桓温去世。

桓温这个人有抱负，也有能力，几次主动要求北伐，这一点比那些甘心于偏安江左的既得利益集团要好。但此人政治上糊涂，首次北伐本可以攻占长安，却莫名其妙地就此止步。有种说法是，桓温当时只有 4 万兵力，担心兵力不够。实际情况是，防守长安的苻健手上只有 6000 老弱之兵，长安自是无法抵挡。也许是情报不明，桓温不得不慎重用兵。也许是觉得自己千辛万苦收复中原，终不过为他人做嫁衣裳，打天下的不能坐天下，还打它干嘛？除非自己拥有天下。如果是这样想的话，那打进长安自立为帝不也是一种选择吗？非要回兵南下，去搞"窝里斗"干什么呢？东晋的几次北伐，从最初的祖逖开始，都是因为不团结而失败的。如果上下一心，中原早就收复了。殷浩北伐时，桓温手握重兵，如果同时出击，结果会怎样？桓温却不仅不配合殷浩，还等着看殷浩的笑话。

真真假假、打打停停的北伐，是东晋的忧伤，更是东晋的硬伤。

十、淝水无情，苻坚饮恨

前秦苻坚统一北方之后，立即着手准备进攻东晋。他在全国征兵，把军队扩充到 97 万人，试图一击成功，进而统一中国。但朝廷多数官员反对伐晋，理由是桓温去世后，东晋现在以谢安为首辅政，君臣同心，政治清明，经济繁荣，又倚长江之险，非可图之国，应静待时机。

苻坚不听，仍加紧各项准备工作。苻坚的弟弟也反对伐晋，并提醒他王猛生前也是不主张进攻东晋的。王猛是在前秦灭凉的前一年去世的，他没能看到苻坚统一北方。临死前他曾劝过苻坚，说："晋虽僻处江南，但它是正统王朝，相承有序，上下安和。臣殁之后，希望您不要去进攻晋。应先集中力量除去鲜卑、西戎。"

苻坚此时已铁了心南下，谁的话也不听，公元 383 年，他下达了进攻的命令。前秦大军出动，其阵式是中国历史上罕见的，前锋就有 25 万人，中军 60 多万人，骑兵 27 万人。大军旗鼓相望，前后千里，东西两路大军相距万里，水陆并进，运漕万艘。

苻坚以为凭此百万大军，打败东晋易如反掌。殊不知此时的东晋已气象一新。权臣桓温去世后，谢安主政朝廷。谢安是陈郡阳夏（今河南太康）人，出身士族，少有重名，"其为政，务举大纲，不为小察"，凡事从大处着眼，上下无有不服者。军事方面，以桓温的弟弟桓冲镇守姑孰，都督上游七州军事。桓冲为人低调，没有野心，虽握重兵，却能与政府首脑谢安等人通力合作。谢安又举荐自己的侄儿谢玄任兖州刺史，镇守广陵。并授意谢玄在江北训练了一支特种兵，人称"北府兵"。这些人大多是从北方南下定居的"侨民"，他们对北方少数民族贵族的统治极其憎恨，加之长期流民生活的历练，他们的战斗力极强，号称百战百胜。其中的一些将领日后都成为一方诸侯，如刘裕、刘毅、刘穆之、何无忌、檀道济等，刘裕更是成为后来南朝刘宋的开国之君。东晋正是依靠这支生猛的北府兵击败了苻坚的百万骄兵。

苻坚当年九月出动，十月就攻陷寿阳，围困了前往增援的胡彬。此时由谢石、谢玄等率领的东晋主力，已进至洛涧以东25里处，与前秦的前锋梁成相对峙。苻坚得知东晋主力被阻滞在洛涧，就命此前于襄阳俘虏的东晋降将朱序到谢石军中劝将。朱序见到谢石后，立即"反水"，并出主意劝谢石赶紧对梁成发起进攻，不要等百万大军全部集结再动手。朱序说，只要打掉苻坚的前锋，就有希望赢得全胜。

谢石立即派出北府兵将领刘牢之率5000北府兵进攻洛涧。北府兵勇猛无比，瞬间大败前秦军，斩杀了梁成及其士兵1.5万余人。

晋军突然取胜，士气大振，就在这年的十一月水陆并进，直逼淝水东岸，与苻坚隔水对峙。苻坚、苻融登上寿阳城楼，只见晋军阵式严整，士气旺盛，又见附近八公山（今安徽寿县东北）上草木摇曳，似藏有晋军。苻坚回头对苻融说："分明是劲敌，怎么能说是弱旅！"不觉心生敬畏。

如此对峙对晋军不利。苻坚的后续兵力正在星夜兼程南下，必须用计调动苻坚，寻机速战。谢玄于是派使者去见苻融，说："你们悬军深入，临水布阵，这是持久之计。你们不是想速战速决吗？那请你们稍微向后退一点，我们一渡过河就和你们决战。"前秦的将领多数不愿将阵地后移，苻坚则主张后移且等晋兵半渡时再用铁骑冲之。苻融赞同，于是下令全军后撤。命令刚一发出，士兵们争着后退，阵式顿时大乱，停不下来。朱序的部队趁势在后面大呼："秦兵败了！秦兵败了！"士兵们信以为真，更加起劲地往后跑。晋军迅速渡过淝水追击，苻融骑马略阵，混乱中被晋军杀死。失去了指挥员，先秦军更加混乱，自相践踏，尸体蔽野。好不容易逃到战场之外，士兵们饥寒交迫，死亡十之八九。统帅苻坚也身中流矢，单骑逃回淮北，多少收拾到一些离散士兵，狼狈地返回长安。

前秦的损失难以估量，只有慕容垂保住了自己的3万士兵。东晋扬眉吐气，乘胜反攻，收复谯城，攻占前秦领土魏兴、上庸、新城、襄阳。不久，进兵成都，收复蜀地，再占鄄城、彭城，黄河以南全部光复。

淝水之战是中国历史上以少胜多的著名战例。然而，它却延缓了中国大统一的进程，国家和人民都为此付出了沉重的代价。兵败之后，苻坚带伤逃回长安，等待他的是瓦解之势。慕容垂离开苻坚，独自往河北发展，建立起后燕政权。慕容冲率部围攻长安，其后接掌西燕政权。羌人姚苌在渭北称王，不久攻占长安，建立起后秦政权。苻坚已成孤家寡人，在慕容冲进攻长安时逃至五将山（今陕西岐山西北），被姚苌抓到后杀死。苻坚死得令人惋惜，如果不是操之过急，他统一中国是完全有可能的。苻坚一死，中国的北方又群龙无首，再度陷入大分裂、大混战之中，割据政权又一个接一个地冒了出来——南燕、北燕、北魏、大夏、西秦、后凉、北凉、南凉、西凉等，北方大地一片混乱。

十一、草原之子拓跋珪

当年苻坚统一中国北方时，各种民族矛盾并未得到解决，短暂的统一只是掩盖了这些矛盾。待到兵败淝水，各种矛盾集中爆发，北方瞬间分裂。幽冀一块、关中一块、拓跋氏一块、并州一块、陇右到河西一块，五大分裂板块相互混战，直打得昏天黑地。上至少数民族统治者，下至普通百姓长期生活在战争阴影中，苦不堪言。尤其是关中，更是凄惨。据说有一次苻坚宴请群臣，许多大臣吃饱之后，又把肉塞满口，回家后吐出来再给妻儿吃。朝廷官员们尚且如此，民众就更不用说了。

在这种绝望的困境之中，北魏崛起。

北魏的创始人叫拓跋珪，是鲜卑氏中杰出的领袖人物。他的祖先拓跋猗卢曾在西晋末年与并州刺史刘琨结为兄弟，被晋愍帝封为代王，自此就在今内蒙古和林格尔一带立国，称为代国。于公元 376 年被前秦苻坚所灭。

拓跋珪是代国的末代之君什翼犍的孙子，代国亡时拓跋珪才 5 岁。苻坚灭代后，把代国人民分为东西两部，指定刘库仁和刘卫辰统领。拓跋珪跟随母亲投靠了刘库仁。公元 386 年正月，15 岁的拓拔珪乘前秦衰亡之机，在牛川（今内蒙古锡拉木林河）召开部落大会，即代王位，恢复代国。二月，移居代国故都定襄郡的盛乐（今内蒙古和林格尔北）。四月，拓跋珪改称魏王，改国号为魏，史称北魏。

魏刚立国时曾是后燕慕容垂的盟友，在慕容垂的支持下，先后灭了原属刘库仁和刘卫辰的部落武装，尽收其部落和牛羊，势力由是一振。拓跋珪以此为基础，又向北方的柔然、高车、库莫奚等部进攻，收获颇多，摇身成为中国北疆的强国。

北魏的影响扩大，后燕感受到了威胁。表面上看，后燕当时是割据政权中最强大的，占有今山东、河北、河南及山西大部，但慕容垂此时已 60 多岁，国内的矛盾积聚了不少，加上四处用兵，后燕已是外强中干。拓跋珪看得清楚，暗下决心，要伺机并掉后燕。慕容垂也容不得拓跋珪无限扩张，伐魏之事摆上他的日程。

公元 394 年，慕容垂先发兵灭了西燕。西燕是慕容泓在公元 384 年建立的割据政权，控制了并州八郡。公元 395 年，慕容垂命太子统兵 8 万伐魏，结果在参合陂（今山西大同东）被拓跋珪全歼，生还者不过千余人。公元 396 年，慕容垂亲自领军讨魏，虽曾一度攻占了平城（今山西大同），但却未伤及拓跋珪主力。慕容垂精疲力竭地返回，在途中去世。

后燕先损失 8 万精锐之师，不久又失去了慕容垂这样首屈一指的领袖人物，自此一蹶不振，苟延几年后被北燕所灭。

拓跋珪乘胜前进，占领并州后大举进军河北，攻下后燕都城中山，不仅缴获大量财物，还俘虏了一批杰出人才。公元 398 年正月，拓跋珪终于攻克邺城，全据山西、河北，成为最具实力的北方一霸。

草原之子拓跋珪本人没什么文化，但他却非常重视汉文化。他曾经在打了胜仗后向博士李先发问："天下什么东西对人的神智最有益？"李先回答说没有比书籍更好的了。于是拓跋珪下令征书，统统送到平城。拓跋珪的这一举动，为以后北魏的全盘汉化打下了基础。但拓跋珪身上游牧民族的习性太重，性格残暴。公元 409 年，他拟杀贺夫人，还没动手，就被他与贺夫人所生的儿子拓跋绍杀死，死时仅 38 岁。

拓跋珪死后，另一个儿子拓跋嗣杀了拓跋绍，接过皇位，史称魏明元帝。此时的天下大势是：北方有柔然，南方有东晋和不久后代晋的刘宋，辽东有北燕，山东有南燕，关中有后秦和夏国，秦陇有西秦，河西有南凉、北凉、西凉。拓跋嗣想一超独霸，从哪儿下手呢？他选择了南方。南方此时怎么样呢？

十二、百年东晋又号楚

淝水之战胜利之后，谢安趁势派出谢玄北伐。谢玄曾攻克彭城，平兖州、青州，直逼冀州。本有机会扩大战果，但此时东晋内讧的老毛病又犯了。晋孝武帝司马曜担心谢安威胁皇权，遂开始排斥和抑制谢安。谢安为自保，主动请求北征，出屯广陵。谢安离开朝廷之后，谢玄的北伐也就鸣金收兵。

谢安亘古奇才，尽管人离开朝廷，心却总是忧闷，到达广陵后不久即病死。很巧合，谢安与对手苻坚在同一年去世，那是公元 385 年。

晋孝武帝任命自己的同母兄弟司马道子掌控军政大权。司马道子与孝武帝是对酒色兄弟，以为淝水一战可永保平安，加之此时苻坚已死，天下无忧，于是两兄弟通宵达旦地在皇宫内饮酒取乐。此外，他们还特别信佛，国库大把地向庙宇输钱，一些漂亮尼姑也时常被接进宫陪酒。在皇帝兄弟的示范作用下，大臣们腐败成风，国家法令、政令基本荒废，朝廷上下弥漫着末日的氛围。晋孝武帝成了这个时期的牺牲品，一次酒醉后，居然被自己的妃子用被子蒙头，活活闷死。

晋孝武帝死后，司马道子立愚笨的司马德宗继位，是为晋安帝。这是晋朝的第二位低能儿皇帝，他的愚蠢比西晋惠帝更甚，居然分不出冷热饥饱，更不要说管理朝政。东晋开始走向不归路。公元 398 年，镇守京口的兖、青二州刺史王恭和荆州刺史殷仲堪起兵造反。与此同时，东部发生了天师道首领孙泰起义，两股势力压向朝廷。主持朝廷事务的司马道子吓得不敢上朝，把平叛的事一齐甩给 16 岁的儿子司马元显，让司马元显都督中外军事。

此时的形势是司马元显手上无兵可用，长江上游已被王恭、殷仲堪占有，中游地区已被原权臣桓温的儿子桓玄占有，下游和长江以北地区已被北府兵将领刘牢之控制。司马元显用什么平叛？他干脆组建一支新军，亲自统率。有了自己的军队，司马元显首先诱杀了天师道首领孙泰，孙泰的侄儿孙恩逃到海岛（今舟山群岛），四处纠合余党，准备伺机再起。

解决孙泰后，司马元显又利用刘牢之杀了王恭，遂以刘牢之代王恭都督兖、青、并、徐诸州军事。同时派出使者安抚殷仲堪，令他罢兵。一场突起的内乱被少年司马元显摆平，但东晋已面目全非，上下离心，民众思反。阴谋家桓玄冷眼旁观了一场内乱之后，忍不住也要一展身手。

司马元显为了防止桓玄作乱，在平定了王恭以后马上任命他为江州刺史，屯兵寻阳，后又委任他都督荆州4郡军事。司马元显的用意是，一方面安抚桓玄，让其感到朝廷对他的信任；一方面用桓玄牵制占据长江上游的殷仲堪。桓玄比他父亲有文采，却缺乏大智慧，他果然中了司马元显的套，不久就杀死了殷仲堪。司马元显借桓玄之手除了殷仲堪之后，继续加大桓玄的权力，让他都督荆、江、司、雍、秦、梁、益、宁等8州军事，还委任其兄桓伟为雍州刺史，其子桓振为淮南太守。至此，东晋的天下大半握在桓氏之手。

东晋的国运已危如累卵。孙恩从海岛上领兵10万、战舰千余艘杀向建康。桓玄得到消息，上书请讨孙恩。司马元显接到桓玄的请求不知该如何回复，内心里，孙恩、桓玄他都怕，这两人谁来他都得死。所以，他不让桓玄来，下令让刘牢之领兵平孙恩。刘牢之手下有个参军叫刘裕，此人是彭城（今江苏徐州）人，历来作战勇猛，刘牢之就给了刘裕1000多人打头阵。这1000多人都是敢死队，居然大破孙恩。朝廷下令嘉奖刘裕，让他担任下邳太守。在太守这个位置上，刘裕又新组建了部队，以后屡破孙恩，直到将孙恩赶入大海而亡。

孙恩被解决后，司马元显不能忍耐桓玄时常对朝廷的责难，下诏讨伐桓玄。他委任刘牢之做前锋。刘牢之素来反感司马元显，到了长江边的溧州便按兵不动。桓玄得知后立即派出说客劝降，刘牢之马上接受，宣布与桓玄合作。这样，两路大军合攻建康，斩杀了司马元显，不久又毒杀司马道子。桓玄自为太尉，总揽朝政。刘牢之不满桓玄的跋扈，又起兵叛桓玄。但他手下的将领不从，刘牢之无路可走，只得自缢而亡。

除掉一个个对手之后，桓玄又像他父亲那样阴谋篡位。公元403年九月，桓玄自封楚王，加九锡。十一月，成功地逼迫晋安帝禅位。十二月，正式登位为帝，改元"永始"，改封晋安帝为平固王，不久迁于寻阳。

偏安江南百年之久的东晋到此寿终正寝。

十三、刘裕复辟，南朝开场

桓玄杀死刘牢之的第二年，刘牢之的老部下刘裕就联络其弟刘道规及北府兵原将领刘毅、何无忌等，杀死青州刺史桓弘和徐、兖二州刺史桓脩，向天下发出檄文声讨桓玄。

闻知刘裕起兵，桓玄惊恐。在他看来，这几个北府兵将领个个都不好惹。没办法，只得硬碰硬。桓玄命其弟桓谦领兵征讨刘裕。桓谦的兵大多是北府旧兵，原本十分敬畏刘裕，都不愿与之交锋。桓谦立刻大败于覆舟山。

败讯传来，桓玄出逃。到了寻阳，又把被他关押的废帝晋安帝带在身边，试图寻机反扑。刘道规跟踪追击到峥嵘洲（今湖北鄂州境江中），彻底击败桓玄。桓玄又逃至江陵，但此时的江陵已视他为敌，只得又逃至江陵以南，终被益州兵杀死。

桓玄一死，刘裕就恢复晋朝，亲自迎回晋安帝。刘裕再造了晋王朝，晋安帝把一切军政大权悉数托付给他，昔日北府兵的低级军官，一下就主宰朝纲。为了不负朝廷之望，刘裕轰轰烈烈地开始北伐。

目标首先对准今山东地区的割据政权南燕。公元409年，刘裕千里亲征南燕，以大无畏的勇气孤军深入，攻克南燕都城广固（今山东益都），活捉南燕皇帝慕容超，收复了沦陷多年的青州。

接着，刘裕回师屯驻下邳，又攻灭了昔日北府兵的政敌刘毅。此时发生了卢循、徐道覆的农民起义。刘裕又从下邳赶往建康，组织力量南下广州镇压卢、徐。安定南方之后，公元412年，刘裕以益州刺史朱龄石为统帅，消灭了先前叛晋称王的益州军阀谯纵。这样就收复了黄河以南、淮水以北、汉水上游，以及关中等大片地区，只有西北一方尚在后秦姚泓手里。

后秦是羌族贵族姚苌在关中地区建立的割据政权。其父姚弋仲自称护西羌校尉，曾先后归附过前赵、后赵。姚弋仲死后，其子姚襄归附东晋，殷浩北伐时曾为殷浩前锋。行至中途，又反戈一击，大败殷浩军。姚襄遂入关，后被苻坚打败而死。姚襄死后，其弟姚苌归附苻秦。淝水之战后，姚苌趁乱在关中称王。公元386年，姚苌攻入长安，即帝位，建国号为大秦，史称后秦。

姚苌的后秦基本按汉文化治国，他依靠豪强起家，却又大力抑制羌、汉豪强；下令解放奴婢，删除酷政，集中全国的官吏到长安学习汉律；提倡儒学、佛教，时常在长安举办大型讲坛，当时的名儒姜龛、淳于岐等都是讲坛的主讲人，听讲者少则数千，多则上万。凉州名儒胡辩要去洛阳讲学，姚苌下令沿途所有的关卡全力为前往听讲的士人们提供方便。这样一个崇仰汉文化的领袖人物，偏又对东晋十分地狠辣，他不仅直接骚扰东晋的西北方，而且先后支持南燕和益州的谯纵与东晋为敌，东晋内部的几个大分裂割据者也无不得到他的支持和资助。刘裕不能容忍后秦的存在，公元416年，趁后秦姚兴刚死、其子姚泓立足未稳之际，刘裕对后秦展开大规模的进攻。

刘裕亲自统率四路大军，齐头并进。奉阳、荥阳、成皋、虎牢等重要关口不战而降，仅仅4个月就收复了洛阳。朝廷在此时升刘裕为相国，封宋公，备九锡之礼。刘裕没有就此止步，第二年正月又亲率水陆大军继续征秦，三月攻破潼关，接着攻入武关，尔后分水陆两路攻入长安，俘虏姚泓及其文武百官。刘裕光复了沦陷100年的关中之地。喜讯传开，中原民众欢欣鼓舞，"北方之民执兵负粮归裕者，日以千数"。

就在中原民众与刘裕一道庆贺胜利之时，一个意外的事情发生了——刘裕镇守建康的心腹刘穆之突然病死。刘裕担心建康内乱，决定尽快返回。长安父老得知后，很多人到刘裕军门外挽留，希望晋军长留。他们说："残民未受到晋的教化，到现在已有百年之久，才能重新看到上国衣冠，人人为之互相庆贺。想不到明公会丢下我们回去，其实长安十陵是公家坟墓，咸阳宫殿是公家府第，明公为什么要到别处去呢？"刘裕听了也感到难过，于是命儿子刘义真留守长安，自己火速赶回建康。

刘裕留在长安的儿子刘义真名义上为安西将军，但年龄仅12岁，无论哪方面都不能胜任此职。果然，刘裕刚离开，留守长安的诸将就开始争权夺利。沈田子杀王镇恶，王修又杀沈田子，长安顿时大乱。大夏的皇帝赫连勃勃趁机进攻长安。刘裕留守长安的兵力只有一万余人，内斗又消耗了部分兵力，等到赫连勃勃发起进攻，长安顿失，早先光复的一些郡县也先后向大夏投降。刚刚收复两年的关中，轻而易举地让赫连勃勃掠去。

赫连勃勃的先祖是匈奴右贤王去卑，其父刘卫辰在前秦瓦解时据有朔方之地。拓跋珪崛起后杀了刘卫辰，赫连勃勃就投奔后秦姚兴。公元407年，赫连勃勃反叛后秦，自称天王、大单于，建国号大夏。6年后实力增大，定都统万（今陕西靖边北）。赫连勃勃所率领的部落长期游牧，社会形态仍处奴隶制社会的早期。此人性格特别凶残，杀了人之后将人头堆在一起，号称"京观"。修筑国都"统万城"时，提出的质量标准荒唐至极，例如：用锥去插，插入墙中，筑城人要处死；插不进去，制锥的人要处死。工匠打造兵器也是一样，射不穿士兵身披的铠甲，制弓人要被处死；但一旦射入铠甲，制甲人要被处死。赫连勃勃可谓一个少见的魔头。

关中虽然得而复失，但自潼关以东至青州终于成为东晋和即将受禅登场的刘宋王朝的疆土。这一大片地域的收回，促进了民族融合以及江南经济和文化的发展。在这一点上，刘裕名垂青史。

也许自己感到有大功于社稷，刘裕便逼晋安帝禅位。公元420年六月，刘裕正式登基，改国号为宋，是为宋武帝。

自此，中国历史上的南朝开始。

十四、"太平真君"拓跋焘

魏明元帝拓跋嗣想一超独霸，进而一统天下，继位不久，就向南方的刘宋动手。时机选在公元422年，这一年刘裕病死。拓跋嗣在刘宋新丧期间接连攻占了河南的碻磝、洛阳、虎牢、滑台等4个重镇，威震建康。打完这一仗不久，拓跋嗣去世，15岁的儿子拓跋焘继位，是为太武帝。

拓跋焘年少志大，敢作敢为，与他父亲拓跋嗣不同，他认为当务之急是完全统一北方，然后再与南方争雄。为此，他向大臣发问：一统北方，先向谁开刀？经过慎重考虑，他接受了原任博士祭酒的大臣崔浩的建议，首先打掉对北魏威胁最大的夏国，即赫连勃勃的政权。

赫连勃勃在公元 418 年从刘裕的儿子刘义真手中夺取长安后，就自称皇帝。公元 425 年，赫连勃勃去世，其子为争帝位互相搏杀。拓跋焘抓住此时机，分两路攻夏，一路由司空奚斤率领攻长安，一路由他率领攻统万城。奚斤一路所向披靡，顺利攻占长安，夏国领袖赫连昌发函表示愿意投降。拓跋焘这一路虽然由于统万城坚固异常而没能攻下，却掠获大量牛马，迁徙了万余户人家。

公元 427 年，距上次攻夏仅仅两个月，拓跋焘又调集 10 万大军再攻统万城。战斗异常激烈，夏兵依托统万城殊死抵抗。拓跋焘在激战中坠落马下，差点成为夏兵俘虏。然而，魏军个个奋勇，最终攻入统万城，俘获赫连昌。从统万城逃出去的残部又坚持了 4 年多游击战，直到公元 431 年，随着夏的残余势力完全被消灭，大夏国也就彻底灭亡。

拓跋焘此时腾出手来集中力量解决柔然政权。柔然是"东胡之苗裔"、鲜卑之别支，又称蠕蠕。公元 402 年，其首领郁久闾社仑为避免受北魏侵袭，从漠南推向漠北，尽据以往属于匈奴的地盘，建立起奴隶制的柔然汗国。以游牧为主的柔然，一到冬季不能放牧就进入漠南和北魏边境烧杀抢掠。北魏深感柔然之威胁，曾筑起 2000 余里的长城（从赤城到五原）进行防御。然而，土筑的长城挡不住柔然的铁蹄，公元 424 年，柔然可汗大檀率军南下，将拓跋焘围困于云中（今内蒙古和林格尔）。要不是柔然内部此时发生了矛盾，北魏太武帝可能就会成为柔然的俘虏。每思及至此，拓跋焘便怒火中烧，最终决定在公元 429 年亲征柔然。

拓跋焘接受曾在前秦和大夏任过职的崔浩的建议，定在夏四月出兵。柔然的习惯是夏季都分散放牧，待秋天牲畜肥壮后再集中，天寒时南下抢掠。北魏大军夏季出动，打了个柔然措手不及。由于人员、马匹分散各地，无法组织力量抵抗，柔然大败。可汗牟汗纥升盖狼狈逃走，拓跋焘穷追至漠北，收降柔然大量的人口和牲畜。此战基本摧毁了柔然，以后虽有与北魏的小规模战斗，也是败多胜少，柔然自此无力威胁北魏。西域的龟兹、疏勒、乌孙、鄯善、焉耆、车师及大宛、康居等国都被北魏的声威震慑，纷纷派使者与北魏往来，一度沉寂的丝绸之路又开始活跃起来。

只剩下北燕、北凉两个割据政权了，拓跋焘于公元 436 年灭了北燕，又于公元 439 年攻降了北凉。至此，中国的北方完全统一在拓跋焘领导的北魏之下，结束了中国北方历时 130 多年的分裂局面。从这一点及其以后的政策而言，拓跋焘应列入中华民族的大英雄之列。

拓跋焘的大一统情结浓烈，他不仅用武力统一北方，而且还追求思想文化上的大一统。他倡导政治清明，重用以崔浩为首的汉人；重视教育，不仅投重金建学校，还特制了新字千余个；尊奉孔子，定期举行祭孔仪式。

拓跋焘早先是信佛的，但迷上道教之后，开始厌恶佛教，为了把思想统一到中国传统文化之中，他改年号为"太平真君"，同时下令全国禁佛。诏令非常严酷，要求诛杀在长安的所有和尚，焚毁佛像，而且全国各地要比照长安办理。之所以诛杀和尚，一是他亲自在寺中发现和尚拥有许多武器，二是当时陕西发生了吴盖起义，为防止和尚一同作乱，所以要诛杀。诏令震动中国北方，很多人不理解，北魏一直是信佛的，现在不仅不让信佛，还大开杀戒，为什么？拓跋焘向他们说明：近代以来，天下丧乱，生民死尽，千里萧条，皆由迷信邪伪佛教所致。我受天命，决心恢复伏羲神农时之大治，扫除一切胡神。今后凡有事奉胡神和制作佛像者，满门抄斩。

请注意，当时佛教倒霉在被人安上了"胡神"二字，"胡"字很容易使人想到"五胡"，"五胡"是当时汉族特别抵触的少数民族。看得出拓跋焘的用心，就是担心被称作"胡神"的佛教危害北魏的统治。北魏以少数民族统治人数众多的汉族，除了推崇儒学、道教，别的宗教、学说自然应排斥在外。

拓跋焘的灭佛运动持续了四五年，直到公元 452 年他死后，其孙文成帝即位时，佛教才恢复。

十五、元嘉之后无元嘉

刘裕称帝两年病死，长子刘义符继位。刘义符无德无才，整天与一帮小人为伍，朝政一塌糊涂。辅政大臣傅亮等人联合老将檀道济行使特权，废杀刘义符，改立刘裕第三子刘义隆，是为宋文帝。

刘义隆城府颇深，继位后首先诛除废杀刘义符的权臣，巩固中央集权。同时继续执行刘裕的既定路线，保持经济发展，使得社会秩序安定，所辖疆域空前。公元 449 年，刘义隆认为国力强盛，应该北伐。其实在此之前的公元 430

年已经北伐过一次，那时拓跋嗣刚去世不久，刘义隆以为有机可乘，不料大败而归。又经过近 20 年的准备，他再次提出北伐。以步兵校尉沈庆之为首的部分大臣反对，认为现在是北魏势力最强盛之时，拓跋焘刚灭了大夏、柔然，北魏如日中天，不宜主动出击，而且步兵也难敌北魏的铁骑。另有部分大臣顺着刘义隆的思路说话，大肆鼓吹发兵，叫得最起劲的是宁朔将军王玄谟。刘义隆听信了王玄谟的鼓噪，以为只要兵锋北指，就有封狼居胥之成果（汉将霍去病大破匈奴后，封狼居胥山而还）。随即下令王玄谟率水军由东路攻许昌、洛阳，参军柳元景率步兵从西路出弘农攻潼关，还有几路小部队由南向北做策应。

情报传到北魏，拓跋焘不等刘宋大军正式出动，便先发制人，亲率 10 万精锐步骑兵大举南下。

刘宋大军开头还算顺利，西路军进据潼关，大败北魏军于陕县。但东路军王玄谟久攻滑台不下，被急行军赶来救援的拓跋焘打得大败，一万多将士战死，丢弃的军械器材无数。西路军得不到东路军的配合，只得撤出潼关。拓跋焘风卷残云，挥兵追击南逃的刘宋大军。追至瓜步（今江苏南京市六合区瓜埠镇），大拆民房，又割苇结筏，准备渡江攻占建康。

拓跋焘兵临长江引起刘宋朝廷的恐惧。宋文帝刘义隆还算镇定，一面在建康市内及其他要塞加强守卫，一面派兵封锁长江，从采石（今安徽当涂）到暨阳（今江苏江阴），战舰相连，长达六七百里，准备与北魏拼个高低。拓跋焘长途征伐已是疲惫不堪，又见刘宋阵营严整，渡江无望，遂下令退兵。

刘义隆发起这场北伐战争之时，已在位近 30 年。实事求是地讲，这 30 年他经营得不错，出现了"元嘉之治"。但经此一役，元嘉之治的成果大多葬送，虽然侥幸没被拓跋焘灭亡，然大势已呈北强南弱。南宋文人辛弃疾曾有词评价此次北伐，其中几句是："元嘉草草，封狼居胥，赢得仓皇北顾。"实际上，岂止是"仓皇北顾"，都城都差点儿不保。外患不堪，内乱也一触即发。

当年刘裕夺晋之后，为了巩固刘氏王朝，曾在中央起用出身平民之家的士人典掌机要，抑制豪族势力掌控中央，又在地方上任命了一批宗室诸王驻屯重要方镇，手握军政大权，随时拱卫中央。元嘉末年北伐失败后，中央直接掌握的军队损失惨重，而各宗室诸王却大多还拥有强兵劲旅。中央弱，地方强，一旦上下离心，互相防备，朝廷就危险了。

元嘉三十年（公元453年）二月，一直深受宋文帝宠爱的太子刘劭，探知宋文帝因"巫蛊"之事拟更换太子，遂决心政变。太子亲率2000多劲卒冲入宋文帝宫内，杀死宋文帝及一批近臣。

刘劭自立为帝，最早起兵反对的是宋文帝的第三子、武陵王刘骏。宋文帝共有19个儿子，刘骏一动，其他一些儿子也大都表态支持。一时间义兵四起，建康乱作一团。刘劭为了镇住宗室诸王，首先杀了其叔、江夏王刘义恭留在建康的12个儿子，但仍阻挡不了刘骏等人的行动。在多路人马的支持下，刘骏在京城斩杀了刘劭，自立为帝，是为孝武帝。

刘骏继位后派出亲信严格监督诸王及功臣，重用寒士，排挤贵族，进一步加深了中央与地方的矛盾。对稍有违命者即大肆诛杀，其残忍程度丝毫不亚于刘劭，曾一次尽杀刘劭的4个儿子及刘劭信任的南平王刘铄的3个儿子。刘骏叔父刘义宣最先起兵反对刘骏，不久，竟陵王刘诞、海陵王刘休茂也相继叛乱。刘骏发重兵讨伐，刘义宣及其16个儿子均被斩杀。攻破广陵后，刘骏不仅处死刘诞，还迁怒于守城的百姓，下令屠城。后经沈庆之说情，才将身高不满五尺的男丁免死。屠城后，刘骏还下令把数千个死者的头颅集中到石头城南，筑为"京观"（用积尸加泥土筑成一个造型）。可怜这些本来已被皇宫内乱夺去生命的民众，死后也不得安宁。

公元464年，刘骏死，太子刘子业继位，史称前废帝。刘骏性情暴虐，已是人中之魔。刘子业比其父更歹毒淫乱，实为人渣。其父死后，他毫无悲哀。太后生病时喊他进去，他却说："病人房里多鬼，怎么可去？"太后被活活气死。对父母如此，对他人更甚，时常把一些王爷拘押至殿内殴打羞辱。处死叔祖刘义恭后，又斩断四肢，分切肠胃，挖出眼睛，浸在蜜里，做成所谓的"鬼目粽"。其同母或异母的弟妹先后全部被杀。10岁的小弟刘子鸾死前哀叹："愿不再投生帝王家。"刘子业嗜杀又淫乱，把自己的姑父杀死，把姑母纳入后宫，如此等等。在位不到两年，他坏事做尽，终于被叔叔、湘东王刘彧等人杀死。

刘彧继位，是为宋明帝。刘彧是宋文帝的庶子，其他兄弟叔侄不服，内战再起。晋安王刘子勋牵头与宋明帝争帝位，结果刘子勋战败，宋明帝一气之下将孝武帝的20多个儿子全部赐死，这些王子大的10岁，小的才4岁，糊里糊涂就做了王室内乱的牺牲品。

在晋明帝忙于屠杀王室的时候，北边的一些重镇先后被北魏占领，彭城、历城、东阳等重镇丢失还不算，淮河以北大片土地失陷。公元471年，宋明帝病重，为了防止几位皇弟和年幼的太子争权，他把所有的弟弟（无才能的刘休范除外）全部诛杀。他不相信宗室，只相信这个年仅8岁的太子刘昱。可这个刘昱与前废帝刘子业一样，出奇地荒淫残暴，而且比前废帝还要嗜杀，继位后天天杀人，大臣们稍一不慎就要丢命。中领军萧道成肚子大，刘昱嫌他胖，就在他的肚皮上画了个圆圈，想用箭射中肚皮上的这个圆圈。多亏有大臣解围，萧道成才没丢命。后来正是这个大肚皮萧道成指使人杀了刘昱。

萧道成是江苏武进人，将门之子，早先镇守广陵，后因褚渊推荐担任禁卫军首领。公元477年杀死刘昱后，他做主立了10岁的安成王刘准，史称宋顺帝。10岁的孩子无法执政，军政大权自是由萧道成掌控。

宋顺帝在位不到两年，被迫禅位给萧道成。萧道成改国号为齐，史称齐高帝。管治中国南方近60年的刘宋王朝，在经历了8个一代不如一代的帝王之后灭亡了。

元嘉之后无元嘉，中国历史上"纲纪最败坏，道德最没落"的王朝早该灭亡。

十六、那一刻便是脱胎换骨

公元450年发生的南北大战虽然极大地削弱了刘宋王朝，以致建康都差点不保，但也极大地消耗了北魏。拓跋焘北返时，当初出征的将卒伤亡过半，国库也十分紧张，城内人心浮动，谣言四起，拓跋焘的心情极差。这个时候，随侍于拓跋焘左右的宦官宗爱向拓跋焘打小报告，说太子拓跋晃在拓跋焘南下伐刘宋时广结党羽，意图不轨。拓跋焘不论真伪，先杀了太子身边的几个官员，以警示太子。太子忧惧，不久便去世。弄清真相后，拓跋焘十分后悔。宗爱惧罪，竟于公元452年先下手杀了拓跋焘。

皇帝死了，宗室及大臣们居然没人站出来追问皇帝是怎么死的。笔者以为，如果崔浩在的话，一定会追查的。可惜数年前崔浩因撰写北魏历史而被太武帝杀害，罪名是"暴扬国恶"。国恶是什么？无非是鲜卑族在发迹时的原罪而已。

崔浩秉笔而书，当然会得罪鲜卑群体，大臣们一攻击，崔浩就丢命了。崔浩死得惨，押赴刑场时几十名士兵朝他身上撒尿。崔浩一死，朝中再无能臣。宗爱之流很快又杀害了秦王拓跋翰，立了南安王拓跋余为帝。宗爱独揽军政大权，皇帝处处受制于他，就想削他的权。未等皇帝动手，宗爱又先杀皇帝。

此事尽管做得很隐秘，但还是被羽林禁卫军的郎中刘尼探知，通过与尚书源贺、南部尚书陆丽合作，杀了宗爱，立拓跋焘的皇孙拓跋濬为帝，是为魏文成帝。

拓跋濬此时虽然年幼，但辅政大臣刘尼、陆丽等人都还得力，所以朝纲清明，社会安定。而且，佛教得到恢复，各地的庙宇甚至比太武帝灭佛前还多。拓跋濬只活到25岁就病逝，11岁的太子拓跋弘即位，是为魏献文帝。

皇帝年幼，丞相乙浑就大权独揽，今天杀大臣，明天杀贵族，朝廷惶惶。冯太后被形势所逼，联手贾秀、高允等大臣除掉了乙浑。扭转危局后，冯太后临朝称制。

冯太后是魏文成帝的皇后，本是汉人，知书达理，很有政治手腕。她发现魏献文帝并不亲近她（魏献文帝是李贵人所生），在一些大的事务上的观点也同她不一致，临朝称制一年多后，就还政给魏献文帝，但实际上重大事情仍由她说了算。

13岁的拓跋弘就在亲政这一年生下皇子拓跋宏，即元宏。冯太后把希望寄托在这代人身上，就亲自抚养拓跋宏。此时的冯太后不过25岁，正是精力旺盛时，私生活不检点，魏献文帝颇为反感，还曾杀死了太后的情人李奕。冯太后记恨在心，政治上不和，她可以退让，但晚辈干涉长辈的私生活，她不能容忍。

公元471年，在冯太后的压力下，拓跋弘禅位给5岁的太子拓跋宏，自己去做太上皇。然而太皇太后并不愿让这个碍手碍脚的太上皇长期存在，就在公元476年用一杯毒酒毒死了他，之后再次宣布临朝称制。

冯太后除了私生活没把握好之外，其他方面大都可圈可点。她虽为女性，办事却干脆利落，谋略远超大臣，用人不疑，疑人不用，该赏该罚都让人心服。其心胸也宽广，不记大臣恩怨，罚过之后照常任用。所以，在她临朝期间，大臣们的小动作不多，朝廷清明，国家安定，百姓各得其所。

冯太后还是个不满足于现状的人，先后实施了一系列政治、经济改革，把中国北方分为 36 州，完全按秦时的郡县制实行国家管理。

北魏在冯太皇太后的主导下面貌日新。公元 490 年，中国杰出的政治家冯太皇太后共执政 25 年后去世，是年 48 岁。23 岁的魏孝文帝拓跋宏终于亲政，祖母冯太后的既定路线在他手上不仅得到延续，而且多有创新。最有历史意义的变革是加速了鲜卑等少数民族的汉化。魏孝文帝自幼深受汉文化熏陶，冯太皇太后更是言传身教。汉化，与汉民族更和谐地相处，是他最大的心愿。为此，他决定把都城从平城（今山西大同）迁到洛阳。洛阳是中国文化的发源地之一，鲜卑族的上层人士大批定居之后，魏孝文帝就开始一项又一项的汉化工程。例如：

> 改服饰，鲜卑人一律穿汉装，皇帝带头穿。
>
> 禁说胡语，一律改说汉语，如不遵从，降爵黜官。
>
> 改姓氏，将北魏皇族拓跋之姓改为元，魏孝文帝以前叫拓跋宏，现在叫元宏。其余鲜卑人也都得更改姓氏，如丘穆陵氏改为穆氏，步六孤氏改为陆氏，达奚氏改为奚氏等。
>
> 改籍贯，所有迁居洛阳的鲜卑人，都以居住地洛阳为籍贯，死后一律葬于洛阳北邙，不得归葬平城。
>
> 改官制，基本照搬南朝的典章制度。

这是脱胎换骨的改革，中国历史上没有一个朝代的改革有这样大的气魄、这样大的难度。反对者中甚至包括太子元恂。太子体形肥胖，不习惯河南的气温，也不喜欢按汉人习惯定制的太子服，有一次还趁魏孝文帝去嵩山的机会，逃往平城。魏孝文帝不仅杖责太子 100 多棍，还把他废为庶人。不久，又用一杯毒酒毒死了他。14 岁的元恂成了反对北魏汉化的第一个牺牲品。

太子事件之后，魏孝文帝又用武力平叛了一场因反对汉化而起的叛乱，把一场场"汉化革命"从城市向乡村推进。

汉族与少数民族就这样愈走愈近。公元 499 年，年仅 32 岁的魏孝文帝去世。

魏孝文帝为中国民族大融合所做的贡献是空前的，可惜他走得太早，假如再给他10年，中国南北的大统一很可能会在他的手上完成。

十七、萧齐短命，有善始，无善终

齐高帝萧道成对刘宋的暴政及腐败深恶痛绝，和平地接受禅位之后，他的危机感不减反增，为此，他首先针对宗室诸王制定了17条禁令，反腐倡廉，并且大力整顿社会秩序，清理户籍，安抚流民，减免赋税。齐高帝是典型的职业军人，曾戎马30余年，非常清楚战争给人民和社会带来的苦难。所以，他在即位之初，采取了与北魏修好的政策。他确实是想有所作为的，曾说："使我治天下十年，当使黄金与土同价。"

可惜齐高帝在位仅仅3年就去世，太子萧赜继位，是为齐武帝。齐武帝延续齐高帝的政策，社会有了进一步的发展，"职贡有恒，府藏内充，民鲜劳役"，出现了"永明之治"。然而好景不长，公元493年，齐武帝去世。太子萧长懋早死，太孙萧昭业继位。

萧昭业是个缺乏起码道德良知的公子哥儿，表面上很会讨爷爷齐武帝喜欢，背地里却巴不得爷爷早死好接班。他在爷爷病危时，不但没有丝毫悲哀，还用红纸给自己的妃子写了个大大的喜字，周围点缀有36个喜字。这样一个丧失天良的人接班，众人如何服他？辅政大臣萧鸾（萧昭业的堂叔）一怒之下废杀了萧昭业，自己取而代之，史称齐明帝。

萧鸾心地狠辣，一上台就大杀齐高帝和齐武帝的兄弟，再杀其子孙，一共杀了齐高帝19子、齐武帝23子，其中最小的才7岁。两帝之后被诛杀殆尽，仅齐高帝次子萧嶷一人有后代传世。这是比刘宋王朝更残酷的王室杀戮，萧鸾之"残忍惨毒，无复人理，真禽兽不若矣"。

公元498年，46岁的萧鸾在位4年而死，太子萧宝卷继位。萧宝卷品质更坏，这个连话也说不顺畅的皇帝，终日只知游玩。他游玩时前面不准有人，民众听到皇帝出游的鼓声都吓得弃室而走。一个即将临产的妇女无法避开，萧宝卷就用刀刺开其腹，说要看一下是男是女；一个老人生病行动不便，躲在草丛中，被萧宝卷用箭射死。总之，他看谁不顺眼就予以杀害。杀了朝廷著名的

"六贵"之后，马上接着杀宗室和其他大臣，一时间民众和大臣人人自危。萧道成的族弟、雍州刺史萧衍在襄阳起兵，公元501年攻进建康，萧宝卷在混乱之中被杀。萧衍先立萧宝融为帝，不久，废萧宝融自立为帝，改国号为梁，史称萧梁，萧衍是为梁武帝。

萧齐统治南朝仅22年，其间却经历了6个皇帝，短命且不说，给国家和民众带来太多的苦难。

十八、就这样走向衰落

北魏孝文帝去世后，16岁的太子元恪继位，这是一位能力平庸、无所作为、依赖外戚执政的皇帝。公元515年，元恪去世，5岁的元诩继位，是为魏孝明帝，其母胡太后临朝称制。

胡太后有很好的文化底蕴，爱好射箭舞剑，是个有文武之才的女子，但缺乏执政经验，临朝不久反被权臣关了禁闭。

太后关了禁闭，皇帝年幼不管事，权臣和宗室们愈发胆大妄为，朝廷日趋腐败。高阳王雍是魏孝文帝的弟弟，号称洛阳首富，府里的花园与皇宫里的大小一样，平时仅僮仆就达6000，使女数百，歌舞酒宴通宵达旦，一顿饭就花去数万钱。大臣们热衷于比富、斗富，有的甚至说即使西晋的石崇、王恺也比不过自己。吏部公开卖官敛钱，其他部门也都各自利用手中的权力或加重赋税，或公开向民众敲榨。民众已经苦不堪言，赋税租调却越来越重，以往上交政府的一匹绢规定长度为40尺，现在官员们层层加码，每匹绢长度要七八十尺，无形中增加了一倍。有的地方收田租，官员们用三斗才合一斗的大斗强收农民的粮食，许多人家交完租米就无法度日。大批农民离开土地，或散落人间，或亡命山林。

北魏官员们的心境依然沉浸在太平盛世中，没有采取任何措施缓和各种即将爆发的矛盾，而是变本加厉地盘剥。胡太后重新临朝称制后，不去集中财力、物力首先解决民生问题，而是大兴土木，建筑寺观。寺中的佛像一律用纯金打造，九级浮屠高达9丈。周围的僧房达上千间，内部布置皆极端浮华。太后作出了样子，宗室王公也在自己的地盘上大建庙宇，赏赐给庙宇的钱物动辄数万。一面是寺观金碧辉煌，一面是百姓穷困潦倒，北魏就这样走向衰落。

最早发出怒吼的是北方六镇的将领和士兵们。北魏初期，为了防御柔然，太武帝拓跋焘在北方边缘地区建立了一批军事据点，称作镇。由西向东设了6个镇，当初派往六镇的将领都是皇室宗亲中尤为可信者，士兵也是经过严格选拔的，待遇优厚，出任者都感到十分荣耀。但自从魏孝文帝迁都洛阳，六镇原来拱卫京师的地位下降，拓跋氏的一些贵族又在此时大举南迁，留守六镇的将卒就不再是北魏的佼佼者，朝廷给他们的待遇也远不如以前。不仅如此，朝廷还把许多犯了罪的人发配到六镇为兵，六镇成了北魏的"垃圾桶"，许多民众先后离开这些穷地方，六镇日渐荒芜。公元523年，柔然入侵，大肆抢掠，民众一无所有之后要求守将发放救济粮，怀荒镇（今河北张北境内）将领于景拒绝，愤怒的民众奋起暴动，囚杀于景。

怀荒镇民众暴动的消息传开，沃野镇（今内蒙古五原北）的民众立即响应，其领头人叫破六韩拔陵，勇猛无比，很快攻占怀朔（今内蒙古固阳南）、武川（今内蒙古武川西）二镇。不久，北魏六镇全被起义军攻占。

朝廷得知六镇起义之后，大为惊恐，一方面派出大军镇压，一方面以赠送土地为条件，诱使柔然出兵镇压。起义军多为一些饥民组成，经不住柔然和朝廷的夹击，在经历了1年又5个月的斗争后失败。

为了防止六镇起义再现，朝廷把20多万六镇兵民迁往河北地区就食。一路上饥饿困苦不说，到了河北之后，恰遇河北连遇水灾，粮食严重歉收，本地人都无法就食，哪里还有能力让这20多万降民就食？这些生活无着的六镇兵民，只得又在河北聚众反抗。杜洛周部攻下幽州、定州和瀛州，击败了柔然的一万"志愿兵"。鲜于修礼部击杀了北魏军统帅、章武王元融和广阳王元琛，几个月时间内兵力就发展到数十万，宣称很快就要进攻洛阳。

洛阳此时已落到契胡族（羯人）酋长尔朱荣手里。尔朱荣部长久居住在北秀容川（今山西朔州北）。六镇起义时，尔朱荣散尽家财，趁乱招兵买马，扩充实力，伺机夺取北魏政权。由于尔朱荣家族的地位及影响，当时的豪强高欢、侯景、司马子如、段荣都投奔到他麾下。

北魏内部此时已败象丛生，再次临朝称制的胡太后重用情人郑俨与中书舍人徐纥，魏孝明帝无法忍受被母后架空的痛苦，密诏尔朱荣进京"清君侧"。胡太后得知情报后，用毒酒杀了18岁的魏孝明帝，立年仅2岁的魏孝文帝之孙元钊为帝。尔朱荣就以"清君侧"、为皇帝举哀的名义向洛阳进军。

一路上，北魏守军皆不战而降，尔朱荣顺利地进占洛阳。郑俨、徐纥逃走，胡太后削发为尼。尔朱荣立彭城武宣王元勰之子元子攸为帝，是为魏孝庄帝。胡太后及3岁的小皇帝又被抓进宫，尔朱荣下令将二人投入黄河淹死。尔朱荣的杀心极重，为了在洛阳站稳，将朝廷2000多名文武官员全部集中到黄河边上的河阴，只留下一个会起草禅位诏书的官员，余者全部杀害。

北海王元颢得知这一噩耗，立即投奔萧梁。梁武帝很高兴，马上封元颢为魏王，同时派出大将军陈庆之与元颢向北魏发起进攻。陈庆之是南朝名将，出身低微，很有才智，干出了不少大事、奇事。陈庆之真"神"，他手中仅有7000兵力，护送元颢北返时，一路攻关夺隘，顺利攻占荥阳、睢阳，辅佐元颢在睢阳另立政权。尔后又一举攻占洛阳，将魏孝庄帝赶至河北。这样，陈庆之从铚县出发，不到半年就打进洛阳，先后攻占了32座城，打了47次战争，战无不胜。

元颢被陈庆之的胜利冲昏了头脑，进据洛阳后，骄怠纵酒，又拒绝陈庆之安不忘危、"更请精兵"的建议，给了尔朱荣等人反攻洛阳的机会。陈庆之以劣势之兵力与尔朱荣的数十万军队血战，终因腹背受敌而全军覆没。陈庆之化装成和尚才逃回建康。

洛阳又被北魏占领，但此时的北魏实际上已被尔朱荣摧毁。洛阳城中一片恐慌，居民们担心洛阳再起战火，不论贫富，争先恐后地纷纷逃往外地，城中人口剩下不到往日的两成。

尔朱荣就此掌控军政大权，立即发兵镇压河北起义军葛荣部。公元529年，冀、定、沧、瀛、殷等5州全被尔朱荣收复，历时4年多的河北起义完全被镇压。

腾出手来后，尔朱荣又派精锐骑兵前往关陇地区，镇压了持续6年多的关陇人民大起义。这样一来，尔朱荣的声势更甚，魏孝庄帝完全成为他手中的傀儡。但魏孝庄帝有心机，不甘心受尔朱荣摆布，设计宴请尔朱荣及其子尔朱菩提。等到父子俩如约赴会，一进殿便被伏兵杀死。

尔朱荣的弟弟尔朱世隆闻讯后，邀请尔朱荣的堂侄尔朱兆分两路杀往洛阳。魏孝庄帝败走城外，被尔朱兆俘后缢死。早先奉魏孝庄帝密旨前来救驾的河西"贼帅"纥豆陵步蕃出兵急袭尔朱兆的根据地秀容（今山西朔州北），尔朱兆打不过纥豆陵步蕃，就向晋州刺史高欢求援。

高欢可不是一个好求的人。

十九、魏分东西，龙争虎斗

高欢早先的名字叫贺六浑。他是汉族，祖籍渤海蓨县（今河北景县），家境贫寒，因祖先犯罪，全家被徙配到怀朔镇（今内蒙古包头市），生活习俗鲜卑化。高欢娶了个鲜卑族的有钱人家的女子为妻，当上了队主。以后又做了函使，负责往洛阳送信。6年的函使生活，使他开阔了眼界，也看清了北魏衰败的大势，就开始暗中做起兵的准备工作，尤其是结交了一批豪强之后，更有了干一番大事业的念头。

高欢开头投奔杜洛周的起义军，后改投葛荣，再投尔朱荣，受到尔朱荣赏识，被升为晋州刺史。尔朱荣被魏孝庄帝杀死后，尔朱兆邀高欢一同出兵南下，但高欢看不起尔朱兆，就以晋阳未平为由拒绝。尔朱兆攻下洛阳后，秀容根据地受到河西部族纥豆陵步蕃攻击。为了防止日后纥豆陵步蕃的势力坐大威胁到自己，高欢出兵与尔朱兆一道击败了纥豆陵步蕃。尔朱兆很感激，除了焚香禀烛与高欢结为兄弟外，还把六镇降卒和部分降民交给高欢统领。

高欢得寸进尺，说一下增加这么多兵民，本地的粮食无法保证，只有去山东才可解决粮食问题。尔朱兆同意高欢往山东发展。高欢就带着起义失败后被改编的六镇兵民进驻信都（今河北冀州）。到达信都后不久，北魏洛阳朝廷就封高欢为渤海王、冀州刺史。高欢就用此头衔笼络当地的汉族豪强，公开反对尔朱氏。

公元531年，高欢在信都立渤海太守元朗为帝，是为后废帝。尔朱氏组织起20余万大军围剿高欢。高欢此时处于绝对劣势，只有步兵3万人，战马不到2000匹。但高欢不惧强敌，他把后退之路堵塞，让将士们处于死地，以战求生，结果高欢的将士以一敌十，将尔朱氏打得大败，山东、河北的大片土地被高欢控制。

当高欢在战场上与尔朱氏拼杀之时，北魏京城洛阳发生了政变。大都督斛斯椿从前线败回京城后，杀死尔朱世隆等尔朱氏的重臣，并将尔朱氏的另一批重要人物逮捕后押送给高欢。公元532年四月，高欢进入洛阳，废杀了尔朱氏所立的节闵帝元恭，又废了由他自己在信都所立的废帝元郎，另立孝文帝孙子元修为帝，是为魏孝武帝。高欢自任大丞相、天柱大将军、太师。

高欢立了魏孝武帝后就返回大本营晋阳（今山西太原西南），遥控魏帝。元修不甘心受高欢遥控，便与侍中斛斯椿策划伐高欢之事，而且暗中与手握重兵的西北将领贺拔岳联络，要贺拔岳伺机钳制高欢。高欢得到情报，指使秦州刺史设计谋杀了贺拔岳。贺拔岳死后，其副手宇文泰接替了他的职位，元修又暗中任命宇文泰为关西大都督，诏令他钳制高欢。元修的性子急，没等搞清楚高欢的动静，就于534年下令突袭晋阳。高欢的警惕性很高，没等元修的军队动手，他亲率20万大军先南下攻击元修。

高欢作战勇猛是天下闻名的，元修立即偕斛斯椿一道，在宇文泰的护卫下西逃长安。高欢随即改立魏宗室元善见为帝，并迁都于邺（今河北临漳西南），史称东魏，元善见是为东魏孝静帝。

北魏至此彻底分解。魏孝武帝元修逃至长安，两个月后被宇文泰加害。宇文泰另立元宝炬为帝，是为西魏文帝，定都长安。

历经12帝、148年的北魏消失了。表面上，东、西魏都奉魏宗室为帝，但实际权力却分别由高欢和宇文泰掌控。宇文氏原是东胡的一支，宇文泰本人算是个汉化了的鲜卑人，与高欢颇有几分相似，都有雄才大略，志存高远。宇文泰的版图多为人少、地广且贫穷的地区，为了与东魏抗衡，宇文泰实行了一系列有效的改革，如推行均田制、府兵制，整顿吏制，改革官制等，西魏的实力与日俱增。

东魏与西魏的对峙开始，两大枭雄龙争虎斗，打了10年苦仗，各有胜负。公元547年，高欢病死，子高澄继承大丞相职位。公元549年，高澄在忙于称帝的前夕，突然遇刺身亡。高欢的次子高洋继掌东魏，550年就迫使东魏孝静帝元善见禅位，高洋即帝位，改国号为齐，建都邺城，史称北齐。

公元556年，掌控西魏的宇文泰病死，其子宇文觉接过西魏的大权。西魏恭帝无法与其抗衡，只得于 557 年禅位与宇文觉，北周诞生。

中国的北方战乱不断、分裂不止之时，南方却"五十年中，江表无事"。

二十、"自我得之，自我失之"

萧衍伐齐建立梁朝时刚 38 岁，很想大有作为，他下令在公车府（皇宫管理处）门口设立两个大信箱，一则收集民意，二则方便那些有冤屈的人投诉。

一系列新政随后颁布，政治的、经济的、文化的，如此等等，仅重新修订的法律条款就达到 8019 条，共 1000 多卷。

从公元 502 年梁朝立国，到公元 549 年萧衍死于侯景之乱，这近 50 年间，社会安定，经济繁荣，文化活跃。唐代史家李延寿评价道："自江左以来，年逾二百，文物之盛，独美于兹。"

的确如此。这 50 年间，北魏分为东魏和西魏，忙于混战，无暇南顾，萧梁赢得了大好的外部发展环境，加上用人得当，内部一直稳定。但梁武帝不是具有雄才大略的领袖人物，他没有可能也不愿举全国之力去北伐两魏，进而统一中国。他觉得目前的日子过得很好，不想费力去打破南北对峙之局。所以，当他派陈庆之护送南下投降的北魏宗亲元颢返回时，仅仅给了陈庆之 7000 人的兵力。陈庆之尽管以天才的军事指挥能力 47 战全胜，一度收复了 32 座城市，但终因兵力、后勤不济而失败。这有些像祖逖北伐，朝廷仅给了 1000 人的经费，其余靠祖逖自筹。假如萧衍此时抓住机会，举梁朝全国之力去进攻两魏，结果会怎么样呢？

抓不住战略机遇期不说，梁朝后期政治腐败，萧衍却自我感觉良好，致使危机四伏。政治腐败主要表现在皇室宗亲奢侈贪污，官吏鱼肉百姓。萧衍的六弟萧宏在自己的府中修了 30 多间库房，用来贮藏贪污和受贿的金钱，每间房里每百万钱一堆，每个库房里不少于 10 堆，约 1000 万钱，30 间库房里的钱就超过 3 亿多。萧衍看后不但不责备萧宏，反而拍着萧宏的肩膀，笑着说："老六，你家当不少，挺会过日子的啊！"

萧衍儿子众多，唯长子萧统表现好，但英年早逝，其余的儿子都不怎样。第六个儿子萧纶仗势横行。他任徐州刺史时曾在街上问一个卖鳝鱼的市民："你觉得现在的刺史怎么样啊？"市民不知他就是刺史，随口回了句："暴虐不堪。"萧纶听后大怒，抓起鳝鱼强逼市民吞下去，市民吞下不久即死去。萧衍知道后并没有惩罚这个混账儿子，虽免了萧纶的官，不久却又任命他为扬州刺史。

对宗亲如此宽容，对百姓却十分严苛，8000多条法律条款基本是针对老百姓设置的，许多地方官吏就用这些条款欺压百姓。许多百姓被逼逃亡，但一人逃亡，全家受罚；一家逃亡，全村受罚，民众的日子越过越难。有一位老人冒死拦住萧衍的座驾，对他说："陛下的法律，对百姓严，对权贵宽，假如能反过来就好了！"

梁武帝怎么可能反过来？他本人就代表了这些人的利益。民间有敢讲话者，朝廷却鲜有人直谏。好不容易出了个散骑常侍贺琛上书，指出当前的危机，却被萧衍逐条反驳，吓得其他大臣更不敢讲话。萧衍的反驳很有趣，其中有一段这样说：你说要反奢侈提倡节俭，圣人云"其身正，不令而行"，朕为一国之主，绝房事已30余年，居处不过数尺之地，雕饰之物不入宫，此人所共知。朕不饮酒，朝中设宴从不奏乐。我三更就起来办公，傍晚始息。每日只吃一餐，生病时或稍作增加。朕如此还不是为了倡导俭朴之风吗？

萧衍能做到这样，的确在帝王中是少见的，但他只注意己身正，没去管制亲族官员队伍，政界已是相当腐朽、黑暗。领袖人物只管自己，是绝对不行的。

不仅如此，萧衍晚年佞佛，花费了大量的人力、物力建筑寺院，仅建康一地就有500多所。他亲自去讲经，有时一讲7天，从太子以下，王侯、大臣、僧尼以及外国使节，听讲者动则上万人。这些还不能表达虔诚，他竟然在公元527年、公元529年、公元547年三次舍身到同泰寺（今南京鸡鸣寺）为奴，自愿为僧人做杂役。大臣们无奈，只得用钱把皇帝赎出来，每次不少于一亿钱。这可都是劳动人民上交的血汗钱，被寺院用来开当铺、钱庄，放高利贷。

丢开国家不管而去拜佛修行，萧衍真是个不负责任的领袖人物。佛家讲究普度众生，你如果真有此心，把国家管理好，实现天下一统，让人民过上安定的日子，不是在更大的范围里普度众生吗？非要入寺院才能做到吗？萧衍的舍身事佛，在笔者看来，除了引导大众信仰（佛教宣扬四大皆空，人们只有安于现状最好），从而维护统治秩序之外，作秀的成分更多一些。

梁朝就这样一步步走向梁武帝向往的"极乐净土"。表面上富丽堂皇，实际已不堪一击。公元548年，东魏镇守河南地的大将侯景，因与高欢的接班人高澄不和，向西魏投降。暗中又派人向萧衍表示愿交出黄河南的13州土地归降梁朝。萧衍被侯景的13州土地迷惑，很快表态接受侯景归梁，并派出他的侄儿萧渊明率5万主力部队北上进攻东魏，策应侯景。东魏立即反击，不仅灭了萧衍的主力，还生俘了萧渊明。但东魏此时由于内乱，不想再与梁正面交锋，就许诺放回萧渊明，换回侯景。萧衍不加深虑，立即复信：渊明且至，侯景夕返。

侯景觉得被出卖了，就于这年的八月在寿阳起兵反梁。萧衍急派他的侄子萧正德统兵平叛。萧衍原先无子，立萧正德为太子，后萧衍生了萧统，就改立萧统为太子。萧正德记恨在心，一直伺机搞乱梁朝，现在机会来了，他公然与侯景合兵进攻建康。

建康这下惨了，城内原有男女10余万人、甲士3万余人，经过3个多月的围困和反围困战后，死者十之七八，城破时仅剩两三千人，萧衍居住的台城"横尸满路"。最令萧衍失望和痛苦的是，建康城周围虽聚集了二三十万所谓的勤王之兵，但没有一路肯出力攻击侯景和萧正德。在此关头，侯景又迫使梁武帝向各路勤王将领发出退兵令。梁武帝愚蠢地下达了命令后，侯景不退反进，立即攻占建康。

这时候，梁武帝已被侯景软禁，两人见面时有段对白。梁武帝见到侯景走进来，很淡定地问侯景："渡江之初有多少人？"侯景答："1000人。""围台城时有多少人？"答："10万人。""现在有多少人？"侯景提高声调说："四海之内都是我的！"梁武帝低下头，半晌，深深地叹了口气，自言自语地说："自我得之，自我失之，亦复何恨！"公元549年五月，85岁的梁武帝被困在台城，活活饿死。

萧衍如此佞佛，却终未得善果，最终成了一个饿死鬼。这是为什么呢？主要是因为他执政的后20多年，所做的一切多与国家、人民的利益无关，他根本不考虑民众的感受，只在心里头去琢磨他那个"佛节"。信佛可以，但不要走极端，弄得举国上下"人人厌苦，家家思乱"，最终使富庶的江南之乡成为荒凉残破的鬼乡。

萧衍本可以成为一代高僧或者一代学术宗师，如果他当初不是选择篡权这条路的话。他有才，军事上，他早期显示出的指挥才能不逊于刘裕、萧道成等名将，文史哲理论功底更是远在无数帝王将相之上。他精通儒、释、道三家精义，传世的专著达 30 多种，内容涉经、史、子、集、医学、音乐等领域，卷帙之多，足以骇人，一部《通史》就有 620 卷，以他为主修订的《五礼》有 1000 余卷，所撰《金策》有 30 卷。其诗作精美，许多句子广为流传，像"河中之水向东流，洛阳女儿名莫愁"等。

还在萧衍被侯景囚禁的时候，侯景立萧正德这个叛徒为帝，不久又将萧正德杀害。接着立萧衍的儿子萧纲为帝，两年之后将其杀害。公元 551 年，再立萧衍的曾孙萧栋为帝，几个月后即将其废为淮阴王并自立为帝。

侯景是北魏怀朔镇（今内蒙古固阳）人，性格暴虐、嗜杀。由他发动的叛乱尽管仅有 4 年，却给南方带来空前的灾难。几十年歌舞升平、繁华的建康一下子千里绝烟，死者蔽野；200 年来积累的物质文明和文化遗产，瞬间被扫荡一空；一大批富有的江南士族或被屠杀或被劫掠，许多建筑化为废墟；无数的文化遗产一朝化为灰烬（特别是数额巨大的图书），不少文人学士丧命。侯景毁了建康之后，又毁吴郡、会稽、广陵等江南名城。许多还来不及被毁的城市，又被东魏占有。

侯景似一头从北方狂奔而来的疯牛闯进了萧梁这个豪华瓷器店，一下把 200 年来的豪华践踏得粉碎。这是历史的转折点，南朝再也无力与北方抗衡。

侯景在攻下三吴后又向江陵进军。萧衍的第七子萧绎此时正镇守荆州，派出大将王僧辩与高要（今广东肇庆）太守陈霸先迎战。公元 552 年大败侯景，将其暴尸于市井，民众满腔怒火，争食其肉后又焚骨扬灰。

二十一、蠢材萧绎

萧绎是萧衍最疼爱的儿子，萧衍把最好的外藩之地江陵给了他。可这个最受宠爱且手握重兵的儿子，却在侯景围攻台城时故意拖延不进，仅仅派出 1 万士兵象征性地勤父皇。他真心希望借侯景之手杀死父亲，好为自己篡权。

萧绎这家伙真是愚蠢，当初如果他率重兵勤王，侯景能占领建康吗？肯定不能，因为萧衍和侯景双方均已打得筋疲力尽，侯景一度想撤兵返回寿阳，如果此时萧绎能发起进攻，侯景只能伏首。而且，以他的平叛之功，萧衍可能会让位给他。即使不让，萧绎也可逼让，这总比让侯景把梁朝打个稀巴烂后再去争夺帝位要容易得多。可惜也很有才气的萧绎（自称一天能读 20 卷史书，下笔成章）完全不顾国家的利益和民众的安危，大敌当前，却一门心思花在骨肉相残上，只想清理对他有威胁的皇室宗亲。

侯景被王僧辩消灭后，萧绎就在江陵称帝，是为梁元帝。萧统第三子萧詧虽没称帝，却在襄阳宣布独立。萧衍的大将王僧辩攻进建康后也没打算撤回，而是以司徒身份坐镇建康，建立实质上的独立政府。梁武帝死后这几年，中国的南方真是乱透了。西魏也趁萧衍第八子武陵王萧纪与萧绎交战之际攻取了成都。公元 554 年九月，西魏出兵进攻江陵。当杨忠兵临荆州城下时，萧绎正在给王公大臣讲《老子》，仓促之中组织防守，由于西门守军叛变，萧绎只得投降。

决定投降的前夜，萧绎作出了一项遗臭万年的决定，一把火烧掉了京城所藏的 14 万卷珍贵图书。他一边烧一边用宝剑斫柱哀号："文武之道今夜尽矣。"

萧绎恐怕是中国文化人中最愚蠢、最丑陋的角色，有文才，却无良知；有著述，却无道德。据说他的著作比他父亲梁武帝的还要多，但他却不惜书，萧绎的此次焚书，使无数的稀世文献、绝版珍本就此失传，中国文化受到的损失无法估量。萧绎真是中华民族的罪人，而且是最自私、最无知的罪人，自己不能拥有，那就同归于尽，这种丑恶的极端利己主义，发生在一个读了万卷书的文化人身上，令人心寒。

西魏也十分鄙视萧绎，把他交给萧詧处理。在极尽侮辱之后，萧詧处死了萧绎。

萧绎一死，萧梁也就彻底灭亡。尽管后来又有西梁、后梁，但存世也不长。

二十二、陈霸先演禅让戏

萧詧处死萧绎后，在西魏的扶立下继南梁皇帝位。手握重兵、坐镇建康的原萧绎手下的大将王僧辩不承认这个傀儡皇帝，他把萧绎 13 岁的儿子萧方智接去建康，准备让其继承大统。这个时候，刚刚篡夺了东魏政权的北齐，派出大军护送被俘了 8 年的萧渊明回南梁，想让他在建康继位。王僧辩畏惧北齐的军力，只好同意。

而驻扎在京口（今江苏镇江）的原萧绎手下的大将陈霸先反对王僧辩这一决定，发动兵变杀了王僧辩，把刚当了4个月梁皇帝的萧渊明赶下台，仍然立了萧方智为帝，史称梁敬帝。陈霸先自任尚书令，都督中外军事，总揽朝纲。

陈霸先出生在吴兴（今浙江长兴），其祖辈原居北方，西晋永嘉年间南迁到吴兴郡。家境始终寒微，年轻时打过渔，管过油库，还当过里正（基层干部），喜欢读书，练得一身武艺，尤其精通兵法，很有谋略，受到梁武帝的侄子萧映欣赏。萧映任广州刺史时，就以陈霸先为中直兵参军，让他在岭南一带组织兵源。由于工作出色，陈霸先升任高要太守，督7郡军事。侯景之乱时，陈霸先起兵沿赣江而下，与王僧辩一道合力灭了侯景，萧绎升任陈霸先为司空，领扬州刺史，坐镇京口。陈霸先于是成了一方军阀。

由陈霸先做主立了萧方智之后，北齐迅速出兵进攻陈霸先，王僧辩的党羽也纷纷讨伐陈霸先。面对各路进攻，陈霸先沉着应战，先是击败王僧辩的同党杜龛、王僧智等，后又击败统领10万大军的北齐大将萧轨与徐孝嗣，不仅成功地守住了建康，还消灭了北齐大部分主力，使北齐数万将士逃跑时浮尸蔽江。

陈霸先的胜利除了因为他个人极具军事才能，还因为得到了江南民众的支持。为了不再陷入战乱之中，大量的民众组织起来为陈霸先做后援工作。陈霸先要人有人，要粮有粮。建康的市民用荷叶裹饭，里面放上几片鸭肉，慰问陈霸先的军队（南京著名的板鸭由此而来）。陈霸先声威大震，升任丞相，录尚书事，封陈王。

走到这一步，陈霸先决心问鼎。梁敬帝太平二年（公元557年），建康上演了南朝最后一场禅让大戏，陈霸先从梁敬帝萧方智手中接过最高权杖，登上大位，改国号为陈，是为陈武帝。

陈霸先的经历与刘裕类似，都是从最基层干起，以显赫战功开国。但陈霸先命苦，当了两年皇帝就病逝了。他儿子早先在江陵被西魏俘往长安，现在只好由其侄儿陈蒨继位，是为陈文帝。

此时陈朝外部的形势是：长江北岸是北齐的版图，西部是北周和后梁（北周扶持的政权）的势力范围，江南也有若干州、郡不服陈朝管辖。陈朝的国力远不如北齐、北周。尽管天下三分，但陈朝的国土狭小，财政困难，前途无望。

由于陈霸先开国前出身低微，江南的一些军阀很有些瞧不起他。湘州军阀王琳趁陈霸先刚一去世，就发兵大雷（今安徽望江），向陈朝发起进攻。尽管事后被陈军逼退，但也给那些不服陈朝的军阀们以鼓舞。

陈朝内部的形势也不好，几次发生骨肉相残的夺权之争。天康元年（公元566年），在位7年的陈文帝去世。太子陈伯宗即位，其叔父安成王陈顼执掌朝政。很快叔侄不和，陈顼借用太皇太后的名义，废了陈伯宗，自己即皇帝位，是为陈宣帝。

陈顼继位之际，北齐内部混乱，北周也无意扩张，陈顼趁机树威，于太建五年（公元573年）派出大将吴明彻北伐中原。一路顺利，陈军不太费力就攻克历阳、合肥、寿阳等地，完全收复淮南。

国小胆子大，陈顼勇敢一击，为陈朝赢得了十来年和平的日子。但他由此开始自大，决定再次北伐，收复淮北。就在他作出这一决定的时候，公元577年，北周灭了北齐，中国的北方完全统一，强大的北周不会再给南陈任何机会。

二十三、灭北齐，北周成大业

公元550年，高欢之子高洋从东魏孝静帝元善见手里夺得政权，改国号为北齐。开头几年，高洋还做了些兴利除弊的事，如释放奴婢、提倡法治、广立学校等。北周的宇文泰见高洋如此，遂不敢妄动。可没过几年，高洋完全变成另外一个样子——嗜酒、嗜杀、嗜色，把个好端端的北齐弄成了人间地狱。

高洋嗜酒如命，每饮必醉，醉后披头散发，装神弄鬼，或赤身露体在大街小巷奔走，或横睡在巷中，呼天抢地，鬼哭狼嚎。这哪像个皇帝，分明是一个酒疯子。但他却不准别人议论他的丑态。有一次他在路上拦住一个女子，问她对当今皇帝的看法。这位女子说：疯疯癫癫，哪像皇帝。高洋听后立即将其刺死。太后知道后很生气，就去责备他。高洋非但不听，反而对母亲大吼道："应当把你这老妇嫁给胡人为奴！"太后当场被气得半死。

嗜酒是小事，酒后又嗜杀。为了寻找那种酒后杀人的快感，他在殿中专设一口锅和一把锯，还有锉刀、石碓等刑具，大臣一句话说得不对，要么被锅中沸水煮死，要么被锯死。杀死了人还要肢解，在肢解尸体中寻乐。大臣们人人自危，就提前在殿中的屏风后储备几个被判死刑的犯人，供高洋酒后或暴怒时杀人用。死囚名额不够杀，司法部门又把一些还在拘留中的嫌疑人弄到殿后，称作"供御囚"。有一天，高洋突然想起老臣高隆之曾经不太尊重他，就先去杀了高隆之，尔后又把他的十多个儿子集合成一排，命令十多个卫士同时举刀，让这十多个人头同一时刻落地。

报应终于来了，高洋得了一种不能吃饭的病。就在这最后的时刻，他还杀性不改，把原来北魏王朝的元姓皇族全部集中起来（凡父亲、祖父受封过王爵的家庭，一户不少），统统拉至东市斩首。

天保十年（公元559年），高洋暴亡，子高殷继位。高殷在位一年就被高洋的弟弟高演废杀。高演即位，上台后革除了高洋时代的一些苛法弊政，但他仅在位一年就病逝。临终时他传位给其弟高湛。这又是一个恶魔，其暴虐不在高洋之下。为了有更多的时间纵情淫乐，28岁时就把皇位传给9岁的太子高纬，自己当了太上皇。

高纬秉承了高洋、高湛所有的坏品格。他先是设局害死了诤臣高睿，然后又诬陷、杀害了北齐名将斛律光。北周皇帝宇文邕得知此信息后，十分高兴，立即设宴庆祝，并下令全国大赦。

周武帝宇文邕是宇文泰的第四子。宇文泰是一代英雄，他创立的府兵制使战力大增，西魏的版图扩大到汉水以东、剑阁以北。公元556年，宇文泰去世。几经周折，青出于蓝的宇文邕走上帝位，并尽力施展杰出的才能。他大力改革旧政，下令释放所有从南方掳充官口的奴隶，让他们拥有土地，从事生产。为了防止变得奢侈，他下令把外表过于壮丽的上善殿烧毁。他还大力扩充兵源，进行一系列军事改革，把府兵的指挥权收归皇帝。为了高度统一思想，增加兵源和国家收入，他下令禁止佛、道二教，强迫和尚和道士还俗。当然，完全禁止佛、道二教是没有道理的，但当时强令和尚、道士还俗却有现实意义。据史料记载，北周当时的总人口约在1000万左右，早先出家的僧道就有200多万，占了总人口的五分之一。这么多人不生产、不交赋税、不入伍，国家的收入、兵源都大受影响。所以强迫他们还俗是有积极意义的。后来周武帝灭了北齐，又延续了这一政策，让300万僧人还俗，使北周的总人口增加到3000万左右。

经过几年的精心准备，周武帝决定向东攻灭北齐。

出兵前，周武帝先与北边的突厥订立和约，又与南边的陈朝暗中联络。南北都稳定好之后，公元575年七月，18万北周大军数路并进，推向北齐。

八月攻入齐境，连下30余城，但总的进展并不顺利。到十月初，周武帝突然生病，只好下令撤兵。第二年十月，周武帝又亲率15万大军包围了平阳（今山西临汾）。此时北齐后主高纬正带着冯淑妃在天池（今山西宁武西南）打猎。朝廷一天三次向高纬告急，陪同打猎的右丞相高阿那肱不向高纬报告，还对使者说："大家正玩得高兴，边境小小交兵，乃是常见之事，何必急急上报！"话刚说完，平阳陷落的急报又飞驰而来，此时高阿那肱才不得不向高纬报告。高纬得知，欲立即打马往平阳赶，但冯淑妃央求，说正玩得开心，请再猎一围。高纬昏庸，居然又把人马鹰犬展开，再猎一围。

猎一围至少3天，之后高纬率主力10万人急匆匆赶至晋州，企图夺回平阳。北周守军顽强抵抗高纬的进攻。高纬下令挖地道，把平阳城墙挖坍了一个大口子，齐军正想攻进城去，高纬突然下令暂停，派人去喊冯淑妃来了再冲，他想让这位妃子欣赏什么是战争。冯淑妃却不急，化好妆后才慢慢赶来，等她到时，北周守军已堵住了缺口，齐军再攻就很难了。

两军相持了一个月，周武帝率8万精兵前来增援平阳守军。高纬这时倒拿不定主意了，是决战还是撤兵？有几个宦官胆量大，极力鼓动高纬决战。高纬采纳了宦官的建议，下令决战。两军刚一交战，骑在马上观战的冯淑妃就吓破了胆，她见齐军东翼稍稍退却，就失声大喊："败了！败了！"旁边几个宦官没看清楚阵势，也大喊："主上快退！"高纬本就心虚，掉转马头就往回跑。皇帝一跑，大军顷刻如山倒一般，上万士兵死于乱军之中，大量军械弃之于地。

北齐就这样糊里糊涂地自己打败自己。高纬逃回邺城（今河北临漳一带），把皇位传给了7岁的儿子高恒，时在公元557年正月。当月，北周大军挟平阳之战余威攻克邺城。历经6帝的北齐灭亡，前后仅28年。高纬试图南逃陈朝，但被暗降北周的高阿那肱俘获。周武帝给高纬安了一个很有意思的罪名：谋反。北齐皇帝高纬谋谁的反？只能说他谋了人民的反，谋了中国的反。

周武帝壮志凌云，把北周的全套政治、军事改革成果运用于北齐全境，革除了北齐的弊政，使中国的北方迅速安定下来。

与北方蒸蒸日上的形势不同，南陈的衰颓之势愈甚。陈宣帝缺乏对大势的判断能力，在北方铁板一块的状态下发起进攻，试图收取淮北之地。公元 578 年二月，南陈大军在徐州大败，大将吴明彻以下将士 3 万余人全被北周军俘虏。自此，南陈完全断绝了与北周再战的念头。

周武帝在徐州大败南陈后，立即回师北伐突厥，开始他统一全国的大业。可惜，他在北征途中染病。公元 578 年六月，周武帝去世，年仅 35 岁。太子宇文赟即位，是为周宣帝。这是一个糟糕透顶的接班人，既无道德，更无统领全局的能力。他自己也觉得这个皇帝当得吃力，继位一年就禅位给 6 岁的太子宇文阐，去当所谓的太上皇，又给自己发明了一个新名称——"天元皇帝"。次年，荒淫过度的宇文赟病死，年仅 21 岁。

周静帝宇文阐此时才 7 岁，大权由天元大皇后杨丽华之父、大丞相杨坚掌控。杨坚老家在今陕西大荔县，出身于世代官宦家庭，其妻是鲜卑大贵族独孤信的嫡女，有两位妻姊分别是北周明帝的皇后和唐朝的元贞皇后，而女儿杨丽华是周宣帝的皇后。杨坚家世显赫，手段也狠辣。为了巩固自己的地位，他果断发兵残酷地镇压以相州总管尉迟迥为首的反对者。据载，杨坚下令一次就在漳河岸边处决战俘数十万人，"流尸水中，水为不流"。

平服了数处叛乱后，无人再有力量挑战这位大丞相，杨坚晋爵为隋王。这时候谁都可以看出，隋王下一步就要登基了。杨坚此时还有些犹豫，夫人独孤伽罗派家将面见杨坚，催促杨坚早下决心。夫人的原话是："骑兽之势，必不得下，勉之。"杨坚遂下决心代周。

公元 581 年，周静帝在丞相杨坚的胁迫下禅位。杨坚称帝，改国号为隋，是为隋文帝。至此，经历 5 帝 24 年的北周消亡。

二十四、各民族慢慢地把心靠拢

从西晋永嘉丧乱到杨坚代周，这长达 270 年的时间是中国自秦汉大统一之后最长的分裂期，这其中有近 140 年又被称为"五胡乱华"时期。

事实是先有"八王之乱"，后才有"永嘉之乱"。如果西晋末年政治清明，领袖人物交接得当，对少数民族的政策大体正确，可能就不会有"五胡"之乱了。

笔者认为，五胡之乱可说是为生活所迫啊！从汉武帝时代起，每战胜一次匈奴或其他民族，为了防止他们在原地"死灰复燃"，中央政府就让他们大量地往内地迁徙。东汉光武帝接受南匈奴归附后，一次就批准将南匈奴部众由云中郡迁往朔方、五原、渔阳等8个郡居住。公元216年，曹操在接受了最后一任匈奴单于的投降后，将匈奴汗国分为5部，分别迁往山西、河北一带与汉民族杂居。不仅匈奴族，其他少数民族如羯人、氐人、羌人、鲜卑人也在中国的北方大范围内迁徙不停。中央政府今天命令他们居东，明天命令他们居西，加之许多地方官吏趁机在这一过程中敲诈勒索，许多少数民族的民众成了汉族地主的田客或奴隶，被任意支使甚至买卖。"八王之乱"更是加重了他们的苦难，这些背井离乡、饱受往来迁徙之苦的少数民族，平时不仅受汉族统治者欺凌，也受本族贵族集团欺凌，他们的心中充满了痛苦，"怨恨之气，毒于骨髓"（《晋书·江统传》），社会矛盾日趋加深和尖锐。所以，只要有人振臂一呼，这些民众就会爆发出惊人的破坏力。

如何处理日益紧迫的民族矛盾，一些领袖人物和政治家先后做过探讨，如西晋侍御史郭钦，专门写了《徙戎疏》。奏表中说，"戎狄强犷，历古为患"。尤其是现西北诸郡，大多是戎狄居住。目前虽然服从，但百年之后大局一有变化，胡骑（少数民族武装）从平阳、上党出发，不出3天就可抵达孟津（黄河古渡口）。那么，陕西、山西、河北、甘肃等地可能很快就会成为戎狄的版图。

指出危险后，郭钦建议尽快将平阳、弘农、魏郡、京兆、上党等地的各少数民族逐渐迁走，按照从哪儿来回哪儿去的原则还诸旧土，并从现在起严格控制少数民族出入内地。

郭钦的建议实质上是一刀切，即内地由汉人居住，大漠由少数民族居住。这种传统的轻视少数民族，以汉族为大的观念其实就是动乱的源头之一。试想，数代人从草原、从大漠深处迁到文化、经济发达的内地，他们中还有几人愿意重新回去过游牧生活？何况几代人已经在内地与汉人通婚论嫁，你中有我，我中有你，除去早先沦为奴隶、官口的那批少数民族外，相当部分的少数民族还有自己的田土和住宅，现在又要把他们迁回去，谁愿意听从？不听，用武力来驱赶，天下还不得大乱？所以晋武帝对郭钦的奏疏不予采纳。

那么，如何才能让少数民族居住在内地而不乱呢？例如，调整政策，改善少数民族的生活条件，采取措施让他们安居乐业，甚至鼓励他们拥有恒产等。晋武帝让群臣展开讨论。中书郎阮种提出了"抚绥以德"论，就是不能用武力徙戎，只能用德化远人。晋武帝觉得有理，但并没有在"德化"上下功夫，最终的结果当然是八王一乱，五胡就趁机大乱。

晋武帝在处理少数民族的关系上无所作为，后面的几位帝王就更不用说。但坏事变好事，几十个语言不同、生活习性各异的兄弟民族，在生死战场上一搏之后，各自都认识到分裂、敌对、内乱没有出路，只有团结起来，组成多民族的大一统国家才有希望。于是，自觉或不自觉地，他们慢慢地把心靠拢。

最有力的证据是中原汉族地区先进的生产方式和丰硕的物产，强烈地吸引了周边的少数民族。人们各自用自己手中的物品加入到商品交换的大潮之中，谁也无力阻止人们为生存而自发地结成经济纽带。正是这种经济纽带的存在，使南北朝长期出现这样的局面：政治归政治，经济归经济。政治上不管如何冲突，北方游牧民族的畜牧产品总是大批涌进南方，南方的丝绸、铁器等也大批发往北方，西域像高车、柔然、吐谷浑等少数民族的民众都与北魏及南朝通商。一条用各民族的心灵构建成的"丝绸之路"紧紧地把中国的南北东西连在一起。

中华民族就在这漫长、艰难的磨合中实现了空前的融合，广大民众逐渐走出苦难，赢得新生。据不完全统计，北魏统一北方后，约有1000万少数民族民众融入汉族，使北方的总人口达到3200多万人。南方此时也有1700万人，南北相加，全国的总人口近5000万，比西晋永康元年（公元300年）时多了1900余万人。

人口的大量增加，对各民族的繁衍和多元文化的发展输入了大量新的基因，使社会的各个方面都呈现生机。尤其是文化方面的发展更具特色。佛教的兴盛，使东西方文化加速交流和碰撞。范缜的《神灭论》打出了中国无神论的旗帜，佛教徒从中看到佛教的不足，自此佛教中又大量渗进儒、道之学，佛教开始中国化。

文化方面最大的亮点是中国文字的发展，由东汉许慎收集的9353字，增加到4万余字。与此同步，声韵学开始研究四声，有了"平""上""去""入"。

由于纸张的广泛运用，文字的书写开始艺术化，以"书圣"王羲之为首的一大批书法家把中国的方块字美化到极致。

与书法之美相呼应的是诗、赋、文。南朝谢灵运的山水诗，江淹的《恨》《别》二赋，庾信的《哀江南赋》等作品都是千古名篇。南北朝最让人感怀的是大量既抒情又写实的乐府民歌。战乱、分裂带给民众太多的苦难，人们在悲痛之余，就用民歌的形式来记录生活。例如反映民族迁徙和流动的《陇头流水歌》中的句子：

陇头流水，流离西下。念吾一身，飘然旷野。
朝发欣城，暮宿陇头。寒不能语，舌卷入喉。

看看这其中的痛苦，去向谁人说？只能"舌卷入喉"。没有比这更合适的句子了，读一遍就让人"心肝断绝"。

南北朝乐府民歌中最杰出的代表作是长篇叙事诗《木兰诗》。开头几句是：

唧唧复唧唧，木兰当户织，不闻机杼声，唯闻女叹息。问女何所思？问女何所忆？女亦无所思，女亦无所忆，昨夜见军帖，可汗大点兵。军书十二卷，卷卷有爷名。阿爷无大儿，木兰无长兄。愿为市鞍马，从此替爷征。

一个巾帼英雄的形象通过这首短诗，迅速传遍大江南北。不论帝王将相，还是普通百姓，都被木兰这位刚柔并济，又讲忠诚孝道的女英雄的事迹所打动。

即使后人对南北朝的历史一无所知，只要读了《木兰诗》，眼前就会浮现一位阳刚气十足的少数民族女孩子的美好形象。她会织布、识字（"昨夜见军帖"）、爱国，而且武艺高强，打了 12 年仗，居然还能活着回来。

两晋与南北朝，300 年的民族大分裂，最终锤炼出千百万优秀的、像木兰这样忠贞可爱的中华儿女。从这个意义上讲，300 年分裂，也值！

隋文帝杨坚代周之后，"大祟惠政"，很快站稳脚跟，与此同时，展开统一中国的大战略。

在南下平陈之前，隋文帝一反过去北周以金帛、美女纳贡臣服突厥的做法，连续向突厥发起进攻。通过 3 年的武力反击与政治分化，降服了突厥。

北部边境已无后顾之忧。公元 588 年，隋文帝下令南下平陈。数十万大军分 8 路出击，仅仅用了一个月的时间，便顺利地跨过长江天堑，攻占了陈朝京城建康（今南京）。隋文帝胜利完成"统一寰宇"的历史重任，结束了东晋南北朝以来 300 年的大分裂。

从开皇元年（公元 581 年）杨坚建立隋朝开始，到开皇十八年（公元 598 年），中国出现了类似"文景之治"的"开皇之治"，全国总人口差不多翻了一番，几十个民族完全融为一体，人民再无汉、胡之分。国库空前充盈，新进的粮、帛只能堆在廊庑上。唐朝立国 20 年之后，都没能用尽隋朝遗留的库藏。

国家富裕到这种程度，仅仅用了 17 年，这在中国几千年的历史上，没有他例。

美国学者麦克·哈特把杨坚列为影响人类历史进程的 100 位人物中的一员，认为其文治武功超越汉武、唐宗、宋祖，是中国最有作为的领袖人物。

隋文帝之后，隋炀帝杨广尽管也是军政奇才，并且干出了一些前无古人、后无来者的事业，如营建东都、开凿大运河等。但由于急于建立个人的不世之功而滥用国力，很快激发出各种民变、兵变、边境之变。好端端的隋朝，仅仅立国 37 年就三世而亡，三世隋恭帝在位仅半年就被迫禅位给李渊。

隋朝的隋字原本中间是带了个"走"字旁的，即"随"朝，隋文帝希望隋王朝永在，下令去掉"随"字中的"走"。字可以改，王朝的命运无法改，隋朝"走"得几乎与北方北周一样快。但隋王朝命短气长，隋文帝创立的一系列行政、法律制度，深深地影响着后世，例如分科取士、选拔官吏的科举制度，完全可以视为人类文化遗产。

隋朝最值得后人赞叹的是从上到下心向大一统的情结。隋朝的名将韩擒虎、贺若弼刚一屯兵江北，平陈战斗尚未打响，江南的许多将吏和民众就纷纷"倒戈"，前往江北迎接和慰问隋朝大军。

一、做"老子"不做"儿子"

隋文帝杨坚创立隋朝之初，内外形势都不乐观。尤其是外部形势，南方有陈朝，北方有突厥，东北有高丽，西北有吐谷浑，形成了对隋王朝的战略包围之势。按理，此时的隋文帝应该实行"自保"战略，不要轻易出击。但他以大无畏的气魄主动出击，首先对强敌突厥动手。

突厥是中国北方地区的游牧民族，属匈奴的别支，最初在中亚叶尼塞河上游活动，后迁至高昌的北山（今新疆博格多山）。5 世纪中叶附属于柔然，部落随之迁至金山（今阿尔泰山），不久即推翻柔然贵族政权，建立起突厥政权。

突厥民族异常强悍、凶暴，部落明令规定战场上杀一人则立石一块，有立石千百块者。民众和士兵皆以战死为荣，以病死为耻。突厥人擅长锻铁，兵器造得十分锋利。政府和民间还大量地储备牲畜，骑兵部队数量庞大，经常保持在"控弦数十万"的状态。南北朝时期，突厥社会尽管处于奴隶制阶段，但已开始使用拼音文字，政府对社会具有很强的管理能力，几乎每发动一次南下侵扰，都能得到民众的支持。突厥就这样强大起来，其疆域最广时，东起辽河，西抵里海，西南到阿姆河南，南至今内蒙古沙漠以北，北越贝加尔湖。

面对如此强悍的邻居，北周与北齐都"争结姻好，倾府藏以事之"。这样仍不能满足突厥奴隶主的欲望，突厥骑兵时常大规模地南下掳掠。慑于突厥的暴力，北周、北齐只得忍气吞声，甚至以儿臣之称向突厥求和。突厥首领佗钵可汗极为骄狂，曾多次在北周、北齐的使者前侮辱北周、北齐的君王："我在南方有两个儿子（指北周、北齐）常孝顺我，还愁没有财物吗？"

杨坚早已忍不下这口恶气，伐周之后，立即调整对突厥的大战略，确立了积极防御、择机反击的方针。他首先下令停止对突厥的岁贡（以往每年至少 10万段绢帛）；其次，征调 15 万劳力修筑长城，强化防御体系；最后，积极展开离间策反工作，从政治上分化突厥。

杨坚的一系列动作严重刺激了突厥贵族，开皇二年（公元 582 年），40 万突厥骑兵在摄图可汗的率领下突入长城，直向长安扑来。杨坚一方面沉着应战，一方面运用分化瓦解谋略，成功地阻止了突厥铁骑的南进。之后，倾全国之力，兵分 8 路，向突厥展开全线反击。

反击的时机选得很好，开皇三年（公元 583 年）夏，正是突厥内部 5 个部落可汗离心离德之时，他们互相防范、猜忌，而且草原此时发生了天灾，人畜死亡逾半，突厥往日凶悍的战斗力大打折扣。隋朝大军倾巢出动，以摄图可汗军为主要打击目标而展开行动。

隋军行动突然，很快大败突厥军，摄图可汗身受重伤，不得不弃甲潜于草丛中而遁。在主攻方向得手后，隋军的东西两翼也进展顺利，尤其是高越原（今甘肃民勤西北）一战，迫使突厥大逻便部不敢再与隋军复战，从而狠狠地打击了突厥贵族的气焰。

在正面战场取得胜利后，杨坚趁突厥内乱，加大了对分化突厥的力度。在争取了玷厥和处罗侯部落归降隋朝之后，又委派秦州总管窦荣定手下的偏将长孙晟（反击突厥的主要谋略提供者）北赴大逻便部落劝降，顺利地说服了大逻便，该部落宣布归隋。

摄图可汗在得知大逻便归隋的消息后，立即发重兵进攻大逻便牙庭所在地。大逻便在危急时刻向已归隋的玷厥求救，两个部落于是合兵东击摄图。突厥自此兵连祸结，原本一体的突厥政权分为东、西两大敌对集团。

开皇四年（公元 584 年）二月，突厥苏尼部万余人降隋。这样一来，突厥的五大部落已有 4 个降隋，大可汗摄图已是孤家寡人，不得不在这年秋天向隋文帝杨坚上表称臣求和。请降书写得非常恳切，说今后"子子孙孙，乃至万世"，都与隋朝友好。

杨坚厉害，前后仅仅用了两年多时间，就打败头号强敌，从做突厥"儿子"到做突厥"老子"，彻底翻了身。这不仅使此后十余年北部边境平安无事，更重要的是为不久展开的南下灭陈解除了后顾之忧。这是中国战争史上的奇迹。想当年，宇文泰、周武帝、高欢是何等的英雄人物，可在突厥面前只有卑躬屈膝的份儿，两相比较，杨坚真乃英雄！

二、对峙三百年，统一一朝间

隋文帝杨坚在降服突厥的同时，各种南下灭陈的准备工作也在争分夺秒地进行。统一，是杨坚魂牵梦萦之事。

他下令大造战船，有些大船上建起 5 层楼，高达百余尺，可容纳 800 名士兵。船左右前后置 6 拍竿，皆高 50 尺，用以拍击敌船。在自造以外，还用大量退役的战马换购大批陈朝民船以储备。

为了保证后勤通畅，杨坚下令开凿山阳渎（即今运河，北起今江苏淮安，南抵今长江北岸的扬州），使关中、中原的大批战略物资提前运至东南。

有了充足的物资保证后，灭陈生力军在名将贺若弼、韩擒虎的率领下，分别屯居吴州（今江苏扬州）、庐州（今安徽合肥）前线，使隋军一线的兵力部署远超陈朝。

兵力、后勤保障到位后，杨坚从众多的作战方案中选定了上游"速造舟楫，多张形势"，下游"更帖精兵，密营渡计"的方案，即在长江上游公开摆出一副顺流而下的攻击姿态，暗地里却以重兵在下游突破。

一切准备妥当后，名将贺若弼还采用扰敌、疲敌、惑敌之法欺骗陈朝。他经常大张旗鼓地调动兵力，摆出渡江之势，待到陈军紧急备战之后，又立即解散部队。这样反复几次之后，陈军身心疲惫，逐渐丧失了警惕。

隋文帝杨坚认为时机到了，便于开皇八年（公元 588 年）三月颁布伐陈诏令，历数陈后主陈叔宝的 20 条罪状：

陈叔宝据手掌般大的地方，却奢求像溪壑一般深的欲望。为达目的，不惜劫夺闾里，搜刮一空；驻遣逼迫京内都外之人，劳役不停。锦衣玉食，穷极奢侈；饮酒作乐，通宵达旦。斩杀直言的官吏，诛灭无罪的人家。欺罔上苍，造作恶行；祭祀鬼魅，妄求赐福。盛列粉黛，手执干戈……自古以来，昏乱的国君，少有能跟他比的。上天所覆之处，无一不是朕的臣民。每加听览，就兴起伤恻之心。今出动大军，顺应天意，加以诛戮。在此一举，永远扫清吴、越。

檄文以国书的形式送到陈朝，又命人连夜抄写了 30 万份，遍示大江南北，这舆论战真是空前。

此时的陈朝是否真如杨坚诏书中所说？不错，以陈叔宝为首的陈朝就似一颗悬空的果，里面已经烂透，即使无外力冲撞，它也会自己坠落。就在隋军紧锣密鼓地在江北部署之际，陈朝依旧在大兴宫室和佛寺。后主陈叔宝在 29 岁（开皇二年）继位后，终日过着纸醉金迷的糜烂生活，完全无心理政。迫不得已升朝一次，还将贵妃张丽华抱在膝上，共同参决。这哪是在处理国家大事，分明是在大臣们面前调情。陈朝的政局就这样日渐昏暗，虽有长江天险，却已形同虚设。

伐陈诏令发布后，当年十月，隋军分 8 路出击，长江上下，旌旗舟楫横亘数千里。

隋军灭陈的总指挥是晋王杨广，统率水陆总兵力 50 余万人。根据既定方针，隋军首先从长江上游方向发动进攻，以吸引陈军主力西上，为下游的隋军主力攻取建康创造条件。陈军总兵力不过 10 万，面对上游隋军的行动，"分之则势悬而力弱，聚之则守此而失彼"，根本无法抗拒气势如虹和席卷而来的隋军。

力量悬殊，这是一场大人对小孩的游戏。偏偏后主陈叔宝这个"小孩子"还天真得很，闻听隋军开始进攻的消息后，居然一点都不怕，很轻松地对大臣们说："王气在此，自有上天护佑。当年齐兵（北齐）三次来犯，周师（北周）也是几次侵扰，无不失败而归。这次还不是与前几次一样？！"一些佞臣也附和说长江天堑，自古以来就难以跨越，今日隋军岂能插翅而渡？君臣自慰，依旧饮酒作乐，赠诗酬和。

开皇九年（公元 589 年）正月初一，陈叔宝在京城设宴大会群臣，陈朝上下一片喜庆之色。而就在这个特殊的日子，隋军下游的几路主力大军利用长江上雾气弥漫的有利天气，全线渡江出击。贺若弼从广陵渡江后迅速攻克京口，掌控了建康下游门户。韩擒虎自横江夜渡后立即攻占采石，扼住了建康上游的咽喉。总指挥杨广迅速跟进，把统帅部设在了六合镇桃叶山。

贺若弼、韩擒虎继续逼近建康，陈后主得知真情后惊恐不已。既不会指挥作战，又不放权让有见识的将领去指挥作战的陈后主只能日夜啼泣。此时，隋军的几路合围之势已成，陈军虽有 10 万守军，也有几员猛将力战，却都于事无补。一阵抵抗之后，建康陷落。韩擒虎最先攻入建康，在陈军叛将任忠的引导下进入皇宫。

走投无路的陈后主情急之中带着两个妃子投于枯井之中，被隋军逼上来后立即宣布投降。

危难关头，陈叔宝还不如太子陈深。得知皇宫被攻占的信息后，15 岁的太子穿戴齐整端坐在殿堂上，不显丝毫慌乱，并用一家人的口吻对冲入殿堂的隋兵发出问候："戎旅在途，非常辛苦吧！"本来杀气腾腾的士兵为太子的气度慑服，所有士兵自动站成一排，向太子行军礼。

晋王杨广得知生俘陈叔宝后，责令陈叔宝手书命令招降长江上游诸将。不久"上江皆平"。隋文帝获悉战报，十分兴奋，当即下达了两道重要的命令：一是大军不作休整，东下攻取江、浙，肃清陈朝的残余武装；二是紧急起草颁发大量的新政文件，并派出大批使者巡视陈朝故地，安抚广大民众。

江、浙地域狭小，拿下陈朝首都后，江、浙就很容易平定。隋朝大将宇文述从建康出发，一路席卷而去，"吴会悉平"。

此时隋军尚未来得及攻占的岭南地区还掌控在高凉人（今广东阳江西）洗夫人手中。洗夫人是原南梁高凉太守冯宝之妻，祖上世代为南越首领，拥有部落十多万家。晋王杨广深知岭南社情复杂，决定不以强攻方式收复，遂令陈叔宝给洗夫人写信告以真情，并附送当年她送给陈朝作为信物的犀杖和兵符，希望洗夫人归附隋朝。洗夫人深明大义，立即决定举郡归附，她不愧是中国杰出的女政治家。

岭南的归附标志着"陈国皆平"，隋共接收了陈朝 30 个州、100 个郡、400 个县。雄才大略的隋文帝终于结束了南北 300 年之大分裂，实现了一统中国的梦想。隋文帝是中华民族的伟人！

三、新政苛刻，水土不服

南方全境归隋之后，为了怀柔南方，隋文帝把陈朝的君臣带回长安供养起来，尤其厚待陈叔宝，每次宴会必请他参加，还特意叮嘱乐队不要演奏江南音乐，以免他伤心。在安置好这批降臣之后，隋文帝又下令陈朝故境免租赋10年，全国各州也免交当年之租，以示普天同庆大一统。这项政策很好，很快赢得了民心。但陈朝灭亡后的大势并不如隋文帝当初所想的那样乐观，随着一系列新政的推出，南方开始躁动。

哪些新政引起了不良反应呢？来看几条：一是行政区划大调整，对南方原来的地方官吏进行大撤换，使一批陈朝的既得利益集团受损，官员队伍产生不满。二是在南方推行北方施行的户籍制，整顿乡村组织，冲击了大量有许多无户籍登记、从不向国家缴纳租赋的世族社会阶层，世族产生不满。三是强行统一意识形态，责令"无长幼悉使诵五教"，把儒家伦理行政化、具体化，引起"百姓嗟怨"。

就这样，隋文帝原本为加强中央集权的许多新政在江南"水土不服"，多地爆发了反抗。尤其是当听说朝廷要大量迁徙南方民众入居关中的传闻后，反抗变成反叛，在极短的时间内席卷江南。反叛武装"攻陷州县。陈之故境，大抵皆反。大者有众数万，小者数千，共相影响。执县令，或抽其肠，或脔其肉食之"。

南方的情况出乎隋文帝的意料，按他的初衷，这些新政应该可以施行。例如，让民众按"三纲五常"行事，何错之有？偌大一个国家不讲忠孝节义行吗？再如，整顿乡村组织，既可以抑制世族势力以往享有的特权，也可以给民众减负，让其少受世族势力的压迫，为什么会行不通，以致有的地方竟有一半人口加入叛乱呢？隋文帝思前想后，意识到南北方从生活习俗到文化都有差异，新政推行得急了点儿，于是，下令修正以往用高压手段推行的做法，策略上以怀柔为主，下诏命晋王杨广再下江南，具体去完成这一修正事宜。

其实，在委派杨广再赴江南之前，隋文帝已任命内史令杨素率大军出征江南。杨素是何等人物啊，他是隋朝的"军魂"，心性冷酷，人见人怕，凡由他指挥作战，没人敢往后退，退者必斩。他在政治上也很有谋略，遇事镇静得出奇。隋文帝打出杨素这张牌，江南的叛军不战已惧。隋文帝还为杨素配属了崔弘度、史万岁、来护儿等骁将一同出征。这是杀鸡用牛刀，意在迅速平复叛乱。

杨素大军于开皇十年（公元 590 年）十一月起兵，首先平定了江苏境内的叛乱，其后挟威南下浙江。浙江的仗打得很激烈，史万岁这样厉害的将领，居然要历经数百战才扑灭叛乱。

从浙江沿海道向泉州进攻，杨素大军一路斩关夺隘，很快平定了福建。江浙开始叛乱时，岭南番禺豪族王仲宣起兵反隋，不少岭南首领与之呼应，杀死了广州总管韦洸。隋文帝下令正在岭南巡视的巡抚裴矩率兵镇压。洗夫人得知信息后，立即派兵与裴矩联合作战，大败王仲宣，"岭南遂定"。

至此，南方所有的叛乱全部平息。为了巩固大一统的成果，隋文帝进一步调整了政策。首先，大量起用当地人任各级官员，甚至允许地方署置机构和官吏；其次，允许南方保持其原有的生产生活方式，就连基层政权的组织形式也不予变更。这样一来，人心思定，人心归隋。

四、开皇之治，有名有实

平定南方完成中国一统之后，隋文帝把主要精力放到治理国家上来，仅仅用了十几年时间，国家气象一新，富强无比。

政治制度上，中央实行三省六部制，不仅加强了中央集权，也提高了政府的办事效率。隋文帝之后，三省六部制大体为唐宋至明清各代沿袭。

军事制度上，实行"兵农合一"，把北周时开始的府兵制与均田制结合，使过去的职业军人拥有了自食其力的田产，平时从事耕作，按规定轮番宿卫，战时披甲出征。隋文帝正是凭着这支兵农合一、无后顾之忧的"职业军队"，降服突厥，收服江南。

经济建设上，持续推行均田制，大力抑制豪强对农田的兼并，使农业生产快速发展，使粮食等作物大面积、持续丰收。人口也同步增长，到开皇末年，全国总人口突破 5000 万。人口的增长又促进生产力的发展，国家的官仓、义仓堆满了粟帛，新进的物资只能堆在廊庑上。史书形容，"资储遍于天下"，可供五六十年之需。史家们一致认为这是堪与汉武帝的鼎盛时期相提并论的时代，称作"开皇之治"。

就是在这样大好的形势面前，隋文帝坚持减轻赋税和劳役。百姓年满 50 岁，即可免除劳役和收庸。所谓庸者，即服役人按服役日期每日纳绢数尺，一般为每日 3 尺。

在重视物质文明建设的同时，隋文帝多次下令复兴文教，这是为挽救永嘉之乱、侯景之乱、萧绎焚书对国家文化造成的损失而采取的行动。隋文帝一方面向全国发出求书诏，号召民众向国家献书；一方面从国库拨出重金搜求和整理文献、图籍。诏令规定，谁献出一本天下异本图书，就免除这户人家一年的税赋。隋文帝还采纳著名学人牛弘的建议，组织专门班子制礼作乐，事后成书百卷，史称"新礼"，向全国推行。

除了上述这些大的治国方略之外，隋文帝还下令统一钱币。南北朝时期，钱币多而乱。全国统一后，货币随之统一。唐以后历朝基本沿用隋文帝制定的币制和度量衡制度。

在对外关系上，隋文帝也处理得很好。他把自己变成一个仲裁者，始终以"平衡"手法对待东西突厥，让其互相制约，使两大突厥集团都离不开他。对待东北的高丽，隋文帝也是又拉又打，最终迫使高丽首领高元主动上表请罪，落款自称"辽东粪土臣元"。

在很短的时间内取得政治、经济、军事、外交等方面的巨大成功，除了人心思统的大环境之外，隋文帝的个人素质起了重大作用。可以说，除了隋文帝，无人能营造出开皇之治的盛世景象。

史书上说隋文帝外表木讷而内里明敏，平时表情庄重严肃，不苟言笑，一般人见了他都心生惧意，即使是最亲近的人，在他面前也都规规矩矩，不敢随意说话，用"不怒而威"来形容隋文帝比较贴切。

就是这么一个人见人惧的领袖人物，却有着许多领袖人物不具有的好品德。唐太宗李世民曾向房玄龄发问："隋文帝何等主？"房回答说："克己复礼，勤劳思政，每一坐朝，或至日昃。五品以上，引之论事。宿卫之人，传飧而食。虽非性体仁明，亦励精之主也。"

皇帝勤政到这种程度的不多见，隋文帝这种事必躬亲的务实作风值得钦佩。

几千万人口的大国，百废待举，如果像陈叔宝那样埋头于酒色之中，行吗？

除了勤政，隋文帝的俭德也是帝王中罕见的。还在任北周高官时，隋文帝的生活就非常俭朴，这种作风基本保持到晚年。平常吃饭，只有一道荤菜。每天上朝坐的舆辇一再修理，从不肯换新。内宫从皇后到宫女，都穿浣洗的衣服，若有破损，补好再穿。相州刺史豆卢通给隋文帝进献了一匹斑斓的绸绫，隋文帝当殿烧毁，并给予豆卢通严肃批评。在他的提倡和约束下，上自大臣贵族，下至富商巨贾，生活都以节俭为基调。

隋文帝也很注重亲民。关中饥荒时，他见到百姓吃的是豆屑杂糠饼，当众流泪，立即自责，并坚持一个月不近酒肉。到泰山封禅途中，隋文帝还把大批饥民召集到自己的车队中，领着他们去洛阳就食。

南北朝以来，佛教得到了迅猛的发展。北周武帝采取行政手段强行废佛；南朝经侯景之乱，僧徒被杀，寺塔遭毁，建康佛教也因此衰落。隋文帝出身于佛化家庭，是忠实的佛教信徒，早在北周末年身为大丞相时，已开始了推动佛教复兴的准备工作。即位后，更是大力护持佛法，弘扬佛教。这对于缓和民族矛盾，召唤流民归土耕垦，对于隋王朝赢得民心、巩固统治都是非常有利的。

隋文帝在独孤皇后去世前，一直过着一夫一妻的生活。偶尔偷一次腥，还被皇后发现了。据说，那次隋文帝又恼怒又尴尬，单骑冲出京城，仰天叹息。与那些后宫蓄有成千上万女子的帝王们比，隋文帝真称得上禁欲者。

如此看来，隋文帝杨坚简直就是一个完人，足以列入明君之列。但为什么他在知名度及口碑上不如秦皇、汉武、唐宗、宋祖呢？

五、误入歧途，愈走愈远

当中国重新统一特别是出现开皇之治后，隋文帝的威望如日中天，随之而来的是心态开始变化，治国理政的理念甚至走入歧途。

为了用儒学培养人才，京师的国学有学子近千人，州县的学校里也有为数众多的学生。但这些学校由于"徒有名录，空度岁时"，未能迅速培养出"德为代范，才任国用"的人才，杨坚大为不满。仁寿元年（公元601年），杨坚下令废除太学及州县的所有学校，只保留供王公贵族子弟读书的国子监（唯留学生

70 余人）。由此可见，杨坚对儒学的态度是从实用主义出发的，他要求儒家思想要直接服务于社会，快速为国家培养出可用之才。

隋文帝晚年的佛教政策也出现了偏差。出现了全国范围的迎奉舍利、为皇室诵经的现象，官员因此停止工作。百姓捐款修庙筑塔，浪费了大量的人力物力，佞佛狂潮席卷全国。任何一种事物的发展都需要一定的度，不然的话，则将走向反面。

一边是全国轰轰烈烈地建造佛寺，广招僧人；一边却把立国之本的各级学校废除，试图以寺庙等宗教场所代替中国传统的学校，这实非明智之举。

晚年的隋文帝不仅迷信宗教，而且愈益把国家政权当作自己的私人财物。他不再信任那些在统一中国时与他出生入死的战友，猜忌之心日重，找借口杀了一批在朝内外享有盛名的功臣，如梁士彦、宇文忻、虞庆则、史万岁等。又找借口撤换了一批诤臣、能臣，如平陈的实际总指挥高颎、有远见的政治家李德林，却换上了王室宗亲中那些能力平平者。

60 岁左右的杨坚已经相当固执，此时谁都不信，只信自己，把驾驭和惩治大臣作为第一要务，每天醒来睁开眼就盯着大臣们看，想方设法找出他们的毛病来予以撤换。他甚至暗中指使人去向大臣们行贿，对方一旦接受，立即问斩。隋文帝要求在大殿的最醒目处放置刑具，谁敢在大殿上与之争辩，就将谁刑具上身。还特别规定，行刑打人者如不用真力打，行刑者要被处死。有时隋文帝还卷起衣袖，亲自操杖打人，史万岁就是在大殿上被活活打死的。领袖人物到了这个地步，该给国家埋下多少隐患？最明显的是，到了隋炀帝杨广时期，朝廷已无能人可用，国家大局听凭隋炀帝胡作非为。

隋文帝晚年醉心于宗教，按理说心应更向善，更宽容臣民。但事实相反，当个人的权威走向神坛后，心地却是冷酷无比。为了防止臣民作乱，他把以往施行的法治推向极端，诏令规定：百姓中有偷盗边粮一升以上者处死，家产要没收。不久又下诏，有偷盗一钱以上货币者弃市，就是在闹市处决犯人，以示为大众所弃。更残酷的法令是，四人共盗一木桶，三人共盗一个西瓜，发现后都要处死。这种严厉程度连秦始皇末期都赶不上。有百姓就劫持一名官员，让他转告隋文帝："自古以来，体国立法，未有盗一钱而死者也。"刑法荒谬至此，哪里还看得出隋文帝是一个亲民的领袖人物？难怪唐太宗在读到隋史时，对隋文帝的亲民发出了疑问。他说：

> 隋开皇十四年大旱，人多饥乏。是时仓库盈溢，竟不许赈给，乃令百姓逐粮。隋文不怜百姓而惜仓库，比至末年，计天下储积，得供五六十年。炀帝恃此富饶，所以奢华无道，遂致灭亡。

唐太宗的评价是中肯的，仓库遍及全国，粮食物品多得无处堆放，却吝啬得不肯向饥民发放一粒，饥饿难耐的百姓冲击了一下粮仓，就把他们抓来杀掉。这是暴君所为啊。

据此看来，隋文帝的晚年乏善可陈。但人们依然不可以断定隋文帝一无是处，他对中国统一大业的贡献大于他晚年所犯的诸多政治错误。作为一代雄主，杨坚自有其历史地位，不管他偏离正确的历史轨迹有多远。

六、仁寿宫，既无仁也无寿

为了国家的高度统一，隋文帝确实尽了最大的努力，因而，进入晚年阶段，他感到特别疲惫，很想放松节奏，享受一下人生。开皇十三年（公元 593 年），他命令杨素在长安西面的岐州（今陕西凤翔）北边修建一座仁寿宫，作为他和皇后的行宫。

两年多后，仁寿宫竣工了，宫殿修得既恢宏又精巧，内部装饰华丽无比。隋文帝看后不高兴，认为有悖于他节俭的理念，大声训骂杨素："杨素让我结怨于天下！"后经皇后劝导，隋文帝转怒为喜，兴致勃勃地与皇后一道住进仁寿宫。

仁寿宫可说是隋文帝人生的分水岭。自从每年几次住进仁寿宫之后，隋文帝各方面都起了变化，除了更加自负、固执以外，他开始疏远群臣，大量采用"遥控"方式管理国事。

当时没有先进的通信工具，远离朝廷的领袖人物怎么可能了解实情，正确地指挥全局呢？所以隋文帝作出的许多决策都给国家造成了损失。他独居外地，疯狂地清洗高层且不说，最要命的是废黜二王，改立太子，引起朝纲混乱。

隋文帝有 5 子，均为独孤皇后所生。隋朝建立之初，立长子杨勇为太子，封次子杨广为晋王，三子杨俊为秦王，四子杨秀为蜀王，五子杨谅为汉王。隋文帝曾非常自豪地对群臣说："前世天子，溺于嬖幸，嫡庶分争，遂有废立，或至亡国。朕旁无姬侍，五子同母，可谓真兄弟也，哪里还有废立之忧呢？"

隋文帝很乐观，让诸子各掌重兵，相信他们能团结一致保卫中央。但他的这种乐观心态很快便被现实打破。开皇十七年（公元 597 年），秦王杨俊因生活过于奢侈骄纵而被废黜。开皇二十年（公元 600 年），杨俊在忧惧中病逝。当年，隋文帝又下诏废黜皇太子杨勇及其诸子为庶人。废黜太子是政治地震，在哪个朝代都会引发巨大的反响。隋文帝为何要废杨勇呢？

杨勇在隋初就被立为太子，隋文帝当初也是很器重他的，"军国政事及尚书奏死罪以下，皆令勇参决之"。杨勇性格宽仁和厚，为人处事不做作，属"率意任情"之人。政治智慧也还可以，时常能提出一些好的建议来弥补隋文帝的苛酷之失，因而在朝中很有人望。但愈有人望，愈受自己的亲弟弟杨广嫉妒。

晋王杨广在隋朝平陈作战中任隋军统帅，军事指挥还是有一套的，他特别自负，早就不甘屈居于杨勇之下，于是暗中串联杨素及宇文述等权臣，共同毁谤太子，说太子早就怨恨隋文帝，时时准备抢班夺权等。

隋文帝起初不相信，听得多了，渐生猜忌。他的内心其实很矛盾，废太子后立谁拿不定主意，便邀皇后一道突察杨广宅第，想实地考察一下这个平素很讨帝后欢心的儿子。杨广早有情报，他把成群的宫女藏匿起来，把乐器的弦弄断，上面还故意留有灰尘，显出主人很久未抚琴了。隋文帝与皇后看后很满意。特别是皇后崇尚一夫一妻的生活，最讨厌有小妾的人，如今太子有正妻和宠妃，而杨广却与父母一样，看来此儿子不好声色，比太子有德！于是夫妇俩暗中商量废长子、立次子。

杨广机敏，觉察出了父母的心意，决心再表演一下，促使父母早下决断。他借着回扬州赴任的机会，入宫向母后辞行，哭着说："儿臣不知何故失爱于东宫，日夜寝食难安。既怕被欲加之罪屠陷，又怕鸩毒防不胜防，儿此一去，不知还能否活着回来孝敬母亲大人。"说完，就哭晕过去。

独孤皇后是何等英明之人，她是被朝中大臣极为尊崇的人物，大臣们甚至把她和隋文帝并列，称他们是"二圣"。可眼下这"二圣"中的一员完全被杨广的"表演"蒙蔽，满腔怒火从皇后的眼中射出。废太子，一天也不能等了！

杨勇不讨父母喜欢，不会说奉承话，杨广拍老爹马屁、奏请封禅泰山之时，杨勇居然不吱一声。尽管当了 19 年太子，也曾为国家的统一事业作出了贡献，杨勇还是在开皇二十年（公元 600 年）十月被废黜。当年十一月，隋文帝诏告天下，立晋王广为太子。

据史书记载，杨勇从开皇十八年起就被杨广、杨素的阴谋陷害，但他不曾怨恨父母，也不曾怨恨杨广，只是频频上书解释或请求父皇接见。而这一切都被把持朝政日常工作的杨素和杨广压下。可怜杨勇投诉无门，只得爬至树上，对着隋文帝办公的大殿呼叫，声音凄凉，直穿皇宫。隋文帝听到杨勇的惨叫，准备接见。但杨素在旁劝道：杨勇已神智错乱，为癫鬼所附，没法挽救了。隋文帝信以为真，居然任凭杨勇呼叫，就是不见。

废太子前后，隋文帝还展开清洗太子一党的行动。首先把杨勇的儿女亲家、宰相高颎贬黜为民。高颎是类似于诸葛亮式的人物，人品、才华绝佳，且为隋文帝统一中国及其以后的开皇之治立下大功。在得知隋文帝欲废杨勇的信息后，他不惧隋文帝与皇后的高压，竭力劝阻他们不要改立太子，由此与隋文帝夫妇结怨。

高颎被贬为庶民之后，朝中一批由高颎推荐提拔的官员也纷纷落马，或被贬或被杀。左卫大将军元旻等大臣因平时亲近杨勇，被诏令逮捕，很快被斩杀。与太子相好的太子洗马陆爽在杨勇被废之前早已去世，但隋文帝对死人也不放过，下令陆爽的罪过由他的子孙承担。

蜀王杨秀目睹这一切，大为不平，怨恨之心溢于言表。杨广得知后，十分恼怒，他私下派出杨素收集杨秀的所谓罪状，甚至用巫术栽赃杨秀，引起隋文帝的一腔怒火。在未经任何调查的情况下，下诏废杨秀为庶人，关进大牢。

废掉杨勇之后，为了图个吉利，隋文帝把开皇的年号改为仁寿，仁寿元年即公元 601 年。此时的隋文帝已经疲倦思归了，晚年由他的猜忌和昏聩而引发的一系列政治斗争大大地损害了他的身体健康，就在他准备熄火、舔舔自己伤痛的时候，一个更大的打击降临他的头上，仁寿二年（公元 602 年），一同生活了 40 多年的皇后撒手离他而去。

尽管悲痛，隋文帝却像是有了种解脱感，长期压抑的欲望爆发出来，他把自己整天关在宣华夫人（陈朝宣帝的女儿）和容华夫人（江南女子）的寝宫，消耗精力。隋文帝本已是十分衰弱的人了，哪里经得住这样的"云雨"折腾？仁寿四年（604年），隋文帝患病又前往仁寿宫。动身前，下诏令太子杨广全权处理朝政。到了仁寿宫不久，隋文帝就病危。杨广得知后立即赶往仁寿宫，他命杨素在外主持工作，他自己在仁寿宫侍疾。隋文帝此时已命悬一线，不久即与世长辞。

晚年身居仁寿宫的隋文帝对他人无仁，也没给自己增寿。隋文帝死前发现了杨广的真面目，意欲重新传位给杨勇，可惜已晚。隋文帝一死，杨广就在灵前即位，是为隋炀帝。

隋炀帝文武全才，但仅仅14年时间，隋朝就在他的手上瓦解。

七、大手笔，即位就迁都

杨广在仁寿宫即皇帝位，心却在原太子杨勇身上。他派出心腹，携带仿造的隋文帝生前的诏书，在监狱中缢杀了杨勇，还斩草除根，杀死了杨勇的10个儿子。

另一路人马也手持隋文帝的假诏书，前往并州赦召汉王杨谅回朝，准备待杨谅回朝就加以诛杀。杨谅是隋文帝生前特别喜爱的儿子，为了保护这个儿子不出意外，隋文帝曾与杨谅密约："如有玺书召你回京，我会在赦字旁另加一点。"杨谅拿起杨广送来的诏书一看，假的，心知有变，不能奉诏，于是立即以讨杨素专权为名起兵造反。

杨谅当时总管山东旧齐境内52州军事，兵多将广，有造反的本钱。但杨谅缺乏干大事的智慧，用人不当，其妻兄豆卢毓在关键时刻出卖了他，结果52州随他反者不到一半。杨广抓住这一时机，兵分两路进攻杨谅。杨谅大败，迫不得已请降，随后就被幽禁而死。

这是一场较量统帅素质的战斗，杨谅手握40万大军，却打不过杨广的10万军队。军政阅历深厚，且手段狠辣的杨广经此一战，完全站稳了脚跟。他不再担心内部有谁敢与之争锋，于是，放手去实现心中的一系列宏伟蓝图。出乎众大臣意料的是，他首先迁都洛阳。

大业元年（公元605年），隋炀帝杨广下令由尚书杨素牵头，开始营建东都洛阳。动工前，先征发丁男数十万挖掘长堑以环卫洛阳。长堑起自龙门（今山西河津），东接长平（今山西高平）、汲郡（今河南汲县），抵临清关（今河南新乡县冬）后渡黄河至浚仪（今河南开封），南下至襄城（今河南襄城），西达于上洛（今陕西商县）。

东都洛阳规模宏大，据记载，都城东西长18里又150步，南北长15里又170步，周长67里，是现存明代西安城的7倍。为了尽快建成，工地上每月征召200多万名劳力日夜施工，总共只用了两年时间，东都洛阳全面竣工。这是当时世界上最大的都城。

东都建成之后，天下数万富商大贾奉命迁入。大业二年（公元606年），又从江南、河北迁入数万户普通人家，使洛阳的总人口突破百万。

两年时间，平地崛起一座配套齐全、市容繁华的百万人口的大都市，这是城市发展史上的奇迹。杨广不愧擅搞大业的领袖人物，他的年号即是"大业"，只可惜如此壮美的中国古代都城没能保存下来。而且，这种大工程苦了当时的百姓，为了赶工期，服役劳工十之四五死在施工现场，拉载劳工尸体的马车从今河南荥阳排至今河南孟津，前后车辆相望于道。

在营建东都的同时，杨广又下令在洛阳西南的寿安县（今河南宜阳）营建显仁宫。搜罗天下奇材异石，极尽奢华地装饰这座宫殿群。显仁宫建成后，立即在其西面圈地修建皇家园林，名曰西苑。西苑周长200余里，所建的亭台楼阁及人造景观难以计数。特别值得一提的是，苑内沿人工河建造了16个美轮美奂的小院，内藏数千宫女、佳丽，据说一次杨广月夜之游，16院就出动了数千宫女伴游。

对于百万人口的大都市来说，物质保障很重要，因此杨广下令在洛阳城北和东北建造了两大粮仓。其中一座仓城周边长达20余里，仅这两座粮仓就可储谷2600多万石，洛阳自此成为全国名副其实的政治、经济、军事、文化和商业中心。

营建东都是一着战略上的好棋，政治上可以更好地掌控中原及东方，经济上可以使国家的经济、商业中心南移，带动全国的经济发展。它不是纯粹为享受而作出的决定，应该说是杨广深思熟虑后的结果，迁都是对的。

八、"万里何所行，横漠筑长城"

隋炀帝在作风上类似于秦始皇，不干则已，干就惊天动地。这不单是因为他好大喜功，还因为有些事不干不行，不大干也不行，例如国防工程。为什么呢？当时突厥和吐谷浑是两个强悍的对手，虽然目前它们和平相处，但隋炀帝仍担心它们侵扰，于是下令大规模修筑长城。

他亲往塞北考察，决定把以前秦、赵、燕3国修的旧长城串连起来，西起陇西郡的临洮（今甘肃境内），东至辽东。这次修建长城征发劳工超过百万人，据《隋书·卷三》记载，劳工死亡率在十之五六，几十万百姓倒在长城脚下。但隋炀帝认为死得值，不修长城，如果战争爆发，死的人会更多，所以他亲自监工。据史料记载，从今内蒙古和林格尔起，连接今山西境内苍头河的一条新筑的长城，全长200多里，只用了十来天时间就竣工了。这种施工速度是人类施工史上少见的。

长城修得又快又好，隋炀帝看后很高兴。他站在长城上，极目远望，祖国河山尽收眼底。这景象太美了，令人感动，于是他诗兴大发，在现场咏诗一首。其中几句是："肃肃秋风起，悠悠行万里。万里何所行，横漠筑长城。岂合小子智，先圣之所营。树兹万世策，安此亿兆生。讵敢惮焦思，高枕于上京。"

杨广文才一流，咏出的诗句气势豪迈，而且尽是大实话。他告诉人们，不要讥诮"小子"乱来，修筑长城是历代先圣之所为，是安定亿兆百姓的大事，别看我居于繁华的上京，但我殚精竭虑的是国家的统一和安全。

大业三年（公元607年）开始修长城，同年还有一项大的工程在进行，那就是修筑一条从今河北到达山西太原的道路。这条驰道要在太行山横截开出，工程难度相当大。所以，隋炀帝又下令多多征召劳工。据史料记载，当时黄河以北十几个郡190余万户，平均每两户抽1丁，总共又投入了约100万劳工。为了从速修好，隋炀帝诏令工期不能超过3个月。

这还不算，穿越太行直通河内（今河南沁阳）又修了条长90里的直道。几年时间里，仅中原及关中地区，就一连修了数千里驰道、御道、直道。按隋炀帝的设想，要在全国织一张前所未有的交通网，以保障国家大统一后的安定与发展。反正仓库里有的是粮帛，再多、再大的工程也搞得起。隋炀帝雄心大发，又提出来一项震惊朝野的大工程：以洛阳为中心，开凿南北大运河。

九、不朽大运河

中国古代有两项宏伟的工程创了世界之最，一是长城，一是大运河。这两项工程都有隋炀帝参与的份儿，只是长城以秦始皇为主要的推动建造者，运河以隋炀帝为主要的推动建造者。这是中国历史上的两张"名片"，隋炀帝的名字印在其中。

大运河有多长？总长度达 2000 多公里，是苏伊士运河长度的 16 倍，巴拿马运河长度的 33 倍。南起杭州，北至北京，其间贯通浙江、江苏、山东、河北、天津、北京等 6 个省份，联通了海河、黄河、淮河、长江、钱塘江五大水系。

这五大水系所连接的地区，向来是中国最富庶的地区之一。上海、北京、天津、南京、杭州、苏州、无锡、常州、扬州等，个个都是世界著名城市，文化发展，经济活跃，人民富有。

最早提出来开凿运河的是春秋时期的吴王阖闾。为了攻打楚国，他在公元前 506 年任命伍子胥和孙武在今江苏南京市高淳区和溧水区开挖运河，使大批战备物资顺水而转送至对楚作战的前线。

阖闾之后，其子吴王夫差又于公元前 486 年下令开凿邗沟，接通从江都（今扬州市）邗口至山阳（今淮安市）的水道。秦始皇统一中国后，也曾花大气力开凿运河，打通了镇江至丹阳的水道。吴王夫差和秦始皇打通的数百公里的运河，为日后隋炀帝营造大运河打下了重要的基础。

隋文帝建隋之后，为了使关中与关东地区交通便利，还命将作大匠宇文恺统率几十万民工打通长安通往潼关的 300 里水路，名曰广通渠。开皇七年（公元 587 年），为南下平陈之用，又在扬州开了长约 300 里的山阳渎，沟通了长江与淮河。

隋炀帝在前人的基础上重构蓝图，下令再开凿 2000 公里运河，用水运连结南北。

这件事有很大的风险，既需要气魄，更需要谋略。隋炀帝亲自实地考察，决定分 4 段进行开凿。

第一段叫能济渠，又称御河，是大运河最先动工的一段。它自洛阳西苑引谷、洛二水抵达于河，又自板渚（今河南荥阳汜水镇东北）引河入汴口，再从大梁（今河南开封）之东引汴水达泗水、淮水，渠长约 1300 多公里。如此长的一条人工河，只用了半年就完工了。

第二段叫邗沟，全长 300 多里，是自春秋以来历代政府不断修整的最古老的运河，但任何一届政府都没有像隋炀帝这样大规模地彻底整修。隋炀帝把邗沟开挖取直，以此缩短江淮水运的距离。

第三段叫永济渠，开凿于黄河以北地区，引沁水、淇水、卫河等河流的水流向天津西北的永定河，再直流到北京通州，全长约 1000 公里。永济渠的开挖成功，使南粮北调和兵力部署更加快捷，北京自此成为中国北方的军事重镇。永济渠是大运河 4 段中最长的一段。为了按期完工，男女老幼都被驱使到工地，100 多万个苦难民众身上流下的血汗之多堪比运河水。

第四段叫江南运河，是大运河最南的一段，把长江与钱塘江联结起来，从今江苏镇江绕太湖之东抵达杭州，全长 400 多公里。

2000 多公里的大运河终于全线贯通了。这条凝聚了中华民族的集体智慧、力量和痛苦的大河，只用了 6 年时间就修建完毕，但它却为中华民族的统一和强盛服务了 1500 年，它的乳汁至今仍在哺育大河南北。举世无双的大运河不朽，它永远是中华民族的骄傲。

十、"公私兼顾"下扬州

修建大运河的战略意图非常明显，通过运河运兵、运粮，更好地掌控南方和东方，为不久之后进兵东北服务。除此以外，隋炀帝有另一层考虑，就是利用大运河巡游江南和中原，以宣扬皇家权威。从大业元年（公元 605 年）到大业十二年（公元 616 年），隋炀帝三次巡游大运河。

巡游之前，先以开凿运河的魄力造船。集中全国约 50 万名工匠，限令在 5 个月的时间内，建造出各种舰船达数万艘，其中往东都奉迎隋炀帝的龙舟船队就达 5000 艘。唐代杜宝的《大业杂记》曾详细地记载了这 5000 艘船的分类及名称。这些船只各按一定的等级进行装饰，其用料之好、工艺之精，都是中国造船史上的顶尖之作。以隋炀帝乘坐的龙舟为例：

高 445 尺，阔 50 尺，长 200 尺。共 4 重，上重有正殿、内殿、东西朝堂，周边有回廊；中二重有房 160 间，以丹粉粉墙，装以金碧、珠翠，缀以流苏、羽葆、朱丝网络。整艘龙舟处处体现出宫殿的形制，其实就是一座流动的"显仁宫"。

大业元年（公元 605 年）八月十五日，隋炀帝开始了第一次大运河之旅。随行的不仅有文武百官，还有不少僧尼、道士、乐工舞伎。总共有多少人？史料称超过 20 万人。光挽船的纤夫就有 8 万人之多，因为船体大，一路都需要民工在两岸背纤引行。这 8 万纤夫光着膀子拉船，但只能拉一般的船。还有 9000 多名纤夫穿着锦绣绸缎衣服拉龙舟，他们带有"表演"的任务，一边拉一边作出一些动作，让岸上的人看。

八月十五从洛阳西苑出发，50 天后最后一条船才驶出西苑，这支船队该有多么庞大啊，"舳舻相接二百余里，照耀川陆"。岸两边还有精锐骑兵部队护卫，战马缓缓而行，旌旗漫山遍野。

20 多万人一天要消耗多少食品等物资呢？该有多少人为他们服务呢？据史料记载，隋炀帝诏令所过州县，500 里内都要献食，多的州一次用上百辆车载运，尽是水陆珍奇物品，每天光献食从役者就达十几万人。食品送得太多，巡游的人们怎么也吃不完，就在船队起航前，把吃不完的废弃或埋藏起来。

如此大规模的巡游，隋炀帝的初衷难道仅仅是一个"游"字吗？而且，一而再、再而三地进行，他究竟为了什么呢？

我们可以从他的年号"大业"二字上多少猜到一些，那就是他把巡游江南作为一个"大业"来进行。平陈之后，杨广曾几次南下平叛，深知稳定南方之重要。他不惜花费巨资，兴师动众几次南巡，都带有安抚江南、稳定江南之意图。隋炀帝的这一做法很可能师法了秦始皇统一中国后的几次东巡和南祭，只是他的规模、排场比秦始皇还要大，他想用这样的排场宣扬大统一给国家带来的新气象，从而震慑江南，收服人心。几次巡游他都带上了陈后主的遗孀沈婺华（杨广即位之时陈后主病逝），让她在公众面前频频亮相，又宣布纳陈叔宝的第六女陈婤为贵人，还下诏召回平陈后流放至边远地区的陈氏皇家子弟，给他们一定的官位，让他们对南方稳定起到作用。

对普通民众，隋炀帝也予以关照。他巡游到扬州后，下诏免扬州百姓5年租赋，其他地区免3年租赋。

庞大的随行人员中，还有两支特殊的队伍，一支队伍由中国传统文化大师组成，如著名文学家薛道衡、大学问家牛弘等；一支队伍由平日与杨广亲近的僧尼道士们组成。学者讲课，僧人传经，场面火爆。

江南好，最好的是扬州，隋炀帝就在这里过冬。第二年春天，又浩浩荡荡地溯运河而返。

大业六年（公元610年）、大业十一年（公元615年），隋炀帝又以同样的方式再游江南。

对于隋炀帝的巡游，当时和后世都有许多非议、指责，甚至辱骂之声。唐朝著名诗人白居易曾写过一首传诵一时的《隋堤柳》，对炀帝的巡游有过生动描绘，他是纯粹用批判的语气写作的，其中几句是：

> 隋堤柳，岁久年深尽衰朽；风飘飘兮雨萧萧，三株两株汴河口；老枝病叶愁煞人，曾经大业年中春……海内财力此时竭，舟中歌笑何日休？上荒下困势不久，宗社之危如缀旒……

客观地讲，如果不搞这么大的排场，不花费这么多的国家财力，巡游还是完全可以理解的。

十一、开疆拓土建功业

隋文帝杨坚遗留下来的隋朝可以称作是世界性帝国，版图和人口都是空前的。隋炀帝非常清楚它的分量，深感责任重大，他是个不满足于现状的人，决心把这个庞大的帝国建设得更好。

开疆拓土自然是隋炀帝最优先考虑的大业。大业元年（公元605年）正月，隋炀帝下令刚刚平定交州（治所在今越南境内）叛乱的交州道行军总管刘方，向与隋朝中央断绝关系的林邑（郡治西卷，位于今越南广治西北）进军。

林邑原本是汉武帝刘彻于元鼎年间（公元前116—前111年）所置的日南郡管辖之地。东汉时伏波大将军马援平定二征姐妹叛乱后，在此置象林县。自此，林邑与中国中央政府关系密切，汉朝以来的各朝代都把林邑列为郡县。

隋平定陈朝之后，交州的土著首领李佛子不仅起兵作乱，还阻断了林邑与隋中央政府的往来。隋文帝当然不会放过李佛子，下令交州道行军总管刘方率兵"经略林邑"。但就在此时，隋文帝突然病逝。杨广继位后对边疆的军事行动高度重视，大丧期间仍命令隋军继续南进林邑。

林邑王梵志据险防守，被刘方攻破，隋军迅速抵达大缘江，翻过马援铜柱，迫近林邑都城。梵志派出乘着巨象作战的特种兵，虽然一时惊吓了隋军，但很快被隋军破阵。梵志自知难以抵抗，弃城逃往海上。隋军遂占领林邑都城，缴获了18尊铸金人像。刘方大喜，就在该城刻石记功。隋炀帝收到战报，下令在林邑境内设置冲州（后又改为林邑郡），将林邑完全置于中央的管控之下。

杨广刚继位之时，隋朝周边的一些小国和部落并不畏惧他，尤其是居住在辽河流域的契丹人开始主动挑衅。契丹源于鲜卑，北魏时为避高丽而内附，开皇四年（公元584年）正式归降隋朝。大业元年（公元605年）八月，本来逐水草而畜牧的契丹部落进兵营州（今辽宁朝阳），宣布与隋脱节。

杨广十分藐视契丹，他不发一兵一卒，只委派通事谒者韦云起赶至突厥启民可汗处，向启民可汗借了2万突厥骑兵，以此去反击契丹。隋朝兵力相当充足，为什么要向突厥借兵呢？原来"契丹本事突厥，情无猜忌"，决不会想到突厥骑兵会来袭击自己。韦云起就利用这一优势，率军乘夜南进，大败契丹军，俘虏了4万契丹人，将男子全部杀掉，女子及畜产一半赐给突厥，一半押回隋朝。

韦云起这么一个翻译官，靠隋朝的国力作后盾，才能凭一人之力掌控2万突厥骑兵。开会时，突厥各个将领轮次进帐奏事，居然被韦云起的气势震慑得浑身哆嗦，说话时不敢抬头仰视。隋炀帝闻讯大喜，立即提拔韦云起为治书侍御史。

隋炀帝的高兴是可以理解的，尽管这只是一个小胜利，却张扬了隋朝的国威，对开发边疆、加强与中央政府的联系非常有利。隋炀帝从对林邑和契丹的行动中，坚定了经略边疆的决心。

大业三年（公元 607 年），在隋文帝时就已归附隋朝的突厥启民可汗入朝晋见隋炀帝。隋炀帝认为这是一个机会，一方面可以用中原文明更好地教化突厥，一方面可以夸示富华，于是下令用特殊规格接待启民可汗，要求京城处处悬挂彩色丝绸，以显示国家之富有；此外，所有的店肆都要营业，并增设专用帷帐，盛列各种酒食，免费供应来京城参观的域外人，不论他们属于何种民族，任其醉饱而归；诏令还特别要求把在周、齐、梁、陈时代当过乐官或者有音乐专长的人全部集中起来，排练大型文艺节目欢迎启民可汗。这一召集不得了，仅吹奏器乐的就有 1.8 万多人，再加上穿着鲜艳的群众演员，总共有几十万人之多。各类节目更是多得出奇，如黄龙闹海、舍利怪兽起舞、行人吐火、神龟驮山等。

数十万人表演，这个气势不得了，突厥兄弟哪见过这种世面？一个个看得目瞪口呆。震骇和钦羡之余，启民可汗当场下跪，请求隋炀帝批准让突厥人完全汉化，直属隋炀帝领导。

隋炀帝很开心，体会到了大国领袖的尊严，当即给予启民可汗一连串赏赐。之后又组织突厥使团参观文物展览，用中华文明感化他们。但对启民可汗请求汉化的事宜却优诏不允。隋炀帝向启民可汗解释，完全汉化不一定能得到突厥民众认可，突厥还是按突厥人的习俗生活吧。又向可汗许诺，自己要亲往突厥巡视。

大业三年（公元 607 年）四月十八日，杨广踏上了北巡之路。北巡的架势比运河南巡还要大，动身前已发河北十余郡的数十万民工修路。随行的不仅有文武百官，还有 50 余万甲士护驾，做替换用的战马就达 10 万匹，装载后勤物资的车辆首尾相连，千里不绝。当然，也少不了僧尼道士、乐工舞伎之类的人随行。

50 万精锐步骑兵护驾，奔波数千里，这不是来巡视边地，更像是来耀武扬威，中国历史上没有第二位领袖人物这样干过。隋炀帝还下令制作特大型帐篷，帐里可容纳数千人活动。又造"观风行殿"，可以拆并离合，下面装有轮轴，可以推着走，上面站着几百名侍卫。

这样一支庞大的巡游队伍驾临突厥，整个大漠为之震动。隋炀帝不仅姿仪俊美，且端庄英武，举手投足间尽显王者之风，见到隋炀帝的官吏和民众不由惊呼，以为是神降临。突厥可汗及将吏发自内心地仰慕隋炀帝，十里之外就望风跪地，有的王公贵族甚至"祖割"（露臂割肉奉献给隋炀帝），表示要永远做隋炀帝的臣属。

首次北巡用了5个月时间，休整半年之后，隋炀帝又开始第二次北巡。这一次主要巡视新筑的长城沿线，动静也是很大，准备得更加充分，甚至带上了很多新试造的兵器，如可实施旋转连续发射的机弩。

第二次北巡之后，大战略指向已经由突厥转向了整个西域。隋炀帝于大业五年（公元609年）正月开始西巡。他从东都出发，先至长安，尔后渡过黄河，进抵今青海乐都县东部的大通河，正准备继续西进时，遭遇吐谷浑可汗伏允率军阻挡。

吐谷浑是鲜卑人建立的国家，隋文帝时其与隋朝基本友好，多数时间相安无事。到了隋炀帝时代，伏允可汗逐渐与隋为敌。

隋炀帝此次西巡随行有几十万精锐步骑兵，根本没把伏允的阻截当回事。他亲自指挥，命令合围伏允。一阵激战后，伏允可汗冲出隋军的包围逃走，吐谷浑仙头王无力再战，遂率10万人向隋炀帝投降。

隋炀帝马不停蹄，继续向张掖进发。进抵张掖后，受到高昌王麴伯雅等西域27国君臣的隆重欢迎，伊吾首领吐屯设还献上西域数千里土地。隋炀帝非常高兴，下令在西域的吐谷浑故地置西海（今青海湖西）、河源（今青海兴海东南）、鄯善（今新疆若羌）、且末（今新疆且末南）4郡。从此，自西平郡临羌城（今青海湟源东南）以西，且末以东，祁连（今祁连山）以南，雪山（今阿尼玛卿山）以北，东西4000里，南北2000里，皆为隋有。

中国的版图在此时达到极盛，而且，从青海出且末建立起了一条新的丝绸之路，西域各民族与内地空前融合。看来，隋炀帝领着几十万人马，不惜巨资巡游，还真不是为了游山玩水。中国的封建帝王深入数千公里亲自指挥经略西域的就他一个。

在几次北巡、西巡之后，隋炀帝把战略重心转向东南沿海方向。大业六年（公元610年）正月，再次派遣羽骑尉朱宽渡海"招抚流求"。

流求就是中国的台湾。东汉时起称夷洲，隋朝时改称流求，到明朝末年称台湾至今。三国时孙权曾令卫温、诸葛直率兵万余渡海开拓夷洲。大业三年

（公元 607 年）时，隋炀帝就曾派朱宽渡海探察流求。

流求当时还十分落后，民众都住在洞穴之中。国王（部落酋长）姓欢斯，名叫渴剌兜，也住在山洞里。岛上不论男女都用白苎麻缠头发，以动物皮、苎、毛做服装，生产工具以石器、骨器为主。民众个性倔强，没有文字，不收赋税，各方面基本上还处于原始生活状态。

朱宽一行登上流求后，曾向民众宣传隋朝，但岛上的人们从未登上过大陆，不知隋为何朝。所以，隋炀帝下令造大舰东渡，向流求进军。历时月余抵达流求，隋军先派懂流求语的人去劝说流求王，"流求不从，拒逆官军"，隋军统帅陈稜下令进攻，迅速击败流求兵，斩杀了欢斯渴剌兜，焚其洞穴，并俘男女数千而返。

台湾自此正式成为中国版图不可分割的一部分，政治、经济、文化诸方面都开始发生巨大的变化。隋炀帝为中国的统一大业作出了重大的贡献，虽然他有许多可供后人指责之处，但攻略台湾这一点是其不可磨灭的伟大业绩。

十二、想不通，三征高句丽都失败

两晋南北朝时期，中国的近邻朝鲜半岛也是三国鼎立，南端的新罗和百济坚持奉行亲华路线，北端的高句丽则与隋朝若即若离。高句丽当时不仅占有今朝鲜北部，还跨占了中国东北辽东半岛及其以北的部分地区。隋朝平定南方后，高句丽一方面害怕被隋吞灭，另一方面也想向北拓展，以此来与隋朝抗衡。隋文帝当年就看出了高句丽的意图，出兵敲打了一下高句丽王高元，迫使高元上表请罪，其落款居然用了极其自污的文辞："辽东粪土臣元。"

大业三年（公元 607 年），隋炀帝北巡至突厥启民可汗大营时遇到高句丽使者。隋炀帝以高句丽本是箕子所封之地，汉、晋时皆为所辖的郡县，命使者转告高句丽国王高元速来朝见，不然将率大军巡游高句丽国土。

高元闻报甚为恐惧，一直未前来。大业八年（公元 612 年），隋炀帝正式下诏征讨高句丽。

这次发兵总共动员了 110 多万人（号称 200 万人），组成 24 路兵力，从多个方向向高句丽进攻。这是中国古代战争史上创纪录的军事人员集结，随军行动的役夫就超过 300 万人。据说从下令开始那天起，每天发一军，每军相距 40

里，连营渐进，旌旗首尾相连近千里，用了40天才发完24路兵力。宋代史学家司马光感慨隋炀帝的气魄道："近古出师之盛，未之有也。"

从阵式上看，百万之师一人吹一口气也得吹倒高丽王高元。但仔细分析一下，隋炀帝统率的这支豪华远征军，压根儿不是准备去打一场恶仗，更像是一场巡游，以为最终能不战而屈人之兵。你看，他们边行军边奏乐，平均4万人就配置一个军乐队，一个军乐队由数百人组成。

开头还顺利，几个小仗下来斩杀万余敌军。渡过辽水后，形势起了变化，辽东城内的高句丽守军"婴城固守"。隋炀帝一面下令急攻，一面又严令诸将不得擅自行动，说如果高句丽军投降，只能立即招抚，不得纵兵攻击，也不准采用阴谋诡计出奇兵袭击高句丽军。为什么呢？因为我们是王者之师，要以正大光明的决战取胜，要以仁义礼智去感召高句丽。

高句丽军发现了隋炀帝的这一漏洞，在隋军攻城急时就诈称投降，城外的隋军将领不敢擅自受降，就去请示隋炀帝，这么一来一去，时机已失，守城的高句丽军已经补好了城墙，隋军再攻即难以奏效。反复几次后，高句丽守军信心大增，守城更加坚决。隋军从三月下旬开始攻城，直到七月下旬，竟未能攻克辽东一城，此时陆路进攻的部队"食尽师老"，只得后撤。

水路进攻由右翊卫大将军来护儿统率，兵力也相当可观，舳舻数百里，从东莱、江淮等处入海东进，直扑平壤。来护儿十分轻敌，上岸后只带了4万兵力就孤军进抵平壤城下，在没弄清敌情前轻率地入城，结果中了高句丽王高元之弟高建的埋伏，几乎全军覆没，狼狈地逃回海滨。

配合水路进攻的左翊卫大将军宇文述也是求胜心切，中了高句丽军的麻痹战术，以为高句丽不经一击。为了加快行军速度，他竟下令士兵弃粮轻装。在南渡萨水（今朝鲜清川江）进抵距平壤30里处时，高句丽军又前来诈降，顺便打探到隋军已粮尽兵疲的情报。宇文述对高句丽军的诈降行为不辨真伪，加上隋军不堪再战，立即下令北撤。士兵们当然欢迎这一命令，他们又饿又冻，只等撤退。高句丽军趁此时机"四面抄击"，隋军毫无准备，仓皇溃退。退到萨水，士兵们刚渡过一半，高句丽追兵又大批掩杀过来。宇文述手下本有30多万兵力，经此一战，回到辽东后仅剩2700人。

第一次征战高句丽以失败告终。

大业九年（公元 613 年）四月，隋炀帝不顾国内多处农民起义的内患，执意发动第二次对高句丽的征讨，并再次亲任统帅。

难点仍在辽东，尽管隋军"四面俱进，昼夜不息"，但辽东城内数万守军仍能坚守城池，致使隋军进攻 20 多日都没有进展。隋炀帝下令制造 100 万个装满了沙土的布袋，堆成与城头一般高的大道，然后登而攻之。

就在工事修好，即将发动总攻之时，驻守在黎阳（今河南浚县东北）大本营的礼部尚书杨玄感突然宣布起兵造反。反书送达辽东前线，隋炀帝大惊。情报又说满朝的"达官子弟皆在玄感所"，更加重了隋炀帝的不安。于是，隋炀帝半夜下令撤出辽东，中止围辽之战。

高句丽军弄不清隋炀帝的真实意图，不敢轻易追击，但是意外获得了隋军的大批军用物资。

杨玄感是尚书令杨素之子，凭借其父的资本，很快官至二品，由于文才武略出众，受到隋炀帝重用。其父去世后升任礼部尚书，袭父爵楚国公。但杨玄感野心极大，得知隋炀帝曾有对杨素的不敬之语后，就下定决心取代隋炀帝。隋炀帝二征高句丽时，把后勤保障工作委托给杨玄感，谁料他抓住这一时机，不但不给前线组织粮草运输，反而武装他管辖的民工，在黎阳起兵反隋。

杨玄感造反的时机选得对，万千民众早已忍受不了隋炀帝的急政、苛政，纷纷起来响应，反隋队伍很快就发展到十余万人。

但杨玄感缺乏领袖人物的综合素质。他如果接受名士李密的建议，率兵长驱直入蓟城，断绝隋炀帝从辽东后撤的归路，高句丽军定会响应他的行动，趁机从后面袭击隋炀帝，隋炀帝的处境就危险了。但他自以为是地制定了直攻东都的错误方针，东都久攻不下，又转向西京进军，路上又错误地决定攻打弘农宫，这就给了隋炀帝充足的时间来组织力量镇压。他六月起兵，八月中就被隋炀帝围歼，10 万起义军打得只剩下他与弟弟杨积善。杨玄感自知无力回天，便请求其弟将他砍杀。

隋炀帝对杨玄感的背叛切齿痛恨，朝廷如此重用杨氏父子，杨玄感却居然是白眼狼。隋炀帝拍着桌子大骂："杨玄感一呼，从者 10 万，可见天下人多了不是好事。"骂完就开始报复，杀了朝廷上下与杨玄感有牵连的 3 万多人。而且，将杨玄感开仓发粮时领过米的洛阳百姓全部活埋。

极端残忍地处理完这一事件后，隋炀帝又下令征集兵源，开始第三次征伐高句丽的战争。这是大业十年（公元614年）二月。

这一次的出征与前两次大不同，国内到处是反隋的武装力量在活动，许多中央征调的兵力走到半路就被起义军阻截，有的干脆加入了反隋队伍，按时赶到参与出征的兵力也越走越少，逃兵大量出现。

隋炀帝忧心忡忡地领着这支毫无斗志的远征军，慢慢地抵达辽水西边的怀远镇（今辽宁北镇），展开进攻的准备。

连续三年受到三次大征讨，高句丽王高元已被折磨得精疲力竭，所以，当隋炀帝再次兵临辽东，来护儿大败高句丽军后直抵平壤城下时，高元无心再战，立即遣使执送隋朝叛臣斛斯政（与杨玄感关系密切）至隋炀帝的大本营，并上表请降。

隋炀帝欣然同意，下令来护儿从平壤撤军，他自己也从辽东回师。

回到西京长安后，隋炀帝下诏令高句丽王入朝，但高元仍然不奉诏。隋炀帝怎么也想不通，小小的高句丽怎么如此强硬。三次征讨均失败了，隋炀帝欲再伐高句丽，但此时天下已大乱，他顾不上高句丽了。

十三、农民起义军四起

从杨广继位那年起，特大型工程不断，建东都、筑长城、开运河、造宫室，尤其是三征高句丽直接用兵340余万，用民工680余万，占了全国总人口的20%。年年大役和征战，使"天下死于役而家伤于财"，曾经富有兴旺的隋帝国此时处处凄凄惨惨，每年都有上百万人口死亡。因手足残废则可避征戍，不少百姓干脆自断手足，美其名曰"福手福足"。许多村庄见不到男丁，大片土地被撂荒，杨玄感起兵时曾给民部尚书樊子盖写信，说："黄河之北，则千里无烟；江淮之间，则鞠为茂草。"

本来，隋朝改革府兵制后规定士兵平时耕种，战时出征。然而，现在连年出征，土地荒芜，家无生计，上不能养老，下不能抚小，很多农民只得选择与"盗匪"为伍。大业七年（公元611年），山东、河南发生水灾，不久瘟疫流行，许多郡县百姓死亡大半。幸存下来的人民得不到一丝救济，只能以树皮草根充饥，"其后人乃相食"。民不堪命，只能铤而走险，广大农民直接与隋王朝展开生死搏杀。

零星的、规模不等的农民起义，早在隋炀帝第一次征讨高句丽时就发生了。齐郡邹平（今山东邹平）人王薄，漳南（今河北故城东北）人孙安祖、窦建德等相继起义。在此前后，又有东郡韦城（今河南滑县东南）人翟让、徐世绩等于瓦岗寨起义。山东富豪刘霸道在很短的时间里就聚众十余万，号称"阿舅军"，四处攻城陷邑。

隋炀帝首征高句丽失败后，又大规模地征兵服役，此举激起了更大范围的民变。除了山东、河北扩展到全境以外，中国其他地区也有许多民众举起反旗，少者数万，多者十余万，就连陇右地区（今宁夏一带）也发生了人数众多的农民起义。

风起云涌的农民起义并没有吓倒隋炀帝，因为关于真实情况的奏报多数被隋炀帝身边的亲信压下了，汇报给他的只是一些不足为惧的"小偷小摸"行为。隋炀帝根本意识不到隋王朝的根基已经动摇了。第三次征讨仍然无法真正打败高句丽，他决定再巡突厥，因为启民可汗去世后，其子始毕可汗接班并看透了隋朝惯用的离间突厥的战略，开始疏远隋朝。隋炀帝认为这是一种危险，没有先去解决国内的危机，反而把再巡突厥摆在重要的日程上。

大业十一年（公元615年）八月，隋炀帝踏上北巡突厥之路。刚刚进抵雁门郡城（今山西代县），就被始毕可汗的几十万骑兵包围。隋炀帝完全没有思想准备，仓促中占用不少百姓的房屋修工事防守。尽管隋炀帝也带了十几万隋军，但根本无法守住阵地，雁门有41座城，突厥骑兵很快攻占了39座。最后对雁门郡城总攻，飞矢入城，不少箭头甚至落到隋炀帝跟前。隋炀帝这次真是吓着了，搂着小儿子赵王杨杲失声痛哭，哭得"目尽肿"。上次北巡时威风凛凛的隋炀帝此时尊严尽失。

多亏附近郡县的勤王兵马及时赶至雁门，始毕可汗才撤围而去。据说当时仅17岁、后来成为唐太宗的李世民也随父李渊一道领兵勤王。

就在这两三年内，遍及全国的农民大起义已形成三大武装力量集团，且都建立了自己的政权机构，三大武装力量里每一支的实力都能给隋朝以沉重的打击。

第一支是由翟让、李密统领的瓦岗农民军。翟让是东郡韦城（今河南滑县）

人，当过东郡法曹，犯罪当斩，为狱吏救脱后于瓦岗寨（今河南滑县南）起义，立即吸引东郡的英雄人物如单雄信、徐世绩等人参加。瓦岗寨离洛阳不远，义旗一举，直接威胁东都。

从狱中逃出来的杨玄感的军师李密得知瓦岗寨起义军的消息后，立即前来投奔。李密谋略过人，深受起义军的拥戴，被作为领袖人物对待。

李密老家在辽东襄平（今辽宁辽阳），其父李宽为隋朝的上柱国，封蒲山郡公。李密在其父死后继承了爵位，官至左亲侍。李密的加盟使瓦岗寨名声大振，起义军队伍迅速扩大，并很快攻破重镇荥阳，杀死隋朝名将张须陀。不久，又趁隋炀帝前往江都，洛阳一带空虚之机，袭取隋朝最大的粮仓兴洛仓，开仓济民。一时间几十万饥民蜂拥而来，隋朝留守东都的越王杨侗得到报告后，发兵数万前来讨伐，又被瓦岗军打败。李密的一系列战略方阵都收到了成效，他成为瓦岗寨之主，建号魏公。

起义军接着在兴洛仓附近筑城，方圆40里，作为魏国之都城。这吸引了更多的天下英雄汇聚瓦岗，如孟让、房献伯、秦叔宝、程咬金等，就连替隋炀帝镇守虎牢（今河南荥阳汜水镇西）的大将裴仁基也前来投降。

兵多将广之后，李密令大文豪祖君彦撰写讨杨广之檄文，列举杨广的十大恶罪，并告知天下，不久瓦岗寨发动总攻。

第二支是由窦建德统领的河北起义军。窦建德是贝州漳南（今河北故城）人，行侠好义，当过乡里的里正。起义后不久即投奔张金称、高士达，张、高先后被隋军扑杀，窦建德收拾残部，以芦苇荡为舞台与隋军周旋。隋炀帝以为河北起义军不再有威胁，就将镇压的隋军召回，结果窦建德抓住时机发展队伍，士卒增加到10万余人，许多隋朝的官吏望风而降。窦建德遂大举出击，全歼隋军在河北的主力，并在河间、乐寿两县的交界处设立祭坛，自称长乐王。

第三支是由杜伏威、辅公祏统领的江淮农民军。杜伏威是齐州章丘（今山东章丘）人，辅公祏是他的发小，两人从少年起就亡命山泽，都是天不怕地不怕之人，还联络了下邳（今江苏邳州市南）起义军苗海潮，两股力量在淮南一带与隋军打起游击战。大业十三年（公元617年），杜伏威打败隋炀帝派来镇压的大将陈棱，顺势进据历阳（今安徽和县），自称总管，以辅公祏为长史，收编了江淮间的各路起义军，占有了江淮广大地区。

与农民大起义互为呼应的还有不少隋朝地主及关陇勋贵，都把矛头指向隋炀帝。关中一带以平阳公主为首，岭南一带以冯盎为首，江淮三吴一带以刘元进为首，中原一带以杨玄感、刘霸道为首，河西陇右一带以李轨为首，剑南一带以萧阇提为首，全国的地主武装力量有 120 多支，总兵力超过 200 万。

就在中央政权即将土崩瓦解之时，隋炀帝不顾臣下的反对，下诏再修造几千艘船只（以前的所有船只已被杨玄感烧毁），形制要比以前的更奢华，他要率领龙舟船队，再次巡幸江都（扬州）。

他这次出去，就再也没回来。

十四、江都，最后一次巡游

这真是不可理喻的行为，难道隋炀帝真的不了解天下危势？不是的，他了解，"反者多于猬毛，群盗所在蜂起"，他知道这一点。可他此时已心灰意冷，人从雁门脱险回来后就换了个样儿，时常唉声叹气，情绪非常低落。他设想了那么多的宏伟蓝图，也把其中的相当一部分变为现实，可现在全天下都与他为敌，且来势汹汹。他已经无力回天，现实无情地打击着他。隋炀帝此时已成惊弓之鸟，在洛阳一天也住不下去了，史载他"每夜眠，恒惊悸，云有贼，令数妇人摇抚，乃得眠"。有一天晚上大业殿西院起火，本属一起普通火灾，隋炀帝却惊恐万状，以为来了农民军，赶紧冲出寝宫，藏在一片深草中。

大业十二年（公元 616 年）七月，隋炀帝自洛阳启程再次巡幸江都。与其说是去巡幸，不如说是去逃难，因为隋炀帝尤其畏惧文武全才的李密，生怕在洛阳成了他的俘虏。然而去江都就能安稳吗？他坐在硕大的龙舟上，望着缓缓流淌的江水，两眼发直。岸上隐隐约约地传来歌声，其中有几句这样唱道：

> 我兄征辽东，饿死青山下。
>
> 今我挽龙舟，又阻隋堤道。
>
> 方今天下饥，路粮无些小。
>
> 前去三千程，此身安可保？

　　这是纤夫的声音，在隋炀帝征辽时失去了自己的哥哥，现在自己又为隋炀帝挽舟，然而，再往下走3000里路，自己的生命还能安在吗？

　　往下再走难保身安的不仅是纤夫，还有隋炀帝。江淮起义军杜伏威就在附近，长江中游的几支起义军也离他不远，甚至鄱阳湖的起义军都能威胁到他，江都凶多吉少！

　　隋炀帝一晃就在江都居住了两年，国家大事完全置之脑后，终日只与皇后、宫女饮酒作乐。几十万人的随驾队伍每日耗费巨大，江都眼看就要坐吃山空，一些家在关中的将士冒死劝谏隋炀帝回归西京长安，以西京为大本营，再图新的局面。但隋炀帝得知自己的表兄李渊已经袭据关中，占领了西京长安，并且已立隋炀帝之孙杨侑为帝。天下乱局已无法收拾，去哪里都不行，只有在江都静待最坏的时刻到来。

　　隋炀帝此时已下定一死了之的决心，酩酊大醉之后顾影自怜，时常对着镜子说："这么漂亮的头颈，会是谁来砍呢！"说完苦笑几声，"贵贱苦乐，更迭为之，亦复何伤！"

　　随行的大臣中也有敢向隋炀帝进谏者，希望他振作起来，带领大家走出困局。但进谏者无一不被当场杖毙。萧皇后看不下去了，就劝那些欲进谏者："天下事一至于此，无可救者，何用言之，徒令帝忧耳！"

　　无人再进谏，却有人搞阴谋，隋炀帝近些年最信任的将领宇文化及与武贲郎将司马德戡合谋要废杀他。

　　宇文化及之父宇文述对杨广篡太子位及最终登基有过大贡献，所以宇文化及一直作为随身侍卫跟随隋炀帝，受到百般信用。攻打平壤失败之后，隋炀帝也没有惩罚他，依旧让他统领重兵。

　　司马德戡是关陇勋贵成员，任过大都督，曾从隋炀帝征高句丽，甚得隋炀帝信任。隋炀帝三巡江都时，让他担任禁卫军将领，统领万余精兵。

　　这两位身边人对自己动手，是隋炀帝万万想不到的。

　　大业十四年（公元618年）三月的一个深夜，司马德戡在城内以数万禁卫军围住隋炀帝寝宫，宇文化及在城外封锁交通路口，隋炀帝身边的贴身卫士元礼、裴虔通在内殿打开大门，数万名士兵在黎明时分顺利地从玄武门进入宫中。

　　校尉令狐行达最先提刀冲到隋炀帝寝宫。隋炀帝隔窗而问："你想杀我？"

令狐行达回答："臣不敢，只是将士思归，欲奉告您还京。"隋炀帝说："那好，我跟你走。"来到大殿，抬眼望去，尽是乱兵，为首的居然是自己当晋王时就跟随自己的亲信裴虔通。隋炀帝大吃一惊，问裴何恨而反？裴虔通深感尴尬，低声回应说是将士思归而已。隋炀帝说那好啊，归就归吧。裴虔通说那我去请示一下宇文化及。

宇文化及可没有裴虔通那么客气，下令将隋炀帝拉上江都市面游街。可叹当日何等威严的隋炀帝，如今被一些士兵逼上马骑着游街。游了一会儿，宇文化及让暂停，说留着这老东西干嘛，赶快解决了他。一干士兵提刀环立，眼看就要动手。隋炀帝的帝王尊严被激发出来，厉声喝道："天子自有死法，何得加以锋刃，拿鸩酒来！"

一直在隋炀帝身边的 11 岁的爱子杨杲吓得大哭起来。裴虔通听后很反感，让士兵上前砍掉了杨杲的脑袋，鲜血溅了隋炀帝一身。隋炀帝此时火从心来，大声呵斥："我确实有负于天下百姓，至于你们这些人，荣禄兼及，怎么会干出这种事来！"裴虔通一行人被训斥后更加恼火，决心加快处死隋炀帝，命令孤行达将其缢弑。

隋炀帝倒地后，萧皇后亲自动手，拆掉床板做成棺材，偷偷地埋了杨广父子。幻想成为千古一帝的人物最后死在几个匹夫之手，悲哉！

十五、一个"炀"字太沉重

杨广继位刚几个月时，陈后主病逝，杨广追封他为长城县公，赐谥号曰"炀"。按照中国古代"谥法"的定义，好内远礼、去礼远众、逆天虐民则为"炀"。

杨广没想到后人也会给自己戴这么顶恶帽子。导致杨广悲剧下场的主要是第三条：逆天虐民。

隋炀帝怎么"逆天虐民"呢？主要表现在对国家权力的滥用，表现在完全不顾人民生死。后人分析了许多现象，归纳为苛政、急政、暴政。把这三政再做一个概括，隋炀帝实行的是世所罕见的恶政。

大业初年，隋炀帝继位不久，本应先理顺朝廷关系，安定国内民众，他却于这些不顾，连续下令掘长堑、建东都、凿运河、造龙舟、制羽仪、巡江都，这么多工程，统统要求在半年内完成，谁延误工期就杀谁。国家权力被一人滥用到如此的程度，这不是"逆天"是什么？虽然这些工程大多都有利于国家的统一与发展，但完全不需要把工期定得如此急迫。

工期急不说，对工程质量的要求还特别高。举一个例子：营建乾元殿时，要求宫殿的柱子直径要在2米左右。这种树木当时只有今江西才有，于是发动了数万人采伐。由于树木太重，需2000人曳一根，树下用铁毂推行，若用木毂，很快会摩擦生火而烧坏树。就是用铁毂，走一两里也就坏了，还需要抬起树更换铁毂。一天走30里，要换十几次，一根木柱从江西运到洛阳，需征用数十万民工。

据有关资料显示，隋炀帝从即位（公元604年）到大业八年（公元612年），总共搞了22件大工程（不算地方政府搞的工程），先后征用了3012万余名民众，而当时的全国总人口不过5000万。全国就是一个大工地，几乎全民都在工地上，百姓完全脱离了家园，生产无从谈起，财富更是空白，不少百姓惨死在工地上。

中国历史上虐待人民的帝王不少，例如秦始皇，但秦始皇口头上可是大力倡导"德治""仁治"的，而隋炀帝即使在口头上也难有对人民的一丝关爱，他心中只有为自己立功、立威，超越周汉圣王之业的所谓抱负，广大人民只不过是他立功、立威的工具，所以，他根本不去考虑人民的生死。对于这一点，他在临死之前倒有省悟："朕确实有负天下百姓。"

后人应该从这来得太迟的省悟中得到警示。任何领袖人物不论为国家做了多少有益的事，如果把人民的利益抛在一边，这些事情就没有意义。国家利益和人民利益必须兼顾，一味竭尽人力财力搞大工程，搞面子工程，搞超前工程，就顾及不到人民的利益，也就得不到人民的拥护。得不到人民拥护的领袖和政府能够长存吗？答案是否定的。

隋炀帝之所以能长时间地逆天虐民而不知悔改，还有一个原因是他过分看重自己的才能，以为凭一己之力就可以无所不能。隋炀帝有才吗？有，但才能一般。在灭陈和平定江南的过程中，他确实显露出一定的组织才能，但他手下有高颎、贺若弼、韩擒虎这些政治家、军事家共谋。杨广继位后，高颎、贺若弼等能臣名将基本都被他整死或罢黜，三次征高句丽时他已无能人可用，失败就在所难免。

第一次征高句丽，败在压根儿就没准备用武力去征讨，指导思想错误；第二次征高句丽，杨玄感起兵，后院着火，过急撤兵导致失败；第三次征高句丽收了高元的"诈降书"，没有真正的胜利成果，也算是失败。首征高句丽，如果指导思想正确，再放开对将领们的约束，应该能顺利攻占辽东城和平壤城。第二次征高句丽，攻辽东城已胜利在望，如果再坚持一下，不要听到杨玄感起兵的消息就连夜撤兵，在攻入辽东城后再回师镇压杨玄感也完全来得及。统帅在重大关头惊慌失措，焉能不败？第三次征高句丽，受降仪式不举行就仓促撤回，以致高元在收到隋炀帝的诏令后依旧不来朝见。以上这一系列大战略从制定到实施可说无一是处，都没体现出隋炀帝有什么大智慧，所以，说他"恃才傲物"是高抬他了。

当然，隋炀帝确实诗文写得好，还懂音乐，称得上是文学家、艺术家。据说唐太宗李世民看了《隋炀帝集》后大加赞赏，说读了文集，才感知到杨广是尧舜而非桀纣。但国家领导人光有些才艺是不够的。唐朝名臣魏征曾慨叹："亡国之主，多有才艺，考之梁、陈及隋，信非虚论。"

对待亡国之君杨广，后世更多的是把他作为一面镜子。唐贞观年间，君臣们持续讨论隋亡之事，由此确立了以人为本的治国理念，把对人民的态度摆到国家兴亡的层面上去认识，所谓"水能载舟，亦能覆舟"。正是在这样的基础上，唐朝仅用了 10 年时间，就实现了隋文帝和隋炀帝不惜一切追求过却始终没能出现的局面：国富民强，文治武功，四方宾服，国祚将近 300 年。

立国仅仅 30 多年的隋王朝虽然极为短暂，但它却用自己正面的（国库里的物资让唐王朝足足享用了几十年）、反面的（三世而亡）经验教训孕育了千载难逢的大唐盛世。

从这个角度看来，隋王朝纵然短暂，却也辉煌！

　　隋炀帝倚重的表兄李渊本来奉诏担任太原留守，守卫北方。但在目睹隋炀帝的种种恶政之后，决定在太原起兵反隋。大业十三年（公元 617 年）十一月，李渊以破竹之势攻占隋都长安，立隋炀帝孙子、12 岁的代王杨侑为帝，是为隋恭帝，遥尊杨广为太上皇。

　　一切军政大权掌握在李渊之手，大业十四年（公元 618 年）五月，隋炀帝的死讯传至长安，杨侑随即禅位于李渊。李渊改国号为唐，是为唐高祖，建年号武德。接着开始扫灭群雄，武德七年（公元 624 年）一统天下。

　　武德九年（公元 626 年），次子李世民发动政变，迫使李渊让位。李世民雄才大略，且善于听取不同的意见，尤其是从隋亡之中汲取经验教训，迅速地把中国引向"贞观之治"。

　　从贞观之治到天宝十四年（公元 626—755 年）的 120 多年，是闻名全球的盛唐时期，中国的疆域"地东极海，西至焉耆（今新疆焉耆西南），南尽林州南境（今越南河内部分地区），北接薛延陀界（今西伯利亚南），凡东西 9511 里，南北 16918 里"，比汉朝全盛时的疆域还要大。至于受唐朝羁縻约束的范围，差不多包括了当时的整个东南亚。唐太宗李世民被尊为天可汗，成为公认的东亚诸民族的最高领袖。

这期间，大唐王朝还诞生了两位杰出的领袖人物，一个是中国历史上的首位女皇帝武则天，一个是创造了著名的"开元之治"后来又几乎给大唐带来灭顶之灾的唐玄宗。

武则天13岁选进皇宫，31岁立为皇后，接着参预国事，40岁垂帘听政，51岁独揽朝纲，67岁登基为帝。她在位期间，把唐太宗李世民的许多好的制度加以完善，使国家达到空前稳定和富强，国家控制的人口从贞观末年的380万户猛增到615万户，唐朝进入鼎盛时期。

武则天的孙子唐玄宗李隆基是唐朝在位时间最长的皇帝，执政44年。前30年他励精图治，不敢懈怠，几乎每天都是四更即起，国家由此又上了一个台阶，商业兴旺，物价低廉，人口增加到近900万户，文化事业繁荣昌盛，整个大唐就是诗的国度。

可惜晚年的唐玄宗沉湎于酒色，怠逸于国事，致使权奸当道，中央与地方权力布局失衡，终于酿成"安史之乱"。突如其来的大变乱使国家和人民瞬间跌入深谷，长期承平的大唐帝国立即被战乱摧毁，人民群众饱受战争苦难，全国总人口经过8年的内乱，一下子锐减至不及300万户，千里绝人烟，上百万人口的大都市洛阳此时已不足1500户。

中华民族引以为荣的盛唐就此衰落，其后虽有小的中兴，但颓局难挽。

公元907年，军阀朱温废掉唐昭宗李晔，自立为帝，建立梁朝，历史上称后梁。前后经历21帝、立国近300年的大唐王朝退出历史舞台。这之后，中国步入混乱不堪的五代十国时期。

一、晋阳起兵，李渊早想反

李渊家世显赫，祖父李虎在西魏时官至太尉，与宇文泰、独孤信等人共为西魏"八柱国"。李渊的父亲李昞袭封唐国公，官至柱国大将军。李渊7岁就袭唐国公爵位，成年后更是屡任要职。李渊相貌奇异，又有社会上的图谶传言："李姓当为天子。"隋炀帝开始猜忌李渊。

发觉到这一点后，李渊及时采用韬晦战略，收敛锋芒。大业九年（公元613年），李渊采纳亡妻窦氏的建议，投隋炀帝之所好，经常向隋炀帝进献鹰犬。隋炀帝二征高句丽时，杨玄感在后方起事，李渊火速将情报递给正在前线作战的隋炀帝，使隋炀帝及时扑灭了杨玄感之乱。

这两件事做了之后，打消了隋炀帝对他的猜疑，任命他为弘化郡（治所在今甘肃庆阳）留守，节制关右 13 郡兵马。不久，又迁李渊为太原留守兼晋阳宫总监。

这两个职务既是"肥缺"也是要职。太原乃中国北方军事重镇，平时仅储备的后勤物资就供 10 年战争之用。该地兵源充足，政局稳定，太原留守一直是野心家求之不得之地。晋阳是隋炀帝的发祥地，继位前他就受封为晋王。晋阳风水好，远古时尧帝和其子孙最初就被封于此地，称为唐侯。周成王把他最心爱的弟弟叔虞也封在此处，称唐叔虞。唐叔虞之子受封这里后，把国号改为晋。自此之后，晋的后人们就不断在此建造城池，取名晋阳。晋阳的名声越来越大，从北魏高欢起，到隋炀帝，再到李渊父子，到唐末五代，一朝又一朝中央政府或割据政府都把晋阳作为大本营，小小的晋阳走出了若干个"真龙天子"，晋阳由此有了"龙城"之称。

李渊既是太原留守，又是晋阳宫监，等于把整个"龙城"占有了，就比其他地方的留守风光得多。得到"龙城"，不就得到了"龙脉"吗？李渊的野心开始扩张，一年紧似一年地暗中布局，但在表面上，他依旧打着绝对忠于隋朝的旗子。

李渊伪装得极好，连他的儿子李世民也错误地认为父亲愚忠。李世民早就抱定赢得天下的雄心壮志，但此时的他还年少无名，没有反隋的本钱，只能借重父亲的地位和名望来搏一搏。他和晋阳宫副监裴寂一道为李渊设计了一个政治圈套，事先挑选了几名晋阳宫的绝色宫女，趁李渊酒后去侍奉他。阴谋很成功，李渊知道犯了大不敬之罪，只得同意加快反隋步伐。

李世民哪里知道，李渊早在给隋炀帝进献鹰犬时，就已私下与宇文化及的兄弟宇文士及密谋反隋之事。之所以到了大业十三年初还没动手，是因为李渊认为还需要等待更好的时机。现在酒后与宫女乱性，那就顺其自然开始行动吧。

李渊先是伪造了隋炀帝的敕书，说要征天下兵再讨伐高句丽，这一下便激起了民众对隋炀帝的百般仇恨。接着李渊用计杀了隋炀帝派往太原监视他的两个副留守。为了确保无后顾之忧，李渊接受了晋阳令刘文静和裴寂等人的建议，与突厥结好，改易旗帜（隋旗是赤色，现改用红白狼头旗，表示臣服于突厥）。突厥始毕可汗接到李渊的亲笔信后，立即表示出兵相助。

一切就位后，大业十三年（公元 617 年）七月，李渊宣布举兵反隋。消息传开，西河郡丞高德儒不服，李渊任命李建成、李世民兄弟领兵征讨，仅用 9 天便攻占西河郡治所隰城（今山西汾阳）。

肃清周边后，李渊确立大战略，直攻长安。为了赢得舆论支持，他向天下发出檄文，历数隋炀帝恶行。檄文发出后，李渊大军大张旗鼓地从晋阳南下。

隋西京留守、代王杨侑得知消息后，立即派遣虎牙郎将宋老生率 2 万精兵驻防霍邑（今山西霍县），左武侯大将军屈突通领禁卫军数万驻防河东（今山西永济蒲州镇），二军构成犄角之势，阻击李渊。

这是隋军的两支劲旅，以逸待劳不说，地势尤为险峻，易守难攻，加上久雨不停，李渊大军难以前行。此时军粮供应也出现问题，又听说突厥变卦，欲与起义军首领刘武周一道乘虚袭占晋阳，威逼太原。太原是李渊的大本营，所有物资均源于此处，三军家属也俱在其地，一旦太原丢失，后果不堪设想。有人建议李渊不如还救太原，更图后举。

李渊很矛盾，一时不知该如何决策。他的两个儿子李建成与李世民站出来献计，说现在正是收获季节，遍地是粮，派兵去收就是了；宋老生性格轻躁，一战可擒；刘武周与突厥外虽相和，实则互相防范，并未威胁到晋阳；现在要做的就是奋不顾身拼死一战，若退兵则散，我散于前，敌追于后，死亡就不远了。李渊听罢，下决心以战求进。

战斗异常激烈，李渊用计引出宋老生，与其在霍邑城东和城南进行殊死决斗。据《大唐创业起居注》记载，"世民手杀数十人，两刀皆缺，流血满袖，洒之复战"。李渊、李建成等也都身先士卒，在敌人阵中反复冲杀，锋刃相交，响若山崩，城楼皆震。

结果是宋老生被杀，霍邑城被李渊攻占。这是一场恶战，但从打响到结束，仅用了一个时辰。李渊大军受此鼓舞，士气更加高涨，由霍邑出发，以不可阻挡之势连下临汾（今山西临汾）、绛郡（今山西新绛），顺利进抵龙门（今山西河津禹门口）。在这里，与刘文静和突厥部将康鞘利率领的 500 名前来助阵的突厥骑兵相遇。这说明突厥没有与刘武周联手威逼太原，李渊见到这支队伍非常高兴。

李渊大军一路顺利，九月初就进围河东，在这里遇到了屈突通的顽强阻击。河东城坚兵足，久攻不克，李渊很苦恼。裴寂献策，不惜一切拿下河东，再攻长安，以免长安也久攻不下时，大军退路被屈突通堵截。李世民不同意这个建议，他主张兵贵神速，只以少部分兵力围住屈突通，主力迅速西入关中，待打下了长安，屈突通就不足为虑了。

李渊采纳了两人建议中的合理部分，留下部分兵力继续围攻河东，他则亲率主力渡河西进。

李渊大军一路接收前来投降的隋朝官吏和地方武装，史书上形容"归之如流"，队伍越走越大。到达渭北，又与李渊女儿平阳公主亲率的数万"娘子军"会合，大军气象一新。此时，李建成、李世民各自统率的部队都已进抵长安附近，李渊下令李建成速率精兵占据灞上（今陕西西安东南），李世民速率新归附的武装力量进驻长安故城外围，准备展开攻坚战。

李渊大军从起兵时的数万兵力发展到现在的 20 余万兵力，取得了对长安的绝对优势。李建成从东、南两面攻，李世民从西、北两面攻，仅仅两天，就攻克长安。

李渊学汉高祖刘邦的做法，一进长安，就与民众约法 12 条，宣布废除一系列隋之苛政，这很快就在关中引起强烈的反响，李渊由此声名远播。

大业十三年（公元 617 年）十一月，12 岁的代王杨侑被李渊迎至大兴殿，立为隋恭帝。李渊本人就在大兴殿外设置丞相府，主持一切军政事务。

死守河东的屈突通得知这一切后仍不放弃抵抗，夜袭刘文静军营。但凭他这点兵力无法与李渊对峙，屈突通只得向洛阳逃奔，行进中被截获，后受到李渊厚待，未被问罪，反而被任命为兵部尚书兼李世民元帅府长史。

公元 618 年五月，隋炀帝的死讯传至长安，李渊遂强迫杨侑禅让帝位，他在太极殿登基，建国号为唐，是为唐高祖，改年号为武德，立长子李建成为太子，次子李世民为秦王兼尚书令，四子李元吉为齐王，以裴寂为尚书右仆射、知政事，刘文静为纳言，其余百官也各就其位，唐王朝就此开始。

从起兵到建立新朝，前后仅历时一年，大唐王朝来得太容易了。

二、电闪雷鸣灭群雄

李渊攻占长安后，每天与李世民等人策划如何扩大地盘，时常在一张非常简单的地图上比比画画，就像手里拿着一把"圆规"，以长安为中心向外"画圆"。这个圆画得潇洒，画到之处群雄伏首，仅用了6年时间，天下一统。

当时的大势是李渊称帝，地盘却只有关中一隅。长安之外，林立着50余个割据政权，每个政权都拥有十几万兵力，领袖人物或称帝王，或称可汗，其中最醒目的有20余个，如李密、窦建德、王世充、李轨、刘武周、宋金刚、李弘芝、萧铣、辅公祏、刘黑闼等。这些人有些是纯粹的农民起义军领袖，有些则是地主官僚武装，他们都直接威胁着新生的唐王朝。

必须尽快扫灭群雄，李渊把这项艰巨的任务交给李世民去完成，基本的指导方针是先西后东，先北后南。

李渊为什么把这副重担交给年轻的李世民担负呢？主要是因为李氏祖辈为武将，家庭尚武，潜移默化地培育了李世民的军事素养。晋阳起兵前后，李世民的一系列建议都对大局产生了好的影响，如在久攻河东城不下时，是李世民置河东于不顾、直攻长安的建议为李渊大军指明了方向，所以李渊认为让李世民去统率三军是合适的。

其实，李世民的军事才能早在大业十一年（公元615年）刚当新兵时就有所显露。那一年他17岁，应征入伍，隶属于屯卫将军云定兴。此时发生了隋炀帝在雁门被始毕可汗围困的事件，云定兴部奉命前往勤王。初上战场的李世民大胆地建议多设旗鼓为疑兵。李渊当时也正领兵勤王，对儿子这种初生牛犊不怕虎的气概特别欣赏。

对于扫平群雄，当时有两种意见，一种是认为刚刚立国，应该先休养生息几年再去征讨；一种是认为时不我待，几年之后各地起义军势力更大，统一前景难料。李渊在大战略上是清醒的，下令不作任何休整，立即展开进攻。

李世民率兵出城，首个目标对准陇西最大的割据势力薛举。薛举在隋炀帝时曾为金城府（今甘肃兰州）校尉，趁乱起兵，自称西秦霸王，兵力达到30万，完全控制了陇西之地。李渊刚刚占领长安，薛举立即派出其子薛仁杲围攻扶风（今陕西凤翔），企图夺占关中，直接威逼李渊。

李世民在西征的途中与薛仁杲相遇，大败薛仁杲，又乘胜追击至陇坻（今陕西陇县以西的陇山东麓），距薛举的都城天水仅一二百里。此次交锋之后，薛举的东进意图依然强烈。武德元年（公元618年）六月，李世民再度挂帅，率八总管之兵出征薛举，七月初与薛举军在高墌（今陕西长武北）对垒。相峙期间，李世民突染疟疾，只得卧床养病。元帅府长史刘文静急于立功，将部队拉出城外与薛军对阵，结果被薛军打得大败，大半兵士损失。李世民无奈，只得后撤。薛举下令大举反击，要求直取长安。

命令刚下，薛举突患重病去世，其子薛仁杲只得急速退兵。李渊认识到薛仁杲是支劲旅，经过充分的准备之后，于九月初再度任命李世民挂帅出征，在浅水原（今陕西长武东北）北全歼薛军。薛仁杲被押送至长安斩首，唐王朝来自西北的劲敌被灭。

就在李世民第二次与薛仁杲在浅水原激战之际，西北的另一个割据政权的首领李轨在凉州（今甘肃武威）称帝。李轨原为隋末中级官吏，大业十三年（公元617年）八月在今甘肃武威起兵反隋，得到了西突厥的支持，势力逐渐壮大。武德二年（公元619年）五月，李渊派李轨的心腹安修仁之兄安兴贵劝降李轨。李轨自知势单力薄，只好开城出降。这样，唐王朝"河西悉平"。

按照先西再东的战略方针，李渊在平定陇右之后，马上诏令李世民向刘武周进军。

刘武周于大业十三年（公元617年）二月杀了马邑（今山西朔州）太守王仁恭后反隋。刘武周原是马邑鹰杨府校尉，打仗有一套，还得到了突厥的支持，于是自称皇帝。武德二年（公元619年）二月起开始南下，手下大将宋金刚直扑晋阳。齐王李元吉不是对手，李渊补调裴寂前往阻截。裴寂大败，几乎全军覆没，太原随即被刘武周攻占。李渊的发祥地被人夺走，心中十分恐慌，下令放弃河东，死守关西。

李世民坚决反对这种做法，理由是河东之地富庶，是我们曾拥有的基地，是国家之根本，决不能轻言放弃。李渊于是批准他领兵东征。

武德二年（公元619年）十一月，李世民从龙门踏冰渡过黄河，进驻柏壁（今山西新绛西南），与刘武周手下大将宋金刚对垒相峙。宋金刚所率是刘武周部之主力，"人性劲悍，习于戎马"，李世民亲自披甲上马，领3000精兵夜袭安邑（今属山西运城），大败尉迟敬德，及时提振了唐军的士气。此时有将领提议，应趁机全线出击与宋金刚决战。

李世民不同意这个提议，他说：宋金刚悬军千里，深入吾地，后勤必出问题，此时决战正是他们求之不得的，只要我们坚持"坚壁挫锐"的方针，敌必自行遁走。

形势果然如李世民分析的那样，宋金刚始终无法与李世民决战，士气开始低落，加之汾水东侧的粮草运输线已被唐军切断，便于武德三年（公元620年）四月初开始北撤。李世民立即尾追，一昼夜追敌200余里。追上宋金刚军后，一天8战，俘斩数万敌军。此时唐军也已极度疲倦，李世民和士兵们均两天未进粒米，军中只有一只羊，李世民让大家分而食之，吃完之后，马上又投入战斗。

宋金刚全军覆没，最善于作战的将领尉迟敬德也举手投降。宋金刚和刘武周只身逃往突厥，为突厥所杀。唐王朝最畏惧的一支地方武装就此消失。

河东大捷，使秦晋连成一片，唐朝的地盘大为扩展。李渊在欣喜之余，把眼光投向中原。

中原的"土皇帝"是原隋朝江都郡丞王世充。他因镇压农民起义有功，颇得隋炀帝宠信。隋炀帝死后，留守洛阳的越王杨侗即皇帝位，改元皇泰，封王世充为郑国公。此时杀害了隋炀帝的宇文化及从江都率众北上，杨侗令向隋朝投降的原农民军领袖李密迎击宇文化及。李密毫不犹豫，很快就击败宇文化及。王世充在此时发动政变，攻入东都，杀了一批政敌后，马上回击李密。李密刚刚击败宇文化及，兵马大半受损，哪里能抵住王世充的进攻，只得向李渊投降。王世充由此成为中原最强大的势力。武德二年（公元619年）四月，王世充逼杨侗禅位，自己登上皇帝宝座，改国号为郑。

武德三年（公元620年）七月，李世民受命东击王世充。此时黄河流域已是唐、郑（王世充）、夏（窦建德）三强鼎立。闻听李世民大举东进的消息后，王世充立即把全部主力调集在洛阳一带，又设置四镇将军把守洛阳四面城门。但王世充篡权早已不得人心，一些州城纷纷在此时向李世民投降，使李世民大军能顺利屯兵于洛阳以北的邙山，构成对东都的包围圈。

王世充自知无胜利希望，于是向李世民发出割地求和的信息。李世民不许，王世充无奈之下卑辞求救于窦建德。窦建德担心王世充被灭后自己将陷入困境，于是亲率精兵 10 万救援洛阳。

10 万窦军突然出现，打乱了李世民的部署。一些将领提议放弃洛阳，尽快撤兵。但李世民不准，攻占东都的政治意义重大，一兵一卒也不能撤。他下令齐王李元吉和屈突通一道继续围攻洛阳，自己亲领精骑 3500 人去迎击由虎牢（今河南荥阳汜水）前来救援洛阳的 10 万夏军（窦军）。围洛打援，奇迹由此发生，李世民以一支不到 4000 人的骑兵部队，阻止了 10 万夏军（窦军）月余不得西进，为其后唐军主力集结虎牢赢得了充足的时间，后来更是全歼窦建德军，仅俘虏就达 5 万多人，窦建德本人也身中数创被俘。

虎牢战后，王世充无所凭恃，只得投降。李世民进驻洛阳，河南之地悉数归唐。李渊又下令进军河北。武德六年（公元 623 年）正月，李建成俘斩窦建德部将刘黑闼，不久又讨平徐园朗之叛。这样，河南、河北连成一片。武德七年（公元 624 年）诛高开道，定幽州；平辅公祏，收江南。

至此，除窃居西北的梁师都以外（其在贞观二年才退出历史舞台），近 50 个隋末群雄不到 7 年就被全部扫灭。李渊大军以电闪雷鸣般的速度完成了重新统一中国的伟业，中国封建社会自此将焕发出更绚丽的光彩。

三、统一之后，基业初奠

从大业七年（公元 611 年）山东农民王薄起义开始，到贞观二年（公元 628 年）最后一位起义领袖梁师都被灭，这 17 年是中国历史上最痛苦的时期之一，民变、兵变、政变达 136 起，大小战争次数难以计数，自然灾害层出不穷，山东和河南的一次大水灾就淹没了 30 多个郡。天灾人祸加迫不得已进行的统一战争，使全国近三分之二的百姓死于非命。有的地区，如兵家必争之地的关中、中原一带，处处弥漫着死亡的气息，百姓幸存者不及十分之一。人民的惨痛难以言表，大统一的代价至今仍令人震骇。

国土再大，没有人不行。李渊在中国统一后的工作重心就是改善民生，让人口多起来。为此他实行了一系列拨乱反正的大政策。

首先是对隋朝的经济制度进行调整，于武德七年（公元 624 年）四月颁布均田令，除了百姓外，各级官吏，甚至僧尼、道士、工商业者等，都分给一定的田土。为了盘活土地资源，国家规定可以买卖土地，使土地在一定程度上成为商品，调动全社会发展经济的积极性。

接着改革租庸调制，规定每个男劳力每年只缴租粟 2 石，每户每年调帛 2 丈、绵 3 两或麻布 2.5 丈。隋末时，隋炀帝为了赶工期，许多大项目都要求在半年内完成，所以，动辄征发数百万上千万人长年服劳役，广袤的田土无人耕种，农户时常颗粒无收。河北清河的农民领袖孙安祖，家被大水淹没，妻子停尸在床，官吏不允许他先葬妻子再去服劳役，他就是在这样的情况下起义反隋的。

李渊是了解这些情况的，所以他规定：每个男丁每年只服役 20 天，如不服役，每天折绢 3 尺或布 3.75 尺上缴给国家，称之为庸。因工程需要加役超过 5 天，免调；超过 30 天则租调全免。

这些制度基本上是在隋制的基础上制定，但大大地减轻了民众的负担。

社会经济发展起来之后，又统一铸造货币，称之为"开元通宝"。这是中国货币史上划时代的大事之一，以钱为"宝"，提升了社会对货币作用的认识。自此，历代的货币（主要指铜钱）不再以重量为单位，而是尊称"通宝""元宝"。

为了保证社会的有序发展，李渊下令制定《武德律》，其指导思想非常亲民——"务使宽简"。按照这一指导思想处理各种问题和事件，势必形成宽松的社会氛围，从而使民众能有轻松的心态去生活和工作。《武德律》承前启后，在此基础上产生的《唐律》，更是我国古代法律的集大成之作，甚至对亚洲的其他一些国家也产生了直接的影响。

在李渊执政的这几年里，人口逐渐地增长。他恢复和发展科举制、府兵制，还大力兴办学校，抑制佛教泛滥，尤其是确立了行之有效的官制，使各种社会矛盾得到妥善的处理，为不久之后的贞观之治打下了良好的政治和经济基础。

正当花甲之年的唐高祖李渊为上述一切感到欣慰之时，一场突如其来的宫廷政变完全改变了他的地位和生活。发动这场政变的不是别人，正是他倾注了最多心血且最偏爱的次子李世民。

四、兄弟喋血，老子退位

李渊父子攻占长安后，统一中国的重任基本上由李世民一人担负。短短数年时间扫灭数十个割据势力，这股气势不仅叫敌人胆寒，就连他的两个兄弟——太子李建成和齐王李元吉也看得心惊。功劳都让李世民占了，李世民的人气日益高涨，太子之位还保得住吗？即使老爹不变心，李世民的野心谁能抑制得住？这两兄弟开始算计。

李渊总共有22个儿子，长子李建成、次子李世民、三子李元霸（早死于战争中）、四子李元吉都是窦皇后所生，其他几个儿子均为嫔妃所生。李渊着重培养窦皇后的这4个儿子。

太子李建成为人豁达宽厚，但喜好酒色（李世民日后就是抓住此点，在李渊面前告他淫乱后宫），有小聪明，没有大智慧，在辅佐李渊执政上不及李世民点子多。

李元吉的综合素质差，刘武周攻打汾、晋之时，他吓得逃往长安。他平时也好酒色，喜欢与太子在一起，看不惯李世民的作为。

李世民发觉两兄弟的妒意，并不收敛自己的言行，反而加紧扩充实力。他利用李渊赋予他的特权，在府内开馆，延揽大批天下精英，如著名的十八学士杜如晦、房玄龄、虞世南、褚亮、姚思廉、孔颖达、许敬宗等人。这些人个个都有治国平天下的抱负与才干，为李世民讨灭群雄，以及后来开创贞观之治作出了杰出的贡献。除了拥有一大批幕客谋士之外，李世民的馆内还有一大批名将猛士，如侯君集、尉迟敬德、秦叔宝、程咬金、李勣、段志玄等。秦王府中谋士如云，战将如雨，这也令太子不安。

太子于是在长安募集四方勇士2000余人，作为自己的私人武装。又嫌卫队人太少，密令庆州都督杨文翰代为招募勇士送往长安。这些小动作被李渊发现，太子阴谋未能得逞。这之后，他又采取分化策略，召来李世民府中的猛将尉迟敬德，当面馈赠一车金银，希望尉迟敬德站到自己这边，与李世民决裂。尉迟敬德不接受太子所赠的金银，反而将此事报告给李世民。

李世民感到了风险，就到李渊面前去诉苦，要求出居洛阳，避开京城这个是非之地。李渊也看出了兄弟不相容的趋势，就同意李世民离京镇守洛阳。为了安慰李世民，李渊说他在洛阳可以建立与太子一样的旗帜仪仗，享受西汉时景帝之弟梁王刘武的待遇。

这一打算被太子知晓，心想一旦李世民出京独霸一方，往后更难压制，就向李渊罗列了一些莫须有的罪名，请求李渊杀了李世民。李渊头脑清醒，很明白地告诉太子，这些罪名都无证据，怎么能依此定罪？何况李世民有定天之功。太子只得认可李渊的这一说法。

李世民府中的精英们听到这些消息都忐忑不安，纷纷劝李世民行周公之事（周公当年辅佐年少的周成王，杀了一个搞叛乱的弟弟，放逐了另一个参与叛乱的弟弟）。李世民说先不急，等他们先发动，然后我再以正当的名义去讨伐。

李世民并未被动地等待最坏的时刻到来，他很快就秘密地去李渊处，告发太子李建成、齐王李元吉与后宫嫔妃淫乱之事。唐高祖大吃一惊，淫乱后宫是大不敬，无论何人都是死罪。李渊气愤地说：好吧，明天我亲自审问他们。

审问会是个什么结果？很难预料。这是生死存亡的关头，不能等到明天，李世民决定立即动手，发动政变。

走出皇宫已是黄昏，李世民立刻从府中调来兵马埋伏在玄武门，这是第二天太子、李元吉上朝的必经之路。

武德九年（公元626年）六月四日清晨，太子和李元吉毫无防备地骑马上朝，将至临湖殿时发现有异，急忙掉转马头。就在这一瞬间，李世民纵马跃出，一箭命中太子李建成，致其当即倒地。李元吉趁此时机也向李世民射出三箭。尉迟敬德冲上前来，射倒李元吉坐骑，随即将李元吉射死。

不远处的太子卫队也冲了上来，但见尉迟敬德举起李建成和李元吉的首级，无人再敢上前。

李渊此时正在宫中与裴寂、萧瑀等人议事，只见尉迟敬德手执兵刃大步入宫，便惊问道："谁在宫外作乱？你怎敢携兵刃入宫？"尉迟敬德从容地回答："太子与齐王造反，已被秦王镇压，我现奉秦王命入宫护驾。"李渊顿时明白了当前的局势，问身边的大臣该如何是好。

萧瑀、陈叔达说："建成、元吉嫉妒秦王功高望重，共同设奸害人，如今被诛，实属必然。秦王定天下立大功，举国归心于他。陛下如果封他为太子，把国事委托给他，就不会再有什么事端了。"

李渊有大智慧，知道人心所向秦王，儿子已超过老子，是该交班给他了，何况自己也曾几次萌发过换太子的念头，今天正好了此心愿，于是大声说道："很好！这正是我的夙愿。"3天后，便正式下诏立李世民为太子，全权处理国家事务。两个月后，李渊又下诏，宣布自己退位为太上皇。28 岁的李世民继位，是为唐太宗。

著名的玄武门之变，为中国变来了一位把国家引向盛世的领袖人物。不论这位领袖人物在玄武门使用了什么手段，后人都能够理解他。当然，也有不理解之音，如宋朝著名学者范祖禹就认为李世民有志有才而不知义。兄弟喋血当然不义，但如果不这样做，局面会怎么样？以李建成的素养，让他来掌控大唐，能把国家引向盛世吗？宋朝司马光曾十分肯定地回答：假使李建成继位，唐王朝会和隋朝走同样的覆辙，过不了多久就会灭亡。

五、贞观之治，独步古今

李世民夺位之后，将年号改为贞观，大致的含意是：政治清明，始终如一，各方面都蔚为大观。

这的确是一个独步古今的年号和时代，从贞观元年（公元 627 年）到贞观二十三年（公元 649 年），李世民执政的这 23 年，是中国自汉武帝之后少有的盛世，后人多用"贞观之治"来赞誉这个时代。

首先是政治清明。上层基本没有腐败，社会没有动乱，国家安定和谐。《旧唐书·太宗本纪》中说：全国一年判刑的不过 20 余人，有的地方根本没有刑事案件。东至于海，南至于岭（南岭），大多数人家晚上睡觉不用关门，出门旅行身上不用背粮。有一年全国判了 29 个死刑犯，到秋收时，唐太宗下令让他们全部回家收割，等过了农历春节再来服刑。结果这 29 个死刑犯没有一个一去不回，第二年春节后全都回到监狱。

其次是经济上得到恢复和发展。隋末十几年的分裂和战争使中国大地满目疮痍，贞观初年，从伊、洛以东，直至泰山，还是"人烟断绝，鸡犬不闻"。然而，仅仅经过 4 年的治理，绝大多数地区就面貌一新。到贞观四年（公元 630 年）时，一斗米只卖四五钱，马牛被野，各种物资都呈丰足状态。到了贞观十五年（公元 641 年），一斗米居然只卖两钱。随着经济的好转，人口大幅增加，到贞观末期，全国总人口比贞观初期增加了 180 万户，几乎翻了一番。

再次是灭突厥、收吐谷浑、通吐蕃、平天竺、控西域，中国的疆域有了空前的拓展。

此外，从隋以来的各种行之有效的政治、经济制度都在贞观年间得到继承和发展，如府兵制、租庸调制、科举制等。唐太宗是如何在不太长的时间段里取得如此可观的成绩，以至于在很多方面被后人视为楷模呢？

我们主要从他的治国理念来一探究竟。

贞观之治是从一场大辩论开始的，唐太宗出的题目是：大乱之后如何大治？有的大臣说要严刑峻法，有的说可以霸王道杂之，只有魏征主张"施仁政于民，省刑罚，薄税敛"。唐太宗接受了魏征的建议，确立了以民为本的治国理念，他说：凡事都要务本，国以人为本，人以衣食为本。又说：当一个国君的基本原则是必须先保存老百姓。若损害老百姓的利益来满足自己的私欲，就如同割自己大腿上的肉来填饱自己的肚子，肚子填饱了，人也死了。

唐太宗的这番话发自内心，他从表叔隋炀帝的可怕结局中看到了人民的力量。想当年隋王朝"统一寰宇，甲兵强锐，三十余年，风行万里"，何等威凛？可一旦民不堪命，王朝竟如土崩瓦解，片刻间人死政灭。每想及此，唐太宗就不寒而栗。他不想重蹈杨广的覆辙，所以不搞劳民工程，不搞面子工程，也不搞那些可有可无的国防工程，总是坚持与民休息。他甚至多次表白，只要自己能抑制住权力欲、享受欲，天下就能够"垂衣裳而定"。

怎样才能抑制住自己各种劳民、损民的欲望，甚至革自己的命呢？唐太宗的基本做法是让大臣们知无不言，言无不尽，并且挑他的毛病。他多次严令臣下要敢于抗争他作出的决定，如果他批复的文件经过中书省、门下省而没有人能指出其中的疏漏，那就要追究这两个部门的责任。所以唐太宗临朝时，大臣们都踊跃发言，有时还争得君臣都下不了台。在这种氛围下，出名的"滑头"裴矩都能几次上谏，而其中最敢讲话的莫过于魏征了。

魏征原本是李建成的谋士，李世民不计较他的出身，在玄武门事件后格外重用他。魏征以敢谏来回报唐太宗。据统计，他前后上谏疏 200 多通，达数万言。有些谏文直刺唐太宗的心窝，刺得唐太宗几次想杀了这个"乡巴佬"，但事后都能心平气和地采纳魏征的建议。最突出的一次是在贞观十三年（公元 639年），唐太宗要魏征比较一下近来他的执政情况。魏征毫不客气，上了《不克终十渐疏》，指出李世民在渐变，在 10 个方面都不如从前，例如，开始图享受、讲吃喝，远百姓、近小人，有时还整天在外游猎，上朝时口大气粗，骄傲自满等。

李世民看后一声惊叹，他亲自给魏征写信说："看到你的上书，写得非常诚恳，使我读起来忘了疲倦，直到深夜都不忍释卷。若不是你情深义重地开导我，我怎会明白这些过失？我现在时刻在提醒自己，一定要在晚年把国家治理好，使"康哉、良哉"的盛世颂歌，不只出现在虞舜时代……"信写好后，他吩咐侍从把魏征的这封《十渐疏》全文抄写在屏风上，他要朝夕瞻仰，又下令赏魏征黄金 10 斤、马 2 匹。贞观十七年（公元 643 年），魏征病逝，李世民望着丧车痛哭，一再地说："征没，朕亡一镜矣！"

李世民之所以如此推崇魏征，是因为魏征对国家、对民众的那种强烈的责任心和忧患意识，与他内心深处的情愫和治国理念相吻合。唐朝刚刚建立起来的时候，李世民看到的不是大唐、盛唐，而是一个充满变数、稍不慎重就有不测的弱势政权，所以，他每日临朝如履薄冰，唯恐言行不当给国家和人民带来灾难。贞观十五年（公元 641 年），他下令增加起居注史官，要求他们详细地记录他每日言行的得失，"君举必书"。为了及时察知自己的过失，他还想打破历代帝王不准看《起居注》的规定，向史官索要《起居注》看。在遭到史官拒绝后，他并未责难史官，反而鼓励史官要实事求是地记录自己的言行。

在严于律己的同时，唐太宗严格管理官吏队伍。要求在提拔县级官员前把他们的基本情况呈上，自己随时查看。官员受到提拔后在上任前，他一般都会接见，再次面试。唐太宗对官员要求严，是为了不使国家处于危险之中。五品以上的官员，平时都要轮流进宫值班，以便于他随时咨询。一年之中，朝廷总要派出若干支队伍南下北上，明察暗访，了解民情社风。唐太宗还要求将地方刺史、都督一级官员的为政、品质优劣定期写在屏风上，坐卧观之。

唐太宗对自己严，对官吏严，对人民大众却处处宽松。不仅租税宽松，法律也是以宽松为主，仅大辟一项就减了 92 条；如有判死刑的，过去需 3 次复奏，现在改为 5 次复奏；行刑之日，规定尚食官不得进酒肉，内教坊及太常不得举乐，借以体现对民众生命的看重。

贞观年代的另一大亮点是唐太宗的民族政策，他把开明、和谐作为处理周边少数民族事务的基本指导思想，尤其是通过主动和亲，更加牢固地夯实了中国这个统一的多民族国家的基础。唐之前，中原帝国一般只在国势衰微的情况下才同少数民族和亲，唐太宗则是在国势昌盛的前提下与之和亲，从而在更大的程度上赢得了各少数民族同胞的认同和尊重。唐朝著名的文成公主及其他十几位公主就是在这种氛围中，作为中央政府和汉族同胞的友好使者，踏上了与少数民族的结亲之路。

现在看来，贞观之治最大的收获当数唐中央政府的威望和凝聚力空前地高涨。在这股同心力的推动下，贞观之治后不久，又出现了开元盛世，大唐一举成为当时屈指可数的世界性帝国。

六、平突厥，一跃而成"天可汗"

隋文帝时，东突厥归附隋朝，西突厥也无力与隋对抗，北部边境十几年无事。隋末丧乱，东西突厥乘机自强，大业十一年（公元615年）八月居然将隋炀帝围困于雁门。隋炀帝侥幸脱险，但自此无力制约突厥，突厥因此雄踞漠北，掌控西域，连薛举、窦建德、王世充、刘武周、梁师都这些枭雄，也都向突厥北面称臣。

李渊当年太原起兵，为取得突厥的支持，也曾向其称臣，突厥也曾派出500精骑、赠送2000匹战马帮助李渊。双方还约定：打入长安后，人与土地归李渊，金玉缯帛归突厥。隋都长安遍地财富，尽被突厥掠走。

武德二年（公元619年），东突厥的始毕可汗去世。李渊为此废朝三日举哀，又送丧礼帛3万段，诏令百官去突厥驻长安的馆舍吊唁。

武德三年（公元620年）六月，突厥新任的处罗可汗（始毕可汗之弟）派2000骑兵帮助李世民攻打刘武周。刘武周败后，晋阳城中金银财帛及美妇人多为突厥所掠。这年秋天，处罗可汗死，李渊也罢朝致哀。

继处罗可汗而立的是颉利可汗。此时突厥处于全盛期，控弦百万，气凌唐室，不可一世，从武德四年（公元621年）至武德九年（公元626年），突厥骑兵几十次侵扰中原。

武德九年（公元626年）八月，颉利可汗乘玄武门之变后唐国内政局动荡之机，与其侄突利可汗合兵十余万精骑袭扰泾州（今甘肃泾州县北），不久即攻至武功（今陕西武功），威逼长安。唐太宗一方面指挥泾州道行军总管尉迟敬德阻击，一方面把长安城中可充当兵士的数万市民武装起来，准备与突厥决一死战。

颉利可汗陈兵渭水便桥北岸后，派出使者晋见唐太宗以打探虚实。唐太宗一反以往的姿态，下令扣压突厥使者，之后仅率6骑驰至渭水便桥南岸，与颉利可汗隔水对话，并大声指责颉利负约（以往多次用金帛与突厥签订互不侵犯之约）。颉利自知理亏，一时无言以对，再放眼望去，唐太宗身后不远处六军列阵，旗甲蔽野，而自己这边则是悬军深入，归路难保，未战已处劣势，遂主动请和退兵。唐太宗允许，就在渭桥上杀白马而盟，颉利遂即退兵。

每次盟誓都得送给突厥大量金帛财物，这一次盟誓唐太宗更是称之为"渭水之耻"，时常"坐不安席，食不甘味"，决心大力备战，伺机反攻。

最重要的一项措施是改革府兵制，扩大府兵队伍，使全国的精骑达到数十万。有了充足的兵源之后，唐太宗坐观时机。

贞观元年（公元627年），草原遭遇罕见的大雪，平地数尺，羊马多半死于雪灾之中。颉利在此大灾之际，各种赋税不减，引起阴山以北薛延陀、回纥、拔也古等十几个部落反叛。贞观二年（公元628年），颉利从突利处征调兵众，遭拒绝后叔侄二人火并。突利拼不过颉利，就在贞观三年（公元629年）脱离突厥，归附唐朝。

突利归唐，大大地削弱了颉利的力量。唐太宗又在此时派出使者潜入漠北，册封薛延陀首领夷男为真珠毗伽可汗，正式建立薛延陀汗国，这样就在颉利的背后插了一刀。

东突厥陷入困境时，西突厥也内乱不断。相互攻击的两派企图通过和亲取得大唐的支持，唐太宗一律拒绝。他希望西突厥内乱，以便集中力量先解决东突厥。

贞观三年（公元629年）十一月，唐太宗认为战略反攻的时机已到，便委任兵部尚书李靖为前线总指挥，统率5路大军向颉利发起反攻。

李靖是隋唐时期首屈一指的军事家，接受任务后，仅率3000精骑，昼夜行军，突然兵临颉利盘踞的定襄城（即大利城，在今内蒙古和林格尔西北20里处），并发起攻击。颉利大惊，以为唐军"倾国而来"，不然，怎敢以区区3000骑兵就发起进攻？颉利下令撤退，李靖乘胜追击，大败颉利，并迎回了流落在东突厥的隋炀帝的萧皇后。

颉利退至白道（今名蜈蚣坝，在内蒙古呼和浩特北），李靖又在此重挫颉利；颉利率残部逃往阴山，李靖又追至并再败他。颉利心知大势已去，便假装向唐朝投降，并拟亲自入朝请罪。

唐太宗很高兴，诏令李靖撤兵迎接颉利归降。但李靖对颉利的假投降保持了警惕，决心乘颉利此刻放松了戒备而彻底歼灭其残部。他亲率万余精骑，从白道出发，在大雾下向颉利的牙帐发起突然进攻。颉利惊遁，部众完全溃败。李靖军斩首万余，俘虏男女十余万，得杂畜数十万头。

颉利率极少部众逃至碛口（今内蒙古二连浩特市西南），唐军李勣早已奉李靖之命守在此处。颉利再往西逃，被大同道行军副总管张宝相俘获执送长安。东突厥彻底灭亡，所辖地悉数归唐。

众多的民众怎么办？前后总共俘获了 20 余万人（未俘获的或附薛延陀，或远奔西域），往哪里都不好安置。部分大臣主张从哪里来回哪里去，以免以后"弱则请服，强则叛乱"。唐太宗采纳了温彦博一派的建议，仿汉武帝时的办法，将突厥部众全部安置在塞内，设置州府进行管理。

唐太宗的少数民族政策是特别宽仁的，他同情广大的突厥民众。因此，除了在今内蒙古一带安置突厥民众外，在京师长安也安置了近万家。而且，对于突厥中一些有名望的酋豪首领都拜为将军，布列朝廷，据说五品以上者有百余人。上朝之际，朝中大臣近半是突厥人。

东突厥灭亡之后，唐太宗又扫平了取代突厥而崛起的薛延陀汗国，完全消除了北方少数民族势力的威胁。贞观二十年（公元 646 年）八月二十一日，唐太宗乘车亲赴灵州会见漠北归唐的诸部酋长。这正是秋高气爽、草肥马壮的时节，唐太宗行抵泾阳（今陕西咸阳泾阳）时与漠北的回纥、拔野古、同罗等 11 姓铁勒诸部的入贡使者相遇。使者队伍庞大，总数达千人，一致推举唐太宗为"天可汗"，即天下共主。

唐太宗大喜，当场赋诗并勒石于灵州（今宁夏吴忠市境内）。回到长安后，立即下诏在漠北诸部设立 6 府 7 州，治所基本都设在今蒙古国境内，切实地把漠北置于大唐的行政管理之中。不久又用归唐的铁勒部的兵力攻击盘踞金山的突厥残部车鼻可汗，使漠北全境再无反唐势力。直至终唐，漠北也很少再有战争发生。

其实在完全平定漠北之前，唐太宗还出手西北。西北的强敌叫吐谷浑，是原鲜卑慕容部的一支，主要占据今青海、甘肃一带，"地方数千里"。隋末唐初，其首领伏允趁机崛起，多次袭击河西走廊，阻截大唐与西域的往来。

贞观八年（公元634年）和九年（公元635年），唐太宗亲自指挥，两击吐谷浑。唐军勇敢地穿越千里无人区，"人吃冰，马噉雪"，终于在乌海（今青海兴海）大败伏允主力。伏允逃入突伦碛（今新疆且末、和田之间），唐军随之追入，伏允最终被其左右所杀。其子慕容顺杀死天柱王，自立为可汗，随后举国请降。

七、收高昌，再控西域之路

高昌在西汉时是汉军的驻屯重地（车师的前王庭），辖境主要在今新疆吐鲁番地区。高昌王国是个以汉人为主体的割据政权，曾先后出现阚氏高昌、张氏高昌、马氏高昌、麴氏高昌等4代政权。当地盛产谷物、葡萄酒，文化习俗也以汉人习俗为主。高昌地处连接中西交通的丝绸之路要道，人口不过4万，兵力不过1万，但自汉以来就是兵家必争之地，谁占有它，谁就可以掌控西域之路。

隋唐之际，高昌与内地关系密切，但当西突厥与吐谷浑强盛起来后，高昌王麴文泰逐渐疏远唐朝，臣服于西突厥，并垄断了西域的商路，阻隔了唐朝与西域诸国的往来。

当时的西域所指范围很广，从中国敦煌起，西到地中海东岸，其中包括中国今天的新疆地区以及中亚、西亚和欧洲以南部分地区。唐朝当时主要交往的是今新疆南部的数十个城邦之国，如高昌、焉耆、龟兹、疏勒、于阗等。高昌仗着西突厥和吐谷浑之势，把路截断，任意抢夺唐与上述诸国的贡品和商品，甚至扣留逃出西突厥取道高昌南返的汉人。高昌王的作为傲慢嚣张，唐太宗决心打掉这只拦路虎。

贞观十三年（公元639年）三月，薛延陀首领夷男可汗探知唐太宗拟征讨高昌，主动上书唐太宗，表示可作向导。焉耆王也向唐军统帅侯君集表示，可以出兵与唐军一道夹击高昌。唐太宗甚慰，下诏出击。这次出征的声势非常大，"铁骑亘原野，金鼓动天地"，史料载，这是自秦汉以来出师少见的阵式。

打击一个人口仅 3 万多、兵力不过万的小小城邦之国，何以如此兴师动众？原因很简单，高昌太重要。此外，也是杀鸡吓猴，起震慑作用。

高昌王麴文泰四肢发达，头脑简单，自以为与长安相隔 7000 余里，其间还有 2000 里沙碛需要跨越，唐朝能奈我何？他抱着愚蠢的想法，连基本的防备都未做。

贞观十四年（公元 640 年）五月，侯君集统率的唐军奇迹般地进抵碛口（今新疆哈密东南），并迅速向高昌王的都城（今新疆吐鲁番东南）进发。麴文泰色厉内荏，听到唐朝大军逼近都城的消息后，惊恐发病而死。

麴文泰之子麴智盛继位后，一面派使者向侯君集说情，请求停止攻城；一面又派使者向西突厥求援。侯君集识破了麴智盛的心机，下令加紧攻城。攻势很厉害，唐军在城外垒起 10 丈高楼，从上往下向城中抛石攻击，一时间飞石如雨，城内兵民都入室躲避，无人敢站立城头作战。这时情报又传来，说西突厥的援兵中途被唐军打败，已西逃 1000 余里。麴智盛绝望了，只得开门投降。

唐军自此收回了高昌 3 州 5 县 22 城的地盘。从出兵到平定，仅用时半年。

高昌平定之后，以魏征、褚遂良为首的大臣都建议立麴氏子孙复国，代唐朝守疆。但唐太宗力排众议，将高昌置为州县，称西昌州，原高昌完全并入唐王朝版图。唐太宗的根本出发点是以高昌为前进基地，为统一西域打下基础。无疑，唐太宗的决断高明。

唐军以高昌为出发阵地，开始了全面平定西域的大战役。兵锋首指依附西突厥的焉耆。

焉耆位居高昌之西，国都在员渠城（今新疆焉耆西南 40 里附近），西邻龟兹，位控丝绸之路中道。其王姓龙，名突骑支，人口约 4000 户，兵力约 2000人。唐军平定高昌前，焉耆本与唐友善，甚至要求出兵协助。但平定高昌后，西突厥设法拉拢了焉耆王，使之叛离了唐朝。

贞观十八年（公元 644 年），唐安西都护郭孝恪领 3000 步骑向焉耆进军，仅仅经过 20 天的行动，就生俘突骑支。唐太宗随即下诏设焉耆都督府。

从焉耆出发，目标指向龟兹。龟兹在焉耆之西，是西域诸国中面积最大的城邦国家，经济和文化都较发达，居民多有城郭屋宇。其王白姓，名苏伐勃駃。贞观初时曾与唐有使节往来，但不久即与西突厥结盟，与唐为敌。

贞观二十二年（公元 648 年），唐太宗下令征讨龟兹。10 万唐军在阿史那社尔的统率下，经过 3 个月的激烈战斗击败龟兹军，占领大城 5 座、小城 700 余座，平定龟兹全境。

龟兹可是西域之路上的一块"硬骨头"，它被平定立即震动了全西域，于阗、安国等国家纷纷送来驮马军粮，慰问唐军。西突厥受到的震慑最大，眼看自己的"小兄弟"一个个离它而去，首领欲谷设也派出使者慰问唐军。

至此，唐太宗基本完成了西域的统一。为了切实掌控西域，设置了龟兹（今新疆库车）、疏勒（今新疆喀什）、于阗（今新疆和田西南）、焉耆（今新疆焉耆西南），由安西都护府统辖，史称"西域四镇"。

西部边疆统一，"大小可汗，相次束手……沙漠以北，万里无尘"（房玄龄语），伟大的丝绸之路重新开通，中西方经济和文化的交流空前繁荣。

八、旋转乾坤是女皇

统一西域这几年，是唐太宗的文治武功最辉煌的时期，然而，也是他最痛苦的几年。接班人的问题深深地折磨着他，威震寰宇的"天下共主"一度想自杀了断。

唐太宗共有 14 个儿子。武德九年（公元 626 年）十月，刚刚即位的唐太宗立了 7 岁的长子李承乾为太子。为了培养太子，他不论多忙，经常亲自给太子授课。然而太子年长后，性格中的一些弊病逐渐显露，对父亲阳奉阴违，还蓄养男宠，逐渐被唐太宗疏远。贞观十六年（公元 642 年），太子因为忌惮"宠冠诸王"且怀有谋嫡之心的胞弟李泰，在试图暗杀失败后，与汉王李元昌、城阳公主的驸马都尉杜荷、侯君集等人勾结，打算先下手为强，起兵逼宫。结果事情败露，唐太宗大失所望，只得将其废去。

李泰是李承乾胞弟，聪慧机敏，诗文也写得很漂亮，深得唐太宗的喜爱。唐太宗几次在朝廷上吹风，打算立李泰为太子。但一班贞观重臣强烈反对，纷纷上谏，唐太宗只得放弃酝酿了多年的打算。他的内心非常痛苦，唯恐接班人事宜处理不好，大唐也会像秦朝一样二世而亡。《旧唐书·褚遂良传》里记述了唐太宗这一时期的心路，说他几次涕泪交下而曰："我不能。"我不能什么？即不能步秦帝国的老路。

一生英明的唐太宗瞻前顾后，不知立谁，他抽出床头的宝剑就向自己的胸口刺去。多亏一旁的长孙无忌（长孙皇后之兄，大唐的开国功臣之一）夺过宝剑，然后力荐唐太宗立晋王李治为太子。心神已乱的唐太宗只得听了长孙无忌和褚遂良等大臣的建议，立了李治。

李承乾、李泰、李治都是长孙皇后所生，3 人中唯李治为人仁弱，完全没有唐太宗的英武果断之风。唐太宗后悔，但留给他反思和改变决定的时间不多了。贞观末期唐太宗企求长寿，爱上了丹药，健康因此大大受损。贞观二十三年五月（公元 649 年 7 月），一代伟人撒手而去，终年仅 51 岁。

李治接班，是为唐高宗。他这年 21 岁，正是黄金年华。他是很想有番作为的，他有父辈遗留下来的坚实的物质文明和精神文明作基础，有一班治国有道的文臣和南征北战的武将辅政，如长孙无忌、褚遂良、李勣等人。更重要的是，他不用担心政变，没有人能在此时向他发起挑战，他可以全身心地投入到守成之中。

尽管李治一直被人们认为仁弱，但他大智若愚。在他执政的 34 年里，中国可以用"国泰民安"4 个字来形容。而且，他还完成了许多唐高祖、唐太宗时没有完成的事业。例如，显庆二年（公元 657 年），李治下令大规模向西突厥发起进攻，经过不到一年的艰苦作战，大败西突厥军，生擒沙钵罗可汗贺鲁及其部众数万余人，西突厥灭亡。西突厥所占土地划归大唐，唐高宗在此境内设置州府，其中最远的絜山都督府在今哈萨克斯坦阿拉木图一带。唐朝几代人与西突厥的战争冲突就这样在唐高宗手上终结。

显庆五年（公元 660 年）至总章元年（公元 668 年），唐高宗又出兵先灭了百济，后又收复南北朝后燕崩溃时高句丽趁机侵占的辽东，攻克平壤，灭亡高丽，实现当年隋文帝、隋炀帝倾全国之力也没能实现的目标，弥补唐太宗亲征高丽无功而返的遗憾。

唐高宗李治对中国的统一大业作出了巨大的贡献，后人把这段历史称为"永徽之治"。但尽管如此，李治在不少后人眼中依旧是个庸才。问题出在哪里呢？大概是因为从显庆年开始的武后专权吧。

武后即中国历史上大名鼎鼎的女皇武则天。

贞观十一年（公元 637 年），唐太宗将年仅 13 岁的武则天以才人身份选入内宫，赐号"武媚"。武则天祖籍是并州文水县（今山西省文水县北徐村人），其父武士彟跟随唐高祖李渊在太原起兵，是开国功臣，很受李渊信任，官至工部尚书、荆州都督，封应国公。

武则天入宫数年后，李治被立为太子，她虽比李治大 4 岁，两人却一见倾心。唐太宗去世后，按惯例，武则天与一些没有子女的嫔妃们须寄身感业寺为尼。王皇后为打击萧淑妃，在两年后，将武则天接进后宫。

武则天入宫后生下儿子李弘，被封为昭仪。小小的昭仪不能让武则天满足，她把目标对准有恩于她的王皇后。永徽五年（公元 654 年），武则天产下长女。王皇后怜爱之，前去探视。王皇后走后不久，武则天亲自动手掐死婴儿，等唐高宗前来看望时，将此罪孽嫁祸与王皇后。唐高宗大怒，不久即废了王皇后和萧淑妃，改立武则天为皇后。

武则天做了皇后之后首先贬杀了一批曾反对立她为皇后的贞观重臣，如长孙无忌、褚遂良等。长孙无忌是唐高宗的舅舅，是他在关键时刻力举唐高宗为太子的。唐高宗却听从武后等人的谗言，把长孙无忌贬官流放后又将其逼迫至死。褚遂良是唐太宗临终前确立的主要辅政者之一，是大唐的顶梁柱，却一次又一次地被贬，最终死在烟瘴之地爱州，即今越南河内西南的一个地方。

显庆元年（公元 656 年），武则天协同唐高宗废太子李忠，立自己的长子李弘为太子。弘太子以仁德著称，深受唐高宗的喜爱，并想于晚年禅位与他。但李弘体弱多病，自被立为太子后就染上痨瘵，又接受父君之命带病理政，以致操劳过度，使旧病加剧，上元二年（公元 675 年）就病卒。

接着武则天做主立雍王李贤为太子。短短几年后又以谋逆罪废李贤，立英王李显为太子。

早在显庆五年（公元 660 年），唐高宗染上"风眩头重"之症，目不能视，就将一切军政大事委托给武则天参与处决。武则天的文化素质和决断力都是一流，处理起公文来比唐高宗还要明断，慢慢地，一批官员公开向皇后靠拢，以皇后为中心。后来大臣们公然把皇后与皇帝并列，称"二圣"。

弘道元年（公元 683 年），唐高宗病逝。太子李显在枢前即位，是为唐中宗。刚即位的唐中宗想任命韦皇后之父韦玄贞为侍中，宰相裴炎力谏，唐中宗大发脾气道："我就是把天下都给他又怎么样？"此话传至武则天处，她怒不可遏，下令废唐中宗为庐陵王，幽禁于别所。接着立豫王李旦为帝，是为唐睿宗。李旦只是名义上的皇帝，武则天继续临朝称制。

废来立去，武则天全不满意，她决心完全取代李唐，自己干。文明元年（公元684年），她不想留下隐患，遣人逼迫废太子李贤自杀，哪怕是自己的亲生子。武则天取代李唐的趋势明显后，上层的反对势力开始动手，宗室亲王李贞父子在豫州起兵，前司空李勋的长孙李敬业在扬州起兵。但都被武后镇压，数百名宗室成员基本被诛尽。

就这样武则天还不放心，又大开告密之门，只要有人揭举大臣有不轨行为，哪怕是农夫樵人她都接见，然后用酷吏来办案，以致朝廷上下人人自危。同时，武则天把两个堂侄武承嗣、武三思召来京师，委以重任。还铸造九鼎，修建明堂，为自己登基做准备。

天授元年（公元690年）九月九日，武则天终于登上最高权力之位，改唐为周，改元天授，史称"武周革命"。这一年武则天66岁，中国历史上终于出现了独一无二、名副其实的女皇。

这个女皇不简单，她已经在当时世界上最大帝国的皇宫里生活了53年，参与和独断国事也有30年了。她可以举重若轻，保持国家的高度稳定与繁荣。她对上层统治集团严苛、残酷，对民众、对下层阶级却比较宽松，也有些人情味儿。例如，她曾经规划了12条治国方针，第一条就是"劝农桑，薄赋徭"，紧接着的几条是要求免三辅之地的赋税、中央政府要反对奢侈、不搞劳民伤财的工程等。

尽管在实际执行的过程中这12条治国方略并不完全到位，但武则天对待人民大众的态度却是值得肯定的。特别有趣的是，垂拱元年（公元685年）她下诏，全国九品以上及普通百姓，都可以自我表荐，以求进用。一时间天下热闹非凡，大道上尽是走向官府自荐入仕的学子和普通百姓。为了兑现这一承诺，她又派出10道巡抚使，去考察这些自荐入仕的人。对于巡抚使推荐上来的人，不问贤愚和家庭出处，"悉加擢用"。大量地向普通百姓及士人授官，一方面表明武则天求贤心切，另一方面也体现出她对民众的爱抚。当时的百姓用民谣形容这一盛况：

补阙连车载，拾遗平斗量。欋推侍御史，碗脱校书郎。

向普通民众和寒门人士授官只是一种补充措施，在武则天时代，中国的科举制度已经十分完善，人才主要由科举产生。武则天下令由过去不定期地举行科举，改为每年制度化地举行科举，并且尽量扩大录取人数。据统计，当时一年仅录取的进士就在千名以上，相当于唐初时 5 年的录取量。对其中的佼佼者，武则天亲自在殿堂上主持考试，一大批顶尖人才在她的手上脱颖而出，如狄仁杰、姚崇、宋璟、张柬之、张说、裴耀卿等，这些人后来都成了中国历史上的名相。

以雄厚的国力和充足的人才队伍为后盾，武则天或协助唐高宗，或独自决策，展开各种形式的固边、拓边的军事斗争。

永徽元年（公元 650 年），唐太宗的女婿、吐蕃首领松赞干布病逝。不久之后，吐蕃的实际执政者——宰相禄东赞与唐为敌，多次进犯西域，试图吞并唐的属地吐谷浑。吐蕃是今我国西藏地区最早的居民，南北朝时，崛起为较强大的割据政权。

永淳元年（公元 682 年），吐蕃入侵河源军（驻所在鄯城县，即今青海西宁市东郊），武则天命娄师德率部从白水涧（地处天山脚下）方向反击吐蕃，八战八捷，大败吐蕃军。该战役之后的第二年唐高宗去世。永昌元年（公元 689 年）五月，武则天又在全国范围内调动兵马，亲督 36 总管讨伐吐蕃。长寿元年（公元 692 年），收复了被吐蕃一度占领的安西四镇（龟兹、于阗、疏勒、碎叶），并再次在龟兹设置安西都护府，以 3 万名士卒镇守。

对于中国的领土，武则天看管得很紧。收复安西四镇后，宰相狄仁杰以财力耗损过大、地域太远不便管理为由，请示放弃安西四镇，撤回驻军。武则天断然拒绝，厉声说："不行！"

从光宅元年（公元 684 年）开始，武则天连续多年组织大军征讨后突厥汗国，遏止了其入侵中原的势头。神功元年（公元 697 年），武则天又派出大军讨平东北地区的契丹叛乱。这一系列强有力的固边反击战，使中国统一的多民族国家体系得到进一步的巩固和发展，国内各民族的融合进一步加深。

妥善地处理了这些边境事务之后，长安四年（公元704年）年底，80岁的武则天的病情加重，终日卧床，不能理事。宰相们累月不得晋见，只有男宠张易之和张昌宗兄弟侍侧。这两个在武则天晚年获取了巨大的财富和政治资本的青年人担心女皇去世后大祸临头，便暗中结党，伺机发动政变。

神龙元年（公元705年），没等张氏兄弟动手，宰相张柬之与一班大臣率羽林军冲入宫中，先杀张氏兄弟及其党羽，后逼女皇让位。

太子李显复位，下诏徙武则天于上阳宫，恢复唐朝国号。

这年年底，武则天病逝于上阳宫，享年81岁。她临终前留下遗言：去帝号，只称则天大圣皇后，要求与唐高宗合葬。她仍自认是李家的媳妇。

武则天的一生瑕瑜互见，但不管怎么说，武则天时代社会稳定，经济繁荣，人民各得其所，国家控制的总人口从贞观末至永徽初的380万户，猛增到615万户。有了如此雄厚的基础，大唐即将步入巅峰。

"政启开元，治宏贞观"（郭沫若语），武则天继往开来，她墓前的那块无字碑，不论谁去补写，都不应漏掉一代女皇不计毁誉、敢作敢为、为维护中国的统一大业而作出的伟大贡献。

九、韦后之乱

晚年的武则天内心矛盾，眼看自己时日无多，谁来承继大业？她曾想立侄儿武承嗣或武三思，但又难下决心。她把宰相狄仁杰找来咨询，狄仁杰直接地回答："陛下立子，则千秋万岁后能被儿辈祭祀于太庙。假如立侄，还从来未听闻过有侄儿登基后祭姑妈于太庙者。"

武则天受到狄仁杰的点拨，接受建议，于圣历元年（公元698年）三月召还被赶至房州（今湖北房县）的庐陵王李显，并最终让位与他。

李显并不具备领袖的素质，还被软禁在湖北房州时，他就曾向其妻（现在的韦后）许诺道："如将来有一天能复见天日，一定随你所愿，决不禁阻。"意思是说，你想怎么干就怎么干。

韦皇后是个野心极大的女人，仗着唐中宗的这个许诺，以婆婆武则天为榜样，开始干预朝政。唐中宗明知这样不好，还加以鼓励，每天为韦皇后设座，让她与自己一道听政。唐中宗的这种做法，非常类似他父亲唐高宗当年鼓励武后听政。大臣们看不下去了，劝唐中宗不要这样惧内、宠内，但唐中宗不听。

除了宠皇后之外，唐中宗还特别宠小女儿安乐公主。这位公主出生在唐中宗夫妇贬赴房州的路上，吃了不少苦头，唐中宗觉得愧对小女儿，登基之后，对她尤为溺爱，并钦定女儿嫁与武三思的儿子武崇训为妻。

武三思在武则天时代权倾朝野，不可一世。张柬之等 5 位重臣诛杀"二张"及其党羽后，放过了武三思，以为只要拉下了武则天，武三思之流就不足为虞。没想到唐中宗登基后又重用武三思，还与之结为儿女亲家。通过儿媳妇这层关系，武三思得以接近韦皇后，不久，两人即成情人关系。韦皇后想走则天皇帝的老路，巴不得宫外有这么一位强势的男人为自己服务，于是就通过唐中宗下诏擢升武三思为宰相，主管朝廷日常事务。

戴了绿帽子的唐中宗对韦皇后的淫乱完全采取放任的态度，还几次微服驾临武三思宅第。韦皇后自此越发地放肆，在朝中广为结党，培植亲后势力。就连当初为武则天掌管机密且早已是武三思情妇的上官婉儿也加入韦皇后一伙，极力为韦皇后掌权出谋划策。

安乐公主也四处活动，希望母后登基后册立她为接班人，并且自己起草诏书，掩住正文，逼唐中宗签字，封自己为皇太女。

韦皇后、安乐公主、上官婉儿、武三思等人的一系列阴谋活动和秽行总有外泄之时，有大臣向唐中宗进谏，但唐中宗不但不纳谏，反而将上谏者处以极刑。这就更加助长了韦、武集团的嚣张气焰。他们捏造罪名，把当初拥立唐中宗复位的以张柬之为首的 5 位大臣全部诛杀。

灭掉 5 位辅政大臣之后，韦后又把目标对准了太子李重俊，因为太子非她所生，是她通往女皇路上的拦路虎，必欲除之。她与武三思几次要求唐中宗废太子。李重俊得知消息后，于景龙元年（公元 707 年）七月起兵造反，亲率几百羽林军冲入武家宅邸，杀了武三思、武崇训父子及其党羽。由于兵力太少，李重俊最终败走终南山，不久即为左右亲信所杀。

又一大政敌除掉了，韦皇后加紧篡夺最高领导权的行动，但活动越多，破绽也越多，不少大臣冒死揭发韦党。景龙四年（公元 710 年）正月，唐中宗亲自召见几次上书的许州司兵参军燕钦融，要他当面说清皇后一党的实际情况。

燕钦融大义凛然，有理有据地揭露韦皇后等人的阴谋和丑行。唐中宗听后默然不语，似乎被事实震惊。

唐中宗的态度令韦皇后担忧，唯恐自己的女皇梦破灭，就与几个心腹一道，在唐中宗喜好的食品中投下毒药，将其毒死，死时仅 54 岁。唐中宗李显是何等悲剧的人物啊，不仅妻子韦皇后，连他最钟爱的女儿安乐公主也参与了毒死他的行动。

韦皇后与上官婉儿一道伪造唐中宗遗诏，指定唐中宗仅存的儿子——16 岁的李重茂为接班人，史称唐殇帝，韦皇后则临朝摄政。

为了防止动乱发生，韦家的一些外戚亲领重兵屯驻京师，另有一些党徒开始伪造图谶，造起韦氏将主宰天下的舆论。还有一部分皇后的帮凶准备直接动手刺杀小皇帝、相王李旦及太平公主等皇后的政敌。

相王李旦没什么能耐，太平公主可是韦皇后的心头大患。她是武则天极其宠爱的女儿，生得方额广颐，为人处事极像她母亲。她最早嫁给薛绍，薛绍死后改嫁武攸暨。唐中宗复位后很敬重这位妹妹，允许她开府设馆。韦皇后把攻击目标对准了太平公主，太平公主的权谋却远在韦皇后之上，她早就在与相王李旦及其子、临淄王李隆基策划一个遏止韦皇后的"大阴谋"，并于唐中宗发丧半个月后付诸实施。

唐隆元年（公元 710 年）六月，李隆基和几名禁军首领率领万骑禁军，太平公主的儿子、当时掌管在京武器的薛崇简率部配合，几路人马从几个方向冲进皇宫，以弑帝罪名斩杀了韦皇后和安乐公主，随即搜捕韦皇后余党，诛杀韦氏族人，凡身高超过马鞭长度的一律斩首。上官婉儿也未能幸免，百般狡辩之后还是被处死。

3 天后，太平公主在一行人的簇拥下，来到唐殇帝李重茂面前，以威胁的口吻说："这个位置不是你坐的地方，现在全天下都归相王管，下来吧！"话刚说完，一把将唐殇帝从龙椅上拉下来。相王李旦则大步走向龙椅，是为唐睿宗。

还好，韦后之乱被及时扑灭，要不然，以她的德行治国，大唐将会很惨。

十、太平公主不太平

诛韦后、拥李旦，太平公主都是主谋，天下为之瞩目，其声威日盛，朝中事务大多以她的意见为主。有时她无暇上朝，唐睿宗就派宰相登门向她咨询。宰相上奏事毕，唐睿宗总忘不了问一句："与太平商量过吗？"

太平公主真正是一人之下、万人之上，7个宰相中有4个依附于她，满朝文武"大半附之"，只有太子李隆基与她保持一定的距离，尊重姑妈，却不阿附于姑妈。太平公主不高兴了，联合一些元老大臣谋废太子，又亲自劝说唐睿宗道：李隆基不是长子，应立长子才合规矩。唐睿宗是太平公主的亲哥哥，一向知道这位妹妹的手段，知道她说要怎样就要做到怎样。但儿子李隆基有雄才大略，立他为太子最好不过，怎么能说换就换呢？于是他让大臣们展开讨论。

朝中大臣分为两派。一派认为太平公主的意见合乎传统，应该立长；一派认为李隆基诛韦后有大功于社稷，应该立为太子。后者的领头人物就是后来成为中唐名相的姚崇、宋璟。

姚、宋不仅敢于廷争，还密奏唐睿宗，建议把太平公主和几位手握兵权的亲王都安置到东都洛阳去，免得他们在京城伺机发动政变。

唐睿宗基本接受了这一建议，下令禁止亲王拥兵，并宣布从现在起由太子监国，六品以下官员的任命和判处徒刑以下案件的审理都交由太子处理，还在诏令中要求太平公主移居蒲州治所（今山西永济蒲州）。

太平公主知道这是太子党针对自己的行动，迅速进行反击。她怒气冲天地走上朝堂，当着众大臣的面痛骂了太子一顿，然后要求处死反对她的宰相姚崇、宋璟，说这二人"离间姑兄"。

唐睿宗忌惮太平公主，只得将姚、宋二人贬往边境，又当面请求太平公主回京居住。太子李隆基也向姑妈表示歉意。

皇帝当到这个份儿上太没意思了，唐睿宗被太平公主搅得心力交瘁。他把太平公主找来，向她表示自己无意再干下去，想尽早禅位给太子。

唐睿宗跟他老兄李显差不多，也是两上两下。他的权力欲不强，现实太无情，能力又有限，继续干下去是种痛苦。太平公主是有野心的，不论谁在台上，都得听她的，到一定时候，太平公主很有可能走她母亲的老路，自己来干。听完唐睿宗的话后，她大为光火，反对唐睿宗交权。唐睿宗垂头丧气地对太平公主说："传德避灾，吾意决矣。"

延和元年（公元 712 年）七月，唐睿宗下诏退居太上皇，太子李隆基即位，是为唐玄宗。

眼见大势已去，太平公主仍不死心，居然派人往唐玄宗的药物中投毒，并且与几个心腹一道策划发动军事政变。唐玄宗获此情报后，先抓太平公主的党羽常元楷、窦怀贞、崔湜等，然后命太平公主自尽，彻底粉碎了太平公主的政变阴谋。

武则天带了一个不好的头，其女儿、媳妇，甚至侍官上官婉儿都想步她的后尘，但结果都是身败名裂。太平公主本来可以急流勇退，皇帝老弟如此宠信于她，将她 3 个儿子封王，给她本人实封万户。她占尽了长安的良田，府内的生活极尽奢华，某些方面甚至超过皇宫，据说仅侍候她的奴仆和苍头就超过千人。无奈她野心太重，即使权倾朝野、富可敌国，仍不能满足，她要的是她母亲曾经拥有过的天下。然而，她要天下，天下弃她！

十一、万幸，来了个李隆基

李隆基是唐睿宗李旦的第三子，宫中习惯称他"三郎"。唐睿宗有时听完大臣的汇报后，除了问跟太平公主商量过了没有之外，还会加问一句："问过三郎没有？"可见三郎的分量。但李隆基却自称"阿瞒"。阿瞒是曹操的小名，李隆基心向往之，曹操的权谋、风范及成就都深深地影响着他。7 岁时，他去朝拜祖母武则天，车骑搞得十分张扬。羽林军总司令武懿宗（武则天的侄儿）上前要他收敛点儿，李隆基大怒，冲着武懿宗就开骂："这是我家朝堂，关你什么事，走开！"武懿宗是个杀人不眨眼的恶魔，却被这个 7 岁的孩子骂得脸红耳赤。据说武则天得知此事后，对李隆基"特加宠异之"。

以曹操为偶像的李隆基就在这种宠异中成长起来，所以，他敢于在自己根本就没什么实力的情况下发动政变，并一举诛灭韦武集团。然而，他又深知，政变不是什么好事情。从神龙元年（公元 705 年）正月武则天退位，至太平公主被诛，短短 8 年间朝廷发生 7 次政变，4 易皇帝，每一次都给政局带来混乱。

怎样才能避免这种事件的发生，使上层保持稳定，使国家长治久安？他决定从乱源抓起。

所谓乱源，主要是指皇室宗亲。为了避免骨肉相残，引起大局动荡，唐玄宗着力改善与加强同几个兄弟之间的关系。执政伊始，他就拨出专款，在南内兴庆宫旁给大哥宋王、二哥申王和弟弟岐王、薛王盖官邸，让他们毗邻而居，自己也常赴兄弟处饮酒作乐，有时还和几个兄弟睡在一张床上。上朝时兄弟间以君臣相称，下朝后他即行家人之礼。史载："天子友悌，近古无比。"然而，玩归玩，乐归乐，这几个兄弟干什么都行，就是不能干政，不能私下拉帮结派。

稳住了手足，又用同样的方法约束皇子，十几个儿子统统住在两座楼房里，分院而居，称"十王宅"。此后不久又专为皇孙修楼，让他们"过集体生活"。派出专门的宦官管理这两座楼，规矩很严格，不许儿孙们结交朝官。对皇太子的要求更特别，不许太子单独住东宫，要求他跟自己住在别院，太子的一举一动均在自己的视线里。

通过上述办法，王爷们虽然平时有点憋气，但都能善终，没有流血事件发生，朝廷政局也和谐安定。史载，唐玄宗在位的 44 年中，没有皇室宗亲在京城作乱，包括皇后在内，都各守本分。唐玄宗尤其警惕皇后，在开元十二年（公元 724 年）将王皇后废掉以后就再也没有立过皇后，连"三千宠爱在一身"的杨贵妃，至死也不过是贵妃而已。

唐玄宗抑制皇室宗亲，却放手让德才兼备的大臣治理国家，其中最著名的是开元初期的两任宰相：姚崇和宋璟。

姚崇是三朝元老，在武则天时期参与了推翻武周朝的政变，受封为梁县侯。唐睿宗时期出任宰相，因建议削弱太平公主的权力而被贬外放。李隆基继位后立即召回姚崇，拜为宰相。姚崇文武全才，多谋尚断，一上任就建议抑制功臣，加强皇权，把一大批曾有助于李隆基的功臣如郭震、张说等外放。接着提出 10 条治国纲领，唐玄宗全盘接受。

这 10 条纲领大概就是以后出现"开元之治"的"路线图"。这个"路线图"的蓝本，差不多就是唐太宗"贞观之治"的翻版。唐玄宗按照这套施政方针施行，把相当多的精力放到发展经济上，例如，下令不得有抛荒土地，一时间"耕者益力，四海之内，高山绝壑，耒耜亦满"，到处是火热的生产气象。此时全国实有耕地面积大约在 850 万顷，高于西汉时的最高垦田面积。单产面积也超过西汉时，粮食连年丰收，到开元十三年（公元 725 年）李隆基封禅泰山时，斗米只卖 13 文，老百姓家里一般都储藏了够吃几年的粮食，国库更是无处可堆新粮。武则天时期，西京长安依靠内地供粮，有一年皇室还住到洛阳就食。开元二十四年（公元 736 年）以后，关中地区的粮食产量上来了，京城用粮不再从江淮河所运租。

粮食有了保障之后，人口开始大规模增长。开元二十年（公元 732 年）时，全国总户数达 786 万余户，人口为 4500 余万，比唐初时的户口增加了 1.5 倍多。到天宝十四年（公元 755 年），全国户数达到 891 万余户，人口为 5290 余万，是唐代人口最多的时期。这个数字还不准确，如果连逃户（国家无法统计的人口）计算在内，天宝年间全国总户数至少有 1300 万户，一户以 5 口计，当时的总人口近 7000 万。

国力强盛，中央政府处理边境事务就好办多了。唐高宗时，松赞干布的孙子与唐反目，唐朝大将薛仁贵两次西征都被打败。武则天时代，契丹侵扰，也数次重挫大唐。不少在贞观、永徽年间归属唐朝的地区又脱离了唐的控制。如何稳定边疆？光靠战争不行。唐的版图大，许多边境地区无军力卫戍，因为此时实行的是府兵制，士兵平时在家种地，等到边境事发，再征召起来开赴边境，士兵就非常疲惫，既是劳师，也是弱师，所以一到前方，往往一击便溃。

唐玄宗下诏改革府兵制，把全国划为 10 个大区，设了 9 个节度使和 1 个岭南镇抚使。节度使权力大，军政财务都归他管，平时也有一定的常备军，长期驻守在边境。这样，只要吐蕃、契丹有侵扰动向，节度使可立刻作出反应。

大唐万幸，政变来政变去，变来一个被称为"明皇"的领袖人物。这位明皇在前 30 年时，每天凌晨 4 点就起床办公，可以说 30 年没睡过一个好觉。他的"明"不仅体现在能听得进不同意见，还体现在他十分明了国家应该往哪个方向走。在他的领导下，从开元元年（公元 713 年）至天宝十四年（公元 755 年），大唐王朝呈现极盛之景况，物价低，百姓生活轻松，秩序好，有一年全国仅 24 人犯罪。开元十八年（公元 730 年），吐蕃数败请和。天宝四年（公元 745 年），南诏（在今云贵高原）王皮逻阁派其子率团入唐朝贡，进一步与唐修好；

回纥灭东突厥后，主动与唐和好，唐王朝声威远达西亚。

十二、前明后昏，盛极而衰

56 岁之前，唐玄宗称得上明皇，执政近 30 年，励精图治，开创盛世。这之后，逐渐由明转昏，最终给大唐王朝造成致命的伤害。

昏在哪里呢？主要昏在斗志衰退，纵情声色，荒怠政事。

执政之初，唐玄宗处处以先祖唐太宗李世民为榜样，严以律己，做天下的表率。例如，他遣散宫女，倡导节俭，公开在大殿上烧毁宫中所有的奢侈品（金银玉器等），给皇子皇孙的待遇也是历代最低的，公主的封户不过 300 户。

从开元末年（公元 740 年左右）开始，唐玄宗当初的那股锐发之气消失殆尽，随之而来的是沉溺于歌舞之声，游嬉于升平之乐。先是宠武惠妃，宠到为了她一日杀了 3 个皇子，包括太子在内。同时还宠信口蜜腹剑的佞臣李林甫，十多年让李林甫掌管国家大事，自己则躲在后宫内纵情声色。

李林甫的家世不一般，他的曾祖父李叔良是唐高祖李渊的堂弟。他本人聪慧多艺，办事干练，又懂音律，很对唐玄宗的胃口。李林甫赢得信任后，勾结武惠妃，害死了太子及另两个皇子，继之又排挤走宰相张九龄。为了树立绝对的权威，他在皇宫对文武百官训话道："今明主在上，你们顺从还来不及，用得着你们多言吗？君不见仪仗队那些马匹，吃着三品料，然稍有一鸣就被斥去，后悔也没用！"这是公开地堵死言路，大臣们被吓唬住了，连节度使安禄山这样的大军阀听到李林甫对他有微词的情报时，也吓得浑身出汗，躺在床上一个劲儿地喊："我要死了！"

言路被堵死了，唐玄宗不再了解国家的真实情况，逐渐地陷入危险。但唐玄宗毫不在意，武惠妃死后，他不顾伦理，强行把自己的儿媳妇、寿王李瑁的妃子杨玉环召进后宫，封为贵妃。

杨玉环生于官宦之家，高祖父杨汪是隋朝的上柱国，父亲杨玄琰曾做过蜀州司户。10 岁时其父母去世，被叔父带到河南洛阳抚养。开元二十二年（公元734 年）七月，唐玄宗的女儿咸宜公主在洛阳举行婚礼，杨玉环也应邀参加。咸宜公主之胞弟、寿王李瑁对杨玉环一见钟情，唐玄宗于是下诏册立她为寿王妃。

　　武惠妃死后，唐玄宗郁郁寡欢。有人进言杨玉环"姿质天挺，宜充掖廷"，于是唐玄宗将其召入后宫。天宝四年（公元 745 年），唐玄宗把韦昭训的女儿册立为寿王妃以后，遂册立杨玉环为贵妃。

　　杨玉环凭什么受宠呢？一是因为她天生丽质。杨玉环很美，体型和面容与当时社会崇尚健康之美的风气吻合，体态稍胖，却恰到好处，可谓倾国倾城。其仪态风范也很动人，举手投足从容不迫。"诗仙"李白曾以《清平调》三章，称颂杨玉环之美。二是因为她身怀绝技。杨玉环 10 岁开始在洛阳接受先进的文化教育，兼通音乐歌舞。唐玄宗也是多才多艺之人，会谱曲，著名的《霓裳羽衣曲》就是他专门为杨玉环谱写的。杨玉环还会多种乐器演奏，最出彩的是玩弄打击乐器，如羯鼓等。与唐玄宗具有共同的爱好，使杨玉环得到了一般嫔妃望尘莫及的宠爱。

　　除了上述这两点之外，杨玉环对上层政治的淡定态度也赢得了唐玄宗的欢心。还在当寿王妃时，她就对寿王能否被立为太子抱着顺其自然的态度，并不刻意鼓励寿王去主动争取。升为贵妃之后，她也很少过问朝廷事务。至于她的堂兄杨国忠等人干的那些坏事，她大多不知情，也很少主动过问。基本不干政，这正是唐玄宗最放心的一点。所以，杨玉环能长期受宠，宠到天下人为之目瞪口呆，所谓"承欢侍宴无闲暇，春从春游夜专夜；后宫佳丽三千人，三千宠爱在一身"。

　　杨玉环的穿着打扮极为讲究，有一支 700 多人的优秀织工队伍专门负责为她量身定做衣饰。全国各地衙门还不时进贡珍奇衣服，据说一次出宫巡游，光为她装衣饰的车辆就达 100 多辆。

　　杨玉环嗜好吃新鲜荔枝，于是每年到荔枝产季时，就从巴蜀和岭南（中国南岭之南的地区，今广东、广西、海南全境及越南红河三角洲一带）往宫中传送。岭南到长安将近 6000 里，无数的驿骑换人换马，日夜不停地向长安疾速运送新鲜荔枝。晚唐诗人杜牧有感于此，写下诗句："长安回望绣成堆，山顶千门次第开。一骑红尘妃子笑，无人知是荔枝来。"

　　一人得宠，鸡犬升天。杨氏家族很快红遍几代。杨玉环有 3 个与她几乎一样美貌的姐姐，分别被封为韩国夫人、虢国夫人、秦国夫人，她们都是唐玄宗的情人，尤其是寡居的虢国夫人更是让唐玄宗迷恋。唐玄宗允许她们自由出入宫掖，并称呼这 3 位姐姐为"姨"。每当这 3 位"姨"进宫，皇室宗亲见了都得礼让三分。皇帝如此宠爱，夫人们也就越发狂妄。天宝十年（公元 751 年）正月元宵节时，杨氏几大家联袂游玩，路遇唐玄宗的女儿和女婿，杨氏姊妹不但不让路，手下的家奴还鞭抽广平公主与驸马。公主事后向唐玄宗哭诉，唐玄宗也不过下令杖杀了杨氏的家奴，但很快又下令免去驸马的官职，以平衡杨氏姊妹的怨气。对皇室都敢这样，对大臣们更不用说。虢国夫人看中了已故宰相韦嗣立的私宅，竟亲自带领侍从强拆了这座大宅。

唐玄宗还把朝中所有事务的决策权交给了杨玉环的堂兄杨国忠。杨国忠为人"强辩而轻躁"，奸佞不在李林甫之下，才干却差得多。这样一个劣等人物，不只全盘掌控朝廷，对外还兼领 40 余使，权力远超李林甫。他"攘袂扼腕，公卿以下，颐指气使，莫不震慑"。

杨国忠与杨玉环虽是族亲，原先并不认识，他被蜀地大豪鲜于仲通推荐到长安进贡，结识了杨氏姊妹并被引荐给唐玄宗。杨国忠很有经济头脑，很会敛财，逐渐得到唐玄宗的信任。从开元末期以来，一方面是唐玄宗愈益腐化，封赏贵宠没有止境，这需要大量的金钱支撑；一方面国家官吏队伍庞大，各方面开支日益增加，国库财政吃紧。怎么办？杨国忠想出了办法，把原先的征丁租地税变为布帛上缴给国库，国库很快又充实起来。据说唐玄宗很高兴，亲自带领文武百官去参观国库，指着小山似的藏品说："这都多亏了国忠啊！"

唐玄宗没有想到杨国忠的这些聚敛之法已经在民间积起怨愤，大唐王朝的政治风险早已积累得比国库里的布帛高多了。当时就有高力士等人提醒唐玄宗，说得限制一下杨国忠。有人甚至告密，说杨国忠贪污受贿，已积赚至 3000 万匹。唐玄宗听后只是默然不语，并未采取任何限制措施。

他怎么会限制杨国忠呢？是杨国忠不停地为他聚敛财富，保障他奢侈挥霍。如果说宠杨国忠还情有可原，那么，宠安禄山就实在令人费解。按理说，帝王对边地重臣应保持警觉，并有一套限制之法。可唐玄宗却相反，非但不警觉，反而百般宠信。

安禄山是居住在营州柳城（今辽宁朝阳）的少数民族，本名"轧荤山"，后随继父改姓安，名禄山。安禄山最初在幽州节度使张守珪手下任一名低级军官，后因打仗勇猛，屡建战功，升至平卢节度使。开元二十四年（公元 736 年）奉命讨伐奚、契丹时大败，宰相张九龄判了他死刑，却被唐玄宗赦免。从此以后，安禄山就千方百计地讨唐玄宗喜爱，每年进贡大批奇珍异兽、金银珠宝。安禄山在青年时代身材魁梧，到中年后发福，体重达 180 公斤。别看他体型臃肿，跳起胡旋舞来却轻盈灵巧，每当他上身赤裸，挺着大肚皮在宫殿上给唐玄宗表演胡旋舞时，一定会逗得唐玄宗和杨玉环开怀大笑。唐玄宗还指着安禄山的大肚皮问他："这里面是什么东西，怎么这样大？"安禄山马上回答道："没有他物，只有一颗对圣上的忠心。"唐玄宗听后又是一阵大笑。接着就不断地提拔和赏赐安禄山，让他一人兼领范阳（今北京、河北一带）、平卢（今辽宁朝阳一带）、河东（今山西太原一带）三镇节度使，拥有精兵超过 20 万，是唐朝东北方最大的军阀。天宝六年（公元 747 年），44 岁的安禄山居然变成 28 岁的杨玉环的养子。

有了这层特殊的关系，安禄山得以自由地出入禁中，受宠日深，以致他在见到太子李亨时不仅不拜，还明知故问地发问："不知皇太子是什么官？"有时唐玄宗设宴，百官坐在楼下，只有安禄山可以坐在楼上专为皇帝设的包厢内。

安禄山的野心与日俱增，右相杨国忠感受到了他的威胁，多次在唐玄宗面前攻击安禄山，并提醒唐玄宗，说安禄山有不臣之心，早晚必反。

可是唐玄宗不信，安禄山是他的养子，享受的待遇比普通的皇子高得多，怎么可能造反呢？看到唐玄宗的态度，杨国忠很着急，他不是为国家即将发生的灾难而急，而是为安禄山将来必会危害自己而急。所以，他使出阴招，采取了一系列逼迫安禄山造反的行动，用以向唐玄宗证明自己的预言是正确的。他背着唐玄宗派兵搜查安禄山在京的住宅，处死他在京师的谋士。安禄山果然被逼上绝路，加快了造反的步伐。可叹此时的唐玄宗仍然沉湎在《霓裳羽衣曲》中，浑然不知大难即将临头。

十三、天崩地裂，大唐蒙难

安禄山策划、准备了 10 年，终于决意实施造反。天宝十四年（公元 755 年）十一月初九，安禄山在蓟城（今北京西南）南郊举行誓师仪式，拿出一份自己伪造的敕书宣读。他说："有密旨，令禄山将兵入朝讨杨国忠，现在我命令全军出动！"安禄山所指的"全军"还包括一贯反唐的同罗、奚、契丹、室韦等部族的武装力量，合起来有20万之众。

山西、河北是安禄山的地盘，他一声令下，所过州县望风而降，从蓟城南下，不过10天就抵达博陵（今河北定县）。从博陵起，安禄山放弃夜行军，公开地敲锣打鼓南下。国家承平日久，内地几乎没有军备，安禄山大军势如破竹，围攻荥阳（今河南荥阳）时，一些守城士兵听到安禄山军的战鼓声就吓得掉下城墙。

唐玄宗此时正与杨玉环在华清池日夜缠绵，闻听此消息后惊恐万状，杨国忠却幸灾乐祸，笑着对唐玄宗说："造反者安禄山一人耳，旬日必败。"唐玄宗居然信了杨国忠的分析，只是草率地安排了一下防御准备。

此时唐玄宗手中根本没什么兵马可用，因为唐朝的制度规定，平时兵力都在9个节度使手中，中央政府只掌握一点禁军，不过万余人而已，这种外重内轻的配置尽管方便了节度使处理边境突发事件，却无法应对内部叛乱。所以安禄山一出击，唐玄宗及文武百官就乱作一团，只得临时在京师募得几万人马，交给安西节度使封常清去迎击安禄山。

安禄山攻陷荥阳后，很快拿下武牢（在今河南荥阳汜水镇），在此大败唐军名将封常清，一举占领东都洛阳。封常清退至陕郡，与右金吾大将军高仙芝合兵退守潼关。监军宦官边令诚却向唐玄宗告刁状，唐玄宗一怒之下就地将封、高二位具有丰富作战经验的大将斩首。这是一项极端错误的决策，封、高所率军队与安禄山军对比，兵力悬殊，但他们采取的战术是对的，退守潼关，及时阻止了安禄山的进攻步伐，确保了西京长安的安全。然而，唐玄宗听信宦官之言，战斗刚起就斩杀大将，不仅严重地动摇了军心，对后期平叛也极为不利。

天宝十五年（公元756年）正月，安禄山在洛阳称帝，国号大燕。从范阳起兵到称帝，安禄山只用了35天。

丢失东都后，唐玄宗从慌乱中清醒过来，作出了一项有前瞻性的部署，命两位皇子分任山南、剑南节度使，确保战略大后方不出问题，从而源源不断地为前方提供兵力和后勤给养。大后方无虞后，唐玄宗从各方面组织兵力，在洛阳南、北两个方向抗击安军。在洛阳南，有真源（今安徽亳州西）县令张巡苦守雍丘（今河南杞县），以不足3000人的兵力与安军数万人激战4个月，大小数百战，极大地延缓了叛军的行动。在洛阳北，有常山（今河北正定县）太守颜杲卿、平原（今山东平原北）太守颜真卿起兵讨伐安禄山。河北17郡起而响应，重新归顺朝廷，并在安禄山背后展开游击战，有力地牵制了安军，使其不能顺利西进。

河北17郡重归唐廷后，安禄山实力大减，仅剩下范阳、卢龙等6个郡。为了巩固后方，安禄山派大将史思明、蔡希德各带万人攻打常山。颜杲卿顽强防守，终因粮尽矢绝而失败。颜杲卿被杀后，颜真卿挑起抗击安军的重任，很快收复了魏郡（今河北大名县西）。

此时，大唐名将李光弼向被安军占领的常山进攻。没等李光弼动手，常山本地军民已活捉安军守将安思义。史思明得知，立即率大军向常山扑来，将李光弼围困。李光弼兵力有限，向朔方节度使郭子仪求援，郭子仪即发精兵驰援。两军会师，以10万兵力与史思明展开激战。

李光弼是契丹人，其父原为契丹酋长，武则天时期归唐。郭子仪是汉族，郑县（在今陕西华州）人，其父曾做过唐朝5个地方的刺史。安禄山起兵后，唐玄宗拜郭子仪为朔方节度使，并让郭子仪推荐良将。郭子仪首先推荐了李光弼。现在两位大将合兵一起，史思明根本不是对手，马上溃败。河北广大地区的军民痛恨安禄山叛军的残暴，纷纷配合郭、李大军追击史思明。李光弼追至嘉山（今河北曲阳）时大破史思明，斩首4万，史思明坠马，只身一人徒步逃至博陵（今河北定州）。至此，安禄山的后方基本为唐军收复，安军前方的补给线中断。安禄山大为恐慌，一度想放弃洛阳，走归范阳。

安禄山起兵后不久，唐玄宗就任命此时正染病居家的河西、陇右节度使哥舒翰为兵马副元帅，率兵8万迎击安禄山。哥舒翰出征前还凑了西北边境上13个部落的番兵，合计20万人。

突厥后裔哥舒翰带病上阵，领着这20万以新兵为主的杂牌军驻守潼关，他的基本战略是先固守，与安禄山打一段持久战，待安军疲惫之时再趁势出击。

这一战略本是正确的，但素与哥舒翰不和的右相杨国忠却向唐玄宗进谗言，说哥舒翰拥重兵惧战，对朝廷不利。唐玄宗信了此话，下了一道又一道命令催促哥舒翰出关决战。哥舒翰无奈，为了避免落得像封常清、高仙芝一样的下场，下令出城迎敌。出发前，哥舒翰大哭一场，他知道叛军大多是边境的职业军人，作战骁勇又有谋，此去胜负难料啊！

果然，哥舒翰军在灵宝县西遭遇埋伏，大败，哥舒翰本人也被一反叛番将诱捕，尔后被押至洛阳。其实，哥舒翰战败除了被逼出关这一点不属于他的责任外，指挥失误他是要负全责的。20万人的大军居然倾巢出关，不留守关的兵力，出关后又不侦察地形，中了埋伏，且队列过于密集，造成了妄自相杀的悲剧。哥舒翰的指挥能力还真是差！

哥舒翰战败，潼关失守，大局又转向对叛军有利，唐玄宗绝望了，只得带着一批主要的皇室成员往四川跑。本来战绩不错的李光弼、郭子仪闻听朝廷逃亡，也立刻放弃河北，退保太原。安禄山遂挥兵进入西京长安，大肆抢掠，无辜百姓罹难。

心力交瘁的唐玄宗逃至马嵬驿（今陕西兴平西北），护驾的将士们又累又饿，怨声四起。禁军首领陈玄礼与宦官高力士密谋，利用士兵们的这股怨气向唐玄宗施压，除掉杨国忠等党羽。陈玄礼与高力士都已跟随唐玄宗40多年，从唐玄宗诛杀韦后那年开始就不离其左右。二人向唐玄宗讲清利害关系，如不即斩杨国忠及其党羽，军队不再随行护驾，"六军不发"。在一半威胁一半劝说下，唐玄宗只得下令诛杀杨国忠及韩国夫人、秦国夫人。虢国夫人及其子逃至陈仓（今陕西宝鸡），也被当地官员所杀。

杀了杨氏家族的主要成员后，士兵们仍围住马嵬驿不散，数千人发出怒吼，要求立即诛杀杨贵妃。唐玄宗听到吼声，脑中顿时一片空白，不知该如何应对。陈玄礼劝他："将士们担心日后遭贵妃报复，愿陛下割恩正法。"唐玄宗很为难，反问陈玄礼："贵妃常居深宫，怎知杨国忠做的那些坏事？"高力士再劝唐玄宗，说贵妃诚然无罪，但众怒难犯，安危在此一刻。唐玄宗平时很听这位"老奴"的话，含泪点头，指示高力士带引杨贵妃至佛堂缢杀。

杨玉环就这样成了唐玄宗的替死鬼，"花钿委地无人收，翠翘金雀玉搔头；君王掩面救不得，回看血泪相和流"（白居易《长恨歌》）。

士兵们亲见杨玉环死去，这才同意继续护驾西行。刚要出发时，当地的百姓又拦道，要求留下太子共击叛军。唐玄宗无奈，只得同意，接着继续往成都逃去。太子李亨于七月由西北诸将拥戴在灵武（今宁夏灵武）即皇帝位，是为唐肃宗，改元至德，唐玄宗被遥尊为太上皇。这之后，全国的兵马就由唐肃宗统率，向叛军发起反攻。

十四、大乱虽平，面目全非

唐肃宗在灵武即位时兵力不过几千，文武官员不满30人，郭子仪闻讯即率精兵5万从河东赶来护驾。唐肃宗大喜，立即任命郭子仪为兵部尚书、灵州长史，李光弼为户部尚书、北部留守。有了郭、李两位名将的支撑，灵武的士气大振，唐肃宗更有信心尽快收复两京，重振大唐。

这时候，唐肃宗的谋士李泌献计：不要急于收复两京，应以运动战与游击战为主消耗叛军实力，可命李光弼守太原，出井陉（今河北井径西北），郭子仪从冯翊（今陕西大荔）入河东（今山西永济蒲州镇），这样叛军主力史思明部便不敢离开范阳，安守忠部便不敢离开长安，待在洛阳的安禄山便处于孤立无援之境，然后我们再伺机出击。

唐肃宗基本同意这一战略方针，但仍打算先收复两京，先打政治战，为此派郭子仪的副手仆固怀恩为特使，赴回纥求援。此时，各路勤王之师也先后抵达，灵武气象又是一新。

与唐肃宗积极备战相反，安禄山却满足于现状，在洛阳日夜纵酒作乐。其长子安庆绪不满安禄山的所为，与安禄山的心腹严庄等合谋杀了安禄山，然后继立为帝。

就在安禄山被杀的前后，安禄山的大将史思明趁郭子仪远赴灵武护驾的机会向太原发起进攻。太原留守李光弼凭不足万人的团练与史思明对抗。由于指挥得当，史思明围城月余而不得入。双方激战至最酣时，传来安禄山的死讯，史思明被扰乱心绪，留下部分兵力围城，自己则急忙后撤。李光弼抓住时机，亲率敢死队大举反击，最终歼灭叛军7万多人，太原之困遂解。

太原之战还在进行当中，杀父继位的安庆绪为了向江淮发展，夺取唐军的财赋供应地，集结了13万兵力向睢阳（今河南商丘睢阳区南）进攻。唐军名将张巡曾在雍丘（今河南杞县）以几千兵力成功地阻止了十多万叛军西进，这次又和睢阳太守许远一道担负起防守睢阳的重任，以不到万人的兵力击退13万叛军的进攻，歼敌2万余人。

　　首次进攻失败后，安庆绪又接连组织了两次大规模围城，张巡等将领坚守10个月不投降。城中粮尽，将士们就罗雀掘鼠充饥，一直打到仅剩下数百名士卒。最终城破，唐军以张巡为首的36名将领和数百名士兵全部被杀。然而，睢阳保卫战为唐肃宗组织的反攻赢得了时间。

　　至德元年（公元756年）十月，急不可待的唐肃宗在条件尚不具备的前提下，任命宰相房琯为统帅，发起了向长安进攻的命令，结果在咸阳东两战两败。

　　李泌在此时站出来，再次建议唐肃宗先取范阳，理由是只有捣毁了叛军巢穴，才能从根本上解决问题。但唐肃宗不听，仍急于收复京师，命郭子仪为天下兵马副元帅，迅速收复两京。郭子仪亲自统兵仍然吃了败仗，唐军遭受叛军骑兵夹击，只得急退武关（今陕西商洛市丹凤县东南）。

　　两次反攻都失败，唐肃宗急了，以攻下长安后将金帛美女全归回纥为前提，向曾附属于突厥的回纥借来4000精骑，编入郭子仪大军之中，于至德二年（公元757年）九月从陕西凤翔出发，展开第三次收复两京的战斗。这一次终于成功了，斩首6万多叛军后攻入长安城。

　　郭子仪率领汉番联军主力马不停蹄地追向潼关，又以一部兵力向洛阳迂回。安庆绪为阻唐军东进，以严庄为帅，尽发洛阳兵力15万增援陕郡，在陕郡与东进的郭子仪军大战，结果安军惨败。

　　安庆绪得知战报，立即放弃洛阳，逃往邺城（今河南安阳）。郭子仪遂收复洛阳。叛军的一些将领畏惧郭子仪，纷纷向他投降。

　　收复了两京，唐肃宗无比激动，拉着郭子仪的手流着泪说："这虽是我的家园，但实属您再造啊！"

　　唐肃宗回到长安后，立即迎回了流亡在成都的太上皇李隆基。李隆基回京后移居西内，高力士、陈玄礼等心腹一律被唐肃宗贬逐。李隆基成为孤家寡人，终日忧郁，无人慰抚，回京仅5年就去世，享年77岁。死前留下遗诰，说自己"常惧有悔，以羞先灵"。

　　唐军在河南、河东横扫叛军，连叛军将领史思明也率部投唐，被封为归义王、范阳节度使。假如在这种形势下，唐军一鼓作气攻向邺城，必能迅速消灭叛军最高统帅安庆绪。然而，唐肃宗却在收复洛阳后忙于大封功臣，维修宫殿，使安庆绪有了喘息之机。等到唐肃宗再下决心攻击邺城时，安庆绪已经兵势复起。

乾元元年（公元 758 年）六月，史思明又叛唐。九月，唐肃宗调动 9 路节度使，集中兵力数十万向安庆绪盘踞的邺城发起进攻。对 9 路人马不设统帅，却指定心腹宦官鱼朝恩监督全军，这是明显的决策失误。安庆绪见唐军势大，以让位为条件向史思明求援。史思明亲率十几万人马向邺城进发，大败唐军。9 路节度使各自为战，又各自溃归本镇，郭子仪也狼狈地退至洛阳，"战马万匹，唯存三千，甲仗十万，遗弃殆尽"，败得很惨。

9 路节度使进攻邺城失败，责任在唐肃宗，他疑心重，唯恐任命统帅后对方拥兵自重，威胁朝廷。唐肃宗不具备做领袖的资格，假如任命李光弼或者郭子仪统领 9 路兵力，邺城早就打下来了。

史思明击败唐军后又诱杀了安庆绪，收编了安庆绪的军队使实力大增，于当年九月分 4 路南下，向洛阳进攻。防卫洛阳的李光弼手上仅 2 万人马，粮草只供 10 天可用，无奈之下只得放弃洛阳，退守河阳（今河南孟州）。洛阳又落入叛军之手。

上元元年（公元 760 年）二月，史思明向退守河阳的李光弼进攻，结果失败，只得退回洛阳。唐肃宗得知，又来瞎指挥，命令李光弼反攻洛阳。李光弼认为"贼锋尚锐，不可轻进"。唐肃宗不听，又派鱼朝恩来催战，李光弼无奈，只得反攻。大败不说，还丢失了河阳、怀州（今河南沁阳）。

史思明乘势西进潼关，首先命其子史朝义攻陕州。几次进攻均失败，为了严肃军纪，史思明拟斩了史朝义。但没等老子下手，儿子先斩了老子，并自立为帝。史思明的下场与安禄山一样，都死在自己儿子的手上。

史朝义称帝后首先做的不是进攻潼关，而是在范阳大开杀戒，杀了他的兄弟及其同伙几十人，引起范阳城中混战，死者数千人。

史朝义是一个四肢发达、头脑简单的武夫，他手下的许多将领都是安禄山的老部下，多数不听他调遣，叛军内部四分五裂，战斗力大减。

当叛军内部出现问题之时，朝廷内部也同样出了问题。宝应元年（公元 762 年）四月，宦官李辅国、程元振杀了唐肃宗的张皇后，病中的唐肃宗受惊吓而死。唐肃宗死在唐玄宗去世 13 天后，朝廷上下一片恐慌。奸宦李辅国掌控朝政，由他做主立了太子李豫，是为唐代宗。

唐代宗不甘于被宦官操纵，先是用刺客暗杀了李辅国，接着又和宰相元载设计诱杀了鱼朝恩。消弭内乱后，他以长子李适为天下兵马元帅，仆固怀恩为副元帅，以回纥兵为外援，大规模向史朝义进攻，很快就收复东京洛阳，继之收复河南、河北等地，并将史朝义追赶至莫州（今河北任丘北）。广德元年（公元763年）正月，史朝义在此自杀。

持续8年、给承平近140年的大唐王朝几乎带来灭顶之灾的安史之乱终于平定了。然而叛乱虽平，国家已千疮百孔。

十五、痛苦向谁说

一场主要因帝王堕落而突如其来的大动乱拦腰截断了盛唐大厦，国家和人民都承受了空前的苦难。整个北方地区一片残破，曾发生激烈战争的中原地区的所有州县"皆为废墟"。据史料记载，唐玄宗天宝十四年（公元755年）时，国家统计册上的户数是891.4709万户，到唐代宗广德二年（公元764年），只有293.3125万户，减少了三分之二以上。尽管有些户口因逃亡而隐漏，但绝大多数民户已死于战乱。

人口的锐减使土地大量荒芜，朝廷的赋税也锐减。为了弥补缺口，各级官府便不断加重对幸存下来的农民的盘剥，这又促成了社会矛盾的激化。尤其是朝廷的主要税收之地江淮地区，难以生存的广大农民不得不拿起武器反抗。

上元元年（公元760年），安徽广德县农民在陈庄的率领下起义。宝应元年（公元762年），浙江农民在袁晁的领导下起义。与此同时，安徽、浙江、江西交界地区的农民在方清的领导下起义。尽管这些起义很快被镇压了，但也给朝廷以沉重的打击，迫使当局调整政策，减免赋税。

与农民起义对朝廷的打击比较起来，吐蕃、回纥引兵内侵的打击要大得多。安史之乱爆发后，西北边军精锐全部内调平叛，吐蕃趁机发起攻击，很快夺取了河西、陇右之地，唐朝几代人苦心经营西北的成果，不到两年就全部被吐蕃抢去。安西、北庭等唐政府设置的西北重镇，10余年与朝廷不通音信。长安西北的凤翔、宁县、泾原等地也一下由战略后方变成与吐蕃对峙的前线，京师长安裸露在吐蕃面前。

　　更为严重的是，失去西域控制权之后，战马就失去了补给基地。唐太宗至唐高宗时期，朝廷在河陇一带养马40万匹。安史之乱后，"国马尽散"，又无后续补充，相当一部分骑兵变为步兵，哪有能力与吐蕃一搏？

　　广德元年（公元763年）九月，吐蕃以20万兵力向长安进攻。唐代宗听信宦官程元振之言，未做任何准备，等到吐蕃大军通过渭水便桥后，才仓皇逃出长安。逃前任命已被剥夺兵权的郭子仪为兵马副元帅，希望他阻止吐蕃。

　　郭子仪高风亮节，不计较唐代宗对他的猜忌和冷落，在仅招募到数百余骑兵的情况下冲向前线。此时的长安已被吐蕃攻占，广武王李承宏被吐蕃立为皇帝。郭子仪胆大心细，巧妙地运用几千名唐军（大多是散兵游勇重新聚拢）与20万吐蕃大军周旋，又派员进入长安，动员百姓夜晚在朱雀大道上拼命击鼓，令吐蕃军产生对唐军的恐惧，还广泛造起舆论，说郭令公（郭子仪）近几日会率数十万大军回击长安。

　　吐蕃军最害怕与郭子仪打仗，听说郭子仪要来，立即撤出长安，郭子仪遂轻松收复长安。明朝学者李贽有感于郭子仪的事迹，在《史纲评要》里说郭子仪有"二十分才，二十分胆，二十分识"。普通人有十分才、胆、识就不得了了，郭子仪的才、胆、识超出常人一倍，凭什么？主要是凭他任何时候心中都有国家、有人民。有这两条，什么奇迹都能创造。

　　长安收复后，唐代宗自陕州返回，下令将平定安史之乱时的主力部队全部调至长安西北防御吐蕃，并投入大量人力、物力筑城，同时构筑了8个独立的军事重镇，任命了8个节度使镇守，总兵力超过40万步骑。

　　就在唐代宗一门心思防御吐蕃的时候，朝廷内部出现了问题：平叛安史之乱时立了大功的唐室勋臣仆固怀恩宣布叛唐，并两次引导吐蕃、回纥大军侵犯唐的边境。

　　仆固怀恩是铁勒族人，善战有谋，曾继任李光弼、郭子仪之后的朔方节度使。唐代宗听从宦官遏制西北军将领的建议，逼反了仆固怀恩。仆固怀恩造反之后，唐代宗又派出郭子仪再任朔方节度使讨伐他。朔方将士多为郭子仪旧部，听闻郭子仪再任朔方节度使，纷纷反水投郭子仪。仆固怀恩孤家寡人逃往灵武，在灵武勾结上吐蕃和回纥，大举杀回内地。

　　唐代宗只得又派出郭子仪迎战。战前，仆固怀恩忽得暴病而亡。郭子仪得知情报后,立即轻装简从(有说是单骑)前往回纥军营去说服回纥与唐军合兵共击吐蕃。回纥统帅合胡禄历来崇仰郭子仪,见到郭子仪后立即下马热情接待,并同意与唐友好,在阵前与郭子仪醉酒为盟。吐蕃首领听闻此事后无心再战,引兵退去。

农民起义、吐蕃挑衅、仆固怀恩之乱,都令唐王朝雪上加霜。苦难还没完,仆固怀恩之后,又相继发生了数个节度使的叛乱,其中危害最大的是一些被封为节度使的安史旧将的反叛,如魏博节度使田承嗣。这批品性恶劣、手段阴毒、作战凶猛的安史旧将,一次又一次地在大唐的伤口上撒盐。可怜的唐代宗,受得住这般痛苦吗?

十六、藩镇坐大,削也枉然

终日郁郁寡欢的唐代宗于大历十四年(公元 779 年)病逝。他无奈地给太子李适留下一个"烂摊子",李适战战兢兢地走上大位,是为唐德宗。

所谓"烂摊子",不仅是指平叛战争留下的创伤,更是指藩镇设置过多、过乱,中央与地方的权力分配失衡而无序,尤其令人不安的是相当一部分安史叛乱后投降朝廷的将领,现在又官至节度使之位。这帮人拥兵据地,互相勾连,举止跋扈,目中无人。

唐玄宗初期,全国仅封了 9 个节度使;安禄山叛乱后到唐德宗为止,藩镇总数突破 40 多个,节度使满天飞,并且还在不断增加。这些以藩镇为基地的"节帅"集军政财等大权于一身,可以自设官僚、衙门,俨然一个个小朝廷,严重地威胁着国家的统一和政治局面。在这几十个各自为政的藩镇中,河朔诸镇对中央政府的威胁最大。

大历十二年(公元 777 年)五月,唐代宗曾敕令各地节度使不得擅自任命支郡刺史,中原和东南一带的节帅们先后基本执行了这一敕令,但河朔诸藩镇根本不予理会,照样任命其所属州县的长官,且都安排自己的亲信上任。这些节帅们不仅任命下属官员时不经中央批准,而且对节度使这一官位的继任,或父死子继、兄终弟及,或临终指定所属将吏,完全不理中央政府。唐代宗为此经常生闷气,但直到去世也没拿出制约藩镇的办法。

唐德宗是唐代宗的长子，继位时已37岁，各方面比较成熟，且担任过天下兵马元帅，组织过征讨史朝义的战争，对大局有比较清醒的认识，所以，即位之后，很想有一番作为。削藩就是他的当务之急。

在正式动手削藩之前，唐德宗想先恢复经济，因为多年的战火严重地破坏了各地的经济发展，中央财政几乎"无米可炊"。唐德宗采纳宰相杨炎的建议，废除租庸调制，推行"两税法"，以户和地为基本征税的对象，户按资产征，地按亩数征。

两税法实行后，全国统一了税制，扩大了征税对象，促进了社会经济发展，中央财政头一年就收得税款1089万余缗、谷物215万余石。

在施行两税法的同时，推行盐铁转运使刘晏建议的新的榷盐法，使该项税收由每年的400万贯上升到1000多万贯。

财政好转之后，唐德宗觉得可以改变以往处理藩镇问题的一贯的绥靖之策了。此时正好成德节度使（管辖今河北部分地区）李宝臣病逝，其子李惟岳援例要求继承父位，唐德宗不批。魏博节度使田悦代李惟岳说情，唐德宗仍不批准。李惟岳不管唐德宗批否，自行宣布继任成德节度使，并联络田悦、李纳、梁崇义等节度使共同举兵反唐。

唐德宗不手软，立即以重兵征讨四镇叛乱，并以此为契机，展开削藩行动。首先打败田悦军，继之破梁崇义军，紧接着又大败李纳军，这样，四镇叛乱很快就平息了。但这四镇的首脑人物并未铲除，不仅如此，有几位朝廷派去征讨叛乱的节度使竟先后与这四镇首脑勾结，形成了新的反朝廷联盟。像卢龙节度使（管辖今河北部分地区）朱滔本奉命讨李惟岳，结果反而被叛军推为反唐盟主，自称孤。征讨田悦立了功的淮西镇节度使（管辖今河南部分地区）李希烈自称天下都元帅、太尉、建兴王。朱滔、田悦等军阀为了巴结李希烈，还多次遣使劝李希烈称帝。

李希烈感到飘飘然，以为自己真能当皇帝，就主动发兵攻陷汝州，围住郑州，直逼洛阳。李希烈的行为激怒了唐德宗，他先是派出三朝元老、中国最负盛名的书法家之一——颜真卿前去招降李希烈。李希烈不但不听，反而杀害了颜真卿。唐德宗又任命左龙武大将军哥舒曜领兵征讨。结果李希烈反将哥舒曜围困在襄城（今河南襄城）。

唐德宗急调泾原（治所在今甘肃泾川北）兵救援襄城，没想到这批西北军人因饥寒交迫却只得到朝廷赏赐的粗茶淡饭而哗变，他们拥立太尉朱泚为王，鼓噪着攻入长安，吓得唐德宗仓皇逃往奉天（今陕西乾县）。

朱泚在长安登基，改国号为秦（后又改为汉），封他弟弟朱滔为皇太弟。长安城内未来得及逃往奉天的文武官吏都向朱泚投降。这是继安史之乱后，藩镇之乱给唐王朝脸上又抹了一把黑。此时大唐的"保护神"郭子仪已去世两年，如此混乱的局面真是无人能够摆平。朱泚称帝后立即向奉天进攻，逃到奉天的唐德宗向各地发诏求援，神策军将领李晟、朔方节度使李怀光等人前来救驾。朱泚自知无打赢仗的希望，遂即退兵。

李怀光是靺鞨族人，生性粗鲁，有勇有谋，自忖救驾有功，应得厚赏。唐德宗却听信奸相卢杞的谗言，对他并不客气，激起李怀光的一腔怨愤，他立即与朱泚结为同盟，向唐德宗展开进攻。唐德宗只得又逃向梁州（今陕西汉中）。

唐德宗成了逃亡皇帝，危难中，翰林学士陆贽向他进言：以恩义怀柔诸藩，以皇帝个人名义承担责任，感化天下，收拾人心。唐德宗采纳了陆贽的建议，下罪己诏，同时向天下宣布，除朱泚外，赦免李希烈、田悦、李纳、朱滔等人之罪，又任命李晟统率各路兵马向朱泚发起进攻。

罪己诏下发后的效果很好，许多不可一世的军阀都为之感泣，田悦、李纳等自动取消王号，还有不少地方军阀加入到李晟的队伍中。李怀光看到李晟的实力远大于自己，怕遭不测，只得远走河中（今山西永济市）。朱泚见李晟军威强盛，也无心抵抗，乘夜弃长安向吐蕃逃去，中途被自己的部将所杀。

唐德宗返回长安，下令追杀李怀光。李怀光孤立无援，只得自杀。朱泚的皇帝梦刚破灭，李希烈这一年又在汴州称帝，国号大楚。李希烈打的主意是先稳江淮，再向南、北发展。但他的能力与实力有限，襄州、郑州这样的中等城市都久攻不下。贞元二年（公元 786 年），李希烈被部属陈仙奇谋杀，唐德宗随即任命陈仙奇为淮西节度使。命令发出不久，陈仙奇又为部属吴少诚所杀，唐德宗只好又任命吴少诚为淮西节度使。

两个称帝的藩镇将领和一批野心家节度使相继败亡，但朝廷的日子并不比以前好过，藩镇与中央的矛盾依然未有大的改观，唐德宗从继位起就一直在与藩镇斗，他已经精疲力竭了，诸多的事务越来越力不从心。军阀们对朝廷的败象看得清楚，几乎都在暗中做准备，欲再与朝廷一争高下。

十七、宪宗中兴，藩镇一统

贞元二十一年（公元 805 年）正月，极度困乏和失望的唐德宗病逝，太子李诵即位，是为唐顺宗。唐顺宗此时正患病，朝廷一应事务均由李诵的亲信——以王伾、王叔文为首的小集团处理。这个小集团的成员多为当时的社会名流，如刘禹锡、柳宗元、韦执谊、陆质等。

领头的王伾是个贪官，王叔文也没多大的能耐，但还是由他俩牵头搞了一次"永贞革新"，虽说成果不多，也有一定的积极作用，例如罢盐铁、抑制宦官、打击藩镇、加强皇权等。但唐顺宗身体差，继位仅 8 个月即传位与太子李纯，是为唐宪宗。

唐宪宗看不惯王伾小集团弄权，继位不久就把其成员"二王八司马"全部外贬，例如，刘禹锡被贬到朗州（今湖南常德），柳宗元被贬到永州（今湖南永州）。

27 岁的唐宪宗英气勃发，决不甘心受制于藩镇。在整顿好朝廷秩序后，他问计于宰相杜黄裳。杜黄裳说：不能像唐德宗中叶后那样姑息藩镇，非得以法度制裁藩镇不可。唐宪宗认可，决心用凌厉的手段维护国家的统一。

与唐德宗初时做法相同，唐宪宗决心先把经济搞上去，这样才有削藩和维护国家统一的基础。为此，他大抓水利建设，发展农业生产；改革税收制度，使国家的收入达到年均 3500 多万两白银。除此以外，还广开财源，一些听命于朝廷的节度使投其所好，不断向唐宪宗进贡。唐宪宗来者不拒，哪怕只有几百两奉银，也收入库中。大臣们见新皇帝如此爱财，颇有异议。唐宪宗向他们解释道："今两河数十州沦为藩镇私有，我日夜想改变这一现状，可财力不足，我这么做是迫不得已啊。你们看我平时生活如此节俭，图的什么？还不是为了多积聚点财力以雪朝廷困于藩镇之耻！"

经济实力充盈之后，唐宪宗的第一刀就砍向西川节度副使（管辖今四川省西部）刘辟。刘辟在西川节度使韦皋病逝后，自行宣布继任节度使。逼着朝廷同意后，日益骄横，又要求兼领三川（西川、东川、山南西道）。唐宪宗不准，刘辟遂发兵围东川节度使李康于梓州（今四川三台）。

唐宪宗任命神策军使高崇文领重兵入川平叛。朝中大多数官员不主张入川用兵，蜀道难，这是有共识的。但唐宪宗不听这些怯战之言，果断下令出兵。高崇文有勇有谋，入川后八战八捷，活捉刘辟并送往长安斩首。

同一年（元和元年，公元806年），夏绥节度使（管辖今陕西部分地区）韩全义的外甥杨惠琳因朝廷未批准他做夏绥留后而起兵反唐。唐宪宗毫不犹豫派兵镇压，杨惠琳被部下所杀。元和二年（公元807年），镇海节度使（管辖今江苏部分地区）李琦发兵反唐。唐宪宗也立刻发兵，李琦亦是被部下所杀。

这3起反叛的平定迅速地提高了朝廷的威望，一些原本心怀不轨的藩镇立即表示服从中央领导。易定节度使（管辖今河北部分地区）、武宁节度使（管辖今江苏部分地区）还主动入朝，请求朝廷派员替代。唐宪宗很高兴，对自己削藩的方针政策更加自信。

元和四年（公元809年），成德节度使（管辖今河北中部地区）王士真死，其子王承宗宣布按惯例继任。唐宪宗不许，非但不许，还想以此为契机，解决河北诸镇父子长久相袭的弊端。他下令准备出兵征讨王承宗。这时，朝中出现两派意见，一派以宰相们为主，劝唐宪宗不要轻易言兵，因为河北诸镇父子相袭已有40多年，当地民心不以为非，加之河北诸镇与成德同体，如若出兵，一损俱损，势必激起更大范围的兵变；一派是以宦官吐突承璀为首，力主征讨。唐宪宗采纳了吐突承璀的意见，下令由吐突承璀领兵征讨。

河北这仗不好打，打打停停，劳师糜饷，久讨无功。元和十二年（公元817年），王承宗无力再打下去，遂主动送二子入京为质，献出德、棣二州，并向朝廷缴纳赋税，接受朝廷委派官吏。唐宪宗也打得累了，借此下诏赦免王承宗无罪，正式任命他为成德节度使，成德风波就这样平息。尽管仗未完全打赢，唐宪宗却因削藩而在天下赢得口碑，从心理上震慑了其他与中央离心离德的地方诸侯。

比成德镇更难对付的是魏博镇。这是河北诸镇中最有实力、最反中央的藩镇，自田承嗣割据以来，多次叛乱。其现任节度使、田承嗣的孙子田季安"性忍酷，无所畏惧"。元和七年（公元 812 年）八月，田季安死，其子田怀谏被拥立为节度副使。唐宪宗当时就要出兵征讨，但裴度等大臣劝唐宪宗先等等看，因为田怀谏此时才 10 岁，大权实际握在都知兵马使田兴手上，只要说服田兴，魏博将不战而归。唐宪宗同意了这一建议，派出裴度做说客，使田兴放弃了割据，表态效忠于朝廷。唐宪宗收到田兴的上表后，尤为高兴，封田兴为魏博节度使，赐钱 150 万奖赏将吏，6 州百姓全免租税一年。

魏博回归，初步改变了地方政府首脑父死子继、不由中央任命的局面，对其他藩镇的节度使刺激很大，何去何从，他们都在做最后的打算。唐宪宗抓住时机解决淮西的问题。

吴元济自任淮西地方首脑，完全不听朝廷的指挥，而且四处攻略，并威逼京城，影响极坏。唐宪宗收服魏博后很快发重兵对其征讨。史载，共有 16 路军队从东、西、南、北 4 个方向围攻淮西。

吴元济向成德节度使王承宗、淄青节度使（管辖今山东部分地区）李师道求援，得到了他们的支持。战斗十分激烈，李师道还派刺客进长安刺杀了力主武力平叛的宰相武元衡，刺伤了御史中丞裴度，企图动摇唐宪宗的决定。然而，唐宪宗不为所动，坚持镇压，并及时调整部署，以名将李晟之后李愬为统帅。李愬雪夜出奇兵攻入蔡州（今河南汝南），活捉了吴元济。

淮西大捷是中央削藩的一个标志性事件。淮西地处中原与江南的要道上，近 60 年来一直与中央作对。淮西军骁勇善战，号称"骡子军"，中央几次征讨均无功而返。此次回归，使中央政府与江南的往来畅通，安史之乱以来藩镇尾大不掉的气势被压了下去。唐宪宗乘胜出击，不久又平定李师道军，使淄青 12 州全部回归中央。李师道是非常凶残的军阀，在他倒台以后，各地的藩镇纷纷上表唐宪宗，表示服从中央的领导，回归大一统格局。虽然有的藩镇口是心非，但不管怎样，大唐的旗帜又飘扬在全中国上空，大唐王朝的国祚也因"宪宗中兴"而得以再绵延一个世纪。

唐宪宗认为国家的统一事业已经得到强有力的维护，就把凤翔（今陕西扶风）法门寺的佛骨迎到长安，想以此弘扬国家的中兴成果。然而，迎佛骨后刚过几个月，元和十五年（公元 820 年）正月，唐宪宗暴卒。关于唐宪宗的死因，一说是服金丹中毒，一说是被太监所弒。唐宪宗之后，宦祸大兴似乎可以为后一种说法佐证。

十八、喧闹的朝廷

唐宪宗的接班人是太子李恒，是为唐穆宗。此人奢侈荒唐，高兴时赏赐无度，愤怒时残忍歹毒。

唐穆宗开始执政时，得益于唐德宗、唐宪宗的削藩，各藩镇与中央的矛盾有所缓和，宰相们建议抓住此时机削兵，具体的做法是每年以 8% 的比例减少藩镇军队的数量，以加强皇权，减少军费。

这当然引起藩镇不满，减少军队不就是夺他们的兵权吗？更何况士兵多由失地农民组成，当兵吃饭是他们唯一的生路，你要削兵，又不安置好他们，士兵们能答应吗？于是，幽州首乱，士兵们囚禁朝廷任命的节度使，拥立了朱滔之孙朱克融。幽州一闹，成德跟着闹，叛将王庭凑还杀了节度使田弘正。这两镇风波未平，魏博节度使也被兵变所杀。对河北三镇的叛变，其他藩镇居然不出兵协助朝廷平叛，迫使朝廷承认了兵变时推出的三镇节度使。

中央政府威信扫地，几代人削藩的成果失之殆尽。自此之后，藩镇自相嬗代，父死子立，中央居然无力干预。直到唐亡，许多藩镇仍游离于中央之外。

唐穆宗削兵不成反致灾难，自此更无心理政，在位仅仅 4 年就去世。太子李湛即位，是为唐敬宗。唐敬宗即位时年仅 15 岁，他是一个浪荡公子，喜击球，好宴乐，终日与群小狎昵，根本不管国家事务。宝历二年（公元 826 年）十二月深夜，宦官刘克明等人在陪唐敬宗玩击球游戏时突然杀害了他，时年 17 岁。

这是唐朝第三位被宦官杀害的皇帝。从此，宦官掌握了皇帝的生死、废立大权，唐王朝的不幸接踵而来。

唐敬宗被害后，宦官王守澄等拥立其弟李昂即位，是为唐文宗。唐文宗很想有一番作为，也确实作出了努力，例如去奢从俭，每逢单日必上朝办公，认真了解民风社情，依重宰相裴度等。这些方面不难做到，难的是解决他面前横着的三座大山：宦官势盛、朋党争锋、藩镇割据。

唐文宗鼓起勇气，首先对宦官出手。他把谋士宋申锡找来，向他问计。由于保密做得不好，两人的谈话被王守澄侦知，王守澄立即诬告宋申锡谋立漳王为帝。唐文宗不加调查就信了此告，将宋申锡贬往开州（今重庆开州）。但翦除宦官仍是唐文宗的心愿，他用计收买了王守澄的党羽李训、郑注，下诏任命李训为宰相。李训很有计谋，向唐文宗提议由宦官仇士良接替王守澄担任左神策军中尉，掌握了兵权，是为以宦攻宦。王守澄失去兵权后，唐文宗以一杯毒酒鸩杀了他。在为王守澄举行葬礼时，又用同样的手段处死了一批王守澄的党羽。

李训协助唐文宗初战告捷，劲头更足，他把几位心腹派往几个重要的藩镇任职，并控制了京兆尹，准备里应外合将朝廷内的所有宦官全部诛灭，包括刚被唐文宗任命的仇士良。唐文宗认同这一部署，大和九年（公元835年）十一月，李训的亲信谎报禁卫军大厅内的石榴树上夜降甘露，唐文宗就下令文武百官前往观赏。李训本打算待宦官头目仇士良率众宦官前来时将其一网打尽，没想到仇士良特别机警，途中发现有异，急忙挟持唐文宗向宫中狂跑，回宫后他立即带领自己统领的500名禁卫军杀了回来。仇士良军逢人就砍，李训、郑注及其小集团成员全部被杀光，连同3位宰相在内，枉死的大臣达六七百人，朝廷几乎为之一空。

一个观赏甘露的谎言，酿成了一场震惊天下的"甘露之变"，仇士良由此掌控了朝中大权。唐文宗满腔怨愤无处泄，终日垂头丧气，于开成五年（公元840年）正月病逝。仇士良等矫诏废皇太子，立唐文宗之弟李炎为帝，是为唐武宗。

唐武宗也是个好玩的皇帝，但他玩归玩，也办了几件正事。如起用李德裕任宰相，以抵制和平衡宦官的权限，最终成功地迫使仇士良主动辞职，朝廷也没有发生任何流血事件。在藩镇坐大和回纥侵边的问题上，唐武宗也应对有方。先以分化瓦解的方式削弱了回纥，尔后又接收了部分回纥将领内附，有效地稳定了边疆。对于藩镇之乱，如昭义之叛，唐武宗运用以藩制藩的策略，让忠于朝廷的藩镇出兵镇压，朝廷坐享成果。

唐武宗也是个很任性的人物，想干什么就干什么。从会昌元年（公元841年）开始灭佛，拆毁大量寺庙、兰若、山房等，对僧尼的活动进行种种限制，迫使几十万僧尼还俗。唐武宗信奉道教，企求长生，金丹妙药服多了，最终送了他的命。

会昌六年（公元846年），唐武宗去世后，宦官们做主立其叔叔李忱为帝，是为唐宣宗。

李忱大智若愚，在风险难料的皇宫中装傻，被称作"痴人"。待意料之外登上大位后，聪慧机敏立即展现出来，几乎每件事都处理得恰到好处，朝廷气象一新。文武百官在惊讶之余，油然而生崇敬之情。大中二年（公元848年），沙洲（今甘肃敦煌）志士张议潮联结当地军民起兵，赶走吐蕃驻军，沙洲重回大唐。张议潮被唐宣宗任命为沙州防御使以后，又收复了瓜（今甘肃安西）、伊（新疆哈密）、西（新疆吐鲁番）等10州，中央政府重新掌控丢失了几十年的河西走廊，唐宣宗的威望也更高了。

站稳脚跟后，唐宣宗打出了一系列漂亮的组合拳：对于气焰嚣张的宦官予以严惩，如内园使李敬寔平时见到宰相都不让路，被唐宣宗贬到宰相府当贱役。对于闹独立的藩镇，不只惩处节度使，还要惩处监军。各地的刺史人选在上任前，先到大殿接受唐宣宗的面试，赴任后如有鱼肉百姓的行为，立获严惩。唐宣宗在位时做的另一件大事是恢复佛教，赢得了更多的民心。

唐宣宗一朝气象更新，是唐中期之后真正的中兴。可惜这位皇帝也好丹道，大中十三年（公元859年）因服金丹中毒而逝。

唐宣宗在位13年，未发生宦祸，但宦官们依然据有重权，像禁军这样重要的部门，从唐宪宗起就一直由宦官首领掌控。唐宣宗去世后，宦官们立了其子李漼为帝，是为唐懿宗。唐懿宗荒淫残暴，在位14年弄得天下疲敝，致使南诏有机会大举攻唐。

咸通十四年（公元873年）唐懿宗去世后，宦官杀其年长诸子，立了年仅11岁的李儇为帝，是为唐僖宗。唐僖宗专事游戏，政事全部委托给宦官田令孜。这位小皇帝自幼就由田令孜照顾起居，感情上很倚赖他，称呼田令孜为"阿父"。

从唐穆宗到唐僖宗，7个皇帝中有6个是由宦官所立。宦官主政，国家一定没有什么好结果。伴随着一代又一代宦祸的是一代又一代朋党之争，如"牛李党争"就持续了40年之久。

李宗闵、牛僧孺是牛党首领，李德裕、郑覃是李党首领。两党之争从唐宪宗朝开始，持续到唐宣宗时。卷入朋党之争的朝臣不计其数，他们或互相攻击、排挤，或内结宦官、外联藩镇，掀起一波又一波危及国家安全的争斗。

从人员组成上看，牛、李两党的主要成员均系儒生，有治国理想与才干，但都无容人容事之气度。牛党执政，对李党不论功业一概贬逐；李党执政，对牛党不论成败一律轰走。皇帝知党争激烈，却苦于没有良策应对。唐文宗多次叹息道："去河北贼（指藩镇）易，去朝廷朋党难。"

两党都主张不能姑息藩镇，要尽力抑制宦官，调整一些引起大的弊端的政策等，应该说共同点不少。那为什么不能兼容呢？很重要的一个原因是，两派成员的权力欲都很强，有时为了取得上风，不惜在背后与宦官联手，失去了所谓读书人的节操。

两派争斗不息，一直到两派的首领人物相继去世后，朝廷才安静下来。争斗得太久了，心怀不轨的藩镇们或冷眼旁观，或卷入其中，再加上宦官的威势，朝廷政治黑暗到极点，民间生活苦到无以复加。《旧唐书》中这样形容这段时期：居上者没有清明的政治，只有无止尽的贪婪；居下者没有忠诚的品德，只有奸欺之辈。贪官忙于聚敛，奸吏忙于弄权，只苦了民间，冤痛之声上达于九天，下流于九泉。

十九、"满城尽带黄金甲"

咸通十四年（公元 873 年），唐懿宗下诏遣使从法门寺迎佛骨。从长安至凤翔 300 余里的路上，各种饰金嵌玉的车辆占满了大道，仅仪仗队就绵延数十里。就在这段时间前后，多地农民和戍兵爆发起义。唐大中十三年（公元 859 年）十二月开始的裘甫起义，揭开了推翻唐王朝农民战争的序幕。唐咸通九年（公元 868 年）七月，又爆发了庞勋起义，敲响了唐王朝的末日丧钟。其中规模最大、给唐王朝带来最大伤害的是乾符二年（公元 875 年）爆发的王仙芝起义和乾符五年（公元 878 年）爆发的黄巢起义。

黄巢是曹州冤句（今山东菏泽）人，王仙芝是濮州（今山东鄄城）人，两家祖辈均以贩盐为生。盐贩子一般都有小股卫队以进行走私活动，可以说，黄巢与王仙芝从小就生活在与官府对立的环境里。由于家境殷实，黄巢还读了很多书，边读书边练骑射，有文武之才，曾多次参加科举考试，却屡试不第，心中逐渐积聚了许多怨气，对官府的反叛之心益重。

唐僖宗乾符元年（公元 874 年），王仙芝在长垣（今河南长垣东北）聚众数千人，进而攻陷濮州、曹州，几个月之间队伍扩展到数万人。他自称"均平天补大将军"，向天下发出檄文，细数朝廷的种种罪恶。黄巢以往就与王仙芝有往来，见到檄文后聚众数千人响应。两支队伍合兵一块儿攻陷河南15州，声势威镇朝廷。

唐僖宗慌乱中任命平卢节度使宋威率兵征讨，讨了半年也没效果，王仙芝和黄巢的起义军越打越勇，逐渐形成了对洛阳的包围。危急之下，唐僖宗企图用招抚的办法瓦解起义军。王仙芝动心了，准备接受招安，但黄巢反对，两人发生争吵，黄巢一拳猛击王仙芝，受了伤的王仙芝不想犯众怒，只得拒绝了朝廷的招安。

两人遂决定分头行动，黄巢往山东打，王仙芝往湖北鄂州、安州打。王仙芝已被招安搅乱心绪，攻下江陵后马上派员向朝廷说情，表示愿意归降。但朝廷拒绝了，他只得转战申州（今河南信阳），途经黄梅（今湖北黄梅）时被朝廷大军追剿，5万多起义军被杀，王仙芝也不幸战死。

当时黄巢正在进攻亳州（今安徽亳州），从湖北突围出来的一部分王仙芝余部投奔到黄巢手下，黄巢的兵力迅速增加到十数万人。黄巢号称"冲天大将军"，署置官属，改元王霸。之后，迅速攻破沂州（今山东临沂）、濮州等地，再次威逼洛阳。

唐僖宗急调多路人马防卫洛阳，黄巢见洛阳难攻，决定打往江南。此时江南尚有一些王仙芝的余部仍在积极活动，黄巢在他们的帮助下打入江西境内，先后攻下若干州。之后，又转入浙东，攻下其首府越州后拟转攻福建。但海路难行，就发动十几万民工开山凿路700余里直抵建州（今福建建瓯）。

乾符六年（公元879年），黄巢被镇海节度使高骈所败，不得已折往岭南。转来转去，黄巢很累了，也想向朝廷投降，但要求封自己为天平节度使（管辖今山东部分地区）。朝廷不允。黄巢又请求任安南都护、广州节度使，朝廷还是不允，只答应授以三品官位率府率。黄巢大怒，很快攻占广州，俘虏岭南东道节度使李迢，并发布檄文，斥责朝廷宦官柄朝，污垢败坏纲纪。

但在这一年，瘟疫流行，黄巢军中士卒病死十之三四，不得已决定杀回中原地区。很快攻取了桂州（今广西桂林），控制了岭南全境。广明元年（公元880年），黄巢军攻占了潭州（今湖南长沙）。在这里，黄巢分出部分兵力（号称

50万）让原王仙芝部将尚让统率，向湖北发起进攻。尚让顺利攻下江陵（今湖北江陵），黄巢又与尚让合兵进攻襄阳（今湖北襄阳）。黄巢此时有了轻敌之念，未做充分准备就发起进攻。山南东道节度使刘巨容很有谋略，早就在此设下埋伏，一仗打下来，黄巢兵力损失近半。

尽管如此，反抗朝廷的民众仍不断地涌入黄巢大军。稍作休整后，黄巢兵力恢复到20万人，随之攻下鄂州（今湖北武汉）、饶州（今江西鄱阳）、杭州（今浙江杭州）等15个州。

朝廷急调多路兵力入江西，准备在江西聚歼黄巢。江西此时恰好发生瘟疫，黄巢兵力大损。危急时刻，黄巢使用诈降术，趁朝廷几路兵力后撤之际，全力掩杀淮南节度使高骈，趁势自采石（今安徽当涂北）渡江，进攻天长（今安徽天长）、六合（今江苏六合），威逼淮南，连克申、颍、宋、徐、兖等州。拿下这些地方之后，黄巢打出舆论战和心理战，以天补大将军的名义通告各节度使，要他们各守本营，不得与他交战。

节度使们无人敢出来与之对抗，黄巢顺利地经由汝州攻占洛阳。一个月之后，黄巢攻克潼关，长安一片慌乱。广明元年（公元880年）十二月初五，唐僖宗一行狼狈逃离长安。

黄巢起义前曾写过一首七律："待到秋来九月八，我花开后百花杀；冲天香阵透长安，满城尽带黄金甲。"这首诗本是通过咏颂秋天以言志，殊不料满城金黄色的菊花如今真的变成了满城的士兵铠甲。广明元年（公元880年）十二月十二日，黄巢进入太清宫。翌日，于含元殿即皇帝位，国号大齐，建元金统。

面对满朝的文武官员，黄巢做了区别对待：三品以上的停职，四品以下留任。尔后尽杀李唐宗室，杜绝复辟种子。但他犯了一个根本性错误，没有乘胜追击残余的唐军，使得唐僖宗能够依托巴蜀向长安反攻。唐僖宗还派员向沙陀、党项部落借兵，从长安西、北两面发起反攻。黄巢为了避开联军兵锋，主动放弃长安，屯于灞上（今陕西西安东）。联军冲入空城长安，忙于劫掠，黄巢立即杀回长安，大败联军。

重新进入长安后，黄巢对民众的态度大变，他愤恨百姓欢迎官兵，下令屠城，号为"洗城"。士兵们见人就杀，据说长安有80万百姓倒在血泊之中。

不管黄巢此时如何得意，大势已经变得对他不利，各路勤王兵马从多个方向扑来，长安很快就要陷入包围之中。在这重大关头，他最信任的大将、防守同州（今陕西大荔）的朱温向唐军投降。失去了同州，长安裸露在唐军面前。

中和三年（公元 883 年）正月，沙陀将领李克用率 5 万沙陀兵在沙苑（今陕西大荔南洛、渭之间）大败黄巢之弟黄揆。之后又与几路唐军一道向驻守梁田陂（今陕西渭南东）的尚让发起进攻，尚让大败，死伤数万。

这年四月，李克用又与黄巢战于渭南（今陕西渭南），一日三战，大败黄巢。眼看大势已去，黄巢焚烧宫室后退出长安，经蓝田向中原退却。经过陈州（今河南淮阳）时，黄巢扎下大本营，却围困近 300 天仍攻不下陈州。中和四年（公元 884 年）二月，李克用与唐军前来陈州与黄巢决战。黄巢自知不敌，遂退往汴水边，准备转向河北。渡河时遭唐军大举袭击，兵力多半受损，尚让等将领就在此时分别向唐军和朱温投降。

渡过汴水的黄巢兵力已所剩无几，又被李克用追上，一场激战之后，黄巢逃至莱芜西南的虎狼谷襄王村后去世。

这场颇为壮观的、给了腐朽的唐王朝以致命一击的农民大起义，终因其领袖人物自身的素质和品行问题而失败。

如果黄巢攻入长安后不急于称帝改元，而是继续寻机歼灭唐军，从而扩大自己的地盘，使唐军的反击组织不起来，他是可以在长安站稳的。如果黄巢退出长安后不是去陈州，也不急于回故乡山东，而是向江淮发展，抢占粮仓，整顿兵力，也是有可能重燃大势的。然而，黄巢谋略有限，加上杀了太多百姓，得不到民众的支持，失败就在所难免。

黄巢起义失败 23 年之后，曾经无比辉煌的大唐王朝也走向了终点。

二十、朱全忠，并不忠

唐僖宗大量依靠藩镇的兵力镇压黄巢，虽然取得了胜利，但此后藩镇更加为所欲为，朝廷的政令连长安都出不了。

这是意料之中的事，朝廷没有力量制约，藩镇们便恶性膨胀，最后互相开战，大的欺小，强的欺弱，兼并战打得昏天黑地。只是苦了中原、苦了关中，据说唐僖宗从成都再回长安时，昔日无比繁华的京城早已残破不堪、满城荆棘，杂草中狐兔纵横，鲜有人气。

在这种衰败的场景下，朝廷的内部争斗仍十分激烈，时而朝臣与宦官斗，时而朝臣与朝臣斗，斗得唐僖宗终日昏昏。光启二年（公元 886 年），执掌朝政的宦官田令孜与河中节度使王重荣发生冲突，王重荣联合李克用进攻长安。唐僖宗命朱玫、李昌符讨李克用，战败，田令孜遂携唐僖宗出逃长安。光启四年（公元 888 年）二月，病中的唐僖宗终于又一次回到长安，在拜谒太庙以后，举行大赦，改元文德。一个月后，唐僖宗离开了人世。

唐僖宗临终前受宦官杨复恭等请求，立自己的弟弟、寿王李晔为皇太弟。唐僖宗去世后李晔接皇位，是为唐昭宗。

唐昭宗平素就享有威望，喜书好文，尊礼大臣，有志治理国家弊端，再塑大唐雄风。他继任后首先做的一件大事就是在长安招兵买马，组建了一支 10 万人的皇家近卫军，想要改变"内受制于家奴，外受制于藩镇"的局面。

唐昭宗首先想除掉杨复恭，但杨复恭的后台是现任河东节度使的沙陀兵首领李克用，唐昭宗贸然出兵征讨李克用，结果大败而归，一帮主张讨李灭杨的朝官或被贬或被杀。杨复恭自此更是嚣张，唐昭宗在大殿与百官议事，他居然坐着轿子在殿堂里晃来晃去。

后来杨复恭同干儿子杨守信合谋造反。唐昭宗借此时机，把以往搜集到的杨复恭的罪证连同谋反的消息一同公布，派杨复恭的另一个干儿子李顺节等人带兵前去逮捕杨复恭。杨复恭难以对抗，带领全家出逃，直奔兴元（今陕西汉中）。杨复恭到兴元后，纠集兵力，向朝廷开战，唐昭宗也借助各地节度使的力量与之对抗。经过一年多的战斗，杨复恭的军队被节度使李茂贞打败。最终杨复恭在逃亡的途中被捉，当即被斩首。

在讨伐杨复恭期间，李茂贞居功自傲，向唐昭宗讨做山南西道节度使。唐昭宗不允，并派出禁军征讨李茂贞。禁军在宫中打打杀杀还行，上了正面大战场就不是骑兵部队的对手，禁军大败。李茂贞挥兵直抵长安，逼得唐昭宗杀死一批朝臣，又将凤翔、兴允、秦等 15 州一并划拨给他，使其一跃成为关陇霸主。自此，朝廷的一举一动均在李茂贞的掌控之中。

乾宁二年（公元 895 年）春，李茂贞、王行瑜、韩建这 3 个节度使各领数千精兵强行入朝，准备废黜唐昭宗，改立吉王李保为帝。唐昭宗只得暗中向李克用求救，李克用立即派兵指向长安，迫使李茂贞等退兵。

朝廷已成了"自由市场"，节度使可以自由进出，乾宁三年（公元896年）七月，李茂贞又率兵直扑京城。唐昭宗闻风而逃，逃至富平（今陕西富平）时被镇国节度使韩建劫留。李茂贞趁机占领长安。唐昭宗又向李克用求救，同时向朱温发出勤王令。李茂贞得此情报，畏惧朱温发兵，遂撤出长安。唐昭宗在李克用的护卫下重返京城。

经过一次次的逃亡，唐昭宗已无任何威望可言，情绪低落。他认为这都是宦官勾结藩镇的过患，就和宰相崔胤密议诛杀宦官。宦官首领刘季述闻得风声，抢先动手废了唐昭宗，将其关在少阳院。崔胤表面上与宦官合作，暗中却联络朱温进行反击，扑杀了刘季述及其同党，扶唐昭宗复位。

唐昭宗这次认定要杀尽全部宦官，不然帝位难保。但没等到他动手，宦官先劫持他并送到凤翔的李茂贞大营。李茂贞这下有压力了，如果节度使们联合起来勤王，自己可受不了，于是就向李克用求援。李克用一直在暗中与朱温争锋，立即发兵5万袭击朱温后方，朱温只得先回防河中。天复二年（公元902年）五月，朱温大军从河中出发先击败李克用，把河北诸镇收入囊中，尔后兵临凤翔城下。李茂贞难敌朱温，所辖州县全为朱温占有。在朱温的压力下，李茂贞与朱温讲和后杀了50多名宦官头目，然后打开城门迎接朱温。唐昭宗在朱温的护卫下重返长安。

唐昭宗这回可以出口恶气了，宫中数百名宦官，除了几十个幼小黄门，其余全部斩首。

待朝廷安静下来后，朱温留下1万精兵驻守，自己则返回洛阳，遥控长安。稳住京师后，他开始强攻其他藩镇，先后攻占了临淄（今山东淄博）、临朐（今山东临朐）、青州（今山东青州）等地，大河南北全为他所有。

本已与朱温讲和的李茂贞坐不住了，又联合了一些节度使进逼长安，企图劫走唐昭宗。朱温得信后，亲自领兵进入河中，强迫唐昭宗立即迁往洛阳。唐昭宗无奈，只得上车往洛阳走。经过华州，百姓仍夹道欢迎他，高呼"万岁"。唐昭宗十分难受，流着泪对百姓们说："不要喊万岁了，我不会再成为你们的君主了！"

唐昭宗离开长安后，朱温下令拆毁长安所有的宫殿和一些大的建筑，他一方面要彻底抹去大唐帝国的象征，一方面利用这些木料打造舟船，运走皇宫的财帛。

经过20年的争霸战，朱温不停地战胜强大的敌手，初步统一了中原。之后他便瞄准皇帝的宝座，准备夺取最高领导权。天祐元年（公元904年）八月，朱温密令手下刺杀了唐昭宗。在此之前他已经对朝臣大开杀戒，在长安时已将宰相崔胤杀害，到达洛阳后又将不少大臣杀害，其中一次就杀了30多名大臣，杀后把尸体投入黄河。朱温还嘲笑这些自诩为清流的大臣，说这下变浊流了吧。

唐昭宗去世后，朱温做主立了唐昭宗第九子、12岁的李柷为帝，是为唐昭宣帝，又称唐哀帝。

唐哀帝做了3年的傀儡，于天祐四年（公元907年）被迫将皇位禅让给朱温。朱温即皇帝位，更名为朱晃，改元开平，国号大梁，史称后梁。升汴州为开封府（今河南开封）、建为东都，以唐东都洛阳为西都。天祐五年（公元908年）二月，唐哀帝被害。

历22帝、存世近300年的大唐王朝就这样被朱温篡夺了，中国自此进入五代十国时期。

二十一、夕阳红尽处，应是长安城

继两汉之后，中华民族最壮观的大一统、大融合在唐朝完成。它崛起为世界性帝国，魅力四射，令人向往，1000多年之后，人们仍梦想可以回到大唐。

1973年，日本文化学者池田大作曾与英国著名史学家汤因比有段对话。池田大作说："阁下如此倾情古老的神州大地，假如给你一次机会，你愿意生活在中国这5000年漫长历史中的哪个朝代？"汤因比略微想了一下后回答："要是出现这种可能性的话，我会选择唐朝。"池田大作听后又说："那么，您的首选居住地必会是长安了……"

汤因比眼光独到。穿越时空，繁华的长安展现在人们的面前。它真是太大了，城市面积近100平方公里，是著名的东罗马帝国首都拜占庭的7倍，阿拉伯帝国首都巴格达的6倍，也比现在的西安市大得多。城内有南北向主干大街11条，东西向主干大街14条，把居民住宅区划分成了整整齐齐的110坊，其形状近似一个围棋盘。贯穿南北的中轴线朱雀大街宽达 150~155 米，其他的不通城门的大街宽度也普遍在 35~65 米。即使在今天，中国的城市也少有街道在宽度上超过长安的大街。建在皇城内的大明宫也创了中国皇宫之最，其面积是北京故宫的 4.5 倍。

在这座当时堪称世界上最大都市的京城里，向国家纳税的常住人口超过 100 万，加上外来人口，总人口超过 200 万。

这是一座国际化程度相当高的大都市，与唐朝建立了外交关系或有经贸往来的 70 多个国家，大都在长安拥有自己的"使馆"。一批又一批商人、旅客、使节、学生、工匠及其他阶层的人士，通过以长安为中心的海陆交通网来到这里，仅各国前来求学的学生就多达数万。

这张交通网从汉朝开始织起，到唐朝时竣工。它硕大、便捷，把世界上几十个发达或欠发达、不发达的国家紧紧地网络在一起。

陆路上，除了有 3 条通往中亚、西亚、欧洲的通道之外（即著名的陆上丝绸之路），还有经今内蒙古到叶尼塞河、鄂毕河上游直达额尔齐斯河的通道；西南方向，有经中国四川、中国吐蕃抵达今尼泊尔、印度、缅甸的通道；从长安往东，经河北、辽东直达朝鲜半岛。海路方面，仅东去日本就有 3 条海路；从广州下海向西，经东南亚，越印度洋、阿拉伯海，可直抵波斯沿岸。海路遥远，但起点和终点都是长安。

此时的长安是世界中心。美洲、非洲还非常落后，有些地方仍在刀耕火种，欧洲的法兰克王国刚刚创建，亚洲的阿拉伯帝国正忙于与他国的长期战争，只有中国的唐朝获得了空前的统一，物质文明和精神文明大幅领先。长安便是大唐的缩影，"到长安去"，成了无数外国政要和民众的首选。

住在长安的外国人多啊，多到分不清哪些是唐人，哪些是外国人。因为有许多唐人喜欢穿外国人的服装，举目望去，满眼"胡服"，"冲天胡气透长安"。

大唐帝国最亮丽的特点就是开放。当时长安城东西南北 4 个方向都建有容量特别大的宾馆，接待前来朝贡、通商、求学的外国人。对其中的部分人士，除了在经济上给予优厚待遇，还让他们在政府机构任职，例如来自日本的阿倍仲麻吕担任秘书监兼卫尉卿，来自百济（今朝鲜半岛西南）的黑齿常之当上了左武卫大将军、燕国公，来自波斯（今伊朗境内）的卑路斯出任大唐波斯都督府都督、右威卫将军等。

这种现象在中国历朝历代中少见，只有唐朝敢这样做。钱穆先生在分析这一现象的原因时说："他们忽忘了民族界线，他们不懂害怕外国人，不懂提防外国人。"景云二年（公元711年）十一月，日本国遣使朝贡。唐睿宗下诏设宴接待："日本国远在海外，遣使来唐，既涉沧波，兼献邦物，其使者莫问等宜，以今月十六日于中书省宴集。"日本为了学习中国文化，先后向唐朝派出了十几次遣唐使团，每次均多达百人以上，有时多至五六百人，或学习中国传统文化，或从中国引进政治、法律制度及教育、科技等方面的成果，连汉字也搬往日本配上音，成为日文。郭沫若先生曾形容说："把中国的文化、各种上层建筑的意识形态，差不多和盘地输运了去。"

对外国人不卑不亢、不捧不惧，大唐王朝的这份自信还体现在宗教上。西方、阿拉伯、印度的一些宗教团体如袄教、景教、摩尼教、佛教等，都在长安落地生根。长安城内仅佛寺、道观就有近200所，每到节假日都会举办大型法事活动。此时的长安就万人空巷，人们都涌到这些宗教场合祈福消灾。儒释道三教都在长安拥有自己的信徒，和谐相处，这是宗教史上的幸事。有学者指出，唐朝是中国历史上宗教思想最发达的时代，尤其是佛教极为兴盛。

佛教在东汉时即已传入，但它的学说"中国化"却是在唐贞观年间到武后统治的半个多世纪中进行的。贞观元年（公元627年），大唐法师玄奘抱着"求如来之秘藏，寻释迦之遗旨"的夙愿，独自一人从长安出发，往游西域。在没有任何交通工具和后勤保障的条件下，他徒步穿过气候异常恶劣的400多公里的无人沙漠区，出天山，越葱岭，穿过中亚细亚，用6年时间走到佛教发祥地天竺（今印度西北），又用了10年时间在印度潜心钻研，终于成为印度18国国王一致推崇的高僧。贞观十九年（公元645年），玄奘携带657部经论和若干佛像、舍利、花果种子等回到长安。10多年的艰辛、5000余里的行程，换来的是京城长安数十万人的夹道欢迎，换来的是佛教在大唐大放异彩。唐太宗亲自为玄奘翻译的75部、1335卷佛经作序，即《大唐三藏圣教序》。

玄奘之后，又有40多名学者、僧人沿着玄奘走过的路西行求法，并沿途传播中华文化。这是一批意志坚强、抱负远大、各方面都堪为楷模的人。他们的不懈努力在更大范围内促进了东西方文化的交流，拉近了唐王朝与世界各国的距离。鲁迅先生称这些不惜生命、只知勇敢前行的先驱者是中华民族的脊梁。

在一定意义上，这批学者、思想家还代表着当时广大人民的精神风貌。回望唐朝，由于物价低、商品极大的丰富，民众普遍生活无虑，加之言论也自由，百姓的个性得到张扬，所以全社会呈现出一种蓬勃向上的局面。人们以健康为美，以成功为美，以互相爱护为美，大量赞美生活、赞美国家和民族的精神文化产品喷涌而出，其中最伟大的成果莫过于唐诗。

诗歌在中国源远流长，诗歌的地位也非同一般，一部由孔子编定的《诗》，最终被后人抬高至"经"的地位。与《诗经》及其他时代的诗歌一样，唐诗也是以言志、抒情为主，但唐朝诗歌的社会应用价值和影响是其他任何时代的诗歌都无法比拟的。国家开科取士居然以诗、赋为主要的考试内容，诗写得好可以为官。你看唐朝那些名相名臣，房玄龄、杜如晦、魏征、娄师德、郭震、张九龄、张悦、王维、刘禹锡、柳宗元、姚崇、宋璟、狄仁杰等，哪一个不是著名的诗人？诗写得好，上得帝王之爱，下得百姓之捧。于是，诗靡全境，送人出使、还乡吟诗，慰人贬官、下第吟诗，招财进宝了吟诗，仕途坎坷了吟诗，娶媳妇盖新房吟诗，歌舞酒宴吟诗，没读过一天书的放牛娃，骑在牛背上也吟诗。

诗歌已深入到大唐王朝的方方面面，各种流派精彩绝艳，如山水田园诗派、元白诗派、韩孟诗派、边塞诗派等。例如边塞诗派，写战争，写戍边，写民族争战，写国家的苦难。一首"秦时明月汉时关，万里长征人未还；但使龙城飞将在，不教胡马度阴山"，不到 30 个字，就展现了秦汉以来无休止的边关争战，多少代人尸横遍野、腥红血溅，为的就是"不教胡马度阴山"。一首短诗居然能承载民族融合、国家一统过程中的痛苦与欢乐、辉煌与颓败，难怪后人誉唐朝为"诗的国度"。清朝所编《全唐诗》收录诗歌多达 49800 余首，作者有 2200 余人，其中独具风格的代表人物有李白、杜甫、白居易等。

唐诗中更多的篇幅是描写生活，描写国民的情感、性格。唐人能够毫无遮拦地讴歌天地间最纯美亮丽、最具冲击力、最使人认同的心灵乐章，读来荡气回肠，令人血脉贲张。好作品真是太多了，我们可以欣赏"诗圣"李白的一首代表作《将进酒》：

君不见黄河之水天上来，奔流到海不复回！君不见高堂明镜悲白发，朝如青丝暮成雪！人生得意须尽欢，莫使金樽空对月。天生我材必有用，千金散尽还复来。烹羊宰牛且为乐，会须一饮三百杯。岑夫子，丹丘生，将进酒，杯莫停。与君歌一曲，请君为我侧耳听。钟鼓馔玉不足贵，但愿长醉不复醒。古来圣贤皆寂寞，唯有饮者留其名。陈王昔时宴平乐，斗酒十千恣欢谑。主人何为言少钱，径须沽取对君酌。五花马，千金裘，呼儿将出换美酒，与尔同销万古愁！

李白写这首诗大约是被唐玄宗"赐金还山"、入仕无望之时，他心中的痛苦积郁很深，报国无门，偏又人生短促，于是手捧金樽，笔走龙蛇，以一种经纬天地的气度，仰天长吟。尽管也有一些牢骚和悲愤之语，但人们听到更多的是他那颗不甘沉沦的心在跳跃："天生我材必有用，千金散尽还复来。"这是何等的自信与奔放。李白并不是纯粹在酒中寻乐，他其实是在用言行影响那些仕途不顺或入仕无门的人们：没有关系，振作起来，"钟鼓馔玉不足贵"，走自己的路，在生活中去寻找慰藉吧。所以，尽管已经"斗酒十千"，但还要酒家上酒，而且调侃酒家：不要担心没钱买单，我有五花马（很名贵的马）、千金裘，足够付你的酒账。今天就在这里喝个够，"与尔同销万古愁"。

唐代的好诗有一个特点，就是一经写出来，大多都会被迅速谱上曲子，传唱于大江南北。当时有一批很有名气的歌唱家，专门演唱名诗名作。歌唱家唱的同时，台下的听众也跟着唱。许多唐诗本来就气象恢弘、意境深远，加上数百、数千人一起合唱，那气势真正可穿云裂石。

与唐诗交相辉映的是唐朝发达的科学技术。英国著名的学者李约瑟曾在他主编的《中国科学技术史》中盛赞道："中国在 3 世纪到 13 世纪之间保持着西方所望尘莫及的科学知识水平。"唐朝正是处于这一时期之中。唐朝著名的天文学家与数学家一行和尚（俗姓张，名遂，魏州昌乐即今河南南乐人）从开元十二年（公元 724 年）起，组织力量在全国 10 多个点进行天文大测量，这是世界科学史上的创举。为了取得准确的数据，他自制了一批科学仪器，如复矩图，计算出子午线 1 度的长度相当于今天的 131.11 公里，与近现代的探测误差仅 20.17 公里，这是世界上首次实测子午线长度。一行和尚还编成了《大衍历》，他在这本历书中提出了自变数不等间距的二次差内插法、含有三次差的近似内插方式等，这些都是数学界的首创成果。一行和尚还是世界上首次发现恒星位置变动的科学家。

一行和尚和同伴梁令瓒创制了黄道游仪以及用水力推动的浑天铜仪。浑天仪在运转中既能表示天象，又能计时，是世界上最早的用机械转动的计时器，比钟表的发明早了几百年。

唐朝是一个努力开拓进取的时代，社会面貌"日日新，苟日新，又日新"。雕版印刷术从中唐时开始普遍使用，这是世界上最早的工业化印制技术。敦煌艺术也在此时大放异彩，一大批精美绝伦的绘画、书法、雕塑作品问世。在现存的 492 个敦煌窟龛中，唐窟占了 213 个，仅塑像作品就遗存了 670 躯。虞世南、欧阳询、褚遂良、颜真卿、柳公权、孙过庭、张旭、怀素等书法家把中国文字的艺术演绎到至善至美、后人难以逾越的高度。别的不说，"欧体""颜体""柳体"这三座中国书法艺术的高峰都源于唐朝。

西望长安，我们看到了一个自由富强、开放自信、朝气蓬勃、万紫千红的大唐。尽管时空不能倒流，但通过对历史的深情回眸，人们仍能沐浴到她的阳光，聆听到她那令人魂悸魄动的音响。

梦回唐朝，去做一回唐人。

　　唐天祐四年（公元 907 年），朱温建立了后梁，但他实际占有和控制的仅是今黄河以南，淮河、汉水以北，以及陕西关中等地区，中国大地上仍是诸侯林立。从公元 907 年后梁兴起至公元 960 年后周灭亡，这 53 年是隋唐大统一之后的又一次大分裂，中原地区相继出现后梁、后唐、后晋、后汉、后周 5 个王朝。在中原地区之外，又有前蜀、后蜀、南吴、南唐、吴越、闽、南汉、楚、南平、北汉等 10 多个小国割据。史称这一历史时期为五代十国。

　　五代十国是大一统局面解体后的残局、大唐帝国沉没前的一缕斜阳，特征是一个"短"字。5 个王朝存世都不久，长的十几年，短的仅几个月。为什么短命呢？一则因为内乱多，兵变、政变、父子之变，使政权总是处于"流动"之中；二则因为十几个政权争城夺地，互相攻杀不断，没有机会和时间静下来舔舐自己的"伤口"，一仗又一仗打下来，一个又一个统治者倒下去。

　　南方的割据政权比北方的存在得久一些，像南吴存在了 35 年，南唐存在了 38 年，后蜀存在了 33 年，南汉存在了 54 年，钱镠创建的吴越居然存在了 71 年。出现这种现象的原因是多方面的，其中南方经济比北方发达、战斗力资源持久是一个重要的原因。

　　然而，南方十国中没有任何一国有抱负和能力建立大一统王朝，它们最终都被赵匡胤建立的宋朝所兼并。它们的经济基础和文化底蕴为宋王朝的崛起作出了杰出的贡献。

这一时期另一个引人注目的大事件是契丹族在东北兴起，并以铁血政策给中原王朝制造了不少苦难，有的中原王朝甚至不惜以"儿臣"之礼割地求安。

以武人执政为主的五代，尽管在它的尾声时期（后周时）有一些好的变革，但总体上讲，上没有承继大唐王朝的光荣传统，下却给大宋王朝沉积了许多政治负担（如燕云十六州等问题），五代真是个令人感到遗憾和痛心的时代。

一、朱温代唐，群起而攻之

朱温是宋州砀山（今安徽砀山）人，家境穷困，父早逝，兄弟三人随母亲寄人篱下，饱尝人间艰辛。所以他参加农民起义军后勇猛异常，受到黄巢重视，很快独当一面。但朱温心计很深，他看出黄巢成不了大业，公然离他而去，并用极其狠辣的战术反戈一击，使众多昔日一同并肩作战的农民兄弟死在其刀下。他投降唐朝后，密令心腹杀死唐昭宗，又找借口杀了心腹灭口，并以此为借口，展开对朝廷有功之臣的清洗，使朝中大臣人人自危。

朱温的恶行张扬出去，各地军阀对他既怕且恨，纷纷把攻击目标对准他。朱温孤立了，连曾与他共患难的亲哥哥朱全昱也站出来痛斥他，警告他没有好下场。

在所有军阀中，对朱温威胁最大的是以太原为基地、拥有以沙陀骑兵为主要武装力量的李克用父子。李克用靠镇压农民起义而被唐僖宗重用为河东节度使。河东诸州未经战乱破坏，资源丰富，李克用在这里得到发展，很快成为数一数二的军事集团，并直接展开与朱温的武装斗争。

但是李克用的部队游击性和匪性太重，走到一地抢劫一地，得不到民众的拥护，所以在与朱温的斗争中败多胜少。李克用、李存勖父子遂开始整顿内部，大力发展河东经济，放下架子，结交过去曾交恶的大小军阀，如凤翔李茂贞、西川王建、幽州刘仁恭、淮南杨行密等，基本组成了反朱温的统一战线。

开平二年（公元908年）正月，李克用因长年征战，背上生出毒疮。临终前交给儿子李存勖3支箭，一支箭要灭后梁，一支箭要灭幽州刘守光，一支箭要灭契丹。李存勖把这3支箭供在庙堂，不久就突出奇兵，向正在围攻潞州

（今山西上党）的朱温军发起进攻。李存勖很能打仗，日行军超过百里，趁着弥天大雾，突然攻击朱温大营，杀得后梁军尸横遍野。朱温的营寨防守本来是很严密的，称为铁桶军营，却一下被李存勖攻破，朱温惊得瞠目结舌，低声哀叹："生子当如李亚子（李存勖的名号）。"

李存勖不松劲儿，与成德节度使等军阀结成联盟，继续找机会与朱温战斗。朱、李两大死对头从山西转移到河北攻防。河北千里沃野，地势开阔，适于骑兵作战。开平四年（公元 910 年）十二月至乾化元年（公元 911 年）正月，两军在柏乡（今河北柏乡）决战，结果李存勖军大败朱温军，斩杀 2 万人，俘虏285 人，得战马数千匹、铠甲兵仗 7 万余件。

柏乡大捷后，李存勖乘胜追击，又先后攻占邢州（今河北邢台）、澶州（今河南濮阳）、新乡（今河南新乡）等地。整体形势转向有利于李存勖一方，曾不可一世的梁太祖朱温被迫由攻转为守。

打到新乡，李存勖暂时止步，兵锋掉头北上，因为此时（公元 911 年八月）割据幽州的军阀刘守光宣布称帝，国号大燕。李存勖为避免腹背受敌，集中精锐兵力扑向幽州。大将周德威在盟友成德、易定两镇的支援下，很快攻下燕祁沟关（今河北涿州西南）等战略要地，顺利进抵幽州城下。惊慌失措的刘守光向朱温求援，朱温此时正在生病，但仍强行上马亲自领兵杀向幽州。

李存勖、周德威面对两支劲旅，毫无畏惧，兵分两路，一路围城，一路支援，结果不仅在城外大败朱温，还攻进幽州活捉了刘守光父子。

幽州大败之后，朱温病重，拟把帝位传给养子朱友文。亲儿子朱友珪不服，勾结禁军首领，亲率数百名牙兵在半夜冲进朱温的寝室将其刺杀。

朱友珪杀死父亲后，又指使亲弟弟朱友贞杀了朱友文，然后宣布自己继位。

朱友贞也不是好货，嫉妒兄长当了皇帝，勾结魏博节度使杨师厚发动兵变。朱友珪自知难逃一死，就让杀死过朱温的心腹冯廷谔杀死自己和皇后。

朱友贞依靠魏博的力量坐上龙椅，史称后梁末帝。贞明元年（公元 915年），矜功自傲的魏博节度使杨师厚病死，朱友贞下令将魏博六州一分为二。

唐朝中期开始，魏博军阀就尾大不掉，100 多年来中央政府都没解决好这个问题，主要原因是魏博镇拥有 6 州 43 县的地盘，且位处战略要道，割据者一旦下定决心分裂，就很难被中央征服。朱友贞的命令刚下，军士间父子相袭已

100 多年的魏博镇立即举兵反叛，魏博 6 州宣布改投晋王李存勖。魏博军兵都是职业军人，这下子大大地改变了后梁与李存勖之间的力量对比。往后人们就会看到，这支魏博生力军在灭梁的战斗中可是生猛无比。

轻而易举得到了魏博，李存勖将目光投向河南。正当李存勖拟乘势攻占河南之时，公元 917 年三月，30 万契丹大军南下围攻幽州。李存勖只得搁下河南，命令李嗣源等将领掉头北上，迎战契丹。

与契丹交战了 5 个月，大败契丹，迫使契丹撤回东北。李存勖又令大军南下，与后梁展开争夺黄河沿岸的战争。这场争夺战打得非常惨烈，双方各损失了三分之二的兵力，最终李存勖夺得了黄河渡口，但后梁军队仍坚守在滑州（今河南滑县）一带，双方成胶着之态。

同光元年（公元 923 年）四月，在十几个州的军阀的劝进下，李存勖在魏博加冕称帝。为了笼络天下人心，以唐为国号，史称后唐，定都洛阳。

后唐辖有今河北、山西地区的 13 个节镇、50 个州。以此为基地，李存勖下令向后梁首都开封进军。总攻前，他派大将李嗣源出奇兵袭占了后梁的腹地重镇郓州（今山东东平），然后从这里出发，顺利攻克后梁中都（今山东汶上），生俘了后梁名将王彦章。后唐军乘胜前进，一鼓作气打至大梁（今河南开封）。此时大梁防卫空虚，仅有的 5 万精兵被根本不懂作战的大将段凝领往滑州（今河南滑县）北上。面对唐兵，梁末帝一筹莫展，聚族痛哭，绝望中自杀。李存勖随即进占大梁，后梁灭亡。

李存勖是军事天才，从郓州黄河渡口杨刘城下令总攻开始，长途奔袭六七百里，途中还打下中都、曹州（今山东菏泽），到最后攻占大梁，仅仅用了 9 天时间。后梁遇到这样的对手，难逃灭亡。

后梁历经 3 朝，共 16 年。16 年间，几乎都在与后唐及其他割据政权拼斗。然而历史没有多给朱温父子机会，因为朱温作孽太多，几个儿子也不成器。

二、打下天下却不会"坐天下"

李存勖灭了后梁，极大地震慑了其他割据政权。岐王李茂贞当年是何等威风，公开劫迁唐昭宗，现在也遣使入朝向李存勖称臣；荆南节度使高季兴亦是极具野心的人物，现在也亲自入朝拜见；楚王马殷、吴越王钱镠、闽王王审知等也都遣使入朝，后唐的威望陡然而增。李存勖抓住时机，向尚不肯臣服的蜀国发动征讨。

蜀王王建在朱温代唐的同时在蜀地称帝，国号蜀，史称前蜀。蜀地是天府之国，经济活跃，战斗力充足，加上地势复杂，易守难攻。此时王建的儿子王衍执政，他贪图享受，朝政浊乱，民怨很重。李存勖了解到这一情况后，任命皇子李继岌与侍中郭崇韬统兵伐蜀。

同光三年（公元925年）九月，6万精锐步骑从洛阳出发西征，一个月后就攻占威武城（今陕西凤县东北）。从威武一路打下去，蜀军望风而降，后唐军只用了70天时间就攻占成都。这是一场有征无战之役，本来蜀军兵足、地险、粮足，只要上下一心，坚壁固守，是完全有可能迫使悬师远征（洛阳至成都2000余里）的后唐军师疲粮尽而退的，但前蜀领导人昏聩腐败，不得民心，失败便在所难免。

拿到蜀地，天下初定，李存勖的享乐之心冒出来。他开始骄奢淫逸、得意忘形，为他服务的宦官一下增至千人，后宫佳丽粉黛如云。他特别喜好伶人，给他们的赏赐无度，自己也时常粉墨登场，与伶人同演一出戏，伶人的地位竟高于百官。与之形成鲜明对比的是，许多打天下出生入死的部队却常常缺乏军饷，以致士兵有时处于饥饿之态。宠妃刘氏被立为皇后，直接干预朝政，甚至伪造诏书杀害了平蜀大将郭崇韬，在军中引起极大的愤怒。以杀害郭崇韬为始，朝中一系列忠臣或被贬或被害，为李存勖立过许多大功的兄弟李嗣源（李克用的养子）也惊恐不安，终日担心将大祸临头。

同光四年（公元926年）二月，早就对朝廷不满的魏州兵将推举赵在礼为首发动兵变。李存勖命归德节度使李绍荣前往招抚，未能成功。李嗣源趁机力争到武力平叛的任务，但是他一到魏州，立即宣布与叛军为伍，掉转马头攻进汴州（今河南开封），逼向洛阳。李嗣源有勇有谋，是令人不战而惧的将领。李存勖知道他的厉害，亲自统兵东征，行至中途，得知汴州已失守，长叹一声："大事去矣！"遂引兵退回洛阳。刚进洛阳，伶人出身的郭从谦又在城内发生叛乱，几十个伶人领兵攻入兴教门，皇城大乱，后唐庄宗李存勖被乱兵所杀。李嗣源乘乱攻入洛阳，平定京中乱势。

李存勖之死真是一大笑话，他那么宠爱的伶人居然造反，革了他的命，这是中国历史上仅有的一例——戏子弑皇帝。宋代欧阳修评价道："方其盛也，举天下之豪杰，莫能与之争；及其衰也，数十伶人困之，而身死国灭，为天下笑。"

打天下百折不挠，雄风凛然，常常只身冲锋陷阵；治理国家、坐天下却一塌糊涂，毫无章法，短短3年就搞得天怒人怨，李存勖前后判若两人，可惜！

不久，李嗣源即位，是为后唐明宗。李嗣源13岁时被李克用收养，尽管目不识丁，却能以沉稳的性格、高超的武艺获得李克用赏识。他称帝后谨言慎行，勤政廉洁，任用任圜、冯道为相，诛杀大贪官孔谦，废除苛敛，均减田赋，稍息兵革，还为冤死的一批大臣如郭崇韬等平反昭雪，很快稳定了朝纲，赢得了人心。仅仅数年，社会就出现小康气象。

然而，天下动乱因素仍然不少，积聚的矛盾并未彻底解决，李嗣源时常夜里焚香祷告，说："吾本蕃人（沙陀人），岂足以治天下？世乱已久，愿上天早生圣人！"

李嗣源说的是真心话，他没有文化，不能看奏折，掌握不了第一手材料，对国情就缺乏真正的了解，用人断事显得盲目。如重用枢密使安重诲，把一切政务委托于他，结果朝纲紊乱，变乱迭起，他自己也陷入危机之中。即位时已年届六旬的李嗣源痛苦地维持着大局，7年下来，病势日重。长兴四年（公元933年）十一月，66岁的后唐明宗李嗣源病故。

其子李从厚即位，是为后唐闵帝。应顺元年（公元934年），李嗣源养子、潞王李从珂从凤翔起兵向洛阳进攻，关东将士不战而降。李从厚慌忙逃向魏州，途中恰遇后唐明宗的女婿、自己的姐夫石敬瑭。石敬瑭正在入朝与李从珂会面的路上。李从厚将近日发生的变故告知石敬瑭，向他询问兴复之策。不料石敬瑭听完李从厚所言之后，不仅不救，反而将李从厚的几十个随从全部杀害，丢下李从厚一人并将其软禁在州衙中，而后率军向洛阳疾驰而去。

石敬瑭与李从珂相好，两人自幼跟随李存勖南征北战，在朝中享有威望。他去洛阳，是为了拥奉李从珂。顺利占领了洛阳的李从珂受到百官拥戴，宰相冯道等上表劝进。应顺元年（公元934年）四月，李从珂登上帝位，是为后唐末帝。李从厚被废为鄂王，不久即被诛杀。

石敬瑭本来是去京城表忠心的，却发现李从珂对自己并不信任，就开始暗中准备后路。他在李从珂身边埋下内线，自己以河东节度使的身份驻守太原，远离京城，一边上表忠于朝廷，一边把散在各处的财产运往晋阳（今山西太原），悄悄地做着反叛的准备。

石敬瑭也是沙陀人，他有文化、懂兵法、武艺超群，不但在危急关头救过李存勖，也救过自己的老丈人李嗣源。当年李嗣源受李存勖猜忌的时候，是他力劝李嗣源亮出大旗，成就大业。而且他仅以300名精兵就攻下中原重镇汴州，从心理上震慑了李存勖，为而后李嗣源顺利攻占洛阳开了一个好头。

在任河东节度使时，石敬瑭也显示出了独特的素质。他生活简朴，不近声色，不大吃大喝，时常与属下一道明察暗访，把河东这块地方治理得风调雨顺。总的来说，石敬瑭在能力上比李从珂强。

清泰三年（公元936年），李从珂调石敬瑭为天平节度使，企图以此削弱他的兵权。石敬瑭拒绝调任，他叛变并上表指责李从珂即位是非法的，应立即将皇位让给许王（后唐明宗第四子）。五月，李从珂命张敬达统兵向晋阳进发征讨石敬瑭。石敬瑭屡战屡败，危急之中，他接受谋士的建议，向契丹求援，许诺事成后每年向契丹进贡30万匹帛，并割让燕云十六州（今北京、河北、内蒙古、山西的部分地区）。契丹国王耶律德光大喜，立即亲自统兵驰援石敬瑭，并很快在晋阳大破后唐军。

契丹是我国东北地区一个历史悠久的民族，盛唐时归附唐朝，安史之乱后又宣布独立。唐末时，契丹的杰出首领耶律阿保机统一了契丹各部，于后梁贞明二年（公元916年）称帝，自此一个崭新的由少数民族建立的王国崛起。其国势日强，尤其是军力强悍，骑兵部队1人配备3匹马。后唐天成元年（公元926年），耶律阿保机去世，少子耶律德光继位。10年后，就是这位契丹新主成为后唐的克星。

耶律德光在太原打败后唐之后，又与石敬瑭一道引兵南下，并于后晋天福元年（公元936年）十一月，在太原扶立石敬瑭称帝，国号晋，史称后晋，定都汴梁（今河南开封）。44岁的石敬瑭甘愿认34岁的耶律德光为父，把自己的国家与契丹约为父子之国。"儿皇帝"石敬瑭成了中国历史上最为人不齿的帝王，正是他的卖国行为使北宋的统一大业迟迟不能实现，中华民族承受了更多的战争之苦。

得知石敬瑭称帝及契丹军南下的消息后，后唐末帝李从珂怀抱传国玉玺举家自焚，石敬瑭大摇大摆进占洛阳，后唐灭亡。后唐共经 4 帝，历时 13 年。

三、"儿皇帝"不好当

石敬瑭如愿称帝，立即派员向契丹献上燕云十六州的图籍和第一年应付的岁贡 30 万匹帛。燕云十六州历来为中原王朝的直接统辖地区，经济、文化都较发达，失去燕云十六州就等于向契丹敞开了北方的门户，之后的北宋王朝不得不耗尽国力与之对抗，无端承受了更多的苦难。

收到如此贵重的礼物后，耶律德光的胃口大开，开始不停地向石敬瑭索要贡赋。史载，石敬瑭在位 6 年期间，先后 43 次派使者去契丹进贡，后晋的财力基本被契丹榨干。就这样还不能让耶律德光满意，石敬瑭不时受到耶律德光的责骂和欺辱。

契丹的暴虐激起了后晋和当地军民的激烈反抗。先是云州（今山西大同）军民反抗契丹，被石敬瑭用计平息。天福六年（公元 942 年），成德节度使安重荣站了出来，上书数千言斥责石敬瑭的卖国行为，并暗结吐谷浑部落，拟武装推翻石敬瑭并取而代之，结果兵败被杀。在安重荣动手时，山南东道节度使安从进配合安重荣，也举兵叛晋，结果也是兵败被杀。从此之后，后晋藩镇动乱加剧，反抗规模扩大，尽管都被镇压下来，但严重地削弱了后晋政权。

在一片反抗声中，石敬瑭有所省悟，他恢复了后唐明宗的一些做法，着力发展经济，改善民生，使国力有所增强。但他的生活方式开始糜烂，沉溺于声色犬马之中。为了维持政局稳定，他还纵容官吏凌虐百姓，制定了许多令人发指的新刑法，如灌鼻、割舌、肢解、剐剔，甚至把人投入满是毒蛇的水牢等。

政治黑暗，内有隐忧时刻刺激着他，外有"严父"耶律德光，动辄受欺挨骂，天福七年（公元 942 年）六月，石敬瑭终于忧虑成疾而逝。

宰相冯道与侍卫亲军首领景延广立石敬瑭的侄子石重贵为帝，是为后晋出帝。景延广是个很有个性的将领，他与冯道共同建议改变对契丹的政策，要求不称臣。后晋出帝同意了，就让景延广出面召见契丹回图使乔荣，说："先帝是你们所立，称臣可以理解；但当今皇帝乃中国所立，可以称孙，但称臣就没有道理。请回去转告耶律德光君主，不要挑起战争，孙有十万横磨剑，足以相待。"

耶律德光得知后怒火万丈，立即部署南下作战。后晋平卢节度使杨光远勾结契丹造反，力促契丹大军入侵中原。天福八年（公元943年）十二月，契丹分3路杀向中原，自称有"十万横磨剑"的后晋王朝，倒是没有任何畏战的情绪显出，只是正面和后方都没有充分的准备，自幽州以南至魏州以北的广袤地带基本上没有正规军设防。成德节度使杜重威居然眼看着契丹大军从城下经过而不加任何拦阻，契丹大军长驱直入，很快占领了贝州（今河北清河西），并继续南下。

天福九年（公元944年）正月中旬，后晋出帝亲自出征督战，集中了全部骑兵于黄河一带，准备在澶州（今河南清丰西南）与契丹铁骑决一死战。由于有皇帝督阵，后晋接连打了几个胜仗，契丹军一时无法再往南进。后晋出帝抓住时机，在景延广的指挥下，先后取得了澶州、阳城大捷，迫使契丹军向北撤退。后晋军乘胜追击，收复了德州、青州、淄州、泰州、贝州等地。

但是，北撤的契丹军的主力并未受大的损失，稍作休整后，又于当年年底发动第二波南下进攻。由于应对失当，晋军节节后退，溃不成军。退到相州安阳河（洹水）南面止住，后晋军在这里抗击契丹大军，有效地阻止了耶律德光的南下步伐。

开运二年（公元945年）正月，后晋出帝又从汴州出发抵达澶州，组织反击作战。关键时刻，晋军统帅杜重威怯战，不敢正面大举出击。但他手下的几位将领却自作主张，以全部骑兵冲击耶律德光，大获全胜，耶律德光丢下大批马匹、物资逃往幽州。

受二次反击作战胜利的鼓舞，后晋出帝有了轻敌之心，决定北伐契丹，拿回燕云十六州。这个想法很好，然而，当时因为连年战乱，经济凋敝，民生艰难，加之朝廷外戚专权（国舅冯玉等把持朝政），政治昏暗，根本不具备北伐的基本条件。尤其是此时各地灾害不断，水灾、旱灾使不少地区几乎颗粒无收，连草根都扒来当粮食，无数农民四处流浪。一些农民忍无可忍，走入山林，聚众呼啸，与政府展开对抗。

不论情势如何不利，朝廷已下定决心北伐。错误的是选定后晋出帝的姑父、石敬瑭的妹夫杜重威任北伐统帅。杜重威早就心怀不轨，想依靠契丹的支持取代后晋出帝。由这样一个野心家领兵，后晋危险了。

得知后晋北伐大军已出动的消息，契丹统帅一改历来主动进攻的战术，使用多种诡计诱使后晋军北上。后晋军开头还算顺利，夺得几座空城，但当进抵到滹沱河南岸附近时，被契丹切断后勤供应和退路，十几万后晋军陷入契丹重围之中。如果指挥得当的话，后晋军主力是可以冲破包围的，但杜重威无心应战，加之耶律德光假意许诺立杜重威为中原皇帝，他便写表向耶律德光投降。将士们闻听要放下武器，集体放声痛哭，悲切之声撼动滹沱河水。

杜重威率领的这支人马是大河南北最精锐的部队，其中还有部分守卫洛阳的禁军。这支部队一投降，后晋几乎无兵可用，都城汴梁也就裸露，只等契丹去凌辱了。

果然，耶律德光在杜重威和另一名投降的晋军大将张彦泽的引导下迅速扑向汴梁，一路攻城拔寨基本没费什么功夫，整个河北几乎全部为契丹占有。张彦泽这个叛徒首先冲入汴梁烧杀抢掠，城中大乱，后晋出帝无奈，只得给耶律德光上表请降。耶律德光哈哈大笑着说："孙儿别担忧，保证你有饭吃。"随即封后晋出帝为负义侯，押往渤海国界的黄龙府（今吉林长春农安）囚禁。转身又对被俘虏的景延广调侃道："你的十万横磨剑，放在哪里啊？"景延广无言以对，不久自扼咽喉气绝身亡。

"儿皇帝"创建的后晋仅历2帝11年就退出历史舞台。耶律德光早就想过过中原皇帝的瘾，公元947年二月初一，他脱下契丹服，换上汉族皇帝的服装，坐上后晋出帝让出来的那把龙椅，将国号由契丹改为大辽，改元大同元年，是为辽太宗。

少数民族治理中原王朝并不容易，耶律德光任用一批后晋降臣来协助自己，如任命张砺为平章事，和凝为翰林学士，李崧为枢密使，冯道为太傅等。这些原后晋朝臣没有太大实权，但还是要做一些表面文章。耶律德光每天纵酒作乐，尽享中原皇帝之奢侈，又下令将中原地区大量的财帛、兵器、战马源源不断地运回契丹。这还不够，还放肆地让契丹骑兵四处抢劫，称之为"打草谷"，边"打草谷"边杀害敢于反抗的民众。史载，从汴梁、洛阳两京到郑、滑、曹、濮州，方圆数百里内，年轻力壮的百姓被杀害，年老体弱的百姓饿死路边，公私财物被洗劫一空。

契丹军的胃口没法满足，耶律德光又下令汴梁城内的所有官员、百姓都得捐款（宰相、大将也不能幸免），又派出数十路官员下到各州督查，动员地方给朝廷捐款捐物，名义上说借，实际上是抢。中原陷入水深火热之中。

四、契丹北归，后汉兴起

契丹的暴行激起中原人民的极大愤慨，以农民起义为主的大规模反抗爆发，他们"多者数万人，少者不减千百，攻陷州县，杀掠吏民"，很短时间内就占领了宋、亳、密等州。与农民起义相呼应，各地的后晋军将士也行动起来，驱杀耶律德光派往各地的节度使、刺史。

求援的奏表一份接一份送进汴梁，耶律德光大惊失色，连连说道："我不知道中原的人竟会这么难统治！"他的内心萌发了北归的念头。他把宁国军都虞侯武行德找来，命令他悄悄地组织一支船队，把收缴的后晋军用过的武器运回契丹，还调派了1000多名士兵护送。耶律德光没想到武行德早已对契丹不满，走到中途，他下令把武器分给士兵，杀了辽国监军使，然后乘虚进据河阳（今河南孟州市）。

河阳是军事重镇，耶律德光得知河阳失守后万分震惊，终于为进入中原后没能安抚好百姓而后悔。坏消息接踵而至，徐州、陕州、潞州、澶州、孟州等地也先后被原后晋军攻占，对盘踞在汴州的耶律德光形成合围之势。耶律德光怕了，认识到仅凭暴力无法长久立脚，决心尽快撤回北方。

公元947年三月，只在汴梁待了3个月的耶律德光把汴州搜掠一空后启程北归。经过相州时遭遇阻击，耶律德光亲自指挥攻城，城破后屠杀了十几万守城军民。耶律德光杀人太多，导致他自己终日惊魂不安，行至滦城（今河北滦县）时突然生病而亡。为了防止尸体发臭，随从剖开他的肚子，用好几斗盐填满（人称"帝耙"）。

耶律德光一死，辽国上层随即展开内讧。后晋降将赵延寿刚一动作夺权，即被耶律德光的侄子耶律阮活捉并杀死。五月，耶律阮在镇阳（今河北滦县北）称帝，是为辽世宗。但辽国太后述律不允，耶律阮引兵北上与其祖母兵戎相见，打败述律太后并将其囚禁。

　　一些早已对耶律德光不满的辽国将领（主要是原后晋投降的将领），如高唐英、何福进、李荣等，抓住耶律阮北上争权的时机，果断地在相州城内发起兵变，迫使辽国留守相州的大将麻答逃出相州。这年六月，刘知远平定汴梁，改国号为汉，史称后汉。被耶律德光授予天雄节度使的杜重威带领其他几个地区的节度使反水，向后汉高祖刘知远投降。杜重威的影响比较大，他一投降，契丹军只得从河南、河北各地全部撤出，曾经不可一世的辽军现在仅仅占有幽、瀛、莫等州。

　　刘知远是沙陀族人，世居晋阳（今山西太原），家境贫寒，曾与石敬瑭一道在后唐任职，两人相处甚好，就是他最先提出引进契丹、厚贿金帛、共灭后唐的主张。石敬瑭灭后唐后，把晋阳重镇交给刘知远镇守，这是后晋在北方最重要的领土。

　　石敬瑭病危时，曾下遗旨诏刘知远入朝辅政，但石重贵不同意，他以景延广和冯道为主辅政。受了冷落的刘知远开始暗中积蓄力量，一方面图自保，一方面伺机夺取后晋政权。

　　石重贵与契丹交恶之后，刘知远手握精兵，却未发一兵一卒援助石重贵，不但不出兵，还向耶律德光上表称臣，请求他不要驻兵河东。耶律德光灭了后晋，并在汴梁称帝，许多原后晋节度使都亲自前往汴梁朝拜，唯独刘知远只派出使者携带礼金晋见耶律德光。刘知远为什么不亲自赴汴梁拜见呢？因为他已看清大势，知道契丹统治不了中原，用不了多久就会生变。形势果然如刘知远所料，耶律德光在汴梁仅仅驻了几个月就狼狈北归。抓住这个战略时机，刘知远挥兵南下。

　　南下之前，刘知远下属的将领和士兵们斗志昂扬，坚决要求他先称帝再南下。刘知远几番推辞之后，就在晋阳宣布称帝。

　　公元947年五月中旬，即耶律德光离开汴梁的两个月后，刘知远采纳部将郭威的建议，沿晋、绛南下。大军启动时，特向沿途各道发出通告，要求配合行动。契丹泽州刺史、宣武节度使、绛州刺史或出逃或投降，刘知远军一路兵不血刃，不到一个月就占领洛阳，进入汴梁，接着又在汴梁称帝。

　　刘知远定都汴梁后，暗中派人杀死了由契丹扶立的傀儡皇帝李从益母子。

接着派出大军征讨试图闹独立的大军阀杜重威。通过围城的方式，耗尽城内粮食，迫使杜重威打开魏州城门投降。杜重威这家伙反复无常，一会儿叛后晋，一会儿叛契丹，一会儿叛后汉，最终还是没有好下场，全家被后汉众臣处死。

解决了杜重威之后，刘知远将年号改为乾祐，把自己的名字改为刘暠，想通过此两项修改赢得更多好运。具有讽刺意味的是，刚改完国号和名字的刘知远就病逝了，距称帝不到一年。临终前他立皇子刘承祐即位，是为后汉隐帝。又下诏以亲信苏逢吉、杨邠、史弘肇、郭威等为辅政大臣，三朝元老冯道仍为太师。

新丧期间，河东节度使李守贞、永兴节度使赵思绾、凤翔节度使王景崇纷纷叛变，一时间人心惶惶，中原又乱。新即位的后汉隐帝组织3路人马征讨，到乾祐二年（公元949年），3处叛乱皆平。西征统帅郭威的功劳最大，被拜为枢密使、邺都（今河北大名东北）留守，前往邺都主持对契丹的防务。郭威于是手握重兵，八面威风。

后汉隐帝本事不大，心眼也小，不甘于受权臣们掌控，3处叛乱刚一平息，他就开始对权臣动手。权臣间本来也不和睦，后汉隐帝抓住他们的短处，与舅父李业策划了一套方案，一举将史弘肇、杨邠、王章等大臣诛杀。随即又派人携带密诏前往邺都，准备杀害郭威、王峻、王殷三位外镇武将。然而，他指定的杀手都是郭威的老部下，立马反水把密诏给了被杀对象。郭威的谋士魏仁浦出了一个主意：修改密诏，号称后汉隐帝是要将北镇的所有武将统统杀掉！郭威把修改后的密诏向将士们作了宣读，立即激怒了广大将士，万众一心要求立刻出兵攻占京城。郭威顺势而为，下令全军出动。

乾祐三年（公元950年）十一月，郭威大军一路长驱直入京城汴梁，后汉隐帝逃至城外被刺死。士兵们在城内大肆剽掠，无数的民众倒在血泊之中，成片的建筑被火烧毁，整个京城变为空城，郭威这才下令禁止抢劫。

五、立国9年的后周不简单

掌控京师后，郭威头脑冷静，仍旧打着后汉的招牌，以收拢人心。他请出李太后临朝，以太后旨意立武宁节度使刘赟为帝。太后下了诏书，并派出使者奉迎刘赟。就在此时，契丹大军攻陷了内邱（今河北内丘）、饶阳（今河北饶阳），太后惊慌，命郭威北上抗敌。郭威率军刚进澶州，数千官兵突然停止前进，要求郭威取代刘氏，一些大胆的将军还把军旗扯下当作皇袍披在郭威身上，同声高呼万岁。郭威半推半就认可，下令大军南返。待返回汴梁，郭威逼太后任命他为监国，夺得国政。

公元951年正月，郭威正式称帝，改国号周，史称后周，改元广顺，是为后周太祖。其即位后的第一件事就是遣人入宋州杀死刘赟以消除隐患。后汉彻底灭亡，存世仅4年。

郭威是邢州尧山（今河北邢台隆尧）人，家境贫寒却长得身高体大，自小性格倔强，酗酒好斗，曾一刀捅死乡邻。他18岁应征入伍，在军中学习文化、兵法，凭自己的努力打拼成后汉皇帝刘知远的亲信。刘知远去世时，郭威受托成了顾命大臣，掌控了兵权，在军队中享有绝对的权威。取代后汉时，郭威已47岁，因为出身最底层社会，深知民生艰难，即位后就下诏进行一系列有利于国计民生的改革，如罢四方贡献、减轻赋税、广开言路、惩治腐败、提倡节俭等，甚至学着唐玄宗的样子，把一些宝玉之器集中在大殿里砸碎。他对宰相王峻说："朕起于微寒，备尝艰苦，时遭丧乱，一旦为帝王，岂敢厚自奉养，以苦百姓？"

从这一指导思想出发，郭威采取多种措施发展经济，把公家的田地与耕牛都配赠给农民。有大臣反对，说还是卖给农民为好。郭威反问道："利在于民，犹在国也，朕用此钱何为？"

一系列新政使残破不堪的中原大地出现了复苏的气象，可惜即位3年后郭威即病故。显德元年（公元954年），郭威的养子郭荣继位，是为后周世宗。

郭荣本姓柴，被郭威收为养子后改姓郭，早年替郭威管理田庄和贩卖茶货，后随郭威从军。郭威杀回汴梁时，他留守邺都。郭荣性格沉稳内向，待人忠厚诚恳，文武两方面的事都办得极为妥帖，深受郭威喜爱。郭威即皇帝位之前，几个儿子已全部被后汉隐帝杀害，郭荣就名正言顺地继承了后周大业。

郭威把大位传给郭荣的同时，也把仇敌留给了他。当年郭威即位时曾杀害了拟进京继皇帝位的刘赟，刘赟的父亲刘崇是河东节度使，得知消息后立即在太原宣布建立北汉割据政权，与郭威对峙。因为死得太早，郭威来不及扫灭刘崇，现在刘崇趁后周新丧之际，效法石敬瑭，与契丹组成联军，杀奔后周。

后周世宗亲自统兵迎战，大臣们多数反对他亲征，包括太师冯道。冯道的话说得很不客气，说陛下你先处理国丧之后的大事，不要亲征，你做不了唐太宗（李世民凡征必亲自上马带兵迎战）。后周世宗听后很不高兴，自此冷落冯道，并很快下令出征。

冯道是瀛州景城（今河北沧州）人，生于唐末乱世，一生历仕 4 朝，宰辅过 10 个皇帝，期间还向辽太宗称臣。他生前享有盛名，去世后却留下千古骂名，有骂他"汉奸"的，有骂他变节的，有骂他无耻的，骂他的很多人希望他在朝代更替之时，要么殉节，要么隐居山林。人们并不理解冯道的初衷：利用自己的文化素养去影响那些执政者，让他们尽量减少征伐，减少杀戮，引导他们慢慢向好的方向转变。正是出于这个想法，他才仕了一朝又一朝，忍辱负重地为国家和人民做了许多好事。例如，耶律德光占领汴梁后，冯道主动去拜见他。耶律德光开始还侮辱他，问冯道："你是什么老子（即老东西）？"冯道认真地回答："无才无德老顽童。"耶律德光哈哈大笑，马上就对冯道产生了好感，向冯道询问如何管理中原。他问冯道："如何拯救百姓？"冯道很严肃地回答："菩萨也拯救不了，只有您一人能办到。"耶律德光收敛了笑容，下令停止杀害百姓的行为。冯道以他的谋略、幽默，挽救了无数中原百姓。

身为手无寸铁的文化人，在那个乱世能活下来就不错了，更不要说经历那么多王朝，为国家和人民做了那么多有益的事。冯道最终活了 73 岁，与孔子同寿，当时的人们都为他庆贺。

后周世宗领兵北上，在高平（今山西高平）与北汉军相遇。北汉联军在数量上占优势，刘崇夸下海口：仅用北汉兵就可以打败后周。他狂妄地要求契丹军不要参战，说完放马开始攻击。

头一回合果然得手，后周军队右翼瞬间被冲垮。危急时刻，后周世宗冒着矢石率兵冲了上去，重新归拢了决口。大将赵匡胤、张永德等各率 2000 精兵奋勇冲杀。大战从上午直打到傍晚，北汉兵大溃。就在此时，北周的后援又及时赶到。契丹大将杨衮畏惧而逃，刘崇也跟着逃回晋阳。

这一战是后周与北汉生死攸关的一战，北汉自此衰弱，无力再与后周争雄。这一战也为全国的统一打下良好的基础，使悍敌辽国不敢轻言南下。但此战也暴露出后周的不少问题，后周世宗抓住时机，大刀阔斧地进行政治、军事改革。如均田赋，使耕者有其田；兴修水利，大力治理黄河、汴河；惩治贪腐，带头过俭朴生活；整顿科举，大胆提拔有识之士；禁止私度僧尼，全国废除寺院30336所。此外，还杀了两个在高平战场上逃跑的节度使，全面整顿藩镇，下令各藩镇把最优秀的士兵送至中央政府，组成精锐兵团（禁军），指定由赵匡胤新编殿前各路亲军，直属皇帝统领。如此一来，后周政府直接控制的中央禁军，无论在数量上还是在战斗力上，都超过五代任何一个政府的军队。

各方面都出现了新气象，后周世宗还是不满意，他下令每个官员都要写一篇文章，向他提供战略方针。此时的后周世宗已经在考虑统一全中国的问题了。

当时的形势是：北方有后汉刘崇和辽国，西南是后蜀孟昶，江淮是南唐李璟，东南是吴越王钱俶，荆州是南平王高保融，岭南有南汉王刘晟，7个割据政权阻隔中国的政令实施与教化。如何清除割据，恢复大一统？郎中王朴提出对策，主要思路是：先取其易，即先取南唐的江北诸州。既得江北，再取江南。拿到江南、岭南，巴蜀自然来降。平定南方后，幽云十六州会望风内附。如辽国据守，出师也不难攻取。北汉与周乃世仇，决不会投降，留待最后灭之。

王朴的建议很合后周世宗的心意，这也是赵匡胤日后遵循的统一全国的大战略。显德二年（公元955年），后周大军出动，仅用半年时间就收回秦（今甘肃天水）、凤（今陕西凤县）、成（今甘肃成县）、阶（今甘肃武都）4州，擒获后蜀威武节度使以下将士5000人。

显德三年（公元956年）一月，后周世宗亲征淮南，向南唐发起进攻。南唐国主李璟是个文化人，喜听奉承话，所任用的多是些谄谀之臣，政事一天比一天混乱。尽管国内阶级矛盾重重，但南唐是当时较大的割据政权，人力资源和物资都很充足，能够较长久地与任何来犯之敌周旋。所以，后周世宗的这一次出征打得很艰苦，历时2年2个月，3次亲征才悉平江北，得14州、60县，南唐去帝称号，只称"江南国主"。

回到大梁后只休整了几个月，显德六年（公元959年）四月，后周世宗又决定北伐，亲征契丹，企图夺回幽云十六州。契丹守将纷纷开城门而降，后周军连下益津关（今河北霸州市）、瓦桥关（今河北雄县）、淤口关（今河北霸州市东），顺利攻取了瀛、莫、易3州17县，仅用了42天。

后周世宗的北伐不战而屈人之兵，他下令长驱直入，攻取幽州。想不到就在此时他突然生病，加之有情报显示北汉可能正准备偷袭大梁，后周世宗急令撤兵南返。

从北伐前线回来不到 1 个月，后周世宗病逝，去世时年仅 38 岁。后周世宗离世太早，不然他很可能夺回幽云十六州，甚至会扫平契丹，完成统一中国的大业。后周世宗可以说是五代时期最有作为的政治家、军事家，他的品格、谋略、胸怀是可以称为"帝范"的。司马光曾在《资治通鉴》中写过一段评价周世宗的言论，其中一部分译成白话如下：

> 有人问臣："五代的帝王，（后）唐庄宗、（后）周世宗都可算英明勇武，比较一下二位，哪一个更贤良？"臣回答说："庄宗是以善战著名的，所以能以弱小的唐国打败强大的梁朝。得了天下后，不出几年，无论内官外朝，都离析背叛，使他没有容身之地，这是因为他只知用兵的方法，而不知治天下之道啊！世宗以诚信待人，以正义号召各国，归顺以后，则爱护他们如同子女，替他们做长远的打算。他那宏伟的规划、宽大的气度，哪里是庄宗可以同日而语的？《尚书》上说：'无偏无党，王道荡荡。'又说：'大邦畏其力，小邦怀其德。'世宗接近这个境界了。"

六、称王称霸，南方也疯狂

朱温代唐前后，南方的一批野心家纷纷跑马圈地，建立割据政权。

奠基南吴（今安徽淮河以南、湖北武昌以东、江西全境及江苏部分地区）的军阀杨行密自幼丧父，生活极度艰难，一时上山做了强盗。应征入伍后从小队长干起，直升到庐州（今安徽合肥）刺史，尔后又打败朱温南下的军队，占据淮南 28 个州，迫使唐昭宗封他为吴王，都广陵（今江苏扬州）。

杨行密尽管是个文盲，却有高超的谋略和过人的胆识。淮南称王后，他没被胜利冲昏头脑，而是采取十分有利于民生的政策，恢复淮南的经济，从而在很短的时间里，赢得了江淮的民心。正当他准备大展宏图的时候，天祐二年（公元 905 年）他突然病逝。其长子杨渥继位，然而军政大权却落于权臣徐温及其养子徐知诰之手。两年之后，徐温与另一权臣张颢联手，杀了杨渥，立了杨行密次子杨隆演继位。假杨隆演之手，徐温又杀了张颢，独断朝纲。

徐温既是权臣，也是能臣，吴国在他的主导下，旷土尽辟，桑柘满野，民富国强。他的养子徐知诰也是治国能手，坚定不移地配合其父施行保境安民政策，主动释放吴越战俘，与吴越国罢兵言和，为吴国赢得了较长的发展时间。

顺义七年（公元927年），徐温病逝。当年十一月，杨行密第四子杨溥在徐知诰的辅佐下称帝，加徐知诰都督中外诸军事。10年后，杨溥主动禅位，徐知诰登上帝位，恢复李姓，改自己的名字为李昇（自称是唐宪宗之子建王李恪的四世孙），改国号为唐，是为南唐烈祖。

李昇称帝时已近50岁，政治上非常成熟，他自知不能与中原王朝相抗，于是，对外结好邻邦，对内整饬朝政，一切政策都低调、有效。这样干了5年，南唐"频岁丰稔"，社会稳定。升元七年（公元943年），李昇病逝，其子李璟继位，史称中主。李璟一改其父保境安民的大战略，主动出兵攻灭闽国，占领了汀、漳、建、泉等州，使吴国地盘扩展到35个州，成为南方最大的割据政权。

李璟好文学，懂歌咏，写得一手好曲词，但由于用人不当，造成以冯延巳为首的几个权臣垄断了朝纲，所谓"五鬼"专权。结果朝政日渐浊乱，加之频繁用兵，国力衰落，被后周抓住时机连续打败，不得已献出江北14州，去年号帝号，改称国主，称臣于后周，迁都洪州（今江西南昌）。

自贬身份极大地打击了李璟，公元961年，李璟病逝。其子李煜继位，是为南唐后主。

南唐后主喜文学，擅曲词，佞佛事，没日没夜地泡在歌舞酒色之中，罔顾已经衰败的国势，不做任何"补牢"之行动，把国事付与徐铉、韩熙载这样一些官高志沉、无所作为的权臣，使南唐一步步走入深渊。开宝八年（公元975年），赵匡胤大军以不可阻挡之势攻破金陵（今江苏南京），李煜被俘，遂被押往北宋首都汴京（今河南开封）。中国南方最大的割据政权南唐历3主、38年后消失。

比后唐早30年创建的前蜀是由绰号"贼王八"、曾做过屠夫、小偷、盐贩子的王建创建的。

王建是许州舞阳（今河南舞阳）人，黄巢起义时他应召到在河南称帝的原蔡州节度使秦宗权的部队服役，从最低级干起，有点地位后投奔正在蜀中避难的唐僖宗，得到唐僖宗的信任，又拜宦官田令孜为养父，后来被任命为西川节度副大使知节度事，稳坐成都。他以成都为基地，兼并了东川梓州（今四川三台），朝廷不得已封王建为蜀王。

后梁开平元年（公元907年），王建称帝，国号蜀，史称前蜀。王建虽是地痞强盗出身，但他知道民生之艰难，在境内采取多种措施发展经济，整顿吏治。虽然他本人不识字，但却优待文人，喜欢与文化人在一起议论政事，处处以刘备为榜样，一时间蜀地颇有生机。做了几年皇帝后，王建也开始图享受、重宦官、轻国事，使蜀地危机四伏。等到其子王衍继位时，民怨骤起。后唐同光三年（公元925年），后唐庄宗的大军攻入成都，王衍自缚出城请降。

前蜀经历2代，总共割据18年。打下前蜀后，后唐庄宗任命孟知祥为西川节度使，坐镇成都。孟知祥是邢州龙冈（今河北邢台）人，出身于职业军人之家，深受李克用赏识，后又得到李存勖重用。

后唐明宗时代，孟知祥逐渐萌生了据蜀称王的念头。他先出兵击败东川节度使董璋，占有了东川地盘，迫使朝廷封他为蜀王。应顺元年（公元934年）正月，孟知祥在成都称帝，国号蜀，史称后蜀。

孟知祥治蜀大体上与前蜀相似，也是采取闭关息民的政策。他出身官宦之家，很会识别官吏，派到各地的"父母官"大都受到百姓的肯定。他还特意减免税赋，聚集流散人口，兴修水利，使蜀中大局日趋向好。

天不假年，孟知祥称帝半年后就去世，其子孟昶接过皇位。孟昶继位初期表现还是可以的，他抑制权臣，废除苛法，还新收和攻占了原前蜀的4个州。随着皇权的巩固，孟昶变得淫侠奢侈，在全蜀地选美女充后宫，害得民众嫁女成风，时称"惊婚"。

政权只要腐败就长久不了，乾德三年（公元965年），宋军入蜀，66天就收服蜀国全境。两代人割据了33年，终究空忙一场。

与前蜀差不多同时割据的是吴越。建立吴越政权的是杭州临安（今浙江临安）人钱镠，他年轻时也是个社会无赖，到处打斗争胜，后以贩盐为生。唐末时钱镠参加地方武装董昌的部队，屡立战功，被董昌任命为杭州刺史。钱镠以杭州为据点，大力向四周扩展，先后攻占了常州、润州（今江苏镇江）、苏州等地。乾宁二年（公元 895 年），董昌在越州称帝，建立大越罗平国，改元顺天，并任命钱镠为两浙都指挥使。钱镠反对董昌称帝，写信劝谏他甘当节度使。董昌不听。钱镠率 3000 兵马前往越州，亲自面见董昌，再次劝说。董昌只得向朝廷请罪。唐昭宗削除董昌官爵，任命钱镠为浙江东道招讨使，令其征讨董昌。

董昌向杨行密求援，钱镠不畏董杨联手，经过 1 年多的争战，击杀了董昌，尽收两浙 13 州。天祐元年（904 年），钱镠上表朝廷，求封吴越王，却被唐昭宗拒绝，后因朱温斡旋，被改封为吴王。后梁开平元年（公元 907 年），朱温代唐称帝，建立后梁，并封钱镠为吴越王，兼任淮南节度使。钱镠的谋士罗隐劝他不要接受后梁的加封，鼓励钱镠自立为东帝，就算不成功，也可退保杭、越等地。但钱镠有自知之明，始终维系与中原王朝的良好关系，不时进贡大量的物资。在他主政吴越的几十年内，吴越一直鲜有战事，经济、文化以及民生都处于良好的状态。

较安定的环境使钱镠活到 80 岁。临终前他还一再告诫子孙，务必善事中原，切勿以中原帝姓多变而改变吴越国的大战略。

钱镠的政治智慧得到了传承，继承王位的钱元瓘以父训为指导，领着吴越继续在既定的轨道上走下去。

钱元瓘之后的几任继位者也都有所作为，吴越之地一直是十国中最为安定的。宋太平兴国三年（公元 978 年），钱俶纳土入朝，向北宋投降，历 5 主、71年的吴越降下旗帜。宋太祖隆重接待钱俶，许诺尽宋太祖一世可保吴越无虞。

与钱镠差不多同时称王的是唐淮南道光州固始（今河南固始）人王审知。以种地为生的王审知和他老兄王潮一道在黄巢攻入长安后加入寿州（今安徽寿县）人王绪的队伍。王潮当时是固始的一个小吏，会笼络人心，很快取代王绪做了起义军首领。他知道中原难待，就往福建打去，不久即拥有了福建 5 个州，迫使唐昭宗任命他为威武军节度使、福建观察使。王潮很看重其弟王审知，在病危时把军政大权一并委托给他。

王审知在后梁开平元年（公元 907 年）被朱温封为闽王。与钱镠一样，王审知认后梁为宗，在闽王位上十几年始终如一，为闽地赢得了难得的安定环境和发展空间，很受当地百姓拥戴。王审知去世后，其继位人能力有限，且都信神弄鬼，政局日渐昏乱。后唐长兴四年（公元 933 年），王审知次子王延钧称帝，国号大闽，建都长乐，年号龙启。这之后王审知的几个儿孙互相残杀，王位几易其主。公元 945 年，南唐进攻闽国，闽国战败，历 6 主、36 年的闽政权终结了。

公元 907 年朱温代唐后，为了拉拢地方军阀，封了一系列王，湖南节度使马殷被封为楚王。马殷是许州鄢陵（今河南鄢陵）人，出身于社会最底层，以木匠手艺谋生，因此他知道应该怎样与民共处，在他执政期间，湖南 21 州都能小康相安。马殷去世后，诸子争立，楚地开始动荡。马氏兄弟 3 年混战，造成大批农民逃亡，南唐李璟趁机出兵灭楚。楚历 6 主、44 年。

山河裂变，中国的最南方也不能幸免。唐末任岭南东道节度使的刘隐（今河南上蔡人）在朱温执政后被封为南海王。由于在中原长大，刘隐对中原文化一往情深，在割据岭南期间，大量收容、起用南下避难或被朝廷贬谪流徙的仕宦，使岭南成为中原文化的避难所。

公元 911 年，刘隐病逝，其弟刘龑袭南海王位。公元 917 年，刘龑宣布称帝，建立大越政权，后改国号为汉，史称南汉，都兴王府（今广东广州）。宋开宝四年（公元 971 年），南汉为宋所灭，历经 4 主，共 54 年。

后梁开平元年（公元 907 年），高季兴任荆南节度使，驻守荆州（今湖北江陵），遂开始拥兵自重。高季兴是陕州硖石（今河南三门峡东南）人，自幼饱受贫困之苦，有幸得到朱温的提拔，迅即从普通士兵成长为高级军官。而后又由于治理荆南（以荆州为中心的湖北南部）有方，被朱温任命为荆南节度使。后唐同光二年（公元 924 年），高季兴受后唐封为南平王，建都荆州，史称南平或荆南。

高季兴受任于丧乱之际，对外向四周的大割据者称臣，对内埋头发展经济，千方百计保境安民。这样，十国中占地最小、势力最弱的荆南居然存在了 39 年，至北宋建隆四年（公元 963 年）才纳地归降于宋。

北汉是十国中唯一一个在北方的政权。后汉乾祐三年十一月（公元 951 年 1 月），后汉隐帝被杀，郭威灭后汉后称帝，建立后周。后汉高祖刘知远的弟弟、河东节度使、太原尹刘崇随即也据河东十二州称帝，仍用后汉乾祐年号，国号汉，史称北汉。刘崇与北周郭威有深仇大恨，他的儿子刘赟就是被郭威杀害的。

刘崇是沙陀人，自身能力一般，靠着皇兄刘知远当上太原尹，占据了北方重镇。但北汉总体占地不大，且大片土地贫瘠，百姓生活大都贫困。刘崇面对郭威这个对手，实在一筹莫展，即使引入契丹军助阵，还是时常被北周打败。每次失败都加重征税，弄得民怨沸腾，国内的阶级矛盾十分尖锐。北宋太平兴国四年（公元 979 年），北宋大军攻入晋阳，北汉亡。北汉共历 4 主，计 28 年。

十国兴亡，不过弹指一挥间。中国的历史走向就是这样明确：谁搞割据都没有前途，不论执政者采取何种生存策略，最终都要被大一统的洪流卷入。

七、惊回首，中国不能乱

学者陈致平称五代十国是唐朝的残局，这说得很形象。这盘残局至少有两大看点：一是不停地分裂，也不停地反分裂；二是不断地融合，也不断地反融合。安史之乱平息后，一批向中央投降的叛将重新回到各藩镇，继续担任雄霸一方的节度使之职。这些既领重兵又理民政的军阀，父死子继，兄终弟及，一代又一代与中央政府讨价还价，甚至对着干，有的自封为王，有的甚至自封为帝。这种局面延续到五代，更是混乱，形形色色的分裂者涌了出来，中央集权的大一统政治格局彻底瓦解，许多地方州无刺史，县无令长，上下皆成惊弓之鸟，一有"动静"，大则几十万人大战，小则几万人火并，尤其是中原及北方一带，战火几乎就没熄过。这样的残局真是太令人恐怖了，就连那些以打仗、杀人、夺权为游戏的军阀们，一旦感受到分裂的危险，也开始考虑尽快结束分裂，实现天下一统。

最早在汴梁立都的梁太祖朱温，最先采取措施革除唐朝末期的一些弊端，比如：禁止宦官领导和监督军队，新设崇政院协助自己处理军务大事；出兵征讨魏博节度使，几年后又将该镇一分为二；以原节度使的亲兵为主，组建中央禁军，直属皇帝统率，拱卫朝廷，平息叛乱，还在重要关口驻屯。朱温的这些加强中央集权、反对分裂的措施，启发了后梁之后的后唐、后晋、后汉、后周，以及南方各地的土皇帝们。他们纷纷效仿，变革政治、军事、经济等方面的政策，以图自保自强，或者问鼎神州。

五代十国时期的这一系列变革，虽然持续的时间都不长，其影响却十分深远。往后人们就会看到，结束分裂、使中国基本重回大一统格局的宋太祖赵匡胤的"杯酒释兵权"谋略，以及其后实施的多项以反分裂为主的大战略，正是源于五代十国的军阀们自觉或不自觉实行的反分裂措施。中国正是自北宋开始，藩镇势力不再，军阀也很难立足，中原国土上再没有出现朝代迭起、王国林立的分裂局面。从这个意义上讲，五代十国并非一无是处。历史学家黄仁宇先生说，在唐宋之间，不能没有五国十代这样一个重要的过渡时期。这一时期将军事与财政的管理权放在地方政府手中，使一切更具紧凑性和实际性，然后再集中归并，否则就不能形成北宋带竞争性的体制去和北方少数民族的以骑兵为骨干又有农业支援的新型外患周旋。

五代十国的另一大看点是南北经济不断融合，其势头并未被不断的分裂遏止。一些人不太理解，安史之乱已经拦腰截断了盛唐大厦，为什么大乱之后唐朝仍能立国达 140 多年？这其中的奥秘就在于南方的经济比北方好，南方不停地向中央政府输血才使唐帝国艰难地支撑到最后一刻。进入五代，北方的"坛坛罐罐"已经完全打烂，而南方的经济却在十几个南方大军阀保土安民大战略的支持下向前推进。四川、汉中地区的白布和粮食，江浙一带的纺织品、铁器，湖南、湖北一带的蚕桑、茶叶，福建和两广地区的海产品及外贸商品，都冲破战争的阻碍，大量流向中原、东北、西北。经济融合不仅局限在五代十国的地域，远在东北的契丹也加入进来。契丹动辄就往南方启运数万头马、羊，换回大批罗纨、茶叶和药品。旅途如此遥远，危险因素如此之多，南北的经济往来居然能定期开展，这真是个奇迹。经济不断融合的力量，甚至制止了好几次即将爆发的战争。

与经济融合同步，中国的传统文化也在南北广大地域上得到顽强的承续。北方的后唐刻印了儒学《九经》，西南后蜀刻了《十一经》，刻经的石碑就用了 1000 多块。

争相用刻经的方式传播中华文化并不是五代十国时期的最大亮点。这一时期最大的亮点是诗的另一种可合乐歌唱的文体——词发出绚丽的光彩，是词的重要奠基期，一大批唐末的诗人主攻词的写作，许多享有盛名的词作家走上文学舞台，如韦庄、韩偓、司空图、冯延巳、孟昶、李璟、李煜等人。

五代十国时期的领袖人物大都是赳赳武夫，手起刀落，杀人如麻。这些大字识不了几个的军阀中也有极个别的另类者，他们有时附庸风雅，写一些小桥流水式的词作，如沙陀族出身的后唐庄宗李存勖，就懂音律，会作曲，能自制词谱，有些词还颇有味道。例如《如梦令·曾宴桃源深洞》："曾宴桃源深洞，一曲舞鸾歌凤。长记别伊时，和泪出门相送。如梦，如梦，残月落花烟重。"长相奇伟、少言寡语、打起仗来如电闪雷鸣的李存勖居然也有"和泪出门"的时候？可见词的魅力了得，多大的军阀、帝王一旦进入它的门槛，都得轻言细语，乔装打扮一番。五代十国与之后的两宋一样，可谓词的国度。

五代的绘画、书法也不乏传世之作，其成就不亚于其他时代。长达3米多的《韩熙载夜宴图》是中国的传世名画之一，该画的作者顾闳中据说是最早的宫廷画师。被前蜀主王建封为"禅月大师"的贯休，其《十六罗汉图》在中国绘画史上享有极高的声誉。长期隐居于太行山洪谷的荆浩及他的学生关仝，被称为"北方山水画之祖"。还有以画山水和捉鬼英雄钟馗见长的董源及与他齐名的和尚巨然等。总之，五国十代尽管是一个崇尚武力的时代，但中国的传统文化仍旧很有生气，如果不是战乱频仍的话，这一时期一定会给后人留下更多别具一格的好作品。

中国不能乱，乱了不仅会损毁中国文化的发展，更多的是给国家和人民带来苦难。从安史之乱到朱温代唐的这100多年里，唐朝廷里先后有12个领袖人物被藩镇和宦官所废杀。上层瘫痪，直接导致从未有过的外患。西域丧失了，新疆及中亚变为陌路，丝绸之路上再也听不到悦耳的驼铃声，曾经盛情迎接文成公主的吐蕃（今中国西藏）得知陇右地区的兵力尽数派往平息安史之乱的信息后，立刻向四川一带发动全面攻击，横刀斩断了中原内地通往河西走廊的要道。吐蕃没有更深地往内地推进，契丹就不一样了，在得到儿皇帝石敬瑭主动献出的幽云十六州后，长驱直入中原大地，在不长的时间里就饮马黄河。

痛心啊，乱中取胜的绝不是儿皇帝石敬瑭，而是一直妄想夺取中原、进占全中国的耶律德光。中国不能乱，否则，丢国土、丧政权、减人口、毁经济。

第十六章 守内虚外，北宋无奈

后周世宗柴荣的得力干将赵匡胤，在后周世宗去世后的第二年，即公元960年春天发起"陈桥兵变"，轻而易举地从周世宗7岁的儿子、后周恭帝柴宗训手中夺过最高领导权，由此建立国祚长达319年的赵宋王朝（公元960—1279年）。这319年又分为两段：公元960—1127年称北宋，公元1127—1279年称南宋。

北宋建立之初，虽然五代已谢幕，但十国仍在割据中。北宋把结束分裂作为大目标，经过19年的战与和，至公元979年，先后平服十国，使黄河、长江流域重归统一。

这只是一定范围内的统一，当时北方还有3个以少数民族为主建立的政权，即辽、夏、金，与北宋互峙。

这3个由游牧民族为主组成的政权，个个凶悍好战，时常迫使北宋割地赔款。景德元年（公元1004年），宋与辽在澶州（今河南濮阳西）签订和约：互称兄弟之邦，北宋每年向辽输银10万两、绢20万匹，宋辽以白沟河（发源于太行山，途经今山西东部、河北张家口、保定等地区，最后流入白洋淀）为边界。因澶州在宋朝亦称澶渊郡，故称"澶渊之盟"。

辽比北宋开国早，所以，北宋称辽为兄。有意思的是，除了向"大哥"辽国进贡之外，北宋还得向领土、人口、资源等各方面都比自己少得多的"小老弟"西夏纳贡。为什么呢？因为北宋屡次与西夏交战均告失败，拳头没有西夏硬。

造成这一被动局面的主要原因是北宋"守内虚外"的大战略。所谓守内虚外，即担心内部生变，不忧外部侵略。宋太祖赵匡胤用"杯酒释兵权"的小把戏，把能征善战的将领全部解职，现有的将领大多只会纸上谈兵，且又划归文官集团领导。将领平时不带兵，兵不识将，将不识兵，兵无常帅，帅无常兵，只在决定要打仗那天，将领才到位。在这样的体制下，将兵之间平时不协调，打起仗来就特别吃力。此外，为了防止文官集团专权，宋太祖故意把权力分得很散，部门立了很多，互相监督、扯皮。将领外出打仗，后方保障一塌糊涂，将领们一边作战，一边还得提防大臣们搞鬼，这怎能全力以赴地打仗呢？胜仗少，败仗多，朝廷掌兵权的文官集团害怕了，屈辱外交随之诞生。以屈辱求生存的代价是很大的，靖康二年（公元1127年），金兵攻破汴京（今河南开封），生俘了只会作画写诗的宋徽宗、宋钦宗父子，北宋灭亡。

就在北宋被灭的这一年，幸存的宋徽宗第九子赵构在南京应天府建立南宋，是为宋高宗。金兵大举南下，宋高宗便一路南逃，逃至临安（今浙江杭州）才安定下来，就定都于此。

临安经济发达、商业繁荣，南宋的帝王们在这里不想动了，一批以秦桧为代表的卖国求荣的人物掌权，虽有岳飞等名将在前线力战，却于大局无补。南宋一天天堕落，至元十六年（公元1279年），蒙元大军以不可阻挡之势分道南下，宋怀宗赵昺在崖山（今广东新会）随宰相陆秀夫及赵宋皇族800余人集体跳海自尽，许多忠臣追随其后，共有10万军民跳海殉国，南宋灭亡。

在与强邻对峙的167年里，北宋其实充当了"领头羊"的角色，它的大一统理念及空前发达的经济、文化等，都强烈地影响着北方的"恶邻"。回望这段令人不胜感叹的历史，唯一给人慰藉的是少数民族建立的北方政权，最终以北宋的制度模式为主统一了全中国。

一、限制军阀，杜绝分裂

赵匡胤的天下来得太容易了，原后周的一些手握兵权的节度使们既嫉妒又恐惧，担心赵匡胤站稳之后会拿他们开刀。昭义军节度使李筠首先起兵反宋。

昭义镇辖有今山西潞城、晋城、沁源等地，自古以来就是战略要地，如果丢失昭义，宋将陷入危境。赵匡胤起初不想兵戎相向，派出使者加封李筠为中书令，李筠不接受，向天下发檄文声讨赵匡胤篡位诸罪。北汉得知此情之后，主动与李筠联系，试图联兵攻宋。

赵匡胤立即放弃绥靖政策，亲率大军从汴梁出发，以迅雷不及掩耳之势扑向昭义，围住了李筠的大本营泽州城（今山西晋城）。三军将士冒着如雨飞矢攀爬城墙，很快攻克泽州，李筠自焚而亡。赵匡胤从泽州出发，又攻下潞州（今山西长治），完全平息了这场突如其来的叛乱。

李筠之后，原后周淮南节度使李重进又起兵反宋。李重进是后周太祖郭威的外甥，坐镇扬州，权势显赫。赵匡胤登基后拟将其调离现职，李重进不服，紧接李筠之后举起反旗。又派人联络南唐以求援，被拒绝。李重进在无任何盟友的情况下贸然起兵，也很快被赵匡胤亲征击败。扬州城破之日，李重进自焚。

宋太祖赵匡胤快刀斩乱麻灭了二李，其他节度使纷纷上表拥护朝廷。在这一大堆因恐惧而上的奏表前，宋太祖彻夜难眠。必须设法杜绝节度使之乱，否则可能重蹈唐末覆辙。怎么防范？宋太祖想出了办法：名义上保留藩镇，但把节度使的兵权、财权、政权一并收归中央，由中央派出由文官担任的监军在藩镇代理中央行使职权，自此，节度使不过是一个荣誉头衔而已。

对于与他一同打天下、现仍执掌兵权的战友，宋太祖采取"杯酒释兵权"的和平方式，让石守信等宿将主动交出了兵权。

宋太祖在处理这些棘手的事情时，充分体现了智慧和胆略。他与一同起事的9个结拜兄弟，称作"义社十兄弟"。其中有人产生异心，他探知后，单人匹马不带任何侍卫，把"十兄弟"邀到一个无人出没的树林里，席地坐定后缓缓而言："现在此地无人，哪位兄弟想做皇帝，现在就杀了我。"说完解下身上的佩刀。另9个兄弟一下被镇住了，趴在地上猛叩头。宋太祖又喝问了两遍，林子里死一般寂静，无人敢应。宋太祖说："那好，既然你们愿意拥戴我，就不能三心二意。"兄弟们连呼"万岁"，从地上站了起来。

解决了藩镇和将领们的问题之后，宋太祖进一步从制度上进行改革，把军队统帅部分设为"三帅"，均归皇帝节制。中央设立枢密院，主管将领的选拔、任用及军队的调动等一切日常军务。平时"三帅"有统兵之责而无调兵之权，枢密院能调兵却不能统兵。

新的统帅部成立后，宋太祖开始大规模的军事训练改革，裁减老弱病残，把原藩镇兵营中的骁勇善战者调入京城，组成颇有战斗力的中央禁军。史载，宋朝的中央禁军最多时达到百万之众。这百万禁军直属中央指挥，其中一半驻京城，一半驻各地要冲。宋太祖称这种战略叫"守内虚外"，或叫"内外相制"。

宋太祖在进行军事改革的同时，着手政治和经济方面的改革。其中最显著的改革是削弱相权。唐朝时宰相"事无不统"，权力很大，宋太祖下诏在朝廷新设政事堂和枢密院，由这两大部门"对掌大权"。政事堂主管政治，枢密院主管军事，在这两大部门外又另设主管经济的户部、度支、盐铁三司。宰相尽管是行政首脑，但既无政权，也无兵权、财权，充其量只是皇帝的一个耳目。

宋太祖是一个思维活跃的政治家，以职业军人的出身，能够实行如此多且卓有成效的变革，实在了不起。不过这些改革的实践效果不尽如人意，例如，将领平时与士兵脱钩，一到战场上，配合就成了问题。又如，政出多门，虽然起到了互相牵制的作用，但政府效率却不高，遇到问题互相踢皮球，部门间、士大夫之间喜欢起哄、抬杠，甚至互相攻击，一个决策从出台到施行，往往要经过许多个回合的争斗。历史学家许倬云先生说，相较于汉唐两个朝代，宋代不是弱，也不是贫，而是政府无效率。

为何北宋政府没效率？大致是因为天下初定，不安定因素太多，新生的政权随时面临倾覆之险，所以，宁肯慢点，也不能再出现节度使一人说了算，或宰相一人说了算的高效率。宋太祖赵匡胤自有他的过人之处，他所思考的，没有比维护国家统一更重要的，他那一系列限制军阀的制度长久地影响了后人，自宋代之后中国再没有出现分裂割据的局面。

二、先南后北、先易后难平诸国

稳定朝政和平叛"二李"之后，宋太祖反复地征询大臣和将领们的意见：如何展开统一中国的战争？主流的意见是先攻南方，再取北方。宋太祖想先进攻离都城汴梁最近、威胁最大的北汉。意见不一，宋太祖取舍难定，他拉上弟弟赵光义，在一个大雪纷飞的夜晚密访重臣赵普。

赵普是幽州蓟县（今天津蓟县）人，书读得不多，学问却高深，曾向人夸耀可以半部《论语》治天下。君臣见面后直奔主题，宋太祖说："睡不着啊，一榻之外，皆他人家，所以来见你。"赵普早已心中有数，但他不说，而是先问宋太祖做何打算。宋太祖说欲先攻北汉。赵普"嘿然良久"后献计道：先留着北汉为我们抵挡来自西北方向的威胁，待削平南方，北汉弹丸之地能往哪儿逃？

宋太祖接受了赵普的建议，把统一战争的大战略调整为先南后北、先易后难，遂即派出大量情报人员潜入南方，了解人心向背及山川形势，等待最佳时机动手。

建隆三年（公元926年）九月，割据湖南的武平节度使周行逢病死，衡州（今湖南衡阳）刺史张文表趁机发动兵变，占领了潭州（今湖南长沙）。周行逢的继位者、其11岁的儿子周保权向宋求援。宋太祖抓住这一机会，发动统一战争。他先派出大军疾驰荆南，向南平王高继冲发出指令，要求借道南平援助湖南。这是"一石二鸟"的策略，高继冲自然看得出来，但南平地小兵弱，且刚刚经历了新丧——上一任南平王高保勖刚去世，如何组织得起有力的抵抗？思前想后，高继冲决定投降，向北宋献上3州17县。

北宋大军顺利经南平沿长江顺流而下，很快攻占了岳州（今湖南岳阳）、澧州（今湖南澧县）。兵变首领张文表在内乱中被杀，宋军乘胜攻占朗州（今湖南常德），俘获了周保权，轻松取得湖南14州66县。

北宋自此掌控江南要地，长驱直下可取岭南，东指可灭南唐，西顾可亡后蜀。此时的后蜀主孟昶已至晚年，生活奢纵，朝政荒怠，民怨甚浓。得知两湖等地已被北宋占有，其内心十分惊惧，慌乱中作出勾连北汉共抗宋军的错误决策，使宋太祖师出有名。乾德二年（公元964年）十一月初二，北宋大军分两路出动，浩浩荡荡扑向后蜀。

蜀道难，易守难攻，长江两岸还有火炮封锁江面。但宋军士气高昂，且事前经过充分的准备。进攻开始后，宋军半途之中突然弃舟登岸，向两岸上的蜀军营寨猛烈攻击，很快攻占了夔州（今四川奉节）。后蜀主将王昭远三战三败，不得不退守剑门（今四川剑阁东北）。后蜀主孟昶闻听王昭远战败，急令太子孟玄喆率军增援。太子从未统率过兵马，也不懂兵法，出发时打扮得花里胡哨，随行还有不少姬妾、伶人，一路行军，一路吹吹打打，根本不像是支要去打仗的军队。走到中途听说剑门已失，太子立即丢下兵马独自逃回成都。

两路宋军得以迅速逼近成都，孟昶长叹一声说："我和先帝用丰衣美食养兵40年，临危竟没人为我向东发一箭。"说完，下令打开城门投降。北宋又得到蜀地45州、198县。

连续出师，宋太祖想休整一下再平服岭南。他通过南唐后主李煜两次致书南汉王刘鋹，劝其臣服。但刘鋹非但不听，还派兵不时攻击宋的道州（今湖南道县）等地。赵匡胤遂于开宝三年（公元970年）九月发起征讨南汉国的岭南战役。

南汉是五代十国中政治最腐朽黑暗的割据政权，刘鋹异常残暴，能臣良将差不多已被诛尽。北宋进攻骤起，已50年没打仗的南汉毫无准备，旋即丢失贺州（今广西贺州市），随后又丢昭、桂、连等州。接着，宋军进逼韶州（今广东韶关）并迅速攻占。

攻占了广东"北大门"韶州后，宋军又一口气拿下了英州（今广东英德）、雄州（今广东南雄市），直抵兴王府。刘鋹企图从海上逃走，未遂被活捉，只得上表向宋军投降。北宋收得南汉60州、240县。

北宋早先已拥有长江上游、中游和下游江北，新近又占有了珠江下游地区，从三面形成了对南唐的包围圈。南唐后主李煜终日惶恐，主动向北宋提出削去南唐国号，只称南唐后主。宋太祖收到李煜的上表后很高兴，立即下诏让李煜前往汴梁。李煜唯恐有去无回，便以生病为由推托。

宋太祖识破了李煜的心思，就于开宝七年（公元974年）下令向南唐发起进攻。10万宋军分5路出师，水陆并进，从南平顺长江而下，一路几乎未遇阻挡，很快抵达采石矶（今安徽马鞍山采石矶）。宋军在长江上搭起中国历史上最早的浮桥，以最快的速度跨越天堑，进逼江宁（今江苏南京）。

吴越国此时也派出主力部队与宋军会合，把江宁城团团围住。围了几个月，糊涂后主李煜对目前的形势全然不知，还像往常那样在后苑与僧道诵经说《易》。等到得知真情后，李煜大惊失色，立即派大臣徐铉出城向宋太祖求情，希望北宋缓兵。宋太祖听后大怒，按剑厉声呵斥道："不须多言，江南亦有何罪，但天下一家，卧榻之侧岂容他人鼾睡！"

乞求不成，李煜不甘心，下令死战，因为南唐还有几十万军队可以作战。此时宋军已经围困江宁近一年，正希望速决，在击败南唐各路援军及地方武装之后攻进城去。李煜绝望，只得赤裸上身投降，献出 19 州、108 县。

李煜等文臣武将均被送往汴梁。他坐在船上一路悲伤不已，大好的江山就这样离自己而去，昨天还是后主，今日却成臣虏，国破家亡，鬓白形销，不觉泪已湿巾。于是李煜展开纸笔，写就著名的《破阵子·四十年来家国》：

> 四十年来家国，三千里地山河。凤阁龙楼连霄汉，玉树琼枝作烟萝。几曾识干戈？一旦归为臣虏，沈腰潘鬓消磨。最是仓皇辞庙日，教坊犹奏别离歌。垂泪对官娥。

从不知道战争为何物，也从未认真治国理政的文学家李煜，写下了令人同情的亡国之音。南唐立国 38 年，最盛时曾经拥有 35 个州、180 个县，地盘不可谓不大，但三代而亡，教训深刻。

到了汴梁后，宋太祖对南唐后主及所有臣虏都很宽容，让他们各得其所。李煜的待遇也不错，但他始终情绪低落，又不懂得伪装，还大量写作那些容易被人抓辫子的词曲作品。尽管宋太祖心胸宽大，不予计较，但他的继位人宋太宗赵光义却用一杯毒酒要了他的命。在词曲写作方面成果颇丰、最终以文失国的李后主可以说是死在了自己的笔下。来看看他的绝命词《浪淘沙令·窗外雨潺潺》：

> 帘外雨潺潺，春意阑珊。罗衾不耐五更寒。梦里不知身是客，一晌贪欢。独自莫凭栏，无限江山。别时容易见时难。流水落花春去也，天上人间。

这首词里，绝望、凄婉、无奈的情绪一览无余。李煜死得可惜啊，要是他能多活些年，不知又会有多少好词流传下来。

南唐近邻吴越的国主钱俶早就臣服于北宋，每年进贡的银绢、乳香、吴绫等物，价值数以亿计。南唐灭亡后，钱俶审时度势，效仿割据漳州的军阀陈洪进向北宋献出漳、泉 2 州、14 县的做法，向北宋献出了 13 州、86 县。

太平兴国三年（公元 978 年），以陈洪进、钱俶纳土为标志，北宋终于结束了中国南方的分裂割据局面，兵锋随即指向北汉。

灭亡南唐的第二年（公元 976 年），宋太祖赵匡胤逝世。尽管他在位只有 16 年，没能完成统一中国的大业，但为宋朝以后 300 多年的基业打下了根基，赵匡胤是中华民族的伟人之一。

赵匡胤的弟弟宋太宗赵光义是个有抱负和才能的接班人，既勤政又好读书，《太平御览》共千卷，编成后他命人每天送 3 册供他阅读。统一南方之后，宋太宗立即着手准备灭亡北汉，以实现宋太祖统一中国的遗愿。早在开宝元年（公元 968 年）、开宝二年（公元 969 年）和开宝九年（976 年），宋太祖曾三次发兵北汉。前两次的战斗都打得很艰难，都因辽国对北汉发来援军而退兵。第三次出征可谓倾全国兵力，显示了宋太祖志在必得的决心。然而宋军已攻至北汉都城晋阳城下，正在和辽国援军相持期间，宋太祖突然去世，继位的宋太宗下令退兵。

太平兴国四年（公元 979 年）正月，赵光义任命潘美为攻击晋阳的前线总指挥率师北上，并于次月亲率大军由汴梁出发，向北汉发起全面进攻。潘美在大战前，首先派出大将郭进率精兵守卫石岭关（今山西忻县南），阻断了辽军的救援之路。四月份，完成了对晋阳的合围。

在北宋进行的统一战争中，北汉是最难打的，一则因为晋阳城坚粮足，难以攻取；二则因为北汉随时可以得到契丹辽国的支援。这一次不同了，阻断了辽国的援兵，还封锁了粮道，而且北宋将士人人奋勇争先，士气高昂，围城仅 1 个月，就迫使北汉王刘继元奉表请降。

五代十国中最后一个割据政权灭亡，北宋又收取了 10 州、41 县。这样，北宋就完成了中国南北方主要地区的统一，结束了自唐中叶安史之乱以来 200 余年的藩镇割据及五代十国的乱局，这是伟大的胜利。但也有后人对宋太祖先易后难、先南后北的统一方略持有异议，认为他应该趁此时辽国政局动荡、上层腐败，先收复燕云十六州，在此基础上再北伐辽国，也就是先北后南。不然等到统一了南方再转头北上时，辽国经过 10 年的休养生息，国力大增，辽景宗手下一批名将涌起，北宋再想北伐就难了。

先北后南是宋太祖最早有过的设想，如果不听赵普等大臣的意见，也许燕云十六州真的已收回了。

三、朝也燕云，暮也燕云

统一了南方并灭了北汉之后，北宋有了更广袤的战略纵深地带，宋太宗赵光义朝思暮想收复燕云十六州。前几年收服南平和后蜀时，北宋曾为收回燕云十六州蓄积了 500 万缗，拟以金钱赎回燕云十六州，若赎不成便以此为军费强行攻取。

太平兴国四年（公元 979 年）五月，北宋灭了北汉后立即在晋阳屯兵数十万，准备马上发起攻击，一举夺占辽国的陪都幽州（辖有今北京、河北北部及辽宁一带）。当时的情况是，经过数月的激战，宋军已十分疲惫，急需休整和补充，多数将领和士兵都不想再战。但宋太宗收复燕云心切，未作任何休整，便亲领大军从晋阳分路东进。

翻越太行山后，辽军中的一些汉人将领纷纷打开城门投降，宋军很快占领了易州（今河北易县）、涿州（今河北涿州），七月初即包围了辽南京城（今北京城）。

辽南京又称燕京城，方圆 36 里，城壕高 3 丈，宽 1 丈 5 尺，人口 30 万，称得上固若金汤。本已十分疲倦的宋军，苦攻半月一无所获。就在此时，辽景帝手下的名将耶律休哥率援军赶到，宋辽两军在高梁河（今北京西直门外）展开激战。辽军只有几万人，人人手持火把，声势浩大。宋军摸不清辽军援兵底细，产生恐慌心理，只得撤除围城部队。宋军刚一后撤，城内守军趁势杀出，与城外援军夹击宋军，城中数万市民也呐喊助威。宋军大乱，全线溃败，横尸万余。宋太宗也在混战中受伤，不能骑马，只得改乘驴车向东南逃跑。

宋太宗首次北伐失利，主要原因在于他轻敌、急躁，引起指挥失误。宋军劳师远征，又不分兵围城打援，只知死攻城楼，两翼也无兵力策应，致使辽国援军轻易赶赴燕京。教训深刻，坐在驴车上逃跑的宋太宗痛心疾首。

大溃退之时，大臣们找不到皇帝，以为宋太宗或死或被俘，就有人提议拥立宋太祖的长子赵德昭继位。

狼狈逃回汴梁的宋太宗得知这一情况后大为恼火，同时清醒地认识到原来自己的位置并不稳固，遂大力整顿内部，处罚了一批大臣和将领，有效地巩固了皇权。

太平兴国七年（辽乾亨四年、公元 982 年）九月，辽景宗去世，其长子耶律隆绪继位，是为辽圣宗。辽圣宗当时仅有 10 岁，其生母萧太后摄政。萧太后是契丹人，其父曾为辽国北府宰相。她此时虽然年轻，却在政治上非常成熟，"明达治道，闻善必从"。为了防范北宋再次北伐，萧太后下令大力发展经济、整顿军队，并重用韩德让、耶律斜轸、耶律休哥等文臣武将，很快就营造出了上下同心、兵精粮足、国内各阶层稳定的良好局面。

北宋本应对辽国的这些变化保持警觉，却偏偏将此解读成了收复燕云十六州的机会，理由是：辽主年幼，母后专政，宠幸用事（韩德让是萧太后的情夫），大臣不附。本来还在犹豫观望的宋太宗听信了这些错判，决定再次北伐。

雍熙三年（公元 986 年）正月，宋太宗诏令宋军兵分 3 路北上。东路主将是曹彬，副将是崔彦进；中路主将是田重进，副将是谭廷美；西路主将是潘美，副将是日后名垂千古的杨家将中的老令公杨业。这几员将领在当时都是名震天下的人物。

接受上次坐驴车逃跑的教训，宋太宗没有亲征，但按照宋太祖时代定下的规矩，将领在外作战时得严格按照皇帝亲自制定的"阵图"作战，不允许擅作主张。于是，3 路将领怀揣"阵图"踏上战场。

按照"阵图"的宗旨，东路军出高阳关（今河北高阳东）后张大声势，缓慢前进，以牵制辽军主力，待中、西路军攻克各自目标后再会师于燕京城外。

3 路宋军进展顺利，其势如虹，基本完成了"阵图"所规定的作战任务。中路军攻占了灵丘（今山西灵丘）、蔚州（今河北蔚县）等山后（太行山西北）要地。西路军攻下了寰州（今山西朔州东）、朔州（今山西朔州）、云州（今山西大同）、应州（今山西应县）等地。东路军攻占了新城（今河北高碑店）、固安（今河北固安）、涿州（今河北涿州）等地。

辽军名将耶律休哥很冷静，面对宋军的强势出击一点也不慌乱。他很少正面应战，只是夜间派出精兵袭扰，白天派出轻骑截击宋军粮道。这一战术非常成功，东路军在缺粮的情况下不得不违反"阵图"持重缓进的要求，以最快的速度攻占了涿州，但涿州城内无粮，东路军又只得退回雄州就食。宋太宗得知这一举动后，大为恼火，命令东路军只能前进，不能后退。加之此时中、西路军都在乘势前进，东路军的将士们也要求向前，主帅曹彬无奈，只得又向涿州攻击。但此时大势起了变化，辽国萧太后母子亲率援军驻扎在涿州城外，正以逸待劳，等着宋军前来。

东路军是半饥半饱之师，将士们来回奔波，大多十分疲惫，突见辽军阵容如此威武，将领们心生怯意，遂纷纷后撤。辽军趁宋军后撤之机大举出击，宋军溃不成军，终于在岐沟关（今河北涿州西南）被辽军追上。一阵厮杀后，宋军死伤数万，据说堆积的尸体阻塞了沙河之水。

东路军是宋军的主力部队，败讯传来，宋太宗命令中、西路迅速撤军，且命令西路军护送云、应、朔、寰等4州的百姓南撤。此时辽军已经向西发动了猛攻，且已占领了寰等四（今山西朔州东），严重威胁企图护送4州百姓南下的宋军。危急关头，副帅杨业提出了一套很好的战术方案，却遭到监军王侁的反对，杨业无奈，只得照着王侁的错误战术引兵出战。

出战时，杨业要求潘美在陈家谷口（今山西宁武北）设下伏兵，等他把辽兵引至伏兵处再合击辽兵。战斗打响后，杨业按预案退至陈家谷口，举目望去却不见一个宋兵，原来潘美违约已率军逃走。杨业悲愤之下返身再杀入敌阵，身上受伤数十处，仍奋勇冲杀，手刃敌兵数百，终因寡不敌众而被辽军生擒。杨业拒不接受劝降，绝食而死。

杨业原籍麟州（今陕西神木），自小有侠气，曾辅佐北汉刘崇，为保卫指挥使。宋太祖灭亡北汉时，杨业随之归降北宋，自此忠心耿耿地为宋朝守卫边疆。杨业的夫人折太君（即戏曲杨家将里的佘老太君）也是位能征善战的女将。杨业之子杨延昭、孙杨文广及杨文广的妻子慕容氏（戏曲中穆桂英的原型）也都是抗辽名将。杨家称得上"一门忠烈"，他们的事迹和操守得到了辽宋两国人民的崇敬，杨家将千古不朽。

宋太宗依据错误的判断打了一场令人沮丧的战争。他战前精心制作的"阵图"不仅未让战争受益，反而严重地束缚了将领们的行动。"将在外，君令有所不受"，这是基本常识，宋太宗应该是知晓的，但他没有勇气去突破宋太祖定下的框框，结果就只有一败再败。令人痛心的是，第二次的北伐失败沉重地打击了北宋从领袖到一般将领的信心，使之往后的对辽战争完全陷入被动应付的局面，宋太宗之后的领袖人物再也没有斗志去主动收复燕云十六州。

四、攻守换位，澶渊议和

第二次北征幽州失败之后，朝廷内部滋生了恐辽情绪，有大臣劝宋太宗没必要再为燕云十六州那些"穷荒之地"大动干戈。宋太宗听后严词批驳道："恢复旧疆，此朕之志！"在这股正气的支持下，北宋又接连与辽国发生激战，大的战役有君子馆（今河北河间西北）之战、代州（今山西代县）之战、易州（今河北保定易县）之战。其中君子馆之战规模大、战斗惨烈、伤亡人数多，超过了前两次北伐战争。此战使北宋在河北的主力消耗殆尽，收复燕云已成奢望，辽国则抓住时机不断在边境挑起争斗。加上党项族拓跋部首领李继迁叛宋臣辽，青州地区又发生了王小波、李顺领导的农民起义，这一系列因素致使宋太宗不得不把大战略再调整为"守内虚外"。

对于李继迁叛宋，宋太宗采取以夷制夷的政策，重新任命李继迁的族兄李继捧为定难军节度使，派他镇守夏州（今陕西靖边北），防范李继迁。对于王小波、李顺的起义则予以坚决镇压。

辽国抓住宋太宗专注于其他事务的机会，大举南下侵扰。北宋无奈，只得处处被动防守，宋太宗还下令西起保州（今河北保定西北），东至泥沽海口，沿宋辽边境，利用河渠塘泊，筑堤蓄水，试图用这长近千里的"水龙"组成屏障，阻挡辽国铁骑。没想到冬天水上一结冰，辽国骑兵照样踏冰而入。辽军军纪差，每到一地就烧杀抢掠，百姓涂炭。消息传到汴梁，宋太宗一筹莫展，再也打不起精神北征幽州了。至道三年（公元997年），宋太宗赵光义病逝，与他哥哥宋太祖赵匡胤一样，带着未能收回燕云十六州的遗憾离去。

宋太宗为中国的统一大业鞠躬尽瘁、死而后已，他在位的21年可谓做到了"致治"，使国家在政治上安定清平。虽然宋太宗的心胸还不太宽广，军事指挥能力也不是很强，但仍不愧为杰出的领袖人物。

宋太宗去世后，太子赵恒继位，是为宋真宗。北宋此时政局稳定，经济活跃，国力相应提升，宋真宗接了一个"好摊子"，很想在此基础上有所作为。他首先整顿河北边防，以重兵戍边，重新设计了"阵图"，以提高抵御辽国的能力。

景德元年（公元1004年）闰九月，意气风发的辽圣宗由其母萧太后陪伴，率 20 万大军大举南下，绕开宋军驻有重兵的关口，长驱直入，很快围攻定州（今河北定州）。各地不断告急，宋真宗及诸臣均受到震动。参知政事王钦若建议宋真宗逃跑，迁都金陵（今江苏南京）。宰相寇准力排众议，坚决主张宋真宗亲征。宋真宗开始还有点儿心虚，但在寇准的一再坚持下决定亲征。

仅仅 1 个月左右，辽军迫近澶州（今河南濮阳）城下，直接威胁宋都汴梁。守卫澶州城的宋军自知退后一步就是京都，故全力守城，与辽军顽强对峙。用强弩射击的狙击手设伏于城楼之上，狙杀了率轻骑视察地形的辽南京统军使萧挞凛。萧挞凛是辽国名将，他的死极大地影响了辽军士气。萧太后甚为悲痛，但仍指挥若定，一面紧围澶州，一面分兵继续南下。

表面镇静的萧太后内心已生退意，她的本意并不在于与北宋决战，而是在于掠夺财富充实国库。宋真宗打探到这份情报，自汴梁北上后一路顾望不前，行动迟缓。在寇准的一再催促下，宋真宗于十一月二十五日才到达澶州南城。得知皇上亲征抵达，军营中一片欢腾，"声闻数十里，气势百倍"。随同宋真宗亲征的数十万兵马在澶州城外扎营，与萧太后统率的辽军展开对峙。

萧太后举目眺望，宋军阵营威武、士气高昂，知道自己悬军深入，难以长久相持，就指使北宋降将王继忠给北宋将领石普写信，并通过石普向宋真宗表达希望重修"旧好"，罢兵言和。宋真宗立即回信，响应萧太后的提议。信回得很快，是因为宋真宗北上亲征的目的也并非与辽决一死战，而是指望通过和谈，尽早让辽军退兵。

回信之后，宋真宗马上派出使者曹利用面见萧太后，正式讨论议和事宜。本来寇准建议宋真宗抓住时机在澶州决战，现在宋军兵力占优，一旦打赢，立刻可逼使辽国称臣，并退还燕云。但宋真宗不想打，驳回了寇准的建议。萧太后见宋真宗果然诚心议和，就大大地提高了条件，不仅要钱，还要瓦桥关南（在今河北雄县）之地。

曹利用动身前，宋真宗曾私下指示他，只要能议和，纳百万银绢作为交换条件也可以。寇准得知后立刻警告曹利用："你此次前往议和虽有敕旨，但纳银不许多过 30 万两，否则，立刻将你斩首。"曹利用谈判时坚持不割地，只答应每年给辽国绢 20 万匹、银 10 万两。辽方还想敲诈关南之地，曹利用义正词严地说："若北朝（辽国）坚持强取关南之地，可以告诉你们，不仅得不到，其他也别想，两国就在此交兵吧！"

萧太后与辽圣宗权衡利弊之后，同意了北宋的建议，双方签署和约，交换"誓书"，约定原有疆界不变，互为兄弟之国，辽圣宗称宋真宗为兄，宋真宗称萧太后为叔母，北宋每年给辽国纳银 10 万两、绢 20 万匹。

澶州古称澶渊，宋辽就给这纸和约定名为"澶渊之盟"。

澶渊之盟意义重大，宋辽之间自此和平相处 100 余年，契丹族与汉族及生活在北宋境内的其他民族友好往来，经济文化互相影响、渗透，中国的南北方尽管此时仍未能一统，但却为大一统营造起良好的氛围，最有力的佐证是澶渊之盟之后，宋辽两大朝廷互相以南朝北朝相称。中国的历史就是这样神奇，不论南北对立多久，冥冥中都有一股力量把这两大板块揉到一起。

五、西夏也是块"硬骨头"

以党项族为主体的西夏政权，最早兴起于南北朝末期，开皇四年（公元584 年）内附隋朝，以后又成为唐朝的臣民。中唐之后，党项族趁唐中央政府掌控衰弱之机，在陕北建立起规模不大的割据政权。黄巢起义爆发后不久，党项族首领拓跋思恭率番汉联军参与镇压，得到唐僖宗嘉奖，任命拓跋思恭为夏州（今陕西靖边）节度使，封夏国公，赐姓李。这样，党项族的首领李氏就正式拥有了管辖夏、绥、宥、银、静等 5 州地盘的权力。

五代十国时期，李氏集团以自保为主，不但没有卷入中原战火，反而实力大涨。李存勖建立后唐，李氏立即归附后唐。但这归附并不诚心，李存勖死后不久，李氏集团就开始劫掠后唐，不时制造摩擦。后唐明宗李嗣源很恼火，发兵 5 万去攻打夏州，结果围城百日而不可得。夏州首领李彝超登楼求和，后唐只好退兵。

北宋建立后，夏王李继筠曾配合宋太祖攻击北汉。李继筠死后，其弟李继捧袭职。此时夏州内部纷争激烈，李继捧自感无力摆平，就主动入朝向宋太祖献出所辖 5 州 8 县。宋太祖大喜，立即派员去接管夏州。但李继捧族弟李继迁反对，理由是祖居此地 300 年，雄视一方，怎能拱手相送？遂集合部众起兵反宋。

党项族李氏长期占据陕西、河套地区，很有影响力，李继迁反宋给宋边境带来极大的威胁。辽国抓住机会，与李继迁联手东西夹击攻宋。北宋无力遏制李继迁，就"以夷制夷"，重赏李继捧，让他去对付李继迁。李继迁派张浦带着重币到辽国，向辽圣宗表示愿意归附，取得了辽的支持，打败了李继捧。北宋为集中兵力应付辽军，只好笼络李继迁，委任他为银州观察使，赐姓名赵保吉。

李继迁并无诚意归附北宋，只不过看中了北宋给予他的经济利益，所以叛服无常。宋太宗曾亲自领兵征讨，也无功而返，李继迁真是块难啃的"硬骨头"。

北宋为了抑制住西夏的扩张，以种种实惠政策笼络河西诸蕃部落出兵，共同抗击西夏，使李继迁感到了空前的压力。咸平六年（公元1003年），李继迁在与吐蕃潘罗支部的交战中受伤，第二年正月死去，其子李德明接掌西夏。

李继迁死时年仅41岁，他与北宋斗了20多年，早已身心疲惫。他心知国小力弱，不能长久与大宋对峙，于是临终前郑重嘱咐儿子，尽快归附宋朝，上表宋真宗，"一表不听，则再表。虽累百表，不得请，不止也"。李德明继位后听从其父的临终遗言，上表请和。宋真宗十分高兴，立即批准。

自澶渊之盟后，宋真宗就盼着与西夏订立和约，使天下不再有战争。宋真宗不仅期望当个太平天子，还接受了大臣王钦若的"马屁"，希望到泰山去举行封禅大典。按惯例，封禅之前国内要出现很多祥瑞，如某地发现了龙，某地发现了麒麟，某地掉下了天书等。宋真宗亲自伪造"天书"，说梦见天书挂在什么地方了，叫大臣赶快去取。皇帝一带头，满朝文武全国各地找祥瑞，连从来不信鬼神的名相王旦，也被宋真宗贿赂后加入伪造天书的行列。一时间，"一国君臣如病狂"，装神弄鬼忙不停。

此时北宋没有精力搞别的事，西夏请和，当然乐坏了宋真宗。他认为这是鬼神在帮忙，所以对西夏的各种优惠及让步颇多。李德明于是大肆兴兵扩疆，一举攻占了西凉府（今甘肃武威），逐渐掌控了河西之地。

明道元年（公元1032年），执掌西夏28年的李德明去世。他临终前嘱咐儿子李元昊，说自己用兵太久，已非常疲劳，西夏能有这几十年的发展，主要仰仗宋朝之恩，不要辜负这点。

李德明死前，宋真宗已经去世，北宋的皇帝换成了宋真宗之子宋仁宗赵祯。宋仁宗在李德明去世后，下令辍朝三日，为这位割据者致哀，又追赠其为太师、尚书令兼中书令，并派出使者，携带大量礼品前往西夏祭奠。他是想通过这些动作来感化李德明之子李元昊，使之与北宋建立更加友好的关系。

然而，李元昊对北宋的这些友好举动不感兴趣，他早就对其父臣宋极为不满，想摆脱这层关系，干番事业，"英雄之生，当王霸耳"。在这种意识的支配下，李元昊加紧了称帝建国的步伐。首先向割据于今青海西宁的吐蕃唃斯啰政权发起进攻，尽管没能完全打败唃斯啰，却极大地削弱了它。从景祐三年（公元1036年）开始，又攻取了瓜、沙、肃州，"尽破兰州诸羌"，切断了与宋有臣服关系的吐蕃与北宋的联系，完全控制了东到黄河、西到瓜沙的河西地区，使西夏的领土陡然增加数倍。

河西是块好地方，物产丰富，水草青葱，占有了河西，就有了立国的资本。李元昊之后的若干代西夏人正是凭借河西这块宝地立国达189年之久。相反，北宋失去了河西屏障，就得直接面对西夏的侵扰。而且河西是北宋军马的主要来源地，失去河西，北宋的战斗力大受影响，以北宋当时的实力，根本无法战胜西夏。

宝元元年（公元1038年），李元昊认为称帝立国已顺理成章，就与各部落首领歃血为盟，约定先攻宋的边塞，再筑坛立国。各部落表示赞同，于是李元昊下诏称帝，国号大夏。

对于李元昊称帝，宋仁宗尽管十分恼怒，但也不得不默认。他不同意出兵攻西夏，仅下令在陕西、河东一带关闭所有与西夏交易的互市、榷场，着重从经济上制裁西夏。但李元昊根本不在乎，他下令"去宋化"，把以往从宋朝学来的东西基本废弃，甚至创立了新的文字在境内推行，把过去用的汉字束之高阁；同时又进行了一系列政治军事方面的改革，有效地提升了西夏的国力，自此完全与宋为敌，征战不已。

康定元年（公元1040年）正月，西夏大举发兵攻击延州（今陕西延安）。延州是北宋的西北门户，筑有金明寨等36个军事据点，常年屯驻重兵，仅守将李士彬就有10万兵力，号称"铁壁相公"。李元昊不惧李士彬，决心首先打下金明寨。战斗开始前，李元昊采用诈降策略骗取了延州最高首脑——山西转运使范雍的信任，接着又用重金贿赂李士彬部下，做完这两项后李元昊下令向金明寨发起进攻。李士彬很快就被俘虏，李元昊占领金明寨，随即向延州进军。

金明寨失守的消息传到北宋，朝廷大为震惊，10 万宋兵不堪一击，这样下去谁能挡住李元昊？于是急召援兵去往延州。李元昊一面派兵围攻延州，一面在北宋援兵必经之路三川口（今陕西安塞县东）设伏打援。范雍既无勇也无谋，指挥无方，几员将领也急躁轻浮，一进三川口就被李元昊的伏兵大败，范雍只得闭城坚守。适逢天寒大雪，李元昊围城不得，终于退兵。

三川口战役之后，宋仁宗立即调整陕西方面的人事，以夏竦为陕西经略安抚使，韩琦、范仲淹为陕西经略安抚副使兼知延州。人事调整好后，宋仁宗急欲进攻西夏，范仲淹建议先整顿治理延州，待条件具备后再大举反击。

宋仁宗同意了范仲淹的建议，委派范仲淹治理延州。范仲淹有文武之才，到任后立即大阅州兵，整顿军务，同时开营田、筑城堡、安抚少数民族，并亲自领兵收复了塞门寨（今陕西省安塞县镰刀湾乡），延州士气大振。

就在这个时候，西夏又大规模地向北宋发动进攻，又先采用诈降的老办法麻痹宋军。韩琦知其有诈，命诸将严加戒备。但还是有一些宋军将领喜好不战而屈人之兵，一见李元昊请降就放松警惕。李元昊抓住这种心理，把宋军大将任福等引诱至好水川（今宁夏隆德西北），然后 10 万夏军四面合围，宋军大败，任福父子等数十位将领战死，2 万多名宋军葬身于此。

好水川一战是宋夏开战以来北宋最惨重的失败。宋仁宗心烦意乱，下令从现在起陕西一带不得出兵进入夏境，如遇西夏进攻，也只准迎击，逐出境外作罢。北宋像对辽一样对西夏也转攻为守，不敢轻言用兵。好水川之战打惊了宋廷，宋仁宗撤去了夏竦的职务，将韩琦降为右司谏、知秦州（今甘肃天水），范仲淹降为户部员外郎、知耀州（今陕西铜川市耀州区）。

李元昊挟两次战役取胜之威，向北宋的东部边境发起进攻。他继续采用诱敌深入的战术，把宋军主力引至定川寨（今宁夏固原西北），然后毁桥断路，四面围攻，斩杀了北宋泾原路经略安抚招讨副使葛怀敏等 16 员战将，俘虏残部 9400 人及战马 600 余匹。从定州寨出发，李元昊又横扫渭州（今甘肃平凉）六七百里。

三场大战役打得北宋上下惊心动魄，宰相吕夷简哀叹："一战不及一战，可骇也。"李元昊此时其实也已十分困倦，不仅兵力损耗严重，财力也难以为继，西夏百姓怨言鼎沸。在此情形下，宋、夏均放出议和风声，以缓解双方长期交战之苦。北宋希望李元昊放弃称帝，许诺回报的待遇将超过以往。但李元昊不同意，北宋只得打起精神，加紧治理边防以抵制西夏再次入侵。

宋仁宗再度起用范仲淹、韩琦等熟知西夏边境事务的大臣。这些吸取了教训的将领再次赴边后新招迭出，一方面采取积极的防御方针，大量修筑坚固的城堡；一方面积极组织番汉等当地人组成乡兵，让他们协助宋军行动。同时还派员渗入西夏内部，离间李元昊与属下的关系，搞乱西夏上层。

就在李元昊为是战是和而犹豫不决之时，一些原来生活在辽国的党项族部落叛逃至西夏，辽帝耶律宗真拟发兵进攻西夏。李元昊得知后甚为慌张，只得遣使入宋，重启和谈。

庆历四年底（公元1044年），宋仁宗批准议和，派大臣持节入西夏，册封李元昊为夏国主，西夏向宋称臣，宋每年赐予西夏5万两银、13万匹绢、2万斤茶叶。另外，每年还在各种节日赐给西夏2.2万两银、2.3万匹绢、1万斤茶叶。北宋委曲求全吃了亏，但花钱买来了和平，各民族更加和谐相处，为北宋西部赢得了20多年的安定大环境。

六、危机四伏，庆历图变

趁宋与夏交战之际，辽国借口北宋在边界修筑工事、添置兵营的做法违反了和约，强行要求割让晋阳，否则就要开战。北宋已被西夏打得灰心丧气，只怕辽国又起战争，便咬牙答应每年再向辽增纳10万两银、10万匹绢。这是雪上加霜，对西夏的赏赐和岁贡辽国的币帛，使北宋财政难以承受，只得加重民众的赋税。广大下层民众的生活本已十分艰难，有的甚至挣扎在死亡线上，朝廷也了解这一状况，但不多收赋税怎么能交得出这些岁贡？又怎么供养总数高达125万人的常备军？整个北宋被沉重的纳贡压得喘不过气来。

最先发出怒吼的是今河南、山西、江西、四川一带的农民群众，他们先后揭竿而起，起义次数和人数"一年多于一年，一火强如一火"。与农民起义相呼应的是部分士兵哗变。这些士兵本来就是一些失去了田土、生活无着落的流民，朝廷把他们收进军营，让他们成为士兵，使他们有了吃饭之地，但其待遇十分低下，这样的军队一遇"导火索"就会哗变。以国家财政的三分之二来养兵，结果却是如此，这使朝廷上下极为惊恐。面对一系列内忧外患，宋廷开始全力考虑如何改变现状，摆脱危机。

庆历三年（公元 1043 年），吕夷简病重，自求罢相，宋仁宗批准，而后擢升范仲淹为参知政事，韩琦为枢密使，富弼为枢密副使，三人同以宰相执政，又以欧阳修、蔡襄、王素、余靖同为谏官。宋仁宗把走出危局的希望寄托在这些人身上，几次走进他们的办公地，催他们尽早拿出改革方案。

宋仁宗这个皇帝不算很差，尤其是他的个人品格还好。尽管内忧外患，但他一直奋发努力，设法稳定大局。他崇尚节俭，总是穿一身旧衣服，宫中摆设多年不换，晚上饿了想吃烤羊肉，却不敢吩咐下面去做，怕下面形成惯例后增大皇帝的开支。成都有个书生写了首发朝廷牢骚的"反诗"，官府逮捕了他，宋仁宗知道后令人放了书生，说这不过是个老秀才想当官而已，给他个小官也无妨。宋仁宗被史书一致称为贤君，确实还说得过去。

范仲淹是苏州吴县（今江苏苏州）人，一篇《岳阳楼记》使他名垂千古，其中"先天下之忧而忧，后天下之乐而乐"的思想让后人景仰。由进士入仕后，敢言敢当，在天圣三年（公元 1025 年）向宋仁宗上书，抨击朝廷粉饰太平、吏治腐败、国防松弛等问题，希望减轻民众负担，裁减冗官冗兵，大胆改革各项制度。

范仲淹的抨击在朝廷引起巨大反响，一些青年官吏如欧阳修、富弼、余靖等都表示声援，称赞范仲淹"朝廷无忧有范君，京师无事有希文（范仲淹字希文）"。宋仁宗开始并未听进范仲淹的建议，反而因他屡次进谏而 3 次将他贬谪。西夏进攻北宋时，宋仁宗才又起用范仲淹主持陕西军务。范仲淹趁此再次向宋仁宗提出变革建议，宋仁宗这才下决心实行变革。范仲淹于是紧锣密鼓地与一班大臣策划运作，写成了《上十事疏》，主要内容有：根据政绩决定官员升迁或罢黜；限制"官二代"恩荫充官；变更各类学校及科举取士之内容，提拔懂经济（不光会写诗作文）的人才；重视对基层政权的建设；均公田，厚农桑，兴水利，修武备，减徭役等。

宋仁宗接受了《上十事疏》中的大部分建议，下令颁行全国。之后，宋仁宗又接受了韩琦、富弼的一些建议，一并向全国颁行。

综观这些新政，主要出发点是通过整顿吏治缓和社会矛盾，从而使国家出现新气象。这当然会触动上层的一些既得利益者，他们联合起来上书宋仁宗，把范仲淹为首的改革派诬为"朋党"，枢密使夏竦甚至指使下人伪造富弼废立皇帝的草诏。宋仁宗将信将疑，下诏说"至治之世，不为朋党"，公开地表明了对改革派的疑虑。范仲淹、富弼感受到了危险，主动提出外巡，离开了朝廷，不久就被罢相，韩琦、欧阳修等人也先后被逐出朝。自此守旧派完全控制了朝廷，已经宣布的所有改革法令不到一年便相继被取消，庆历新政以失败收场。

　　虽然庆历新政的结局不好，但它却为北宋后面的变法提供了可供模仿的蓝本，以及思想和舆论上的准备。皇祐四年（公元 1052 年），范仲淹逝世。不久之后，原来参与新政变革设计的一班大臣，不少又被宋仁宗召回，其中富弼被授予相权，欧阳修升任枢密副使。宋仁宗怎么又想起了他们呢？原来社会矛盾继续激化，皇祐元年（公元 1049 年）九月，爆发了侬智高叛乱，占据邕州（今广西南宁）。侬智高是广源州（今广西靖西、田东一带）的少数民族首领，能打仗，起事后攻下广南十余州。宋仁宗派出名将狄青，费了很大气力才完全平叛。平叛可是要花费银子的，国家财政由此愈加亏空。在重重困难面前，宋仁宗想起了革新派。但此一时彼一时，昔日的革新派经此"朋党"磨难之后，身上的锐气、斗志已然不再，北宋此时需要的是一批朝气蓬勃、勇于进取的官员，实在不需要"老于世故"的官僚了，可惜宋仁宗没能体悟到这一点。

　　嘉祐八年（公元 1063 年），在位 41 年一直戴着庸碌怯懦的"帽子"的宋仁宗病逝。宋仁宋的 3 个儿子全都早夭，便立堂兄的儿子赵宗实为皇子。此时赵宗实继位，是为宋英宗。宋英宗体弱多病，在位 4 年就去世，儿子赵顼继位，是为宋神宗。自幼"好学请问，至日晏忘食"的宋神宗一继位就疾呼变法！变法！

七、从来变法不容易

　　宋神宗首先把变法图强的想法透露给一班老臣，如韩琦、富弼、欧阳修等人，希望由他们牵头推动改革，这些人曾在宋仁宗时与范仲淹一道推行过庆历新政。但宋神宗的一腔热情在老臣那里遭到冷遇，无人响应，老臣们对现状已经麻木。宋神宗很失望，但并不灰心，他在一些士大夫的推荐下，找到了王安石，几次交谈后，立即任命王安石为同中书门下平章事（宰相）并主持变法。

王安石是临川（今江西抚州市临川区）人，21 岁中进士，在宋仁宗朝任小吏时名气就很大，曾经给宋仁宗上"万言书"，呼吁变法。但宋仁宗并没采纳他的建议。宋英宗在位时他以为母守孝和生病为由，辞让入朝为官。宋神宗继位后，终于得以起用。王安石一出山就惊天动地。为什么呢？因为他不仅才高学富、议论高奇，且性格执拗，被宋神宗重用前就已在官场树敌甚多。听到由王安石主持变法的诏令后，朝野上下非议鹊起，许多既得利益者还没见到变法实施就已"抱团取暖"，准备联合对付王安石。王安石很清楚大环境，但其矫世变革之态丝毫不受影响，在走马上任之初就放言"天变不足畏，祖宗不足法，人言不足恤"。这"三不足"之说震惊了百官，连宋神宗也感到说过了头。但宋神宗头脑清醒，他不计较王安石的言辞，只是一个劲儿地催促他早日变法。他对王安石说："不管你怎么变，基本的目标是富国强兵。"

在宋神宗的这一思想的指导下，王安石的变法与范仲淹的变法在方法和突破口上有所不同。范仲淹侧重政治改革，从整顿吏治、遏制腐败入手；王安石侧重从经济改革入手来改变积贫积弱之状。应该说，王安石的改革接受了范仲淹变革的经验教训，更注重实效性。因为宋神宗曾对他说，宋夏之战已使国家"百年之积，唯存空簿"，国库里现在啥也没有，只剩下几本账簿。然而，吃皇粮的队伍却愈来愈多，宋初时全国内外官员仅 3500 员，到皇祐年间（公元 1049—1054 年）猛增到 2 万多员，财政严重透支，再不富国，国家就完了。

针对这么一个穷摊子，王安石首先推出了一批能富国的新法，如"青苗法""方田均税法""农田水利法""均输法""市易法"等。我们以"青苗法"为例来看看王安石新法的力度与效果。

北宋自向辽、夏纳贡时起，农民的负担日益加重，年景好的时候，多数农户勉强可以解决口粮问题，一旦受灾，生活马上出现问题。一般农户不得不靠向富人借贷度日，这种借贷利息高，有的高达 100%，甚至 200%，本已十分贫困的农户如何还得起？许多人家就变卖家产、土地，走向流亡之路。贫富差距由此愈拉愈大，社会矛盾愈积愈多。

针对这个情况，国家出台了"青苗法"，具体内容就是以政府为放贷人，青黄不接时政府放贷给农民，收粮后再还，一般年息为 20%。这一法律的宗旨在于帮助农民发展生产，度过困难，同时抑制高利贷泛滥，防止土地被富豪兼并。

从出发点看，"青苗法"是一项惠民政策，但实施中就走样了。一是地方官员趁机抬高利息从中牟利，有的地方不管农民是否需要贷款，政府一律强制农民接受，这就成了摊派，形成政府与民争利；二是20%的利息也不算低，一般农民贷了也还不起，这样，政府的贷款难免变成了不良资产。朝廷的反对派抓住这些弊端大肆攻击王安石。这些反对派可都是北宋举足轻重的人物，如司马光、韩琦、欧阳修、苏轼、苏辙、吕公著、陈舜俞等。但王安石不为所动，坚定不移地推行新法。他认定一个目标，不论"青苗法"有多少弊端，但确实有相当一部分农民从中受益，哪怕只有少部分受益，他也要干到底。在宋神宗的支持下，"青苗法"一直实施了16年才废止。

王安石推出的其他法律，也都或多或少见到成效。例如，"均输法"用以限制商人获利、控制市场流通的手段，使税收物资的调拨与运输体现最大的经济效益；"免役法"针对官僚地主享有免徭役特权的社会现象，用以徭役货币化；"方田均税法"用以打击富豪隐瞒土地面积、逃避赋税。

在推出上述具有"富国"意义的法律之后，王安石又陆续推出带有"强兵"意义的"保甲法""保马法""将兵法"等新法。还从多方面入手改革科举和学校制度，以经义策论代替诗赋取士，改革太学，推行"三舍法"，自己主持注释《三经新义》，颁行于学官，为变法培养人才。

令王安石恼火的是，新法推行得越多，朝廷的反对声也就越多，5位宰相中有4位（除王安石本人）上疏抨击王安石变法。这些在朝廷享有众望的官员们为何如此反对变法呢？很明显，这些变革直接或间接地触动了他们的既得利益。"青苗法"直接限制了大地主高利贷的利益，其代表人物韩琦、欧阳修反对。"免役法"规定以前不服劳役的阶层现在要出助役钱，损害了官僚地主、单丁、女户、寺观等阶层的利益，其代表人物文彦博领头起哄，不但自己赤膊上阵，还把范仲淹的女婿抬出来，煽动万人到汴梁"上访"，甚至包围了王安石的住宅，一些皇族、外戚也加入围攻王安石的行列。宋神宗一开始总是驳斥这些人的行为，后来反对者太多，朝野汹汹，宋神宗也对王安石的法令效果产生了怀疑，在新法颁行5年，即熙宁七年（公元1074年）时，将王安石罢相。

王安石罢相之后，宋神宗起用韩绛为相。但韩绛能力有限，宋神宗又在熙宁八年（公元1075年）二月，下令召回王安石主持朝政。王安石很兴奋，立刻从江宁（今江苏南京）赶到了汴梁。但入朝一看，绝大多数大臣都不欢迎他，过去坚定地支持自己的宰相吕惠卿等人也站在了自己的对立面，宋神宗对自己的态度也大不如前。王安石外号"拗相公"，性格很犟，现实激起了他的怒火，他不管三七二十一，以种种理由激走这些反对派。元老们也是硬骨头，没有谁被王安石的气势吓住，以司马光、文彦博、欧阳修、韩琦为首，一批老臣、重臣纷纷向宋神宗递上辞职报告，公开与王安石划清界限。司马光、文彦博、欧阳修、苏轼等人过去都曾向宋神宗极力推崇过王安石，现今满朝文武大半离王安石而去，王安石不得不孤军奋战。

主持变法的人处于这样一种环境，变法还能持续吗？本来强大的反对派阵营中有一部分完全是可以争取过来的，但王安石个性太强，心胸也不甚开阔，最终这批人不论王安石作出什么变法动作，一概加以反对，甚至明知有些变革是有利于国家和人民的，也提出反对，有时还夹杂人身攻击。反对者们把意气用事作为武器，集体起哄、嘲弄，使王安石最大的支持者宋神宗跟着产生了"颇厌安石所为"的情绪。

王安石嗅出了其中的风险，主动请求罢相。熙宁九年（公元1076年）十月，宋神宗准其退居江宁半山园。王安石再次罢相出朝，宋神宗把推行变法的重担交给以吴充、王珪为宰相的领导班子。显然，这些人的才能、人品，以及对变法的热情都远逊于王安石。中国历史上著名的王安石变法事实上已经流产。

回过头看王安石变法，以经济改革为突破口是正确的，但改革需要强有力的各级政府、官吏的配合才能进行，政治不改革，经济改革很难成功。而在封建王朝体制下，政治改革很难，范仲淹试了一下，没成功，王安石想避开这一环，也避不开。

难，中国历朝历代改革最难，王安石在重重困难中能改到那个程度，已属不易。史载，北宋熙宁六年（公元1073年）时全国的青苗钱利息达292万贯，熙宁九年（公元1076年）时国家支付各种役钱以后还结余392万贯。虽然这些钱有相当一部分不是依靠发展经济而得，但国库实实在在地充实多了，"富国"这一目标至少实现了部分。仅此一点，王安石变法就值得肯定，王安石是中国成功的改革家。

元丰八年（公元1085年），年仅37岁、志存高远且颇有作为的宋神宗病逝。噩耗传来，王安石悲痛不已。宋神宗不仅是他的领袖，更是他的知音，正是因为宋神宗毫无保留地信任他，王安石才唱出了那出亘古少见的变法大戏。想到这里，王安石的泪水涌下，颤抖着手腕写下《神宗皇帝挽词二首》，其中一句是"老臣他日泪，湖海想遗衣"。泪未干，又一个令他痛彻心扉的消息传来，他与宋神宗呕心沥血推行的新法全被朝廷废除，所有跟随王安石变法的官吏一律遭到免职，史称此一变故为"元祐更化"。打击来得太突然了，早已多病缠身的王安石经受不起这致命一击，于元祐元年（公元 1086 年）去世。

王安石的葬礼异常冷清，由于新法被禁，门生故吏几乎无人出席祭奠。倒是众多的反对派给予王安石以应有的尊重。当朝宰相、王安石昔日的好友司马光得知消息后立即写信给另一位宰相吕公著，充分肯定王安石的人品才华，说王安石文章节义过人之处甚多，只是由于不通世务、个性太犟才没能圆满。

司马光是继西汉司马迁之后最有成就的史学家，其主编的《资治通鉴》堪为帝王师，影响广泛而深远。不仅如此，司马光为官清廉，布衣粗食度过一生，死时家无余财。这样一位受人尊崇的人物，反对的不是王安石个人有什么私心，他知道王安石所做的一切都是从国家和人民的利益出发，其反对的是王安石的某些过激或脱离实际的政策，反对的是王安石以儒家为本，忽略其他学派，变法过于理想化、一味蛮干的作风。

司马光在王安石故去的同一年去世。两位在世时不相为谋，去世时携手而行，也算是缘分。

宋神宗的接班人宋哲宗得知王安石的死讯后，追赠王安石为太傅，命中书舍人苏轼撰写《王安石赠太傅》的诰命书。大文豪苏轼也是王安石的好友，尽管反对变法，却始终把王安石当作良师益友。王安石罢相后，苏轼多次前往江宁陪伴王安石饮酒赋诗，从心理上安慰这位从不向人低头的文坛好友。接受宋哲宗交代的任务后，苏轼精巧构思，在诰命书中避开变法问题，着重从道德、文章、才识等方面肯定王安石，说王安石是稀世之异人，名高一时，学贯千载，人品与信用古今所无。

这篇诰命词忽略了王安石当政时为稳定中国西南和南方疆域所做的贡献。熙宁五年（公元 1072 年），王安石采用剿抚兼用的策略平定了湖南安化、新化两地的少数民族叛乱。之后又平定了湖南西部一带的少数民族动乱，新置了若干州实施管理。熙宁六年（公元 1073 年），王安石全力支持大臣王韶发动了对西夏的战争，收复了河湟一带（今甘肃西部和宁夏部分地区）沦陷了将近 200 年的土地，招抚了大小番族 30 多万人，这是北宋难得一见的军事胜利。熙宁八年（公元 1075 年），交趾（今越南河内地区）军队向北宋中央政府挑衅，连续攻下钦、廉、邕三州。王安石亲自撰写声讨交趾的敕榜，建议宋神宗集合重兵予以还击。反击很成功，宋军很快收复三州之地，攻入了交趾境内，迫使交趾王李乾德奉表投降，忠于中央政府。

王安石之后，北宋一步步走向泥淖，数十年后便被金军灭亡。

八、方腊之后有宋江

宋神宗去世后，年仅 8 岁的宋哲宗即位，朝政由其祖母高太皇太后执掌。老人家早对新法不满，临朝称制后立即起用以司马光为首的守旧派。司马光一上台即尽罢新法，对旧法尽行恢复，并严厉打击和迫害以往力主变法者，甚至是同情变法者。朝廷由此形成尖锐对立的守旧派与变法派，守旧派内部又分裂成不同的派别，互相攻击倾轧。

元祐八年（公元 1093 年），高太皇太后病逝，16 岁的宋哲宗亲政，立即"翻盘"，重新推行宋神宗时的元丰新法，把一帮守旧派重臣如吕大防、范纯仁、苏辙、范祖禹等统统逐出朝廷，再度起用以章惇为首的变法派。这样一来，北宋的政局急遽变化，变法派与守旧派之间的争斗进入白热化，一大批已故的大臣如司马光、吕公著等都遭到追贬。朋党之斗使北宋走入无药可救之境。

元符三年（公元 1100 年），宋哲宗去世，其弟赵佶即位，是为宋徽宗。

宋徽宗的上台是北宋的不幸。他更适合于做一个文化人，与后唐的李后主有许多类似之处。例如，他擅长书法，独创了瘦金体，可谓前无古人，后无来者，在绘画、音乐、诗词、鉴赏等方面的造诣也很高。为了迎合宋徽宗的这些爱好，他重用的一班佞臣，如蔡京、童贯等人在苏州设立造作局，每天役使数千名工匠，为宋徽宗制造和搜集珠宝金玉。看到民间有一石一木稍显奇异的，要么公开抢夺，要么以极低价征敛。一次，为了运送一块高达 4 丈的太湖石，征调了数千名役夫，沿途拆毁桥梁、城墙、水门不计其数，以便这块巨石通过。

除了运石头，还运无数的竹木，百姓称这些船为"花石纲船"。这些船只在运河上一艘接一艘，多得时常堵塞河道。据当时估算，一块石头的运费高达30万贯，一竿竹子所费可高达50万贯。这些开支都要从百姓身上出。史载，无数百姓为了运送这些花石竹木，一年四季根本无闲时去耕作，大量农户因此破产，不少人家靠出卖儿女度日。

运这么多花石竹木到京城，除了供宋徽宗观赏，大量的原材料用在兴建楼堂馆所之上，如新建的明堂、保和殿、延福宫、艮岳、万寿山等。据说，艮岳建了20多年，耗费的各种材料无法计算。

毫无节制的朝廷开支使国家不堪重负，只得千方百计增加赋税，赋税较宋神宗熙宁、元丰年间增加了十几倍。最令百姓难以承受的是，以前可以用谷物抵税，现在一律要折成钱物上缴，称之为折变。这是要命钱，百姓稍有不从，非死即伤。

宋徽宗统治北宋的这20多年，是北宋历史上最黑暗的时期。他溺于声色犬马，而蔡京、王黼、童贯、梁师成、朱勔、李邦彦等6个大臣利用权势无恶不作，被民间称为"六贼"。这"六贼"依仗皇权，不惜将地方仓贮里的钱谷搜罗一空，造成许多地区成为无法生存之地，死难的民众多达百万。百姓终于忍无可忍，愤怒地喊出："打破筒（童贯），泼了菜（蔡京），便是人间好世界。"随着带血的呐喊声，南北各地的农民开始起义，先是方腊，后是宋江。

方腊是睦州青溪（今浙江省杭州市淳安县西）人，家有漆园，算是富裕人家，但也经受不起朝廷的压榨，渐现破产之象。宣和二年（公元1120年）十月，方腊以明教追求平等、光明为舆论先导，率领数百信教农民杀牛醑酒，斩木为兵，走上武装起义之路。

消息传开，两浙农民闻风而起，短短几天时间起义军就扩展到10万人以上。方腊在誓师会上向广大受苦农民许愿说："我先划江而守，轻徭薄赋，让乡亲们休养生息，而后再用10年时间，统一中国。"广大农民欢呼雀跃，一致推举方腊为"圣公"，并决定以青溪县为根据地，改元"永乐"，建立起政权。

从青溪出发，不到3个月，起义军就控制了睦州（今浙江建德东）、歙州（今安徽歙县）、杭州、婺州（今浙江金华）、衢州（今浙江衢县）、处州（今浙江丽水）等6州52县，势力深入到苏州、湖州等地区，兵力猛增至百万。

风起云涌的农民起义极大地震惊了朝廷，宋徽宗一面下诏"罪己"，撤销苏、杭造作局，停运花石纲；一面令童贯统率 20 万正规军南下镇压。临行前，宋徽宗亲自为童贯饯行，嘱咐他首先抢占江宁、镇江两大要地，防止起义军占据长江天险。童贯领命后，立即兵分两路，一路攻杭州，一路攻歙州，约定两路大军会师于睦州。

方腊是漆农出身，没多少军事素养，他没有首先进兵江宁，抢占长江之险，阻止宋军渡江，而是把主力集中到南面进攻婺州、衢州。正是这一战略上的失误，为宋军提供了乘虚而入两浙的时机。童贯统率的几十万兵力是朝廷的精锐之师，两路大军渡过长江，乘势夹攻，一下就把方腊逼退至杭州城。起义军溃败之际，各地的地方武装又联手袭击起义军，起义军四面受敌，损失日渐加重，宋军仅用 6 天时间就攻占杭州，迫使起义军撤至睦州。

几乎就在杭州失守的同时，西路起义军也被宋军打败，被迫放弃歙州。宋军乘胜追击，连续攻占富阳（今浙江杭州市富阳区）、桐庐（今浙江桐庐）、睦州。宋徽宗闻讯后，又派出大批后援兵力进攻衢州。起义军顽强作战，终因损失太大而放弃衢州。宋军马不停蹄又攻陷婺州，接着就向起义军最后的根据地青溪扑去。

方腊在这里率 7 万多起义军死战，最后退守到青溪帮源洞和梓桐洞。起义军先后战死，方腊等 39 名起义军将领受伤后被宋军的一名低级军官韩世忠俘虏，随即被押往汴梁处死。起义军余众仍在两浙地区继续坚持斗争，直至宣和四年（公元 1122 年）才完全消亡。

朝廷虽然取得了胜利，但已岌岌可危。就在方腊起义前后，北方的黄淮平原上也爆发了以宋江为主的农民起义。

重和元年（公元 1118 年），河北、京东（今开封以东、山东一带）地区水灾泛滥，大批农民流离失所。朝廷完全不顾农民生死，未采取任何措施救灾济民。愤怒的农民"相聚为盗"，先后聚集在以宋江为首的 36 名英雄好汉身边，公开"劫富济贫"，杀官除恶，并把抢来的财产用于救济灾民，一时间在京东等地区造起巨大的反响，越来越多的民众加入起义军队伍。

朝廷闻讯，立即调集兵马围剿。宋江的队伍中有许多武艺高强者，对围剿毫无畏惧。他们以灵活机动的战术，包括利用梁山泊水网与敌周旋，抗击官军。

《东都事略》上记载宋江"以三十六人，横行河朔、京东，官军数万，无敢抗者"。宋徽宗见围剿无效，改以诱降、招安。宋江软硬不吃，反而兵锋南指，试图扩大地盘。由于判断失误，途经沂州（今山东临沂）时被官军伏击，在伤亡惨重的情况下不得已又退回到根据地郓州。

稍作休整，起义军得到补充，宋江再次南下，顺利攻下沂州、淮阳（今江苏邳州市南）。但是南方不是宋江的"福地"，南下不久，宋江的主力就因不熟社情与地形等原因而再次遭受惨败。主力不存，大部分起义军心无斗志，只得在宋江等头领的率领下向朝廷投降。

反抗心极强的宋江及手下的 36 名英雄好汉并不甘心失败，因而在接受招安后不久再次举起义旗向朝廷宣战，可惜终因起义军人数有限而惨遭镇压，宋江被杀害。

镇压宋江之后，朝廷腾出手来履行早先与金达成的灭辽协议，开始发兵攻辽。为了确保前线的需要，朝廷在全国进行大搜刮，"得钱 6200 万缗"。生活本已极度贫困的民众不得不再次拿起武器与朝廷拼命，黄河南北掀起起义风潮，农民起义军少则数百人，多则数万、十几万人。河北农民张迪的兵力最多时达到数十万，还攻陷了一批州县城池。遗憾的是，这些批次多、规模不大的农民起义军普遍缺乏优秀的将领，在面对武装优良的朝廷禁军时，不得不败。虽然失败了，但遍地开花的农民起义已经沉重地打击了朝廷，迫使朝廷调整了某些苛政、恶政。

就在多路农民起义被扑灭的时候，金军开始入侵中原。面对金军的铁蹄，大河上下的农民起义军纷纷转头，投身于悲壮的抗金战场。

九、联金灭辽，反受其害

很巧合，当北宋王朝摇摇欲坠之时，北方的辽国也逐渐走向了腐朽和衰败。尤其是辽天祚帝耶律延禧继位之后，朝政黑暗，民怨沸腾，民众起义此起彼伏，连在辽的腹心地带东京、上京、西京等地，也爆发了大规模的农民起义。

长期受辽压迫欺凌的女真族抓住这段战略机遇期，迅速地在白山黑水间崛起。宋政和五年（公元 1115 年）正月，女真族完颜部首领阿骨打正式称帝，定国号为金，史称金太祖。

女真族分生女真与熟女真，魏晋时期生活在潢水（今西拉木伦河）与土河（今老哈河）一带，以游牧为生，其祖先靺鞨部在北魏时分为 7 部，进入唐朝时仅有黑水靺鞨部与粟末靺鞨部，另外 5 部不再听闻。开元元年（公元 713 年），唐玄宗册封粟末首领大祚荣为左骁卫大将军、渤海郡王，粟末便以渤海为号建立政权。五代时，契丹族建立的辽国尽取渤海之地，并称黑水靺鞨为女真，从此，女真这一名称代替了靺鞨，其首领被封为女真节度使。

女真部落所在地盛产名马、貂皮、海东青（猎鹰）、东珠，自从臣属于辽国后不得不忍受辽国无休止的盘剥，仅仅朝贡上述名贵物品还远远不够，每当辽国皇帝出猎，女真首领就得像仆从般追随左右，为辽国皇帝搏熊射虎。

女真族是很有智慧的民族，一面忍辱负重，一面暗中积蓄力量，甚至发明了自己的文字，终于在公元 1049 年由完颜部牵头统一了女真各部落，建立起初具规模的奴隶制政权。到 11 世纪末完颜盈歌时期，实力陡涨，其势力所及，北到今黑龙江北岸，东达今日本海，东南至今图们江、鸭绿江流域。

具备了如此强大的实力，金太祖完颜阿骨打在宣布即皇帝位后的第 5 天就向辽的军事重镇黄龙府（今吉林农安）发起进攻。完颜阿骨打身形伟岸，平时少言寡语，打起仗来凶猛异常。他先攻占了辽东北边防重镇达鲁古城（今吉林省扶余县古城子），击溃了 20 余万辽军。而后稍作休整直捣黄龙。黄龙府尽管城坚粮足，守城士兵拼命抵抗，也没能阻止住金军前进的步伐，仅仅经过 1 个月，黄龙府就被阿骨打攻陷。

黄龙府是通往辽上京（今内蒙古自治区赤峰市巴林左旗林东镇南）的重要门户，它的丢失使上京裸露在金军眼前。天祚帝慌乱之中被迫统领 10 多万主力亲征金军。大军刚刚出发，辽军先锋耶律章奴就突然率数百精骑从军中逃出，企图趁机在上京拥立新君。天祚帝闻讯急令辽兵折回，拟先平内乱再讨金兵。就在辽军往回撤的关口，原本就地结寨坚守的阿骨打果断下令全线追击。阿骨打真有勇气，手中仅有 2 万骑兵，却敢于向号称 70 万的辽兵发起追击，且只用了两天就追上了天祚帝。此时辽军虽人数众多，但军心已乱，尤其是天祚帝六神无主，指挥紊乱，辽军接战无方，一天便大败，将士们的尸体散布百余里，遗弃的军用物资无数，天祚帝侥幸逃脱。

主力的败讯传到其他辽军之中，一些辽军焚毁营帐，不战而逃。战略大势自此陡变，辽国气息奄奄，金国日益强盛。金收国二年（公元 1116 年），金军攻克辽东京辽阳府（今辽宁辽阳市）。金天辅元年（公元 1117 年），金军趁势攻下长春州（今黑龙江肇源西南）和泰州（今黑龙江白城），兵锋直指上京。天祚帝心虚，情急中招募了 2.8 万名辽东饥民，组成所谓的"怨军"敢死队去与金军拼命。但凭这点力量根本阻挡不住金军的进攻，上京临潢府一带的州郡先后陷落。

政权危难面前，天祚帝首先不是想如何拯救，而是暗中准备了 2000 匹快马在宫中，随时准备出逃。这些马的背上早放好了天祚帝私用的珠玉珍玩，整整 500 多包。

金天辅四年（公元 1120 年）五月，阿骨打终于攻占了辽国的上京，天祚帝逃往西京大同府（今山西大同）。金军一路追踪，天祚帝一路奔逃。

金建政后屡败辽兵，宋徽宗认为辽有必亡之势，决定联金攻辽，乘机收复燕云。重和元年（公元 1118 年），宋徽宗派武义大夫马政渡海与金谈判攻辽。此后宋金使者频繁接触。宣和二年（公元 1120 年）双方商定：两国夹攻辽国，金攻取辽上京与中京大定府（今辽宁昭乌达盟宁城县天义镇大明乡），宋攻取辽西京大同府（今山西大同）和南京析津府（今北京）。宋答应灭辽后，将原来于澶渊之盟输给辽的岁币转输给金，金则答应将燕云十六州还给宋。战争打响后，宋金任何一方不得与辽单独议和。由于双方地理上受辽国阻隔而无法在陆上接触，需要经渤海往来，故名"海上之盟"。

当年，北宋国内方腊起义爆发，宋徽宗急令童贯毁约并撤回准备攻辽的兵力，将其派往南方镇压方腊。阿骨打闻讯，仍不改原有部署，单方面向辽发起大规模进攻。

就在此时，辽国发生了严重的内讧，天祚帝的几个儿子背着天祚帝展开帝位争夺战，迫使正在前线与金军作战的辽军总指挥耶律余睹这名降将投降金国。得到耶律余睹之后，阿骨打欣喜异常，立即任命他为前锋直取辽中京。

耶律余睹十分熟悉辽军部署，金军兵临中京后仅用两天时间就攻占了中京。然后，金军迅速向已逃至鸳鸯泺（今河北张北西北）的天祚帝发起进攻。天祚帝抛弃辎重，远遁至夹山（今内蒙古土默特左旗西北）。

就在天祚帝躲在夹山的这段时间里，金兵又攻占了辽西京大同府，随之招降了辽镇守西南的将领，于是金国疆域与西夏开始接壤。

阿骨打最想实现的一个目标就是生擒天祚帝，他亲率万余名精骑追踪。天祚帝终日逃亡，一直远遁到漠北。

逃得惊魂，追得辛苦，阿骨打返身南下，向辽国的南京析津府扑去。按照与北宋的约定，辽南京是交给北宋去打的，但统领北宋大军的童贯完全不懂战略战术，数十万北宋正规军两次出击居然都被快要完蛋的辽军打得惨败。战报传来，阿骨打冷笑几声，亲率大军分两路入关，向辽南京展开进攻。

此时防守辽南京的是天祚帝的堂叔耶律淳，他已经自称"天锡皇帝"，改元建福，史称北辽。耶律淳当上皇帝后，将天祚帝降封为湘阴王，并派遣使者向金国奏表，请求将北辽纳为金国的附属国。但金国并未答复。耶律淳即位仅3个月就病逝。其妃萧普贤女执掌北辽大权，她数次上表金国，说只要允许立天祚帝的儿子耶律定为北辽皇帝，其他条件均答应。然而，金国坚决不同意。无奈之下，萧普贤女只好派兵把守居庸关，以防金军袭击。但是，居庸关最终失守，金军攻克辽南京。至此，辽五京全部被金攻占，辽国名存实亡。

北宋在灭辽过程中屡吃败仗，金太祖变得骄横起来，不想把燕云地区照约还给北宋。北宋在军事上无能，只得以低三下四的口气希望要回燕云。金太祖说："灭辽时你既没出力，也没出钱，我现在顶多把燕云十六州中的6州24县交给你，你除了向我移交原来纳给辽国的50万岁币之外，还要补交100万贯作为燕京（即原辽南京）的代税钱。你同不同意？不同意我们就战场上见。"

宋徽宗没有不同意的底气，只得满口答应。这样，阿骨打就下令把燕京及所属的6州24县交给北宋。正式交接前，金兵在燕京大肆剽掠洗劫后又把数万军户转移至金国，留给北宋的是几座"城市邱墟，狐狸穴处"的空城。

本来，按宋金"海上之盟"的约定，金国还应把辽西京大同府及所辖的几个州交还给宋，但金国上层普遍反对。北宋又提出用"加币"的办法再赎买大同府及其州县，金太祖表示认可，但未等到具体交接，他就于金天辅七年（公元1123年）八月病逝。接替金太祖的是他弟弟完颜晟，在大臣们的一致反对下，他也拒绝了北宋赎买西京的请求。北宋再无法可想，只得忍下这口气。

金太祖逝世的消息使远遁在漠北的辽天祚帝看到一丝希望，恰在此时又得到阴山诸番兵相助，便萌发了出兵燕云的念头。但其大将、辽太祖的八世孙耶律大石（原镇守南京道的将领）反对出兵，并率部西走，在今新疆和中亚一带建立政权，史称西辽，奇迹般地生存了94年。报仇心切的天祚帝顾不了西辽，亲领5万番兵从夹山南下，在奄遏下水（今内蒙古岱海）被金军截击，天祚帝只身逃往西夏。金天会三年（公元1125），于应州新城（今山西省怀仁县西）被金兵俘获。这样，统治中国北方长达209年的辽国彻底灭亡。

任何一个王朝，只要领袖人物腐朽无能，国内政治必然黑暗，域外势力必定会乘虚而入。辽国当年是何其威猛，它能想到会被一个立国仅仅10年的看上去那么弱小的金国灭亡吗？北宋当年是何等的生机勃勃？却始终要不回曾经属于自己的燕云。不仅要不回，辽灭后没过多久，金兵主力就挥师南下，北宋就要大难临头了。

十、保卫汴京

以蛇吞象的方式灭了辽国，金太宗完颜晟立即暗中部署南下侵宋。为了师出有名，他需要一个借口，这个借口由宋徽宗给他送了过来。宣和五年（公元1123年）五月，驻守平州（今河北卢龙）的降金辽将张觉叛金。宋徽宗企图招降张觉以收复平州之地，张觉也暗中降宋。但金军马上将其平叛，宋徽宗因畏惧金国和履行辽宋约定而处死张觉。这一事件被金太宗解读为北宋破坏盟约之举，成为他侵宋的借口。

宣和七年（公元1125年）十月，金太宗下令攻宋。金军以完颜杲为都元帅，其下兵分两路：西路以完颜宗翰为主将，由大同府南攻太原；东路以完颜宗望为主将，自平州西攻燕京。各自达到目的后会师于宋都汴京。

金军开始行动之前，北宋已经得到情报，宋徽宗遂派出童贯前往河北、燕山一探究竟。但童贯抵达河北后却被金兵的气势所震慑，什么都没干就赶紧逃回汴京。完颜宗望得知童贯的态度后，派出使者尾随童贯，到汴京后立即上殿要挟北宋君臣。宰相李邦彦居然被金使的一席话吓得面无人色，低声下气地探问求和之法。金使厉声说道："不过割地称臣而已。"

东路金军不论北宋是否求和，连克檀、蓟二州后围住燕京。北宋防卫燕京的将领郭药师献城降金，金兵得以长驱南下，在真定府（今河北正定）击溃阻击的宋军后又攻占信德府（今河北邢台）。

西路金军也进展顺利，相继攻克了朔州（今山西朔县）、武州（今山西神池）、代州（今山西代县）、忻州（今山西忻州），迅速围住北宋的北方重镇太原。太原城坚粮足，守将王禀意志坚定，率领军民殊死防卫，有效地将西路金军阻滞在太原。

金军大举南下，吓坏了宋徽宗，多数官僚慌作一团。宋徽宗又玩下诏"罪己"的把戏，下令废花石纲，派出多路信使要求各地率师勤王。做完这些表面功夫，宋徽宗暗地里做逃跑的准备。他先命太子"监国"，后又在大臣李纲的逼迫下决定内禅。为了不露出逃跑的马脚，他假装昏迷，醒来后用左手写"传位东宫"。这样，25岁的太子赵桓名正言顺地接班，是为宋钦宗。宋徽宗赵佶成为太上皇。

把抵抗金兵的重任交给儿子后，宋徽宗就静待时机逃跑。

宋靖康元年（公元1126年）正月，守卫黄河南岸的宋兵弃阵逃跑，金军从容渡过黄河天险，主力直逼北宋京城汴京。早已成惊弓之鸟的宋徽宗连儿子宋钦宗都未通告，就在夜晚带着几个内侍逃出京城，一路奔命，逃过长江，抵达京口（今江苏镇江）。太上皇逃跑，部分臣僚也悄悄尾随其后，往日上朝满满的一廷臣僚，瞬间走失不少。

宋钦宗强打精神走上朝廷，重用劝说宋徽宗退位的吴敏为门下侍郎，李纲为兵部侍郎、尚书右丞，兼亲征行营使。李纲受任后力主宋钦宗亲征，太学生陈东上书，要求在宋钦宗亲征前先诛杀以蔡京、童贯为首的"六贼"，确保内部稳定。宋钦宗也反感"六贼"，便将"六贼"或流放或贬官或赐死。解决"六贼"后，宋钦宗下诏亲征，并遣使督促各路勤王兵力火速增援汴京。

诏令发出之后数日，金兵抵达汴京城下。汴京军民在李纲的统领下主动迎战，打退金军的多次进攻，并重创金军。金军统帅完颜宗望见强攻无效，遂改以议和，要求北宋派出使者前来金军营帐协商。

宋钦宗本来就不打算以武力抗金到底，此时金军主动提出议和，立即表态同意。完颜宗望见宋钦宗上钩，开出天价筹码，主要内容是：宋钦宗尊金太宗为伯父；燕云汉人悉归金国；宋割让太原、中山（今河北定县）、河间（今河北河间）三镇土地；宋纳犒军费金 500 万两、银 5000 万两、牛马 1 万匹、锦缎 100 万匹；以亲王、宰相入金做人质。

面对如此苛刻的条件，宋钦宗毫不犹豫就接受了。李纲坚决反对，他对宋钦宗说：所需金币即使竭天下所有也无法凑足，河北三镇更是国之屏蔽，割让后何以立国？目前金兵孤军悬入，不要害怕，只要各路援兵一到，金兵必急速撤回。

胆小又愚蠢的宋钦宗在一些求和派大臣的鼓噪下，拒绝了李纲的抗敌主张，不仅发出同意议和条件的誓书，还将康王赵构和少宰张邦昌送往金军做人质。李纲无奈，只得私下运作，把割让河北三镇的诏书扣留在手，等待援军抵达后再行处理。

宋钦宗发给金军的誓书才几天时间，各路勤王兵马总计 20 多万就先后赶到了汴京城外。此时金军总兵力只有 6 万余人，在兵力严重失衡的局面前，金军统帅完颜宗望下令收缩战线，将主力集结在一地，并立即挖沟增垒，防止宋军突袭。

李纲分析形势后，建议宋钦宗打一段持久战，待金兵粮尽后再全力出击。但西北骁将姚平仲却建议打速决战，由他领兵夜袭敌营，生擒完颜宗望，救回赵构和张邦昌。宋钦宗采纳了他的建议，但谋事不密，让金兵得到情报，等到姚平仲发动夜袭，金兵已有准备，夜袭的宋军大败，姚平仲弃军逃跑。当姚平仲出军之际，宋钦宗要李纲率军接应，等到李纲集合亲征行营使司左、右、中三军，赶到新封邱门（永太门）外时，已经天明，恰好挡住了进犯汴京城的金兵。

金兵退后，宋钦宗和李邦彦把夜袭金营的责任推到李纲、姚平仲等人身上，把李纲解职，并派使臣和割地专使带着"国书"和割让三镇的诏书、地图等，到金营谢罪。消息传出，开封城立即哗然，太学生们带头闹事，数万民众加入声援队伍，并打死了带兵前来镇压的一批宦官。宋钦宗怕内乱加大，只得恢复李纲的职务。

开封军民闻讯群情激昂，纷纷表示要与京都共存亡。驻扎城外的 20 万勤王大军也跃跃欲试，只等朝廷令下便一齐扑向金军。完颜宗望仔细权衡利害之后决定退兵。他已经得到了想要的东西，此时不走，更待何时？

李纲在金军撤退之际立即下令追击，先头部队已追击金兵于邢、赵地带，突然接到宋钦宗要求返回的命令。众将士扼腕叹息，李纲更是严词力争，但都被宋钦宗驳回，只好眼睁睁地看着金军全身而退。

这是宋钦宗犯下的大错，失去了一次全歼东路金军的良机。自从金军分东西两路攻宋开始，这两路军就没有一点战役上的协同。如果在各路勤王之师到达汴京之日立即把金军分割包围，待金军粮尽之后城内城外的兵力一齐出动，6万没有任何援军的金军一个也别想漏网。即使错过了这一役，等到金军开始撤兵之时再全力追击也不为晚。兵力占优不打，敌军撤退不追，宋钦宗把国家和自己都推上了死路。东路金军满载而归，正在围攻太原的西路金军也眼红起来，统帅完颜宗翰留下部分兵力继续围攻太原，自己则亲领精兵南下，目标又是汴京。

十一、刻骨铭心靖康耻

正在追击北撤金兵的宋军将领种师中与姚古，突然接到宋钦宗停止追击的命令，即转身西向进援太原。太原军民正在顽强抵抗，拒绝接受宋钦宗的割地诏书。中山、河间两镇军民也拼死固守，拒绝朝廷献城投降的命令。这些信息都鼓舞了种师中与姚古，两位将领遂加力西进，相继收复了寿阳（今山西寿阳）、榆次（今山西榆次），进抵距太原仅20里的地方。

几次小仗的胜利使种师中放松了警惕，以为金军主力不在太原一带。金军抓住宋军松懈之机，集中兵力突然攻击种师中部，种师中与士兵们奋力拼杀，终因寡不敌众而失败，种师中也死于乱刃之中。姚古等军虽出动支援，也因准备仓促而被金军击败。

太原之围未解，反丢几支人马，朝廷投降派把矛头指向李纲。宋钦宗罢除了李纲兵权，改任太原宣抚使。名义上是让他去解太原之围，实际上是把他挤出朝廷。

李纲当时手中仅有1200人，且战马甚少，凭此怎去解除太原之围？李纲请求扩充兵马，结果也只扩到12000人。宋钦宗严命李纲从速出兵，李纲只好硬着头皮召集其他几路原本不在他序列中的将领商讨作战方案。但这些将领大多在接受李纲统领之前，已暗中得到宋钦宗的指令，凡事需以朝廷的旨意为准，李纲不过一个名义上的宣抚使。李纲弄清内情后，立即请求辞职，但宋钦宗不准。李纲只得强忍怒火，率领一支根本不听他指挥和协调的军队向太原进发。结果稍一接战，宋军即大败，死伤数万人。就在李纲统兵二次解围太原之际，朝中投降派又大肆活动，建议宋钦宗与金再谈和约，以代税钱代替割让 3 镇。宋钦宗准许，一方面派出使者暗赴金营密谈，一方面将朝中主战派官员尽行赶出朝廷。改任种师道为宣抚使以代李纲，将李纲召回京。接着，将李纲罢官，贬往扬州。至此，清一色的投降派占据了北宋朝廷，宋钦宗的一切旨意也均听从投降派安排。河东一带军民探知朝廷的真实想法后，纷纷渡过黄河南逃，以致"州县皆空"。

北宋无药可救了，金太宗于天会四年（公元 1126 年）八月十四日下诏，仍以东西两路并进的作战部署向北宋发起大规模进攻。

西路军的目标仍是久攻不下的太原。此次进攻的金军一开始就阻断了太原城内外的联系，使太原城内的存粮断绝，守城军民不得不煮皮甲、树皮、草根充饥。被围 9 个月，外无援兵，内无给养，守城军民大多死伤，剩余的也精疲力竭，无力再战。九月，金军终于破城而入，城内军民与金兵展开巷战，最高指挥官王禀身中数枪，投水自尽。

攻下太原之后，金军马上扑向真定府。真定军民不畏强敌，与金军相持 40 余天后才被金兵攻占。金兵从真定出发，一部分进攻中山，主力则渡过黄河，长驱直入，进逼汴京。

如此强劲的攻势居然没有让北宋君臣感到震惊，朝廷没有对防御作出任何调整，没有任命抗金统帅，甚至连征调勤王御敌的诏书都没有起草。以宋钦宗为首的投降派此时还沉浸在用土地换和平的妄想中，几乎从金军攻陷真定那天起，宋钦宗就不停地派出求和使者，其中最有代表性的是以康王赵构为首的求和团。该团行至磁州（今河北磁县）时，受到当地军民阻挠，赵构的副手、刑部尚书王云不顾阻挠，坚持要往金营求和，愤怒的磁州军民忍无可忍，将王云打死。赵构见状也只得留在磁州，中止求和。宋钦宗得知后大为恼火，又派出求和使者，求和的条件甚至开到以黄河为界，河北之地全归金朝。

也许是金太宗厌烦了宋钦宗虚虚实实的求和，尽管宋钦宗不断加码条件求和，金军仍加速向汴京推进。十一月，东路军终于抵达汴京城外。

宋钦宗这才发出保卫京城的动员令和征调勤王诏书。不幸的是，这些仓促赶往京师勤王的兵马，中途又被主和派代表人物唐恪等人遣散，理由是不能影响和谈。唐恪甚至命令他们不得妄动，一律返回原驻地。这样，汴京就成了一座孤城，四方无一路援兵，城中只有卫士及弓箭手 7 万多人，凭这点兵力，如何防守？城内军民得知真实情况后，群情激愤，差一点将巡城的宰相唐恪抓住痛打一顿。

十一月二十五日，金军正式开始攻城。守将范琼、姚仲友等不仅率兵士据城防守，还一度反击出城，焚烧了金军营寨。金军也是前仆后继地与宋军恶战，双方都付出了巨大的代价。激战之中，宋钦宗不顾雨雪披甲登城，还把自己的御膳分给士兵，自己则吃士兵的食品，以此激励将士守城。这个脑袋长期进水的皇帝，现在总算清醒了一点，但一切为时已晚。当时天气骤寒，雨雪纷纷，士兵握不住兵器，大半士兵已经战死，且没有兵源补充。勤王之师不见踪影，金军的攻势一波狠于一波，宋钦宗目睹这一切，陷入崩溃之境。此时方士郭京向他献上"妙计"，说自己能率"六甲神兵"出击。所谓"神兵"，实为招兵时不拘老少，也不问有无武艺，只要生辰八字相符即可，所招人数 7777 人，无非是些市井无赖。宋钦宗信了郭京的鬼话，命令打开城门，让"神兵"出阵。凶悍的金兵趁机攻上城墙。

城墙虽为金兵攻占，城中军民的抗金斗志反而高涨，他们杀死前来议和的金使，30 多万市民自发武装起来，与金兵展开巷战。金军一时无法在城内立足，统帅部下令纵火屠城，若干代人经数百年苦心建成的汴京霎时黑云压城，火光冲天。城内民众被国破家亡刺痛，他们不顾生死，吼叫着、哭泣着与金兵搏斗。战争的残酷吓坏了宋钦宗，在金军的要求下，他亲往金军大营议和。宋钦宗一到金营即被扣留，金军统帅完颜宗望迫使他下诏不准各地勤王，立即割两河之地，并按约定纳齐金帛，计 1000 万匹帛、1000 万锭金、2000 万锭银。

宋钦宗表态照办，从金营回来后立即向金军奉上降表，派出官员割让两河之地，并发动官吏在全城搜罗金帛送往金营，连百姓手上佩戴的金银首饰也不放过。

广大百姓对朝廷的行为极为愤慨，许多百姓私造兵器，趁夜掩杀金兵。宋钦宗为讨好金军，居然将攻杀金兵的百姓斩首。被金军吓昏了头的宋钦宗，以为凭着一再的妥协可以"保全弊宋不绝之序"，殊不知金国统帅只不过利用北宋君臣的腐朽，达到讹诈和掠夺的目的而已。目的既已达到，北宋朝廷也就失去了利用的价值。靖康二年（公元 1127 年）二月，完颜宗望下令，把宋钦宗与一干亲王、大臣统统抓进金营，让他们跪下听取金太宗的圣旨，宣布废除宋徽宗、宋钦宗的帝位，指令大臣们举荐异姓为帝。宣读完金帝的圣旨之后，完颜宗望下令剥去宋钦宗的帝服，换上平民服装。

跪在宋钦宗边上的礼部侍郎李若水看不下去了，他跳起来指着金人大声开骂："狗辈不得无礼，这是天朝真天子！"他被金军打昏，拉了出去。半个月后金人使用种种方法劝降不成，将他杀害。金军统帅说："辽国灭亡时有几十个死义者，南朝（指北宋）却只李侍郎！"

羞辱了北宋君臣一番后，完颜宗望下令北宋臣僚推举异姓为帝。经过一番讨论，大臣们最终确定推举张邦昌。张邦昌被迫登上帝位，国号大楚，与金以黄河为界分治。

树立了傀儡政权之后，金军为了防止北宋皇族复辟，把北宋皇族全部抓到金营看押。在清点皇族人员时，发现少了太子和皇后，立即在全城搜捕，并严令宋钦宗交代太子去向。宋钦宗顶不住压力，只得讲出太子的藏身之地，金兵迅速抓回太子。抓获太子的消息传开后，一部分官吏跟在太子车后痛哭，太子也在车上大喊："百姓救我。"

在抓捕太子之前，金军已迫使太上皇宋徽宗现身，将他押往金营。四月初一，完颜宗望、完颜宗翰决定北撤，随队押着宋徽宗、宋钦宗及北宋皇亲国戚和百姓男女 10 万余人。北宋若干代人努力创建的物质文明与精神文明成果大多被金军掳去，府库一空，立国 167 年的北宋王朝灭亡。

这就是中国历史上刻骨铭心的"靖康之耻"。汴京等昔日繁华的大都市都被金兵烧成瓦砾，百姓无以度日，吃尽草根树皮后用老鼠充饥，一只老鼠卖到几十文钱，有的地方发生人相食的惨事，饿死者日以万计。

当了俘虏的徽、钦二帝，一路受尽折磨后，抵达金国上京。金太宗逼着徽、钦二帝朝见金祖太庙，尔后封宋徽宗为昏德公，宋钦宗为重昏侯，随行的北宋后宫嫔妃数百人被罚为奴婢，整日为金人浣洗衣服，其他数千妇女全部配给金军做性奴，所有的男人被发往边塞服劳役。

建炎四年（公元 1130 年），徽、钦二宗又被远徙到五国城（今黑龙江依兰）。5 年后，宋徽宗死于此地。南宋绍兴二十六年（公元 1156 年），宋钦宗也死在这里。这一对不顾国家和人民的利益，在位时只知贪图享乐，危难时又只知逃跑、投降的帝王父子，无声无息地死去了。活该！

北宋就这样彻底崩盘。表面上看，它的失败是军事和外交上的失败，实则是政治上的失败。开国之初起，"守内虚外"的基本国策就为其最后的失败埋下了隐患。一味地注重"守内""维稳"，忽视军事力量建设，只顾上层享乐，不顾百姓死活，在事关国家利益的重大问题上该强硬的不强硬，该力争的不力争，甚至明明已占得先机、力量天平倾向于己时（如澶渊之盟时），也不敢去赢取，缺乏最起码的自信，这大约就是北宋灭亡之根本。

需要指出的是，不论北宋以何种弱者的形象与辽、夏、金3个强邻相处，它仍旧是当时中国统一大业的"领头羊"。它的政治、经济制度及思想文化体系都给予3个强邻以巨大、深远的影响，并受到往后王朝的认同、模仿、追随。不久我们就会看到，蒙古族完成中国统一大业之后，几乎全盘接受了两宋遗留的物质文明和精神文明，连元朝的国名都取自中国文化之经典。

十二、侥幸漏网，再造宋廷

金军攻下汴京，皇室宗亲几乎全被俘虏，唯独宋徽宗第九子、宋钦宗之弟康王赵构漏网。赵构首先应感谢老兄宋钦宗在金兵攻城之前，让他再次去金营求和；其次应感谢磁州守将宗泽，当他走到磁州时宗泽极力劝阻他停止北上议和。这一停，不仅让赵构幸免于难，还给了他一个重建大宋的机遇。

赵构在磁州住了几天，觉得不安全，就受相州（今河南安阳）知州汪伯彦之请移居相州。远在汴京的宋钦宗得知赵构没有北上议和，立即任命赵构为天下兵马大元帅，要他火速增援汴京。赵构受命后以宗泽、汪伯彦为副元帅，尽起河北之兵（约5万多人）南下勤王。走到大名府（今河北大名），赵构不走了，只派宗泽继续南下。他与畏金人如虎的投降派代表汪伯彦移军于东平府（今山东东平），在这里静观形势发展。

宗泽手上的兵力很少，但他毫不畏惧，从大名出发，一路不停地与金军作战，将士们无不以一当百，创造了13次交战全胜的奇迹，打得金军听到宗泽的名字就不战而怯。遗憾的是，赵构不发一兵一卒支援，宗泽打到卫州（今河南汲县）再也打不动了。

赵构在东平待了几天，又从东平移到济州（今山东巨野南），在这里大肆招兵买马，加上前来投奔的各路义军，手上兵力号称百万之众。尽管具有如此实力，赵构依然踌躇不前，不但自己不动，还下令各路勤王之师原地不动。就在此时，汴京失陷，徽、钦二帝被掳，赵构静观得来如此结果，不免失声痛哭。

说不清赵构是真哭还是假哭，如果一开始就与宗泽一道勇敢地南下勤王，金军岂能如此轻易地攻占汴京？这不由得使人想起南北朝侯景之乱时手握重兵坐镇江陵的萧绎，明知老父亲梁武帝被围却不肯前往勤王的事。赵构的小算盘恐怕与萧绎一样：等着最坏的局面出现。

现在，最坏的局面出现了。与此同时，最好的事情也发生了，傀儡张邦昌派人送来了北宋王朝的传国玉玺和黄袍，迎请赵构即位。假意推辞一番后，赵构接受了，于靖康二年（公元 1127 年）五月初一在南京应天府（今河南商丘）即皇帝位，改元建炎，是为宋高宗。

中国的南宋启动了。宋高宗即位是再造宋廷，但从一开始就造偏了，偏向苟且偷安、屈辱投降这一边。尽管宋高宗起用主战派代表人物李纲为相，但在具体政策的制定和实施上，仍以主和派代表人物黄潜善、汪伯彦的思路为主。

这个思路的宗旨就是尽量离金军远点、再远点，对金国妥协、再妥协。宋高宗与之前两任皇帝一样，战也不坚定，和也不坚定，无论是外交还是军事，应对无方，谬误百出。只有一条倒是坚定不移地执行，那就是逃跑，远离河北之地。他先是下诏，令四川、湖北、江苏等地准备充足的粮草，以备他巡视。所谓的巡视其实就是准备南逃。

负责守卫汴京的老将宗泽看出了宋高宗的意图，立即上书，向他汇报经过整治后的汴京已经恢复到承平之时的状态，京城四周修筑了 24 处堡垒，驻扎了大批抗金义军，将士、百姓均盼望宋高宗返回汴京重振朝纲。宋高宗阅完宗泽的上表无动于衷，依旧留居南京应天府。李纲也多次建议宋高宗打消"南巡"念头，并且用激将法刺激他。李纲说："您曾下诏留居中原，奈何诏墨未干就失信于天下呢？"宋高宗听后面红耳赤，只得表态独留中原，与金贼一战。

李纲以为宋高宗真的转变了态度，就放手准备各种抗金事务，分别任命张所、傅亮为河北、河东地区的前线指挥官，要求他们加大募兵和训练力度，准备收复失地。一切都在紧锣密鼓地进行时，主和派代表人物黄潜善、汪伯彦突然下文撤销张所、傅亮的职务。李纲没料到黄、汪如此卑劣，就以辞职来抗议宋高宗批准的这一错误决定。宋高宗早就恼火李纲阻挠自己南逃，顺势将担任宰相仅 75 天的李纲罢黜。

李纲罢相在朝野引起很大的反响，太学生陈东、进士欧阳澈几次上书指责主和派及宋高宗，语气"大不敬"，宋高宗一怒之下杀了他们。"不杀士大夫与上书言事者"是宋太祖赵匡胤定下的祖规，宋高宗违背祖规，大开杀戒，实在是因为这批主战派挡了他与金议和以及南逃的路。宋高宗真昏，他以为只要不得罪金朝，金朝就会宽容他，他几次秘密遣使向金朝统治阶层表忠心，希望金朝允许他立足江南，他决不危害金朝。其实金主在宋高宗即位之初就积极备战，准备再度大规模南侵。

建炎元年（公元 1127 年）九月，金军便开始行动。宋高宗听说金军进入河阳（今河南孟州市），终日坐卧不安，立即下诏"巡幸淮甸（今江苏淮安、淮阴一带）"，同时放出风声，有敢于妄议惑众阻挡巡幸者，一律斩首。封了朝野的口之后，宋高宗率极少数随从日夜兼程逃到了扬州，一头躲进充满声色犬马的临时宫殿之中。

与宋高宗逃跑截然相反，河北、河东的广大军民奋起反抗，与金军展开殊死斗争，其中，红巾军、八字军、五马山起义军的声势最大。泽州（今山西晋城）、潞州（今山西长治）一带的民军不仅多次打退金军进攻，还主动向金军大本营发起攻击，差点活捉金军统帅完颜宗翰。在太行山一带抗击金军的民军，也给金军造成大的损失，义军队伍扩展到十多万人，而且都主动接受宗泽的指挥。宗泽令大将王彦率领岳飞等部进驻新乡，准备北上收复太原。

嚣张的金军被此起彼伏的抗金队伍打得手忙脚乱，一时间无法南下。面对这种有利于己的形势，宋高宗居然冷眼相待，下诏"一人一骑不得渡河"去支援河东、河北地区的抗金战场。黄河北岸望眼欲穿的广大官军与义军只得孤军作战，不少城池又被金军攻占，许多将士和农民士兵倒在血泊中。

建炎二年（公元 1128 年），金军终于渡过黄河攻占了洛阳，切断了王彦与守卫汴京的宗泽之间的联系。宗泽在得不到宋高宗任何支援的情况下，只得令王彦放弃河北。战情越来越不利，伤亡日甚一日，年近七十的宗泽忧愤成疾，曾连上 24 道奏折，乞请宋高宗回到汴京亲自统领军民抗金。宋高宗本不支持抗金，自然就不理会宗泽的上书。主和派在看了这些带血的上书后，反而讥笑宗泽脑子进水。

宗泽绝望了，背上长出毒疮，去世前连呼："渡河！渡河！渡河！"

宗泽去世后，宋高宗任命杜充代替他担任汴京留守。杜充是个十足的佞臣，为人既冷酷又无智谋，一上来就尽废宗泽所为，四周义军见状散去。没有民众的支持，宋军更无法面对金军，金军可以长驱直入了。

按照金军统帅部的策划，此次南下最重要的战略目标就是活捉漏网的宋高宗，彻底摧毁"再起炉灶"的赵氏王朝。一支特别能战斗的轻骑兵在绝密的状态下出击，于建炎三年（公元1129年）正月，先击败宋军韩世忠部，然后从天长（今安徽天长）出发，长途奔袭宋高宗的苟且偷安之地——扬州。

宋高宗闻警，立即率少数几位内侍连夜仓皇出逃，步行、骑马、坐船，很快逃到镇江。天亮后，朝中大臣才发现宋高宗不见了，满朝官僚一片恐慌，扬州的百姓也争相逃命。

没捉到宋高宗，金兵气愤，一把火烧了扬州城。宋高宗在镇江待了几天，惊魂未定，觉得镇江也不安全，听从主和派大臣王渊的建议又打点行李往杭州跑。到了杭州，迫于朝野舆论，下诏罪己，把主和派代表人黄潜善、汪伯彦罢官，表示今后要认真听取主战派的意见，任命张浚、韩世忠等一批将领部署抗金事宜。

但这些动作都没能消除朝野的不满，御营右军将领刘正彦和另一位将领苗傅发动兵变，诛杀了王渊等一批主和派官员和宦官，逼迫宋高宗退位。兵变消息传开，张浚立即召集韩世忠、张俊等文臣武将起兵勤王，击杀苗、刘，拥宋高宗复位。

宋高宗十分感激张浚，把军事上的决策权交给他，委托他去经营川陕，作为中兴之业。张浚走后，宋高宗从杭州返回南京（今河南商丘），为了不让金军再大举进攻，就遣使金朝，表示愿取消帝号，用金正朔，做金朝的藩臣。求和信写得十分可怜，说自己现在已到了"守则无人，逃则无地"的境地，望金朝网开一面，宽恕自己。金朝太子完颜宗弼很看不起宋高宗这副嘴脸，强烈反对与宋议和，不仅拘留了宋高宗的使者，还请求再发大军南征。金太宗批准，就于金天会七年（公元1129年）七月，再次向南宋发起大规模进攻。

面对强邻的侵凌，北宋长期以屈求伸，受尽百般苦难。轮到南宋，有可能走出这种困局吗？

第十七章
最后的抗争

南宋的开局就是宋高宗赵构不停地南逃，甚至坐一叶扁舟逃至海上，幽灵似的游荡。金军并未因宋高宗卑辞求和而放弃南侵和对他的追击，一度横扫黄河南北，深入江淮。幸运的是，不论金军采取多大规模的军事行动，始终抓不到宋高宗，灭不了南宋。这主要是因为南宋的广大军民自发地组织起来，与金军展开阵地战、游击战、水战、巷战等形式多样的大混战，迫使以擅于在中原地带进行野战的金军精骑一次又一次受挫。这期间，南宋涌现出了韩世忠、岳飞这样杰出的将领，多次重创和击败悬军深入的金军主力，一度将其全部逐出江南，迫使金军从全面进攻转入局部进攻，且进攻的势头式微。

就在抗金形势一片向好的关头，朝廷"守内虚外"的指导思想又开始作祟。宋高宗担心岳飞、韩世忠、张俊等将领兵威过盛，危及朝廷安全，不仅不准岳飞继续北伐，反而将岳飞、韩世忠、张俊召回临安，解除兵权，解散他们各自统率的部队，撤销他们曾经主持的淮西、淮东与京湖战区的编制，让他们在京城就任虚职。这还不算，宋高宗又答应完颜宗弼的要求，先以莫须有的罪名将岳飞等岳家军将领杀害，而后与金展开议和。

本已在战略上处于有利的地位，却仍不敢也不愿下决心去扩大这种优势，反而自毁长城，屈辱求和，结果又是割地赔款，且要"世世子孙，谨守臣节"。沉重的赔款压到广大百姓身上，社会矛盾日趋激烈。为了转嫁国内矛盾，朝廷作出错误的决策，联合蒙古灭金，从此兵连祸结，中原鲜有宁日。

端平元年（公元 1234 年）正月，宋蒙联军攻占金最后的据点蔡州城，历时 119 年的金朝灭亡。南宋联蒙灭金并未得到什么好处，蒙军不久即大举南下。祥兴二年（公元 1279 年）二月，元军在崖山（今广东新会南）与宋军决战。在经过最后的抗争之后，宋军大败，丞相陆秀夫背着南宋小皇帝赵昺纵身一跃，投海自尽。

"守内虚外"，结果是被外所灭。不管怎样，政治上懦弱，军事、外交上无能的南宋政府，能凭中国经济重心的南移，创造出经济、科技、文化等多个领域的黄金时代，独特地运转 152 年也并非易事，有其值得肯定的一面。

一、丢临安，以海为家

金军选在建炎三年（公元 1129 年）七月南侵，正是秋高马肥兵盛之时，4 路大军气势汹汹，试图一战而擒宋高宗灭南宋。

正在建康（今江苏南京）享乐的宋高宗大惊失色，又想逃跑，但多数文臣武将主张应战，反对逃跑。宋高宗被迫下诏以杜充、韩世忠、刘光世、张俊为主组织长江防线，护卫建康。

部署完毕，宋高宗依然觉得建康不安全，他先把隆祐皇太后等后宫人员送出建康，而后自己也悄悄撤离，返回临安（今浙江杭州），在这里静观战事。

临走前他把军权委托给杜充。杜充这家伙既刚愎自用，又残暴无能，多数宋军将领都不愿归他指挥或节制，大战未打响，军心已散。不仅如此，杜充一头躲在建康城内，未采取任何积极的防御措施。统制官岳飞声泪俱下要求主动出击，杜充就是不予批准。

另一位手握重兵的大将刘光世每天与江州（今江西九江）地方长官饮酒作乐，基本不问前方情况，直到金军兵临城下，才从酒中惊醒。醒后二话没说，立即弃江州城逃跑。

金军进展顺利，统帅完颜宗弼决定集中兵力向宋军统帅部建康发起总攻。宋军统帅杜充在稍作抵抗之后即弃城而逃，不久又投降金军。宋军失去前线统帅，长江防线迅即崩溃，金军得以轻松占领建康。

江州、建康一丢，驻守镇江的韩世忠自知难以御敌，也只好放弃镇江，退守江阴。

完颜宗弼站在建康城头不时冷笑：南宋可谓无人，如此不经打。只在建康休整了 10 天，金军狂风一般刮向临安。宋高宗已得知情报，在金军兵临城下前一个月就逃出临安。他先逃到越州（今浙江绍兴），再逃至明州（今浙江宁波）。金军紧追不舍，宋高宗眼见陆路无处可逃，立即率部分亲信分乘 20 艘海船向海上逃跑。金军一定要生擒宋高宗，也募集了船只追袭。宋高宗闻讯，不敢停靠在任何码头，"御舟"就在浙江温州、临海一带的海面上像幽灵般游荡，大海成了他的家。

此时多亏气候骤变，金军船只突遇狂风暴雨，宋军水上将领抓住时机用大海船撞击金军船队，迫使其放弃追击，退回定海（今浙江台州）。宋高宗侥幸脱险，待金军全部撤回临安才登上岸来。

被金军"搜山检海"般追击，宋高宗这个皇帝当得真窝囊。完颜宗弼没有抓到宋高宗，满腔愤怒，在从临安北撤时沿途烧杀抢掠，一些宋军首领和地方官吏被金兵的凶悍吓住，纷纷逃往太湖。只有韩世忠部勇敢地重返镇江，依恃百余艘江船阻断金军北撤之路。

韩世忠是延安（今陕西绥德）人，家境贫寒，性格粗犷，喜好打斗。18 岁入伍，参加过抵御西夏、镇压方腊及对辽作战。由于作战勇敢，且有一定的谋略，从士兵一直被提拔到高级将领。宋高宗南逃之后，韩世忠负责镇守镇江。杜充、刘光世逃跑之后，韩世忠退保长江口一带。待到金军从临安北撤，韩世忠立即率水军 8000 余人，抢先赶到镇江，先用大型沉船堵塞运河入口，而后与金军在长江之上激战。宋军士兵以一当十奋勇拼杀，韩世忠的妻子梁红玉亦披挂上阵。金军不擅水战，只得放弃渡江。完颜宗弼情急之下，遣使向韩世忠求饶，愿交出江南所掠人口及财富，只希望韩世忠让路放金军渡江。韩世忠断然拒绝。

完颜宗弼只好指挥船队溯江西上，韩世忠立即命令宋水军沿长江北岸与金军并行，两军且战且行，慢慢将金军船队逼进建康东北 70 里处的名为黄天荡的死港，然后用大船封锁住出口，准备就在此全歼金军。封锁了 20 多天后，当地奸细献计，挖通老鹳河故道可直达秦淮河。金军于是连夜开挖，终于悄悄逃出了黄天荡。宋军发觉后，立即沿江追赶，在建康以北的江面上再次堵住金军退路。

完颜宗弼非常恐惧，再次乞求韩世忠放行。韩世忠回答："还我两宫（徽、钦二帝），复我疆土，则可以相全。"完颜宗弼无奈，只得让船队停在长江南岸，然后四处以重金招募"汉奸"，征求破韩世忠之法。在建康开米铺的福建人王某，教金军用火箭齐射之法突围。金军采用这一方法，选了一个风平浪静之日，出动若干小船射出无数火箭，引起宋军大船起火。宋军船大，移动较慢，水军遂即大乱，只得顺流撤至镇江，金军趁机进抵建康。只在建康稍作停留，就决定渡江北归，走前一把火焚烧了整个建康城。金军刚走岳飞就赶到了，但收的是一座废城。

本可以瓮中捉鳖，但两次都被"汉奸"献计而破坏，"汉奸"可恶透顶！韩世忠满腹怨愤回到镇江，虽然功亏一篑，但仍得到宋高宗的嘉奖，官拜检校少师，武成、感德军节度使。不久又被任命为建康、镇江、淮东宣抚使，成为南宋首屈一指的将领。

黄天荡一战打掉了金军的嚣张气焰，建炎四年（公元 1130 年）五月，金兵主力全部撤回江北。以 10 万金兵之众，居然打不过韩世忠的 8000 水军。完颜宗弼每忆及此都心有余悸，《大金国志》中记载了他当时的心境："每遇亲识，必相持泣下，诉以过江艰危，几不免。"完颜宗弼不明白，为什么占建康、取临安之后都灭不了南宋？

因为此时尽管南宋领袖人物腐朽无能，但江南民众不畏金兵，抗金武装此起彼伏。而且南宋此时在人力和物力上优于金朝，江南是鱼米之乡，四川是天府之国，足以支撑与金军对峙，加上此时大量的北方人口和财富南迁，经济活力尤胜以往，兵源更是充足，完全可以把悬军南下的金军击败。如果不是出了"汉奸"，完颜宗弼应该成了俘虏。南方本就是水军的天然战场，金军擅长骑兵远程奔袭的战术，没能适应新形势、打出新战术，自然越打越糟。可惜在韩世忠率部堵截金军时，南宋朝廷没有调兵及时支援和配合，一个大好的歼灭金军主力的战略反攻机会浪费了。

纵然如此，宋金这一阶段的对峙还是给金敲响了警钟，金军再不敢轻易南下，南宋赢得了一段时间稳定地发展经济、提振军力。

二、立稳江南，争战川陕

宋金黄天荡之战带有标志性意义，金军开始收缩战线，无力再深入江淮，大局逐渐向对南宋有利的方向发展。南宋抓住这一时机，从恢复和发展经济入手增强国力，成效很明显：两淮、两浙、荆湖、江苏、福建等地的农业生产得到恢复；四川盆地因无金军染指，粮食生产更是兴旺；两广地区虽然不如四川盆地，但农业生产却十分稳定。国库日渐充实，朝廷遂开始加强国防建设，正规军达到 20 万人。一批新式武器，如管形火器、抛射兵器等也陆续装备军队，有效地提高了战斗力，形成了吴玠、岳飞、刘光世、韩世忠、张俊率领的 5 支精锐之师。

随着经济的恢复和国防力量的加强，南宋政府在江南站稳了脚跟，在广大民众心中的形象也得到一定的改善。在此基础之上，朝廷把重心放到与金军争夺关陕、保卫川蜀地区之上。

这个战略方针是张浚在建炎三年（公元 1129 年）就提出来的，主要目标是经营好关中，将来可以把首都定在汉中（今陕西汉中）。关中历来是号令天下之地，宋高宗欣赏这个建议，委任张浚为川陕宣抚处置使，赋予他先斩后奏之权。

北宋时川陕一带就是朝廷着力营建的地方，先后组建了 6 支装备优良的军队，用以北御辽、西御夏。建炎元年（公元 1127 年），金军重创了这 6 支宋军，但其中 5 支不久又恢复了建制，尤其是曲端、吴玠所统领的泾原军兵力仍十分可观。张浚就以这 5 支宋军为基础，进一步整治军政，使宋军的整体战斗力又有提高。

张浚急于立功川陕，决意主动发起一次大规模的攻击战。这一想法与朝廷一致，就是通过在川陕作战，牵制已经撤回江北的金军，阻止他们再次南侵，减轻江南的压力。对于这一战略，张浚属下的将领曲端不予支持，认为此时用兵太仓促，川陕平原旷野，利于金骑兵作战，不利于宋步兵，应精练士卒，按兵据险，待金军粮尽兵疲再主动出击。张浚不听，下令撤销曲端职务，迅速集结6万骑兵、12万步兵于耀州富平县（今属陕西），准备与金军决战。

宋军大规模集结的消息震动了金太宗，他立即命完颜宗弼率2万精骑增援正在陕西的另一位金军将领娄室。张浚得知后并不在意，金兵总共6万，而宋军已集结了近20万，军需物品堆积如山，就是打后勤也打得过金军。

会战开始，宋军果然勇猛，一度将完颜宗弼重重包围，被斩杀俘虏的金军甚众，完颜宗弼也差点成了俘虏，金军拼死苦战才突出包围。正当宋军愈战愈顺之时，宋环庆路将领赵哲突然离开所部逃离战场，引起宋军混乱，金军乘机发起反扑，宋军全线溃败。

金军顺势控制了关陇，张浚只得退至兴州（今陕西略阳），在那里收拢散兵，又聚集了10万宋军交由吴玠统领，命他坚守凤翔境内大散关东部的和尚原（今陕西宝鸡南），扼住金军来路。宋军其余兵马守护入川要道，确保四川安全。初步部署妥当，张浚便着手整顿军纪，公开斩首了赵哲，处分了一批将官，选拔了一批优秀人才。他甚至想到再起用西北名将曲端，但曲端人缘不好，张浚只得放弃使用，不久又错误地杀了曲端。做完这些，张浚率领一帮得力助手进军四川，在这里招兵买马，精心练军，准备反攻关陇。

不论败仗之后张浚的善后事宜做得如何出色，宋高宗都极不满意，先是罢了他的官，不久又将他逐出朝廷，令其远居福州。

张浚在被贬之前，仍指挥吴玠为统领的宋军坚决抗击金军的进攻。绍兴元年（公元1131年）十月，金军为了夺取汉中，进取川蜀。完颜宗弼亲领10万精兵向吴玠据守的和尚原发起进攻。为了夺取和尚原，金军另有一支部队呼应，对吴玠形成合围之态。吴玠早已在和尚原构垒了坚固的工事，并选拔了一批大力士持强弓劲弩，专射金军骑兵。金兵攻击开始，吴玠和其弟吴璘沉着应战，与敌激战3天。宋军中的强弓手大量射杀金兵，3天就射杀了1万多名，射中完颜宗弼两箭，给金兵造成极大的心理压力。与此同时，吴玠又派奇兵断绝了金兵粮道，在料定金军必定撤退的前一天设下伏兵，最后大败金军。完颜宗弼在慌乱之中剃掉自己的髭须，混在逃跑的金兵中才得以逃脱。

金军入川之路受阻，并不甘心，几个月之后更换统帅，以撒离喝取代金兀术率10万金军攻克了金州（今陕西安康），进抵兴元府知府刘子羽据守的饶风关（今陕西石泉县南），企图经此入蜀。吴玠接报，亲率数千精骑日夜奔驰300里支援饶风关。抵达饶风关后，吴玠故意遣使向撒离喝送去几筐黄柑，说是慰劳金兵之用。撒离喝大惊，用杖击地说道：“尔来何速耶！”打完心理战，宋金两军展开攻防战。由于兵力悬殊，重创金军之后吴玠退走西县（今陕西勉县西），刘子羽退走潭毒山（今四川广元市朝天区两河口乡潭毒关）。金军虽然夺取了饶风关，但由于伤亡惨重，放弃该地北撤。吴玠抓住战机，在武休关（今陕西省汉中市留坝县中）截杀金军。史载，金兵光坠涧死者就以千计，遗弃辎重无数。

饶风关之战后，吴玠收缩宋军防线，主动放弃和尚原，重点加强仙人关（今甘肃徽县东南）守备，修筑了名为“杀金坪”的营垒。绍兴四年（公元1134年）二月，完颜宗弼、撒离喝、韩常等金军名将统领10万金军直扑仙人关。吴玠以1万兵力正面抵抗，主力在杀金坪筑起两道防线。此时吴玠之弟吴璘率援军赶到，为了激励将士斗志，吴璘拔刀画地，高声宣示：“死则死于此地，退者斩！”宋军将士吼声如雷，个个争先杀敌。

吴玠、吴璘身先士卒，和将士们一道死战。由于此次战斗关系到金军能否入川，金军统帅也是手执白刃，与普通金兵一道殊死拼杀。无奈仙人关壁垒重重，金军虽一度攻占了“杀金坪”，却在第二道宋军营垒前遭受重大伤亡。埋伏在险要处的宋军长弓手万箭齐发，矢下如雨，金兵中箭而亡者层层叠积。

激战数日后，金军伤亡惨重，夜间正想休息时，宋军突然在四面山上放火，大批宋军趁机杀入金营。金兵顿时大乱，宋军越杀起勇，混战中射中金军名将韩常左目，金军顷刻瓦解，连夜溃逃。吴玠趁势追击，接连收复秦、凤、陇等地。

仙人关一战打得金军魂飞魄散，自此不敢再窥蜀地。

三、岳飞抗金与绍兴和议

岳飞是相州汤阴（今河南汤阴）人，地道的农家子，从小习练武功，学习兵法，20岁从军，不久受到宗泽赏识，被宗泽亲自授予战阵之法。建炎元年（公元1127年），他以一名低级军官的身份直接上书反对宋高宗南迁，而受到朝廷处分，被革除军职、军籍，逐出军营。宗泽逝世后，岳飞受杜充领导，因有功升武经大夫。虽官职不高，但他已从北到南参与过数十次抗金作战，部下兵力已近3万，人数仅次于当时颇负盛名的将领刘光世。与刘光世不同的是，岳飞忧国忧民、志向远大，无时不在思考如何击败金军，重整河山。

建炎三年（公元1129年），金军兵临建康，统帅杜充弃城逃跑，其他将领也先后溃败而逃，唯独岳飞顽强抗击。金军攻占建康后又进军临安，岳飞召集各方溃散的兵马主动向金军发起进攻。建炎四年（公元1130年），金军在"搜山检海"仍没有俘获宋高宗之后北撤，岳飞立即全力尾追，四战四捷，使金军横尸15里。岳飞自此受到宋高宗重视。当金军进攻楚州（今江苏淮安），南宋名将张俊不敢领兵救援时，宋高宗改令岳飞前往。岳飞当即北上，顺利解除楚州之围。

从绍兴元年（公元1131年）至绍兴三年（公元1133年），韩世忠、岳飞、张俊先后率军剿灭了范汝为、李成、曹成等危害江南的各路军匪游寇势力。在此期间，通过收编，岳家军的兵力大增，达到2万多人，与韩世忠、刘光世、张俊等军的兵力相差不多。李纲称赞岳飞"年齿方壮，治军严肃，能立奇功，近来之所少得"，断言岳飞"异时决为中兴名将"。

绍兴三年（公元1133年），岳飞朝见宋高宗。宋高宗亲笔写下"精忠岳飞"，制成旌旗赐给他，并授予岳飞的军队"神武后军"番号。

岳飞对荣誉并不看重，他朝思暮想的就是北伐中原。他向宋高宗上书，建议先恢复中原，以此为基础恢复故土。宋高宗受国内形势稳定的鼓舞，同意了岳飞的建议，任命岳飞为江南西路舒蕲州制置使，下令将驻守蕲州的统制李山所部与屯扎江州的统制傅选所部并入岳家军。岳飞欣喜万分，立即研究作战方案。他的第一个目标是收复襄阳6郡，目前这6郡已被金军扶立的傀儡政权齐国所占。绍兴四年（公元1134年）五月，岳飞第一次北伐。渡江时，岳飞屹立船头，对江发誓："飞不擒贼帅，复旧境，不涉此江！"

五月五日，岳飞抵达郢州（今湖北钟祥），仅用一天时间就攻占了郢州，歼敌 7000 人，伪齐号称"万人敌"的将领荆超跳崖自杀。从郢州出发，很快又攻占了襄阳（今湖北襄阳）、随州（今湖北随县）。连失 3 郡后，伪齐组织大规模反攻。岳飞巧妙地布阵，用长枪步兵攻击伪齐骑兵，用骑兵攻击伪齐步兵，打得伪齐军大败而逃。

就在此时，朝廷发来圣旨，让岳飞措置已得的 3 郡，撤回鄂州（今湖北武汉武昌）休整。岳飞不愿半途而废，仍挥师北进，在邓州（今河南邓州市）一举击败数万金齐联军，乘胜攻占邓州。随后，又连克唐州（今河南唐河）和信阳（今河南信阳）等地。

首次北伐大获全胜，极大地鼓舞了南宋军民的抗金斗志，它还表明宋金战场的大势开始变化，尽管仍属于局部反攻，但南宋趋强，金朝趋弱。岳飞认为第一目标已经达到，也就同意朝廷的部署，留下部分兵力驻守襄阳，主力撤回鄂州，静待再次北伐时机的到来。

这一年，湖南洞庭湖一带的农民起义严重地威胁到地方政府。饱受战火和官府摧残、压迫的农民义军，团结在钟相、杨幺的旗帜下，与官军和土匪武装展开生死搏杀，占领的地盘愈来愈大，钟相还建立了"大楚"政权。钟相去世后，杨幺自号"大圣天王"，继续与官军展开斗争。起义军的壮大与发展使朝廷惊恐不已，在多次围剿和招安无效的情况下，宋高宗于绍兴四年（公元 1134 年）八月任命岳飞为清远军节度使，把岳飞从淮西抗金前线调往今湖南、湖北一带镇压农民起义军。为了确保镇压成功，宋高宗又派张浚赶赴湖南坐镇。

岳飞和张浚到达洞庭湖时，杨幺的起义军已扩展到 20 万人，他们依托天然水网沟渠，形成了独特的陆耕水战（进可陆地耕作，退可在水上杀敌）的战斗风格，顽强地与官军周旋，并多次给官军以重创。张浚、岳飞统率的宋军只有 5 万多人，他们采取多种灵活的战术，分化瓦解、各个击破起义军，同时边打边招安，使几十个水寨始终形不成合力，最终被岳飞击败。20 万农民起义军中的绝大多数放归田园，其中 5 万多强壮者由岳飞收编，加入岳家军，岳飞的兵力猛增至 10 万人。

经过两年的精心准备，岳飞在朝廷的支持下于绍兴六年（公元 1136 年）七月第二次率军北伐。牛皋部先攻下伪齐的镇汝军（今河南鲁山）、颍昌府（今河南许昌），而后兵锋南指蔡州（今河南汝南）。王贵、董先部攻占虢州（今河南灵宝）、商州（今陕西商洛市商州区），把伪齐辖境一劈两半。在此基础上，岳飞又分兵东攻伊阳（今河南嵩县）、长水（今河南洛宁西南），最后攻克离西京洛阳仅几十公里的永宁（今河南洛宁）。

前面就是洛阳，在权衡了各种因素尤其是后勤供给出现困难后，岳飞下令停止进攻，主力撤回鄂州。第二次北伐达到了预期效果，其战绩是南宋"十余年未曾有过"的。

朝廷通令嘉奖，岳飞专程赴临安接受宋高宗接见，官拜太尉。岳飞抓住机会力谏宋高宗全力出击，收复河北、京畿、陕西的失地。宋高宗认同其主张，表示"中兴之事，一以委卿"。

岳飞受此殊荣，兴奋不已，立即去右相张浚处筹划举兵北伐事宜。却不知张浚已心生猜忌，唯恐资历最浅、年龄最轻的岳飞更上层楼取代自己，于是拒绝将原属刘光世统领的淮西军交给岳飞北伐。岳飞大惑不解，据理力争，张浚就是不许。岳飞一气之下，自请解除兵权，回乡为母守孝。宋高宗闻知，一再下诏令岳飞还职。岳飞回朝后仍坚持北伐，但宰相兼枢密使秦桧此时正在与宋高宗一道策划与金议和之事，对岳飞的提议不予理睬。岳飞又气又急，一度拒绝宋高宗所赐的开府仪同三司之官爵（一品官）。

朝廷坚持与金议和，于绍兴八年（公元1138年）表示向金称臣，愿做金的属国，每年向金纳银25万两、绢25万匹。金帝完颜亶则许诺归还黄河以南故宋之地，归还已死在金地的宋徽宗的梓宫。消息传开，临安军民为之大哗，岳飞更是愤怒万分，上书坚决反对。他说：金人不可信，和议不可靠，宰相（指秦桧）处置不当，必为后人讥笑。宋高宗不接受岳飞的上书，秦桧更是记恨在心。

绍兴九年（公元1139年）七月，金廷发生政变，完颜宗弼杀死了对宋主和的完颜宗磐、完颜宗隽，然后撕毁和约，统领大军南下侵宋。重大关头，宋高宗急令岳飞应敌。此时岳飞正驻扎在鄂州，得到命令立即整军北上。岳家军出动不久，捷报频传，金军在川陕和两淮遭受重创，完颜宗弼懊恼地退回汴京，岳飞趁机夺回包括洛阳在内的今河南大片土地，高调挺进中原。

完颜宗弼决心阻遏岳飞进军的步伐，亲率号称"拐子马"的精锐骑兵，突袭岳飞的大本营郾城（今河南郾城）。"拐子马"是金军一绝，人与马都穿有重甲，三匹一组，以索相连，战力十分强悍。面对金军"拐子马"，岳飞派出由儿子岳云率领的专克"拐子马"的士兵与之决战。战前厉声说道："不能取胜，先斩你！"岳云率军冲入敌阵，上砍敌兵，下砍马足，金军战马纷纷倒地。岳飞见状，立即亲率主力掩杀过去，骁将杨再兴单骑突入，斩杀金兵数百。战至中途，金兵援军赶到，岳飞部将王刚率领50名骑兵侦察敌情，发现金军援军后毫不犹豫地迎面冲去，斩杀了金军将领。金军与岳飞军从下午激战至天黑，损失惨重，只得逃出战场。岳飞乘胜追击，一直追到离金朝大本营汴京仅45里的朱仙镇（今河南开封市祥符区）。金兵被岳家军追杀得穷途末路，纷纷哀叹：撼山易，撼岳家军难。完颜宗弼急得甚至哭了起来，说道："我起兵以来，全靠此次取胜，不想这下完了！"

躲进汴京的完颜宗弼哀叹损失太大，欲向金廷签军补充兵力，得到的信息是无兵可签，只得暗中准备渡河北归。岳飞非常清楚金军的处境，立即上书请求宋高宗下令，集中诸路将领急速并进，直捣金朝政治、军事重镇黄龙府（今吉林农安）。

令岳飞完全没有想到的是，宋高宗和秦桧等投降派并没有收复失地、直捣黄龙的意图，他们之所以支持岳飞在中原御金，主要是想保住半壁江山，作为与金议和的资本。根据这一指导方针，宋高宗下令正在中原一带作战的张浚、杨沂中等将领立即撤军，返回各自以前的驻地，同时连发12道"金字牌"强逼岳飞退兵。面对"金字牌"，岳飞流下泪来，禁不住长啸："十年之力，废于一旦！"

中原军民得知岳飞即将退兵的消息，"哭声震野"，纷纷拦住岳飞的马，请求不要退兵。岳飞此刻万箭穿心，十分难受，他下令为了掩护中原百姓南迁，全军原地多驻留5天。

四、议和有瘾，称臣无耻

岳飞南撤之后，先前收复的州县有不少重新被金军占领。完颜宗弼畏惧岳飞再次北伐，暗中遣使秘见南宋宰相秦桧，希望由秦桧作局，先杀岳飞，然后议和。

秦桧是江宁（今江苏南京）人，曾经是反对割地求和的主战派人物。金军攻占汴京后，拘捕了秦桧夫妇，连同一起拘捕的徽、钦二宗押到金国的韩州（今吉林四平北），秦桧遂暗中投降金朝。建炎四年（公元1130年）十月，金军故意放走秦桧，让他回到南宋做内线。秦桧向朝廷谎称是杀死了金兵偷逃而回，大臣们多数认为可疑，但宰相范宗尹认可，并把秦桧推荐给宋高宗。秦桧是进士出身，能说会道，很快获得宋高宗信任，就趁机献上自己起草的与金议和书，鼓动宋高宗加快议和。宋高宗不加思考，马上任命秦桧为参知政事（副宰相），让他暗中主持对金议和事宜。

秦桧深知议和之事反对者多，真要议和，必须独揽朝纲。他对宋高宗说："畏首畏尾，不足以断大事；若陛下决欲讲和，请独与臣议其事。"宋高宗议和有瘾，急于求成，立即允诺。秦桧很狡猾，他说不急，请陛下考虑3天再决定。3天过去，宋高宗对秦桧说不变。秦桧说请再考虑3天。又过了3天，宋高宗态度依旧，秦桧心中暗喜，轻声对宋高宗说："乞决和议，不许群臣干预。"宋高宗立即下旨，罢免其他宰相，独相秦桧。一批老臣宿将先后被免职和赶出朝廷，一大批秦桧的亲信被提拔上来。

清理朝廷之后，秦桧把目标对准以岳飞为代表的一批抗金将领。他以犒赏为名，诏岳飞、韩世忠、张俊入朝。3位入朝之后，秦桧宣读了宋高宗的命令，解除他们的兵权，调任韩世忠、张俊为枢密使，岳飞为副枢密使，同时解散他们原来分别主管的淮东、淮西、京湖宣抚司。

命令宣读后，岳飞、韩世忠坚决反对解散位居抗金一线的三大宣抚司，反对议和。张俊表态拥护，因秦桧私下向他许愿，将来兵权统归他一人执掌。张俊原本就嫉妒岳飞，这下完全站在秦桧一边，与岳飞、韩世忠为敌。为了防止岳飞、韩世忠联手作乱，宋高宗命令张俊带着岳飞一道，前往原韩家军驻地楚州肢解韩家军，并撤销江北防务。岳飞痛心，又无能为力，只得听任秦桧、张俊胡作非为。但当张俊试图唆使亲信诬陷韩家军谋反之时，岳飞坚决反对并及时通告了韩世忠。在韩世忠的泣白下，宋高宗终于同意保全韩世忠。

岳飞就没这么幸运了，随同张俊处置了韩家军回来，宋高宗下诏罢免岳飞枢密副使之职，秦桧和张俊又收买了岳飞部将王俊、王贵，诬告岳飞谋反。宋高宗立即下诏将岳飞打入大牢，同时将岳飞之子岳云关进监狱。宋高宗指定御史中丞何铸为主审。受审时，岳飞极力为自己辩白，还拉开上衣，露出早年刺至背上的"精忠报国"四字，表明自己对国家和人民的忠诚。何铸是秦桧推荐的，也曾弹劾过岳飞，但他良心未泯，言辞十分激烈地反问秦桧，为什么要杀岳飞。秦桧说此乃上意，无须多问。何铸高声说道："强敌未灭，无故杀一大将，失士卒之心，对国家有什么好处？"

秦桧无语，只得改命万俟卨再审岳飞。万俟卨是秦桧死党，立即酷刑逼供。岳飞自知难逃一死，便闭上眼睛任凭狱吏用刑，始终不再说话。万俟卨便给岳飞罗织罪名，岳飞痛苦万分，满腔激愤地在案卷上写下："天日昭昭！天日昭昭！"

得知岳飞被判死罪，朝中不少大臣上书求情，许多百姓也喊出自己的心声，希望宋高宗保全岳飞。韩世忠甚至当面诘问秦桧：岳飞谋反证据何在？秦桧漫不经心地回答："其事体莫须有。"宋高宗得知这些舆情后不为所动，反而于绍兴十一年（公元 1142 年）十二月二十九日，匆匆下诏以一杯毒酒赐死岳飞。其子岳云、部将张宪被拉到市面斩首。

岳飞可能至死也不明白，自己浴血奋战、精忠报国，怎会落得如此下场。原因有三：

其一，宋高宗并不想北伐，尤其不想占领中原后扩大战果，像岳飞所提的那样直捣黄龙，迎回二帝。迎回二帝我怎么办？宋徽宗被掳去时已是太上皇，对宋高宗威胁不大，但宋钦宗当时可是在位的皇帝，把他迎回来，把我往哪里摆？所以，宋高宗表面上支持岳飞北伐，暗地里却打着自己的小算盘，又怎么可能全心全意地支持岳飞去战略反攻，直捣黄龙？

其二，宋高宗已经开始担心将帅兵威过重威胁皇权，担心再让岳飞、韩世忠进一步扩充兵力、扩大战果，老祖宗赵匡胤陈桥兵变的故事就可能在自己身上重演。所以，他开始有意限制将帅的行动，进一步以文制武，用一个秦桧压住满朝将帅。这就是为什么秦桧那样不得人心，仍然能独断朝纲的原因。宋高宗所做的一切，都是为保自己的帝位，而不是为了雪靖康之耻。

其三，宋高宗早已习惯了在临安纸醉金迷的生活，压根儿不想与金朝再生战事，只要能偏安江南，纳贡也好，称臣也好，他都愿意。岳飞等将领强硬地反对议和，等于是在给宋高宗的好日子添乱。

有了上述这3条见不得人的理由，岳飞死定了。接着，宋高宗放开手脚，加速与金议和。金朝当时在军事上受岳家军重创，政治上则是朝廷内部权力纷争、刀光剑影，广大民众因长年战争早已贫困不堪，巴不得议和。金熙宗与完颜宗弼立即批准议和，绍兴十二年（公元1142年）二月，金、宋正式签订"皇统和议"：两国东以淮水、西以大散关（今陕西宝鸡西南）为界，以南的地区属宋，以北的归金；宋将淮水上游的唐、邓二州与西面商、秦二州的一半割让给金；向金称臣；岁贡25万两银、绢25万匹。作为先前许诺的条件，八月，金把宋徽宗的梓宫与宋高宗的生母韦太后归还给南宋。宋钦宗依然远居金上京，不得南归。

按照和议条款，宋向金称臣，金册封赵构为宋帝。宣读册封令时，宋高宗赵构本准备亲自下跪聆听，大臣们觉得太失体统，后由秦桧代为跪听。和议还附带了一个专为秦桧所立的条款，即不准南宋罢免秦桧的相位。这就确保了金的内线秦桧在南宋的地位，此人自此一直到死前的13年都把控着南宋的军政大权。这是南宋政治上最黑暗的13年。

绍兴议和之后，宋金结束了长达十余年的战争，双方可以把主要精力放在发展经济、改善民生上，尤其是南宋，赢得了社会经济重心南移的重大机遇。

五、金廷乱，南北再开战

绍兴议和之后，南宋刀枪入库，马放南山，对金几乎完全不设防。然而，金朝内部的变乱又把南宋拉回战场。

绍兴十八年（公元1148年），独掌军政大权、给南宋造成巨大伤害的完颜宗弼病死。绍兴二十年（公元1150年），海陵王完颜亮趁机发动政变，刺死金熙宗，夺取了金朝的最高领导权。

完颜亮是金太祖孙子，此时刚28岁，血气方刚，心怀一统海内的远大志向。他登上帝位后，重用汉人，在继承金熙宗创立的一些好的制度的基础上，大胆进行一系列仿汉族社会体制的变革，甚至专以词赋、法律开科取士。

完颜亮对汉文化十分仰慕，粗通经史，也能写出比较好的诗词。他曾秘派画匠潜入临安，画下临安美景，在画的旁边添上自己的戎装像，像旁题诗曰："万里车书一混同，江南岂有别疆封？提兵百万西湖上，立马吴山第一峰。"诗的文采可以，气势了得，作为女真族人，诗写成这样很不简单。

为了实现他心中的愿景，全国上下大力备战，仅战马就征集了 56 万匹，还组建水军，大造战船。为了便于南下进攻指挥和今后的管理，完颜亮下令迁都，先是从上京迁至燕京，不久又迁至汴京。

迁都不容易，需要花费无数的人力、物力。此时金朝经过金熙宗和完颜亮两朝的改革、发展，国力处于空前强盛期，不然，两次迁都不可能迁成。

经过几年的兴师备战，完颜亮认为时机已到，于金正隆六年（公元 1161 年）十月下令大举攻宋。

在这之前，金朝的许多有识之士，包括他的嫡母——太后徒单氏在内，都反对攻宋。反对派的意见很简单：宋每年按时给我们纳贡，宋人无罪，我们师出无名。完颜亮十分反感，对所有谏阻出兵者一律格杀，尤其残忍的是，不仅将太后处死，还将她的尸骨焚烧后弃于水中。

关于金朝的举动，南宋不断有官员向宋高宗报告，宋高宗心存侥幸，以为有和约在前，金人不会南侵，就把一些要求积极备战的官员贬往外地，想以此取得金的好感。绍兴三十年（公元 1160 年）春，金军大规模在两朝边境集结，宋高宗感到了危机，于是罢免主和派宰相汤思退，诏令以右相陈康伯为首组织御金统帅部。命令下达之后，宋高宗又后悔，生恐金兵长驱直入临安，就暗中做起往四川逃跑的准备。陈康伯激愤地对宋高宗说："今日之事，有进无退。"意思是你跑到哪里也不行了，无处可退。宋高宗这才打起精神，决心以战抗金。

等到南宋基本部署好防御体系，完颜亮亲率 32 个总督府的兵力，分多路向南宋展开了进攻。西路军首先发动，剑指四川。开始还算顺利，但很快就遭到南宋四川宣抚使、名将吴璘的沉重打击。吴璘作战以进攻为主，他训练的骑兵称得上南宋第一劲旅。进攻前，他先以骑兵掩护步兵布阵，待布阵妥当，骑兵立即退向两旁，护卫步兵侧翼。步兵阵前是若干排"拒马"（带铁刺的、可移动的障碍物），阻挡敌骑兵冲击。"拒马"之后的步兵以长枪手居前，强弓手其次，强弩手再其次，最后是神臂弓手。战斗打响，箭、弩、弓分波次、不间断地齐射，任凭敌骑兵如何骁勇，也冲不过吴璘这种布阵。完颜亮的西路军被这种战阵打得垂头丧气，直到战争结束也没能扭转败势。吴璘乘胜反击，收复了早先割让给金的陕西许多州县。

跟西路军一样，金中路军也遭到了宋军的顽强阻击。中路军从蔡州（今河南汝南）出发，在光化（今湖北光化）战败，宋军就此攻占信阳（今河南信阳）、罗山（今河南罗山）等地。金军转攻樊城（今湖北襄樊），也被宋军击败，只得又转向淮东寻找战机。宋军在当地抗金民众的支持下，大举追击金兵，收复了光州（今河南潢川）、新蔡（今河南新蔡）、蔡州等地。收复失地之多令人难以相信。

比西路军、中路军更惨的是金水军。数百艘战船组成的金水军，沿海道向南进发。岳飞的老部下李宝受命率3000名水军、120艘战船北上迎敌，进至密州胶西（今山东胶州）的石臼岛与敌相遇。李宝趁金水军尚未觉察之际发起进攻，用密集的火箭射向金水军船队，使几百艘战船在短时间内被大火烧毁，数千金水兵或被烧死，或跳海溺亡，逃到岸上的也被宋军俘虏。苦心经营了数年的金水军经此一役全军覆没。宋军此次使用火药兵器攻敌，是世界海战史上的首次。它彻底打断了完颜亮从海上攻占临安、活捉宋高宗的作战部署，有力地鼓舞了南宋军民。

完颜亮不为上述败绩困扰，依旧亲领东路军主力从汴京南下，不到1个月时间就攻占了寿州（今安徽寿县），迅速向庐州（今安徽合肥）、和州（今安徽和县）推进。

南宋老将刘锜闻讯，抱病从镇江赶到扬州指挥抗金。刘锜曾于绍兴十年（公元1140年）在顺昌（今安徽阜阳）以1.8万兵力打败完颜宗弼的10万大军，成功地阻遏了金军自两淮南侵。时隔21年，刘锜又肩负起在两淮阻截金军的重任。但将军老矣，且当时身染重病，只得留侄儿刘汜率1500人扼守瓜州渡口（今江苏扬州南郊的京杭运河入江处），命部将李横率8000人固守扬州城，自己暂赴镇江养病。金军至瓜州，几乎全歼瓜州守军，然后轻易占领了淮西、淮南，接着一鼓作气攻克庐州、和州，又在长江边的东采石（今安徽马鞍山西南）处重创守将王权所领的溃军，占领了长江北岸的杨林渡口（今安徽和县东南）。

完颜亮正在为取得的战绩高兴的时候，突然传来金东京留守完颜雍发动政变、自登帝位的消息。该消息如一记闷棍打晕了完颜亮，怎么办？完颜亮毕竟是枭雄人物，很快镇静下来。他一面抽出部分兵力回师北攻，试图平息政变；一面亲领主力加大南进步伐，待消灭南宋后再回师东京。他下令3天之内必须从杨林渡口渡过长江。

完颜亮即将渡江的消息震惊朝野，宋高宗又想逃到海上躲避，相当一部分大臣也私下收拾行李，准备逃离临安。由于宰相陈康伯和太傅杨存中等人的坚决反对，宋高宗才取消逃跑的念头，任命中书舍人虞允文到前线犒师，鼓舞宋军士气。

虞允文是个纯粹的文官，从没上过战场，更没指挥过部队。一到采石前线，眼前的场景令他大吃一惊：江对岸，十几万金兵跃跃欲试，完颜亮的要求是3天内必须全部渡过长江，谁先过江，奖谁1两黄金；而宋军一个个垂头丧气，脱盔卸甲，无精打采，将领和士卒三五成群地坐在路旁，朝廷新任的接替王权的统帅李显忠此时还在路上，士卒无首，一片败象。虞允文心急如焚，大声说道："将士们，现在你们听我指挥，陛下赏赐给大家的钱帛和升官状都在我这里，只待你们立功来取。"听了虞允文的话，将士们立即行动起来，迅速在江岸列成战阵，水军也全力冲向杨林渡口，与金军展开近战。

金水军的战船大多是平底船，移动缓慢；宋水军的船大，移动也快，短时间内就撞沉首批企图渡江的金军船队。接着宋军发射火药，烧毁了金水军剩余的180多艘船只。完颜亮在损失惨重的情况下只得退回和州，撤退前下令处死了一大批渡江失败又逃回金营的士兵。完颜亮的这一暴行激起兵变，部分将领攻入完颜亮寝帐，将他杀死。金军而后在兵部尚书完颜元宜的率领下拔营北归，两淮又回到宋军手中。

一心以秦始皇为榜样的完颜亮，死时年仅39岁。他太相信自己，太小看南宋，曾声称灭南宋以5000精骑就够，没想到南宋的一个书生领兵，就把他打得大败。人死灯灭，完颜亮死后先是被发动政变即位的金世宗降封为海陵炀王，后又被追废为庶人，史称金废帝。然而，不论后人如何贬他，有一点却不能否认：他是少数民族领袖人物中为数不多的心怀天下、试图统一中国的人。

六、时战时和，以战逼和

虞允文领兵击败完颜亮之事极大地鼓舞了南宋朝野，广大军民希望放手一搏，不仅要求收复中原，还要直捣黄龙府。但也有一些大臣认为不宜再战。

是战是和，宋高宗也拿不定主意，他采取了折中的办法来平衡朝野舆论。他一方面任命已经谪居20多年的原宰相张浚为建康知府，接替因临阵脱逃而被解职的王权，以此安抚主战派；另一方面又任命主和派代表人物杨存中全面主持军政事务，命虞允文做其副手。明眼人一看就知，这是把主和派放在主战派之上。

主战派的希望落空，朝野掀起了一股不满的浪潮。宋高宗大怒，厉声批驳主战派："以小事大，朕所不耻。"在宋高宗心中，南宋是金的臣子，以臣事君，有何可耻？

宋高宗话虽这样说，心里并不舒服。身为堂堂的中华国君，却不能名正言顺地称之、做之，还有什么比这更可耻、更痛苦？已经55岁了，做了35年的南宋之君，尽管物质方面享之不尽，但政治上、心理上的阴影却伴随始终，挥之不去。累了，想退位了，该找个人替替自己。宋高宗把宰相陈伯康找来，透露心意。

陈伯康立即建议宋高宗先立太子再择日传位。宋高宗认可，下诏立赵玮为太子，改名昚。

赵昚是宋太祖赵匡胤的七世孙，绍兴二年（公元1132年）被宋高宗收为养子。由于自己的独子早逝，且又受金兵惊吓而失去了生育能力，宋高宗精心抚育赵昚，并于绍兴三十二年（公元1162年）六月传位给赵昚，自己退居太上皇位。

35岁的宋孝宗赵昚即位后，南宋气象焕然一新。宋孝宗一改宋高宗投降求和之道，诏令全国积极备战，择机北伐。为此，他给岳飞父子昭雪冤案，任命张浚为枢密使，起用一批被秦桧害过的主战派人物，如胡铨、辛次膺等人，又将一批秦桧党人驱逐出朝。

宋孝宗信心十足，开始展望收复中原的远景。但他并不了解此时金朝的形势已经发生了很大的改变，靠政变上台的金世宗完颜雍，是一位非常出色的少数民族领袖人物。在完颜亮南侵失败之后，他迅速进抵中都（今北京），采取多项有力措施稳妥善后，如镇压多处契丹人、汉人的起义，有力地稳住了朝纲，使皇权得到顺利过渡，也有力地稳住了社会各个层面。尤其是他采用大度包容的策略，继续使用一大批完颜亮时期的旧臣、重臣，及时消除了政治隐患，避免了内部争斗，从而有精力带领全国改革制度、发展经济、增强国力。

在他的正确领导下，金熙宗和完颜亮两朝确立和实施的一系列民族融合的政策得到了良好的延续，大量的女真民户内迁，定居于燕山以南、淮河以北的广大地区。这部分女真民户很快就接受和适应了汉文化，当地的经济由此迅猛发展。不仅女真民众的汉化加速，金朝上层的汉化也极为普及，金世宗崇尚儒学，具有较高的汉文化修养，他的皇子皇孙们已经不知道女真风俗，不识女真文字了。

金世宗改年号为"大定"，在他统治期间，出现了"大定之治"，国力强盛，百姓得到了休养，政府威信很高。金世宗无意于像完颜亮那样动辄南侵，他把精力放在提升国力上，对南宋只是保持一股威慑力，以便在与南宋议和时增加筹码。

宋孝宗这边信心满满地筹备抗金事宜，太上皇赵构却暗中泼冷水。他通过宋孝宗的老师、主和派代表人物史浩给张浚制造麻烦，迫使宋孝宗解除了打赢水战的统帅李宝的指挥权，遣散了东海舟师。又不顾张浚反对，坚持派出使臣向金世宗通报宋孝宗即位的情况。更为错误的是，宋孝宗听从史浩之言，下诏令吴璘从川陕前线退兵，不仅使宋军惨遭金兵追杀，还丢掉了本已收复的川陕前线的若干州县。

宋孝宗终于清醒过来，明白一味求和反遭其害，果断罢了自己老师史浩的官，于隆兴元年（公元1163年）五月初下令由张浚牵头集结大军，向驻守淮南东路的金军发起攻击。

张浚派李显忠部出濠州（今安徽凤阳），北上攻灵璧（今安徽灵璧），派邵宏渊部出泗州（今江苏盱眙东北），攻虹县（今安徽泗县）。战斗打响后，两路都有收获，金右翼军都统萧琦向李显忠投降。尽管开局不错，但此前因为史浩等人制造障碍，最好的北伐时机已经失去，金世宗准备充分，10万金军主力很快于五月下旬从北方赶到南方前线，随即展开大规模反攻。

李显忠攻占宿州（今安徽宿县）后与前来反攻的金军主力苦战，金兵援军抵达后，李显忠渐渐支持不住，希望邵宏渊尽速驰援，但邵宏渊不服从李显忠的指挥，不出一兵一卒，致使李显忠不敌而败。继李部溃败之后，邵宏渊部的中军统制周宏等将领不战而逃，金军乘虚攻城，宋军全线溃败，遗弃的军资器械无数。金军追至符离（今安徽宿县北）又斩杀宋兵数千人，缴获宋军的铠甲就多达3万余副。所幸金世宗并不想扩大战争规模，指示金军见好就收。

符离之败沉重地打击了宋孝宗，使他认识到北伐中原不是一蹴而就之事，于是宋高宗等主和派势力趁机抬头。宋孝宗起用主和派代表汤思退主管军政事务，同时派出使节前往金营议和。

打了败仗去求和，金营回复的条件就很苛刻：一称臣，二纳贡，三割让唐（今河南唐河）、邓（今河南邓州东）、海（今江苏连云港）、泗（今江苏盱眙北）等4州。汤思退建议宋孝宗批准，张浚等人则坚决反对，朝廷为此展开大争辩。宋孝宗接受了主战派意见，不准割地。金军统帅纥石烈志宁立即发出战争威胁，宋孝宗受张浚等主战派鼓励，下令应战。

张浚受命四处组织忠义之士补充正规军，又大量增建城堡，添置战船，补充万弩营，准备与金军做最后的决战。一切都在进行时，汤思退等人站出来挑张浚的毛病，说张浚花了银两又没做好战备，根本无法战胜金军。张浚深感朝中阻滞太多，抗金无望，于是上书致仕。宋孝宗接受了张浚罢相，解散了万弩营等武装力量，重开与金军的和谈。

张浚苦心经营两淮防务，结果是罢相而归，数月之后就死在离京途中。去世前对家人交代："我曾任宰相，却不能恢复中原、雪祖宗之耻，死后不配葬在祖宗墓侧，葬在衡山下足矣。"张浚抗金已尽力，也有功，他的气节千古。

宋孝宗终于下定决心不再战，下令汤思退再派使者去金营议和。汤思退接令后立即逮捕了20多名主战派官员，对拒不放弃唐、邓二州的虞允文也实行了处分，并召还回朝。汤思退甚至暗中给金军发出信息，叫他们"以重兵胁和"。金军收到信息，开始以战逼和，十月份再次发动攻势，一气攻占了濠州（今安徽凤阳）、盱眙（今江苏盱眙）、滁州（今安徽滁州），直抵扬州。宋孝宗彻底绝望，只得接受金方条件，签署和约。条约规定，宋割让唐、邓、海、泗、商（今陕西商县）、秦（今甘肃天水）等6州；双方由以往的君臣关系改为叔侄关系；"岁贡"改称"岁币"，银、绢各减5万，即分别为29万两、20万匹；双方的边界维持"绍兴和议"规定的疆界。史称"隆兴和议"。

"隆兴和议"之后，宋金息兵近40年，两国得以集中精力发展经济、改善民生，而且双方之间的贸易量大幅增长，在更大范围内促进了南北融合。从这一角度看，宋高宗长期支持议和之道有一定的道理。当时的大势是，游牧民族的兵力一直强于以步兵为主的汉民族兵力，如果一味地以兵戎相见，毫不妥协，最终的结果可能正如宋高宗对宋孝宗所言：一旦用兵，对方不过事关胜负，我们却是关乎存亡！

做了25年太上皇之后，"逃跑皇帝"宋高宗于淳熙十四年（公元1187年）去世。很少有人为宋高宗的逃跑行为辩护，只有明末清初的著名学者王夫之这么做，他在《宋论》中有一段话，大意是：举目四望，没有人能真正保护他的安全，大臣们一个个只是空论。国土虽大，却没有兵员和粮食可以调集。在这种孤立无援的情况之下，心里再悲痛愤怒又有什么用？那就只能跑，一个劲儿地往南方跑。

王夫之把宋高宗的逃跑行为归结为孤立无援，这个说法很难服人。如果一个领袖人物在危难关头只考虑个人生死，他还有资格继续待在这个位置上吗？能不受到当时和后人的谴责吗？不过，宋高宗还算有眼光，选了一个很想有所作为，也有过一些作为的接班人。只是这个即位后大部分时间生活在他的阴影中的接班人，逐渐被现实磨去了锐气，也想开溜了。

七、心有不甘，宋金再战

宋高宗在太上皇位上遥控朝政25年后病死，宋孝宗为报答宋高宗的抚育和传位之恩，坚持要为其守孝 3 年，任凭大臣们如何劝谏，宋孝宗均不改此意。现在看来，宋孝宗之所以这么做，除了一片孝心之外，最主要的原因还是他对朝政已缺乏激情。适逢宋高宗去世，宋孝宗就借守孝之机，下诏立儿子赵惇为皇太子，参与国事决策。守孝满两年时，孝宗正式禅位与太子赵惇，是为宋光宗，自己当太上皇，移住重华殿，继续为宋高宗服丧。

宋光宗既不孝又无能，据说他患有精神病，又特别怕老婆，处处受制于悍妇李皇后。在大政方针上自己无主见，听不进正确主张。还与自己的父亲结怨，不仅时常顶撞太上皇，而且根本不去重华殿拜见太上皇，视父亲为路人。史载，宋光宗在位 5 年，毫无建树，"政治日昏，孝养日怠，而乾、淳之业衰焉"。宋孝宗大失所望，当了 5 年无人理睬的太上皇后，于绍熙五年（公元 1194 年）凄凉离世。

太上皇去世，宋光宗居然拒绝主持老父的丧礼。大臣们实在看不下去，吏部尚书赵汝愚牵头说服了太皇太后，由太皇太后降旨令赵惇内禅，另立嘉王赵扩为帝，是为宋宁宗，尊赵惇为太上皇。

公元 1194 年前后，中国的南北王朝各自完成了领导层的变动，双方的形势又是一变。金世宗之后的金章宗完颜璟比金朝前几任领导人更积极地倡导和推行汉文化，他擅长汉字书法，熟读中国经典，以汉、唐盛世为自己追求的目标。在他的身体力行下，女真贵族也都努力学习汉文化，大量女真屯田户与汉人通婚，民族间的融合空前。

金章宗尽管在国内治理方面取得了好的成效，但仍不对外炫耀实力，尤其是在对待南宋的态度上，比前几任都谨慎。他是真心不想再与南宋打仗，并且一再告诫和约束军队将领，决不要主动挑衅。遇有南宋使节赴金，他亲自召见，以诚相待。

金章宗是聪明人，他知道只要维持住隆兴和约的议定，金朝每年就会不劳而获几十万银帛的进贡，这对发展经济、提升国力是大有裨益的。与金章宗的想法不同，宋宁宗对隆兴和约不满，不甘心处于受屈辱的地位，试图翻转乾坤。即位之初，他先把领导班子搭建起来，以赵汝愚为相，召朱熹入朝任经筵侍讲（帝王之师），还任用一批敢作敢为之士主政。宋宁宗的开局倒有几分新气象。

但是宋宁宗不能明辨是非真伪，不知谁可用、谁不可用，结果上了以抗金为幌子、实际为自己独揽军政大权而铺路的外戚韩侂胄的贼船，把一干能臣、忠臣罢官免职，对朱熹这样的精神领袖也给其戴上"伪学"的帽子驱逐出朝。韩侂胄还下令把儒学"六经"和《论语》《孟子》《中庸》《大学》等中国传统文化经典著作列为禁书，不准学，不准传。中华传统文化的核心价值观被颠覆了，朝廷和社会被韩侂胄制造的"庆元党禁"搞得支离破碎。

在这样的政治氛围中，宋宁宗下令全国备战，企图利用金朝正忙于对付蒙古入侵之机北伐。为了鼓舞军民士气，宋宁宗追封岳飞为鄂王，削夺秦桧死前被封的王爵和"忠献"谥号，改谥"谬丑"，下诏追究秦桧误国之罪。宋宁宗还任用了辛弃疾、叶适、陆游等一批主战派人物，有力地打击了主和派，很得民心。

南宋开始大造战舰，全国的民兵开始冬训，还不时派出小股兵力进入金境侦察和挑衅。

对于南宋的小动作，金章宗采取忍让的策略，一面写信质问南宋，一面加强备战，但总体布局仍是以不发生大规模战争为前提。

宋宁宗不理会金章宗的质问，也不去仔细了解金军的备战情况，就于开禧二年（公元 1206 年）五月不宣而战，很快攻占了淮南部分地区。初击得手，宋宁宗很高兴，下令 5 路宋军全线出击。

针对南宋的全线出击，金章宗沉着应对，他以仆散揆为统帅，领兵 9 路。除了这 9 路正规军外，又在河南征集 17 万壮丁入淮南，10 万入荆襄，总兵力达 50 余万，从数量上已压倒宋军。

宋军不仅兵力不占上风，战争准备及军队素质方面也很有问题。韩侂胄志大才疏，搞阴谋整人很在行，但统率军队作战却差得很远。他委任的将领大多不想打仗，有的还是主和派甚至是投降派，这么一些人为主组成北伐军，前途不妙。

果然，开战仅 5 个月，金军几乎在所有战场上都打败了宋军，攻占了淮南、河南的若干州县。十二月，金军进攻真州（今江苏仪征）。真州本有数万宋军，但金军突然从宋军背后发起进攻，2 万宋军战死，数位将领被俘。宋军统帅郭倪闻讯，立即放弃扬州逃跑。

就在宋军全线溃败之时，西线川蜀战区传来更糟的消息：宋军统帅吴曦叛变。吴曦的爷爷是著名的抗金将领吴璘，吴曦因不满朝廷的猜忌而向金军投降。他的投降鼓舞了金朝，各路金兵长驱南下，只有镇江将领毕再遇给予金军主力以重创。

毕再遇的抗争及胜利只是延缓了金军向长江北岸推进的速度，江淮宣抚使丘崈失去了信心，暗中向金军乞和。韩侂胄得知后罢免了丘崈，但他也失去了战斗信心，派出密使与金议和。金军统帅拒绝，韩侂胄只得硬着头皮打下去。为了鼓舞士气，他拿出个人家财 20 万犒赏士兵，企图挽回败局。但朝廷中的主和派们不饶他，纷纷上书围攻。与韩侂胄有宿怨的皇后杨氏，串通礼部侍郎史弥远等人假传密旨（实际上已征得了宋宁宗同意），在韩侂胄上朝时突然将其杀死。

韩侂胄的死值得同情，他不惜得罪满朝反对北伐的文武官员，还搭上自己的家产去鼓舞士气，这在当时是很少有人能做到的。大部分官员都沉湎在临安的歌舞升平之中，视北伐中原为没事找事。韩侂胄在这种大环境中统兵北伐，虽然最终失败了，也可歌可泣。

朝廷杀韩侂胄之后，又杀其亲信苏师旦，将他们的头颅送至金的中都，作为与金朝议和谈判的筹码之一。金军统帅在见到这两位发动战争的"贼魁"之首后才同意展开和谈。嘉定元年（公元 1208 年），和约正式签订，史称"嘉定和议"：宋仍旧对金称侄，岁币增至银 30 万两、绢 30 万匹，另给金军犒军银300 万两，两国仍维持原边界。

金军满载而归，南宋上下绝望，自此更加衰弱，北伐中原成了一个永远不可能实现的梦。

就在宋金激战的这一年（公元 1206 年），远在 1000 多公里之外的蒙古高原，以游牧民族为主组建的蒙古帝国诞生，铁木真被几十个部落推举为大可汗，被授予"成吉思汗"的称号。

这是个令人恐慌的帝国，不用多久，宋、金、西夏都将被它征服。而且，从中国的东北向西亚和东欧等地区进军，它还消灭了黑衣大食王朝、斡罗斯诸国等几十个国家，建立了钦察汗国、察合台汗国、窝阔台汗国和伊儿汗国，版图一度达到 3300 万平方公里，1 亿多不同肤色、不同种族、不同国度的民众都成了"毛毡帐篷下的人"。

八、蒙古风暴席卷东西

据考证，蒙古人是匈奴民族的后裔。公元前 36 年，匈奴的郅支单于被汉朝歼灭，幸存的子民们在其后上千年的繁衍发展中，大多归顺汉、隋、唐、辽、金各朝。崛起于瀚海（今贝加尔湖）的蒙古帝国，原是唐代室韦族的一支，《旧唐书·北狄传》称为蒙兀室韦。公元 553—745 年突厥汗国统治蒙古高原的时候，蒙兀室韦是其臣民。

大约在公元 9—11 世纪，蒙兀室韦从望建河（今额尔古纳河）下游开始向西面的斡难河（今鄂嫩河）迁徙，最终定居在蒙古人的圣山不尔罕山（今蒙古大肯特山）一带。其中一个部落名为"蒙古"。13 世纪初，以铁木真为首的蒙古部统一了蒙古地区诸部，逐渐形成了一个新的民族共同体，"蒙古"也就由原来的部落名称变为民族名称。

公元 11—12 世纪的北部草原，主要由辽和金统治。草原辽阔无比，辽和金都只能采取象征性的管理模式，不断地利用草原各部落间的矛盾，促成他们互相侵略、仇杀。蒙古部落对辽、金的这种血腥且卑劣的管理方式早就心怀不满，更何况金还杀死了蒙古部落的首领俺巴孩可汗。这是血海深仇啊，成吉思汗统一漠北、成了草原的主人之后，即报复曾册封他为都统司大将军的金朝。

成吉思汗是在苦难中磨炼出来的领袖人物。其父是蒙古部落首领，在铁木真幼年时即被塔塔尔部毒害，不久他和母亲及几个兄弟姊妹被本族人抛弃，一家人只有几匹老马，除此没有任何财产，时常以野菜和草根充饥。铁木真成人后时常被敌视他的部落追捕，连妻子也被人抢走。一次又一次地与命运抗争，终于成就了他钢铁般的毅力和一往无前的性格。《蒙古秘史》中形容他"眼内有火，面上有光"，说他身上集合了各类英雄人物的优秀品质。例如，他气度恢弘，深沉有大略，事关大局的决策几乎从不失误。他在决心征服金朝之前，很明智地先平定西北，扫清周边。他先征服了吉利吉思、秃麻、畏兀儿和哈剌鲁各部，把他们的兵力整编到蒙古军团中。

西北最大的敌人是西夏。从公元 985 年李继迁袭取银州、叛宋自立以来，到成吉思汗公元 1206 年立国，西夏已有 221 年历史。它的领土在极盛之时有 22 个州，其政治制度和文物典章基本模仿唐宋，而且有自己整套的文字系统，外形是方块，内容是拼音，它的军队特别是骑兵也是西北劲旅。面对这么一个强邻，成吉思汗没指望一口灭了它，只想先打残它、打服它，以免在进攻金朝时多一个敌人。

公元 1209 年秋，成吉思汗通过第三次大的军事行动，攻入西夏，包围了西夏的都城中兴府（今宁夏银川），迫使西夏投降称臣、纳岁贡，还要帮助成吉思汗攻金。

公元 1210 年，正当成吉思汗加紧备战，准备集中力量攻击金朝时，金的使者恰好到蒙古部落视察。金卫绍王完颜永济此时还不知道大蒙古帝国已经诞生，金使者用命令的口吻要成吉思汗跪听诏书。成吉思汗满脸不屑，他曾经见过现任金帝，却故意问道："新君是谁？"金使者回答是卫绍王。成吉思汗听后大声说："我以为是天之子，却是这个蠢材！"他猛地朝地上吐出一团口水，上马扬长而去。随即下令，断绝与金的藩属关系，停止向金朝纳贡。宣布命令之后，蒙古大军立即如山呼海啸般涌向金朝边境。

金朝的西京（今山西大同）不堪一击，很快被攻占。成吉思汗亲率中路军主力扑向金军事重镇居庸关（今北京居庸关）。这个被金军重兵把守的长城关隘，100 多年无外部军队逾越，在蒙古大军面前却显得那么脆弱。金军居庸关守将讹鲁不儿献关投降，蒙古大军旋即兵临中都（今北京）城下。

中都城防卫严密，成吉思汗不打算直取。他命令蒙古军全力以赴攻取中原附近的燕云十六州，放手抢掠财物和人口，对于已攻下的城池，全都弃而不守。在获得了远超预期的战果之后，又像风一般退出华北平原。

蒙古风暴过后仅仅两年（公元 1213 年），成吉思汗又率领蒙古大军再破居庸关，在华北平原歼灭了金朝主力，然后直接攻击中都城。金军将领发动政变，杀死皇帝完颜永济，开城投降求和，成吉思汗轻松占领中都。新即位的金宣宗完颜珣为保平安，将完颜永济的女儿岐国公主献给成吉思汗，又完全照成吉思汗开出的条件贡纳大批金帛、马匹。成吉思汗欣喜异常，高唱凯歌撤兵北返。

成吉思汗这两次攻金的主要目的是抢掠财富及人口。据《两朝纲目备要》记载，蒙军"凡破金九十余郡，所过无不残灭。两河、山东数千里，人民杀戮几尽，金帛、子女、牛羊马畜皆席卷而去。屋庐焚毁，城郭丘墟矣"。成吉思汗的杀戮心太重，这是他最应受谴责之处。

成吉思汗打出了威风，迫使金廷迁都至汴梁（今河南开封）。成吉思汗趁机于公元1215年亲率大军第三次攻打中都。金军守将完颜承晖绝望自杀，另一名守将弃城而逃，成吉思汗不战而占领中都。一把大火烧了中都之后，成吉思汗将最得力的将领木华黎封为国王，留下继续进攻燕云十六州，自己率大部兵力北返。

在漠北休整了两年之后，成吉思汗作出重大部署，向占领中亚阿姆河下游的花剌子模国（在今乌兹别克斯坦及土库曼斯坦两国的土地上）发起进攻，理由主要有两条：一是花剌子模不久前杀死了蒙古国的一支商贸团队；二是花剌子模实力强盛，正打算向东扩张，必须打掉它的势头。成吉思汗在战前动员会上大声激励他的将领和士兵："天下土地广大、河水众多，你们尽可以去扩大营盘，占领国土！"

公元1219年，成吉思汗亲率兵力20万向强大的花剌子模进军。进军前，成吉思汗先灭了花剌子模的盟友西辽，然后长驱直入，很快进抵花剌子模首都撒马儿干（今乌兹别克斯坦撒马尔罕）。撒马儿干是中亚细亚当时人口最多、经济最繁荣的城市。城内本有4万守军，但将领无心守城，蒙军兵不血刃占领该城。花剌子模国王在此之前已逃出，成吉思汗没能活捉到他，就把满腔怒火发泄到百姓身上，将所有居民全部赶出城，所有民居烧毁，将3万多已经投降的士兵全部杀害，又从居民中挑出3万多工匠赏给将领和贵族们。

花剌子模本有几十万兵力，且士兵也都骁勇善战，但国王统率无方，几十万兵力分散部署，互不照应，被动挨打。国王摩诃末四处逃亡，成吉思汗的精兵全力追捕，最终将他逼到一座海岛上，不久他病死在这座岛上。

在追捕摩诃末的同时，成吉思汗的两名勇将哲别和速别额台在回师途中又向阿速、钦察、斡罗思发起进攻。阿速在今高加索山北麓，钦察在今伏尔加河、乌拉尔河流域，斡罗思在今伏尔加河以西基辅、莫斯科一带，在这一地区几十个小公国分立。哲别和速别额台率领的 2 万精锐骑兵，用了 3 年时间在这一带穿梭式地轮番向这些国家发起进攻。蒙古军战无不胜，所向披靡，打得这些国家或投降或乞和。

公元 1223 年，成吉思汗下令撤军。这次出击的战略目标达到，不仅灭了花剌子模国，还驰骋 8000 多公里，攻至阿塞拜疆、格鲁吉亚，越过高加索山脉，穿过克里米亚半岛，先后击败波斯人、高加索人、突厥人和俄罗斯人。

九、西夏灭，可汗亡

西夏自臣服蒙古之后，应约不停地出兵出粮，资助蒙古攻金、征西，财政日渐困难，军民怨声载道。

公元 1223 年，木华黎征调 10 万西夏军队参战，与蒙古一道围攻凤翔。战斗才打响，西夏官兵上下厌战，迫使夏神宗李遵顼下令撤兵回营。城未克，兵先撤，木华黎极为愤怒，立即派出使者问罪。夏神宗一面谢罪，一面下诏传位给次子德旺，是为夏献宗。

夏献宗不能忍受蒙古的敲诈勒索，私下与金议和，又秘派使者联络漠北对成吉思汗不满的蒙古部落，企图组建抗蒙大联盟。西夏的这些小动作被成吉思汗掌握，他怒不可遏，立即放下手头一切军务，亲领大军再征西夏。大军起动前，他给西夏最后一个"悔过"的机会，命令夏献宗把自己的儿子送到蒙古做人质，以此表明对蒙古的忠诚。夏献宗断然拒绝，并马上与金朝正式签订和约，公开与成吉思汗决裂。

公元 1226 年，成吉思汗下决心灭西夏，他亲领主力，从西北迂回而下，试图一举歼灭西夏军主力。西夏军队顽强阻击，给蒙古军造成大的伤亡。但无论伤亡有多大，也阻挡不了蒙古军的步伐。蒙古军于五月攻占肃州（今甘肃酒泉），城破之日屠城。肃州既下，又攻占甘州（今甘肃张掖）、西凉府（今甘肃武威）等地。西夏军损失惨重，主力严重受创，沿途百姓更是遭殃，纷纷躲入洞穴，但最终免遭屠杀者只有百分之一二。此情传至西夏朝廷，夏献宗忧惧而死，群臣在危难中拥立其侄李睍继位。

成吉思汗一心灭西夏，十一月渡过黄河向灵州（今宁夏灵武西南）进攻。灵州是西夏南面重镇，丢失灵州，西夏将陷绝境。李睍派出 10 万西夏军驰援。成吉思汗站在冰河上大声命令蒙古军，决不许西夏军踏过已结冰的河面东进。蒙古军万箭齐发，西夏军损失惨重，灵州失守。

就在总攻即将发起之前，成吉思汗突然病倒，病因是不久前越过贺兰山时围猎，不慎从马上摔下。他自知将不久于人世，已看不到彻底灭金、灭西夏那一天，于是下令，不惜一切攻下西夏首都中兴府（原名兴庆府，今宁夏银川）。

此时的中兴府是孤城一座，李睍手中已无太多兵力可用。他恳请成吉思汗再给他一个月时间准备投降事宜。成吉思汗不准，他知道自己大限已到，密令儿子窝阔台、拖雷迅速赶到西夏前线，他要交代身后之事。

十几岁就开始戎马天下的"铁人"成吉思汗，现在终于知道了生命之难得，他拉住两个儿子的手，以从没有过的温柔语气缓缓道来："孩子们，我寿已尽，赖长生天之助力，我为你们建起如此之大的帝国，望你们务必同心御敌。我死后，大位由窝阔台继承，察合台（另一个儿子）今天没来，你们要做工作，使他没有乱心。"

传位毕，又开始传授当前的战略战术。他说："我死后，不要发丧，只加力攻下西夏都城，然后将我送归。"对于金国的大势，成吉思汗的判断和决策更是英明可行，他说："金朝的精兵在潼关，南据险山，北限黄河，难以遽破。你们若从此进兵，断难取胜。应该借道于宋，与宋联手。宋金世仇，必能许我。可由宋下兵河南南部，由河南南部直取汴梁。届时金急，必征调潼关之精锐。然而，从潼关出兵，数万之众，千里赴援，为时已晚。即使潼关援兵赶到，必定人马疲惫不能战。如此，则破汴梁就容易了。"

成吉思汗称得上最伟大的军事家之一，他临终前传授的这两条战略方针，一条灭了西夏，一条灭了金。往后的战争进程，基本就是成吉思汗这番话的再现。

西夏皇帝李睍不知成吉思汗此时已病危，他要求见成吉思汗，向他投降。蒙古的一名扯儿必（即常侍）脱仑早已得到成吉思汗的命令，在李睍前来投降之时，立即将其处死。心事沉痛的李睍不明真情，携带着大量金帛礼品前来投降，一进蒙古大营即被杀。蒙古大军随后蜂拥入城，立国两个多世纪的西夏彻底灭亡。按照成吉思汗的原定计划，中兴府是要被屠城的，由于被成吉思汗收为养子的原西夏人察罕力谏，中兴府才得以免遭大规模屠杀。

公元1227年八月，一生里只在年轻时打过一次败仗的成吉思汗病逝于今甘肃六盘山南麓的军营中。这位既有宏阔胸怀、高远志向，又有超凡的组织、指挥才能的世界征服者，长眠于今内蒙古鄂尔多斯的茫茫大草原上。成吉思汗是蒙古族的英雄，他以无边际的大草原为少数民族的演兵场，训练出了举世无双的蒙古兵团。成吉思汗也是中华民族的英雄，正是他的不懈努力、心系一统，为蒙古族最终融入中华民族，并创建出一个多民族的大一统帝国打下了坚实基础。

后人的评价难以讲清这位英雄的人生轨迹及功过是非，倒是他自己在去世前几年（公元1219年）受了道家思想的影响而树立的一块石碑，为他自己作了虽不全面却令人景仰的评价。碑文中有段话这样说道：

中原傲慢奢侈极矣，天已厌之。朕居荒凉之漠北，漠北无所滋贪婪。朕恢复简朴之风，再立纯洁之德，谨遵中庸之道。牧民破衣烂衫，朕亦破衣烂衫；牧民粗茶淡饭，朕亦粗茶淡饭。下民犹如朕之幼儿，朕必护之；士卒乃是朕之手足，朕当亲之。朕经历百战，每战必身先士卒；朕常冒锋刃，未尝虑己身安全。七年征战，终成此大业；六合虽广，悉归于一统。

像这样的领袖人物，在中原王朝中很难找出来。即使是唐太宗，晚年也是极尽奢侈。现在的南宋更不用说，皇帝只知"山外青山楼外楼"，哪里能"每战必身先士卒"？哪里能"冒锋刃"冲锋陷阵？中原的皇帝们假设具有成吉思汗身上的品格，何以沦落至江南一隅？据史料记载，蒙古当时的总人口不过100万人左右，即使加上后来归降的部分汉军和从花剌子模、钦察草原等地所征召来的壮丁，也不过130多万人。凭这点人力资源，竟然横扫欧亚，建立起世界上最大的帝国，可谓人类史上的奇迹，领袖人物的个人能力与品质起了重要的作用。"英雄创造历史"，这句话用在成吉思汗身上，一点也没错。

可惜南宋的王臣们无法看到成吉思汗的这块碑文，假设他们看到了的话，应该会感到无地自容，反差太大了。

十、联蒙灭金，错、错、错

南宋杀了韩侂胄等主战派后，在战场上浴血奋战的将领们彻底灰心，许多将领纷纷提出辞呈，如曾威震金军的将领毕再遇，也解甲归田。至此，南宋朝廷既无良将，也无精兵，从皇帝到大臣不再言战，主和派完全把控了大局，朝廷政治愈发黑暗，社会危机愈发严重。

糊涂皇帝宋宁宗把一切军政大权交予史弥远。史弥远是个典型的阴谋家和奸佞之臣，杀了韩侂胄之后，为了平息舆论对自己的指责，打出名曰"更化"的改革旗号，为一批过去受韩侂胄打击排挤的大臣平反，如追谥赵汝愚为"忠定福王"，追赠南宋的精神领袖朱熹谥号"文"，对理学创始人周敦颐、张载、程颢、程颐等也封官晋爵、追赠谥号。更有甚者，史弥远还恢复了秦桧的王爵和谥号。

史弥远的"更化"不过是为了暂时笼络人心，朝廷的大致方针可是一点也没"更化"，反而更加腐败黑暗。嘉定十三年（公元 1220 年）八月，皇太子赵询病故。宋宁宗此时无嗣，下诏册立了皇弟、沂王赵抦之子赵竑为皇太子。赵竑对史弥远很反感，屡次表达出要将其谪官外放的想法，史弥远便暗中选择适于自己控制的皇室宗亲来做皇太子。

嘉定十七年（公元 1224 年），宋宁宗病逝。史弥远乘机矫诏册立他从民间秘选上来的皇室后裔赵昀为太子，又胁迫杨皇后下令废赵竑、立赵昀，是为宋理宗。

宋理宗也是个极度昏庸之辈，明知史弥远弄权废立，却安心当其傀儡，不论史弥远对谁打击陷害，他都充耳不闻，任凭史弥远胡作非为。甚至史弥远派人逼死了前太子赵竑，他依旧不予追究。不论朝中多少人劝谏，他只认史弥远一人。绍定六年（公元 1233 年），史弥远病重，乞请退出相位。宋理宗竟然鬼迷心窍下诏挽留，并给予一系列封赏，一次就赏赐数千两银绢。然而，再多的恩宠也留不住史弥远的命，这一年，擅权用事 25 年的史弥远终于死去。

南宋白白浪费了 25 年时光，在这 25 年里，蒙古帝国横扫欧亚，灭了西夏，也在燕云十六州站住了脚，打得金朝首尾难顾。

史弥远死去的前一年（公元 1232 年），蒙古兵团大举南下攻金。短时间里，即攻占河南大部州县，金哀宗完颜守绪惊慌失措地从汴梁逃至归德（今河南商丘）。成吉思汗的继承人窝阔台按照成吉思汗临终前的部署，示好南宋，并与南宋商讨联合用兵灭亡金朝的协议。宋理宗是个没有头脑的人，他以为灭了宿敌金朝就可以高枕无忧，很快批准了协议，调集部队夹击金朝。

金哀宗在商丘尚未立稳，蒙古军又攻破金中京洛阳，金哀宗又迁至蔡州（今河南汝南）。到这里后立即遣使入宋议和，希望两国结盟抗蒙。信中说蒙古大军"灭国四十，以及西夏，夏亡必及于我，我亡必及于宋。唇亡齿寒，自然之理。若与我连和，所以为我者亦为彼也"。

宋理宗拒绝与金议和，因为已经与蒙古有约。金使失望而归，宋军很快北上，配合蒙军分道向蔡州进攻。绍定六年（公元 1233 年）九月，蒙古大军进抵蔡州城下，宋军也及时赶来，并向蒙军赠粮 30 万石。

这是金帝国最后的时刻，宋蒙联军铁桶般围困蔡州，金军 3 个月之后便断了粮，金哀宗下令杀战马充饥，城中居民则吃士兵吃过后的畜骨拌芹泥。围困 3 个月之后，宋蒙联军发起总攻，很快攻破城池，金哀宗在绝望中传位给担任将领的金宗室完颜承麟，然后自缢而亡。完颜承麟随后也在与蒙军交战中被乱兵杀死。

立国 119 年，曾经打得辽帝国、宋帝国满地找牙的金帝国，于公元 1234 年彻底灭亡。

金朝灭亡后不久，窝阔台又派出大军攻占辽东南部，5 年之后攻占今东北全境。

南宋皇帝宋理宗现在松了口气。从宋高宗创建南宋起，若干代人受尽金的欺压，一会儿称臣，一会儿称侄，几乎没有挺直过腰板，现在好了，压在头上的一座大山没有了，妄想往后的日子一定会越来越好。于是，他趁蒙古大军北返之机派兵北上，企图收复河南的部分失地。宋军长驱直入，收复了包括汴梁、洛阳在内的一批州县，但这些地方大多已被蒙古兵烧杀抢掠一空，宋军占城之后无粮可食，只得扫兴地撤兵。蒙古兵团本已北返，窝阔台不能容忍南宋用兵河南，就趁宋军撤退之机下令反攻，甚至决开黄河，水淹汴梁至寿春（今安徽寿县）的大片土地，打了宋军一个措手不及，仅在洛阳一地，宋军就死伤兵民十几万人。

窝阔台想尽快发起对南宋的攻击，早日实现成吉思汗一统天下的心愿。就在反击南宋的第二年，他派使者王楫入宋，责问宋理宗为何违约出兵。宋理宗感到理亏，一个劲儿地道歉，并派出使者入蒙当面向窝阔台求和。窝阔台不理宋理宗的求和道歉，他有了灭宋的借口，下令用最短的时间做好南下伐宋的准备工作。他要饮马长江，一统中国。

十一、心急吃不得"热豆腐"

窝阔台敲打了几下南宋，心里似乎有了底，觉得南宋不过一块豆腐而已，用不着费力就能把它吞下去。蒙古军从公元1235年春开始，分3路南下攻宋。窝阔台命儿子阔端率西路军从奉州（今甘肃天水）出发攻四川，另一个儿子曲出率中路军从中原出发攻襄阳（今湖北襄樊）和郢州（今湖北钟祥），宗王口温不花率东路军从河北东部出发攻江淮。3路蒙军攻势猛烈，威震南宋。

但是，3路蒙军都遭遇南宋军民的顽强抗击。西路蒙军一度攻占成都，但在宋军的猛烈反击下，不得不退出成都。中路军曾攻占襄阳，兵围江陵，但被宋军名将孟珙所部重创，宋军收复襄阳、樊城等地。东路军攻至真州（今江苏仪征）遭受了宋兵伏击，兵力严重受损。3路大军均受到不同程度的打击，无法再深入宋境，只得全线后撤。

南宋这块"豆腐"一时还吃不下去，主要原因是蒙古兵团同时3路出击，战线太长，骑兵部队在南方水网地带处处受阻，威慑力大打折扣，更致命的缺陷是蒙古兵团没有水军，而水军是南宋的撒手锏。

窝阔台雄心大略，一心想着把成吉思汗的伟业发扬光大。他在公元1235年同时发起两场大战，一场就是上述的南下3路侵宋，一场是由成吉思汗4个儿子的长子长孙率兵西征。当年成吉思汗之所以确立第三子窝阔台继位，一是因为大儿子、次子都令他失望，二是因为窝阔台重事业、轻财富，老成持重，有谋略，且心胸豁达，能守住伟业。窝阔台在蒙古语中有"上升"的寓意，为了不断"上升",不断扩大帝国,他果断发起第二次西征。

西征统帅拔都是成吉思汗的孙子(长子术赤的次子),当年刚 28 岁。其他将领也大多在这个年龄段,正是黄金年华,一个个生龙活虎,出征后所向披靡,第二年就攻入斡罗斯,使斡罗斯诸公国相继败亡。蒙古兵团过去一直缺乏攻城武器,骑兵部队围城之后只能在城外转悠、封锁,很难攻入。此次西征配备了炮兵部队,步骑兵在炮兵轰开城墙后再发起攻击,这是很大的进步,整个欧洲为之震动。

公元 1241 年,拔都攻入孛烈儿(今波兰)、马札儿(今匈牙利),在里格尼茨(今波兰西部)一役中大败孛烈儿、捏迷思(今德意志)联军。正当西路军凯歌高奏时,窝阔台突然去世,一说是饮酒过量,一说是有人在酒中投了毒。窝阔台在位的 12 年,是蒙古帝国巩固统治的重要时期。金朝灭亡后,中原百姓渐渐接受了蒙古族的治理,民族融合程度加深。窝阔台为了恢复经济,还在干旱地区大量掘井,在各地广设驿站,沟通了东西南北的交通。

汗位突然空悬,皇后脱列哥那弄权监国。公元 1246 年,她立了自己的儿子贵由为大汗。窝阔台生前的遗愿是传位给孙子失烈门(阔出的儿子)。拔都知道窝阔台的这一遗愿,他以病为由拒绝出席皇后主持召开的拥立贵由的大会。

贵由不具备接班人的素质,沉湎酒色、挥金如土,口碑甚差,在位两年就死于非命。

汗位又空缺了,贵由的皇后海迷失顺势摄政。公元 1251 年夏天,在手握重兵的西征军统帅拔都的主持下,宗王大臣们共同拥立成吉思汗最疼爱的小儿子拖雷的长子蒙哥为大汗。窝阔台的子孙们失望了。

蒙古民族的传统是"幼子守灶",即最小的一个儿子继承全部家业并奉养双亲。成吉思汗虽然把大汗之位交付给了窝阔台,却在生前就把帝国军队(特别是成吉思汗亲自指挥的 12 万精兵)的大部分交给了最小的儿子拖雷。没有比军队更值钱的家业,拖雷自然知道其中的分量。所以,他为人谨慎,处事周全,作战更是勇猛。据统计,在所有蒙古宗王中,拖雷的部队攻下的城邑和疆土最多,他曾经只用 3 个月时间就攻下呼罗珊全境(今阿姆河以南地区)。

拖雷的军事才能除了父亲成吉思汗无人能出其右,他虽然早逝,但在军队中的影响仍很大，大多数将领拥戴他的长子蒙哥继位，这把拖雷家庭推向了蒙古帝国最耀眼也最危险的前台。以蒙哥继位为标识，成吉思汗的子孙们分化为两大互相敌视的阵营：长子术赤的子孙与拖雷的子孙为一派，二子察合台与三子窝阔台的子孙们为一派。草原帝国蒙上内乱的阴影。

蒙哥继位之时，正逢草原大旱，牛马十死八九，百姓生活困苦。但不论如何困难，蒙哥灭宋之心强烈。公元 1258 年，经过多年的休养生息，蒙哥下令伐宋。他亲率主力，兵分 3 路首先向四川发起进攻。

从公元 1206 年蒙古帝国建政算起，至此已半个世纪。灭夏、灭金、灭西域诸国之后，大批汉人、突厥人、女真人、契丹人加入蒙古兵团，军队的数量成倍增长。大汗们征西时多用少数民族兵源，南下攻宋时多用汉族兵源。蒙哥攻宋的部队中，相当一部分士兵是汉人，他们熟悉地形和风土人情，打起仗来既轻巧又有威慑力。蒙哥望着这支蒙汉联军，信心十足，他相信自己会取得比窝阔台伐宋更大的成果。

蒙军主力七月从六盘山出发，十月即渡过嘉陵江，沿途攻城拔寨，声势浩大。宋军尽管进行了顽强抵抗，但终因蒙古军过于强大而失败。蒙哥在攻破利州（今陕西西南部和甘肃东南部的部分地区）、占领苦竹隘（今云南朱家寨）之后进抵合州（今四川合川）治所钓鱼城。

在这里，蒙古军遭遇了前所未有的抵抗，宋军将领王坚当众斩了前来劝降的特使。钓鱼城四周的州县此时均已被蒙古军攻克，只有王坚在钓鱼城拼死坚守，屡次挫败蒙古军的进攻。

为了遏止蒙古军在四川的进攻步伐，朝廷从荆湖方向调千余艘战船沿长江西攻，突破蒙古军封锁线后进入重庆，而后逆江而上支援钓鱼城。蒙哥立即分军两翼，顺流攻击南宋水军，成功将宋水军逼回重庆。

合州的危亡直接决定整个四川的命运，钓鱼城军民在孤立无援的情况下苦守 5 个月之久。蒙古军拼死攻城，蒙哥也披甲上阵，在攻城第一线督战，不料被炮石击伤，不久身亡。蒙古军失去最高统帅，无心再战，只得从合州等地北撤。

蒙哥与窝阔台一样，把南宋当"豆腐"来捏，却不知南宋这块"豆腐"上层（统治阶层）软，下层（基层军民）硬，数万精兵不仅攻不下一座孤城，反而命丧于此。

南宋此时真是无药可救，当朝宰相贾似道（其姐是宋理宗的宠妃）是个一天兵也没带过的花花公子，宋理宗把军权托付给他，让他负责长江中上游的防务。开庆元年（公元 1259 年）八月，蒙古军东路军统帅忽必烈（蒙哥之弟）渡过淮河，进入大胜关（今河南罗山南），之后又强渡长江天险，兵困鄂州。另一路蒙军也从云南经广西、湖北，进抵潭州（今湖南长沙），意图与忽必烈合兵后直取临安。南宋得知后，朝廷一片慌乱，不少大臣主张迁都避难。宁海军节度判官文天祥坚决反对，上书宋理宗要求斩杀投降派和逃跑派。宋理宗理亏，只得留在临安，下诏令贾似道尽快驰援鄂州。贾似道受命后，基本没有组织力量驰援，反倒暗中派出使者去忽必烈军中求和，条件是南宋愿称臣，年贡银 20 万两、绢 20 万匹，两国以长江为界。忽必烈听后立即同意。忽必烈之所以同意议和，是因为他得到情报，蒙哥已死于合州城下，帝国内部争夺汗位的行动已然展开（他的幼弟阿里不哥尤其积极），他必须尽快北返参与争夺。

无耻的贾似道在蒙古军退兵后谎称宋军大捷，宋理宗得报后不问真假，以贾似道"有再造功"为由，把一切军政大权集于贾似道一人之手，使得他从此专权 16 年。

公元 1260 年，忽必烈在开平（今内蒙古自治区锡林郭勒盟正蓝旗）召集忽里台大会，成功登上帝位。接着，其弟阿里不哥也在哈拉和林（今蒙古国中部鄂尔浑河上游）举行大会，由蒙古贵族们拥立为帝。两兄弟由此开始长达 4 年的争战，公元 1264 年，阿里不哥战败投降。

忽必烈在巩固权力之后，在帝国全境推行汉化，采取多种措施发展经济，为最后的灭宋积聚能量。在采取行动之前，他先派出使臣入宋，要求贾似道兑现承诺。贾似道担心事情败露，密令手下将忽必烈的使臣拘禁。

就在忽必烈战胜阿里不哥这一年，南宋皇帝赵昀病逝，太子赵禥继位，是为宋度宗。贾似道因有定策之功，权势更盛，每有朝拜，赵禥得起身回拜。贾似道奏完事离去时，赵禥还得起身避席，目送贾似道退出后才能坐下。这般架势的宰相，在中国史上不多见。再说另一头，忽必烈没等到贾似道的朝贡，大发雷霆，于宋咸淳四年（公元 1268 年）发重兵攻宋。

十二、中间突破，临门一脚

总结了窝阔台和蒙哥两位可汗进攻南宋时兵力分散、战线过长、攻击点过多而失败的教训，忽必烈采纳宋军降将刘整的建议，确定了中间突破的战略，以屏蔽江、汉的战略要地襄樊为突破口，而后直取南宋京城临安。

忽必烈重兵南下争夺襄樊，同时另有部分兵力西攻重庆，东逼淮西，以策应主力进攻襄樊。襄阳、樊城位处汉水中游，东连吴会，西通巴蜀，北望汴洛古都，南扼长江，无论谁要一统中国，都得先夺取襄阳、樊城。可以说，襄樊是中国的心脏之所在，是历代王朝必争之地。

争下襄樊，只需沿江而下，临门一脚，就直接踢到临安头上，南宋即使不倒，也要被踢晕。南宋朝廷再怎么愚蠢，对襄樊的重要性还是明白的，自端平三年（公元 1236 年）名将孟珙从窝阔台手中收复襄樊之后，花了 30 多年时间营建、加固襄樊二城，并不时扩充守军、训练士兵，准备再次抗击蒙古大军。

忽必烈进攻襄樊主要使用汉军，让宋军降将刘整担任统帅。刘整外战外行，内战内行，熟悉宋军的作战方式，受任后打造了 500 艘战船（有说是 5000 艘），精心训练了 7 万水军。一切准备妥当后，蒙古大军迅速南下围住襄樊二城。刘整知道这两座城池坚固异常，城中粮草足够 10 年之用。他下令做好打持久战的准备，命大军先在襄樊二城外筑起长围，自万山（襄樊西）始，一直筑到百丈山（襄樊南），从空间上孤立了襄樊，截断了南北联系。修完长围，又修筑若干山寨据点，作为攻取之依托。甚至还在汉水中建起高台，上面大量架设弩炮，控制汉水通道。

襄樊被围之后，守城军民毫无畏惧，多次出城与蒙古军交战，朝廷也派出援军与蒙古军大战于赤滩浦（今湖北襄樊东南）。襄樊争夺战的激烈程度为蒙宋开战以来所罕见。

襄樊被围困两年之后，朝廷对继续抵抗已失去信心，贾似道更是封锁一切有关襄樊的军情。被围了 3 年，宋度宗偶尔问贾似道：襄阳被围 3 年，如何解救？贾似道很不以为然地反问道：蒙古兵已退去，陛下从何处知晓？宋度宗只得说是一女嫔所说。贾似道听后立即逮捕此女嫔，又迫使宋度宗将她赐死。自此，朝中无人敢再提救援襄樊之事。

襄樊二城在得不到朝廷任何支援的情况下，众志成城，顽强地与蒙古兵团拼杀，其间还不时偷袭蒙古军营垒。忽必烈得知襄樊久攻不下的消息后，下令西路军加大攻击四川的力度，使襄樊守军更加孤立绝望。

宋咸淳七年（公元1271年），忽必烈受攻宋大军不断取得胜利所鼓舞，听取汉臣刘秉忠的建议，取《易经》"大哉乾元"之意，改国号为"大元"。诏书充满自豪与自信，要"绍百王而纪统"，表示元王朝是中华封建之正统王朝，目前正在进行的伐宋战争，是中华一统的必然。

咸淳八年（公元1272年）三月，樊城外城被元军攻破，宋军退至内城顽强防守。期间虽有数千起义军（来自湖北钟祥的敢死队）冲破元军封锁，给襄樊守军送来一些物资，但已是杯水车薪。咸淳九年（公元1273年）正月，元军采用"回回炮"轰击樊城，终于攻入内城。宋军守将范天顺战死，幸存士兵投火自焚而死，襄樊陷落。

襄樊失陷，临安危在旦夕。但宋度宗与贾似道等一班佞臣依旧醉生梦死，对部分大臣提出的救亡之道不置可否。与之相反，元朝君臣并没有沉浸在胜利之中，反而加紧了灭宋的最后准备工作。咸淳十年（公元1274年），忽必烈下令以丞相伯颜为统帅，率兵20万，水陆并进，直扑临安。

伯颜身材高大，言讷而行敏，智慧超凡。出征前忽必烈特意叮嘱他，天下即将大定，务必师法古人，笼络人心，不妄杀生。伯颜领命后，星夜兼程赶至襄阳前线，指挥大军分3路沿汉水而下。元军出动的时机非常好，不久前宋度宗病死，贾似道做主立了年仅3岁的赵㬎为帝，是为宋恭宗。

襄樊失陷后江南已无险可守，伯颜大军从襄阳启动，千军万马势如破竹，只在郢州遇到顽强抵抗，其他几十个州县闻风而降。

元军直逼临安。南宋朝廷一片惊恐，贾似道被迫领兵西进迎敌，刚行到芜湖（今安徽芜湖）就下令停止西进，悄悄派出使者向伯颜求和。伯颜严词拒绝，贾似道无奈只好下令迎战。命令下后，部将们弃军逃跑，全军立即溃败，贾似道也乘坐一艘小船，狼狈地逃向扬州。南宋13万经过多年训练的水军与步兵，在丁家洲（今安徽铜陵附近）几乎全部成为元军俘虏。

伯颜挥师继续沿江东下，太平（今安徽当涂）、和州（今安徽和县）等地宋军投降，元军顺利占领建康府（今江苏南京），随后又攻占镇江、江阴、无锡、常州等地。常州的抵抗最激烈，血战之后元军屠城。

德祐二年（公元1276年）十二月，潭州城中军民苦守3个月后粮尽弹绝，无法再战，宋军将领李芾手书"尽忠"二字作为最后的军中口令，而后强令部下杀死自己及家人。噩耗传开，城内百姓纷纷效仿李将军，有的自杀，有的跳井，以致元军攻入后，百姓尸首填满城中空井，自缢于树木者随处可见。

任何抵抗都难挽大势，伯颜增兵东进，杀向临安。朝廷一片投降声，只有张世杰和文天祥等人主张抗击到底。

张世杰是从金朝投奔过来的勇将。文天祥是吉州庐陵（今江西吉安）人，中过状元。收到朝廷勤王的命令，文天祥立即变卖全部家产，聚集了上万人的部队，赶往临安。不少官员此时正在逃出临安以苟全性命，文天祥却逆势而上，舍生死于不顾。他找到张世杰商议，认为淮东州县仍在宋军手中，而福建、两广地区还完整无损，只要敢于应战，万一得胜，则令淮东宋军全力出击截断元军退路，国事尚可有为。张世杰觉得有理，就与文天祥一道向谢太后请战。右丞相陈宜中力主投降。是战是降，谢太后拿不定主意，下诏令军队谨慎从事后就不再与张世杰、文天祥讨论战与降之事。张、文二人大失所望，痛心疾首。

存亡之际，负责都督全国各路军马的左丞相留梦炎弃官逃跑，朝廷一片混乱。右丞相陈宜中做主，派使者进元军大营拜见伯颜，哭诉着说："你们这样做不合礼节，南宋皇帝年幼，且正为其父守丧，自古以来，礼不伐丧，恳请你们退兵。"伯颜听后冷笑道："南朝不正是从小皇帝手上得天下？现在败亡在小皇帝手上也是报应吧！"当地军民得知陈宜中洽谈投降的行为后，非常憎恶。当他的使者再次赴元军大营乞降，经过高邮秸家村时，被愤怒的村民杀死。

不管民心向背，谢太后与陈宜中决意投降，派出使者向伯颜送上传国玉玺和降表。文天祥、张世杰仍强烈反对，奏请太后和小皇帝转移至海上，由他们统兵坚守临安，与元军背城一战。谢太后严词拒绝，先将两位皇室后裔赵罡、赵昺偷偷送出临安，然后指令陈宜中再往伯颜处洽谈具体的投降事宜。陈宜中害怕一去不回，受令后连夜逃往温州。

整个朝廷差不多逃空，张世杰悲愤之下率领自己的部队转移至海上。元军派人劝降，他大怒，将来者割其舌、分其尸，张世杰真是南宋一朝少见的爱国将领。朝廷空巢之后，无人主持国事，谢太后任命文天祥为右丞相兼枢密使，令他前往元军大营洽谈投降事宜。见到伯颜后，文天祥不照谢太后无条件投降的旨意行事，他先是义正词严地痛斥元军暴行，而后要求元军后退300里再谈具体的投降条款。伯颜见文天祥一身正气，忠君爱国，是个可用之才，遂下令扣留文天祥，秘密押往北方。

临安真正安静下来了，对于是战、是和、是降争吵了100多年的南宋朝廷安静下来了。伯颜不战而占领临安。他欣喜万分，亲自押送宋恭帝赵㬎一行北返元大都（今北京）向忽必烈复命。宋恭帝此时才5岁，316年前，他的老祖宗赵匡胤从7岁的后周恭帝手中夺走帝位，历史如此演变，令人感慨。正如元诗所咏："忆昔陈桥兵变时，欺他寡妇与孤儿。谁知三百余年后，寡妇孤儿又被欺。"万幸的是，伯颜没有让元军进入临安市区，完整地从南宋朝廷手中接受了这座享誉中外的"人间天堂"。此时是德祐二年（公元1276年）三月，正是春风又拂江岸时。

十三、肝脑涂地，英雄无悔

伯颜将南宋小皇帝一行押送到元大都，宋恭帝在一干老臣们的簇拥下，向忽必烈跪伏请降。忽必烈无比高兴，蒙古帝国已在江北苦心经营了几十年，等的就是这一天。他下令用蒙古族最高规格的"一统全席"（即"乍马宴"）款待宋恭帝及随后也被护送到元大都的南宋谢太后一行。

蒙古民族的"乍马宴"虽没有江南宴席上那么多碟、碗，但它场面宏大。宴会开始，在一只硕大的精雕银饰的木盘中央，跪伏着一条熟制过的完整的骆驼，骆驼腹内填充着一头牛犊，牛犊腹内填充着一只全羊，全羊腹内填充着一只天鹅，天鹅腹内填充着一只野鸭，野鸭腹内填充着一只鹌鹑，鹌鹑肚里伏着一只野雀，野雀腹内填充着一颗金蛋。这样的宴席令南宋君臣们感到震惊。

元大都宫廷的宴会歌舞一场接着一场，南方的战事也是一场接着一场。南宋扬州守将李庭芝射杀来劝降的元朝来使，战斗至最后一刻。礼部侍郎陆秀夫辗转来到温州，他与逃避至此的丞相陈宜中，联合由定海（今浙江镇海）至此的张世杰等人，拥立宋恭帝的弟弟、益王赵昰为天下兵马都元帅，广王赵昺为副都元帅，招兵买马，建立起抗元统帅部。不久，右丞相文天祥从镇江逃脱，也赶到福州，协同他们筹划抗元事宜。德祐二年（公元1276年）五月初一，年仅7岁的赵昰被上述大臣拥立为帝，是为宋端宗。流亡政府建立起来之后，文天祥组建了一支以原江西旧部为核心的抗元队伍，其他几位将领，如张世杰等，也都在福建整兵备战。陆秀夫从汀州（今福建长汀）发起进攻，打出了一些漂亮仗，先后收复了江西、福建、广东的多处州县，张世杰等将领收复了潮州、广州等地。

南方的抗元战场上，江西的百姓打得最苦，不少百姓被俘后拒不投降，针工刘士昭起兵失败后在元军面前写下血书："生为宋民，死为宋鬼。"

南宋流亡政府的这些抗元斗争引起了忽必烈的高度重视，他立即调整部署，以重兵围剿。元军水军从明州（今浙江宁波东）南下，骑兵从江西出发，很快围住了文天祥在兴国（今江西赣州兴国）的大本营。文天祥的士兵多为临时凑集在一块的未经过多少训练的农民，与元军骑兵刚一交战就溃败，文天祥的妻儿被俘，他本人率残部逃至循州（今广东龙川）。元军尾追，越过梅岭，围住韶州（今广东韶关）。浙江的元军此时也肃清了境内宋军，攻占建州（今福建建瓯），步步逼近南宋流亡政府所在的福州。张世杰自知难以抵挡，遂将赵昰、赵昺及杨太后一行转移至海上。福州便被元军占领。

流亡政府在海上漂泊至泉州（今福建泉州），随后又逃至惠州（今广东惠州）。元军穷追不舍，于1277年二月攻入广州。正在此时，元朝中央发生叛乱，忽必烈急召伯颜等南征将领北上平叛，只留少部分兵力看管被攻占的地区。抓住这一时机，南宋流亡政府的几名将领大举反攻，先后夺回广东、江西、福建等地的不少州县。文天祥斗志高昂，顺势出南岭，进攻海丰（今广东海丰）。

小皇帝宋端宗经不起折腾，在忧惧交加中病逝。群臣惶恐，多数人打算解散朝廷，各谋出路。文天祥厉声制止道："古人有以一旅成就中兴大业的，如今我们百官具备、士卒数万，难道还不能立国吗？"陆秀夫、张世杰表态认可，于是大臣们一致拥立6岁的赵昺继位为帝。朝廷迁至厓山（今作崖山，在今广东新会县南的大海中）。厓山方圆仅几十里，周边临海，没有回旋余地，南宋王朝最后的归宿就是这块弹丸之地。

经过半年多的大漠平叛之后，忽必烈再度发动对南方的进攻，目标直指厓山。进攻前，元军已建立起强大的水军，此次的元军统帅张弘范有勇有谋，曾担任过伯颜军先锋。他受命后，水陆并进，组织了一支特种部队，专为搜索文天祥。在文天祥由潮阳（今广东汕头潮阳区）向海丰转移的路上突然出击，文天祥被俘，其部队或死或散。

张弘范带着文天祥火速向厓山进发。元军舰队首先南北夹击张世杰。此时张世杰手中尚有千余艘战船，他把宋帝赵昺和陆秀夫等一班大臣安置在战船上，然后把1000多条船连结在一起，排成"一字阵"，摆出与元军决一死战的架势。为了避免血战，张弘范把文天祥押到一艘战船上，要他写信劝降张世杰。文天祥坚决拒绝，只在纸上录下自己的诗作《过零丁洋》："辛苦遭逢起一经，干戈寥落四周星；山河破碎风飘絮，身世浮沉雨打萍。惶恐滩头说惶恐，零丁洋里叹零丁；人生自古谁无死，留取丹心照汗青。"

劝降无望，元军发起进攻，宋军拼死抵抗。元军激战20多天仍不能取胜，于是封锁海口，断绝宋军的淡水来源。宋兵无淡水后，只能喝咸海水吞咽干粮，随即呕吐，大量士兵生病。元军又采用火攻，严重地削弱了宋军的战斗力。但宋军仍浴血奋战，决不投降。陆秀夫知最终必败，便先逼自己的妻儿跳海，然后长啸一声，抱起小皇帝就向崖顶冲去，然后纵身一跃，双双葬于海中。数百名后宫妃嫔和大臣及大部分宋军将士也都跳海身亡。

厓山惨败的前一个月，南宋抗金的另一面旗帜——巴蜀之地的钓鱼城，也因弹尽粮绝而开城投降。飘扬了30多年的抗元大旗降了下来，历9帝、国祚

152 年的南宋彻底灭亡。厓山记住了这个日子：公元 1279 年二月初六。

被押在元军战船上的文天祥，目睹了这场大悲剧，心似刀割，边哭边运笔，写下了《二月六日海上大战国事不济孤臣天祥坐北舟中向南恸哭为之诗曰》。

在战火中冲出重围的张世杰，带着宋帝赵昺的母亲杨太后，收集溃散的宋兵，企图再找根据地重新崛起。但杨太后得知赵昺跳海的消息后心灰意冷，四顾茫然，趁张世杰不注意也投海身亡。张世杰只得忍痛离去，船至海中，突遇飓风，他也坠海身亡。

文天祥被押至元大都，忽必烈非常看重他的人品、才华和风范，使尽种种办法劝降，许以丞相之位，但都遭到拒绝。几年后因有人借救丞相（指文天祥）之名发起动乱，忽必烈担心文天祥的存在会影响人心，下令将他杀害。文天祥的妻子当时为奴，她获准收拾文天祥的遗物时，在衣带中发现他的绝笔："孔曰成仁，孟曰取义，唯其义尽，所以仁至。读圣贤书，所学何事，而今而后，庶几无愧！"

文天祥、陆秀夫、张世杰都是肝脑涂地、为国尽忠的民族英雄，从大的视角来看，他们的血和泪没有白流，一个结束了 300 多年的分裂局面，版图比南宋更大、人口更多、资源更丰富、融入了更多民族的大中国诞生了。

十四、大肚能容，随遇而安

宋朝终于灭亡了，面对强邻的攻战，它向我们展现了不同于以往王朝的行事风格。存亡关头，在大多数时间里，打得赢就打，黄天荡阻击战差点让金军全军覆灭，钓鱼城守卫战更是把不可一世的蒙古皇帝打死在城下；打不赢就谈，宁肯一年花几十万、几百万两真金白银纳贡给少数民族，称臣也好，称侄也行，只要能换来和平与安宁。

在不断的屈辱中屹立 300 余年，宋朝的生存之道令人感慨。正是这 300 余年的发展，使中国由中世纪一下子站到了近代的门槛上，物质文明和精神文明达到登峰造极的地步。美国学者罗兹·墨菲在《亚洲史》中说："在许多方面，宋朝在中国都是个最令人激动的时代，它统辖着一个前所未见的发展、创新和文化繁盛期。"墨菲既没有夸大其词，也没有随主流看法去批评两宋的积贫积弱，他为两宋作了辩护，说宋朝以金钱抚慰紧邻的少数民族政权以保卫主要疆土的政策收效甚佳。宋王朝面对强邻，明智地专心于长城以南汉族高度集中的高生产力的核心地域，避免了流血，赢得了生存和发展空间。

宋朝的农业生产发达。宋徽宗时，一般地区的粮食亩产平均达到 2.5 石，每个劳力平均年产粮食达到 8000 斤左右，超出北宋初年的产量一倍有余。农业的发达促进了人口大幅增长，从北宋初的不到 2000 万人猛增到宋徽宗时期的 1.2 亿人。人口的增长又促成了一批市民过百万的大型城市崛起和商业的发达。这些大型城市不仅人口众多，且无比繁华。如京城汴京（今河南开封）的商铺就有两万多家，潘楼街的商业交易"动即千万，骇人闻见"，全市有特大型酒楼 72 家，每次能待客数百，此外还有 3000 多家称为"脚店"的小酒楼。很多商铺天不亮就开门营业，人称"鬼市"。张择端的《清明上河图》仅显示了汴京的极小一部分，就令人感到吃惊。著名学者黄仁宇曾粗略地计算过，宋朝这一时期全国的商品交易量，每年约 1800 万盎司黄金，约合现在的 300 多亿美元。这在当时的世界商品流通领域内是绝无仅有的。

比汴京更为富庶的是临安（今浙江杭州）。据北宋熙宁十年（公元 1077 年）的记录，临安在全国各地每年的商税上缴中长期排名第一，达到 8.2 万余贯。其人口在五代时就已近百万，南宋后期达到 150 多万。市内店铺林立，买卖昼夜不绝。《都城纪胜》曾拿临安与汴京相比，说临安"山水明秀，民物康阜，视京师其过十倍矣"。繁华和富庶程度超过汴京 10 倍，这样的都市在当时的世界上少见。

南宋投降时，伯颜严禁元军入城，因此临安完整地为元朝接收，它的繁荣一直延续了下来。意大利旅行家马可·波罗曾经游历过元代时的杭州，一进城就被它的宏大和富庶所折服，称赞它是世界上最伟大的城市。他说，欧洲的城市之冠威尼斯与杭州相比不过是一个破旧的村庄而已。

城市的繁荣进一步带动了经济发展，期票、信用证及纸币登上历史舞台。由四川"交子"发展而来的纸币，是世界上最早的纸币，多国（辽、夏、金）通用。这是宋朝对人类金融业的重大贡献。随着金融业的进步，宋朝的海上交通与贸易较之隋唐又有了大的发展，一大批以对外贸易为主的港口在两浙、福建、广东等地崛起，如广州、临安、庆元府（今明州）、泉州、镇江、苏州、密州（今山东诸城）等，都是当时世界上最大的港口城市。史载当时的广州"万国衣冠，络绎不绝"，泉州"万骑貔貅，千艘犀象"。泉州后来一度超过广州，成为南宋第一大港，贸易量是罗马贸易量的两倍，与之往来的国家达 50 多个，成为名副其实的"海上丝绸之路"的起点。南宋朝廷每年财政收入的五分之一来自沿海港口城市。

对外贸易的兴旺促进了造船业的发展，两宋时期建造的船舶，最大的载重量除了能装 5000 石货物外，还能运载 600 多人。南宋船只不但吨位大，而且运用了许多新技术，大型船舶已经采用罗盘定位，用明轮代替帆桨。有些船只采用多重桅和隔仓、平衡舵、开孔舵等，甚至发明了干船坞和打捞船。这些都创造了世界造船史上之最，比现代造船业早了若干个世纪。

比造船业更具影响力的是领先于全球的科技成果。根据英国学者李约瑟的研究，中国科学技术发展到宋朝，呈现巅峰状态，许多方面已超过了 18 世纪工业革命前的英国或欧洲的水平。享誉世界的四大发明（印刷术、指南针、火药、造纸术），其中 3 项（印刷术、指南针、火药）都是在宋朝完成的。按照"科学方法论之父"弗兰西斯·培根的说法，宋朝的这 3 项发明改变了整个世界的面貌和状态。培根说得没错，正是中国宋朝的这三大发明，使欧洲结束了中世纪而进入近代。

除三大发明之外，还有一些科技成果位列世界之最。苏颂和韩公廉发明了世界上第一台天文钟——水运仪象台，它所显示的时间，一天的误差小于 100 秒。沈括的《梦溪笔谈》涉及天文、地理、物理、化学、生物、数学、医学等多个领域的学术前沿。例如，第一次作出陨星为陨铁的解释；最早使用"石油"这一名称，并预言"此物后必大行于世"。看看今日石油的地位和作用，沈括在将近 1000 年前就预见到了。

宋朝的一系列创新和进步震撼了无数人。一些外国学者这样发问："如果宋朝存世的时间再长点儿，中国可能会一直无间断地领导世界。"多少人替宋朝惋惜，但伟大的宋朝不论是否存世，都一直在以它辉煌的、独特的文化发挥着影响。

宋朝最值得人叹服的是文化，或说精神文明。以理学和宋词为例。所谓理学，实则是一种发展或创新了的儒学。它是一门以儒学为主体，融合佛、道二教之精义而建立起来的哲学思想体系。它的先驱是"宋初三先生"：胡瑗、孙缑和石介。奠基人是周敦颐。使理学蔚成气候的是程颢、程颐兄弟。最权威、最有影响的代表人物是朱熹，理学到朱熹时便登峰造极了。

朱熹的理论核心是"理"，在他看来，宇宙间万事万物都有一个客观的、超越时空的理存在。这个理先于自然现象与社会现象而存在。要使这个形而上的理表现为具体的形象，还有赖于形而下的"气"。"气"有阳气、阴气之分，阴阳交合则生水、火、木、金、土五行之质。有了五行之质，万物就生成焉。

朱熹的这一理论表明了他的宇宙观。他告诉人们，理虽超越时空，主宰万事万物，但在人世间却处处可测。例如父子有亲、君臣有义之类，便是"天理"。这就把理学从乍看上去十分玄妙的境界中请了下来，请到了儒家最推崇的伦理道德这个层面上来。

朱熹思想的亮点就这样出来了，不管他写了多少种书，注解了多少经典，人们从中看到的仍然是通俗的儒学教化，即伦理学教化。他所有的目标都是为了建立一种良好的、可控的、有利于国家大一统局面的社会秩序。他用几十年的时间重新解释《论语》《孟子》《大学》《中庸》，细微到对人们的走路、穿衣、说话、吃饭等日常行为都提出了道德性的规范建议。

朱熹列出了道的公式，告诉人们如何真心诚意地修身。他认为：如果人人都这样做了，社会就文明、和谐了，国家就安定了。朱熹的这一思想令人敬仰，试想，一个连自己都管不好的人怎么能治理国家和天下？从这个意义上讲，朱熹不仅是孔孟之后在思想意识领域对国家贡献最多、最伟大的思想家，还是一位忧国忧民的、杰出的政治家。他主张"修政事"，整顿南宋的腐败局面；主张"复中原"，重振国家疆域。尽管他的学说和政治主张生前并未得到重视，但在他身后，他的学说成为国家的主流意识，一直影响至今。

理学家张载有句名言："为天地立心，为生民立命，为往圣继绝学，为万世开太平。"这可以看成是以朱熹为代表的理学家们的胸怀和风貌。何等的气魄啊！正是这批人的努力，统一了中国的思想意识，陶冶了绝大多数国民和上层人士，宋及其以后的朝代，爱国爱家、修身养性形成了强大的社会舆论。虽然长期在少数民族政权面前"装孙子"、受欺侮，但宋朝内部始终稳定，国家政权再没有被军阀权臣所颠覆，中国再也没有出现大的分裂和混乱。

宋朝是个值得向往的朝代，尽管将理学上升为国家的意识，但它同样允许百家争鸣，当时与朱熹等理学家观点相左的学者还有不少，他们都发出了自己的声音。如陆九渊的"心即理"，别具一格地提出万物之理就是每个人的心中之理，宣称"宇宙便是吾心，吾心即是宇宙"，奠基了明代王阳明的心学。又如陈亮、叶适的"功利之学"，都从各自的角度为宋文化增光添彩。

在这样比较宽松的时代背景下，酣放茂郁的宋词喷涌而出，仅《全宋词》及《全宋词补辑》就收录了二万多首，宋词与唐诗一道，成为中国文化大观园中的两朵奇葩。

唐、五代时，词已经在民间兴起，并发展成为中国独立的文学形式。温庭筠、李煜等一批词作家开拓了文学新天地。进入宋朝，词的意境、形式和技巧发展到鼎盛，一大批才华横溢、风格各异的词作家在词坛大显身手，著名的有范仲淹、晏殊、晏几道、张先、欧阳修、柳永、苏轼、秦观、贺铸、黄庭坚、周邦彦、张元翰、张孝祥、李清照、杨万里、范成大、陆游、辛弃疾、陈亮等。

如果说一切好诗到唐朝就做完了，那么一切好词到宋朝也就写完了。下面欣赏几首与边塞和军旅有关的词作：

> 塞下秋来风景异，衡阳雁去无留意。四面边声连角起。千嶂里，长烟落日孤城闭。
>
> 浊酒一杯家万里，燕然未勒归无计。羌管悠悠霜满地。人不寐，将军白发征夫泪。
>
> （范仲淹《渔家傲·秋思》）

> 怒发冲冠，凭阑处，潇潇雨歇。抬望眼，仰天长啸，壮怀激烈。三十功名尘与土，八千里路云和月。莫等闲，白了少年头，空悲切。
>
> 靖康耻，犹未雪；臣子恨，何时灭。驾长车，踏破贺兰山缺。壮志饥

餐胡虏肉，笑谈渴饮匈奴血。待从头，收拾旧山河，朝天阙。

（岳飞《满江红·怒发冲冠》）

　　长淮望断，关塞莽然平。征尘暗，霜风劲，悄边声。黯销凝。追想当年事，殆天数，非人力；洙泗上，弦歌地，亦膻腥。隔水毡乡，落日牛羊下，区脱纵横。看名王宵猎，骑火一川明，笳鼓悲鸣，遣人惊。

　　念腰间箭，匣中剑，空埃蠹，竟何成！时易失，心徒壮，岁将零。渺神京。干羽方怀远，静烽燧，且休兵。冠盖使，纷驰骛，若为情！闻道中原遗老，常南望，翠葆霓旌。使行人到此，忠愤气填膺。有泪如倾。

（张孝祥《六州歌头·长淮望断》）

　　当年万里觅封侯，匹马戍梁州。关河梦断何处，尘暗旧貂裘。
　　胡未灭，鬓先秋，泪空流。此生谁料，心在天山，身老沧洲。

（陆游《诉衷情·当年万里觅封侯》）

　　何处望神州？满眼风光北固楼。千古兴亡多少事？悠悠。不尽长江滚滚流。

　　年少万兜鍪，坐断东南战未休。天下英雄谁敌手？曹刘。生子当如孙仲谋。

（辛弃疾《南乡子·登京口北固亭有怀》）

　　宋词一般柔美钟秀，上面几首却豪放苍凉，因为作者既是文人，也是战士，有的还是统帅或将领。范仲淹就曾在陕西统率各路兵马与西夏作战。张孝祥曾是张浚的部将，隆兴北伐时浴血苦战。辛弃疾从农民起义军队伍转投南宋，任职期间力主抗金，长期与投降派作斗争。陆游尽管是文职官员，但终其一生都在为抗金呼号奔走，临死前还嘱咐后人"王师北定中原日，家祭勿忘告乃翁"。读他们的作品，能听到悠悠羌管，闻到淡淡膻腥，看到将军的白发、征夫的泪。宋词中的边塞及军旅作品读起来，似乎比唐诗还多一些现场感，句子长短不一，更适合作者任情流泻。

宋朝真是个"重文轻武"的朝代，除了理学和宋词的兴盛，史学也是"古今罕匹"（陈寅恪语）。宋朝官方的修史机构人员众多，民间和私人也崇尚修史。欧阳修就以个人身份修了《新五代史》。司马光用近20年时间撰写了无人能出其右的《资治通鉴》。在司马光的基础上，朱熹写了《通鉴纲目》，郑樵写了《通志》。还有一大批学者以司马光为榜样，著书立说，揭示历代兴衰治乱之本末。这些书在当时流传极广，不仅警示和启迪领袖人物，对全社会都产生了激励作用。观宋一朝，在许多危亡关头，广大军民都奋起抵抗，保家卫国。襄樊失守后，扬州成为孤城，城内军民以树皮、草根、观音土充饥，坚守城池。当谢太后投降的命令传到扬州时，守将李庭芝在城楼上大声呼喊："我只知奉诏守城，没听说过以诏谕降的！"

客观地讲，宋朝既不贫也不弱，它养活着一亿人口，能说贫吗？它的军队曾达百万之众，能说弱吗？要害在于多数领袖人物无能、政府腐败，正是这两点助少数民族政权发展壮大，使宋朝最终为其所灭。两宋不仅以真金白银长期资助了中华民族中的少数民族，更是以它博大的胸怀和既厚重又精彩的文化影响、融合、同化了少数民族，使人口不多的少数民族，特别是马背民族，能够在华夏神州创造奇迹，大放异彩。

可爱的中国

——中国历代通俗演义

（下）

李超贵　著

中国市场出版社
China Market Press
·北京·

第十八章 马背民族的奇迹

"一代天骄"成吉思汗以"上帝之鞭"统一大漠之后，坚定不移地从大漠向华北推进。他先收服畏兀儿，灭了西辽，攻占西夏，击溃金朝，为其孙忽必烈统一中国打下基础。与此同时发起西征，铁骑纵横波斯、印度、俄罗斯等广袤的欧亚地域。

公元 1227 年，成吉思汗去世。之后，其家族中的另几名领袖人物窝阔台、贵由、蒙哥、忽必烈继承成吉思汗的事业，东征高丽，南征大理，毁灭金朝，还先后两次大举西征。公元 1279 年，忽必烈全歼南宋残存在广东的武装力量，完全统一中国。版图横跨欧亚大陆、面积达数千万平方公里的大蒙古帝国诞生。

这是一个空前庞大的帝国，从亚洲内陆腹地一直延伸至欧洲。曾经只在 100 多万蒙古人中间使用的蒙古语，在一段时间内成为亚欧大陆的官方语言。这是人类发展史上的奇迹。

蒙古帝国实在太大了。为了方便管理，它运用分权制，把帝国分为五大子国：中国（含今中国西藏、青海和蒙古本土）、察合台汗国（今中亚南部和中国新疆西部）、钦察汗国（今东欧平原）、窝阔台汗国（今哈萨克东部和中国新疆西部）、伊儿汗国（今伊朗、伊拉克、高加索地区）。

庞大的蒙古帝国其实是一个不稳定的政治军事联合体，汗国的领袖们尊奉中国元朝皇帝忽必烈为大汗，也就是"一切蒙古君主的君主"。汗国君主的大位承袭，要得到元朝皇帝的认可，汗国是元朝的藩属之国，得向元朝纳贡。

此时的元朝如日中天，但领袖人物对此并不满足，仍致力于扩张帝国。灭宋之后，以中国为大本营，忽必烈发动了5次征伐，南征安南、占城、爪哇、缅甸，东征日本，不少地区又成为元朝的藩属。

元朝至高无上，朝聘使节往来不断，每批使节就是一支庞大的商队，无数的域外商品涌进中国，同样，无数的中国商品从陆上和海上丝绸之路发往全球，亚欧大陆出现前所未有的融合和繁荣。

结束了近400年宋、辽、夏、金4国先后鼎立的分裂局面，完成中国大一统的元朝，陆续纠正了扩张过程中重摧毁、轻建设的陋习，接受和承续了历代中原王朝的传统，全方位地实行汉化政策，实施了一系列政治、经济、交通等内政上的建设，并且较好地处理了各民族的关系，使元王朝在不长的时间里成为包涵多民族文化传统、国力空前强盛的国家。

公元1260元忽必烈封八思巴为灌顶国师，管理元朝佛教事宜和中国西藏行政事务，从此，元朝以中央政府直辖的方式，把西藏纳入中国的版图。

收服了众多少数民族地区之后，元朝在中国疆域内创立了高层政区分寄式中央集权的行省制度，又用22道肃政廉访司督查各级政府。还在全国统一发行纸币，把发展经济的杠杆掌控在中央政府手中。

元世祖忽必烈在位34年，在治理中原方面成绩斐然，但在大漠内部，成吉思汗的部分子孙一直与他作对，草原上内乱长达30年不断。忽必烈去世后，继任者中再没有能与他比肩的人物。而且，帝位更换频繁，忽必烈去世后的39年之内，就换了9个皇帝。皇帝们个个短命，大多在30岁左右就撒手而去。皇帝短命，权臣当道，国家上层时常动荡不安。

最后一位皇帝元顺帝在位时间较长，达到37年之久。可此时元王朝已危机四伏，广大民众纷纷揭竿而起。至正二十八年（公元1368年），朱元璋手下大将徐达攻占通州（今北京通州区），元顺帝仓皇逃出大都（今北京）。至正三十年（公元1370年），元顺帝病逝在应昌（今内蒙古自治区赤峰市克什克腾旗达里诺尔西南的达尔罕苏木）。庞大的、打遍天下无敌手的元王朝在入主中原97年后垮台，那些遥远的、欧亚混一的汗国也相继解体。

一、打遍天下无敌手

公元 1206 年，蒙古帝国诞生后，帝国的基层行政组织非常独特，全体牧民及帝国的军队都按十户、百户、千户统一编组，千户之上设万户。千户长、万户长都由或立有战功，或对草原有重大贡献的人担任，他们是军民合一的首长，平时带领牧民游牧、狩猎，战时统率牧民作战。这种简单、高效的行政结构，使百万牧民随时可变百万兵，成吉思汗就靠这百万雄师横扫欧亚。

这支军队的装备极其简陋，每名士兵佩一把剑或一把弯月刀、两张弓、一根套马长绳。没有任何后勤保障，每人身背一些干粮，所骑的蒙古马体型矮小，外形上无法与欧亚大国的战马相媲美。然而，不论条件怎样恶劣，蒙古军每天都能行军 160 多公里。一般情况下，每个士兵配备 3 匹蒙古马（两匹供轮换），强行军时换马不换人，战马以每小时 80 公里左右的速度奔跑，士兵可以一边行军一边在马背上拉弓射箭。蒙古兵所用的弓，需要 80 公斤的力量才拉得开。饥渴的时候，喝点随身背负的水，吃点烘干的食品。水没了的时候，就喝母马的奶汁；奶汁也没了的时候，就割开马的颈部血管，喝几口马血再将血管闭合，让马稍作休息，又继续前进。

这是一支人马合体、崇尚不战而屈人之兵的军队，许多国家的士兵在蒙古兵团还远在 100 公里之外时就开始逃跑。没来得及逃跑的，结局要么是投降，要么是被全歼。那些逃跑的军队大多吃过蒙古兵团的苦头，或者听说过蒙古兵团既凶狠又聪黠的战术手段。战斗打响时，蒙古骑兵往往以短暂接敌、高速突破取胜。攻击时往往一点攻击，长驱直入。若第一波攻击未奏效，则向两旁横驰，让开攻击点，由第二、第三梯队续攻，直到突破为止。若遇到敌军殊死拼搏，则网开一面，趁其突围时发起追袭。一旦战局发生不利于己的情况，蒙古骑兵就像风一般飘然而去。面对这样一支很少输掉一场战斗的军队，中华大地上的夏、金、宋以及欧洲那些大大小小的国家，被灭亡或被征服就是情理之中的事。

进一步分析蒙古军队可怕战斗力的形成，可以看到：在这支军队之上，有一个更加可怕或者说更令人慑服的统帅部。一批谋略高超、品格服人、特别坚毅、特别能抓住战略机遇的领袖和将领在指挥、管理这些从三四岁起就在马背上打拼的军人。

例如成吉思汗，他的身上具有很多优良的品德，最突出的是勇敢、坚毅。有史籍形容他渴极之际无以为饮，但以涎水而止渴；饥饿之时无以为食，仅以磨牙而充饥；每日征战，常以汗水洗面，以汗水洗足。除此之外，为人处事特别大度，判断力出神入化，善于识人用人，乐于接受新事物。正是在他的主持下，通过对畏兀儿字母进行改革，蒙古人有了自己的文字。为了学习中原文化，他把当时道教界的领袖人物、长春真人丘处机召到漠北，听丘处机为他讲老子、庄子，讲王霸之道，当然，也讲长生不老之术。丘处机是思想家，他很少讲玄妙之学，着重讲"清心寡欲""不嗜杀""无为无不为"，说这就是长生之道。成吉思汗耳目一新，把丘处机当神仙，把他讲的一些学说当"天戒"。自此之后，他对自己要求更加严格，并很快发布命令不准屠城、不妄杀。

成吉思汗正是由于善于学习、善于接受新事物，他的新战略、新战术才层出不穷。他之后的几位蒙古军统帅继承了他的军事思想，利用骑兵的快速机动能力，大规模迂回歼敌，取得了辉煌的战绩。例如，蒙古军对金朝都城汴京的战略大迂回——一路大军从秦岭、四川出发，一路大军战略迂回至金朝的河东南路，两路大军合力攻入河南，直抵汴京。又如蒙古军在南下攻宋时，主力从河北出发，忽必烈又率军 10 万，避开宋军的长江防线，不远千里绕道吐蕃，爬雪山，过草地，抢渡大渡河，攻占大理，然后从此地出发，经云南、四川向江浙发起进攻。

反观金、夏、宋这些过去远比蒙古强大的政权，其领袖人物腐朽无能不说，皇帝年幼，奸臣、权臣当道，政治黑暗，军心涣散，百姓穷苦，纵使尚有百万兵力又有何用（忽必烈大规模征南宋时，南宋正规军就有 70 余万）。

成吉思汗之后的窝阔台很有其父风范，他决心要统一中国。在聚拢民心上，他比成吉思汗还要慷慨。一次巡查仓库时，他突然发现库里存了两万多锭银子，便大声说："我们积压这么多银子干什么？把它们发给人民！"

不爱财，这一点也是中原皇帝们普遍做不到的。君不见有些皇帝，全天下财富都是他的，可他仍不满足，还要私下攒小金库，甚至把银子藏到太监家中。这样的皇帝在位，国家能有前途吗？窝阔台心胸开阔，以天下人有财为己有财，所以，他在位时能为国家作出有益的事。例如，灭亡金朝之后，他很快确立了治理中原地区的政治制度和赋税制度，稳定了中原，将中国的统一大业向前推进了一大步。

窝阔台之后的贵由可汗，打仗勇敢，无才治国，在位仅两年就病逝。贵由之后的蒙哥可汗"刚明雄毅，沉断而寡言"，继位后首先整顿蒙古帝国内部，把中原及西域的治理摆到重要日程上，先后两次在中原等地清理户口，明确了税收和兵源，使财力和国防进一步加强，又征服了吐蕃、大理。蒙哥像他父辈一样，攻城时身先士卒，背负石块冲锋在前，最终死在四川钓鱼城外。这种身先士卒的精神，自宋太祖、宋太宗之后就再未出现在宋朝其他皇帝身上。金朝也是如此，领袖人物一衰落，军队就吃亏，蒙金野狐岭一战，40万金军打不过10万蒙军，横尸数十公里。

蒙哥之后的忽必烈是一个崇仰汉文化、有勇有谋、胸怀宽阔、能识人用人的领袖人物。战争年代，他叱咤风云，一往无前，完成了统一中国南北的大业。和平年代，他脚踏实地，让蒙汉杂糅，以汉制汉，巩固了多民族和谐相处的大一统局面，保护和继承了汉族传统文化。

在上述杰出领袖人物的周围，聚合了一批杰出的文臣武将，例如木华黎、耶律楚才、廉希宪、伯颜等。

木华黎的父亲是成吉思汗的一名骁将，在一次战斗中为救成吉思汗而阵亡。木华黎继承父业，南征北战，成为成吉思汗将领中的"四杰"之一。成吉思汗西征之后，把在中原攻金的战事全权托付给木华黎，封木华黎为"国王"，分给他10万蒙军。木华黎就凭这10万兵力，与金朝近100万的兵力作战。公元1218—1220年，木华黎率军攻山西和河北，一路势如破竹，深州（今河北深州）、冀州（今河北冀州）等30余州县皆投降归附。木华黎有政治家的头脑，他接受金将史天倪的建议，严禁蒙军杀掠百姓。攻占山西、河北后，转头东向，攻克兖州（今山东兖州）和济南府（今山东济南），使2府6州的军民归附蒙古。木华黎不作休整，又向驻有20万金兵的东平府（今山东东平）发起进攻，迅速全歼东平府守军，使山东全境归附蒙古。从山东出发，转攻陕北，于公元1221年攻破陕北，公元1222年出云中（今山西大同），攻略长安（今陕西西安）。一系列攻势令人眼花缭乱，打得金军四处逃窜，有些金军将领只要听到"木华黎"3个字就吓得魂飞魄散。

金军也大多是由马背民族组成，南宋也有装备精良的骑兵部队，何以在面对蒙古军时都不堪一击？道理其实很简单：经过长期的和平年代，金、宋的一些将领走向腐败，心灵与武器均被金钱、享乐腐蚀，哪里还能带兵打仗？例如，金军守卫中都（今北京）的将领纥石烈执中在蒙古军逼近时，仍照常外出狩猎，根本不把即将发生的战争当一回事。南宋大将范文虎被朝廷诏令统兵救援被蒙古军围困的襄樊，受命后，他一路走走停停，在军营中还携带了一群小妾，走马踢球，通宵歌舞酒宴。以这样的将领统兵，南宋焉能不亡？

比木华黎贡献更大的是耶律楚材。耶律楚材是金朝契丹贵族后裔，其父官至金朝丞相。成吉思汗攻破金朝首都燕京（今北京）后，听人推荐召见了耶律楚材。见耶律楚材身高体阔、美髯洪声、气宇轩昂、谈吐不凡，成吉思汗立刻将他留在身边，随同西征。

耶律楚材自幼饱读儒家经典，对《易》学与礼仪烂熟于胸。一路西征，凡有征战，成吉思汗都请他占卜。他运用自己的知识和智慧讲解天下大势，影响成吉思汗。他对西征给当地民众带来的苦难十分痛心，劝诫成吉思汗不要滥杀民众。窝阔台继位后，让耶律楚材组织制定了仪制和法制。当时国库空虚，有人建议把华北一带的汉人全部驱逐或屠杀，腾出土地作牧场。耶律楚材坚决反对，提出保留汉民、发展生产、增加税收的意见。窝阔台采纳了他的意见，使千百万华北平原的汉人得以在本地继续繁衍生息。正是由于华北一带人口和经济的恢复，税收大幅增长，蒙古帝国每年仅白银就收到 50 万两，还有 40 万石粮食、8 万匹帛，一下子解决了战争带来的财政困难。

窝阔台非常高兴，任命耶律楚材为中书令，负责中原汉地的一切事务。耶律楚材利用手中的权力，大力推行儒家文化治国。首先废除了屠城旧制，接着在汴京奏封孔子第 51 代孙孔元措为衍圣公，大量印制各种儒家经典。公元 1237 年开科取士，掀起尊重知识和人才的高潮。

耶律楚材以儒家思想为核心的治国方案揉进了令人生畏的法家理念，如规定任何人不许对可汗贡献礼物；不许随意加重人民负担；蒙古人与回人不能搞特殊化，发现这些人不纳税的一律处死；如此等等。这些规定确实有些激进，窝阔台去世后，耶律楚材遭到以乃马真皇后为首的守旧势力的反对，守旧派最终占据上风，耶律楚材忧愤而逝，去世前还对守旧派厉声呐喊道："老臣事成吉思可汗及先可汗三十年，无负于国。可敦（指皇后），我没有罪，您也不能杀我！"

与耶律楚材的人品和才华旗鼓相当的还有廉希宪、伯颜等一批将领。廉希宪是蒙古帝国名望极高的官员，元军总攻南宋开始后，大将阿里海牙经略荆湖重地，各地新附，秩序混乱不堪。廉希宪奉命前往，坐镇江陵（今湖北荆州），通过招抚流民、发展生产、禁妄杀、通商贩、兴学校等措施，很快安定荆湖，使元军能腾出力量东向打击临安。廉希宪文武全才，去世后被追封为恒阳王，谥号"文正"。伯颜曾赞其为"男子中真男子，宰相中真宰相"。

伯颜可以说是"救火队长"，哪里任务艰险，哪里就有伯颜的身影。灭南宋，平漠北叛乱，拥立新君元成宗，他都做得完备、利落。伯颜是有大智慧的人，虽功比天高，在朝廷之上却从不言功，极为低调。

这样一批无私无畏、文武具备、事业心又极强的人在为国家服务，宋、夏、金难逃被灭的命运。

二、蒙汉杂糅，以汉治汉

元太宗六年（公元1234年），蒙宋联军攻灭蔡州，以此为标志，金朝灭亡。金疆域全盛时，东北到日本海、黑龙江流域，西北到河套地区，西边接壤西夏，南边以秦岭到淮河一线与南宋接壤。如今，金的版图悉数划入蒙古帝国，大半个中国被蒙古帝国占有了，5000多万汉人成为蒙古帝国的臣民。蒙哥继位后，面对广袤的国土和民众，把治理汉地的重任交付给皇弟忽必烈。

忽必烈是拖雷正妻唆鲁禾帖尼的次子，与元宪宗蒙哥为同母兄弟。拖雷是成吉思汗最疼爱的幼子，在成吉思汗去世后负有监国职责。公元1232年，拖雷去世，17岁的忽必烈及其兄弟在母亲的教导下顺利成长。其母亲是具有大智慧的女性，很会处理与各宗王间的关系，对本部落的各项事务也管理得非常妥帖，所以，拖雷这一脉赢得了各宗王的好感，蒙哥、忽必烈等子女都得到多数宗王的喜爱。贵由可汗去世后，正是在大多数宗王的支持下，蒙哥被拥立为可汗，汗位从窝阔台家族转移到拖雷家族。

蒙哥之所以把治理汉地的重任交给忽必烈，最初的想法是元太宗窝阔台在位时，就已把真定府（今河北、山西一带）分封给了拖雷家族，从那时起，拖雷家族就与中原紧密联系在一起。公元 1242 年，身为王爷的忽必烈久仰汉文化，把燕京著名的禅学大师海云和尚请到漠北大帐，向他请教佛法大要及安定天下之法。海云和尚同时精通儒学，就借机向忽必烈灌输儒家的治国平天下的学说。忽必烈对这些闻所未闻的理论非常感兴趣，每日在大帐内废寝忘食地与海云和尚谈论。海云要南归时，忽必烈把随同前来的僧人刘秉忠留下，让刘秉忠继续为他授课。

刘秉忠天文地理、三教九流无所不晓，很快赢得忽必烈的重视。刘秉忠深爱中原，抓住时机向忽必烈报告了内地民众的苦难情景，并提出了一整套治理汉地的建议。忽必烈受到震动，要刘秉忠尽快向他推荐各类人才。刘秉忠立即推荐了云中怀仁（今山西怀仁）人赵壁。赵壁通晓蒙古语，用蒙古语授课，忽必烈不仅自己听他讲课，还召来一批蒙古青年一块儿听。

赵壁的学问打动了忽必烈，忽必烈指派赵壁驰驱中原等地，广为延请各类人才。很快，金朝状元王鹗来了，名士张德辉、魏璠、元好问来了，儒学经师窦默、姚枢、许衡来了，短时间内，年轻的忽必烈身边聚拢了一大批来自四面八方的奇才异能之士。忽必烈与这班精英朝夕相处，对中华传统文化和内地的社情民风有了更多的了解，心中慢慢激荡起一股干一番大事业的激情。正好此时其兄蒙哥可汗任命他总领漠南汉地（中原）的军国庶事，忽必烈遂带着这帮幕府中的精英，兴冲冲地离开漠北，把府第建在原金朝桓州附近的金莲川（今内蒙古正蓝旗滦水上游的上都河两岸）。金莲川以夏季盛开耀眼的金莲花著名，背靠草原，面向中州，是蒙古族的一块圣地，往后的满清八旗正是从这里发祥。

在漠北王府被儒家学说沐浴的忽必烈，抵达漠南后基本按照"蒙汉杂糅，以汉治汉"的战略方针进行治理。他先从邢州（今河北邢台）着手，派出刘秉忠、张文谦及蒙古近侍脱兀脱去整肃邢州。一班儒臣抵达后，很快就改变了邢州的面貌，当地户口大增。忽必烈见此，更加坚定了重用儒臣、以汉法治汉地的决心。

从邢州抽身后，忽必烈踏上中原的土地，拟采用邢州的办法治理中原。在这之前，中原的管理相当混乱，官吏贪暴，赋役沉重，大批汉人流离失所，有的地方不见人烟。忽必烈任命一批儒臣让他们沿用汉法，在汴京设立屯田经略司，从恢复和发展经济入手振兴中原。还对相当一部分军队进行改革，平时耕作，战时打仗。又在卫州（今河南卫辉）设立都运司，通过河道将这部分军队生产的粮食运至北方，解决军粮供给。忽必烈一边抓经济，一边严惩贪官，整肃吏治，并更改有关货币流通的规则，使商品流通加快。另外，为了防范南宋军队北上，在西起邓州（今河南邓州市），东到陈州（今河南淮阳）、亳州（今安徽亳州）之间大量修筑工事。这样治理不到3年，中原面貌大变。

稳定中原之后，忽必烈领兵10万攻占了云南大理。云南军民抵抗得非常激烈，杀死了忽必烈派出劝降的使者。按以往蒙古军队的作战原则，大理是要被屠城的。但此时的忽必烈已经被尊称为"儒教大宗师"，他让姚枢裂帛为旗，上书止杀之令。因而蒙古军攻占大理后未妄杀一人，并很快与当地大姓段氏组成联合治理机构，共同安定云南。

忽必烈的政绩得到蒙哥的欣赏，元宪宗三年（公元1253年），蒙哥允许忽必烈扩大封户规模，让他在南京（今河南开封）和关中（今陕西西安）间自择其一。忽必烈听从姚枢的建议选了关中。关中历来是帝王发迹之地，忽必烈模仿秦皇汉武，把他学得的中华传统文化精义在他的封地付诸实践。果不其然，关中面貌很快大变，人们赞誉忽必烈为"贤王"，一致认为忽必烈必为中华之主。

忽必烈的名气愈来愈大，引起蒙古贵族中守旧势力的嫉妒，尤其是他亲和汉法、重用汉人的倾向更是颇受攻击，连蒙哥可汗也开始猜忌他，下令专设"钩考局"，稽核忽必烈。一钩考果然发现问题，忽必烈幕府的一班儒臣把本应上缴给蒙古国库的税收扣压了不少，留置在忽必烈府。这班儒臣的做法忽必烈是知道的，因为关中和中原的各项开支巨大，税收留得愈多愈好。事情暴露，钩考局的一班酷吏拷打致死了20多名忽必烈幕府的成员，关中、中原的一大批忽必烈亲自任命的汉人官员也遭到打击。

忽必烈感到很委屈，华北、关中、中原等地有几千万汉人啊，不用汉法用什么？用蒙古法"大扎撒"行吗？许多蒙古法是在还没有蒙古文字之前就制定了的，只是一些口头的约定或命令，即使在有了文字之后并经过成吉思汗反复修改，也与汉地实际情况完全不符。例如，不许洗涤衣物，认为洗后晾晒天会发怒，会遭雷击；不能说吃食是不洁的，什么东西都应该吃；吃时噎住了的人要拉出去受刑；父亲死后，儿子有权决定其庶母的命运，除生母外，可将其庶母收为妾或送给他人；盗了别人的马被破获之后，要用9匹相同毛色的马归还原主，否则，可用子女相抵，如无子女，应处死刑；一个人创业失败超过3次，这个人要受刑法处置；如此等等。显然，蒙古法在汉地行不通，只能用汉法，这是别无选择的。而实行汉法，不用汉人行吗？忽必烈陷入痛苦中。

幕僚姚枢对他说："王爷应尽快面见可汗，坦露忠诚，并详细汇报工作，以解除他的疑虑。"忽必烈认为有理，立即亲往漠北拜见蒙哥。蒙哥一直是很疼爱忽必烈这个弟弟的，给忽必烈的封户是诸王中最多的。兄弟见面，相拥而泣，蒙哥本是个很大度的人，没等忽必烈开口，立即下令解散钩考局。但为了堵住守旧势力的嘴，蒙哥也解除了忽必烈总领漠南事务的职务。他对忽必烈说："我已决定亲自南下攻宋，你也随同率东路军南征。"忽必烈就此踏上南征路。

公元1258年开始的攻宋战役声势浩大，按蒙哥的设想要一举灭宋。但蒙哥怎么也没想到，宋未灭，倒把自己给灭了。大军行至现今重庆北140里的钓鱼城时，遭遇南宋军民前所未有的顽强抵抗，蒙哥可汗身负重伤，猝死在钓鱼城下。忽必烈此时正行至淮河北岸，得到噩耗后仍不肯收兵，"怎么能无功而返呢？"他下令继续进攻。这时进攻显然不合适，幕府儒臣郝经建议他，汗位空悬，必须立即赶回开平王府（今内蒙古正蓝旗滦水北的龙岗），筹划继位事宜。郝经还用金世宗趁完颜亮攻宋时发动政变夺取大位的例子警醒忽必烈。恰好此时，忽必烈收到了南宋贾似道的请和书，书中许诺称臣割地赔款，忽必烈口头批准后立即下令全军北返。

忽必烈回来得非常及时，他的幼弟阿里不哥在一帮蒙古王爷的支持下，正在漠北帝国都城和林筹划继任汗位。阿里不哥的优势是蒙哥南征时委任他镇守都城和林，朝中一批王爷倾向于他。忽必烈的优势是多年总领漠南军国事务，羽翼已相当丰满，身边除有一批高人运筹帷幄外，还有一部分握有兵权、以史天泽为代表的汉人世侯作后盾。

忽必烈底气足，一到开平就召开部分蒙古宗王参加的推举大会，赶在阿里不哥宣布继任汗位之前发布即位诏书。为了确保成功，忽必烈一方面加大对蒙古宗王的岁赐，一方面大量提拔、重用汉军将领，同时调动部分蒙古军和探马赤军（镇守各重要地带的军队）前来开平护驾。忽必烈的一系列行动迅捷、准确，阿里不哥受到刺激，也在和林宣布继任汗位。这样一来，漠南、漠北各立了一个蒙古大汗，大蒙古帝国自此埋下分裂、内乱的火种。

忽必烈迅速采取军事行动，向漠北发起进攻。论作战，阿里不哥不是忽必烈的对手，中统元年（公元 1260 年），忽必烈攻占和林。中统二年（公元 1261 年），又在昔木土脑儿（今内蒙古东乌珠穆沁旗西北）几乎全歼阿里不哥的军队，阿里不哥西迁。至元元年（公元 1264 年），弹尽粮绝后的阿里不哥率残部向忽必烈投降。阿里不哥按照蒙古人的惯例，把自己打扮成罪人的样子，肩上披了一块大帐的门帘去觐见忽必烈。忽必烈见此心里也很难受，兄弟俩都情不自禁地流下眼泪。就这样，漠北与中原再度一统，忽必烈成为享有极高威望的蒙古可汗。

忽必烈采用儒臣们的谋略与阿里不哥斗智，主要运用汉军将领及其兵力与阿里不哥斗勇，两方面都大获全胜，这更使他坚定了以汉法治汉地、以汉人为主管汉人的治国理念。儒臣、汉军将领们也把个人的前途和抱负寄托在忽必烈身上，自此更加尽心竭力地辅佐他。

就在这种氛围中迎来了大好的局面，至元十六年（公元 1279 年），南宋的残余力量在今广东新会被全歼之后，一个前所未有的大中国诞生，忽必烈以汉治汉的理念有了更广阔的天地去施展。

三、国号是大元，年号是中统

忽必烈在开平即位后，为了把蒙古草原母地与中国内地联为一体，采纳刘秉忠的建议，建立起一套与中原王朝相同的礼仪制度。蒙古帝国时期没有年号，用十二生肖纪年，忽必烈让刘秉忠从儒家《春秋》《易经》中找出"中统"一词作为自己的年号。这个年号很有意境：一层意思是"中国一统"，另一层是"中华正统"。少数民族入主中原，历来就存在非议，魏晋南北朝时期开始，正统与非正统王朝之争就没断过。忽必烈了解这段历史，他要统一认识，在改了年号后，又把国号从"蒙古"改为"大元"，向天下宣布：元朝就是中国的正统王朝，上承三皇五帝，下传百世千载。

元朝的"元"字取自《易经》中的"大哉乾元，万物资始"，这句话的大意是：伟大蓬勃的乾坤之元，是万物创始化生的动力之资源！忽必烈戴得起"儒教大宗师"这顶高帽。秦皇汉武、隋文帝、唐太宗、宋太祖，他们的国号都取自封地之名，没有想到从中华文化的经典中采撷国号，只有忽必烈——这个少数民族出身的领袖想到了。

元朝真是独具一格。大蒙古国立国后没有专门订立朝仪，每有大的活动或称贺时，官吏们不分贵贱大小，随意聚集在忽必烈的帐殿前，既无秩序，也无效率，一次活动要完整搞下来，总得卫士们拿着棍子维持秩序。现在好了，专门制订了朝仪，还是蒙汉合璧的。朝堂之上大臣们二鞠躬、六拜之后，第三项居然是舞蹈。三叩首之后，在祝皇帝"万岁万万岁"的同时，还要祝皇后"万岁万万岁"。朝仪结束了，再举行蒙古传统的质孙宴，君臣一醉方休。

忽必烈改年号、国号之后，又改都城，把统治重心由漠北和林转至燕京（今北京），将开平冠以上都的名分，供依时令巡狩之用，实际也是为了便于控管蒙古母地。忽必烈气魄大，他认为金朝在燕京的中都并不气派，下令在金中都城的东北方另建新城，定名大都。总体设计思路基本按《周礼·冬宫·考工记》里记载的原则，城池、宫阙、社庙的布置照抄古制，命名都按汉人习惯，城门、坊名出自《易经》。整个城区包括内城与外土城一带，面积达 50 平方公里。城垣方 60 里，设有 11 座城门。元大都内有皇城（约今三海，即北海、中海、南海一带），周长 10 公里，建在城市中央，三面临水。宫殿的风格以汉族传统建筑为主，也吸收了少数民族的一些技术，外形庄重华丽。

忽必烈心气极高，对刘秉忠创立的这套蒙汉合璧的朝仪以及气势非凡的元大都，他并不觉得有什么值得炫耀之处。他听了刘秉忠讲述的刘邦当年坐上龙椅接受朝仪后兴奋不已的故事后，淡淡地说了一句："汉高祖眼孔小，朕岂能为一个朝仪而欣喜不已？"眼下忽必烈心中想得最多的，是如何治理这偌大的汉地，如何管理这 1 亿多的汉人。

还在中统元年（公元 1260 年）中国尚未完全统一之时，忽必烈就下令仿照中原王朝，组建总领全国政务的机构——中书省，任命儒臣王文统、张文谦分别首任平章政事和左丞。

忽必烈让王文统放手施展。王文统也确实能干，上任后建立了一系列政治和财经方面的新的制度、法律，仅仅 22 个月，就把朝政的架构搭建起来，蒙汉事务件件办得妥帖。最令人信服的是他主持发行了以白银作后盾、可以兑现的

"中统钞"。蒙汉民众都很信任这种纸币，原先担心会引发大量挤兑的现象根本就没发生。

忽必烈看到以汉法治汉的更多成果，非常高兴，又下令仿宋朝体制设立主持全国军务的机构——枢密院。任命皇太子真金为枢密使，汉人史天泽、赵璧为副枢密使，由他们主持枢密院的日常工作。

史天泽是个传奇人物，他是永清（今河北永清）人，木华黎攻占河北后，他全家成为降民，后加入蒙古军，一路战功显赫，不久便成为蒙古军中的名将。他的部队追斩金将完颜庆山奴，迫使金哀宗逃至蔡州（今河南汝南），而后与宋军一道血战数日，攻占蔡州。灭金之后，又多次率领蒙古军主力攻宋。可以说，哪里有大战、苦战，史天泽就出现在哪里。平定阿里不哥及之后的李璮叛乱，史天泽都是先锋。史天泽智谋超群，政治上老练，他"出入将相五十年，上不疑而下无怨"，人品、威望堪比大唐的郭子仪、北宋的曹彬。

史天泽实际主持元朝军务后，建议尽快建立监督机构，限制官员特权，安抚一般民众。忽必烈很赞同，立即下令组建御史台纠察百官的行为。御史台的地位很高，与中书省、枢密院等同。

中书省、枢密院、御史台这3大部门建立之后，又仿中原王朝设立六部。六部上面设尚书省。六部之外又设一系列专门机构，专管农业、蒙古母地、吐蕃等事务。

中央政府的管理机构完善之后，忽必烈起初下诏在全国设立10路宣抚司（地方最高行政机构）管理地方军政事务。至元二十七年（公元1290年），又下诏调整行政机构的建制，全国总共设立11个行中书省，即11个地方政府，简称行省；把山东、山西、河北和内蒙古的部分地区划为中书省直辖，称为"腹里"；吐蕃（今西藏）由宣政院直接管辖。

至元六年（公元1269年），高丽西京（今平壤）都统领崔坦、李延龄率西京府50余城归附元朝。两年后，忽必烈将高丽西京划归元朝辽阳行省东宁府。如此一来，高丽西京等地在之后的半个世纪内成为元朝的直接管辖地，不在征东行省（高丽国）境内。至元二十七年（公元1290年），应高丽国王的要求，元朝将东宁府行政权归还高丽。

行省或省是忽必烈的创造，一直沿用至今，后人只不过把它细化了。元朝在省以下再设路、府、州、县；县以下农村设乡都，城市设隅坊，乡都以下设村社，村社以下设里甲。为了体现蒙古贵族的威权，规定全国各路一概以蒙古人为"达鲁花赤"。"达鲁花赤"在蒙古语义中为"镇守者"，即当地最高行政长官，掌军政大权。府、州、县也层层设立"达鲁花赤"。考虑到许多蒙古族"达鲁花赤"不懂汉语，就在各路、府、州、县又设一名汉人总管，处理衙门日常事务。忽必烈对回族倚重，又任命一名回人做同知（总管的助手）。这样，从中央到地方，各级政府人员蒙汉杂糅，优势互补，互相配合，互相监督。

在机构设置和人员配置上，忽必烈的指导思想是少而精。这一点比唐宋要好，值得后人赞叹。整个元朝路、府、州、县的官吏少到不能再少，人口较多的海宁州（今浙江海宁）也只配 6 名官员。在这些官吏下，还有几位下属如"书办""师爷""佐杂"，加起来也不过十几人。人口较少的州，衙门官吏及勤杂人员加起来不到 10 人。

蒙古帝国时，州、县的官员是可以世袭的。忽必烈在至元二年（公元 1265年）下诏废除这一做法，把各级政府严格控制在中央政府之下。忽必烈很清楚，地方政府如果世袭，就很容易滋生用人腐败和政治上的分裂。

不论忽必烈如何崇仰中原文化，如何重用汉人、汉法，如何按中原王朝的做法组建各级政府，他骨子里仍把自己看作是蒙古族人，他得代表蒙古族人，为蒙古族人谋得至高无上的利益。所以，总理漠南事务及统一全中国后，忽必烈把全国民众按被征服的先后分为 4 个等级实施治理。

第一等级是居于统治地位的蒙古族人，当时称他们为"国族"或"国人"，按蒙古贵族的说法是"自家骨肉"。这一等级的人享有各种特权。第二等级是汉人之外的西部民族，当时称他们为"色目人"（本意是各色各目的"诸国人"）。这些人大多跟随蒙古族人一道入居汉地，其中有一部分甚至来自中亚、西亚、欧洲，待遇仅次于蒙古族人。第三等级是汉人，又称"汉儿"，当时主要指淮河以北原金朝统治下的汉人，包括契丹人、女真人、渤海人和高丽人，待遇在蒙古族人与色目人之下。第四等级是南人（又称"蛮子""新附民"），主要指南宋的遗民。

这四等人在政治、法律上是不平等的。元律规定：蒙古族人与汉人打架，汉人不得还手，只能向官府上诉。如汉人还手，将被严惩。蒙古族人杀死汉人无须偿命，只须缴付烧埋尸的费用并罚出征。一系列不平等的法津规定使蒙古族人趾高气扬，汉人忍辱负重，国内民族矛盾逐渐积累。

与基层汉人受压的情况相反，元朝政府特别注重保护、搜罗和利用汉人中的有文化者，如程矩夫、叶李、赵孟𫖯、胡梦魁、曾晞颜等，以及在平宋战争中投降元朝的南宋军队将领，如吕文福、吕师夔、范文虎等。据《元典章》统计，元朝的官员队伍中，汉人和南人占了55.23%；京官中，汉人、南人占70.15%；外任地方的官员中，汉人、南人占71.42%。

把民众分成类别之后，忽必烈想从意识形态上做些规范，以巩固国家的大一统局面。他先从蒙古文字入手。蒙古族人本来只有语言，没有文字，自从成吉思汗起用回鹘人塔塔统阿按畏兀儿字母即回鹘拼音字造出一套蒙古文字之后，便在草原母地推行这种蒙古文，也称为回鹘式蒙古文。公元1247年，吐蕃正式归属蒙古帝国。吐蕃高僧、萨迦派第五代祖师八思巴运用吐蕃文法又为蒙古族新造字1000多个。这些字也是拼音字，共41个字母，采用汉字的直书形式排版，当时称这些新字为"八思巴新字"。忽必烈下诏推行，一切公文、国书、碑刻等都使用这种新字。

忽必烈把八思巴信奉的藏传佛教定为"国教"，尊八思巴为"国师"。国师的地位极高，帝王后妃都得接受他灌顶。朝会时，大殿上专设国师座位。国师从外回京师时，文武百官要派出代表出城迎接。忽必烈还给八思巴赐号"西天佛子""大元帝师"等。八思巴也确有才华，据说7岁就能诵经数十万言，归附元朝后曾在朝廷的公开辩论中驳倒道家。蒙古初立国时，除了原始迷信之外，没有宗教信仰，尊奉藏传佛教为国教之后，宗教信仰之风盛行。忽必烈就利用这股风来统一全国民众的精神思想。

忽必烈务实，他下诏大力劝课农桑，发展农业经济。诏文中说："国以民为本，民以食为本，衣食以农桑为本。"下诏后采取一系列措施，扭转过去只重草原游牧、不重农业生产的倾向。实行50家立一社，择年长者或专门人才为社长。在朝廷的推动下，元朝的农业生产非常发达，尤其是纺织业，至元末明初时发展到一个新阶段，而且还掀起了持续百年的"棉花革命"。一代纺织巨匠黄道婆就是这一时期农业方面最具代表性的人物之一。

抓农业、以农兴国，这是中原王朝的强项。忽必烈以汉治汉，也深谙其中道理。他不仅劝课农桑，还开运河、修水利，通过几千里的水运网直接把南方的粮食运到大都。

在抓好水利的同时，下大力气建设和完善了驿站，做到了全国平均每七八十里地便有一个驿站。站内一般都备有几百匹快马。除了驿站，全国各地每隔 15 里，最多 25 里，还设有一个急递铺，类似于当今的"快递公司"。急递铺的驿卒跑起来类似于参加田径场上的"接力赛"，一个接一个，不分昼夜，总在路上。路上行人听到驿卒的铃声得赶紧躲开，因为马的速度太快，动作稍慢就会被撞倒。如此接力传递文书，一昼夜能行 400 里。

四、宗教开路，吐蕃归附

唐朝时，西藏称为吐蕃，西藏同胞自称为"博"，最早见诸文字是在《旧唐书·吐蕃传》。"吐"是高原的意思，据传说，是上古时期被舜驱赶至青藏高原（当时称"三危"地区）落脚的"三苗"。"三苗"是中国古老的少数民族，主要活动在江、汉及今河南南阳、陕西商雒一带，被舜及禹打败后一部分逃往南方的两湖、两广及福建一带，一部分逃往今甘肃南部的洮河流域。这部分懂得农耕文化的"三苗"，与青藏高原的土著藏族同胞及部分已经"吐蕃化"了的羌人融合，经千百年繁衍生息，在青藏高原开花结果。

公元 1239 年，窝阔台命令其子阔端驻守河西走廊。阔端不满足于防守，下令向吐蕃发起进攻。阔端有大战略观，在向吐蕃进军的路上，看到不少气势非凡的寺庙，民众对吐蕃的宗教（主要是藏传佛教）深信而虔诚。阔端心想，何不换种征服方式，以宗教征服吐蕃？于是下令停止进军，派出一支轻骑兵护送使者，找到当时在吐蕃宗教界最有影响的萨迦派首领萨班·贡噶坚赞，也就是高僧萨迦班智达，向他宣传天下已被征服，吐蕃也将很快被征服，希望他立即前来凉州（今甘肃武威市凉州区）会晤，共商吐蕃归顺蒙古汗国事宜。

萨迦班智达是具有长远政治眼光的宗教界领袖，他自幼学习显密教法，遍学大、小五明等诸多学问，成为获得"班智达"（大博士）称号的第一人。为了避免流血，保护吐蕃民众和文化，他立即答应亲自前往凉州。公元 1247 年，63 岁的萨迦班智达带着两个年幼的侄子八思巴和恰那多吉启程赶赴凉州会见阔端。事有凑巧，到达凉州时，阔端正在生病，萨迦班智达运用藏医学知识治好了阔端的病，年仅 9 岁的八思巴还长篇大论地为阔端说法。阔端被藏族同胞的文化征服了，许诺将来把整个吐蕃地区交由萨迦派管理。萨迦班智达立即给吐蕃各宗派的头面人物写信，要他们配合做好和平归附蒙古汗国的工作。信的大意是：中原已悉入蒙古版图，统一吐蕃是迟早之事，顺者昌，逆者亡，望尽早归顺为好。这封信发出不久即得到响应，阔端又与萨迦班智达议定了几条具体条款，如纳税、驻军等。

公元 1247 年，吐蕃正式纳入中国版图，这是值得庆贺及大书特书的重大历史事件。吐蕃军队在当时也是一支非常强悍的力量。7 世纪之前，青藏高原上部族众多，武装林立，第三十二代吐蕃首领松赞干布征服了各个部落，统一了全西藏，建立起强大的吐蕃王朝。7 世纪中期，大唐用和亲的方式，把文成公主嫁给松赞干布，以结唐蕃和亲之好。唐中宗时期继续实行和亲政策，又把金城公主嫁给吐蕃王赤祖德赞。安史之乱时，吐蕃反唐，20 万大军曾攻占长安。现在好了，兵不血刃，吐蕃完全归附，成为中国版图的组成部分。

公元 1260 年，忽必烈即位。公元 1264 年，忽必烈将国号由"大蒙古国"改为"大元"。中国进入元朝之后，中央政府立即强化了对吐蕃的管理。忽必烈首先派遣皇子、西平王奥鲁赤镇守吐蕃，继之采取一系列大战略稳定吐蕃。

中央政府成立宣政院等机构专管吐蕃事务，以八思巴为行政主管，并掌管宗教事务。然后集中力量在全吐蕃建立各级行政机构，设置非常细，基层组织有十夫长、五十夫长，有管理百户、千户、万户的达鲁花赤。为了没有管理死角，中央政府下令在全吐蕃普查户籍和人口。统计一户人家的标准是：有 6 根柱子面积的房子（大多数是毡房）；有能播下 12 蒙古克种子的土地；有夫妇、子女、仆人合计 6 人；此外，还得有 24 只牛羊。这样的一户人家称为一个蒙古户，结果统计出全吐蕃当时共有 36453 个蒙古户（帐），总人口近 20 万。

摸清人口底子后，中央政府制定了收税办法，总的来看税赋不重。为了确保吐蕃的稳定，中央政府在吐蕃驻军，又按照内地的方法，在全吐蕃设立了 27 个大的驿站，以保持政令、军令畅通。

元朝之后，虽然中央政府几经更换，但吐蕃一直与中央政府保持一致，始终处于中央政府的管辖之下。西藏同胞与中央政府共同努力，在巩固了中国大一统局面的同时，还创造出了令人钦羡、独一无二、多姿多彩的藏族文化。例如，第一部百科全书式的大藏经《甘珠尔》和《丹珠尔》，世界上最长的史诗《格萨尔王传》，以民间歌舞为主要表现形式的藏戏，精美绝伦、价值连城的唐卡，神奇无比的藏医药，日历已经推算到了 2050 年的藏历等，都向世人展示了中国藏文化的精深博大。

尤其值得称道的是，以藏传佛教为主体的文化艺术，为人类文化艺术的发展作出了重大贡献。一大批集建筑、绘画和雕塑艺术为一体的寺院（大小昭寺、布达拉宫等）、宫殿扮靓了整个青藏高原，显示了藏族同胞独有的大智慧。公元7 世纪为迎接文成公主而开始修建的布达拉宫，在海拔 3700 多米的拉萨依山而建，占地 41 万平方米，宫体主楼高 115 米，全部为石木结构，1300 多年过去了，依旧稳稳地屹立在那里。布达拉宫不仅是西藏政教合一的中心，也是藏族同胞的灵魂寄托之处。世世代代的藏族同胞，不远千里，三步一跪、五步一拜来到这里，从这里回去，心中就充溢了希望和温暖，家庭就更加和谐，社会就更加安定。正是一代又一代藏族同胞用朝圣这一古老的宗教形式，维持了西藏的稳定和发展。这些生活在世界最高海拔处的同胞，俯下身许下美好心愿的时候，其实是在俯视整个人类，同时又把自己的善良、真诚、热爱生活的一面展示给仰视着他们的人们。

五、李璮叛乱，既妄也蠢

李璮是金末红袄军首领李全、杨妙真夫妇的养子。李全先降于南宋，后转投蒙古，被授以山东淮南楚州行省，占据了以益都（今山东青州）为中心的鲁南及淮北部分地区。李全在攻击南宋时死去，李璮名正言顺地承袭了他的职务。李璮比李全控制的地盘更大，甚至还享有"煮盐涸海，铲铜夷山"的特权。

坐大之后，李璮利用益州是成吉思汗幼弟铁木哥斡赤斤食邑的关系，通过重金厚赂，与蒙古母地的一些王爷拉上关系，进一步发展了自己的势力。趁忽必烈北上亲征阿里不哥之机，李璮加紧修城储粮，招兵买马，把主力部队扩展到五六万人。

对于李璮的这些"小动作"，忽必烈有所闻，也有所防。他曾经与姚枢一道推演李璮叛乱的敌情，一致认为在上、中、下三种大策略中李璮最有可能采用下策。上策是趁忽必烈再次北征时出兵直指燕京，占据居庸关，惶骇人心；中策是与南宋勾结，频繁袭击元的边境，使元朝疲于奔救；下策是在济南起兵后据守山东，等待其他有反意的汉军加盟，这是坐以待毙之策。李璮平时心高气傲，在重大决策关头愚蠢之至，果然采用了下策。

他先献出3城给南宋讲和，在得到南宋的支持后，尽杀境内蒙古兵，很快攻占益都和济南，然后就以济南为大本营，打着反蒙归宋的旗号，传檄各路，等待其他诸侯加盟。

得知李璮叛乱，忽必烈立即向全国发布诏书，尽数李璮罪恶，揭露其两面派的嘴脸，很快赢得天下舆论的支持，从政治层面孤立了李璮。紧接着征调17路重兵前往山东围剿。为了确保胜利，同时任命了3名统帅，即宗王合必赤、右丞相史天泽、平章政事赵壁。

朝廷大军很快逼近济南。考虑到济南城坚兵足，史天泽下令在城外筑起环城，长期围困济南。这是元朝常用且最有效的战术，济南渐渐支撑不住，李璮军多次突围都被堵了回去。城内粮食终于吃尽，军队截断草房屋檐拌盐喂战马，百姓甚至以人为食。军心、民心都不支持李璮再战下去，不少将士和百姓偷偷溜出城外投降。

李璮此时才清醒过来，自己起兵叛乱不过是以卵击石。他下令解散军队，各奔出路。命令下达后，他先杀死自己的爱妾，再去投水自尽。没想到大明湖水浅，淹不死他，他成了元军的俘虏。

在审问李璮的时候，李璮采取"反咬"战术来应对。审讯官严忠范问他："你这是什么行为？"李璮回道："你每与我相约而叛，却又不来！"史天泽问他："元帝有甚亏于你？"李璮回道："你有文书约俺起兵，为何背叛我？"史天泽面红耳赤，下令先肢解李璮，再斩首悬挂在军门上。

史天泽不将李璮押至京城，擅自斩首李璮，以及李璮在"法庭"上的那些"反咬"言论，都引起了忽必烈的怀疑。他很伤心，自己从当宗王起，就待儒臣汉将不薄，他们怎么会串通起来谋反？思前想后，没想通，忽必烈只好下令调整对待儒臣汉将的政策。首先逮捕了李璮的岳父王文统，王文统时任中书省平章政事，政治地位很高，忽必烈拿他开刀，很快杀了王文统及其子王荛，还把王文统写给李璮的3封支持其反叛的密件拿给窦默、姚枢、王鹗、刘秉忠、张柔等一帮汉臣传阅。这是"示警"——"我待儒臣汉将如此之厚，你们居然始终心怀贰志，你们说，怎么办？"

曾为忽必烈立下大功的文臣武将，现在人人自危，纷纷使出浑身解数为自己辩护。连廉希宪也感受到了危险，当年刘秉忠推荐王文统时，自己也是投了赞成票的，还有商挺、赵良弼这些忽必烈的心腹之臣，也都是举手赞成的。此事几乎牵涉所有的重臣、汉将，忽必烈有点为难了，他很清楚，少数民族入主中原，肯定会有不少汉人不服这口气，身边这帮心腹中也肯定有人与李璮有过某种交易，如果一概打倒，严加追究，朝廷不仅无人可用，甚至会逼出更大的乱子，何况这些儒臣、汉将已经用讨平李璮的方式向朝廷宣示了忠诚。忽必烈想清楚后，下令不予深究。

但忽必烈的疑心并未完全解除，他利用这一契机，彻底调整对待儒臣汉将的大政策。忽必烈即位后，封了一大批汉人为汉世侯，这是为了笼络而设的，弊端的确也不少。现在为了消除动乱隐患，忽必烈采取了六大措施：第一是所有汉世侯军民分职，不能又管兵又管民。对这项政策，史天泽头一个拥护，一日之内令17个子侄解除了虎符及金银符。大批汉世侯跟进交权。第二是罢诸侯世袭，管民的官吏三年换一个地方。第三是将税权收归中央。第四是撤销汉世侯封邑。第五是易置将帅，使将不能与旧部有隶属关系。第六是设立监战万户，由蒙古族人担任，负责监督汉将的行为。

通过上述几招，汉世侯们变得更像是典型的官员了，根本没有机会和条件成为过去那样垄断一方的大军阀。中央集权加强了，李璮既狂妄又愚蠢的叛乱，反而给了忽必烈彻底改造危害中央的汉世侯制度的契机，国家的大一统局面越来越好。

李璮叛乱是逆潮流而动，他的野心使他看不清大势，其下场不值得同情。李璮事件很快就平息了，但忽必烈的心情久久不能平静，他的用人政策有了大幅转向，从一开始倚重汉人转为倚重蒙古族人和回人。

以阿合马为例。阿合马是花剌子模国的回人，早年投奔忽必烈皇后察必的父亲，后成为皇后斡耳朵下属侍臣。阿合马虽是奴隶出身，却非常聪明，最突出的一点是很能为忽必烈"捞钱"。忽必烈东征西讨，花钱如水，财政状况总是紧张。阿合马抓住这一点，绞尽心机地为忽必烈出主意从民间搜刮钱财，充实国库。神奇的是，阿合马的每一个"捞钱"的点子都能见到成效，因此他得到忽必烈与日俱增的宠信，先后被授以上都同知、领中书左右部、都转运使、中书平章政事等职位，乃至宠到了"援以政柄，言无不从"的地步。这种状况居然持续了 20 多年，忽必烈为了让阿合马专权，甚至两度撤销尚书省，一切朝廷要务，都让阿合马说了算。这很像唐玄宗晚年宠杨国忠，明知杨国忠劣迹斑斑，却放手让杨国忠独断朝纲，其中的玄妙就是他能捞钱。

阿合马捞钱的手段比杨国忠高明：第一，让官府垄断百姓生活的必需品，如开矿、冶铁、制药材、制农具等，都只能官办民买。价是政府定的，利润很大。第二，增收各类商税，仅解州（今山西运城解州镇）的盐课税就增加了三分之二。第三，重新登记户口，大量发行无本纸币等。这些以牺牲民生为前提的政策，一推行就引起了反对，但忽必烈支持阿合马，他不再倚重儒臣汉将了，因为那班人政治上不可靠不说，还不会与民争利，不能为他捞钱。

阿合马利用为朝廷增收的机会，放肆地中饱私囊，仅"次妻"就娶了 400 多位，而且恃宠大肆迫害汉臣，连太子真金及皇后察必也受到他的威逼。民愤太大了，阿合马最终被一帮大臣杀死。忽必烈最终认清了阿合马的真面目，下令对阿合马掘墓暴尸。

蒙古家奴也不可靠，忽必烈又提拔汉人卢世荣理财。卢世荣是江西专管茶业税收及生产的官员，口气比阿合马还大，说阿合马一年只为朝廷课钞 93 万余锭，他可以增至 300 万锭。卢世荣吹下海口后，果然采取了许多新政为朝廷增收，但只搞了几个月就搞不下去了，还把自己的脑袋也赔了进去。

卢世荣被斩首后，忽必烈把畏兀儿人桑哥提拔到以往阿合马的位置上，让桑哥继续为朝廷捞钱。朝廷太需要钱了，一系列征讨正在排队等着用钱……

六、人不厌多，地不厌广

元朝完全统一中国之后，不算四大汗国，仅中国的人口已达 1.4 亿，国土面积达 1300 多万平方公里。泱泱大国，在世界上首屈一指。但忽必烈仍旧时有冲动，祖父成吉思汗的话语常在他的耳边回响："世界足够大，尽可能去占有吧！"往哪儿去占呢？环顾四周，中亚、西亚已是四大汗国的领地，只有东亚、南亚尚在元朝的版图之外。忽必烈思虑再三，决定向海外拓展，随即作出部署，先征服日本。

忽必烈年轻时起就在一班汉臣的辅导下学习中国历史，知道日本的国名是唐朝赐予的，日本的文化也大多是从中国引进的，当年日本对唐朝可恭敬了，怎么元朝成立后，日本居然不为所动，一点也不当回事呢？非但如此，日本还数次扣押元朝派往日本招降的使者，根本不听招降这一套。忽必烈很恼火，在平南宋的战争还在激烈进行时，就下令向日本发起进攻。

日本离中国天高地远，四周又都是海洋，忽必烈心中没底，他下令先小规模进攻。至元十一年（公元 1274 年）十月，一支 3 万多人的元朝军队，在元将忻都和高丽将军洪茶丘、汉人刘复亨的率领下，乘 900 艘战船，向日本占据的对马、一岐两岛发起攻击。日本俊宇多天皇亲率 10 万日军迎战。元军用火炮击败日军，日军倚仗兵力优势顽强防守，元军无法深入，只得主动撤回。

试了一下，兵力太少是不行的。至元十八年（公元 1281 年），忽必烈下令 10 万水军再征日本。这一次的统帅是南宋降将范文虎。范文虎是个腐败透顶的将领，由他统兵 10 万，这不是拿 10 万将士的生命当儿戏吗？

东征日本的元军分为两路，一路仍以忻都、洪茶丘统兵从高丽出发，一路由阿塔海、范文虎率领从宁波出发，约好当年七月会合于日本的鹰岛、平户岛一带。令人不解的是，七月会合之后，10 万大军居然在此滞留 1 个月而不做任何攻击。等到八月一日，海面突发飓风，战船大多被海浪卷起，互相撞击而沉没，"舟坏且尽，军士号呼溺死海中如麻"。范文虎等将领幸存下来后，立即弃军逃跑。留在岛上的元军失去统帅，很快被大举反攻的日军击败，元军大多战死或被杀害，幸存的近 3 万人被掳为奴。

上万艘战船及数万元军士兵葬身大海和荒岛，除了因为统帅无能之外，飓风帮了日本的忙，日本上下自此非常崇拜飓风，乃至 600 多年后的"二战"中，日本的许多战机攻击队被冠以"神风"之名。

失望之余，忽必烈下诏从此罢征日本，他把目标又对准在他即位之初已经宣布向元朝纳贡称臣的藩属国安南。

既然安南已称臣，为何还要南征？因为安南国王陈日烜等上层人物不愿全盘接受忽必烈的控制，例如送子弟入朝做人质、接受户口普查、出军役、输纳赋税、置达鲁花赤等。矛盾由此产生，双方逐渐结怨。至元二十一年（公元1284年），元朝向安南借道进攻占城（今越南中南部），安南国王不批准，并和元军打起来。元军迅速击败安南军，并占领安南京城升龙（今越南河内）。不久，由于暴雨和疾病的原因，元军北撤，在回撤时遇安南军伏击，元军遭受重大损失。

至元二十四年（公元1287年），忽必烈下令再征安南。开头还算顺利，将陈日烜赶入大海。不久，元军粮饷缺乏，军中又遇疾病流行，不得不再次回撤。安南军又趁机据险阻扼，再次造成元军重大损失。

安南国王陈日烜害怕再遭元军打击，在元军回撤后立即派使者贡献金人向忽必烈谢罪。

忽必烈在位时的对外扩张不仅限于日本、越南，触角也伸到缅甸和印度尼西亚等地。至元十四年（公元1277年），缅甸蒲甘王朝企图向北拓展，不时进犯元朝边境。忽必烈曾派出专使劝降蒲甘王朝，蒲甘王朝以杀元使作为回答，这更激怒了忽必烈。至元二十年（公元1283年），元军大举攻入缅甸境内，击杀万余缅军。蒲甘国王那罗梯诃波帝仍然坚持抵抗，直到至元二十二年（公元1285年）蒲甘城破，他才在绝望中投降。元军顺势驻扎缅境。至元二十四年（公元1287年）缅甸内乱，国王被其庶子杀死。元军再次出兵进攻，占领缅甸都城蒲甘，蒲甘王朝灭亡，缅甸分裂成若干小邦。缅甸王子在混乱中袭王位，正式向元朝称臣纳贡，缅甸成为元朝的藩属国。继缅甸之后，暹国（今泰国）也遣使入朝称臣，成为元朝的附属之邦。

至元二十八年（公元1291年），忽必烈接受海船副万户杨祥之请，拟出兵征讨琉球（今台湾）。正在进行准备时，忽必烈改变主意，下令暂停出兵。原因是大海深不可测，担心又遭"神风"阻拦，改为派使者前往琉球进行招抚活动。

13世纪时，在今印度尼西亚境内立国的爪哇是南海诸岛国中的强国。爪哇又称阇婆，宋朝时就曾与中国有往来。元朝立国初期，忽必烈便与爪哇经常互派使节，保持友好。但后来爪哇王却将元使进行黥面侮辱。

忽必烈得知后下令征讨。至元二十九年（公元1292年），2万多元朝海军乘5000艘战船从泉州出海，随身带足一年的口粮。忽必烈是准备在拿下爪哇国后长久在此驻军，以震慑和招降其他岛国。当时，爪哇国与邻国葛郎关系不好，爪哇国王为葛郎国王所杀，爪哇国王女婿土罕必舍耶攻打葛郎国失败，希望元军帮助他。元军帮助土罕必舍耶打败葛郎后，他要求回国，表示要更换正式降表和准备向元朝入贡的珍品。元军将领同意，并派万户担只不丁和甘州不花带兵护送。途中，土罕必舍耶反叛元朝，杀害护送他的元军将领，并率部进攻元军。元军战败，返回。

以上几次并不成功的海外征讨，都是以高丽为主要基地之一而启动的。从中可以看出，元朝对高丽的统治是非常成功的，这主要得益于高丽世子王倎与忽必烈的缘分。

从窝阔台时期开始，蒙古军队就几次进占高丽，并在当地驻军，迫使高丽王臣服并送子弟入质。公元1259年，王倎奉旨赴四川前线朝见蒙哥可汗，走到中途传来蒙哥可汗的死讯，王倎很有政治远见，立即改道向东去鄂州觐见宗王忽必烈。忽必烈闻讯，立即放下鄂州军务迎接王倎。两人相见于汴梁，谈得非常投机，王倎又随同忽必烈赶往开平。到达开平后，忽必烈宣布继任可汗大位，王倎就一直留在忽必烈身边。这期间，王倎的父亲高丽王逝世，忽必烈立即决定派兵护送王倎回高丽继任王位，不久就正式下诏册封王倎为高丽王，授予虎符和国王印玺。王倎继位后的第二年入朝致谢，改名王禃，并在高丽境内同时使用元朝和本国两种纪年。忽必烈东征日本时，王禃造战船千艘予以支援。

王禃能力一般，坐了几年王位后，权臣林衍搞了政变，废黜王禃。忽必烈以高压手段迫使林衍恢复了王禃的王位，还把皇女下嫁给王禃的儿子王愖。这是一桩具有重大意义的政治婚姻，使高丽与元朝的关系更加牢靠。至元六年（公元1269年），高丽西北面兵马使营记官崔坦、三和校尉李延龄等杀了西京（今朝鲜平壤）留守官，将西部60座城完整归附元朝。忽必烈把西京改为东宁府，划归辽阳行省管辖。

元朝的人口不可谓不多，国土不可谓不广，可仍然不远万里地东征西讨。一次次的对外征讨、一次次的失败，大大地损耗了元朝的国力、财力，朝廷只得一年年加重对内的搜敛，各种矛盾越积越多，尤其是在草原母地，不同形式、不同规模的叛乱此起彼伏，绵延几十年不断。

七、草原美，王爷难对付

风吹草低，万顷绿波，草原美。但自从忽必烈即汗位以后，草原的美时常被各类王爷的叛乱所蒙蔽、糟蹋。

先是窝阔台的嫡孙海都叛乱，主要理由是不满汗位从窝阔台系转移至拖雷系。他以分封之地海押立（今哈萨克斯坦塔尔迪-库尔干州境内）为大本营，凭两三千兵力就向蒙哥可汗叫板。蒙哥死后，海都立即站到阿里不哥一方，通过各种手段把窝阔台系和术赤系、察合台系的王爷们团结在自己的周围，毫不妥协地与忽必烈展开较量。

忽必烈首先派出察合台系的王爷八剌前去平叛，八剌兵败之后反而加入了海都阵营，与海都及立足于西域的诸王爷一道瓜分了河中地区，使海都在无形中成为西北诸王爷的领袖。

海都得到西北诸王爷的支持后，不仅不接受忽必烈多次派使者前来传达的怀柔政策，反而派使者入燕京，当面质问忽必烈：为何违反蒙古祖制，遵用汉法，重用汉臣？忽必烈非常恼火，本想以重兵围剿，但又担心内乱扩大，不想与本家族成员们作战，故隐忍不发，只是加强了漠北和林、西北别失八里（今新疆吉木萨尔境内）等地的防务，并派出王子那木罕率重兵占据阿力麻里（今新疆霍城永定镇西北），建立起防范海都的统帅部。

就在忽必烈调兵遣将防范海都等西北诸王时，拖雷系的部分王爷，如蒙哥的儿子昔里吉、阿里不哥的儿子玉木忽儿等也相约反叛。

昔里吉本是奉命与那木罕一道驻守阿力麻里的，他一反叛，首先逮捕了那木罕及丞相安童，并将他们送至海都大帐。接着几个叛王就合兵向漠北进军，放肆抢掠，把成吉思汗所御大帐都抢了过去。

局面已非常危险且复杂，海都自己退居二线，把拖雷系的王爷们（都是忽必烈的亲侄儿）推向反忽必烈的一线战场。忽必烈既愤怒又痛心，他四处调集重兵，连高丽将军洪茶丘也带兵来了。

忽必烈接受了以往平叛时蒙古军因对手是亲族而往往作战不力的教训，此次平叛重用汉军，并让最负盛名的蒙古军主帅伯颜和著名的女真族将领刘国杰一道指挥平叛。

伯颜和刘国杰分别率领绝对优势兵力向叛军进攻，刘国杰一度攻抵昔里吉的大本营。面对朝廷大军的攻势，叛军内部开始分裂，昔里吉等宗王支撑不住，先后向忽必烈投降。阿里不哥的儿子投奔海都。海都非常兴奋，以拖雷系打拖雷系，尽管大功未成，但已在草原上刮起一股邪恶之风，给全体蒙古人心中投下阴影：忽必烈可汗值得信任吗？

忽必烈内心极度痛苦，这些叛乱发生在统一中国 16 年之后，领头叛乱者全是自己的至亲，难道真是自己错了？自己真的违反了祖宗之制？以后的路该怎么走？一场噩梦啊！忽必烈长叹一声，下令将昔里吉等宗王迁居南方海岛禁闭，终身不得走出海岛。他还是不忍心说出"杀"字。

昔里吉叛乱只是草原上更大叛乱的序幕。至元二十四年（公元 1287 年），东道诸王又以乃颜为首发起了更大规模的叛乱。乃颜是成吉思汗幼弟帖木哥·斡赤斤的玄孙、塔察儿之孙。本来塔察儿曾以东道诸王之长率先拥戴忽必烈为汗，但忽必烈推行以汉法治汉，引起东道诸王不满，叛乱随之而来。

乃颜的意图是先占有辽东，而后在海都等西部王爷的配合下攻入漠北重镇和林。为了粉碎乃颜的阴谋，已是 72 岁高龄又正在生病的忽必烈毅然决定亲征。他临行前发誓，如果不能击败乃颜，他不再戴这顶皇冠。

与乃颜的战斗异常激烈，叛军集中兵力攻击忽必烈乘坐的象舆，差点将忽必烈俘虏。乃颜最终战败，忽必烈下令将他捆紧后裹进毡毯，按蒙古族的"家法"将乃颜反复拖曳抛甩直到震死。忽必烈这回狠了心，他想杀一儆百。

但草原上这批骄横惯了的王爷没几个怕死的，至元二十六年（公元 1289 年），海都、玉木忽儿等宗王又在漠北联兵作乱，迅速攻占了和林。皇子那木罕仓促撤出和林，部分将领怯阵，向海都投降。形势非常危险，元朝政府军有可能被围歼。军情传至燕京，74 岁高龄的忽必烈不听任何人劝谏，重披战袍，再次亲征。

忽必烈亲征的消息传遍草原，海都不敢硬碰，先行撤出和林。由于保存了主力，往后的若干年里，海都依旧不时发动叛乱。

草原上的这帮王爷真是害苦了忽必烈。为了保持国家的统一，忽必烈始终得提防来自草原母地和中原内地的威胁。蒙汉两种文化、两种势力在他那里交汇，他既想长久地赢得汉人之心，又想得到母地同族的理解。忽必烈治国、治军的外部环境之复杂、难度之大超过任何一届中原王朝。且不说西域四大汗国给他的压力，仅治理好中原及蒙古母地，其难度就前所未有。多亏他具有大国领袖的综合素质和胸怀，才能一次又一次地带领国家走出危机，强力维持住几十个民族共生存的大局面。

一直在"蒙汉杂糅"这根"二元文化结构的钢丝"上"跳舞"的大可汗忽必烈，跳到至元三十一年（公元 1294 年）时终于跳不动了，他把班交给了孙子铁穆耳。铁穆耳是太子真金的儿子，真金于公元 1285 年在阿合马设计的一场阴谋中忧悸而逝。这个班交得稍显仓促，没有正式发布诏书和授予玉册，甚至在宣布的前一刻，铁穆耳和他母亲都还蒙在鼓里。更令人难以理解的是，选定铁穆耳后又没有立即把他从漠北前线召回。一世英明的忽必烈在这一重大问题上的轻率令人感到遗憾，多亏他选对了辅佐之臣伯颜，靠着伯颜的威望和实力，政权才平安完成交接。

八、权臣作恶，帝位多变

79 岁高龄的忽必烈在执掌元朝 34 年后去世，尽管身前已指定皇孙铁穆耳继位，但按照蒙古族的传统，仍须经贵族大会（忽里台大会）讨论决定。这期间变数较多，因为忽必烈还有若干皇子在世，按规矩还轮不到铁穆耳继位。贵族大会在上都开平开了 4 个月也没有结果，众人拿不定主意究竟是立真金的长子甘麻剌还是第三子铁穆耳。此时真金的王妃想了个办法，让这两位皇孙当众诵读和讲解成吉思汗制定的"法律训令"，谁讲得好，谁就接班。

成吉思汗的"法律训令"只有几十条，简洁、生动。例如，禁止拾遗；禁止打马的脸；宰杀牲畜时如发现牲畜流泪，应立即放生等。铁穆耳口才好，讲解既准确又感人。甘麻剌平时有轻微的口吃，再一紧张，效果大不如铁穆耳。两人讲解完毕，辅政大臣伯颜跨前一步，双手按剑，声色俱厉地说道："按祖宗遗命，立铁穆耳为大可汗。"群臣股栗，立即趋殿下拜，拥戴铁穆耳，是为元成宗。

伯颜是平宋、平漠北的大功臣，一言定邦，但也开了个不好的头儿，往后的几届帝王，基本上都是权臣们策划、定夺的，朝纲日趋混乱。

元成宗铁穆耳算得上一位合格的守成之君，在他执政的 13 年里，元朝彻底平定了海都、都哇之乱，对诸王的权力开始限制，国家大一统局面相对稳定。元成宗不好征伐，但也曾南征缅甸，平西南夷金齿诸国。元成宗还特别留心人民的疾苦，舍得开仓济灾。受祖父尊儒的影响，元成宗追封孔子为"大成至圣文宣王"。更得人心的举措是大力惩治贪官污吏，先后处理了 1 万多人。元朝的衙门编制甚少，一般的州、府里只有十几个官员，所以说这是个大数字。

元成宗在位后期多病，去世的两年前立了儿子德寿为太子，但几个月后太子就去世。大德十一年（公元 1307 年），元成宗在大都逝世。元成宗无子，卜鲁罕皇后摄政，密谋立安西王阿难答为帝。阿难答是元成宗的堂弟，皇后之所以热衷于他，主要是因为阿难答同意在继位后让皇后掌实权。然而，按中原王朝的传统，朝中多数大臣认为应立真金的孙子海山或爱育黎拔力八达。他们是兄弟，目前都驻守外地。右丞相哈剌哈孙在一班汉臣的支持下暗中遣使，首先迎来爱育黎拔力八达，然后设计在宫中擒杀了阿难答及其同伙。掌控了朝廷之后，爱育黎拔力八达立即遣使从漠北迎来了其兄海山。海山在朝中很有威望，海都的叛乱就是在他手上终结的。于是，海山登上帝位，是为元武宗。元武宗重兄弟情义，继位后马上立爱育黎拔力八达为皇太弟。元武宗的帝位由大臣策定，元王朝自此长期蒙上嗣统纠纷的阴影。

元武宗意外登上帝位，兴奋而感动，即位后打开国库大肆颁赏。没想到国库并不厚实，文臣武将刚领了一部分，府库便已空虚，然而请赏者络绎不绝，怎么办？只能想法创收。于是，元武宗改变"中央银行"的发钞法，大量印制纸币，立时引起货币泛滥，面额一贯的"中统"钞只抵现在"至大"银钞一两的二十五分之一。

元武宗是想有所作为的，增设了尚书省，实行了一些比较开放、有效的经济改革。但武将出身的元武宗缺乏治国经验，加上好酒好色，在位仅 4 年就去世，年仅 30 岁。皇太弟爱育黎拔力八达继位，是为元仁宗。

元武宗、元仁宗的老师都是一代大儒李孟，元仁宗的儒家情绪比元武宗又深一些，继位后尊儒、兴学、重用汉臣。如对赵孟頫，从不直呼他的名字，一有大事，往往密旨召见。有些大臣嫉妒，到元仁宗处打小报告，说国史馆的帝王秘档不准汉臣参阅，但赵孟頫却经常不守这一规定，应该治他的罪。元仁宗听后很不高兴，叱责这些大臣啰嗦，说赵孟頫有元世祖（忽必烈）授予的特权，为的是方便写作。

元仁宗决心大力推行儒学，用儒学改造那些守旧的蒙古族大臣。他下令，用蒙古文翻译《孝经》《贞观政要》等儒家经典，作为教材发到大臣们手上。最令国人兴奋的是他听从李孟的建议，恢复科举制度（对蒙古人与汉人、南人分别出题考试），在全国范围内选拔人才。

元仁宗算得上元朝后期一位有作为的领袖人物，他的问题出在对母后答己过于顺从，以致与太后保有特殊关系的丞相铁木迭儿长期搅乱朝纲。另一个问题是，他没有信守在去世后将帝位传给海山儿子的承诺，使朝政处于危险之中。

元仁宗不好色，但好酒，也许是酗酒的缘故，只活了35岁就去世。太子硕德八剌继位，是为元英宗。大权此时掌握在太后答己和权臣铁木迭儿手中。铁木迭儿利用这个机会，大杀异己，搞得朝廷上人人自危。铁木迭儿还说动了太后，准备废掉元英宗。元英宗机敏，先下手捕杀了铁木迭儿的一班死党，铁木迭儿因为太后的保护才幸免于难。

元英宗年轻气盛，性格刚烈，在夺得了决策权之后立即大力整饬纲纪，惩治了一批官员，同时精简机构、节制财用、推行汉法、刷新政治。这一连串动作刺激了一些心怀不轨的人，至治三年（公元1323年）八月，铁木迭儿的义子——御史大夫铁夫串通一些王爷，在上都西南30里的南坡店发动政变，刺杀了在位仅3年的元英宗。

铁夫等人杀了元英宗后，迎来镇守北疆的晋王也孙铁木尔为帝，史称泰定帝。也孙铁木尔有才干、城府深，即位后不久便杀了铁夫及其同党。他本想有番作为，没想到在位仅5年便病逝了。泰定帝去世后，8岁的儿子阿速吉八继位。他当时跟随泰定帝在上都开平休假，继位后即决定返回大都。此时，留守大都的权臣燕铁木尔发动政变，并遣使前往江陵迎接元武宗次子——怀王图帖睦尔入京。

图帖睦尔很高兴，这是捡便宜的事，他立即答应了。元武宗旧臣、执河南行省军政大权的伯颜（此伯颜非建国初的著名将领伯颜，即蔑儿乞伯颜）亲自率兵护送怀王，日夜兼程赶往大都。消息传至上都，丞相倒剌沙立即令梁王王禅发兵攻向大都。元朝历史上著名的"两都之战"拉开大幕。

两都之战演变成中国北方内战，过程惨烈，结果是上都失败。图帖睦尔继皇帝位，是为元文宗。燕铁木尔功劳最大，元文宗把军、政、监察大权悉数交由他掌控，自己则做个甩手皇帝。继位几个月后，元文宗又下令迎接尚在察合台汗国避难的长兄和世瓎，要把帝位让给他。天历二年（公元1329年），和世瓎到达和林，宣布即皇帝位，是为元明宗，并册立图帖睦尔为"皇太子"。

图帖睦尔从大都启程前往漠北迎接元明宗回大都。两兄弟在王忽察都（即晃忽叉，今河北张北北）相逢，当天由元明宗设宴，庆贺兄弟相见。奇怪的是，宴会3天后，元明宗突然暴死于大帐之中（后世有说是燕铁木儿下毒，而图帖睦尔知情），于是图帖睦尔复帝位。

元文宗自此更加倚重燕铁木儿，特别诏告天下，一切中书政务悉听右丞相燕铁木儿裁夺。燕铁木儿一手遮天，大肆贪污公产，广占民田，先后娶了40多个宗室女为妻，吃顿饭要宰13匹马。

元文宗第二次在位仅3年就病逝，在位期间基本无政绩可言，但他的汉文化情结不一般，除了会写律诗，书法也不错，尤其尊崇孔子，加封孔子父母及后世名儒。他的这些举动给汉人带来了希望，可惜在位时间太短。元文宗去世前立下遗嘱，燕铁木儿据此立了年仅6岁的元明宗次子懿璘质班为帝，是为元宁宗。小宁宗在位仅53天就病逝了。

帝位变换令人目不暇接，朝廷再立元明宗长子——13岁的妥欢帖睦尔为帝，是为元惠宗。巧在燕铁木儿此时去世，不然，元惠宗恐怕也长命不了。

元惠宗年龄虽小却很有智慧，燕铁木儿去上都奉迎他时，他出奇地低调，与燕铁木儿并马而行时，伪装成战战兢兢、大气不敢出的样子。燕铁木儿以为能把握得住元惠宗，就把女儿嫁给他为妃。殊不知少年元惠宗只不过深谙韬晦之道，等到燕铁木儿一死，他就开始清算行动。他先把军政大权一并委付给右丞相蔑儿乞伯颜，故意冷落燕铁木儿的儿子——左丞相唐其势。激起唐其势的愤怒之后，他暗中支持蔑儿乞伯颜捕捉唐其势一党，杀了一批王爷和大臣。抓捕过程中，皇后的弟弟塔剌海躲到皇后座椅下，被蔑儿乞伯颜揪出后就地砍头，血溅后衣。皇后也因庇护其兄弟而被赶出皇宫毒死。

蔑儿乞伯颜的权势人见人怕，元惠宗也感到惶恐不安，他又利用蔑儿乞伯颜的侄儿脱脱来制约蔑儿乞伯颜。脱脱掌管宫廷卫兵，本来是蔑儿乞伯颜派来监视元惠宗的，结果蔑儿乞伯颜自己反被脱脱所害。脱脱和元惠宗的心腹世杰班筹合谋，趁蔑儿乞伯颜出猎柳林，将其罢官，然后外放。蔑儿乞伯颜死于外放途中。之后，元惠宗重用脱脱。为了显示自己会有所作为，他改年号为"至正"。

脱脱虽为武将，却文武兼备。他担任右丞相后，尽行废除蔑儿乞伯颜旧政，实行一系列革新，史称"脱脱更化"。例如，整顿吏治、恢复科举、发展农业、变更钞法等。其中最值得一提的是治理水患。元朝中晚期，黄河连年决堤，经济受损，民众遭灾，朝廷虽一再下大气力整治也不见成效。脱脱执政后，一方面集中财力救济灾民，一方面采用疏塞并举之法，使黄河恢复故道，顺畅地经淮水入海。

然而，纵使脱脱有再大的能力和智慧，也难挽元朝总体之颓势。在忽必烈之后的 40 多年时间里，先后换了 12 位皇帝。上层动荡，权臣一波又一波地作乱，给国家和人民造成极大的伤害。加上连续不断的自然灾害（主要是水灾，还有瘟疫），广大民众长年生活在水深火热之中，即使有天大的忍耐力，也实在忍不下去了。各种规模的民变此起彼伏，曾经威猛无比的元王朝无力应对。想有一番作为的元惠宗也只得沮丧地看着局势一天天恶化，无法多做什么。能做点什么呢？任何一个王朝，只要激怒了广大民众，等待它的只有两个字：灭亡！

九、苦难愈深，反抗愈烈

对国民实行分等级管理，给汉族人为地制造了许多苦难。从忽必烈时代起，汉族的怨愤一直在积累，到了元朝中后期，土地大量集中到少数特权阶层手中，无数农民成为无田可种的流民。有田土的农民处境也十分艰难，"老天爷"连降各种自然灾害，有近 40 个冬天异常寒冷，条件好点儿的民众能挨过严冬，条件差的就活活冻死。一到夏季，气候更是反常，黄河流域一会儿旱灾，赤地千里；一会儿水灾，遍地汪洋。600 多公里的地段上，所有村庄全被冲毁，上百万民众无处就食。河滩、山崖边白骨累累，饥饿逼迫民众互相袭击，以人肉果腹。苦难不仅发生在北方，最富有的江浙一带也是饥民遍地。苦难如此深重，不少州、县的达鲁花赤依然下令抽丁征税。

忍无可忍，各地反元起义终于酿成大乱，民众不分民族，将矛头一致对准朝廷。在南方，广西瑶民攻陷道州（今湖南永州市道县）；广东增城百姓朱光卿起义之后建立了大金国；浙江人方国珍聚众海上袭击元军；江西人彭莹玉利用白莲教拉起了5000余人的队伍；四川、云南、福建的部分民众也走上武装抗元之路。在北方，有陈州棒胡起义、辽阳吾者野人起义、山东郭火你赤起义，就连吐蕃地区也有民众公开反元。在数百处起义中，声势较大的是刘福通领导的红巾军。

刘福通是颍州（今安徽阜阳）人，与自称宋徽宗八世孙的韩山童一道利用白莲教组织民众，每人头裹红巾，在长江上下、大河南北展开武装斗争。至正十一年（公元1351年），元朝征调17万民工整治河道，家被大水冲毁、工程完工后无家可归的苦难民工，没有得到朝廷的任何安置，成了真正的无产者，陷入绝境。刘福通、韩山童抓住这一机会，策动民工造反。满腹怨恨的民工立即响应，头裹红巾，揭竿而起。

加上原先白莲教的兵力，刘福通一下拥有了几十万人的武装力量，迅速攻占了亳州、项城（今河南项城）等地。元军被红巾军的气势压倒，战斗还未打响，就纷纷喊叫："阿卜！阿卜！（快跑！快跑！）"

在红巾军的影响下，全国的反元运动形成高潮，各地民众纷纷走上战场，与元军展开厮杀。萧县人李二（号"芝麻李"）攻陷徐州。蕲州罗田人徐寿辉、濠州郭子兴攻城拔寨，徐寿辉还建立起"天完帝国"，以长江中下游为基地，向江南发起进攻。刘福通的进展更是顺利，先后攻占汝宁（今河南汝南）、息州（今河南息县）、光州（今河南省潢川），拥立韩山童（此时韩山童已被元军杀害）之子韩林儿为帝，称为小明王，把整个中原控制在新生的韩宋政权之手。

刘福通是个很有谋略的起义军领袖，他曾把一个背上刻了"石人一只眼，挑动黄河天下反"的石人事先埋在黄河故道的黄陵岗边，等治河民工挖出这个石人后他再深入民工中宣传鼓动，一下就把17万民工的怒火点燃。他还利用给安徽阜阳的民众送月饼的机会，事先在月饼中夹带字条，上面写着："八月十五日杀鞑子。"收到月饼的人家立即开始准备，就在八月十五日当晚冲向"甲主"（蒙古族人担任的基层管理员）家，用菜刀、棍棒击杀了所有的"甲主"及其族人。

红巾军的战果极大地震慑了朝廷，屡次镇压差不多都以失败告终。为了战胜红巾军，元惠宗下令诸省合攻，不惜一切出击。在全力镇压起义军的同时，朝廷也加强了对汉臣们的控制，明确规定：凡议军事，汉人官员一律回避。元惠宗错误地估计了大势，不是朝廷里的汉臣在暗助起义军，正是朝廷的黑暗和腐败造成了今天的局面。至正十七年（公元1357年），红巾军在山东战场大捷，攻占济南后连取若干州、县，部分红巾军逼近离元大都只有50公里的柳林。元惠宗惊慌失措，下令准备迁都。得此信息，刘福通决定大举北伐。东路以柳林为出发阵地进攻元大都；中路绕道山西进攻河北，策应东路攻大都；西路进军陕西，剑指关中；他本人则率大军扑向汴京。

西路军很快夺取潼关（今陕西渭南潼关县北），连克陕州（今河南三门峡西）、虢州（今河南灵宝），控制了崤函险道之后前锋直抵灞上（今陕西西安东），长安（今陕西西安）近在眼前。中路军入太行，取陵川（今山西陵川）等一系列州、县，直抵河东重镇冀宁路（今山西太原）。刘福通本人更是勇猛直前，北伐当年就攻占汴京。遂以汴京为韩宋政权的京城，把韩林儿迎来居住。此时的红巾军兵强马壮，势力达到鼎盛。

比攻占汴京更震撼元朝廷的是红巾军中路军从晋北出发，占领大同、兴和（今内蒙古兴和）之后顺利攻克元上都开平，焚毁了上都宫阙。接着又占领了全宁路（今内蒙古赤峰市翁牛特旗）、辽阳路（今辽宁辽阳），以此为出发阵地，向高丽进攻。中路军真是一支敢死队，前锋很快渡过鸭绿江，且攻占义州（今辽宁义县）、西京（今朝鲜平壤）等地，高丽王只得投降。

胜利来得容易，危机与转折也来得快。东路军从柳林出发进攻大都，遭到元军的顽强阻击，不得不退回济南。退兵不久后发生内讧，东路军战斗力大降，元军统帅察罕帖木儿趁机夺回山东部分州县。中路军攻占高丽后，将士们开始贪图享受。已宣布投降的高丽军发起反攻，大败红巾军。红巾军大部分战死，余众不足万人，逃回山东后又惨遭元军杀害。西路军攻至离长安一箭之地后，也遭受元军统帅察罕帖木儿的重兵打击而失去战斗力。

元朝廷现在喘过气来，立即调动多路兵力扑向汴京。汴京孤立无援，刘福通带着韩林儿拼出一条血路逃回安丰（今安徽寿县安丰镇）。元军进攻安丰，城内的数万红巾军及其家属被元军俘虏，刘福通战死。威镇神州、差一点灭了元王朝的红巾军再无生机。

就在刘福通大举北伐的同时，其他地方的起义军也在与元军展开殊死搏斗。芝麻李在徐州与脱脱率领的元军死战，败后元军擒杀芝麻李并屠城。徐州之战后，元军又把矛头指向徐寿辉率领的红巾军，并攻占了徐寿辉的"都城"蕲水（今湖北浠水）。徐寿辉率残部逃入沔阳湖中，手下大将彭莹玉也在江西兵败被杀。

元军还来不及休整，泰州白驹场（今江苏东台）人、以贩盐为生计的张士诚起兵进攻淮安等军事重镇。朝廷在震惊之余，组织了百万大军围剿，很快就包围了张士诚的"都城"高邮（今江苏高邮）。元军即将攻城之际，宣政院使哈麻等人突然弹劾正在高邮前线指挥作战的脱脱，元惠宗轻信哈麻之言，下令削夺脱脱的兵权和官爵。此令一出，高邮元军顿时大乱，"大军百万，一时四散"。这是一次致命的内乱，元王朝从此再无力，也无机会组织起如此之多的兵力镇压起义军了，它的元气已经被刘福通等反元力量消耗殆尽，而此时，朱元璋的起义军还没有完全出手。

十、布局天下，匠心独运

就在元朝廷全力应对刘福通之际，朱元璋的起义军悄悄崛起，冷不防给了元朝致命一击。

朱元璋于刘福通起义后的第二年参加定远（今安徽定远）土豪郭子兴的义军。郭子兴这一路属于刘福通、韩林儿的红巾军。因此可以说，朱元璋也是刘福通的部下。

和众多的起义军将士一样，朱元璋是被极度的贫困逼上造反之路的。至正四年（公元 1344 年），他的家乡濠州钟离（今安徽凤阳）先后遭受旱灾和瘟疫，半月之内父母和大哥相继去世。由于他家是佃农，上无片瓦，下无立锥之地，亲人去世后买不起棺材，只用了些旧衣服包裹便埋在邻居家的坟地里。17 岁的朱元璋无所依凭，听说出家当和尚有粥喝，便到附近的皇觉寺当了和尚。但寺里的粮食也不多，当了几十天和尚后，他出门云游，化缘度日。

讨了三年饭、饱尝人间苦楚后，25岁的朱元璋毅然投身革命，参加了郭子兴的红巾军。由于作战勇敢，又读过两年私塾，有点文化，朱元璋受到郭子兴的赏识，不仅被提拔为中级军官，还娶了郭子兴的养女马氏。朱元璋信心大增，立即回到家乡招募乡勇，收编地方武装，并着手培养一批日后冲锋陷阵的杰出将领，如徐达、汤和等。

队伍逐渐壮大后，他向郭子兴提出自领一军的要求。郭子兴很爽快地允许，又把他升为镇抚、总管。朱元璋以这支故乡兵为主，东征西讨，无往不胜。至正十五年（公元1355年），朱元璋攻克和州（今安徽和县），声威大振，郭子兴立即任命他为总兵官。不久，郭子兴病逝，朱元璋成了这支起义军的实际领袖。

可以毫无顾忌地领兵之后，朱元璋以和州为基地向四周扩展。当年五月，巢湖地区一支拥有千艘战船的地方武装归附了朱元璋。有了水军，朱元璋决定打过长江去，迅速攻占了采石（今安徽马鞍山西南）、太平（今安徽当涂）。稍为休整后，攻占集庆路（今江苏南京），改名为应天府。接着又攻陷镇江、宁国（今安徽宣城）、池州、徽州、扬州等地。

朱元璋坐拥六朝故都应天府，成为雄踞一方的枭雄，被部下奉为吴国公。他开始运筹帷幄，布局天下，图谋王业。当时的大势是：元军已经被北边的红巾军刘福通部打得近乎崩溃，根本没有能力顾及应天府。西面的红巾军徐寿辉、陈友谅部正在长江中游打击元军，无形中为朱元璋筑起了一道长江防线。东面的义军首领张士诚尽管几次收到元朝廷的招安书，但目前尚未投降，还不至于产生威胁。总之，大势对朱元璋有利，他决定先固守东西两线，重兵出击东南，尽可能多地抢夺一些地盘。元朝在东南方防卫薄弱，朱元璋军稍一发力就占领了许多州、县，皖南、浙东的大片地区轻易就改旗易帜。

地盘扩展很快，朱元璋接受了儒士朱升的建议，确立了"高筑墙、广积粮、缓称王"的大战略，用了近10年时间，耐心地巩固胜利成果，在已攻占的地区采取了一系列安定民心、发展经济的正确措施，甚至把部分兵力用到屯田上，有效地壮大了经济和军事实力，为逐鹿中原、灭亡元朝打下了坚实的基础。

至正二十年（公元1360年），同为红巾军阵营的天完政权发生内乱，元帅陈友谅杀了皇帝徐寿辉自立为帝，改国号为汉，建都江州（今江西九江），称陈汉帝国。元末时，各种反元力量并起，但大多独来独往。陈友谅心大，一边与元军作战，一边想削平群雄，收服各路起义军。称帝不久，即亲率大军东下向朱元璋的大本营应天府发起进攻。动身前，陈友谅派出特使拜见以平江（今江苏苏州）为国都的大周皇帝张士诚，邀他一道夹击朱元璋。

张士诚受邀后无动于衷，他满足于在平江享受到的富贵，不肯出兵相助。陈友谅决定单干，气势汹汹地扑向应天府。朱元璋采纳军师刘基的策略，先主动撤出应天，后又在应天附近设伏大败陈友谅，并顺势攻下安庆。至元至正二十三年（公元1363年），朱元璋率水军与陈友谅在鄱阳湖决战，全歼陈军主力，击毙陈友谅。

朱元璋此刻意气风发，对外正式宣称吴王，下令向另一个吴王张士诚进攻。张士诚是个典型的机会主义者，他起义的动机并不在于推翻元朝，主要目的是割据一地，过上安乐富贵的日子。所以，在军事上一遇挫折，他就向元朝投降。朝廷封他为太尉，他虽然不再称王，但是仍然和以前一样拥有武装和土地。张士诚占据杭州后觉得地盘小，趁刘福通主力受损时突袭安丰，杀了刘福通，自立为吴王。

朱元璋消灭张士诚的军事行动进行得很顺利，张士诚的将领平时养尊处优，一听说打仗就纷纷装病，得到赏银后病才能好，一上战场，就有不少人逃跑。朱元璋很快攻占了江北，然后再攻占江南，最后用20万大军合围平江。张士诚死守平江，多次拒绝劝降，平江城破后被俘至金陵（今江苏南京），自缢而死。

张士诚的地方不小，北过徐州，南抵绍兴，西抵汝颍濠泗，东达于海。他死后，这些地盘就全归朱元璋所有，还有一些隶属于他的武装力量也整编到朱元璋的军队里。

这样，截至至正二十四年（公元1364年），各路反元或实际割据一方的地区性领袖人物，除朱元璋外，南方还剩下方国珍、陈友定、何真、也儿吉尼分别占据着浙江的台州、温州，以及福建、广东、广西的部分地区。

对付这些人物，朱元璋有十足把握。他一面调兵武攻，一面打心理战。首先收服了方国珍。方国珍是台州黄岩（今浙江黄岩）人，以海上贩盐为生，有战船数百艘，胜则掠地，败则入海，对元朝时反时服，比张士诚更有投机性。收到朱元璋的劝降信后，他开始拒绝，最终因屡吃败仗而来到应天投降，受到朱元璋厚待。

福建人陈友定是个农民家庭出生的孤儿，走投无路时去元军营当了兵。他身高体壮，很能打仗，受到朝廷重用，升任参知政事。由于平乱有功，又被任为福建行省平章，占有福建8郡之地，成为有实力的地方军阀。至正二十七年（公元1367年），朱元璋重兵讨伐陈友定。陈友定殊死抵抗，兵败被俘后大喊："国破家亡，要杀就杀，不必多言。"于是被处死，福建一地全归朱元璋。

广东人何真自小喜欢读书，又善击剑。因战功升任元朝的广东行省左丞。何真与其他地方军阀不同，他懂得保境安民，而且善于判断大势，一旦认清元王朝无可救药，就果断地向朱元璋投降。朱元璋很高兴，称赞何真是东汉的窦融，擢升江西行省参知政事，后任山东行省参政。何真老年时告老还乡，被封为"东莞伯"。

镇守广西的元朝将领是西夏族人也儿吉尼。朱元璋在解决了广东问题后转向广西，也儿吉尼死守两个月后被俘，宁死不降，朱元璋只好将他杀掉。

大局基本廓清，朱元璋完全统一了长江南北。他下令，集中一切人力、物力，北伐中原。大军在行动之前，他派出一队人马前往滁州（今安徽滁州）迎接韩宋政权的皇帝韩林儿来应天居住。但途经瓜洲时，韩林儿沉入长江溺死。刘福通和韩山童艰辛创立的红巾军政权就这样终结。

刘福通等起义军领袖没能完成的历史使命，现在完全落在了朱元璋身上，他感到前所未有的兴奋：挥戈北伐、直捣幽燕，终于等到这一天了。

十一、从哪儿来，回哪儿去

不时传来的捷报声使朱元璋及其吴王府欢天喜地，大江南北的各族人民看到了希望，纷纷拥护朱元璋建立新朝。朱元璋顺势而为，于公元1368年正月在应天府称帝，建国号为大明，年号洪武，是为明太祖。存世近300年的明王朝诞生了。

洪武大帝朱元璋作风强悍，即位后的第二个月就发兵25万攻下东昌、乐安等地，不到5个月就完全平定了山东。接着以山东为出发阵地，向河南进攻，迅速攻占了汴京等地。大将徐达就此西进，在洛水之北的塔儿湾（在今甘肃金昌市永昌县新城子镇）大败元军。元朝河南行省平章、梁王阿鲁温宣布投降，洛阳等地全被徐达占领。明朝另一位大将常遇春攻下嵩州，冯宗异攻下陕州后又攻入潼关，大败元军李思齐、张良弼部，一时间河南、陕西诸多郡县先后举起白旗。

与朱元璋军势如破竹之势形成明显的反差，元朝有气无力且一片混乱。本可以为朝廷支撑一时的丞相脱脱被贬黜而死，元惠宗终日被妖僧的房中术迷住，无心也无力理政，朝纲操纵在佞臣哈麻兄弟手中。哈麻等人不久被另一伙阴谋家夺权，朝中形成帝党与太子党的对立，这两派的首领又与在外的将领相勾结，结果是：一方面整个朝廷处于军阀势力的威胁中，一方面对外与起义军作战的将领也分成了两派，双方展开大规模的血拼，延续 6 年之久，极大地削弱了朝廷对付起义军的能力。朱元璋抓住时机，于洪武元年（公元 1368 年）五月发动大规模北伐，目标直指元大都。

大军启动之时，朱元璋为了减轻战争的激烈程度，采取了一些分化和争取蒙古贵族的措施，如：送还曾被拘押在张士诚处的元宗室成员；向天下发出檄文，详细公布了宽待蒙古及色目人的政策等。为了防止乱杀无辜，朱元璋特意嘱咐徐达等将领："克城之日，毋虏掠，毋焚荡，毋妄杀人。"

徐达大军从汴京出发，一路战旗猎猎，士气高昂，沿途受到民众的追捧。此时元朝的主力部队还在为争夺陕西而自相残杀，没有一支军队前来截击徐达。趁此良机，徐达一鼓作气连陷卫辉（今河南卫辉）、彰德（今河南安阳）、广平（今河北广平）、德州（今山东德州）等地，并且水陆并进，在直沽（今天津）、通州之间的河西务（今天津河西务镇）大败元军。元惠宗此时已成惊弓之鸟，慌乱中下令将兵勤王。最有实力的统帅扩廓帖木儿（又名王保保）收到命令后无动于衷，不发一兵一卒，在太原冷眼旁观。

明军前锋在郭英的带领下攻至通州，俘虏了元军大将卜颜帖木儿后攻入通州。失去通州，大都已无任何屏障，元惠宗只得下令放弃大都，携带太子、后妃及少数亲军从健德门往上都开平方向逃跑。

两天后，徐达的军队开进大都，元朝正式灭亡。元朝君臣最后一刻的表现非常独特，没有拼尽全力地搏杀，没有带走多少财富，只是以一跑了之的形式全身而退。退到开平，元惠宗继续做蒙古各部落的大汗，臣子们也继续围在他的身边，只是失去了中原地区，再也没有往日那番气象了。就在元惠宗在开平筹划"反攻倒算"事宜之时，朱元璋的军队已经开始西征。

当年八月，徐达、常遇春、冯宗异率大军攻入山西，大败扩廓帖木儿，占领山西全境，迫使扩廓帖木儿撤至甘肃、宁夏。接着明军从山西往关中打，很快攻占长安及陕西全境。不作任何休整，朱元璋下令全力攻占甘肃、宁夏。为了阻挡明军步伐，元惠宗从开平派出 4 万精骑突袭通州，企图拿回大都。明军顽强作战，成功守住通州。就在此时，明军的另一支部队由常遇春率领挺进大宁州（今内蒙古赤峰市宁城），攻占开平，元惠宗只得逃到应昌（今内蒙古克什克腾旗达里诺尔附近）。

明军在攻占开平之前，曾长驱西进，攻下平凉（今甘肃平凉），迫使军事重镇庆阳（今甘肃庆阳）守将张良臣投降。张良臣是元朝有名的将领，他的投降带动了西北一批将领投降，西北安定。

逃至应昌的元惠宗寄希望于扩廓帖木儿护卫自己东山再起，但扩廓帖木儿却劝他北归蒙古母地和林。元惠宗未采纳他的意见。至正三十年（公元 1370年）四月，元惠宗在绝望中病死在应昌。不久，扩廓帖木儿兵败于定西沈儿峪（今甘肃定西沈儿峪），然后北逃和林。

元惠宗病死后，太子爱猷识里达腊继位，改元宣光，史称北元。北元在蒙古母地漠北又存在了 200 多年。

元惠宗逃出大都之后，在中国版图上还有两块由蒙古族担任最高长官的地方，一块是云南，一块是辽东。云南由忽必烈第五子、云南王忽哥的后裔梁王把匝瓦尔密镇守。这个梁王忠心耿耿，元惠宗逃至开平后，他还遣使绕道去朝见。朱元璋早就想收拾梁王，但云南与内地间还隔着四川，收云南必先平四川。四川此时还有一个大夏政权存在，该政权也是反元的地方武装建立的，与红巾军起义同时。朱元璋曾遣使招降，但大夏不从。洪武四年（公元 1371 年），明军大举伐夏，很快平定四川。之后，朱元璋遣使拜见梁王，希望他归降明朝。梁王不从，杀了明朝使者，朱元璋只得在洪武十四年（公元 1381 年）出动大军从贵州攻入云南，平定云南全境。

替元朝镇守辽东的是太尉纳哈出，洪武二十年（公元 1387 年），明军在金山（今辽宁开原西北）大败纳哈出，平定辽东全境。

蒙古上层贵族自此全部被收降、歼灭，或被逐往蒙古母地。的确从哪里来，又回到哪里去了。

就在元王朝被各路起义军打得狼狈不堪，最终被明朝取代的这段时间里，成吉思汗最重要的遗产——四大汗国或分裂，或消失。窝阔台汗国传至海都的儿子察八儿时即消亡。伊儿汗国早在1355年即为钦察汗国所灭，其残部也于1388年为帖木儿帝国所灭。察合台汗国于1346年分裂为东西两个汗国。1370年，西察合台汗国为帖木儿帝国所灭。东察合台汗国也因失去立国资源而日渐衰亡。钦察汗国是四大汗国中统治区域最广的汗国，今俄罗斯、波兰、匈牙利、乌克兰等国家都在它的势力范围内。当时俄罗斯诸公国的王公向钦察汗国称臣纳贡，重大事情听蒙古可汗裁决，每当蒙古可汗的使者到来，俄罗斯人还要出城跪迎。如此不可一世的钦察汗国，后来基本被突厥民族同化，14世纪后半期，它分裂成若干汗国，互相攻伐，一片混乱。俄罗斯境内的莫斯科公国趁机崛起，尽并俄罗斯的东北诸国，建立起一个庞大的俄罗斯帝国，与钦察汗国完全脱离。16世纪50年代，钦察汗国领土全部并入莫斯科公国。

曾经横跨欧亚、威震环宇的蒙古大帝国最终只得收缩在漠北。

十二、可叹元朝天下梦

元惠宗仓皇逃出大都之时，痛苦极了。其在位37年，不可谓不长，完全可以把国家治理好，没料到下场竟是如此可悲，虽能全身而退，又有何面目再发号施令？据说逃到上都开平的元惠宗，终日长吁短叹，家国情怀始终挥之不去，总是期望着奇迹再现，重回大都，再温元帝国的天下梦。

可叹元朝天下梦是绝无可能再实现的，一系列早先铸就的错误使元王朝过早地衰败。例如，确定"蒙汉杂糅"的大战略，实际上却是"内蒙外汉"，把蒙古族人的地位抬高到汉族人之上，汉族人常常被作为奴隶赏赐给蒙古贵族，社会矛盾日趋激化。平时强调"以汉法治汉"，但执行中始终受蒙古旧俗及蒙古贵族的身份制约，不能完全吸纳汉地先进的政治、经济等方面的成果，使"以汉法治汉"在许多时候流于形式，甚至半途而废。表面上尊孔重儒，又把藏传佛教作为国教，摆在儒教之上，却将儒教中最能凝聚人心的真谛束之高阁，使汉文化失去其本有的魅力，导致占人口绝大多数的汉族人与之离心离德。此外，领袖人物过于炫武，一再劳师远征。而且赏赐无度，赏赐多者一次就给 10 万户、50 万个奴隶。掏空国家庞大的积蓄后又去民间巧取豪夺，甚至大量印制纸币，造成不断的通货膨胀，迫使民众走上武装反抗之路。

除去上述这些弊端，元世祖忽必烈之后的元朝再无杰出领袖人物，也是导致元朝灭亡的重要原因。不过，就在这不长的 97 年里，元朝为中国赢得了荣誉，创造了奇迹和辉煌，使中国本土的疆域达到 1200 多万平方公里，是当时独一无二的世界性大帝国。今天的西藏、新疆、云南、东北地区、台湾及南海诸岛，都得到有效的控制和治理。云南在此之前由军阀割据了近千年，在元朝回到中央政府的统治下；西藏更是牢牢地成为中国领土不可分割的一部分。正如清朝人魏源所说："元有天下，其疆域之衰，海漕之富，兵力、物力之雄廓，过于汉唐。"正是得益于元朝的努力，中国如今才是这般别人想啃也啃不动、能啃也不敢啃的"大块头"。感谢元朝，感谢那些吃苦耐劳的、忠厚大方的、强悍且粗放的中华游牧民族同胞们，是他们所向披靡的金戈铁马为中华民族踏出了一片新天地，留下后代们享之不尽、用之不竭的宝贵财富。

蒙古族曾经影响范围极大。公元 1245 年，傲视一切的罗马教皇也曾派出大主教，带着教皇致蒙古大汗的书信出使蒙古。公元 1253 年，法兰西国王路易九世的使者谒见蒙哥大汗，返回后用拉丁文写下出使报告《东方行纪》。意大利人马可·波罗深受元世祖忽必烈的信任，出任元朝官职，在中国一住 17 年。他持有忽必烈赐予的银牌，走访了中国的许多城市和乡村，他的《马可·波罗游记》传遍几大洲，欧洲等地区的人们被书中所描写的元朝的辽阔和繁华震惊，不相信此时的地球上还有这样发达的国家，以为马可·波罗在吹牛。马可·波罗临死前，忏悔牧师劝他收回在游记中说的那些谎言，马可·波罗坚定地回答："NO！我还没讲出我看到的一半呢！"

受马可·波罗的书的影响，许多欧洲人从海上来到中国，新的东西方海上航线开通，史无前例的东西方交流随之展开。由于元朝看重色目人，大批阿拉伯商人、工匠、文化工作者从陆上和海上涌进中国，仅福建泉州一个城市中就居住了以阿拉伯侨民为主的洋商数万人。高丽国王王璋甚至把王位让给儿子，自己则长期居住在元大都。日本政府虽然不理会元朝政府的"招安"，却仍鼓励商人、僧人渡海而来。地处中亚一带的元王朝的四大汗国与中原的往来更是不可胜数，中原的钞法、干支纪年法、驿传制度、中医药学等传入这些汗国；汗国中流行的回族医学、历法也传入中原。这些政治结构比较松散的汗国，担当了中国走向世界、世界靠拢中国的中介，搭建起了东西方交往的一座又一座大桥。

元朝是中国几十个民族融汇交合最深的时期之一，蒙汉文化的大交汇，使中国文化呈现出前所未有的多样化。实事求是地讲，元朝的文化禁锢最少，没有文字狱，而且是唯一明确提出宗教信仰自由的王朝。当时世界上的主要宗教都在中国设有活动场所，拥有一定数量的信徒，其中最突出的是伊斯兰教在中国的兴盛。由于西北地区的广袤地带都成为中国的国家版图，许多信仰伊斯兰教的中亚人纷纷入住中国，他们中有的从事手工业、农业、商业活动，有的充当职业军人，有的进入元朝官场。他们在中国出生的后代，在接受中国文化教育的同时，也保留着本民族的宗教信仰。

不要以为元朝是游牧民族统治中国，教育就会十分落后，其实元朝对教育的重视程度并不低于唐宋。据统计，当时有书院400多所，各州县的学校最多时超过2.4万所。这两项的规模都超过唐宋。以朱熹为代表的南宋理学在元朝也得到提倡，姚枢、赵复、许衡等人都成为一代理学大师。在重视教育的同时，元朝还十分重视修史，中国二十四史中的宋辽金三史就是在元朝完成的。对元代儒家文化的发展，历史学家陈垣先生是这样评价的："以论元朝，为时不过百年。……若由汉高、唐太论起，而截至汉唐得国之百年，以及由清世祖论起，而截至乾隆二十年以前，而不计乾隆二十年以后，则汉、唐、清（儒学）学术之盛，岂过元时！"

元人讲究吟咏，一般文人的诗词优于文章，元代有名的诗人如耶律楚材、元好问、刘秉忠、郝经、赵孟頫等人都有好诗传世。元朝传之千古的文化遗产还有元曲。元曲是文学化的戏剧，它的唱腔是根据北方音乐谱曲（主要是游牧民族流行的音乐体系），唱词则是宋词的一种新的蜕变。元曲风趣、灵动、率真，其中有实话实说，有正话反说，还有不少方言俚语掺糅其中，诙谐、洒脱，又带几分牢骚怪话，甚至是对现实生活的批判。写词的人除了有点戏剧素养的老百姓，主要是对政治失望、对朝廷感到无奈的失意文化人，他们在官场政坛没有话语权，就把聪明才智用到戏剧上。元朝最负盛名的四大元曲名家马致远、关汉卿、郑光祖、白朴创作了许多流传千古的元曲作品，极大地提高了元曲的影响力。有元一代，元曲风靡大江南北。据统计，流传下来的元曲中的散曲小令就有3800多首，套数450余套。

元曲称得上是民众情感的发泄舞台，尽管在反映、批判现实方面力度不够，但赠答唱酬如行云流水，绝少做作，咏田园风光、离情别恨、伤时吊古，其词作都很容易让他人产生共鸣。尤其是一些以俗为美的元曲作品更有情趣，来欣赏几小节：

> 美人自刎乌江岸，战火曾烧赤壁山，将军空老玉门关。伤心秦汉，生民涂炭，读书人一声长叹。（引自张可久《卖花声·怀古》）

> 灯前抚剑听鸡声，月下吹箫引凤鸣。功名两字原无命，学神仙又不成，叹吴侬何处归耕！日月闲中过，风波梦里惊，造物无情！（引自钟嗣成《水仙子》）

> 俏冤家，在天涯，偏那里绿杨堪系马。困坐南窗下，数对清风想念他。蛾眉淡了教谁画？瘦岩岩羞带石榴花。（引自关汉卿《大德歌·夏》）

> 碧纱窗外静无人，跪在床前忙要亲。骂了个负心回转身。虽是我话儿嗔，一半儿推辞一半儿肯。（引自关汉卿《一半儿·题情》）

> 峰峦如聚，波涛如怒，山河表里潼关路。望西都，意踌躇。伤心秦汉经行处，宫阙万间都做了土。兴，百姓苦；亡，百姓苦！（引自张养浩《山坡羊·潼关怀古》）

元曲中的奇言妙句撼人心魄，仅用"兴，百姓苦；亡，百姓苦"八个字，就把千百年来在国家大一统过程中广大民众所承受的苦难揭示了出来。

　　的确，在漫长的大一统历程中，人民承受了莫大的苦难。但其后，国家的兴盛又带给他们众多福祉。据《元代名臣事略》一书记载，元朝统一中国后仅仅数年，南北大地就恢复了元气，粮食、棉花等物资堆满了各地的仓储，以致忽必烈不得不下令停止从南方往元大都运送粮食。元朝当时不仅富有，还充满活力，天文、历法、造船业、航海业、轻工业等都取得了超越两宋的成就。政府掌控的兵器工业，造出了威力很大的铜炮，一旦发射，声震云霄，入地七尺。

　　元朝真是个值得大书特书的朝代，它几乎在各方面都与众不同，但又精彩宏阔。明太祖朱元璋对此深有感受，一登基就下令编纂元史，要求实事求是、通俗易懂地展现元朝的景象。他对那些贬低元朝的言论予以驳斥，说："元虽夷狄，入主中国，百年之内生齿浩繁，家给人足，朕之祖父亦预享其太平。"朱元璋在元朝生活了40年，他是有资格评价元朝的。有些人讽刺他，说"你父母死无葬身之地，你朱家享了哪门子太平"。不错，朱家与许多农民家一样非常贫穷，但主要是什么原因造成的呢？我们试着用《剑桥·中国辽西夏金元史》第七章的结尾来回答：14世纪中国到处发生灾害，黄河流域的水灾、旱灾比以往任何时候都多，还伴随极为严重的瘟疫。面对灾害，元末的各届政府都尽了最大努力救灾，在食品、医疗的赈济上是认真负责又富有经验的。事实上，面对这样反反复复的大规模灾难时，还有哪一个朝代比元朝做得更好呢？很有可能在这些灾难面前，任何一个政府都束手无策。如果正常年景多一些，元朝有可能比它实际存在的时间要长得多。

　　显然，摧毁朱家及很多百姓安定且自给自足的生活并引起天下大乱的主要原因是灾害。朱元璋对这一点心知肚明，所以，对元朝一直颇有好评，对元朝的领袖人物也始终抱着敬畏之心。是的，如果不是上层没完没了的争权与长期自然灾害的轮番打击，元朝肯定会有更大的发展，例如在全球化方面。关于这一点，日本学者杉山正明的说法值得注意，他在《讲谈社·中国的历史》第八卷中写道：从安禄山举兵到蒙古帝国解体这600多年，中华发展壮大了，更加鲜明地变成了一个开放的世界。欧亚大陆从陆地和海洋两个方面打破"文明圈"的框架与中华实现对接，形成了一个联动的系统。支撑这个系统的核心，无疑是中华。没有草原和陆地的界限，中国既向陆地发展，也向海洋发展，这种发展为人类留下了更大规模的国家统一和社会融合的道路模式。

　　数百年前的元朝就为中国与其他国家的共同发展作出了如此大的努力和贡献，一些成果至今仍在发挥影响力。

第十九章 大国气象，叹为观止

从放牛娃到皇帝，这一天壤之别的转型来得太快，朱元璋自己也感到震撼。元末农民大起义的那股摧枯拉朽的破坏力时常使他惶恐，担心稍有不慎便会重蹈元朝覆辙。因此在开国之后，朱元璋苦心思虑的便是如何使国家长治久安。通过认真总结中国历史上治乱成败的经验教训，明太祖朱元璋对政治、经济、军事等各方面施行了大刀阔斧的改革，从上到下构建起一套全新的管理体系。在这套把专制集权发挥到极致的管理体系的领导下，政府下大力气恢复、发展经济，使民众得以休养生息。在对外战略上，明朝虽拥有 190 余万人的兵力，但还是以守势为主，尽量减少大的军事行动。朱元璋在位 30 年，中国本土完全统一，明朝疆域最大时达 1100 多万平方公里。

与元世祖忽必烈相似，明太祖朱元璋的班也交得欠妥，皇孙建文帝镇不住各路王爷，燕王朱棣仗势夺位，是为明成祖。朱棣雄才大略、文治武功，多有非凡之举。他 5 次亲征漠北，打击蒙古贵族残余势力；7 次遣郑和出使西洋，弘扬天朝国威；派解缙等人编纂《永乐大典》，成就中国首部"百科全书"；此外，迁都北京、兴学校、开海运、辟运河，开创了大明王朝的全盛时期。明成祖的功业可以视同秦皇汉武之业。

明成祖之后的明仁宗朱高炽、明宣宗朱瞻基二朝守成有道，11 年中，国家太平，百姓安居乐业，出现了类似于西汉的"文景之治"。明宣宗之后的领袖人物大多昏庸无能、荒淫堕落，有的被异族俘虏，有的猝死于"豹房"中，有的认宦官为父，有的 20 多年不理朝政。明朝朝政一路滑坡，激起天怒人怨。先是农民起义攻占北京，后是清军入关，彻底灭亡明朝。

从 1368 年朱元璋建立明朝到 1644 年清兵入关，大明王朝共传 16 帝、276年。明中央政府灭亡后，南明政权又在南方存世 17 年。一代王朝能够在保持大一统格局和完整疆域的同时存世近 3 个世纪，而且在经济、文化领域都取得了令人叹为观止的成就，差一点就把中国引上类似于资本主义社会的发展之路。明朝值得后人尊崇。

一、朱元璋的"三农"情结

元末明初近 20 年的内战，使国家和民众都受到重创。据说徐达攻占扬州后，偌大的江南名城此刻只剩下 18 户人家。大量的中原和江南一带的民众或死或逃或失踪，大片村舍成为废墟，无数良田长满荒草。好多次，朱元璋勒马回头，悲痛感伤，他意识到了问题的严重性：民众无活路，国家无税收，皇权无保障。必须尽快改变此种状况！他为此多次下诏，要求从农村、农业、农民入手，恢复经济，呼吁各级政府要"安民为本""藏富于民"。

根据朱元璋的命令，所有荒芜的田地一律分给无田的乡民耕种，让他们拥有所有权。为了让农民安心种田，不受官吏的盘剥和干扰，朝廷几次下文严禁官吏下乡扰民，如有违背者，一经发现，允许农民捉拿，不论其职务多高。这条全世界找不出还有哪个国家施行过的政策，使广大农民得到了休养生息的时机，蓬蓬勃勃的大生产开展起来了，相当一部分自耕农拥有了扩大再生产的能力，慢慢开始变得富裕。

贫寒家庭出身的朱元璋，深知农民社会地位低微之处境，下诏改善和提高农民的社会地位，并由朝廷出资赎还因贫穷卖身为奴者，使他们成为自由民。与此同时，大幅度减少了对农民的赋税徭役，并严格控制大工程的上马，尽量让农民多在乡村劳作。

一系列惠民政策效果明显，元末明初一度濒临绝境的社会慢慢恢复了生机。全国的耕地面积比北宋最多时的 500 万顷还要多出 300 万顷。国家的税粮收入在洪武二十六年（公元 1393 年）时达到 3200 万余石，比元朝一年的税收 1200 万余石多出近两倍。全国的总人口也在这一年达到 7000 万，比元世祖时多出近千万。

国家富强，农民日子好起来后，朱元璋仍旧保持了农民本色，衣食起居相当节俭。他曾多次放声大哭，起因或是面对一桌饭菜，或是试穿一件衣服，突然想起了自己和父母兄弟一道吃糠咽草的悲惨时日。本来他很喜欢吃浙江金华产的香米，完全可以让金华定期运进宫来，但又担心官员趁机勒索农民，就下令不准金华进贡香米，而是在御苑辟出几十亩水田专种香米。每年的阴历九月十八日是朱元璋的生日，但他连续十几年下令不准为自己摆生日宴，担心文武大臣们趁机海吃一顿。他清楚，一桌宴席可够农民一家吃上一年。

一部分大臣不理解，皇上的生日是重大的节日，按照成文的礼仪，全国都得庆贺一番，怎么连这也免了？朱元璋耐心地向他们解释，说道："昔日，在民间看到饥寒交迫的鳏寡孤独、老弱病残，心里常常会产生一种厌世的心情，恨不得能够马上替他们去死。战乱年代，见到这种情形时，也同样内心凄凉。如今，我代天治民，若天下还有流离失所的人，那就不但有悖于自己拯救百姓的愿望，也没有尽到代天的责任。所以，你们务必要体会我的心情，好好对待普通贫苦农民，不可使天下还有任何一个这样的人。"

朱元璋不是作秀，他曾经领着所有的妻妾、皇子吃了半个月草根粗粮，让他们体会天下百姓曾受过的苦难。有一年大旱，又领着他们步行至郊外，在烈日下曝晒三天祈雨。晚上并不回宫，就地卧于草席之上。5 天后果然下雨了，朱元璋非常高兴，据说他赤脚站在宫中的菜地旁（宫中空地不建楼台亭阁，大多辟为菜地）放声大笑。

朱元璋抓"三农"抓得很细，在他心里，有田有地有果木，这才像个农家。他甚至规定每户要种多少棵桑树、多少棵果树，种植数目要登记并向中央政府报告。洪武二十八年（公元 1395 年），湖广布政司向他汇报，所属州县已种果木 8439 万株。中央政府统计各地的结果后，得出全国已种植 10 亿株以上。那些没按规定完成种植任务的州县，官员要受重罚，农家则要全家被发遣充军。

朱元璋还规定，每个村要设置一名劝农员（一般由老人担任），给他配置一面鼓，凡到农忙时节，这名劝农员就从清早五时起开始擂鼓，督促人们下地。如发现听到鼓声还不起床去种田的懒汉，劝农员要上门去批评。劝农员如不尽责，官府会把他抓到衙门惩处。在朱元璋看来，中央政府有责任为乡村构建这样一幅美好、有序的生活蓝图：每块农田都能产出作物，每户农家都能按照政府的要求男耕女织，按时交税。他知道农村还有一些"刁民"，必须用严格的法律制约他们。为此，又下令在每个乡村选出一位有声望的老人，担任普法员，给他配一副铜铃，每隔几天就摇着铃，行走在乡村，大声朗诵由皇帝亲自制定的有关法律条款，一边朗诵，一边还组织农民背诵。南京郊区有1000多位农民能完整地背下"六谕"等法律条款，朱元璋就亲自接见他们，给他们颁发奖品。

为了确保农村劳动力的充足，朝廷下令严格控制僧道出家人员。朱元璋当过和尚，认为和尚太多会影响农村生产。他规定：全国各府、州、县只准保留一处寺院，40岁以下女子不准出家为尼，20岁以上男子不许落发为僧。已落发为僧者，3年后要赴京考试，不及格者要"杖为民"。这样一来，僧道人数远比元朝为少，农村的劳动力相应增加，各级政府及民间用在宗教上的费用也大为减少。

朱元璋继续动脑筋，怎样使生活好起来的农民长久地稳定在农村，使那些生活还没有好起来的农民也长久地留在原地，以免外出惹是生非？他从制度和法律上为农民打造了一条"铁链子"，发明了引凭制度，即农民们平时只准在乡间一里之间自由活动，早出晚归，还要邻里乡亲间互相告知。超出一里的范围，就要到相关政府机构去办一张"路引"（通行证），否则就会被擒拿送官。就连乡村郎中、卖卜之人，也得带着"路引"上路。

农民出身的大明皇帝朱元璋，把农民、农村管理得滴水不漏。他太清楚了，农村、农民、农业出问题，国家就会出问题，他这个皇帝也会出问题。

以牺牲广大农民的人身自由为代价的管理方式，要在200多年后才真正显出弊端。目前，千百万农民正在朱元璋精心绘就的新农村蓝图中日出而作、日落而息。

二、顶层设计，别出一格

元朝中、晚期的一大弊端是"委任权臣，上下蒙蔽"，皇帝形同虚设，中央权力虚化。明朝建立之初，国家机构基本沿袭元朝制度，运转几年后，朱元璋很不满意，"人君不能躬览庶政"，长久下去，自己也会成为元惠宗。他下决心进行全方位改革，首先从现行官制入手。

洪武九年（公元 1376 年），朱元璋下令撤销设在各地的行中书省，罢免其首脑。行中书省原本权力很大，总揽一省的行政、军事、司法及财政大权。元朝时，一个行中书省相当于一个独立王国，中央号令可听可不听。枝强干弱，导致元朝在生死危亡关头调不动行省的兵，抽不出行省的财。朱元璋砍掉尾大不掉的行中书省，在全国设 2 个直隶区、13 个承宣布政使司，规定每个布政司设立布政使司、提刑按察使司和都指挥使司，分管行政、司法、军事，"三司"互不隶属。军、政、司法三权分立，统归朝廷领导，堵死了地方割据、闹独立的可能性。

朝廷的威权陡然大增，但朱元璋觉得改革还刚起步，因为朝廷还有一个中书省，撤了地方行省后，中书省的丞相之权更大了。相权大于君权，这是国家的不祥之兆。朱元璋说：自秦朝以来，都没有接受秦亡于丞相擅专威福的教训（洪武大帝认为秦主要亡于丞相赵高之手）。丞相权重，往往祸及国家。在这种认识的前提下，朱元璋下令改革中央行政机构，主要目标对准丞相这一级。

此时的丞相是朱元璋的安徽老乡胡惟庸，此人能力、人品都很成问题，而且野心大，把中书省搞成独立王国还不满足，又广结党羽，试图取代朱元璋。洪武十三年（公元 1380 年），朱元璋以谋逆罪处死胡惟庸，罢中书省，废丞相官职，并立下"祖训"：往后的嗣君继位后，若有再议立丞相一事的大臣，对提议者要处以极刑。皇帝由此从丞相手中夺回一切军政大权。

朱元璋此时一身二兼，以往丞相决断的军国事务现在一齐压在他的头上。他拿出比当年种地还要大许多的劲头，每天四更即起，一天批阅 200 件奏章，处理 400 件具体事务，还要接见若干文武大臣及进京汇报的官员。工作节奏如此紧张，在历代帝王中罕见。他自称"戴星而朝，夜分而寝。一事未善，寝亦不安"。

为了提高工作效率，朱元璋很快组建了六部，把以前由中书省统管的事务分至六部办理。六部尚书互不隶属，各自直接向朱元璋报告。在六部之外又成立了一个秘书机构——内阁，入此阁的称大学士。秦以来施行的丞相制在朱元璋手上终结。

改了上层行政机构，朱元璋又煞费心机地进行军事改革，把隶属于中央政府的大都督府一分为五，五军都督府只掌兵籍和办理日常军务，不能直接统领军队。战争发生时，由皇帝颁发调兵命令，都督府将领按皇帝的命令就位领兵出征。战争结束，领兵作战的将领要交回将印，回原机关上班办事，所指挥过的军队也返回原来的卫所。这样，平时"将不专军，军不私将"，想造反也没有兵源。

行政、军事改革完成后，朱元璋马上改革中央监察机构，改御史台为都察院，赋予都察院极大职权——"纠劾百司，辨明冤枉，提督各道，为天子耳目风纪之司"。说白了，这是朱元璋震慑百官的撒手锏，官员的一举一动均在都察院的掌握之中，而都察院直属朱元璋领导。都察院其实也是个特务机构，与之呼应的还有一个新设的、由朱元璋身边的侍卫组成的机构——锦衣卫。在锦衣卫内又设监狱和法庭，专门从事侦察、巡捕、审问、判刑等活动，俗称"诏狱"。把这几套监察机构建起来后，朱元璋对国家安全和皇帝权威的担心才稍微宽缓一些。

朱元璋书读得不多，但有关国家安危大局的顶层设计却充满智慧。他很清楚，治理国家比种地难多了，尤其是睁眼就得面对那些形形色色的官员。

三、治国即治吏

朱元璋天生具有一颗对官员的仇恨之心，为了管好这支鱼龙混杂的队伍，他设计了一套无比严厉的管理制度，发现违纪违法行为，立即施以重刑。重刑的种类之多、之恐怖超过以往任何朝代，如挑筋、挑膝盖、剁指、断手、刖足、断脚、抽肠、阉割、枭首、凌迟、族诛等。官吏稍有不慎，就会犯律受刑。有史料形容，在朱元璋一朝，官员们终日惶恐，每遇上朝，先在家里与妻诀别，朝罢平安回家，一家老少弹冠相贺。官吏们害怕至此，主要原因是朱元璋要求太严，刑法条款太多。试看：

官员贪赃 60 两银以上者，要枭首示众，然后再剥皮充草，制成标本。在每个县衙门大堂边竖立一个这种标本，用以警示官员。朱元璋从小受尽贪官污吏的压迫，以往无权整治，现在君权在握，岂能再容忍？他甚至下令：官员因公乘坐官府的牲口、车船时，附载的私人物品超过规定重量的，也要受刑。这迫使一些因公出差的官员，动身前都要称出行李的重量。

要求如此之严，还不能让朱元璋放心，他知道，跟随他打天下的那些功臣们，很多以前都是极其穷困的，一旦有权力寻租，谁肯作壁上观？例如，户部官员与印钞厂合谋，从为国家印制的 700 万锭纸币中私藏了 143 万锭，胆子何其大！朱元璋怒火万丈，一连组织了几次大规模的清洗运动以整治贪渎。

洪武八年（公元 1375 年），一些地方官员派人到吏部核实钱粮军需之事，有的使用了预先写成的空印文书。这种做法引起了朱元璋怀疑，认定上下官吏联手作弊欺骗朝廷，于是下令彻查，导致上千名官吏丢命，被抄家、充军者无数。

洪武十八年（公元 1385 年），户部侍郎郭桓与北平承宣布政使司官员联手贪污税粮。朱元璋下令将六部左右侍郎以下的官员全部处死，追出赃粮 700 万石，与此案供词有牵连的各地富豪数万人也先后受到惩处，大量中产以上的家庭倾家荡产。

处理完这两大案件，朱元璋余怒未息，他太恨贪渎了，想想这些人就可恶。苏州知府陈宁贪得无厌，把那些交不出税的农民抓来一个个用烙铁烙。浙江的官员逼着农民多交了 45% 的税，而多交的这部分全被官员们私分了。有些农民一时交不了那么多，官员们就上门拆农民的房屋，牵走耕牛。官逼民反，从洪武元年至十八年，全国居然发生了 100 多次规模不等的农民起义。这是朱元璋最害怕的事，所以，他不会轻饶这些贪官，宁肯错杀一千，也决不放过一个！据统计，两浙、江西、两广和福建的地方大员，从洪武元年（公元 1368 年）至洪武十九年（公元 1386 年）的这段时间里，没有一个做到任期届满的，相当一部分不是被砍头就是被充军。

朱元璋看见官员多用了一张信笺都会发怒，有些受惩处的官员至死也没想明白，怎么收受了一件衣服、两双鞋子就犯了贪渎罪。看看由朱元璋亲自编定的反腐教材《大诰三编》吧，里面记录有这样的赃物："书四本，纲巾一个，袜一双。"

惩办了这么多官员，已经够严酷的了，但朱元璋认为力度还不够，他又想了个办法，发动底层群众来监督官员。他在《大诰三编·民拿害民该吏三十四》中这样动员群众："我设各级官员的本意，是为了治理人民。然而，过去我所任命的官员几乎都是不才无籍之徒……如果要靠他们来给你们做主，自我登基十九年来，我还没见到一个……所以，希望你们来帮我监督这些官员，治理好地方。"

这个诏令一下，官员们的日子更不好过了。诏令中最令官员们感到恐怖的条款是：普通民众任何时候都可以冲进官府捉拿他们认为是贪官的官吏。捉拿之后民众将其押送至南京受审。民众捉拿官吏时如遇阻挡，将对阻挡者"全家族诛"。命令还替民众押送贪官放松了外出距离的限制，民众即使没有"路引"，也可以上路押送贪官，如有人敢以"路引"为难民众押送贪官，或者阻拦民众进京上访反映当地问题的，一律处以死罪。

广大百姓受此鼓舞，纷纷行动起来，三五成群地冲进平时不敢随意进出的官府衙门，毫不客气地把那些在他们头上作威作福的贪官捆绑起来。一时间，在通往京城南京的道路上，随处可见穿着破烂衣裳的百姓押送贪官污吏的场景。朱元璋很兴奋，他知道只有群众才是官员的克星，下令给那些敢于捆绑贪官污吏的百姓以奖赏。常熟县（今江苏常熟）农民陈寿六是最早将县吏捆送京城的，该县吏的问题查清后，朱元璋立即赏陈寿六及另两位农民钞 20 锭、衣各两件，并敕令都察院榜谕各地，表彰陈寿六，还免了陈寿六 3 年的差役。为了保护陈寿六回乡后不受当地官员报复，朱元璋指示有关部门转告当地政府，如有敢报复陈寿六者，"全家族诛"。

通过一系列非常之举，腐败得到遏止，"吏治焕然丕变矣"。但朱元璋还是不满意，杀了那么多贪官污吏，依旧没能彻底解决贪渎，通过各种渠道收集上来的有关贪渎的报告案卷堆满一桌。望着这些案卷，朱元璋想起了《道德经》中的名言："民不畏死，奈何以死惧之？"现在是绝大多数百姓生活改善后畏死，能遵纪守法，反倒是官员不畏死了。"虽朝有十人弃市，暮有百人而仍为之"吗？朱元璋有些气馁了，开始反省重典治吏的政策，甚至对郭桓案和"空印案"的扩大化作了自我批评。但他始终困惑，"吾为政愈严，犯法者愈众"；"朕如宽厚行仁，人将谓朕不明于事；朕如加严，人又指之为暴矣"。到底该如何施政？如何治吏？洪武大帝朱元璋陷入痛苦之中。

有两方面的因素可能朱元璋没想到：一是皇权再大也是有局限性的，不可能一个人包打天下，具体事务必须得委任官员们去做。官员们有了权力，就有了贪腐的欲望，用权力去管理社会，就有谋私利的空间。例如，朝廷为各级地方官制定的《到任须知》，规定了官员在31个方面的职责，授权相当广泛，等于把朝廷6个部门的事务都系于州、府、县官一人身上，无形中为官员利用权力提供方便。以其中征收钱粮这一条为例，朝廷允许各级官员在征收钱粮的过程中有百分之二三十的"耗羡"（即弥补实际损耗后的余额）。抓住这一政策，地方官随意提高"耗羡"的比例，有的达到朝廷规定的几倍。大量合理合法的"耗羡"落入官员口袋，官员的胆子也就越来越大，只要不被查出，贪腐就会疯狂进行，前仆后继，一波又一波。

物质的诱惑实在是太大了，遍地都是腐败的土壤和机会。甲县县令通过乙县县令为自己家乡的亲友谋利，乙县县令也通过甲县县令为自己家乡的亲友谋利，这些交易都是私下讲好后进行的，一般百姓怎能得知？那些冲进衙门捆绑官员的百姓，绝大多数都是因为官吏直接损害了自己的利益才去向南京举报的，而对于官场中大量披着合法外衣的贪腐行为，百姓们一般是不知道的，或者知道了也苦于无直接证据，不敢轻易冲进衙门去抓官。

官员们的权力太大，制约他们的力量却太少、太小了，导致他们的贪欲愈益强烈。朱元璋发动普通百姓也是无奈之举，他知道，官官相护的多，司法普遍腐败，苦心发动百姓也不过抓了些贪污"书四本、纲巾一个、袜子一双"的小贪而已。

朱元璋没有想到的是，权钱竟如此紧密相连，"不捞白不捞"在官场中竟如此习以为常。另外，他也没有想到，朝廷给官员们的俸禄确实太低，一个正一品的高官一个月的俸米是87石，一个正七品的县官月俸只有七石五斗，折成银子才5两，何况月银中还包含了秘书、警卫的薪水。真靠朝廷的俸禄，绝大多数官员每天三餐喝稀粥都困难，不贪是不能正常生活的。朱元璋对这一点疏忽了，他以为官员们的待遇已经够好了，一个月的薪水比他在凤阳时全家一年的生活费还多。

对朱元璋重典治吏历来评价不一，有的甚至认为他治吏失败了。但总的来讲，朱元璋治吏非常必要，且取得了大的成效，应该肯定。例如，他对至亲要求非常严格，从不袒护，驸马出差顺便夹带了茶叶，也都以走私罪处死。

四、本可学刘秀，偏又成"屠夫"

发展经济、改革体制、整顿吏治，都是为了国家安定、皇权长久。然而朱元璋还有一块"心病"未除，那就是一大批新形成的王公贵族，在朝野内外盘根错节，声势愈来愈大，谁敢保证在自己百年之后，这些以血战立功赢得封赏的特权阶层会老老实实地接受新帝的领导？据朱元璋所知，怀有野心的人大有人在。他不能容忍这些人可能带来的灾难，他得先动手。

洪武二十三年（公元 1390 年），有人告发开国丞相胡惟庸的亲戚李善长，说他当年事先知道胡惟庸的谋逆之举，但没有报告，应被视为胡惟庸同党。本来此事已结案，先后处死了 3 万多人，且已过去了 10 年，可以不予追究。但朱元璋认为这是一个机会，下令再查胡惟庸的新党，将年已 76 岁的李善长和亲族 70 余口一同处死，还在全国处死官员及坐诛者达两万多人。朱元璋把这一案件编成名为《昭示奸党录》的书籍广为印发，以警示那些达官贵人。

李善长是濠州定远（今安徽定远）人，曾被朱元璋誉为"汉相萧何"式的人物，排在所有功臣之上。这基本上是一个冤案，后有大臣替李善长喊冤，朱元璋听后无语，不反驳，不发怒，也不打算住手。3 年后的洪武二十六年（公元 1393 年），又兴起蓝玉大狱。

蓝玉也是定远人，洪武后期的主要将领，其姐夫是与徐达比肩的明初名将常遇春。蓝玉勇猛善断，有大将之才，徐达、常遇春去世后，蓝玉"数总大军，多立功"。洪武二十一年（公元 1388 年），他率 15 万明军深入漠北，在捕鱼儿海（今贝尔湖）大败蒙古兵团，俘获蒙古男女 7 万多人、牲畜 15 万余头。朱元璋大喜，封蓝玉为凉国公，把蓝玉比作西汉的卫青、唐朝的李靖。蓝玉后来又屡立战功，渐渐地恃功而骄，仅府上的庄奴假子（养子）就达数千人，在军中提拔将校也不向朱元璋报告，甚至在朱元璋面前言语傲慢。朱元璋开始讨厌和警惕蓝玉。洪武二十六年（公元 1393 年），锦衣卫指挥蒋瓛告发蓝玉谋反，朱元璋毫不犹豫地立即逮捕蓝玉。审讯时又带出一串官员公侯人物，朱元璋大怒，杀了蓝玉并抄斩三族，而后在全国追查蓝党，族诛者达 1.5 万人。杀后又编《逆臣录》向全国公布。

胡惟庸、蓝玉两案前后达十三四年之久，在这期间，朝廷就没停止过斗争，一批批元勋宿将被治罪，如平定广东的大将朱亮祖、平定云南的大将傅友德等。将领中只有与朱元璋同生共死的徐达和汤和幸免，徐达老实谦卑，早早地就因为患背痛而去世；汤和则是眼看着老战友们一个个倒下，立即主动交出兵权，告老还乡。朱元璋曾经最依赖的顾问刘基，舆论上宣称是被胡惟庸毒死的，但事前恐怕也得到过朱元璋首肯。满朝文臣武将基本死得差不多了，朝廷一时空空荡荡，只得从国子监中紧急提拔 1000 多名学生入朝为官。

太子朱标看不下去，劝朱元璋不要滥杀人。朱元璋就有意找了根有刺的棘杖，丢在地上要太子去拿起来。太子犯难，朱元璋闷声闷气地说："怎么？不敢拿，我替你把这些刺削掉，然后给你，有何不好？"太子黯然不语，神色惶恐地退出。

在对待功臣的问题上，朱元璋本可以学学刘秀、赵匡胤，用厚禄养起来，让他们回去颐养天年就是了，何苦如此残忍？正是朱元璋在这一问题上的过失，使部分后人对他的评价不乏"独裁者""屠夫"这些负面之词。然而，实事求是地讲，朱元璋不这样做也不行，功臣们日渐腐败、专横，甚至结党，严重威胁到的不仅是皇权，还有国家刚刚呈现出的大好局面。如果听之任之，皇权必衰，大局必乱，天下苍生又将陷入苦海。于公、于私，朱元璋都得这么干，只是打击面太大了点儿，手段太狠了点儿。公正地说，朱元璋不该被贬称为"独裁者""屠夫"，他对中华民族大一统事业的贡献远大于他的过失，由他开创的"洪武之治"对明朝及明朝之后的历史发展都产生了重大的影响，其历史地位完全可以比肩秦皇、汉武、唐宗、宋祖。清康熙帝曾这样评价明太祖朱元璋："朕观明史洪武、永乐所行之事，远迈前王。"

五、选错了接班人

朱元璋不是"圣人"，难免会有一些失误。例如，他在为子孙接班"削刺"的同时，又栽了"刺"。他以刘邦为样板，分封诸皇子为王，让他们各占天下的名城重地，以为皇室中枢的屏藩。朱元璋共有40多个子女，他在位时一口气册封了24个儿子、1个孙子，不仅赋予他们很高的政治地位，还让他们拥有数千人至两万人不等的卫队，并可监视所在封地的军队。诏令中特别规定：一旦朝廷有乱，诸王可以举兵进京"清君侧"。如此信任皇子，在历代帝王中少见，这等于是鼓励诸王发展军备，诸王找个借口便可以发动政变。这根"刺"栽得太大了，大臣们对此不理解，官员叶伯巨以汉、晋的故事为素材，上书陈说分封皇子的危害。朱元璋看后大怒，骂叶伯巨妄图离间皇室骨肉，下令将他关进大牢。叶伯巨不久即死去。

洪武二十五年（公元1392年）四月，皇太子朱标病故。朱元璋经过考虑，立了朱标的次子朱允炆为皇太孙，理由是允炆聪慧且至孝，很听朱元璋的话。朱允炆的缺点是"仁柔少断"，无论是阅历、经历都无法与那些拥兵自重的皇叔们相比，一旦有事，撑不住大局。朱元璋有点后悔，想再考虑考虑太子的人选。可时间不等人，洪武三十一年（公元1398年），朱元璋病故。朱允炆即位，改元建文，是为明惠宗，又称建文帝。

朱允炆即位时乃21岁，正是大展宏图的年龄。他礼贤好学，省刑减赋，赢得上下一致好评。但朱允炆鲜有喜色，他知道自己的分量不足以镇服诸王，虽然太祖爷爷去世时已有命令，诸王不得进京奔丧，但谁敢保证他们能安分守己、待在原地呢？何况此时社会上已有流言，说诸王不满不准进京奔丧之事，认为是建文帝亲信齐泰、黄子澄他们搞鬼假传的遗旨。朱允炆听闻后，内心愈发焦急，就召集齐泰、黄子澄密谋削藩之计。

君臣很快下了决心，采用突然袭击的手段，首先向周、齐、湘、代、岷王动手，找了个谋反的罪名废周王、岷王为庶人，囚齐王于京师，幽代王于大同，湘王胆小，自焚而死。按照建文帝的部署，下一个整治对象就是兵力最盛的燕王朱棣。

朱棣是朱元璋的第四子，为人雄武有大略。户部侍郎卓敬评价道："燕王智虑绝人，酷类先帝。"的确如此，朱棣从小受品德卓著的马皇后抚养，人品才华是诸王中最优秀的。他坐镇北平（今北京），多次统兵北征蒙古，在朝廷享有盛名。眼见朝廷即将对自己下手，岂能坐以待毙？他先是装病韬晦，夏天还生起火炉取暖。建文帝正好以此为理由，往北平调派了新的布政使和都指挥来主管北平的军政事务，把朱棣架空和监视起来。但建文帝没想到都指挥张信与朱棣是老朋友，张信告诉朱棣是建文帝要自己来逮捕他。危急关头，朱棣毅然决定起兵。建文元年（公元1399年）七月，朱棣先诱杀了几名建文帝派来监视他的官员，然后以"清君侧"的名义公开与建文帝兵刃相向。

"清君侧"是朱元璋生前赋予诸王的权力，朱棣名正言顺地借祖训起兵，向天下告示自己的举动是"靖难之举"，在舆论上赢得了同情。打仗是朱棣的强项，明朝开国时能打仗的将领基本上被朱元璋清洗了，此时朝中尚无人能与他一较高下。明初名将李文忠之子李景隆手握50万大军，也被朱棣打得狼狈而逃，而朱棣起兵时仅有数万人马。

建文四年（公元1402年）六月，朱棣打过长江，兵临南京城下。建文帝慌乱之中提出割地讲和的条件，请求朱棣退兵。朱棣不允，加大攻击力度，守卫京师的统帅、谷王朱橞与李景隆见防守无望，遂打开城门投降。朱棣顺利攻占南京，进城后直奔皇宫，却不见建文帝。官员们有的说建文帝逃亡了，有的说建文帝已自焚而死。

建文帝的结局是他自己造成的，刚即位几个月就大面积削藩，在削的过程中又用人不当，把朱棣的老友派出去抓朱棣，这是低级错误。李景隆是个典型的脚踏两只船的投机分子，打了大败仗，却不对他作任何惩罚，还派他去守城门，这是更低级的错误。齐泰、黄子澄这些官员才能并不是太高，建文帝偏又那么信任他们。朱允炆并不具备领袖素质，朱元璋选错接班人了。

按照民间的说法，建文帝在危亡之际从宫中秘道逃出，落发为僧，其后主要在云南一带活动，留下一些诗文。其中广为流传的一首这样写道："流落西南四十秋，萧萧白发已盈头。乾坤有恨家何在？江汉无情水自流。长乐宫中云气散，朝元阁上雨声收。新蒲细柳年年绿，野老吞声哭未休。"

野史真假难辨，但明朝却有幸迎来了一位比建文帝更杰出的领袖。尽管这位领袖发起的"靖难之举"实实在在地使国家遭受了严重的破坏，但他日后的作为又使国家气象一新。

六、"清君侧"，朱棣夺位

建文四年（公元1402年）六月，朱棣在南京即帝位，是为永乐帝明成祖。朱棣取代建文帝后，对藩王之害也有了直接的体悟，他不允许再有藩王危害国家和皇权，削藩的决心几乎从即位的第一天就下定了。但朱棣比朱允炆有智慧，他不急于动手，而是采取温水煮青蛙的策略，不动声色地达到目的。他刚一进京，就把被建文帝关押的周王、齐王从狱中接出，马上又宣布凡已削去王号的诸王一概恢复旧爵，包括他们受到牵连的部属也一并平反。从政治上安抚后，又从经济上优待，给诸王以大量的赏赐。对在京的诸王，还特意准许他们由每日上朝改为三日一朝。朱元璋曾规定，在外诸王平时不能进京，朱棣修改了这一政策，允许在外的诸王们入京朝觐。一系列的优待措施使诸王得到了过去不曾得到的实惠，一致表示拥护朱棣，大局遂稳定下来。

但是，藩王起家的朱棣还是不放心这帮兄弟，他明白没几个藩王会老老实实的，他开始动用一切手段监视藩王，在锦衣卫之外又成立了由宦官领头的特务机构"东厂"，不分昼夜地监视、刺探各路藩王和朝廷各级官员，甚至包括百姓的日常行为。

东厂办事效率很高，很快就有几位藩王和其子孙被朱棣废去爵号，成为庶人。以这些被废的藩王为反面教材，朱棣发布了一系列严厉的藩禁条例，例如，将封地在长城沿线、拥兵较多的"塞王"内迁，取消其驭将拥兵之权，还禁止他们干预地方事务等。不能拥兵，又不能干政，藩王就成了典型的坐食禄米的皇家地主，难以再兴风作浪。朱棣的手段比建文帝高明太多了，同样是削藩，建文帝削掉了自己，朱棣却稳坐大殿之上。

与不动声色地削藩同时进行的是收拢人心的工作。建文帝虽然失去了皇位，却没有一同失去民心，主流舆论认为建文帝是正统，朱棣是篡位者。为了赢得民心，朱棣从笼络文化人开始。他首先从翰林院选了解缙、杨士奇、杨荣等7名杰出者入内阁，让他们既做秘书，也分管朝廷日常事务，位同以往的丞相。实践证明，这7名品级低、对皇权构不成威胁的内阁学士在朱棣一朝发挥出极为重要的核心作用，内阁制自此被后世长期沿用。

解缙、杨士奇等人都是建文帝时有影响的旧臣，他们的入阁在朝廷引起很大的反响，一批又一批起初的反对者站到了朱棣的阵营，但仍有一部分顽固者坚持与朱棣为敌，其中最令朱棣恼火的是建文帝最亲近、最信赖的大臣方孝孺。朱棣本来十分看重他，把皇帝即位告天下的诏书交给他去写。但方孝孺不但不写，还在朝廷上大骂朱棣篡位。朱棣强忍怒火，威胁方孝孺道："你要求死，难道就不顾及九族？"方孝孺大声回答："就是灭十族，又能把我怎样？"这下真正激怒了朱棣，他下令先用刀割方孝孺的嘴，一直割到两耳，然后处以磔刑。一起处死的除了方孝孺的亲属九族以外，还有他的门生及朋友（即第十族），合计 870 多人，流放边塞的更是不计其数。

方孝孺在当时是名扬天下的大儒，被誉为"读书人种子"。朱棣起兵之初，他的军师姚广孝就曾特别提醒他，攻入京城后千万别杀方孝孺，杀了他，天下读书人的种子就绝了。但朱棣终于没能容忍其当廷辱君的大逆不道行为。方孝孺死得可惜啊，他的气节令人景仰，但他的书生气太重了，不会识人，不懂得变通。明知不少人会为他无辜陪葬，却还要顽固坚守，说严重点儿，方孝孺过于看重个人名声，心中少了些为他人着想的善念。再说，方孝孺明知朱棣雄才大略，将来肯定会带领国家有所作为，如果自己及时转变立场，尽力辅佐新君，可以为国家和百姓做更多有益之事，个人在历史上的名声岂不更佳？

杀死方孝孺后，朱棣一不做二不休，又接连镇压了一批知名的反对者，包括将建文帝的亲信齐泰、黄子澄两家族诛。据说，采用"瓜蔓抄"的形式，顺藤抄瓜，连疏族远亲也不放过，审讯一二人，能牵连数百、上千人，总共大约杀了 1.4 万余人。手段过于残忍、打击面太广，这是朱棣的一个污点。

人杀多了，血腥味儿重，朱棣也不开心，南京这地方久住不得了，迁都吧。永乐元年（公元 1403 年），朱棣下令将北平改名为北京，把京师从南京迁往北京。

北京是朱棣的"龙兴之地"，地理位置独特，背靠居庸关，面朝中原，东接山海关，西倚太行山，进退自如，是理想的都城。更重要的是，北京紧邻漠北的北元政权，一旦北元有所动作，北京就能及时反应。自洪武十三年（公元 1380 年）起，朱棣就开始在此精心经营，各方面的基础都打得非常好，足可以控天下、制"四夷"。此外，北京作为金、元两朝的国都已超过200年，其政治影响已经非常深远，定都北京对巩固多民族大一统的国家十分有利。

青出于蓝而胜于蓝，明成祖朱棣在明太祖朱元璋打下的基础上，很快引领中国走向辉煌。

七、身在大漠，心在奴儿干

朝纲稳定之后，朱棣重点经营边疆，巩固国家的统一和安全。朱棣即位时，元顺帝的子孙们维持的北元政权经过明朝的多次打击，已分裂为三部：鞑靼、瓦剌、兀良哈。其中兀良哈部一直与明朝交好，明朝就在兀良哈部设立了朵颜三卫，授予其首领以官职和军职。当时，游牧于漠南和漠北地区的蒙古鞑靼部势力很强，不时侵扰明朝边境，是明朝的主要威胁。朱棣曾长期镇守北方，熟悉北元这几个部落的情况，他一面遣使招抚，一面加紧准备武力征讨。瓦剌部是三部中势力较弱者，在得到明朝的好处后立即接受了招抚。但鞑靼部不仅不归附，反而杀害朱棣的使臣，并向与明朝友好的兀良哈部进攻。

永乐七年（公元1409年）七月，朱棣命淇国公丘福率10万精骑北征鞑靼。丘福有勇无谋，立功心切，推进到胪朐河（今克鲁伦河）时，没等弄清敌情，便撇下10万主力，仅率千余骑兵深入追敌，导致全军覆没。

丘福是永乐朝中武将地位最高也最受赏识者，结果却如此令人失望，朱棣大怒，剥夺了丘福的世爵后又将其全家徙往海南，而后下诏亲自北征。这一次动员了50万人马，于永乐八年（公元1410年）二月从北京出发，直抵胪朐河，试图与鞑靼的大汗本雅失里决战，但本雅失里此时并不在胪朐河。朱棣又挥师北进，终于在斡难河（今蒙古鄂嫩河）边与本雅失里打了一仗，摧毁了本雅失里的大帐，本雅失里却冲出包围逃往瓦剌。

鞑靼溃败后，瓦剌部趁机复兴。其首领马哈木在永乐七年（公元1409年）归附明朝时被封为"顺宁王"，他就以此名义杀了寄居在瓦剌的本雅失里，向朱棣请求奖赏。为了表示忠诚，还说要把从本雅失里手上夺回的秦朝的传国玺献给朱棣。这传国玺可是贵重之物，上面刻有秦朝丞相李斯的小篆"受命于天，既寿永昌"。元朝取代南宋后获得了传国玺，元惠宗出逃到开平时将其传给子孙。信中又开出一堆条件，比如说害怕本雅失里的下属阿鲁台来攻打，请求明朝除去他；请求遣还在明朝的质子；部属多从战有劳，请加赏赉；瓦剌兵强马壮，请明朝给予军器。朱棣收到马哈木的信后说："瓦剌骄矣，然不足较。"只是赏赐了其使臣让他回去。马哈木大失所望，下令南下骚扰，威胁明朝。永乐十一年（公元1413年），马哈木扣留了明朝派去的敕使，并提出将甘肃、宁夏归附鞑靼的蒙古诸部还给瓦剌的要求。

朱棣对瓦剌这种时服时叛的做法十分反感，就在永乐十二年（公元1414年）三月第二次亲征漠北。明军使用神机炮轰击，马哈木顽强抵抗，虽然总共只有3万多兵力，却给明军造成大的损伤。结果瓦剌部还是被击败了，明军一直追击到土剌河（今蒙古国境内土拉河）才收兵。

马哈木自知斗不过朱棣，第二年就上书请罪、纳贡，至此与明朝和平相处达35年之久。

瓦剌再度归附明朝后，鞑靼又开始强大，此时的首领阿鲁台于永乐十一年（公元1413年）被明朝封为"和宁王"。因为不满明朝对他的物质封赏，加上又攻占了瓦剌的一些地盘，阿鲁台变得骄横，不仅停止朝贡，还准备南下侵扰。朱棣不能容忍阿鲁台的行为，于永乐二十年（公元1422年）第三次亲征漠北。阿鲁台采取远走避战的战术，使朱棣无功而返。

兴师动众却颗粒无收，朱棣心情郁闷。此次出征前，相当一部分大臣是持反对态度的，因为粮储告急，国库难以支持。朱棣逮捕了几位反对者后强行出征，就这样回去，如何服得人心？朱棣率领大军往回走时心生犹豫，有后悔之意。路过兀良哈三卫时，朱棣突然发动雷霆一击，重重地打击了兀良哈部。之所以要打兀良哈部，是因为其本来早已归附明朝，后为阿鲁台所胁迫又反叛明朝，帮助鞑靼。打了这一仗，朱棣的心情才稍好一点，下令班师回京。

仅仅相隔了10个月，永乐二十一年（公元1423年）七月，朱棣第四次亲征，试图速歼鞑靼部的阿鲁台。阿鲁台仍旧躲在偏远之地不露面，朱棣只得又原路返回。好在与阿鲁台不合的鞑靼王子也先土干率部属前来归附，总算有了收获，朱棣就封也先王子为忠勇王，赐名金忠。

刚回到京师，边塞又传来阿鲁台入侵的消息。朱棣不顾劳累，于永乐二十二年（公元1424年）四月发动第五次亲征。这一次，鞑靼的军队又像之前两次那样在茫茫无边的草原上飘忽游离，朱棣仍旧只能望草兴叹。遗憾啊，这是最后一次北征了，64岁的明成祖朱棣由于过度劳累，在回撤至榆木川（今内蒙古乌珠穆沁）时突然病逝。

北征一次往返就是数千公里，不仅行军疲劳，还要亲自挥刀上阵，对于一个60多岁的人来说，是严重的超负荷。朱棣的决策和努力是非常正确的，尽管耗费了大量的人力物力，却有力地打击了鞑靼和瓦剌的侵扰，迫使他们与明朝保持臣属关系。而就在这种时有时无的臣属关系的时间段里，大量的蒙古族民众内附汉地，加快了蒙汉人民间的融合与交流，这是五征漠北的最大收获之一。5次北征，朱棣把国家安全摆在高于一切的位置上，他无意炫耀武力，也不想通过打仗给自己树碑立传，他有4个生日是在亲征中度过的，而且不许将士们为他庆贺。他图什么？无非是想以自己的努力为国家赢得安宁的边境。

还在燕王任上时，朱棣就开始怀柔东北，广泛施恩与少数民族。即位后连续派员前往黑龙江下游的奴儿干地区招抚女真、吉列迷等部落，很快建立起130多个军政合一的卫所。到永乐七年（公元1409年），整个奴儿干包括今黑龙江、精奇里江、乌苏里江、松花江流域及库页岛等地都归附了明朝。为了适应新形势，朱棣下令在黑龙江下游与亨滚河（即阿姆贡河）汇合口右岸的特林设立奴儿干都指挥使司，简称奴儿干都司，管辖西至斡难河（今鄂嫩河）、东抵库页岛、北抵外兴安岭、南接图们江的广袤地域。

奴儿干都司是军政合一的地方政权机关，直属中央政府管辖。都指挥使的官职是"父死子代，世世不绝"，这是充分考虑了少数民族政治意识和传统还比较落后的具体情况而确定的大政策，其主要目的在于维护该地区的长治久安。

奴儿干都司辖有384个卫所，它的西北与蒙古兀良哈三部搭界，可以监视牵制蒙古；东南最远在库页岛上，可以从海上拱卫东北。中央政府对这些卫所都实行了有效的管理，各级官员、军事将领的任命、调配都十分顺利。中央政府还下大力气建设交通干线，先后开通了4条驿站线。最有名的是海西东水陆城站，顺着它能从奴儿干城直抵底失卜（今黑龙江哈尔滨市双城区附近）。最远的主干线从奴儿干都城经辽东直抵北京，各地向中央的赋税等也通过主干道运抵北京。中央政府的特使亦失哈9次通过这条驿站线巡视奴儿干，每次都带去大量赏赐之物分发给当地的民众。清光绪十一年（公元1885年），官员曹廷杰在特林发现了明永乐十一年（公元 1413 年）中央政府建造永宁寺后镌刻的《奴儿干永宁寺碑记》，记述了明朝宣抚女真等少数民族以及设置奴儿干都司等方面的情况，还描述了各族人民效忠明朝，决心"世世臣服"的生动场面。

朱棣对边疆的经营是全方位的，他始终记挂着大漠，记挂着奴儿干等边疆地区。为此，在西北，通过掌控哈密这一西北最边远的军事重镇，招抚了别失八里等部的归附，建立起强有力的关西七卫。永乐十一年（公元 1413 年），朱棣仿西汉时的做法，派出使者陈诚出使西域，进一步加强了对西域的控制。在西藏，通过对各派宗教领袖的敕封，加强了对该地的管理。由中央政府投资，开通了由康定至西藏的驿道，促进了内地与西藏的贸易与文化交流。在西南，通过"改土归流"，即以内地的政治体制取代少数民族地区的世袭土官的方式，加强了中央政府对偏远地区的直接管理。"改土归流"是朱棣的创举，历经数百年，直到清朝才在所有边远地区完成这一改革。

在经营好北边、东北边疆的同时，朱棣也没有放松对南方及西南的掌控。永乐四年（公元 1406 年），朱棣派出 18 员大将讨伐安南，大破安南军于富良江上，生擒了靠政变上台的安南国王黎苍，将安南交趾之地收入明朝版图。安南在唐末五代时与中原脱离关系，约 500 年后被明朝收复，朱棣很高兴，就在安南设立了交趾承宣布政使司，使安南重新成为中国的一个省。

西南一带土著民族众多，朱棣下令沿袭元朝的土司制度，设立十宣慰使司管理西南。对于自汉以来一直未曾完全开发和管控的贵州，则单独设立贵州承宣布政使司，直属中央管辖。对于这一带时服时叛的土著，中央政府恩威并施，西南自此稳定下来。

朱棣在管理边疆各地方面展现了极大的智慧，而他最伟大的创举则是不断地派遣庞大的武装舰船驶入南中国海、印度洋、太平洋，率领中国走向海洋。

八、走向海洋

也许出自地缘原因，秦以后，在国家安全问题上，历朝中央政府都把主要精力放在处理与北方中亚地区的关系上，而忽略了海洋。元世祖忽必烈较早意识到海洋的重要性，通过几次海上远征为中国打开了海疆。明太祖朱元璋即位后，起初还是着力发展海防与海外贸易的，后来为了抑制走私和防范海盗，把大战略定位于以岸防为主，错误地实行"禁海政策"，极端到"不许一块木片出海"。

明成祖朱棣即位后，大幅调整明太祖守土御国的保守方略，开始大规模地建造巨舰，组建远洋舰队，把防线从陆上全面推进到海上。最有战略意义的行动是派遣三宝太监郑和率船队大规模地出使西洋。

对于为什么出使西洋，历来说法不一，有寻找建文帝说，有张扬国威说，有提前防御帖木儿帝国东进说……现在看来，朱棣的用意主要在于建立华夷大秩序。在朱棣心中，中国是世界之中心，是万国之国，中国应该像磁铁一样把其他国家都吸引过来，使它们如众星拱月般围绕着中国。那么，如何形成这种和平安宁的国际秩序或者说华夷秩序呢？洪武年间，明太祖想出的办法是用"贡赐"来推动华夷圈的形成。所谓"贡赐"，就是外国以朝贡的名义向明朝进献贡物，明朝按薄来厚往的原则回赐给外国更多的物品。这种既有政治色彩，也有贸易色彩的"贡赐"活动无形中把中国推到了"领头羊"的位置上。为了维持这种地位，明太祖曾遣使 30 余次，访问陆地与中国接壤的 12 个国家，引发的效应是有 17 个国家先后遣使 135 次访问中国。

永乐年间的国力远比洪武年间强，全国仅耕地面积就比开国时增加了几倍，朱棣利用这一优势，不遗余力地扩大"贡赐"，把目标对准海洋，下令以三宝太监郑和为统帅，组建远洋舰队，去发现和吸引更多的国家加入以"贡赐"为纽带的华夷圈。

从明成祖永乐三年（公元 1405 年）至明宣宗宣德八年（公元 1433 年），郑和 7 次率队出使西洋，在不到 30 年的时间里，跨越半个地球，先后访问了 30 多个国家，最远到达非洲东海岸。每到一地，主要的活动是三大项：一是在上千人的仪仗队的护卫下，向当地国王或首脑人物宣读大明皇帝的文告、敕谕，介绍中国及中华文明，要求他们加入"贡赐"行列，"共享太平之福"。二是赠送中国出产的金银、文绮、彩绢、图书等礼品。三是与当地民众开展以物易物的贸易活动，用中国的丝绸、瓷器、铁器、漆器、铜钱等交换海外的苏木、番香、胡椒、象牙、宝石等土特产。

交易量非常大，以铜钱为例，1956 年宋庆龄女士在《访问印度尼西亚的报告》中讲述道："我们国内已不易看到的铜钱，在巴厘岛上家家都能找到，这种铜钱被停止流通还是不久的事实。现在人们把铜钱结成一串一串地吊起来，作为宗教仪式上不可缺少的神器。……可见中国、印度尼西亚历史上文化关系的密切。"

比贸易更有影响的是大批海外使节随同郑和船队来到中国。据不完全统计，永乐年间先后有 60 多个国家的国王或使臣 245 次访问中国。他们被中国的繁华和友善感染，一致表示要"宾服"于中国。

其实这些海外的首脑人物在没有来到中国之前，就已经先"宾服"于郑和的船队了。郑和使团每次远航，一般由 63 艘大、中号宝船组成舰队主体，加上附属补给舰只共一两百艘。这些船只的载重量都很大，最大的宝船长 44 丈，宽 18 丈，约合长 140 米、宽 57 米，船体深 12 米，吃水 8 米，载重约 7000 吨。中型船只长约 37 丈，宽 15 丈，约合长 117 米、宽 47 米。最小的长度也有 18 丈，约合 57 米。这是当时世界上最庞大、最有战斗力的远洋舰队，舰上装备有火炮，随行的官兵有 2.8 万多名。

郑和下西洋是人类史上前所未有的航海活动，比哥伦布发现新大陆早 87 年，比迪亚士发现好望角早 83 年，比达·伽马发现新航路早 93 年，比麦哲伦到达菲律宾早 116 年。法国历史学家布罗代尔曾发问："正当欧洲因所谓百年战争而出现经济大衰退的时代，如果中国帆船于 1419 年绕过了好望角，如果世界的统治权转到了这个遥远的东方大国，转到了当时世界上人口最稠密、生产最发达的区域，那又会是什么情形？"

无独有偶，美国当代学者李露晔在其著作《当中国称霸海上》中这样感慨："在第一次世界大战的攻击舰队出现之前，没有任何舰队可以与之（郑和舰队）匹敌……当时世界的一半已经在中国的掌控之中，加上一支无敌的海军，如果中国想要的话，另外一半并不难成为中国的势力范围。在欧洲大冒险、大扩张时代来临前的 100 年，中国有机会成为世界的殖民强国。但中国没有。"

中国为什么没有？答案很明显：中国自古以来就是一个爱好和平的国家，极力信奉和追求的是"天下一家""八方来贺"这种精神上的境界，而非四面出击、殖民他国。翻翻中国军事史，几乎没有由中国主动发起的、以侵占他国领土和奴役他国人民为目的的战争。其实中国在明朝之前早就具备在海上"跑马圈地"、夺占更多国土的能力。春秋时期成书的《竹书纪年》记载了夏朝第九任君主后芒率领船队"东狩于海，获大鱼"的事。战国时，吴、楚两国的战船已有甲板，可以出海作战。秦朝的徐福曾率一支规模可观的船队远航至日本海。汉武帝时创建了一支训练有素、装备精良、拥有 10 多万常备兵员的专业化大型海军舰队——楼船水师，是西汉帝国的江防、近海海防舰队，曾多次出兵作战。三国时，孙权曾派出万人舰队横渡东海，试图掌控琉球群岛。唐朝的庞大舰队经南海抵达今新加坡、苏门答腊一带，穿越马六甲海峡后经尼科巴群岛抵达今斯里兰卡和印度。唐朝舰队走的这条航线，正是西汉开辟的航线，唐朝在此基础上伸展，主航线从印度半岛南端，沿今阿拉伯海东岸一直驶入阿曼湾、波斯湾，到达当时的乌剌国（今伊拉克奥波拉）。

郑和在远航的 20 多年时间里，真正出手动武只有两次。一次是生擒海盗陈祖义，击杀其水军 5000 余人；一次是遭到锡兰国水军的抢劫，迫不得已自卫反击，生擒国王亚烈苦奈儿。除此两仗，郑和舰队与其他 30 多个国家相处甚洽，除了公开地开展以物换物的交易外，没有恃强抢劫他国一草一木。不仅如此，这些国家还得益于郑和舰队为他们清除了盘踞海中的强盗，招抚了逃亡海岛的流民。

明成祖朱棣去世后，主要由于财政原因，明朝停止了舰队远洋。但许多国家仍旧期盼着中国舰队的到来，那些精美的中国商品已经改变了他们的生活。为了表达对中国的敬意，许多国家为郑和修建了各种形式的纪念物，许多地方改以"三宝"命名，一些国家的首脑人物不畏千山万水，多次来到中国，恳请明朝再启远洋舰队。

一支能给他国人民带去和平与财富的舰队，是永远不会在大洋里消逝的。

九、土木堡之变，英宗成俘虏

永乐二十二年（公元 1424 年），明成祖朱棣在第五次北征返程中病逝。太子朱高炽即位，是为明仁宗。明仁宗在位仅 10 个月就病逝。10 个月很难做成什么事，不过他曾在朱棣几次亲征漠北时担负监国任务，懂得守成之道，因而使国家大局保持了稳定。

明仁宗去世后，太子朱瞻基继位，是为明宣宗。明宣宗即位时 27 岁，正是年轻有为之时，在一班忠于朝廷的能臣，如杨士奇、杨荣、杨溥等人的辅佐下，经过 10 年努力，创造出政治清明、国家周边安定、百姓安居乐业的"仁宣之治"，国势臻于全盛。

然而，11 年的"仁宣之治"却给国家留下了严重的隐患，主要是大战略上过于保守，使国家丧失了更好的发展机遇。例如，完全停止了中国舰队远航，自毁海上长城，自绝于正在迅速成长的世界市场，导致与西方工业革命的成果失之交臂。在完全退出海洋的同时，又错误地在陆地实行收缩政策。对北方不仅不再主动出兵，还把一批建国初为抵御蒙古兵团而设立的重要军事基地或撤销，或整体从内蒙古、山西内迁至长城以内的河北一带，防御纵深大为缩小，蒙古骑兵可在长城以北自由进出，快速威胁北京。在南方，也以罢战、息事为由，错误地从安南（今越南）撤回全部军队，明令放弃交趾，使朱棣花了 20 年之功才恢复、建立的安南省永久地脱离了中国。这是仁宣时期最不应该出现的战略失误，尽管从与民休息的角度看有一定的道理。

除了上述决策大失误外，重用宦官为国家安全带来直接的危害。明朝开国之初是严禁宦官干政的，明太祖还铸了"内臣不得干预政事，犯者斩"的铁牌悬挂在宫门上。朱棣靖难之役时，宦官为他出力，为了回报宦官，朱棣不顾祖训，对宦官"多所委任"。到了明宣宗时，宦官协助他平定皇叔朱高煦之乱，其地位更是直线上升。明宣宗甚至在宫内为年轻宦官开办内书堂，教宦官读书识字，从这里学习出来的宦官可以代自己批示奏章，所谓"批红"。

宣德十年（公元 1435 年），明宣宗去世。年仅 8 岁的太子朱祁镇即位，是为明英宗。正统七年（公元 1442 年），掌控大局的张太后病逝，元老杨士奇、杨荣、杨溥也在这一年前后相继去世，宦官王振得势，明英宗被他玩弄于股掌之间。

明英宗即位之前，云南麓川（今云南腾冲县）土司就经常发生叛乱，明宣宗时期和明英宗即位初，主要采取抚绥政策，对其再三进行招谕，声称只要土司首领思任发"去逆效顺，则悉宥前罪不问"，态度极为和缓忍让。但思任发不理会朝廷的招抚，于正统四年（公元 1439 年），大肆侵扰当地，公然武装叛明。明英宗也愤然出手，先后几次派大军进剿，但都以失败告终。眼看战局不乐观，明朝内部的反战声四起，明英宗也心生动摇。此时，初掌大权的王振站出来，坚决要求打下去。正统六年（公元1441年）起，麓川战役第二阶段打响。在兵部尚书王骥的带领下，明军此次进军顺利，特别是发挥了火器优势，在马鞍山战役中一次性歼灭思任发部十多万人，将其精心训练的战象部队消灭殆尽。两年以后，王骥再度率兵南下，终于逼迫缅甸方面交出思任发这个长期作乱的地方首领。正统十年（公元1445年），思任发被王骥斩首，函送京城。

思任发的余部由其子思机发带领，躲在孟养（今缅甸北部）苟延残喘。事后思机发派弟弟入京，请求招抚讲和。然而明英宗与王振非要彻底赶尽杀绝，又于正统十三年（公元1448年）派王骥再度率军出征。这次战斗打得异常艰苦，明军深入金沙江，一路浴血搜杀，在鬼哭山强行攻坚，终于击溃思机发军。谁知刚班师回朝，思氏残部又拥立思任发另一儿子思禄发，再度攻占孟养。这下明军师老兵疲，只能与之议和，承认了其土司地位。麓川地区，终归和平。

正统十三年的这次远征是完全不必要的，徒费钱粮不说，还使明朝陷入战事泥潭，大批精锐部队相继南下征讨，也使明朝在京城地区的军事力量大为削弱。但不管怎样，麓川之役的胜利还是成为王振的重大政绩，之后，王振和明英宗的尚武之气陡涨，不久即招来造成几十万大军覆没的土木堡之变。

土木堡之变的大背景是：在仁宣宗两朝防线内缩的这段时间里，蒙古瓦剌部逐渐强大，表面上维持了与明朝的臣属名分，暗中却在全力准备南下侵扰。正统十四年（公元1449年）二月，瓦剌首领也先遣使2000余人贡马，诈称3000人，向明朝中央邀赏。宦官王振不肯多给赏赐，而是按实际人数给赏，并减去马价的五分之四。于是瓦剌以此为借口，拘留明廷使者，胁迫其他游牧武装大举南下，一路攻大同，一路攻赤城（今河北赤城），一路攻辽东，一路攻甘州（今甘肃张掖）。

对于瓦剌的侵犯，明廷事先收到过情报，也采取了一些措施，但没等部署到位，瓦剌大军已将大同以北的城堡悉数攻占。与此同时，赤城、辽东、甘州方向的瓦剌武装也取得进展，明军接连失利，朝廷一片慌乱。

如何应对瓦剌的进攻？明英宗毫无主见，王振趁机炫耀其威势，极力怂恿明英宗亲征。多数大臣反对，认为瓦剌远离母土，兵势必不能持久，只要坚守，必能将其击败。但明英宗只听王振的，决意亲征，下令立刻调集50万兵马，由王振统率。名将张辅、兵部尚书邝埜等将领都得听王振之令，而他根本不懂军事。仗未打，胜负已分，明朝的灾难就要发生了。

七月十六日，明英宗命其弟、郕王朱祁钰据守北京，然后和王振一道，率官员100多人，带领50万大军从北京出发。行前既无认真的战前准备，也无周密的作战部署，50万大军才走了10天，军中已绝粮，战马的饲料也断顿了。连日风雨已经预示了出兵不利，大臣们一致请求回军。明英宗拿不定主意，交给王振定夺。王振不仅将这些回军的建议驳回，还下令让户部尚书王佐、兵部尚书邝埜等大臣罚跪草中至天黑。处罚了一批文臣武将后，明军又继续冒雨向大同进发。瓦剌军为诱敌深入，故意退避塞外。

八月初一，终于进抵大同。王振仍欲北进，镇守太监郭敬出面劝阻，透露了前线兵败的情况，建议王振撤军。当日天气骤变，黑云压顶，雷雨大作，王振这才下令班师。瓦剌统帅也先闻讯，立即掉头突入长城跟踪追击。

王振在撤军途中为炫耀乡里，邀请明英宗去他家乡蔚州（今河北蔚县）看看，明英宗满口答应。大军走了40里，王振又后悔了，担心几十万人马会踩坏家乡的庄稼，又改道宣府（今河北宣化）回京。路上这么一折腾，耽误了回京时间，瓦剌大军追上了明军。本来明英宗此时可入住怀来城（今属河北），城坚粮足，可以抵抗瓦剌军。但王振不听将领们的建议，下令几十万大军扎营在土木堡旷野中。

土木堡是宣府通往居庸关的要塞，地势较高，几十万大军驻下后却发现无水可供，堡南15里倒是有条小河，但已被瓦剌军占领。明军挖地两丈也不见水，人马无水可饮已达两天，将士饥渴，斗志全无。瓦剌大军此时已对明英宗形成包围之势，却又故意派出使者求和。王振不知是计，下令拔营移驻有水的小河一带。瓦剌大军就趁明军正在拔营、无力防御之机全力出击，打了明军一个措手不及。几十万明军立时陷入混乱，早已疲惫不堪的明军士兵争先逃跑。瓦剌铁骑冲入明军，大肆砍杀。明英宗失魂落魄，下马盘膝坐在地上，成了瓦剌的俘虏。数百大臣和武将战死，50万明军伤亡过半。护卫将军樊忠悲愤交加，把全部怨气喷向王振，一锤将其击杀，尔后冲入敌阵，战死沙场。

这就是明朝历史上最令人痛心的土木堡之变。

败讯传至北京，朝廷哭声一片。此时京师士卒不足10万，多数留守大臣主张南迁避难。兵部侍郎于谦力主抗敌，严词斥责迁都论："言南迁者可斩也！"明英宗之母孙太后支持于谦，下令以于谦为主组织京城保卫战。

于谦是杭州府钱塘县（今浙江杭州）人，为官清正，深得民心，曾因不趋附于王振而被下狱论死。王振挟持明英宗亲征时，于谦是极力反对的。明英宗被俘，明廷元气大伤，瓦剌很快就会兵临城下，于谦深知责任重大，建议朝廷采取非常措施以渡难关。首先是更立政府，皇太后命英宗弟、郕王朱祁钰即皇帝位，是为明景帝，以安天下人心，并遥尊明英宗为太上皇。其次是整军备战，选拔了一批优秀将领担任京师军队的指挥官，又从河南、山东等地调集兵力、粮草，火速赶往北京，同时在京师周围增戍关隘，修筑大批坚固工事。为了鼓舞士气，明景帝下令诛除宦党，抄斩王振全家。等到这一系列措施全都见效，瓦剌大军也发起了向北京的进攻。

瓦剌的进攻分南北两路，气势汹汹，以为北京旦夕可下，却遭到北京军民的顽强阻击。瓦剌统帅也先见强攻无效，便挟持明英宗至德胜门外土城，企图用送还明英宗为诱饵，诈开城门。阴谋未逞，又闻听明朝各路援军即将到达，也先深恐归路断绝，便紧急从北京城下撤兵。于谦率兵跟踪追击，迫使瓦剌军退出塞外，北京转危为安。

把国家和自己的命运交给一位专横跋扈、毫无军事常识的太监，以致轻易陷入敌手，明英宗真是昏聩至极。

十、由盛而衰，令人扼腕

瓦剌退军后，感到明英宗已无利用价值，继续拘押反而会与明廷结仇更深，遂派使者与明廷议和，于景泰元年（公元1450年）八月送回明英宗。

明英宗不甘心做毫无权力的太上皇，在住了7年冷宫后，在一帮太监和将军的帮助下发动"夺门之变"，从正处于病中的明景帝手上夺回帝位。

明景帝算是个厚道人，在病床上得知明英宗复位，口中说道："挺好的。"好什么呢？一点也不好，立国近百年的大明王朝从此开始衰落。昏庸无能的明英宗把一批为他复辟出了力的太监、将领如曹吉祥、石亨之流提拔起来占据朝廷要职，赋予他们极大的权力，而对保卫北京立下大功的于谦却以莫须有的罪名斩杀。

明英宗复辟后改元天顺，又做了7年皇帝后去世。太子朱见深继位，是为明宪宗。明英宗先后执政14年，从这14年起，到以后的明宪宗成化时期、明孝宗弘治时期、明武宗正德时期的60余年，是明朝政治腐败、国势式微的60年。最显著的特征是上自皇帝，下自特权阶层、地方豪强展开了一轮又一轮与民争利的疯狂运动，大量农民和屯军的耕地被皇亲、国戚、宦官们兼并占有。成化年间，宦官汪直一人就霸占农民耕地2万多顷。无数的"皇庄"建在农民赖以谋生的口粮田上，大批农民失地后变为流民。

流民得不到政府的安抚，政府也收不到这些失地农民的赋税，于是就出台了一项更损民的政策，规定这些赋税由还未成为流民的农民来交。这就更加重了坚守在农村的农民们的负担，迫使一批又一批农民放弃土地，加入流民队伍。流民遍及全国，最严重的是成化年间，在天子脚下的北直隶顺天府，流民多达72万人。

与土地兼并同样猖獗的是宦官的专权和肆虐。成化十三年（公元1477年），明宪宗为加强特务统治，增设了西厂，由汪直统领，人员比明成祖设立的东厂多一倍，且权力更大，侦办范围已不限于官场、京师，连民间一般的斗鸡骂狗也包括在内。明宪宗宠信汪直，以致天下只知汪太监。

明宪宗于成化二十三年（公元1487年）去世，太子朱祐樘即位，是为明孝宗。明孝宗目睹成化年间的种种弊端，继位后勤政节俭，锐意求治，一时间"朝序清宁，民物康阜"，明朝迎来一小段"弘治中兴"。可惜明孝宗在位仅18年，中兴戛然而止。继位的明武宗朱厚照是个典型的败家子，终日沉湎于狗马鹰犬、歌舞角抵之中，所有朝政一并付与宦官。宦官们为了加强权势，又设比东西厂更加凶残的内行厂。江西一户农民端午节赛龙舟，竟被内行厂诬为"擅造龙舟"，全家被毒打致死。宦官猛于虎，以刘瑾为首的8个宦官被民间称为"八虎"，朝廷大小事宜，没有"八虎"点头一概行不通。京师上下遍布"八虎"的爪牙，文武大臣终日提心吊胆，朝廷事实上形成两个皇帝：一个朱皇帝，一个刘皇帝。大臣上折子一般要写两份，一本呈刘瑾，一本呈明武宗。

宦官的权限过大，不仅干政、乱政，也直接损害了国防。明英宗复辟后，不仅为宦官王振平反，还废除了于谦苦心建立的团营制，把总兵权交给太监曹吉祥。往后的明宪宗、明武宗更是重用宦官主管军事。这些打扫卫生、端茶倒水出身的宦官，平时不懂训练，战时不懂作战，明朝的军队建设一年更比一年差。大批士卒忍受不了宦官的淫威而逃亡。明孝宗弘治十八年（公元1505年）七月，朝廷曾组织了一次规模较大的阅兵，京师的主力"三大营"原额为154287人，缺额128137人。这个缺额量相当惊人，说明京师的兵营已是一副空架子，一旦京师或国家有事，军队根本指望不上。

更大的危机在民间，从明英宗至明武宗的60余年时间里，各种规模的农民起义不时发生，大批失去土地的农民或啸聚山林，或揭竿于旷野，公开向腐败、黑暗的朝廷宣战，其中规模较大的有刘六、刘七起义。

刘六、刘七两兄弟是霸州文安县（今河北文安）人，因拒绝大宦官刘瑾家人的勒索，被官府诬为盗贼，画像捕捉。兄弟俩走投无路，便于正德五年（公元1510年）十月聚众起事。起义军势力发展很快，第二年就达到数万人。由于参加起义的农民多数都代政府养军马，刘六、刘七起义后，这批人便形成了一支"倏忽来去，势如风雨"的骑兵部队，纵横河南、山东、山西等8个省份，攻破城池数以百计。正德七年（公元1512年），起义军曾三打霸州，多次逼近北京，"几危宗社"。

由于没有建立可靠的根据地，单纯依靠骑兵部队实施大范围的游击战，刘六、刘七的起义仅仅维持了两年多便告失败。

在各地农民起事打击明廷的同时，宁王朱宸濠趁机叛乱又给了朝廷当头一棒。朱宸濠是朱元璋的五世孙，嗣封于江西南昌。他为人处事自命不凡，野心极大，时常派间谍潜入京师打探朝廷的动静。刘六、刘七起义更加激发了他篡位夺权之心。

正德十四年（公元1519年）六月十四日是朱宸濠的生日，他利用宴请各路大员的机会，悍然宣布称帝。随后亲率号称10万的大军顺江而下，攻克九江，围攻安庆，目标直指南京。明武宗在此之前收到过一些关于宁王图谋叛乱的情报，但没料到叛乱会来得如此快，朝廷一时慌乱，幸亏提督江西的王守仁早有准备，立即组织兵力平叛，趁朱宸濠顺江而下的机会一举攻下朱宸濠的大本营南昌，迫使朱宸濠回援南昌，放弃了攻下安庆后再攻南京的作战计划。

朱宸濠的野心大，作战指挥却不行，处处被王守仁牵着鼻子走，先是两万前锋被击溃，接着主力又严重受挫，只好往南昌东北的樵舍撤退。王守仁乘胜追击，采用火攻战术生擒朱宸濠。

朱宸濠从叛乱到被平息前后不过 43 天，时间虽短，对社会的冲击却很大。从朝廷到民间，舆论都在反思：国家为何动乱频起？原因很多，但最重要的一条是皇帝出奇地腐败。明武宗在位 16 年，终日声色犬马，纵宦为虐。他贵为皇帝，仍觉得乐趣不多，居然封自己为总督军务威武大将军总兵官、镇国公，时常以这一头衔把人召到豹房（蓄满歌伎、珍玩的娱乐场所）议事，可谓出尽洋相。这样的皇帝能令人信服吗？朱宸濠就第一个不信服，他老早就开始养死士、招谋士、造兵器，为取代明武宗做准备。但仅从他叛乱后不知用兵之要、寡谋少略的表现来看，这个朱宸濠比明武宗也强不了多少。

朱宸濠被赐死后又被焚尸。心怀野心、唯恐天下不乱者应该受到严惩，但令人叹息的是明朝真正开始走下坡路了。

正德十六年（公元 1521 年）三月，年仅 30 岁的明武宗因荒淫过度死在豹房。明武宗没有子嗣，后继无人，张太后做主立了武宗的堂弟朱厚熜为帝，是为明世宗，改元嘉靖。

十一、鞑靼又来犯

元朝被推翻之后，蒙古母地各部落便长期与明廷对抗，边境始终难得安宁。尤其是土木堡一役之后，蒙古兵团更是气焰嚣张。弘治年间，鞑靼部悍然率众入居陕西北面的河套地区放牧，又以河套为据点四处劫掠。

河套东西约 2000 里，南北最远者达八九百里，三面临河，宜耕宜牧。北上可攻宣府、大同、三原（今陕西三原），威逼京师；西进可击延绥（今陕西榆林）、宁夏、固原，劫掠西北，因而，河套是历代屯军戍边之重地。明成祖之后，明朝的北方防线逐年内敛，弘治年间，河套已基本被鞑靼所占，一些边将曾多次上疏要求收复河套，但几届明廷都未下定决心。到了嘉靖二十六年（公元 1547 年），夏言担任内阁首辅时，总领三边军务的兵部侍郎曾铣收复河套的建议才引起明世宗的重视，下诏展开讨论。议来议去，内阁大学士严嵩的意见占了上风，大意是：夏言与曾铣串通一气，轻启边战，将会置朝廷于危险之境地；鞑靼战力强悍，当下岂能战胜？糊涂皇帝明世宗本就无心收复河套，认为严嵩言之有理，下令罢夏言官，捕曾铣下狱，不久竟仓促地处死了曾铣。

严嵩仍不满意这种处理，他利用此时边境发生鞑靼入侵的报告，诬陷夏言，说一切都是夏言挑衅在先引发的边患。明世宗又不问青红皂白，将夏言斩于西市。

内阁首辅和兵部侍郎皆因建言收复河套而掉脑袋，满朝文武谁还敢言收复失地？河套于是被鞑靼牢牢掌控，而明廷则被严嵩牢牢掌控。

严嵩是江西分宜（今江西新余市分宜县）人，曾是夏言的下级。他文学功底好，擅长歌功颂德，很讨明世宗喜欢。明世宗崇信道教，宠信道士，每逢斋醮大礼，总要用朱墨在青藤纸上写一篇玄而又玄的祷词，名曰"青词"。这种青词很难写，要求采用骈体格式，既对仗工整，又能完整地表达出道家要旨。许多奉诏撰写者都不能令明世宗满意，只有严嵩写的可以过关。于是，明世宗对严嵩另眼相待，把所有朝政托付严嵩，听任严嵩独断专行。

严嵩自己有才干，他的儿子严世蕃更胜一筹。明世宗因为迷恋道教，所下诏令往往令大臣们瞠目，看不明白，也不知该如何应对，只有严世蕃能透过重重云雾，读懂诏令，"一览了然"且"答语无不中"。严世蕃能如此，主要是结交明世宗身边的太监，探得内情后的结果。

父子奸臣相得益彰，严嵩年高，碰到难办之事，智力不够用的时候就抬出儿子，令大臣们去严世蕃府，"与小儿议之"，无形中朝廷形成两个首辅，所谓大丞相、小丞相。官员们为办成一件事，要在这两个"丞相府"间穿梭，有时一等几天也得不到接见。这可苦了官员们，皇帝长年躲在深宫装神弄鬼，不见大臣达20年之久；严嵩父子独揽朝纲，不奉献银子又休想得到召见。怎么办？官员们就大量送礼，送礼者在两府门外排成长队，"筐筐相望于道"。获罪被罢官的仇鸾，本来闲居已久，因重金贿赂严嵩父子，居然得任宣府大同总兵要职。

类似于仇鸾这样根本不懂军事指挥、靠贿赂走上高级将领位置的还有许多，明朝的麻烦就要来了。嘉靖二十九年（公元1550年）六月，鞑靼土默特部领袖俺答领大军向仇鸾守卫的大同发起攻击。仇鸾不知如何应对，惶恐之余派人送去大量财物贿赂俺答，请求俺答转移进攻方向，只要不攻大同，攻哪都行。

俺答得了好处，便引兵东向，攻占古北口（今北京密云东北），顺势在密云、顺义一带大肆抢劫。八月十七日，俺答大军抵达通州（今北京通州区）。朝廷闻讯，一片恐慌，明世宗下令全力迎战。可是命令发布后，军队迟迟集合不拢。从编制上看，京师"三大营"应有 15 万兵力，但奔向集合地的只有四五万人，其中一半是老弱之兵。就是这几万"弱师"，相当一部分还在总兵、提督、太监等大员家中做佣人。好不容易把这些佣人召集到一块儿，武器还要现从武库领取，可是不给守库的太监红包，他就不开门。

朝廷没办法，只得把文武大臣、国子监的学生及宫中的太监等都发动起来守卫京师九门，又派出急使传檄各路兵马入京勤王。仇鸾为邀功请赏，率 2 万大同兵最先抵达通州，其后，河间、宣府、山西、辽阳的援兵也来到北京城外。各路援兵仓促出发，都没来得及备粮，仇鸾的军队就直接开抢，其他几路援兵不敢去抢，静等朝廷犒军。没料到国库空虚，一时无法满足，许多士兵 3 天后才领到几张薄饼。疲惫、饥饿的勤王大军，仗还未打，战斗力已失。

明世宗此时又听了严嵩的鬼话，任命仇鸾为平虏大将军，节制各路援军。仇鸾哪里懂得节制？他又使出老办法，派出使者见俺答，说只要退兵，允许鞑靼与明廷通贡，即开展商品贸易。俺答听后就要求先允许 3000 名鞑靼兵进城通贡，明世宗不批准，俺答立即下令向北京以西展开进攻和抢劫。仇鸾急了，他去请示严嵩，得到的回答是："你若是在边境打了败仗，还可瞒过皇上；京城可是在天子眼皮底下，打了败仗无法隐瞒。这样吧，不如让鞑靼抢够了自己离去（饱将自去）。"

这个命令一传开，各路援军均按兵不动，不发一矢，听任俺答大军在北京城郊抢劫了 8 天。大量的人畜财物被俺答掳走，不少村庄变为废墟。一见俺答退兵，仇鸾就假装反击，尾随在俺答之后。俺答起初并未在乎，等到了昌平突然杀出回马枪，派精骑冲入仇鸾毫无作战准备的大军中，杀伤明军 1000 多人，几乎捉到仇鸾本人。

史载，俺答其实只有几万兵马，却能入内地如入无人之境，烧杀抢掠，为所欲为。在重大危机面前，明廷的十几万勤王大军居然全作壁上观，无一人出手。朝廷腐败到这种程度，军队将领腐败、无能到这种程度，真是罕见。俺答的此次入侵壮了他的胆，之后又多次侵扰明朝边境，明廷被这位"冤家"折磨得无可奈何，大同、宣府一带苦不堪言的广大百姓，更是急切盼望朝廷拿出办法，拯救他们。

但靠嘉靖帝这一朝是不可能有办法拯救他们了，要等到20年之后，明朝出了个张居正的人物，改善了与蒙古高原各部落的关系后，千里边防才安宁下来。眼下，嘉靖帝还有一桩更头疼的事要处理，那就是抗击倭寇。

十二、倭寇：强盗加流氓

明朝之初，正是日本诸侯混战之时，一批战败了的日本武士、浪人勾结其国内的奸商，流窜到中国东南沿海，走私抢劫，杀人放火，从事海盗活动。因为日本古时叫"倭奴国"，明朝便称这些强盗加流氓的武装团伙为"倭寇"。

嘉靖中期后，倭寇更加猖獗，所到之处，除劫夺财物、奸淫妇女、焚烧庐舍外，还掳掠、屠杀大量中国百姓，甚至对所掳婴儿"沃以沸汤，视其啼号，拍手笑乐"。倭寇的暴行给沿海人民带来严重的灾难，广大民众自发地组织起来与倭寇展开斗争，并呼吁朝廷尽快平倭。朝廷此时的状况很尴尬，皇帝长期不问国事，严嵩专权只知以权谋私，海防建设早已荒废，沿海卫所兵力严重不足，现有战船失修，存者80%不能出海作战，能够开动的战船也形不成战斗力。反观倭寇，都是一伙亡命之徒，尽管舰船及兵器也很落后，但剽悍、狡猾，无论是海上还是陆上，其战斗力都比长期不作战的明军强。据统计，明军在抗倭前期十战九败，致使倭寇愈发嚣张。

更令朝廷头疼的是，由于严禁与海外通商，沿海的商贩、土著、豪族就用走私来与倭寇通商。渐渐地，这些人包括一些对朝廷不满的普通百姓及文化人，也公开或暗中加入倭寇队伍，成了名副其实的帮凶或"带路党"。这部分人熟悉本土，有财力买通官员做保护伞，朝廷的军事行动尚未展开，倭寇的对策就出来了。看来，依靠沿海官吏平倭不可能了，朝廷于是任命左副都御史朱纨统率各省平倭。

朱纨有魄力，一到沿海首先抓汉奸，切断他们与倭寇的往来。然后大力提高海防军备，购买和新造了一批大船。又在要害部位建立水寨，训练水兵。在整饬海防有了成效之后，朱纨抓住时机整合闽浙二省兵力，一举端掉了盘踞在双屿（今浙江象山港外）的倭寇基地，俘获日本贡使周良及一批奸商，基本消灭了勾结倭寇和葡萄牙人的李光头、许栋一伙，另一重要头目汪直逃脱。

朱纨的胜利损害了闽浙大族及站在他们背后的某些官员们的利益，彻底断绝了他们与倭寇勾结通海走私之路，于是各种势力联合起来通过严嵩向朝廷诬陷朱纨。昏庸的明世宗偏听偏信，竟将朱纨削职为民。悲愤不已的朱纨知道他得罪权贵太多，只得饮药而死，死前长叹："去除外国盗易，去除中国盗难；去除中国濒海之盗易，去除中国衣冠之盗（指权贵大员）尤难。"

朱纨去世后，海防随之废弛，沿海的汉奸、大族更加肆无忌惮地与倭寇联手走私，倭患日渐深重。头号汉奸汪直发展到有战舰数百艘，多次与倭寇组成联合舰队向闽浙江苏一带发起大规模抢掠。滨海数千里遭受摧残，上海附近的青龙、蟠龙、乌泥泾、下砂、新场等市镇皆成瓦砾，"虏掠女子财帛以钜万计，吏民死锋镝、填沟壑者，亦且数十万计"。

朝廷受到刺激，有些后悔，立即任命南京兵部尚书张经赶往沿海御倭。张经是福建侯官县（今福建福州）人，熟悉海防，也懂作战，到任后立即从两广地区往上海调兵。张经曾任两广总督，深知广西的狼兵（少数民族土司训练的士兵）、湖广的土兵（今湘西一带土家族士兵）强悍能战，一定能成为倭寇的克星。果真如此，从数千里外赶来的狼兵、土兵，加上一部分吃苦耐劳的山东兵，气未喘定就在王江泾（今浙江嘉兴北）大败倭寇，杀敌 1980 余人，倭寇被烧死、淹死者不计其数。

王江泾大捷是嘉靖年间抗倭斗争的重大胜利，按《明史》的说法，是"自军兴来称战功第一"。令人愤慨的是朱纨的悲剧重演，因严嵩同党赵文华的诬陷，张经被明世宗下令处死。张经之死，"天下冤之"，他调来的狼兵、土兵军心陡变，不但不听从朝廷的指挥，反而剽劫当地，危害百姓。倭寇很快死灰复燃，大股数千人，小股数十人，重新攻掠沿海。其中最猖獗的是汪直，他据有日本五岛，以五岛为基地，不时突击到中国沿海骚扰抢劫。嘉靖三十三年（公元 1554 年），胡宗宪受命出任浙江巡按监察御史，官至兵部左侍郎兼都察院左佥都御史，总督南直隶、浙、闽等处军务，负责东南沿海的抗倭重任。

胡宗宪先采用离间计，诱使汪直手下大将徐海缚献陈东、麻叶等倭寇首领，然后派总兵俞大猷突然出击，在今浙江平湖东包围徐海，歼其众 1600 余人，迫使徐海投水而死。俞大猷随之焚烧徐海营寨，然后又于海门、常熟、苏州、松江等地尽歼流窜于此的倭寇。

汪直闻讯后惊恐不已，聚众 3000 困守日本岛。胡宗宪采用诱降法，将汪直诱至杭州，以礼相待，劝说汪直投降。汪直同意投降，希望朝廷宽恕。但明世宗不批准胡宗宪为汪直说情的奏折，认为汪直是元凶，非杀不可。汪直被斩首的消息传开，其部众无所归依，又重新加入倭寇队伍，侵扰沿海比以往更加凶残。

胡宗宪抗倭有功，而其下场也不好。嘉靖四十一年（公元 1562 年），严嵩被罢官，胡宗宪是由严嵩义子赵文华的举荐而屡屡升迁的，因此被指为严嵩同党，死于狱中。

嘉靖年间真正给倭寇以致命打击、使倭寇闻风丧胆的是戚继光统率的"戚家军"。

戚继光是安徽定远人，出生于军人家庭，自小习武好文，通经史大义，16 岁那年承袭了其父登州卫指挥佥事的职务，担负起防御倭寇的重任。嘉靖三十九年（公元 1560 年）三月，戚继光由浙江都司参将调任独镇一方的分守台（州）、金（华）、严（州）等处地方参将。这是倭寇出没最为频繁的地区，朝廷选调戚继光来镇守，显然是对他寄予了极大的希望。戚继光心领神会，到任后全力整饬海防，亲自到浙西一些民风剽悍之地招募新兵，以 4000 名矿工和农民为主，组成一支颇具战斗力的新军。

戚继光严格训练这支新军，根据倭寇善于格斗的特点，让他们操练自己发明的"鸳鸯阵"，以此阵法来压制倭寇凶猛的攻击。由于训练得法，新军很快形成战斗力。嘉靖四十年（公元 1561 年），倭寇大举进犯台州。戚继光率领这支新军辗转浙江沿海作战，不到一个月，九战九胜，斩杀千人，救出被掳掠的百姓达 6000 余人。

台州大捷后，戚继光晋升为都指挥使，又转战福建沿海，很快荡平横屿、牛田、林墩等地倭寇，歼敌近万人。戚继光由此声威大震，沿海百姓把戚继光的军队亲切地称呼为"戚家军"，而被打得丧魂落魄的倭寇，则称戚继光为"戚老虎"。

福建战役也使戚家军受到一定的损伤，朝廷下令撤回浙江休整。"戚老虎"不在福建的消息让倭寇首领兴奋起来，散落各岛的倭寇乘船攻至福建，夺取了兴化城（今福建莆田），占领了平海卫（今福建莆田东南），又将一批府县焚掠一空。

兴化的陷落使"八闽俱震"，朝廷立即任命另一位抗倭名将俞大猷和戚继光火速入闽平倭。朝廷的这一决策非常正确，戚继光、俞大猷搭档是最佳组合。俞大猷作战张弛有度，很少失手；戚继光作战飙发电举，不可阻挡。两人受命后日夜兼程赶往福建。

福建是俞大猷的老家。俞大猷出生在一个下层军人家庭，步入军旅不久即显露出军事才华，曾长期在两广地区领兵平乱，在明军中享有威望。在抗倭战场上，俞大猷曾多次大败倭寇。现在又与戚继光在福建携手作战，很快击败倭寇，收复了包括兴化、平海卫在内的城镇。

福建稳定后，俞大猷又被调往广东。与"戚家军"一样，俞大猷的士兵都是他亲自招募、训练出来的，一到广东便连续大捷，肃清了广东境内的倭寇。

戚继光在俞大猷调往广东后升任总兵官，镇守闽浙沿海。在他的领导下，经十余年努力，完全平息了东南沿海的倭患。明朝有幸拥有戚继光、俞大猷，以及福建巡抚谭纶等一批赤胆忠心、不计名利、有勇有谋的将领，不然，中国沿海还将长期被倭寇侵犯。

十三、俺答封贡，西北安宁

倭患虽然平息了，但舆论对朝廷的指责包括对明世宗的不满都在延续，偌大一个明王朝，长期受倭寇之害，无论从哪方面讲都是不应该的。如果不是皇帝长期怠政，严嵩父子长期专政，海防能如此不堪？倭寇能如此猖獗？多数大臣敢怒不敢言，这时候，有个不怕死的站出来了，他叫海瑞。

海瑞是海南琼山（今海南海口）人，为人处事刚直不阿，尤其看不惯贪腐现象，因此得罪了不少权贵。嘉靖四十三年（公元1564年），也就是俞大猷、戚继光全力平倭的时候，海瑞奉调至京城，任户部云南司主事。他在京城了解到更多令人痛心的事情，对国家的前途充满忧虑，决心大声疾呼，促使朝廷变革。嘉靖四十五年（公元1566年）二月的一天，他亲自上街买了口棺材，雇人抬至上朝的路上，然后怀揣早就写好的奏折《直言天下第一事疏》（又称《治安疏》），大步向朝廷走去。

《治安疏》的矛头直指明世宗，毫不客气地批评明世宗"君道不正""失误多矣"。扣了这两顶大帽子后，马上举出事例论证，说明世宗长期求神弄鬼，20多年不视朝政，使得奸佞当道，贪腐横行，边疆海防废弛，百姓生活困苦，国家前途堪忧。痛痛快快地发了一通指责后，海瑞笔锋一转，建议明世宗停止玄修，振作精神，上朝视事，洗清积误，与大臣们一道努力，带领国家走出困境。

《治安疏》语言犀利，还有些许刻薄，其中一句引用市井之言说："嘉靖嘉靖，家家皆净。"这等于是拿皇帝的年号开涮，相当于指着明世宗的鼻子开骂，叫人如何受得了？明世宗还没全部看完就勃然大怒，厉声吩咐左右赶快逮捕海瑞，千万不要让他跑了。宦官黄锦立即回话，说此人素有痴名，事先已买好棺材，并与家人诀别，现正在朝中待罪。明世宗听后默然无语，又把扔在地上的《治安疏》捡起来看了一遍，长叹一声道："此人可比比干，但朕不是商纣王！"

明世宗没有杀海瑞，他知道自己的所作所为确实过分，晚年已有悔意。就在海瑞上疏的前一年，明世宗下令将严嵩削籍为民，将严世蕃等奸臣斩首。只是这份后悔来得迟了点儿，读完《治安疏》10个月后，明世宗终因长年服食道士的丹药中毒而逝。

继位的明穆宗朱载垕即隆庆皇帝时年29岁，正届而立之年，偏偏身体不好，平时不大过问朝政，大权由以徐阶为首的内阁掌握。徐阶是松江府华亭县（今上海松江区）人，身材矮小，却有大智慧，正是他巧用权术，朝廷才一举铲除了严嵩父子和仇鸾等奸佞之辈。

以徐阶为首的内阁尽管也存在一些互相倾轧的现象，但在政治上还是有作为的。如纠正了一些荒谬的政策，最具历史意义的事件是解除海禁，使私人海上贸易大规模展开，自此，大量的白银货币流入中国，有效地刺激了货品流通和商品生产。此外，平反冤假错案，减轻农民负担等，都在社会上引起大的反响。最值得肯定的是通过封贡俺答可汗，改善了与鞑靼部落的关系，赢得了北部边疆的安定。明穆宗一朝的一系列收获主要得益于徐阶和他的门生张居正的努力。

张居正是江陵（今湖北荆州，祖籍安徽凤阳）人，22岁中进士，39岁担任裕王（即后来的明穆宗）的老师，42岁时以东阁大学士的身份入内阁，参与大政。内阁首辅徐阶是他的老师，高拱、郭林、李春芳的资历都比他深，这班老臣之间偶有互相不配合的时候，但对张居正却都另眼相待，大凡张居正提出的建议，都能获得这几位阁僚的支持。例如，隆庆二年（公元 1568 年）张居正上《陈六事疏》，奏疏表达忧患，突出加强边防建设的重要性，呼吁要把边防放到国家诸事中最重要的位置上。内阁大臣们纷纷表态支持。

张居正"边防第一"的思想是非常正确的，当时鞑靼不断内犯，已经严重损伤了明朝的元气，边疆军民动辄死伤几万人之多，再不彻底解决这一边患，国家永无宁日。明穆宗批准了张居正的建议，立即把尚在东南沿海的平倭名将戚继光、俞大猷、谭纶一并调至京师，以此三人为主整饬北部边防，赋予了他们极大的权力。当时有一些官员对此提出异议，张居正一一将他们驳回。他说：没有比巩固边防更重要的，谁反对这一决定，谁就回家去养老吧。正是张居正排除一切干扰，谭纶、戚继光、俞大猷这些政治上不设防的将领才能作出"边备修饬，蓟门宴然"的成绩。

加强战备取得了一定成效后，张居正建议朝廷采取和平攻势，运用软实力与鞑靼修好，尽可能地减少大规模的军事行动。巧在张居正提出这一思路的同时，鞑靼内部发生了变化，俺答可汗的孙子把汉那吉因为自己的未婚妻被俺答赏赐给了别人而叛逃明朝。大同总督王崇古认为这里面有文章可做，建议朝廷优待把汉那吉。一部分大臣却强力反对，认为不应收留一个亡命的鞑靼人。张居正、高拱十分赞赏王崇古的提议，说服明穆宗下诏封把汉那吉为指挥使。

得知孙子投奔明朝后，俺答亲领重兵赴明朝边境，打算大举进犯。但俺答的妻子思念由她一手带大的爱孙把汉那吉，死磨硬缠地非要俺答索回爱孙。俺答无奈，只得派员与明朝交涉，王崇古趁机把明朝的善意转达给俺答，诱导俺答放弃武力，与明朝修好。并告诉俺答，其孙已接受朝廷官职，归化中原，如果俺答真心与明朝友好，朝廷会立即送回把汉那吉，并与鞑靼恢复通贡（开展贸易）。

俺答听后非常高兴，对明朝使者鲍崇德说："我本不想用兵，现在孙子归化中原，这是上天给我们和好的机会。你回去报告朝廷，如果封我为王，我雄踞北方，无人敢再内犯。就是我死了，我有孙子袭职，他受朝廷厚恩，也不会背叛朝廷的。"为了表示诚意，俺答下令把明朝的一些叛臣捆送至大同。

朝廷收到王崇古的报告后，大臣们又分成两派，一派支持，另一派反对和俺答交好通贡。又是张居正力排众议，促使明穆宗批准了"隆庆和议"，下诏册封俺答为顺义王，其子弟及诸部首领各封官职，并开放 11 处边境贸易口岸，恢复蒙古和明朝的贸易往来。

俺答受封后谨守承诺，坚定地维持蒙古地方政权与中央政府的友好关系，直至明朝结束。

一纸册封，没有什么成本，但每年能省下千万两军费，能挽救无数边民的生命，还促进了蒙汉两族人民的融合。张居正、王崇古为国家立了大功!

隆庆六年（公元 1572 年），明穆宗去世。9 岁的太子朱翊钧继位，改元万历，是为明神宗。高拱、张居正、高仪等老臣受命辅佐幼主。一个轰轰烈烈的大改革时代降临，唱主角的正是张居正。

十四、500 年出一个张居正

万历年初，高拱担任首辅大臣。高拱有才华，但城府不深，处事急躁，说话时常口无遮拦，后来被张居正取代。张居正是两朝内阁大学士，早就想按自己的愿景革新朝政，干出一番大业，现在机会来了，内心格外兴奋，表面上却不露声色。他很清楚，眼前的局面不乐观，甚至有危险。

首先是政治形势恶化。从明英宗复位后，即公元 1457 年算起，在 100 多年的时间里，明朝的皇帝们在大部分时间里腐化堕落，消极怠政，不把国事当回事，导致宦官专政，上层内部互相倾轧，官员贪腐成风，各级衙门人浮于事，弊端百出。其次是皇室消费大幅增长，土木工程接二连三，吃皇粮的队伍不断膨胀，国库捉襟见肘。隆庆元年（公元 1567 年）一年的财政收入只能维持朝廷 3 个月开支。最后是社会矛盾日益尖锐，最突出的是土地兼并愈演愈烈，有的大地主一家占田就达 7 万顷之多，连隆庆朝的首辅大臣徐阶，其家也在江南占田 24 万亩。据说到万历年初，全国纳税的土地约一半为大地主及特权阶层所隐占，国家无法收到这部分赋税，大量的失地农民流离失所，社会危机一触即发。

没有别的选择，只能大刀阔斧地改革。先从政治改革入手，推及经济、军事、文化等领域，一个问题也不放过。政治改革的重心就是整顿吏治。为此，张居正发明了"考成法"，规定各级政府机关要设立 3 本账簿，详细记载政府的各项工作进度和成效。记录好后，一本自留，一本分送中央政府六科，一本送内阁。内阁大学士们据此稽查六科，六科稽查其他部门，层层稽查，以此保障中央政府各项法令的落实。考成法的威力不在"月有考，岁有稽"，而是在于通过考勤甄别官员的人品、能力、政绩，包括廉政情况，以此来决定官员的进退、升迁、奖惩。

考成法既是内阁掌控整个权力机关的有力手段，也是悬在官员头上的一把利刃。根据考成法的要求，不合格的官员即使退休后也随时会被召回，说清有关失职的问题。这样一来，官员们再不能像以往那样唯利是图、玩忽职守了，朝廷的号令"如疾雷迅风，无所不披靡"。通过考成法，中央政府裁汰了百分之二三十的官员。《剑桥·中国明代史》一书这样评价张居正整顿吏治："从 1572 年年中到 1582 年年中，帝国官僚政治的效率达到了它的顶点。这个顶点还标志着那个时代在中国社会的政治传统的束缚下人力所能做到的极限。"这个评价是恰当的，正是张居正抓住吏治不放，各级政府和官员的面貌才焕然一新。

与政治改革一样，经济改革也有一项发明，那就是"一条鞭法"。该法的要点是把田赋、徭役等五花八门的征用并为一条——计亩征银，即老百姓和大地主等阶层，都按田地的多少向政府纳税。当时形容这一制度的用语叫"一条边"，因与"一条鞭"同音，后来就统称"一条鞭法"。

为了确保该法有效的施行，朝廷在全国展开清丈田亩的行动。这可是直接向隐占田土的大地主、特权阶层宣战，意味着一旦丈量完毕，他们就得拿出真金白银向国家交税。这不是断了他们的财路吗？大地主、特权阶层立即行动起来，抱团阻挠，许多王孙贵戚拦路鼓噪，不准丈量田土，许多地方官也上疏叫苦，要求停止丈量。张居正得知这些情况后，立即下令：有敢阻挠丈量者，不分宗室、军民，一律捉拿法办。他在朝会上振振有词地向官员们表态，说丈量田亩是有利于社稷的大事，即使赴死，也要完成这一"百年旷举"。

丈量如期举行，结果全国共丈得田粮 7 亿亩，比弘治十五年（公元 1502 年）多出 2.8 亿亩。国家的税收由此陡增。不仅税收增加，还解决了长期困扰政府的赋役不均、百姓苦于科差的问题。

值得肯定的是，"一条鞭法"强调以银代役，使农民有了更多发展商品经济的自由，无形中促进了资本主义萌芽，国家和大多数百姓的日子都好转了。据统计，从万历十年（公元 1582 年）至万历十五年（公元 1587 年），短短 5 年间，太仓积粟达 1300 余万石，可供全国五六年之用，国库积银达 700 万两之多。

张居正虽是文官出身，却十分看重军备，在把"考成法"引入军队的前后，破格提拔、重用了一批将领，如戚继光、俞大猷、谭纶、王崇古、李成梁、方逢时等，放手让他们掌管军备。对于这些将领提出的要求，他都尽最大努力满足。当时，戚继光提议要在长城沿线修建 1000 座以上的空心敌台，这种敌台"内卫战卒，下发火炮，外击敌人。敌矢不能及，敌骑不敢近"。由于开支较大，不少大臣反对。但张居正鼎力支持，力排众议，最终建成了 3000 多座敌台，大大加强了长城的防卫作用。

张居正推行改革时连太后也不怕得罪。万历五年（公元 1577 年），小皇帝为了表孝心，想把两位太后住的宫殿翻修一下，张居正以两宫尚可使用为由，劝阻了皇帝。无论是整顿学政、驿递，还是处理河患，张居正的每项改革都以国家利益为重，这就难免触犯更多权贵和豪绅的利益，一批又一批既得利益集团的代言人公开站出来攻击张居正。张居正丝毫不作退让，他说："哪怕前有陷阱，我也不受阻拦；哪怕万箭穿心，我也毫不畏惧。"

张居正殚精竭虑地推进改革，终于病倒了，于万历十年（公元 1582 年）去世，年仅 57 岁。一直认为自己是个"摆设"的明神宗在一帮被张居正处分过的官员的鼓噪下，立即开始发泄对张居正"威权震主"的积怨，下诏剥夺张居正生前官号，查抄张居正在江陵的老家，以十分残忍的手法逼死、饿死或发配张居正的子孙，还差一点把张居正开棺戮尸。明神宗最愚蠢的做法是全部终止、取消张居正的各项改革，使张居正的 10 年努力付之东流。

现在看来，张居正的下场早在他担任明神宗的老师时就注定了。为了让这个 10 岁的小皇帝早日成才。他亲自编写教材，每天四更上朝督促明神宗起床读书。小皇帝稍有不听话的表现，或做错了什么事，张居正都要严厉批评。一次读《论语》时，明神宗误将"色勃如也"的"勃"读作"背"，张居正厉声训斥道："当作'勃'字！"这一声厉吼，把明神宗吓了一跳，周围的陪读生也都大惊失色。

张居正让小皇帝又敬又怕。两宫太后倒是乐意见到有这么一位严师，且凡小皇帝有调皮之举，太后就会吓唬他："这事要是让张先生知道了，怎么得了？"张先生成了狼，在小皇帝幼小的心灵里埋下了怨恨的种子，种子总归要发芽，这是典型的君权对相权的报复、典型的恩将仇报。

张居正当年难道不知道自己的改革会"威权震主"？他知道，但他更知道国家正处于危险之中，不改革，恐怕连"主"都没了，更何谈"震主"？所以，他不以个人的处境为忧，而是先天下之忧而忧。他对自己要求非常严格。在整顿驿递时，他的儿子由京师回江陵应试，他让儿子自己雇车；父亲过生日，他的礼品是由仆人背着骑驴送回去的；他的亲弟弟病重回乡时，保定巡抚特意关照，开出勘合（让驿站护送的文书），他不让其弟使用，立即缴还。正是由于张居正带头示范，驿递状况大有改观，任何官员不敢通过驿递为自己图方便、谋私利，就连明神宗也有所顾忌。万历八年（公元1580年），明神宗委派皇亲上武当山祈神赐子，也不敢动用驿站乘传。

张居正是中国历史上几百年才出一位的政治家，他的实事求是、务实虚文的政治理念，影响了一代又一代人。可惜，他以个人威权支撑的各项改革不能长久，其结局比王安石还惨，这不仅是个人的悲剧，更是国家的悲剧。

清算了张居正后，明神宗自己亲政。史料显示，明神宗并不蠢，年少时就智力超人，但他的这股智力并没有用到治国治军之上，而是用在了疯狂的敛财之上。他在宫内大肆接受纳贡贿赂，又在京师等大都市开设皇店，广置皇庄。这还不满足，他下令大兴矿税，向全国各地派出大批宦官作为矿监税使，到处设关立卡，课征商税。宦官们抓住这一机会课敛诛求、中饱私囊，迫使相当一部分工商业主家破人亡。对交不出税的人家，宦官们拆屋、掘田、挖祖坟，甚至断人手足。征税征到这种地步，已是民怨沸腾，不少地方爆发了大规模的抗税风暴，一部分有良知的大臣也开始劝谏，但仍旧不能让明神宗调整政策。大臣们劝多了，明神宗心烦，干脆不见大臣，也不上朝，摆出一副彻底怠政的样子，这一怠就是20多年。官员们见不着皇帝，就自己给自己放假。朝廷一盘散沙，贪腐之风重新刮起，政治环境更加恶化，农民起义、市民暴动、士卒哗变，明王朝的日子越来越糟了。

十五、出兵朝鲜，赶走日军

明万历二十年（公元 1592 年），日本诸侯丰臣秀吉初步统一了日本。但他并不满足于统治日本列岛，梦想进一步征服琉球、菲律宾、朝鲜，而后再征服中国。

丰臣秀吉是贫苦农民家庭出身，后来因为侍奉日本战国时代名将织田信长而被擢为大将。织田信长被家臣袭杀后，他取代织田信长成为地位仅次于天皇的关白（相当于中国的丞相）。丰田秀吉善于作战，日本的一些封建主和商人就唆使他向外扩张。这个野心极大的人，早就想侵略朝鲜和中国，现在有了封建主和商人的支持，立即着手准备战争。

按照日本当时的规矩，以田粮的多少决定征兵量。当时日本全国共有田粮 2253 万石，每万石应征兵 250 人，照此征兵，总共可征集 56.3 万余人。丰臣秀吉打了点儿折扣，动员了 33 万人入伍，首先向朝鲜发起攻击。

朝鲜此时执政的李氏王朝已承平 200 年。朝廷内部长久党争，政治相当黑暗，平时军队将领不领兵，士兵不习战，武器装备也非常落后，经济更是停滞不前，广大百姓的生活极端贫困。日本刚刚发起进攻，朝鲜军队便一触即溃，派上阵的将领连兵都找不到，全国一片混乱。

从釜山登陆的 16 万日本士兵，都曾经过长期内战，骁勇无比，登陆后 20 天即攻占汉城，两个月便攻占了包括平壤在内的朝鲜大部国土，朝鲜面临亡国危险。

被日军打懵了的朝鲜国王李昖立即向明朝求援，派出的请援使臣络绎不绝。

朝鲜李氏王朝自明成祖时接受明朝的封王后，一直以藩属国身份与中国保持友好，岁贡不断，两国间的贸易也非常活跃，而且侵犯中国东南沿海的倭寇，一入朝鲜就被抓获送往明朝处置。丰臣秀吉在此次侵朝前，也曾多次要求借道朝鲜进犯中国，每次都遭到朝鲜政府拒绝。对于这样的友邦，明朝立即决定出兵援朝。

这个决心并不好下，明朝此时内忧不断，危机重重。先是青海地区的部分蒙古部落侵犯明朝边境，经过近一年平叛才稳定局势。此次叛乱刚平，宁夏之乱又起，明朝驻守宁夏的副总兵哮拜父子发动兵变，河西47堡相继陷落。为了平叛，朝廷调集南北兵力，付出沉重代价后才取得胜利。宁夏的烽火刚灭，西南地区的部分少数民族又在播州（今贵州遵义）宣慰使杨应龙的率领下武装叛乱，朝廷不得不从湖广、贵州等地调重兵围剿。上述一系列平叛使朝廷大伤元气，在如此疲惫的国力状况下出兵援朝，实属不易。

由于不明日军敌情，明朝先期只派出3000名士兵。结果一到平壤便陷进日军包围圈，3000名士兵全军覆没，数名将领战死，只有统帅祖承训拼死突围，逃回国内。

败讯传来，朝廷震动，下令全国动员，进入战时体制，所有沿海海港全部关闭。以北方战区为主，很快集合了4万人的精兵，还有一队来自福建的精通火器的士兵，约3000人，由经略宋应昌、东征提督李如松率领，会合残存的朝鲜军队，大张旗鼓地杀奔平壤。

占据平壤城的是小西行长率领的日军精锐，总兵力约3万人。平壤的地形易守难攻，小西行长又在四周筑设了炮台，不少士兵还装备有鸟铳等新式火器，日军自信平壤固若金汤。

万历二十一年（公元1593年）正月初八天刚亮，中朝联军向平壤城发起进攻。日军顽强防守，炮矢如雨。明军进攻一时受阻，前锋中有士兵向后退却，李如松大吼一声，手起刀落斩首一名后退者，然后用火炮猛轰城墙，自己翻身上马带领敢死队向城下冲去。快到城下时，坐骑被击毙，李如松换马再战。将士们在他的带领下，奋不顾身地冲向城墙。老将吴惟忠和参将骆尚志都已年过六十，吴惟忠胸中弹丸，骆尚志脚被大石砸伤，两人坚持不下火线，领着士兵向上攀登，终于击溃城头日军，登上平壤城头。日军仓皇逃出平壤。

中朝联军仅用半天就收复平壤，击毙数千日军，救出数千被日军掳获的朝鲜百姓。联军挟此战之威，乘胜追击，很快又收复开城、平安、黄海、京畿、江源等地，迫使小西行长及汉城以北的日军撤至汉城。

平壤攻坚战使李如松产生了轻敌念头，在主力没有完全渡过临津江，也没有携带火炮营的情况下，仅率千余骑兵就向日军盘踞的大本营汉城发起攻击，结果在离汉城30里处的碧蹄馆遭遇数倍于己之敌的阻截，几乎全军覆没。

逃回开平后，李如松感觉十分窝火，得知日军的粮仓设在龙山，藏有几十万石军粮，立即组织了一支敢死队焚烧了日军粮仓，断绝了日军从龙山向汉城的供粮之路，很快引起日军恐慌。此时日本国内的农民拒绝再纳军粮，部分民众掀起了反战示威，这些消息都大大打击了朝鲜前线的日军士气，一些士兵开始逃出军营。日军统帅部此时已无斗志，小西行长写信给明朝"恳求封贡东归"。所谓封贡就是封丰臣秀吉为"日本国王"的称号，封了这个称号，日军就退出朝鲜。明朝立即表态同意，条件是日军必须完全、尽快撤出朝鲜半岛。

小西行长原本是使缓兵之计，他哪里想真的离开朝鲜？一见明朝真要与之议和，他开始后悔，就开始采用拖字诀，一会儿要朝鲜国王送儿子到日本做人质，一会儿要求明朝把公主嫁给日本天皇等。朝鲜不同意送王子做人质，明朝也不同意将公主嫁日本天皇，几方就这样讨价还价，拖了几年，始终达不成和约。

丰臣秀吉、小西行长利用这几年的缓冲期重新做好了战争部署，于万历二十五年（公元1597年）再度大肆侵朝，十几万日军分水陆两路首先攻占了全罗道的重镇南原，紧接着又向北攻入忠清道的稷山，企图由此进犯汉城，王京岌岌可危。

明朝非常气愤，日方提出的条件基本都已满足，且前一年刚派出特使赴日本册封了丰臣秀吉，怎么不到一年又挑起战争？明朝真是不想打仗啊，收复平壤时，围城的明军特意只围了南西北三面，故意将东面留出来让日军弃城逃跑。明朝的主要目的是将日军赶出朝鲜半岛，恢复半岛安宁，并不想歼灭他们。明军统帅部还曾特别发令，如遇到小西行长，只准活捉，不准杀死，其用意都在让日军觉醒，早日撤出朝鲜了事。没想到日本的决策人物如此卑鄙，一方面享受册封通贡带来的好处，一方面根本不守信、不给明朝面子，再次侵朝。明朝这回认清了日本的真面目，没等朝鲜求救，立即出动近5万大军发起反攻。

中朝联军水陆并进，分3路向日军进攻，战斗异常激烈。第一阶段双方基本打平，形成对峙状态。就在此时，丰臣秀吉突然在日本死去，国内大乱，在朝的日军斗志顿失，小西行长愿送上1000名士兵的首级，请求明朝放条生路让日军回国。明朝严词拒绝，集中力量将小西行长逼往露梁海域，在这里包围了日军水军主力，随之发起总攻。日军垂死抵抗，给中朝联军造成重大损失，明军副统帅邓子龙、朝鲜水军统帅李舜臣等中朝将领先后力战而死。日军最终经不住中朝联军的全力打击，陆路、水路同时溃败，陆军死万余人，水军仅战船就有 450 多艘被击沉。日军统帅小西行长乘混战之际丢下正在鏖战的士兵，独自逃回日本。

在朝鲜部分地域盘踞了 7 年之久的日本侵略军被彻底赶出了朝鲜，丰臣秀吉先吞朝鲜再灭中国的狂妄计划化为泡影。

万历二十七年（公元 1599 年）四月，抗倭援朝的兵部尚书邢玠率领四路大军回国。临行前留下两万中国士兵暂住朝鲜，防止日寇再犯。

7 年的抗倭援朝，耗费了大量的物力不说，还有数万名中国士兵倒在朝鲜的国土上。《剑桥·中国史》这样描绘明朝士兵在朝鲜作战的场面："在和丰臣秀吉作战期间，朝鲜人看到没有任何甲胄保护的中国士兵，迎面攻击日本的火器部队并遭受巨大伤亡而感到惊骇。"这本史书的描绘是客观的，正是因为倾尽国力援助朝鲜，明朝国内的各种矛盾更加尖锐，中央政府再也无力应对即将来临的疾风骤雨。

十六、努尔哈赤异军突起

努尔哈赤是女真人的后裔。女真人和蒙古人的祖先同属于"东胡"族，女真人最初的祖先住在今俄罗斯西伯利亚和远东地区。西周初年，其中的一些部落几经辗转，来到今东北长白山和黑龙江流域一带居住，后因多种原因，一部分女真部落又南迁至绥芬河流域的凤州地区（今吉林海龙县境内）定居下来。努尔哈赤的六世祖猛哥帖木儿就是在这里接受明成祖朱棣的任命，担任建州左卫（治所设在凤州）指挥使。世袭几代之后，传到努尔哈赤父亲这一代，家道中落。努尔哈赤 10 岁时母亲去世，继母对他很刻薄，祖父、父亲都在军中，无暇照顾。努尔哈赤 19 岁时不得不分家独自谋生，仅获得少量家产。幸运的是，他识汉字，懂汉语，练就了高超的武艺，对兵法也颇有研究，因而很受人看重。明朝的辽东总兵李成梁曾把努尔哈赤收为义子，并让他出征参战。

李成梁利用女真各部落之间以及和其他民族部落之间的矛盾纵横捭阖，以控制局势。努尔哈赤的外祖父、明朝建州右卫指挥使王杲于万历二年（公元 1574 年）叛明被李成梁诛杀。努尔哈赤的祖父觉昌安、父亲塔克世背叛了亲家，为明军向导，杀王杲遗族，战乱中二人被明兵误杀。25 岁的努尔哈赤本想起兵索报父仇，但势单力孤，于是诿过于建州左卫图伦城城主尼堪外兰，指责是他唆使明兵杀害其父、祖，奏请明臣执送。不料骄横跋扈的明朝边将认为这是无理取闹，一口拒绝，并宣称要令尼堪外兰为"满洲国主"，因而尼堪外兰威望大升，甚至连努尔哈赤的亲族子弟也"对神立誓"，欲杀努尔哈赤以归之，尼堪外兰则乘机逼努尔哈赤"往附"。

努尔哈赤和弟弟舒尔哈齐在败军之中，因仪表不凡，被李成梁的妻子放走。在归途中遇到额亦都等人拥戴，努尔哈赤遂用祖、父所遗的 13 副甲胄起兵，招募了几十人，开始统一建州女真各部。

万历十一年（公元 1583 年）五月，努尔哈赤率领部众去攻打尼堪外兰，攻克图伦城，兵力一下增加至数百人。后来又相继攻克了几座城池，以此为基础，兵力不断壮大，仅骑兵就有几万人。指挥这支骑兵，努尔哈赤首先统一了建州女真 5 部，然后以不可阻挡之势兼并了长白山 3 部、海西 3 部以及"野人女真"等部。前后历经 30 余年，最终完成了女真的统一。这样，除了辽河以西，整个今日东北全被努尔哈赤占有，其势力范围还包括沿海州，直至外兴安岭的黑龙江以北和库页岛。

东北一片生机，居住在科尔沁、热河北、热河东的蒙古人都成了努尔哈赤的藩属。努尔哈赤抓住大好时机，于万历四十四年（公元 1616 年）称汗，国号大金，史称后金，定都赫图阿拉（今辽宁新宾老城）。

与努尔哈赤朝气蓬勃地崛起形成鲜明反差，明王朝日薄西山，气息奄奄。首先是政治上一塌糊涂，明神宗截至努尔哈赤建政之时已"黜朝罢工"20 多年，朝堂经常空空如也，既不见皇帝踪影，也鲜有大臣往来，许多衙门根本就是一个空壳。万历四十年（公元 1612 年）正是努尔哈赤东征西讨即将成大气候之时，许多边廷的公文、情报传送到皇宫后，无人处理，也无人及时向皇帝报告。吏部尚书赵焕五月份斗胆向明神宗上了份奏章，报告朝廷已空，连内阁首辅叶向高也已杜门三月，"丝纶之地，烟锁尘封，阁无人迹"。赵焕怕万历帝不相信这一状况，特意用具体数字说明："如今六部都察院吏部官员全是空额，无人上班；兵部只有尚书一人编制，其余全空，无人上班；吏部目前只有臣一人，连副手都没有；户、礼、工三部只有一名侍郎，都缺尚书；都察院只有一个副都御史，六科十三道严重缺员。"

报告上去后，明神宗没有任何回应，他本来就不想任命这么多官员，正好为他节约些银子。可这么大个国家，没人管事怎么行？大臣急，皇帝不急，每天照旧声色犬马，照旧不见大臣，朝廷一步步滑向深渊，部分想为国家出力、为朝廷扭转颓势的官员不得不自行离去，退隐山林。

比朝廷无人上班更可怕的是军备严重废弛。辽东地区名义上有兵8万，真正能打仗的不过2万，且老弱病残过半，步兵不习弓马，连鸟铳也不会放，放了也打不中目标。许多要塞、城堡、壕堑多年失修，起不到工事作用。屯田大幅荒废，不少屯田的士兵早已逃跑。在编的将士往往到了年底还领不到上半年的粮饷，士兵饥饿，如何守边？

辽东的地理位置太重要了，直接关系到北京的安危，而且也直接影响明朝对奴尔干都司的控制。一些有识之士多次提醒朝廷整治辽东，防范和扼制努尔哈赤，但都没有引起朝廷重视，明神宗心中看重的还是矿税，还是从民间敛财。努尔哈赤非常清楚明朝目前的状况，认为明朝气数已尽，自己欲图扩张，必须尽早动手，于是暗中准备。辽东巡抚、总兵居然对此一无所知。

努尔哈赤先打舆论战，于万历四十六年（公元1618年）抛出了明朝"七大恨"，激励女真部落和士兵，拉开了进攻的序幕。"七大恨"的第一条是说明朝杀害了他的祖父和父亲，第二、四、六、七条是说明朝偏袒他的对手海西女真部落，第三、五条是说明朝窃踰疆场，肆其攘夺。

发布完"七大恨"之后，努尔哈赤亲率2万步骑兵，首先向离后金国都最近的辽东重镇抚顺发起进攻。抚顺是建州女真与明朝互市的城镇，努尔哈赤青年时常来此做点小买卖，熟悉这里的山川地理，还曾同明守卫抚顺的将领李永芳打过交道。行动开始，努尔哈赤让先头部队化装成商人，把抚顺城的商人和部分军民诱至城外贸易，然后他率领主力突入城内。李永芳还没反应过来就成了俘虏。抚顺不战而占，努尔哈赤非常兴奋，随即攻占东州（今沈阳东南）、马根单（赫图阿拉西南）两城，掠走人、畜近30万，降民编了1000户。在撤出抚顺时，努尔哈赤下令摧毁抚顺城。

抚顺陷落3天后，辽东巡抚李维翰才知道，急令总兵张承胤领兵万人尾追努尔哈赤。这些久未训练、仓促上阵的明军哪里是正在兴头上的努尔哈赤军的对手，仅仅 5 天，明军全军覆没，总兵张承胤等几名高级军官战死，9000 匹战马、近万副铁甲成了努尔哈赤的战利品。

稍作休整，努尔哈赤又发动攻势，包围了抚顺东南的清河城（今辽宁本溪县北清河城），试图速战速决。守卫清河城的将领很聪明，避开努尔哈赤的锋芒，只守不攻。后金军奋勇争先，冒死用云梯攻城。城上滚木雷石俱下，加上各种火器一齐发射，很快打退后金兵的多次进攻，城下积尸千余。但努尔哈赤并不收兵，从底部挖墙攻入城内。城破后，明军又与后金兵巷战，直至全军覆没。

败讯传至北京，朝廷不敢相信，一直以为努尔哈赤不过一支游击队，怎么现在竟能攻破清河如此坚固的城防？明神宗慌忙下令从全国各地调兵围剿辽东。然而经过几代昏庸之君的折腾，已经没有像样的军队可以派上场了。经过半年的运作，总算调集了 10 万兵力，其中还有 1.3 万朝鲜兵、几千叶赫（女真部落的一支）兵，由已经在家赋闲了 10 多年的原兵部尚书杨镐统领，分 4 路杀向辽东。

努尔哈赤此时大约有 5 万多兵力，针对明军 4 路进攻的战术，毫无惧色，抱定"任他几路来，我只一路去"的基本战术方针，坐等明军杀上门来。这个集中兵力、各个击破的战术非常正确，明军平均每路只有 2 万多兵力，无论哪一路先期发动攻势，都不可能打赢努尔哈赤这一路。更重要的是，4 路明军将领心思不一，且都没把统帅杨镐当回事。杨镐曾在朝鲜战场上被丰臣秀吉打败过，一直在军界少有威信，加之此人庸懦昏聩、骄躁寡谋，压根儿不配担当统帅之职。选将不当，战斗还未打响，明朝败局已定。

万历四十七年（公元 1619 年）三月初一，坐镇沈阳的杨镐下令总攻开始，4 路大军各自从自己的阵地向后金都城赫图阿拉进发。最快的一路是山海关总兵杜松率领的 2 万多人马，三月初二就进抵萨尔浒（今辽宁抚顺东）。杜松有勇无谋，在其他几路都还在路上时就孤军深入，轻敌冒进，接着在没有摸清敌情和地形的情况下仓促发动进攻，结果被努尔哈赤八旗铁骑分割，仅仅半天时间就全军覆没。杜松本人及一批将领战死，明军"横尸亘山野，血流成渠"。

歼灭杜松后，努尔哈赤急速挥军北上，迎战马林率领的第二路从开原赶来的明军。马林此时已得知杜松兵败，心中发虚，立即由攻势转为防守。努尔哈赤用前后夹击的战术，不到半天又歼灭马林军。

努尔哈赤接着迅疾掉转马头南下，主动进攻尚在行军路上的由刘铤统率的第三路明军。该路明军本是精锐之师，炮火齐备，火器精良，颇有战斗力，却中了努尔哈赤的诱敌战术，糊里糊涂地走进了伏击圈，虽经力战，仍全军覆没，刘铤也死于乱刃之中。

3路军都大败，杨镐立即下令全线撤军。行路迟缓的第四路明军由辽东总兵李如柏率领，接到命令立即停止行动后撤，结果由于组织不力，造成士兵惊恐，自相践踏，死伤千余人后逃回鸦鹘关（在今辽宁辽阳）。

前后不过5天，努尔哈赤几乎全歼4路明军，充分显示了杰出的政治、军事才能。此战之后，努尔哈赤在东北站稳了脚跟，掌握了与明王朝对峙的主动权。清乾隆皇帝曾这样评价此次战役：清朝的"基业实肇乎此"。的确如此，如果努尔哈赤输掉了萨尔浒这一役，中国历史上将不会出现大清朝，游牧民族也不会有机会再度入主中原。

十七、政局黑暗，有谁可恃

萨尔浒战败严重地刺激了明神宗，一年后即病死，把烂摊子甩给了明光宗朱常洛。明光宗改年号为泰昌，偏偏不泰不昌，在位仅一个月就病逝了。朝廷这下够忙活的，老皇帝的丧事还没办完，新皇帝的丧事又来了，本就空空荡荡的朝堂，平添了不少阴森之气。

按明光宗遗诏，15岁的皇长子朱由校继位，是为明熹宗，次年（公元1621年）改元天启。

明熹宗跟他父亲明光宗一样，既庸懦又糊涂，完全不具备国家领袖的资格，即位不到一个月，就把他的乳母客氏封为"奉圣夫人"，把与客氏保有暧昧关系的宦官魏忠贤提升为"司礼秉笔太监"。客魏联手，很快在朝廷形成一股呼风唤雨、指鹿为马、人见人畏的邪恶势力。

明神宗在去世前一年曾调整了辽东地区的军事将领，任命兵部右侍郎熊廷弼为辽东经略。熊廷弼是湖广江夏（今湖北武昌）人，知兵善战，颇有大将之风。上任伊始，立即采取"三方布置"、以防守为主的大战略，并大造火炮枪械，完备防御工事，强化军事训练，很快稳定了辽东危局。但熊廷弼为人刚直，与宦官及朝官都相处不好，因而部分阉党就上书弹劾他，说他畏战、乱用军费、人心不附等，要求立即罢斥他。

熊廷弼当然不会屈服，就上书自辩，其中有些言词使多数朝臣都不舒服，例如："疆场事，当听疆场吏自为之，何用拾帖括语，徒乱人意？"朝廷被熊廷弼的自辩激怒，不察实情，一纸命令罢了熊廷弼的官，改派袁应泰去接替。袁应泰虽为官"精敏强毅"，却不懂军事。他不懂又装懂，一反熊廷弼的治辽方略，很快就搞乱了辽东防务。努尔哈赤抓住时机，集中全部兵力，于天启元年（公元1621年）三月向沈阳发起猛攻，仅用3天就破城，7万守军大多当了俘虏。后金军乘胜南下，迅速攻占辽阳，袁应泰自缢而亡，辽河以东70多座城镇全为努尔哈赤占领。

朝廷震惊，不得不重新起用熊廷弼。但朝廷又不完全放心这个心高气傲的人，下令由魏忠贤的亲信王化贞任辽东巡抚，牵制熊廷弼。王化贞刚愎自信，不顾后金兵已在辽东占有优势这一现状，一味主张先发制人。这与熊廷弼"守定而后战"的积极防御方针背道而驰。两人的方案同时上报，朝廷却支持王化贞的主张，将14万兵力悉数交给王化贞统领，熊廷弼当了空头司令，不得不亲自出面想法在当地征了几千士兵。主将受制，局面更危险了。

王化贞立功心切，不愿待在广宁（今辽宁北镇）无所作为，上书朝廷请战，声称只要发兵6万就可一举荡平辽东。朝廷此时全由魏忠贤做主，回复王化贞可以"便宜行事"。王化贞得了最高指示，着手准备进攻。此时努尔哈赤正好向广宁进兵，围困了西平堡。王化贞不与熊廷弼商议，尽发广宁兵出战。结果是两位总兵战死，大将祖大寿逃跑，另一位心腹将领孙得功降金，数万士兵被击杀。王化贞只得向熊廷弼求援，熊廷弼急领5000士兵出山海关接应。两人在大凌河相遇，王化贞失声痛哭，熊廷弼说哭有什么用，赶紧保护难民退入关内吧。

朝廷得知后震怒，立判熊、王二人死刑。败局本是王化贞一手造成的，最终却连累杀了熊廷弼，其头颅还被示众3年，不准归葬，而王化贞因为有魏忠贤的保护，又过了7年才被执行死刑。

明朝在辽东的地盘输得只剩山海关，谁来守最后一关？朝廷左选右选，选出大学士孙承宗。孙承宗虽是文化人，却知兵善将，他认为只守山海关不行，必须施行"守关外以屏蔽关内"的方针，于是他接受兵部主事袁崇焕的自荐，派袁崇焕去守宁远（今辽宁兴城），另用部分兵力守觉华岛（今辽宁兴城南菊花岛），水陆响应拱卫山海关。

孙承宗的策略是正确的，加之袁崇焕的协助，4 年之内，明军收复大城 9 座、堡寨 45 个，新练士兵 11 万，整体防线向北拓展了 200 里。这时候，魏忠贤动心思了，想拉拢孙承宗，把辽东近来取得的功绩算作他协助的成果。没想到孙承宗不给面子，对魏忠贤派出慰军的宦官相当冷淡，只用茶水接待，而且明确表示不与魏忠贤结党。

孙承宗身上有文化人的傲骨，不与魏忠贤结党不说，还打算从辽东专程到京师向明熹宗揭发魏忠贤。没想到才走到半路就接到明熹宗的命令，不准他离开辽东。魏忠贤已经对孙承宗出手了，阉党接连上疏诋毁他，迫使他自己提出辞职。

接替孙承宗的是魏忠贤的党羽高第，他一到任就大幅变动辽东战略，尽撤锦州等要塞守军，只留下袁崇焕防守的宁远孤城。努尔哈赤暗自高兴，明朝自毁辽西防线，等于是为自己提供了良机。天启六年（公元 1626 年）正月，后金全军出动，首先截断了袁崇焕退往山海关的大道，然后铁桶似的围住宁远，企图全歼宁远守军。

努尔哈赤发起进攻前先派使者进城劝降，说己方有 20 万大军，明守军只有不到两万人马，不要作无谓的牺牲。袁崇焕对使者大声回答道："义当死守，岂有降理！"袁崇焕说毕，用剑刺破皮肉，写下血书，手捧血书向士兵们下跪，要求将士一心，保卫宁远。努尔哈赤无奈，只得挥兵攻城。宁远是通往内地的咽喉，守住宁远就可阻挡后金军入关，正因为如此重要，宁远城才修得格外坚固，据说仅底部的基石就铺了 7 层，城高达 3.2 丈，四角还配置了购自葡萄牙的巨炮。努尔哈赤的军队是以冷兵器为主，攻城只能靠勇力。血肉之躯怎能挡得住火炮等火器的打击，后金兵攻城不久就遭受巨大伤亡，城下堆满士兵的尸体。连攻两天无效，努尔哈赤不得不自行撤走，宁远保住了。

努尔哈赤自起兵以来，20 多年无敌手。对付宁远孤城，他本来可以用长围之法轻取，只是他太自信了，采取强攻，结果落得大败而归，连他本人也受了重伤。这个打击太大了，几个月后，一代枭雄去世。

明朝终于松了口气，晋升袁崇焕为辽东巡抚。袁崇焕利用这一战略机遇期抓紧战备，把防线向前推进了170余里。此时后金的帝位已由努尔哈赤的第八子皇太极继承。皇太极有大智慧，他想赢得一段休整期，立即对明朝示好，表示愿意谈判，甚至可以放弃帝号。但明朝居然没有回音。为什么呢？原来明朝此时正是党争白热化的阶段，继"六君子之狱"后又弄出个"七君子之狱"，朝中的东林党人及一些正派官员先后被魏忠贤谋害，阉党终于在与东林党人及其他言官的斗争中大获全胜。魏忠贤被封为魏公，人称"九千岁"，其亲戚中连不会走路的婴儿都被封为侯或者少师，皇帝甚至下令在全国为魏忠贤建立生祠，以表彰他对朝廷的贡献。这么一帮人掌控政局，谁还会想到利用机会拱卫国家呢？

皇太极没等到明朝的善意表示，就开始攻打朝鲜，试图先除后顾之忧。天启七年（公元1627年）三月，朝鲜就范。皇太极立即掉头西向，以6万精骑突然向正在锦州筑城的明军发动进攻。攻击未能奏效，他又把主力调至宁远，向宁远发起猛攻。袁崇焕依旧用上一次的战术守城，又给后金军以沉重打击。皇太极不得不撤出宁远，转身再攻锦州，还是打不下来。来回几个折腾，后金兵士气低落，只得垂头丧气地撤回沈阳。

袁崇焕再建奇功，却由于坚持不为魏忠贤在宁远建生祠，非但没有得到朝廷的任何奖赏，反而被弹劾撤职，袁崇焕满腔怒火地退休，回到广东东莞老家。不久，一辈子被乳母和宦官玩弄的明熹宗死去，其同父异母弟、明思宗朱由检即位，改元崇祯。

明朝已到了最危险的关头，明思宗接手了一个千疮百孔的帝国。直隶御史易应昌在公元1620年曾担忧道：天下之兵未可恃，天下之食未足恃，天下民心不可恃。数千万生灵挣扎在风涛礁碛间，国固有灵，人谁无怨？

十八、自毁长城，颓局难挽

明思宗登基后希望凭自己的努力一挽沉疴，扭转乾坤，所以，工作特别勤奋，宵衣旰食，时常批阅奏章至深夜，也确实干了几件有影响的事。例如，迅速采取行动粉碎了阉党集团，流氓加赌棍出身的魏忠贤自缢，淫秽、无耻的客氏被笞杀，其余党徒均受到惩处。接着起用了袁崇焕，任命他为兵部尚书兼任右副都御史，督师蓟辽，兼督登莱、天津军务，驻守宁远。开局本不错，朝廷为之一振，但明思宗心绪急躁，判断是非的能力差，面临错综复杂的局面时往往不知如何应对，而且，他还十分自负，以为谁也不如他。

崇祯二年（公元1629年）十月，皇太极绕过袁崇焕的防区侵袭北京。袁崇焕得知后两夜急驰300余里，以9000名士兵与皇太极的10多万兵力相峙于广渠门外。袁崇焕身先士卒，奋力拼杀，终于击退后金军，解了北京之危。皇太极打不过袁崇焕，就用反间计刺激明思宗，造谣说此次袭击行动其实早与"袁巡抚有约"，袁崇焕已经暗地里背叛了明朝等。

明思宗得此假情报后却深信不疑，不准已经伤亡较大的袁崇焕部进城休整，也不准有关部门出城为袁崇焕补充军备。接着下令逮捕袁崇焕，不论他如何申辩，迅速将其以谋叛罪处磔刑，分尸于市。

袁崇焕是具有强烈爱国情怀和大战略思维的杰出将领，如果明思宗能一直信任他，以他镇守辽东，不仅清军难以入关，明朝收复整个辽东都有希望。如今，明思宗自毁长城，袁崇焕去世后，关外军心动摇，战斗力陡降，明朝开始出现军队成建制投降的现象。后金很快攻陷大凌河，征服蒙古，多次越过长城，采用掏心战术，侵袭山西、直隶等地区。每次行动都如入无人之境，战利品多得惊人。崇祯九年（公元1636年），皇太极在沈阳称帝，国号大清，年号崇德，改族号为满族。

中国历史上赫赫有名的大清国就这样诞生了，而且立足东北，放眼天下，其年号就很有针对性——"崇德"，明显比"崇祯"更有内涵。过去粗野嘛，所以现在要崇德，赢得人心。明朝的一大批战将如孔有德、耿仲明、尚可喜，还有以后投降的祖大寿、洪承畴、吴三桂等，都或真或假地被这个"德"字吸引过去，向清军投降。孔有德在登州战败后把明王朝花重金购置的几百门西洋大炮全部献给了皇太极。经过消化、改制，清朝很快制造出了威力更大的"红夷大炮"，火炮的拥有量大大超过明朝。在往后的攻城略地中，正是这种火炮使明军的损失呈几何级数增长。

在实力上占了优势后，为确保后方无虞，皇太极下令先攻占锦州，再夺宁远，彻底清除明朝在辽东的据点。崇祯十四年（公元1641年）春，清军包围锦州，切断了松山、杏山的援师之路。锦州守将祖大寿兵力有限，不敢出战，只得紧急向朝廷求援。朝廷立即任命蓟辽总督洪承畴统兵13万援助锦州。洪承畴到达松山后，感到形势严峻，向明思宗提出守而兼战、稳中求胜的战术方针，不想轻易决战。但是兵部尚书陈新甲迎合明思宗希望速胜的心理，不同意此种打法，命令洪承畴立即发动进攻，并从兵部派员上前方督阵。

洪承畴不敢不动，下令进攻。皇太极得知后，亲率主力从沈阳急驰锦州，采用围城打援战术，很快就在松山、杏山之间截断了明军，并将明军全部包围起来。洪承畴没料到清兵如此强大，准备背山突围。命令还未下，大同总兵王朴最先逃跑。大同兵一跑，其他几路兵马跟着跑，"马步自相蹂践"，清兵乘势掩杀。山海关总兵马科、宁远总兵吴三桂的部队在逃跑中落入清兵伏击圈，5万多士兵全部被歼，吴三桂只身逃至宁远。其他几路明军继续被分割包围，洪承畴拼死突围，结果被清兵俘虏，不久后降清。祖大寿绝望，只得打开锦州城门请降。

经锦州、松山一战，明军精锐丧失殆尽，辽西走廊基本为清军所占，只剩下宁远一座孤城，明王朝再无力与清军在关外决战。明思宗大失所望，下令陈新甲向皇太极求和。皇太极的答复是：明朝每年向大清纳贡金10万两、银200万两；以宁远与双树堡中间土岭沿海至黄城岛以西为界；双方送还叛逃人犯；在连山（今辽宁连山）互市。这个条件意在承认大清国与明朝的对等地位。明思宗却认为这些条件羞辱了他，不但不批准，反而杀了主张议和的陈新甲。其实现在明朝已经没有本钱来议和了，纵观满朝文武，有谁能与皇太极抗衡？锦、松战役之后，按惯例，失败的几位将领都该被斩首，但除了最先逃跑的王朴被处死外，其他都得到赦免，也许明思宗觉得杀了他们也于事无补，眼下的局面还得靠这班败将来维持。于是，吴三桂被委以重任，领提督衔镇守山海关，阻挡皇太极南下之路。

眼下，皇太极还没准备立刻叩关，他仍在积极准备着。而比皇太极威胁更大的农民起义铺天盖地而来。

十九、硝烟四起，大厦将倾

从明神宗怠政开始，社会危机日益加深，等到明思宗即位，明朝已步入死胡同，遍及全国的民变天崩地裂般涌来。

天启七年（公元1627年），中国北方连续多年大旱，尤其是陕西，灾情更加严重，千百万农民无处就食，当地政府仍没有丝毫怜悯之心，苛捐杂税一样不少，贪官污吏趁火打劫，敲骨剥肤，朝廷对此充耳不闻，仍在鼓励各级政府为魏忠贤大造生祠。一座小规模的生祠需要数十万两银子，大的则需耗银几十万两，甚至上百万两。银子从哪儿来？全部是魏忠贤的阉党从民间搜刮而来。百姓十室九空，十村九墟，大量的农民陷入绝境，不得不吃蓬草，草吃光了，就吃观音土，吃后不几天就会腹胀，无药可医，大量的农民就这样不是饿死，就是胀死。马懋才奉命入陕调查，他是个有良心的官员，把种种惨状记录下来，用奏章报给明思宗。来看一段原文：

> 臣乡延安府，自去岁一年无雨，草木枯焦。八九月间，民争采山间蓬草而食。其粒类糠皮，其味苦而涩。食之，仅可延以不死。至十月以后而蓬草尽矣，则剥树皮而食。诸树唯榆皮差善，杂他树皮以为食，亦可稍缓其死。迨年终树皮又尽矣，则又掘其山中石块而食。石性冷而味腥，少食辄饱，不数日则腹胀下坠而死。民有不甘于食石而死者，始相聚为盗，而一二稍有积贮之民遂为所劫……最可怜者，安塞城西有翼城之处，每日必弃一二婴儿于其中。有号泣者，有呼其父母者，有食其粪土者，至次晨，所弃之子已无一生，而又有来此弃子者矣。更可异者，童稚者及独行者，一出城外便无踪迹。后见门外之人，炊人骨以为薪，煮人肉以为食，始知前之人皆为其所食。而食人之人，亦不免数日之后面目赤肿，内发燥热而死矣。于是死者枕藉，臭气熏天。县城外掘数坑，每坑可容数百人，用以掩其遗骸。臣来之时已满三坑有余，而数里以外不及掩者，又不知其几许矣……

这是人间地狱啊，"三百年后的今天，我们仍隐约地听到那些被遗弃在荒郊的孩子们呼唤爸爸妈妈的哭声，也依稀地看到那些小身躯蹲下来拣吃粪便的背影。一个政府把人民陷入如此悲惨之境，实在是不能原谅的罪恶"（柏杨《中国人史纲》）。更令人痛心的是，这种现象不仅存在于陕西，饱受多年旱灾的河南、山西又发生大面积蝗灾，蝗虫所过之处，田野一片狼藉，庄稼颗粒无收。伴随而来的还有令人恐怖的鼠疫，河南阳武县因此"死者十九，灭绝者无数"。葛剑雄主编的《中国人口史》显示，由于各种灾害交相侵袭，崇祯年间，北直隶的疫区内有40%以上的人口死亡，河南人口可能下降了50%左右，山东等地的死亡人口都在数百万以上。这真是国家和人民的大不幸。

为了活下去，忍无可忍的贫苦百姓们拿起武器，与朝廷搏命。最先冲进衙门、拉开农民起义序幕的是陕西澄城县的农民。愤怒之火刚一点燃，瞬间即成燎原之势，陕西各地的饥民，许久没有领到军粮、生活无着、沿街乞讨的边兵，因政府裁撤驿站而失业的驿卒等纷纷响应，在很短的时间内就爆发出几十支大大小小的起义军，活动地域一下子从陕西全境扩展到甘肃东部、山西西部，以及河南、湖北、四川等地，整个中国都燃烧起来了。

初期的农民起义军的主要目标还是找粮食吃，因而，队伍较散，战斗力也不强，与官军交战，打得赢就打，打不赢就往深山里跑，甚至假装投降，先骗过官军，保住性命再说。在林林总总的起义军队伍中，有两支队伍出类拔萃，一支的统帅是号称"闯王"的高迎祥和他的外甥李自成，一支的统帅是号称"八大王"的张献忠。3 位都是陕西饥民，张献忠贩过枣，当过兵；李自成打过铁，做过驿卒；高迎祥是典型的贫苦农民。3 人都有很强的组织指挥能力，起义不久就被广大农民推为首领。

农民起义爆发之初，朝廷并未充分重视，以为只是一些武装的饥民闹事，于是采取了以抚为主、以剿为辅的应对之策。所谓抚，就是象征性地给那些参加起义的农民一些口粮，让他们放下武装返回家乡。崇祯三年（公元 1630 年），朝廷拿出 10 万两银子去陕西招抚。十几万农民起义军，每人分不了 1 两，用这点儿钱去买粮食，吃不了几天就没了，广大农民依旧是在死亡线上挣扎，只得再次聚集起来，为活命而战。

明思宗大怒，下令以剿为主，派出名将洪承畴率重兵前往陕西镇压。农民军无力抗衡，陕西境内的起义军绝大多数倒在洪承畴刀下。活下来的起义军转移到山西，与山西的起义军整合到一块儿，实力扩大到 36 营 20 余万人，组成以王自用、高迎祥、张献忠、李自成、罗汝才等为首的统帅部，先后攻克山西数十州县。

山西起义军的行动震慑了朝廷，崇祯六年（公元 1633 年）冬，明思宗下令从全国调兵围剿。这些参与围剿的军队，一部分是大地主武装，本来就对起义军怀有深仇；一部分是抢劫成性的流氓武装，是来发战争财的，一到山西就大开杀戒。山西总兵张应昌为了用人头冒功领赏，杀了无数手无寸铁、四处逃难的饥民。

山西在大流血，起义军统帅王自用战死，数万农民被屠杀，起义军的活动空间愈来愈小，不得不以假投降迷惑官军，然后趁官兵停止进攻、黄河已结冰的时机突入河南渑池。在中原休整了一段时间后，重新发动攻势，打遍河南西部，随即又楔入湖广、川蜀，开辟了新的战场。

朝廷发觉上当后，立即于崇祯七年（公元 1634 年）春组建五省总督府，专事围剿陕、豫、楚、晋、川的农民起义军。官军统帅陈奇瑜采用四面堵截、"随方剿抚"的方针展开行动，一败再败农民军。到七月份，湖广的农民军已基本被歼，余部纷纷向陕西转移。转移途中误入栈道，出路被官军堵截，四周悬崖陡壁，加上连日霪雨，农民军疲惫不堪，刀刃锈蚀，马蹄尽穿，士兵们还连续多日断顿。在这样的绝境之中，农民军统帅李自成、张献忠作出决定，再次向官军伪降。五省总督陈奇瑜信以为真，下令每 100 名农民军由 1 名抚官"护送"，沿栈道出汉中。他哪里料到，农民军一出栈道便尽杀安抚官，并接连攻破陕西和甘肃若干城镇，与其他农民军胜利会合。

接着，农民军挥戈东向，从陕西杀向河南、安徽。此时农民军已有大小 72 营、几十万兵力，很快攻至安徽凤阳。凤阳是明朝的中都，明祖陵就建在这里。高迎祥、李自成、张献忠见到明祖陵后怒火中烧，立即下令焚毁皇陵宫殿，包括朱元璋当过和尚的龙兴寺（原名皇觉寺）。消息传到北京，据说兵部尚书张凤翼看完报告后差点儿惊恐倒地，明思宗更是号啕大哭。祖陵都保不住，还有何面目坐朝？立即下诏罪己，哭告太庙。

凤阳烧的这把火太狠了，明思宗下令处死一系列官员、将领，并令百官素服上朝，哀悼祖陵被焚。随后严令兵部组织最强兵力，把洪承畴从山海关前线调回统领各路大军，限他在 6 个月内扫清农民军。

6 个月"清场"，明思宗想得太简单了，现在农民军已过百万。百万农民军在大闹安徽、河南后又突然杀回陕西，因为陕西是他们的故土，也是他们得心应手的战场。洪承畴闻讯后立即星夜兼程向陕西进军，高迎祥、李自成、马守应等部毫无惧色，在西安周围摆开阵势迎战官军。

开头几仗吃败，起义军受了些损失。在随后的一系列较量中，起义军明显占据上风，李自成部甚至击杀了明副总兵艾万年，击伤一批重要将领。洪承畴手下的第一猛将、总兵曹文昭也兵败自杀。曹文昭与农民军厮杀数年，数万农民起义军倒在他的刀刃下，这回被打败，洪承畴闻讯后"仰天恸哭"。农民军乘胜进攻，一路逼近西安，而后又冲破官军的重重堵截，顺利进入河南，完全摆脱了洪承畴。

崇祯九年（公元 1636 年）正月，农民军大张旗鼓攻滁州（今安徽滁州）。即将破城之时，明朝关宁铁骑在名将祖宽的率领下突然出现在农民军背后，给了高迎祥部突然一击。七月，高迎祥军在去西安途中，遭到陕西巡抚孙传庭伏击，混战中，高迎祥被俘，不久即被押到北京杀害。

高迎祥被害后，李自成被推为"闯王"，起义军由此形成两大板块：一块由李自成统领，活跃于陕西、宁夏、甘肃等地；一块由张献忠统领，活跃于湖广等地。苦难的农民军并没有因高迎祥的失败而气馁，相反，他们的斗志更加坚定，士气更加高涨。6 个月的期限到了，洪承畴没能完成清场的任务，明思宗又起用正在乡下居家服丧的杨嗣昌任兵部尚书，让他来剿灭农民军。杨嗣昌提出了"四正六隅、十面张网"的新战法，即把陕西、河南、湖广、江北作为 4 个主战场，把延绥、山西、山东、四川、江南、江西作为 6 个辅战场。这一战法得到明思宗的认可，朝廷大量增兵、增饷给杨嗣昌，限他 3 个月内全歼农民军。

杨嗣昌的这套战术果然厉害，两广总督熊文灿运用这套战术在 4 个主战场、6 个辅战场上打得农民军首尾难顾。另一路官军统帅洪承畴、孙传庭、曹文蛟也紧密配合，与农民军苦战 27 个昼夜，剿杀了大部分农民军，又收降了部分农民军。李自成的几十万人马荡然无存，只得逃入三省交界的商洛山中蛰伏，身边只剩 17 骑。张献忠、罗汝才的兵力也严重受损，为了保存实力，张献忠在谷城（今湖北谷城）、罗汝才在郧阳（今湖北十堰市郧阳区），分别接受了兵部尚书熊文灿的招抚。这之后，湖广、河南、安徽等地的农民军也先后向朝廷投降。

崇祯十二年（公元 1639 年）春，正是万物蓬勃之际，历时十多年的农民大起义却偃旗息鼓，陷入低潮。

二十、穷途末路，走上煤山

张献忠、罗汝才接受了招抚，但又拒绝接受朝廷的改编和调动，杨嗣昌看出这是伪降，暗里调兵向张献忠的驻扎地湖北谷城和房县进发。张献忠得到情报后先发制人，重举起义大旗。官军左良玉部率先前往镇压，离房县还有一段距离时被张献忠设伏打败，号称猛将的左良玉连军符印信都被张献忠夺走，士兵死伤万人。明思宗闻讯，下令杨嗣昌不惜一切歼灭张献忠。官军势大，张献忠避开锋芒，退入四川，采取"以走制敌"的战术，与尾追的官军展开马拉松式的运动战，半年内走遍四川，转战6000里，把追剿的官兵拖得筋疲力尽，几乎完全丧失战斗力。张献忠军却不显疲态，突然转身东下，攻占当阳（今湖北当阳），而后北上，骑兵以一昼夜行军300里的速度直抵湖广重镇襄阳，连夜发起攻击，天明时将其完全占领。

襄阳是朝廷围剿农民军的后勤基地，张献忠不仅在这里解救了自己的妻妾和军师潘独鳌，收降了数千官军，还缴获杨嗣昌存放在此的5个省的饷金及大量军械物资。收获很大，张献忠下令拿出15万两白银赈济饥民。离开襄阳时，他又做了一件让朝廷震怒的事，下令将襄王朱翊铭和贵阳王朱常法斩首示众，贴出告示说："我本欲斩刽子手杨嗣昌的头，今权且借两个王头来代替。"

张献忠重举起义旗帜后声势浩大，但他一直以运动战为主，没有建立根据地的意图，攻占襄阳后很快退出。即使如此，仍吸引了朝廷的主要兵力，李自成及其他农民军在他的掩护下借势出山，再造起义军。崇祯十三年（公元1640年）底，李自成军攻入河南，在这里吸收了牛金星、李岩、宋献策等一批文化人加入起义军，自此仗愈打愈聪明。崇祯十四年（公元1641年）正月二十日仅一天时间就攻占河南重镇洛阳，杀了福王朱常洵，将王府的部分财宝和粮食赈济灾民。福王在明末可是个了不得的人物，当年明神宗就是想立他为太子取代长子朱常洛，未成，就无休止地赏赐福王，使福王的家财累积成天文数字。如此富有的福王，在饥民遍布的年间，居然舍不得拿出一文钱赈灾，丧尽天良的王爷早该杀了。李自成得到这笔财富后军力大增，20岁以上的男子大量涌入他的军队。消息传来，明思宗极为悲痛，十几天内连失几位亲王，他下令"辍朝三日"哀悼。本已重病在身的杨嗣昌得到这些消息后惊忧交加而死。

杨嗣昌死后，朝廷再也派不出像样的统帅，局面一天比一天危险。李自成攻占洛阳后，又在项城、南阳、襄城、汝宁、朱仙镇连打 5 个大胜仗，尤其是朱仙镇一战，以百万起义军对朝廷的 40 万军力，歼灭了朝廷派往河南的大部分兵力，奠定了不久后夺占关中、进军北京的坚实基础。

据有河南全境之后，李自成迅速南下湖广，攻占襄阳，接着扫荡周边，占有了黄河以南和湖广的广大地区。在李自成的心中，下一步就是剑指关中，割土为王。但与李自成相好的罗汝才不愿再从属于李自成，想独树一帜，横行天下。李自成不容起义军分裂，果断采取措施杀了罗汝才。

整顿好内部之后，李自成在襄阳展开制度建设。他改称"奉天倡义文武大元帅"，把襄阳改称襄京，改承天府为扬武州，修襄王宫殿，建昌义府，分兵守略，设官建制，开始了农民革命政权的运作。他在一些重要地区设卫，改变"流寇"做法，甚至在襄阳开科取士，他亲自出题目："三分天下有其二"。

此时最值得明朝恐惧的不是这个新生的农民政权的诞生，而是经过长期作战的历练，这个农民政权打拼出一支纪律严明、有勇有谋的百万雄师。如今，明朝的士兵大多是老弱病残，李自成的百万士兵年龄则全在 15 至 40 岁之间，说得上生龙活虎。不仅如此，士兵装备精良，骑兵 1 人有马两三匹轮番驰骑。现在，李自成用这支特别能战斗的骑兵风卷残云般冲向关中。守卫关中的是李自成的宿敌、兵部尚书孙传庭。孙传庭部现在是一支孤军，但他依旧用老眼光看起义军，亲率 10 万兵马出潼关迎战李自成。农民军精骑凌腾，步兵奋勇，很快重创官军，孙传庭狼狈逃跑。起义军骑兵一昼夜追击 400 里，歼灭近 6 万官军。

孙传庭收集残兵固守潼关，此时已是初秋，守军还穿着夏服，且军粮严重不足，许多士兵早已因饥寒而处病体，哪能与李自成的精锐之师抗衡？两军刚一交锋，明军即溃退，孙传庭战死。孙传庭是明朝最后的捍卫者，他一倒地，明朝这座立世近 300 年的大厦就要倾覆了。李自成迅速从潼关攻占西安，以西安为出发阵地，只用两个月就攻占了整个西北。

崇祯十七年（公元 1644 年）正月初一，李自成在西安正式宣布建国。西安是中国著名的龙兴之地，李自成改西安为长安，称西京，国号大顺，年号永昌，还将自己的名字改为李自晟。有了大本营的李自成把目光投向幽燕，一个月之后他要东渡黄河，打到北京去。

张献忠在李自成攻打西安之前已经攻占武昌，杀了楚王朱化奎，然后占据楚王府，自称"大西王"，也设官定制，开科取士。称王不久，他再度进军四川，攻占成都，于崇祯十七年（公元1644年）十一月十六日宣布称帝，国号大西，年号大顺，称成都为西京。

张献忠的运气没有李自成好，他派往四川各地的官员得不到当地民众、士绅的认可，往往到任没几天就被杀害。张献忠大怒，他决定以屠杀来对付那些抵制他执政的四川人，其手段之残忍、打击面之广，是历代农民起义中所没有发生过的。明人傅迪吉的《五马先生纪年》中曾记载张献忠在攻下简州后，将男女俘虏尽行剁手，被剁之人号呼之声胜于雷吼。

与张献忠形成强烈对比的是，李自成实力愈强，愈注意行仁政，收买人心，不仅不滥杀人，连行军时马踏坏农民庄稼也要从重处理骑马者。所以，李自成从西安出发后一路攻城拔寨，非常顺利，仅一个月左右就攻占山西全境。山西是北京的天然屏障，拿下山西，北京就危险了。

崇祯十七年（公元1644年）三月，李自成大军兵分两路向北京展开进攻。京城内外一片恐慌，明思宗急令各地勤王，号召文武百官为军队捐款，又三下罪己诏，试图激起民众护卫北京的热情。但一切为时已晚，响应勤王令的明军寥寥无几，京师三大营基本是空营，多数士兵已逃亡。

明思宗决定进行最后一搏，派出内阁大学士李建泰率兵督师与李自成的农民军决战。出了京师的李建泰立刻感觉情形不对，他身为督师大学士，却在距京师不到百里的河北州县遭受了冷遇。之前他出京，地方官员无不诚惶诚恐，但是如今李自成即将兵临城下，地方官员不再把他这位督师大学士放在眼里。

感觉情况不对的李建泰开始北逃，一路之上士兵逃跑不计其数，到了保定的时候，李建泰身边只剩下了几百名士兵。最后，这位督师大学士在未与农民军打过一仗的情况下向农民军投降。守卫北京门户居庸关的大将唐通、监军太监杜之秩自知抵挡不住，打开城门放进起义军。明思宗已急成热锅上的蚂蚁，接连召见大臣问策，只见大臣相对而泣，未听见一人言声。明思宗大失所望，长叹一声："君非亡国之君，臣皆亡国之臣啊！"

明思宗这话有几分道理，去查查那些与农民军作战的将领，有几个是真心为朝廷而战？李自成、张献忠等起义军，在若干次危难之中之所以能最终脱险，完全是用银子买通明军将领的结果。张献忠第三次背叛招抚时，还特意把熊文灿接受起义军贿赂的数字写在墙上，让后来的官军看。比熊文灿收得更多的大有人在，如左良玉、杨嗣昌、周延儒等。周延儒家专门建有一座藏宝楼，金珠非最上乘者不能进此楼。官员腐败到这种程度，能为朝廷拼命而扭转败局吗？

高官腐败富有，国家却财政匮空，至崇祯十七年初（公元 1644 年），军饷欠款已达数百万两，而从南方收来的税款只有几万两。正常军备都维持不了，只得拖欠不发。李自成起义的地区，本有 17 万御边士兵，但连续 7 年领不到正常军饷，各营只得典衣卖箭，把武器卖了换饭吃。大量士兵流落社会，不少人成了乞丐，最终又都加入农民起义军行列，成为朝廷棘手的对手。

等到明白这一切时，已没有时间去整治了。明思宗是一个制驭过严，甚至可以说是一个刻薄寡恩之人，这些年，败一方就杀一将，丢一城就戮一吏，曾一次就杀了 36 名败将。然而大厦将倾，任你杀多少将吏都不起作用了。现在，守城太监曹化淳已打开城门，李自成的大军出现在皇城外。明思宗勇敢地拿起一杆长枪，带领几十个心腹太监离开皇宫，企图趁乱冲出围城。然而，此时的北京已被农民军围了个严严实实，插翅也飞不出去。其实早些时候曾有大臣建议他南迁，南京陪都本来就是为北京出现危险时而保留的，迁去南京说不定还能多苟存一段时间。但明思宗不听，说作为一国之君，理应死国。他转到皇宫后的煤山看看动静，只见烽火连天，寒气逼人。于是又折往齐华门（今朝阳门），守门的太监不知是皇帝，一通箭矢齐射，逼使他转向安定门。不知何故，安定门城门打不开，他只好又折回乾清宫。

明思宗完全绝望了，让太监给自己上酒，连饮数觥后对周皇后说："大事去矣！"皇后哭着说："我自会了断！"然后自缢。明思宗又令袁贵妃自缢。随后扔下酒杯，抽出长剑，手刃数名嫔妃。他此时已是杀红了眼，先是斩杀了昭仁公主，然后将剑指向长平公主。可怜的公主哭泣着牵着父亲的衣服，他大喊一声："谁让你生在我家啊！"随后奋起一剑，斩断了公主抓衣服的左臂，公主顿时昏厥过去。太监王承恩正好进宫来，目睹了这一切，连忙阻止了皇帝，让宫女扶长平公主下去，自己扶着皇帝离开乾清宫。最终，二人离开紫禁城，到煤山寿皇亭下一棵老槐树上自缢而亡。

二十一、几番苦斗，东北的满清入关南下

三月的北京春寒犹重，但这几天却热火起来，李自成的军队鼓噪着从宣武门、正阳门、朝阳门等处涌入。他本人骑着乌驳马，头戴白色毡笠，身披蓝布箭衣，在丞相牛金星和数千精骑的护卫下从承天门向紫禁城缓缓走去。这就是他过去畏之、恨之、向往之的北京，统治中国 276 年的明朝在他手上终结，恍若梦中。这是崇祯十七年（公元 1644 年）三月十九日。

李自成对于改朝换代没有经验，他把工作重心放在惩办皇族、向官员追赃以及接管各级衙门和准备登基大典上，忽视了东北方向的清军的威胁，尤其是忽视了明朝还有数万精兵在山海关总兵吴三桂的手上。这时本应派出重兵监控，却偏偏只派出区区两万人马，近百万大军窝在京师一带。真为李自成感到可惜啊，进京没几天，将领带头腐败，士兵为非作歹，或抢劫财富，或强占民女，或敲诈士绅官宦，京城秩序大乱。最不应该的是李自成一边派人携重金去招抚吴三桂，一边又派人去抄了吴三桂的家，逮捕了他的父亲吴襄，抢走了他的夫人陈圆圆。这是最愚蠢的抢夺，李自成抢去了一个"炸弹"，大败局马上就会降临。

吴三桂本来是守在辽东孤城宁远的，李自成逼近北京时，明思宗下令要他弃宁远火速入京勤王。吴三桂接到命令后立刻弃宁远往北京方向赶，但是，他走得很慢，从宁远到山海关仅 240 里路却走了 8 天。命令十万火急，怎么吴三桂不火不急？因为他在观望，在盘算，朝廷还救得了吗？李自成有百万大军，自己仅有这几万人，不是以卵击石吗？

吴三桂率军于三月十六日到了山海关，二十日进抵河北丰润，而北京在头一天已被李自成攻占。吴三桂立即调转马头退回山海关。过了几天，李自成的特使、明朝的降将唐通携重金来山海关劝降。吴三桂与唐通是老战友，一说即通，接受招降，两人很快交接，山海关由唐通接管，吴三桂率部前往北京朝见新君。

走到永平府（今河北卢龙）时，得知自家被抄、夫人被抢的情况，吴三桂

顿时怒火冲天，当天率部折回山海关，发誓要找李自成报仇。吴三桂重新攻占山海关，然后给清摄政王多尔衮写信，希望联清攻李，事成后"裂地以酬"。这真是天上掉馅饼，满族几代人可望而不可及的山海关很快就会自动打开关门，八旗的铁蹄不久就将踏上关内的土地，这是上天的眷顾啊！多尔衮兴奋不已，很快回信，表示可以满足吴三桂的请求，条件是吴三桂必须先正式向清投降。吴三桂报仇心切，稍微犹豫后，正式向多尔衮投降。

李自成获悉，亲率10万大军，从三面包围山海关，企图一举剿灭吴三桂。他想得太简单了，有清军作后盾的吴三桂毫无畏惧地开关迎战。双方正打得难解难分之时，10万清军突然猛虎下山般扑向李自成军。农民军已十分疲乏，无力再与清军抗衡，立时大乱。李自成率先撤退，吴三桂与清军趁势掩杀，一气将李自成追击至永平府。李自成万分恼怒，在永平城西将吴三桂的父亲吴襄杀死，退回北京后又杀了吴家34口人。

山海关之战决定了之后300年的中国历史走向。李自成并不是败在吴三桂和清军手下，而是败在进北京后一系列方针政策的失误上。清军和吴三桂没给李自成喘息之机，10万清军入关后在吴三桂的导引下跟踪而来。北京的东北方向无险可守，城内粮食也开始告急，军中将士大多来自陕西、山西、河南一带，不服北京水土，而且不少士兵染上鼠疫，迫切希望离开。在这几重因素的倒逼下，李自成决定放弃北京。四月二十九日，李自成在英武殿匆忙举行登基大典，第二天即撤离北京。他走之前，一把大火烧了已有200多年历史的宫殿群，九门城楼也一同化为灰烬。

五月初二，清军进占北京，多尔衮背着吴三桂，悄悄地从关外把福临接到北京。十月初一，福临登基，是为顺治帝，北京城头插上大清国旗。

吴三桂并没有闲下来，他被清政府封为平西王，戴着这顶红帽子一刻也不停地追击李自成，一直从河北保定追到山西太原，沿路给农民军造成重大伤亡，李自成不得不退往关中。十月初，清廷以阿济格为靖远大将军，统率吴三桂、尚可喜等明朝降将，向陕西发起进攻。为了确保胜利，阿济格还邀来边外的蒙古兵两路夹击李自成。在腹背受敌的情况下，李自成只得撤出西安向河南方向转移，最终进入湖广。逃得太苦了，士兵们已无心再战，军师牛金星首先逃跑，重要将领李岩被李自成枉杀，大将刘宗敏、军师宋献策被清军俘虏。百万大军到此已所剩无几，虽然在武昌一带迎来了李过、高一功率领的从陕北撤来的部分起义军，李自成也灰心了。

顺治二年（公元 1645 年）五月初，李自成退至湖北通城（今湖北通山）九宫山麓时，突然遭当地民兵的武装袭击，满身带伤、身心极度疲惫的李自成被害。

轰轰烈烈的明末农民大起义完全失败了，尽管残余的势力，如李过率领的部分起义军后来联合南明共同抗清，但都没能再改写历史。

回过头来看张献忠，在李自成被清军追击的这段时间里，他的日子也不好过。首先是明朝的残余势力根据定都南京的南明政权的指示，不断地蚕食他在四川的地盘；其次是清军已经开始入川。顺治三年（公元 1646 年）十一月，在叛徒刘进忠的引导下，清军围剿张献忠并将其杀害。

此时张献忠手上还有数十万起义军，要不是内部出了叛徒，清军一时半会儿还拿不下四川。张献忠的大部兵力被灭后，余下五六万人由其部将孙可望、李定国率领，南走云、贵，后与南明联合，继续抗清。

从努尔哈赤时代就开始窥伺中原的清军终于呼啸着入关南下，终于以他们的智慧、勇敢、坚韧入主中原。

二十二、洋洋洒洒中国风

2002 年 11 月，英国皇家海军退伍军官、史学家加文·孟席斯（Gavin Menzies）出版了《1421：中国发现世界》一书。他宣称，是中国人最早绘制了海图，正是这张 1428 年由中国郑和下西洋时绘就的海图，指引了 70 年后的欧洲人发现好望角。由此推断，中国舰队当年已经绕过好望角，到过非洲西海岸、南美洲和澳大利亚，并且进入加勒比海和科蒂兹海。由此可知，是中国人最早发现了美洲新大陆。

加文·孟席斯的发现打破了航海史上的西方中心论，使更多的人知道了人类航海史的真相。这位前潜艇指挥官在得出这一结论前，花了 14 年时间走访世界 900 多座博物馆、图书馆及一些古遗址，考察、研究郑和全球航行的轨迹。他在这本专著里饱含激情地采用对比法赞美古代中国：

1404 年，当朱棣指示姚广孝率领 2180 名学者进行包罗万象、长达 4000 卷的百科全书——《永乐大典》的编纂工程时，处于文艺复兴前夜的欧洲对于印刷术还一无所知。实际上，那个时候亨利五世（1387—1422 年）的图书室里只有 6 本手抄本，其中 3 本还是从修道院借来的，当时欧洲最富有的商人拥有 12 本书，其中 8 本还都是宗教著作。

1421 年 2 月 2 日是中国的春节。这一天，来自亚洲、非洲、阿拉伯世界及印度洋周边地区的使节和统治者们，麇集于"天子脚下"的北京城，这些被中国惊世骇俗的航海技术制造的超级巨轮载来的使节们，有幸成为访问世界上最伟大的官殿群——紫禁城的第一批客人。超过 28 个国家的首脑获得了此项殊荣，但却不包括神圣罗马帝国皇帝、拜占庭皇帝、威尼斯大公和英、法、葡萄牙诸国的国王。而他们之所以没有被邀请，只是由于他们作为既缺乏科学知识，又没有可贸易货物的落后国家的元首，在中国皇帝朱棣的眼里尚不入流。

如此之多的外国元首和外交代表团聚集在一个国家，这在当时是轰动全球的事件。明朝政府热情款待，据说宴会所用的近 600 件官窑瓷器全部被外宾顺手牵羊带走了。精美的中国瓷器发展到明朝永乐、仁宣时期已达巅峰状态，还有那些美轮美奂的丝织品、手工艺品、书画作品等，在这些外宾眼中真是太神奇了，他们跨越万水千山来到这里朝贡，为的不就是把这些人见人爱的天朝之物多多地带回本国吗？于是，海上丝绸之路忙碌起来了，一批又一批中国商品销往全球各地，一阵又一阵"中国风"在太平洋、印度洋、大西洋上空刮起。意大利学者保罗·托斯加内里曾在给哥伦布的信中，满怀激情地描写过中国外贸的繁荣。他说："在这里，携带着货物的航海者是如此之多，以至于全世界其他地方的全部航海者的人数都不及福建泉州著名港口的多。"

随着经贸规模的不断扩大，大量白银流入中国。史载，日本所产白银的绝大部分输到中国，日本人还特别喜爱用白银换中国的铜钱，连福建龙溪一带私造的伪铜钱也大量收购。美洲所产的白银也有多半流入中国。以白银为国际贸易结算方式的世界市场体系，就这样通过与中国的大量贸易建立起来。

　　显然，中国输出的不仅是商品，流入的也不仅是白银，"西学东渐"与"中学西传"从那时起便蔚然成风，就连中国的政治制度也使他国仰慕。法国政治家托克维尔在其1856年出版的著作《旧制度与大革命》中有一段话，描述了当时欧洲对中国的看法。他说："他们在四周找不到任何与这种理想相符的东西，便到亚洲的深处去寻找。我毫不夸张地说，没有一个人在他们著作的某一部分中不对中国倍加赞扬。只要读他们的书，就一定会看到对中国的赞美：由于对中国还很不了解，他们对我们讲的尽是些无稽之谈。被一小撮欧洲人任意摆布的那个虚弱野蛮的政府，在他们看来是可供世界各国仿效的最完美的典范。他们心目中的中国政府好比是后来全体法国人心目中的英国和美国。在中国，专制君主不持偏见，一年一度举行亲耕礼，以奖掖有用之术；一切官职均经科举获得；只把哲学作为宗教，把文人奉为贵族。看到这样的国家，他们叹为观止，心驰神往。"

　　托克维尔写这段话时正是清朝统治下的中国备受西方列强欺凌的时期，他对欧洲学者或者政治家们关于中国的看法很不以为然，认为那些在书中赞美中国的人向人们讲述的尽是些无稽之谈，现在人们看到的中国不过是"被一小撮欧洲人任意摆布的那个虚弱野蛮的政府"。托克维尔并没到过中国，也不甚了解中国的历史，其实在17世纪之前，与贫穷、落后的欧洲比，中国富有生机，一派光明，主导着世界。

　　中国影响世界的不仅是经贸，还有独一无二的文化。早期进入北京的意大利传教士利玛窦用拉丁文翻译中国的儒学经典"四书"（《大学》《中庸》《论语》《孟子》），配以简要的注释，送回意大利传播。不久，耶稣会士金尼阁又翻译"五经"（《诗》《书》《礼》《易》《春秋》），在杭州刊印传回欧洲。这些书都在欧洲产生大的反响，法国启蒙思想家伏尔泰在阅读和研究了这些中国经典著作后大发感慨："当我们还是野蛮人的时候，（中国）这个民族已有高度的文明了。"伏尔泰不愧为大思想家，他与中国文化一拍即合，他在自己书房的显著位置悬挂孔子的画像，认为孔子的思想对于法国建立理性主义、宣传人权平等都大有启迪，能够作为法国人反专制、反教权的思想武器。可以说，18世纪末爆发的轰动世界的法国大革命，多多少少也有中国文化的贡献。

　　中国文化发展到明朝大放异彩，一批在中国文学史上有重要地位的长篇小说和短篇小说问世，如《三国志通俗演义》《西游记》《水浒传》《金瓶梅》等长篇小说，以及"三言"(《喻世明言》《警世通言》《醒世恒言》)、"二拍"(《初刻拍案惊奇》《二刻拍案惊奇》)等短篇小说。

除了小说，王守仁的宇宙观也是明朝的一大亮点。按照王守仁的理论，只有人心才是宇宙的本体、万物的主宰，整个宇宙就在人的心中，宇宙与人其实是有机的一体，心之外别无他物。王守仁在此论断上，针对朱熹的在宇宙生成之前，一切"理"便已存在的理论，提出"心外无理"说，认为心为宇宙立法，理是由心立的，天地万物之理不必到心外去求，每个人都有"良知"存在于心，它能明天理，辨是非，指引人们如何为人处事。有人问，所谓的良知容易为物欲所惑怎么办？王守仁的解决之道是"知行合一"，通过个人的道德修养，使良知得以张扬，也就是"致良知"。王守仁的一系列论点，表明他已是在高扬人的主体地位，提倡"贵我"和良心自由。良心自由也即精神自由，精神自由了就可以冲破一切旧的传统和束缚。王守仁有关精神自由的论述，比欧洲大哲学家黑格尔要早得多。

王守仁的宇宙观打破了明初以来思想界的沉闷局面，他的以人为宇宙本体的思想可以看作是中晚明时期的一场思想解放运动。美国著名学者牟复礼说过：在全世界的文化中，只有中国文化将宇宙和人类的发生归结为"本然自生的和谐运动"，而不是造物主创造的产物。

牟复礼的话肯定了中国传统文化中的科学因素。例如，郑和下西洋的重要导航工具"浮水罗盘"，就是风水师堪舆的产物，没有它，郑和难以完成航海壮举。此外，正是因为"天人合一"、阴阳互动、五行相生相克等理论的指引，一批中国人在天文历法、航海技术、物理学、植物学、中医药学等领域取得了非凡的成绩，如徐光启主持编成的《崇祯历书》《农政全书》、李时珍的《本草纲目》、徐霞客的《徐霞客游记》、宋应星的《天工开物》，都在人类科技史上占有重要的地位。徐光启发现传播声音的介质是空气，已经有了"声波"的初步理论概念，而此时的欧洲学者们还在为传播声音的到底是空气还是什么微粒子而争吵不休。

得益于历代积累的科技成果，中国的经济在 19 世纪之前始终占据世界核心地位。17 世纪初，法国人皮埃尔来中国旅行，他几次站在稻田边发问：为什么中国这么少的耕地能养活这么多的人口？他通过研究发现，中国的农业生产率是当时英国的 8 倍。

一批又一批西方学者、商人、传教士来到中国，把西方早期近代化的科技理念和部分技术带到中国，使中西文化交流达到空前的高度。其中最有名的人物是万历二十六年（公元 1598 年）来到北京的意大利传教士利玛窦。与利玛窦同期活跃于中国内地的还有一批比较著名的洋人，如庞迪我、汤若望、熊三拔、艾儒略、邓玉函、金尼阁等。他们各有所长，分别与中国的学者、科学家合作，先后在数学、天文、地理等领域作出成果。如利玛窦与徐光启合作，翻译了欧几里得的《几何原理》《测量法义》等书；汤若望与徐光启、李天经等人合作，制作了一批天文仪器，共同编制了《崇祯历书》；邓玉函与王徵合作，翻译了传入中国的第一部西方近代工程物理学专著《远西奇器图说》。此外，西方的音乐、医学成果也先后被引入中国，中国的文艺舞台上自此有了大提琴、小提琴、竖琴等西方乐器的演奏。

以中国传统文化为先导，以"四大发明"（火药、指南针、造纸、印刷术）为标志，以瓷器、丝绸、书画作品等为代表的"中国制造"自 14 世纪传入欧洲后，欧洲便加快了近代社会转变的历史进程。受益于中国传统文化及中国市场的欧洲，本该用自己的进步"报答"中国，与中国一道共享欧洲发展所带来的物质成果。但非常遗憾，中国得到的回报是英国炮舰轰击中国港口并割去香港、英法联军火烧圆明园、"八国联军"血洗北京，肢解中国，荼毒中国人民……陷中国于百年灾难之中。在大洋上洋洋洒洒地刮了数百年的"中国风"，被西方列强联手窒息。

第二十章 斓发易服定乾坤

吴三桂冲冠一怒，山海关关门洞开，10 万清军以飓风之势扑向北京。随后马不停蹄，南征北战，所向无敌，很快入主中原。从清世祖顺治元年（公元1644 年）至末代皇帝宣统三年（公元 1912 年），清朝传奇般存世 268 年。如果从清太祖努尔哈赤建立后金政权的公元 1616 年算起，已近 300 年。

一个王朝能存世 300 年已属不易，300 年中有 130 多年（康雍乾三代）处于盛世更是不易。就在这 130 多年间，中华民族迎来了中国历史上又一个幅员辽阔的大中国，全国总人口接近 4 亿。其疆域西抵中亚巴尔喀什湖北岸（今哈萨克斯坦共和国境内），西北包括唐努乌梁海地区（今俄罗斯境内），北达漠北（今蒙古国境内），东含库页岛（今俄罗斯境内），南至曾母暗沙，有效掌控的国土面积达 1300 多万平方公里。

赫赫有名的大清国，在创造出超迈千古的鼎盛之后走向式微，不仅重演了历代王朝荣枯盛衰的悲喜剧，还不由自主地步入半封建半殖民地的泥淖，把中华民族推向被列强任意宰割的苦难之中。

清朝是离当代中国人最近的末代王朝，100 多年过去了，人们仍能依稀看到它远去的背影，甚至能听到它最后的一声呐喊。

一、巧战略：先稳南明，再毁南明

"九王"多尔衮武功高超，智慧过人，早在 17 岁就跟随皇兄皇太极驰骋疆场。抢进北京后，大清朝的相当一部分王公贵族主张迅速掳掠一把就退回辽东。多尔衮力排众议，坚定不移地定鼎北京。为了巩固既得成果，他不准吴三桂、阿济格、多铎进入北京，强令他们日夜兼程追击"穷寇"。而后立即在北京城内发布命令，核心内容是：满人入关不为抢夺大明江山，只为救天下百姓出水火，为大明报君父之仇。布告甫一贴出，全城轰动，尤其是明朝的遗老们，更是在多尔衮帐前跪倒一片。多尔衮接着演戏，以国葬形式为明思宗发丧，下令全城官民服丧三天，他自己带头祭奠，一身丧服感动了满城官民。

多尔衮是顺治元年（公元 1644 年）五月初二进入北京的，五月初五就忙着为明思宗发丧。操办之切，既是为稳定北京，也是做给明朝陪都南京看的。在多尔衮进北京的同一天，南京成立了以福王朱由崧为帝的弘光政权。该政权由不得多尔衮小视，占据着黄河以南的广袤地区，还拥有 100 多万兵力，驻扎武汉的总兵左良玉就统兵 70 万。除此以外，在东南沿海一带，还有由郑芝龙家族掌控的一支特别能打水仗的海军，云南的沐氏家族则有一支勇猛的少数民族武装，兵力都在数万人。

多尔衮对敌我态势非常清楚，由此确立的大战略是：尽快剿灭农民军，而后再灭南京政权。他对将领们发出指令，先以不战不和的姿态麻痹南京，稳住南京。他给南京政权的兵部尚书史可法写了封连哄带吓的信，其中几句耐人寻味：

> 国家（笔者注：这里指清朝）之抚定燕都，乃得之于闯贼，非取之于明朝也。贼毁明朝之庙主，辱及先人，我国家不惮征缮之劳，悉索散赋，代为雪耻。孝子仁人，当如何感恩图报？……
>
> 先生领袖名流，主持至计，必能深维终始，宁忍随俗浮沉？取舍从违，应早审定。兵行在即，可西可东。南国安危，在此一举……

据说这封信由大名鼎鼎的清朝重臣范文程亲笔润色，文采好不用说，其话中有话、软中有硬，着实让史可法及弘光君臣惊心。大臣们反复议论，最后的结论是：今日宗社大计，莫过于联清讨贼。贼是指李自成、张献忠等农民起义军。

包括史可法在内，弘光君臣没有一人弄得清敌我和主要矛盾，居然把大战略定为"借虏灭寇"。弘光帝朱由崧让史可法尽快给多尔衮回信，希望结成"战略伙伴关系"共剿闯贼。为表诚意，朱由崧特封吴三桂为蓟国公，表彰他"借夷破贼"之功，同时向以多尔衮为代表的清廷赠送白银10万两、黄金1000两及绸缎1万匹。为了让多尔衮尽早答应结成同盟关系，很快派出以大臣左懋弟为首的求和团队前往北京。

多尔衮根本不理南明政权的求和，他口气很硬，说南明政权除了向清朝投降，别无出路。不仅口气硬，还公开杀了左懋弟等人。

弘光政权上下一片惶恐。本来此时正是北上赶走多尔衮的良机，清军10万主力已倾巢出动到陕西、山西一带追击李自成，北京没什么兵力防守，百万明军只要一齐北上，李自成肯定会借机杀出回马枪，两头夹击，多尔衮还不仓皇逃回辽东？如此简单的道理，弘光政权硬是想不通。

难怪，南明皇帝朱由崧是个纵情声色之徒，哪有这等智慧？在国家危亡之际，他根本不考虑扭转乾坤，依旧深居宫中，醉生梦死。一天深夜，朱由崧突然下令敲钟。外廷大臣听到钟声后大惊，担心宫中发生不测，纷纷赶至皇宫。只见皇帝端坐在大殿上，满面愁容。大臣们以为皇帝在为国事郁伤，便百般宽慰。过了很久，朱由崧才开了金口，说是正为"梨园（戏班子）缺少佳人"而烦愁。

除了为戏班子愁，还为自己的大婚愁。朱由崧下令不惜重金，在江南一带遍选美女，广造行宫。国库全部现金收入不过600多万两银子，而军饷至少需要700万两，两相对冲，亏100万两。朱由崧不管亏空不亏空，依旧下令按最高规格准备婚礼，一顶皇后的礼冠就需数十万两白银打造。

就在朱由崧忙于筹办大婚的这段日子里，清军已基本消灭了农民起义军。10万清军包括部分投降的明军，"转旆东征"，顺利渡过黄河，向南方发起大规模进攻。

危险来临时，南明政权没有任何准备，反倒是内部纷争迭起。史可法等忠良之臣被排挤出朝，军政大权掌握在阉党马士英、阮大铖等人手中。这些饱受皇恩的所谓重臣，颟顸无谋，无心抗清，整日只知争权夺利，中饱私囊。

江北四镇的 4 名总兵也学着朝廷的样子，互相间你争我夺，甚至兵戎相见。兵力最强的徐州总兵高杰被驻睢州的河南总兵许定国诱杀，接着许定国率部降清。手握 70 万大军的武昌总兵左良玉以一名冒充崇祯太子的青年被朱由崧法办为借口，突然起兵"清君侧"，拟诛杀马士英等阉党。70 万大军不去与清军作战，反而倾巢出动杀往南京，离开武昌时还把武昌烧掠一空。

马士英大为惊恐，下令征调江北等地兵马迎击左良玉。江北四镇一下空城，归德至象山数百里间不见南明军队身影，清军趁此良机快速向南推进。

镇守扬州的史可法也受命驰援南京。动身前，他反复向马士英建议，左良玉不敢篡国，可先让他"表演"，北兵（清军）才是真正的威胁，北兵一至，宗社危矣。马士英大怒道："宁可君臣皆死于清，不可死于良玉之手。"马士英最后被清军俘虏，宁死不降，应了他自己这句话。

史可法无奈，只得冒雨往南京赶。刚走不远，得知清军已渡淮河，史可法毅然决定返回扬州，迎击清军。

扬州城总共只有 1 万兵力，而围城清兵有数万之众。清军前线统帅多铎派明降将李遇春到城外招降，史可法大骂李遇春，发箭射他。多铎又派出招降使者，史可法令人从城上缒下二健卒，把来使与招降书一并投入河中。然后写下遗书，表明与扬州共存亡。

多铎大怒，下令全力攻城。扬州总兵李栖凤怕死，背着史可法出城投降，城内守兵一下降到不足 4000 人。顺治二年（公元 1645 年）四月二十五日，扬州城被红夷大炮轰塌，史可法拔剑自刎不死，又令义子史德威给自己补刀，"德威痛哭，不敢仰视"。

清军入城后第一目标就是史可法。此时的史可法只求速死，见清军冲来，便高声呼叫："史可法在此！"多铎快步走到史可法跟前劝降，史可法厉声回答："头可断，身不可屈！"多铎被史可法的气势震慑，不再劝降，下令就地处死。

史可法英勇就义，部将和士兵全部战死。多铎恼火扬州的抵抗，下令屠城 10 天。80 万扬州市民倒在血泊中，扬州上空血雾弥漫。

扬州是南京的门户,门户一开,清军长驱直入。攻占扬州后的第13天,清军攻占镇江。消息传至南京,朱由崧不为所动,依旧在皇宫通宵酣饮观戏,到了五月初十才决定逃跑。南京此时尚有23万守军,皇帝一跑,守军全部投降,清军兵不血刃占领南京。

朱由崧在逃跑途中被俘,次年五月被杀于北京。存世仅一年的弘光政权覆灭。

南明有北伐和至少保得半壁江山的机会,最终却一败涂地,只可怜几十万扬州百姓,冤魂久久不散……

二、江阴、嘉定之难

攻占南京,如同吃下一颗"定心丸",多尔衮心情舒畅。但在明朝降清的大臣孙之獬眼里,现在还远不是值得庆贺的时候。

这一天,他剃掉头发,头扎一根金钱鼠尾辫,着一身满人服装,悄悄面见摄政王多尔衮。多尔衮一见很惊讶,汉族大臣目前没有一位剃发改服,朝廷也未下令统一发型服饰,孙之獬为何打扮成此样?

没等多尔衮开口,孙之獬先说开了:今天上朝,无论汉人、满人都看不惯臣剃发结辫之状,臣真痛心。陛下平定中原,万事鼎新,而衣冠束发独依汉制,这样下去,是陛下服从中原,而不是中原服从陛下呵!

多尔衮是有才学之人,他一直认为盛极一时的金朝后来之所以衰弱,主要是因为全盘汉化,化掉了游牧民族之野性而导致的。孙之獬说得有理,一统天下,却依旧统一在汉人的旧制度之下,这怎么行?他大喊一声:来人!立即发布诏令,在全国剃发易服,有敢不从者,斩!

清军刚入关时,曾用令箭多次宣示不强迫百姓剃发,获得了广大群众的欢迎。很多地区的百姓受够了腐朽没落的明王朝之苦,还主动打出"大清国皇帝万岁""我是顺民"之类的标语、字牌。

孰料这才几天,清廷就令汉人满化。"身体发肤,受之父母,不得毁伤",这是几千年来的伦理道德啊。各地都传来因不愿剃发而被砍杀的消息,政府发布的公告上这样写道:留头不留发,留发不留头!

江南地区的广大民众无法容忍剃发令对自己身体和人格的伤害，宁肯断头，也不剃发，轰轰烈烈的反清斗争一夜之间酿成高潮。江苏江阴的百姓最先举行大规模暴动，几十万从十里八乡赶来的百姓冲进县城，杀死知县和守备。

清廷闻讯，立即调来数万大军镇压，红夷大炮不停地轰击江阴城墙。起义民众用铁皮裹门板，用装满泥土的棺材堵缺口，把一批又一批冲进城内的清兵杀死。连续一个月的进攻都没能占领江阴，清廷又调明朝降将李成栋率兵14万增援江阴。这个叛徒原是明朝徐州总兵，遇清军进攻立即投降，遇农民起义军则勇猛无比，他只用了9天时间就攻占江阴。

江阴民众毫不畏惧，与冲进县城的清兵展开巷战和肉搏，给清军造成重大损失。据统计，江阴百姓与清兵生死搏斗81天，共杀敌7.5万人，其中包括3名王爷和清军18名高级将领在内。

损失太大，清廷难以接受。统帅多铎咬牙切齿地下达命令："满城杀尽，然后封刀！"清兵奉命连续屠杀3天，17.2万百姓倒在血泊中。

江阴惨案不仅没能遏阻江南民众的反抗，反而促成更多的民众加入抗清斗争。离江阴200多里的嘉定有数十万百姓起义，李成栋再率10万清军围剿。城破之后，清军连续进行3次大屠杀，史称"嘉定三屠"，嘉定城被杀得鸡犬不留。亲历者朱子素侥幸逃脱，他在其后的著作《嘉定屠城略》中写道："市民之中，悬梁者、投井者、投河者、血面者、断肢者、被砍未死手足犹动者，骨肉狼藉。"杀尽市民后，清兵还要用长枪对一堆堆乱草丛棘刺上一通。

江阴、嘉定等地的人民以百万颗头颅落地来反抗剃发令，虽然未能阻挡剃发令的推行，但却沉重地打击了清政府，延缓了清军南下的进程，清廷不得不再用18年时间才完全扑灭南方的反清烈火。

三、剃发易服定乾坤

就在江阴、嘉定等江南之地的民众顽强阻击清军之时，南明礼部尚书黄道周、南安伯郑芝龙、靖虏伯郑鸿逵等人，在福州拥立明太祖的九世孙、唐王朱聿键即帝位，成立了隆武政权。浙江的一班明朝遗老又在绍兴成立鲁王政权。各自招兵买马，与清军展开斗争。部分已经宣布投降清朝的李自成部的士兵，也不愿剃发而转投新成立的南明政权。一时间各路反清势力崛起，清廷顿感紧张。

清廷其实用不着紧张，鲁王、隆武两个南明政权互不买账，根本形不成联合阵线。清军在浙东攻击鲁王政权时，隆武政权的 15 万大军屯驻闽浙要道仙霞岭，居然视而不见，任凭清军屠杀鲁王士兵。

隆武政权本就心虚，表面上宣称要北伐，事实上只是说说而已。手握十几万精兵的郑芝龙拥兵自重，还和清廷潜通。黄道周气愤不已，自请率兵北伐。郑芝龙不调一兵参加，黄道周只得自己募了几千兵丁，匆匆踏上北伐路。

年届六十的黄道周本是文臣，势单力薄，也不懂作战，哪里是清兵对手。经过 5 个月绝望无援的战斗后，兵败被俘，次年被杀于南京。黄道周真是大明孤臣，死前痛骂前来劝降的洪承畴。洪承畴挨了一顿骂后，立即设法联络郑芝龙，诱使郑芝龙降清，弃守仙霞岭。清军轻而易举地攻占汀州，俘杀了朱聿键。

鲁王政权、隆武政权就这样先后败亡。紧接着，在广东一地又冒出绍武、永历两个南明政权。令人失望的是，这两个朱氏后人成立的政权依旧同室操戈，势同水火，组不成抗清阵线。绍武政权仅存在 43 天；永历政权由于得到李自成部将李定国等人的支持，支撑得久点儿，一度成为南方民众抗清的精神支柱。

隆武政权的败亡主要在于郑芝龙降清。郑芝龙这个糊涂虫并未受到清廷重用，最终被顺治帝杀掉。

郑氏家族以经营海上贸易起家，时不时也干一些海盗生意。郑芝龙长子郑成功出生在日本长崎，母亲是日本人。郑芝龙降清后，清兵并未放过郑氏家族，将其财产抢掠一空，郑成功的母亲为清兵奸污，愤而自杀。家仇国恨使郑成功举起反清旗帜，担负起在闽、浙一带抗清的重任，并于公元 1657 年率兵北伐。

永历十二年（公元 1658 年），在云南扎营的永历帝朱由榔封郑成功为延平郡王。郑成功受此鼓舞，于当年三月再次发动北伐。

顺治十六年（公元 1659 年）五月，郑成功率 3000 多艘战船、甲士 17 万，以张煌言为先锋，由崇明入长江，大张旗鼓地开始第三次北伐。

此次北伐的目标直指南京。由于清军不谙水战，北伐军以破竹之势攻克长江沿岸的几十个城市，很快兵临南京城下。

仗打得太顺了，郑成功滋生了骄气，围住南京后久久不攻，加之战术错误，反被清兵打败，狼狈地撤回厦门。一场震动全国的北伐，虎头蛇尾地收场，东南一片空虚。

与郑成功北上相反，吴三桂等清军将领分 3 路大规模南下，直捣永历帝立足的云贵高原。永历君臣完全没有料到吴三桂动作如此迅速，平日里依旧歌舞升平，推杯换盏，等到吴三桂大军打到眼前，才慌忙逃往中缅边境，最终进入缅甸。

吴三桂寻踪追至缅甸，逼迫缅甸国王交出永历帝。永历帝给吴三桂写信，乞求不要杀他。信中曰：

> 仆今者兵衰力弱，茕茕孑立，区区之命，悬于将军之手矣。如必欲仆首领，则虽粉身碎骨，血溅草莱，所不敢辞。若其转祸为福，或以退方寸土，仍存三恪，更非敢望。倘得与太平草木，同沾雨露于圣朝，仆纵有亿万之众，亦付于将军，唯将军是命。

永历帝放下架子，自称仆人，语句哀婉凄切，字字泣血。可这并没有打动吴三桂，为了博得清廷的信任，虽未收到清廷处死永历帝的诏令，吴三桂仍用弓弦将永历帝和他 12 岁的儿子一并绞死。吴三桂蛇蝎心肠，绞死永历帝父子后，还坚持要将其身首分离。与他一道作战的满族将军反倒生起恻隐之心，出面劝他：永历帝亦曾为君，给他留个全尸吧。吴三桂这才作罢。

以明朝皇帝名义领导的反清斗争至此全面结束。大清朝用金戈铁马改造中国，赢得了全国上下一般模样：每个人头顶前部剃光，后脑勺上留一根不长不短的辫子。这本是不同民族的留发习俗不同，只是在这一改造过程中政治化，造成的苦难太大。

四、千古一将郑成功

第三次北伐失败对郑成功的打击很大，舰船损失无法计数，精锐兵员损失十之六七，还有 10 多名最优秀的将领倒在南京城下。想起来就痛心，郑成功时常一人在厦门水师码头上久久徘徊。

清军并不放过郑成功，南京一役的几个月后就追至金门、厦门，与郑成功大打海战。虽然清军失败，但郑军也损失惨重，无力再战。眼下，不仅士兵无力，福建沿海的百姓也无力了，许多地区抛荒千里，民不聊生，很难有粮食和人员补充郑军。而且吴三桂将永历帝赶至缅甸，全国的抗清组织群龙无首，小小的金、厦"地蹙军孤"，继续下去，无异于坐以待毙。

郑成功忧心如焚，难道要走吴三桂的老路？当年父亲郑芝龙执意投降时，郑成功是坚决反对的，反对无效后才另起炉灶。走到这一步不容易，闽、浙的众多起义军和百姓把希望放在自己的身上，不能伤他们的心。郑成功耻为亡虏，决意坚守孤臣之节。他为此确立了大战略：离开金厦，东征台湾，以台湾为基地，把反清斗争进行到底。

这个决策非常正确。郑成功熟悉海洋，他几乎就是在海洋上长大的，他也熟悉侵略中国台湾岛的荷兰人，郑氏家族曾与荷兰人开展贸易，只要出手，收复我国台湾十拿九稳。拿回台湾，局面就活了，台湾远离大陆，又有大海阻隔，清军很难登岛。加之台湾物产丰富，民众热爱祖国，粮食、兵源都不成问题，假以时日，台湾一定会成为反清复明最可靠的大本营。

台湾这块热土，早在公元前 2000 年就有中国大陆的文化输入。战国时成书的《禹贡》中提到的"岛夷"、《汉书·地理志》中所称的"东夷"都包括了台湾的古越族土著居民。到了三国时，孙权派兵万人登台湾岛（当时称作夷州），并带回数千名台湾同胞定居大陆。《三国志》言："但得夷洲数千人还。"

隋、唐、宋时期，台湾被称作"流求"，汉人成批移居澎湖和台东的里刘地区。元朝时，中央政府正式在台湾、澎湖设立行政机构，具体管理台湾和澎湖。明朝时正式称"流求"为台湾，三宝太监郑和"率师入台，东番降服"，中央政府开始在台湾和澎湖驻军。郑芝龙掌控沿海贸易时，还大量从福建往台湾迁移民众。

这块宝地在明朝天启二年（公元 1622 年）时，被荷兰东印度公司的 17 艘军舰、1000 余名士兵打开缺口。他们公然在澎湖筑城，又以澎湖为出发阵地，不断袭扰福建沿海和台湾等地。

天启六年（公元 1626 年），小小的西班牙殖民者也趁明朝衰弱之际，派出 300 名士兵抢占了鸡笼（今台湾省基隆），进而又窃踞台北。

崇祯十四年（公元 1641 年），当中国的明朝焦头烂额、行将就木之时，荷兰军队击败西班牙军，一举霸占全台湾。

荷兰人口不足 200 万，国土面积与中国台湾差不多，怎么能从大明王朝的嘴里抢走台湾这块"肥肉"呢？

郑和之后，中国的海上活动基本停止，海军随之衰落。当中国的明朝自毁海上长城的时候，先是葡萄牙、西班牙成为海上霸主，接着是荷兰崛起。到 17 世纪中，由于发达的造船业、金融业的支持，荷兰的经济突飞猛进，国民收入比英伦三岛之和还要高 30%~40%，资本积累比欧洲各国的资本总和还要多。荷兰的东印度公司在全球设立了 1.5 万多个分支机构，贸易额占到全球贸易的一半以上。当时全球总共有 2 万余艘商船，荷兰商船就有 1.5 万余艘。

在如此雄厚的经济实力的基础上，荷兰拥有了庞大的军事力量。在它的陆海军中，有 43 个英国连、32 个法国连、20 个苏格兰连、9 个德国连，看上去就是一支联合国军队。

资本主义的暴发户荷兰就凭经济与军事这两把利剑趁火打劫，从大明王朝手中夺走了中国台湾。随后便对台湾实行残酷的殖民统治，包括进行贩卖奴隶的罪恶交易，台湾同胞稍有反抗，便遭到荷寇的血腥镇压。

生活在殖民者阴影中的台湾同胞，盼着海峡对岸的亲人救他们出水火。郑成功对台湾的形势十分明了，他开始多方筹备粮饷，造船练兵。史载已造各种规模的战船 300 余艘、几种口径的火炮 100 多门，准备渡海的兵力达 2 万余人。

据原郑芝龙的部将何廷斌的情报，此时的台湾岛上总共只有 2800 余名荷兰侵略军士兵，且分散在台湾城和赤崁城两处。只要抓住有利天气渡过海峡，荷寇就只有投降的份儿。

顺治十八年（公元 1661 年）二月，郑成功率师在金门"祭天""礼地""祭江"。然后留下部分陆军守卫厦门，2 万余水军的舰队于二十三日中午起锚，向东挺进。很快便陆续横越台湾海峡，抵达澎湖群岛。

数百艘战船突然出现在台湾岛海面，荷兰侵略军的揆一总督抵抗一阵后挂出白旗，宣布投降。

岛上的汉族和高山族民众，终于等到了祖国的军队来解放他们，全岛欢呼雀跃，"土民男妇，壶浆迎者塞道"。2 万多青壮年当即加入郑成功的军队。

顺治十八年十二月十八日（公元 1662 年 2 月 6 日），荷兰侵略者驻中国台湾长官揆一签字投降。荷军交出所有城堡、武器，降下旗帜，乘船离开台湾。荷兰侵略者在中国台湾的统治宣告结束，郑成功的延平郡王大旗在宝岛上空升起。

郑成功收复台湾，创造了中国历史上若干个第一：它是中国人民反对西方殖民者的第一次伟大胜利，是中国海军第一次成功的大规模的远距离渡海登陆作战，是第一次在中国领土台湾岛上驻扎如此多的我国自己的军队。

郑成功在收复台湾后立即在台湾定官制、颁法律、建赋役、开荒地，使台湾省的生产生活别开生面。可以说，台湾之真正开发与接受中国大陆的政教，实自郑成功始。郑成功称得上"台湾之父"、千古一将。可惜，由于过度劳累，加上悒郁失常，他在收复台湾几个月后就因急病而亡，年仅 38 岁。

荷兰侵略者窃踞中国台湾时，郑成功刚出生；荷寇被驱逐的这一年，郑成功去世。郑成功与生俱来的命运，似乎就是为这一件事：把侵略者赶出中国去，把中华民族的领土收回来。

向中华民族的伟大英雄郑成功致敬！

五、少年康熙平三藩

满族同胞能以蛇吞象的方式入主中原，很大程度上是靠汉族同胞降清之力。别的不论，一个吴三桂就替清朝打下大半个中国。

自从在山海关与多尔衮合力击败李自成之后，吴三桂就杀红了眼，发疯似的追杀农民起义军。平陕西，取四川，收云贵，绞死永历帝，镇压降清复叛的明将，扑灭南方反叛的最后一缕火焰……他都做得干净利落。上百万民众和农民军倒在他的屠刀下，他连一声叹息都没有。

大明王朝给他的待遇远高于一般明军将领，国恩不可谓不重，但当他面对清军时，却从未表现出在追杀农民起义军时所爆发出的那股舍生忘死、一往直前的狠劲。崇祯十五年（公元 1642 年）松、锦决战时，总指挥洪承畴还没有下令突围，吴三桂就和大同总兵王朴一道率先逃跑。

从"绵羊"到"猛虎"，唯一可以成立的理由就是：吴三桂没有退路，在完全取得他族的信任之前，只能豁出性命，杀开一条能让自己站稳脚跟的血路。任何挡在他前面的人，都得死。

在刀头舔血拼杀了 17 年，为清王朝立下赫赫战功之后，吴三桂得到了他想要的一切：封藩云南，位极人臣。

与平西王吴三桂一道封藩的还有驻守福建的靖南王耿仲明、驻守广东的平南王尚可喜。

三位藩王之封，都在清朝立国之初，不过是一种以汉制汉的治国安邦手段，是完全正确的策略。但弊端随之而来，三藩逐渐尾大不掉，不加掩饰地把封地搞成了独立王国。

三藩之中，吴三桂势力最大。他不但手握几十万军队，还可以任命云、贵两省官员，保举他省官员，称为"西选"。当时，"西选"之官遍及天下，吴三桂无论走到哪里，脚下都跪倒一片。

更令人眼红的是，吴三桂有权自铸铜钱和银钱，中央政府还不能去查他的账。吴三桂富可敌国仍不满足，还向中央财政伸手，迫使朝廷下令各省向云、贵输送"协饷"，每年达到 2000 万两。

吴三桂一言九鼎，为所欲为，他盖起了三座宫殿，一切礼仪照着皇帝的章法来。

与吴三桂一样，其他两藩也都拥兵一方，祸害一方。尚可喜年老多病，把一切军政事务交给其子尚之信掌管，而尚之信贪暴酗虐。耿仲明和其子去世后，孙子耿精忠袭位，把福建搞成独立王国，苛捐杂税超过历朝政府，百姓苦不堪言。

百姓苦，朝廷也苦。据财政部门统计，全国财政收入的一半耗于三藩，其开支每年还在增长。

顺治十八年（公元 1661 年）正月，顺治帝病逝，年仅 7 岁的康熙即位。少年康熙受制于辅政大臣，无力应对三藩。15 岁亲政之后，便开始筹划削藩。据说他把一张写了三藩名字的纸条，挂在宫中柱子上，进进出出都瞅上一眼。

满族亲贵们是支持康熙削藩的，他们太嫉妒这些汉族藩爷了，早就忍不住了，削藩的奏章在康熙的桌上堆成了山。

康熙正是天不怕地不怕的年龄，有了大臣们的支持，撤藩的决心就下定了。朝野一时舆论汹汹，三藩多少也听到了一些。70 岁的尚可喜胆子最小，他第一个给康熙上疏，请求回辽东养老，希望王位能由长子尚之信袭封。

康熙正在为削藩找由头，见到尚可喜的奏章后立即批准。让尚可喜失望的是，自己撤藩回辽东之后，爵位不能传给儿子。

消息传出，吴三桂和耿精忠大为惊恐，为了试探康熙，也一同上书请求撤藩。原以为康熙不会批准，孰料奏章一到，康熙当天就诏准，派往云南、广东、福建负责传达撤藩命令的使者也于当天从北京出发。康熙急啊，没有比撤藩更让他揪心的事，在他看来，三藩正是三块毒瘤，严重地损害着国家肌体，削也反，不削也反，"不若先发"。

吴三桂的想法其实很简单，我把脑袋别在裤腰上，肝脑涂地地为大清国东拼西杀，为的就是今天这般荣华富贵，凭什么要突然削掉我的荣华富贵？我并不想造反啊！是的，日子过得太好了，吴三桂实在不想再有什么突发事件把好日子搅乱，他想安度晚年，顺顺当当地把爵位一代一代传下去。

康熙和他的父亲顺治帝不同，康熙自幼受中国传统文化的严格教育，对吴三桂一叛再叛（先叛明思宗，再叛李自成）的行为十分反感，甚至认为吴三桂这个人，给他多少好处也满足不了他，他迟早会再叛。

说实在的，此时的吴三桂不想再叛。他已经不是血战山海关时那个容易冲动的年轻人了，现在，他的儿子、孙子几代人都作为人质留在北京，一旦叛乱，吴家就会绝后。再说，当今的皇上天性聪颖，大智大勇，凭几个少年武士就掀倒了大名鼎鼎的辅政大臣鳌拜。鳌拜是什么人？大清国的第一勇士啊！自己比鳌拜强吗？吴三桂气馁了，在接到撤藩诏书后夜不能寐，足足犹豫了两个月，不知该如何应对。

吴三桂在痛苦地抉择，他身边的那班部将们着急了，担心吴三桂平平和和地交出兵权回家养老后，他们没有前途，就一齐跪下激他：不能被削啊，想想这些年，王爷在朝中得罪了多少人，一旦兵权被削，还不任人宰割？

听到此处，吴三桂不寒而栗，朝廷过河拆桥，拆得也太快了点儿，他不觉心头火起，两眼冒光。逼到这个份儿上，不反不行了，吴三桂一拍桌子，指着康熙的使臣臭骂了一通，骂完不解恨，又把前来催迫撤藩的云南巡抚朱国治一刀杀死。

这一刀下去就不能回头了，两鬓染霜的吴三桂重披明朝战袍，自称"天下都招讨兵马大元帅"，向全国发出檄文，宣布讨虏兴明。20万大军山摇地动地杀出云南。

吴三桂于康熙十二年（公元 1673 年）冬十一月出兵，以不可阻挡之势拿下贵阳、长沙、岳州、常德、澧州、衡州、成都等地。沿途有不少提督、总兵投降，队伍迅速壮大。耿精忠闻讯，也在福州起兵，穿起明朝服装，兵分 3 路北伐。几个月工夫，战火烧遍 11 个省，不少地区的军民束发易服，形势一派大好。

出人意料的是，打到长江南岸后，吴三桂下令停止进攻。将领们一个劲儿地催他或打过长江，攻占江北，或顺流东下，直击南京。但不论别人如何劝，吴三桂纹丝不动，不战不和地隔江与清兵对峙。

吴三桂到底想干什么呢？原来，他在作出一种姿态给康熙看：我并不是真的想推翻你，只是想让你知道我的厉害，如果你撤回削藩令，我立刻退回云南，仍做你的臣子。吴三桂怕康熙看不懂他驻兵不前的意图，还亲自给康熙写奏章说明，并结好远在西藏的达赖喇嘛，托他向康熙说情，希望能与清廷划江而治。

康熙虽然年轻，却雄才大略，根本不惧吴三桂，也识破了其划江而治的小伎俩。康熙下令：将质留在京师的吴三桂的长子吴应熊和长孙吴世霖处死，其余子孙入宫为奴，从心理上打击吴三桂。然后采用剿抚并用、分化叛军的正确策略，诱使尚之信、耿精忠这两藩首领向朝廷投降，从而集中兵力重点歼灭吴三桂。

被孤立的吴三桂得知子孙遇害的消息，如遇雷击，一下子被震晕。这比杀了自己还痛苦，奋斗一生不就是为了子孙后代吗？现在全完了，什么都没有了，吴三桂窝在大营内痛哭。哭罢，下令全军出动，分两路向清军发起总攻。

经过精心准备，朝廷举全国之力，积蓄了远大于吴三桂的力量，曾经骁勇善战的吴家军再也打不出什么名堂了。

穷途末路的吴三桂彻底绝望了。康熙十七年（公元 1678 年）三月，吴三桂在衡州（今湖南衡阳）匆匆称帝。过了仅仅几个月，吴三桂病卒。康熙二十年（公元 1681 年），吴三桂在云南坚持抗清的孙子吴世璠兵败自刎。历时 8 年的三藩之乱完全平定，吴三桂的子孙后代全部被杀死，连襁褓中的婴儿也未能幸免。

一辈子绞尽脑汁盘算生路，最终却落得个千夫所指，无国无家，死后连灵魂都无处安放，吴三桂何苦如此啊。

一切逆大统一潮流而动、给国家和人民带来灾难的叛逆者，都应以吴三桂为戒。

六、台湾永远姓"中"

郑成功去世后，其子郑经从厦门赶至台湾，继承其父衣钵，继续治理台湾。

清廷先用怀柔手段招抚，多次派出专使与郑经谈判。此时郑经虽只有20岁，城府却很深，不论清使如何引诱，他都坚持要清朝把台湾看作朝鲜那样的藩属国，不剃发、不易服、不登岸。

清廷非常恼火，这摆明了是要割据一方，让台湾永久姓"郑"，于是决定不再招抚，下令备战，用武力解决台湾问题。

谁来担任攻台统帅？康熙的辅政大臣们选了施琅。施琅曾是郑芝龙部将，顺治三年（1646年）随郑芝龙一同降清，不久又叛清，加入郑成功的队伍。

施琅是福建泉州晋江人，自幼随父闯荡大海，熟悉海峡两岸，精通兵法，擅长海战。他跟随郑成功打了几年仗，在顺治九年（公元1652年）因擅杀郑成功手下部将曾德而得罪郑成功。郑成功一怒之下杀了施琅的父亲和弟弟，施琅对其恼恨不已，又降清。

选这个一心与郑氏为敌，且各方面都比较出众的人来攻台，成效明显。康熙三年（公元1664年），郑经在东南沿海的部队被全面击溃，残部退守台湾。施琅求胜心切，上疏要求乘胜立即进攻澎湖，直取台湾。

施琅过于乐观了，台湾海峡天气莫测，有时明明晴空万里，突然便狂风骤起。清军在5个月里连攻3次，均被恶劣天气击败。尤其是第三次攻澎湖时，舰队被风浪冲得四分五裂，许多舰只船桅拦腰折断，船桨被浪打得粉碎。官兵们被眼前的场景吓呆，躲在舱中连头也不敢抬。清军无法前行，只得返航。

为了扭转不利的局面，清廷再度采取和谈方式，起用浙江人姚启圣为福建总督，寄希望于他以智慧解决问题。

姚启圣是眼光高远之人，三藩叛乱之初，他预计三藩必败，就变卖资产帮助朝廷镇反，又亲领士兵与三藩作战，凭战功升至福建布政使。受命福建总督后，他采取各种手段引诱、招纳郑经部属。对于前来投诚的郑军官兵，一律给以厚待，让他们穿着鲜艳的衣服，遍游泉州、漳州。还在繁华街道上修建了一批豪华公馆，在朱红大门上写着"郑军某某将领公馆"的字样，从心理上动摇和引诱他们。

姚启圣的这些招式产生了不可思议的瓦解作用，前来投降的郑军官兵络绎不绝，前后达十几万人之多。

在下大力气挖空郑军的同时，姚启圣令福建沿海一带禁海，从经济上封锁台湾，使郑军士兵经常处于半饥半饱的状态。康熙二十年（公元 1681 年），郑经病逝，台湾岛内部发生政变，实权派冯锡范和刘国轩杀死郑经长子郑克臧，扶立年仅 11 岁的郑经次子郑克塽。大权落入冯、刘二人手中，台湾政局与人心趋乱。

姚启圣很快从在台湾的内应那里得知这一情况，认为武力统一台湾的时机已到，上疏建议趁此机会一举收复台湾。

康熙接报，立即批准姚启圣的建议，任命施琅为福建水师提督，加封太子少保衔，领重兵横渡海峡。

康熙二十二年（公元 1683 年）六月，施琅统领 300 艘战舰从铜山（今福建东山岛）出发，目标直指澎湖列岛。

施琅的进攻时间大出台湾将领的意外。六月天气难测，很不适合大规模的渡海作战，谙熟海务的施琅怎么会选择在这个时间发动进攻呢？刘国轩大感疑惑之时，施琅的舰队已逼近澎湖。台军仓促迎战，依托岸炮抵抗清军。

战斗十分激烈，清军前锋蓝理被弹片击中，腹裂肠出，浑身染血，倒而复立，边指挥战斗，边鼓舞清军："不要害怕，今日不是鱼死，就是网破！"

在蓝理受伤的同时，施琅也被流矢射中右眼，血流满面。他一咬牙把箭从眼眶中拔出，继续督师进击。

这真是一场恶战，硝烟重重，士兵的鲜血染红了大片海面。清军连续攻击几十个小时后，刘国轩全军覆没，他趁乱乘小船逃往台湾。施琅一举收复澎湖36 岛。

失去澎湖，台湾已在掌中。施琅头脑清静，下令暂停进攻，只将战舰摆开，以大兵压境之势向台湾决策者喊话，希望他们识时务，和平交出台湾。

施琅行事以大局为重，他本与郑氏集团有杀父杀弟之仇，但在即将登岛之际，却公开宣示："断不报仇！当日杀吾父者已死，与他人不相干。只要郑家投降，决不杀之。今天之事，乃国事也，我岂敢报私怨？"

在施琅的感召下，郑克塽决定投降。冯锡范、刘国轩表示支持，大家一同剃发出城，到施琅营前面降。

3.6 万平方公里的台湾岛终于完全统一到中国版图上。捷报传至北京，康熙非常兴奋，立即向施琅发出指示：迅速把工作重点转到建设台湾、造福百姓上来。按照康熙的嘱咐，施琅首先亲往郑成功庙祭祀，然后妥善安置投诚的将领和官员，颁布了一系列促进台湾安定、繁荣的新政策。

从康熙元年（公元 1662 年）郑成功收复台湾起，到康熙二十二年（公元 1683 年）施琅再收台湾，郑氏家族掌控台湾 21 年，应该为郑氏家族浓墨重彩地记上一功。正是台湾的和平回归，使中国政府有机会展界开海，使中国的国门大开，对外交往和贸易出现新局面。据史料记载，康熙二十五年（公元 1686 年）二月，停泊在粤海海面上的西洋商船比以往要多出若干倍。中国海关收取的关税也呈大幅上涨之势。

更有意义的是，自从台湾回归后，中国东南地区的海防大大加强，直到鸦片战争的 150 多年的时间里，侵略者再也未敢对中国东南沿海发起大规模入侵。

台湾对中国如此重要，任何一届中国政府都决不会容忍台湾游离或割据在外，台湾永远姓"中（国）"！

七、《尼布楚条约》：划清边境，缔造和平

康熙解决了三藩和台湾问题之后，自信心大增，他把目光投向清朝的发祥地东北，决心解决因沙俄军队入侵而不断发生的边患。

沙皇俄国在 17 世纪之前与中国的疆界相距万里，根本不搭边，它原来的东部疆界远在乌拉尔山以西。12 世纪，莫斯科大公国还是蒙古金帐汗国的一部分，14 世纪摆脱蒙古的控制。伊凡四世之后，莫斯科大公国加快扩张步伐，先兼并西伯利亚汗国，而后向东大幅推进。到 17 世纪 30 年代，在中国东北外兴安岭北部的雅库茨克（距离漠河 1000 多公里）建立了大型基地。17 世纪五六十年代，沙俄的地盘拓展到鄂霍次克海，成为中国的近邻。

在立足雅库茨克之前，俄罗斯人从未听说，更没到过黑龙江，不知晓中国的黑龙江一带物产富饶。俄罗斯人第一次得知黑龙江是在明崇祯九年（公元 1636 年）。这一发现令沙俄高层十分兴奋，从那时起，一拨又一拨远征军从雅库

茨克出发，南下骚扰、抢劫黑龙江。巴赫鲁申的《哥萨克在黑龙江上》书中曾这样记载：

> 俄国人的入侵，以及伴之而来的对居民的残酷杀害和对这块土地的蹂躏，给和平的达斡尔地区留下了骇人听闻的印象。在不到两年的时间里，这一繁荣富饶的地区变成了荒野，城堡成了废墟，田园荒芜，惊慌失措的居民离乡背井，到处躲藏。

黑龙江在哭泣。瓦西里耶夫的《外贝加尔哥萨克史纲》一书记载，波雅科夫远征军在抢不到粮食后，竟如野兽般"吃掉了 50 个异族人"。

沙俄的暴行传至清廷，康熙只能强压怒火，他腾不出手来，朝廷正在与吴三桂拼命，没有力量去驰援东北。待到解决了三藩，又收复台湾之后，康熙从北京出发，用了 79 天的时间东巡，具体部署反击沙俄的战役。他把攻击目标首先定在雅克萨城（今黑龙江漠河东，呼玛西北的黑龙江北岸）。

据情报显示，沙俄只在雅克萨筑了个木城，平时只有几百人驻守，兵器也很一般。康熙得知后，下令以数倍于敌的兵力包围雅克萨城，配给攻击部队的火炮多达 150 门。

康熙二十四年（公元 1685 年）五月二十四日，战斗打响，清军大炮首先发威，轰垮木城。俄军守将托尔布津立即投降，除了已歼灭的 100 多名沙俄士兵，其余的 700 多名俄国士兵全部被驱逐回尼布楚（今俄罗斯涅尔琴斯克）。

仗打赢了，但战后的方针却有问题。清军收复雅克萨城后，以为一战永逸，既没有在雅克萨设立地方行政机构，也没有驻军，连已经成熟的庄稼都没有收割，只是放了把大火烧了雅克萨城后就匆匆撤回瑷珲（今黑龙江省黑河市爱辉区）兵营。

沙俄高层得知后，很快卷土重来，重筑雅克萨城。这次不是造木城了，而是用黏土和植物根混合筑成宽 4 俄丈、高 1 俄丈半的城墙，铁了心要长期赖在这里。

康熙接到奏报后，下令黑龙江将军萨布素迅速重围雅克萨。命令中特别强调，拿下雅克萨后不要毁城，而是在此派重兵防卫。

第二次再攻雅克萨，又是以数倍于敌的兵力。先用红夷大炮轰击，歼灭城内大量沙俄士兵，然后采用长围久困战术，在城外掘长堑，立土垒，断其水源，使雅克萨成为孤城。

城内的沙俄军兵力总共不到千人，大部分丧生于红夷大炮的炮火中，目前剩下的只有 150 余人。眼看粮食就要吃光，弹药就要耗尽，加之水源已断，剩下的这 150 多人一步步走向绝路。城被围半年之后，又因坏血病及饥饿等，活下来的沙俄军士兵只有 30 来人。30 人怎么能守住雅克萨城？

消息传至沙俄政府，决策层迫于严冬将临的现实压力，立即遣使同清政府和谈。

康熙二十八年（公元 1689 年）七月，清俄和谈在尼布楚举行。经过多轮交锋，双方签订了《尼布楚条约》，即《黑龙江界约》，以满、汉、蒙、俄、拉丁 5 种文字刻碑，明确规定了两国边界：

从黑龙江支流格尔必齐河到外兴安岭，直到海，岭南属于中国，岭北属于沙俄。西以额尔古纳河为界，南属中国，北属沙俄，额尔古纳河南岸之黑里勒克河口诸房舍，应悉迁移于北岸。雅克萨地方属于中国，拆毁雅克萨城，沙俄人员迁回沙俄境内。

《尼布楚条约》是以战迫和的产物，是中俄两国之间签订的第一个边界条约，双方都从中获利。沙俄方面，得到了尼布楚周围及以西原属中国的领土。清朝方面，虽在领土上作了很大的让步，却收复了雅克萨等长期被沙俄霸占的领土。尤其是中国的东部边界伸展到了鄂霍次克海，这对中国是有利的。实事求是地讲，以当时清朝的力量，很难顾及外兴安岭的冰雪荒原之地，以及最东边的鄂霍次克海。

《尼布楚条约》被后人评论为不平等条约，其主要理由是贝加尔湖以东尼布楚一带那片广袤神奇的土地，及生活在其中的蒙古族的近亲民族，从此成为沙俄的属地和子民，这是盛世失地，不值得肯定。

不过，《尼布楚条约》的签订遏止了沙俄南下扩张的步伐，为中俄两国带来了 170 余年的和平。清政府就利用这漫长的和平年代，创造了前所未有的长达 130 多年的康雍乾盛世。

八、外蒙古内蒙古，终成一蒙古

东北边疆的问题尘埃落定之后，清政府开始集中精力处理蒙古问题。

蒙古问题说复杂也复杂，说简单也简单。复杂是指蒙古在清初时的分支多，矛盾交织，处理不好的话，危害甚大。当时，长城以北、大漠以南称为内蒙古，大漠以北称为外蒙古，天山以北、阿尔泰山以西称为厄鲁特蒙古。内蒙古于努尔哈赤天命年间至康熙初年陆续归附清朝，并随清军征伐各地。外蒙古又称喀尔喀蒙古，此时已分裂成三大部：土谢图汗、扎萨克图汗、车臣汗。厄鲁特蒙古分成五大部：准噶尔、和硕特、土尔扈特、杜尔伯特、辉特。其中以占据今新疆伊犁一带的准噶尔部最为强盛，它不仅控制了青海和西藏，还征服了天山南路的维吾尔族，以及巴尔喀什湖（今哈萨克斯坦境内）以西的哈萨克族。

简单是指大漠以北和天山以北的那些蒙古部落，在清太宗皇太极时代是清朝的"北藩"。它们每年都遵守清朝的诏令，向清朝行"九白之贡"（一匹白驼、八匹白马）。现在这些"北藩"部落都不同程度地受到准噶尔部的威胁，都想完全归附清朝。所以，只要打掉准噶尔部的扩张势头，蒙古问题便解决了。

准噶尔部此时的首领叫噶尔丹，是个很有能力、很有野心的人物。他虽然表面上对清朝非常恭顺，但内心不甘于向清朝纳贡称臣，朝思暮想先征服外蒙古，然后掌控内蒙古，最终建立起能与清朝分庭抗礼的大蒙古汗国。

康熙二十七年（公元 1688 年），喀尔喀蒙古土谢图汗、扎萨克图汗、车臣汗三部发生纷争，噶尔丹在沙俄势力的支持下，大规模进攻喀尔喀蒙古。噶尔丹作战勇猛，很快击败喀尔喀蒙古三部的数十万联军，迫使土谢图汗敦多布多尔济和其胞弟哲布尊丹巴活佛逃至内蒙古接受清军的保护。

噶尔丹穷追猛打，不仅不理会康熙要他退回原地、永息战争的敕谕，反而以蛮横的口吻要求清朝交出在内蒙古避难的土谢图汗和哲布尊丹巴活佛。

康熙严词拒绝了噶尔丹，警告他不要肆意妄为。噶尔丹自恃有沙俄势力的配合，完全不理康熙的警告，一鼓作气向内蒙古发起进攻，试图强占内蒙古。

清军此时驻守内蒙古的兵力很少，稍一接战就被噶尔丹击败。噶尔丹乘胜南进，很快攻入西乌珠穆沁境内，距古北口（今北京密云东北）仅 900 里。京师受到威胁，官府衙门和许多店铺关门。

打到朝廷门口了，康熙决定改变以怀柔为主的政策，用武力铲除噶尔丹这股有外国势力配合的割据势力。他下诏御驾亲征。

面对康熙的攻势，噶尔丹在乌兰布通（今内蒙古翁牛特旗西北）摆出人类战争史上的奇阵——"驼城"。他把一万多头骆驼的四肢绑住，让它们卧倒，在驼背上搭上大木箱，箱上盖上用水湿透的毛毯，组成一道阻挡清军骑兵前进的"驼城"。噶尔丹的士兵就躲在这座"城内"，从垛隙放枪射箭。

这么一座"肉城"挡挡骑兵倒是有用，但清军首先用红夷大炮开路，一阵激射后，骆驼和躲在"城"内的士兵被炸得血肉横飞，清军趁机掩杀，大败噶尔丹。

本可以生擒噶尔丹，但清军将领轻信了噶尔丹投降的谎言，使得噶尔丹趁夜逃走。

噶尔丹逃到漠北时仅剩几千人马，可谓穷途末路。此时，他的侄儿策妄阿拉布坦又在准噶尔部的首府伊犁（今新疆伊宁）发动政变，自立为汗，下令通缉噶尔丹。危急之中，噶尔丹向沙俄求援，表示愿作沙俄收复雅克萨城的先锋。沙俄因刚与清朝签订《尼布楚条约》，拒绝了噶尔丹的请求。噶尔丹不死心，又秘密串通内蒙古科尔沁部，企图以突然袭击的方式，歼灭喀尔喀部主力，然后再窃据内蒙古。

康熙掌握着噶尔丹的举动，为了完全歼灭这股到处作乱的凶恶势力，又于康熙三十五年（公元 1696 年）、康熙三十六年（公元 1697 年）两次亲征。康熙三十五年的这次亲征，他统兵 9 万，分东西两路夹击噶尔丹。为了确保胜利，给每 2 名士兵配 1 个民夫、1 头毛驴。经过 59 天的艰苦行军，清军抵达克鲁伦河畔（今蒙古国东部）。克鲁伦河由西向东，横亘瀚海（指广大的戈壁沙漠）2000 余里，流入呼伦湖。在这里，清军与噶尔丹军相遇。

战斗还未打响，噶尔丹突然发现被科尔沁部出卖，于是火速向西逃跑。逃到昭莫多（今蒙古国乌兰巴托东南的图拉河上游南岸）时，遭遇康熙西路大军的堵截。噶尔丹与其妻率兵拼死搏杀，终因抵不住清军炮火的攻击而大败。清军斩杀 3000 余人，俘获人畜无数。噶尔丹的妻子战死，他本人在几百名死士的护卫下冲出战场，逃往科布多（今蒙古国西部城市）。

不论噶尔丹如何倔强，手下统共只剩下几百人马，能成什么事？粮草全无接济，日日靠杀战马充饥，能维持多久？康熙三十六年（公元1697年）三月，一直妄想建立大蒙古汗国的枭雄噶尔丹在绝望中得急病死去。噶尔丹属下300多户携其遗骸至内地降清。

康熙三征噶尔丹，成果丰硕：喀尔喀三部寄居在内蒙古的几十万人马重回漠北故乡；外蒙古包括噶尔丹一度掌控的科布多、乌梁海（今俄罗斯境内）两地区，总共180多万平方公里的土地，正式纳入大清版图。

内蒙古、外蒙古终成一个蒙古，康熙大喜。为了把内外蒙古真正有效地置于清政府的管辖之下，他下令取消蒙古固有的部落制度，完全依照清朝的八旗制度，重新划定各级行政组织。

为了使蒙古族之间互不统属，形不成统一的独立民族力量，规定旗与旗之间不准互相往来，牧民无权自主选择居住地。以往那种诗一般的逐水草而居的自由生活一去不返。

西北边境安定了下来，牧歌四起，不再流血，大草原上又有了生机。

九、西藏是中国的，任何人都别打歪主意

噶尔丹之所以敢于与清政府叫板，不仅因为他高估自己部落的势力，也不仅因为有沙俄的遥相呼应，还因为有西藏叛乱分子暗中相助。

西藏早在13世纪40年代即已正式归入中国版图，成为元朝中央政府直接统辖的行政区。明朝时，中央政权继续有效地统治着西藏，皇帝与藏区的政教首领之间是君臣关系。清朝未入关之前，五世达赖罗桑嘉措已向清廷臣服。清朝统一中国后，罗桑嘉措不远万里赶赴北京朝贡。顺治九年（公元1652年），顺治帝册封罗桑嘉措为"西天大善自在佛所领天下释教普通瓦赤喇怛喇达赖喇嘛"。由此，"达赖喇嘛"的封号正式确定下来。

"喇嘛"是"上人""上师"的意思，是对中国藏传佛教高僧的尊称。中国藏传佛教分为宁玛派、噶举派、萨迦派、格鲁派四大派别。"活佛"一词最早出现于元代。元朝皇帝忽必烈封萨迦派第五代祖师八思巴为"西天佛子、化身佛陀"，此后，元代人就开始称西藏高僧为"活佛"。这时，"活佛"指宗教修行中取得一定成就的僧人，到活佛转世制度创立后，它才成为寺庙领袖继承人的特

称。公元 1283 年，噶举派的支派噶玛噶举派的高僧噶玛拔希圆寂。他以佛教意识不灭、生死轮回、"化身再现，乘愿而来"为依据，临终前要求弟子寻找一个小孩继承黑帽。弟子秉承师命，找来噶玛拔希的转世灵童，黑帽系活佛转世制度就这样建立起来了。活佛转世制度创立后，藏传佛教各教派为了自己的利益，纷起仿效，相继建立起大大小小数以千计的活佛转世系统。

达赖和班禅是格鲁派创始人宗喀巴的两大传承弟子，后来形成两个不同的转世传承系统，也是中国西藏最大的两个活佛转世系统。宗喀巴去世后，一世达赖和一世班禅合力主持西藏的宗教事务。行政事务由属下僧侣处理，称为第巴。第五世第巴桑结嘉措是噶尔丹的好友。康熙二十一年（公元 1682 年），达赖五世去世，本应立即上报中央政府，可桑结嘉措却秘不发丧，对外宣称达赖"入定"，不能见客，一切报告和命令均由他"代达""转颁"。桑结嘉措事实上变成西藏的最高统治者。

桑结嘉措还以达赖的名义向中央政府请求封号。清政府不知真相，加封五世达赖为土伯特（对西藏地区及当地藏族的称谓）国王。有了这个封号后，桑结嘉措与噶尔丹秘密结盟，唆使噶尔丹攻击外蒙古，指责活佛库伦。噶尔丹兵败死后，清政府才发现桑结嘉措一直在捣鬼，派出信使责问他，暗示要派遣军队进藏调查五世达赖的生死。

桑结嘉措惶恐起来，立即让早就从民间选定的五世达赖的转世者仓央嘉措举行坐床大典，然后给清政府上书请罪。康熙从稳定西藏的大局出发，没有惩罚桑结嘉措，但桑结嘉措却被驻兵拉萨的蒙古和硕特汗国王子拉藏汗擒杀。

桑结嘉措之死是他自己造成的。他曾经请求和硕特汗国首领固始汗帮他消灭西藏境内的异己分子藏巴汗。固始汗接受了桑结嘉措的请求，率兵进藏灭了藏巴汗，然后让自己的曾孙拉藏汗驻守拉萨，以武力掌控西藏。拉藏汗对桑结嘉措未征求他的意见就确立了达赖转世者一事非常不满，找了个借口杀了桑结嘉措。

拉藏汗在西藏本没有人脉，偏又目空一切，杀了桑结嘉措后又囚禁六世达赖仓央嘉措，自己组织一套人马到新疆吐鲁番寻觅五世达赖的转世灵童，扶立了新的六世达赖。

一个西藏有几个达赖，宗教界顿时乱套了，大多数僧侣对拉藏汗不满，也不承认他立的六世达赖。信奉藏传佛教的蒙古部族也跟着起事，他们又去甘肃等地寻找新的达赖转世灵童。这样，西藏一下冒出三个六世达赖。

就在西藏为立六世达赖而争斗不已时，康熙五十六年（公元1717年），准噶尔蒙古的可汗策妄阿拉布坦派出手下大将大策凌敦多布，率领8000精兵突袭西藏。这是一次蓄谋已久、精心策划的远征，行动十分诡秘，创造了人类战争史上的奇迹。8000士兵弃马步行，白天潜伏，晚上行军，从新疆伊犁出发，翻越天山，穿越塔克拉玛干沙漠，攀爬7000米高的昆仑山，吃尽千辛万苦，神不知鬼不觉地进入西藏。

进入西藏之后，还要穿行1200公里的冰天雪谷才能抵达拉萨。《清圣祖实录》这样描述此次突袭："自远路冲雪前来，士卒冻馁，马驼倒毙，沿途食人犬，俱徒步而行。"这样一支时刻担心被人发现，在极端恶劣的环境中走了10个多月，身心疲惫到极点的军队，居然一举攻陷拉萨，杀了拉藏汗。和硕特汗国灭亡。

准噶尔军迅速扩大战事，企图兼并整个西藏。康熙闻讯，立即下令进军西藏，武力驱逐大策凌敦多布，决不允许准噶尔军在西藏立足。

战事起初并不顺利，到了康熙五十九年（公元1720年）春，清军再次进军西藏，大策凌敦多布抵挡不住，率残部由原道撤向新疆。跟随他突袭西藏的士兵，得以生还的不到500人。

西藏重新回归清朝，康熙册封西藏宗教界选出的格桑嘉措为六世达赖，派兵护送他进藏。并撤销一切国王和可汗的称号，撤销土伯特国号，改称西藏。

清政府从桑结嘉措和策妄阿拉布坦的叛乱吸取教训，派兵驻守西藏。自此，面积160多万平方公里的西藏就被牢牢地控制在中国历届中央政府手中。

西藏的回归对蒙古各部落的震动很大，一些部落首领看到了中央政府的威力，内心更加信服。他们联合西藏的各部首领上书中央，希望在拉萨建碑，纪念这一重大事件。康熙马上批准，亲撰碑文，详细地回顾了中央政府与西藏地方政府之间的亲密关系，揭露和批判一小撮野心家窃据西藏的阴谋，展望了民族大团结的美好前景。

那些试图策划西藏叛乱或独立的野心家，在动手之前，面对此碑，可得先想清楚：西藏是中国的，任何人都别打歪主意！

十、青海无海也掀浪

青海是羌中之地，公元前 2 世纪时羌人就移居到此。西汉时，中央政府在青海设护羌校尉；隋文帝时，在此设西海、河源二郡；到了唐、宋朝，青海成为吐蕃（西藏）的属地；明末清初时，蒙古民族的和硕特部侵入西藏和青海，蒙古部落控制了青海。清军入关后，和硕特部首领固始汗与清廷保持朝贡关系。固始汗死后，清廷封其幼子达什巴图尔为和硕亲王，和硕特部正式归属于清朝。

清军平定策妄阿拉布坦兼并西藏之乱时，达什巴图尔逝世。其子罗卜藏丹津承袭和硕亲王的爵位，清廷还赠送其大量贵重礼品，希望罗卜藏丹津能率领蒙古和硕特部与中央政府之间维持良好关系。

令清廷大为失望的是，罗卜藏丹津野心极大，他不但想统领青海，还想像他祖父那样雄霸西藏，扬威西北。

他本应该感谢清廷帮助和硕特部驱逐了准噶尔汗国的策妄阿拉布坦，与清廷一心打击时常作乱的准噶尔部。但事实是，他反过来与准噶尔部暗中结盟，把攻击矛头指向清廷，还通过多种途径，号召青海、西藏的蒙古部落团结起来，放弃清廷的册封，恢复旧称，从而摆脱与清朝的关系。

罗卜藏丹津可不是说说而已，他先与策妄阿拉布坦通气，然后利用青海蒙古各部首脑会盟大会，集结起 20 多万兵力，向西宁进攻。

这次叛乱的时机选得好，当时，康熙刚去世几个月，新皇帝雍正尚未立稳，几个兄弟不服他，说他篡改遗诏夺位。但在这种时刻，雍正仍毫不犹豫地下令武力平叛。他任命年羹尧为抚远大将军，岳钟琪为奋威将军、参赞军务，统领四川、云南、陕西、甘肃、内蒙古等地兵力，合围青海叛军。

年羹尧文武兼备，迅速组织兵力堵住了青海到西藏、新疆等地的通道，形成关门打狗之势。岳钟琪是岳飞后裔，有勇有谋，采用大穿插战术杀奔青海。

雍正元年（公元 1723 年）十一月，岳钟琪率 6000 精骑，每人配 2 匹战马，由四川松潘向青海疾驰。

凭 6000 骑兵就敢深入青海，去与 20 万叛军决战，这需要大智大勇。罗卜藏丹津搞阴谋可以，真打起仗来却不行，闻听岳钟琪领兵前来，立即望风而逃。

岳钟琪从西宁向西急追，以"一昼夜驰三百里"的速度，连追 12 天。追至第 13 天，俘获了罗卜藏丹津的母亲等亲属。第 14 天深夜，在柴达木盆地捕获罗卜藏丹津的主力，叛军士兵们尚在睡梦之中，连武器都来不及拿就被斩首。罗卜藏丹津慌乱中换上女人的服装，才逃出战场。

岳钟琪一鼓作气，穷追不舍，追至青、藏交界处的桑驼海时，得知罗卜藏丹津已逃至准噶尔汗国策妄阿拉布坦处，这才班师回西宁。

青海平叛战争打得痛快，从出兵到收兵不过 4 个多月，从岳钟琪出日月山到罗卜藏丹津逃离柴达木盆地计算，仅仅 15 天。6000 骑兵打得 20 万大军狼狈不堪，一些史书评价为："成功之速，为史册所未有。"

青海无海，罗卜藏丹津妄想在此兴风作浪，没想到清政府以雷霆手段平定青海，而且采取了一系列过去从未采用过的政策来严管青海。例如：针对部分寺院僧侣加入叛军队伍之事，清廷规定每座寺院不得拥有喇嘛超过 300 人，寺院的房舍不得超过 200 间。对那些平日里尾大不掉的蒙古贵族们，也是严管、严防，不论他们什么身份，一律按清朝八旗制度入编，把他们平时的活动局限在一块狭小的地区。

清政府以前对青海、西藏等少数民族居住地区的管理是很宽松的，中央政府对他们的那些"小动作"睁只眼闭只眼。自从叛乱迭起，清政府便借力发力，平定一处就严控一处，中国的版图就这样愈来愈稳固。

康熙大帝励精图治，带领汉族等兄弟民族，在不太长的时间里打下了比今天的中国版图还要大得多的领土，使中国拥有了任何对手想啃却啃不动、能啃却不敢啃的"大块头"。

康熙为中国大一统事业所做的贡献，只有极少数领袖人物可以与之媲美。最值得称道的是他全力推行的"满汉一体"的大战略，抓住了占总人口绝大多数的汉族同胞们的心，打破了满汉民族之间的壁垒，加快了中华民族融合的步伐。试想，如果不是"满汉一体"，清朝能在中原立稳脚跟？中国能有今天如此广袤的国土？

配合"满汉一体"大战略的还有"多伦会盟""永不加赋"等战略。"多伦会盟"是维护国家统一的创举。它通过定期举行与蒙古各部的集会，解决中央政府与地方的各种矛盾，从而取代武力，用软实力团结蒙古族。康熙本就是游牧民族的后裔，所以，以他为主制定的一系列有关少数民族的政策，大都得到蒙古等民族的拥护。可以说，几千年以来，蒙古族同胞在清朝时对中央政府表现得最为温顺和拥戴。

康熙本人对这一点是很满意的，他曾兴奋地对大臣说："昔秦兴土石之工，修筑长城。我朝施恩于喀尔喀，使之防备朔方，较长城更为坚固。"

康熙谥号的最后一个字是"仁"，他的仁主要体现在哪里？除了"永不加赋"等民生政策，康熙的"仁"主要体现在维护国家统一这一至高无上的层面。只有国家统一，制止动乱，减少流血，人民才能安居乐业。还有比这更"仁"的事吗？

彼时，绝大多数地区都已安定，只剩下以新疆为大本营的准噶尔部落还在不识时务地与中央政府对抗。雍正五年（公元1727年），清廷下决心彻底解决准噶尔问题……

十一、倔强的准噶尔部落

准噶尔一再对清朝发难，西藏、青海、外蒙古，它都想插上一脚。本来，早在顺治七年（公元1650年），准噶尔汗巴图尔珲台吉就率厄鲁特蒙古各部首领22人，向清朝奉表纳贡，正式臣属于清朝。但准噶尔的上层并不甘心做清朝的附属，在随后的几十年里一直暗中发展自己，企图摆脱与清朝的关系。

准噶尔的地理位置好，境内农业生产稳定，手工业也比较发达，不仅利用自己的技术炼铜、炼铁，还制造了大批枪支、子弹和火炮，拥有火枪火炮的兵力达8万之多，其规模使前往探险的沙俄都感到震惊。

除了拥有较发达的军工生产能力，准噶尔最让清朝忌惮的是，几乎每一届准噶尔的可汗都是有野心也有本事的人物。还记得瓦剌的也先可汗活捉明英宗朱祁镇的事吗？准噶尔部即是瓦剌部后来分裂出来的，因此这位也先可汗可谓准噶尔部落的祖先。其后裔噶尔丹更是雄才大略，只身返回新疆，以一己之力夺得汗位，几年时间把版图扩展到近300万平方公里。如今的可汗策妄阿拉布坦比也先、噶尔丹等先祖们还要有见识和才干，居然能用8000步兵就占领了西藏。

雍正五年（公元1727年），策妄阿拉布坦逝世，其子噶尔丹策零继位。噶尔丹策零少年聪黠，年纪轻轻就"善驭士卒"，在国内享有盛威。

噶尔丹策零一直没忘祖先的教导，总想尽快建立起更强大的准噶尔部落。为此，他表面上与清朝保持隶属关系，暗里却与沙俄勾结，妄图联兵打败清朝，把西藏、青海、喀尔喀蒙古等地重新掌控起来。

噶尔丹策零凭什么有这般雄心？他的底气从何而来？前面说到，他有8万持有火炮的军队，还有20多万精骑兵，有较为发达的农业、手工业。除此以外，他最大的底气在于拥有广袤的战略纵深地带，准噶尔控制的区域在鼎盛时期除了新疆、青海、西藏、蒙古高原西部之外，还拥有今哈萨克斯坦、乌兹别克斯坦及阿富汗等部分地区。

这是真正的地大物博，可供动员的人力资源达到数百万，更何况准噶尔兵民天性彪悍、桀骜，从不认输，敢于同时与清廷和沙俄两大强手对垒。康熙五十九年（公元1720年），噶尔丹策零亲率20万大军与俄军激战，不仅打败俄军，还迫使俄与准噶尔划界而治，使俄不敢再越雷池一步。在打败俄军的同时，准噶尔军也曾多次击败清军，迫使清廷把驻扎在哈密（今新疆哈密）和科布多的两支清军撤回。

噶尔丹策零从逼迫清廷撤走军队这一事件上，看到了自己的能量，与清廷叫板的底气更足。他以不屑一顾的口气回绝了雍正要他交出罗卜藏丹津的要求，公然与清廷决裂。

雍正七年（公元1729年），雍正终于抛开一切顾虑，组建5万人的精锐兵团，以傅尔丹为靖边大将军，出北路，岳钟琪为宁远大将军，出西路，大张旗鼓地远征准噶尔。

噶尔丹策零以逸待劳，不断地派出间谍向清军提供假情报，诱使清军一步步走入准噶尔军的伏击圈。傅尔丹立功心切，对敌人的阴谋毫无察觉，当前锋进抵科布多以西约200公里的和通泊谷地时，突遭伏击，数万准噶尔军迅速歼灭了清军的4000名前锋，而后又将前来增援的清军主力分割包围。两军血战3天，结果是傅尔丹所率清军伤亡惨重，傅尔丹与少数侍卫拼死突围才回到科布多。

这是清军近几十年来遭受的最惨重的伤亡，八旗精锐丧失殆尽，一批猛将，如副将军巴赛、查弼纳，前锋统领丁寿等皆奋战而死。

雍正闻讯，当廷痛哭。然而，哭有什么用？岳钟琪此时正在向乌鲁木齐进军的路上，收到傅尔丹的败报后，立即向乌鲁木齐发起强攻。但已经难挽败势了，准噶尔军已撤出乌鲁木齐，向喀尔喀蒙古攻击。岳钟琪得到一座空城，只得悻悻然撤军回营。

噶尔丹策零挟歼灭清军之势，全力以赴地杀入外蒙古腹地，企图一举攻占整个外蒙古。

危急关头，外蒙古的3个汗部团结起来，共同对抗准噶尔的入侵。喀尔喀亲王、额驸策棱指挥有方，在额尔德尼昭（即光显寺，在今蒙古国前杭爱省巴彦温都尔西北）大败准噶尔军。

捷报传来，雍正非常兴奋，下旨封策棱为和硕亲王，又准许策棱所领导的赛音诺颜部脱离土谢图汗部，成为一个单独的汗部。

喀尔喀蒙古至此就由3个汗部发展为4个，继续与清朝保持臣属关系。噶尔丹策零眼红外蒙古4部与清朝打成一片，就在被策棱打败后的第二年再攻外蒙古。策棱亲王率兵迎战，又在额尔德尼昭将准噶尔军打败，"杀贼万余，尸遍山谷，河流尽赤"。准噶尔军3万人马一半在此战死，一半被水淹死，而策棱方面"兵丁被伤者不过数十"。

不可一世的噶尔丹策零终于气馁了，遣使去北京与雍正议和，强悍的准噶尔部落从此衰落。

雍正也打累了。据统计，在对准噶尔连年用兵的16年时间里，朝廷军饷已耗去7000余万，人员损失数十万，朝野反战的舆论愈来愈大，雍正只得同意议和。清朝与准噶尔重新划界，以阿尔泰山为准噶尔与喀尔喀蒙古的游牧分界，将阿尔泰山梁外两块空闲之地交给准噶尔；允许准噶尔的可汗前往西藏参与朝拜达赖等宗教活动。

十二、失去的，还可以再回来

准噶尔终于安静下来了，清廷可以松口气，只是这口气松得太不容易，几十年以来，准噶尔时服时叛，伤透了清政府的脑筋，致使清政府在面对沙俄的掠夺时不得不一而再、再而三地忍让退缩，以便能集中精力应对准噶尔。沙俄心狠手辣，抓住机会猛敲中国的竹杠，致使大片原本属于中国的领土轻而易举地落入沙俄版图。

以《尼布楚条约》和雍正五年（公元 1727 年）中俄两国签订的《恰克图条约》为例：

《尼布楚条约》有得有失，得在收回了被沙俄侵占的部分领土，制止了沙俄对黑龙江地区的进一步侵略；失在将贝加尔湖以东尼布楚一带原属中国的土地让给了沙俄。

《恰克图条约》有失无得，根据条约规定：以恰克图（今俄罗斯境内）和鄂尔怀图山之间的第一个鄂博（敖包）作为两国边界起点，东至额尔古纳河，西至沙毕纳伊岭（即沙宾达巴哈）为界线，以南归中国，以北归沙俄。

这么一划，除将 17 世纪中叶以后沙俄侵占的中国蒙古地区的部分领土正式划入沙俄版图外，还夺走了贝加尔湖以西、唐努乌梁海以北、叶尼塞河上游的大片中国领土。

沙俄依据《恰克图条约》夺走的这片土地，是中国蒙古地区布里亚特部落的土地。元朝时，布里亚特部落被称为"林中百姓""不里牙惕"，属元朝岭北行省管辖。

沙俄眼红岭北行省的地盘，采取一点一点蚕食的办法掠走这些土地。史载，其通常用的办法是：先派出少量的哥萨克骑兵与武装商人，在交通便利的地方设置前进据点，在那里建起一些简陋的木寨或城堡，而后把这些据点连成堡垒线，再向新的地区推进。就这样由点到面、到片，掠夺的领土愈来愈多。

与沙俄的蚕食不同，中国政府并不想在这些冰天荒原上建立城堡，依恋的仍旧是水草丰茂的大草原。即使出兵收复被俄国夺走的领土，收复后也迅即撤回，没打算长久待在那里。

《恰克图条约》签订前，沙俄早就组织大量专业人员测绘已经被他们强占、即将强占的土地，绘制出精确的地图，因此与清政府议谈时能够有模有样地与中国的谈判代表争筹码。再看中国的谈判代表，手里只有几张粗线条的地理位置图，这些粗略的资料根本无法与沙俄根据实地测量绘制的地图相比，所以在谈判中始终处于被动地位，基本上是由沙俄代表说了算：这里是我们的！那里也是我们的!

据说《恰克图条约》签订后,俄方代表欢天喜地地给沙皇写信:这条边界给全国人民带来的喜悦是无法用语言来形容的。如今,新边界在所有地段都远远地深入到蒙古地方,有好几天的路程,有的地方甚至远达几个星期的路程。俄罗斯帝国的土地远远地扩大了。

沙俄土地大幅扩大,意味着中国土地大幅减少。决策层知道这种情况,但面对准噶尔的咄咄逼人,只能先向俄方妥协,以土地换稳定。

实际上,那时的沙俄已是外强中干,因为连年与瑞典、伊朗作战,它已无力再在中国边境生事。如果中国政府下定不惜一战的决心,俄国是不敢接招的,也就不会再有《恰克图条约》。可惜啊,不知己也不知彼,糊里糊涂就丢掉了那么多领土。

这是片任何时候一想到就会心跳的土地。它的地理位置十分重要,它南接俄罗斯图瓦共和国、蒙古国、中国新疆、哈萨克斯坦,是额尔齐斯河、鄂毕河、叶尼塞河三条世界大河流向北冰洋的源头,是西伯利亚连接远东的重要枢纽,是东西南北亚的中心,号称"北亚锁钥"。境内有广袤的森林,星罗棋布的湖泊、沼泽,有丰富的煤炭、石油、天然气等稀有自然资源。

试想,要是中国当年守住了这片土地,今天会是个什么样子?一个贝加尔湖就可以把中国的整个西北变为塞上江南。

贝加尔湖是世界上最深的湖泊,有大小 336 条河流注入湖中,最深处达 1620 米,平均水深 730 米。湖长 636 公里,平均宽 48 公里,面积 3.15 万平方公里(接近整个台湾岛面积),湖水容量达 3.6 万亿立方米,约占地球表面淡水的五分之一,可供 50 亿人饮用半个世纪。

有人曾作过对比,一个贝加尔湖的水相当于 20 条长江用一年时间流到一个湖里的全部的水。贝加尔湖的立体容量是 2.3 万立方公里,据说,中国全部的淡水资源加起来才有 200 多立方公里,只抵贝加尔湖的 1%。

中国缺水,太缺了,人均水量仅为世界人均水量的四分之一,被联合国列为世界上最缺水的 13 个国家之一。以西北为例,由于严重缺水,生态环境不断恶化,荒漠化面积已占中国国土面积的 27.9%,沙化面积占 18%。缺水,已是中华民族的心腹之患。

遗憾啊，贝加尔湖及其周边几十万平方公里的土地离我们而去了，留下的只有兴叹。希望中俄两国人民拿出兴建中俄石油管道的劲头，双方合作再建一条输水大通道，因为这对两国人民而言，这都是一件大好事。让贝加尔湖的水静静地流淌到中国的东北、华北和西北。

十三、大一统的巅峰时期

雍正虽然不得已签了《恰克图条约》，但他对国家统一大业的贡献是有目共睹的，例如"改土归流""摊丁入亩""士绅一体当差纳粮"等大政方针，都对稳定大局起了重要的作用。尤其是他采用秘密建储法选定的接班人——皇四子、宝亲王弘历（即乾隆帝）登基后，把中国带入巅峰时代。

乾隆继位时25岁，对未来充满憧憬。此时的大清国经过顺治、康熙、雍正三朝的积累，国力无比雄厚，且一直保持上升势头。

雄才大略的乾隆不满足于祖辈留下的遗产，他要再造伟业，超越前辈。他首先把彻底解决准噶尔问题提到重要日程上来。

准噶尔自从雍正十三年（公元1735年）与清政府签订和约后，边境基本无事。乾隆十年（公元1745年），噶尔丹策零病死，本就元气大伤的准噶尔很快展开汗位争夺战，内部攻杀不断。乾隆二十年（公元1755年），辉特部酋长阿睦尔撒纳为躲避追杀，逃至清廷，请求庇护。乾隆以最高规格接待他，不久，就以他为向导，调集5万大军，分两路向正在内讧中的准噶尔发起攻击。

内乱已使准噶尔混乱不堪，再无力抵抗清军的进攻。准噶尔军纷纷放下武器投降，清军兵不血刃占领伊犁，平定了天山北路。

对战败后的准噶尔这个"大块头"，乾隆采用分而治之的办法，把准噶尔一分为四，4个部落互不隶属，4位可汗统归清廷任命和管辖。

谁知命令一下，阿睦尔撒纳愤怒了，他本是想借清廷的力量除去政敌，从而由他主宰准噶尔。乾隆的战略令他措手不及，他开始暗中招兵买马，积攒兵力，找机会向清朝摊牌。

乾隆二十年（公元1755年）十月，阿睦尔撒纳公开反清，宣布准噶尔独立。在他的煽动下，几个新近接受清朝加封的部落首领，也加入阿睦尔撒纳的反叛阵营。刚刚从动乱中安定下来的准噶尔，又起烽烟。

清军立即出动平叛，但遭遇了空前激烈的反抗。叛乱之火愈燃愈大，早先被清军占领的城镇又被叛军夺了回去。

平叛不顺，乾隆怒火万丈，损兵折将不论，自己也大失脸面。他下令调整部署，一路大军由蒙古族将领成衮扎布统率，从北路出击，一路大军由名将兆惠统率，从西路出击，两路夹击，务必生擒阿睦尔撒纳。

大军出发前，乾隆单独给兆惠面授机宜，要求对准噶尔人的抵抗，必须严惩。准噶尔人果然顽强不屈，尽管此时境内正流行天花，但没有死于天花的人仍与清军殊死一搏。这使清军统帅兆惠大为光火，在平定了准噶尔叛乱后，大开杀戒，几乎将准噶尔叛乱者赶尽杀绝。加上天花瘟病的死亡人数，原本20多万户的准噶尔部，最后幸存者不足十分之一。

平定准噶尔这一仗不仅打得周边惊悸，余波还延伸到外蒙古之外。一些原本对清朝怀有敌意的部落纷纷向清朝表达内附之意，干脆整体从遥远的西北，即今俄罗斯、哈萨克斯坦等地搬迁至准噶尔一带。最令乾隆兴奋的是，在喀尔喀西北与科布多北方的叶尼塞河（今俄罗斯境内）上游居住的蒙古部族乌梁海，一致决定内附清朝。

为了便于管理，乾隆下令将乌梁海部落居住的地方一分为三，分别给三部命名为唐努乌梁海、阿尔泰山乌梁海、阿尔泰诺尔乌梁海。其中以唐努乌梁海面积最大，达17万多平方公里。

清朝的版图不断扩大，乾隆十分高兴，下令平定了准噶尔部的清军不作任何休整，立即掉头南征，扫清天山南路林立的地方割据政权。

天山南路主要是维吾尔族同胞的聚居地，人们习惯称这里为"回部"，在元朝时属察合台汗国管辖。大大小小的"回王"统称为"和卓"，意即穆罕默德圣人的后裔。他们各据一方，因为各自对教义解释和信仰不同而相互反目、争战。准噶尔部强大起来之后，和卓就臣服于准噶尔。康熙十七年（公元1678年），准噶尔可汗噶尔丹率兵攻占了回部。

回部的活动范围主要是塔里木盆地一带。这里是中国历史上中原通往西域的必经之地，许多经济、文化都比较发达的城市如喀什、姑墨、疏勒、伽师、莎车、和田、于田等都在这条要道上。

公元前 139 年，西汉使臣张骞从这里开始凿空西域，拉开东西方交往的大幕。几十年后，东汉的班超在这里软硬兼施，使一批原已倒向匈奴的小国重回汉朝。

这是一片多情的土地，盛唐之后，尽管中原地区因战乱频起而无暇顾及这里，但无论是高昌、喀喇汗还是于阗等地方政权，仍旧同中原诸王朝保持密切的关系。元朝统一天山南北后，回部各部落立即随同吐蕃一道归属元朝，重新回到中央政府的怀抱。

新疆南路是如此富饶美丽，哪届中央政府也决不会允许它游离在外。现在，乾隆下给清军统帅兆惠等将领的命令就是：首先尽力争取大小和卓（回部两位著名的首领）等上层贵族的合作，对决意与清廷为敌者，务必肃清。

大小和卓兄弟曾被准噶尔囚禁，清军平定准噶尔后解救了他们。想不到，曾受恩于清廷的大小和卓不理会乾隆的招抚，杀了清廷前去招抚回部的官员，并宣布建立巴图尔汗国，公开与清廷为敌。

结果，大小和卓被清军打败，在逃往浩罕城（今乌孜别克境内）的途中被少数民族酋长杀死，巴图尔汗国灭亡。乾隆二十四年（公元 1759 年），天山南北、葱岭以东 170 万平方公里的土地完整地重回中国版图。

乾隆很高兴，为天山南北地区取了一个新名字——新疆。其含义是：这块土地在西汉时就是中国的，现在的回归只不过是新近收复的疆土，它们其实早该回归。

新疆的回归产生了连锁效应，葱岭以西的国家如巴达克山国、克什米尔国、乾竺特国、浩罕、布哈尔、布鲁特等，纷纷遣使入朝进贡。远居俄国伏尔加河下游的土尔扈特蒙古部落的 3 万多户牧民，以武装起义的形式，冲破沙俄军队的重重阻击，经过 8 个月，行程万里，回到祖国。出发时有 17 万人，经过战争、疾病的摧残，到达伊犁时只剩 7 万余人。中国中央政府张开双臂欢迎他们，特意在新疆与外蒙古连接的地区划出一大块肥沃的土地让他们重建家园。

以新疆的完整回归为标志，中国的大一统事业进入巅峰时期，版图北接西伯利亚，东北到黑龙江以北的外兴安岭和库页岛；东临太平洋，东南到台湾及附属岛屿与钓鱼岛和赤尾屿；南包南海诸岛；西跨葱岭喷赤河；西北达巴勒喀什池北岸；西南到喜马拉雅山。总面积达 1300 多万平方公里。

在开疆拓土方面，中国历代都很努力，但真正把国土完全、稳固控制在中央政府手中的朝代不多。清朝做到了这一点，至少在1840年以前，它几乎对所有区域都进行了有效的管理。"满族是个了不起的民族，对中华民族大家庭作出过伟大贡献。"毛泽东曾经在与著名作家老舍的谈话中高度评价满族。一些原本对满族、对清朝有过偏见的人，自此换了脑子和眼睛。

我们可以做一些纵向比较，进一步体会毛泽东的评价。

夏商周三代，中国的疆域大致在100万至250万平方公里。秦朝时，约330万平方公里。两汉时，基本稳定在约600万平方公里。西晋和隋朝时保持在这个水平。唐朝时，中国疆域大拓展，前期达到1200万平方公里，晚期缩至近600万平方公里。北宋时又缩至300万平方公里，加上与北宋对峙的辽朝的400多万平方公里，合计700万平方公里。南宋的疆域只有200万平方公里，与南宋对峙的金朝有约330万平方公里，蒙古约300万平方公里，三者之和约为900万平方公里。元朝是中国大辟疆时代，不算四大汗国，中国本土（包括蒙古本土）的面积达到1200多万平方公里。明朝前期，疆域仍有1100万平方公里，末期时只保有800万平方公里。

上下几千年，这么一对比，清朝是为中国拓展疆域最多的朝代。今天中国的960万平方公里的陆地国土、300多万平方公里的海洋国土，都是拜清朝所赐。

十四、亢龙有悔

在一片河清海晏的盛世气象中，乾隆给自己上了一个封号——"十全老人"。乾隆的意思并不是说自己是十全十美之人，而是说在他在位的这几十年中，开疆拓土打了10次大仗，可以说全部获胜。

一直以来有种说法，说乾隆有福，在祖父和父辈的基业上做了60年的太平天子，但从他组织的10次大战役来看，在他治下的60年并不平静。

乾隆十二年（公元1747年），四川西北部大渡河上游的大小金川地区，土司割据势力嚣张，给社会和当地民众带来很大的灾难。从这一年起，陆陆续续一直打到乾隆四十一年（公元1776年）才完全平定土司之乱。战斗激烈时，清廷不得不把驻守北京的八旗精锐也调往四川。

在与大小金川那些狡诈、勇猛的土司们激战的同时，清朝还打响了征服天山南北的战争，接着又打响了反击缅甸国王孟驳入侵云南的战争。

直到孟驳死后，与缅甸的战争才停止。乾隆五十五年（公元1790年）乾隆八十大寿时，缅甸国王孟云遣使入北京祝寿，乾隆册封孟云为缅甸国王，定下十年一贡之制，缅甸正式成为中国的藩属。

缅甸在元朝时就已确定为中国的附属之邦。更早在东汉和帝时，中国政府就册封雍田为缅甸国王。所谓"胞波情谊"，从时间上也可看得出来。

乾隆过完八十大寿的第二年，又打响了反击廓尔喀（今尼泊尔）入侵中国西藏的战斗。

尼泊尔从4世纪起就与中国有了经济、文化上的交往，两国一直友好相处。但到廓尔喀邦统一尼泊尔之后，两国之间的关系开始紧张，廓尔喀首领以西藏积欠尼泊尔贸易款为由，公然给中国西藏地方政府写信，提出领土要求。在要求未得到满足的情况下，尼泊尔军发起进攻，攻占了日喀则等地。

中国只得自卫反击，直打到尼泊尔国都加德满都附近。尼泊尔国小，胆子大，士兵也敢于拼命，但面对一个比自己大百倍的国家，再能拼命也不行。乾隆五十七年（公元1792年），廓尔喀遣使求和。乾隆准许恢复廓尔喀王喇纳巴都尔的王爵、王叔巴都尔萨野的公爵名号。廓尔喀由此正式成为中国的藩属国。

一个小小的廓尔喀都敢于向大清国动手，乾隆发出深深的感慨："天朝尺土，俱归版籍，疆址森然。"正是在上述思想的指导下，乾隆才不间断地采用战争的手段，维护国家的统一和安定。

在反击廓尔喀入侵的前一年，清朝为安南（今越南）黎氏政权仗义执言而出兵。其实可以采用其他手段解决问题，但乾隆坚持采用武力解决，因为他相信："守中国者，不可徒言偃武修文以自示弱也。"

在出兵安南的同时，宝岛台湾发生了天地会林爽文的变乱，朝廷又毫不犹豫地出兵弹压。看看吧，乾隆在位的这60年，可真没有消停过。虽然从大局上讲，国家版图归一，政清人和，绝大多数百姓因为朝廷不加赋而富有，但国家财政渐渐不支。据统计，仅两次讨准噶尔、一次讨和卓、两次讨金川、一次讨台湾共6次战争就耗费国库1.2亿两白银，相当于当时中央财政三四年的收入总和。

战争的耗费大，朝廷平常的开销也大得惊人。按照乾隆对自己的评价，他一生只做了两件大事："一曰西师，一曰南巡。""西师"的开支，上面算了个大概，"南巡"的开支应该不会少于"西师"。乾隆一生总共南巡6次，一次比一次阔绰、奢华，以扬州一地的行宫为例，光新建的宫殿楼廊就达5154间，其中的家具、奇花异石等豪华得令人瞠目，亭台建了196座，加上几十座规模不等的桥梁、寺庙，花费超过1000万两白银。这还仅仅是朝廷的拨款，为了巴结乾隆，当地无数官员和盐商更是慷慨解囊，大量补贴用于南巡的各种工程。这些工程上的相当一部分开支，是官员敲榨当地百姓而来的。

乾隆是个讲大排场的人，每次南巡，陪同人员都有近3000人，陪同的船只有1000多艘，大小船只首尾相望，绵延上百里，为这些船只提供动力的纤夫就达3600余名。为了"养眼"，其中还有数百名女纤夫。

6次南巡加上10次战争，几乎花光了康雍时代及乾隆本朝的积蓄，给国家的安全埋下长久的隐患。乾隆得知实情后有些后悔，他曾对直隶总督吴熊光表达这种心情。他说：6次南巡劳民伤财，假如将来的皇帝也搞南巡，你不劝阻，就没有脸见我了。

除了上述两件大事给国家财政造成沉重的负担之外，放纵官员致使贪腐成风，更是促使大清国由盛而衰。以和珅为例：

和珅跟随乾隆20余年，一直深受宠信，二人几乎形影不离。和珅抓住乾隆这块天字招牌，疯狂地贪污、受贿，所攫取的财物超过8亿两白银，相当于全国10年财政收入之和。对于和珅的贪婪，乾隆早有所闻，但他不但不予追究，反倒愈加宠信，把自己最心爱的女儿也嫁给和珅的儿子，和珅因此更加有恃无恐。

美国作者罗兹·墨菲在《亚洲史》中对和珅有过一段评述。他说："和珅纠集了一伙堕落的心腹，对帝国实行了真正的掠夺……他敲诈勒索的私人财产据说价值约15亿美元。这在当时真是不可思议的巨大数目，大概也是腐败官员的世界纪录。"

可以说，乾隆实际上也参与了掠夺。如果对和珅的贪婪行为加以管束，他能如此张狂吗？可叹上行下效，大大小小的和珅不知几何，国家的肌体被他们一点点侵蚀，危险一步步走来。

　　乾隆对此浑然不知，仍然陶醉在盛世之中，自我感觉良好。公元 1792 年，英国特使马戛尔尼以祝乾隆八十大寿为名访华，企图打开中国的门户，与中国展开商贸，同时想获得各种特权。

　　马戛尔尼所代表的英国此时已完成了资产阶级工业革命，国势蒸蒸日上。他用洋眼看中国，已经非常看不起中国了，所以，在觐见清朝皇帝时，他坚持不行跪拜礼。这让高高在上的乾隆非常不快，他冷冷地拒绝了马戛尔尼开埠通商的一系列要求，然后，回了一封言词刺激英国国王的信。其中有段话这样写道：

　　　　我统治着辽阔的疆域，心目中却只有一个目标：彻底处理好朝政和履行好国家的义务。那些珍稀和贵重的物件我都不稀罕，我不需要贵国的商品。我们天朝物富民足，天朝境内不缺任何物品。但是由于我们生产的茶叶、丝绸和瓷器是欧洲民族和您本人的绝对必需品，所以迄今在我们的广东省进行的有限贸易可以继续进行下去。我不会忘记你们那孤独遥远的孤岛，它因荒凉的大海而与世隔绝。我也认识到这种对天朝习俗的情有可原的无知。所以，听从我的命令吧！

　　马戛尔尼拿到这封信后又好气又好笑，据说，他在走出乾隆在热河的行宫时一个劲儿地摇头，不知回国后该如何复命。

　　英国国王是否回信不得而知，但中国的国门依然紧闭，直到被鸦片战争的大炮轰开。耄耋之年的乾隆，犹如一条孤高在上的巨龙，四顾茫然，既不能上，也不愿下，明知盈不可持久，却偏要强打精神：天下仍是我至尊。

　　殊不知亢龙有悔，天道不可违。其实，只要稍稍放低姿态，打开一扇西向的窗户，亢龙也许会再变为潜龙，遽然跃起。

第二十一章 百年抗争，大难不死

嘉庆四年（公元 1799 年），在位 60 年、退位后又当太上皇 3 年的乾隆去世。几天后，嘉庆帝颙琰软禁和珅，查抄其家产，后令和珅自尽。

是年 39 岁的嘉庆帝正式即位，要大干一场。但帝国积弊已深，国库基本已空，各种形式的反清起义不断，如川楚陕白莲教起义、新疆张格尔叛乱等。盛世中国步入多事之秋。

这是历史的转折期，西方列强已经把炮口对准了中国，准备用武力轰开中国的大门。由于一贯的自大心理，朝廷对西方的动态和阴谋一无所知，既没有思想准备，也没有物质和军事上的准备。

道光二十年（公元 1840 年），英国率先向中国开炮，打响了鸦片战争。中国不幸战败，英国得到了中国香港、2100 万银元赔款以及 5 处通商口岸。16 年之后，英、法两国联合发起第二次鸦片战争，美国和沙俄也从中渔利。史料显示，自鸦片战争到 1945 年，西方列强逼迫中国签订了约 1145 个不平等条约，抢夺中国 174 万平方公里领土。俄国是勒索最多者，仅通过 3 个不平等条约，就从中国夺走 150 多万平方公里的领土。夺去的都是好地方啊，如外兴安岭以南、黑龙江以北，巴尔喀什湖以东、以南等地。

除了割地，中国还背上巨额债务。仅从 1841 年至 1901 年，西方强加给中国的战争赔款就超过 13 亿两白银，履行一个《辛丑条约》，就得连本带息赔 9.8 亿两白银。当时全国财政收入一年不过三四千万两白银，朝廷即使不吃不喝，不养一兵一吏，也要连续赔上几十年。

掏空了中国，西方列强仍不放过任何掠夺和殖民的机会，先是法国攻击中国的藩属越南，企图进窥中国，由此爆发中法之战；继之是日本挑起中日甲午海战，打断中国的维新进程；然后是八国联军攻入北京，企图瓜分中国。

在强敌当头、乌云压顶的时刻，中华民族奋起反抗，虎门血战、三元里抗英、太平天国起义、收复伊犁、义和团运动等，都不同程度地打击了西方列强。百年抗争，血流成河，中华民族大难不死。

一、敲骨吸髓，鸦片猛于虎

为乾隆祝寿的英国特使马戛尔尼在中国碰壁之后，英国并不甘心，稍后又派出阿美士德使团，一方面从外交上游说；一方面直接从事间谍活动，搜集了大量有关中国的情报，包括政治、军事甚至山川河流的地理位置等方面。最后得出结论：清帝国好比一艘破烂不堪的头等战舰，外力稍一碰撞便会沉没，英国将从中得到比从任何国家都多得多的好处。

这两个以外交通商为幌子的英国使团，是当时西方列强急于从中国捞取好处的急先锋。他们所谓的通商，主要目的是在中国获取各种特权，以便廉价地掠夺中国。这些打着扩大贸易旗帜的"夷人"，从明朝中期开始，只有极少一部分是通过开展正常贸易获利的，更多的是一边贸易，一边抢掠，甚至在中国沿海攻城略地，其行为与海盗（盗贼）无异。

美国作家霍耳康担任过驻华公使，曾在著作中对 16、17 世纪要求与中国通商的外国人作过描绘。他写道："这些所谓和平商业的开拓者的所作所为，说不上像友好的文明人，而只能说是海盗行径。他们不仅理应为帝国（指中国）所拒绝，而且简直该被中国当局动手消灭掉。这些人不断骚扰中国南部海岸，抢劫、破坏城镇，几十、几百地杀死无辜的男女和儿童，然后'和平地'扬帆而去。或者，他们登上大陆，强迫中国人给他们筑堡垒，以最粗野的兽性掳走妇女，强夺当地人的所有财物，践踏了人道与文明的一切准则。"

18世纪，一些强烈要求与中国通商的西方人依然是恶性不改，中国政府对他们抱以警惕，并明令规定所有通商只准在广州进行，外国商人在广州停留的时间不能超过6个月，不准把火器和女人带进广州。

这让英国人、法国人、俄国人、日本人等外国人受不了。一个4亿人的大市场，该有多少利润可图！曼彻斯特的制造商们算了这样一笔账：如果每个中国人的衬衣下摆延长1英寸，英国的工厂就得忙活数十年。

富饶、宏大且国门紧闭的中国，着实让洋人眼红。英国在完成工业革命后，大量的剩余产品急于寻找市场，议会不停地加班讨论如何敲开中国之门。主战派代表林赛曾经详细侦察过中国的海防和内地的武装力量分布，他认为只要敢打，中国很快会败下阵来。传教士欧兹拉夫接着林赛的话头，大声地叫嚷道："以全中国的1000只兵船，也敌不过我们的1艘军舰。"

英国为何如此小看或者说仇视已经购买了大量英国商品的大国中国呢？据当时的统计显示，在各国对中国的贸易中，英国居首，特别是从西欧各国输入的商品总值中，英国占了63%。英国之所以不满足，其中一个最重要的原因是：东印度公司生产的一种特殊商品——鸦片的销量，还远远没有达到其目标。

英国的东印度公司是英国对华贸易的总代表（据说该公司由神秘的企图统治全世界的同济会掌控），他们在长期的对华贸易中发现一个诀窍：做什么生意都不如做鸦片生意。

鸦片在唐朝时期由阿拉伯传入中国，本是充作药物用的。后来有人发现了它的奇特功能，吸食之后可以使人产生一种莫名的快感和幻觉，于是官场和一些富人、社会名流开始吸食鸦片。

社会对鸦片的需要量逐渐加大，到了明朝正德年间，当时最大的贩毒国葡萄牙开始大量向中国走私鸦片。据说明神宗朱翊钧也成了鸦片的俘虏。

清朝康熙后期，英国的东印度公司取代葡萄牙向中国走私鸦片。雍正七年（公元1729年）的年走私量不过200箱，到乾隆末期已增至每年2000箱；从嘉庆年开始，每年平均输入近8000箱；道光十八年至十九年（公元1838—1839年），英国向中国走私的鸦片达到40200箱。

一箱鸦片重约100~120斤，每箱能获利400~1000两银子，按每箱平均赚

500两银子计算，英国东印度公司每年从中国赚走白银2000万两。这相当于中国政府一年财政收入的三分之二。

没有比鸦片贸易更恶毒、更无耻的，这等于是直接趴在中国人身上吸血。看看那些被鸦片所害的中国人，一个个精神消沉、骨瘦如柴、生不如死。毒害的不仅是普通民众，中国政府也深受其害。财政日渐枯竭，国力江河日下，既无力拯救大量如同废人的国民，也无力抵御西方列强一步步对中国的侵蚀。

敲骨吸髓，鸦片猛于虎。面对危局，中国政府醒悟得晚，当社会上出现白银稀缺、钱（铜钱）贱银贵的现象时，从皇帝到官员，都摸不着头脑，不明白银子到哪儿去了。

此时的皇帝是道光帝，和他父亲嘉庆帝一样，谈不上是圣君明主，但也不荒淫昏庸。父子俩原本都想立一番大业，可惜生不逢时，都拿不出什么高招来面对这"数千年未有之变局"，甚至连外面世界究竟是个什么样子也弄不清。

不了解世界还情有可原，因为信息阻塞、交通不便，加上固有的"老子天下第一"的情结作怪。但是不了解国内就说不过去了，白银去哪儿了？只要深入调查就会发现，是用在鸦片上面了。

流失2000万白银的后果，一是国内白银涨价，加重了百姓的负担。按照惯例，人们缴纳各种税赋时要以白银为折算单位。以前交1000文就可抵银一两，现在得交1600文才抵一两。百姓无故受损，国家财政也毫无增加，民众的怨气与日俱增。二是购入的鸦片多，吸食鸦片的人也愈来愈多，富人、穷人、官员甚至将领和士兵都卷入其中，整个社会风气日下。按照湖广总督林则徐的说法，如果不及时制止鸦片泛滥，数十年后，中国将没有可以上战场的士兵，也没有供养军队的粮饷。

林则徐的奏章坚定了道光帝禁烟的决心，是该对鸦片说不了，遂任命林则徐为钦差大臣，赶赴广州禁烟。

林则徐是福建人，进士出身，长期在地方任职，对国家的现状多有不满，早就想变革政治，有所作为。接受钦差大臣的任命之后，他马上以铁的手腕禁烟。首先下令抓捕一批与洋人联手走私鸦片的"汉奸"，其次下令所有在华的洋商3天内交出全部鸦片。交出鸦片的同时还要出具保证书，保证从此之后永不走私鸦片到中国。如果再犯，船只没收，人员就地斩首。

在发布了如此严酷的禁烟令后，又列举了一批名声极坏的英国商人的名字，限期将他们驱逐出境。

在广州经营鸦片的洋商大都有本国政府作后台，所以，并不把林则徐的命令当回事，限定的时间到了，无一主动缴烟。林则徐见状，立即派兵包围所有外国商馆，封闭所有停泊在广州的外国商船，迫使英国驻广州的商务监督义律率先同意缴烟。

在义律的带领下，各国商馆交出了 2 万多箱、约 230 万斤鸦片。道光十九年（公元 1839 年）四月二十二日，虎门海滩上人山人海，观看林则徐销烟。这是化掉 1000 多万两银子啊，一些站在远处旁观的洋人很不甘心，太不甘心！

捷报传至北京，道光帝很高兴。"这是大快人心一事！"他在奏折上批下八个令林则徐深感欣慰的大字。

道光帝为了彻底铲除鸦片之患，又下令永远断绝与英国的商贸往来。

收到命令，林则徐很为难，在他看来，只要不带进鸦片，正常的贸易是可以开展的。事实上，广州目前的外贸仍在正常进行，林则徐并未封锁广州的海口。接到命令的当天，他给道光帝写报告，说英国商人悔悟了，应允许他们"回头"（开展正常贸易）。道光帝看后不以为然，仍坚持不准与英国开展贸易。

道光帝的这道命令可能有点偏激，但不论此时中国政府是否以"平等"姿态对待英国，英国都准备使用武力对付中国。4 亿人的大市场是他们早就觊觎的目标，按照英、美的一些史书的说法，即使没有虎门销烟，英国也会寻找其他借口打响对中国的战争。

道光二十年（公元 1840 年），英国以"为英国商人的人身和财产获得保证"为理由，派出军舰，向中国发起攻击。

二、不得不战，不得不败，不得不赔

战争骤然而至。

公元 1840 年 6 月，英国军舰 16 艘、武装轮船 4 艘、运输舰 28 艘、海陆军 4000 人抵达广州洋面。第一次鸦片战争开始。

英国的战略目标并不是广州，加之广州已加强戒备，英军遂掉头北上，直奔天津，兵锋遥指北京。北京才是英国的战略目标。

英军先在厦门与闽浙总督邓廷桢的水师打了一仗，稍后即攻陷浙江定海，大肆抢掠。把定海变为废墟后继续北上，很快进至天津白河口，迫近京畿。北京开始紧张。

怎么说打就打起来了？道光帝很困惑，他不想打仗。他把直隶总督琦善召来，令他前往白河口用"抚"的方法劝退英军。

琦善热脸碰到英国人的冷屁股，英国统帅义律说，退兵可以，但要割地、赔款、展开自由的贸易、惩治林则徐。

琦善灰头土脑地回到北京，把英国人的几条议和条件报告给道光帝。道光帝说："可恶在烟价一条。"其他几条都好说，唯独赔款600万两白银这一条不能接受。

道光帝怕花钱是出了名的。皇子大婚时，他不摆酒席不设乐队；皇后过生日，按规定可以杀10头猪，他却只准杀4头；他自己穿的衣服上也时常有补丁出现。

琦善等一班投降派开始聒噪，说这一切都是林则徐等人造成的，要赔钱就让他们赔。

道光帝在重大问题上没有主见，立即按琦善等人的建议，下旨谴责林则徐禁烟时"措置失当"，随即便委任琦善代替林则徐出任两广总督，继续以"抚"的政策处理与英军的冲突。

琦善一到广州，英军统帅义律就逼问在天津时会商的6条议和条款何时落实。琦善不作正面回答，只是一个劲儿地用软话敷衍。义律了解中国官场的顽疾，这样下去，拖100年也不会有结果。他决定用大炮说话，突然出兵攻击广州军事重镇虎门。

舰炮猛烈轰击，清军损失惨重，沙角、大角炮台被英国占领。

英军得手后，立即强占香港，并单方面宣布这是按琦善同意的《穿鼻条约》的规定行动的结果。

强占香港后，英军继续索要赔款。这激怒了道光帝，他发布对英宣战上谕，要求对英国人"痛加剿洗"；下令逮捕琦善；任命皇侄奕山为统帅，湖南提督杨芳为副统帅，调集8省防兵1.7万名赶赴广东抗英。

趁着8省清兵尚未赶到广州，英军先发制人，大举进攻虎门要塞。清军水师提督关天培身先士卒，与英军展开殊死搏斗，终因英军炮火猛烈而倒在血泊中。虎门要塞沦于敌手。

此时在广州的英军不过 3000 余人，先于奕山赶到广州的杨芳本可以趁英军兵力不足以进攻广州时发起进攻，却畏缩不前，非要等奕山到后再一起动手。

奕山也是个既不懂作战也没有作战勇气的软骨头，以近 2 万人的优势兵力，打不过几千人的英军，把广州城外的炮台全打丢了，士兵也大多溃散。等到英军集中兵力围攻广州城时，又愚蠢地接受杨芳的混账建议，在城墙上到处泼洒妇女的粪便，以为这些污秽之物可以破除英军的火炮和"邪术"。

英军感到好笑，这些脏东西也能守城？大炮刚要轰击，奕山急令士兵挂起投降的白旗，迅速与英军签订《广州停战协定》，老老实实向英军支付了 600 万银元的"赎城费"。

"英军船坚炮利，不可战胜。"这股舆论立刻在朝廷蔓延。道光帝也信了这种鬼话，认可了奕山的投降。损兵折将赔银子，道光帝心中这口窝囊气堵得慌，就拿林则徐、邓廷桢等主战派出气，下令将他们发配伊犁。

英军依旧不松手，继续打击中国。厦门失守，定海两度失守，镇海失守，两江总督裕谦投水自杀。

打遍东南沿海后，英军转向长江流域，进犯江浙两省的海防重镇乍浦，之后进入长江，攻打吴淞炮台。江南提督陈化成顽强抵抗，战死沙场。英军再溯长江西上，进攻长江重要门户江阴炮台，镇江失守。英军军舰顺势闯入南京江面，而后长驱直入，兵临南京城下。

清军一败再败，道光帝无心再战，决定议和。1842 年 8 月 29 日，清廷代表耆英、伊里布与英国代表璞鼎查会面，签下了近代史上外国侵略者强加给中国的第一个不平等条约《南京条约》。主要条款如下：

中国割让香港为英国领地；赔偿 2100 万银元；开放广州、厦门、宁波、福州、上海为通商口岸；废除清政府原有的公行自主贸易制度，准许英商与华商自由贸易；英商进出口货物缴纳的税款，中国须与英国商定（中国的关税自主权开始丧失）；英国商人在通商口岸无论经营何种贸易，均听其便，如此等等。

和约签订，第一次鸦片战争落幕。这场前后两年的战争，从头到尾给人的感受是：中国不得不战，不得不败，不得不赔。

2100 万银元赔空了国库，道光帝伤心欲绝，再也打不起精神，他让耆英等人主持朝政，自己退居幕后。几年后，对现实完全失望的道光帝，带着不尽的怨愁病逝。

耆英能有什么能耐主持朝政，他不过善于妥协罢了。《南京条约》签订的消息公布后，美国立即效仿英国，趁火打劫派出几艘炮舰，威迫耆英，签下《中美望厦条约》。该条约除了没有赔款一项外，美国在中国享有的特权比英国更多，更具有侵略性。

尤为可恨的是，这个强加给中国的不平等条约，极大地激励了其他资本主义国家。法国人也开着几条军舰来了，要求与中国签约。耆英无奈，只得在法国停泊在黄浦江的兵船上签下《中法黄埔条约》。

厚重的中国国门终于被英国这块贪婪的敲门砖首先敲开了。马戛尔尼曾担心英国破门而入时，中国人会竭力把门关上，中途卡住英国人的手指。事实是，人们看到，7000 名英军（后增兵至 1 万多人）从南打到北。这真是偌大中国的奇耻大辱，时隔 100 多年再回首，心里仍然不是滋味。

三、不是战败，是腐败

道光二十二年（公元 1842 年）四月，鸦片战争尚未完全结束，道光帝开始反省失败。主要依据各地呈来的奏章，得出 3 点结论：敌方船坚炮利；我方军心不固；汉奸太多。

敌方船坚炮利是真的，英国当时的战舰外包铁皮，有 2~3 层甲板，每艘军舰分别装备 80~120 门火炮，舰首舰尾还装有可发射 68 磅实心弹的加农炮，射程达 2000 米，摧毁力和杀伤力极强。至 1836 年，英国已装备这样的大小军舰560 艘，总吨位约 50 万吨，无论在质量上还是数量上都远超中国海军。

比船坚炮利更有威慑力的是作战方式的变革。英军采用现代海洋战争战法，利用舰队行驶速度快的特点，在中国沿海大范围内高度机动，不以夺取领土为最大目的，重在以火炮开路，夺取商业利益，摧毁中国的经济、贸易体系以及军队实力。

道光帝从内心深处害怕了，不得不承认打了败仗的那些将领为自己开脱责任的奏章有理。

军心不固就是军心动摇，士兵无心作战，甚至一上战场就开溜。

汉奸多指在长期对外贸易尤其是鸦片贸易中获利的部分商人和官吏，甚至普通的小烟贩子，都不希望朝廷断了他们的财路。于是，他们主动地明里暗里为英军服务，或带路，或递情报，或搞暗杀、破坏等活动，使清军战不能胜，和不能赢，只有失败。

其实，上述 3 条战败的理由都不是最直接的原因，应该说，腐败才是最直接的战败原因。

首先是政府腐败。可追溯至乾隆晚期。按理说，清政府没有实行独相制，和珅却专权 20 多年之久。嘉庆帝时，和珅本人虽被黜除，可他一手庇护、培养的门生和总督、巡抚等大小官吏，除极少数几位外，其余绝大多数仍在政府担任各种要职。他们贪墨成性，腐化成瘾，一遇重大事项，首先考虑的是个人利益。例如对于禁烟，朝廷曾展开长久的讨论，相当一部分官员居然主张将鸦片贸易合法化，政府只管收税。正是这一批靠鸦片牟利的官员从中作梗，使朝廷每年的禁烟令形同虚设。鸦片生意越禁越火，吸食鸦片的官员、将领，乃至一般市民越来越多。

由于上层腐败，最高决策者道光帝一直摇摆在禁与不禁、战与抚之间。时而轻敌，时而畏敌；时而重用抗敌派，时而重用投降派。直至战败也没有确立起对国家和民族有利的大战略。这些得到重用的投降派是一些占据高位，却全无国格、人格之流，如琦善、耆英等。

《南京条约》严重地挫伤了国人的心，可耆英在见到主持签订不平等条约的英国公使璞鼎查之后，像见到久别的亲人一样，和他拥抱、干杯、猜拳，亲自为洋人唱京剧，甚至还提出认璞鼎查的儿子做干儿子，纯粹一条洋人的走狗。璞鼎查完全没料到耆英会如此热络，他被耆英的行为弄大头了，不胜惊异。他以为英国根据《南京条约》大大地占了中国的便宜，中国人再见到他，应该是怒目相向，哪料到耆英会以这般"激动得无以复加的热情"来迎接他。璞鼎查十分尴尬地接受耆英这个无耻到极点的中国首辅大臣的拥抱，心中十分地看不起中国政府这班腐吏渣滓。

像耆英这样毫无廉耻的政府大员，当时几乎占据整个政府系统。试想，以这班人来运转政府，与19世纪完成工业革命的英国政府来抗衡，不吃败仗才怪。

跟政府一样腐败，甚至腐败程度有过之而无不及的是军队系统。清廷派往广东等地抗英的军队，不论是正规军、地方军，还是临时招募的乡勇兵团，都是严重缺饷的部队。他们中的一部分，奉命之初就开始沿途抢劫，抵达广东后，更是闹得当地鸡犬不宁。有的部队还抓住一些避难的百姓，先诬他们为汉奸，然后再将其抢劫一空。难民身上油水不大，这些军人就去向当地政府讹索，直到讹不到，就纷纷放下武器四散而逃。

200多年承平，使清朝军队军备废弛，将领堕落，大多数军人丧失斗志和血性，以致对付持冷兵器的大小金川的农民军，都要打上十几年还不能取胜。面对武器精良、军纪严明、战法先进的英军，更难有取胜的可能。

清军名将杨芳曾以8骑挡住农民军2000人渡江，是何等神武。可在面对进攻广州的英军时，居然下令用妇女的屎尿浇城来阻挡英军。两江总督牛鉴从上海领兵支援吴淞口，一听到英军炮响就吓得抛弃靴帽逃跑。一度被道光帝寄予重望的奕山手握3万兵力，眼看着厦门失守而不发一兵主动进攻，使英军在攻陷厦门后得以全力对付浙江的清军。其后的清军统帅奕经，接受任命后故意走走停停，不与英军正面接触，丧失了多个反攻之机。

清廷任用这么一帮腐败又怕死的将领抗英，这帮将领死死地依靠落后的炮台，拘泥于阵地防御战，不懂得只有消灭英军的有生力量才能有效地保存城池的道理，因而守一地失一地，打一仗败一仗。

这是大战略上的失误，整个朝廷几乎都是瞎子、聋子、傻子、蠢货。英军七千人，且远离本土，如果清军依托广袤的战略纵深地带，树立牢固的打到底的作战理念，辅以灵活多变的战术方针，英军岂能如此轻而易举地打到南京？

这些都是假设，没有意义。当时道光帝听信了耆英及一班腐败将领的胡言，以为英军不过是想逼使中国通商，要中国多开放几个码头而已，所以，稍一接战，便下令议和。朝廷骨头软，还能指望军队骨头硬？

不错，清军中也有一些硬骨头，如血战虎门的关天培、镇海失守后投水自尽的两江总督裕谦、死守吴淞口的年近七旬的老将陈化成等，都给英军造成一定的伤亡。尤其是守卫镇江的清军，城破后与英军展开肉搏战，许多军官与士兵战至最后一口气，一些军人和守城的民兵及其家属与英军同归于尽。

镇江守卫战歼灭英军 160 多人，这是当时英军一次死亡最多的。连远在欧洲的恩格斯也为中国这一仗叫好，他在《英人对华的新远征》一文中写道，如果这些英国侵略者"到处都遭到同样的抵抗，他们绝对到不了南京"。

将领怕死，官员爱钱，这就不可能出现恩格斯所期望的到处都遭到同样抵抗的局面。加上西方多年下功夫通过各种途径收买了一些汉奸，在一些关键时刻为英军出力，使英军在陌生的国度里行动自如，甚至对山川河流的位置也比刚到沿海的清军还要熟悉得多。

汉奸现象也是腐败的结果。表面上看，它是社会腐败的结果，鸦片的毒素已经深入到一些国民的骨髓，这部分人心中只有鸦片，没有国家，当汉奸成为他们的职业和生存术。实质上，社会腐败还是由政府腐败引起的。清政府本身就是一个由一帮大汉奸掌权的政府，这批戴红顶子的大汉奸，心底压根儿不想和洋鬼子打仗，他们认为，打仗耗费巨资不论，一旦激起国内民变，问题就大了。跟洋鬼子打仗，打输了不过割地赔款，而一旦民变成功，就得改朝换代，自己就得人头落地。此外，这帮大汉奸们还有一个蛊惑人心的观点，就是跟洋鬼子打，不要打什么持久战，因为打久了不仅影响税收漕粮的征收，更严重的是一旦英军卡住了征收漕粮的重要关口，北京就得断粮了。

这些时刻担心自己会被改朝换代的大汉奸们，任命一些小汉奸们替他们办事。如在广州为英国鸦片贩子跑腿的鲍鹏，在当地本已臭名远扬，可两广总督琦善到广州接替林则徐时，偏还任命他为八品官员。把一些事关国家重大利益的事项交给这么一个下三烂的汉奸去办，他能办出什么好事？

对于鸦片战争的失败，还有许多原因，有的认为主要是由于人口不断增加，政府收入不断减少，开支不断增加，最终养不起军队而失败。这样的分析也有道理，军队长期严重缺饷，士兵总是半饥半饱，将领无心带兵，士兵无心训练。然而，政府腐败才是万恶之源。鸦片战争中，清政府强敌当前，仍然"防民甚于防寇"。人民失望了，广州三元里的七八千农民行动起来，打响了近代中国人民自发抗击洋鬼子的第一场战斗。农民们以血肉之躯抗击英军的炮火，打死打伤英军近 50 人，还缴获了大量战利品。如果不是广州知府余保纯解围，被中国农民围困的那 600 多名英贼很可能会全部死在农民的锄头、木棒下。

总之，面对千年未有之变局、千年未有之强敌，清政府仍固守腐败的体制、腐败的政府、腐败的军队，没有彻底变成殖民地已是侥幸。

四、秀才造反，装神弄鬼

公元 1837 年的一天，广东花县（今广州市花都区）福源水村的农民洪镜杨全家沉浸在悲痛中。洪镜杨寄予厚望的第四个儿子洪仁坤，因为承受不了第三次参加科举考试落第的打击而突发重病，已经"死"去两天。到第三天时，洪镜杨强忍悲痛，准备给儿子办理丧事。不料，洪仁坤命大，一口气又缓过来，慢慢从床上坐起来。一家人见状悲喜交集，抱头大哭。

洪仁坤自小被人誉为神童，少年时便熟读四书五经等中国经典文献，全村人都相信他能一考成名。谁料连考三届，出口成章的洪仁坤居然连个秀才的名分也拿不到。第三次失败回家后，洪仁坤实在支撑不住，一病 40 多天，差点儿丢了命。

怎么办？放弃吗？十年寒窗，全家人陪着自己吃了多少苦！为了集中财力供养洪仁坤，哥姐都放弃了读书，一家人披星戴月，劳苦耕作，盼望家中出个读书人。

在全家人焦灼目光的激励下，洪仁坤第四次踏上去广州的赶考路。结果还是与前三次一样：榜上无名。洪仁坤挑着书籍，跌跌撞撞地从广州往家赶，一进门就把所有书籍笔墨一齐掷到地上，然后站在厅堂大声喊叫："让我自己来开科取天下士吧！"

这真是绝望的泣喊啊！洪仁坤哪里明白，科举取士已经走上了唯门第纳士、以金钱取人的邪路。以广东为例，人口少一点儿的县一次科举考试只取 8 名秀才，人口多点儿的县也才取 12 名。洪家祖辈均为农民，能在这几个名额中取上吗？

底层上升通道堵塞，政府腐败，读书无用，终于明白过来的洪仁坤下决心与政府决裂，他要干一番改朝换代的大业。他先把自己的名字改了，叫洪秀全。"秀全"二字拆开了讲，即"我（禾）是人间之王"。道光二十四年（公元 1844 年），他与同乡好友冯云山一道远赴广西。30 岁的洪秀全自此开始他的造反生涯。

洪秀全作出这一重大决定的时候，正值第一次鸦片战争刚结束两年，中国当时的大局是5000年以来从未有过的。五口通商后，鸦片大量涌入，并被视为合法化贸易。官吏们、奸商们更是与西方资本家紧密结合，成了国外资本家的代言人，而且逐渐形成极具反动性的阶层：买办阶级。

中国当时已是"国之不国"了，"租界"开始出现，上海、天津、广州等大城市到处都有这种专为外国侵略者牟取暴利服务的特区，地盘动辄百亩、千亩、数千亩。

比租界更令人无法忍受的是，中国的海关居然掌握在洋人手中。外国商品进入中国的税率由洋人定，税收之后给中国多少也由洋人定。结果是：外国列强吃肉，中国喝汤，有时甚至连汤也没有，每年还得付出数千万两白银进行赔偿。清政府实际上早已破产，根本无力做任何民生的事情了，如救灾、济贫、治水等。

得不到政府任何帮助的广大民众，生活艰难。像广州郊区这样条件比较好的农村，也开始出现卖儿卖女卖田地的现象。洪秀全家族宗谱后就附有不少卖田、卖房屋、卖儿、卖女的契文。广州如此，其他地区可想而知。对此，连耆英也看不下去了，他曾专门为此给道光帝上过一道奏章，说：现在的牧令（指知州、知县）不理民事，不问疾苦，动辄与民为难。目前，官与民、民与兵役，已同仇敌；良民与莠民亦成水火。

糟糕的大局为洪秀全的造反提供了时机，只是靠什么来点燃这把改朝换代之火呢？也就是说，靠什么把群众发动起来？洪秀全冥思苦想，想到他在广州赶考时偶得的《劝世良言》，这本书是基督教劝善从良的宣传品，书中附有关于上帝、天堂的种种描述。上帝是替天行道的啊，可以救百姓出苦海，何不让宗教为自己服务，利用上帝来唤起大众、推翻现政府呢？洪秀全完全想通了，贫苦农民大多是没有文化和信仰的，好哄，就用上帝这根绳子把他们串起来吧。于是，他就自称是上帝即天父的儿子、耶稣的弟弟，到处讲述他死而复生的故事，说他再生是奉了上帝之命下来拯救百姓的。

洪秀全的这些鬼话果然有人信，他和冯云山在几个月的时间里就在广西贵县发展了100多个农民为信徒，正式创立了"拜上帝会"，并模仿基督教的形式，把这些不懂基督为何人的农民带到河里，用水湿一下身，说是为他们"洗礼"。

"洗礼"后的信徒们又开始传教，两年后，发展到3000多名信徒。洪秀全毕竟是读书人，他知道仅凭一本《劝世良言》很难拢住更多人的心，于是他又潜回广东老家，坐下来为"拜上帝会"撰写理论著作，如《原道救世歌》《原道醒世训》等。这些作品里面最能激励民心的内容，就是为人们展示了一幅改朝换代后的美好前景。例如，"天下多男人，尽是兄弟之辈；天下多女子，尽是姊妹之群"。这是宣传社会的公平正义，激起人们对目前处境的不满。有些语言是非常有煽动性的：

> 以五万万兆之华人，受制于数百万之鞑妖，诚足为耻为辱之甚者。兼之每年不惜花费中国之金银几千万为烟土，收华民之脂膏数百万为花粉。一年如是，年年如是，至今两百年，中国之民，富者安得不贫？贫者安能守法？

洪秀全这是在联系鸦片战争的实际后果动员民众，煽动性极强，广西桂平、武宣、贵县、平南、藤县等地的民众蜂拥而入"拜上帝会"，会众一下达到两万多人。

声势大了，引起地方政府的警觉，军队开始出动"搜剿"。鉴于这种形势，洪秀全于道光三十年十二月初十（公元 1851 年 1 月 11 日）正式起义，宣誓地点选在广西桂平县金田村。

洪秀全为什么选择在广西动手呢？因为两广是洋人势力最早侵入的地区，受到战争、赔款、鸦片、洋货的危害最大，民族矛盾、阶级矛盾最尖锐，因而，反抗最激烈。特别是广西，饥荒连年，民不聊生，社会之不稳定又比广东更甚。就在洪秀全起义前，广西早已有多路天地会组织与清政府为敌。据说，天地会遍及广西七府一州。洪秀全选择在广西起事的决定非常正确，一旦与天地会联合，其威力会大增。

广大农民纷纷变卖房产田土，成群结队开往金田。洪秀全定国号为"太平天国"，年号为"辛开"，1851 年为"辛开元年"，军队名为"太平军"。

为了保证起义成功，洪秀全还颁布了 5 条军规：（一）无条件服从天父、天兄、天王的命令；（二）男女分营，虽夫妇也不能相见；（三）秋毫莫犯；（四）公心和睦，各遵头目约束；（五）同心合力，不得临阵退缩。此外，绝对禁止奸淫、嗜杀、贪财、赌博、吸烟、酗酒。所有将士一律蓄发易服，每人头上包一块黄布。中国历史上最具宗教色彩的农民大起义就这样开始了。

五、左冲右突，定都金陵

起义之初，太平军周旋于紫荆山地区大半年，先后与前来围剿的清军打了几场硬仗。之后，迫于清军的压力，开始向外进行战略突破。当年八月攻克永安（今广西蒙山），在这里筑墙固守，封王建制，建立起太平天国的一整套政治制度。

洪秀全被封为"天王"，是最高领袖，称"万岁"。他之下是东王杨秀清，称"九千岁"；西王萧朝贵，称"八千岁"；南王冯云山，称"七千岁"；北王韦昌辉，称"六千岁"；翼王石达开，称"五千岁"。因为杨秀清是代"天父"立言的人，所以在封王诏中特别规定："以上所封各王，俱受东王节制。"

杨秀清、萧朝贵都是紫荆山上的"烧炭佬"，长于深山，没有文化，但都有抱负、喜交游，也懂得一些权谋，在当地算是有影响的人物。韦昌辉、石达开出身地主家庭。金田起义发动之初，韦昌辉毁家纾难，率全家老幼100多人加入太平军。石达开曾做过些小本生意，很有才华，尤其是军事素养，无师自通。冯云山很有组织能力，金田起义前的大量准备工作，大多是按他的思路展开的，太平军的大部分军官，也都是他发展入会的。

太平军没能在永安站住脚，在给予前来围剿的清军以重创后，全体北上奇袭当时的广西省会桂林。桂林城坚粮足，攻了33天未攻下，太平军掉头向与湖南交界的全州进发，试图从这里进入湖南。不幸的是，冯云山在这里被清军炮火击中，不久身亡。

冯云山之死激怒了太平军，全军发疯似的猛攻全州。城破之后，太平军失去理智，屠城两天。接着迅速沿湘江北上，不料在全州城东北的蓑衣渡遭遇清军埋伏，阵亡将士、家属逾千，辎重尽失。

太平军忍住悲痛，弃船登湘江东岸，攻破永州，攻占道州、郴州，边休整、边发动群众。进入湖南这一步走对了，湖南人质朴、倔强，且不甘于黑暗和贫穷，普遍不怕苦、不怕死，作风刚强火辣。听说太平军进入湖南，广大农民便争先恐后地加入，仅道州、郴州两地就有 5 万多人，茶陵也有近万人，太平军总兵力一下猛增至 10 万人左右。

实力扩大后，太平军决定向长沙进军。长沙难打，尽管南门 3 次被轰塌，但守城清军仍将太平军赶出南门。长沙为何这般固若金汤？原来有高人在指点。这位高人就是湘阴人左宗棠。左宗棠此时只是一个普通百姓，文凭也不过是个举人，但向来对兵法有研究，自誉有诸葛亮之才。太平军猛攻长沙，湖南巡抚张亮基拿着湖北巡抚胡林翼的信来拜访他，请他出山助一臂之力。左宗棠于是走进清军大营，不负任何名头而指挥清军，结果使太平军长达 81 天的攻坚战无果而终，西王萧朝贵命殒长沙城外。

太平军斗志不减，撤围长沙后迅速占领益阳，在这里夺得数千船只，大举驶向岳州（今湖南岳阳）。岳州提督提前 3 天逃走，太平军不战而克，又缴获大量船只。于是，开始组建骑兵和水师，总兵力一下膨胀到 50 万。

兵多将广，下一步往哪儿走？一部分将领主张进军中原，一部分主张进军江南。洪秀全主张向中原进军，但杨秀清坚持向金陵进军。最终听了杨秀清的意见，太平军顺江东下，杀奔金陵。

打金陵，先得拿下武汉三镇。50 万太平军水陆并进，江面上万船齐发，所过城镇的守军皆望风而逃，太平军轻取汉阳、汉口，随即占领武昌。

武昌是太平军攻克的第一座省城，等于握执了长江锁钥，掌握了战略主动权。这是非常值得庆贺的，因为太平军结束了军兴以来左冲右突求生存的局面，从此进入图天下的新时期。

1853 年 3 月 7 日，太平军陆路前锋兵临金陵，随后水师部队赶到；3 月 18 日开始总攻，仅用了两天就攻占全城。金陵是六朝古都，城垣既高又厚，周长 70 余里，本可以长期据守，无奈官员和将领腐败，江苏巡抚首先逃跑，致使城防虚设，兵心惶恐，这才让太平军轻而易举地结束战事。

金陵被洪秀全称为"小天堂"。太平军在永安建制时就把进抵"小天堂"作为战略目标，现在仅仅用了两年就跨入"小天堂"，太平军上下兴奋不已，到处是一片万岁声。洪秀全一身龙袍打扮，坐 16 人抬的龙辇，在数万精兵的护卫下入城，第一个命令就是将金陵定为太平天国首都，改名"天京"。

定都金陵值得商榷。历史上，吴、东晋、宋、齐、梁、陈虽都定都于此，可是没有一个朝代最终在这里站住了脚。明太祖朱元璋在此定都，其子朱棣登基后很快把京城迁往北京。为何？这里离中国广袤的北方和中原太远，在中国，谁控制住北方和中原，谁就有可能统一中国。洪秀全是读书人，应该熟知历史。秦皇汉武、唐宗宋祖，包括枭雄曹操，哪一位不是在北方或中原成就大业的？洪秀全本来提出了从武昌进军中原的想法，但军权托付给了杨秀清，由杨秀清说了算。

暂且放下定都的对与错，来看看太平天国在金陵作出的重大决策。

第一项决策是颁布《天朝田亩制度》。太平天国起义之初，就向会员们许愿，将来打到金陵后，要让大家都过上"小天堂"的美好日子。什么样的好日子呢？洪秀全说，尽在《天朝田亩制度》中。按照这一制度，完全取消私产，无论城乡民众或者军队，都由国库供给所需，实现"有田同耕，有饭同食，有衣同穿，有钱同使，无处不均匀，无人不饱暖"的太平天国最高理想。

这是很诱人的，然而，一旦国库供应不上，该怎么办？太平天国的领袖们又规定，允许每家养5只母鸡、两头母猪。另外，可以通过栽些桑树、养些蚕，以织布缝衣来弥补。政府逢民众婚娶弥月时，还发"钱一千、谷一百斤"。

令人不解的是，在这大张旗鼓宣传的"小天堂"理想中，居然没有城市、没有商业，起义之初还不允许有家庭、手工业，这该造成多少人失业啊。

《天朝田亩制度》的内容非常丰富，甚至设想每25户人家建一个礼拜堂，孩子们可以到那里接受教育。这些设想也许是当时所能想出来的最好的治国方略，或者说最好的理想，但实践证明它只是完全不可能实现的空想。

第二项决策是关于北伐和西征。清军在两年中吃了一系列败仗之后，变得十分谨慎。咸丰皇帝为了扭转颓势，下令重组清军统帅部，把在鸦片战争中辱国丧权的琦善又请了出来，让他与名将向荣等人一道赶赴金陵灭火。向荣也曾多次被太平军打败，退至金陵郊区孝陵卫扎下"江南大营"，与太平军形成对峙之势。琦善率领部分兵力进至扬州城外，扎下"江北大营"。江南、江北这两座大营并不主动出击，只做监视之状，意在阻扼太平军向东或向北出击。

太平军此时号称百万，根本没把清军这两座大营加起来不过几万人的兵力放在眼里，不仅未主动出击摧毁这两座威胁金陵的敌营，反而作出错误的决策，命令林凤祥、李开芳两位将领北伐京津。分配给他们的兵力是多少呢？区区2

万。要知道，清军在京津一带至少有三四十万兵力，以 2 万兵力长途奔袭北京，如同以卵击石。

决定北伐的同时，又分兵一部分西征两湖（湖南、湖北）。堵在家门口的敌人不打，偏去搞花架子——北伐、西征，犯错到如此可笑的地步，只能说明太平军缺乏军事人才。可惜太平军一路扩张，抢到了不少财富和地盘，却没抢到几个人才，更不用说政治家、军事家了。

六、北伐、西征，有败有胜

占领了金陵，太平天国自此背上大城市的包袱，不得不把相当一部分精力放在管理城市上。城市管理还没摸出路子，统帅部草率决定立即北伐，目标直指北京。

北伐的想法是对的，问题在于时机不对。元末时，朱元璋北伐之所以能够成功，一方面得益于元朝统治阶级内部混战，没有足够力量对付朱元璋的军队；另一方面则是因为朱元璋先搞定了中原及江西等省份，没有了后顾之忧才进行的北伐。而且朱元璋是大举北伐，倾全力而上。太平天国呢？当时连金陵都尚未站稳，更不用说平定南方了。况且，清廷仍是铁板一块，上下同心，可调用全国资源抗击太平军。洪秀全看不到这些，误以为清廷不堪一击，幻想凭 2 万人就拿下京津。天国统帅部太不明智了，把一支精锐部队拿去送死。之所以说是精锐，因为这支部队是太平军在广西起家的老底子，是一帮勇士、死士，是敢打硬仗的军人，将领林凤祥、李开芳、吉文元等都是有勇有谋之人，攻武昌、取金陵、占扬州，都是这支部队打头阵。

1853 年 5 月，太平军自扬州挥师北上。这真是威武之师啊，6 月夺取凤阳，攻入河南；9 月绕道山西，深入直隶；10 月底逼进天津静海，北京就在眼前。据说京城恐慌，部分王公大臣闻风丧胆，准备开跑。打到天津时，时近寒冬，太平军一路辗转数千里，士兵高度疲乏，且军内缺衣少粮，战斗力已是强弩之末。

是进是退，北伐军一时难以取舍。这时，沿途接收的大批新兵，多数是饥民和流民，心态不一，素质不良，见到北伐军现出困境之态，一部分迅即溃散；

一部分不服从指挥，在当地烧杀抢掠。

比自身混乱更要命的是，各路以骑兵为主的清军相继赶到京津附近，逐渐对太平军形成合围之势。而太平天国由秦日纲率领的援军却迟迟不到。势单力竭，北伐军不得不分头南撤。撤至今河北的连镇和山东的冯官屯时遭遇清军围困，坚守 10 个多月后全军覆没。

北伐失败完全是太平天国统帅部头脑发昏的结果。伸向北方的这把利剑折损了，同时伸出的那把西征之剑怎么样呢？

西征的主要战略意图是屏蔽天京，同时建立起可靠的江南基地。

这是一场争城夺地之战，第一目标对准安徽安庆，江西南昌、九江，以及湖北武昌。在攻占了上述重镇后，第二步目标是由湖北入湖南，再传檄而定两广，夺占整个南部中国。

1853 年 5 月，西征军出动，千余艘战船溯江而上，先后攻克安庆、芜湖、池州，顺利进入江西境内，再占彭泽、湖口，入鄱阳湖，继而占九江。6 月 24 日，兵临南昌，开始攻坚战。南昌清军将领江忠源曾在蓑衣渡给太平军以重创，清廷派他守南昌，西征军无法破城，只得从南昌撤围。然后兵分两路，一路攻湖北，一路挥师皖北。进入湖北的西征军与最凶悍的对手——曾国藩统率的湘军迎头相撞。

曾国藩是湖南长沙府湘乡（今湖南娄底市双峰县）人，世代务农，但家境好，算是地主家庭。太平天国起义爆发后的第二年，他从北京回到老家为母亲守丧。太平军正好攻入湖南，根据朝廷的命令，曾国藩就在长沙组织团练准备抗击太平军。

办了两年团练，曾国藩练出了近 2 万人的湘军。可以说，这近 2 万士兵，个个都是他亲自挑选的。他把这些兵力分为水陆两军，配备了 500 艘战船、数百门大炮。这近 2 万湘军大多彼此有血缘、亲缘关系，入伍那天就立下生死状，甚至还把邻里、家属姓名及个人指纹都登记下来，军内无人敢逃亡或反叛，只能上战场死拼。

统率这些士兵的将领大多是在仕途上没有什么作为的文化人，骨子里面却满是家国情怀，想在乱世之中一显身手，如罗泽南、杨载福、彭玉麟等。曾国藩对他们言传身教，将领对他奉若神明，湘军上下整齐划一，全军只服从曾国藩一人。

这样一支"私人武装"，战斗力远超"绿营"。1854年，曾国藩下令开赴战场，他用自己的名义发布《讨粤匪檄》，正式向太平天国宣战。结果却令他失望，湘军在长沙附近的靖港被太平军大败，水师战船丧失了三分之一，陆师也受到一定的打击。曾国藩急火攻心，又恼又羞，两次投水自杀未遂。

太平军在靖港获胜，却在湘潭被湘军打败，曾国藩乘胜向岳州进军，迫使太平军步步后撤。湘军跟踪追击到武昌，与当地清军一道猛攻太平军水师，两次进攻得手后，焚烧太平军战船数千艘，重创了太平军的水面作战体系，迫使太平军自焚田家镇营垒，退往安徽。湘军一鼓作气顺江而下，进抵九江。

太平军一再失利，统帅部急令石达开从安庆赶往湖口主持九江战役。石达开先用疲敌战术，坚壁高垒，不与湘军正面决战。待湘军心烦气躁之后，突然出击，将湘军水师切成两段，然后运用火攻战术，焚毁部分湘军战舰，又集中兵力围攻曾国藩的座船。曾国藩慌乱中弃船逃入湘军将领罗泽南的陆营，气没喘定，又想投水自尽。

曾国藩几次投水被救后，又上战场。但是，无论他如何倔强，终究打不过石达开的太平军。太平军继湖口、九江之战后，大举反攻，第三次占领武昌。然后又乘江西清军防守薄弱之机，速袭江西，在不到半年的时间里，连克7府47县。

趁着西征军取得有利的战略态势，太平军统帅部才决定对堵在金陵门口的清军江北、江南大营动手。命令石达开暂时离开西线，回援金陵。石达开受命后立即率兵3万出江西，取道皖南，杀向清军的江南、江北大营。

1856年4月，太平军攻破江北大营；6月，又一举攻破江南大营。清军名将向荣兵败自杀。自此，武昌、九江、安庆三大重镇，以及湖北东部，江西、安徽的大部分土地，都为太平天国所控制，太平天国迎来军事上的鼎盛期。

令人遗憾的是，石达开回援金陵，虽然击破了清军两大营，但却给困处南昌、终日"魂梦屡惊"的曾国藩以喘息之机，给了严重受挫的湘军以绝路逢生的机会。日后，正是湘军给予太平军以致命一击。

正当太平军与清军血战之时，英、法两国趁机联手，在沙俄和美国的支持下对中国发起第二次鸦片战争。中华民族再次被西方列强推入苦难的深渊。

七、不知足，强盗又得手

第一次鸦片战争后，中国古老的大门虽然被撞开，但外国商品并未在中国大行其道，曼彻斯特商会奢望的那笔只要每个中国人的上衣下摆延长1公分，就够英国工厂忙活数十年的生意也并未出现。强盗们失望了，他们纷纷要求中国政府修改以往签订的一系列通商条约，以扩展经济掠夺范围，摄取更多的在华特权。

这真是再无耻不过了。第一次鸦片战争之后，英、美等国大量倾销鸦片，早已削弱了中国购买其他商品的能力，中国百姓生活艰难，无钱购买洋人商品，他们只能穿自己织的布，吃自己种的粮，这当然会造成外国商品滞销。贪婪的西方强盗对此现象故意歪曲，一味把商品滞销的原因归结为他们所享有的特权太少。

1856年，英法两国分别以"亚罗号事件"和"马神甫事件"为借口，向中国发起第二次鸦片战争。

早已被太平天国弄得焦头烂额的清廷只想"安内"，无心抵御外侮，发给两广总督叶名琛的指令居然是"总宜息兵为要"。叶名琛是个官场混子，强敌当前，采取"不战、不和、不守"的方针，明明广州城被英法联军轰炸得不像样子，他却胆敢上报两次打退了侵略者的进攻。

1857年底，英法联军攻占广州，叶名琛被俘。后被押往香港，稍后又转印度加尔各答，1859年生病绝食而死。

与叶名琛的行为相反，广州市民及邻区农民团结起来打击侵略者，仅在东莞就使英国侵略者死伤百余人。英国代理广州领事巴夏礼亲率1000多士兵前往增援，中途遭到伏击，死亡惨重，巴夏礼本人也差点儿成了俘虏。恩格斯在论及第二次鸦片战争时写道："这是保卫社稷和家园的战争，这是保存中华民族的人民战争。"

1858年，英法联军舰队拔锚直驶上海。美、俄两国大使也加入这一行动，威逼清政府立即修约。咸丰皇帝拒绝修约，4国于是组成联合舰队，进攻天津大沽口炮台。清军炮台老旧，经不住4国军舰的轰击，仅仅经过2个小时激战，便被英法联军攻破。联军遂进抵天津城郊。

咸丰帝大为震惊，派出大学士桂良等前往天津议和。所谓议和，不过是在联军的炮口下分别与英法美俄4国签订《天津条约》。主要内容是：4国公使可以常驻北京；再开放台湾等10处为通商口岸；外国商船可以自由驶入长江各口岸往来经商；允许外国兵舰在中国沿海及内河游弋；外国人可以自由进入中国内地经商、游览；对英赔款400万两白银，对法赔款200万两白银。

中俄《天津条约》第九款还特别规定，两国派员查勘"以前未经定明边界""务将边界清理补入此次和约之内"，以便日后解决，从而为沙俄进一步掠夺中国领土埋下了伏笔。同年，沙皇俄国以武力迫使黑龙江将军奕山签订《瑷珲条约》，侵吞了中国黑龙江以北、外兴安岭以南约60万平方公里的领土。《瑷珲条约》挖去中国身上一大块"肉"，黑龙江也是中华民族的母亲河，这么一来，其北岸竟成为沙俄的领土。

获取了巨大利益后，英法两国仍不满足，又利用换约时机再次组成联军向北京进军。这一次，清政府决心以武力抗击。当英法联军舰队强行驶入白河后，在大沽口遭到清军炮击。英法参战的12艘军舰很快便被击沉击伤10艘，死伤官兵近500人，英国舰队司令何伯也身受重伤。不可一世的英法联军只得速率残舰撤出大沽，返回上海。

指挥此次战斗的是蒙古族将军僧格林沁，战前做了大量的军事准备工作，士兵普遍经过严格训练，军饷也得到提高，将士无不奋勇出力。可惜大沽口这一胜仗并未使清政府抛开一切顾虑，敢于以战止战，大战略依然是集中力量镇压太平天国，对列强能忍则忍。

然而，清政府想息兵议和，英法不干，因为联军惨败的消息重重地刺激和激怒了两国的政府，"必须严惩中国"的叫嚣经过两国公使传到中国。一支拥有119艘现代战舰、2万多地面部队的侵华联军自香港北上，再次进军津京。

英法联军一路顺利占领舟山群岛、大连湾及烟台芝罘，以此为后方基地，稳扎稳打推进到天津白河。僧格林沁以为敌军不善陆战，因而专守大沽，尽弃北塘防务，给敌以可乘之机。俄国公使伊格纳季耶夫为英、法提供了北塘未设防的情报。1860年8月1日，英法联军由北塘登陆，没有遇到任何抵抗。联军趁势进攻大沽口北岸炮台，守台清军在直隶提督乐善的指挥下，英勇抗击。但清政府本无抗战决心，咸丰帝命令僧格林沁离营撤退。清军遂逃离大沽，经天津退至通州。天津随即陷落。

丢了天津，咸丰帝急忙派出专使赶赴通州南张家湾与英法公使议和。英法开出的议和条件大出所料，咸丰帝决不接受，同时造出舆论，要亲统六师直抵通州，与英法联军决一死战。

过了两天，咸丰帝又胆怯了，又令议和。英法看出了咸丰帝的底牌，再一次提高议和筹码，咸丰帝又不接受。僧格林沁得知后立即在北京通州摆出阵地战架势，又在恭亲王奕䜣的支持下，设计将英国谈判代表巴夏礼等诱捕，静候英法联军打上门来。

僧格林沁小看英法联军了，联军不光会打水仗，陆战也是内行。1860 年 9 月，联军先在张家湾大败清军，随后又在离北京仅 15 公里的八里桥再败清军。僧格林沁狼狈逃离战场。咸丰帝闻讯，仓皇逃往热河行宫，留下恭亲王奕䜣为他收拾烂摊子。

联军打听到皇帝已跑，继续发动进攻，迅速占领了北京西北的皇家行宫圆明园。圆明园集东西方文化于一体，始建于康熙四十八年（公元 1709 年），至嘉庆十四年（公元 1809 年）基本建成，历时一个世纪。英法联军的将军和士兵们在这座收藏了中国几千年奇珍异宝的宫殿群里把强盗本性发挥得淋漓尽致，先是大肆洗劫，"士兵们见到抢来的财富都目瞪口呆"，然后一把大火焚烧圆明园，冲天大火连烧 3 天 3 夜。

烧了圆明园后，联军全部开进北京，点名要与奕䜣和谈。27 岁的奕䜣文武兼备，差点儿就接了道光帝的班。10 月 24 日、25 日，英法联军以焚毁紫禁城作为威胁，迫使奕䜣分别与额尔金、葛罗交换了《天津条约》批准书，并订立不平等的《中英北京条约》《中法北京条约》，作为《天津条约》的补充。强盗们再次得手，增开天津为通商口岸，将香港九龙割让给英国，中国向英法两国赔款均增加为 800 万两白银。

沙俄驻中国公使伊格纳切夫以"调停有功"为借口，也提出了新的领土要求。11 月 14 日，清政府与沙俄签订了《中俄北京条约》，将乌苏里江以东 40 万平方公里的土地划归沙俄，增开喀什噶尔为商埠，并在喀什噶尔、库伦设领事馆。同时，沙俄还将由其提出的中俄西部边界走向强加给中国。

迄今为止，可以算一下细账。从雍正五年（公元 1727 年）签订中俄《恰克图条约》开始，沙俄凭恐吓和诈术已从中国夺走 150 多万平方公里的土地。

《北京条约》签订后，英法联军开始撤离北京，第二次鸦片战争结束。亿万百姓的财产再遭洗劫，海关与对外贸易，以及金融、税收、交通等事关国家命脉的产业都被西方染指，中国的殖民地程度更深了。

中国长期被黑暗笼罩，由穷苦农民掀起的太平天国运动，原以为能驱散黑暗，谁曾想不仅没有驱散黑暗，自己反而被黑暗吞噬。

八、手足相残，血染秦淮

再次从中国攫取了大量财富和特权的西方强盗，被清政府赔款、割地的"诚意"感动，提出可以联手镇压太平天国。在这之前，强盗们假惺惺地保持中立，甚至暗中向太平天国抛"媚眼"，试探能否从太平天国这里得到更多的好处。试探一阵后，发现天国虽打着"基督""上帝"旗号，但与西方信奉的"上帝"并非一人，骨子里还是小农经济，与所谓的"民主""自由"相去甚远。西方强盗们还以太平军禁食鸦片为例预言：一旦太平天国坐镇北京，将没有什么好果子给西方吃。于是，他们开始集体转向，联手清政府镇压农民军。

形势变得严峻，太平天国统帅部却浑然不知。非但不知，反而闹起了内讧，史称"天京事变"。

始作俑者是东王杨秀清。太平天国定都天京，尤其是攻破清军两座大营之后，他的个人野心开始膨胀，认为自己可以取代洪秀全了。1856 年的一天，他摆好祭台，召来洪秀全，说他即刻升天，去领取"天父"旨意，让洪秀全就在东王府聆听"天父之言"。

洪秀全明知这是骗人把戏，但又不得不予以配合，因为他自己也是用这套把戏来哄人的。

过了一会儿，杨秀清半昏半醒，口吐白沫，一副巫婆状。接着假"天父"之口说道："打天下，东王功劳最大，应封万岁。你同意吗？"洪秀全一愣，好家伙，想抢班夺权了。口头上立即应允，心里却开始筹划"除奸"。

洪秀全发出密诏，命令正在江西、武昌、江苏前线作战的韦昌辉、石达开、秦日纲等将领火速回京除奸。

韦昌辉早与杨秀清不和，接到密诏后立即于 9 月 4 日率 3000 精兵赶至天京城外。随即与秦日纲的部队一道偷偷入城。首先控制住城中险要，然后趁夜重重包围东王府。没等杨秀清反应过来，就将东王府杀了个鸡犬不留，尸体陈列院中，堆了五六层，韦昌辉还割下杨秀清的首级示众。

韦昌辉心狠手辣，杀了东王府上千部众后仍不停手，又假传天王圣旨，采用极为凶残的手法，诛杀杨秀清在军中的部属。屠杀持续了两个月，两万多原属杨秀清的部将及士兵倒在血泊中，连妇孺也不能幸免，鲜血染红秦淮河。

翼王石达开比韦昌辉、秦日纲晚到天京，眼前的惨景使他怒火万丈，他劈头盖脸对着韦昌辉一顿怒骂，反复责问韦昌辉为何要残杀太平军将士。韦昌辉无言以对，心中杀机又起，准备当夜对石达开动手。

石达开连夜逃出天京。刚回到安庆军营，天京方面就传来噩讯，翼王府男女老幼全部被韦昌辉杀死。

家没有了，亲人也没有了，石达开伤心欲绝，部属们也大哭起来，要求杀回天京。石达开从安庆起兵讨伐北王韦昌辉，求天王杀北王以谢天下。此时在天京以外的太平军大多支持石达开，韦昌辉在势急下攻打天王府，但败于效忠天王的将士及东王余众，最终于 11 月 2 日被杀，其首级被函送至石达开营中验收。秦日纲等不久亦被处死，天京事变告一段落。

这样，洪秀全封的 5 个王已死了 4 个。洪秀全请回石达开，让他主持日常工作。

石达开强忍失去家人的悲痛，全身心投入朝政，所办事项，无不受到军民欢迎。翼王的威望愈来愈高，洪秀全开始恐惧，担心石达开是又一个杨秀清。他开始防范，把自己的两位既蠢又没有人望的老哥洪仁发、洪仁达分封为安王、福王，表面上让他们协助石达开，实际上是让他们暗中监视和制约石达开。

石达开是何等聪慧之人，眼前的局面让他万念俱灰，他决定离开天京，再回安庆。1857 年，10 万精兵与他一道踏上前途难料的路。

天京事变是由领袖人物的低素质造成的，也是这几位死去的统帅人物的权力欲作祟而造成的。这是必然出现的事件，太平天国只能走到这一步，天京是他们的天堂，也是他们的坟墓。

5个王都离洪秀全而去，残棋还得走下去啊。1858年，洪秀全恢复了五军主将制，下令重选五军主将。好在选出了陈玉成、李秀成这两位优秀的人物，支撑起摇摇欲坠的太平天国。

陈玉成出身于广西一个贫苦农民家庭。14岁参加金田起义，加入洪秀全的太平军；17岁带领500名士兵攻占武昌。尽管没什么文化，却有大智慧，常在战场使用回马枪战术败敌。太平军进攻清军江北大营时，他曾驾着一只小船，只带几名士兵，从镇江水关冲入城内侦察敌情。陈玉成的大智大勇得到洪秀全的欣赏，于天京事变后被提拔为前军主将。

李秀成也是贫苦农民家庭出身，读了两年村塾就辍学，亦于1851年加入太平军，凭战功从士兵升为镇守庐州（今安徽合肥）的将领。在攻破清军江南大营时屡立奇功。天京事变后，他被提拔为后军主将。

1858年8月，以李秀成和陈玉成为主，太平天国在安徽枞阳召开军事大会。会上形成共识：集中各路兵力，再次摧毁清军江北大营，打通天京粮道，撕破天京之围。

原来，天京事变之时，清军已攻占武汉及沿江各州县，并顺江东下，直抵九江。不久，江西全省落入清军之手。清军乘势在天京周围采取行动，太平军弃守镇江，使得清军重建了江南、江北大营，形成对天京的威慑之势。

枞阳会议决定先打江北大营，陈玉成从鄂皖往东挺进，李秀成由安徽全椒向北挺进，两军在乌衣会师，迅速大败清军。接着攻打浦口，歼敌万余，一举攻破江北大营。

曾国藩得知太平军主力倾巢而出攻江北大营的消息后，立即指挥湘军主力猛攻安徽三河镇，企图拿下安庆重镇。陈玉成、李秀成挟破江北大营之威，联兵向三河镇杀去，迅速将湘军分割包围，击毙了湘军的杰出将领李续宾及曾国藩的胞弟曾国华，歼敌近万。尤其是陈玉成的部队，在另一路农民起义军捻军的配合下横扫安徽全境，打得湘军闻风丧胆。湘军损兵折将丢地盘，元气大失，曾国藩哀恸填膺，几天没吃饭。

从枞阳会议到三河大捷不过100天，太平军基本扭转了颓局，保卫了皖西根据地，稳定了天京的大局，赢得了重振军备的时间。陈玉成被封为英王，李秀成被封为忠王。

二王再次联手出兵，突然猛扑江南大营。清军江南大营统领张国梁战死，坐镇大营的钦差和春也呕血身亡。江南大营再破，南京以东又重归太平军掌控，东南局面为之一新。然而，这种大势能维持多久？会观势者看得出来，不论陈玉成、李秀成如何能打，自天京事变之后，太平天国离大败局不远了。

九、悲情翼王

石达开含恨出走，洪秀全后悔，下令加封石达开为"圣神电通军主将翼王石"，派特使持金牌及满朝文武挽留石达开的表章前往安庆。无奈石达开已铁了心与洪秀全分手，独自转战各省。然而，失了天京这块招牌，石达开的号召力大打折扣，一些江浙和两淮籍的士兵，在屡遭失败后产生了不满情绪，士兵中不时发生哗变，更有67名中高级将领私自带领数万士兵回到天京。

军心动摇，众叛亲离，作战方针又太死板，总是采用流动作战，没有牢靠的根据地补充消耗，仗愈打愈艰难，愈打愈被动。1863年5月，石达开从云南昭通米粮坝抢渡金沙江，进入四川宁远府（今四川攀西地区）境内。

进入四川，遇到了太平军最难对付的老对手骆秉章。当年太平军急攻长沙时，骆秉章就是清军指挥部的重要成员。清廷把他调往四川，让他组织兵力堵截石达开。骆秉章多谋善战，追着石达开的屁股打，石达开的士兵溃亡数量骇人。没办法，石达开只得在四川与骆秉章兜圈子，伺机绕道北上。

骆秉章不慌不忙，依托大渡河严防死守，又买通四川土司等地方武装截断石达开军队北上的各大路口，迫使其只能走山间小道。走着走着，走入群山丛杂、隘口险窄、人烟稀少的紫打地（今四川安顺场附近）。紫打地前面横着大渡河，后面立着马鞍山，左边阻着松林河，右边是老鸦漩，按兵法上说，石达开进入了"死地"。

军临死地怎么办？石达开心知肚明，不疾战则亡，于是下令速造船筏，强渡大渡河。5000名勇敢的士兵坐着十分简陋的船筏向对岸冲去，早已备足火炮的清军立即猛烈轰击江面，船被炸沉，勇士们无一生还。

大渡河过不去，石达开又下令抢渡松林河。土司武装全力抗击，太平军又无功而返。太平军的后路被土司武装截断，粮库也被劫，太平军只得杀马充饥，马杀完后就吃桑叶、野菜，许多士兵染上疾病，全军上下弥漫着一片悲观气氛。

望着这些陷入绝境的士兵，石达开流下眼泪。他先是给当地彝族土司写信，希望他们放太平军一条生路，或者卖点儿粮食给太平军。狠心的土司一口拒绝。稍后，他又给四川总督骆秉章写信，表示愿意"舍命以全三军"。

骆秉章接受石达开的提议，要求石达开首先投降。1863 年 6 月 11 日，石达开下令全军剃发，毁掉所有船筏和武器，原地等候清军收编。他自己则带着刚满 5 岁的儿子（妻子在此之前几天已自杀）前往清营"献死"。

清军把石达开押往成都。石达开虽身在敌手，心仍孤傲，见到骆秉章后并不下拜。骆秉章恨极了石达开，下令将其凌迟处死。

在处死石达开之前，清军背信弃义，将其 1000 多名部众集体屠杀，只有300 名老幼存活。

与石达开出走相反，另一个人不远千里来到天京。他就是洪秀全的族弟洪仁玕。

洪仁玕曾在香港住了 7 年，跟传教士们学了些西方文化，据说是近代中国中西医术结合的第一人，视野比较开阔。洪秀全对于他的到来很高兴，太平天国太缺人才了，二话不说，立即下诏封洪仁玕为干王，总理朝政。

洪仁玕即使没有亲属这层关系，凭他的才干也会受到重用。他的施政纲领《资政新篇》是关于近代中国最早、最全面的顶层设计，可以看作是现代化建设的蓝图，为后来的洋务运动及维新变法提供了范本。这个范本不仅提出要开办近代工业，修铁路，办银行，发展邮政，兴矿业及保险、金融等强国之道，还建议发展私有经济，像西方那样建设一个以资本主义制度为基础的国家。

这是一份非常有进步意义的建国大纲，比洪秀全的《天朝田亩制度》先进得多，但来迟了，也交错了地方。如果他早来一年，石达开也不出走的话，他们两人搭档，石达开主军，洪仁玕主政，天王放手让他们去干，太平天国或许能迎来新局面。但现在危机重重，太平天国的存世已开始倒计时，中外各种反太平天国的势力日渐逼近天京。生死存亡都成了问题，太平天国哪里还有能力和时间去发展资本主义，建设新型国家呢？

悲情翼王，从天京出走前要是再忍一忍，结果可能会大不一样呢。

十、谁葬送了太平天国

太平天国发生了一连串不测事件之际，清廷也发生了重大事变：咸丰帝逃到热河后不久便死在热河；5岁的太子载淳继位，是为同治帝。其生母慈禧太后叶赫那拉氏发动辛酉政变，打倒了顾命八大臣，取得了最高统治权。随即以皇帝名义，给已为两江总督的曾国藩加太子太保衔，命其督办苏、皖、浙、赣等4省军务，4省巡抚、提镇以下悉归其节制，并要求他公开利用洋人势力助剿太平军。

曾国藩受任后，奏请让左宗棠做自己的助手，让湖北巡抚胡林翼加入湘军统帅部，战役方针是首先拿下长沙和安庆，然后以安庆为基地，推向天京。

攻打安庆的重任落到曾国藩胞弟曾国荃头上，给他的指令是：不论太平军如何进攻苏、常以及上海，都不许分安庆之兵去支援苏、常。

4个月后，湘军完成了以围困安庆为重心的战略部署。太平天国领导层为解安庆之围，决定由陈玉成、李秀成分两路西征湘军的后路武昌，以调动湘军回救。没有料到的是英国公使巴夏礼会见陈玉成，以进兵"难免不损坏整个大商港的贸易"为词，极力阻挠他进攻武昌。陈玉成只得放弃西征，直接赶往安庆。李秀成本来对西征不甚积极，虽领有数十万重兵，但一见到陈玉成放弃武昌，他也跟着放弃。其实武昌此时只有几千守兵，太平军稍一发力就可拿下，在安庆前线的湘军定会回救自己的重要基地。

太平军统帅部决定直接从天京等地出兵来化解安庆之围。陈玉成屯兵集贤关内外，干王洪仁玕扎营桐城新安渡一带，其他几路太平军也分别集结在安庆外围，只等令下便向围困安庆的曾国荃发起总攻。

针对太平军的行动，曾国藩调兵遣将，在安庆一带形成与太平军会战姿态的同时，又在安徽、江西、湖北3省展开运动战，以牵制太平军救援安庆之兵力。双方斗智斗勇，战局一时呈胶着状。

此刻，在安庆一带的兵力对比上，太平军占优势。曾国荃围攻安庆的兵力只有两万多人，加上从江西、江苏等地赶来支援的兵力，总共约4万人；而太平军仅陈玉成部就有10多万人。然而，无论太平军采取何种方式向曾国荃进攻，都攻不破湘军的阵地。陈玉成在部队遭受重大伤亡后不得不撤出集贤关，其后虽有反攻，也没能赶走围城的湘军。

安庆攻守战打了一年多，战况十分惨烈。本来，李秀成统领的精锐部队应该及时救援安庆，但他本人热衷于开辟江浙战场，不愿分兵赴救安庆。这样，湘军便放心地加大攻势。咸丰十一年（公元1861年）9月5日，湘军终于攻陷安庆。城破之日，湘军大肆屠杀，城内尸积如山，一度引发瘟疫。

占领安庆后，曾国藩坐镇在此，指挥湘军水陆并进，围攻天京。1862年5月，曾国荃军推进到雨花台，彭玉麟的水师控制了护城河。天京危险了。

洪秀全急令尚在长江以北作战的陈玉成回援天京，没想到陈玉成已在寿州（今安徽寿县）被假加盟的地主团练首领苗沛霖诱捕至清军大营，没多久被转移至河南杀害，皖南、皖北的太平军也全军覆没。洪秀全又急令远在上海作战的李秀成回援。李秀成只得停止进攻上海，退回苏州，派一部分兵力赶回天京加强防务，自己则仍留在苏州。

天京外围形势更加严重，洪秀全严诏催逼李秀成赶快回援。9月，李秀成统率13王，领兵10余万，在东坝会齐，回援天京。11月，太平军集中力量急攻曾国荃在雨花台的大营，轰塌营墙两处。湘军拼命抵抗，太平军往返冲杀数次，终不得入。

李秀成十分沮丧，只得撤至天京城内。苏州、无锡一带的太平军基地也先后被清军攻占，失去了屏障的天京成了孤城，增援的湘军不停地向天京开来，逐渐形成合围之势。城内粮食已断，李秀成劝洪秀全放弃天京，另建根据地，遭到洪秀全反对。这本是一条可取的生路，可惜被洪秀全自己堵死。

过度的焦虑，使本已有病的洪秀全一病不起。同治三年（公元1864年）6月1日，洪秀全病逝在天京。15岁的儿子洪天贵福接班，号幼天王。一切军政事务统归忠王李秀成执掌。

7月19日，天京被湘军攻陷。李秀成护卫幼天王冲出重围。不久，二人失散，分道奔逃。李秀成没能逃脱清军的追捕，很快被曾国藩俘虏杀害，死前留下一篇数万字的供状。幼天王由干王洪仁玕带着逃至江西，也先后落入清军之手，在南昌分别被杀。剩余的太平军辗转至闽广，同治四年（公元1865年）被左宗棠全歼。

高高飘扬了 14 年的太平天国大旗终被清军折断，百万太平军将士流尽最后一滴血，上千万民众倒在江南江北的废墟上。

太平天国最后是被中外反动势力联手镇压的。当太平军进攻上海时，西方强盗直接上阵，美国流氓华尔率领的洋枪队多次与英、法联军一道攻击太平军，英、法联军的炮台也直接配合李鸿章的淮军反攻太平军。西方强盗摇身成为清政府的"朋友"和帮凶，使清朝得以苟延残喘，出现了一小段时间的"同治中兴"。不过，太平军的鲜血没有白流，它极大地冲击了封建社会的旧秩序，促进了封建社会的崩溃。

真是令人痛心啊，太平天国仅用短短两三年就席卷大半个中国，攻克 600多座城市，建立起轰动中外的革命政权。如果不是太平天国的领袖们自己主观上犯错过多，太平天国的旗帜很有可能插遍全中国。

军事上的犯错且不提，只说政治方面的错。一进天京，太平天国的上层人物就开始变质，享乐主义、奢靡之风盛行。太平天国前后封了 2700 多个王，每封一个王就要造一座王府，有的王还是襁褓中的婴儿，其王府也得按制修造。这些王府可不是一般的建筑，得花大量的银子建造。有的王爷不仅在天京有王府，在苏州等地还有王府。这些王府富丽堂皇的程度令人咋舌。侍王李世贤在金华的王府，仅大厅就可容纳千人聚会。见过大世面的清朝名臣李鸿章，慨叹苏州的忠王府，说它"琼楼玉宇，曲槛洞房，真如神仙窟宅""平生所未见之境也"。

王爷们尚且如此，洪秀全的生活更是奢华无比。按照他的规定，太平军士兵即使是夫妻也不准在一块儿过夫妻生活，有违反者当场斩首。但他自己呢？起事之初便有 36 位娘娘，定都天京后增加到 108 位娘娘。仅有名义上的娘娘还远远不够，专管女营事务的蒙得恩还负有不停地为洪秀全进贡美女的职责。由于这方面的贡献，洪秀全把蒙得恩提为中军主将。洪秀全真是会享受啊，平时出门要坐 36 抬的大黄轿子，仪仗队长达数里，道旁有数万民众跪迎，所有行人必须止步，高呼万岁，如有继续步行者，立斩无赦。东王杨秀清依照洪秀全的样子，以"九千岁"的姿态出现在大庭广众，谁见到他都得下跪，跪迟了还不行。本来是农民领袖，现在却变成骑在人民头上的恶霸。当时民谣这样形容太平天国的这帮所谓的领袖人物："王爷遍地走，百姓泪直流。"这样的领袖人物能够长久地赢得民众支持吗？不可能。

从上述那些生活细节可以看出来，太平天国失败得如此之快，实在是因为领袖人物自己腐败得太快。没有史料显示他们领悟到这一点，人们只看到在湘军就要攻到天京的当口，不少王爷还在忙于大造王爷府。李秀成率领 13 王回救天京时，不仅兵力上是曾国荃军的几倍，而且在武器装备上也远比湘军精良。曾国荃曾感叹：太平军"火器精利于我者百倍之多，又无日不以开花大炮子打垒内，洋枪队多至两万杆"。

拥有绝对优势的兵力和精良火器，却攻不下一个小小的雨花台。为什么？因为那 13 个王爷也大都变成了腐败分子，他们有各自的打算，只想保存实力，捍卫自己的地盘，无心抱成团与湘军苦战。

口头上处处强调平等，实际上处处不平等，高官们锦衣玉食，底层的军民"合城食粥"，只有到上战场打仗时才准吃饭。

如此的太平天国，焉能不败、不亡？

十一、日子难熬，百姓结捻

19 世纪中期的中国，南方是太平军翻江倒海，北方是捻军劫富济贫。天下大乱，清政府南北难顾，焦头烂额。好在依靠湘军打败了太平军，现在可以集中精力对付捻军了。

捻军的主要成分是贫苦农民、手工业者、饥民、流民，甚至还有一些盐贩子。大家为生活所迫，走到一起自动结捻。"捻"是淮北方言，意思是一股一伙。

捻军之初没什么大的志向，不过是劫富济贫，以缓解一下困境，以便大碗喝酒，大块吃肉，大秤分银。这种绿林好汉的作风形不成什么大气候，在清政府眼中不过一群"侠盗"而已。太平军起义之后，途经安徽、河南，极大地刺激了捻党，原本三五成群、一团散沙的捻军开始抱团。咸丰五年（公元 1855年）秋，他们在安徽亳州雉河集（今安徽涡阳）会盟，成立正式的反政府武装。部分捻军还公开加入太平军，与太平军并肩作战。

捻军首领张乐行、苏添福一次就可以出动几万人攻击亳州，清廷这才感到不安，但又因主力被牵制在打击太平天国方面，无力形成重兵围剿。捻军趁机攻城拔寨，挥师北入河南，又东出江苏，西向商丘，声势愈来愈大，兵力已达10余万人。

洪秀全以往并不重视捻军，直到天京事变，太平军严重受损之后，才下决心与捻军结盟，指望捻军"能掌北门锁钥"，成为太平天国之屏藩。

南北捻军在淮河沿岸会师，其后便发起一系列攻城战，不仅配合陈玉成、李秀成击破清军江北大营，还与清廷争夺淮河中游地区，最终控制了淮河中游，与太平军庐州辖区连成一片。

正当捻军一路凯歌高奏之时，清军攻陷安庆，太平军主力严重受创，不得不中止与捻军在淮河沿岸的联合作战。过了两年，清廷搬出因败于英法联军而被撤职的清军老将僧格林沁，让他来完成彻底剿灭捻军的任务。

僧格林沁是晚清的一员猛将，是敢于对英法联军亮剑的少数将领之一。他先在河南商丘重创金楼寨白莲教农民军，然后马不停蹄地南下安徽亳州，与捻军首领张乐行所统率的20万捻军大战于雉河集，张乐行等数名捻军重要将领兵败身亡。雉河集得手后，僧格林沁又兵临安徽蒙城，大败拥兵数十万的捻军首领苗沛霖。苗沛霖这家伙该死，就是他设计引诱陈玉成进入捻军地盘，然后将陈玉成出卖给清军将领胜保的。

僧格林沁因此成了捻军最仇恨的人，剩余的捻军部众与天京沦陷后的太平军余部联合起来，向他展开复仇。

山东的捻军在原太平天国遵王赖文光的率领下积极迎战，把所有步兵全改为骑兵，据说骑兵一度达到近10万人。捻军骑兵以飘忽不定的战术与僧格林沁的蒙古兵周旋。僧格林沁心高气傲，指挥骑兵一味穷追不舍，实际上是被赖文光的运动战所牵制。从同治三年（公元1864年）至同治四年（公元1865年），僧格林沁一败再败，先后5次被赖文光打败，手下的几员猛将先后阵亡。他报仇心切，一日一夜行200里，被诱入山东曹州（今山东菏泽）高楼寨，突陷捻军的重兵包围之中。僧格林沁无论如何勇猛也冲不出去，终被击杀。

僧格林沁统率的骑兵是清廷在北方唯一能投入实战的部队，现在全军覆没。朝廷深受僧格林沁败亡的震动，深恐捻军乘势渡过黄河，威逼京城，立即下令曾国藩任钦差大臣，统领湘军、淮军前往山东"督剿"，由李鸿章接替曾国藩任两江总督。

　　曾国藩接到命令后并不急于成行，几次请求另选统帅。朝廷不准，坚持曾国藩出马。曾国藩为何在重大任命上如此推脱呢？原来他这是韬晦。自平定太平天国之后，功高震主的警讯敲响，曾国藩对官场洞若观火，参悟极深，他要见好就收。他主动解散湘军，把大部分官兵遣散回湘，少部分编入李鸿章的淮军，自己摆出回家养老的姿态。

　　曾国藩极具明哲保身的哲学。曾经有不少人劝过曾国藩，让他取清廷而代之，他严词拒绝。他对大局看得太清楚了，明白自己并不具备争帝位的实力，能保住目前既得、保住朝廷这点儿信任就不错了。

　　朝廷一催再催，曾国藩只得急匆匆地赶往山东。论打仗，曾国藩有自己的独门功夫。一到山东，他就制定了一整套与僧格林沁的穷追猛打方式完全不同的作战方针，可以归纳为 4 个字：以静制动。你捻军骑兵不是风一般来去吗？那好，我就在一些重要战略重镇布兵防守，等着你，只要你经过我这里，我就迎头截击。曾国藩带到山东的湘军和淮军虽然大多是步兵，但都装备了相当好的火枪和大炮，这是对付骑兵的撒手锏。

　　曾国藩的这套战术尽管高明，仍然阻挡不住消灭了僧格林沁后士气高涨的捻军的步伐。十几万捻军骑兵避开清军重点防守的 13 府州的战略要道，集中精力在广袤的乡村来回穿梭作战，大量摧毁清廷花了很大力气培训的团练武装，并不时地围住乡村，再打从城里出来解围的湘军和淮军。这套穿梭战术十分巧妙，打得坐镇徐州的曾国藩无计可施。

　　曾国藩终于坐不住、守不住了，采用防中有攻的战术，派出一部分兵力跟踪追击。但打运动战是捻军的长处，捻军连续击溃跟踪而来的清军，使曾国藩的战术失败。

　　朝廷不耐烦了，有些大臣开始责难曾国藩，说曾国藩统兵一年半，损兵折将，费时费钱，却无收效。朝廷只得撤免曾国藩钦差大臣的职务，改由李鸿章负责剿捻之事务。

　　李鸿章是安徽合肥人，进士出身。太平军打到安徽时，李鸿章曾在家乡办团练抵抗太平军。失败后投入曾国藩麾下，充当幕僚。李鸿章身材修长，五官俊美，言谈举止儒雅倜傥，很讨曾国藩的喜爱。但李鸿章恃才傲物，为人处事好意气用事，曾国藩就主动提出让李鸿章自立门户，拨给他8个营兵力作基础，让他去安徽老家扩充兵力，重点在上海一带牵制太平军。李鸿章正想大干一番，很快便组织训练出一支颇有战斗力的队伍，名曰"淮军"。

李鸿章一到上海便与洋人广泛结交，用他自己的话说，是"委曲周旋"。结果淮军得到西方列强的支持，与太平军展开恶战。李鸿章的名声传开，此时朝廷便让李鸿章代替曾国藩围剿捻军。

李鸿章接受曾国藩的教训，采用"扼地兜剿"的战术，把东捻军的活动区域压缩到山东半岛东端。东捻军首领赖文光不得不转向江苏，在转移过程中连续被清军堵击，损失骇人。等到进入江苏，数万东捻军只剩千余人。赖文光不幸被俘，在扬州城外英勇就义。

西捻军近6万人由张宗禹率领转战陕、甘，在西安附近受到重创。关键时刻，朝廷委任左宗棠为钦差大臣，打出对捻军的致命一拳。捻军英勇不屈，突破左宗棠的黄河防线后，挺进直隶，转战鲁、豫。

战局看上去似有转变，但左宗棠迅速东下，李鸿章快速北上，两路大军把西捻军合围在河北沧州运河东的三角地带。李鸿章不顾民生，下令掘开运河，水淹西捻军。

河水漫漫，捻军一片惊慌，将士们有的被淹死，有的被清军炮火轰死。张宗禹乘夜突围而出，隐居于黄骅县孔庄（今河北南大港），以行医、看风水为生。20年后病逝，临终时透露了真实姓名。

前后与清军作战15年之久的捻军，被李鸿章、左宗棠彻底歼灭。几十万孤苦无助的农民起义军，至死也不明白：为何失败得如此之惨？

十二、洋务运动，照猫画虎

太平天国与捻军灭亡之后，云南和陕甘的回民武装被轻易平服，国家大局终于稳定下来，清廷可以喘口气了。一班在剿灭农民起义中立下大功的大臣们开始反思1840年以来的乱局，不停地上奏折要求展开"自强运动"。最具代表性的人物是曾国藩、左宗棠、李鸿章。

在这三个人看来，自鸦片战争开始，中国一败再败，主要败在武器不如西方，所谓"技不如人"，要改变这种局面，可以从效法洋人、师其技巧、购买"外洋器物"入手。

这种向西方学习的呼声，早在鸦片战争之初就由林则徐和他的好友魏源发出了。魏源写出了《海国图志》，详细地分析西方各国，还在书中提出口号："师夷长技以制夷。"

一部分心忧天下的封疆大吏不仅上奏折呼吁开展后来被称为"洋务运动"的"自强运动"，有的人甚至以生命进行呼吁。一个傍晚，曾国藩、胡林翼正在长江边上巡视缓缓移动的清军水师。突然，一艘湘军战船被几艘快速驰来的外国军舰掀起的浪涛淹没，洋舰没有丝毫停留，疾驰而去。曾、胡两位清军统帅气得七窍生烟，骑在马上的胡林翼刚想开口说话，突然口喷鲜血，晕倒在地，随后去世。

胡林翼的死使曾国藩的心情格外沉重，是该动手"师夷长技"了，清议误国！安庆战役一结束，曾国藩就四处搜求人才，建起了近代中国的第一座兵工厂——安庆军械所，开始大批仿造西方枪械。两年后，造出了火轮船，有了用蒸汽机作动力的运输船。

安庆军工厂的成功鼓舞了曾国藩，他想到在安庆这么一个小地方都能办起近代化的军工厂，那么，在外国人集中的地方，如上海、苏州等沿海城市，不是更有条件建起更大、更先进的军工企业吗？他向朝廷推荐自己的学生李鸿章担任江苏巡抚，让他把"师夷长技以制夷"的大战略在沿海更大规模地推行。

李鸿章一到上海，便与洋人打成一片，尤其是与号称"常胜军"的统帅、英国少校戈登"情深谊重"。戈登不仅帮助李鸿章镇压太平军，还不遗余力地帮助李鸿章训练淮军，把淮军变成准西化军队，淮军的一些常用口令都用英文发声。李鸿章被洋枪洋器震服了，从一个传统的中国士人，转变为西方技术的终身信徒。他在给曾国藩的信中写道："炮力所穿，无孔不入……西洋炸炮，战守攻具，天下无敌。"表达了迅即开展洋务运动的意愿。

问题是朝廷里保守势力强大，洋务运动能否大规模展开是个未知数。一部分大臣认为洋枪洋炮不过是些"奇技淫巧"，有没有都无所谓；火车虽然跑得快，但却破坏风水，且铁路主要用来逐利，中国讲究"谋道不谋利"，铁路也可不修；发展邮政也是多余的，中国到处是驿道、驿站，不需要邮政，再说，遍地挖坑栽电线杆，不怕惊扰了祖宗？

守旧势力把这些观点无限上纲，抬高到政治层面，使任何想向西方学习的意图都不可能顺利展开。曾国藩太熟悉这些人的手段了，他给李鸿章写信，要他稳妥行事，不要操之过急。

曾国藩老谋深算，知道以李鸿章现在的身份还不足以影响朝廷，便与李鸿章联名给慈禧太后上奏章。慈禧太后当时才 20 多岁，对新鲜事物感兴趣，立即表态支持，并委任恭亲王奕䜣和军机大臣文祥牵头成立"总理各国通商事务衙门"，简称"总理衙门"，主管和协调一切外交事务及各地的洋务运动。奕䜣有比较强的开放和进取意识，真心支持洋务运动，为此推荐和任用了一大批富有朝气的官员。奕䜣在平日生活中待人宽厚，处事规矩，很受人喜爱，因此交了一些洋人，顺便借助洋人的力量来支持总理衙门的工作。

得到朝廷中枢的支持后，洋务运动真正开展起来了。李鸿章很快在上海办起了洋枪三局，随即又与曾国藩合力办起江南机器制造总局等近代军工企业，造出了中国第一艘能投入海战的军舰。

洋务运动一发而动全局，全国各地都行动起来。闽浙总督左宗棠在福州创办了马尾船政局，这是中国近代史上第一个制造轮船的专业工厂，也是当时中国最大的造船厂。南京、天津、湖北等地也都比着干，先后制造了金陵制造局、天津机器局，大量生产枪炮弹药。两广总督张之洞把武汉建成了当时最先进的军工企业基地，所造的枪炮弹药质量比上海、天津生产的还要好。

洋务运动越是大规模地展开，越是受到人才的制约。曾国藩在主持制造蒸汽动力轮时，除了三个工程师，主要依靠的是几个本地的铁匠和木匠。为了解决人才问题，曾国藩又与李鸿章联名向朝廷上书，建议在全国开办以学习"西文""西艺"为主要内容的学堂，培养新式人才。与此同时，在全国范围内选拔一批德才兼备的青少年，用公费供养他们去西方留学，学成回国后，再分到各兵工厂、造船厂。

朝廷允准了曾、李二人的建议，首先在北京办起了以学习西方科学知识为主的"京师同文馆"。公元 1872—1875 年，清政府先后分 4 批共派出 120 名青少年踏上前往美国的留学之路。

在向美国派遣青少年学习科学知识的同时，另一批青少年踏上了去欧洲的军事留学之路。实践证明，这两项举措意义重大，7批出国的200名青少年，学成归国后很快便在铁路、工矿、电信、海军、教育、金融等领域大显身手。詹天佑成为中国的"铁路之父"；吴仰曾、邝荣光成为中国第一批矿冶工程师；严复、唐绍仪、梁敦彦成为著名的政治家、外交家；李鸿章组建的北洋海军，12艘主要战舰上的主要将领均为留欧学生。

洋务运动的出发点是强国强军，尤其是强军。现在的问题是：上海、福建等地生产的这些枪支、弹药、舰船，不但生产母机全部购自西方，一些原材料和主要部件也全部来自西方，在和平时期，生产可以照常，一旦与西方交恶，该怎么办？这些军工企业还能运转下去吗？

李鸿章等人开始转向，想把洋务运动转向军工以外的领域，自己开矿、冶炼钢铁，造出能够生产军工用品的原材料来。国家不出钱或少出钱，以民间筹措资金为主开办起各类企业，称作"官督商办""官商合办"企业。一批有权有资金的官员纷纷"下海"，办起一批垄断企业。李鸿章等人也掏腰包入股。

官商一体，腐败随之而来。以李鸿章最信赖的部下盛宣怀为例，他先用公款为自己购买了不少美国旗昌洋行的股票，然后又高价收购这家洋行基本报废了的轮船，推高该行股票价格，一方面从中收取巨额回扣，一方面享受股票溢价的好处。对盛宣怀的这种中饱私囊的行为，朝野上下舆论汹汹。李鸿章本人也从中受益，因此不以为然，未对盛宣怀做任何惩处。

在洋务运动中，不仅李鸿章、盛宣怀这些大臣们抱团结伙、以权谋私，就连慈禧太后也从中"揩油"。据说，每年拨给海军的400万两军费中，有一部分被挪用来修造皇家园林颐和园。

尽管洋务运动在一定程度上刺激了中国民族资本主义的产生，也在一定程度上提高了海陆军的战斗力，但一旦与腐败为伍，就注定走不了多远。

西方列强此时已掌握了世界上大部分的黄金，金融结算体制已经由"银本位"转向"金本位"，白银价格大幅下降，中国的金融体系受到致命冲击，社会上开始出现银贱物贵的现象，通货膨胀加剧，广大百姓生活更加艰难。西方强盗不可能同情中国的困境，反而通过英格兰银行的贸易结算系统，把中国著名的晋商的汇票挤出了市场，从而把中国的对外贸易牢牢地掌握在英格兰银行的汇兑业务和汇票中。中国的金融和经济体系被西方垄断，西方长期靠洋枪大炮都没能捞到的好处，如今却通过金融垄断捞到了。在这种恶劣的环境中，中国搞再多的洋务运动，也是徒然。照猫画虎，焉能得虎之神韵？

十三、树欲静而风不止

清政府通过洋务运动，想用大量的银子买一个"近代化"，买一个"以夷制夷"。然而，树欲静而风不止，不论中国在西方强盗面前如何放下架子，如何幻想和平崛起，始终换不来西方强盗的平等以待。不只换不到平等，大规模的洋务运动反而使西方强盗认为中国离不开西方，有了更多的机会来讹诈中国。于是，强盗们胃口大开，已经攫取了中国150万平方公里国土的沙俄突然出兵强占伊犁，企图侵吞整个新疆。

新疆当时的局面特别复杂，南部一些上层封建主煽动维吾尔等部落造反。曾与清政府修好的中亚浩罕汗国（今俄罗斯境内）的军官阿古柏趁乱侵入新疆喀什噶尔等地，并在南疆建立"哲德沙尔汗国"，即"七城汗国"，渐次掌控了南疆和北疆的乌鲁木齐等地区。阿古柏很有心计，知道力量有限，又把沙俄和英国拉进来，与之签订所谓的友好条约，让沙俄和英国承认他这个伪政权。

新疆危机之际，美、日又联手在中国的东南沿海作乱。美国在同治六年（公元1867年）派海军少将贝尔率舰侵略中国台湾，遭遇中国高山族同胞的迎头痛击，失败后转向支持日本侵略中国台湾。此时的日本刚经历了明治维新，正是野心极大之时，得到美国的支持后，立即出兵，先向中国的属邦琉球群岛发起进攻。

琉球群岛是太平洋西部一系列岛屿群的合称，明宣宗宣德四年（公元1429年）形成统一的琉球王国。其实早在明初的洪武五年（公元1372年），明太祖朱元璋就派遣杨载出使琉球，琉球王察度对明朝称臣，开始向中国进贡。为了搞活琉球的经济，朱元璋特赐闽人中善于造船和航海的技工36姓人家移居琉球，帮助琉球人建立起造船业和商贸体系。琉球王那时只有名而无姓，于明永乐年间请求中国皇帝赐姓，明成祖朱棣便给琉球王赐姓"尚"。自此，琉球王国便正式称"尚氏王朝"。以后的历代琉球王依此制度，都在接受明朝的册封后再正式登基就位。

有了中国的支持，琉球的商贸迅速发展起来。大量的中国商品经过琉球输往日本、朝鲜、中国台湾、东南亚等地区；同时，大量的外国商品经过琉球中转，进入中国市场。琉球一时间成为海上贸易中转站，号称"万国津梁"。

日本对于琉球的兴盛嫉恨不已。琉球离日本比离中国还近，怎么能允许琉球亲中国而疏日本呢？明万历三十七年（公元1609年），日本萨摩藩（今日本鹿尔岛）的首领背着中国偷偷攻击琉球，将琉球北部置于其管辖之下，又强迫琉球断绝与中国的藩属关系。琉球政府不屈服压力，依然奉中国为正朔，接受中国的册封。

日本退而求其次，强行要求琉球"两属"，即一面保持与中国的藩邦关系，一面也得向日本朝贡。琉球迫于压力，只得也向日本朝贡。琉球两面朝贡的做法，中国政府并不清楚，对日本的野心也毫无察觉。

日本得到琉球的朝贡并不满足，于同治十年（公元1871年）再次出兵攻击琉球，占领了琉球南部后，强制册封琉球王为日本藩王。第二年，公然宣布琉球为日本的藩属国。

强占琉球后，日本以54名琉球船民被中国台湾高山族人杀害为借口，派陆军中将西乡从道率3000士兵向台湾发起进攻。清廷立即强烈反对，明确告诉日本：琉球是中国的朝贡国，台湾是中国的固有领土，琉球与中国台湾间的任何事情都与日本毫不相关。日本不理会中国的反对，坚持向中国台湾进发。美国政府记恨第一次侵台的失败，完全站在日本一边，除了向日军提供船只和军火支援外，还直接派海军少将凯赛尔参加日军攻台指挥部。

日本向中国台湾的军事进攻遭到清政府的反对，在估计军事进攻没把握取胜的前提下，日本转向外交讹诈。清政府此时急着处理新疆危机，明知日军侵台只有3000兵力，完全可以武力击退，但仍同意李鸿章按英、美两国的调停，向日本作出让步，赔了50万两银子不论，还承认日本出兵中国台湾是保护琉球民众之义举。这是很愚蠢的让步，等于承认了日本对琉球拥有主权。精明、狡诈的日本政府就以此为据，于光绪五年（公元1879年）以武力吞并琉球群岛，并将其改名为冲绳。

琉球被日本强行吞并时，从国王到民众普遍有亡国之痛。琉球王起初便向中国驻日公使何如璋求援，后又派出专使到北京向李鸿章求援。专使向德宏跪在李鸿章面前，面呈求救禀折。其中有言："主优臣辱，主辱臣死，宏等有何面月复立天地之间？生不愿为日国属人，死不愿为日国属鬼，虽糜身碎首，亦所不辞！……与其含垢忍辱，在琉偷生，不如呼天上京，善遭守死。……来津呼泣，伏维中堂威惠于天下，海岛小邦，久已奉若神明，必能体天子抚绥之德，救敝国倾覆之危。吁请据情密奏，速赐拯援之策，立兴问罪之师。"

然而，这恳切的哀求并没有打动李鸿章的铁石心肠，在他看来，犯不着为一个小小的琉球去与凶恶的日本为敌。琉球专使又向清政府上禀折，亦未得到援助的回复。琉球就这样丢失了，立国400多年、一直附属于中国的琉球王国离中国而去。

李鸿章根据日本侵略中国台湾这一事件，主张大力加强海防，建议朝廷放弃收复新疆，把已经出关或准备出关的清军一律撤回，把用于西北的军饷拿到沿海来。由此在清廷开展了一场"塞防"与"海防"之争。

如果不顾塞防，中国将失去战略纵深地带，立足都很难。所以，这一提议遭到左宗棠的极力反对。他厉声告诫海防派：你们说新疆不过一块荒漠，在我看来实则为一中国的聚宝盆。中国如果不立即收复乌鲁木齐，沙俄就会得寸进尺，不仅新疆不保，蒙古、陕西、甘肃、山西等地也会相继丢失。这些地方一旦失去，北京必无阖眼之日。北京都没有了，还要什么海防？

慈禧太后赞成左宗棠的观点，称赞左宗棠"所见甚是"。左宗棠说，他不是一味排斥海防，而是认为应该海防与塞防并重，不能牺牲塞防来加强海防。

朝廷采纳了左宗棠的建议，一面加强海防，一面任命左宗棠为钦差大臣，收复新疆。

年逾六旬的左宗棠之前本拟"乞病还乡"，但受命之后意气风发，立即统兵挺进新疆。左宗棠领兵的消息迅速传遍西北，新疆各族同胞主动行动起来，全力支持左宗棠除奸平叛。

左宗棠采取"缓进速战"的兵法，成效明显。清军于光绪二年（公元1876年）二月出动，六月收复乌鲁木齐，九月攻占玛纳斯，次年春接连攻克达坂、托克逊、吐鲁番等地。狂妄一时的阿古柏没料到失败得如此之快，猝死于喀拉沙尔（今新疆焉耆）。

左宗棠一鼓作气地向南疆追击，收复喀什噶尔等城。从出兵开始不到两年，除了被沙俄袭占的伊犁还在沙俄手中之外，新疆失地全部收复。

捷报传来，朝廷上下一片欢喜，慈禧太后接受左宗棠的建议，在新疆设行省、改郡县，牢牢地掌控新疆。鉴于左宗棠的贡献，清廷封他为二等侯爵，慈禧还专门下了一道懿旨：30年内不准任何人参奏左宗棠。

剩下的伊犁怎么办？清廷不想与沙俄开仗，派出总理衙门大臣崇厚前往沙俄谈判，要求交还伊犁。这个崇厚满脑子糨糊，明明现在形势对我有利，左宗棠的胜利之师已经刀剑出鞘，完全可以此为后盾，索还伊犁。谁知他鬼使神差，在未经朝廷授权的情况下，私自同沙俄在里瓦吉亚签订了《交收伊犁条约》和《陆路通商章程》，又是赔款、又是割地。消息传来，朝野皆惊，官员、民众无不希望立即与沙俄开打，"街谈巷议，无不以一战为快"。

这个时候，李鸿章站了出来，力主和平解决。为了说服朝野，他还从英国请来戈登少校，让他帮助自己一同说服清廷不要打仗。

戈登专程从英国赶到中国北京，一开口就是让朝廷主战派难堪的"愚蠢"二字，意思是现在与沙俄开打是愚蠢行为。翻译不敢把这两个字译给那些大臣听，李鸿章不耐烦，拿起一本英汉词典，亲自把这两个字逐一指给大臣们看。

李鸿章是真不想打仗，在他看来，中国远不是西方的对手，开打必败，而且败后还非得由他出面收拾烂摊子。李鸿章的这一观点主要是受了戈登的影响。戈登曾为李鸿章贡献了20多条所谓治国安邦之道，其中有几条还有些道理，例如，"凡中国与外国议约，必须在中国，如在外国，中国官员容易受蒙、上当、失其本心"。崇厚就是个典型。但另外一条就太绝对："明知中国不能战而乱发主战之议者，一律斩首。"国家的安全难道就只有靠妥协、退让才能赢得吗？必要的武力手段在任何时候都不能少！

清廷按李鸿章的思路，放弃战争手段，下令用外交方式收回伊犁，委任曾国藩的儿子曾纪泽担纲，率团前往沙俄谈判，而此时曾国藩已于几年前去世。

曾纪泽走到中途，朝廷突然来电要他停止前进，说如果沙俄坚持不改与崇厚签订的条约，为避免打仗，谈判就改为以后再说。曾纪泽拿到的显然是经李鸿章推敲后发出的电文，怒火顿时溢满胸膛，他一边回电要求坚持谈判修改条约、收回伊犁，一边日夜兼程赶往沙俄。

到达沙俄后，谈判非常艰难，沙俄坚持霸占伊犁，并以武力威胁曾纪泽。

左宗棠知道这些信息后，立即部署三路兵力向伊犁进发，摆出用武力收复的姿态。进军途中，他特意下令为他准备一口棺材，与军随行。用意很明显，要一直战至与敌同归于尽。曾纪泽知道有左宗棠作后盾，更加与沙俄针锋相对。他说：一旦开打，胜负难知，如中国获胜，你们不但要退还伊犁，还得赔我巨额兵费。

经过一年的斗智斗勇，光绪七年（公元 1881 年）二月，沙俄终于同意按中国的意见修改条约，归还伊犁，中俄签署了《中俄伊犁条约》。曾纪泽和左宗棠用"文武双簧"为中国赢得尊严，这在 1840 年以后的中国外交史上是极其罕见的。

平定新疆，收复中国六分之一的领土，左宗棠在这一过程中居功至伟。后人这样评价左宗棠：唐太宗以后，对于国家领土作出最大贡献的人物，首推左宗棠。

再说当时的英国，一边与沙俄联手扶持阿古柏这个伪政权，一边打云南和西藏的坏主意。光绪元年（公元 1875 年）二月，英国武装在云南无端开枪打死中国数名群众，其翻译马嘉理被反抗的群众打死，英国就以此为借口，恫吓中国。李鸿章不愿与英国发生摩擦，在烟台签订了丧权辱国的《烟台条约》，进一步扩大了《天津条约》《北京条约》所给予英国的特权，为英国入侵中国西南和中国西藏大开方便之门。

光绪十四年（公元 1888 年），英国在经过多年的准备后，向中国西藏隆吐山发起进攻。中国西藏军民奋起反抗。清廷知道后，不但不派兵支援，反而将一些力主抗英的大臣和将领革职，又与英国在加尔各答签订《中英会议藏印条约》。英国多年以来一直妄想入侵中国西藏的阴谋，凭一纸条约而得逞，国家和民族的生存危机愈发加剧了。

十四、战和不定，胜败不明

时至清末，中国这团"水"已经被西方强盗搅得更浑了，"鱼"也捉得差不多了，强盗们仍不停地在中国边疆、沿海生事，把中国的藩属国也搅得浊浪滔天。例如法国，为了争夺印度和美洲殖民地，于 1756—1763 年与英国打了 7 年仗，没打赢，就把一口恶气撒向中国的藩属越南，试图通过掠夺富饶的越南来补偿 7 年英法之战的亏损。

越南其实是中华民族较早的成员之一，早在秦朝时，它的相当一部分国土就是中国的一部分，归属秦的象郡、南海郡和桂林郡。元鼎六年（公元前 111 年），汉武帝依秦制再次明确纳越南为中国的地方郡县，赐名安南。唐朝时，中国在越南设安南都护府。明朝永乐年间，中国军队击败靠政变上台的安南国王胡一元父子，使从 10 世纪脱离中国而独立的安南回归中国。以此为新的起点，中国宣布撤销安南王国，改称中国交趾省，直接管辖其 15 个府、41 个州、210 个县。

可惜的是，中国政府派出管理交趾的官员和将领，大多政治上腐败，军事上无能，生活上堕落，与当地民众相处得极差，矛盾一触即发。明宣德二年（公元 1427 年），交趾军民设伏杀死 7 万明廷军队。其后，要求明廷撤销交趾省，恢复安南国。明廷在军事上严重受挫后，不想再用武力去征服交趾，同意了其请求，并册封黎利为安南王。

黎利深知安南国小力弱，不能与中国形成对抗之势，就宣布安南仍是中国的藩属，接受中国的保护，将传统的事奉中国的政策贯彻到底。

如今，法国拿破仑政府大力推行殖民政策，妄想建立一个包括越南和中国西南地区在内的法属"东方帝国"。公元 1862 年，法国用武力吞并了越南南部；1873 年又向越南北部进发，试图占领北部后通过著名的红河侵入中国西南。

法军进展顺利，首先攻击河内，其后又攻陷海阳、宁平、南定等城。越南招架不住，只得邀请驻扎在中越边境保胜地区（今越南老街）的中国人刘永福率领的黑旗军前来助阵。

黑旗军原是太平天国革命期间，活动于我国广东、广西边境的一支农民起义军，太平天国灭亡前，撤至越南境内自保，是一支很有战斗力的军队。其首领刘永福出身广东钦州的贫农家庭，很有实战经验。法军对黑旗军不了解，以为是一群散兵游勇，刚一接战，就被黑旗军击溃，法军指挥官安邺当场丧命。

打了胜仗，越南政府反倒心虚起来，害怕招致法军的大规模报复。1874 年 3 月 15 日，急匆匆地与法国签订了《西贡条约》。这项条约不仅使法国获得在红河的自由航行权等特权，还明确规定把法国改为越南的保护国。

1874 年前后，中国政府正全力处理台湾危机和云南马嘉理命案，无暇再与法国在越南角力。但中国政府发表声明，拒绝承认越南与法国签订的《西贡条约》。

法国并不满足于《西贡条约》，光绪八年（公元 1882 年）二月，法国再次向越南北部发起攻击，企图由此侵入中国云南境内。危急时刻，又是黑旗军出马与法军抗衡。这一仗打得也很漂亮，仅用3个多小时就击毙法军230多人，法军司令李维业和副司令卢眉一并死在黑旗军刀下。

法国总理茹费里大为光火，这位靠镇压巴黎公社起家的老牌殖民主义分子立即下令扩大战争规模，一路沿红河北进，一路抢占越南都城顺化。沿红河北进的法军直接把最后目标指向中国。

战争之球踢到了清政府门前，政府内部又分成主战派、主和派。左宗棠、张之洞、曾纪泽等坚决要求援越抗法，举全国之力与法国打上一仗，理由是唇亡齿寒。李鸿章、奕䜣则力主退让求和，理由是不应在时机未至时向一个西方强国挑战。

两派争执不下，最高决策人物在和、战之间举棋不定，进退两难。打吧，怕打不赢；不打吧，怕法国得寸进尺，把战火直接烧到中国境内。况且，从道义上讲，越南是中国长期的藩属国，藩属有难，听之任之是说不过去的。左右权衡后，慈禧搞了个"体面"的做法：首先通知越南，中国军队以剿匪为名进入越南，还派出使者联系刘永福，摆出与法军决一死战的姿态。这一命令公开后，清廷又暗中下了一道命令：清军在任何情况下不得主动向法军出击。同时，通知法国，中国愿意与法国和谈越南局势，授权李鸿章去联络英、美公使，请他们出来调停。

法国太熟悉清廷的这套和战把戏了，不管清廷如何出招，法国只是大量地向越南和中国边境增兵，以战争来威胁中国。

光绪八年（公元1882年）十一月，法军突然向驻守在越南山西的清军和刘永福的黑旗军发起进攻。清军统帅唐炯不战自退，逃回云南，撇下黑旗军孤军作战。黑旗军总共只有2000余人，法军有近万人，在进行了英勇抵抗之后，黑旗军也只得退往保胜。

法国继续增兵，到光绪十年（公元1884年），法国在越南的远征军达到1.8万人、炮舰20余艘。法国当前的作战目标，一是占领越南北部，二是把进入越南的中国军队全部赶回中国。这两个目标很快就达到了，清军前线将领遇敌即逃。

没有办法，赶紧和谈。李鸿章在天津与法国人签了《简明条款》，承认越南是受法国保护的国家；所有中国军队一律回到中国营地；法国商品可以经越南自由输入中国；黑旗军本就是匪徒，任凭法军消灭就是；如此等等。

法国人对《简明条款》并不十分满意，他们的真正目标是通过不断扩大的战争侵入中国西南。《简明条款》墨迹未干，法军就向驻守谅山的还未接到撤防命令的清军发起进攻。清军被迫还击，在两天的激战中打死打伤法军近百人。消息传至法国，法国政府十分愤怒，除了要求中国赔款2.5亿法郎外，还派出远东舰队起锚向中国进发。明知法国不怀好意，清廷却愚蠢地允许远东舰队驶入福建海军基地马尾军港，与中国军舰比肩而泊。

福建船政大臣何如璋对法海军的行动不仅未产生任何怀疑，反而对敌舰表示"殷切"欢迎，还特别命令福建水师"不准先行开炮，违者虽胜必斩"。法国再次向清政府提出勒索巨款的最后通牒，清廷断然拒绝。法国勃然大怒，下令舰队向清军开火，马江海战爆发。装备落后的福建水师还未起锚就遭到法舰的连射袭击，11艘军舰、19艘运输船在一个小时内就被法国全部击沉，700多名官兵沉入大海。卑鄙的法军还不住手，又炸毁整个马尾造船厂，彻底摧毁了马尾至海口间的全部岸防设施。

清朝在洋务运动期间建立起来的三大水师——北洋水师、南洋水师、福建水师，其中一支没出自己的军港就被消灭了。清廷惊骇不已，迫于舆论压力，正式对法国宣战。

法国毫无畏惧，在毁灭福建海军后，立即再次向中国台湾进攻，并攻占基隆，封锁台湾。清军在新任福建军务大臣左宗棠，以及新任两广总督张之洞的指挥下，以5艘南洋海军舰艇开路，展开援台行动。法海军总司令孤拔亲率舰队堵截，双方在镇海激战。南洋舰队士气高昂，密集的舰炮打得又快又准，接连击中法舰，迫使孤拔下令降旗休战，急速后撤。孤拔下令前已身受重伤，逃到澎湖后死亡。

海军的胜利鼓舞了陆路清军。曾任广西提督的70岁老将冯子材，在镇南关（今广西友谊关）组织各路清军向法军发动反攻，他手提长矛，率先杀入敌阵。士兵们受此鼓舞，也都奋不顾身地与法军搏命，很快重创气焰嚣张的法军，毙敌千余人，几十名中法高级军官死在镇南关外，法国总司令尼格里也受重伤。清军乘胜进击，很快收复文渊、谅山等地，将法军逐至郎甲以南。

与镇南关战役相呼应，西线黑旗军和云贵滇军也大败法军。

法军在越南和中国边境惨败的消息传至巴黎，引起朝野惊恐，茹费里内阁在一片责难声中倒台。

但是，令人气愤的事情又发生了，正当前线清军准备收复河内，将法军全部赶出越南时，以李鸿章为头子的乞和派又开始反其道而行之了。李鸿章认为中国对法作战已挣够了"面子"，可以适可而止了，再打下去，"大局将不可收拾"。慈禧太后一贯也是"面子"至上，立即同意了李鸿章的建议，发令停战议和。

打了胜仗不去追究战败方的责任，李鸿章反而代表清廷与法国签订《中法会订越南条约》。条约除了满足法国的一系列特权要求外，还承认法国对越南实行殖民统治。

中法之战，中国不败而败，法国不胜而胜，这真是咄咄怪事。几十年以来，清廷一直在战与和之间摇摆，一直分不清胜与败。其恶劣影响是：英国效尤法国，于1885年入侵中国的藩属缅甸，使缅甸永远脱离了中国。日本效尤法国，向朝鲜进攻，让中国再失一个藩属国。其后由日本挑起的中日甲午之战争，使中国走向近代化的努力全都死于海底。

十五、丢掉辽东，清廷的魂就没了

明治维新后的日本，朝野一派焦虑和躁动，强烈的扩张欲望弥漫全岛，决策层甚至明确制定了分五步走的战略：第一步征服中国台湾，第二步征服中国外藩朝鲜，第三步征服中国东北，第四步征服全中国，第五步以中国为大本营征服全世界。

这些目标在今天看来是痴人说梦，但在当时被日本奉为国策。日本在1874年进攻中国台湾失败后，把重点转向朝鲜。朝鲜当时很穷，据李鸿章部下聂士成记叙，地方高级官员用来接待他的宴会，所上的食物"腥臭难以下咽"。广大群众更是普遍地挨饿。朝鲜尽管穷，但地理位置重要，占有它就可以从这里直接攻击中国东北。日本从中国明朝时起，就不停地用多种阴谋手段向朝鲜渗透。1882年逼迫朝鲜签订《仁川条约》，取得在汉城的驻兵权。

光绪十一年（公元1885年），日本利用在汉城的军队，胁迫李鸿章签订《天津会议专条》，规定中日两国同时从朝鲜撤兵；将来凡朝鲜发生重大事件，中日两国或一国想派兵入朝，须得先互相通知，事定仍即撤回。李鸿章没有看穿日本的阴谋，以为日本不过是想挣点儿共管朝鲜的面子。他哪里知道，日本的主意并不全在朝鲜，它真正梦想的是独霸朝鲜，而后以朝鲜为跳板大规模入侵中国。

为了达到这一目标，日本从与中国签订《天津会议专条》开始，暗中制定了10年强军方案，天皇下令每年从内库拨款30万补贴海军。此时，中国的慈禧太后恰恰相反，每年从拨给海军的军费中挪用一些修建颐和园。日本天皇还带头减餐，每天只吃一顿，省下的钱用来认购国债。在天皇的带头下，全日本掀起认购国债、支持扩军的狂潮。到光绪二十年（公元1894年）爆发的甲午战争之前，日本已建成了拥有6万人常备军、23万人预备军的近代化陆军和7万吨排水量的新式海军舰队。

自认为准备得差不多了，日本开始静候进攻朝鲜的机会。光绪二十年春，朝鲜爆发东学党领导的农民起义。日本首相伊藤博文认为机会来了，立即成立侵朝指挥部，迅速集结兵力，准备入朝作战。

伊藤博文很狡猾，准备好兵力后并不下令马上出发，而是通过外交部门诱使清朝先出兵。清朝此时派驻朝鲜的全权代表是李鸿章一手提拔的袁世凯。袁世凯正想大展身手，受到日本驻朝公使的鼓动后，立即请求李鸿章出兵朝鲜平叛。李鸿章担心日本也趁机出兵，一时犹豫不决。头脑简单的袁世凯向李鸿章拍胸脯说日本只会派几百人保护使馆，这么一点儿兵力不值得担忧。李鸿章经不住袁世凯的假情报的干扰，终于同意派出1500名清军平叛。

得到中国出兵的情报后，伊藤博文立即下令全部日本海军和1万多陆军出动，很快占领了从仁川到汉城一带的战略要地。

入朝的这1000多名清军驻守在朝鲜东山，他们立即感觉不对头——朝鲜境内到处是日本士兵，仁川港停满了日本运兵船和军舰，不是说只有几百名日本兵保卫使馆吗？袁世凯这才发现上了日本人的当，慌忙给李鸿章发电，说自己生病了，请求回国治疗。李鸿章此时还不了解朝鲜的真实情况，就同意袁世凯回国。这时，入朝清军主将叶志超看到了对清军不利的态势，立即给李鸿章提了三条建议：增兵、撤兵、死守。李鸿章的思维已经固化，在任何情况下都采取避战求和的应对方式。他对这三点建议不置可否，既不增兵，也不撤兵，也没给驻守牙山的清军提供怎么死守的方针，只是一再叮嘱叶志超不要主动挑衅，由他找西方出面调停。

英、美、法、俄谁也不愿出面调停，他们巴不得中日大打一场。就在中日两国军队进入朝鲜后不久，东学党起义军突然放弃起义，与朝鲜政府达成和平协定。中日平叛一下子失去了目标，日本政府立即掉转枪口对中国军队动手。

光绪二十年（公元 1894 年）7 月 25 日，日本不宣而战，海军在朝鲜丰岛海面突然袭击中国运兵船队。"高升"号被击沉，船上 800 多名清军沉入水底死难，这些士兵大都是李鸿章的家乡子弟。清军护送舰"广乙"号、"济远"号也受重创，广乙舰在逃至朝鲜海岸后搁浅自焚。

在海上突袭的同时，日本陆军向驻守牙山的清军聂士成部发起进攻，很快攻占牙山。原本为聂士成后援的清军主将叶志超，闻讯后立即放弃阵地，与聂士成部一道向平壤方向逃跑。战情传至北京，清廷不得已对日宣战，这是 1894 年 8 月 1 日。日本已经取得了阶段性战果，对清廷的宣战完全不当回事，1 万多陆军分数路向平壤发起进攻。

此时守卫平壤的中国军队也是 1 万多人，本可以阻挡住日军的进攻步伐，但主将叶志超心无斗志，时刻准备逃跑。只有守卫平壤玄武门的将领左宝贵拼死抵抗，却不幸被日军炮火击中而阵亡。听说玄武门失守，叶志超立即下令在城头挂起白旗，并下令全军撤退。日本在清兵的退路上设下埋伏。当天雨夜，撤退的清军中伏，阵脚大乱，死亡 2000 人，被俘 500 余人。余下的清军狂奔 500 里，一路逃至鸭绿江边，渡江回国。日军遂占领朝鲜全境。

把中国陆军赶出朝鲜后，日本又把矛头指向中国海军。9 月 17 日，清朝北洋舰队大小 18 艘军舰，在鸭绿江口大东沟（今辽宁东港）与早已等候在此的日本海军遭遇，海战瞬间爆发。北洋水师提督丁汝昌在战斗中身负重伤，旗舰"定远"号管带刘步蟾接替指挥，下令以全部火力猛击敌舰。日旗舰"松岛"号及主力"吉野"号、"赤城"号等 5 舰均遭重创。刚接战时，北洋水师打出了威风。但日舰装备有速射炮，每分钟能打 5 发；中国的舰炮 5 分钟才能打 1 发。凭借兵器优势，日军使中国海军损失了"致远"号、"经远"号、"超勇"号、"扬威"号、"广甲"号等 5 艘军舰。

中国海军虽然损失较大，但官兵奋不顾身的战斗精神极大地震慑了日军。

"致远"号弹药用尽、舰体严重受伤，在舰长邓世昌的指挥下开足马力向当时世界上火力最猛、速度最快、铁板最坚实的日本"吉野"号军舰撞去，不幸被"吉野"号发射的鱼雷击中，迅速下沉，全舰官兵除7名遇救外，包括邓世昌在内的其余人全部壮烈殉国。

中国海军的英勇使日军不敢恋战，日舰率先退场，北洋舰队随后也撤返旅顺。

黄海一战打得李鸿章心惊肉跳，他故意向慈禧太后夸大损失，而后命令北洋舰队全部躲进山东威海卫军港内，不准再出海与日本交战。于是日本夺取了黄海的制海权。

1894年10月24日，日军又在东北挑起战事。日军先于九连城上游的安平河口泅水过鸭绿江，当夜又在虎山附近的鸭绿江中流架起浮桥。对此，清军毫无察觉。10月25日，日军越过浮桥，向虎山清军阵地发起进攻。清军守将马金叙、聂士成率部坚持抵抗，因势单力孤，伤亡重大，被迫撤出阵地。日军遂占领虎山。其他清军各部闻虎山失陷，不战而逃。26日，日军不费一枪一弹占领了九连城和安东（今辽宁丹东）。在不到3天内，清朝有重兵近3万驻守的鸭绿江防线全线崩溃。

在日军进攻鸭绿江清军防线的同一天，即10月24日，另有一路日军在日舰的掩护下，开始在旅顺后路上的花园口登陆。由于李鸿章一心要保旅顺港，清军便没有在此处设防。日军的登陆活动历时12天，清军竟坐视不问。日军从花园口登陆后，于11月21日从不战而逃的清军手中攻占旅顺。日军进入旅顺后，大肆屠杀中国民众，死难者约2万余人，整个旅顺仅有36人被日军逼迫抬尸清理杀人现场才得以存活。

在旅顺得手后，日军又以同样的战术向山东半岛的威海卫进攻。日军先于光绪二十一年（公元1895年）在日舰的掩护下开始在荣成龙须岛登陆，1月23日全部登陆完毕。30日，日军集中兵力进攻威海卫南帮炮台。由于兵力悬殊，南帮炮台终被日军攻占。2月3日，日军占领威海卫城。威海陆地悉数被日本占据，北洋水师提督丁汝昌坐镇指挥的刘公岛成为孤岛。

面对绝境，北洋将士奋力抗击，所有舰炮齐射。在给日军造成一定损失后，丁汝昌下令各舰冒死突围。然而，突围行动被日本的10艘鱼雷艇阻拦，旗舰"定远"号中鱼雷搁浅，"来远"号、"威远"号、"宝筏"号等舰被击沉。生死关头，北洋海军发生内乱，13 艘鱼雷艇队首先放弃战斗，在"左一"号管带王平的带领下结伙逃出港口，结果除"左一"号艇外，其余皆被日军击沉或俘虏。丁汝昌唯一希望的陆上清军的反攻根本没有发生，他完全绝望了，下令炸沉所剩全部军舰。但无人响应执行。船上的洋人顾问和主降将领们还逼丁汝昌向日军投降。丁汝昌宁死不屈，自杀殉国。

丁汝昌死后，美籍船员浩威假托丁汝昌的名义起草降书，向日军交出了中国当时最大的军港威海卫及尚存的 11 艘北洋军舰，包括港内的所有军资器械。

李鸿章苦心经营十几年的北洋海军全军覆没。

威海卫失守后，日军加大在中国东北辽河一带的攻势。清军各路守军除聂士成、依克唐阿所部进行了顽强抗击外，其余都望风而逃。日军轻易攻占鞍山、牛庄、营口等地，控制了整个辽东半岛。

辽东半岛是清廷的龙兴之地，丢掉辽东，清廷的魂就没了，自此，所有的主动权都掌握在日本手中。不久之后，本钱输光的李鸿章远赴东瀛，在任人羞辱之后，签订丧权辱国的《马关条约》。

十六、一条道走到黑

光绪二十一年（1895 年）三月，寒气犹重的天津港，两艘德国商轮静静地停靠在码头。薄暮时分，辫发灰白、步履沉重的大清国全权代表李鸿章悄然登上轮船，前往日本马关议和。随行的有他的养子、参议官李经方，美国顾问科士达等 100 多人。

李鸿章这回怎么忘了英国少校戈登给他的建议——凡议和，必在中国境内进行？原来，此次是日本首相伊藤博文指名要他或恭亲王奕䜣担任全权代表来和谈。

所谓和谈，其实相当一部分时间是伊藤博文在威逼、恐吓李鸿章及其代表团，所有日方提出的要求，只准李鸿章在"允"与"不允"之间表态。来看著名老报人王芸生编著的《六十年来中国与日本》一书中记载的伊藤博文与李鸿章的一小段对白：

> 伊藤博文：停战多日，期限甚促，和款应从速定夺。我已备有即定条款节略，为免彼此辩论，空过时光……中堂见我此次节略（笔者注：指修改后的文本），但有允、不允两句话而已。
>
> 李鸿章：难道不准分辩？
>
> 伊藤博文：只管辩论，但不能减少（指赔款、割地的数量）。

"好牌"都在伊藤博文的手上，李鸿章手握一把自作的"烂牌"，他用什么讨价还价？经过多轮谈判，1895 年 4 月 17 日，经光绪帝批准，李鸿章基本无条件地签订了日本起草的《马关条约》。主要内容是：一、中国承认朝鲜完全自主。二、中国割让台湾、澎湖列岛、辽东半岛给日本。三、中国赔偿日本军费 2 亿两白银。

《马关条约》像一记闷棍，打晕了中国各界。康有为、梁启超联合正在北京参加会试的 1300 多名举人，上书光绪帝，要求变法练兵，拒和废约，迁都再战。这就是著名的"公车上书"。北京、上海、天津等地的新闻媒体，也纷纷发文反对《马关条约》，其中有言曰："我君可欺，我民不可欺；我官可玩，我民不可玩。"广西巡抚张联邦上奏道："即使持久作战 3 年，未必辽东、台湾为日占领，军费也不至于超过 2 亿两。何况我国地大物博数倍于日本，若真的与他作战，彼必先困。"

在一片悲愤交集的氛围中，不少人开始反思中日甲午之战：中国拥有 4 亿人口、辽阔的国土、丰富的资源，且又搞了轰轰烈烈的洋务运动，怎么会被一个蕞尔岛国打败呢？几经辩论，朝野一致怪罪李鸿章，认为甲午战争之所以失败，责任主要在于他。

早在朝鲜海陆战役后不久，著名的状元张謇就曾上折参劾李鸿章，细数李鸿章几十年以来的投降主义劣行。张謇这样说："（李）自出任北洋大臣以来，凡遇外洋侵侮中国之事，无一不坚持和议。试问以四朝之元老，筹三省之海防，统胜兵精卒五十营，设机厂、学堂六七处，历时二十年之久，用财数千万之多；一旦有事，但能漫为大言，胁制朝野。曾无一端立于可战之地，以善可和之局……李鸿章非特败战，并且败和。"

朝廷迫于社会舆论的压力，罢了李鸿章的官，摘了他的三眼花翎，让他赋闲。

李鸿章一时谤满天下，千夫所指，确实与他长期实行的投降主义、失败主义有关。国家走到今天这样糟糕的地步，李鸿章负有不可推卸之责。从他担任北洋大臣之时起，每逢重大关头，最高层都是主要受他的影响而作出决策。北洋水师全军覆没，是他以避战求和之命令捆住了北洋水师手脚的结果。黄海、辽东战役后，日军本已无力再发动大规模战争，日本最强硬的主战派代表陆奥宗光也承认："国内海陆军备殆已空虚，而去年来继续长期战斗之我军队人员，军需固已告缺乏。"可李鸿章却看不到这一点，错误地放弃了可能奏效的反攻，一门心思地指望西方强盗牵头调停。

李鸿章不仅长期奉行投降主义，还长期盲目地奉行"唯武器论"。为了掩饰自己决策错误带来的失败，他经常夸大敌方兵力、武备，而把自己经营多年的海、陆军说得落后不堪。事实并非如此，大东沟遭遇战中，北洋水师在船速、火炮射速等方面均比日海军差的情况下，敢打敢拼，重伤敌5舰，还迫使日舰队率先退出战场，这一结果难道不是对李鸿章"唯武器论"的最好批判吗？可叹李鸿章把国家的安邦大略绝对化，在任何情况下都采取消极防御方针，使得军备涣散，兵心涣散，打不赢时不打，打得赢时也不打。

在李鸿章的腐朽、错误战略思维的影响下，清军在战场上普遍缺失斗志，一遇战斗，稍一接触便溃不成军，大量军械落入敌人之手。据有关史料记载，平壤战役，清军丢弃大炮48尊、步枪1万余支；鸭绿江江防之战，清军丢失大炮78尊、枪4400支；大连湾、旅顺口失陷，清军丢失大炮270多尊、枪600支；以上数处，清军遗弃的炮弹达数百万发，子弹达4000万发以上。反观日军，在整个甲午战争中，总共只消耗了子弹124.18万发、炮弹3.409万发。想想真令人心疼啊，清军遗弃这么多的军械，该给国家造成多大的损失？

李鸿章占据重臣之位40年，时间不可谓不长，权力不可谓不大，如果在战与和的问题上，思维不是那么"偏执"，他是完全可以为国家避免很多损失的。当然，话说回来，第一责任不在他，导致中国目前任人宰割、欺凌之局面的第一罪人是慈禧太后。

中日甲午之战这一年，正逢慈禧太后六十大寿。在她看来，没有比过好大寿更重要的事了，挪用海军银子修自己的园林，不过小事一桩。日本侵朝战争刚一打响，慈禧太后就主张从速和解，以免耽误她六十大寿的庆典。但是光绪帝此时已经亲政，主张抗日援朝打到底。一些大臣附和他的主张，不停地上折子要求打赢；有的大臣还主张停掉颐和园工程，把钱集中起来投入战争。停修颐和园这个建议是对的，筹备慈禧太后六十寿典得花大把银子，从西苑到颐和园，沿途每5步就得扎一座彩亭彩棚。但慈禧太后一听有人反对，十分恼火，在朝会上恶狠狠地说："今天令我不欢者，我会令他终身不欢！"

一国之主因自己的一次寿典而如此不顾大体，这在中国历史上是少见的。当平壤战役失败、黄海战役失败、威海卫正在激战之时，她考虑的根本不是去组织兵力挽回败局，想的依然是不要影响她的寿典。她给李鸿章的一系列指示都是尽快求和了事。本来，两万日军在辽东半岛登陆时，中国的陆军实力远大于日军，仅在海城一地就集结了100余营、6万多兵力。可是，由于慈禧太后和李鸿章的乞和心理，将士们斗志全无，十几万清军先后不战而溃。

尤其令人痛心的是，由于统帅部缺乏战争意志，全国像一盘散沙，南洋水师简直就是在坐看北洋水师出洋相。战后，一位南洋水师将领还找到一位日本官员，幸灾乐祸地向他索要一艘在威海卫被俘的军舰，说这舰是我们南洋水师的，甲午战争与我们没关系。

此前的军费大多被李鸿章用在北洋水师上了，北洋水师是李鸿章的"亲儿子"，其他水师和陆军都是他的"干儿子"。"亲儿子"吃肉，"干儿子"们喝汤，军队早就分派系了。全国的军队分派系，怎么能打得过全国上下一心、如狼似虎的日本？

甲午战争之败，原因甚多，究根到底，败在任何人都无力去挽救一个腐朽没落的政府了。

《马关条约》签订后，全国人民发起轰轰烈烈的反割台斗争。台湾同胞更是发出怒吼："愿人人战死而失台，决不愿拱手而让台。"然而，清政府坚持履约，任命李经方赶赴基隆，在日本军舰上完成交割仪式。日军近卫师团随即大举入侵中国台湾。台湾巡抚唐景崧逃往厦门，台北陷落。台湾同胞仍不屈服，纷纷拿起武器，起义军分为两支，一支是刘永福率领的黑旗军，另一支由徐骧、丘逢甲率领。

在4个月的抗战中，中国台湾军民不怕牺牲，与日本三个近代化师团及一支海军舰队接仗百余次，消灭日军主力近卫师团近半数，师团长北白川能久亲王也受重伤毙命。这是一场没有任何外援的生死之战，中国台湾全岛最终被日本攻陷。

台湾地狭兵少、武器落后，给日军造成的伤亡却大于甲午战争中清军给日军带来的伤亡。如果当初也能像台湾同胞这样浴血奋战，日军能够登上辽东半岛吗？可悲可叹啊！

《马关条约》不仅激起了国人的愤怒和反抗，连西方强盗也看不下去了，因为他们眼红了。特别是沙俄，早就觊觎辽东半岛，尤其是旅顺，最终却让日本拿去了。沙俄立即联络德、法等国，逼迫日本交还辽东半岛。日本无力与三国抗衡，只得退还辽东半岛，但中国必须额外再付 3000 万两白银的赎金给日本。

千万不要以为沙俄这是在仗义执言，5 年之后，它就趁中国的义和团运动兴起，八国联军攻击中国之际，突然出兵占领中国东北三省。

一味地息事宁人、避战乞和，李鸿章一条道走到黑。西方强盗抓住李鸿章的这条小辫子，疯狂地瓜分中国。吃肉不吐骨头，强盗们的嘴脸一个比一个丑恶，胃口一个比一个大……

十七、瓜分中国，步步惊心

沙俄政府借 1896 年 5 月 26 日沙皇尼古拉二世加冕典礼的机会，向清政府发出邀请，希望能派员参加，更重要的是讨论如何限制日本在中国东北的利益。清廷又起用李鸿章，让他以钦差大臣的身份前往莫斯科，参加沙皇的加冕典礼，顺道访问法、德、英、美等 4 国，感谢它们在中日甲午战争后对中国的"关照"。

李鸿章当时已 73 岁，据说，临行前其家人恐其不测，专门准备了一副棺材随行。李鸿章的船队驶进苏伊士运河，沙俄公爵马赫托姆斯基早已在此恭候。李鸿章在沙俄被安排住在一个叫巴舍夫的巨商家中，他到巴舍夫私邸时首先看到的是一座中式大牌楼，上面插满龙旗，中间竟镶着李鸿章的照片。沙俄财政大臣维特负责全程接待李鸿章一行。维特是第一次世界大战以前欧洲最为杰出的外交家之一，可见沙俄政府对中国使团的重视。在沙皇加冕典礼的第二天，各国显要都入宫庆贺。李鸿章被安排在首席贺臣的行列中，同英国皇太子、德国亲王、日本皇弟等人平起平坐。

接下来访问德国时，德皇亲自陪同李鸿章检阅御林军。柏林最豪华的凯撒大酒店总统套房里，摆着他喜爱的雪茄烟、画眉鸟。铁血宰相俾斯麦极尽谄词吹捧李鸿章，说中国要是由他当皇帝就好了。接着访问荷兰、比利时和法国时，也都受到各国的隆重接待。到了英国后，场面更是阔大，伦敦汇丰银行的一场欢迎宴会就耗资 3 万两银子。结束了欧洲考察访问后，李鸿章乘船横渡大西洋去访问美国。美国总统克利夫兰本来正在度假，听说李鸿章到了，立即赶到华盛顿举行盛大宴会款待他。最后访问了加拿大。至此，李鸿章访问欧美的活动全部结束。

李鸿章此次访问历时 190 天，水陆行程 9 万多里，这在中国历史上实属罕见。然而，天下没有免费的午餐，西方强盗先是三国干涉还辽，其后又破格接待李鸿章，其目的都是为了从中国谋取巨大的利益。

此次出访中，李鸿章与沙俄签订了《中俄密约》，约定中俄结成防卫性的军事同盟，共同抵御日本。作为回报，战争期间，中国所有口岸均向沙俄兵船开放；中国允许华俄道胜银行建造一条由黑龙江、吉林至海参崴的铁路，无论战时、平时，沙俄均有权使用该铁路运送兵员、粮食和军械。

狡猾的沙俄可不单单修条铁路，在横贯吉、黑两省 950 多英里长的铁路的两旁，数十英里宽的地带实际上成为沙俄的"特区"。在该地区内，制度、法律等全套照沙俄的施行。大量沙俄移民进入中国，中国的吉、黑两省被一条铁路切成两块。

这是引狼入室，使沙俄不费一枪一弹，实际上把中国东北区域变成了沙俄的势力范围。这对于沙俄将侵略矛头进一步伸向华北及长江流域，进一步对清政府施加影响，争夺远东霸权，具有重要的意义。

比照沙俄，德国迅速行动起来。光绪二十三年（公元 1897 年）11 月 13 日，德国海军以两名德国传教士在山东曹州（今山东菏泽）被杀为借口，向青岛发起攻击，夺取炮台，强占胶州湾等地。清廷害怕事态扩大，于 1898 年 3 月 6 日与德国签订了丧权辱国的中德《胶澳租界条约》，内容有：把胶州湾租给德国管辖 99 年；胶澳（今山东青岛）海面潮平 100 里内，划为"中立"区，德国军队可以在此自由通行；山东省内任何工程应首先与德国企业商办；修筑胶济铁路及开发沿线矿藏；如此等等。

而在曹州教案发生后，沙俄借口"帮助中国人摆脱德国人"，于 1897 年 12 月 14 日派舰队驶入旅顺口，并答应"春暖离口"，其实却与德国暗中勾结，保证互相支持对方的侵略活动。最终迫使清政府与之分别在 1898 年 3 月 27 日和 5 月 7 日签订了《旅大租地条约》及《续订旅大租地条约》，把整个中国东北划为沙俄的势力范围。条约何等苛刻啊：没有沙俄的同意，中国不得在铁路、开矿、贸易等事务上与任何他国合作。

接下来，沙俄以中国东北为大本营，把手伸进朝鲜，抓住朝鲜的财税权，还派出不少沙俄人在朝鲜军队中担任教官。这引起了日本的警觉，通过一系列手段收买了沙俄的决策者，两国签了《东京协定》，互相承认各自在中国东北和朝鲜的特殊利益。

俄、德、日的行动刺激了英、法、美等国。法国首先要挟中国，说两广及云南是法国的势力范围，不论在什么情况下，都不准中国把这三省让与除法国之外的他国。清廷怕惹了法国，与法国签订了《广州湾租界条约》。主要内容是：把广州湾租给法国 99 年；在 99 年内，广州湾归法国一国管辖，中国不得过问；中国船只驶入广州湾须向法国交纳各项税钞；法国可以在广州湾及昆明与越南边界修建铁路，敷设电线。

自鸦片战争起，中国南方一直是英国的势力范围，法国这么闹，英国急了，立即强迫清廷签订了《续议缅甸条约附款》，将中缅边界一带划为英国的特区，永远租给英国。条约处处可见英国的贪婪，规定未经英国同意，中国不得将湄公河两岸的江洪、孟连地区让与他国。条约还让英国堂而皇之地加强了对两广地区的贸易控制，扩展了英国的势力范围。英国公使还要清廷总理衙门出具保证书，保证不将长江沿岸地区"让予或租给他国"。

就这样，英国还不满足，又强迫清政府签订《展拓香港界址专条》和《订租威海卫专条》，英国的势力一下从南伸展到北。

英、法的大动作又使日本眼红。光绪二十四年（1898 年）闰三月二日，日本迫使清廷发布声明，从现在起不将福建省内之地让与除日本之外的国家。这样，福建成了日本的势力范围。

拿到福建后，日本又打起中国内陆省份的主意。英国外交官张伯伦发现了日本的阴谋，与法国联手搞了个决议，意在守住各自在中国的特权，同时平衡各列强为瓜分中国而产生的摩擦和矛盾。

19 世纪末期的中国成为砧板上的肉，任凭西方强盗分割。狡猾的美国此时因为忙于对西班牙的战争，没有在中国"切"到势力范围，但又不甘心中国被其他国家瓜分，于是就提出了"门户开放"政策。意思是，美国承认列强们已经在中国取得的各种特权，但列强们也得承认美国享有与它们一样的机会和权利，中国的大门也得对美国敞开。

美国的经济和军事实力不容其他列强小觑，于是，一伙新老帝国主义强盗把中国的门户极大地向美国敞开：来吧，美国！中国是我们的，也是你的。

发出这种召唤的，还有没在中国抢到地盘的老牌帝国意大利，为了讨好美国，它也加入其他列强一起鼓噪。

西方强盗瓜分中国，步步惊心。国之不国，生死抉择摆在清政府的面前。

十八、几个书生想"变天"

光绪二十四年（公元 1898 年）四月十二日，维新派康有为等人在北京成立"保国会"，向全国发出"保国、保种、保教"的呼声，即保国家政权、领土不丧失，保民族种类能自立，保圣教不失。康有为的一段演说慷慨激昂，打动了包括光绪帝在内的广大同胞：

> 吾中国四万万人，无贵无贱，当今日在覆屋之下、漏舟之中……为奴隶，为牛马，为犬羊，听人驱使，听人宰割，此四千年中二十朝未有之奇变。

康有为是广东南海人，出身于官僚簪缨世家。遍读万卷书后，又赴香港钻研西方文化，立下"以强敌为师资"的心愿。光绪十四年（公元 1888 年），康有为到北京参加顺天乡试，借机第一次上书光绪帝，请求变法。在上书中，他痛陈祖国的危亡，批判因循守旧，要求变法维新，提出了"变成法，通下情，慎左右"三条纲领性主张。但其被斥为"狂生"，上书被阻，未抵至光绪帝。但康有为的名气由此传开，上书辗转传诵，一批青年才俊慢慢地聚拢在他的周围，像梁启超、麦孟华、陈千秋等人，都成为他的弟子。

康有为在这班弟子的协助下，一方面在广东开学馆，一方面著书立说，为变法维新创立理论依据。其中最有影响的作品是《新学伪经考》和《孔子改制考》。《新学伪经考》把批判矛头指向以《左传》《周礼》等为代表的古文经典，说它们是"伪经"，鼓动人们不再信奉它们，与它们决裂。

在批判古文经典的同时，康有为把孔子打扮一番，说孔子是典型的"托古改制"者，是与时俱进的改革者，应该向孔子学习，大胆变法维新。

实际上，康有为的这两部著作不可能从理论上指导维新变法，只是冲击了当时顽固守旧的政界和思想界。真正能给中国变法维新带来启迪的理论依据，是他后来编纂的一系列西方考察记，如英、法、德、俄、日本"变政记"。通过这些广泛宣传维新变法思想的著作，他给清政府和中国的知识界传递了这样的信息："泰西讲求三百年而治；日本施行三十年而强；吾中国国土之大、人民之众，变法三年，可以自立，此后则蒸蒸日上，富强可驾万国。"

康有为很乐观，可国家大局却远比他想象的要悲观。光绪二十一年（公元1895年），中日《马关条约》签订，康有为在悲愤之余，联络18省举人，发起著名的"公车上书"活动，提出拒和、迁都、练兵、变法的主张，建议光绪帝当机立断，带领中国走出困境。

康有为亲自起草的"万言书"依旧被官员们扣压下来。不过，"公车上书"后不久，会试发榜，康有为依然中了进士，授工部主事，他那些"偏激"的言语没被朝廷计较。这让康有为看到了希望，以为朝廷已经开明进步，于是又接连几次向光绪帝上书，呼吁维新变法。这些上书终于被光绪帝看到了，其中一些句子很有刺激性：

> 瓜分豆剖，渐露机牙，恐惧回惶，不知死所。……职恐自尔之后，皇上与诸臣，虽欲苟安旦夕，歌舞湖山而不可得矣。且恐皇上与诸臣求为长安布衣而不可得矣。

是啊，继续忍受西方强盗的欺凌，满足于现状，一旦亡国，光绪帝想当个普通的百姓都难！这几句话深深地刺激了光绪帝，他在康有为的上书上以浓墨写下"极嘉许"，又下令立即抄送太后、军机处和各省督抚。

甲午战败后，光绪帝痛感危亡在即，锐意变法，如今受了康有为的鼓动，他的变法之心更为急切。但他清楚自己不过是一个名义上的皇帝，慈禧太后虽早已"还政"于他，却仍掌握军政大权。他让庆亲王奕劻向慈禧太后传话："太后若仍不给我事权，我愿退让此位，不甘做亡国之君。"

光绪是慈禧太后的亲外甥，年仅4岁便被慈禧、慈安两宫皇太后扶上帝位。起初由两宫太后垂帘听政；慈安太后崩逝后，由慈禧太后一人垂帘。1889年，光绪18岁那年，慈禧太后决心退出一线，把权力归还光绪。但随着内外形势的变化，慈禧完全归政的决心开始动摇，她不放心光绪整天挂在嘴边的新政，唯恐天下大乱，乱掉祖宗基业。听了奕劻的传话后，慈禧太后怒道："他不愿坐此位，我早不愿他坐之。"

然而，在全国一片请求变法革新的呼声中，她不愿拂逆众意，便表态："由他去办，俟办不出模样再说。"

光绪二十四年四月二十三日（公元1898年6月11日），光绪帝公布《定国是诏》，宣布开始变法。5天后，打破清朝皇帝不得召见小臣的"祖宗家法"，特旨召见康有为，君臣晤谈数小时。康有为劲头倍增，又一口气呈递了30多道奏议，为光绪帝设计了一整套变法图强的蓝图。光绪帝有选择地采纳，在自6月11日至9月21日的103天中发出100多道变法诏令，督促各地依令而行，史称"百日维新"。

各地能执行光绪帝的诏令吗？很难。因为从政治、经济、军事、文化诸方面看，这些诏令都与地方政府大员们的利益相悖。例如，要大规模地裁撤政府冗员，裁汰绿营、练勇，准许设立报馆、学会，给予百姓以一定程度的言论、出版、结社的自由，还要废除八股、改革科举制，如此等等。

真正响应维新变法诏令的只有湖南一省，巡抚陈宝箴思想开放，措施有力，并得到熊希龄、黄遵宪等维新派的大力扶助。陈宝箴还以巡抚身份支持维新派创办"南学会"、"时务学堂"和《湘报》，传播新思想，邀请康有为、梁启超等维新派人士来湘讲学，使湖南的变法维新开展得生气勃勃。黄遵宪在西方列强瓜分中国时写下了充满悲愤和激情的诗赠给梁启超："寸寸河山寸寸金，侉离分裂力谁任。杜鹃再拜忧天泪，精卫无穷填海心。"这首诗在当时激奋了亿万中国人的心。

从本质上讲，光绪帝的这些变法诏令并未触及封建专制政体，也没有触及为官吏们带来众多利益的土地所有制，但它依然寸步难行。原因是：裁撤冗官，得罪了官员群体；裁汰绿营、练勇，得罪了军人群体；改革科举、废除八股，得罪了士人群体。最令广大官吏们反对的是，维新变法的重头戏是改变官制，撤掉现存的政府办事机构，按西方的君主立宪制重新建构政府。

李鸿章问康有为："我们要废除所有六个部和取消现行的一切规章制度吗？"康有为很肯定地回答："法律和政府制度……已使中国软弱，将要灭亡。这些毫无疑问都必须废除。"

让维新派人士进入政府，让原有的六部大员下台，这怎么会不受到重重阻挠？湖广总督张之洞也站出来反对。张之洞、李鸿章都曾为清朝的洋务运动作出贡献，他们在发展军工企业方面有所作为，但当触及他们的根本利益时，他们就不约而同地站到了反对者一边。在他们的影响下，守旧派人物纷纷跑到"老佛爷"慈禧太后那里去告状，说光绪帝的这套搞法背离祖宗成法，使大权下移给下民，这是倒行逆施。

慈禧太后决心阻止变法。就在光绪宣布变法的第 5 天，她强迫光绪帝连下 3 道谕旨：一是免去支持光绪帝变法的翁同龢的一切职务，以此孤立光绪；二是从现在起，凡新授二品以上的官员，须经太后同意才能任免，堵死了光绪破格提拔维新人士之路；三是任命心腹荣禄出任直隶总督，统率拱卫京津的北洋三军，从军事上断绝了光绪帝发动政变的可能。

光绪帝察觉到太后的用意，内心十分郁闷，也有几分恐惧，但他仍决心放手一搏。9 月 4 日，光绪帝突然下令将反对维新变法的礼部 6 堂官全部革职，随即提拔维新派青年才俊谭嗣同、杨锐、刘光第、林旭，让他们领四品卿衔进入军机处，推动变法施行。

光绪是铁了心要变法，为此，他甚至于 1898 年 9 月 20 日接见来华浏览的中日甲午之战的日方主谋伊藤博文，向他请教变法之道。光绪帝对伊藤博文说："贵国自维新后，庶绩咸熙皆出自侯爵手定，各国无不景仰，无不赞美，朕亦时佩于心……贵国与敝国同洲，相距较近。我中国近日正当维新之时，侯爵曾手创大业，必知其中利弊，请为朕晰言之。并祈与总署、王、大臣会晤时，将何者当兴，何者当革，笔之于书，以备观览。"

　　光绪帝的一系列维新变法的行为，彻底激怒了慈禧太后及其追随者。慈禧太后暗中指示荣禄加紧调兵，控制京津间的全部要道，准备以政变的方式结束维新变法运动。光绪帝预感大祸将至，连发两道密诏，要康有为等速谋良策以挽救危局。康有为、梁启超、谭嗣同、康广仁等一班书生捧着密诏痛哭，不知该如何应对。

　　哭过之后，决定由谭嗣同密访统领北洋三军之一的将领袁世凯，劝他勤王，杀荣禄，除后党。袁世凯与康有为的关系历来不错，思想观点也很接近，康有为的第四次上书就是他暗中帮助代递上去的。康有为发起强学会时，袁世凯捐款 500 金。康有为等维新派人士讨论机密事项时也不避着袁世凯。因此，在这迫在眉睫的危急时刻，康有为派谭嗣同夜见袁世凯。

　　谭嗣同是八月初三（9 月 18 日）夜见袁世凯的。袁世凯被康有为的计划震惊了，就在他举棋未定时，荣禄召袁世凯速回天津。袁于初五回到天津，初六上午，慈禧太后通缉康党的训政就发布了。袁世凯明白自己和维新派关系密切，又被谭嗣同策反过，肯定会受到牵连，于是在荣禄面前主动交代，"大哭失声，长跪不起"，把光绪帝和维新派的"阴谋"和盘托出。

　　慈禧太后根据荣禄的情报，迅速调整部署，起初只准备惩办康有为等少部分人士，现在决定从光绪帝抓起，彻底粉碎戊戌变法运动。9 月 21 日清晨，正在中和殿议事的光绪帝被捕。

　　囚禁光绪帝后，京城各地开始大肆搜捕维新人士。康有为在英国人的帮助下逃往香港。梁启超躲入日本公馆，后在日本人的掩护下逃往日本。谭嗣同本来也有机会出逃，但他坚持留下来为变法殉道。他说："各国变法，无不从流血而成。今日中国未闻有为变法而流血者，此国之所以不昌也。有之，请自嗣同始。"

　　公元 1898 年 9 月 28 日，谭嗣同、杨锐、林旭、刘光第、康广仁、杨深秀一同被杀于北京菜市口，史称"戊戌六君子"。谭嗣同在临刑前大声呼喊："有心杀贼，无力回天，死得其所，快哉！快哉！"

　　几个书生在中华民族最危险的时刻挺身而出，血洒神州，在既缺乏政治、军事实力和社会基础，又没有从政经验的条件下，发起一场既有民主诉求，又有保皇色彩，声势轰轰烈烈的变法运动，有力地冲击了旧体制、旧势力。尽管变法最终失败了，却为一场更猛烈的革命风暴——义和团运动准备和提供了能量。

十九、刀枪不入义和团

在天灾、人祸的重击下，广大民众走投无路，对政府完全绝望。饱受甲午战争之害的山东百姓，首先掀起反对西方强盗欺凌中国的斗争，以赤手空拳的血肉之躯与武装精良的侵略者生死一搏。百姓们以自然村为单位成立"义和团"组织（起初称"义和拳"），以大刀长矛为武器，迅速由山东向河北、天津和北京方向发展。

义和团的初期目标对准洋人教堂和仰仗洋人横行乡里的信奉洋教的教民。为什么会把目标对准这些人呢？原来，一些地区的教堂、教会仗着洋人势力，肆无忌惮地欺凌中国公民，有些天主教教士能左右中国的地方官，成为实际上的地方主管。义和团拿他们动手，四处毁教堂、逐教士、杀"三毛子"（通洋学、懂洋语、用洋货者）。

这引起了西方强盗的恐惧和仇视，一致要求清政府迅速镇压义和团。慈禧太后下令新任山东巡抚的袁世凯"戡乱"，但是朝廷中的部分权贵则主张支持和利用义和团，以抗击外国侵略者。慈禧太后本来就对西方强盗支持维新变法不满，又听说义和团"刀枪不入"（义和团士兵大多习武练拳，用一些迷信色彩包装自己），连洋人也怕，遂决定改剿为抚，发布上谕，承认义和团的广大"拳民"均为国家赤子。

直隶总督裕禄于是由剿灭义和团转变成扶助义和团，除了向团民发放饷银外，还邀请义和团的首领大师兄到天津开坛聚众。北京城也涌入近 10 万义和团"拳民"，喊出"扶清灭洋"或"保清灭洋"的口号。

"扶清"当然对清廷的胃口，"灭洋"则激怒了侵华强盗。各国公使联名警告清政府，局势若得不到控制，不论中国政府同意与否，各国政府都将调兵保护在华外国人。

"灭洋"虽然带有笼统排外的色彩，但它却是自 1840 年以来中国广大民众积压了 60 年的怒火。清政府也隐忍了 60 年，现在与民众同行。这一局面的出现，主要是西方强盗大肆殖民中国、瓜分中国所造成的。

西方强盗开始动手了，1900 年 5 月，俄、英、法、德、日、意、奥、美组成八国联军，推举英国海军将领西摩尔担任联军总司令，将大批军舰集结在大沽口外。6 月 10 日，近 3000 联军士兵从天津租界坐火车向北京进犯，正式打响八国联军侵华之战。

不可一世的联军仗着武器优势攻克大沽炮台，但很快便在廊坊、落垡、杨村等地遭到义和团及清军名将聂士成、董福祥部的阻击，联军伤亡惨重，逃回天津。6 月 21 日，慈禧太后发布《宣战诏书》，向英、美、法、德、意、日、俄、西、比、荷、奥匈等 11 国强盗宣战。诏书中说："与其苟且图存，贻羞万古；孰若大张挞伐，一决雌雄。"

宣战诏书发布后，两江总督刘坤一、湖广总督张之洞、两广总督李鸿章、闽浙总督许应骙、四川总督奎俊、铁路大臣盛宣怀、山东巡抚袁世凯即公然抗旨，和各参战国达成"东南互保"协议，意思是东南各省不参与战争，与洋人互不攻击。这样一来，大局势便成为北方在抵御西方强盗，南方在保护西方强盗。南北不一，清廷非常焦虑，慈禧太后只得在发布宣战上谕 8 天后，就向西方强盗作出了妥协姿态，乞求各国谅解，说宣战非出自朝廷本心，还露骨地许诺会尽快平息义和团乱民。

不管清廷出自何心，义和团都是一心杀敌。在天津老龙头火车站，一战击毙击伤 500 多名沙俄军，义和团的英勇让联军震惊。在八国联军密集的火力前，义和团的士兵"死者如风驱草"，前仆后继。清军聂士成部也展现大无畏精神，攻打天津租界十余次，差点攻下，当时西方军队称聂军是中国最强悍的军队。

北京城内的义和团和天津的义和团作战方式不同，他们在清廷的唆使下打巷战，把攻击目标集中在东交民巷公使馆区和西什库天主教北堂区。守卫这两个地区的联军仅几百人，但武器精良，机枪疯狂扫射，义和团连攻两个月都未能攻下，伤亡惨重。

10 万义和团军加上数千人的清廷卫戍部队，完全可以很快攻占联军分布区域，但慈禧太后已经无心再战，暗中派荣禄对公使馆等地区进行保护，参与进攻的卫戍部队只摆出架势。

1900 年 8 月 13 日，联军进至北京城下，进攻东便门、朝阳门、东直门。英军率先由广渠门破城窜入。14 日，北京失陷。次日晨，慈禧太后和光绪帝仓皇出逃。联军入城后，解除了义和团对东交民巷和西什库教堂的围攻，义和团被迫退出北京，转往外地坚持抗击侵略者。慈禧太后在流亡途中指定李鸿章为与列强议和的全权代表，发布彻底铲除义和团的命令。

慈禧太后等人逃出北京，一路向西，辗转至西安方才止步。皇帝、太后出逃，京城一片混乱，联军纵兵抢劫 3 天，皇宫和颐和园所藏的自元明以来的积蓄，上自典章文物，下至国家奇珍，均被抢劫一空。比抢劫更残忍的是大范围的屠杀，有的联军士兵见人就杀，北京大街小巷尸横遍野，有的地方人皆"踏尸而行"。

八国强盗仍不住手，继续向中国增兵，使联军兵力达到 10 万多人。这些装备新式火炮的强盗，打着"彻底消灭义和团"的口号，兵分数路向北京周边省份攻击，最远的进抵山西、山东边境，每攻占一地就烧杀抢掠。各地的义和团就这样遭到外国侵略者的残酷镇压，有些地方的清军为了讨好侵略者，也参与这种屠杀。

以贫苦农民为主、以反对侵略者为主要目标的义和团在中外反动势力的围剿下失败了。不论侵略者和汉奸势力如何丑化它、诅咒它，它都在一定程度上给了那些标榜自由、民主、平等、博爱的侵略者以有力的打击。它用"刀枪不入"的血肉之躯警告那些异种侵略者：中华民族屹立几千年，不能任由尔等瓜分、肆虐！

八国联军在北京周边扫荡了一番后，同意议和。1900 年 9 月 14 日，李鸿章乘坐招商局"安平"号轮船，在沙俄军舰的护送下离开上海北上；6 天后，抵达天津。10 月 1 日，李鸿章在天津接任直隶总督，然后略作筹划，于当月 11 日最终抵达北京。名义上是议和，其实是强盗们为进一步瓜分中国，从中国攫取更多的利益而互相讨价还价。李鸿章没有什么发言权，只有权在各国商定好的 12 条《议和大纲》上签字。

光绪二十七年七月二十五日（1901 年 9 月 7 日），奕劻、李鸿章代表清廷在北京与英、美、德、法、俄、日、意、奥、西、荷、比 11 国公使在《最后议定书》上签字，该协议共 12 款、19 个附件，史称《辛丑条约》。其主要内容是：清政府向德、日"谢罪"；惩办主战派官吏；永远禁止中国人成立或加入任何反帝组织，违者处死；官员对反帝斗争镇压不力者，即行革职，永不叙用；赔款白银

4.5 亿两，分 39 年还清，年息 4 厘，本息共计约 9.82 亿两；将北京东交民巷划定为使馆区，成为"国中之国"，中国人不得居住区内，各国可派兵驻守。

灾难深重的中国早已被西方掠夺一空，现在又要赔付天文数字的银两，除了继续大量向西方举债之外，其中绝大多数要由全体中国人支付。人民本已穷困不堪，如何凑得齐？据说李鸿章也被巨额赔款吓住了，签字画押时神情呆滞，双手发颤，回家后就病倒在床。

78 岁的李鸿章这一病再无药可医。几个月后，李鸿章临终前的一个小时，沙俄公使还站在他的病床旁逼他在沙俄占领东北的条约上签字。一辈子签了无数次不平等条约的李鸿章，这一次伤心透了，不停地流下泪水。泪尽、气终，他睁着眼睛，死不瞑目。

二十、指望西方强盗是引狼入室、饮鸩止渴，自寻死路

对于清王朝来说，李鸿章之死如梁倾栋折，慈禧太后及光绪帝闻讯皆痛哭一场。哭毕，以光绪帝的名义发布上谕，宣布圣驾回京。

从 1900 年 8 月 15 日算起，清廷已在西北流亡了将近一年半。其间，由于《辛丑条约》的签订，八国联军陆续撤出了北京，西方强盗都收到了第一笔赔款，强盗们开始向清廷示好，不追究慈禧太后的"战争罪"，不反对她回到北京。

慈禧太后这才有胆量从西安启程返回北京。銮驾行至辉县，正准备从南城门入城，"谁知一个法国天主教神甫搬了把椅子，坐在路中央挡住帝国皇家的去路。3000 人马停止前进……一个洋人和中华帝国的皇家车队对峙了很久，最后慈禧太后竟然下令往后退，退出了南门，绕到西门进城。"

受洋人欺侮的日子不好受，或许是自我醒悟，或许是为了缓和内部矛盾、巩固皇权，或许是为了继续欺骗百姓，以赢回一些民心，慈禧太后一反常态，在西安时即频频发出变法维新之举，甚至以上谕的形式，向社会各界征求变法之道。

经过筛选，清廷流亡政府主要从 1905 年曾出洋考察的镇国公载泽、户部侍郎戴鸿慈、兵部侍郎徐世昌、湖南巡抚端方、商部右丞绍英这五大臣和总揽新政事务的袁世凯、刘坤一、张之洞的建议中确定了"新政"纲领。乍一看很鼓

舞人心，有的新政力度甚至超过光绪帝戊戌变法时的主张，例如慈禧太后表态可以参考西法实行君主立宪。此外，鼓励和提倡发展民营企业、改革军制、废除科举制度等，也在社会上引起很大反响。

清廷流亡政府的变法，落脚点还是在赢得洋人好感的同时，使封建统治能够延续下去。但通过这些变法就能取得洋人的信任和支持吗？这真是一点也不靠谱，西方强盗的骨子里只有贪婪，或者说亡我之心不死，它们才不管中国怎么变，它们要的是从中国夺取更多的领土，掠取更多的资源。

以沙俄为例：趁八国联军从天津向北京发起进攻之际，沙俄突然出兵17万入侵中国东北三省。

在此之前，沙俄通过与清廷签署的协议，已经用西伯利亚铁路贯通了中国黑龙江、吉林两省，为沙俄军队的迅速出动提供了重要的交通线。修这条铁路时，清廷的许多有识之士是坚决反对的，但李鸿章等人极力赞成，认为可以促进中国的铁路建设。

不错，这确实为中国增添了一条铁路，但这主要是20多万中国劳工在骇人听闻的条件下艰苦施工的结果。这些衣不蔽体的中国劳工，夏天每天要工作17个小时以上，冬天也要在零下几度、十几度的低温下坚持施工。东北铁路是中国劳工用血肉之躯筑成的，筑成后它没给东北带来沙俄所吹嘘的繁荣，反而使沙俄从中国掠走大量财富，还极大地方便了列强入侵。沙俄财政大臣维特曾一语道破沙俄在中国东北修建铁路的用意，他说：有了东北铁路，沙俄就能在任何时间内，通过最短的路线，把沙俄军队运到海参崴（今俄罗斯符拉迪沃斯托克），再集中于"满洲"和黄海等地，直接威胁中国京城北京，进而主导远东。

这就是"黄俄罗斯"计划，通过铁路运兵攻占中国东北，把祖祖辈辈生活在这片土地上的黄皮肤的中国人变成"黄俄罗斯"人。

这个阴谋何其毒辣，中国政府和人民当然不能容忍。当时，清廷已向西方宣战，作战对象包括沙俄军队，所以东北三省军民和义和团立即行动起来，与沙俄军队展开激战。义和团带领群众拆铁轨，毁桥梁，阻止沙俄军队南下；清军正规部队也与沙俄军队逐城逐地展开争夺和反击。

战斗异常激烈，沙俄军队攻入瑷珲城后，城内军民与之逐屋争夺。沙俄军队将领事后宣布：几乎每幢房子都是经过战斗才取得的。

战斗不仅激烈，也非常恐怖。沙俄军队在海兰泡（今俄罗斯布拉戈维申斯克）一次就将 3000 多名中国居民强行赶至江边集体屠杀。沙俄军队扫荡江东六十四屯时，除了将中国居民的房舍焚烧干净，还将 7000 多名中国人赶入江中活活淹死。

沙俄军队的暴行在沙俄国内也受到谴责，列宁曾在《中国的战争》一文中详尽揭露和谴责沙俄军队的兽行。但沙俄军队依然我行我素，攻占吉林牛庄后，将数千名手无寸铁的中国居民包围，骑兵来回砍杀数小时，直至杀净方才住手。

凭借残酷的杀戮手段，沙俄军队于 1900 年 10 月控制了直隶通往东北三省的各处要道，切断了关内外的联系，将中国东北整个掌控起来。

攻占东北之后，沙俄又向清政府提出一系列特权要求，不仅要长期驻兵东北，还要将蒙古、新疆、华北等地划为沙俄的势力范围。

沙俄的野心激起了中国人民的愤怒，上海、广东、江苏、浙江、山东等地首先发起反对沙俄的大规模游行示威，紧接着，其他省份也加入"力拒俄约，以保危局"的活动，港、澳同胞及海外华侨也纷纷声援。迫于社会压力，清政府拒绝了沙俄逼签新约的要求。

比清政府的回应更有力的是，东三省的广大民众并没有屈服于沙俄占领军的淫威，纷纷拿起武器，采取各种形式袭击沙俄军队。

西方强盗眼红沙俄独占东北三省，也先后行动起来。美国重申门户开放政策，日本更是不满沙俄抢走它自己梦寐以求的东北，私下调兵遣将，准备与沙俄大打一场。

在多方的反对声中，沙俄于光绪二十八年三月初一（1902 年 4 月 8 日）与清政府签订《交收东三省条约》，同意从签字时起在 18 个月内分 3 批从东北境内撤走全部沙俄军队。

第一期撤军如约实行。但 1903 年 4 月的第二期撤兵，沙俄却违约不撤，反而照会清廷外务部另提所谓"七项撤军新条件"并重新占领沈阳，俄国沙皇并任命阿列克塞耶夫为远东总督，妄图霸占中国东三省。

消息传出，中国各省份又掀起大规模示威集会，广大民众发出"即使政府承允，我全国国民万不承认"的怒吼。日本早想取代沙俄在中国东三省的地位，如今见机会来了，秘密集结军队，准备给沙俄以重重一击。

在沙俄眼里，日本不过是一只会说日语的"跳蚤"，没去提防它。谁料日军首先在满洲里300多公里长的陆地战场上击败沙俄军队，使沙俄军队伤亡人数达到15万之多。而后又在海上向庞大的波罗的海舰队发起突袭。波罗的海舰队曾被沙俄吹嘘为无敌舰队，1905年5月，这支已经环球航行7个多月的舰队，奉命驶入海参崴。舰队正在从对马海峡驶向海参崴时突遭日本舰队伏击，短时间内，波罗的海舰队几乎全军覆没。

沙俄被突袭打懵，在美国的调解下与日本议和，不得已把萨哈林岛南部、旅顺港的租让权及辽东半岛的其他地区（含南满铁路）一并割让给日本，同时承认日本在朝鲜的特权。日本挟此和议，立即胁迫清廷承认它从沙俄手中夺得的各种特权。清廷在日本武力的胁迫下，"概行允诺"。

就在日俄为争夺中国东北而大打出手的时候，英国从印度出兵大举入侵中国西藏。英国早就盯紧中国西藏，并曾于1888年武装入侵。英国为什么对中国西藏如此着迷？一是因为中国西藏地域辽阔、资源丰富；二是因为中国西藏的战略位置很重要，与多国接壤，边境线长4000公里，一旦控制中国西藏，就便于控制他国。

英军经过充分的准备，在付出沉重代价后于1904年4月攻陷江孜，8月进踞拉萨，中国西藏地方政府要员出走青海，英军大肆抢掠，布达拉宫瞬间成为空室。英军的劣行激起了藏族同胞的激烈反抗，西藏地方武装在民众的配合下不断向侵略者英军发起攻击，迫使英军躲在拉萨城内不敢采取任何武力行动。然而，就在此时，西藏地方政府内部占主流的投降派势力决定放弃抵抗，未经请示中央政府——清廷便与英军签订了《拉萨条约》，把中国西藏拱手让给英国。

英政府以为阴谋得逞，不料清朝外务部见到该条约之后，认为有损中国主权，拒绝批准。西藏当地军民支持中央政府，拉萨市民不卖粮食和货物给英军，不少藏族同胞继续在郊区攻击英军。在这样的形势面前，几经谈判，将近两年后，中英签订了《中英续订藏印条约》，以《拉萨条约》作为《北京条约》的附约，规定"英国允不占并藏境及不干涉西藏一切政治，中国国家亦应允不准他外国干涉藏境及一切政治"。这虽没有完全推翻《拉萨条约》所有条款，但却迫使英国放弃了占领中国西藏的计划，英军撤出中国西藏。

英军撤出中国西藏是清中央政府与藏族同胞合力的结果。如果此次事件又像以往一样搬出某个列强调停，能有现在的结局吗？求人不如求己，指望西方强盗互相制约，那根本不靠谱！

二十一、革命来了

清廷从西北流亡归来之后的几年，新政频出，变化太大了。一些在中国的洋人传教士和新闻记者一改以往的姿态，高度评价清末新政，说是看到了一个活的、年轻的中国。

年近八旬，长期受聘为同文馆总教习，后又担任京师大学堂总教习的美国传教士丁韪良，有感于中国的变化，撰写了《中国觉醒》一书。在书中，他以友好的姿态和充满同情心的言词向世人推介中国，并且发出跨越时代的预言："中国是当今世界正在发生的最伟大运动的舞台""它所承诺要做到的事情是让这个最古老、人口最多和最保守的帝国得以彻底振兴"。

丁韪良是清廷任命的二品大员，他所希望的振兴，是在不改朝换代的前提下的振兴，是把西方基督教文化和西方工业革命融入中国的封建体制之中的振兴。总而言之，丁韪良的设想和希望值得尊重。

然而，与丁韪良的期冀完全相悖的现实是：多数国人已把清廷看作是"洋人的朝廷"，一股以推翻"洋人的朝廷"为目标的革命运动正在中国各地酝酿、形成。有趣的是，这股革命潮流恰好以新政为掩护，行改朝换代之实。

最先向清廷发难的是思想舆论界。全国5万多所新办学堂，在蔡元培主持的"中国教育会"的引导下，"校内师生高谈革命，放言无忌"。在日本留学的陈天华等，著书撰文，号召国民苦战、死战，以救中国。上海《苏报》推波助澜，大量发表救亡图存方面的文章，其中，介绍邹容所著《革命军》的文章和章炳麟的《驳康有为论革命书》在社会上产生强烈反响，呼吁尽快结束君主专制制度。邹容在《革命军》一书的结尾高喊："中华共和国万岁！"湖南人章士钊多次发文批判康有为等人的保皇论，鼓动民众揭竿起义，颠覆政府。

在学界风潮和各种传媒不停宣传新思想的影响下，各种形式的爱国运动和革命运动蓬勃兴起。最令人鼓舞的是收回路矿权的运动。

鸦片战争之后，西方列强用各种手段攫夺了中国的铁路建设和矿山开采权，它们实际上是用中国的赔款和苦工开矿，从中国掠走大量的资源和财富。光绪三十年（1904年），湖南、湖北、广东三省民众行动起来，要求"废约自办"粤汉铁路。三省留日学生组成铁路联合会，声援国内。由于是美国公司先行违约，将大量铁路股票私售给比利时，且在规定的时间内数年未动工，三省民众的要求有理有节。经过多方交涉，结果是：清政府同美国订立《收回粤汉铁路美国合兴公司售让合同》，以675万美元从美国手中赎回粤汉铁路的修筑权。

受此鼓舞，浙江、江苏人民也行动起来，取得了商办沪杭甬铁路的权利；四川人民取得了商办川汉铁路的权利；直隶、山东、云南等省民众，也展开了轰轰烈烈的爱国收权运动。影响最大的是山西民众收回英国福公司霸占晋东、晋南各地开矿权的斗争。山西民众告捷后，安徽、河南、云南、吉林、黑龙江等地区也相继展开收回矿权的斗争，一时间人民的力量震撼西方强盗。

与广大民众收回路矿权的斗争相呼应，各种形式的革命团体不断涌现，例如孙中山等人建立的兴中会、黄兴等人成立的华兴会、吕大森等人创建的科学补习所、蔡元培等人成立的光复会等。

孙中山原名孙文，广东香山（今广东中山）人。家境起初穷困，6岁开始下地干活，对人间疾苦深有感受。后来他哥哥孙眉去美国垦荒、经营牧场，家境得以好转。13岁那年，孙中山也来到美国，在这里接受西方文化教育，视野顿觉开阔，对帝国主义强盗的侵华罪行更加痛恨，下定决心从事爱国救亡事业。

26岁从香港雅丽士医学院毕业后，孙中山以行医为名，在广州、澳门等地广泛结交各界人士，暗中从事建立革命团体的工作。光绪二十年（公元1894年），28岁的孙中山上书李鸿章，提出"人能尽其才，地能尽其利，物能尽其用，货能畅其流"的改革主张，但未得到回应。

李鸿章的"冷水"没有浇灭孙中山的爱国热情，就在这一年，中日甲午战争爆发，孙中山忧心如焚，不再寄望于清政府，决心以革命手段拯救中国。他于当年11月在檀香山发起成立兴中会，确定其宗旨为"驱除鞑虏，恢复中国，创立合众政府"。

兴中会是中国近代第一个民主革命团体。1895年2月，孙中山在香港成立兴中会总部，并秘密地购买枪械，招募士兵，准备在广州和惠州发动武装起义。

起义尚未启动，计划外泄，兴中会重要领导人物陆皓东等人遇害，孙中山只得流亡日本。日本在当时是中国流亡人士和留学生的首选之地，一批精英人物如康有为、梁启超都会聚在此。孙中山与梁启超本是好友，但一谈到革命问题两人便形同水火，梁启超反对以革命手段推翻帝制。孙中山又在日本成立兴中会，继续筹划武装起义。为了保证起义成功，他还同三合会等秘密组织合作，并潜入越南河内成立兴中会分会。

然而，起义又遭失败。孙中山再次去往日本和美国，继续为推翻帝制积蓄力量。光绪三十一年（公元 1905 年），孙中山在日本结识了黄兴，两人相谈甚欢，立即决定把兴中会和华兴会等革命团体联合起来，成立"中国同盟会"，孙中山提出的"驱除鞑虏，恢复中华，创立民国，平均地权"的革命宗旨被采纳为同盟会纲领。

黄兴是湖南长沙人，本是湖广总督张之洞选派到日本学师范专业的留学生。但黄兴更喜爱学习军事，希望将来以军事报国。沙俄侵占中国东北时，黄兴利用自己在留学生中的声望，不顾日方反对，在学校成立了一支"拒俄义勇军"，准备开到东北作战。

从日本学成归国后，黄兴与刘揆一、宋教仁、章士钊等知识界名人一道发起革命团体华兴会，并立即部署在湖南全境发动武装起义。计划不慎泄密，起义未动而流产，黄兴再度东赴日本避难。

黄兴的经历和才华尤其是革命热情使孙中山感动，同盟会成立之时，经黄兴提议，选举孙中山为总理，孙中山指定黄兴为执行部负责人，居副总理地位，主持东京本部工作。同盟会内部自此将"孙黄"并称。

同盟会已经不是一般的革命团体，而是有明确政治纲领的政党，政治纲领的核心就是孙中山提出的民族、民权、民生三大主义，简称"三民主义"。

照孙中山当时的解释，"民族主义"即驱除鞑虏、恢复中华，"民权主义"即建立中华民国，"民生主义"即平均地权、节制资本。列宁对这份政治纲领给予了高度评价，说字里行间充满战斗的、真诚的民主主义，"是真正伟大的人民的思想"。

在孙中山的政治纲领之中，还充溢着大一统理念。例如他呼吁：中国已经陷入半殖民状态，再不能让腐朽的清朝主宰中国的命运，必须以武力将其推翻，避免中国被西方瓜分，务使中国保持完整统一。

在当时错综复杂的大环境中，孙中山的思想认识以及他提出的"三民主义"还有一定的局限性，"驱除鞑虏"就含有大汉族至上的因素。满族同胞为中国的统一事业作出了杰出的贡献，应该充分肯定。以"驱除鞑虏"为政治纲领之一，容易产生民族分裂的后果，推翻清朝不应该鄙视满族同胞。

尽管并不严谨，但"三民主义"的确提供了一幅振兴中华的蓝图，在一定历史时期代表了时代前进的方向。

在孙中山"三民主义"的指引下，以黄兴为主导，组织了一系列武装斗争，如光绪三十二年（公元1906年）的萍浏醴起义；光绪三十三年（公元1907年）的广东潮州黄冈起义，惠州七女湖起义，钦州、廉州、防城起义，镇南关起义；光绪三十四年（公元1908年）的云南河口起义；宣统二年（公元1910年）的广州新军起义；宣统三年（公元1911年）的黄花岗起义；如此等等。

在众多的武装起义中，广州黄花岗一役打得最惨，起义军一次牺牲80余人，黄兴的两根手指被打断。这次起义失败对孙中山、黄兴等骨干人物的心理打击很大。孙中山沉痛地说："吾党菁华，付之一炬。"黄兴悲愤至极，怀揣手枪、炸弹，准备只身涉险去暗杀清朝大臣。

革命暂时陷入低潮，然而，一场更大、更猛烈的革命风暴即将从武昌刮起。清朝的时日不多了。

二十二、革命原来不复杂

孙中山、黄兴领导的一系列武装斗争，以及徐锡麟、秋瑾等人领导的光复会在安徽、浙江等地的武装起义，都极大地震慑了清廷，动摇了清朝的根基。光绪三十四年（1908年）秋，早已被危局弄得心力交瘁的慈禧太后和光绪帝同时生了重病。11月14日，光绪帝含恨去世；仅隔了一天，统治中国47年的慈禧太后也死了。慈禧太后临死前，定醇亲王载沣年仅3岁的儿子溥仪为光绪的接班人，是为中国历史上最后一个皇帝，年号宣统。

"宣统"之意是宣扬光大清王朝统一中国之辉煌。但这只是一个美好的愿望，当时中国的国土被各西方强盗强占，革命党人和广大民众四处发动起义，清廷内部各派系之间也因慈禧死去而加剧纷争，清朝大势已去，怎能凭立一个3岁小孩来廓清积弊、宣扬光大？

摄政王载沣从加强皇权入手，试图挽救危局。他重申了光绪帝在位时宣布的"预备立宪"，宣布将预备立宪期由9年缩短为5年，还准备召开议会，成立责任内阁。又以袁世凯患有足疾为理由，将袁世凯及其党羽逐出政府。

袁世凯在李鸿章去世后接任直隶总督、北洋大臣之位。他一接手就开始搞军事现代化，从清廷要了大把的银子组建了6个师的新军，教员是清一色的德国人、日本人。兵种也很多，除步、骑、炮、工兵之外，还有现代化的通信兵。他手握这样一支令人生畏的新军，朝廷当然不放心，光绪三十三年（公元1907年）改任袁世凯为外务部尚书、军机大臣，这是明升暗降。袁世凯虽然失去了实权，但声威仍在，载沣岂能不知？于是为永绝后患，干脆将袁世凯赶出朝廷，让他回家赋闲。

赶走袁世凯之后，载沣代宣统皇帝担任全国海陆军大元帅，其弟载洵为海军大臣，载涛为军谘府大臣，又让一批自负又虚荣的皇族组成内阁。

载沣很得意，不料他的专权引起普遍不满，连隆裕太后也面露不悦。在责难面前，载沣立即消沉下来，对政事、军事放任不管。

由这样一位摄政王摄政，清政府的日子更难过了，各省咨议局催促早开国会，早行宪政。饥饿难耐的农民们开始抗租抗赋，湖南、浙江、四川的农民进城抢米，有的还放火烧毁了巡抚衙门。军队的忍耐也到了极点，新军士兵们接受革命思想，从上到下躁动不安。

军队对政府不满，这是最危险的，但清廷并未高度重视。1911年上半年，湖南、湖北、四川、广东爆发了"保路运动"。该运动起源于西方强盗不甘心失去对中国铁路的控制权，强逼清政府以铁路作抵押向西方借款修路，妄图重新把已经回归各省地方商办的铁路控制在手。广大民众立即展开保路运动，反对清政府媚外卖国。四川的革命党人乘机发动群众武装起义，在很短的时间内便在成都周围聚集起近20万人的起义军。同盟会成员吴玉章、王天杰等人首先宣告四川荣县独立，在全国建立起第一个由革命党人掌权的县级政权。各州县以荣县为榜样，纷纷建立革命政权。

四川的革命形势发展迅猛，清廷决定从武汉抽调一部分新军入川镇压。但新军同情保路运动，不满清廷对民众的镇压，留在武汉的新军便暗中接受革命党人的领导，伺机举行武装起义。

武汉此时的革命党人主要由共进会和文学社领导，武汉新军有4000多人参加了这两个革命组织。为免清政府调走新军而削弱武汉的武装力量，共进会和文学社决定联合起来，推举文学社社长蒋翊武为起义总指挥，共进会会长孙武为参谋长，起义日期定于1911年10月6日的中秋节。

因准备不足，起义延期至10月11日。没想到9日那天孙武在试制炮弹时发生意外爆炸，起义计划外泄，湖广总督瑞澂立即下令在全城搜捕革命党人，彭楚藩、刘复基、杨洪胜等革命党人被杀害，蒋翊武被捕后乘机逃脱。

武昌城内外与革命党领导人失去了联系的士兵们不甘心坐失革命良机，他们私下联络，枕戈待旦，当意图泄露之时，立即主动向反动势力发起进攻。金兆龙在军营中大声呼喊："此时仍不动手，更待何时！"程正瀛向企图逮捕他们的反动军官开了第一枪。这是武昌起义的第一枪，士兵们听到枪声沸腾起来，在工程第八营的革命党代表熊秉坤的率领下，迅速占领了楚望台军械库。这是新军在南方最大的军械库，不仅储有数万支从国外购买和汉阳兵工厂制造的步枪，还有数十门火炮、数十万发子弹。

工程第八营的行动像原子弹爆炸，引爆了武汉新军各营队，驻扎在城外的炮兵、工程兵立即向城内进发，城内各营新军纷纷冲出兵营，向湖广总督衙门和第八镇司令部进攻。瑞澂和第八镇统制张彪狼狈出逃。

经过一昼夜的战斗，到10月11日早晨，起义士兵占领武昌。11日晚和12日晨，驻汉阳、汉口的新军也先后起义，武汉三镇全部为革命党人所控制，在汉阳门城楼和黄鹤楼上各升起一面绘有九角十八星的革命军大旗。

这就是伟大的辛亥革命。革命原来如此简单，几声枪响就打出了一个新时代，士兵们兴奋了，纷纷走上街头，大声欢呼。10月11日黎明，起义军聚集在湖北谘议局大楼会议厅，商讨组建湖北军政府和推举都督人选。因为黄兴、宋教仁不在武昌，彭楚藩、刘复基、杨洪胜被害，孙武被炸伤，蒋翊武被迫逃跑，没有更好的领导人选，会议最终决议第二十一混成协统领黎元洪担任都督，湖北谘议局议长汤化龙任民政总长。

黎元洪是湖北黄陂人，曾在北洋水师供职，先后三次被派往日本考察军事，军务素养较高，为人也低调，受到士兵们拥护。黎元洪起初并不热心，也不相信革命会轻易成功，但随着形势的发展，他感觉大有希望，就剪掉辫子，表示与清朝决裂。

湖北军政府成立后，改国号为"中华民国"，改用阴历，以黄帝纪元4609年辛亥11月13日为中华民国元年元旦。

得知武昌首义成功，湖南、陕西等省省会也发动起义，江西、山西等十几个省宣布独立，革命之势不可阻挡地在全国蔓延。载沣被迫下罪己诏，解散内阁，然后把袁世凯请回来，让他担任内阁总理大臣，收拾烂摊子。袁世凯重回清廷后逼迫载沣辞去摄政王监国之职，然后集中精锐部队杀向武汉。

进攻武汉的清军是袁世凯亲自调教的北洋军。1911年10月18日起，革命军与清军在汉口展开了10余天的"汉口争夺战"。最终，汉口于11月1日陷于清军之手。尚在香港的黄兴闻讯，立刻经上海赶赴武汉。黎元洪久仰黄兴之名，拜黄兴为战时总司令。

北洋军首批兵力1万多人，黄兴在汉口仅有5000余人。但革命军士气高昂，奋勇杀敌，曾一度击溃北洋军。遭受挫折后，北洋军第一军军统冯国璋不顾市民生死，下令火攻汉口镇，瞬间烧毁10余里繁华街区。黄兴率革命军在烈火中坚持了三天三夜，发现北洋军又有后援赶到汉口时才撤出阵地。

革命军退守汉阳，驻守汉阳的革命军总兵力约2万余人，但北洋军的兵力已达3万余人，且武器装备优于革命军。经过20多天的激战，革命军遭受重大损失，黄兴不得已下令撤离汉阳。北洋军攻占汉阳后，并不急于渡江，而是用重炮轰击武昌，逼黎元洪和黄兴妥协。

黄兴主张放弃武昌，先行进取南京，控制东南，再回师收复武汉三镇。但湖北军政府的多数成员反对这一建议，黄兴只得辞去总司令之职，前往上海。

黄兴的建议是可行的，此时全国的革命形势高涨，清廷海军已全部归向革命，包括上海在内的当时全国24个省份中已有14个宣布脱离清政府独立，清朝即将土崩瓦解。此外，袁世凯的北洋军久经训练，装备有野战炮和机关枪，与他们在武昌死拼是不合算的。如果照黄兴的建议打下南京后再集中优势兵力与北洋军对决，胜算就大得多。

二十三、在妥协中走向共和

武昌起义后，1911 年 11 月 7 日，黎元洪以湖北军政府首脑的名义通电各省，要求派代表来武昌，组成临时中央政府，以便与袁世凯展开停战议和。11 月 13 日，陈其美以沪军都督府的名义向独立各省都督发出通电，邀请各省都督派代表来上海组织临时政府。11 月 15 日，各省委派的"在沪名流"共计 10 省代表在上海正式开会，将本组织正名为"各省都督府代表联合会"，简称"各省代表会"。需要特别说明的是，江浙方面并非有意要跟黎元洪唱对台戏，而是在此期间芜湖至九江的电缆发生故障，他们当时并未收到武昌方面所发的通电。在信息沟通不畅的情况下，湖南、江西、广东、广西诸省都督府则在获悉黎元洪电文后派出代表前往武昌。由此，革命阵营便在无形中分出了上海与武昌两个临时中心。

电缆通信修复后，黎元洪致电上海，催促在沪各省代表立刻赶赴武昌。11 月 20 日，"各省代表会"放弃成立"临时中央政府"的计划而"认鄂军为民国中央军政府"，在保留原名义的前提下，"各省代表会"一分为二，多数代表前往武昌继续开会，少数代表则留在上海作为非常时期的"通信机关"。此时，武昌还笼罩在北洋军的炮火之下，有随时被攻克的可能。

10 月到 11 月之交，袁世凯嘱咐曾任湖北新军管带、时为袁府幕僚和湖北籍道员的刘承恩，先后 3 次向黎元洪致函，提出议和建议。袁世凯在军事上处于优势的情况下为什么提出议和呢？原来，他是想通过抬高黎元洪的政治影响，来抑制革命党人在湖北军政府中的势力，从而扑灭革命之火；同时，也想把湖北军政府作为他向清廷讨价还价的一张牌。

一张什么牌呢？一张以军政府的存在威胁着清廷存在的牌，一张迫使清廷逐步把权力移交给他、最终由他掌控或取代清廷的牌。

经谈判后，革命军和袁世凯方面达成停战协议。停战期间，各省代表一致决定推翻清政府，实现共和政体，但在由谁出任国家领袖的问题上，意见不一。最后议决由袁世凯来担任总统，条件是他必须与清朝决裂，"返旆北征"。

袁世凯得到这个消息后心中暗喜，立即委任唐绍仪为内阁全权代表，赴上海与数省公推的民军全权代表伍廷芳晤谈。唐绍仪是袁世凯的老部下，曾留美学习，做过邮传部尚书。伍廷芳曾经留英学习，被清政府任命过驻美国、西班牙、秘鲁公使。由这两位议和，棋逢对手。

12月18日下午，南北议和团在上海大马路公共租界市政厅举行第一次会议。西方强盗希望平息革命风潮，美、英、德、法、俄、日等6国驻沪总领事，联合致电双方代表团，促其尽快谈判，恢复和平。

经过几次会谈，双方达成召集国民会议的决议，但对国民会议的召开地点争论得颇为激烈。最后由各代表投票，选定在上海召开。

此时，汉阳已陷，武昌指日可破，革命军则占领了南京。消息传来后，武汉的"各省代表会"决定把临时政府设在南京，代表们前往那里继续开会。"各省代表会"留沪代表及陈其美等人也作出同样的决定，他们还选举黄兴为大元帅，黎元洪为副元帅。

仍在武汉的各省代表对此大为不满，认为负责联络与后援的留沪代表擅自决定临时政府所在地及选举临时政府首脑纯属越权之举，于是"各省代表会"作出决议，电告沪军都督陈其美，"在沪联合推举大元帅、副元帅等名目，请其宣告取消"。

正当"临时大总统""假定大元帅"之事纷纷扰扰未了之时，唐绍仪等人带来袁世凯极欲和平了结的消息。于是，"各省代表会"又议决暂缓选举临时大总统而承认上海方面所推举的"大元帅、副元帅"，在大总统未举定之前，其职权由大元帅暂任。"各省代表会"的想法是，既然袁世凯已经答应促成清帝退位、实行共和，那么将来的大总统之位非其莫属。既然如此，与其现在选举临时大总统，倒不如虚位以待之更为适宜。

这时，在外流亡了16年的孙中山回国。1911年12月29日，"各省代表会"投票公举孙中山为中华民国临时大总统。

孙中山是在美国报纸上获悉武昌起义的消息后回国的。1912年1月1日，孙中山等人抵达南京。当晚，在前两江总督衙门改为的临时总统府内，孙中山举行了宣誓就职仪式。第二天，通令各省改用阳历纪年，定1912年为民国元年。接着，增选黎元洪为临时副总统，并任命了一系列政府部长、次长，组成参议院作为立法机关。共和政体的架子初步搭了起来。

当时革命党节节败退，武汉三镇已被袁世凯北洋军攻下两镇。1月16日，袁世凯在回家路上受到革命党人刺杀。于是他否定了南北代表前一段时间达成的协议，对南京临时政府和清廷双方施压。

袁世凯对清廷说革命势力强大，如江河溃决，他无力阻挡，希望清廷速定帝位去留。同时，他对南京临时政府施压，授意部将段祺瑞、冯国璋等放风：只有由袁世凯担纲建立统一的共和政府，国家才能安定。为此，临时政府必须解散，否则北洋军将不惜一战。

配合袁世凯的行动，西方各国发表声明，反对孙中山领导的南京政府，声称只有由袁世凯统一南北，才肯承认中华民国政府。

在各种形势的逼迫下，孙中山于1912年1月15日作出表示："如清帝实行退位，宣布共和，则临时政府决不食言，文即可正式宣布解职，以功以能，首推袁氏。"

袁世凯听到这番话，加紧了"逼宫"的步伐。此时清廷的当家人是隆裕太后，论才能、手腕各方面，她都不如慈禧太后，对危局一筹莫展。裕隆太后无力回天，整个朝廷的决策层同样一无可取。美国学者费正清对他们的评价是："一个小儿皇帝、一个软弱而贪婪的摄政王、一群自负和徒爱虚荣的年轻王公、一群虚有其表的朝臣。"

袁世凯故意迈着沉重的步伐走进隆裕太后的居处，把大局说得凶险无比，吓得太后双腿发颤。抓住这样的气氛，袁世凯说他已经和南方谈妥，只要皇帝退位，清廷解散，南京革命政府就可向皇室提供优厚待遇，甚至皇帝的尊号都可保留。

隆裕太后初步认可了袁世凯的主张。部分王公大臣不干，组成"宗社党"，坚决拒绝清帝退位，拒绝民主共和。有的大臣大骂袁世凯，声言要和他同归于尽。袁世凯暗中指使北洋军50多名重要将领公开声明：立刻实行共和政府，否则，将率全体将士入京，与各王公剖陈利害。

这时，宗社党人、清廷重臣良弼被革命党人谋杀。消息传出，宗社党人纷纷逃出北京。隆裕太后深知难与革命党和袁世凯抗衡，遂授权袁世凯与南京临时政府交涉清帝退位事宜。

根据目前发现的史料显示，袁世凯在得到清帝逊位的诏书后在关键之处作

了改动。诏书原文写道："即由袁世凯以全权与民军组织临时共和政府，协商统
一办法。"袁世凯改动后变成："即由袁世凯以全权组织临时共和政府，与民军
协商统一办法。"

这样一改，清帝的退位诏书成了传位诏书，南京临时政府被撇开了。

宣统三年十二月二十五日（公元 1912 年 2 月 12 日），隆裕太后携 6 岁的宣
统皇帝溥仪在养心殿举行最后一次朝见仪式，宣布清帝退位诏书。至此，统治
中国达 268 年之久的清王朝退出历史舞台。2 月 14 日，孙中山向南京参议院提
出辞职。2 月 15 日，参议院选举袁世凯为中华民国临时大总统。2 月 20 日，选
举黎元洪为中华民国副总统。袁世凯的目标实现了，参议院在通告电文中吹捧
他为"世界之第二华盛顿，中华民国之第一华盛顿"。

不管参议院的通电对袁世凯的吹捧有多夸张，皇帝的统治是真正地结束了，
从远古时代就开始的君主专制是真正地结束了。在伟大的辛亥革命之后，中国
在各派力量的互相妥协中走向共和，走向新时代。

二十四、回望大清

隆裕太后在养心殿举行完最后一次朝仪，携着溥仪，满怀悲伤地离开大殿。
应该向隆裕太后致敬，她审时度势，以非常的魄力排除干扰，用和平的方式终
结帝制，避免了更多的流血，为中华民国的建立作出了贡献。

在促使清廷和平交权的过程中，袁世凯也起了积极的作用，他以声望和智
谋赢得了隆裕太后的信任，和平交权才得以顺利进行。存世 268 年的大清王朝
在众大臣的眼睁睁中正式落下帷幕，望着溥仪和隆裕太后远去的背影，好多大
臣流下热泪，蒙古王公们更是痛哭流涕。

清朝的辉煌与悲怆都那么扎眼，值得后人为之哭上一场。想当年，满族同
胞以 13 副遗甲起兵，总人口不过百万，凭着勇往直前、百折不挠的精神，在
中国最混乱的时刻托起中华民族的脊梁，迅速平定内乱，统一中国。其后，以
超乎寻常的大智慧稳定大局，仅仅通过几代人的努力，就把中国建设成傲视天
下的世界性大帝国：总人口突破 4 亿，占全球总人口的三分之一；与人口匹
配，国民经济总产值规模也曾长期领先全球；外贸更是惊人，据有关资料显示，

1571—1821 年，欧洲从南美洲和墨西哥进口的 4 亿块银圆，半数以上用于进口中国商品；增加的国土大大超过从明王朝承袭下来的面积；精神文明的成果震古烁今。

清朝虽饱受争议，但后人更多的是感叹。人们不会忘记，就在其即将倒下去的时候，仍然派出军舰巡视中国的海疆。光绪三十三年（公元 1907 年），广东水师提督李准巡视西沙，在伏波岛刻石立碑，又将西沙各岛重新命名。宣统元年（公元 1909 年），李准率"伏波"号、"琛航"号、"振威"号军舰巡视南沙群岛，最远抵达曾母暗沙。此次巡视再次宣示和确立了中国对南海诸岛的主权。1921 年 8 月 21 日，法国内阁总理兼外长白里安就西沙群岛发表讲话："由于中国政府自 1909 年已确立自己的主权（指李准巡视西沙群岛），我们现在对这些岛屿提出要求是不可能的。"

1840 年鸦片战争前，英国曾派往中国两个使团，他们回国后都发表了大量文章、日记，从各个角度表述所见所闻。下面是 1816 年阿美士德使团的一位成员的日记摘录：

> 到处显得平静安宁，我们看到的是满意的神情和幽默的兴致……人口如此庞大的国家乞丐如此之少真令人惊异……对生活必需品的满意和享有，说明政府不可能是糟糕的……较低阶层的中国人看来比同一阶层的任何欧洲人都更整洁……破衣、脏衣甚至旧衣都不常见……所有兵站都整洁地用石灰粉刷、涂上颜色而且维修良好，农民住的都是整齐的砖砌房屋而非泥舍。寺庙美观而且很多。

英国人并不是专为中国唱赞歌而来的，他们还看到了一系列腐败现象和落后的军队，从而坚定了用武力打开中国大门的决心。尽管以这样一种阴暗、可恶的心态进入中国，他们还是被中国的大国之美所震撼。

英国人走马观花，只看到了点儿皮毛，中国的大国之美还在于她的文化。中国文化发展到清代进入成熟期，仅以图书出版为例：

中国早在西汉时就有发达的出版事业，每年出版 1000 余部图书、13000 余卷。到明朝时，每年出版 14000 余部、21000 余卷。清朝以降，图书出版出现井喷。康熙年间用时 28 年编纂而成的《古今图书集成》，仅正文部分就有 1000 卷，内容"贯道古今，汇通经史；天文地理，皆有图记"，其中关于天文历法的部分，还引进了西方著名科学家伽利略发现木星四卫星的过程。英国学者李约瑟曾这样评价："我们经常查阅的最大的百科全书是《古今图书集成》，这真是一件无上珍贵的礼物。"

乾隆年代，中国的超级文化大典《四库全书》又面世，分经、史、子、集四部，编入的古今书籍达 3503 种，有 79337 卷、36304 册，这是世界文化史上罕见的壮举，总字数约 10 亿字。而在西方享有盛誉的《大英百科全书》不过 4000 万字。

《四库全书》不仅以卷帙之巨著称，更令人惊叹的是，用毛笔手工抄写了 7 部，总字数达 70 亿字。清廷从全国精选了 3826 名书法家和文化人，集中于几地关门抄写。字迹要求端庄秀美，页面整洁，每人 5 年内必抄 180 万字，每错一字记过一次。所有参与抄写《四库全书》者，只要按质按量地完成任务，均可以按等级获取官职。这是在倾力建造一艘文化航母。

清代文化的磅礴气势无与伦比，以一种居高临下的姿态为中国几千年文化的发展历程作出总结，也为中国的大一统事业作出总结。这是前无古人的事业，只有清朝有这个资格。

纵观清代的文化思想，其主流是反封建、反专制，旗手人物是黄宗羲、顾炎武和王夫之。三人中以黄宗羲的著述最多，他一生编辑和撰写的各类著作达 2000 万字。顾炎武的思想最独特，他认为所谓"国家"只不过是姓李姓朱的王朝，而"天下"则是百姓的"天下"；王朝的更迭只牵涉一家一姓的贵族阶层，而"天下"的沉浮则与百姓的利益紧密相关。所以他疾呼："天下兴亡，匹夫有责。"王夫之的战斗精神最强烈，他自始至终地反清，但又是在维护国家大一统的前提下反清，当吴三桂搞分裂在衡阳自立山头时，他几次拒绝吴三桂的邀请，最后干脆逃往深山。反清，但不反大一统，清代思想家独具一格。

进入清中期，另一位文化巨人戴震引领思想学术主流，高举反唯心主义的旗帜，兴起朴学，推动了清代汉学的发展。汉学家们提倡用汉儒注经的方法来做学问，反对理学家空虚、浮夸的作风。清代汉学成果丰硕，做了很多开拓性工作，是清代文化中的一朵奇葩。

清代文化中最有影响和传播力的是小说。著名的有《阅微草堂笔记》《镜花缘》《七侠五义》《说岳全传》《官场现形记》《二十年目睹之怪现状》《老残游记》《孽海花》《聊斋志异》《儒林外史》《红楼梦》等。

清朝的生命力还在于从清初开始，大量的汉文化典籍就被译成满文、蒙古文、藏文等少数民族文字，然后通过各种渠道流入社会。其中一条重要渠道是通过扶助藏传佛教的宗教活动促进各民族的文化交往，使汉文化的伦理、道德观以及大一统理念深入人心，无形中形成一条强有力的意识形态纽带，把汉族与满、蒙古、回、藏等少数民族空前紧密地联系起来。例如，《三国演义》译成满文后，关羽的形象迅速在满人中走红，满族同胞把关羽树为崇奉的神祇之一，在各地广建庙宇，祭拜关公。

文化的力量使绵延万里的长城失去隔绝功能，清朝正是由于边疆大体稳定，才能在面对千年未有之大变局时，能够集中精力处理一系列外侮事件。有人甚至这样惋惜过：如果慈禧太后能再多活些年头，如果能尽早实行宪政，清朝或许还会活得长久一些。当然，历史归历史，假设归假设。

宪政也好，共和也好，都是后人的事，清朝已经完成了历史使命。大树底下好乘凉，清朝留给后人 1000 多万平方公里国土、4 亿多人口，后人应该怎样去传承和报答？让我们把目光投向武昌起义后不断进步的中国……

第二十二章 如你所愿，走向盛世

辛亥革命几声枪响，大清王朝坍塌，民国从天而降。公元 1912 年 1 月 1 日，46 岁的孙中山，在南京前太平天国天王府宣誓就任中华民国第一任大总统。

民国是改天换地的时代，一切推倒重来。皇帝倒了，内阁倒了，各级衙门倒了，封建思想倒了，甚至有人提议废除汉字。中国像一个"大工地"，无处不在"重建"，遍地"瓦砾"。这是一场从上到下完全没有准备的"突变"，不少百姓头上的辫子没来得及剪，缠足的女子们依然是金莲小脚，一些衙门的招牌还没换新，便突然与"德先生"（民主）、"赛先生"（科学）相遇。从西方照搬来的政治制度很快"水土不服"，一袋"洋米"煮成一锅"夹生饭"。太洋化、太新潮、太不靠谱，各个阶层都感到日子过得不舒服。

革命党人失望了：民主共和不过如此，既不能铲除旧势力，也无力建立新秩序。北洋军阀及他们的总头目袁世凯失望了：什么民主共和，不过是给我头上多戴几道"紧箍"罢了，滚他的吧。于是袁世凯恢复帝制，披上皇袍，一脚把民主共和踢开。

孙中山清醒了，对袁世凯不再抱有幻想，号召武力反袁。以蔡锷为首的一批革命将领奋起护国。在一片讨伐声中，袁世凯一命呜呼。

袁世凯死后，中国进入军阀大混战的局面，1912—1931 年，若干场大仗几乎同时开打。军阀们的贪婪和卑劣使中国处于分裂的状态，外蒙古趁机独立，西藏也向中央政府"叫板"。

一片混乱中，孙中山"联俄联共"，国民党领衔北伐，大致统一中国。国民党的主席蒋介石却由此滋生擅权独裁之心。从排挤、屠杀中国共产党人开始，一直到国共内战，蒋介石始终违反民意，以一党之私理国，尽管国共联手最终取得了抗战胜利，国民党政权依然全线崩溃，他本人的形象也一落千丈。

随着国民党 1949 年逃至台湾，中华民国不复存在。民国立国之初，疆域完全承有清朝晚期的领土，基本保持了大一统的格局，北洋政府的徐树铮还曾一度收复业已宣告独立的外蒙古；基本上废除了西方列强在中国享有的种种特权，成功收回关税自主权；依据《波茨坦公告》和《开罗宣言》，收复被日本侵占了50 年的宝岛台湾；参与联合国组建，成为五大常任理事国之一……

可悲的是，民国上层整体腐败，以蒋介石为代表的"四大家族"更是把家族利益置于国家和人民利益之上，导致民苦国贫、版图分裂，中华民族被西方列强任意欺凌。

民国尘埃落地之际，中华人民共和国于 1949 年 10 月 1 日诞生。

"新中国站在每个人民的面前，我们应该迎接它。新中国航船的桅顶已经冒出地平线了，我们应该拍掌欢迎它。举起你的双手吧，新中国是我们的。"

还在抗日战争最艰难的时期，毛泽东就用这诗一般的语言，满怀激情地呼唤新中国的到来。新中国如愿到来了，毛泽东风趣地将它比作一张白纸，一张可以画上最新最美的图画的纸。

实际上，中华人民共和国在成立之初完全不是一张可以任意挥洒的白纸，它已是一张满版涂鸦、令人颇感棘手的纸。100 多万国民党的残余武装盘踞在华南、西南；200 多万各类土匪啸聚山林。数亿新解放区的农民望眼欲穿地等待着"土改"。旧的金融体系已经崩溃，新的不知如何建立。物价飞涨，物资奇缺，到处灾情连连。上海、南京的央行金库已被国民党搬空。几百座刚刚解放的城市里，半数以上的职工失业，市民生活极端困苦。

就在这样的困境中，朝鲜战争突然爆发，战火烧至中国家门，火势愈烧愈旺。是隔岸观火还是果断出手？毛泽东作出伟大的决策，抗美援朝，打过"三八线"，彻底粉碎了西方攻占全朝鲜，再扼杀中华人民共和国的图谋，一仗赢得了几十年的和平建设期。大规模的社会改革和经济建设开始，中国人民在中国共产党的领导下，众志成城、上下一心，各种建设热火朝天。到 1976 年，农业连年丰收，人民生活不断改善，从东到西基本建成了一套工业生产体系。

1952—1976 年，中国工业产量以平均每年 11.2% 的速度增长。卫星上天，原子弹、氢弹爆炸成功，洲际导弹发射成功。万吨轮船、喷气式飞机、现代化铁路机车、重型汽车等得到大规模生产。中国已经屹立于世界东方。

1978 年之后，中国"门户"大开，改革开放给中国带来勃勃生机，经济和社会发展速度一日千里。1950 年时，中国 GDP（国内生产总值）占世界经济总量不足 5%；2010 年时，中国 GDP 占世界经济总量 11%，超过长期居世界第二位的日本。2019 年，中国 GDP 已破百万亿元人民币，占世界经济总量的 17%，对世界经济增长的贡献率达到 30% 以上。

再细一些，以 2019 年为例，这一年中国生产了：粗钢 9.9 亿吨，占全球总产量的 53.8%；生铁 8 亿多吨，占全球总产量的 63%；钢材 12 亿多吨，占全球总产量的 50%；煤炭 38.46 亿吨，占全球总产量的 47.3%；造船完工量 3672 万载重吨，占全球船舶总完工量的 37.2%；水泥 23.3 亿吨，占全球总产量的 51.5%；电解铝 3504 万吨，占全球总产量的 55%；化肥 5624 万吨，占全球总产量的 30%；化纤 5952.8 万吨，占全球总产量的 60% 以上；平板玻璃 9.27 亿吨，占全球总产量的 50% 以上；汽车 2576.19 万辆，占全球总产量的 28%……

2019 年，中国有 129 家公司成为世界 500 强企业，在数量上首次超过美国。不仅如此，中国仅在近 20 年里购买美国国债达到了 1.2 万亿美元，中国成了美国最大的债权国。

美国震撼了，全世界也为之震撼。颠覆性的改变来得太快，人们还未真正看清中国崛起后的身影，新的超越又要发生：中国的高速公路总里程超过美国，高铁总里程已突破 3 万公里；世界最长的大容量、高效率、跨区域的特高压输电网建成投运；水电装机、风电并网装机量远超美国，成为世界第一……

面对中国排山倒海般的发展速度，各种说法随之而来。2008 年，《纽约时报》专栏作家托马斯·弗里德曼在参加完北京奥运会开幕式后写下《中美这七年》一文，其中写道：

当我坐在鸟巢的座位上，欣赏开幕式上数千名中国舞蹈演员、鼓手、歌手以及踩着高跷的杂技演员魔幻般的精彩演出时，我不由得回想起过去这7年中美两国的不同经历：中国一直在忙于奥运会的准备工作，我们忙着对付基地组织；他们一直在建设更好的体育馆、地铁、机场、道路以及公园，而我们一直在建造更好的金属探测器、悍马军车和无人驾驶侦察机……差异已经开始显现。你可以比较一下纽约肮脏陈旧的拉瓜迪亚机场和上海造型优美的国际机场。当你驱车前往曼哈顿时，你会发现一路上的基础设施有多么破败不堪。再体验一下上海时速高达220英里的磁悬浮列车，它应用的是电磁推进技术，而不是普通的钢轮和轨道，眨眼工夫，你已经抵达上海市区。然后扪心自问：究竟是谁生活在第三世界国家？

弗里德曼对中美进行比较之后，发出类似于美国另外几位学者如伊曼纽尔·沃勒斯坦等人的感慨：资本主义还有未来吗？

2012年8月，美国《外交政策》杂志和麦肯锡全球研究所作出预估：到2025年，全球最具活力的75个城市中有29个在中国（美国13个，欧洲只有3个）。这75个城市中的前20位中国占了13位，一些你想象不到的城市，如佛山、东莞等也跻身其中。《外交政策》杂志评论道：如果要为全球低迷的经济寻找一线曙光，那就是城市的崛起，而城市的崛起代表着国家的崛起。的确是这样，北京、上海、广州、重庆等城市的经济总量多年来都以两位数增长，有些地级市的经济规模也在几千亿元人民币的水平。如江苏省南通地区，仅730多万人口的地级市，2019年GDP就逼近万亿元。

比城市的崛起更引人关注的是中国的人民币大步走向世界，目前许多国家选择人民币作为"储备货币"，许多国家争相与中国联系，建设人民币离岸结算中心。美国媒体甚至认为人民币在国际上的地位最终将超越美元，其依据的不是中国目前拥有3万多亿美元的外汇储备，而是随着中国经济总量的不断攀升，人民币最终将和黄金挂钩，"金本位"后的中国经济将比现在更为强大。

美国花了近200年的时间才取得的重大成就，中国仅仅用了70多年便实现了。这种超越不仅表现在中国超过美国成为世界头号工业制造大国和贸易大国，更体现在它使近6亿人口完全脱贫，使占全球总人口四分之一的民众改变了命运。

面对中国翻天覆地的变化，许多人都在思考中国是如何做到的，中国凭什么？答案林林总总，最主要的是：有一个拥有9000万党员，具有很强的反腐败、自我纠偏与纠错能力，坚持为人民服务的执政党；有一个眼观六路、耳听八方、决策能力强、效率高的政府；有一个生活水平不断提高、购买力日渐强盛的十几亿人口的大市场；有一个超深厚的、独特的、多元一体的思想文化格局。

中国共产党成立于1921年，历经百年的革命战争与社会主义建设的考验，具有丰富的治国安邦经验，赢得了广大人民群众的拥护。尤其是几代领袖人物，在十几亿人民心中享有崇高的声望。

意大利学者洛蕾塔·拿波里奥尼曾深入研究过中国共产党，他从党的领导角度探讨中国的崛起，在回答"为何中国共产党比我们资本主义国家经营得好"时这样说道："世界上很多共产党国家垮台了，但中国生存下来了，这是因为其执政党不断变通的缘故。中国的改革不仅体现在根据自由贸易精神重塑经济，也反映在社会政治领域。……西方的民主一直在为金钱寡头服务，而不是为人民服务。这就是西方民主不起作用的原因，也是西班牙、意大利等国家面临困境的根源所在。……中国没有盲目照搬西式民主……没有把精力花在西方所谓的自由选举上。根据卢梭的社会契约论，中国政府在与老百姓的社会契约上比西方政府做得好。"

洛蕾塔·拿波里奥尼真正悟到了"没有共产党就没有新中国"这句名言的分量。他知道中国共产党有一个坚强的领导核心，这个核心的成员都是在长期的革命和社会主义建设的实践中成长的。他们先天下之忧而忧，后天下之乐而乐，立场坚定、眼界高远、胸襟开阔，具有很好的文化修养、很强的判断力和决策能力，且从不被困难和挫折吓住，从不向外部压力或恶势力低头，几十年来认准社会主义制度和道路，一走到底。他们不搞三权分立，不搞多党执政，不搞西式民主，不搞内讧，始终努力保持国内大局稳定，专注经济发展，终于形成中国独特的社会主义市场经济体制。这种体制他国很难复制，因为他国没有一个像中国共产党这样全心全意为人民服务的政党，也没有14亿心甘情愿跟党走、不怕苦、不怕难、不怕流血牺牲、具有极大创造力的民众。14亿人在中国共产党的领导下迸发出来的伟大民族精神，才是中国崛起并改变世界的最根本的原因。

在中国共产党直接组织领导下的中国政府，是一个以建设文明型国家为主要目标、获得绝大多数人民满意的政府。美国哈佛大学肯尼迪政府学院学者托尼·赛奇经过多方调研发现，80%~90% 的中国人对中央政府比较满意或相当满意。为什么？举个例子，为了解决低收入群体的住房问题，政府下大力进行保障房建设和棚户区改造，从 2010 年以来，每年开建的各类保障性住房和棚户区改造房少则 500 万套以上，多则 1000 万套以上，有的年份，仅国家开发银行一家就有万亿元资金投入此类建设。每年建造 500 万~1000 万套保障房是什么概念？可以用中国台湾来作比拟：全台湾现共有 800 多万住户，中国政府相当于每年给整个台湾的住户盖了新房。

英国广播公司曾在报道中共第十八次全国代表大会时称："中国过去 30 年来经济腾飞，年增长率高达 10% 左右。这是自英国工业革命在 18 世纪末开始后，世界见证过的最令人惊奇的经济变革。世界正越来越多地被中国影响和改变。"英国高级研究员马丁·雅克称："随着中国的继续崛起，中国的优势将成为西方日益感兴趣的话题。我们会意识到，我们与中国的关系不再是告诉他们怎么向我们学习，我们需要的是一些谦卑。而最能阐述这一切的便是政府。我们把这视为中国的最大弱点，但我们很快就会知道，这其实是他们最大的优势之一。"

与国有企业竞相发展的是日益健康、强壮的民营企业。据不完全统计，截至 2019 年，民营企业已近 3000 万户，个体工商户近 2 亿户，两项合计已远远超过美国和欧盟。正是得益于国有、民营企业齐头并进的战略发展方针，中国目前成为世界商标注册数、发明专利申请数增长最快、最多的国家。2014 年 9 月，英国《金融时报》曾发表文章，认为中国崛起的奥秘就是"民进国退"，文章说："在一个实际规模扩大了 25 倍的经济体中，私营企业贡献的产出比例，从 1978 年中国开始改革时的零，升至如今的逾三分之二。"《金融时报》的这篇文章不太全面，其实中国一直在做的是"民进国也进"，国有企业不停地在探索做大做强之路，中国的"两条腿"战略是不会一进一退的。据有关资料显示，2019 年世界 500 强企业中已经上榜了 129 家中国企业（其中 48 家中央企业），中国企业在世界 500 强的总数首次超过美国（美国为 121 家）。当下，中国还有不少企业正在向世界 500 强发起冲刺。

在有关中国崛起的众多因素中，中国几千年积淀的独特文化起了重要作用。文化是一个国家和民族的根，家国一体、和谐仁爱、忠孝节义、天下为公、中庸、以义制利、和而不同、天人合一、己所不欲勿施于人等，这些思想都深深地影响和指导着中国人的言行。其中，影响最大、最深的莫过于大一统的思想观念，使中国人无形中形成大一统的情结，向往统一、追求统一、捍卫统一成为中华民族的文化自觉。正是这种追求国家高度统一、完整的文化自觉，为当代中国创造了空前团结和稳定的局面，从而为中国崛起、中国震撼提供了保障。英国高级研究员马丁·雅克看到了这一点，他这样提醒人们：

> 中国并非主要是一个"民族国家"，而主要是一个"文明国家"。在中国，最重要的政治价值观是"文明国家"的完整和统一。世界上有许多种文明，例如西方文明，但中国是唯一的文明国家。中国人视国家为中华文明的实施者、守护者，其最重要的职责就是维护国家的统一。

中国文化除了凝聚人心、支撑大一统的政治格局、潜移默化地促进经济的发展之外，另一个功能是其包容性和同化性。2000 多年前孔子就曾这样评价中国文化，说外来者一入中国即中国化。就是说，外来文化很容易被中国接受，也很容易融入中国文化中。东汉时佛教进入中国，验证了孔子的这一评价；当代西方科学技术进入中国，也是一样，例如美国目前赖以称霸全球的"三片"（薯片、芯片、影片）文化在进入中国后得到了改造，并在中国的大市场上得到"新生"：美国快餐文化中加入了中国的饮食文化；中国的芯片业堵死了美国大公司故意留下的技术"缺口"和安全漏洞，一些芯片产业已走上创新之路；美国电影大片的创作一开始便考虑到中国观众的兴趣；如此等等。

学者费孝通曾断定，中国崛起一定是中华文明的复兴。随着中国今后越来越广泛、深入地融入世界，中国一定会为重构全球化和不同文明之间的关系作出更多贡献。

1964 年，中国的耆儒马一浮曾集中国诗文名句写成对联，送给人民领袖毛泽东。上联是："旋转乾坤，与民更始。"下联是："开物成务，示我周行。""旋转乾坤"引自韩愈的诗文，意指中国统一，迎来新中国；"与民更始"引自《汉书》，意指人民当家作主，气象一新；"开物成务"引自《易经》，意指毛泽东通晓万物之理，终于使革命成功；"示我周行"引自《诗经》，意指毛泽东为中国找到了一条正确的革命和建设之路。

据说毛泽东很欣赏这副对联，专门设宴答谢，并以长辈的口气吩咐"年青人"、解放军大将粟裕为马一浮摆设碗筷。马一浮不愧为大儒，他集句的这副对联意境很深，在一定程度上展示了中国的大国之美：国家独立、统一，人民当家作主，且正走上如周朝般令人景仰的康庄大道（"示我周行"）。

在中国5000多年的历史长河中，"周行"不过800年，只是其中的一小段。但周朝通过分封制开创了一种网络结构的天下体系，这个体系是无限开放的，与世界等大，它的核心创意是——把家做成世界，同时把世界做成家。这是学者赵汀阳的观念。"修身齐家治国平天下"，中国人在3000多年前就有这样的胸怀和视野。而且，还为中国的政治制度下了原则定义："天下为公。"就像《吕氏春秋》中所说的那样："天下非一人之天下也，乃天下人之天下也。"3000多年前，中国人还不知道世界如此之大，但是，请决不要把中国人在此时提出的天下观理解为只限定在中国版图，实际上，它已经指向无限大的区域，指向四海一家。

中国崛起、中华民族复兴是为全世界、全人类造福。"天下大同"这个最早由中国人喊出、喊了几千年的和谐口号，以及近些年中国领导人提出的构建人类命运共同体的美好倡议，随着中国与世界的共同发展、繁荣而成为可能。

为中国祝福！为世界祝福！

《可爱的中国：中国历代通俗演义》（原名《大国之美》），从准备（主要是读书和考察）到写成，前后长达十余年。初衷是想围绕统一与分裂这根主线，通过对一些重大历史事件和人物的素描，展示中华民族无怨无悔地追求统一、捍卫统一，甚至视大一统为宿命的精神风采，以及中国数千年来虽经分分合合，却始终以大一统的政治格局屹立于世的巨丽之美。限于学识和写作能力，这个初衷只能说得到初步体现。但作为抛砖引玉之作，笔者还是大着胆子把它奉献给读者。

为什么着重从统一与分裂这个角度展示大国之美呢？因为统一还是分裂，对于中国而言太叫人揪心了，可以说这是中国的"命门"。诚如历史上一些哲人所言：统一还是分裂，事关宗庙社稷、国家安危。说得再明白一些，在统一还是分裂的选项上，中国只能统一，不能分裂。历史一再证明：中国统一，世界受益；中国分裂，世界受损。

中国长期保持大一统的政治格局，是人类之福。试想，假如人口一直居世界首位的中国，不是长期以大一统格局运转，而是以分裂、内讧的格局运转，世界会是个什么样子？

　　几千年来，历届中国政府和广大民众都在为维护中国的统一而奋斗。上古中国的禅让制；西周的分封制、嫡长子制；秦汉时代确立的中央集权制、郡县制、三公九卿制，以及乡举里选的选举制；隋唐时期的三省制、九品中正制、科举制；两宋时期的宰辅制；元朝时的省台院三足鼎立制、行省制，以及路、府、州、县、乡里制；明清时代的内阁制；民国时期的共和制；一直到中华人民共和国成立后实行的中国共产党领导的人民民主专政制度和多党合作政治协商制度等，都在昭示这样一个道理：只有统一，中国才有前途，才能为人类作出更大的贡献。

　　很遗憾，中国的国土尚处于分裂状态。台湾统一不可能无限期地拖下去；南海问题和近年突起的香港问题其实是域外国家通过搞乱中国的金融、经济和社会，进而遏阻中国的发展步伐。

　　当然，现存的很多问题依然要通过坚持改革开放来解决，但有些问题恐怕得回到中国传统文化中去寻找解决之道。所以，目前有些建议是值得考虑的，例如，加重中国传统文化在当今学生教育中的比例，让中国传统文化中的精华滋养广大青少年。青少年好，中国就好；青少年不好，中国就不好。这些道理我们要大讲特讲，要在全社会掀起一股崇尚中国优秀传统文化的风潮，使人们的伦理道德水准有一个大的提高，从而为解决上述问题打下坚实的社会基础。

　　在加强中国优秀传统文化的传播上，我们要加快步伐。现在有些国际人士已看到了这一点，例如美国学者狄百瑞就多次呼吁，要把中国儒学中的经典列入全球教育计划。他认为这是提高人的素养，使社会安定和谐的一个好途径。德国心理治疗师海灵格，2016 年专程来中国演讲，说自己无比热爱中国传统文化，甚至认为自己就是个中国人。他很自豪地对中国听众说：老子的《道德经》他已读了 100 多遍，每读一遍都有新意。《道德经》不仅是伟大的哲学著作，还是一座沟通人们心灵的桥。

　　取之不尽、用之不竭的中国传统文化，不仅是一座沟通人们心灵的桥，还是一座记录中国人几千年不懈奋斗的纪念碑。这座碑上的所有文字，可以浓缩成这样一句话："中国的奋斗就是全人类的奋斗。"这句话不是中国人说的，而是一位活了 103 岁的外国人说的，他的名字叫科斯。

科斯是著名的产权理论奠基人，1991 年曾获诺贝尔经济学奖，人称"新制度经济学的鼻祖"。他的产权理论曾对中国的经济改革产生影响。2008 年，98 岁的科斯亲自主持"中国经济制度变革 30 周年国际学术研讨会"。在会上，他说："我是一个出生于 1910 年的老人，经历过两次世界大战和许多事情，深知中国前途远大，深知中国的奋斗就是全人类的奋斗！中国的经验对全人类非常重要！"

科斯先生于 2013 年辞世。如今，中国的经济规模总量已突破 100 万亿元人民币。目前虽然遇到一些困难，但中国经济的内在质量正在发生可喜的变化，随着各项改革措施的到位，中国经济和中国社会一定会呈现出全新的局面。

"大国之美"就要收笔了，意犹未尽！中国的历史不仅博大精深，而且波澜壮阔，尤其是中国的大一统历程，更是可歌可泣，令人感佩。

任何有志于真正了解中国的人，请先静心去中国的历史"大观园"中走上一遭。不要走太快，慢慢走。就像阿尔卑斯山谷中提醒游人的广告牌上所写的："慢慢走，欣赏啊！"

主要参考文献

中国历史地图集编辑组. 中华历史地图集 [M]. 上海：中华地图学社，1975.

杨荫浏. 中国古代音乐史稿 [M]. 北京：人民音乐出版社，1981.

徐旭生. 中国古史的传说时代 [M]. 北京：文物出版社，1985.

马大正. 中国古代边疆政策研究 [M]. 北京：中国社会科学出版社，1990.

〔美〕谭·戈伦夫. 现代西藏的诞生 [M]. 伍昆明，王宝玉，译. 北京：中国藏学出版社，1990.

罗尔纲. 太平天国史 [M]. 北京：中华书局，1991.

〔美〕费正清，牟复礼 // 〔英〕崔瑞德等. 剑桥中国史 [M]. 杨品泉，等，译. 北京：中国社会科学出版社，1992.

朱安群，徐奔，等. 十三经直解 [M]. 南昌：江西人民出版社，1993.

葛剑雄. 统一与分裂：中国历史的启示 [M]. 北京：生活·读书·新知三联书店，1994.

陈致平. 中华通史 [M]. 广州：花城出版社，1996.

程蔷，董乃斌. 唐帝国的精神文明 [M]. 北京：中国社会科学出版社，1996.

樊树志. 崇祯传 [M]. 北京：人民出版社，1997.

孙孝恩，等. 光绪传 [M]. 北京：人民出版社，1997.

汪受宽，李孔怀，等. 二十五史新编 [M]. 上海：上海古籍出版社，1997.

樊树志. 万历传 [M]. 北京：人民出版社，1998.

韩昇. 隋文帝传 [M]. 北京：人民出版社，1998.

罗琨，张永山，黄朴民，等. 中国军事通史 [M]. 北京：军事科学出版社，1998.

罗琨，张永山. 中国军事通史 [M]. 北京：军事科学出版社，1998.

牛致功. 唐高祖传 [M]. 北京：人民出版社，1998.

赵克尧，许道勋. 唐太宗传 [M]. 北京：人民出版社，1998.

梁海明. 易经 [M]. 太原：山西古籍出版社，1999.

〔美〕威尔·杜兰. 世界文明史 [M]. 北京：东方出版社，1999.

〔越〕黎崱. 安南志略海外纪事 [M]，北京：中华书局，2000.

陆敬严，等. 中国科学技术史·机械卷 [M]. 北京：科学出版社，2000.

齐思和. 中国史探研 [M]. 石家庄：河北教育出版社，2000.

张作耀. 曹操传 [M]. 北京：人民出版社，2000.

郑茗葵. 中国古代交通图典 [M]. 昆明：云南人民出版社，2000.

周谷城. 世界通史 [M]. 石家庄：河北教育出版社，2000.

蓝永蔚，黄朴民，等. 中国军事史 [M]. 上海：华东师范大学出版社，2001.

雷家骥. 武则天传 [M]. 北京：人民出版社，2001.

王树增. 1901 年 [M]. 北京：昆仑出版社，2001.

牙含章. 班禅额尔德尼传 [M]. 北京：华文出版社，2001.

袁刚. 隋炀帝传 [M]. 北京：人民出版社，2001.

周瀚光，王贻梁等. 中国科技史 [M]. 上海：华东师范大学出版社，2001.

〔后晋〕刘昫等. 旧唐书 [M]. 北京：中华书局，2002.

〔宋〕欧阳修. 新五代史 [M]. 北京：中华书局，2002.

赵德馨. 中国经济通史 [M]. 长沙：湖南人民出版社，2002.

〔唐〕房玄龄. 晋书 [M]. 北京：中华书局，2003.

黄留珠，刘秀传 [M]. 北京：人民出版社，2003.

蒋兆成等. 康熙传 [M]. 北京：人民出版社，2003.

〔唐〕李百药. 北齐书 [M]. 北京：中华书局，2003.

〔唐〕李延寿. 北史 [M]. 北京：中华书局，2003.

〔唐〕李延寿. 南史 [M]. 北京：中华书局，2003.

李治安. 元代政治制度研究 [M]. 北京：人民出版社，2003.

〔唐〕令狐德棻等. 周书 [M]. 北京：中华书局，2003.

〔宋〕欧阳修，宋祁. 新唐书 [M]. 北京：中华书局，2003.

清如许，王洁. 诗经 [M]. 太原：山西古籍出版社，2003.

〔梁〕沈约. 宋书 [M]. 北京：中华书局，2003.

〔元〕脱脱等. 辽史 [M]. 北京：中华书局，2003.

〔唐〕姚思廉. 梁书 [M]. 北京：中华书局，2003.

〔清〕张廷玉，等. 明史 [M]. 北京：中华书局，2003.

〔清〕赵尔巽，等. 清史稿 [M]. 北京：中华书局，2003.

赵克尧，许道勋. 唐玄宗传 [M]. 北京：人民出版社，2003.

〔美〕本杰明·史华兹. 古代中国的思想世界 [M]. 程刚，译. 南京：江苏人民出版社，2004.

晁中辰. 明成祖传 [M]. 北京：人民出版社，2004.

胡凡. 嘉靖传 [M]. 北京：人民出版社，2004.

〔美〕李露晔. 当中国称霸海上 [M]. 南宁：广西师范大学出版社，2004.

李治安. 忽必烈传 [M]. 北京：人民出版社，2004.

卢嘉锡，席龙飞，等. 中国科学技术史·交通卷 [M]. 北京：科学出版社，2004.

〔美〕罗兹·墨菲. 亚洲史 [M]. 黄磷，译. 海口：海南出版社，2004.

彭德. 中国美术史 [M]. 上海：上海人民出版社，2004.

王介南. 中外文化交流史 [M]. 太原：书海出版社，2004.

王树增. 1901 年：一个帝国的背影 [M]. 海口：海南出版社，2004.

杨宽. 中国古代冶铁技术发展史 [M]. 上海：上海人民出版社，2004.

张作耀. 刘备传 [M]. 北京：人民出版社，2004.

周远廉. 清太祖传 [M]. 北京：人民出版社，2004.

朱耀廷. 成吉思汗传 [M]. 北京：人民出版社，2004.

〔美〕爱德华·谢弗. 唐代的外来文明 [M]. 吴玉贵，译. 西安：陕西师范大学出版社，2005.

安作璋，孟祥才. 秦始皇帝大传 [M]. 北京：中华书局，2005.

柏杨. 中国人史纲 [M]. 北京：同心出版社，2005.

葛剑雄. 中国人口史 [M]. 上海：复旦大学出版社，2005.

江晓原，钮卫星. 中国天学史 [M]. 上海：上海人民出版社，2005.

〔明〕宋濂. 元史 [M]. 北京：中华书局，2005.

藤枝晃. 汉字的文化史 [M]. 北京：新星出版社，2005.

〔元〕脱脱等. 金史 [M]. 北京：中华书局，2005.

王大有. 三皇五帝时代 [M]. 北京：中国时代经济出版社，2005.

王光祈. 中国音乐史 [M]. 南宁：广西师范大学出版社，2005.

艾素珍，等. 中国科学技术史·年表卷 [M]. 北京：科学出版社，2006.

白玉林，曾志华，张新科. 二十五史解读丛书 [M]. 北京：华龄出版社，2006.

李零. 兵以诈立 [M]. 北京：中华书局，2006.

钱发平. 诗经的历史 [M]. 重庆：重庆出版集团，2006.

〔北齐〕魏收. 魏书 [M]. 北京：中华书局，2006.

吴浩坤，潘悠. 中国甲骨学史 [M]. 上海：上海人民出版社，2006.

许道勋，徐洪兴. 中国经学史 [M]. 上海：上海人民出版社，2006.

杨善群，郑嘉融等. 话说中国 [M]. 上海：上海文艺出版社，2006.

袁竹霈，严文明等. 中华文明史 [M]. 北京：北京大学出版社，2006.

张恩富. 唐诗的历史 [M]. 重庆：重庆出版集团，2006.

张宏杰. 大明王朝的七张面孔 [M]. 南宁：广西师范大学出版社，2006.

〔印〕奥修. 庄子心解 [M]. 谦达那, 译. 西安: 陕西师范大学出版社, 2007.

白钢. 中国政治制度 [M]. 天津: 天津人民出版社, 2007.

〔汉〕班固. 汉书 [M]. 北京: 中华书局, 2007.

曹昇. 流血的仕途 [M]. 北京: 中信出版社, 2007.

崔明德. 中国古代和亲通史 [M]. 北京: 人民出版社, 2007.

〔宋〕范晔. 后汉书 [M]. 北京: 中华书局, 2007.

黎东方. 黎东方讲史 [M]. 上海: 上海人民出版社, 2007.

李学勤, 孟世凯. 中国古代历史与文明 [M]. 上海: 上海科学技术文献出版社, 2007.

李学勤, 孟世凯. 中国古代文明起源 [M]. 上海: 上海科学技术文献出版社, 2007.

林幹. 匈奴史 [M]. 北京: 人民出版社, 2007.

苏渊. 黄帝时代 [M]. 北京: 清华大学出版社, 2007.

〔元〕脱脱等. 宋史 [M]. 北京: 中华书局, 2007.

王孝通. 中国商业史 [M]. 北京: 团结出版社, 2007.

〔梁〕萧子显. 南齐书 [M]. 北京: 中华书局, 2007.

〔宋〕薛正居等. 旧五代史 [M]. 北京: 中华书局, 2007.

杨和强, 等. 兵书精典集成 [M]. 重庆: 重庆出版社, 2007.

〔唐〕姚思廉. 陈书 [M]. 北京: 中华书局, 2007.

云中天. 中国历史上的大辟疆 [M]. 北京: 中国三峡出版社, 2007.

张习孔, 林山民. 中国历史大讲堂 [M]. 北京: 中国国际广播出版社, 2007.

张作耀. 孙权传 [M]. 北京: 人民出版社, 2007.

〔汉〕陈寿. 三国志 [M]. 北京: 新世界出版社, 2008.

〔日〕陈舜臣. 门阀乱 [M]. 唐为智, 译. 北京: 新星出版社, 2008.

范文澜, 蔡美彪, 等. 中国通史 [M]. 北京: 人民出版社, 2008.

〔德〕贡德·弗兰克. 白银资本 [M]. 刘北成, 译. 北京: 中央编译出版社, 2008.

赫连勃勃大王（梅毅）. 亡天下 [M]. 北京：华艺出版社，2008.

〔美〕克莱夫·卡斯勒德克·卡斯勒. 可汗的宝藏 [M]. 姚缸，刘毅，杨晖，孙际惠，译. 长沙：湖南人民出版社，2008.

李学勤. 中国文明 [M]. 北京：东方出版社，2008.

糜振玉. 中国军事学术史 [M]. 北京：解放军出版社，2008.

〔美〕莫里斯·罗莎比. 忽必烈和他的世界帝国 [M]. 赵清治，译. 重庆：重庆出版社，2008.

钱昌明. 历史星空探秘 [M]. 上海：上海人民出版社，2008.

〔唐〕魏征，令狐德棻等. 隋书 [M]. 北京：中华书局，2008.

〔唐〕吴兢. 贞观政要 [M]. 郑州：中州古籍出版社，2008.

徐中舒. 徐中舒论先秦史 [M]. 上海：上海科学技术文献出版社，2008.

张岂之. 中国思想学说史 [M]. 南宁：广西师范大学出版社，2008.

赵乐. 韩非说破人性的弱点 [M]. 北京：中国发展出版社，2008.

周敬东. 盛世版图 [M]. 北京：新星出版社，2008.

朱东润. 张居正大传 [M]. 天津：百花文艺出版社，2008.

〔清〕毕源. 续资治通鉴 [M]. 北京：中华书局，2009.

黎东方. 细说先秦·孔子 [M]. 北京：中国工人出版社，2009.

刘勇强. 集成与转型 [M]. 北京：北京大学出版社，2009.

吕振羽. 中国民族简史 [M]. 北京：人民出版社，2009.

钱宗范，朱文涛. 先秦史十二讲 [M]. 北京：中国国际广播出版社，2009.

〔宋〕司马光. 资治通鉴 [M]. 北京：新世界出版社，2009.

〔汉〕司马迁. 史记 [M]. 李零，等，译. 北京：新世界出版社，2009.

王明珂. 英雄祖先与弟兄民族 [M]. 北京：中华书局，2009.

王宁宁. 中国古代乐舞史 [M]. 太原：山西人民出版社，2009.

徐中舒. 先秦史十讲 [M]. 北京：中华书局，2009.

张帆. 辉煌与成熟 [M]. 北京：北京大学出版社，2009.

章启群. 经世与玄思 [M]. 北京：北京大学出版社，2009.

赵汀阳. 坏世界研究 [M]. 北京：中国人民大学出版社，2009.

白寿彝. 白寿彝史学二十讲：远古时代 [M]. 北京：中国友谊出版公司，2010.

〔日〕陈舜臣. 十八史略 [M]. 廖为智，译. 北京：新星出版社，2010.

〔美〕大卫·哈伯斯塔姆. 最寒冷的冬天 [M]. 王祖宁，刘寅龙，译. 重庆：重庆出版社，2010.

冯苓植. 大话元王朝 [M]. 呼和浩特：内蒙古出版集团，2010.

耿少将. 羌族通史 [M]. 上海：上海人民出版社，2010.

龚琛. 王莽的奋斗 [M]. 西安：陕西出版集团，2010.

郭大顺. 追寻五帝 [M]. 沈阳：辽宁人民出版社，2010.

国家图书馆. 部级领导干部历史文化讲座 [M]. 北京：北京图书出版社，2010.

胡秋原. 中国英雄传 [M]. 北京：九州出版社，2010.

蒋伯潜. 十三经概论 [M]. 上海：上海古籍出版社，2010.

〔美〕杰克逊·J·斯波瓦格尔. 西方文明简史 [M]. 董仲瑜，施展，韩炯，译. 北京：北京大学出版社，2010.

军事科学院战争理论和战略研究部. 安邦大略 [M]. 北京：军事科学出版社，2010.

〔春秋〕老子. 老子 [M]. 卫广来，译注. 太原：山西古籍出版社，2010.

郦波. 抗倭英雄戚继光 [M]. 北京：中国民主法制出版社，2010.

〔英〕马丁·雅克. 当中国统治世界 [M]. 张莉，刘曲，译. 北京：中信出版社，2010.

苏秉琦. 中国远古时代 [M]. 上海：上海人民出版社，2010.

王佩云. 激荡中国海 [M]. 北京：作家出版社，2010.

王玉哲. 中华民族早期源流 [M]. 天津：天津古籍出版社，2010.

文史哲编辑部. "疑古"与"走出疑古" [M]. 北京：商务印书馆，2010.

吴晗. 明朝大历史 [M]. 西安：陕西师范大学出版社，2010.

夏曾佑. 中国古代史 [M]. 长沙：岳麓书社，2010.

徐旭生. 徐旭生西游日记 [M]. 银川：宁夏人民出版社，2010.

白寿彝. 白寿彝史学二十讲：中古时代 [M]. 北京：中国友谊出版公司，2011.

柏杨. 中国帝王皇后亲王公主世系录 [M]. 太原：山西人民出版社，2011.

韩毓海. 五百年来谁著史 [M]. 北京：九州出版社，2011.

戚嘉林. 台湾史 [M]. 海口：海南出版社，2011.

王展威. 不周山黄帝时代 [M]. 武汉：华中师范大学出版社，2011.

张维为. 中国震撼 [M]. 上海：上海人民出版社，2011.

朱汉国，宋亚文. 一本书读懂民国 [M]. 北京：中华书局，2011.

次仁央宗. 西藏贵族世家 [M]. 北京：中国藏学出版社，2012.

〔战国〕韩非. 韩非子 [M]. 张觉，等，译注. 上海：上海古籍出版社，2012.

胡绳. 从鸦片战争到五四运动 [M]. 长沙：湖南文艺出版社，2012.

〔德〕卡尔·雅斯贝尔斯. 大哲学家 [M]. 李雪涛，译. 北京：社会科学文献出版社，2012.

许倬云. 大国霸业的兴废 [M]. 上海：上海文化出版社，2012.

〔瑞士〕载维·伯明翰. 葡萄牙史 [M]. 周巩固，周文清，译. 北京：商务印书馆，2012.

〔美〕史景迁. 大汗之国 [M]. 阮叔梅，译. 南宁：广西大学出版社，2013.

〔日〕斯波义信. 中国都市史 [M]. 布和，译. 北京：北京大学出版社，2013.

王庚武. 华人与中国 [M]. 上海：上海人民出版社，2013.

王宏甲. 人民观 [M]. 北京：中国人民大学出版社，2013.

徐建. 往东方去：16—18世纪德意志与东方贸易 [M]. 北京：社会科学文献出版社，2013.

许平，陆意等. 澳门纪事 [M]. 北京：社会科学文献出版社，2013.

牙含章. 达赖喇嘛传 [M]. 北京：华文出版社，2013.

〔法〕费尔南·罗布代尔. 文明史：人类五千年文明的传承与交流 [M]. 常

绍民，冯棠，张文英，等，译. 北京：中信出版社，2014.

〔美〕费正清. 伟大的中国革命 [M]. 刘尊棋，译. 北京：世界知识出版社，2014.

〔美〕费正清. 中国的思想与制度 [M]. 郭晓兵，等，译. 北京：世界知识出版社，2014.

冯敏飞. 中国盛世 [M]. 北京：新华出版社，2014.

高之国，贾兵兵. 论南海九段线的历史、地位和作用 [M]. 北京：海洋出版社，2014.

〔日〕宫本一夫. 从神话到历史 [M]. 吴菲，译. 南宁：广西师范大学出版社，2014.

〔日〕鹤间和幸. 始皇帝的遗产 [M]. 吴彪，译. 南宁：广西师范大学出版社，2014.

〔日〕气贺泽保规. 绚烂的世界帝国 [M]. 石晓军，译. 南宁：广西师范大学出版社，2014.

〔日〕杉山正明. 疾驰的草原征服者 [M]. 乌兰，乌日娜，译. 南宁：广西师范大学出版社，2014.

孙机. 中国古代物质文化 [M]. 北京：中华书局，2014.